Steueränderungen 2015

Steueränderungen 2015

Autoren

Martin Diemer RA StB Stuttgart	Prof. Dr. Dieter Endres StB Frankfurt am Main	Frank Gehring StB Düsseldorf	Sabine Gregier RA StB Düsseldorf
Manfred Karges StB Düsseldorf	Claudia Lauten StB Düsseldorf	Dr. Martin Liebernickel RA StB Frankfurt am Main	Christine Marx RA StB Düsseldorf
Andrew Miles FCA Frankfurt	Daniel Mohr RA StB Hamburg	Achim Obermann StB Düsseldorf	Anke Richert RA StB Hamburg
Andreas Rupp RA StB Karlsruhe	Margot Voß-Gießwein StB Düsseldorf	Susanne Winter StB Hamburg	Fabian Reichert RA Karlsruhe

13. Auflage

HAUFE.

Freiburg • München

Bibliografische Information der Deutschen Nationalbibliothek

Die Deutsche Nationalbibliothek verzeichnet diese Publikation in der Deutschen Nationalbibliografie; detaillierte bibliografische Daten sind im Internet über http://dnb.dnb.de abrufbar.

Steueränderungen 2015
ISBN 978-3-648-05582-3
Bestell-Nr. 03351-0015

13. Auflage 2015

© 2015 Haufe-Lexware GmbH & Co. KG
Niederlassung München
Redaktionsanschrift: Postfach, 82142 Planegg/München
Hausanschrift: Fraunhoferstraße 5, 82152 Planegg/München
info@haufe.de
www.haufe.de

Produktmanagement:
Rechtsanwalt/Fachanwalt f. SteuerR
Klaus-Werner Pluskota (V. i. S. d. P.)
E-Mail: steuern@haufe.de
Internet: www.haufe.de/steuern

Die Angaben entsprechen dem Wissensstand bei Redaktionsschluss im Januar 2015. Alle Angaben/Daten erfolgten nach bestem Wissen, jedoch ohne Gewähr für Vollständigkeit und Richtigkeit. Dieses Werk sowie alle darin enthaltenen einzelnen Beiträge und Abbildungen sind urheberrechtlich geschützt. Jede Verwertung, die nicht ausdrücklich vom Urheberrechtsgesetz zugelassen ist, bedarf der vorherigen Zustimmung des Verlags. Das gilt insb. für Vervielfältigungen, Bearbeitungen, Übersetzungen, Mikroverfilmungen, Auswertungen durch Datenbanken und für die Einspeicherung und Verarbeitung in elektronische Systeme.

Lektorat: Ulrike Fuldner, Rechtsanwältin, Fachanwältin für Steuerrecht, 63743 Aschaffenburg
DTP: Agentur: Satz & Zeichen, Karin Lochmann, 83071 Stephanskirchen
Druck: Schätzl Druck und Medien e. K., 86609 Donauwörth

Zur Herstellung der Bücher wird nur alterungsbeständiges Papier verwendet.

Vorwort

Rückblick, Status Quo, neue Perspektiven: Einmal mehr liegt das topaktuelle PwC-Inventar über alle wichtigen Entwicklungen im Steuerrecht des abgelaufenen Jahres in Ihren Händen. Fast hatte man im Schlussquartal des Berichtsjahres 2014 das Gefühl, BMF und Gesetzgeber würden einen eigenen speziellen Adventskalender kreieren – mit einer neuen Idee hinter jedem Türchen. Dabei setzen sich die Trends zur Verbreiterung der Bemessungsgrundlage, zur Bekämpfung von Steuerumgehungen und zu verstärkter grenzüberschreitender Zusammenarbeit unverändert fort. Base Erosion and Profit Shifting, der Fall Hoeneß und die Lux-Leaks-Affäre beherrschten die Schlagzeilen. Das Thema Steuern ist immer mehr ein politisches und gesellschaftliches geworden – keine leichte Aufgabe für den Chronisten des Steuerjahres 2014, dies alles in die richtige Perspektive zu setzen.

Versucht man eine Kernbotschaft zusammenzufassen, mit der das Steuerjahr 2014 in die Annalen eingehen könnte, so mag es dem Unternehmer oder dessen Berater in den letzten 12 Monaten wie Ernest Hemingway gegangen sein: „Ich habe nie ein Thema aussuchen müssen, mein Thema hat eher mich ausgesucht". So sieht sich der steuerliche Rechtsanwender beispielsweise mit einer umstrittenen Verlustbeschränkung von Körperschaften, der verfassungsrechtlichen Überprüfung des Treaty Override oder Plänen zur Neuregelung der Streubesitzbeteiligungen konfrontiert. Neujustierungen sind an vielen Stellen erforderlich. Die ausdrückliche Ankündigung aus dem Koalitionsvertrag 2013, dass das Steuerrecht kein statisches Recht sei, erwies sich als alles andere als nur Politikpropaganda.

Steueränderungen 2014/2015: Das PwC-Steuerjahrbuch bleibt seinem Konzept treu, die zahlreichen Regeländerungen der letzten 12 Monate in einer für den Rechtsanwender sorgfältig aufbereiteten Stoffsammlung zusammenzustellen. Zielsetzung ist es, einen kompakt aufbereiteten Überblick nebst Praxishinweisen zu den Steueränderungen des abgelaufenen Jahres vorzulegen. Der Inhalt dieses Jahrbuchs erstreckt sich dabei insb. auf die Änderungen durch das Zollkodex-Anpassungsgesetz, einem typischen Omnibusgesetz, mit dem im Huckepack-Verfahren etliche Steuervorschriften in einer „Last-minute"-Einigung kurz vor Jahresende 2014 geändert wurden. Neben diesem heimlichen Jahressteuergesetz fordern aber auch die geänderten Spielregeln der strafbefreienden Selbstanzeige besonderen Handlungsbedarf. Sie finden deshalb Eingang in speziellen Kapiteln dieses Jahrbuchs. Abgerundet wird die Steuerchronologie mit einem Blick über die Grenzen: Das Kapitel zum internationalen Steuerrecht vergleicht Steuersätze und Bemessungsgrundlagen im In- und Ausland, analysiert Trends im Abkommensrecht und zeigt Brennpunkte bei der Betriebsstättenbesteuerung auf.

Im Volksmund gilt die Zahl 13 gemeinhin als Unglückszahl. Das Lob dafür, dass es zu keiner verflixten 13. Auflage dieser PwC-Chronologie kam, darf das engagierte PwC-Expertenteam um Koordinatorin Gabriele Stein für sich in Anspruch nehmen. Ihm sei genau wie dem Haufe-Lexware-Verlag für das hohe Engagement im hektischen Jahresendtrubel ein herzliches Dankeschön gesagt. Schaut man auf die Ende 2014 angestoßenen, aber längst noch nicht abgeschlossenen Reformen, so bedarf es keines Prophetentums für die Voraussage, dass es auch an reichlich Material für die 14. Auflage nicht mangeln wird.

Frankfurt am Main, im Januar 2015 *Prof. Dr. Dieter Endres*

Inhaltsübersicht

Vorwort 5

Inhaltsverzeichnis 7

Abkürzungsverzeichnis 25

A   Neue Steuergesetzgebung 33

B   Überblick über die Verwaltungsvorschriften 2014 115

C   Überblick über die Rechtsprechung 2014 213

D   Neuentwicklungen im internationalen Steuerrecht 425

E   Verrechnungspreise 469

F   Aktuelle Rechtsprechung zum Aktien- und GmbH-Recht 491

G   Cash-Pooling im GmbH-Konzern 501

H   Änderungen im Rahmen der strafbefreienden Selbstanzeige 521

I   Gesetz zur Anpassung der Abgabenordnung an den Zollkodex und zur Änderung weiterer steuerlicher Vorschriften (ZollkodexAnpG) 537

Stichwortverzeichnis 576

PwC-Standorte (Steuerberatung) 591

Inhaltsverzeichnis

Vorwort

Inhaltsübersicht 6

Abkürzungsverzeichnis 25

A	**Neue Steuergesetzgebung**	**33**
1	**Steuergesetzänderungen, die 2014 in Kraft getreten sind**	**33**
1.1	Gesetz zur Anpassung des nationalen Steuerrechts an den Beitritt Kroatiens zur EU und zur Änderung weiterer steuerlicher Vorschriften	34
1.1.1	Änderungen in der Einkommensteuer	34
1.1.1.1	Präzisierung des erweiterten Inlandsbegriffs	34
1.1.1.2	Ausweitung der Steuerfreiheit für Versorgungsbezüge nach § 3 Nr. 6 EStG an im Freiwilligen Wehrdienst und im Bundesfreiwilligendienst Beschädigte	35
1.1.1.3	Steuerfreiheit von Aufwandsentschädigungen nach § 3 Nr. 12 EStG	35
1.1.1.4	Sonderausgaben-Pauschbetrag, § 10c EStG	36
1.1.1.5	Besteuerung von Ansprüchen aus Risiko-Versicherungsleistungen, § 20 Abs. 1 Nr. 6 EStG	36
1.1.1.6	Besteuerung des Gewinns aus der Veräußerung von Dividendenscheinen, § 20 Abs. 2 S. 1 Nr. 2 EStG	37
1.1.1.7	Wiedereinführung der Fifo-Methode zur Ermittlung des Gewinns aus der Veräußerung von Fremdwährungsbeträgen, § 23 Abs.1 S. 1 Nr. 2 S. 3 EStG	38
1.1.1.8	Neuregelung des Härteausgleichs nach § 46 Abs. 3 EStG	38
1.1.1.9	Ausweitung der Entstrickungsbesteuerung, § 50i EStG	38
1.1.2	Änderungen im Körperschaftsteuerrecht	40
1.1.2.1	Präzisierung des erweiterten Inlandsbegriffs, § 1 Abs. 3 KStG	40
1.1.2.2	Weitergabe besonderer Tarifvorschriften von der Organgesellschaft an den Organträger, § 19 KStG	41
1.1.3	Änderungen im Bereich der Gewerbesteuer	41
1.1.3.1	Präzisierung des erweiterten Inlandsbegriffs	41
1.1.3.2	Steuerbefreiung für Einrichtungen zur ambulanten Rehabilitation, § 3 Nr. 20 Buchst. e GewStG	42
1.1.4	Änderungen bei der Umsatzsteuer	42
1.1.4.1	Neuregelungen im Zusammenhang mit der Erbringung von elektronischen Dienstleistungen	42
1.1.4.1.1	Neuregelung der Ortsbestimmung, § 3a Abs. 5 UStG	43
1.1.4.1.2	Die Branchenlösung, § 3 Abs. 11a UStG	43
1.1.4.2	Mindestbemessungsgrundlage nach § 10 Abs. 5 UStG	45
1.1.4.3	Ausdehnung der Umkehr der Steuerschuldnerschaft auf die Lieferung von Tablet-Computern und Spielekonsolen, § 13b Abs. 2 Nr. 10 UStG	45
1.1.4.4	Erweiterung der Umkehr der Steuerschuldnerschaft auf Metalllieferungen, § 13b Abs. 2 Nr. 11 UStG	46
1.1.4.5	Überarbeitung der Regelungen zur Umkehr der Steuerschuldnerschaft bei Bauleistungen, § 13b Abs. 5 S. 2 UStG	47
1.1.4.6	Überarbeitung der Regelungen zu Umkehr der Steuerschuldnerschaft bei Gebäudereinigungen, § 13b Abs. 5 S. 5 UStG	49
1.1.4.7	Nichtbeanstandungsregelung für Zweifelsfälle, § 13b Abs. 5 S. 7 UStG	50

1.1.4.8	Kein Übergang der Steuerschuldnerschaft in Fällen der Differenzbesteuerung	51
1.1.4.9	Besondere Verfahrensvorschriften für im übrigen Gemeinschaftsgebiet ansässige Unternehmer im Zusammenhang mit der Erbringungen von elektronischen Dienstleistungen (*Mini-One-Stop-Shop*)	51
1.1.4.10	Besondere Verfahrensvorschriften für inländische Unternehmer im Zusammenhang mit der Erbringungen von elektronischen Dienstleistungen (*Mini-One-Stop-Shop*), § 18h UStG	53
1.1.4.11	Anwendungsvorschrift für aufgrund des BFH-Urteils vom 22.8.2013 vom Leistungsempfänger zurückgeforderte USt bei Bauleistungen, § 27 Abs. 19 UStG	55
1.1.5	Änderungen im Bereich der Grunderwerbsteuer	56
1.1.5.1	Regelung zur Konzernklausel nach § 6a GrEStG	56
1.1.5.2	Voraussetzungen für die Aufhebung der Steuer bei Rückgängigmachung des Erwerbsvorgang, § 16 Abs. 5 GrEStG	57
1.1.6	Änderung der Abgabenordnung	57
1.1.6.1	Örtliche Zuständigkeit auf dem Festlandsockel oder an der ausschließlichen Wirtschaftszone, § 22a AO	57
1.1.7	Änderung des Steuerberatergesetzes	58
1.1.7.1	Mitteilungspflicht der Finanzämter bei fortgesetzter unbefugter Hilfeleistung in Steuersachen, § 10a StBerG	58
1.1.7.2	Wettbewerbsrechtliche Aufgaben der Steuerberaterkammer, § 76 StBerG	58
1.1.8	Änderung des Tabaksteuergesetzes	58
1.2	Gesetz zur Anpassung steuerlicher Regelungen an die Rechtsprechung des Bundesverfassungsgerichts	59
1.3	Betriebsstättengewinnaufteilungsverordnung (BsGaV)	60
1.3.1	Hintergrund und Ziel der Verordnung	60
1.3.2	Verordnungsermächtigung	61
1.3.3	Regelungsinhalte der Verordnung	61
1.3.3.1	Allgemeine Regelungen	61
1.3.3.1.1	Zweistufen-System hinsichtlich der Einkünftezuordnung	61
1.3.3.1.2	Verpflichtung zur Aufstellung einer Hilfs- und Nebenrechnung	62
1.3.3.2	Zuordnungsregeln	63
1.3.3.2.1	Einkünftezuordnung anhand der Personalfunktion	63
1.3.3.2.2	Zuordnung von einzelnen Wirtschaftsgütern und Positionen	64
1.3.3.2.3	Dotationskapital, übrige Passiva und Finanzierungsaufwendungen	66
1.3.3.2.4	Allokation der Passiva, § 14 BsGaV	67
1.3.3.2.5	Finanzierungsaufwendungen, § 15 BsGaV	67
1.3.3.3	Schuldrechtliche Beziehungen	68
1.3.3.3.1	Anzunehmende schuldrechtliche Beziehungen als Grundsatz	68
1.3.3.3.2	Finanzierungsfunktionen als Sonderfall	69
1.3.3.3.3	Ansatz der Verrechnungspreise	69
1.3.3.4	Sonderregelungen für besondere Arten von Betriebsstätten	69
1.3.3.4.1	Bankbetriebsstätten, §§ 18–23 BsGaV	69
1.3.3.4.2	Versicherungsbetriebsstätten, §§ 23–29 BsGaV	71
1.3.3.4.3	Bau- und Montagebetriebsstätten, §§ 30–34 BsGaV	73
1.3.3.4.4	Explorationsbetriebsstätte, §§ 35 ff. BsGaV	74
1.3.3.5	Inkrafttreten und Anwendung	75
1.4	FATCA-USA-Umsetzungsverordnung (FATCA-USA-UmsV)	75
1.4.1	Hintergrund	75
1.4.2	Inhalt	76
1.4.2.1	Allgemeine Bestimmungen	76
1.4.2.2	Identifizierungs- und Sorgfaltspflichten	77
1.4.2.3	Registrierung von Finanzinstituten	78
1.4.2.4	Datenerhebung und Datenübermittlung	79
1.4.2.5	Ordnungswidrigkeiten	81
1.4.2.6	Inkrafttreten	81

1.5	Verordnung zur Festlegung der Steuersätze im Jahr 2014 nach § 11 Abs. 2 des Luftverkehrsteuergesetzes (LuftVStFestV 2014)	82
2	**Weitere ausgewählte praxisrelevante Gesetze, die 2014 in Kraft getreten sind**	**83**
2.1	Gesetz zur grundlegenden Reform des Erneuerbare-Energien-Gesetzes und zur Änderungen weiterer Bestimmungen des Energiewirtschaftsrechts (EEG 2014)	83
2.1.1	Hintergrund und Zielstellungen	83
2.1.2	Inhalt der Änderungen	83
2.1.2.1	Erhöhung der Marktfähigkeit Erneuerbarer Energien	83
2.1.2.2	Planbarer Ausbau erneuerbarer Energien	83
2.1.2.3	Absenkung der Förderung und Konzentration auf Wind- und Solarenergie	84
2.1.2.4	Breitere Finanzierung durch Ausnahmebeschränkungen	84
2.1.2.4.1	Stromintensive Industrien	84
2.1.2.4.2	Eigenstromversorger	85
2.1.2.4.3	Künftige Ausgleichsregelung für Schienenbahnen	85
2.2	Gesetz zur Bekämpfung von Zahlungsverzug im Geschäftsverkehr und zur Änderung des Erneuerbare-Energien-Gesetzes	85
2.2.1	Inhalt der Änderungen	85
2.2.1.1	Unwirksame Vereinbarungen zu Zahlungsfristen	86
2.2.1.2	Erweiterung des Verzugsschadens	86
2.2.1.3	Ausdehnung der Vereinbarungsverbote auf AGB	86
2.2.2	Inkrafttreten	86
3	**Steuergesetze, die 2015 in Kraft treten**	**87**
3.1	Gesetz zur Anpassung der Abgabenordnung an den Zollkodex und zur Änderung weiterer steuerlicher Vorschriften (ZollkodexAnpG)	87
3.2	Gesetz zur Änderung der Abgabenordnung und des Einführungsgesetzes zur Abgabenordnung(AOÄndG)	87
3.3	Grunderwerbsteuersätze der Länder in 2015	87
3.4	Verordnung zur Änderung steuerlicher Verordnungen und weiterer Vorschriften	89
3.4.1	Erbschaftsteuer-Durchführungsverordnung	89
3.4.2	Einkommensteuer-Durchführungsverordnung	90
3.4.3	Umsatzsteuer-Durchführungsverordnung	90
3.4.3.1	Steuerbefreiungen	90
3.4.3.2	Vorsteuervergütung	91
3.4.3.3	Inkrafttreten	92
3.4.4	Umsatzsteuerzuständigkeitsverordnung	92
4	**Ausblick auf in Planung befindliche Gesetzesvorhaben**	**93**
4.1	Geplante und mögliche Änderungen in der Einkommensteuer	93
4.1.1	Erweiterung des Inlandsbegriffs	93
4.1.2	Beschränkung hybrider Steuergestaltungen – Korrespondenzprinzip	94
4.1.2.1	Hintergrund und Zielstellung der Neuregelung	94
4.1.2.2	Inhalt der geplanten Neuregelung	94
4.1.2.2.1	Nicht-korrespondierende Behandlung von Rechtsverhältnissen	94
4.1.2.2.2	Keine Steuerfreistellung im Ausland	95
4.1.2.2.3	Nachweis der Besteuerung im Ausland	95
4.1.2.2.4	Erweiterung des Abzugsverbots trotz Nachweis der Besteuerung im Ausland	96
4.1.3	Anpassungen bei den Regelungen zur Schuldübernahme	96
4.1.4	Besteuerungsverfahren bei Mitunternehmerschaften	96
4.1.5	Änderungen beim Einnahmenbegriff	97
4.1.5.1	Erweiterung der Geldleistungen	97
4.1.5.2	Bewertung von Sachbezügen – Ansatz des Verbraucher- statt des Endpreises	98
4.1.6	Geplante Änderungen bei Beteiligungen an Kapitalgesellschaften	98
4.1.6.1	Zielstellung	98

4.1.6.2	Problemstellung und Inhalt	98
4.1.7	Geplante Änderungen beim Sonderausgabenabzug	99
4.1.7.1	Nachweiserfordernisse bei Krankheitskosten	99
4.1.7.2	Aufteilung der Sonderausgaben bei Ehegattenveranlagung	100
4.1.8	Geplante Änderung bei der Kapitalertragsteuer	100
4.1.8.1	Kreditinstitute sollen Rechtsansicht des BMF folgen	100
4.1.8.2	Abstandnahme vom Steuerabzug, § 44a Abs. 1 S. 1 EStG	101
4.2	Körperschaftsteuer	101
4.2.1	Erfassung der Veräußerungsgewinne aus Streubesitzbeteiligungen	101
4.2.1.1	Hintergrund	101
4.2.2	Erweiterung der Konzernklausel beim Verlustabzugsverbot	102
4.2.2.1	Hintergrund der geplanten Änderung	102
4.2.2.2	Inhalt der Erweiterung der Konzernklausel	103
4.2.2.2.1	Sachlicher Anwendungsbereich	103
4.2.2.2.2	Auslegungsprobleme	103
4.2.2.2.3	Geplante Rückwirkung der Konzernklausel	104
4.3	Mögliche Änderungen beim Zerlegungsmaßstab in der Gewerbesteuer	105
4.4	Umwandlungsteuer – Einschränkung der Buchwertfortführung bei Einbringungsvorgängen	105
4.4.1	Ausgangspunkt und Inhalt der geplanten Neuregelungen	105
4.5	Änderungen im Verfahrensrecht	106
4.5.1	Erweiterung des Akteneinsichtsrechts für Gemeinden	106
4.5.2	Anpassungen bei der Zahlungsverjährung	106
4.5.2.1	Hintergrund und Zielsetzung	106
4.5.2.2	Öffentliche Anklage wegen Steuerstraftat als Unterbrechungsgrund	107
4.5.3	Zuständigkeitserweiterungen für das BZSt	108
4.5.3.1	Hintergrund	108
4.5.3.2	Inhalt	108
4.6	Grunderwerbsteuer – Abschaffung der wirtschaftlichen Betrachtungsweise	108
4.6.1	Hintergrund der geplanten Änderung	108
4.6.2	Inhalt der geplanten Änderung	109
4.7	Mögliche Neuerungen im Unternehmensstrafrecht	110
4.7.1	Entwurf eines Gesetzes zur Bekämpfung von Steuerstraftaten im Bankenbereich	110
4.7.1.1	Hintergrund	110
4.7.1.2	Inhalt der geplanten Änderungen	110
4.7.1.3	Mehrwert des geplanten Gesetzes	111
4.7.2	Länderantrag zum Entwurf eines Verbandstrafgesetzbuches	112
4.7.2.1	Wesentlicher Inhalt des Gesetzentwurfs	112
4.7.2.2	Diskussion zum Gesetzentwurf	113

B   Überblick über die Verwaltungsvorschriften 2014 115

1   Änderungen bei der Einkommensteuer 115

1.1	Änderungen bei den Gewinn- und Einkunftsermittlungsvorschriften (zu §§ 2–12 EStG)	115
1.1.1	Vordrucke zur Einnahmenüberschussrechnung (EÜR) für 2014 bekanntgegeben	115
1.1.2	E-Bilanz – Veröffentlichung der Taxonomie 5.3	116
1.1.3	Neues BMF-Schreiben zur Teilwertabschreibung	116
1.1.4	Bewertung mehrjähriger Kulturen in Baumschulbetrieben	118
1.1.5	Nutzung von Elektro- und Hybridelektrofahrzeugen für private Fahrten	118
1.1.6	Arbeitshilfe zur Aufteilung eines Gesamtkaufpreises für ein bebautes Grundstück	119
1.1.7	Zweifelsfragen zum Investitionsabzugsbetrag	119
1.1.8	Investitionsabzugsbeträge nach § 7g EStG – Zinslauf bei rückwirkendem Wegfall einer Voraussetzung	120
1.1.9	Steuerliche Anerkennung von Umzugskosten	121

1.1.10	Steuerliche Förderung der privaten Altersvorsorge und betrieblichen Altersversorgung	121
1.1.11	Muster für Zuwendungsbestätigungen	122
1.1.12	Spenden an Stiftungen	122
1.1.13	Steuerliche Maßnahmen zur Unterstützung der Opfer des Hochwassers auf dem Balkan	123
1.1.14	Steuerrechtliche Anerkennung von Darlehensverträgen zwischen Angehörigen	124
1.2	Änderungen bei den Einkunftsarten (§§ 13–23 EStG)	124
1.2.1	Bewertung von mit land- und forstwirtschaftlichem Grund und Boden im Zusammenhang stehenden Milchlieferrechten	124
1.2.2	Zur gewerblichen Prägung einer „GmbH & Co. GbR" bei Haftungsausschluss	125
1.2.3	Schuldzinsen für darlehensfinanzierte sofort abziehbare Erhaltungsaufwendungen nach Veräußerung des Mietobjekts als nachträgliche Werbungskosten	126
1.2.4	Einkunftserzielung bei Vermietung und Verpachtung	128
1.3	Sonstige Schreiben und Verfügungen	128
1.3.1	Anwendungsschreiben zu § 35a EStG	128
1.3.2	Betriebsausgaben- und Werbungskostenabzug beim Steuerabzug nach § 50a EStG	129
1.3.3	Kirchensteuer auf Abgeltungsteuer	130
1.3.4	Kindergeld – Familienlastenausgleich	131
1.3.5	Investmentvermögen – Karenzfrist bei verspäteter Veröffentlichung der Besteuerungsgrundlagen	132
1.4	Einkommensteuerrichtlinien	133
2	**Änderungen bei der Körperschaftsteuer**	**134**
2.1	Steuerrechtliche Behandlung des Erwerb eigener Anteile	134
2.2	Steuerliche Anerkennung inkongruenter Gewinnausschüttungen	135
2.3	Folgen der Löschung einer britischen Limited aus dem Handelsregister	136
2.4	Zufluss von Gehaltsbestandteilen bei einem Gesellschafter-Geschäftsführer	137
2.5	Regelung des § 8b Abs. 4 KStG; unterjähriger Hinzuerwerb von Anteilen	137
2.6	„Kleine Organschaftsreform"	138
2.7	Erdienbarkeit bei Pensionszusagen	139
2.8	Ertragsteuerliche Behandlung der Kosten einer Kapitalgesellschaft für die Bewertung von Gesellschaftsanteilen für Zwecke der Erbschaftsteuer	140
3	**Änderungen bei der Lohnsteuer**	**141**
3.1	Ergänztes BMF-Schreiben zur Reform des steuerlichen Reisekostenrechts ab 1.1.2014	141
3.1.1	Tätigkeitsstätte	141
3.1.2	Zuordnung	142
3.1.3	Grenzüberschreitender Arbeitnehmereinsatz	142
3.1.4	Verpflegungspauschalen Inland	142
3.1.5	Verpflegungspauschalen Ausland	143
3.1.6	Dreimonatsfrist	144
3.1.7	Steuerliche Erfassung arbeitgeberseitig gestellter Mahlzeiten	144
3.1.8	Doppelte Haushaltsführung	146
3.1.9	Unterkunftskosten bei Auswärtstätigkeiten	147
3.1.10	Zeitliche Anwendungsregelungen	147
3.2	Firmenwagen zur privaten Nutzung	148
3.2.1	Verfassungsmäßigkeit der 1%-Regelung	148
3.2.2	Gestellung eines Kraftfahrzeugs mit Fahrer	149
3.2.3	Lohnsteuerliche Behandlung von Elektro- und Hybridelektrofahrzeugen	151
3.3	Arbeitgeberzuschüsse zu einer ausländischen gesetzlichen Krankenversicherung	154
3.4	Lohnsteuer-Richtlinien 2015	155
3.4.1	Allgemeines	155
3.4.2	Barablösung für Reinigung typischer Berufskleidung (R 3.31 Abs. 2 S. 4 LStR)	155
3.4.3	Kinderbetreuungskosten (R 3.33 Abs. 3 LStR)	155
3.4.4	Abgrenzung des Bar- und Sachlohns (R 8.1 Abs. 2 S. 7 LStR)	155
3.4.5	Bewertung von Sachbezügen (R 8.1 Abs. 2 S. 4 LStR)	156

3.4.6	Zukunftssicherungsleistungen fallen nicht unter 44-Euro-Freigrenze (R 8.1 Abs. 3 LStR)	157
3.4.7	Sonderausstattung beim Firmenwagen (R 8.1 Abs. 9 S. 6 LStR)	157
3.4.8	Firmenwagengestellung mit Fahrer (R 8.1 Abs. 10 LStR)	158
3.4.9	Bewertungswahlrecht in den Fällen des Rabattfreibetrags (R 8.2 Abs. 1 Nr. 4 LStR)	158
3.4.10	Geschenke an Arbeitnehmer bei Firmenveranstaltungen (R 19.3 Abs. 2 Nr. 3 und Nr. 4 LStR)	158
3.4.11	Sachgeschenke bei Betriebsveranstaltungen (R 19.5 Abs. 6 S. 3 LStR)	158
3.4.12	Aufmerksamkeiten (R 19.6 Abs. 1 S. 2 LStR)	159
3.4.13	Arbeitsessen (R 19.6 Abs. 2 S. 2 LStR)	159
3.4.14	Belohnungsessen (R 8.1 Abs. 8 Nr. 2 LStR)	159
3.4.15	Lohnzahlung durch Dritte (R 38.4 Abs. 2 S. 1 LStR)	160
3.4.16	„Lohnsteuerkarte" für beschränkt steuerpflichtige Arbeitnehmer (R 39.3 LStR)	161
3.4.17	Nettolohn (R 39b.9 LStR)	161
3.4.18	Änderung des Lohnsteuerabzugs (R 41c.1 Abs. 6 LStR)	161
3.5	Pauschalierung der Einkommensteuer nach § 37b EStG	162
4	**Änderungen im Umwandlungssteuerrecht**	**164**
4.1	Ausübung des Wahlrechts in Fällen der Einbringung nach §§ 20, 21, 24, 25 UmwStG	164
4.2	Nachspaltungsveräußerungssperre im Anwendungsbereich des § 15 Abs. 2 S. 3, 4 UmwStG	165
4.3	Nachweispflichten nach § 22 Abs. 3 UmwStG	165
5	**Änderungen bei der Umsatzsteuer**	**166**
5.1	Zuordnung von Eingangsleistungen zum unternehmerischen Bereich	166
5.2	Neue Regelungen über den Nachweis der Voraussetzungen von Steuerbefreiungen	168
5.3	Umsatzsteuerrechtliche Behandlung von Ausgleichszahlungen bei Beendigung des Leasingverhältnisses	169
5.4	Vorsteuerabzug bei Betrugsabsicht des Lieferers	170
5.5	Belegnachweis für innergemeinschaftliche Lieferung – Übermittlung einer Gelangensbestätigung auf elektronischem Weg	171
5.6	BMF klärt Einzelfragen zur umsatzsteuerlichen Organschaft	172
5.7	Zur (teil-)unternehmerischen Verwendung von Fahrzeugen	174
5.8	Übergang der Steuerschuldnerschaft bei Bauleistungen und Gebäudereinigungsleistungen (Rechtslage vom 15.2. bis 30.9.2014)	176
5.9	Rückwirkende Einschränkung des Vertrauensschutzes für vor dem 15.2.2015 ausgeführte Bauleistungen	178
5.10	BMF äußert sich zu den Neuregelungen bei Steuerschuldnerschaft des Leistungsempfängers	180
5.11	Umsatzsteuerliche Behandlung der Hin- und Rückgabe von Transporthilfsmitteln – Änderung der Verwaltungsauffassung	183
6	**Änderungen bei der Gewerbesteuer**	**185**
6.1	Erweiterte Kürzung nach § 9 Nr. 1 S. 2 GewStG bei Wohnungsbauunternehmen wegen Photovoltaikanlagen	185
6.2	Partnerschaftsgesellschaft mit beschränkter Berufshaftung und Gewerbesteuer	186
6.3	Erweiterte Kürzung bei Beteiligung an vermögensverwaltenden Personengesellschaften	186
6.4	Hinzurechnung von Lagerentgelten i. S. d. §§ 467 ff. HGB für unbewegliche Wirtschaftsgüter nach § 8 Nr. 1e GewStG	187
7	**Änderungen bei der Erbschaft- und Schenkungsteuer**	**188**
7.1	Basiszinssatz für das vereinfachte Ertragswertverfahren	188
7.2	Wertsteigerung infolge des Kaufpreisschwunds	188
7.3	Berechnung des Ablösebetrags nach § 25 Abs. 1 S. 3 ErbStG a. F.	189
7.4	Freibetrag für Pflegeleistungen	189
7.5	Berechnung von Feststellungsfristen bei der Grundbesitzbewertung	190
7.6	Nachweis des niedrigeren gemeinen Werts	190
7.7	Bewertung von Unternehmensvermögen in Sonderfällen	191

7.8	Übernommene Pflegeleistung als Gegenleistung	193
7.9	Ansatz Steuer- und Rechtsberatungskosten	194
7.10	Antrag auf Optionsverschonung	195
7.11	Bewertung einer lebenslänglichen Nutzung oder Leistung	195
7.12	Zugewinnausgleichsforderung als Nachlassverbindlichkeit	196
8	**Änderungen bei der Abgabenordnung**	**197**
8.1	Vorläufigkeitsvermerk	197
8.1.1	Vorläufige Steuerfestsetzung nach § 165 AO im Hinblick auf anhängige Musterverfahren	197
8.2	Änderungen des Anwendungserlasses zur AO	200
8.2.1	Änderung durch das BMF-Schreiben vom 31.1.2014	200
8.2.2	Änderung durch das BMF-Schreiben vom 1.8.2014	202
8.3	Änderung durch das BMF-Schreiben vom 3.11.2014	204
8.4	Sonstige BMF-Schreiben bzw. OFD-Verfügungen	205
8.4.1	Verjährungshemmende Wirkung sog. „ressortfremder" Grundlagenbescheide	205
8.4.2	Allgemeinverfügung hinsichtlich der Frage der Verfassungsmäßigkeit des pauschalen Kilometergeldansatzes bei Dienst- oder Geschäftsreisen	205
8.4.3	Anwendung von BMF-Schreiben	206
8.4.4	Berechtigungsmanagement für die sog. vorausgefüllte Steuererklärung	206
8.4.5	Zurückweisung Einsprüche Kinderbetreuungskosten in den VZ 2006 bis 2011	207
8.4.6	Aufbewahrung und Archivierung von elektronischen Kontoauszügen	207
8.4.7	Auslegung und Umdeutung von Verfahrenserklärungen	207
8.4.8	Keine Steuerfestsetzung bei Ausschlagung der Erbschaft durch sämtliche Erben	208
8.4.9	Anrechnung von Steuervorauszahlungen und Steuerabzugsbeträgen	208
9	**Änderungen bei der Grunderwerbsteuer**	**209**
9.1	Bewertung von lebenslänglichen Nutzungen oder Leistungen nach § 14 BewG für Zwecke der Grunderwerbsteuer	209
9.2	Anwendung des § 1 Abs. 2a GrEStG	209
9.3	Beurteilung von wechselseitigen Beteiligungen und Einheitsgesellschaften bei § 1 Abs. 3 GrEStG	211

C	**Überblick über die Rechtsprechung 2014**	**213**
1	**Im Bereich der Einkommensteuer**	**213**
1.1	Entscheidungen zur Gewinn- und Einkunftsermittlung (zu §§ 2–12 EStG)	213
1.1.1	Beteiligung an einer Komplementär-GmbH als notwendiges Betriebsvermögen eines Besitzeinzelunternehmens	213
1.1.2	Abzugsverbot für Gewerbesteuer ist verfassungsgemäß	214
1.1.3	Abziehbarkeit von EU-Geldbußen	215
1.1.4	Unangemessener Fahrzeugaufwand eines Freiberuflers	216
1.1.5	Behandlung der betrieblichen Nutzung eines zum Betriebsvermögen des anderen Ehegatten gehörenden Pkw	217
1.1.6	Aufteilbarkeit der Kosten für ein häusliches Arbeitszimmer	218
1.1.7	Aufwendungen für ein häusliches Arbeitszimmer bei Pool- bzw. Telearbeitsplatz	219
1.1.8	Kosten für ein häusliches Arbeitszimmer bei nicht nutzbarem „Amtszimmer"	220
1.1.9	Abzug von Kinderbetreuungskosten bei drei unter vier Jahre alten Kindern	221
1.1.10	Keine Tonnagebesteuerung bei kurzfristigem Einsatz eines Handelsschiffes	222
1.1.11	Bildung einer Rückstellung für die Verpflichtung zur Nachbetreuung von Versicherungsverträgen	224
1.1.12	Buchwertübertragung – Keine Sperrfristverletzung bei einer Einmann-GmbH & Co. KG	225
1.1.13	Berichtigung zu hoch vorgenommener AfA bei Gebäuden	227
1.1.14	Vorfälligkeitsentschädigung bei Immobilienverkauf keine Werbungskosten	228

1.1.15	Abgeltungswirkung der Entfernungspauschale umfasst auch Kosten einer Falschbetankung	229
1.1.16	Verlust einer Darlehensforderung als Werbungskosten bei den Einkünften aus nichtselbstständiger Arbeit	230
1.1.17	Abzug einer Auslandsspende innerhalb der EU	231
1.1.18	Verfassungsmäßigkeit der sog. Mindestbesteuerung bei Definitiveffekten?	232
1.1.19	Kosten eines Studiums, das eine Erstausbildung vermittelt, sind grds. nicht abziehbar	233
1.1.20	Ist der Ausschluss des Werbungskostenabzugs für Berufsausbildungskosten verfassungswidrig?	234
1.1.21	Anforderungen an die steuerliche Anerkennung von Darlehensverträgen zwischen nahen Angehörigen	236
1.2	Entscheidungen zu den Einkunftsarten (§§ 13–23 EStG)	237
1.2.1	Kein Teilabzug privater Gebäudekosten für Betreiber von Photovoltaikanlagen	237
1.2.2	Verlustausgleichsbeschränkung für Steuerstundungsmodelle verletzt nicht verfassungsrechtliches Bestimmtheitsgebot	238
1.2.3	Keine Änderung der Anforderungen an einen steuerbegünstigten Veräußerungs- oder Aufgabegewinn durch das StSenkErgG	239
1.2.4	Politikberater ist kein Freiberufler	240
1.2.5	Erstattungszinsen sind steuerbar	241
1.2.6	„Cum-ex-Geschäfte": Kein wirtschaftliches Eigentum des Anteilserwerbers	242
1.2.7	Zufluss und Steuerpflicht von Kapitaleinnahmen im Rahmen eines Schneeballsystems	244
1.2.8	Kein Werbungskostenabzug für nachträgliche Schuldzinsen bei Kapitaleinkünften nach Systemwechsel zur Abgeltungsteuer	245
1.2.9	Abzug von Zinsaufwendungen aus der Refinanzierung von Kapitallebensversicherungen	246
1.2.10	Kein Abzug nachträglicher Schuldzinsen nach Aufgabe der Einkünfteerzielungsabsicht	247
1.2.11	Abzug nachträglicher Schuldzinsen bei den Einkünften aus Vermietung und Verpachtung im Falle der nicht steuerbaren Veräußerung einer Immobilie	248
1.2.12	Ermittlung des Gewinns aus privaten Veräußerungsgeschäften nach der BVerfG-Entscheidung aus 2010	250
1.3	Sonstige Entscheidungen	251
1.3.1	Kein Splittingtarif für nicht eingetragene Lebenspartner	251
1.3.2	Abgeltungsteuersatz bei Darlehen zwischen nahen Angehörigen	252
1.3.3	Abgeltungsteuersatz bei Darlehen an eine GmbH durch eine dem Anteilseigner nahestehende Person	254
1.3.4	Kein Abgeltungsteuersatz bei Gesellschafterfremdfinanzierung	255
1.3.5	Nachweis der Zwangsläufigkeit von krankheitsbedingten Aufwendungen für einen Treppenlift	256
1.3.6	Anschaffungskosten für ein Grundstück sind keine außergewöhnlichen Belastungen	258
1.3.7	Aufwendungen für die Unterbringung im Seniorenwohnstift als außergewöhnliche Belastung	259
1.3.8	Anrechnungshöchstbetragsberechnung nach § 34c Abs. 1 S. 2 EStG 2002 im Anschluss an das EuGH-Urteil „Beker und Beker"	260
1.3.9	Begriff des Vorabgewinnanteils i. S. d. § 35 Abs. 3 S. 2 Halbs. 2 EStG 2002	261
1.3.10	Winterdienst auf öffentlichen Gehwegen als haushaltsnahe Dienstleistung – Aufwendungen für einen Hausanschluss als steuerbegünstigte Handwerkerleistung	262
1.3.11	Kindergeld für verheiratete Kinder	263
1.3.12	EuGH-Vorlage zur Kindergeldberechtigung in Fällen mit EU-Auslandsbezug	264
2	**Im Bereich der Körperschaftsteuer**	**266**
2.1	Verdeckte Gewinnausschüttung	266
2.1.1	vGA durch Kapitalabfindung einer Pensionszusage an den beherrschenden Gesellschafter-Geschäftsführer einer GmbH	266
2.1.2	(Mindest-)Pensionsalter bei Versorgungszusage an beherrschenden Gesellschafter-Geschäftsführer einer GmbH	267
2.1.3	vGA durch Rentenzahlung gegenüber Gesellschafter-Geschäftsführer einer GmbH nach Eintritt des Versorgungsfalls trotz Fortführung des Dienstverhältnisses	269

2.1.4	vGA wegen vorzeitiger Kapitalabfindung einer Pensionszusage	270
2.1.5	Hinterbliebenenversorgung für neuen Lebenspartner als nicht erdienbare Neuzusage	271
2.1.6	Umqualifizierung von Zinsen in vGA als Verstoß gegen das Diskriminierungsverbot im DBA-USA	271
2.1.7	vGA infolge Ausscheidens des beherrschenden Gesellschafter-Geschäftsführers aus dem Unternehmen vor Ablauf der Erdienenszeit	272
2.2	Organschaft	273
2.2.1	Mindestlaufzeit des Gewinnabführungsvertrags: Bildung eines Rumpfwirtschaftsjahres	273
2.2.2	Vororganschaftlich verursachte Mehrabführungen als fiktive Gewinnausschüttungen: „Saldierungsverbot"	275
2.3	Weitere Themen	277
2.3.1	Einlagekonto bei Regiebetrieb	277
2.3.2	Zinslose Darlehen zwischen Tochterkapitalgesellschaften- Verbrauch des Nutzungsvorteils als nicht abziehbare Betriebsausgabe	278
2.3.3	Verfassungsmäßigkeit der sog. Mindestbesteuerung bei Definitiveffekten	279
2.3.4	Abziehbarkeit von Veräußerungskosten bei einer Anteilsveräußerung nach § 8b Abs. 2 KStG 2002	281
2.3.5	Auslegung und Verfassungsmäßigkeit des Abzugsverbots in § 8b Abs. 3 S. 3 und 4 KStG 2002 n. F.	282
2.3.6	Verluste aus Termingeschäften als Veräußerungskosten nach § 8b Abs. 2 S. 1 KStG 2002	283
2.3.7	Nachträgliche Veränderung des Veräußerungspreises und der -kosten als stichtagsbezogene Teile des Veräußerungsgewinns i. S. v. § 8b Abs. 2 S. 2 KStG	285
2.3.8	Ausgabe von Presseausweisen als wirtschaftlicher Geschäftsbetrieb	286
3	**Im Bereich der Lohnsteuer**	**287**
3.1	Pauschalierung nach § 37b EStG	287
3.1.1	Keine Lohnsteuerpauschalierung für nicht steuerpflichtige Zuwendungen	287
3.1.2	Lohnsteuerpauschalierung für Geschenke	289
3.1.3	Keine Lohnsteuerpauschalierung für im überwiegend eigenbetrieblichen Interesse erbrachte Leistungen an Arbeitnehmer	290
3.2	Arbeitslohn von dritter Seite	292
3.2.1	Rabatte beim Abschluss von Versicherungsverträgen	292
3.2.2	Ehrenmitgliedschaft in einem Golfclub als Arbeitslohn	294
3.2.3	Verbilligter Aktienerwerb vom Arbeitgeber als Arbeitslohn	297
3.2.4	Verbilligter Erwerb einer Beteiligung als Arbeitslohn	299
3.3	Übernahme von infolge rechtswidrigem Tun verhängtem Bußgeld ist Arbeitslohn	301
3.4	Auswärtstätigkeit bei Entsendungen ins Ausland	303
3.5	Arbeitslohn im Zusammenhang mit der Veräußerung von Genussrechten	305
3.6	Lohnsteueranrufungsauskunft	308
3.6.1	Regelungsinhalt einer lohnsteuerlichen Anrufungsauskunft	308
3.6.2	Bindungswirkung einer Lohnsteueranrufungsauskunft auch gegenüber dem Arbeitnehmer	311
4	**Im Bereich des Umwandlungssteuerrechts**	**313**
4.1	Klagebefugnis bei Formwechsel einer Kapital- in eine Personengesellschaft	313
4.2	Keine Einkünfteminderung durch Übernahmeverlust bei Formwechsel	314
5	**Im Bereich der Umsatzsteuer**	**315**
5.1	Keine Ausschlussfristen für eine Ausfuhrlieferung	315
5.2	Keine Minderung der Bemessungsgrundlage bei Preisnachlass durch einen Vermittler	316
5.3	Steuerberichtigung bei langfristigem Einbehalt von Teilen des Entgelts	318
5.4	Berichtigung des Vorsteuerabzugs bei nicht bewirktem Umsatz	320
5.5	Reiseleistungen an Unternehmer können der Sonderregelung für Reisebüros unterworfen werden	321
5.6	Steuerbefreiung des Kaufs sämtlicher Eintrittskarten einer Opernveranstaltung – Leistungsort der Hotelverpflegung	322

5.7	Zum Fortbestand einer umsatzsteuerlichen Organschaft in der Insolvenz	324
5.8	Zum Vorsteuerabzug aus Leistungen zur Bewirtschaftung einer Betriebskantine	325
5.9	Umsatzunabhängiger Solidarbeitrag der Pharmaindustrie an gesetzliche Krankenkassen führt nicht zu Minderung der Bemessungsgrundlage	327
5.10	Zur zeitlichen Grenze der Option zur Steuerpflicht und ihrer Rücknahme	328
5.11	Zum Zeitpunkt, zu dem das Recht auf Abzug der Einfuhrumsatzsteuer als Vorsteuer auszuüben ist	330
5.12	Umsatzsteuerliche Behandlung einer Karte, mit der Verbraucher bei dritten Unternehmern Ermäßigungen beanspruchen können	331
5.13	Vorsteueraufteilung bei Gebäuden – der Bundesfinanzhof korrigiert sich	332
5.14	Geschäftsveräußerung im Ganzen bei vorübergehender kommissarischer Weiterführung des Geschäfts durch den Veräußerer	334
5.15	Kein Vorsteuerabzug für das Target bei Transaktionskosten im Zuge von Share Deals	336
5.16	Teiloption zur Steuerpflicht für einzelne Flächen eines Mietobjekts	337
5.17	Überlassung von Sportanlagen gegen Zahlung von Mitgliedsbeiträgen	339
5.18	Keine Vorsteuerkorrektur bei grenzüberschreitender Rabattgewährung	340
5.19	Vorsteuer-Vergütungsverfahren: Begriff des im Ausland ansässigen Unternehmers	342
5.20	Anwendung der Mindestbemessungsgrundlage und Entstehung der Steuerschuld bei unrichtigem Steuerausweis	343
5.21	EuGH spezifiziert die Voraussetzungen für Vorsteuerausschluss wegen Steuerhinterziehung	345
5.22	Beteiligung eines Unternehmers an einem Steuerbetrug	346
5.23	Nachweis bei innergemeinschaftlichen Verbringungen und Beteiligung an einer Steuerhinterziehung	347
5.24	Zur leichtfertigen Steuerverkürzung bei fehlendem Nachweis	349
5.25	Vorsteuer-Vergütungsverfahren für EU-Unternehmer – Einreichung elektronischer Belege	351
5.26	Leistungen ausländischer Gesellschaften an organschaftlich gebundene Betriebsstätten	352
5.27	Ermäßigter Steuersatz für elektronische Bücher auf Datenträgern?	354
5.28	Innergemeinschaftliche Lieferung in ein Warenlager	355
5.29	Zum Begriff der „passiven" festen Niederlassung	357
5.30	Pkw-Nutzung für Fahrten eines Unternehmers zwischen Wohnung und Arbeitsstätte	359
5.31	Bundesfinanzhof: Betriebsvorrichtungen sind keine Bauwerke	361
5.32	Erwerb eines Bruchteigentumsanteils von einem Mitgemeinschafter bei nachfolgender Lieferung des Gegenstands an einen Dritten	362
6	**Im Bereich der Gewerbesteuer**	**365**
6.1	Verfassungsmäßigkeit des Abzugsverbots für Gewerbesteuer	365
6.2	Erweiterte gewerbesteuerliche Kürzung bei Grundstücksunternehmen nach § 9 Nr. 1 S. 2 GewStG	366
6.3	Keine gewerbesteuerliche Kürzung nach § 9 Nr. 2a GewStG bei sog. qualifiziertem Anteilstausch	367
6.4	Nutzung des gewerbesteuerlichen Verlustvortrags bei Beteiligung eines Kommanditisten als atypisch stiller Gesellschafter der KG	368
6.5	Grundsätzlich kein Gewerbesteuererlass bei gewerblicher Zwischenverpachtung	370
6.6	Verfassungsmäßigkeit der gewerbesteuerlichen Hinzurechnung von Miet- und Pachtzinsen	371
7	**Im Bereich der Erbschaft- und Schenkungsteuer**	**372**
7.1	Privilegierung von Unternehmensvermögen teilweise verfassungswidrig	372
7.2	Teilweise Rückzahlung einer für den anderen Ehegatten abgeschlossenen Rentenversicherung	375
7.3	Erbschaftsteuer auf Erwerb eines Anspruchs aus einer Direktversicherung	376
7.4	Schenkungsteuerpflicht bei Gewährung eines zinslosen Darlehens an Lebensgefährtin	377
7.5	§ 16 BewG bei Erbschaft- und Schenkungsteuer nach wie vor anwendbar	379
7.6	Wegfall der Steuerbegünstigung des Betriebsvermögens gem. § 13a Abs. 5 Nr. 1 S. 1 ErbStG	380

7.7	Nur einheitliche Antragstellung auf Optionsverschonung nach § 13a Abs. 8 ErbStG für verschiedene wirtschaftliche Einheiten	381
7.8	Keine Steuerbefreiung für letztwillige Zuwendung eines Wohnrechts an einem Familienheim	383
7.9	Schenkungsteuer bei Nießbrauchsverzicht	385
7.10	Verbilligter Verkauf eines Grundstücks an ausscheidenden Gesellschafter	387
7.11	Schenkung an Neugesellschafter bei Kapitalerhöhung	389
7.12	Schenkungsteuer bei Zuwendung ausländischer Stiftungen	391
7.13	Auskehrung einer FL-Stiftung an Nachbegünstigte	393
7.14	Ausfall von Rentenzahlungen	394
7.15	Erbschaftsteuerliche Anzeigepflicht der Kreditinstitute (EuGH-Vorlage)	394
7.16	Einheitsbewertung des Grundvermögens (BVerfG-Vorlage)	395
7.17	Freibetrag für beschränkt Steuerpflichtige (EuGH-Vorlage)	395
8	**Im Bereich der Abgabenordnung**	**396**
8.1	Umfang der Rechtsbehelfsbelehrung	396
8.2	Tatsächlicher Zugang eines zuzustellenden Dokuments bei Verstoß gegen zwingende Zustellungsvorschriften	397
8.3	Auslegung eines Einspruchsschreibens	398
8.4	Inhaltsadressat von Feststellungsbescheiden	400
8.5	Bindungswirkung eines Feststellungsbescheids	400
8.6	Ablaufhemmung der Festsetzungsfrist durch Antrag des Steuerpflichtigen	401
8.7	Keine Anwendung der Ablaufhemmung des § 171 Abs. 14 AO im Gewerbesteuerverfahren	403
8.8	Säumniszuschläge bei zu Unrecht versagter AdV	403
8.9	Keine Haftung wegen Firmenfortführung bei Übernahme einer Etablissementbezeichnung	405
8.10	Unangemessene Verfahrensdauer eines finanzgerichtlichen Klageverfahrens	407
8.11	Kein erneuter Einspruch nach (Teil-)Einspruchsentscheidung	408
9	**Im Bereich der Grunderwerbsteuer**	**411**
9.1	Rückgängigmachung eines Erwerbsvorgangs nach § 16 Abs. 1 GrEStG	411
9.2	Rückgängigmachung eines Erwerbsvorgangs nach § 16 Abs. 1 GrEStG und Weiterveräußerung an Zweiterwerber	412
9.3	Anteilsvereinigung bei wechselseitiger Beteiligung auf Ebene einer Zwischengesellschaft	414
9.4	Grundstückseinbringung in Personengesellschaft bei anschließender Umwandlung in Kapitalgesellschaft	415
9.5	Grunderwerbsteuer und Formwechsel	416
9.6	Grunderwerbsteuer bei Grundstücksschenkung unter Auflage	417
9.7	Einheitlicher Erwerbsgegenstand im Grunderwerbsteuerrecht	418
9.8	Erbengemeinschaft als selbstständiger Rechtsträger im Grunderwerbsteuerrecht	419
9.9	Mittelbare Anteilsvereinigung bei grundbesitzender GmbH & Co. KG	420
9.10	Erhebung der Grunderwerbsteuer für Gesellschafterwechsel bei einer grundbesitzenden Personengesellschaft aufgrund Abspaltung bei einer Gesellschafterin	422
9.11	Mittelbare Änderung des Gesellschafterbestands i. S. d. § 1 Abs. 2a GrEStG durch anderweitige Zurechnung des Gesellschaftsanteils	423
D	**Neuentwicklungen im internationalen Steuerrecht**	**425**
1	**Steuerliche Herausforderungen beim Schritt über die Grenze**	**425**
2	**Steuersätze international**	**428**
2.1	Tarif- und Effektivbelastung von Kapitalgesellschaften	428
2.2	Einkommensteuersätze für natürliche Personen	433
2.3	Umsatzsteuersätze in den EU-Mitgliedstaaten	435

3	**Steuerbemessungsgrundlagen im Vergleich**	**436**
3.1	Rahmenbedingungen für Holdinggesellschaften	436
3.2	Verlustabzugsbeschränkungen im EU-Vergleich	440
3.3	Fördermaßnahmen für Forschung und Entwicklung	444
4	**Neues bei den Doppelbesteuerungsabkommen Deutschlands**	**447**
4.1	DBA-Übersicht zum 1.1.2015	447
4.2	Informationsaustausch	448
4.2.1	Allgemein	448
4.3	Neue DBA-Verhandlungen	448
4.3.1	Frühere Verhandlungen	448
4.3.2	China	448
4.3.3	Costa Rica	449
4.3.4	Georgien	449
4.3.5	Großbritannien	449
4.3.6	Israel	450
5	**Verwaltungserlasse und höchstrichterliche Rechtsprechung mit internationalem Bezug**	**450**
5.1	Verwaltungserlasse	450
5.1.1	Ertragsteuern	450
5.1.1.1	DBA-Anwendung auf Personengesellschaften	450
5.1.1.2	Aufwendungen beim Steuerabzug von Lizenzgebühren innerhalb der EU/des EWR	451
5.1.1.3	Anwendung des § 1 Abs. 4 AStG	451
5.1.1.4	Arbeitgeberzuschüsse an EU/EWR/Schweizer Krankenkassen	452
5.1.1.5	Steuerlichen Folgen der Löschung einer britischen Limited	452
5.1.2	Andere Steuern	453
5.1.2.1	Anteilige erbschaftsteuerliche Freibeträge bei in Drittstaaten Ansässigen	453
5.1.2.2	Verhältnis vom allgemeinen Umsatzbesteuerungsverfahren zum Vorsteuer-Vergütungsverfahren	453
5.2	Urteile des Bundesfinanzhofs	454
5.2.1	Ertragsteuern	454
5.2.1.1	Abfindung eines im Inland ansässigen Angestellten eines französischen Arbeitgebers in Frankreich zu versteuern	454
5.2.1.2	Abzug einer Spende innerhalb der EU nur bei Einhaltung aller deutschen Vorschriften	454
5.2.1.3	Aufwendungen für ein Verständigungsverfahren stehen nicht im Zusammenhang mit den betreffenden Einkünften	455
5.2.1.4	EU-Geldbuße keine abzugsfähige Betriebsausgabe	455
5.2.1.5	Ausländische Steueranrechnung unter Ausschluss der persönlichen Freibeträge	456
5.2.1.6	§ 8a KStG a. F. verstößt gegen DBA-Diskriminierungsverbot	456
5.2.1.7	Rückkehrtage Grenzgänger DBA-Schweiz	456
5.2.1.8	Abzug eines ausländischen Betriebsstättenverlustes	457
5.2.1.9	Kein Abzug vergeblicher Aufwendungen für eine dann doch nicht gegründete Betriebsstätte im Ausland	458
5.2.1.10	Einkunftsberichtigung nach § 1 AStG in Bezug auf ein zinsloses Darlehen an eine ausländische Tochtergesellschaft zulässig	458
5.2.1.11	Kein Erlass Steuerschuldzinsen bei korrespondierender Gewinnminderung im Ausland	459
5.2.1.12	Nochmals „treaty override" der § 50d Abs. 8 und Abs. 9 EStG völkerrechts- und damit verfassungsrechtswidrig	459
5.2.2	Umsatzsteuer	460
5.2.2.1	Vorsteuerabzug nach Gemeinschaftsrecht auch bei inländischer Vorschrift des ermäßigten Satzes	460
5.2.2.2	Verkauf von Bordverpflegung in Flugzeugen unterliegt der Umsatzsteuer	461
5.2.2.3	Inländische Zweigniederlassung ohne Umsatz berechtigt nicht zur Abgabe einer USt-Erklärung	461

6	**Steuerharmonisierung international**	**462**
6.1	Europäischer Gerichtshof	462
6.1.1	Ertragsteuern	462
6.1.1.1	Niederländische Organschaft auch bei ausländischer Zwischengesellschaft	462
6.1.1.2	Nochmals: Notarhonorarabführungspflicht als verbotene Kapitalverkehrsteuer	462
6.1.1.3	Freistellung ausländischer Dividenden mit der Nichtanrechnung der ausländischen Kapitalertragsteuer als Folge verstößt nicht gegen Kapitalverkehrsfreiheit	463
6.1.1.4	Keine Besteuerung nach § 6 InvStG bei „intransparenten" Fonds aus dem Ausland	463
6.1.1.5	Noch offene Schlussanträge	464
6.1.2	Umsatzsteuer	464
6.1.2.1	Reisebüro kann Rabatt vom steuerpflichtigen Umsatz nicht abziehen	464
6.1.2.2	Kein ermäßigter Steuersatz für Mietwagen	465
6.1.2.3	Kein Vorsteuerabzug bei unentgeltlich überlassenem Mandantenstamm an Personengesellschaft	466
6.1.2.4	Verkäufe aus der Krankenhausapotheke umsatzsteuerpflichtig, es sei denn, sie sind von der umsatzsteuerfreien medizinischen Behandlung untrennbar	466
6.1.2.5	Ermäßigter Steuersatz für E-Bücher nur bei direkter Vergleichbarkeit mit den Druckwerken	467
6.1.3	Verbrauchsteuern	467
6.1.3.1	Lkw-Kraftstofftanks müssen nicht vom Hersteller eingebaut werden	467
6.1.4	Erbschaftsteuer	468
6.1.4.1	Europäische Kommission erstreitet Urteil zum alten Recht	468

E	**Verrechnungspreise**	**469**
1	**OECD Entwicklungen zur BEPS-Initiative**	**469**
1.1	Fortschritt der BEPS-Initiative bis September 2014	469
1.2	Die BEPS-Berichte aus September 2014	470
1.2.1	Maßnahme 1: Besteuerung der digitalen Wirtschaft	471
1.2.2	Maßnahme 2: Vermeidung doppelter Nichtbesteuerung bei hybriden Gestaltungen	472
1.2.3	Maßnahme 5: Effektivere Bekämpfung von schädlichem Steuerwettbewerb	473
1.2.4	Maßnahme 6: Verhinderung von Abkommensmissbrauch	474
1.2.5	Maßnahme 8: Richtlinien zu Verrechnungspreisaspekten immaterieller Wirtschaftsgüter	474
1.2.6	Maßnahme 13: Überarbeitung der Vorschriften zur Dokumentation von Verrechnungspreisen	476
1.2.7	Maßnahme 15: Entwicklung eines multilateralen Übereinkommens zur Anpassung bilateraler Steuerabkommen	477
1.3	Fortschritt der BEPS-Initiative bis Dezember 2014	477
2	**Die Betriebsstättengewinnaufteilungsverordnung (BsGaV)**	**479**
2.1	Uneingeschränkte Selbstständigkeitsfunktion für Betriebsstätten	479
2.2	Die Entwurfsfassung aus 2013	480
2.3	Die Regelungen der BsGaV im Einzelnen	481
2.3.1	Aufbau der BsGaV	481
2.3.2	Allgemeiner Teil	482
2.3.3	Besonderheiten für Bankbetriebsstätten	485
2.3.4	Besonderheiten für Versicherungsbetriebsstätten	486
2.3.5	Besonderheiten für Bau- und Montagebetriebsstätten	487
2.3.6	Besonderheiten für Förderbetriebsstätten	487
2.3.7	Ständige Vertreter	488
2.3.8	Schlussvorschriften	488

3	**Sonstige nationale Verrechnungspreis-Entwicklungen (Auswahl)**	**489**
3.1	Glossar „Verrechnungspreise" des BMF	489
3.2	Urteil des FG Münster vom 14.2.2014 zur unentgeltlichen Markenüberlassung im Konzern	489

F Aktuelle Rechtsprechung zum Aktien- und GmbH-Recht ... 491

1	**Kein Ordnungsgeld wegen fehlenden Aufsichtsratsberichts**	**491**
2	**Drittelparitätische Mitbestimmung der Arbeitnehmer im Aufsichtsrat einer „Alt-Aktiengesellschaft"**	**492**
3	**Nachlese: Der Rückzug von der Börse nach der „Frosta"-Entscheidung des BGH (Delisting)**	**494**
4	**Pflichten des Vorstands in Bezug auf die Compliance-Organisation (Siemens/Neubürger-Urteil)**	**496**
5	**Zur Zulässigkeit der Beurkundung einer Abtretung von GmbH-Geschäftsanteilen im Ausland**	**498**

G Cash-Pooling im GmbH-Konzern ... 501

1	**Cash-Pooling – Einführung**	**501**
2	**Cash-Pooling – ein kurzer Überblick**	**501**
2.1	Funktionsweise	501
2.2	Formen des Cash-Poolings	503
3	**Cash-Pooling – Rechtliche Rahmenbedingungen**	**506**
3.1	Kapitalaufbringung	506
3.1.1	Debitorische Cash-Pool-Teilnehmer	506
3.1.2	Kreditorische Cash-Pool-Teilnehmer	507
3.1.3	Lösungsansätze	508
3.2	Kapitalerhaltung	508
3.2.1	§ 30 Abs. 1 GmbHG	509
3.2.1.1	Vollwertigkeit der Cash-Pool-Forderung	510
3.2.2	Folge von Verstößen gegen § 30 Abs. 1 GmbHG	512
3.2.3	Existenzvernichtender Eingriff	513
3.2.4	Zahlungen in Insolvenznähe	514
3.3	Cash-Pooling und Insolvenzrecht	514
3.3.1	Insolvenzantragspflichten	514
3.3.1.1	Zahlungsunfähigkeit	514
3.3.1.2	Überschuldung	516
3.3.2	Insolvenzanfechtung	517
4	**Fazit/Handlungsempfehlung**	**519**

H Änderungen im Rahmen der strafbefreienden Selbstanzeige 521

1 Einleitung 521

2 Änderungen im Bereich des steuerlichen Verfahrensrechts 522
2.1 Neuerungen bei der Anlaufhemmung, § 170 AO 522
2.2 Änderungen im steuerlichen Strafverfahren 524
2.2.1 Vollständigkeitsgebot und Berichtigungsverbund, § 371 Abs. 1 AO 524
2.2.2 Verschärfung der Sperrgründe, § 371 Abs. 2 AO 526
2.2.2.1 Anordnung der Außenprüfung, § 371 Abs. 2 Nr. 1 Buchst. a, c AO 526
2.2.2.2 Bekanntgabe der Verfahrenseinleitung, § 371 Abs. 2 S. 1 Nr. 1 Buchst. b AO 526
2.2.2.3 Erscheinen eines Amtsträgers zur Ermittlung einer Steuerstraftat, § 371 Abs. 2 S. 1 Nr. 1 Buchst d AO – neu – 527
2.2.2.4 Umsatzsteuer- und Lohnsteuernachschau, § 371 Abs. 2 S. 1 Nr. 1 Buchst. e AO – neu – 527
2.2.2.5 Tatentdeckung, § 371 Abs. 2 Nr. 2 AO 528
2.2.2.6 Herabsetzung des Schwellenwerts auf 25.000 €, § 371 Abs. 2 S. 1 Nr. 3 AO 528
2.2.2.7 Besonders schwerer Fall der Steuerhinterziehung, § 371 Abs. 2 S. 1 Nr. 4 AO – neu – 528
2.2.3 Ausnahmen vom Vollständigkeitsgebot und von Sperrgründen 529
2.2.3.1 Einschränkung der Sperrwirkung bei Außenprüfung, § 371 Abs. 1 S. 1 Nr. 1 Buchst. a, c und § 371 Abs. 2 S. 2 AO 529
2.2.3.2 Verpflichtung zur Abgabe von Steueranmeldungen, § 371 Abs. 2a AO – neu – 529
2.2.4 Erweiterung der Nachzahlungspflicht, § 371 Abs. 3 AO 530
2.2.5 Neue Voraussetzungen für das Eintreten eines Strafverfolgungshindernisses, § 398a AO 531
2.2.5.1 Absenkung der Strafzuschlags-Grenze 531
2.2.5.2 Voraussetzung der fristgemäßen Zinszahlung, § 398a Abs. 1 Nr. 1 AO 532
2.2.5.3 Erhöhung und Staffelung des Strafzuschlags, § 398a Abs. 1 Nr. 2 AO 532
2.2.5.4 Kompensationsverbot, § 398 Abs. 2 AO 534
2.2.5.5 Wiederaufnahme des Strafverfahrens, § 398a Abs. 3 AO 534
2.2.5.6 Keine Erstattung des Strafzuschlags nach gescheiterter Selbstanzeige, § 398a Abs. 4 AO 535
2.3 Andere redaktionelle Anpassungen in der AO 536
2.3.1 Änderung des § 164 Abs. 4 AO 536
2.3.2 Änderung des § 374 Abs. 4 AO 536
2.3.3 Änderung des § 378 Abs. 3 AO 536

3 Inkrafttreten der Änderungen 536

I Gesetz zur Anpassung der Abgabenordnung an den Zollkodex und zur Änderung weiterer steuerlicher Vorschriften (ZollkodexAnpG) 537

1 Einleitung 537

2 Änderungen im Bereich der Abgabenordnung und anderer verfahrensrechtlicher Vorschriften 538
2.1 Änderungen in der Abgabenordnung 538
2.1.1 Anpassung und Erweiterung der Mitteilungspflichten zur Geldwäschebekämpfung und Terrorismusfinanzierung, § 31b AO 538
2.1.2 Ergänzungen bei den Identifikationsmerkmalen 539
2.1.2.1 Drittverpflichtung bei der Angabe des Identifikationsmerkmals, § 139a Abs. 1 S. 1 AO 539
2.1.2.2 Erleichterungen bei der Erhebung des Identifikationsmerkmals, § 139b Abs. 2 Nr. 3 und Nr. 4 AO 539
2.1.2.3 Aufnahme der Meldedaten (Einzug und Auszug) beim BZSt, § 139b Abs. 3 S. 1 Nr. 14 AO 540
2.1.2.4 Erweiterung der Wirtschafts-Identifikationsnummer, § 139c Abs. 5a AO 540
2.1.3 Neuregelungen im Zusammenhang mit Steuerfeststellungsverfahren, §§ 171, 179 ff. AO 541

2.1.3.1	Festsetzungsverjährung bei Grundlagenbescheide, § 171 Abs. 10 S. 2 AO	541
2.1.3.1.1	Hintergrund und Inhalt	541
2.1.3.1.2	Inkrafttreten	541
2.1.3.2	Neue Zuständigkeitsregelung, § 180 Abs. 1 S. 2 AO	541
2.1.3.2.1	Hintergrund und Inhalt	541
2.1.3.2.2	Inkrafttreten	542
2.1.4	Sonstige verfahrensrechtliche Änderungen	542
2.1.4.1	Stärkung der gemeindlichen Befugnisse bei Billigkeitsmaßnahmen, § 184 Abs. 2 S. 1 AO	543
2.1.4.1.1	Hintergrund und Inhalt	543
2.1.4.1.2	Inkrafttreten	543
2.1.4.2	Steuerliche Korrekturen bei Anrechnungsverfügungen, § 218 Abs. 3 AO	543
2.1.4.2.1	Hintergrund und Inhalt	543
2.1.4.2.2	Inkrafttreten	544
2.1.4.3	Erhöhung der Vollstreckungskosten, §§ 339 ff. AO	544
2.2	Zollrechtliche Anpassungen der AO	544
2.2.1	Neufassung der Aufbewahrungspflichten, § 147 AO	544
2.2.2	Kosten bei Inanspruchnahme von Zollbehörden, § 178 Abs. 2 Nr. 7 AO	545
3	**Änderungen bei den Ertragssteuern**	**546**
3.1	Änderungen bei der Einkommensteuer	546
3.1.1	Erweiterungen des Katalogs der steuerfreien Einnahmen	546
3.1.1.1	Steuerfreiheit von Arbeitgeberleistungen, § 3 Nr. 34a EStG	546
3.1.1.1.1	Zielsetzung der Steuerbefreiung	546
3.1.1.1.2	Inhalt der Steuerbefreiung	546
3.1.1.1.3	Übernahme von Vermittlungs- und Beratungskosten für Betreuungsleistungen	546
3.1.1.1.4	Zahlungen von Betreuungsleistungen für die private Betreuung	547
3.1.1.1.5	Höhe des Zuwendungsbetrags	547
3.1.1.1.6	Inkrafttreten	547
3.1.1.2	Private Nutzung von EDV, etc., § 3 Nr. 45 EStG	547
3.1.1.3	Bezug von Leistungen aus öffentlichen Kassen, § 3 Nr. 67 EStG	548
3.1.1.3.1	Hintergrund der Regelung	548
3.1.1.3.2	Inhalt der Regelung	548
3.1.1.4	Befreiung öffentlicher Zuschüsse für Wagniskapital, § 3 Nr. 71 EStG	549
3.1.1.4.1	Hintergrund und Zielsetzung	549
3.1.1.4.2	Inhalt der Regelung/Umfang der Steuerfreistellung	549
3.1.1.4.3	Persönliche und sachliche Voraussetzungen	549
3.1.1.4.4	Höhe der Steuerbefreiung	550
3.1.1.4.5	Inkrafttreten	550
3.1.2	Betriebsausgaben- und Werbungskostenabzugsverbote	550
3.1.2.1	Einschränkungen des Betriebsausgabenabzugs bei Kapitalbeteiligungen, § 3c Abs. 2 EStG	550
3.1.2.1.1	Hintergrund und Zielstellung der Neuregelung	550
3.1.2.1.2	Gesellschafterdarlehen; § 3 c Abs. 2 Sätze 2–5 EStG	550
3.1.2.1.3	Mindestbeteiligung und Empfängergesellschaft	551
3.1.2.1.4	Materielle Nachweispflicht zur Fremdüblichkeit	551
3.1.2.1.5	Wirtschaftlich vergleichbare Rechtshandlungen	552
3.1.2.1.6	Gesonderte Ermittlung der Teilwertabschreibungen und Wertaufholungen	552
3.1.2.1.7	Problemstellungen der Norm im Vergleich zu § 8b Abs. 3 KStG	552
3.1.2.1.8	Abzugsverbot bei anderen Überlassungsverhältnissen	553
3.1.2.1.9	Inkrafttreten	553
3.1.2.2	Neuregelung der Aus- und Fortbildungskosten, §§ 4 Abs. 9, § 9 Abs. 6, § 12 Nr. 5 EStG	554
3.1.2.2.1	Zielstellung der Regelungen	554
3.1.2.2.2	Definition und Voraussetzungen der Erstausbildung, § 9 Abs. 6 S. 2 ff. EStG	554
3.1.2.2.3	Keine erste Berufsausbildung	555
3.1.2.2.4	Aufhebung des § 12 Nr. 5 EStG	556
3.1.2.2.5	Inkrafttreten	556

3.1.3	Ertragsteuerliche Ansatz- und Bewertungsvorschriften §§ 7 ff. EStG	556
3.1.3.1	Ersatzloser Wegfall von Regelungen für Sonderabschreibungen	556
3.1.3.2	Aufnahme einer Übergangsregelung, § 52 Abs. 15a EStG	556
3.1.4	Änderungen bei Einkünften aus Land- und Forstwirtschaft, §§ 13, 13a EStG	556
3.1.4.1	Hintergrund und Zielsetzung der Neuregelungen	556
3.1.4.2	Umsetzung der Maßnahmen	557
3.1.4.3	Inkrafttreten	557
3.1.5	Änderungen bei Arbeitnehmerbezügen	558
3.1.5.1	Erweiterung der Einkünfte aus nichtselbstständiger Arbeit, § 19 Abs. 1 EStG	558
3.1.5.1.1	Zuwendungen aus Betriebsveranstaltungen, § 19 Abs. 1 S. 1 Nr. 1a EStG	558
3.1.5.1.2	Art und Weise der Zuwendung	558
3.1.5.1.3	Wert der Einnahme	559
3.1.5.1.4	Inkrafttreten	559
3.1.5.2	Zahlungen an Versorgungseinrichtungen, § 19 Abs. 1 S. 1 Nr. 3 und S. 2 EStG	559
3.1.5.2.1	Zielstellung und Zweck der Regelung	559
3.1.5.2.2	Inhalt der Regelung	560
3.1.5.2.3	Inkrafttreten	561
3.1.6	Änderungen bei Sonderausgaben und außergewöhnlichen Belastungen	561
3.1.6.1	Neustrukturierung der Sonderausgaben, § 10 Abs. 1a EStG	561
3.1.6.1.1	Redaktionelle Änderungen in anderen Bereichen	561
3.1.6.1.2	Ergänzung des Sonderausgabenabzugs im Scheidungsfall, § 10 Abs. 1 Nr. 3 EStG	561
3.1.6.1.3	Inhalt und Zweck der Vorschrift	561
3.1.6.1.4	Persönliche Voraussetzungen	562
3.1.6.1.5	Sachlicher Anwendungsbereich	562
3.1.6.1.6	Zeitlicher Anwendungsbereich	562
3.1.6.1.7	Inkrafttreten	562
3.1.6.2	Weitere Anpassungen	562
3.1.6.2.1	Kleinbetragsrenten, § 10 Abs. 1 Nr. 2 S. 2 EStG	562
3.1.6.2.2	Höchstbetrag für Vorsorgeaufwendungen, § 10 Abs. 3 S. 1 EStG	562
3.1.7	Änderungen im Besteuerungsverfahren	563
3.1.7.1	Anrechnung ausländischer Steuern, § 34c Abs. 1 S. 2, 3 EStG	563
3.1.7.1.1	Hintergrund der Neuregelung	563
3.1.7.1.2	Inhalt der Neuregelung	563
3.1.7.1.3	Inkrafttreten und Übergangsregelung für Veranlagungszeiträume bis 2014	563
3.1.7.2	Steuerermäßigungen bei Erbschaftsteuer, § 35b S. 3 EStG	564
3.1.7.3	Änderungen bei der Kapitalertragsteuer, §§ 43 ff. EStG	564
3.1.7.3.1	Erweiterung der Entrichtungspflicht, § 44 Abs. 1 S. 4 Nr. 3 EStG	564
3.1.7.3.2	Verfahren bei nachträglicher Vorlage von Steuerbescheinigungen, § 44b Abs. 5 S. 3 EStG	564
3.1.7.3.3	Inkrafttreten	565
3.2	Änderungen im KStG	565
3.2.1	Erweiterung zur persönlichen Steuerbefreiung, § 5 Abs. 1 Nr. 24 KStG	565
3.2.1.1	Hintergrund der Steuerbefreiung	565
3.2.1.2	Umfang der Steuerbefreiung	566
3.2.1.2.1	Inkrafttreten	566
3.2.2	Steuerermäßigungen bei ausländischen Einkünften, § 26 KStG	566
3.2.2.1	Hintergrund und Inhalt der Änderung	566
3.2.2.2	Inkrafttreten	566
3.3	Änderungen in der Gewerbesteuer und im Zerlegungsgesetz	567
3.3.1	Erweiterung des Katalogs der Gewerbesteuerbefreiung	567
3.3.2	Änderungen im Zerlegungsgesetz	567
3.4	Änderungen im AStG	567
3.4.1	Änderungen bei den Regelungen zu Verrechnungspreisen, § 1 Abs. 4 AStG	567
3.4.2	Erweiterung der Stundung, § 6 Abs. 5 S. 3 Nr. 4 AStG	568
3.4.3	Redaktionelle Anpassungen, §§ 2 Abs. 3, 4 Abs. 1, 5 Abs. 1 AStG	568
3.4.4	Inkrafttreten	568

4	**Änderungen bei den Verkehrssteuern**	**568**
4.1	Änderungen in der Umsatzsteuer	568
4.1.1	Ortsregelung zu Finanzdienstleistungen, § 3a Abs. 4 S. 2 Nr. 6 Buchst. a UStG	568
4.1.2	Ausdehnung der Umsatzsteuerbefreiung, § 4 Nr. 14 Buchst. b Doppelbuchst. hh UStG	569
4.1.3	Lieferung von Edelmetallen, § 13b Abs. 2 Nr. 11 UStG	569
4.1.4	Anpassung der Anlage 4 zu § 13b Abs. 2 Nr. 11 UStG	570
4.1.5	Steuerschuldnerschaft bei Lieferungen von Erdgas, § 13b Abs. 5 S. 3 UStG	571
4.1.6	Einführung eines Schnellreaktionsmechanismus durch Ausdehnung des Reverse-Charge-Verfahrens, § 13b Abs. 10 UStG	571
4.1.7	Pflicht zur Abgabe von Voranmeldungen bei Vorratsgesellschaften, § 18 Abs. 2 S. 5 UStG	572
4.1.8	Redaktionelle Änderung	574
4.1.8.1	§ 3a Abs. 6 S. 1 Nr. 3 UStG	574
4.1.8.2	§ 4 Nr. 14 Buchst. b S. 2 Doppelbuchst. ff und Doppelbuchst. gg sowie Doppelbuchst. ii UStG	574
4.1.8.3	§ 4 Nr. 20 Buchst. a S. 4 UStG	574
4.2	Änderung im Feuerschutzsteuergesetz, § 9 Abs. 4 FeuerSchStG	575

Stichwortverzeichnis **576**

PwC-Standorte (Steuerberatung) **591**

Abkürzungsverzeichnis

€	Euro (Währung)
a. A.	andere Auffassung
a. F.	alte Fassung
Abs.	Absatz, Absätze
Abschn.	Abschnitt/e
AdV	Aussetzung der Vollziehung
AdV	Aussetzung der Vollziehung
AEAO	Anwendungserlass zur Abgabenordnung
AEUV	Vertrag über die Arbeitsweise der Europäischen Union
AfA	Absetzung für Abnutzung
AG	Aktiengesellschaft
AGB	Allgemeine Geschäftsbedingungen
AIF	Alternative Investmentfonds
AIFM	Alternative Investment Fund Manager
AktG	Aktiengesetz
AltZertG	Altersvorsorgeverträge-Zertifizierungsgesetz Gesetz
AmtshilfeRLUmsG	Amtshilferichtlinie-Umsetzungsgesetz Gesetz
Anm.	Anmerkung
AO	Abgabenordnung
AOA	Authorised OECD Approach
AOÄndG	Gesetz zur Änderung der Abgabenordnung und des Einführungsgesetzes zur Abgabenordnung
Art.	Artikel
AStG	Außensteuergesetz
ATP	Aggressive Tax Planning
Az.	Aktenzeichen
BaFin	Bundesanstalt für Finanzdienstleistungsaufsicht
BayLfSt	Bayerisches Landesamt für Steuern
BB	Betriebsberater (Fachzeitschrift)
BBergG	Bundesberggesetz
BBhV	Bundesbeihilfeverordnung
BBiG	Berufsbildungsgesetz
BCI	Business Capital Investors Corporation (amerikanische Aktiengesellschaft)
BDA	Bundesvereinigung der Deutschen Arbeitgeberverbände
BDI	Bundesverband der Deutschen Industrie e. V.
BeamtVG	Gesetz über die Versorgung der Beamten und Richter des Bundes
BeckRS	Beck-Rechtsprechung, beck-online (Datenbank)
BEEG	Bundeselterngeld- und Elternzeitgesetz
BeitrRLUmsG	Gesetz zur Umsetzung der Beitreibungsrichtlinie sowie zur Änderung steuerlicher Vorschriften (Beitreibungsrichtlinie-Umsetzungsgesetz)
BEPS	Base Erosion and Profit Shifting (OECD-Aktionsplan gegen Gewinnkürzungen und Gewinnverlagerungen)
BewG	Bewertungsgesetz
BFH	Bundesfinanzhof

BFH/NV	Sammlung der Entscheidungen des BFH, Haufe-Lexware, Freiburg
BFHE	Sammlung der Entscheidungen des BFH, herausgegeben von Mitgliedern des BFH
BfJ	Bundesamt für Justiz
BgA	Betrieb gewerblicher Art
BGB	Bürgerliches Gesetzbuch
BGBl	Bundesgesetzblatt
BGHZ	Entscheidungen des Bundesgerichtshofs in Zivilsachen
BilMoG	Bilanzrechtsmodernisierungsgesetz
BKA	Bundeskriminalamt
BMF	Bundesministerium der Finanzen
BMWi	Bundesministerium für Wirtschaft und Energie
BörsG	Börsengesetz
BRAK	Bundesrechtsanwaltskammer
BR-Drs.	Bundesrats-Drucksache
Brem.GBl	Gesetzblatt der Freien Hansestadt Bremen
BsGaV	Betriebsstättengewinnaufteilungsverordnung
BStBl	Bundessteuerblatt
BT-Drs.	Bundestags-Drucksache
Buchst.	Buchstabe/n
BVerfG	Bundesverfassungsgericht
BvL	Aktenzeichen des Bundesverfassungsgerichts
BvR	Aktenzeichen einer Verfassungsbeschwerde zum Bundesverfassungsgericht
BZSt	Bundeszentralamt für Steuern
bzw.	beziehungsweise
ca.	circa
CbCR	Country-by-Country Report
CD	Compact Disc (Speichermedium)
CH	Schweiz
CHF	Schweizer Franken (Währung)
CPAM	Caisse Primaire Assurance Maladie (französische GVK)
CRD IV	Capital Requirements Directive IV
CRR	Capital Requirements Regulation
DAV	Deutscher Anwaltverein
DB	Der Betrieb (Fachzeitschrift)
DBA	Doppelbesteuerungsabkommen
DIHK	Deutsche Industrie- und Handelskammertag
DKK	Dänische Kronen (Währung)
DM	Deutsche Mark (Währung)
Doppelbuchst.	Doppelbuchstaben
DrittelbG	Gesetz über die Drittelbeteiligung der Arbeitnehmer im Aufsichtsrat
DStR	Deutsches Steuerrecht (Fachzeitschrift)
DStRE	Deutsches Steuerrecht Entscheidungsdienst
DStV	Deutscher Steuerberaterverband e. V.
DStZ	Deutsche Steuer-Zeitung (Fachzeitschrift)
DV	Durchführungsverordnung
DVD	Speichermedium
DVO (EU)	Durchführungsverordnung (EU)

e. V.	eingetragener Verein
EATR	Effective average tax rate
EBA	Europäische Bankenaufsichtsbehörde
EBITDA	Gewinn + Schuldzinsen + planmäßige Abschreibungen − Zinserträge
EDV	Elektronische Datenverarbeitung
EEG	Gesetz für den Vorrang Erneuerbarer Energien (Erneuerbare-Energien-Gesetz)
EFG	Entscheidungen der Finanzgerichte (juristische Fachzeitschrift)
EG	Europäische Gemeinschaft
EGAO	Einführungsgesetz zur Abgabenordnung
EGMR	Europäischer Gerichtshof für Menschenrechte
EGV	Vertrag zur Gründung der Europäischen Gemeinschaft, 2009 umbenannt in Vertrag über die Arbeitsweise der Europäischen Union
EK	Eigenkapital
ELStAM	Elektronische Lohnsteuer abzugsmerkmale
ELSTER	elektronische Steuererklärung
EMwSt	Einfuhrmehrwertsteuer
ErbSt	Erbschaftsteuer
ErbStDV	Erbschaftsteuer-Durchführungsverordnung
ErbStG	Erbschaftsteuergesetz
ErbStH	Hinweise zu den Erbschaftsteuer-Richtlinien
ErbStR	Erbschaftsteuer-Richtlinien
ErbStRG	Gesetz zur Reform des Erbschaftsteuer- und Schenkungsteuerrechts
ESMA	Europäische Wertpapier- und Marktaufsichtsbehörde
ESt	Einkommensteuer
EStÄR	Einkommensteuer-Änderungsrichtlinien
EStB	Ertrag-Steuer-Berater (juristische Fachzeitschrift)
EStDV	Einkommensteuer-Durchführungsverordnung
EStG	Einkommensteuergesetz
EStR	Einkommensteuer-Richtlinien
ESUG	Gesetz zur Erleichterung der Sanierung von Unternehmen
etc.	et cetera
EU	Europäische Union
EuGH	Europäischer Gerichtshof
EÜR	Einnahmenüberschussrechnung
EÜR	Einnahmenüberschussrechnung
EURLUmsG	EU-Richtlinien-Umsetzungsgesetz
EUSt	Einfuhrumsatzsteuer
EU-UStB	EU-Umsatz-Steuer-Berater, Informationsdienst zu EG-Richtlinien und zur EuGH-Rechtsprechung (Beilage der Fachzeitschrift Umsatz-Steuer-Berater)
EWR	Europäischer Wirtschaftsraum
EZ	Erhebungszeitraum
f.	folgende
FA	Finanzamt
FATCA	Foreign Account Tax Compliance Act
FATCA	Foreign Account Tax Compliance Act (US-Gesetzes zum US-Steuer-Reporting von ausländischen Finanzinstitutionen)

FATCA-USA-UmsV	FATCA-USA-Umsetzungsverordnung
FD-ErbR	beck-online Fachdienst „Erbrecht" (E-Mail-Pushdienst)
FeuerSchStG	Feuerschutzsteuergesetz
ff.	fortfolgende
FG	Finanzgericht
FGO	Finanzgerichtsordnung
FinMin	Finanzministerium
FöGbG	Gesetz über Sonderabschreibungen und Abzugsbeträge im Fördergebiet (Fördergebietsgesetz)
FR	Finanz-Rundschau
FuE	Forschung und Entwicklung
FVG	Finanzverwaltungsgesetz
G20	Abkürzung für Gruppe der zwanzig wichtigsten Industrie- und Schwellenländer)
GBl	Gesetzblatt (Baden-Württemberg)
GbR	Gesellschaft bürgerlichen Rechts
GdE	Gesamtbetrag der Einkünfte
GDPdU	Grundsätze zum Datenzugriff und zur Prüfbarkeit digitaler Unterlagen
gem.	gemäß
GewSt	Gewerbesteuer
GewStG	Gewerbesteuergesetz
GG	Grundgesetz
ggf.	gegebenenfalls
GKV	Gesetzliche Krankenversicherung
GLEIF	Global Legal Entity Identifier Foundation
GmbH	Gesellschaft mit beschränkter Haftung
GmbH & Co. GbR	Gesellschaft mit beschränkter Haftung & Compagnie Gesellschaft bürgerlichen Rechts
GmbH & Co. KG	Gesellschaft mit beschränkter Haftung & Compagnie Kommanditgesellschaft
GmbHG	Gesetz betreffend die Gesellschaften mit beschränkter Haftung
GmbHR	GmbH-Rundschau (Fachzeitschrift)
GmbH-StB	Der GmbH-Steuerberater (Fachzeitschrift)
GNotKG	Gesetz über Kosten der freiwilligen Gerichtsbarkeit für Gerichte und Notare (Gerichts- und Notarkostengesetz), vormals KostO
GoBS	Grundsätze ordnungsmäßiger DV-gestützter Buchführungssysteme
grds.	grundsätzlich/e/er/en
GrESt	Grunderwerbsteuer
GrEStG	Grunderwerbsteuergesetz
GrS	Großer Senat
GVBl	Gesetz- und Verordnungsblatt (der Bundesländer Bayern, Berlin, Brandenburg, Rheinland-Pfalz, Thüringen)
GVBL	Gesetz- und Verordnungsblatt (Hessen)
GVBl LSA	Gesetz- und Verordnungsblatt für das Land Sachsen-Anhalt
GVG	Gerichtsverfassungsgesetz
GVOBl M-V	Gesetz- und Verordnungsblatt für Mecklenburg-Vorpommern
GVOBl Schl.-H.	Gesetz- und Verordnungsblatt für Schleswig-Holstein
GwG	Gesetz über das Aufspüren von Gewinnen aus schweren Straftaten (Geldwäschegesetz)
Halbs.	Halbsatz

HBeglG	Haushaltsbegleitgesetz
HFR	Humboldt Forum Recht (juristische Internetzeitschrift an der Humboldt-Universität zu Berlin)
HGB	Handelsgesetzbuch
HmbGVBl	Hamburgisches Gesetz- und Verordnungsblatt
HZA	Hauptzollamt
i. d. F.	in der Fassung
i. d. R.	in der Regel
i. H. v.	in Höhe von
i. S. d.	im Sinne der/des/dieser
i. S. v.	im Sinne von
i. V. m.	in Verbindung mit
ID-Nr.	Identifikationsnummer
IDW	Institut der Wirtschaftsprüfer in Deutschland e. V.
IFC	International Finance Cooporation
IFRS	International Financial Reporting Standards, internationale Rechnungslegungsvorschriften für Unternehmen
ifst	Institut Finanzen und Steuern
insb.	insbesondere
InsO	Insolvenzordnung
InvStG	Investmentsteuergesetz
IP	Intellectual Property (Geistiges Eigentum)
IRAP	Lokale Wertschöpfungssteuer in Italien
IRS	Internal Revenue Service
IStR	Internationales Steuerrecht (Fachzeitschrift)
IT	Informationstechnik
JStG	Jahressteuergesetz
jurisPR-SteuerR	juris PraxisReport Steuerrecht (Online-Anbieter von Rechtsinformationen)
KapErtrSt	Kapitalertragsteuer KapErtrSt
KERT Functions	Key Entrepreneurial Risk Taking Functions
KfiHG	Gesetz zur Einführung von Kammern für internationale Handelssachen
KG	Kommanditgesellschaft
KiSt	Kirchensteuer
KiStAM	Kirchensteurabzugsmerkmal
km	Kilometer
KMU	Kleinstunternehmen sowie kleinere und mittlere Unternehmen
KostO	Gesetz über die Kosten in Angelegenheiten der freiwilligen Gerichtsbarkeit (Kostenordnung), seit 1.8.2013 außer Kraft
KSt	Körperschaftsteuer
KStG	Körperschaftsteuergesetz
kW	Kilowatt
KWG	Kreditwesengesetz
LfSt	Landesamt für Steuern
LG	Landgericht
LoB	Limitation-on-Benefits
LPartG	Gesetz über die Eingetragene Lebenspartnerschaft (Lebenspartnerschaftsgesetz)
LSt	Lohnsteuer

LStÄR	Lohnsteuer-Änderungsrichtlinien
LStH	Lohnsteuer-Hinweise
LStR	Lohnsteuer-Richtlinien
Ltd.	Limited Company (nicht-börsennotierte Kapitalgesellschaft)
LT-Drs.	Landtagsdrucksache/n
LuftVStFestV	Luftverkehrsteuergesetz
m. E.	meines Erachtens
max.	maximal
Mio.	Million, Millionen
MittBayNot	Mitteilungen des Bayerischen Notarvereins, der Notarkasse und der Landesnotarkammer Bayern (Fachzeitschrift)
MNU	multinationales Unternehmen
MoMiG	Gesetz zur Modernisierung des GmbH-Rechts und zur Bekämpfung von Missbräuchen
MüKoGmbHG	Münchener Kommentar zum Gesetz betreffend die Gesellschaften mit beschränkter Haftung – GmbHG (Fachliteratur)
MwSt	Mehrwertsteuer
MwStR	MehrwertSteuerrecht (Fachzeitschrift)
MwStSystRL	Mehrwertsteuer-Systemrichtlinie
n. F.	neue Fassung
n. v.	nicht (amtlich) veröffentlicht
Nds. GVBl	Niedersächsisches Gesetz- und Verordnungsblatt
NI	Normative Instruction (brasilianische Vorschriften für Verrechnungspreise)
No.	Numero
Nr.	Nummer
NV	Nichtveranlagung
NV-Bescheinigung	Nichtveranlagungsbescheinigung
nwb	Neue Wirtschaftsbriefe (Fachzeitschrift)
NZG	Neue Zeitschrift für Gesellschaftsrecht (Fachzeitschrift)
NZI	Neue Zeitschrift für das Recht der Insolvenz und Sanierung
o. g.	oben genannt
OECD	Organisation for Economic Cooperation and Development (Organisation für wirtschaftliche Zusammenarbeit und Entwicklung)
OECD-MA	Musterabkommen zur Regelung von Doppelbesteuerungsfällen zwischen Staaten
OFD	Oberfinanzdirektion
OGAW	Organismen für gemeinsame Anlagen in Wertpapieren
OLG	Oberlandesgericht
OTC	Over-the-counter (Im Finanzwesen der außerbörsliche Handel zwischen Finanzmarktteilnehmern)
OWiG	Gesetz über Ordnungswidrigkeiten (Ordnungswidrigkeitengesetz)
p. a.	per anno
PartGG	Partnerschaftsgesellschaftsgesetz
PCT	Platform Contribution Transactions (Ausgleichszahlungen des CSA)
PIStB	Praxis Internationale Steuerberatung (Fachzeitschrift)
Pkw	Personenkraftwagen
PM	Pressemitteilung
PPT	principle purpose test
rd.	rund

REITG	Gesetz über deutsche Immobilien-Aktiengesellschaften mit börsennotierten Anteilen (REIT-Gesetz)
rkr.	rechtskräftig
RL	Richtlinie
Rn.	Randnummer/n
Rs.	Rechtssache/n
Rz.	Randziffer
S.	Seite, Seiten oder Satz, Sätze (in Normenzitaten)
s.	siehe
s. o.	siehe oben
s. u.	siehe unten
SEStEG	Gesetz über steuerliche Begleitmaßnahmen zur Einführung der Europäischen Gesellschaft und zur Änderung weiterer steuerrechtlicher Vorschriften
SGB	Sozialgesetzbuch
SHR	Safe Harbour Rules
SMS	Short Message Service (Kurznachrichtendienst9
sog.	sogenannte/r/s
SolvV	Solvabilitätsverordnung
SolZ	Solidaritätszuschlag
SpruchG	Spruchverfahrensgesetz
st. Rspr.	ständige Rechtsprechung
StÄnd-AnpG	Gesetz zur Anpassung des nationalen Steuerrechts
StB	Steuerberater
StBerG	Steuerberatungsgesetz
Stbg	Die Steuerberatung (Fachzeitschrift)
StED	Steuer-Eildienst (Fachzeitschrift)
StEntlG	Steuerentlastungsgesetz
SteuK	Steuerrecht kurzgefaßt (Fachzeitschrift)
StPO	Strafprozessordnung
StSenkErgG	Steuersenkungsergänzungsgesetz
StSenkG	Steuersenkungsgesetz
StuB	Unternehmensteuern und Bilanzen (Fachzeitschrift)
StuW	Steuer und Wirtschaft (Fachzeitschrift)
SVG	Gesetz über die Versorgung für die ehemaligen Soldaten der Bundeswehr und ihre Hinterbliebenen
SZE	Anlage zur Ermittlung der nichtabziehbaren Schuldzinsen bei Einzelunternehmen, Vordruck zur Einnahmenüberschussrechnung
TabStG	Tabaksteuergesetz
TKG	Telekommunikationsgesetz
TTR	Total Tax Rate
Tz.	Teilziffer, Teilziffern
u. a.	unter anderem
u. U.	unter Umständen
ÜberlVfRSchG	Gesetz über den Rechtsschutz bei überlangen Gerichtsverfahren und strafrechtlichen Ermittlungsverfahren
Ubg	Die Unternehmensbesteuerung (Fachzeitschrift)
UmwStG	Umwandlungssteuergesetz
UntStRefG	Unternehmensteuerreformgesetz

UntSt/RkVereinfG	Gesetz zur Änderung und Vereinfachung der Unternehmensbesteuerung und des steuerlichen Reisekostenrechts
UR	Umsatzsteuer-Rundschau (Fachzeitschrift)
US	United Staates
USA	United Staates of America
USA	United Staates of America
USt	Umsatzsteuer
UStAE	Umsatzsteuer-Anwendungserlass
UStB	Umsatz-Steuer-Berater (Fachzeitschrift)
UStDV	Umsatzsteuer-Durchführungsverordnung
UStG	Umsatzsteuergesetz
UStR	Umsatzsteuerrichtlinien
UStZVO	Umsatzsteuerzuständigkeitsverordnung
UVR	Umsatzsteuer- und Verkehrsteuer-Recht (Fachzeitschrift)
v.	vom
v. H.	von Hundert
VerbStrG-E	Entwurf eines Gesetzes zur Einführung der strafrechtlichen Verantwortlichkeit von Unternehmen und sonstigen Verbänden
VersAusglG	Gesetz über den Versorgungsausgleich
vGA	verdeckte Gewinnausschüttung
vgl.	vergleiche
VO	Verordnung
VersStG	Versicherungsteuergesetz
VZ	Veranlagungszeitraum
WpHG	Wertpapierhandelsgesetz
WpÜG	Wertpapiererwerbs- und Übernahmegesetz
z. B.	zum Beispiel
ZALSt	Zentrale Außenprüfungsstelle Lohnsteuer
ZEV	Zeitschrift für Erbrecht und Vermögensnachfolge (Fachzeitschrift)
ZEW	Zentrum für Europäische Wirtschaftsforschung
ZollkodexAnpG	Gesetz zur Anpassung der Abgabenordnung an den Zollkodex der Union und zur Änderung weiterer steuerlicher Vorschriften
ZPO	Zivilprozessordnung
ZVK	Zusatzversorgungskasse
ZVK	Zusatzversorgungskasse
zzgl.	zuzüglich

A Neue Steuergesetzgebung

Das erste Jahr der 18. Legislaturperiode nutzte der Gesetzgeber, um eine Vielzahl von Steuervorhaben abzuschließen und auch neue auf den Plan zu bringen. Zum Teil wurden noch in der vorangegangenen Legislaturperiode aufgeschobene Vorhaben realisiert und in Gesetzesform gegossen oder wurden erneut Gegenstand parlamentarischer Diskussionen.

Neben der Schließung sog. Besteuerungslücken, hat der Gesetzgeber, nicht zuletzt getragen von Debatten über die Vermeidung und Bekämpfung der Steuerhinterziehungen und sog. illegitimer Steuergestaltungen, eine Reihe von Einzelmaßnahmen beschlossen.

Aber auch einige ältere Vorhaben, die noch keine parlamentarische Mehrheit finden konnten, tauchen, zum Teil in neuen Gewändern, wieder auf und harren weiter ihrer legislativen Umsetzung. Zu letzteren zählen die bereits im letzten Jahr vorgestellten Vorhaben, wie das

- Gesetz zur Fortführung des permanenten Lohnsteuer-Jahresausgleichs beim Lohnsteuerabzug für Aushilfskräfte und kurzfristige Beschäftigungen
- Gesetz zur Bekämpfung von Steuerstraftaten im Bankenbereich
- Gesetz zur Einführung einer strafrechtlichen Verantwortlichkeit von Unternehmen und sonstigen Verbänden.

Aber auch andere praxisrelevante, außersteuerliche Gesetze, die wir in der Vergangenheit bereits vorstellten, haben das parlamentarische Verfahren noch immer nicht durchlaufen, wie z. B. das

- Gesetz zur Änderung des Aktiengesetzes (nunmehr Aktienrechtsnovelle 2014)
- Gesetz zur Modernisierung der Finanzaufsicht über Versicherungen
- Gesetz zur Einführung von Kammern für internationale Handelssachen (KfiHG).

Wie gewohnt werden wir zunächst auf die in 2014 in Kraft getretenen maßgeblichen Steueränderungen und angrenzende Gesetze eingehen und alsdann die Steueränderungen des Jahres 2015 sowie in Planung befindliche Steueränderungen erläutern.

1 Steuergesetzänderungen, die 2014 in Kraft getreten sind

Wir werden die steuerlichen Änderungen darstellen, die sich aus den folgenden Gesetzen bzw. Verordnungen ergeben:

- Gesetz zur Anpassung des nationalen Steuerrechts an den Beitritt Kroatiens zur EU und zur Änderung weiterer steuerlicher Vorschriften
- Gesetz zur Anpassung steuerlicher Regelungen an die Rechtsprechung des Bundesverfassungsgerichts
- Betriebsstättengewinnaufteilungsverordnung – BsGaV

- FATCA-USA-Umsetzungsverordnung – FATCA-USA-UmsV
- Verordnung zur Festlegung der Steuersätze im Jahr 2014 nach § 11 Abs. 2 des Luftverkehrsteuergesetzes (LuftVStFestV 2014).

1.1 Gesetz zur Anpassung des nationalen Steuerrechts an den Beitritt Kroatiens zur EU und zur Änderung weiterer steuerlicher Vorschriften

Bedingt durch den Beitritt Kroatiens zur Europäischen Union zum 1.7.2013 erfolgten zahlreiche technische und redaktionelle Anpassungen verschiedener steuerlicher Vorschriften. Zudem hat der Gesetzgeber die Möglichkeit genutzt, weitere Änderungen redaktioneller Art vorzunehmen, die das materielle Recht nicht berühren und redaktionelle Fehler beheben, wie z. B. ins Leere laufende Verweise, welche durch die letzten steuerlichen Änderungsgesetze entstanden waren.

Neben diesen rein redaktionellen Änderungen enthält das StÄnd-AnpG-Kroatien auch zahlreiche inhaltliche Änderungen, die im Folgenden näher beleuchtet werden sollen.

1.1.1 Änderungen in der Einkommensteuer

1.1.1.1 Präzisierung des erweiterten Inlandsbegriffs

Mit der Änderung des § 1 Abs. 1 S. 2 EStG wird eine gesetzliche Präzisierung des erweiterten Inlandsbegriffs in Bezug auf Energieerzeugungsanlagen angestrebt. Danach wird künftig bei Energieerzeugungsanlagen, die erneuerbare Energien nutzen, nicht mehr auf den der Bundesrepublik Deutschland zustehenden Anteil am Festlandsockel (i. S. d. Seerechtsübereinkommens der Vereinten Nationen) abgestellt, sondern auf den der Bundesrepublik Deutschland zustehenden Anteil an der ausschließlichen Wirtschaftszone. Bezogen auf die davon umfasste Meeresoberfläche in Nord- und Ostsee ist die deutsche ausschließliche Wirtschaftszone im Wesentlichen identisch mit dem deutschen Festlandsockel. Allerdings bestand die Befürchtung, dass Energieerzeugungsanlagen, die zwar am Meeresgrund und damit mit dem Festlandsockel verankert waren, deren Aktivität jedoch typischerweise oberhalb der Meeresoberfläche entfaltet wird, nach dem bisherigen Gesetzeswortlaut nicht vom erweiterten Inlandsbegriff umfasst sind. Zudem wird klargestellt, dass auch Tätigkeiten vor Ort, die der Errichtung der Energieerzeugungsanlagen dienen, im Inland ausgeübt werden.

Die Neuregelung tritt gem. § 52 Abs. 1 S. 1 EStG erstmals mit Wirkung für den VZ 2015 in Kraft.

Praxishinweis

 Korrespondierend zur Änderung des Inlandsbegriffs im EStG erfolgte auch eine inhaltsgleiche Anpassung der § 1 Abs. 3 KStG sowie § 2 Abs. 7 Nr. 1 GewStG.

1.1.1.2 Ausweitung der Steuerfreiheit für Versorgungsbezüge nach § 3 Nr. 6 EStG an im Freiwilligen Wehrdienst und im Bundesfreiwilligendienst Beschädigte

Diese Neufassung greift eine Prüfbitte des Bundesrates auf. § 3 Nr. 6 EStG stellt die versorgungshalber an Wehrdienstbeschädigte, Zivildienstbeschädigte oder ihre Hinterbliebenen, Kriegsbeschädigte, Kriegshinterbliebene und ihnen gleichgestellte Personen geleisteten Bezüge steuerfrei, soweit die Bezüge nicht aufgrund der Dienstzeit gezahlt werden. Steuerfrei sind damit insb. Entschädigungen, die aufgrund eines Dienstunfalls geleistet werden. Mit der Änderung des § 3 Nr. 6 EStG wird diese Regelung aktualisiert und auf Personen, die während des Freiwilligen Wehrdienstes oder des Bundesfreiwilligendienstes einen Schaden erleiden, ausgeweitet. Zudem wird der Begriff „gleichgestellte Personen" durch den neu eingefügten Satz 2 konkretisiert. Nach dessen beispielhafter Aufzählung gehören ausdrücklich Personen, die Anspruch auf Leistungen nach dem Bundesversorgungsgesetz oder dem Beamtenversorgungsgesetz oder vergleichbarem Landesrecht haben, zu den gleichgestellten Personen. Der BFH hatte die Steuerfreiheit dieser Leistungen für Beamte, die im zivilen Dienst einen gefährlichen Dienst ausüben, zuletzt in Frage gestellt. Nach den Lohnsteuer-Richtlinien waren diese Leistungen aber schon in der Vergangenheit steuerfrei. Die Änderung stellt klar, dass diese Leistungen auch zukünftig wie derzeit steuerfrei sind. Nach Auffassung des Gesetzgebers wäre es unter dem Gesichtspunkt der Gleichbehandlung nicht gerechtfertigt, die an einen Soldaten gezahlte Entschädigung steuerfrei zu belassen, jedoch die aufgrund einer vergleichbaren Beschädigung an einen im zivilen Bereich tätigen Beamten gezahlte Entschädigung steuerpflichtig zu behandeln.

1.1.1.3 Steuerfreiheit von Aufwandsentschädigungen nach § 3 Nr. 12 EStG

Die sprachliche Neufassung des § 3 Nr. 12 S. 1 EStG stellt sicher, dass sich die Voraussetzung für die Steuerfreiheit der Bezüge, dass diese „als Aufwandsentschädigung im Haushaltsplan ausgewiesen werden" entsprechend der bislang vorherrschenden Auffassung auf alle sechs Fälle der Festsetzung steuerfreier Aufwandsentschädigungen bezieht und somit für alle Möglichkeiten der Ausweis im Haushaltsplan weiterhin Voraussetzung für die Steuerfreiheit ist. Der BFH hatte im Urteil vom 17.10.2012[1] die Ansicht vertreten, dass das Gebot der Ausweisung im Haushaltsplan nach dem bisherigen Gesetzeswortlaut angesichts der „oder"-Verknüpfungen zwischen den sechs Möglichkeiten steuerfreier Aufwandsentschädigungen sich nur auf die letzte oder die beiden letzten Alternativen (Festsetzung durch die Bundes- oder Landesregierung) beziehe.

Bei der Aufstellung des jährlichen Haushaltsplans treffen die parlamentarischen Gremien mit der Ausweisung „als Aufwandsentschädigung" bereits die Entscheidung über die Steuerfreiheit der Bezüge, an die die Finanzverwaltung bei der Durchführung des Besteuerungsverfahrens dann gebunden ist. Nach den Vorgaben des BVerfG[2] können nur solche Bezüge als steuerfreie Aufwandsentschädigung i. S. d. § 3 Nr. 12 S. 1 EStG festgesetzt und im Haushaltsplan als steuerfreie Aufwandsentschädigung ausgewiesen werden, die einkommensteuerlich absetzbare Erwerbsaufwendungen abdecken. Käme es auf die Ausweisung als Aufwandsentschädigung im jährlichen Haushaltsplan nicht oder nicht mehr in jedem Fall der Festsetzung steuerfreier Aufwandsentschädigung an, wäre diese Kontrolle der steuerfreien Festsetzung nicht mehr gegeben.

---

[1] BFH, Urteil v. 17.10.2012, VIII R 57/09, BStBl II 2013, S. 799.
[2] Vgl. z. B. BVerfG, Beschluss v. 11.11.1998, 2 BvL 10/95, BStBl II 1999, S. 502.

1.1.1.4 Sonderausgaben-Pauschbetrag, § 10c EStG

Der Sonderausgaben-Pauschbetrag wird für Sonderausgaben, mit Ausnahme der Vorsorgeaufwendungen gewährt, wenn der Steuerpflichtige keine höheren Aufwendungen nachweist. Nach den bisherigen Regelungen wurden diesbezüglich lediglich Sonderausgaben i. S. v. § 10 Abs. 1 Nr. 1, 1a, 4, 5, 7 und 9 EStG erfasst. Künftig wird in diese Aufzählung auch § 10 Abs. 1 Nr. 1b EStG aufgenommen. Damit wird nunmehr klargestellt, dass der Sonderausgaben-Pauschbetrag i. H. v. 36 € auch die von § 10 Abs. 1 Nr. 1b EStG erfassten Ausgleichszahlungen im Rahmen des Versorgungsausgleichs umfasst.

Die Neuregelung ist erstmals auf den VZ 2014 anzuwenden (§ 52 Abs. 1 S. 1 EStG).

1.1.1.5 Besteuerung von Ansprüchen aus Risiko-Versicherungsleistungen, § 20 Abs. 1 Nr. 6 EStG

Die von § 20 Abs. 1 Nr. 6 EStG erfassten Versicherungen dienen der Absicherung von wirtschaftlichen Risiken, die aus der Ungewissheit und Unberechenbarkeit des menschlichen Lebens erwachsen. Erfolgt die Versicherungsleistung im Erlebensfall normiert § 20 Abs. 1 Nr. 6 EStG die Steuerpflicht. Im Falle des Eintritts des versicherten Risikos führt die ausgezahlte Versicherungssumme im Rahmen der privaten Vermögensverwaltung jedoch nicht zu steuerpflichtigen Einnahmen. Dies galt bisher auch dann, wenn der ursprünglich Begünstigte die Versicherungsansprüche entgeltlich veräußert hat und die Versicherungssumme im Fall des Eintritts des versicherten Risikos an den Erwerber ausgezahlt wird.

Dies führte in der Praxis zur Verbreitung von Anlagemodellen, bei denen Fonds Ansprüche aus Lebensversicherungen in großem Umfang aufkauften und später den Gewinn aus der an sie ausgezahlten Versicherungssumme steuerfrei vereinnahmen konnten. Dem will der Gesetzgeber mit der Neufassung der Norm einen Riegel vorschieben.

Im Falle der entgeltlichen Veräußerung des Versicherungsanspruchs verliert die Versicherung nach Auffassung des Gesetzgebers ihren Zweck der Risikoabsicherung bei Eintritt des Versicherungsfalls. Wirtschaftlich gesehen erwirbt der Käufer eine Forderung auf Auszahlung einer Versicherungssumme, wobei der Fälligkeitszeitpunkt aufgrund des zeitlich ungewissen Eintritts des Versicherungs- oder Erlebensfalls unbestimmt ist. Die Absicherung des versicherten Risikos ist für den Erwerber einer gebrauchten Lebensversicherung nicht von Bedeutung. Ausschlaggebend für den Erwerb des Versicherungsanspruchs ist vielmehr die Renditeerwartung. Damit entfällt die Grundlage für den steuerfreien Bezug der Versicherungssumme. § 20 Abs. 1 Nr. 6 S. 7 EStG regelt daher künftig, dass im Falle des entgeltlichen Erwerbs eines Anspruchs aus einem von einer anderen Person abgeschlossenen Vertrag, der Unterschiedsbetrag zwischen der Versicherungsleistung und den Aufwendungen für den Erwerb und Erhalt des Versicherungsanspruchs stets zu den steuerpflichtigen Einkünften aus Kapitalvermögen gehört; dies gilt, selbst wenn die Versicherungsleistung erst bei Eintritt des Versicherungsfalls gezahlt worden ist.

Mit der Ausnahmeregelung in § 20 Abs. 1 Nr. 6 S. 8 EStG wird zugleich sichergestellt, dass der Erwerb von Versicherungsansprüchen durch die versicherte Person selbst von einem Dritten, so z. B. aus Anlass der Beendigung von Arbeitsverhältnissen, nicht von der Neuregelung erfasst werden und es in diesen Fällen bei der Steuerfreiheit der Versicherungsleistung im Zeitpunkt des Eintritts des versicherten Risikos bleibt. Gleiches soll auch gelten, wenn die aus anderen Rechtsverhältnissen entstandenen Abfindungs- und Ausgleichsansprüche arbeitsrechtlicher, erb- oder familienrechtlicher Art (z. B. Auseinandersetzung nach Nachlässen oder güterrechtliche Auseinandersetzung bei Scheidungen) durch die Übertragung von Ansprüchen aus Versicherungsverträgen erfüllt werden. Denn auch in diesen Fällen ist der entgeltliche Erwerb der Versicherungsansprüche nicht durch besondere Renditeerwartungen motiviert.

Zudem ist zu beachten, dass in Fällen des entgeltlichen Erwerbs von Versicherungsansprüchen auch die Regelung des § 20 Abs. 1 Nr. 6 S. 2 EStG, wonach bei Auszahlung des Versicherungsleistung nach Vollendung des 60. Lebensjahres des Versicherten und nach Ablauf von 12 Jahren seit dem Vertragsabschluss lediglich die Hälfte des Unterschiedsbetrags der Besteuerung unterliegt, keine Anwendung findet.

Die Neuregelungen sind erstmals anzuwenden auf Versicherungsleistungen, die aufgrund eines nach dem 31.12.2014 eingetretenen Versicherungsfalls ausbezahlt werden (§ 52 Abs. 28 S. 10 EStG).

Praxishinweis

Auf Anmerkung der acht Spitzenorganisationen der deutschen Wirtschaft zum Referentenentwurf wird durch entsprechende Änderung des § 43 Abs. 1 Nr. 4 EStG auf den KapErtrSt-Einbehalt im Falle der Auszahlung von Risikoleistungen verzichtet, um Umsetzungsschwierigkeiten und hohe Befolgungskosten aufseiten der deutschen Versicherungsunternehmen abzuwenden.

1.1.1.6 Besteuerung des Gewinns aus der Veräußerung von Dividendenscheinen, § 20 Abs. 2 S. 1 Nr. 2 EStG

Aufgrund des bisherigen Wortlauts des § 20 Abs. 2 S. 1 Nr. 2 Buchst. a S. 2 EStG wurde in der Praxis teilweise die Rechtsauffassung vertreten, dass im Zusammenhang mit der Veräußerung von Dividendenansprüchen eine Besteuerung der späteren Dividendenzahlung nach § 20 Abs. 1 Nr. 1 EStG generell ausgeschlossen war. Dies barg das Risiko, dass die Dividendenzahlung auch dann unversteuert blieb, wenn der Gewinn aus der vorherigen Veräußerung des Dividendenscheins nicht besteuert wurde, weil etwa der Veräußerungsvorgang nicht einer deutschen Steuerpflicht unterlag. Aus Sichtweise des Gesetzgebers beruht diese Ansicht jedoch auf einem rechtsirrigen Verständnis der Norm. Danach entfaltet die Veräußerung des Dividendenanspruchs für sich betrachtet keine Sperrwirkung für die Besteuerung auf Dividendenzahlungen. Die Norm dient allein der Verhinderung einer Doppelbesteuerung sowohl des Erlöses aus der Veräußerung des Dividendenanspruchs als auch der späteren Dividendenzahlung beim Anteilseigner. Das sich in einem solchem Fall ergebende Konkurrenzverhältnis zwischen der Besteuerung nach § 20 Abs. 2 S. 1 Nr. 2 Buchst. a S. 1 und § 20 Abs. 1 Nr. 1 EStG wird durch die Neuformulierung von S. 2 des § 20 Abs. 2 S. 1 Nr. 2 Buchst. a EStG dergestalt gelöst, dass eine Besteuerung des späteren Dividendenbezugs beim Anteilseigner nach § 20 Abs. 1 Nr. 1 EStG unterbleibt, **soweit** bereits der Gewinn aus der Veräußerung des Dividendenscheins der Besteuerung unterlag.

Die Neufassung ist erstmals anzuwenden auf Kapitalerträge, die dem Gläubiger nach dem 31.12.2014 zufließen (§ 52 Abs. 1 S. 3 EStG).

Zur Vermeidung dieser Doppelbesteuerung ermöglicht § 45 S. 2 EStG ergänzend dem Erwerber eines Dividendenanspruchs die Erstattung der auf die Dividendenzahlung einbehaltenen KapErtrSt für den Erwerber eines Dividendenanspruchs, wenn bereits im Zuge der Veräußerung des Dividendenanspruchs KapErtrSt einbehalten wurde. Mit der Änderung des § 45 S. 2

EStG durch das StÄnd-AnpG-Kroatien[3] wird nunmehr klargestellt, dass dies sowohl beim Erwerb von verbrieften und unverbrieften Dividendenansprüchen gilt.

1.1.1.7 Wiedereinführung der Fifo-Methode zur Ermittlung des Gewinns aus der Veräußerung von Fremdwährungsbeträgen, § 23 Abs.1 S. 1 Nr. 2 S. 3 EStG

Mit Einführung des Systems der Abgeltungsteuer war die Anwendung der Fifo-Methode (First in first out) auf Fremdwährungsgeschäfte aus § 23 EStG gestrichen worden. Die dadurch anzuwendende Durchschnittsmethode führte jedoch zu praktischen Problemen bei der Ermittlung des Veräußerungsgewinns. Die Schwierigkeiten beruhten darauf, dass im Rahmen der Durchschnittsmethode beim Verkauf eines Teils des Fremdwährungsbestands zunächst der Teil als veräußert galt, der außerhalb der Behaltensfrist angeschafft worden war. Sofern die restlichen Beträge gleichartiger Fremdwährungen zu unterschiedlichen Zeitpunkten angeschafft worden waren und nicht vollständig veräußert wurden, galten die zu den verschiedenen Zeitpunkten angeschafften Bestände als anteilig veräußert. Für die Fremdwährungsbeträge, deren Behaltensfrist noch nicht abgelaufen ist, waren dabei die Anschaffungskosten als Durchschnitt der einzelnen Anschaffungskosten zu ermitteln. Durch das Prinzip, dass die zu unterschiedlichen Zeitpunkten erworbenen Fremdwährungsbeträge stets als anteilig veräußert gelten, wurde die Ermittlung des Veräußerungsgewinns nach der Durchschnittsmethode mit jedem weiteren Kauf und Verkauf von Fremdwährungsbeträgen komplizierter. Aus Vereinfachungsgründen wird daher wieder die Fifo-Methode als Verwendungsreihenfolge bei der Ermittlung des Veräußerungsgewinns bei Fremdwährungsbeträgen gesetzlich normiert.

1.1.1.8 Neuregelung des Härteausgleichs nach § 46 Abs. 3 EStG

Durch die mit § 46 Abs. 3 EStG aus Vereinfachungsgründen beabsichtigte Nichterfassung von „Bagatell-Nebeneinkünften", können im Ergebnis bis zu 410 € (Freigrenze) Nebeneinkünfte, die nicht dem Steuerabzug vom Arbeitslohn unterlagen, steuerfrei vereinnahmt werden. Im Bereich der Kapitalerträge entsteht hierdurch der Anreiz entgegen dem Ziel der Abgeltungsteuer eine Veranlagung durchzuführen. Durch die mögliche Steuerfreistellung schafft der Härteausgleich in diesem Bereich Anreize, Kapitalerträge in der Steuererklärung anzugeben oder überhaupt nur aus diesem Grund eine Steuererklärung abzugeben. Durch die inhaltliche Erweiterung des § 46 Abs. 3 EStG, dass eine Steuerfreistellung nur für solche einkommensteuerpflichtigen Einkünfte gilt, die nicht dem gesonderten Steuertarif für Einkünfte aus Kapitalvermögen nach § 32d EStG unterliegen, sollen diese Anreize beseitigt werden.

1.1.1.9 Ausweitung der Entstrickungsbesteuerung, § 50i EStG

Der erst in 2013 durch das AmtshilfeRLUmsG[4] in das EStG eingefügte § 50i EStG wird nunmehr durch das StÄnd-AnpG-Kroatien in seinem Anwendungsbereich erweitert.

§ 50i EStG dient dem Zweck, Besteuerungslücken im Zusammenhang mit der Wegzugsbesteuerung nach § 4 Abs. 1 S. 3 und S. 4 EStG und § 6 AStG zu schließen, die durch die Rspr. des BFH in 2010 entstanden waren.[5] Nach der Vorschrift sollen – ungeachtet etwaiger Bestimmungen des einschlägigen DBA – die stillen Reserven in Anteilen i. S. d. § 17 EStG sowie anderen Wirtschaftsgütern, die vor dem 29.6.2013 steuerneutral in eine nur fiktiv gewerb-

---

[3] Gesetz v. 25.7.2014, BGBl I 2014, S. 1266.
[4] Gesetz v. 26.6.2013, BGBl I 2013, S. 1809.
[5] Vgl. PwC, Steueränderungen 2014, Kapitel A.1.1.2.7.3.

liche Personengesellschaft überführt wurden, im Fall der späteren Veräußerung bzw. Entnahme auch nach dem Wegzug aus Deutschland der Besteuerung unterliegen.

Seitens des Gesetzgebers bestanden nunmehr Zweifel, ob der Wortlaut der Tatbestandsbeschreibung – entsprechend dem in der Gesetzesbegründung[6] ausgedrückten Willen des Gesetzgebers – auch die Gewährung neuer Anteile an einer Kapitalgesellschaft als Gegenleistung für die Einbringung des Geschäftsbetriebs einer Personengesellschaft aufgrund einer Umstrukturierung nach § 20 UmwStG einschließt. Um diesbezüglich Klarheit zu schaffen, erweitert der neu eingefügte Satz 2 des § 50i Abs. 1 EStG die Tatbestände nunmehr um solche Fälle. Nach § 50i Abs. 1 S. 2 EStG n. F. gilt somit als Übertragung oder Überführung von Anteilen i. S. d. § 17 EStG in das Betriebsvermögen einer Personengesellschaft i. S. d. § 15 Abs. 3 Nr. 2 EStG, auch die Gewährung neuer Anteile an einer Personengesellschaft, die bisher zumindest auch eine gewerbliche Tätigkeit gem. § 15 Abs. 1 S. 1 Nr. 1 EStG ausgeübt hat oder gewerbliche Einkünfte i. S. von § 15 Abs. 1 S. 1 Nr. 2 EStG bezogen hat, im Rahmen der Einbringung eines Betriebs oder Teilbetriebs oder eines Mitunternehmeranteils dieser Personengesellschaft in eine Körperschaft nach § 20 UmwStG. Voraussetzung ist dabei, dass der Einbringungszeitpunkt vor dem 29.6.2013 liegt und die Personengesellschaft nach der Einbringung als gewerblich infizierte oder geprägte Personengesellschaft i. S. d. § 15 Abs. 3 EStG fortbesteht.

Darüber hinaus sollen durch den neugeschaffenen § 50i Abs. 2 EStG Möglichkeiten zur Steuergestaltung unterbunden werden. In der Praxis hatten sich nach Schaffung des § 50i EStG durch das AmtshilfeRLUmsG Steuergestaltungsstrategien herauskristallisiert, mittels derer die durch § 50i EStG vorgesehene Besteuerung von Veräußerungs- oder Entnahmegewinnen in sog. Altfällen durch eine einem Wegzug nachfolgende Umwandlung oder Einbringung ausgeschlossen werden konnten. Im Ergebnis wurden damit wiederum die deutschen Entstrickungsregelungen (insb. § 6 AStG) in ihren Wirkungen umgangen.

Durch Abs. 2 wird nun sichergestellt, dass der Grundgedanke des § 50i EStG nicht dadurch umgangen werden kann, dass die Entstrickung durch Anwendung von Bewertungswahlrechten ohne Entstehung eines Gewinns vorgenommen werden kann (z. B. dass der Veräußerungspreis oder Entnahmewert aufgrund einer Umwandlung bzw. Einbringung oder einer Übertragung bzw. Überführung nur mit dem Buchwert angesetzt wird). Künftig sind daher bei Umwandlungen oder Einbringungen i. S. d. § 1 UmwStG, die Sachgesamtheiten, Wirtschaftsgüter oder Anteile i. S. d. § 50i Abs. 1 EStG enthalten und damit einem im anderen Vertragsstaat ansässigen Steuerpflichtigen i. S. d. § 50i Abs. 1 S. 1 EStG zuzurechnen sind, stets mit dem gemeinen Wert anzusetzen. Das vom UmwStG vorgesehene Wahlrecht zum Ansatz eines Buchwerts oder eines Zwischenwerts soll für diese Fälle nicht gelten. Flankierend dazu regelt § 50i Abs. 2 S. 2 EStG, dass auch im Falle der Überführung oder Übertragung von Wirtschaftsgütern und Anteilen nach § 50i Abs. 1 EStG aus dem Gesamthandsvermögen der gewerblich infizierten oder geprägten Personengesellschaft oder aus dem Sonderbetriebsvermögen eines Mitunternehmers einer solchen Personengesellschaft ungeachtet des § 6 Abs. 3 und 5 EStG der gemeine Wert anzusetzen ist.

Nach § 52 Abs. 48 EStG ist § 50i Abs. 1 S. 1 und 2 EStG n. F. erstmalig auf die Veräußerung und Entnahme von Wirtschaftsgütern oder Anteilen anzuwenden, die nach dem 29.6.2013 stattfindet. Nach Auffassung des Finanzausschusses des Bundestages ist darin kein Verbot gegen das Rückwirkungsverbot zu sehen, da der neu eingefügte § 50i Abs. 1 S. 2 EStG lediglich der Klarstellung einer eindeutigen Rechtslage diene.

---

[6] BR-Drs. 139/13, S. 141.

Der neue § 50i Abs. 2 EStG gilt gem. § 52 Abs. 48 S. 4, 5 EStG erstmals für Umwandlungen und Einbringungen, bei denen der Umwandlungsbeschluss nach dem 31.12.2013 erfolgt ist oder der Einbringungsvertrag nach dem 31.12.2013 geschlossen worden ist. Damit kommt es zu einer unechten Rückwirkung. Unechte Rückwirkungen sind zwar grds. zulässig, für ihre Verfassungsmäßigkeit gelten jedoch gesteigerte Anforderungen. Soweit an zurückliegende Sachverhalte innerhalb des nicht abgeschlossenen VZ angeknüpft wird, ist diese unechte Rückwirkung mit den Grundsätzen grundrechtlichen und rechtsstaatlichen Vertrauensschutzes nur vereinbar, wenn sie zur Förderung des Gesetzeszwecks geeignet und erforderlich ist und wenn bei einer Gesamtabwägung zwischen dem Gewicht des enttäuschten Vertrauens und dem Gewicht und der Dringlichkeit der die Rechtsänderung rechtfertigenden Gründe die Grenze der Zumutbarkeit gewahrt bleibt.[7] Ausweislich des Berichts des Finanzausschusses[8] wird von Seiten des Gesetzgebers die Auffassung vertreten, dass die Ergänzung der Regelung durch die Einfügung von § 50i Abs. 2 EStG keine Vertrauenstatbestände verletzt. Dies wird damit begründet, dass, wenn betroffene Steuerpflichtige versuchen, den Gesetzeszweck des § 50i EStG, nämlich die Besteuerung künftiger Veräußerungsgewinne aus früheren steuerfreien Überführungen oder Übertragungen von Wirtschaftsgütern oder Anteilen im Gestaltungswege zu umgehen, obwohl ihnen bewusst war, dass die steuerfreie Übertragung oder Überführung nur wegen der fortbestehenden Verstrickung möglich war, es gerechtfertigt ist, sie hieran festzuhalten. Daher verdienen neue Gestaltungen, die den Zweck haben, die Steuerverstrickung zu lösen, kein Vertrauen.

1.1.2 Änderungen im Körperschaftsteuerrecht

1.1.2.1 Präzisierung des erweiterten Inlandsbegriffs, § 1 Abs. 3 KStG

Mit der Änderung des § 1 Abs. 3 KStG wird eine gesetzliche Präzisierung des erweiterten Inlandsbegriffs in Bezug auf Energieerzeugungsanlagen angestrebt. Danach wird künftig bei Energieerzeugungsanlagen, die erneuerbare Energien nutzen, nicht mehr auf den der Bundesrepublik Deutschland zustehenden Anteil am Festlandsockel (i. S. d. Seerechtsübereinkommens der Vereinten Nationen) abgestellt, sondern auf den der Bundesrepublik Deutschland zustehenden Anteil an der ausschließlichen Wirtschaftszone.

Zu den inhaltlichen Erläuterungen siehe Kapitel A.1.1.1.1.

Die Neuregelung tritt gem. § 34 Abs. 1 KStG erstmals mit Wirkung für den VZ 2015 in Kraft.

Praxishinweis

→ Korrespondierend zur Änderung des Inlandsbegriffs im KStG erfolgte auch eine inhaltsgleiche Anpassung der § 1 Abs. 1 S. 2 EStG sowie § 2 Abs. 7 Nr. 1 GewStG.

---

[7] BVerfG 1 BvL 6/07, BStBl II 2012, S. 932.
[8] BT-Drs. 18/1995.

1.1.2.2 Weitergabe besonderer Tarifvorschriften von der Organgesellschaft an den Organträger, § 19 KStG

Mit der Neufassung des § 19 KStG wird die Regelung an die Technik des § 14 Abs. 1 S. 1 Nr. 2 KStG angepasst. § 18 KStG enthielt vor seiner Aufhebung Regelungen zur Anwendung der steuerlichen Organschaft (§§ 14 bis 17 KStG), wenn der Organträger ein ausländisches gewerbliches Unternehmen war. Dies setzte eine im Inland im Handelsregister eingetragene Zweigniederlassung voraus. Dieser Regelung bedarf es nicht mehr, da mit der Änderung des § 14 Abs. 1 S. 1 Nr. 2 KStG durch das Gesetz zur Änderung und Vereinfachung der Unternehmensbesteuerung und des steuerlichen Reisekostenrechts die steuerliche Organschaft generell daran geknüpft ist, dass die Beteiligung an der Organgesellschaft einer inländischen Betriebsstätte des Organträgers zugeordnet ist. Die bisherige Regelung des § 18 KStG ist darin aufgegangen.

Während die Abs. 1 und 2 des § 19 KStG lediglich Anpassungen klarstellender Natur erfahren haben, regelt der neu gefasste Abs. 3 nunmehr die Anwendung besonderer Tarifvorschriften für Organträger, die weder unbeschränkt körperschaftsteuerpflichtig, noch unbeschränkt einkommensteuerpflichtig sind, aber mit den Einkünften aus der inländischen Betriebsstätte, der die Beteiligung an der Organgesellschaft zuzuordnen ist, der beschränkten Steuerpflicht unterliegen. Aus systematischer Sicht entspricht der neue Abs. 3 dem bisherigen Abs. 4, allerdings ging der dort enthaltene Verweis auf den – durch das Gesetz zur Änderung und Vereinfachung der Unternehmensbesteuerung und des steuerlichen Reiskostenrechts aufgehobenen – § 18 KStG ins Leere.

Der bisherige Abs. 3 wird zu Abs. 4. Über die entsprechende Anwendung der Abs. 1 bis 3 für die Gesellschafter einer Organträger-Personengesellschaft werden sowohl unbeschränkt körperschaftsteuer- bzw. einkommensteuerpflichtige Gesellschafter als auch beschränkt körperschaftsteuer- bzw. einkommensteuerpflichtige Gesellschafter erfasst.

1.1.3 Änderungen im Bereich der Gewerbesteuer

1.1.3.1 Präzisierung des erweiterten Inlandsbegriffs

Mit der Änderung des § 2 Abs. 7 Nr. 1 GewStG wird eine gesetzliche Präzisierung des erweiterten Inlandsbegriffs in Bezug auf Energieerzeugungsanlagen angestrebt. Danach wird künftig bei Energieerzeugungsanlagen, die erneuerbare Energien nutzen, nicht mehr auf den der Bundesrepublik Deutschland zustehenden Anteil am Festlandsockel (i. S. d. Seerechtsübereinkommens der Vereinten Nationen) abgestellt, sondern auf den der Bundesrepublik Deutschland zustehenden Anteil an der ausschließlichen Wirtschaftszone.

Zu den inhaltlichen Ausführungen siehe Kapitel A.1.1.1.1.

Die Neuregelung tritt gem. § 36 Abs. 1 GewStG erstmals mit Wirkung für den EZ 2015 in Kraft.

Praxishinweis

Korrespondierend zur Änderung des Inlandsbegriffs im Gewerbesteuerrecht erfolgte auch eine inhaltsgleiche Anpassung der § 1 Abs. 1 S. 2 EStG sowie § 1 Abs. 3 KStG.

1.1.3.2 Steuerbefreiung für Einrichtungen zur ambulanten Rehabilitation, § 3 Nr. 20 Buchst. e GewStG

Mit der Änderung werden Einrichtungen zur ambulanten Rehabilitation in die Gewerbesteuerbefreiung einbezogen und damit den stationären Einrichtungen gleichgestellt. Einrichtungen zur stationären Rehabilitation fallen bereits nach dem geltenden Recht unter die Gewerbesteuerbefreiung für „Krankenhäuser" i. S. d. § 3 Nr. 20 Buchst. b GewStG. Zur einheitlichen Steuerbegünstigung bei Einrichtungen zur Rehabilitation werden nun aber auch stationäre Rehabilitationseinrichtungen ausdrücklich in dem Befreiungstatbestand des neuen Buchst. e genannt.

Ambulante Rehabilitationseinrichtungen unterscheiden sich von stationären Rehabilitationseinrichtungen nur dadurch, dass dort keine Unterkunft und (Voll-)Verpflegung zur Verfügung gestellt wird.

Der neue Steuerbefreiungstatbestand in § 3 Nr. 20 Buchst. e GewStG gilt gleichermaßen für ambulante und stationäre Rehabilitationseinrichtungen. Die Steuerbefreiung in § 3 Nr. 20 Buchst. e GewStG trägt dabei auch dem Umstand Rechnung, dass mehr und mehr Rehabilitationsmaßnahmen, die in der Vergangenheit stationär durchgeführt wurden, ambulant erbracht werden (Grundsatz „ambulant vor stationär"). Schon mit dem GKV-Versorgungsstrukturgesetz vom 22.12.2011,[9] das am 1.1.2012 in Kraft getreten ist, wurden die ambulanten Rehabilitationseinrichtungen den stationären im Hinblick auf den Abschluss von Versorgungs- und Vergütungsverträgen gleichgestellt. Mit der vorliegenden Änderung wird diese Gleichstellung nunmehr auch im Gewerbesteuerrecht nachvollzogen.

Bei den begünstigten Einrichtungen der ambulanten oder stationären Rehabilitation handelt es sich um solche, wie sie beispielsweise in § 40 Abs. 1 und 2 SGB V oder in § 35 Abs. 1 Nr. 5 Bundesbeihilfeverordnung (BBhV) genannt sind. Erbringt eine derartige Einrichtung neben den verordneten ambulanten oder stationären Rehabilitationsleistungen, wie sie z. B. nach § 111c SGB V oder § 35 Abs. 1 Nr. 5 BBhV (ambulante Rehabilitationseinrichtung) oder § 111 SGB V (stationäre Rehabilitationseinrichtung) vergütet werden, auch ärztlich verordnete Heilmittelleistungen nach § 32 SGB V oder auch Leistungen zur primären Prävention nach § 20 SGB V (z. B. Physiotherapieleistungen als isolierte Heilmittelleistungen), so gilt die Steuerbefreiung nach § 3 Nr. 20 Buchst. e S. 2 GewStG insoweit nicht.

1.1.4 Änderungen bei der Umsatzsteuer

1.1.4.1 Neuregelungen im Zusammenhang mit der Erbringung von elektronischen Dienstleistungen

Mit Wirkung vom 1.1.2015 an wird der Leistungsort von sog. Kommunikationsleistungen – also Telekommunikationsleistungen, Rundfunk- und Fernsehdienstleistungen sowie auf elektronischem Wege erbrachte sonstige Leistungen – die gegenüber Verbrauchern erbracht werden, geändert. Neben der Änderung des Leistungsorts wird in diesem Zusammenhang die sog. Branchenlösung als Spezialfall der Leistungskommission in das UStG eingeführt. Darüber hinaus werden die verfahrensrechtlichen Voraussetzungen für eine zentrale Anlaufstelle (Mini-One-Stop-Shop) geschaffen.[10]

---

[9] BGBl I 2011, S. 2983.
[10] Zum *Mini-One-Stop-Shop* siehe Kapitel A.1.1.4.9 und A.1.1.4.10.

1.1.4.1.1 Neuregelung der Ortsbestimmung, § 3a Abs. 5 UStG

Seit dem 1.1.2015 liegt der Leistungsort bei Telekommunikations-, Rundfunk- und Fernseh- sowie auf elektronischem Weg erbrachten Dienstleistungen an Nichtunternehmer in dem Staat, in dem der Leistungsempfänger ansässig ist oder seinen Wohnsitz oder gewöhnlichen Aufenthaltsort hat. Damit soll eine systematisch zutreffende Besteuerung am tatsächlichen Verbrauchsort erreicht werden. Der Leistungsort bei diesen Leistungen an Nichtunternehmer bestimmt sich somit unabhängig von dem Ort, an dem der leistende Unternehmer ansässig ist. Für im Drittland ansässige Unternehmer galt das Verbrauchsortprinzip im Prinzip bereits seit dem 1.7.2003 für auf elektronischem Weg erbrachte Dienstleistungen an Nichtunternehmer im Gemeinschaftsgebiet. Allerdings ist bei der Erbringung solcher Leistungen durch Drittlandsunternehmer für die Annahme des inländischen Leistungsorts unverändert nach § 3a Abs. 6 UStG zusätzliche Voraussetzung, dass die Leistung im Inland auch tatsächlich genutzt oder ausgewertet wird.

Durch die Neuregelung des § 3a Abs. 5 UStG gilt damit seit dem 1.1.2015 einheitlich für alle Kommunikationsleistungen, dass sich der Leistungsort dort befindet, wo der Leistungsempfänger ansässig ist – unabhängig von der Ansässigkeit der Vertragsparteien und davon, ob der Leistungsempfänger als Unternehmer, Privatperson oder juristische Person mit Umsatzsteuer-Identifikationsnummer zu qualifizieren ist.

Diese Ortsbestimmung gilt auch dann, wenn die sonstige Leistung auf elektronischem Weg tatsächlich von einer sich im Drittlandsgebiet befindlichen Betriebsstätte eines Unternehmers ausgeführt wird. Ein im Drittland befindlicher Server soll ausweislich der Gesetzesbegründung jedenfalls für umsatzsteuerliche Zwecke nicht als Betriebsstätte anzusehen sein.

1.1.4.1.2 Die Branchenlösung, § 3 Abs. 11a UStG

In der Praxis werden oftmals die vom Diensteanbieter an den Endverbraucher erbrachten Leistungen nicht direkt zwischen Diensteanbieter und Endnutzer abgerechnet, sondern die Abrechnung erfolgt über die Telefonrechnung, die der Teilnehmernetzbetreiber dem Endnutzer stellt. Für solche Fälle, in denen Leistungen über Telekommunikationsnetze, Schnittstellen oder Portale erbracht werden, wird mit Wirkung zum 1.1.2015 durch die Einfügung des § 3 Abs. 11a UStG in bestimmten Fällen eine Leistungskette fingiert. Die frühere Vorschrift des § 45h Abs. 4 TKG, wo diese Fiktion bislang geregelt war, wird im Gegenzug aufgehoben.

Nach dem bisherigen § 45h Abs. 4 TKG wurde bei Leistungen für umsatzsteuerliche Zwecke eine Dienstleistungskommission angenommen, wenn diese Leistungen über den Anschluss eines Teilnehmernetzbetreibers durch einen Endnutzer in Anspruch genommen wurden. Dies galt auch im Verhältnis der der Leistung vorgelagerten beteiligten Unternehmen zueinander. Die Vorschrift war durch das Gesetz zur Änderung telekommunikationsrechtlicher Vorschriften vom 18.2.2007[11] in Anlehnung an § 45h Abs. 1 TKG als rein umsatzsteuerrechtliche Norm (sog. Branchenlösung) aus Vereinfachungsgründen und zur Verhinderung von Steuerausfällen eingefügt worden. Denn ohne Anwendung dieser Branchenlösung war eine Versteuerung des Letztverbrauchs nicht sichergestellt, da im Regelfall nur der Teilnehmernetzbetreiber über die für die Leistungsortbestimmung sowie Rechnungslegung erforderlichen Informationen verfügt.

Da die Branchenlösung als rein umsatzsteuerliche Regelung konzipiert ist, wurde die Regelung aus gesetzessystematischen Gründen nunmehr in das UStG überführt.

---

[11] BGBl I 2007, S. 106.

Nach § 3 Abs. 11a UStG wird ein Unternehmer, der in die Erbringung einer sonstigen Leistung, die über ein Telekommunikationsnetz, eine Schnittstelle oder ein Portal erbracht wird, eingeschaltet wird, als Leistungskommissionär eingestuft. Damit wird entgegen den zivilrechtlichen Vertragsverhältnissen fingiert, dass er die Leistung im eigenen Namen und für fremde Rechnung erbringt.

Eine Dienstleistungskommission wird jedoch dann nicht angenommen, wenn der Diensteanbieter von dem eingeschalteten Unternehmer ausdrücklich als Leistungserbringer benannt wird und dies in den vertraglichen Vereinbarungen zwischen den Parteien zum Ausdruck kommt. Dies ist dann gegeben, wenn der Erbringer der Leistung unter Angabe der erbrachten sonstigen Leistung in den Rechnungen gegenüber dem Leistungsempfänger oder den an der Erbringung beteiligten Unternehmern angegeben wird.

Als Rückausnahme hiervon regelt § 3 Abs. 11a S. 4 UStG, dass immer von einer Dienstleistungskommission auszugehen ist, wenn der eingeschaltete Unternehmer

- hinsichtlich der Erbringung der sonstigen Leistung die Abrechnung gegenüber dem Leistungsempfänger autorisiert,
- die Erbringung der sonstigen Leistung genehmigt oder
- die allgemeinen Bedingungen der Leistungserbringung festlegt.

Nach der Gesetzesbegründung ist von einer Autorisierung der Abrechnung auszugehen, wenn der Unternehmer die Abrechnung gegenüber dem Leistungsempfänger entscheidend beeinflusst. Dies umfasst insb. die Beeinflussung des Zahlungszeitpunkts und die eigentliche Belastung des Kundenkontos. So autorisiert regelmäßig der Inhaber der Plattform, über die die Leistung bezogen worden ist, die Zahlung, wenn er hierfür entsprechende Zahlungsmodalitäten auf elektronischem Weg zur Verfügung stellt. Die gleichen Schlussfolgerungen gelten hinsichtlich der Genehmigung der Erbringung der sonstigen Leistung. Hiervon ist regelmäßig auszugehen, wenn der Unternehmer als Inhaber der Plattform, über die die Leistung bezogen werden kann, auftritt. Von der Festlegung der allgemeinen Bedingungen durch den Unternehmer ist zudem auszugehen, wenn die Erbringung der sonstigen Leistung zwischen den beteiligten Unternehmen in der Kette oder an den eigentlichen Endverbraucher auf Grundlage der allgemeinen Geschäftsbedingungen des Unternehmers von seiner Entscheidung abhängig wird.

§ 3 Abs. 11a S. 5 UStG regelt zudem klarstellend, dass die Grundsätze zur Dienstleistungskommission keine Anwendung finden, wenn der Unternehmer lediglich Zahlungen in Bezug auf die erbrachte sonstige Leistung abwickelt (sog. Mobile Payment, wie z. B. Web-Billing oder Premium-SMS) und nicht an der Erbringung dieser sonstigen Leistung beteiligt ist.

Literaturhinweis: *Feil/Weigl/Rothballer*, BB 2014, S. 2072

1.1.4.2 Mindestbemessungsgrundlage nach § 10 Abs. 5 UStG

Regelungszweck des § 10 Abs. 5 UStG ist es, Entgelte, die wegen naher gesellschaftsrechtlicher oder arbeitsrechtlicher Beziehungen unangemessen niedrig bemessen sind, auf den Wert aufzustocken, der als Bemessungsgrundlage nach § 10 Abs. 4 UStG heranzuziehen wäre, wenn die betreffenden Leistungen unentgeltlich erfolgt wären. Nach einer Entscheidung des EuGH[12] und den sich darauf stützenden Folgeentscheidungen des BFH,[13] setzt die Anwendung des § 10 Abs. 5 UStG jedoch die Gefahr von Steuerhinterziehung bzw. Steuerumgehung voraus. 17 Jahre nach der Entscheidung des EuGH hat nun auch der Gesetzgeber den sich daraus ergebenen gesetzlichen Anpassungsbedarf erkannt und durch eine entsprechende Ergänzung der Vorschrift diese an die bereits seit vielen Jahren geltende Rechtspraxis angepasst. Die Gerichte stützten ihre Entscheidung darauf, dass es an der Gefahr von Steuerhinterziehung bzw. Steuerumgehung mangelt, wenn das vereinbarte Entgelt dem marktüblichen Entgelt entspricht oder der Unternehmer seine Leistung in Höhe des marküblichen Entgelts versteuert oder die Kosten nach § 10 Abs. 4 UStG höher wären als das marktübliche Entgelt. Aufgrund dessen ist § 10 Abs. 5 S. 1 UStG dahingehend ergänzt worden, dass „der Umsatz höchstens mit dem marktüblichen Entgelt zu bemessen" ist. Als marktübliches Entgelt ist dabei die üblicherweise am Ort der Leistungserbringung von einem fremden Dritten aufzubringende Gegenleistung für vergleichbare Leistungen heranzuziehen.

Darüber hinaus wird durch die Neueinfügung eines Satzes 2 in § 10 Abs. 5 UStG klargestellt, dass bei Lieferungen und sonstigen Leistungen an nahestehende Personen bei Vereinbarung eines marktunüblich hohen Entgelts weiterhin das Entgelt als Bemessungsgrundlage für die USt heranzuziehen ist und nicht nach § 10 Abs. 4 UStG die Kosten.

1.1.4.3 Ausdehnung der Umkehr der Steuerschuldnerschaft auf die Lieferung von Tablet-Computern und Spielekonsolen, § 13b Abs. 2 Nr. 10 UStG

Nachdem der Gesetzgeber mit Wirkung zum 1.7.2011 die Lieferung von Mobilfunkgeräten und bestimmten integrierten Schaltkreisen an andere Unternehmer den Regelungen des § 13b UStG unterworfen hat, scheint sich der Schwerpunkt des Umsatzsteuerbetrugs auf andere vergleichbare Gegenstände verlagert zu haben. Mit der aktuellen Änderung des § 13b Abs. 2 Nr. 10 UStG wird die Umkehr der Steuerschuldnerschaft künftig auf die Lieferung von Tablet-Computern und Spielekonsolen erweitert.[14] Voraussetzung ist, dass die Summe der für die Lieferung in Rechnung zu stellenden Entgelte im Rahmen eines wirtschaftlichen Vorgangs mindestens 5.000 € beträgt. Nachträgliche Minderungen des Entgelts bleiben dabei unberücksichtigt. Durch die Umkehrung der Steuerschuldnerschaft in diesen Fällen, wird zukünftig die Gefahr beseitigt, dass der Fiskus Vorsteuer erstattet ohne in gleicher Weise die in der Rechnung ausgewiesene USt zu vereinnahmen. So haben Feststellungen insb. der obersten Finanzbehörden der Länder gezeigt, dass auch bei Lieferungen von Tablet-Computern und Spielekonsolen vielfach die USt dem Leistungsempfänger in Rechnung gestellt wird, dieser sie als Vorsteuer abzieht, der leistende Unternehmer aber die in Rechnung gestellte USt nicht an das FA abführt. Die Finanzämter konnten in den meisten Fällen wegen Zahlungsunfähigkeit des leistenden Unternehmers den Umsatzsteueranspruch nicht mehr durchsetzen. Dies wird bei einer Steuerschuldnerschaft des Leistungsempfängers vermieden.

---

[12] EuGH, Urteil v. 29.5.1997, C–63/96, *FA Bergisch Gladbach/Skripalle*, BStBl II 1997, S. 841.
[13] BFH, Urteil v. 8.10.1997, XI R 8/86, BStBl II 1997, S. 840; BFH, Urteil v. 7.10.2010, V R 4/10, BFH/NV 2011, S. 930; BFH, Urteil v. 19.6.2011, XI R 8/09, BFH/NV 2011, S. 2184.
[14] Die Regelung beruht auf Art. 199a Abs. 1 Buch. h der Mehrwertsteuer-Systemrichtlinie 2006/112/EG in der Fassung von Art. 1 Nr. 2 Buchst. b der Richtlinie 2013/43/EU des Rates vom 22.7.2013 (ABl. EU 2013 v. 26.7.2013, Nr. L 201, S. 4).

Eine Definition, welche Geräte von der Gesetzesänderung erfasst werden sollen, bietet das Gesetz nicht. In Anbetracht der Vielzahl der unterschiedlichen, auf dem Markt angebotenen, Geräte, die mitunter nicht eindeutig als Tablet-Computer oder Spielekonsolen klassifiziert werden können, werden Abgrenzungsschwierigkeiten vorprogrammiert sein.

Die Neufassung des § 13b Abs. 2 Nr. 10 UStG findet auf Lieferungen von Tablet-Computern und Spielekonsolen ab dem 1.10.2014 Anwendung.

Praxishinweis

Auf die in § 13b Abs. 5 S. 6 UStG nunmehr gesetzlich kodifizierte Nichtbeanstandungsregelung sei verwiesen.[15]

1.1.4.4 Erweiterung der Umkehr der Steuerschuldnerschaft auf Metalllieferungen, § 13b Abs. 2 Nr. 11 UStG

Bislang ist bei steuerpflichtigen Lieferungen von Edelmetallen und unedlen Metallen der leistende Unternehmer nach § 13a Abs. 1 Nr. 1 UStG Steuerschuldner. Zukünftig wird die Lieferung bestimmter Edelmetalle sowie bestimmter unedler Metalle an einen Unternehmer als Leistungsempfänger den Regelungen zur Umkehr der Steuerschuldnerschaft unterworfen. Bisher betraf der Übergang der Steuerschuldnerschaft lediglich die Lieferung bestimmter Metallabfälle und Metallschrotte.

Durch die Erweiterung der Umkehrung der Steuerschuldnerschaft auf Fälle von Metalllieferungen sollen künftig Umsatzsteuerausfälle verhindert werden, die dadurch eintreten, dass bei diesen Leistungen nicht sichergestellt werden kann, dass diese von den leistenden Unternehmern vollständig im allgemeinen Besteuerungsverfahren erfasst werden, bzw. der Fiskus den Steueranspruch beim Leistenden realisieren kann. So haben die obersten Finanzbehörden der Länder auch bei Lieferungen von Edelmetallen und unedlen Metallen vielfach festgestellt, dass in der Vergangenheit nicht sichergestellt war, dass die in Rechnung gestellte USt durch den leistenden Unternehmer tatsächlich an den Fiskus abgeführt wurde, wenngleich der Leistungsempfänger diese als Vorsteuer abgezogen hat.

Die Umkehr der Steuerschuldnerschaft greift nicht, wenn der leistende Unternehmer von der Möglichkeit der Differenzbesteuerung nach § 25a UStG Gebrauch macht. Hier bleibt – wie bisher – der leistende Unternehmer Steuerschuldner. Eine Steuerschuldnerschaft des Leistungsempfängers wäre in solchen Fällen bereits deshalb nicht sachgerecht, weil es dem Leistungsempfänger im Rahmen der Differenzbesteuerung nicht möglich wäre, die Bemessungsgrundlage ohne Mithilfe des leistenden Unternehmers zweifelsfrei zu ermitteln.

Die Regelung ist mit Wirkung zum 1.10.2014 in Kraft getreten.

Mit dem ZollkodexAnpG[16] wird die Regelung dahingehend modifiziert, dass der Übergang der Steuerschuldnerschaft auf den Leistungsempfänger nur bei Lieferungen greift, bei denen die Bemessungsgrundlage mind. 5.000 € pro wirtschaftlichen Vorgang beträgt.

---

[15] Vgl. Kapitel A.1.1.4.7.
[16] Gesetz v. 22.12.2014, BGBl I 2014, S. 2147.

Praxishinweis

Die der Umkehr der Steuerschuldnerschaft unterliegenden Metalllieferungen sind der Anlage 4 des UStG entnehmen. Dabei ist zu beachten, dass nicht sämtliche Lieferungen von Metallen von der Neuregelung erfasst werden. Während so z. B. die Lieferung von Kupferblechen künftig zu einem Übergang der Steuerschuldnerschaft auf den Leistungsempfänger führt, gilt dies nicht für die Lieferung von Kupferrohren.

Zu beachten sei hier jedoch die in § 13b Abs. 5 S. 6 UStG nunmehr gesetzlich kodifizierte Nichtbeanstandungsregelung für Fälle, in denen beide am Umsatz beteiligten Unternehmer die Art der Umsatzes unzutreffend beurteilt haben und damit übereinstimmend fälschlicherweise von der Steuerschuldnerschaft des Leistungsempfängers ausgegangen sind.[17]

1.1.4.5 Überarbeitung der Regelungen zur Umkehr der Steuerschuldnerschaft bei Bauleistungen, § 13b Abs. 5 S. 2 UStG

Bislang war nach § 13b Abs. 5 S. 2 UStG der Leistungsempfänger für Werklieferungen und sonstige Leistungen, die der Herstellung, Instandsetzung, Instandhaltung, Änderung oder Beseitigung von Bauwerken dienen (Bauleistungen) – mit Ausnahme von Planungs- und Überwachungsleistungen (§ 13b Abs. 2 Nr. 4 S. 1 UStG) –, Steuerschuldner, wenn er ein Unternehmer ist, der selbst derartige Bauleistungen erbringt. Hierzu gehören auch die Leistungen eines Bauträgers (Unternehmer, der eigene Grundstücke zum Verkauf bebaut), soweit sie als Werklieferungen erbracht worden sind. Die Finanzverwaltung hat die Regelung bislang zur Vereinfachung für die beteiligten Unternehmer so ausgelegt, dass der Leistungsempfänger Bauleistungen nachhaltig erbringen muss. Als nachhaltige Erbringung von Bauleistungen galt nach Auffassung der Finanzverwaltung, dass der Unternehmer mindestens 10 % seines Weltumsatzes als Bauleistungen erbracht hat. Außerdem war es – entsprechend dem Wortlaut der gesetzlichen Vorschrift – unbeachtlich, für welche Zwecke der Leistungsempfänger die bezogene Bauleistung konkret verwendete.

Mit Urteil vom 22.8.2013[18] hat der BFH entschieden, dass die Steuerschuldnerschaft des Leistungsempfängers bei Bauleistungen nur in Betracht komme, wenn der Leistungsempfänger die an ihn erbrachte Leistung selbst für eine steuerpflichtige Bauleistung verwende (bauwerksbezogene Betrachtung). Auf die Eigenschaft des Leistungsempfängers als Bauleister und dementsprechend die Höhe der von ihm ausgeführten Bauleistungen komme es danach nicht an. Nach Auffassung des Gerichts könne eine solche einschränkende Auslegung, dass der Leistungsempfänger Bauleistungen nachhaltig erbringen müsse, weder dem Gesetz entnommen werden noch könne diese Voraussetzung durch den leistenden Unternehmer zuverlässig überprüft werden und ist somit mit dem Grundsatz der Rechtssicherheit unvereinbar. Damit wies das Gericht die Verwaltungsauffassung zum Übergang der Steuerschuldnerschaft bei Bauleistungen in mehreren Punkten zurück. Als Folge der Entscheidung des Gerichts hatte sich die Frage nach dem Übergang der Steuerschuldnerschaft auf den Leistungsempfänger bei der konkreten Bauleistung in der Praxis massiv kompliziert.

Eine konsequente Anwendung des BFH-Urteils hätte in der Praxis auf Dauer dazu geführt, dass jeder Leistungsempfänger bei jeder an ihn erbrachten Bauleistung Steuerschuldner wäre, wenn er diese selbst zur Ausführung einer Bauleistung verwendet. Ein derart weiter Anwendungsbereich der Regelung war aber vom Gesetzgeber bei Einführung der Vorschrift nicht

---

[17] Siehe auch Kapitel A.1.1.4.7.
[18] BFH, Urteil v. 22.8.2013, V R 37/10, BStBl II 2014, S. 128.

gewollt. Wesentliche Intention des Gesetzgebers war seinerzeit, durch die Steuerschuldnerschaft des Leistungsempfängers vor allem Umsatzsteuerausfälle im Verhältnis zwischen Unternehmer und Subunternehmer in der Baubranche zu vermeiden. Entsprechend war die Erweiterung der Steuerschuldnerschaft des Leistungsempfängers auf solche Leistungsempfänger bebeschränkt worden, die nachhaltig Bauleistungen erbringen. Anknüpfungspunkt waren darüber hinaus auch immer die Unternehmer, denen eine Freistellungsbescheinigung nach § 48b EStG erteilt worden war. Bei diesen Unternehmern wurde unterstellt, dass sie regelmäßig nachhaltig Bauleistungen erbringen.

Zudem würde die Anwendung der Grundsätze des BFH-Urteils massiv die Feststellung durch den leistenden Unternehmer erschweren, wer Steuerschuldner für die von ihm zu erbringende oder erbrachte Bauleistung ist. In der Praxis ist für den leistenden Unternehmer oftmals nicht erkennbar, ob ein Unternehmer, an den Bauleistungen erbracht werden, tatsächlich ein Unternehmer ist, der ebenfalls solche Leistungen erbringt oder erbracht hat. Noch weniger kann der leistende Unternehmer wissen, ob der Leistungsempfänger die bezogene Bauleistung selbst für eine steuerpflichtige Bauleistung verwendet. Eine solche Einzelfallbetrachtung wäre dem Leistungserbringer weder möglich noch zumutbar und würde zudem den Grundsatz der Rechtssicherheit verletzen. So ist es insb. bei der Erstellung von Gebäuden für den leistenden Unternehmer nicht absehbar, ob der Leistungsempfänger die an ihn erbrachte Leistung für einen von vornherein steuerpflichtigen, einen nur aufgrund einer Option nach § 9 UStG steuerpflichtigen oder für einen z. B. nach § 4 Nr. 9 Buchst. a UStG steuerfreien Umsatz verwendet. Als Folge daraus wäre mit häufigen und ungewollten Fehleinschätzungen und damit verbunden fehlerhaften Rechnungen sowie ggf. Risiken beim Vorsteuerabzug zu rechnen gewesen.

Um die frühere Rechtslage weitgehend wiederherzustellen und die negativen Folgen der BFH-Rspr. in der Praxis zu vermeiden, wird durch die Einfügung eines neuen S. 2 nunmehr bereits im Wortlaut des Gesetzes darauf abgestellt, dass der Leistungsempfänger nur dann Steuerschuldner für eine an ihn erbrachte Bauleistung ist, wenn er selbst **nachhaltig** Bauleistungen ausführt. Damit kann die Änderung des § 13b Abs. 5 S. 2 UStG als Nichtanwendungsgesetz bezüglich des vorgenannten BFH-Urteils eingestuft werden. Dementsprechend bestimmt die Regelung ferner, dass der Leistungsempfänger auch dann Steuerschuldner ist, wenn er die an ihn im Einzelfall erbrachte Dienstleistung nicht zur Ausführung einer Bauleistung verwendet. Die vom BFH postulierte bauwerksbezogene Betrachtung kommt damit nicht mehr zur Anwendung. Es kommt allein darauf an, dass der Leistungsempfänger seinerseits nachhaltig Bauleistungen erbringt.

Nach Auffassung des Gesetzgebers ist von einer nachhaltigen Erbringung von Bauleistungen weiterhin dann auszugehen, wenn der Unternehmer zumindest 10 % seines Weltumsatzes als Bauleistungen erbringt. Einen Bedarf, dies ausdrücklich gesetzlich festzuschreiben, sah der Gesetzgeber jedoch nicht. Seiner Auffassung nach wird die Rechtssicherheit für die Beteiligten bereits durch die festgelegte Bescheinigungspraxis erreicht. Danach hat die zuständige Finanzbehörde dem Leistungsempfänger eine Bescheinigung auszustellen, aus der sich die nachhaltige Tätigkeit des Unternehmers ergibt. Bei Erteilung dieser Bescheinigung soll aus Vereinfachungsgründen auf den Weltumsatz des im Zeitpunkt der Ausstellung der Bescheinigung abgelaufenen Besteuerungszeitraums abgestellt werden können, für den dem FA bereits USt-Voranmeldungen bzw. Erklärungen für das Kalenderjahr vorliegen. Hat ein Unternehmer zunächst keine Bauleistungen ausgeführt oder nimmt er seine Tätigkeit in diesem Bereich erst auf, stellt das FA dem Unternehmer eine Bescheinigung aus, wenn er nach außen erkennbar mit ersten Handlungen zur nachhaltigen Erbringung von Bauleistungen begonnen hat und die Bauleistungen voraussichtlich mehr als 10 % des Weltumsatzes betragen werden.[19]

Die in § 13b Abs. 5 S. 2 UStG genannte Bescheinigung ist eine von der Freistellungsbescheinigung nach § 48b EStG abweichende gesonderte Bescheinigung. Um Rechtssicherheit für den leistenden Unternehmer als auch für den Leistungsempfänger zu erlangen, ist die Bescheinigung auf längstens 3 Jahre zu befristen. Sie kann aus Rechtsschutzgründen nur mit Wirkung für die Zukunft widerrufen oder zurückgenommen werden. Zudem gilt nach der Gesetzesbegründung, dass der Übergang der Steuerschuldnerschaft auf den Leistungsempfänger auch dann greift, wenn der Leistungsempfänger die ihm vom FA ausgestellte Bescheinigung nicht gegenüber dem leistenden Unternehmer verwendet.[20]

Die Neuregelung ist auf Bauleistungen anzuwenden, die ab dem 1.10.2014 erbracht werden. Für vertiefende Informationen zum Anwendungszeitraum der gesetzlichen Altregelung und Neuregelung sowie der Grundsätze der BFH-Entscheidung vom 22.8.2013 siehe die Ausführungen unter Kapitel A.1.1.4.11.

> **Literaturhinweise:** *Fleckenstein-Weiland*, BB 2014, S. 2391; *Langer*, DStR 2014, S. 1897

1.1.4.6 Überarbeitung der Regelungen zu Umkehr der Steuerschuldnerschaft bei Gebäudereinigungen, § 13b Abs. 5 S. 5 UStG

Das zum Übergang der Steuerschuldnerschaft bei Bauleistungen ergangene Urteil des BFH vom 22.8.2013[21] strahlt auch auf die ähnlich gelagerte Regelung zum Übergang der Steuerschuldnerschaft bei Gebäudereinigungsleistungen aus.

Bislang ist nach § 13b Abs. 5 S. 5 UStG der Leistungsempfänger für das Reinigen von Gebäuden und Gebäudeteilen (§ 13b Abs. 2 Nr. 8 S. 1 UStG) Steuerschuldner, wenn er ein Unternehmer ist, der selbst derartige Reinigungsleistungen erbringt. Aus Vereinfachungsgründen hatte die Finanzverwaltung die Regelung ebenso wie bei Bauleistungen so ausgelegt, dass der Leistungsempfänger derartige Leistungen nachhaltig erbringen muss. Von einer nachhaltigen Erbringung war wiederum nach Auffassung der Finanzverwaltung auszugehen, wenn der Unternehmer mindestens 10 % seines Weltumsatzes als Gebäudereinigungsleistungen erbrachte. Außerdem war es entsprechend dem Wortlaut der gesetzlichen Vorschrift unbeachtlich, für welche Zwecke der Leistungsempfänger die bezogene Gebäudereinigungsleistung tatsächlich verwendete.

Als Reaktion auf die zu den Bauleistungen ergangene BFH-Rspr. regelt nunmehr der neue § 13b Abs. 5 S. 5 UStG entsprechend, dass ein Unternehmer dann als Leistungsempfänger der Steuerschuldner für an ihn erbrachte Gebäudereinigungsleistungen ist, wenn er selbst nachhaltig Gebäudereinigungsleistungen erbringt. Auch hier ist zur Erleichterung des Nachweises vorgesehen, dass die zuständige Finanzbehörde dem Leistungsempfänger eine Bescheinigung hierüber ausstellt. Um Rechtssicherheit für den leistenden Unternehmer als auch für den Leistungsempfänger zu erlangen, ist, ausweislich der Gesetzesbegründung, die Bescheinigung auf längstens 3 Jahre zu befristen. Sie kann aus Rechtsschutzgründen nur mit Wirkung für die Zukunft widerrufen oder zurückgenommen werden. Zudem soll nach dem Willen des Gesetzgebers ebenso wie bei den Bauleistungen auch hier gelten, dass die Steuerschuldnerschaft selbst

---

[19] Vgl. Abschn. 13b.3 Abs. 2 UStAE.
[20] BMF, Schreiben v. 26.8.2014, IV D 3 – S 7279/10/10004, BStBl I 2014, S. 1216.
[21] BFH, Urteil v. 22.8.2013, V R 37/10, BStBl II 2014, S. 128.

dann auf den Leistungsempfänger übergeht, wenn dieser eine ihm vom FA ausgestellte Bescheinigung nicht gegenüber dem leistenden Unternehmer verwendet.[22]

Die Neuregelung trat mit Wirkung zum 1.10.2014 in Kraft.

1.1.4.7 Nichtbeanstandungsregelung für Zweifelsfälle, § 13b Abs. 5 S. 7 UStG

Der neugeschaffene § 13b Abs. 5 S. 7 UStG übernimmt im Kern die bisher in Abschn. 13b.8 UStAE verankerte Vereinfachungs- und Nichtbeanstandungsregelung. Diese Regelung deckt zahlreiche (nicht alle!) Leistungen ab, für die das Gesetz den Übergang der Steuerschuldnerschaft normiert; darunter auch die zuvor behandelten Lieferungen bestimmter elektronischer Geräte und bestimmter Metalle sowie Bau- und Gebäudereinigungsleistungen.

Bereits die Verwaltungsvorschrift diente der Rechtssicherheit der Beteiligten sowie der Vermeidung aufwendiger Rückabwicklungen bei unverschuldeten Fehlern. Der BFH hatte in seinem Urteil vom 22.8.2013[23] eine Anwendung dieser Vereinfachungsregelung im Verwaltungswege jedoch mit der Begründung abgelehnt, dass die steuerlichen Rechtsfolgen des Gesetzes nicht zur Disposition der Steuerpflichtigen stehen. Zur Wiederherstellung einer praxisgerechten Abwicklung der Regelungen zur Verlagerung der Steuerschuld und um Rechtssicherheit für den leistenden Unternehmer als auch für den Leistungsempfänger zu erlangen, war es daher auch aus Sicht des Gesetzgebers erforderlich, die sich in Zweifelsfällen aus einer übereinstimmenden Handhabung und folgerichtigen Versteuerung ergebende Rechtsfolge einer Steuerschuld des Leistungsempfängers gesetzlich festzuschreiben.

Dementsprechend regelt nunmehr der neue Satz 7, dass es bei der Steuerschuldnerschaft des Leistungsempfängers für Bauleistungen, für Lieferungen von Erdgas und Elektrizität durch im Inland ansässige Unternehmer, für Lieferungen von Schrott und Altmetall, für Gebäudereinigungsleistungen, für Lieferungen von Gold, für Lieferungen von Mobilfunkgeräten, Tablet-Computern und Spielekonsolen oder integrierten Schaltkreisen vor Einbau in einen zur Lieferung auf der Einzelhandelsstufe geeigneten Gegenstand sowie für Lieferungen von Edelmetallen und unedlen Metallen verbleibt, wenn beide Beteiligten von der Erfüllung der Voraussetzungen für die Steuerschuldnerschaft des Leistungsempfängers ausgegangen sind und sich im Nachhinein beim Anlegen objektiver Kriterien herausstellt, dass diese Voraussetzungen tatsächlich nicht vorlagen. Voraussetzung für die Anwendung der Nichtbeanstandungsregelung ist, dass es aufgrund dieser Handhabung nicht zu Steuerausfällen gekommen ist. Dies ist dann der Fall, wenn der Leistungsempfänger den an ihn erbrachten Umsatz in zutreffender Höhe versteuert hat.

---

[22] BMF, Schreiben v. 26.8.2014, IV D 3 – S 7279/10/10004, BStBl I 2014, S. 1216.
[23] BFH, Urteil v.22.8.2013, V R 37/10, BStBl II 2014, S. 128.

Praxishinweis

→ Durch den ausschließlichen Verweis auf Abs. 2 Nr. 4, Nr. 5 Buchst. b, Nr. 7 bis Nr. 11 des § 13b UStG greift die Nichtbeanstandungsregelung nicht für alle Voraussetzungen des Übergangs der Steuerschuldnerschaft. So schützt § 13b Abs. 5 S. 7 UStG zum Beispiel nicht die Auffassung der Vertragsparteien zur Frage, ob der Leistungsempfänger ein Unternehmer ist.

Eine diesbezügliche vom Bundesrat gewünschte Regelung, nach der es in allen Fällen bei der von den Beteiligten angewandten Steuerschuldnerschaft des Leistungsempfängers bleibt, auch wenn die Voraussetzungen gar nicht vorlagen, wurde nicht ins Gesetz übernommen. Dies ist auch sachgerecht, da gerade eine solche Regelung dazu führen würde, dass es in der Disposition von leistendem Unternehmer und Leistungsempfänger liegt, wer Steuerschuldner sein soll.

1.1.4.8 Kein Übergang der Steuerschuldnerschaft in Fällen der Differenzbesteuerung

Der neu angefügte Satz 9 in § 13b Abs. 5 UStG stellt klar, dass bei Lieferungen von in § 13b Abs. 2 Nr. 2, Nr. 7 und Nr. 9 bis Nr. 11 UStG genannten Gegenständen, wie Lieferungen von Schrott, Altmetallen und Abfall oder Lieferungen von Edelmetallen oder unedlen Metallen, für die die Voraussetzungen der Differenzbesteuerung nach § 25a UStG vorliegen und der Unternehmer diese Regelung auch anwendet, der Leistungsempfänger nicht Steuerschuldner wird. Die Anwendung der Steuerschuldnerschaft ist für den Leistungsempfänger in diesen Fällen de facto nicht möglich, weil er regelmäßig den Einkaufspreis der an ihn gelieferten Gegenstände nicht kennt und so die Bemessungsgrundlage für die Umsatzbesteuerung nicht ohne Mitwirkung des leistenden Unternehmers ermitteln kann.

1.1.4.9 Besondere Verfahrensvorschriften für im übrigen Gemeinschaftsgebiet ansässige Unternehmer im Zusammenhang mit der Erbringungen von elektronischen Dienstleistungen (*Mini-One-Stop-Shop*)

Aufgrund der Neuregelungen zum 1.1.2015 sind Kommunikationsleistungen in der gesamten EU dort zu besteuern, wo der Verbraucher ansässig ist.[24] Damit erfolgt die Umsatzbesteuerung dieser Leistungen künftig einheitlich nicht mehr in dem Staat, in dem der leistende Unternehmer ansässig ist, sondern am jeweiligen Verbrauchsort. Zur Vereinfachung des Besteuerungsverfahrens wird für im Gemeinschaftsgebiet ansässige Unternehmer die Möglichkeit einer einzigen Anlaufstelle eingeführt (*Mini-One-Stop-Shop*).

Im übrigen Gemeinschaftsgebiet ansässige Unternehmer, die im Inland Telekommunikationsdienstleistungen, Rundfunk- und Fernsehdienstleistungen oder Dienstleistungen auf elektronischem Weg an im Inland ansässige Nichtunternehmer erbringen, können sich – unter bestimmten Bedingungen – dafür entscheiden, die hierfür auf elektronischem Weg einzureichende USt-Erklärung über den Mitgliedstaat, in dem sie ansässig sind, zu übermitteln. Will ein Unternehmer von dieser Möglichkeit Gebrauch machen, muss er dies der für dieses Besteuerungsverfahren zuständigen Behörde in seinem Ansässigkeitsstaat vor Beginn des Besteuerungszeitraums anzeigen, ab dem er von dieser Möglichkeit Gebrauch machen will.

Der neu geschaffene § 18 Abs. 4d UStG regelt künftig für im übrigen Gemeinschaftsgebiet ansässige Unternehmer, die von diesem besonderen Besteuerungsverfahren Gebrauch machen wollen, dass diese in jedem Kalendervierteljahr eine Steuererklärung bis zum 20. Tag nach Ablauf des Besteuerungszeitraums an die für dieses Besteuerungsverfahren zuständige Behör-

---

[24] Vgl. hierzu Kapitel A.1.1.4.1.

de in ihrem EU-Ansässigkeitsstaat elektronisch übermitteln müssen. Die Steuererklärung gilt als fristgemäß übermittelt, wenn sie der vorgenannten Behörde bis zum 20. Tag nach Ablauf des Besteuerungszeitraums übermittelt wurde und dort auch angekommen ist. Ein entsprechender –EU-einheitlicher – Vordruck wurde auf Gemeinschaftsebene bereits erarbeitet.

Die übermittelte Steuererklärung – oder ggf. auch eine eingereichte berichtigte Steuererklärung – ist ab dem Zeitpunkt eine Steueranmeldung (§ 150 Abs. 1 S. 3 AO), zu dem die in der Steuererklärung enthaltenen Daten von der für dieses Besteuerungsverfahren in dem Mitgliedstaat, in dem der Unternehmer ansässig ist, zuständigen Behörde dem BZSt auf elektronischem Weg übermittelt wurden und beim BZSt angekommen sind. Ab diesem Zeitpunkt steht die Steueranmeldung unter den Voraussetzungen des § 168 AO einer Steuerfestsetzung unter dem Vorbehalt der Nachprüfung gleich.

Der Unternehmer kann die Inanspruchnahme dieser Regelung widerrufen. Der Widerruf ist gegenüber der, für dieses Besteuerungsverfahren in dem Mitgliedstaat, in dem der Unternehmer ansässig ist, zuständigen Behörde zu erklären. Ein Widerruf ist nur bis zum Beginn eines neuen Besteuerungszeitraums mit Wirkung ab diesem Zeitraum möglich. Dadurch wird vermieden, dass der Unternehmer für ein Kalendervierteljahr sowohl Voranmeldungen nach § 18 Abs. 1 UStG als auch eine Steuererklärung nach § 18 Abs. 4c UStG abgeben muss. Außerdem wird dadurch vermieden, dass die ihm in Rechnung gestellten Vorsteuerbeträge zum Teil im Vorsteuer-Vergütungsverfahren und zum Teil im allgemeinen Besteuerungsverfahren geltend zu machen wären. Dies wäre für die betroffenen Unternehmer und die Finanzverwaltung ein nicht zu rechtfertigender Aufwand.

Im Zusammenhang mit der Einführung des besonderen Besteuerungsverfahrens verfügt § 16 Abs. 1b S. 1 UStG zudem, dass für im übrigen Gemeinschaftsgebiet ansässige Unternehmer, die Telekommunikationsdienstleistungen, Rundfunk- und Fernsehdienstleistungen und/oder auf elektronischem Weg Dienstleistungen an Nichtunternehmer mit Sitz im Inland erbringen, und vom Besteuerungsverfahren nach § 18 Abs. 4e UStG Gebrauch machen, das Kalendervierteljahr den Besteuerungszeitraum darstellt. Dazu korrespondierend legt der neu eingefügte § 13 Abs. 1 Nr. 1 Buchst. e UStG fest, dass die Steuer bei Anwendung des besonderen Besteuerungsverfahrens mit Ablauf des Kalendervierteljahres entsteht, in dem die Leistungen ausgeführt worden sind.

Ferner enthält § 16 Abs. 6 S. 4 und 5 UStG für die von den Unternehmern im Rahmen des besonderen Besteuerungsverfahrens zu erstellenden Erklärungen Vorschriften zur Währungsumrechnung. Darüber hinaus regelt § 16 Abs. 1b S. 2 UStG, dass in der Steuererklärung keine Vorsteuerbeträge von der Steuerschuld abgesetzt werden dürfen, da die Anwendung des § 16 Abs. 2 UStG ausgeschlossen ist. Die Unternehmer können somit ihre Vorsteuern in Deutschland grds. nur im Vorsteuer-Vergütungsverfahren geltend zu machen (vgl. hierzu auch den neu eingefügten § 59 S. 1 Nr. 5 UStDV).

§ 22 Abs. 1 S. 4 UStG regelt ergänzend, dass der im übrigen Gemeinschaftsgebiet ansässige Unternehmer, der von den Regelungen des besonderen Besteuerungsverfahrens Gebrauch macht, die erforderlichen Aufzeichnungen auf Anfrage der für das Besteuerungsverfahren in seinem Ansässigkeitsstaat zuständigen Finanzbehörde auf elektronischem Wege zur Verfügung stellen muss. Hintergrund der Regelung ist es, dass das zuständige inländische FA feststellen kann, ob die abgegebenen Steuererklärungen zutreffend sind.

1.1.4.10 Besondere Verfahrensvorschriften für inländische Unternehmer im Zusammenhang mit der Erbringungen von elektronischen Dienstleistungen (*Mini-One-Stop-Shop*), § 18h UStG

Aufgrund der Neuregelungen zum 1.1.2015 sind Kommunikationsleistungen in der gesamten EU dort zu besteuern, wo der Verbraucher ansässig ist.[25] Damit erfolgt die Umsatzbesteuerung dieser Leistungen künftig einheitlich nicht mehr in dem Staat, in dem der leistende Unternehmer ansässig ist, sondern am Verbrauchsort. Dies hätte für den Unternehmer, der Kommunikationsleistungen erbringt, zur Folge, dass dieser – vorbehaltlich der Regelungen in den einzelnen Mitgliedstaaten – in jedem EU-Mitgliedstaat registrierungspflichtig wird, in dem seine Kunden ansässig sind. Der mit einer solchen steuerlichen Erfassung in 28 Mitgliedstaaten verbundene administrative und finanzielle Aufwand, würde die Möglichkeiten vieler Unternehmer übersteigen und damit die Funktionsfähigkeit des Binnenmarkts auf eine harte Probe stellen. Zur Vereinfachung des Besteuerungsverfahrens wird daher für im Gemeinschaftsgebiet ansässige Unternehmer die Möglichkeit einer einzigen Anlaufstelle eingeführt (*Mini-One-Stop-Shop*).[26]

§ 18h UStG regelt danach im Wesentlichen die Anzeige über die Teilnahme an diesem besonderen Besteuerungsverfahren und die Übermittlung von USt-Erklärungen von im Inland ansässigen Unternehmern, die in anderen Mitgliedstaaten Telekommunikationsdienstleistungen, Rundfunk- und Fernsehdienstleistungen und/oder auf elektronischem Weg Dienstleistungen an Nichtunternehmer erbringen.

Danach müssen Unternehmer, die im Inland ihren Sitz oder als im Drittlandsgebiet ansässige Unternehmer im Inland eine Betriebsstätte haben und an dem besonderen Besteuerungsverfahren teilnehmen wollen, dies gegenüber dem BZSt anzuzeigen. Die Teilnahme an dem besonderen Verfahren ist nur einheitlich für alle Mitgliedstaaten möglich, in denen der Unternehmer keine Betriebsstätte hat und in denen er derartige Umsätze erbringt. Die Anzeige muss vor Beginn des Besteuerungszeitraums erfolgen, für den der Unternehmer erstmalig an dem besonderen Besteuerungsverfahren teilnehmen will. Eine rückwirkende Registrierung ist damit nicht möglich. Die Unternehmer, die ab dem 1.1.2015 an dem neuen Verfahren teilnehmen wollten, konnten dies seit dem 1.10.2014 dem BZSt anzeigen.

Sollte der Unternehmer nicht oder nicht mehr die Voraussetzungen für die Anwendung des besonderen Besteuerungsverfahrens erfüllen, wird dies durch das BZSt durch einen Verwaltungsakt gegenüber dem Unternehmer festgestellt. Dies ist insb. dann der Fall, wenn der Unternehmer mitteilt, dass er keine Telekommunikationsdienstleistungen, Rundfunk- und Fernsehdienstleistungen oder Dienstleistungen auf elektronischem Weg an in einem anderen Mitgliedstaat ansässige Nichtunternehmer erbringt oder diese wirtschaftliche Tätigkeit nicht mehr ausübt oder er die Voraussetzungen für die Inanspruchnahme des besonderen Besteuerungsverfahrens nicht mehr erfüllt, weil er z. B. im Inland keinen Sitz mehr hat oder in allen anderen EU-Mitgliedstaaten, in denen er die vorgenannten Dienstleistungen erbringt, eine Betriebsstätte unterhält.

Die Teilnahme an dem besonderen Besteuerungsverfahren kann vom Unternehmer widerrufen werden. Der Widerruf ist gegenüber dem BZSt zu erklären. Ein Widerruf ist nur bis zum Beginn eines neuen Besteuerungszeitraums mit Wirkung ab diesem Zeitraum möglich.

---

[25] Vgl. hierzu Kapitel A.1.1.4.1.
[26] Für im Drittland ansässige Unternehmer gibt es dieses Verfahren bereits seit einigen Jahren für auf elektronischem Wege erbrachte Dienstleistungen. Zum 1.1.2015 wird das Verfahren auf Telekommunikationsleistungen sowie Rundfunk- oder Fernsehdienstleistungen erweitert.

Bei Teilnahme an dem besonderen Besteuerungsverfahren muss der im Inland ansässige Unternehmer bis zum 20. Tag nach Ende jedes Kalendervierteljahres eine USt-Erklärung für jeden Mitgliedstaat, in dem er das besondere Besteuerungsverfahren anwendet, auf elektronischem Weg übermitteln. Die Erklärungen sind über ein elektronisches Portal (ELSTER-Portal oder BZSt Online Portal) zunächst dem BZSt zu übermitteln. Das BZSt übermittelt die Erklärungen anschließend an das für den Unternehmer, im jeweiligen Mitgliedstaat, zuständige FA weiter. Der Unternehmer muss die USt selbst berechnen und an das BZSt entrichten. Das Verfahren bezieht sich nur auf Steuern, die der Unternehmer für Kommunikationsleistungen schuldet.

Kommt ein Unternehmer seiner Pflicht zur Abgabe der Steuererklärungen und Zahlung der USt wiederholt nicht oder nicht rechtzeitig nach, wird er vom BZSt von diesem Verfahren ausgeschlossen. Der Ausschluss kann auch dann erfolgen, wenn der Unternehmer seinen Aufzeichnungspflichten und der Verpflichtung, die Aufzeichnungen der zuständigen Finanzbehörde auf elektronischem Weg zur Verfügung zu stellen, nicht nachkommt. Der Ausschluss gilt ab dem Besteuerungszeitraum, der nach dem Zeitpunkt der Bekanntgabe des Ausschlusses gegenüber dem Unternehmer beginnt.

Gem. § 18h Abs. 6 UStG gelten für das Verfahren, soweit es vom BZSt durchgeführt wird, die angeführten Vorschriften der Abgabenordnung und der Finanzgerichtsordnung. Die Regelung ist erforderlich, da § 18h UStG ausländische USt und somit keine durch Bundesrecht geregelte Steuer betrifft und deshalb die AO und die FGO nicht unmittelbar anwendbar sind (§ 1 Abs. 1 S. 1 AO, § 33 Abs. 1 Nr. 1 FGO). Aus der angeordneten Anwendung von Vorschriften der AO und der FGO folgt u. a., dass die dem BZSt bekannt gewordenen Daten dem Steuergeheimnis (§ 30 AO) unterliegen und gegen Verwaltungsakte des BZSt nach den § 347 Abs. 2 und 4 AO das Einspruchsverfahren (§§ 347 ff. AO) und die Anfechtungsklage zum FG gegeben sind. Aufgrund EU-rechtlicher Vorgaben sind insb. die Regelungen zum Verspätungszuschlag (§ 152 AO), zum Säumniszuschlag (§ 240 AO) sowie zum Vollstreckungs- und zum Strafverfahren (Sechster und Achter Teil der AO) von der Anwendung ausgeschlossen.

Unternehmer, die im übrigen Gemeinschaftsgebiet ansässig sind – wobei aufgrund eines fehlenden inländischen Sitzes, Orts der Geschäftsleitung oder einer inländischen Betriebsstätte keine deutsche Ansässigkeit besteht – und im Inland Kommunikationsleistungen erbringen, für die sie die Steuer schulden, können im Gegenzug ihre steuerlichen Pflichten in Deutschland über die zentrale Anlaufstelle in ihrem EU-Ansässigkeitsstaat abwickeln.[27]

Praxishinweis

- Das besondere Besteuerungsverfahren nach § 18h UStG kann auch dann genutzt werden, wenn der Unternehmer im Verbrauchsmitgliedstaat neben Kommunikationsleistungen auch andere Umsätze erbringt, die nicht der Sonderregelung unterliegen und für die er die USt schuldet.
- Ausführliche Informationen zum besonderen Besteuerungsfahren finden sich auf den Internetseiten des BZSt unter dem Stichwort „Mini-One-Stop-Shop".

---

[27] Siehe auch Kapitel A.1.1.4.9.

1.1.4.11 Anwendungsvorschrift für aufgrund des BFH-Urteils vom 22.8.2013 vom Leistungsempfänger zurückgeforderte USt bei Bauleistungen, § 27 Abs. 19 UStG

Wie bereits unter Kapitel A.1.1.4.5 dargestellt, hatte der BFH[28] mit Urteil vom 22.8.2013 die Verwaltungsauffassung hinsichtlich der Regelungen zur Steuerschuldnerschaft des Leistungsempfängers bei Bauleistungen nach § 13b Abs. 5 S. 2 i. V. m. Abs. 2 Nr. 4 UStG in mehreren Punkten abweichend von der früheren Verwaltungsauffassung ausgelegt.

Nach der früheren Verwaltungsauffassung waren Unternehmer, die eigene Grundstücke zum Zweck des Verkaufs bebauen (z. B. Bauträger), nicht Steuerschuldner für die von anderen Unternehmern an sie erbrachten Bauleistungen, wenn die Bemessungsgrundlage der von ihnen getätigten Bauleistungen nicht mehr als 10 % der Summe ihrer steuerbaren und nicht steuerbaren Umsätze (Weltumsatz) beträgt. Die Bemessungsgrundlage schloss Grundstücksgeschäfte ein, soweit es sich um Werklieferungen handelte. Bei Unternehmern, denen eine Freistellungsbescheinigung für die Bauabzugsteuer (§ 48b EStG) erteilt worden war, wurde unterstellt, dass sie regelmäßig nachhaltig Bauleistungen erbringen.

Nach Auffassung des Gerichts komme es jedoch weder auf den Anteil der Bauleistungen am Weltumsatz des Leistungsempfängers an, noch erbringe ein Bauträger, der sein eigenes Grundstück bebaut und es dann mit aufstehendem Gebäude übereignet, eine Bauleistung, noch stehe der Übergang der Steuerschuldnerschaft im Rahmen der einschlägigen Nichtbeanstandungsregelung zur Disposition der Parteien.

Mit BMF-Schreiben vom 5.2.2014[29] und vom 8.5.2014[30] wurde das o. a. BFH-Urteil vom 22.8.2013 in vollem Umfang für **nach dem 14.2.2014** ausgeführte Umsätze umgesetzt. Für die betroffenen Unternehmer besteht danach keine Pflicht, das o. a. Urteil für bereits veranlagte Umsatzsteuerfestsetzungen rückwirkend anzuwenden. Diese Nichtbeanstandungsregelung gewährt beiden Unternehmern bei einvernehmlicher unveränderter Beibehaltung der bisherigen Vereinbarung einen uneingeschränkten Vertrauensschutz, sofern nicht zu einem späteren Zeitpunkt von der einvernehmlichen Entscheidung abgewichen wird.

Die gesetzliche Regelung des § 27 Abs. 19 UStG greift nunmehr in den Fällen, in denen der Leistungsempfänger für vor dem 15.2.2014 an ihn erbrachte Leistungen von dieser Nichtbeanstandungsregelung keinen Gebrauch macht. M. a. W., sie regelt die Folgen für Bauleistende, deren Kunden für eine vor dem 15.2.2014 an sie ausgeführte Bauleistung die Erstattung der nach § 13b UStG geschuldeten Steuern unter Bezugnahme auf die Entscheidung des BFH vom 22.8.2013 verlangen. Ausweislich der Norm ist in diesem Fällen die gesetzlich entstandene USt gegen den leistenden Unternehmer festzusetzen. Der Gesetzgeber beabsichtigt damit, Steuerausfälle aufgrund von Erstattungsanträgen durch die Leistungsempfänger zu verhindern. Kritisch hierbei ist, dass der Vertrauensschutz nach § 176 AO für den leistenden Unternehmer insoweit rückwirkend eingeschränkt wird.

Zur Vereinfachung kann der leistende Unternehmer allerdings beantragen, die nunmehr nach § 27 Abs. 19 S. 1 UStG von ihm geschuldete USt durch Abtretung seiner Forderung gegen den Leistungsempfänger auf Zahlung der gesetzlich entstandenen USt erfüllen zu können.

---

[28] BFH, Urteil v. 22.8.2013, V R 37/10, BStBl II 2014, S. 128.
[29] BStBl I 2014, S. 233.
[30] BStBl I 2014, S. 823.

Die Abtretung wirkt jedoch nur dann an Zahlung statt, wenn

- der leistende Unternehmer dem Leistungsempfänger eine erstmalige oder geänderte Rechnung mit offen ausgewiesener USt ausstellt,
- die Abtretung an das FA wirksam bleibt,
- dem Leistungsempfänger diese Abtretung unverzüglich mit dem Hinweis angezeigt wird, dass eine Zahlung an die leistenden Unternehmer keine schuldbefreiende Wirkung mehr hat, und
- der leistende Unternehmer seiner Mitwirkungspflicht nachkommt.

Der Gesetzgeber scheint hierbei davon auszugehen, dass der leistende Unternehmer stets die USt zusätzlich zum Netto-Entgelt gegenüber dem Leistungsempfänger geltend machen kann. Ein vereinbarter Kaufpreis ist aber bei Fehlen von entsprechenden vertraglichen Vereinbarungen als Bruttokaufpreis einzustufen, aus dem die USt herauszurechnen ist.[31] Insoweit ist fraglich, ob der leistende Unternehmer aus zivilrechtlicher Sicht tatsächlich einen Anspruch auf Zahlung der USt gegenüber dem Leistungsempfänger hat und damit das Mittel der Abtretung ihm überhaupt zur Verfügung steht.

Praxishinweise

- Die Regelung des § 27 Abs. 19 UStG findet für Bauleistungen Anwendung, die vor dem 15.2.2014 erbracht wurden. Für Bauleistungen ab dem 1.10.2014 greift die Neuregelung des § 13b Abs. 5 UStG. Für Bauleistungen zwischen dem 15.2.2014 und 30.9.2014 finden jedoch die durch das BFH-Urteil festgelegten Grundsätze zwingend Anwendung.[32]
- Zu den Auswirkungen des neuen § 27 Abs. 19 UStG hat das BMF mit Schreiben vom 31.7.2014[33] bereits Stellung genommen.

1.1.5 Änderungen im Bereich der Grunderwerbsteuer

1.1.5.1 Regelung zur Konzernklausel nach § 6a GrEStG

Durch das AmtshilfeRLUmsG wurde die Regelung des § 6a S. 1 GrEStG auch auf Einbringungen und andere Erwerbsvorgänge auf gesellschaftsrechtlicher Grundlage erweitert. Durch die nunmehrige sprachliche Neufassung des Satzes 2 wird klargestellt, dass diese Erweiterung des sachlichen Anwendungsbereiches auch für Fälle des § 6a S. 2 GrEStG, also für vergleichbare konzerninterne Umstrukturierungen im EU/EWR-Raum gilt. Darüber hinaus wird im neu formulierten Satz 3 klargestellt, dass die dort geregelte Voraussetzung nicht nur für Umwandlungsvorgänge greift, sondern für alle in § 6a S. 1 GrEStG geregelten Rechtsvorgänge.

---

[31] BGH, Urteil v. 24.2.1988, VIII ZR 64/87, BGHZ 103, S. 284; EuGH, Urteil v. 7.11.2013, C–249/12, *Tulicã*, BFH/NV 2014, S.142; EuGH, Urteil v. 7.11.2013, C–250/12 *Pavlosin*, DStRE 2014, S. 816.
[32] Siehe hierzu auch Kapitel B.5.8 und B.5.9.
[33] BMF, Schreiben v. 31.7.2014, IV D 3 – S 7279/1110002, BStBl I 2014, S. 1073; siehe hierzu auch die Ausführungen in Kapitel B.5.9.

1.1.5.2 Voraussetzungen für die Aufhebung der Steuer bei Rückgängigmachung des Erwerbsvorgang, § 16 Abs. 5 GrEStG

Laut § 16 Abs. 5 GrEStG ist die Nichtfestsetzung der Steuer bzw. die Aufhebung oder Änderung der Steuerfestsetzung im Falle der Rückgängigmachung eines Erwerbvorgangs an die Voraussetzung geknüpft, dass der rückgängig gemachte Erwerbsvorgang nach §§ 18, 19 GrEStG ordnungsgemäß angezeigt worden war.

Mit Urteil vom 18.4.2012[34] hatte der BFH entschieden, dass der in § 16 Abs. 5 GrEStG verwendete Begriff „ordnungsgemäß" unbestimmt und daher einschränkend dahingehend auszulegen sei, dass grundstücksbezogene Angaben für eine ordnungsgemäße Anzeige nicht erforderlich sein. Zudem entschied das Gericht – entgegen seiner bisherigen Rspr.[35] – dass selbst eine Nachholung grundstücksbezogener Angaben durch den Steuerpflichtigen innerhalb einer vom FA gesetzten Frist für die Ordnungsmäßigkeit nicht mehr erforderlich sei. Der Aufwand zur Ermittlung grundstücksbezogener Angaben würde damit laut Auffassung des Gesetzgebers vollständig auf das FA verlagert. Es bestünde das Risiko, dass Grunderwerbsteuerbescheide über Ergänzungstatbestände verspätet und/oder unvollständig erlassen werden. Hinzu kommt, dass die Grunderwerbsteuer zulasten des Fiskus nicht der Vollverzinsung (§ 233a AO) unterliegt. Gleichzeitig würde ein nicht mitwirkender Beteiligter besser gestellt als ein Beteiligter, der die Anzeigepflichten fristgerecht und in allen Teilen vollständig erfüllt. Dies widerspräche dem Grundsatz der Gleichmäßigkeit der Besteuerung.

Mit der Änderung des § 16 Abs. 5 GrEStG stellt der Gesetzgeber entsprechend der geltenden Verwaltungspraxis klar, dass die fristgerechte und in allen Teilen vollständige Anzeige (§§ 18 bis 20 GrEStG) Voraussetzung für die Nichtfestsetzung der Steuer bzw. die Aufhebung oder Änderung der Steuerfestsetzung nach § 16 Abs. 1 bis 4 GrEStG ist. Im Ergebnis ist damit die BFH-Rspr. aus 2012 wieder hinfällig.

1.1.6 Änderung der Abgabenordnung

1.1.6.1 Örtliche Zuständigkeit auf dem Festlandsockel oder an der ausschließlichen Wirtschaftszone, § 22a AO

Die §§ 18 ff. AO sowie ergänzende Regelungen in den Steuergesetzen (z. B. § 41a EStG) regeln, welche Finanzbehörde für die Besteuerung jeweils örtlich zuständig ist. Die Zuständigkeit richtet sich dabei grds. nach dem Örtlichkeitsprinzip (Wohnsitz, gewöhnlicher Aufenthalt, Ort der Geschäftsleitung, Ort der Betriebsstätte usw.). Es könnte zweifelhaft sein, ob die bislang geltenden Zuständigkeitsregelungen auch für das Gebiet des der Bundesrepublik Deutschland zustehenden Anteils am Festlandsockel bzw. der ausschließlichen Wirtschaftszone gelten. Hier steht zwar der Bundesrepublik Deutschland die Ausübung von Hoheitsrechten zu, soweit dies im Einzelfall gesetzlich geregelt ist. Es fehlte aber im Steuerrecht bisher eine Regelung, welche Landesfinanzbehörde im Einzelfall örtlich zuständig ist. Die Neuregelung, die sich an § 137 BBergG anlehnt, schafft hier Rechtssicherheit.[36]

---

[34] BFH, Urteil v. 18.4.2012, II R 51/11, BFH/NV 2012, S. 1390.
[35] BFH, Beschluss v. 20.1.2005, II B 52/04, BStBl II S. 492.
[36] § 22a AO eingefügt durch Gesetz v. 25.7.2014, BGBl I 2014, S. 1266.

1.1.7 Änderung des Steuerberatergesetzes

1.1.7.1 Mitteilungspflicht der Finanzämter bei fortgesetzter unbefugter Hilfeleistung in Steuersachen, § 10a StBerG

Nach bisheriger Rechtslage war unklar, ob die Finanzbehörden im Hinblick auf § 30 AO der zuständigen Steuerberaterkammer den Ausgang eines Bußgeldverfahrens wegen unerlaubter Hilfeleistung in Steuersachen und die zugrunde liegenden Tatsachen mitteilen dürfen, soweit die Erkenntnisse aus einem Besteuerungsverfahren stammen. Da die vorsätzliche Verletzung des § 30 AO nach § 355 Abs. 1 StGB strafbewehrt ist, ist eine gesetzliche Regelung hierzu angezeigt. Soweit die Erkenntnisse nicht aus einem Besteuerungsverfahren stammen, ist eine Mitteilung bereits nach der alten Rechtslage zulässig gewesen. Die Unterrichtung der Steuerberaterkammern stand im Ermessen der Finanzbehörden.

Durch die Einfügung des neuen § 10a StBerG wird die Mitteilung nunmehr in beiden Varianten zulässig und aus der Ermessensentscheidung der Finanzbehörde wird im Interesse einer einheitlichen Handhabung eine gebundene Entscheidung. Um den Grundsatz der Verhältnismäßigkeit zu wahren, wird die Mitteilungspflicht auf die Fälle beschränkt, in denen Anhaltspunkte für eine Wiederholung der unerlaubten Hilfeleistung in Steuersachen vorliegen. Zudem dürfen nur die Informationen mitgeteilt werden, die die Steuerberaterkammer benötigt, um wettbewerbsrechtliche Maßnahmen zu prüfen. Als solche Maßnahmen kommen insb. die außergerichtliche und gerichtliche Geltendmachung von Beseitigungs- und Unterlassungsansprüchen, Schadensersatzansprüchen und Gewinnabschöpfungsansprüchen in Betracht. Die neue Mitteilungspflicht nach § 10a StBerG dient damit dem Ziel, eine ordnungsgemäße und qualitativ einwandfreie Hilfeleistung in Steuersachen sicherzustellen.

1.1.7.2 Wettbewerbsrechtliche Aufgaben der Steuerberaterkammer, § 76 StBerG

Korrespondierend zu dem neu geschaffenen § 10a StBerG wird durch die Ergänzung des § 76 StBerG der Kernbereich der den Steuerberaterkammern obliegenden Aufgaben um die Wahrnehmung wettbewerbsrechtlicher Aufgaben, insb. gegenüber Personen, die nicht Mitglied einer Steuerberaterkammer sind, erweitert. Diese Kompetenzerweiterung dient dem Ziel, Personen die wiederholt unbefugt Hilfe in Steuersachen leisten, durch wettbewerbsrechtliche Maßnahmen (z. B. außergerichtliche und gerichtliche Geltendmachung von Beseitigungs-und Unterlassungsansprüchen, Schadensersatzansprüchen und Gewinnabschöpfungsansprüchen) in ihre Schranken zu verweisen. Hierdurch soll eine ordnungsgemäße und qualitativ einwandfreie Hilfeleistung in Steuersachen sichergestellt werden.

1.1.8 Änderung des Tabaksteuergesetzes

§ 22 TabStG regelt die Steuerfreiheit von Tabakwaren, die eine Privatperson für ihren Eigenbedarf in anderen EU-Mitgliedstaaten im steuerrechtlich freien Verkehr erwirbt und in das deutsche Steuergebiet befördert. Abs. 3 beinhaltet eine Mengenbeschränkung für Zigaretten aus bestimmten Staaten, in denen der Steuersatz auf Zigaretten niedriger ist als der durch die Richtlinie 2011/64/EU festgelegte Mindeststeuersatz. Der Mindeststeuersatz liegt seit dem 1.1.2014 bei 60 % des gewichteten durchschnittlichen Kleinverkaufspreis und beträgt mindestens 90 € je 1.000 Stück Zigaretten.[37]

---

[37] Richtlinie 2010/12/EU.

Im Rahmen einer Änderung der Vorgängerrichtlinie 92/79/EWG im Jahr 2010 durch die Richtlinie 2010/12/EU wurde den Ländern Bulgarien, Estland, Griechenland, Lettland, Litauen, Ungarn, Polen und Rumänien für die Anwendung des Mindeststeuersatzes ein Übergangszeitraum bis zum 31.12.2017 zugestanden. Im Gegenzug können die anderen Mitgliedstaaten gegenüber diesen Ländern im Zeitraum vom 1.1.2014 bis zum 31.12.2017 bzw. bis zu dem Zeitpunkt, in dem der EU-Mindeststeuersatz erreicht wird, eine Mengenbeschränkung von 300 Stück Zigaretten einführen. Diese gilt für Privatpersonen, die Zigaretten des steuerrechtlich freien Verkehrs in den vorgenannten Mitgliedstaaten erwerben und für ihren Eigenbedarf in einen der anderen Mitgliedstaaten befördern. Deutschland macht seit dem 1.1.2014 von dieser Möglichkeit Gebrauch.

Im Rahmen der Beitrittsverhandlungen wurde der Republik Kroatien ein entsprechender Übergangszeitraum bis zum 31.1.2017 eingeräumt. Angesichts des niedrigen Steuersatzes auf Zigaretten in Kroatien (derzeit 75,82 € je 1.000 Stück im Vergleich zu Deutschland mit 152,50 € je 1.000 Stück Zigaretten bezogen auf den gewichteten durchschnittlichen Kleinverkaufspreis) besteht ein erhebliches Preisgefälle.

Mit der Neufassung des § 22 Abs. 3 S. 1 TabStG wird für Privatpersonen, die Zigaretten aus dem steuerrechtlich freien Verkehr der Republik Kroatien erwerben und für ihren Eigenbedarf in das deutsche Steuergebiet befördern, eine Mengenbeschränkung von 300 Stück eingeführt. Für darüber hinaus verbrachte Mengen ist die entsprechende Tabaksteuer zu entrichten. Die Ausweitung der Mengenbeschränkung auf Zigaretten aus Kroatien dient damit dem Zweck, dem „Einkaufstourismus" zu begegnen. Gleichzeitig werden die Länder Estland, Griechenland und Polen aus der Liste gestrichen, da diese die globale Mindestverbrauchsteuer nach Art. 10 der Richtlinie 2011/64/EU bereits erreicht haben. Darüber hinaus wird der Verweis auf die nicht mehr gültige Richtlinie 92/79/EWG aktualisiert.

Die Neuregelung gilt seit dem 31.7.2014.

1.2 Gesetz zur Anpassung steuerlicher Regelungen an die Rechtsprechung des Bundesverfassungsgerichts[38]

Mit dem Gesetz zur Änderung des Einkommensteuergesetzes in Umsetzung der Entscheidung des BVerfG vom 7.5.2013[39] war zum Ende der 17. Legislaturperiode kurzfristig zunächst die steuerliche Gleichbehandlung von Lebenspartnern nur für das Einkommensteuerrecht umgesetzt worden, nachdem das BVerfG entschieden hatte, dass die Ungleichbehandlung von Verheirateten und eingetragenen Lebenspartnern in den Vorschriften der §§ 26, 26b, 32a Abs. 5 EStG zum Ehegattensplitting mit dem allgemeinen Gleichheitssatz des Art. 3 Abs. 1 GG nicht vereinbar ist.

Im Rahmen dieses Gesetzgebungsverfahrens hatte die Bundesregierung bereits angekündigt, einen etwaigen Bedarf an Folgeänderungen sorgfältig zu prüfen und diesen im Rahmen eines ordentlichen Gesetzgebungsverfahrens zu Beginn der 18. Legislaturperiode umzusetzen. Das Gesetz greift diese gemachte Ankündigung auf und setzt den noch verbliebenen Anpassungsbedarf zur steuerlichen Gleichbehandlung von Lebenspartnern um. Auf diese Weise will der Gesetzgeber für eine vollständige Gleichbehandlung von Lebenspartnern in allen steuerlichen Belangen sorgen.

---

[38] Gesetz v. 23.7.2014, BGBl I 2014, S. 1042.
[39] BVerfG, Beschluss vom 7.5.2013, 2 BvR 909/06, BFH/NV 2013, S. 1374; Gesetz v. 11.6.2013, BGBl I 2013, S. 2397.

Wie der Inhaltsübersicht des Gesetzes bereits zu entnehmen ist, erstrecken sich die Änderungen auf

- das Einkommensteuergesetz und die Einkommensteuer-Durchführungsverordnung
- die Abgabenordnung und das Einführungsgesetzes zur Abgabenordnung
- das Bewertungsgesetz und die Erbschaftsteuer-Durchführungsverordnung
- das Bundeskindergeldgesetz
- das Wohnungsbau-Prämiengesetz und – weil die Änderung rückwirkend vorzunehmen war – auch auf das Eigenheimzulagengesetz
- das Dritte Buch Sozialgesetzbuch
- das Energiesteuergesetz
- die Kaffeesteuerverordnung
- die Deutsch-Schweizerischen Konsultationsvereinbarungsverordnung
- sowie die Verordnung zur Durchführung des 5. VermBG und des Altersvorsorge-Durchführungsverordnung sowie das Altersvorsorgeverträge-Zertifizierungsgesetz.

Inhaltlich beschränken sich Änderungen jedoch im Wesentlichen darauf, neben das Wort „Ehegatte" das Wort „Lebenspartner" (im Singular oder Plural) zu setzen. Auf eine Einzeldarstellung wird verzichtet, da sich bis auf die Erweiterung der persönlichen Anwendungsbereiche der jeweiligen Normen in den Einzelgesetzen keine inhaltlichen Veränderungen ergeben.

1.3 Betriebsstättengewinnaufteilungsverordnung (BsGaV)[40]

1.3.1 Hintergrund und Ziel der Verordnung

Durch das AmtshilfeRLUmsG[41] wurde in § 1 AStG ein neuer Abs. 5 eingefügt. Dieser setzt den Inhalt des OECD-Betriebsstättenberichts 2010 (AOA), der von der OECD am 22.7.2010 verabschiedet und veröffentlicht worden ist, in innerstaatliches Recht um. Der AOA beinhaltet Grundsätze zur grenzüberschreitenden Einkünfteverteilung zwischen einer Betriebsstätte und dem Stammhaus. Demnach hat die Regelung des § 1 Abs. 5 AStG den Zweck, die Besteuerung grenzüberschreitender Vorgänge im Hinblick auf die Einkünfteabgrenzung bzw. Einkünfteaufteilung klar und für alle Investitionsalternativen (Kapitalgesellschaften, Personengesellschaften, Betriebsstätten) einheitlich zu regeln.

Damit folgt Deutschland innerstaatlich den internationalen Bemühungen, die bisher weitgehend uneinheitliche Praxis der internationalen Betriebsstättenbesteuerung auf der Grundlage eines international anerkannten Standards (Fremdvergleichsgrundsatz) zu vereinheitlichen.

Durch die Rechtsverordnung soll sichergestellt werden, dass sowohl für den Steuerpflichtigen als auch für die Verwaltung wettbewerbsneutrale und im internationalen Kontext akzeptable Lösungen gefunden werden, die auf den international anerkannten Grundsätzen für die Einkünfteaufteilung von Betriebsstätten basieren. Damit soll das deutsche Besteuerungsrecht gesichert und internationale Besteuerungskonflikte vermieden werden.

---

[40] VO vom 13.10.2014, veröffentlicht am 17.10.2014, BGBl I 2014, S. 1603.
[41] AmtshilfeRLUmsG v. 26.6.2013, BGBl I 2013, S. 1809.

1.3.2 Verordnungsermächtigung

Die Verordnung findet ihre gesetzliche Grundlage in § 1 Abs. 6 AStG. Das BMF wurde ermächtigt, eine Rechtsverordnung zur Anwendung des Fremdvergleichsgrundsatzes zu erlassen. Der Bundesrat hat am 10.10.2014 der Verordnung zugestimmt.[42]

Die Ermächtigung geht über die bisher bestehende Ermächtigung des § 1 Abs. 3 S. 13 AStG hinaus. Sie erstreckt sich auf die Einkünfteaufteilung bzw. Einkünfteermittlung in grenzüberschreitenden Betriebsstättenfällen. Daher wurde auch die bisherige Ermächtigung des § 1 Abs. 3 S. 13 AStG aufgehoben.

1.3.3 Regelungsinhalte der Verordnung

Zur Anwendung des Fremdvergleichsgrundsatzes regelt die Rechtsverordnung für inländische Unternehmen mit einer in einem anderen Staat gelegenen Betriebsstätte sowie für ausländische Unternehmen mit einer inländischen Betriebsstätte u. a.

- die Art und Weise der Berechnung der Betriebsstätteneinkünfte (Hilfs- und Nebenrechnung); in dieser Hilfs- und Nebenrechnung werden vor allem die der Betriebsstätte zuzuordnenden Vermögenswerte, ihr Dotationskapital und die übrigen, ihr zuzuordnenden Passiva sowie die Geschäftsvorfälle der Betriebsstätte erfasst

- Zuordnungsregelungen, gemessen an der Personalfunktion, und bezogen auf unterschiedliche Wirtschaftsgüter, Geschäftsvorfälle sowie Chancen und Risiken

- unter welchen Umständen anzunehmende schuldrechtliche Beziehungen (*Dealings*) zwischen einer Betriebsstätte und dem übrigen Unternehmen, zu dem sie gehört, vorliegen

- welche Besonderheiten für bestimmte Branchen, insb. für Banken, für Versicherungen, für Bau- und Montageunternehmen und für Explorationsunternehmen zu beachten sind

- in welchen Fällen zur Vermeidung von Beweisschwierigkeiten von widerlegbaren Vermutungen auszugehen ist.

Die dort niedergelegten Regelungen gelten auch für Vertreterbetriebsstätten.

1.3.3.1 Allgemeine Regelungen

Der erste Unterabschnitt des BsGaV befasst sich mit allgemeinen Grundsätzen der Zuordnungsregeln, mit Begriffsbestimmungen und mit der Hilfs- und Nebenrechnung.

1.3.3.1.1 Zweistufen-System hinsichtlich der Einkünftezuordnung

Gem. § 1 Abs. 1 BsGaV ist die Betriebsstätte für die Zwecke der Einkünftezurechnung als eigenständiges und unabhängiges Unternehmen anzusehen. Wann das der Fall ist, soll anhand einer stufenweisen Prüfung festgestellt werden:

---

[42] BR-Drs. 401/14.

- Im Rahmen einer Funktions- und Risikoanalyse sind dabei in einem ersten Schritt „maßgebliche" Personalfunktionen des Unternehmens, die der Betriebsstätte zuzuordnen sind, festzustellen. Auf Basis der Personalfunktionen sind anschließend die Vermögenswerte, Chancen und Risiken der Betriebsstätte zuzuordnen. Des Weiteren ist das Dotationskapital der Betriebsstätte zu ermitteln, übrige Passiva sowie Geschäftsvorfälle des Unternehmens mit verbundenen und unverbundenen Unternehmen zuzuordnen. Anschließend sind sog. anzunehmende schuldrechtliche Beziehungen zu identifizieren, die die Betriebsstätte zum übrigen Unternehmen unterhält.

Die jeweilige Zuordnungsentscheidung bzw. der tatsächlich verwirklichte Sachverhalt sollte ausführlich dokumentiert werden. Der Finanzverwaltung bleibt dann bei einer späteren Prüfung wenig(er) Raum für Auslegungen. Wird das unterlassen, muss der Steuerpflichtige ggf. in einem langwierigen und kostenintensiven Verfahren die Annahmen der Finanzverwaltung widerlegen.

Praxishinweis

Für die Identifizierung der „maßgeblichen" Personalfunktionen dürften dabei Organigramme und Tätigkeits- bzw. Stellenbeschreibungen hilfreich sein. Bei Vorliegen anzunehmender schuldrechtlicher Beziehungen zwischen Stammhaus und Betriebsstätte empfehlen sich – auch wenn sie zivilrechtlich keine Bedeutung haben – schriftliche Vereinbarungen (Pro-forma-Verträge), um klar zu dokumentieren, welche Arten von Leistungsbeziehungen zwischen Stammhaus und Betriebsstätte verwirklicht werden.

- Für diese anzunehmenden schuldrechtlichen Beziehungen sind in einem zweiten Schritt fremdvergleichskonforme Verrechnungspreise zu bestimmen.

Praxishinweis

Es empfiehlt sich, frühzeitig mit der Zweischrittanalyse zu beginnen. Diese ist entscheidend für die Einkünftezurechnung zur Betriebsstätte. Insb. ist eine zeitgleiche Dokumentation anzuraten, da von der getroffenen Zuordnung mit Abgabe der Steuererklärung der Betriebsstätte im Prinzip nicht mehr abgewichen werden kann. Dies gilt insb. für die Ermittlung der in- bzw. ausländischen Einkünfte, während eine qualitative Dokumentation von Zuordnungsentscheidungen für Zwecke des § 90 Abs. 3 AO grds. auch erst nach den für diese Vorschrift geltenden Fristen erstellt und vorgelegt werden kann.

1.3.3.1.2 Verpflichtung zur Aufstellung einer Hilfs- und Nebenrechnung

In § 3 BsGaV wird die Pflicht zur Aufstellung einer Hilfs- und Nebenrechnung geregelt. Diese ist zum Beginn eines Wirtschaftsjahres für die Betriebsstätte anzufertigen bzw. fortzuschreiben und am Ende des Wirtschaftsjahres abzuschließen. Aus Sicht der Finanzverwaltung dient die Aufstellung der Hilfs- und Nebenrechnung dem Ziel, einen Gleichklang mit selbstständigen Unternehmen zu schaffen. Die Hilfs- und Nebenrechnung soll die zuzuordnenden Vermögenswerte, Chancen und Risiken, das Dotationskapital und die Geschäftsbeziehungen einschließlich der anzunehmenden schuldrechtlichen Beziehungen ausweisen. Ausgangspunkt für die Erfassung und Zuordnung von „Vermögenswerten" dürfte regelmäßig die Handels- bzw. Steuerbilanz sein. Es empfiehlt sich, eine über die bilanzierten Wirtschaftsgüter hinausgehende Zuordnung von Vermögenswerten oder auch Vorteilen nur mit äußerster Vorsicht vorzunehmen bzw. wenn nicht gar zu unterlassen, denn die Rechtsgrundlage für eine damit bewirkte Gewinnrealisierung ist erheblich zweifelhaft.

Praxishinweis

Eine aktive Auseinandersetzung mit der Einkünfteabgrenzung der Betriebsstätten ist jedem Steuerpflichtigen anzuraten. Da eine Betriebsstätte keines besonderen Errichtungsakts bedarf, sondern allein bei Verwirklichung bestimmter Tatsachen entsteht, sollte jeder beschränkt Steuerpflichtige mit Aktivitäten im Inland oder jeder unbeschränkt Steuerpflichtige mit Aktivitäten im Ausland zur Vermeidung von Doppelbesteuerungen oder von Besteuerungslücken prüfen, **ob** eine Hilfs- und Nebenrechnung erforderlich ist.

1.3.3.2 Zuordnungsregeln

Im zweiten Unterabschnitt der BsGaV sind Regelungen enthalten, die den Steuerpflichtigen dabei unterstützen sollen, die in § 3 BsGaV verlangte Hilfs- und Nebenrechnung für ihre Betriebsstätten zu erstellen, aus der sich gem. § 3 Abs. 1 S. 2 BsGaV u. a. die inländischen Einkünfte i. S. d. § 49 Abs. 1 Nr. 2 Buchst. a) und die ausländischen Einkünfte i. S. d. § 34d S. 1 Nr. 2 Buchst. a) EStG – jeweils je Betriebsstätte – ergeben sollen. Bestandteile dieser Hilfs- und Nebenrechnung sind Vermögenswerte, Dotationskapital, übrige Passiva sowie die damit zusammenhängenden Betriebseinnahmen und -ausgaben aus tatsächlichen und anzunehmenden schuldrechtlichen Beziehungen. Diese Bestandteile sind der in- bzw. ausländischen Betriebsstätte nach Maßgabe der nachfolgend dargestellten Regeln zuzuordnen (Zuordnungsregeln).

Über die jeweiligen Zuordnungsgründe sind Aufzeichnungen zu erstellen, deren Vorlage sich nach § 90 Abs. 3 AO richtet.

1.3.3.2.1 Einkünftezuordnung anhand der Personalfunktion

Ausgangspunkt der Einkünfteabgrenzung ist die Zuordnung von Personalfunktionen zwischen Stammhaus und der für steuerliche Zwecke verselbstständigten Betriebsstätte. Nach § 4 BsGaV bestimmt sich die Zuordnung der unterschiedlichen Personalfunktionen grds. nach dem Ort der Ausübung in der jeweiligen Betriebsstätte. Dadurch hat der Gesetzgeber einen für die überwiegende Zahl der Fälle unproblematischen Lösungsansatz implementiert. In den Fällen, in denen die Ausübung der Personalfunktion nicht eindeutig einem Ort zugeordnet werden kann, ist die Personalfunktion derjenigen Betriebsstätte zuzuordnen, zu deren Geschäftstätigkeit die Personalfunktion den sachlich engsten Bezug aufweist.

Beispiel

Ein Unternehmensberater wird den überwiegenden Teil seiner Tätigkeit nicht am Ort der Betriebsstätte oder des Stammhauses ausüben, sondern beim Kunden beratend tätig sein. Dessen Tätigkeit ist dann der Betriebsstätte zuzuordnen, in der das Projekt von einem Partnerteam akquiriert wurde (sog. Akquisitionsbetriebsstätte), weil seine Tätigkeit zu dieser Betriebsstätte den sachlich engsten Bezug aufweist. Ggf. hat die Betriebsstätte, mit der der Unternehmensberater einen Arbeitsvertrag geschlossen hat, dessen Leistung zu Fremdvergleichspreisen an die Akquisitionsbetriebsstätte zu verrechnen.

Daraus folgt im Umkehrschluss, dass eine Personalfunktion einer Betriebsstätte nicht zuzuordnen ist, wenn

- die Personalfunktion dort nur kurzfristig ausgeübt wird und
- die Personalfunktion keinen sachlichen Bezug zur Geschäftstätigkeit der Betriebsstätte hat.

Ist eine eindeutige Zuordnung der Personalfunktion nach diesen Kriterien nicht möglich, ist diese in Übereinstimmung mit den Regelungen i. S. d. § 4 Abs. 1 und 2 BsGaV zu treffen. Ausweislich der Gesetzesbegründung hat der Steuerpflichtige unter den genannten Voraussetzungen ein Zuordnungswahlrecht („Beurteilungsspielraum"). Die Finanzverwaltung muss diese Wahl nur bei nachvollziehbarer Begründung akzeptieren, anderenfalls ist eine Schätzungsmöglichkeit nach § 162 AO eröffnet.[43]

Praxishinweis

Zwar genügt es nach dem Wortlaut des § 4 Abs. 3 BsGaV, dass die Zuordnungsentscheidung für die Personalfunktion „widerspruchsfrei" zu den Vorgaben in § 4 Abs. 1, 2 BsGaV ist. Offen ist jedoch, wann eine Zuordnungsentscheidung als zu den Vorgaben im Widerspruch stehend angesehen wird. Mögliche sachliche Erwägungsgründe sind darauf hin zu prüfen, ob diese explizit aufgeführt und genannt werden sollten, wenn deren Widerspruchsfreiheit nicht über jeden Zweifel erhaben ist.

1.3.3.2.2 Zuordnung von einzelnen Wirtschaftsgütern und Positionen

Bei den Zuordnungsregelungen wird zwischen den einzelnen Wirtschaftsgütern und auch zwischen solchen Positionen, die noch keinen Wirtschaftsgutscharakter haben, differenziert. Bei allen Wirtschaftsgütern kann sich eine Zuordnung zu einer anderen Betriebsstätte dann ergeben, wenn in dieser anderen Betriebsstätte eine andere Personalfunktion ausgeübt wird, deren Bedeutung gegenüber der Nutzung überwiegt, zum Beispiel die Anschaffung, Herstellung oder Verwaltung des materiellen Wirtschaftsguts. Diese Personalfunktion ist dann die andere maßgebliche Personalfunktion. Auch enthält jede Regelung die Möglichkeit, bei fehlender eindeutiger Zuordnung ein Zuordnungswahlrecht auszuüben, das seitens der Finanzverwaltung bei nachvollziehbarer Begründung akzeptiert werden muss, wenn es nicht den konkreten Zuordnungsregeln widerspricht.

Im Einzelnen:

- Materielle Wirtschaftsgüter, § 5 BsGaV

    Bei materiellen Wirtschaftsgütern ist die Personalfunktion der maßgebliche Ausgangspunkt. Entscheidend ist die Nutzung durch die Betriebsstätte. Dies erklärt sich aus dem Grundgedanken, dass durch die Nutzung gleichermaßen ein enger Bezug zur Betriebsstätte entsteht. In Fällen, in denen eine dauerhafte Nutzungsänderung erfolgt, ist diese ab dem Zeitpunkt der Änderung zu berücksichtigen. Kommt es hinsichtlich der Nutzung eines materiellen Wirtschaftsguts zu häufigen Nutzungswechseln, ist das materielle Wirtschaftsgut der Betriebsstätte zuzuordnen, die es überwiegend nutzt.

---

[43] Vgl. BR-Drs. 401/14, S. 56.

- Immaterielle Wirtschaftsgüter, § 6 BsGaV

  Bei immateriellen Wirtschaftsgütern wird in erster Linie nicht auf die Nutzung, sondern auf deren Herstellung bzw. Anschaffung abgestellt. Sie sind grds. der Betriebsstätte zuzuordnen, deren eigenes Personal sie selbst geschaffen oder erworben hat (maßgebliche Personalfunktion). Wird diese maßgebliche Personalfunktion in verschiedenen Betriebsstätten ausgeübt, ist das immaterielle Wirtschaftsgut der Betriebsstätte zuzuordnen, deren Personalfunktion die größte Bedeutung für den immateriellen Wert hat.

- Beteiligungen und Finanzanlagen, § 7 BsGaV

  Beteiligungen, Finanzanlagen und ähnliche Vermögenswerte sind einer Betriebsstätte zuzuordnen, wenn diese in der Betriebsstätte dergestalt genutzt werden, dass sie in einem funktionalen Zusammenhang zur Geschäftstätigkeit dieser Betriebsstätte stehen (maßgebliche Personalfunktion). Wird diese maßgebliche Personalfunktion in verschiedenen Betriebsstätten ausgeübt, sind die Beteiligungen, Finanzanlagen oder ähnlichen Vermögenswerte der Betriebsstätte zuzuordnen, zu deren Geschäftstätigkeit der größte funktionale Zusammenhang besteht.

- Sonstige Vermögenswerte, § 8 BsGaV

  Zu sonstigen Vermögenswerten gehören die nicht in §§ 5–7 BsGaV genannten Vermögenswerte, beispielsweise Forderungen oder ein Geschäftswert. Auch hier wird, wie bei immateriellen Wirtschaftsgütern an den Anschaffungsvorgang angeknüpft. Sie sind damit nach § 8 BsGaV der Betriebsstätte zuzuordnen, deren Personal diesen Vermögenswert erschafft oder anschafft (maßgebliche Personalfunktion). Hier ist zu prüfen, welche Personalfunktion die Mittel zur Anschaffung des Vermögenswerts erwirtschaftet hat.

  Eine Zuordnung zu einer anderen Betriebsstätte erfolgt dann, wenn die Bedeutung einer anderen Personalfunktion gegenüber der Personalfunktion der Erschaffung oder Anschaffung eindeutig überwiegt. Diese andere maßgebliche Personalfunktion kann die Nutzung, die Verwaltung, die Risikosteuerung oder die Veräußerung des betreffenden Vermögenswerts sein. Wird diese andere maßgebliche Personalfunktion in verschiedenen Betriebsstätten ausgeübt, sind die Vermögenswerte der Betriebsstätte zuzuordnen, deren anderer maßgeblicher Personalfunktion die größte Bedeutung zukommt.

- Geschäftsvorfälle, 9 BsGaV

  Geschäftsvorfälle (siehe § 1 Abs. 4 S. 1 Nr. 1 AStG) und die damit verbundenen Betriebseinnahmen bzw. -ausgaben sind gem. § 9 BsGaV der Betriebsstätte zuzuordnen, auf der das Zustandekommen des Geschäftsvorfalls beruht, also deren Personal für das Zustandekommen des jeweiligen Geschäfts verantwortlich ist. Eine anderweitige Zuordnung kommt nur in Frage, wenn die Personalfunktion einer anderen Betriebsstätte eindeutig überwiegt (andere maßgebliche Personalfunktion). Andere maßgebliche Personalfunktionen können mit der Erfüllung von Verpflichtungen aus dem Geschäftsvorfall, mit dessen Verwaltung oder mit dessen Risikosteuerung im Zusammenhang stehen. Hierbei handelt es sich allerdings um eine Einzelfallentscheidung, die in Übereinstimmung mit dem Fremdvergleichsgrundsatz stehen und betriebswirtschaftlich sinnvoll sein muss.

- Chancen und Risiken, 10 BsGaV

  Chancen und Risiken sind nicht als Wirtschaftsgut zu qualifizieren. Dennoch sollen sie einer Zuordnungsentscheidung unterworfen werden. Die Zuordnung folgt hier auf der Grundlage einer sogenannten Annexentscheidung. Chancen und Risiken sind der Betriebsstätte zuzuordnen, der der betreffende Vermögenswert, mit dem sie in einem unmittelbaren Zusammenhang stehen, nach den Grundsätzen der §§ 5 bis 8 BsGaV zuzuordnen ist.

Darin spiegelt sich der betriebswirtschaftliche Gedanke wider, dass denjenigen Betriebsstätten, denen das „Eigentum" an einem Vermögenswert zusteht, gleichermaßen die mit dem Eigentum verbundenen Chancen bzw. Risiken zuzuordnen sind. Entstehen Chancen und Risiken aufgrund einer Personalfunktion und stehen diese nicht in unmittelbarem Zusammenhang mit einem Vermögenswert, sind diese Chancen und Risiken der Betriebsstätte zuzuordnen, deren Personal diese Personalfunktion in der Betriebsstätte ausübt.

- Sicherungsgeschäfte, § 11 BsGaV

  Vermögenswerte, die der Sicherung dienen (Sicherungsgeschäfte), sind nach § 11 BsGaV grds. der Betriebsstätte zuzuordnen, der der Vermögenswert nach Maßgabe der §§ 5 bis 8 BsGaV zugeordnet worden ist, dessen Chancen und Risiken zur Sicherung mit den Chancen und Risiken des Sicherungsgeschäfts verknüpft sind. Diese Behandlung vermeidet ein Auseinanderfallen von Grund- und Sicherungsgeschäft und damit eine Auseinandersetzung mit dadurch u. U. entstehenden schwierigen Abgrenzungsfragen.

Praxishinweis

Die BsGaV enthält zum Teil erhebliche begriffliche Unklarheiten betreffend die Zuordnungsregelungen. Es ist daher ratsam, die jeweilige Zuordnungsentscheidung ausführlich zu dokumentieren und insb. die Gründe dafür anzugeben, warum eine überwiegende Bedeutung einer Personalfunktion gegenüber einer anderen Personalfunktion vorliegt oder innerhalb einer Personalfunktion die eine oder andere Betriebsstätte die größere Bedeutung für die zu treffende Zuordnungsentscheidung hat. Besonders ist darauf zu achten, dass abweichende Zuordnungsentscheidungen nicht im Widerspruch zur Grundregelung stehen.

1.3.3.2.3 Dotationskapital, übrige Passiva und Finanzierungsaufwendungen

Im dritten Unterabschnitt sind Regelungen zur Ermittlung der Höhe des Dotationskapitals sowie zur Zuordnung übriger Passiva und Finanzierungsaufwendungen enthalten. Beachtlich ist hierbei, dass für inländische Betriebsstätten ausländischer Unternehmen sowie für ausländische Betriebsstätten inländischer Unternehmen unterschiedliche Regelungen getroffen wurden.

Inländische Betriebsstätten ausländischer Unternehmen, § 12 BsGaV

§ 12 BsGaV regelt die Zuordnung von Dotationskapital im Fall von inländischen Betriebsstätten bilanzierender ausländischer Unternehmen. Gem. § 12 Abs. 1 BsGaV ist der inländischen Betriebsstätte dabei zum Beginn des Wirtschaftsjahres auf Basis ihrer Personalfunktionen, ihres Anteils an den Vermögenswerten sowie der Chancen und Risiken ein angemessenes Dotationskapital zuzuordnen (sogenannte Kapitalaufteilungsmethode). Zu diesem Zweck ist die Höhe des Eigenkapitals des ausländischen Unternehmens gem. § 12 Abs. 2 BsGaV grds. nach deutschem Steuerrecht zu ermitteln. Aus Vereinfachungsgründen kann jedoch auch das Eigenkapital nach ausländischem Steuerrecht zugrunde gelegt werden, sofern das Unternehmen glaubhaft macht, dass dies nicht zu erheblichen Abweichungen führt oder die Abweichungen durch Anpassungen weitgehend ausgeglichen werden können.

Die in § 12 Abs. 2 BsGaV enthaltene Sonderregelung, nach der für Zwecke der Zuweisung eines angemessenen Dotationskapitals gem. der Kapitalaufteilungsmethode die Werte nach ausländischem Steuerrecht beibehalten werden können, erfordert dennoch eine (zumindest näherungsweise) Bestimmung des Eigenkapitals nach deutschem Steuerrecht. Die Regelung stellt damit keine Vereinfachung dar. Dies gilt auch für die Sonderregelung in § 12 Abs. 3 BsGaV, welche den Ansatz von Buchwerten statt Fremdvergleichswerten ermöglicht. Im Falle unterkapitalisierter Betriebsstätten sieht § 12 Abs. 4 BsGaV die Zuordnung eines angemessenen Teils des konsolidierten Konzerneigenkapitals vor. Das steht nicht im Einklang mit den Regelungen des AOA, denn dieser sieht zunächst eine fremdübliche Kapitalisierung des Gesamtunternehmens vor, um der Betriebsstätte alsdann mittels Anwendung der Kapitalaufteilungsmethode einen angemessenen Anteil des Gesamteigenkapitals des Unternehmens zuzuordnen. Sofern der Stammhausstaat den AOA-Grundsätzen folgt, könnte dies eine unterschiedliche Kapitalzuordnung und eine damit korrespondierende doppelte Erfassung bzw. Nichtberücksichtigung von Finanzierungsaufwendungen zur Folge haben.

Ausländische Betriebsstätten inländischer Unternehmen, § 13 BsGaV

In § 13 BsGaV sind Regelungen zur Zuordnung von Dotationskapital zu einer ausländischen Betriebsstätte eines bilanzierenden inländischen Unternehmens vorgesehen. Danach ist der ausländischen Betriebsstätte nur dann ein Dotationskapital zuzuordnen, wenn das Unternehmen glaubhaft macht, dass ein Dotationskapital in dieser Höhe erforderlich ist (sogenannte Mindestkapitalausstattungsmethode). Ein höheres Dotationskapital kann gem. § 13 Abs. 2 BsGaV nur dann zugeteilt werden, wenn die höhere Dotation im Einzelfall zu einem Ergebnis der Betriebsstätte führt, das dem Fremdvergleichsgrundsatz besser entspricht. Die Obergrenze bildet jedoch stets das Dotationskapital, welches sich bei Anwendung der Kapitalaufteilungsmethode ergäbe, höchstens jedoch das tatsächlich zugeordnete Kapital.

Die für ausländische Betriebsstätten in § 13 Abs. 1 BsGaV vorgesehene Mindestkapitalausstattungsmethode kann dazu führen, dass ausländischen Betriebsstätten mangels entsprechender Vorschriften kein Dotationskapital zugeordnet werden kann. So verweist die Begründung zu § 13 Abs. 1 BsGaV diesbezüglich beispielhaft auf aufsichtsrechtliche Regelungen für Kredit- und Versicherungsunternehmen. Die Vereinbarkeit mit AOA-Grundsätzen dürfte hier zweifelhaft sein. Zudem würde dies tendenziell in einer zu hohen Berücksichtigung von Finanzierungsaufwendungen in der ausländischen Betriebsstätte (und damit korrespondierend in einem zu niedrigen Finanzierungsaufwand im inländischen Stammhaus) führen.

1.3.3.2.4 Allokation der Passiva, § 14 BsGaV

Wurde der Betriebsstätte unter Anwendung der §§ 12, 13 BsGaV ein angemessenes Dotationskapital zugeordnet, sind in einem nächsten Schritt anteilig die übrigen Passiva des Gesamtunternehmens zu allokieren. Entsprechende Regelungen hierzu finden sich in § 14 BsGaV. Gem. § 14 Abs. 1 BsGaV sind der Betriebsstätte dabei zunächst alle übrigen Passiva zuzuweisen, die im unmittelbaren Zusammenhang mit deren Personalfunktionen, zugeordneten Vermögenswerten sowie Chancen und Risiken stehen (direkte Zuordnung). Sofern die Aktivseite der steuerlichen Hilfs- und Nebenrechnung nach dieser Zuordnung die Passivseite übersteigt, ist die Differenz mit übrigen Passiva des Unternehmens aufzufüllen (§ 14 Abs. 3 BsGaV). Sollte die Aktivseite die Passivseite unterschreiten, wäre insofern eine anteilige Kürzung direkt zuordenbarer übriger Passiva vorzunehmen (§ 14 Abs. 2 BsGaV).

1.3.3.2.5 Finanzierungsaufwendungen, § 15 BsGaV

Der Zuordnung der Passiva folgend, werden schließlich die auf deren Ebene als Betriebsausgabe abzugsfähigen Finanzierungsaufwendungen bestimmt. Entsprechend werden zunächst alle Finanzierungsaufwendungen, die unmittelbar mit den der Betriebsstätte direkt zugeordneten übrigen Passiva zusammenhängen, zugeordnet. Sofern gem. § 14 Abs. 3 BsGaV auch eine indirekte Zuordnung von übrigen Passiva vorgenommen wurde, sind anteilig die mit diesen zusammenhängenden Finanzierungsaufwendungen zu allokieren. Gem. § 15 Abs. 3 BsGaV sind für die Berechnung des Anteils, welcher der Betriebsstätte zuzuordnen ist, der Mittelwert der indirekt zugewiesenen übrigen Passiva (ermittelt aus den Beständen zu Beginn und zum Ende des Wirtschaftsjahres) der Betriebsstätte und des übrigen Unternehmens ins Verhältnis zu setzen. Spezialregelungen für nicht bilanzierende Unternehmen befinden sich in § 15 Abs. 3 und 4 BsGaV.

Praxishinweis

In § 12 Abs. 5 und § 13 Abs. 4 BsGaV kommt das Verbot einer nachträglichen Minderung bzw. Erhöhung des in der steuerlichen Hilfs- und Nebenrechnung sowie der Steuererklärung ausgewiesenen Dotationskapitals zum Ausdruck. Diese Maßgaben dürften zwar nicht im Einklang mit den durch die OECD verabschiedeten AOA-Grundsätzen stehen. Daraus ergibt sich jedoch das Risiko eines Besteuerungskonflikts zwischen Stammhaus- und Betriebsstättenstaat.

Nicht zuletzt stehen den unterschiedlichen Regelungen zur Dotationskapitalbestimmung inländischer und ausländischer Betriebsstätten auch verfassungsrechtliche Bedenken gegenüber. Ein Verstoß gegen den Gleichheitsgrundsatz in Art. 3 Abs. 1 GG erscheint nicht ausgeschlossen.

1.3.3.3 Schuldrechtliche Beziehungen

Der vierte Unterabschnitt der BsGaV behandelt die Voraussetzungen für die steuerliche Anerkennung von anzunehmenden schuldrechtlichen Beziehungen zwischen der Betriebsstätte und dem übrigen Unternehmen (bzw. dem Stammhaus) einschließlich solcher Beziehungen, die die Nutzung finanzieller Mittel zum Gegenstand haben (Darlehensbeziehungen).

Die Vorgehensweise, die sich im Verordnungsentwurf widerspiegelt, deckt sich weitgehend mit dem Besteuerungskonzept für Betriebsstätten der OECD.

1.3.3.3.1 Anzunehmende schuldrechtliche Beziehungen als Grundsatz

Nach § 16 BsGaV liegen anzunehmende schuldrechtliche Beziehungen dann vor, wenn wirtschaftliche Vorgänge zwischen Betriebsstätte und Stammhaus festgestellt werden, die

- eine Änderung der Zuordnung der Bestandteile der Hilfs- und Nebenrechnung erforderlich machen oder

- voneinander unabhängige Unternehmen durch schuldrechtliche Vereinbarungen regeln würden oder

- bei diesen zur Geltendmachung einer Rechtspositionen führen würden.

Bei solchen schuldrechtlichen Beziehungen handelt es sich im Wesentlichen um auf Übertragung von Gütern gerichtete Verträge (Kaufverträge), Nutzungsüberlassungen (Miete, Pacht), Dienstleistungen und Überwachung sowie Management von Risiken. Hierfür soll ein gewisser Schwellenwert überschritten werden. Offen ist jedoch, wann das der Fall ist. Allerdings soll die Überlassung finanzieller Mittel an eine Betriebsstätte durch das übrige Unternehmen grds. nicht als anzunehmende schuldrechtliche Beziehung für steuerliche Zwecke anerkannt werden, es sei denn, die zusätzlichen Voraussetzungen des § 17 BsGaV sind erfüllt.

1.3.3.3.2 Finanzierungsfunktionen als Sonderfall

§ 17 BsGaV misst der Finanzierungsfunktion den Charakter einer Dienstleistung bei, die regelmäßig auf Kostenaufschlagsbasis zu vergüten ist. Die Kosten der Finanzierungsbetriebsstätte können dabei auch indirekt (d. h. über einen Schlüssel) auf die leistungsempfangenden Betriebsstätten aufgeteilt werden. Dies ist insoweit konsequent, als der AOA primär Regelungen über die Zuordnung von Wirtschaftsgütern vorgibt und die Zuordnung von Eigenkapital und Passiva eine Funktion der Zuordnung von Aktiva ist. Zinstragende Passiva wären somit den Betriebsstätten direkt oder indirekt zuzuordnen mit den korrespondierenden Zinsaufwendungen.

In diesem Kontext erscheint es jedoch zumindest unter direkter Anwendung von Art. 7 OECD-MA 2010 denkbar, dass auch nicht direkt zuordenbare Finanzmittel des Unternehmens einer inländischen Betriebsstätte im Darlehenswege zur Verfügung gestellt werden. Im Zweifel wäre in einem zweiten Schritt zu prüfen, ob und inwieweit der Finanzierungsaufwand dieser inländischen Betriebsstätte unter Einschluss des „anzunehmenden" Darlehens die Tatbestandsvoraussetzungen des § 4h EStG und § 8a KStG erfüllt und somit abziehbar ist.

1.3.3.3.3 Ansatz der Verrechnungspreise

Sind nach dem vorstehenden anzunehmende schuldrechtliche Beziehungen vorhanden, sind fremdvergleichskonforme Verrechnungspreise entsprechend den Geschäftsvorfällen mit nahestehenden Personen anzusetzen.

Praxishinweis

Steuerpflichtige sollten anhand interner Richtlinien festlegen, unter welchen Voraussetzungen von der Existenz einer anzunehmenden schuldrechtlichen Beziehung für steuerliche Zwecke ausgegangen wird. Eine korrekte Anwendung dieser Regelungen dürfte die Hürden für Finanzverwaltungen höher legen, schuldrechtliche Beziehungen zu verneinen.

1.3.3.4 Sonderregelungen für besondere Arten von Betriebsstätten

Die BsGaV enthält Sonderregelungen für verschiedene Arten von Betriebsstätten. Der Regelungsbedarf für besondere Vorschriften ergibt sich aus der jeweiligen Besonderheit des Geschäftsfeldes der Betriebsstätten. So sind Sonderregelungen vorgegeben für

- Bankbetriebsstätten, §§ 18–22 BsGaV
- Versicherungsbetriebsstätten, §§ 23–29 BsGaV
- Bau- und Montagebetriebsstätten, §§ 30–34 BsGaV
- Explorationsbetriebsstätten, §§ 35–38 BsGaV.

Grds. gilt auch für diese Betriebsstätten, dass diese die Regelungen nach §§ 1–17 BsGaV anzuwenden haben, insb. die Zuordnungsregeln.

1.3.3.4.1 Bankbetriebsstätten, §§ 18–23 BsGaV

§ 18 BsGaV definiert den Begriff „Bankbetriebsstätte" in Anlehnung an eine Vorschrift des KWG. Bankbetriebsstätten sind solche, die Teil eines Kreditinstituts oder eines Finanzdienstleistungsinstituts sind. Abschn. 2 ist speziell auf Betriebsstätten anwendbar, die das Bankgeschäft betreiben.

Abweichend von den allgemeinen Zuordnungsregeln, bestehen Ausnahmen für die Zuordnung von Vermögenswerten, die Gegenstand von Bankgeschäften oder Finanzdienstleistungsgeschäften i. S. d. § 1 Abs. 1 und 1a KWG sind und für die Bestimmung des Dotationskapitals.

- In § 19–22 BsGaV sind speziell für Bankbetriebsstätten die Grundsätze für die Zuordnung von Vermögenswerten, Dotationskapital, Passiva und Finanzaufwendungen geregelt.

- Die Regelungen weichen von den allgemeinen Zuordnungsregeln ab. So ist Zuordnungskriterium für die Vermögenswerte von Bankbetriebsstätten die Personalfunktion einer Bankbetriebsstätte, die dazu führt, dass die Chancen und Risiken entstehen, die das Kreditinstitut, zu dem die Bankbetriebsstätte gehört, betreffen und die mit den betreffenden Vermögenswerten verbunden sind.[44] Diese Personalfunktion ist maßgeblich i. S. d. § 2 Abs. 4. Solche Personalfunktionen werden im Zusammenhang mit Bankbetriebsstätten (ebenso wie bei den Versicherungsbetriebsstätten) als „unternehmerische Risikoübernahmefunktionen"[45] bezeichnet. Insofern weicht die Terminologie für Bankbetriebsstätten international (ebenso wie für Versicherungsbetriebsstätten) von der allgemeinen in § 2 Abs. 4 BsGaV festgehalten Terminologie der maßgeblichen Personalfunktionen[46] ab.

- Kann ein Vermögenswert nicht eindeutig zugeordnet werden, ist dieser der Bankbetriebsstätte zuzuordnen, der die Kundenbeziehung zuzuordnen ist, zu der der Vermögenswert gehört. Der Steuerpflichtige darf von der Zuordnung zur Kundenbeziehung nur dann abweichen, wenn daraus im Einzelfall ein Ergebnis resultiert, das dem Fremdvergleichsgrundsatz besser entspricht.

Beispiel

Eine kleine Betriebsstätte in Staat A schließt mit einem Kunden aus diesem Staat ein großvolumiges Darlehensgeschäft ab. Eine Zuordnung des Darlehens zur Betriebsstätte mit der Kundenbeziehung scheidet aus Gründen des Fremdvergleichs aus, da bei einem Ausfall des Schuldners die Betriebsstätte ohne Unterstützung des Stammhauses kein ausreichendes Eigenkapital mehr ausweisen würde. Sie hätte das Risiko als unabhängiges Unternehmen nicht tragen können.

- Dotationskapital inländischer Bankbetriebsstätten ausländischer Kreditinstitute

    Das Dotationskapital soll dem Anteil am Eigenkapital des Unternehmens entsprechen, der dem Verhältnis der Summe der gewichteten Risiken (Adressrisiken, operationelle Risiken und Marktrisiken) der inländischen Betriebsstätte zu der des ausländischen Kreditinstituts entspricht (Kapitalaufteilungsmethode). Auf den vormals im Entwurf der BsGaV noch enthaltenen Verweis auf § 2 SolvV wurde verzichtet. Der Anteil ist nach den jeweiligen aufsichtsrechtlichen Grundsätzen (also den ausländischen) zu ermitteln. Ein geringeres Dotationskapital darf der inländischen Bankbetriebsstätte nur dann für steuerliche Zwecke zugeordnet werden, wenn

---

[44] Vgl. auch OECD Betriebsstättenbericht 2010, Teil I, Tz. 16 und Teil II, Tz. 8 und 18 ff.
[45] Key Entrepreneurial Risk Taking Functions oder KERT Functions.
[46] Significant Peoples Functions.

- es den von ihr ausgeübten Funktionen, den ihr zugeordneten Vermögenswerten sowie

- Chancen und Risiken entspricht und damit dem Fremdvergleichsgrundsatz gerecht wird.

- Sie muss mindestens das Dotationskapital ausweisen, das sie nach aufsichtsrechtlichen Grundsätzen ausweisen müsste, wenn sie ein selbstständiges Kreditinstitut im Inland wäre (Mindestkapitalausstattungsmethode), zzgl. eines Aufschlags von 0,5 % der Summe der gewichteten Risiken der inländischen Bankbetriebsstätte oder eines fremdvergleichskonformen geringeren Zuschlags.

- Dotationskapital inländischer Betriebsstätten eines ausländischen Kreditinstituts mit Sitz in der Europäischen Union

  - Wendet eine inländische Betriebsstätte eines ausländischen Kreditinstituts mit Sitz in der Europäischen Union eine zu § 2a KWG vergleichbare Regelung an und weist nach, dass die Eigenkapitalausstattung nach dem entsprechenden Aufsichtsrecht ungeachtet der Ausnahmeregelung in dieser Vorschrift in jedem Fall ausreichen würde, braucht sie § 20 Abs. 1 BsGaV nicht anzuwenden.

  - Das Dotationskapital ist jeweils zu Beginn des Wirtschaftsjahres zu bestimmen und zuzuordnen. Eine Anpassung an die Mindestkapitalausstattung ist nach § 12 Abs. 6 BsGaV vorzunehmen, wenn das inländische Aufsichtsrecht dies verlangt, zum Beispiel in Umsetzung der nächsten Schritte der internationalen Bankenregulierung unter *Capital Requirements Regulation* (CRR), *Capital Requirements Directive IV* (CRD IV) oder äquivalenter Regelwerke.

- Dotationskapital ausländischer Bankbetriebsstätten inländischer Kreditinstitute

  Ausländischen Bankbetriebsstätten inländischer Kreditinstitute ist Dotationskapital nach Maßgabe des § 13 Abs. 1 BsGaV zuzuordnen (Mindestkapitalausstattungsmethode). Das inländische Kreditinstitut ist verpflichtet, den Nachweis zu führen, dass das Dotationskapital, notwendig ist. Die Erfüllung dieser – materiellen – Nachweispflicht ist Voraussetzung für die Anerkennung des Dotationskapitals. Ein höheres Dotationskapital darf nach § 13 Abs. 2 BsGaV nur zugeordnet werden, wenn dies dem Fremdvergleichsgrundsatz entspricht. Für eine Abweichung ist es aber erforderlich, jeden höheren Ansatz von Dotationskapital zu begründen. Zum Zwecke einer Konfliktvermeidung zwischen ausländischen bankenaufsichtsrechtlichen Vorschriften und der in § 13Abs. 2 BsGaV geregelten Obergrenze kann im Einzelfall nach Abs. 3 auch ein die Obergrenze des § 21 Abs. 2 BsGaV übersteigendes Dotationskapital angesetzt werden. Das setzt aber voraus, dass die ausländische Bankbetriebsstätte auf dem ausländischen Markt tätig wird. In diesem Fall kann sogar ein Betrag angesetzt werden, der den Betrag, der sich nach der Kapitalaufteilungsmethode für Bankbetriebsstätten nach § 21 Abs. 2 S. 2 BsGaV ergibt, überschreitet, wenn dadurch ein internationaler Steuerkonflikt vermieden wird.

1.3.3.4.2 Versicherungsbetriebsstätten, §§ 23–29 BsGaV

Betriebsstätten, die Teil eines Versicherungsunternehmens sind oder die Versicherungsgeschäfte betreiben, müssen zunächst die Regelungen nach §§ 1 bis 17 BsGaV anwenden, insb. die Zuordnungsregeln (s. o.). Es sind in den §§ 23 bis 29 BsGaV besondere Regularien in Abhängigkeit von Risikoübernahmefunktion und Abschlussfunktion, Ausnahmen für die Zuordnung von Vermögenswerten, die durch den Abschluss eines Versicherungsvertrags entstehen, für die Bestimmung des Dotationskapitals, für die Zuordnung von Erträgen aus Kapitalanlagen und Rückversicherungsgeschäften enthalten.

Was allerdings ein „Versicherungsgeschäft" ist, ist gesetzlich nicht definiert. Die Finanzverwaltung versteht darunter solche Geschäfte, bei denen gegen Prämienzahlung für den Fall eines ungewissen Ereignisses bestimmte Leistungen versprochen werden, wobei das übernommene Risiko auf eine Vielzahl von Personen verteilt wird.[47]

Werden von einer Versicherungsbetriebsstätte auch andere Geschäftätigkeiten ausgeübt oder sind für Versicherungsbetriebsstätten im Abschn. 3 (§§ 23–29 BsGaV) keine besonderen Regelungen getroffen worden, sind die allgemeinen Regelungen der §§ 1–17 BsGaV anzuwenden.

- Vermögenswerte, die durch Abschluss eines Versicherungsvertrags entstehen, sind nach § 24 BsGaV der Versicherungsbetriebsstätte zuzuordnen, die durch ihre ausgeübte Personalfunktion im Rahmen des Zeichnungsprozesses die Chancen und Risiken des Versicherungsvertrags übernimmt.

  Die Zuordnung von Vermögenswerten aus Versicherungsverträgen, die auf der Festlegung einer unternehmerischen Risikoübernahmefunktion fußt, erleichtert dem Rechtsanwender die dokumentarische Umsetzung. Indessen widerspricht die Festlegung der Risikoklassifizierung und der Risikoauswahl als KERT-Funktion[48] weder dem OECD-Konsens noch der tatsächlichen Bedeutung in der Versicherungspraxis.

- Bei inländischen Betriebsstätten wird ausschließlich auf die rechtliche Ausgestaltung der Position des Hauptbevollmächtigten abgestellt.

  Dies stellt sich als Widerspruch zum OECD-Betriebsstättenbericht 2010 dar, da ein Anwendungsbereich für die Öffnungsklausel nicht erkennbar ist.

- Für Rückversicherungsgeschäfte enthält § 24 Abs. 4 BsGaV enthält eine widerlegbare Vermutung, dass im Rückversicherungsgeschäft die Personalfunktion der Risikoklassifizierung und Risikoauswahl maßgeblich und deshalb potentiell als unternehmerische Risikoübernahmefunktion anzusehen ist. Dieser Personalfunktion kommt im Allgemeinen die größte Bedeutung zukommt. Auch der Begriff „Rückversicherungsgeschäft" ist im deutschen Recht nicht definiert. Rückversicherungsgeschäfte sind Versicherungsgeschäfte, mit denen versicherte Risiken von einem Versicherungsunternehmen auf ein anderes Versicherungsunternehmen übertragen werden.

- Rückversicherungsgeschäfte im Innenverhältnis werden nicht anerkannt (§ 28 BsGaV). Werden also zwischen einer Versicherungsbetriebsstätte und dem übrigen Unternehmen, derartige Vereinbarungen (Internal Reinsurance) getroffen, gelten diese nicht als anzunehmende schuldrechtliche Beziehung. Hintergrund ist, dass die Ausübung einer Personalfunktion, die darüber entscheidet, ob ein Versicherungsvertrag innerhalb eines Unternehmens rückversichert werden soll, keine unternehmerische Risikoübernahmefunktion („KERT Function") ist, die es rechtfertigt, einen Versicherungsvertrag dem Teil des Unternehmens zuzuordnen, der diese Personalfunktion ausübt.[49] Grund ist, dass eine Rückversicherung innerhalb des Unternehmens insgesamt nicht zu einer Veränderung der Risikostruktur des Versicherungsunternehmens führt. Da aus Sicht des Verordnungsgebers

---

[47] BR-Drs. 401/14, S. 109.
[48] Key Entrepreneurial Risk Taking Functions.
[49] Siehe auch OECD-Betriebsstättenbericht 2010, Teil IV Tz. 179.

eine Anerkennung derartiger Internal Reinsurances in Deutschland dem OECD-Konsens entgegensteht, würde es zu einem Besteuerungskonflikt mit anderen Staaten kommen.

Praxishinweis

Beabsichtigte Rückversicherungsgeschäfte zwischen Betriebsstätten sollten entweder über das Instrument eines Advance Pricing Agreement mit den zuständigen Finanzverwaltungen abgesichert oder mit einer eigenständigen Gesellschaft abgeschlossen werden.

Da die Regelungen zu Versicherungsbetriebsstätten verschiedene Diskriminierungen wiedergeben, sollte zudem abgewogen werden, ob die jeweiligen Zuordnungen nicht angegriffen und entsprechende Verständigungsverfahren initiiert werden.

1.3.3.4.3 Bau- und Montagebetriebsstätten, §§ 30–34 BsGaV

Besondere Zuordnungsregelungen für Bau- und Montagebetriebsstätten sind in §§ 31 BsGaV enthalten.

- Ein materielles Wirtschaftsgut wird der Bau- und Montagebetriebsstätte nur dann nach § 5 Abs. 1 S. 1 BsGaV zugeordnet, wenn neben der Nutzung auch die Personalfunktionen im Zusammenhang mit der Anschaffung oder Herstellung dieses Wirtschaftsguts ausgeübt werden oder die Verwaltung des materiellen Wirtschaftsguts erfolgt.

- Sind die Voraussetzungen für eine Zuordnung des materiellen Wirtschaftsguts zur Bau- und Montagebetriebsstätte nicht erfüllt, ist dieses dem übrigen Unternehmen zuzuordnen und gilt der Bau- und Montagebetriebsstätte als unentgeltlich beigestellt.

Praxishinweis

Dies hat Auswirkungen auf eine potenzielle Entstrickungsbesteuerung. Ist ein Wirtschaftsgut des Anlagevermögens beispielsweise der Betriebsstätte nur beigestellt, findet keine Entstrickung im Stammhaus statt. Die Entstrickungsregeln nach § 4g EStG sind nicht anwendbar.

- Die anzunehmenden schuldrechtlichen Beziehungen zwischen einer Bau- und Montagebetriebsstätte und dem übrigen Unternehmen regeln §§ 32, 33 BsGaV.
  - Es wird widerlegbar vermutet, dass die anzunehmende schuldrechtliche Beziehung zwischen der Bau- und Montagebetriebsstätte mit dem übrigen Unternehmen als (Routine-)Dienstleistung der Betriebsstätte anzusehen ist. Der Verrechnungspreis für diese Dienstleistung ist nach einer kostenorientierten Verrechnungspreismethode zu ermitteln.
    - Die Kostenbasis bilden insb. Personalkosten, die unmittelbar durch die Personalfunktionen der Betriebsstätte verursacht sind.
    - Sämtliche Leistungen des übrigen Unternehmens für die Betriebsstätte gelten dieser als beigestellt und sind weder gesondert zu vergüten noch fließen diese in die Kostenbasis der Betriebsstätte ein.
  - Gehen die Personalfunktionen der Betriebsstätte über die eines Routinedienstleisters hinaus oder sind der Betriebsstätte einzigartige immaterielle Werte zuzuordnen, ist der Verrechnungspreis für die anzunehmenden schuldrechtlichen Beziehungen nach einer Gewinnaufteilungsmethode zu bestimmen (§ 33 BsGaV).

Der Verteilungsschlüssel bemisst sich nach den Beiträgen der Unternehmensteile, die zur Erfüllung des Bau- und Montagevertrags geleistet werden. Dies sind z. B. Kosten der Personalfunktionen und angemessene Teile der Forschungs- und Entwicklungskosten der eingesetzten immateriellen Werte.

- Übergangsregelung, § 34 BsGaV

  - Die Einkünfte einer Bau- und Montagebetriebsstätte, die vor dem 1.1.2013 bestand, können nach den bisher geltenden Regelungen ermittelt werden.

  - Für im Jahr 2013 und 2014 begründete Betriebsstätten können die bisherigen Ermittlungsgrundsätze unter bestimmten Bedingungen ebenfalls weiterhin angewendet werden.

    o Das Unternehmen muss nachweisen, dass es für die Kalkulation des Bau- und Montageauftrags von den Grundsätzen ausgegangen ist, die die Finanzverwaltung bisher anerkannt hat.

    o Es muss glaubhaft gemacht werden, dass die neuen Regelungen, seiner bisherigen Kalkulation die Grundlage entziehen.

    Liegen beide Voraussetzungen vor, soll es bei der bisherigen Handhabung durch das Unternehmen bleiben, um die Umstellungsprobleme so gering wie möglich zu halten.

Praxishinweise

- Für die 2013 und 2014 begonnenen Projekte sollte geprüft werden, ob der Nachweis erbracht werden kann, dass die Projektkalkulation nach bisherigen von der Finanzverwaltung anerkannten Grundsätzen erfolgte und ob die Neuregelung dieser Projektkalkulation die Grundlage entziehen würde. Kann nämlich ein Nachweis nicht erbracht werden, so ist bereits für Betriebsstätten, die 2013 begründet werden, eine Gewinnaufteilung nach neuer Regelung vorzunehmen.
- Für zukünftige Bau- und Montagebetriebsstätten empfiehlt sich eine Klassifizierung der zugrundeliegenden Projekte im Hinblick auf die Frage, ob eine in diesem Zusammenhang begründete Betriebsstätte als Standard- oder Sonderfall i. S. d. §§ 32, 33 BsGaV zu qualifizieren ist.

1.3.3.4.4 Explorationsbetriebsstätte, §§ 35 ff. BsGaV

Wie bei der Bau- und Montagebetriebsstätte wird hier ein Standardfall definiert, wonach das Explorationsrecht typischerweise dem übrigen Unternehmen zuzuordnen und der Explorationsbetriebsstätte als beigestellt gilt.

Nur für den Fall, dass die Personalfunktionen, die mit der Anschaffung oder Herstellung des Explorationsrechts verbunden sind, oder der Vertrieb bzw. die Verwertung der gewonnenen Bodenschätze durch Personalfunktionen der Betriebsstätte erfolgen, ist das Explorationsrecht der Explorationsbetriebsstätte zuzuordnen. Im Rahmen des Vertriebs oder der Verwertung muss die Bedeutung dieser Personalfunktionen der Betriebsstätte eindeutig überwiegen (§ 36 Abs. 1 BsGaV).

Gem. § 36 Abs. 2 BsGaV ist das Explorationsrecht dem übrigen Unternehmen zuzuordnen, wenn es nicht der Förderbetriebsstätte zugeordnet werden kann. Das Explorationsrecht gilt als vom übrigen Unternehmen für die Dienstleistung der Förderbetriebsstätte unentgeltlich „beigestellt". Mangels Änderung der Zuordnung des Explorationsrechts durch eine solche Beistellung findet auch keine „Entstrickung" i. S. d. § 4 Abs. 3 S. 3 und S. 4 EStG statt. Mit Beginn der Fördertätigkeit ist das Explorationsrecht allerdings der Förderbetriebsstätte zuzuordnen (§ 36 Abs. 3 BsGaV).

Führt die Zuordnung zur Explorationsbetriebsstätte zu einer Änderung der Zuordnung ist von einer Veräußerung des Explorationsrechts auszugehen. Der „Kaufpreis" ist regelmäßig anhand des hypothetischen Fremdvergleichs unter Berücksichtigung der jeweiligen Ertragsaussichten zu ermitteln (§ 16 Abs. 2 S. 1 i. V. m. § 37 Abs. 2 BsGaV).

1.3.3.5 Inkrafttreten und Anwendung

Gem. § 41 BsGaV ist die Verordnung am 18.10.2014 in Kraft getreten. Entgegen den ursprünglichen Plänen ist diese nicht rückwirkend, sondern erstmals für die nach dem 31.12.2014 beginnenden Wirtschaftsjahre anzuwenden. Besonderheiten sind nach §§ 34, 38 BsGaV für Bau- und Montagebetriebsstätten und Explorationsbetriebsstätten vorgesehen, wonach Betriebsstätten, die vor dem 1.1.2013 bestanden und ihre Einkünfte nach bisher von der Finanzverwaltung anerkannten Grundsätzen ermittelten, dies auch weiterhin in der vorgesehenen Weise erledigen dürfen, um Umstellungsschwierigkeiten zu vermeiden.

> **Literaturhinweise:** Zu einzelnen Kritikpunkten zu dieser Verordnung siehe die Stellungnahmen des DIHK vom 11.10.2013, des IDW vom 17.10.2013 und des Verbandes der Auslandsbanken vom 6.11.2013 an das BMF.
>
> Weiterführend siehe *Oestreicher/van der Ham*, IStR 2014, S. 1 ff.; *Kußmaul/Delarber/Müller*, IStR 2014, S. 466 ff., S. 573 ff.

1.4 FATCA-USA-Umsetzungsverordnung (FATCA-USA-UmsV)[50]

1.4.1 Hintergrund

Die Vereinigten Staaten von Amerika (USA) haben am 18.3.2010 Vorschriften erlassen, die ausländischen Finanzinstituten Prüfungs- und Meldepflichten für bestimmte Konten mit einem steuerlichen Bezug zu den USA auferlegen (Foreign Account Tax Compliance Act, kurz: FATCA-Gesetz). Nach diesem Gesetz, das ab Mitte des Jahres 2014 in den USA angewandt wird, sollen sich ausländische Finanzinstitute gegenüber der Bundessteuerbehörde der USA (Internal Revenue Service) verpflichten, Informationen über Kunden zur Verfügung zu stellen, die entweder bereits in den USA steuerpflichtig sind oder die voraussichtlich einen steuerlichen Bezug zu den USA haben werden. Die Bundesrepublik Deutschland unterstützt das dem FATCA-Gesetz zugrunde liegende Ziel der Bekämpfung der Steuerhinterziehung. Die direkte Anwendung des FATCA-Gesetzes in Deutschland ist jedoch aufgrund datenschutzrechtlicher Bedenken ausgeschlossen, weil für die Erhebung der Daten eine nach § 4 Abs. 1 des Bundesdatenschutzgesetzes erforderliche gesetzliche Grundlage fehlt. Deutschland und die USA haben vor diesem Hintergrund eine zwischenstaatliche Vorgehensweise auf der Grundlage des Art. 26 des deutsch-amerikanischen Doppelbesteuerungsabkommens („Informationsaustausch

---

[50] Verordnung v. 28.7.2014, BGBl I 2014, S. 1222.

und Amtshilfe") vereinbart und am 31.5.2013 ein völkerrechtliches Abkommen (FATCA-Abkommen) unterzeichnet, zu dem am 16.10.2013 das Zustimmungsgesetz und am 11.12.2013 das FATCA-Abkommen in Kraft getreten ist.

Zur Umsetzung des Abkommens wurde in Deutschland eine gesetzliche Rechtsgrundlage benötigt. Durch das AIFM-Steuer-Anpassungsgesetz,[51] wurde mit § 117c AO („Umsetzung innerstaatlich anwendbarer völkerrechtlicher Vereinbarungen zur Förderung der Steuerehrlichkeit bei internationalen Sachverhalten") eine Ermächtigungsgrundlage geschaffen, aufgrund derer das BMF mit Zustimmung des Bundesrates Rechtsverordnungen zur Erfüllung der Verpflichtungen aus derartigen Abkommen erlassen kann. Mit der Verordnung wird diese Verordnungsermächtigung im Hinblick auf das mit den USA geschlossene FATCA-Abkommen ausgefüllt.

Die in der Verordnung enthaltenen Regelungen führen zu Prüfungs- und Informationspflichten für Finanzinstitute i. S. d. FATCA-Abkommens. Der Finanz- und Versicherungswirtschaft wird insbesondere auferlegt, jährlich Meldungen von Daten über US-amerikanische meldepflichtige Konten und über Zahlungen an nicht teilnehmende Finanzinstitute zu übermitteln. Der Datenaustausch mit der Bundessteuerbehörde der USA dient dazu, die Steuerbefolgung im Hinblick auf eine in den USA bestehende Steuerpflicht zu erhöhen und – durch den Austausch von Zahlungen an nicht teilnehmende Finanzinstitute – eine Umgehung der Regelungen zu vermeiden. Durch die im Rahmen der Gegenseitigkeit von den USA zu übermittelnden Daten über bestimmte, von deutschen Steuerpflichtigen erzielte Einnahmen aus Kapitalvermögen, wird eine erhöhte Steuerbefolgung im Hinblick auf derartige Einkünfte im Inland erzielt.

Aufgrund der der Finanz- und Versicherungswirtschaft auferlegten Prüfungs- und Erhebungspflichten, kann es u. a. zu Nachfragen und Datenerhebungen bei Verbraucherinnen und Verbrauchern sowie zur Übermittlung der zu erhebenden Daten an die Bundessteuerbehörde der USA kommen.

1.4.2 Inhalt

1.4.2.1 Allgemeine Bestimmungen

§ 1 FATCA-USA-UmsV beschreibt den Anwendungsbereich der Rechtsverordnung und orientiert sich an der Regelung des § 117c Abs. 1 AO. Es wird durch diese Verordnung

- die Erhebung von Daten durch Dritte,
- die Übermittlung der erhobenen Daten nach amtlich vorgeschriebenem Datensatz im Wege der Datenfernübertragung an das BZSt sowie
- die Weiterleitung der übermittelten Daten an die zuständige Behörde der USA

entsprechend dem FATCA-Abkommen geregelt.

§ 2 FATCA-USA-UmsV enthält Begriffsbestimmungen, die für die weiteren Regelungen der Rechtsverordnung erforderlich sind.

Nach § 2 Abs. 3 FATCA-USA-UmsV ist meldendes deutsches Finanzinstitut i. S. d. Verordnung ein Rechtsträger, der i. S. d. Abkommens in der Bundesrepublik Deutschland tätig ist als:

---

[51] BGBl I 2013, S. 4318; in Kraft getreten am 24.12.2013.

- Verwahrinstitut,
- Einlageninstitut,
- Investmentunternehmen oder
- spezifizierte Versicherungsgesellschaft.

Nicht erfasst sind Zweigniederlassungen eines solchen Rechtsträgers, die sich außerhalb des Geltungsbereichs des Grundgesetzes der Bundesrepublik Deutschland befinden. Von dem Begriff des meldenden deutschen Finanzinstitutes ausgenommen sind nicht meldende deutsche Finanzinstitute i. S. d. Art. 1 Abs. 1 Buchst. q des Abkommens.

§ 2 Abs. 4 FATCA-USA-UmsV bestimmt, was ein US-amerikanisches meldepflichtiges Konto i. S. d. Rechtsverordnung ist. Danach ist ein US-amerikanisches meldepflichtiges Konto ein von einem meldenden deutschen Finanzinstitut geführtes Finanzkonto, dessen Kontoinhaber

- mindestens eine spezifizierte Person der USA i. S. d. Art. 1 Abs. 1 Buchst. gg des Abkommens ist oder
- ein nicht US-amerikanischer Rechtsträger i. S. d. Abkommens ist, der von mindestens einer spezifizierten Person der USA i. S. d. Art. 1 Abs. 1 Buchst. gg des Abkommens beherrscht wird.

Ein Konto gilt nicht als US-amerikanisches meldepflichtiges Konto, wenn es unter die nach Anlage II Abschnitt III des Abkommens ausgenommenen Konten- oder Produktarten fällt oder wenn es nach Anwendung der in § 5 FATCA-USA-UmsV geregelten Verfahren nicht als ein US-amerikanisches meldepflichtiges Konto identifiziert wird.

Mit § 3 FATCA-USA-UmsV wird die im FATCA-Abkommen vorgesehene Möglichkeit der Inanspruchnahme von Fremddienstleistern gewährt. Meldende deutsche Finanzinstitute können zur Erfüllung der Verpflichtungen Fremddienstleister in Anspruch nehmen. Die Verantwortung für die Erfüllung der Verpflichtungen liegt weiterhin bei den meldenden deutschen Finanzinstituten.

Art. 5 Abs. 4 des FATCA-Abkommens sieht vor, dass die Vertragsparteien bei Bedarf Auflagen erlassen, um zu verhindern, dass die Finanzinstitute Praktiken zur Umgehung der Meldepflicht nach dem Abkommen anwenden. Mit der Regelung in § 4 FATCA-USA-UmsV wird die entsprechende Anwendung von § 42 AO im Hinblick auf Verpflichtungen aus dieser Rechtsverordnung geregelt und sichergestellt, dass die Verpflichtungen aus dieser Rechtsverordnung durch Missbrauch von Gestaltungsmöglichkeiten des Rechts nicht umgangen werden können.

1.4.2.2 Identifizierungs- und Sorgfaltspflichten

§ 5 FATCA-USA-UmsV regelt die Identifizierungs- und Sorgfaltspflichten, die von den meldenden deutschen Finanzinstituten zur Ermittlung von US-amerikanischen meldepflichtigen Konten sowie Konten nicht teilnehmender Finanzinstitute zu beachten sind. Dabei ist die zeitliche Verschiebung der Anfangsdaten für die Identifizierungs- und Sorgfaltspflichten entsprechend der Bekanntmachung der Bundessteuerbehörde der USA,[52] berücksichtigt (Verschiebung um ein halbes Jahr). Die sich daraus im Verhältnis zum Abkommen ergebenden geänderten Daten sind im Einzelnen aufgeführt.

---

[52] Nr. 2013-43, veröffentlicht im Internal Revenue Bulletin Nr. 2013-31 v. 29.7.2013, S. 113 ff.

Nach § 5 Abs. 1 FATCA-USA-UmsV müssen deutsche Finanzinstitute für die Identifizierung von US-amerikanischen meldepflichtigen Konten geeignete Verfahren einführen und unterhalten.

§ 5 Abs. 2 FATCA-USA-UmsV bestimmt, dass die Verfahren nach Abs. 1 sicherstellen müssen, dass die Sorgfaltspflichten nach Anlage I des Abkommens eingehalten werden. Die sich aus der o. g. Verschiebung der Anfangsdaten im Verhältnis zum Abkommen ergebenden geänderten Daten sind im Einzelnen aufgeführt. Die FATCA-USA-UmsV hat die relevanten Stichtage um ein halbes Jahr verschoben. Anstelle des im FATCA-Abkommen vorgesehenen 31.12.2013 ist nun der 30.6.2014 der maßgebliche Zeitpunkt zur Abgrenzung zwischen Bestands- und Neukonten und somit für den Umfang der von den Finanzinstituten zu erfüllenden Sorgfaltspflichten.

Nach § 5 Abs. 3 FATCA-USA-UmsV können die Finanzinstitute im Hinblick auf die in diesem Absatz beschriebenen Konten (insb. bezüglich Betragsgrenzen) Verfahrenserleichterungen nutzen. Dieses Wahlrecht ist im Abkommen angelegt und wird durch diese Rechtsverordnung eingeräumt.

§ 5 Abs. 4 FATCA-USA-UmsV regelt Einzelheiten zu Aspekten der Währungsumrechnungen für die nach Abs. 1 zu erstellenden Verfahren. Die Regelung zum Euro-Referenzkurs orientiert sich an der Vorschrift für die Währungsumrechnung in Anlage I Abschn. VI Unterabschn. C Nr. 4 des Abkommens.

Nach § 5 Abs. 5 FATCA-USA-UmsV sind die dort genannten besonderen Regelungen des Abkommens zur Zusammenfassung von Kontosalden anzuwenden.

Mit § 5 Abs. 6 FATCA-USA-UmsV wird das in Anlage I Abschn. I Unterabschn. C des Abkommens geregelte Wahlrecht gewährt.

§ 5 Abs. 7 FATCA-USA-UmsV regelt, dass zur Verfahrenserleichterung unter den beschriebenen Voraussetzungen auf eine bereits dem Finanzinstitut vorliegende Dokumentation der steuerlichen Ansässigkeit eines Kontoinhabers, die für Zwecke des sog. Qualified Intermediary-Verfahrens eingeholt wurde, zurückgegriffen werden kann.

Kleine Finanzinstitute mit lokalem Kundenstamm (§ 2 Abs. 3 FATCA-USA-UmsV) sind keine meldenden deutschen Finanzinstitute, wenngleich sie nach dem Abkommen gewissen Meldepflichten nachkommen müssen. Für diese Finanzinstitute regelt § 6 FATCA-USA-UmsV die anzuwendenden Verfahren. Dabei ist die zeitliche Verschiebung um ein halbes Jahr vom 1.1.2014 auf den 1.7.2014 berücksichtigt.

1.4.2.3 Registrierung von Finanzinstituten

§ 7 FATCA-USA-UmsV regelt, unter welchen Voraussetzungen sich ein meldendes deutsches Finanzinstitut bei der Bundessteuerbehörde der USA registrieren und eine sog. Internationale Identifikationsnummer für Intermediäre (Global Intermediary Identification Number) beantragen muss.

§ 7 Abs. 1 FATCA-USA-UmsV beschreibt die wesentlichen Voraussetzungen für eine Registrierungspflicht, d. h. einerseits das Führen von US-amerikanischen meldepflichtigen Konten, wie sie in § 2 Abs. 4 dieser Rechtsverordnung definiert sind, und andererseits das Führen von Konten nicht teilnehmender Finanzinstitute, wobei der Begriff des nicht teilnehmenden Finanzinstituts nach Art. 1 Abs. 1 Buchst. r des Abkommens auszulegen ist.

In § 7 Abs. 2 FATCA-USA-UmsV ist geregelt, dass auch sog. kleine Finanzinstitute mit lokalem Kundenstamm, wie in Anlage II Abschn. II Buchst. A des Abkommens definiert, der Registrierungspflicht unterliegen, wenn sie bestimmte meldepflichtige Konten führen.

1.4.2.4 Datenerhebung und Datenübermittlung

§ 8 Abs. 1 und 2 FATCA-USA-UmsV listet die generell nach dem Abkommen an das BZSt zu meldenden Daten in Bezug auf US-amerikanische meldepflichtige Konten sowie Zeitpunkt und Verfahren der Meldungen auf.

Danach müssen meldende deutsche Finanzinstitute zu den nach § 5 FATCA-USA-UmsV identifizierten US-amerikanischen meldepflichtigen Konten für das Kalenderjahr 2014 folgende Daten erheben:

- Name, Anschrift und US-amerikanische Steueridentifikationsnummer jeder spezifizierten Person der USA, die Inhaber des Kontos ist, sowie bei einem nicht US-amerikanischen Rechtsträger, für den eine oder mehrere beherrschende Personen ermittelt wurden, die spezifizierte Personen der USA sind, Name, Anschrift und ggf. US-amerikanische Steueridentifikationsnummer dieses Rechtsträgers und aller für ihn ermittelten spezifizierten Personen der USA,

- Kontonummer oder funktionale Entsprechung, wenn keine Kontonummer vorhanden ist,

- Name und Identifikationsnummer des meldenden deutschen Finanzinstituts,

- Kontostand oder Kontowert einschließlich des Barwerts oder Rückkaufwerts bei rückkaufsfähigen Versicherungs- oder Rentenversicherungsverträgen, berechnet zum Ende des betreffenden Kalenderjahres oder, sofern das Konto im Laufe des Jahres aufgelöst wurde, zum Zeitpunkt unmittelbar vor Kontoauflösung.

Ab dem Kalenderjahr 2015 sind zusätzlich zu den vorgenannten Daten folgende Daten zu erben und zu übermitteln:

- bei Verwahrkonten: der Gesamtbruttoertrag der Zinsen, der Gesamtbruttoertrag der Dividenden und der Gesamtbruttoertrag anderer Einkünfte, die mittels der auf dem Konto vorhandenen Vermögenswerte erzielt und jeweils auf das Konto oder in Bezug auf das Konto im Laufe des Kalenderjahres oder während eines anderen geeigneten Meldezeitraums eingezahlt oder dem Konto gutgeschrieben wurden,

- bei Einlagenkonten: der Gesamtbruttoertrag der Zinsen, die während des Kalenderjahres oder während eines anderen geeigneten Meldezeitraums auf das Konto eingezahlt oder dem Konto gutgeschrieben wurden, und

- bei allen anderen Konten: der Gesamtbruttobetrag, der in Bezug auf das Konto während des Kalenderjahres oder während eines anderen geeigneten Meldezeitraums an den Kontoinhaber gezahlt oder ihm gutgeschrieben wurde und für den das meldende deutsche Finanzinstitut Schuldner ist; der Gesamtbruttobetrag schließt alle Einlösungsbeträge ein, die während des Kalenderjahres oder während eines anderen geeigneten Meldezeitraums an den Kontoinhaber geleistet wurden.

Ab dem Kalenderjahr 2016 sind zusätzlich folgende Daten zu erheben und zu übermitteln:

- Bei Verwahrkonten die Gesamtbruttoerlöse aus der Veräußerung oder dem Rückkauf von Vermögensgegenständen, die während des Kalenderjahres oder während eines anderen geeigneten Meldezeitraums auf das Konto eingezahlt oder dem Konto gutgeschrieben wurden und für die das meldende Finanzinstitut als Verwahrstelle, Makler, Bevollmächtigter oder anderweitig als Vertreter für den Kontoinhaber tätig war.

§ 8 Abs. 3 FATCA-USA-UmsV bestimmt, dass das meldende deutsche Finanzinstitut die Daten nach den § 8 Abs. 1 und 2 FATCA-USA-UmsV bis zum 31. Juli des folgenden Kalenderjahres nach amtlich vorgeschriebenem Datensatz im Wege der Datenfernübertragung an das BZSt übermitteln muss.

§ 8 Abs. 4 FATCA-USA-UmsV regelt basierend auf den Bestimmungen des Abkommens, dass für die in § 5 Abs. 3 FATCA-USA-UmsV aufgeführten Konten ein Wahlrecht ausgeübt werden kann, diese im Rahmen der nach § 5 Abs. 1 FATCA-USA-UmsV einzurichtenden Verfahren zu überprüfen und ggf. als US-amerikanische meldepflichtige Konten zu identifizieren, die diese Konten betreffenden Daten aber nicht zu melden. Dieses Wahlrecht ist bereits im Abkommen angelegt.

§ 8 Abs. 5 FATCA-USA-UmsV trifft Regelungen in Bezug auf die Übermittlung der US-Steueridentifikationsnummer bei Bestandskonten. Während sich die Erhebungsberechtigung bei US-amerikanischen meldepflichtigen Konten bereits aus Abs. 1 ergibt, regelt Abs. 3, dass eine Übermittlung für die Kalenderjahre 2014 bis 2016 nur erfolgen muss, wenn die Kontoführungsunterlagen des meldenden deutschen Finanzinstituts die US- Steueridentifikationsnummer bereits enthalten. Ist dies nicht der Fall, ist gem. Art. 3 Abs. 4 des Abkommens bei natürlichen Personen das Geburtsdatum der betreffenden Person zu übermitteln, wenn es in den Unterlagen des meldenden Finanzinstituts enthalten ist. Ab dem Kalenderjahr 2017 ist auch bei diesen Konten die US-amerikanische Steueridentifikationsnummer zu erheben und zu übermitteln.

§ 8 Abs. 6 FATCA-USA-UmsV stellt klar, dass es sich bei der nach den Abs. 1 bis 3 anzugebenden Identifikationsnummer des meldenden deutschen Finanzinstituts um die über das Registrierungsportals der Bundessteuerbehörde der USA zu beantragende Internationale Identifikationsnummer für Intermediäre (Global Intermediary Identification Number) handelt.

§ 8 Abs. 7 FATCA-USA-UmsV sind die zu meldenden Geldbeträge in der Währung zu melden, auf die die jeweiligen Beträge lauten. Eine Umrechnung in US-Dollar oder Euro ist nicht erforderlich.

§ 9 FATCA-USA-UmsV regelt die Weiterleitung der nach § 8 übermittelten Daten durch das BZSt an die Bundessteuerbehörde der USA und beschreibt zudem das Verfahren für die im Rahmen der Gegenseitigkeit nach den Art. 2 und 3 des Abkommens von der Bundessteuerbehörde der USA zu erwartenden Daten.

Die von den Finanzinstituten an das BZSt gemeldeten und übermittelten Daten werden vom BZSt bis zum 30. September des Kalenderjahres, das auf das Kalenderjahr folgt, auf das sich die Daten beziehen, an den Internal Revenue Service (IRS) weitergeleitet (§ 9 Abs. 1 FATCA-USA-UmsV).

Im Gegenzug erhält das BZSt von den amerikanischen Behörden Daten zu deutschen meldepflichtigen Konten i. S. d. Abkommens, welche an die zuständigen Landesfinanzbehörden zur

Durchführung des Besteuerungsverfahrens weitergeleitet werden (§ 9 Abs. 2 FATCA-USA-UmsV).

§ 9 Abs. 3 FATCA-USA-UmsV bestimmt, dass die nach den Abs. 1 und 2 beim BZSt gespeicherten Daten 15 Jahre nach Ablauf des Jahres, in dem die Weiterleitung erfolgt ist, gelöscht werden. Nach datenschutzrechtlichen Vorgaben sind die übermittelten Daten grds. so lange aufzubewahren, wie sie vom BZSt zur Aufgabenerfüllung gebraucht werden. Das schließt auch Nachfragen und Korrekturübermittlungen, Überprüfungen z. B. im Rahmen des Betriebsprüfungsrechts nach § 117c Abs. 3 AO sowie eventuelle Prüfungen im Falle von Haftungsforderungen ein. Die nach Abs. 3 vorgesehene Aufbewahrungsfrist von 15 Jahren schafft für das beim BZSt zu erstellende Verfahren der Datenarchivierung einen verlässlichen Anhaltspunkt für die Aufbewahrungsfrist.

Alle ausgetauschten Informationen unterliegen den Verwendungsbeschränkungen nach Art. 26 des FATCA-Abkommens (§ 9 Abs.4 FATCA-USA-UmsV).

§ 10 FATCA-USA-UmsV regelt die Erhebung und Übermittlung von Daten über Zahlungen an nicht teilnehmende Finanzinstitute in den Kalenderjahren 2015 und 2016. Meldende deutsche Finanzinstitute haben danach zu den nach § 5 FATCA-USA-UmsV identifizierten Konten nicht teilnehmender Finanzinstitute i. S. d. Abkommens für die Kalenderjahre 2015 und 2016 folgende Daten zu erheben und an das BZSt zu übermitteln:

- Name des nicht teilnehmenden Finanzinstituts, an das das meldende deutsche Finanzinstitut in dem jeweiligen Kalenderjahr eine oder mehrere Zahlungen geleistet hat,
- Gesamtbetrag der in dem jeweiligen Kalenderjahr an dieses nicht teilnehmende Finanzinstitut geleisteten Zahlungen.

Das meldende deutsche Finanzinstitut hat diese Daten bis zum 31. Juli des folgenden Kalenderjahres nach amtlich vorgeschriebenem Datensatz im Wege der Datenfernübertragung an das BZSt zu übermitteln.

Diese Regelung steht im Zusammenhang mit der Regelung in Art. 3 Abs. 6 Buchst. c des Abkommens, wonach ein Austausch dieser Daten bei Bedarf durch eine noch zu schließende Verständigungsvereinbarung geregelt werden kann.

1.4.2.5 Ordnungswidrigkeiten

Die nicht erfolgte, nicht richtige, nicht vollständige oder nicht rechtzeitige Übermittlung der Daten stellt im Falle von Vorsatz oder Leichtfertigkeit eine bußgeldbewehrte Ordnungswidrigkeit i. S. d. § 379 Abs. 2 Nr. 1b AO dar (§ 11 FATCA-USA-UmsV).

1.4.2.6 Inkrafttreten

Nach § 12 FATCA-USA-UmsV ist diese Verordnung am 20.7.2014 in Kraft getreten.

1.5 Verordnung zur Festlegung der Steuersätze im Jahr 2014 nach § 11 Abs. 2 des Luftverkehrsteuergesetzes (LuftVStFestV 2014)[53]

Mit dem LuftVStG wird eine Steuerpflicht für die in Deutschland ab dem 1.1.2011 startenden Abflüge von Fluggästen, die von einem gewerblichen Luftverkehrsunternehmen transportiert werden, begründet. Steuergegenstand ist der „Rechtsvorgang, der zum Abflug eines Fluggastes von einem inländischen Startort mit einem Flugzeug oder Drehflügler durch ein Luftfahrtverkehrsunternehmen zu einem Zielort berechtigt" (§ 1 Abs. 1 LuftVStG). Ersatzweise wird auch auf die „Zuweisung eines Sitzplatzes ... an einen Fluggast" (§ 1 Abs. 2 LuftVStG) abgestellt. Die Steuer entsteht mit dem Abflug des Fluggastes von einem inländischen Startort (§ 4 LuftVStG). Steuerschuldner ist grds. das Luftverkehrsunternehmen (§ 6 LuftVStG).

Das Luftverkehrsteuergesetz sieht in § 11 Abs. 1 LuftVStG i. V. m. den Anlagen 1 und 2 drei nach Distanzklassen gegliederte Steuersätze vor:

- Kurzstrecken bis maximal 2500 km (Länder der Anlage 1)
- Mittelstrecken zwischen 2500 und maximal 6000 km (Länder der Anlage 2)
- Langstrecken über 6000 km (nicht in den Anlagen genannte Länder).

Betrug die Steuer anfänglich je Fluggast 8 € für Kurzstrecken, 25 € für Mittelstrecken und 45 € für Langstrecken, wurden diese Beträge seit dem 1.1.2012 wegen der Einbeziehung niedrigerer Steuersätze auf 7,50 €, 23,43 € und 42,18 € für die 3 Distanzklassen ermäßigt. Diese Absenkung durch die Luftverkehrsteuer-Absenkungsverordnung 2012[54] wurde in der LuftVStFestV 2014 vom 19.12.2013 erneut und unverändert festgesetzt.

Nachdem das BVerfG nun mit Urteil vom 5.11.2014, I BvF 3/11, auf den Antrag des Landes Rheinland-Pfalz in einem Verfahren zur abstrakten Normenkontrolle entschieden hat, dass die Luftverkehrsteuer verfassungsgemäß ist, stehen sowohl die Besteuerung als auch die festgesetzten Steuersätze auf einer gesetzlichen Grundlage, sodass auch weiterhin eine Besteuerung des von Deutschland aus startenden Flugverkehrs nach Maßgabe des LuftVStG erfolgen wird.

---

[53] Verordnung v. 30.12.2013, BGBl I 2013, S. 4383.
[54] Verordnung v. 16.12.2011, BGBl I 2011, S. 2732.

2 Weitere ausgewählte praxisrelevante Gesetze, die 2014 in Kraft getreten sind

2.1 Gesetz zur grundlegenden Reform des Erneuerbare-Energien-Gesetzes und zur Änderungen weiterer Bestimmungen des Energiewirtschaftsrechts (EEG 2014)[55]

2.1.1 Hintergrund und Zielstellungen

Eines der ersten großen Projekte der Großen Koalition war die Reform des EEG. Zum 1.8.2014 trat das reformierte EEG in Kraft, nachdem die EU-Kommission nach Abschluss des Gesetzgebungsverfahrens am 23.7.2014 die Reform genehmigt hatte.

Mit diesem Schritt sollen die Grundlagen für die sogenannte „Energiewende" geschaffen werden, um den Ausbau erneuerbaren Energien von der Nischenexistenz zu einer der tragenden Säulen der deutschen Stromversorgung werden lassen. Geplant ist ein Anteil von 25 %.

Da der enorme Ausbau jedoch auch einen Anstieg der EEG-Umlage zur Folge hatte und zudem dieser eine Herausforderung für die Stabilität der Stromnetze und für die Versorgungssicherheit darstellte, waren grundlegende Änderungen erforderlich, um

- den weiteren Kostenanstieg spürbar zu bremsen,
- den Ausbau der erneuerbaren Energien planvoll zu steuern und
- die erneuerbaren Energien besser an den Markt heranzuführen.

2.1.2 Inhalt der Änderungen

Wegen der Spezialität der Materie wird auf eine Einzeldarstellung verzichtet. Es erfolgt daher eine vereinfachte zusammenfassende Darstellung der Regelungsziele und Ansätze.

2.1.2.1 Erhöhung der Marktfähigkeit Erneuerbarer Energien

Da eines der Kernanliegen der EEG-Reform ist, eine bessere Integration dieser Energien in den nationalen und europäischen Strommarkt zu erreichen, werden Betreiber größerer Neuanlagen verpflichtet, den von ihnen erzeugten Strom direkt zu vermarkten. Diese Pflicht wird stufenweise eingeführt:

- Seit 1.8.2014 – alle Neuanlagen ab einer Leistung von 500 kW (Kilowatt)
- Ab 1.1.2016 – alle Neuanlagen ab einer Leistung von 100 kW.

2.1.2.2 Planbarer Ausbau erneuerbarer Energien

Das EEG 2014 sieht einen Stufenplan für den konkreten Ausbau der erneuerbaren Energien vor. Der Anteil der erneuerbaren Energien am Gesamtanteil der Energieerzeugung soll wie folgt erhöht werden

---

[55] Gesetz v. 21.7.2014, BGBl I 2014, S. 1066.

- bis 2025 auf 40 bis 45 %
- bis 2035 auf zwischen 55 und 60 %.

Zudem wurden für jede Erneuerbare-Energien-Technologie konkrete Mengenziele (sog. Ausbaukorridore) für den jährlichen Zubau festgelegt:

- Solarenergie: jährlicher Zubau von 2,5 Gigawatt (brutto)
- Windenergie
  - an Land: jährlicher Zubau von 2,5 Gigawatt (netto)
  - auf See: Installation von 6,5 Gigawatt bis 2020 und 15 Gigawatt bis 2030
- Biomasse: jährlicher Zubau von ca. 100 Megawatt (brutto).

Die konkrete Mengensteuerung erfolgt künftig bei Photovoltaik, Windenergie an Land und Biomasse über einen sog. „atmenden Deckel". Werden mehr neue Anlagen zur Erneuerbare-Energie-Erzeugung gebaut als nach dem Ausbaukorridor vorgesehen, sinken automatisch die Fördersätze für weitere Anlagen. Bei Windenergie auf See gibt es einen festen Mengendeckel.

2.1.2.3 Absenkung der Förderung und Konzentration auf Wind- und Solarenergie

Das EEG konzentriert sich künftig auf günstige Technologien wie Windenergie und Photovoltaik. Es werden daher bestehende Überförderungen abgebaut und Boni gestrichen. Aber generell wird die Förderung stufenweise gesenkt. Die derzeit durchschnittliche Vergütung für erneuerbare Energien von ca. 17 Cent pro kWh wird für Betreiber neuer Anlagen ab 2015 nur ca. 12 Cent/kWh betragen.

2.1.2.4 Breitere Finanzierung durch Ausnahmebeschränkungen

Vor dem Hintergrund des Ansatzes, dass der Energieumbau als gesamtgesellschaftliche Aufgabe gesehen wird, sollen nach der nunmehrigen Konzeption neben den privaten Stromkunden auch die Industrie angemessen an den Kosten der Energiewende beteiligt werden.

2.1.2.4.1 Stromintensive Industrien

Um die Wettbewerbsfähigkeit (und damit Arbeitsplätze) der stromintensiven Industrie nicht zu gefährden, dienen „besondere Ausgleichsregelungen" dazu, dass diese Unternehmen keine oder nur eine reduzierte EEG-Umlage zahlen müssen. Dennoch wurde der persönliche Anwendungsbereich der Ausnahmen eingeschränkt.

Begünstigte Unternehmen zahlen

- für die erste Gigawattstunde die EEG-Umlage in voller Höhe
- für den darüber hinaus von ihnen verbrauchten Strom grds. 15 % der EEG-Umlage
  - beschränkt auf maximal 4 % der Bruttowertschöpfung des jeweiligen Unternehmens bzw.
  - für Unternehmen mit einer Stromkostenintensität von mindestens 20 % auf maximal 0,5 % (sog. „Cap" bzw. „Super-Cap" der Umwelt- und Energiebeihilfeleitlinien).

2.1.2.4.2 Eigenstromversorger

Auch Eigenstromversorger, die konventionell Strom herstellen, werden an den Kosten des Ausbaus der erneuerbaren Energien beteiligt. Das gilt allerdings nur Neuanlagen. Bestandsanlagen fallen nicht darunter.

Das bedeutet, dass Strom aus Anlagen, die vor dem Inkrafttreten des neuen EEG am 1.8.2014 in Betrieb genommen wurden, auch weiterhin selbst verbraucht werden kann, ohne dass die EEG-Umlage entsteht.

Bei Eigenversorgung aus EEG-Anlagen oder Kraft-Wärme-Koppelungsanlagen ist eine verminderte EEG-Umlage zu leisten. Hier gibt es eine Übergangsregelung. Es gilt danach folgendes:

- EEG-Umlage für Bestandsanlagen
    - vom 1.8.2014 bis 31.12.2015 = 30 %
    - in 2016 = 35 %
    - ab 2017 = 40 %
- Neuanlagen
    - zwischen 1.8.2014 und 31.12.2015 errichtet oder in Betrieb genommen = 30 %
    - zwischen 1.1.2016 und 31.12.2016 errichtet oder in Betrieb genommen = 35 %
    - nach dem 31.12.2016 errichtet oder in Betrieb genommen = 40 %.

2.1.2.4.3 Künftige Ausgleichsregelung für Schienenbahnen

Nach dem Stand sind Schienenfahrzeugunternehmen nicht als stromintensive Industrien aufgenommen. Wegen der im EEG steckenden beihilferechtlichen Probleme war die Genehmigung seitens der EU-Kommission erforderlich. Das ursprüngliche EU-Notifizierungsverfahren schloss Schienenbahnen nicht ein. Ein parallel initiiertes Notifizierungsverfahrens wurde im November 2014 abgeschlossen, sodass das Bundeskabinett hier eine Änderung des EEG plant, um Schienenbahnen in den Ausnahmekatalog aufzunehmen.

2.2 Gesetz zur Bekämpfung von Zahlungsverzug im Geschäftsverkehr und zur Änderung des Erneuerbare-Energien-Gesetzes[56]

2.2.1 Inhalt der Änderungen

Mit dem Gesetz wurden zum einen Richtigstellungen und Erweiterungen, die im Gesetzgebungsverfahren zum EEG 2014 aus gesetzgebungsformalen Gründen nicht berücksichtigt werden, in dem parallel laufenden Verfahren übernommen.

Der eigentliche Inhalt des Gesetzes betrifft Änderungen im BGB zur weiteren Verbesserung der Zahlungsmoral.

---

[56] Gesetz v. 22.7.2014, BGBl I 2014, S. 1218.

2.2.1.1 Unwirksame Vereinbarungen zu Zahlungsfristen

Es wird in das BGB ein neuer § 271a BGB eingeführt. Danach werden Vereinbarungen von Zahlungsfristen, die einen längerfristigen Zeitraum betreffen, sanktioniert. So sind im Grundsatz Vereinbarungen, die Zahlungszielen von mehr als 60 Tagen vorsehen, nur noch wirksam, wenn diese ausdrücklich getroffen wurden und den Gläubiger nicht grob unbillig dadurch beeinträchtigen.

Mit Blick auf öffentliche Auftraggeber hat der Gesetzgeber nunmehr absolute und relative Vereinbarungsverbote konstituiert. So sind Vereinbarungen öffentlicher Auftraggeber mit Zahlungszielen von mehr als 60 Tagen unwirksam (§ 271a Abs. 2 Nr. 2 BGB: absolute Unwirksamkeit, absolutes Vereinbarungsverbot).

Bei einem Zahlungsziel von mehr als 30 Tagen bedarf es einer ausdrücklichen Vereinbarung und einen sich aus der Natur und Komplexität des Rechtsverhältnisses ergebenden sachlichen Grund, dass dem Gläubiger in zeitlicher Hinsicht noch kein Anspruch auf Erfüllung zusteht (relative Unwirksamkeit, relatives Vereinbarungsverbot).

Praxishinweis

Bei künftigen Vertragsverhandlungen vor allem aufseiten der öffentlichen Hand als Auftraggeber wird man sich der Frage nicht entziehen können, ob man bereits im Vorfeld der Vertragsanbahnung und -verhandlung die relevanten Punkte anspricht und ggf. in den Vertrag aufnimmt, um die sachlichen Gründe abzubilden, die eine längere Zahlungsfrist rechtfertigen.

Andererseits besteht insofern auch die Gefahr, alsdann mit weiteren Beweggründen präkludiert zu sein. Hier sollte man sich im Vorfeld genaue Klarheit über das konkrete Rechtsverhältnis, dessen Umsetzungs- und Durchsetzungsschwierigkeiten etc. machen, um u. U. die Motive, die im Rahmen der Vertragsverhandlungen zum Ergebnis einer längeren Zahlungsfrist führten, darlegen und beweisen zu können.

2.2.1.2 Erweiterung des Verzugsschadens

In § 288 BGB wurden 2 neue Absätze eingefügt, nämlich § 288 Abs. 5 und Abs. 6 BGB. Bei Zahlungsverzug soll der Gläubiger gegenüber Parteien, die keine Verbraucher sind, einen pauschalierten Verzugsschadensersatz von 40 € verlangen können, der allerdings auf einen nachgewiesenen Schaden anzurechnen ist. Vereinbarungen, die die Geltendmachung von Verzugszinsen oder anderen Verzugsschäden ausschließen oder auf Rechtsverfolgungskosten, sind unwirksam, wenn sie die Belange des Gläubigers nicht berücksichtigen.

2.2.1.3 Ausdehnung der Vereinbarungsverbote auf AGB

Auch die Normen zur AGB-Inhaltskontrolle (§§ 307 ff. BGB) wurden vor dem Hintergrund der Gesetzesänderungen angepasst.

2.2.2 Inkrafttreten

Die Änderungen gelten für Forderungen, die auf der Grundlage eines – nach dem 28.7.2014 begründeten – Schuldverhältnisses beruhen.

Bei Dauerschuldverhältnissen gilt eine Übergangsfrist. Hier sollen die Änderungen erst für solche Ansprüche gelten, für die der Gläubiger seine Leistung nach dem 30.6.2016 erbracht hat.

3 Steuergesetze, die 2015 in Kraft treten

3.1 Gesetz zur Anpassung der Abgabenordnung an den Zollkodex und zur Änderung weiterer steuerlicher Vorschriften (ZollkodexAnpG)[57]

Das Gesetz zur Anpassung der Abgabenordnung an den Zollkodex und zur Änderung weiterer steuerlicher Vorschriften (ZollkodexAnpG) beinhaltet zahlreiche und umfangreiche Änderungen. Diese werden in einem gesonderten Kapital, nämlich in Kapitel I dargestellt und näher ausgeführt.

3.2 Gesetz zur Änderung der Abgabenordnung und des Einführungsgesetzes zur Abgabenordnung[58] (AOÄndG)

Mit dem AOÄndG wurden die bisherigen Regelungen der strafbefreienden Selbstanzeige und zum Absehen von Verfolgung in besonderen Fällen weiter verschärft. Ziel ist es, Steuerhinterziehung konsequent zu bekämpfen.

Die umfangreichen Änderungen im Bereich des allgemeinen Verfahrens- und Steuerstrafrecht werden gesondert in Kapitel H ausführlich beschrieben.

3.3 Grunderwerbsteuersätze der Länder in 2015

War die Grunderwerbsteuer einst zur Finanzierung der faktischen Abschaffung der Vermögenssteuer 1996 von ehemals 1,5 % verdoppelt worden und seitdem ein stabiler Faktor bei Investitionsentscheidungen von Unternehmen als auch privaten Steuerpflichtigen, scheint sie seitens der Landespolitik vermehrt als zusätzliche Einnahmequelle entdeckt worden sein. Entsprechend ist in den einzelnen Bundesländern viel Bewegung bei der Anpassung der Grunderwerbsteuersätze zu beobachten. Die überwiegende Zahl der Länder hat von ihrer in Art. 105 Abs. 2a S. 2 GG eingeräumten Möglichkeit Gebrauch gemacht, einen von § 11 Abs. 1 GrEStG abweichenden Grunderwerbsteuersatz festzulegen. Einzig Bayern und Sachsen haben der Versuchung einer Steuererhöhung widerstanden.

Nachfolgend der Sachstand in den einzelnen Ländern, der Übersichtlichkeit halber, hier unabhängig vom Datum des Inkrafttretens in gebündelter Form:

- Baden-Württemberg

  Für alle Rechtsvorgänge seit 5.11.2011 findet in Bezug auf in Baden-Württemberg belegene Grundstücke ein GrESt-Satz von 5 % Anwendung.[59]

- Bayern

  In Bayern gilt nach wie vor nach § 11 Abs. 1 GrEStG ein GrESt-Satz von lediglich 3,5 %.

---

[57] Gesetz v. 22.12.2014, BGBl I 2014, S. 2147.
[58] Gesetz v. 22.12.2014, BGBl I 2014, S. 2145.
[59] Gesetzblatt für Baden-Württemberg 2011, S. 493.

- Berlin

    Für alle Rechtsvorgänge, die ab dem 1.1.2014 verwirklicht werden, beträgt die GrESt 6 %.[60] Berlin hatte eine Erhöhung des GrESt-Satzes zuletzt in 2012 beschlossen.[61]

- Brandenburg

    Bereits für Rechtsvorgänge, die ab dem 1.1.2011 verwirklicht werden, findet in Brandenburg ein GrESt-Satz von 5 % Anwendung.[62]

- Bremen

    Die GrESt im Land Bremen beträgt für ab dem 1.1.2014 verwirklichte Rechtsvorgänge 5 %.[63]

- Hamburg

    Bereits für Rechtsvorgänge ab einschließlich 1.1.2009 beträgt der GrESt-Satz in Hamburg 4,5 %.[64]

- Hessen

    Hessen hat mit Wirkung zum 1.8.2014 die GrESt von 5 % auf nunmehr 6 % angehoben. Dies ist innerhalb kurzer Zeit die zweite Erhöhung. Die GrESt war mit Wirkung zum 1.1.2013 bereits von 3,5 % auf 5 % erhöht wurden.[65]

- Mecklenburg-Vorpommern

    Für alle ab einschließlich 30.6.2012 verwirklichten Rechtsvorgänge wurde der GrESt-Satz in Mecklenburg-Vorpommern auf 5 % erhöht.[66]

- Niedersachsen

    Niedersachsen hat mit Wirkung zum 1.1.2014 die GrESt auf 5 % erhöht.[67] Bislang galt in Niedersachsen für ab dem 1.1.2011 verwirklichte Rechtsvorgänge ein GrESt-Satz von 4,5 %.[68]

- Nordrhein-Westfalen

    Nordrhein-Westfalen erhöht ab dem 1.1.2015 die GrESt von 5 % auf 6,5 %.[69] Dies ist die zweite Erhöhung innerhalb von 3 Jahren. Für ab einschließlich 1.10.2011 verwirklichte Rechtsvorgänge beträgt der GrESt-Satz in Nordrhein-Westfalen 5 %.[70]

- Rheinland-Pfalz

    Für alle Rechtsvorgänge, die ab dem 1.3.2012 verwirklicht werden, beträgt der GrESt-Satz in Rheinland-Pfalz 5 %.[71]

- Saarland

    Nachdem das Saarland den GrESt-Satz für ab dem 1.1.2011 verwirklichte Rechtsvorgänge auf 4 % erhöht hatte,[72] folgte eine weitere Erhöhung. Hiernach erhöhte sich der GrESt-

---

[60] GVBl Berlin 2013, S. 583.
[61] GVBl Berlin 2012, S. 90.
[62] GVBl Brandenburg 2010, Nr. 40.
[63] Brem.GBl 2013, S. 559.
[64] HambGVBl 2008, S. 433.
[65] Hess. GVBL. vom 26.11.2012, S. 457.
[66] GVOBl M-V 2012, S. 208.
[67] Nds. GVBl 2013, S. 321.
[68] Nds. GVBl 2010, S. 631.
[69] LT-Drs. NRW 16/7147.
[70] GVBl NRW 2011, S. 377.
[71] GVBl R-P 2012, S. 41.

Satz für ab einschließlich 1.1.2012 verwirklichte Rechtsvorgänge auf 4,5 %.[73] Nur ein Jahr später, mit Wirkung ab dem 1.1.2013 erfolgte eine nochmalige Anhebung des Steuersatzes auf 5,5 %.[74] Der Landtag des Saarlandes hat am 3.12.2014 dem Haushaltsbegleitgesetz 2015 zugestimmt, der eine Erhöhung der Grunderwerbsteuer ab 1.1.2015 auf 6,5 % vorsieht.[75]

- Sachsen

  In Sachsen gilt zumindest bisher noch ein GrESt-Satz von lediglich 3,5 %. Nach einer Auskunft des Sächsischen Staatsministeriums der Finanzen vom 30.11.2012 habe es eine Entscheidung gegeben, den GrESt-Satz nicht zu erhöhen. Als Begründung für diese Entscheidung wurde angegeben, dass die Wohneigentumsquote in Sachsen mit lediglich 33 % erheblich unter der bundesweiten Wohneigentumsquote von 45 % liege.

- Sachsen-Anhalt

  Nachdem bereits für ab einschließlich des 1.3.2010 verwirklichte Rechtsvorgänge der Steuersatz für die GrESt auf 4,5 % angehoben wurde,[76] erfolgte eine erneute Erhöhung für Rechtsvorgänge ab einschließlich dem 1.3.2012 auf 5 %.[77]

- Schleswig-Holstein

  Schleswig-Holstein ist Spitzenreiter bei der GrESt. Der GrESt-Satz für Rechtsvorgänge, die ab dem 1.1.2014 verwirklicht werden, beträgt 6,5 %.[78]

- Thüringen

  Für alle Rechtsvorgänge ab einschließlich 7.4.2011 beträgt der GrESt-Satz im Land Thüringen 5 %.[79]

3.4 Verordnung zur Änderung steuerlicher Verordnungen und weiterer Vorschriften

Seit dem Erlass der Verordnung zum Erlass und zur Änderung steuerlicher Verordnungen vom 11.12.2012[80] hat sich in mehreren Bereichen des deutschen Steuerrechts fachlich notwendiger Verordnungsbedarf ergeben. Der vorliegende Kabinettsentwurf für eine Verordnung zur Änderung steuerlicher Verordnungen und weiterer Vorschriften greift diesen Bedarf zusammenfassend auf. Wesentliche Änderungen betreffen die ErbStDV, EStDV sowie die UStDV.

3.4.1 Erbschaftsteuer-Durchführungsverordnung

Die Erbschaftsteuer-Durchführungsverordnung,[81] wird in mit Blick auf verschiedene Anzeigenpflichten dahingehend ergänzt, dass nunmehr auch seitens der Anzeigeverpflichteten die Identifikationsnummer mitzuteilen ist.

Da der BFH feststellte, dass zur Sicherung der rechtlichen und tatsächlichen Steuerbelastungsgleichheit auch die Identifikationsnummer herangezogen werden kann,[82] soll die Identifikati-

---

[72] Amtsblatt des Saarlandes 2010, S. 1522.
[73] Amtsblatt des Saarlandes 2011, S. 556.
[74] HBeglG 2013 v. 12.12.2012.
[75] Art. 1 HBeglG 2015 v. 3.12.2014.
[76] GVBl LSA 2010, S. 69.
[77] GVBl LSA 2012, S. 54.
[78] GVBl Schl.-H., 2013, S. 494.
[79] GVBl Thüringen 2011, S. 66.
[80] BGBl I 2012, S. 2637.
[81] Zuletzt geändert durch Art. 16 des Gesetzes v. 18.7.2014, BGBl I 2014, S. 1042, siehe Kapitel A.1.2.

onsnummer im Bereich der Erbschaft- und Schenkungsteuer mit Blick auf die eindeutige Zuordnung der von Gesetzes wegen zwingend einzubeziehenden Vorschenkungen innerhalb der letzten 10 Jahre eine Hilfe darstellen. Bei der steuerlichen Identifikationsnummer (§ 139b AO) handelt es sich um eine bundeseinheitliche und dauerhafte Identifikationsnummer der in Deutschland gemeldeten Bürger.

Die Aufnahme der Identifikationsnummer in die Anzeige an das FA betreffen die Anzeigepflichten

- der Emittenten von Schuldverschreibungen (§ 2 ErbStDV)
- von Versicherungsunternehmen (§ 3ErbStV)
- der Gerichte, Notare und sonstigen Urkundspersonen in Erbfällen (§ 7 ErbStDV) und
- der Genehmigungsbehörden (§ 10 ErbStDV).

Die Änderungen sind auf solche Erwerbe anzuwenden, für die die Steuer am Tag nach der Verkündigung der VO entsteht.

3.4.2 Einkommensteuer-Durchführungsverordnung

Anpassung an die Änderung des Geschmacksmustergesetzes

In § 73a Abs. 3 EStDV werden die in § 50a EStG genannten gewerbliche Schutzrechte i. S. d. § 50a Abs. 1 Nr. 3 EStG definiert. Es handelt sich um eine redaktionelle Folgeänderung zur Anpassung des § 73a Abs. 3 EStDV an das Gesetz zur Modernisierung des Geschmacksmustergesetzes. Das Geschmacksmustergesetz wurde mit Wirkung vom 1.1.2014[83] in Designgesetz umbenannt. Die Bekanntmachung der Neufassung des Designgesetzes erfolgte am 24.2.2014.[84]

Gewerbliche Schutzrechte i. S. d. § 50a Abs. 1 Nr. 3 EStG sind damit Rechte, die nach Maßgabe des Designgesetzes, Patentgesetzes, Gebrauchsmuster- und Markengesetzes geschützt sind.

Inkrafttreten

Die Änderung des § 73a Abs. 3 EStDV ist erstmals ab dem 1.1.2014 anzuwenden (§ 84 Abs. 3h S. 6 EStDV).

3.4.3 Umsatzsteuer-Durchführungsverordnung

Die Verordnung zur Änderung steuerlicher Verordnungen und weiterer Vorschriften,[85] sog. MantelVO 2014, enthält in Art. 6 im Wesentlichen Änderungen der UStDV zur Steuerbefreiung und zum Vorsteuer-Vergütungsverfahren.

3.4.3.1 Steuerbefreiungen

Die Liste der nach § 4 Nr. 18 UStG steuerbefreiten Verbände der freien Wohlfahrtspflege (§ 23 UStDV) wurde angepasst.

---

[82] BFH, Urteil vom 18.1.2012, BStBl II 2012, S. 168.
[83] DesignG v. 10.10.2013, BGBl I 2013, S. 3799.
[84] BGBl I 2014, S. 122.
[85] Kabinettvorlage vom 31.10.2014, Nr. 18/08056, BGBl I 2014, S. 2392.

Im Bereich der USt wird die Liste der amtlich anerkannten Verbände der freien Wohlfahrtspflege im § 23 UStDV überarbeitet. Neben der redaktionellen Änderung aufgrund der Fusion des Diakonischen Werks der Evangelischen Kirche in Deutschland e. V. mit dem Evangelischen Entwicklungsdienst e. V. zum Evangelischen Werk für Diakonie und Entwicklung e. V. wurde der Arbeiter-Samariter-Bund Deutschland e. V. als bundesweit im Bereich der Wohlfahrtspflege tätiger Verein in die Liste derjenigen Vereinigungen aufgenommen, die als amtlich anerkannte Verbände der freien Wohlfahrtspflege gelten.

3.4.3.2 Vorsteuervergütung

Voraussetzung für die Anwendung des Vorsteuer-Vergütungsverfahrens ist u. a., dass der antragstellende Unternehmer im Ausland ansässig ist. § 59 S. 2 UStDV definiert den im Ausland ansässigen Unternehmer. Im Hinblick darauf stellt § 59 S. 2 UStDV klar, dass ein Unternehmer auch dann im Ausland ansässig ist, wenn er zwar im Inland eine Betriebsstätte hat, von der aber im Vergütungszeitraum keine Umsätze ausgeführt werden.

Nach der bisherigen Fassung von § 60 UStDV konnte der im Ausland ansässige Unternehmer wählen, ob er im Kalenderjahr Vorsteuer-Vergütungsanträge entweder für einen Zeitraum von mindestens drei Monaten (z. B. pro Kalendervierteljahr) stellt oder einen Antrag für das gesamte Kalenderjahr. Auf Unionsebene haben sich die EU-Mitgliedstaaten inzwischen in Auslegung von Art. 16 der Richtlinie 2008/9/EG des Rates vom 12.2.2008 zur Regelung der Erstattung der Mehrwertsteuer gem. der Richtlinie 2006/112/EG an nicht im Mitgliedstaat der Erstattung, sondern in einem anderen Mitgliedstaat ansässige Steuerpflichtige geeinigt,[86] dass ein im Ausland ansässiger Unternehmer neben den vier Anträgen, die sich zumindest auf drei Monate beziehen müssen, noch einen weiteren Vergütungsantrag für das Kalenderjahr stellen können. Diese Auslegung wird durch den neuen § 60 S. 3 UStDV entsprechend umgesetzt. § 60 S. 4 UStDV wurde aufgrund Einfügung des S. 3 um einen eindeutigen Verweis auf den verkürzten Vergütungszeitraum nach S. 2 ergänzt.

§ 61 Abs. 2 S. 3 UStDV regelte bisher, dass unter bestimmten Voraussetzungen dem Vorsteuer-Vergütungsantrag Rechnungen und Einfuhrbelege in Kopie beizufügen sind. Da diese Belege zusammen mit dem Antrag auf Vorsteuer-Vergütung auf elektronischem Weg zu übermitteln sind, ist eine Übermittlung als Kopie nicht möglich. Durch die Ersetzung der Wörter „in Kopie" durch „als eingescannte Originale" wird klargestellt, dass mit dem Antrag die eingescannten Original-Rechnungen und -Einfuhrbelege zu übermitteln sind.

§ 61 Abs. 5 S. 3 UStDV regelt den Beginn des Zinslaufes in den Fällen, in denen Rechnungen oder Einfuhrbelege als eingescannte Originale abweichend von § 61 Abs. 2 S. 3 UStDV nicht zusammen mit dem Vergütungsantrag, sondern erst zu einem späteren Zeitpunkt übermittelt werden. In diesen Fällen beginnt der Zinslauf erst mit Ablauf von vier Monaten und zehn Tagen nach Eingang dieser eingescannten Originale beim BZSt. Auch diese Änderung stellt nochmals klar, dass die eingescannten Original-Rechnungen und -Einfuhrbelege zu übermitteln sind.

§ 61 Abs. 5 S. 9 UStDV wurde neu angefügt und regelt, dass bei der Festsetzung von Prozesszinsen nach § 236 AO Zinsen anzurechnen sind, die für denselben Zeitraum nach den S. 1–5 festgesetzt wurden. Bislang fehlt eine – § 236 Abs. 4 AO entsprechende – Regelung. Durch die Ergänzung wird eine solche Regelung eingeführt.

§ 61a UStDV regelt das Vorsteuer-Vergütungsverfahren für nicht im Gemeinschaftsgebiet ansässige Unternehmer. Bisher waren Anträge auf Vorsteuer-Vergütung durch im Drittlandsge-

---
[86] ABl. EU Nr. L 44, S. 23.

biet ansässige Unternehmer auf amtlich vorgeschriebenem Vordruck regelmäßig auf Papier beim BZSt einzureichen. Der Antrag konnte aber auch nach amtlich vorgeschriebenem Datensatz durch Datenfernübertragung nach Maßgabe der Steuerdaten- Übermittlungsverordnung auf elektronischem Weg übermittelt werden.

Mit der Änderung des § 61a Abs. 1 UStDV müssen nunmehr auch die im Drittlandsgebiet ansässigen Unternehmer ihre Vorsteuer-Vergütungsanträge auf elektronischem Weg übermitteln. Gleichzeitig wird auch das Verwaltungshandeln in diesem Bereich moderner, leistungsfähiger und effizienter. Mit dieser Änderung müssen alle im Ausland ansässigen Unternehmer ihre Anträge auf Vorsteuer-Vergütung grds. einheitlich auf elektronischem Weg übermitteln. Zur Vermeidung unbilliger Härten kann das BZSt aber gestatten, dass die Vorsteuer-Vergütungsanträge von im Drittlandsgebiet ansässigen Unternehmer weiterhin nach amtlich vorgeschriebenem Vordruck eingereicht werden können. Eine unbillige Härte liegt insbesondere dann vor, wenn es dem Unternehmer nicht zuzumuten ist, die technischen Voraussetzungen für eine elektronische Übermittlung zu schaffen. Die bisher erforderliche eigenhändige Unterschrift des Unternehmers auf dem Vergütungsantrag entfällt. § 61 Abs. 2 S. 4 UStDV wurde aufgehoben.

Der neue § 74a Abs. 4 UStDV regelt die Anwendung des neuen § 61a Abs. 1 und 2 UStDV. Er legt fest, dass die Verpflichtung zur elektronischen Übermittlung der Anträge auf Vorsteuer-Vergütung durch den im Drittlandsgebiet ansässigen Unternehmer im Regelfall erstmals für nach dem 30.6.2016 gestellte Anträge zu erfüllen ist. Damit wird den betroffenen Unternehmern und dem BZSt ausreichend Zeit eingeräumt, sich auf das neue Verfahren einzustellen. Außerdem können im Drittlandsgebiet ansässige Unternehmer ihre Anträge für die gesamten Kalenderjahre 2014 und 2015 noch auf amtlich vorgeschriebenem Vordruck einreichen.

3.4.3.3 Inkrafttreten

Die Bekanntmachung der Verordnung zur Änderung steuerlicher Verordnungen und weiterer Vorschriften erfolgte 29.12.2014.[87] Die Änderungen zur UStDV traten am Tag nach der Verkündung, am 30.12.2014 in Kraft, Art. 10 Abs. 1 VO zur Änderung steuerlicher Vorschriften und weiterer Vorschriften.

3.4.4 Umsatzsteuerzuständigkeitsverordnung

In § 1 Nr. 20 UStZVO werden Anpassungen als Folgeänderung zur Einführung des umsatzsteuerrechtlichen „Mini-One-Stop-Shop"-Verfahrens[88] vorgenommen.

Danach sind für in Polen ansässige Unternehmer folgende Finanzämter zuständig:

- FA Oranienburg für Unternehmer, deren Nachname oder Firmenname mit den Buchstaben A bis M beginnt

- FA Cottbus für Unternehmer,
    - deren Nachname oder Firmenname mit den Anfangsbuchstaben N bis Ż beginnt,
    - sowie für alle Unternehmer, auf die das Verfahren nach § 18 Abs. 4e UStG anzuwenden ist.

---

[87] BGBl I 2014, S. 2392.
[88] § 18 Abs. 4e UStG; eingefügt durch Art. 9 Nr. 6 lit. b des Gesetzes zur Anpassung des nationalen Steuerrechts an den Beitritt Kroatiens zur EU und zur Änderung weiterer steuerlicher Vorschriften v. 25.7.2014, BGBl I 2014, S. 1266, siehe Kapitel A.1.1.

4 Ausblick auf in Planung befindliche Gesetzesvorhaben

Im Zuge der OECD-Initiative zu BEPS (Base Erosion and Profit Shifting) arbeitet die Bundesregierung an Änderungen zur Verhinderung von „illegitimen" Steuergestaltungen. Konkrete Umsetzungsvorhaben, die den Maßnahmenkatalog der OECD und der EU hierzu in einem Verfahren aufnehmen, gibt es nicht. Es ist davon auszugehen, dass die Maßnahmen punktuell in verschiedenen Gesetzesvorhaben umgesetzt werden.

Es sollen aber auch andere Änderungen erfolgen, die nicht ihren Weg in das als Jahressteuergesetz 2015 konzipierte ZollkodexAnpG gefunden haben. So hatte der Bundesrat im Zusammenhang mit den Beratungen zum ZollkodexAnpG (siehe Kapital I) verschiedene Änderungs- und Anpassungsvorschläge unterbreitet,[89] die insoweit nicht umgesetzt wurden. Sie stehen dennoch weiter auf der Tagesordnung.

Folgende Änderungen werden diskutiert:

4.1 Geplante und mögliche Änderungen in der Einkommensteuer

4.1.1 Erweiterung des Inlandsbegriffs

Der Bundesrat bat, die Erweiterung der ertragsteuerlichen Inlandsbegriffe sowohl im EStG als auch im KStG und GewStG auf die aus dem Seerechtsübereinkommen der Vereinten Nationen ableitbaren Besteuerungsrechte zu prüfen.[90] Das UN-Seerechtsübereinkommen gewährt in Art. 56, 60, 77 und 80 der der Bundesrepublik Deutschland bestimmte Hoheitsrechte. Aufgrund dieser soll über die Erweiterung des Inlandbegriffs ein Besteuerungsrecht vermittelt werden.

Diese Änderung würde eine Änderung der erst im Kroatien-Gesetz[91] vorgenommenen Anpassung des Inlandsbegriffs bewirken, die erst zum 1.1.2015 zur Anwendung gelangte.

Wie bereits im Kroatien-Gesetz vorgesehen, gehören neben den Staatsgebiet der Bundesrepublik zum Inland auch

- der der Bundesrepublik Deutschland zustehende Anteil am Festlandsockel,
- der Anteil an der ausschließlichen Wirtschaftszone,
  - soweit dort Naturschätze des Meeresgrunds und des Meeresuntergrunds oder
  - lebende und nichtlebende natürliche Ressourcen der Gewässer über dem Meeresboden, des Meeresbodens und seines Untergrunds
    - o erforscht, ausgebeutet, erhalten oder bewirtschaftet werden oder
    - o dieser/diese zu anderen Tätigkeiten zur wirtschaftlichen Erforschung und Ausbeutung wie der Energieerzeugung unter Nutzung erneuerbarer Energien (z. B. Wasser, Strömung, Wind) dient oder dort künstliche Inseln, Anlagen oder Bauwerke errichtet, betrieben oder genutzt werden.

---

[89] Siehe BT-Drs. 18/3152.
[90] UN-Seerechtsübereinkommen v. 10.12.1982, BGBl II 1994, S. 1798.
[91] Siehe Kapitel A.1.1.2.1.

Vor dem Hintergrund der sich abzeichnenden zunehmenden Bedeutung dieser nicht zum Staatsgebiet gehörenden Gebiete, soll ein mögliches und sich aus einer wirtschaftlichen Betätigung ergebendes Besteuerungsrecht auch wahrgenommen werden können.

Nicht zuletzt sollen Zweifel ausgeräumt werden, damit z. B. Windkraftanlagen, die Anlass für die ursprüngliche Ausdehnung der erweiterten Inlandsbegriffe[92] gewesen sind, auch unter den Wortlaut der erweiterten Inlandsbegriffe fallen. Die Norm dient neben der Erfassung inländischer Steuerpflichtiger auch der von ausländischen Steuerpflichtigen, die dann nach Maßgabe des § 49 EStG inländische Einkünfte beziehen würden.

Praxishinweis

In der Sache würde die Tätigkeitsbeschreibung betreffend den Festlandsockel und die Außenwirtschaftszone erweitert. Damit wird die subjektive Steuerpflicht mit objektiven Steuermerkmalen verknüpft. Im Ergebnis würde nicht die unbeschränkte Steuerpflicht, sondern die beschränkte Steuerpflicht erweitert; der bloße gewöhnliche Aufenthalt auf dem nicht zum Staatsgebiet gehörenden Festlandsockel begründet allein keine unbeschränkte Steuerpflicht.

4.1.2 Beschränkung hybrider Steuergestaltungen – Korrespondenzprinzip

4.1.2.1 Hintergrund und Zielstellung der Neuregelung

Die Ausschüsse des Bundesrates regten die Aufnahme einer Neuregelung in § 4 Abs. 5a EStG vor dem Hintergrund des OECD-Plans zu BEPS an. Die Bundesregierung hat sich dem nicht verschlossen. Der Vorschlag zielt auf die Bekämpfung unlauteren Steuerwettbewerbs und der sog. aggressiven Steuerplanungen. Es sollen grenzüberschreitende Gewinnverlagerungen international operierender Unternehmen entgegengetreten werden.

Es sollen Effekte sog. hybrider Steuergestaltungen neutralisiert werden. Der Vorschlag knüpft an Empfehlungen der OECD an, wonach Gestaltungen verhindert werden sollen, die aufseiten des Zahlungsempfängers nicht als ordentliche Einnahmen berücksichtigt werden, aber die in einem anderen Staat ebenfalls abzugsfähig sind. Sog. hybride Gestaltungen bewirken einen Unterschied in der steuerlichen Behandlung eines Rechtsträgers oder Rechtsverhältnisses. Es werden unterschiedliche Jurisdiktionen mehrerer Staaten ausgenutzt, um eine inkongruente Besteuerung zu bewirken. Da derartige Gestaltungen in einer Vielzahl von Fällen und mit erheblichem Volumen genutzt werden, um eine Nichtbesteuerung oder einen doppelten Betriebsausgabenabzug zu erreichen (sog. „weiße Einkünfte" und „double dips"), soll dem mittels der Regelung entgegengetreten werden.

4.1.2.2 Inhalt der geplanten Neuregelung

4.1.2.2.1 Nicht-korrespondierende Behandlung von Rechtsverhältnissen

Das Betriebsausgabenabzugsverbot für Aufwendungen eines inländischen Steuerpflichtigen knüpft daran an, dass ein, zwischen diesem und einem im Ausland ansässigen Steuerpflichtigen bestehendes Rechtsverhältnis, bei der Besteuerung beider nicht einheitlich als Fremdkapitalüberlassung behandelt wird. Der Abzug von Aufwendungen soll von einer korrespondierenden Besteuerung beim Empfänger abhängig gemacht werden. Dem Betriebsausgabenabzug auf

---

[92] JStG 2008 v. 20.12.2007, BGBl I 2007, S. 3150.

der einen Seite soll keine Steuerbefreiung oder Nichtbesteuerung der Einnahmen auf der anderen Seite gegenüberstehen.

Der Begriff des Rechtsverhältnisses ist bewusst weit gefasst und inhaltlich offen. Er erfasst neben reinen Vertragsbeziehungen auch gesellschaftsrechtliche Vereinbarungen. Insofern versteht der Gesetzgeber ausweislich seiner Begründung hierunter nicht nur bestimmte, die Begebung von Fremdkapital betreffende Gestaltungen, sondern auch die Gründung oder die Einbeziehung von Personengesellschaften.

Das jeweilige Rechtsverhältnis muss in den Jurisdiktionen, die für die beteiligten Steuersubjekte Anwendung finden, dergestalt unterschiedlich behandelt werden, dass sich daraus auch unterschiedliche steuerliche Wirkungen ergeben. Als „Idealmodell" schweben hier dem Gesetzgeber ein Betriebsausgabenabzug in Deutschland und ein selbiger im Ausland vor.

4.1.2.2.2 Keine Steuerfreistellung im Ausland

Indessen geht die Regelung des § 4 Abs. 5a EStG weiter. Sie knüpft nicht nur an die Beeinflussung der steuerlichen Bemessungsgrundlage an, sondern will einen Betriebsausgabenabzug auch dann verbieten, wenn das Ausland eine Steuerbefreiung für die entsprechenden Einnahmen vorsieht. Die Gesetzbegründung knüpft an „sachliche" Steuerbefreiungen an.[93] Indessen ist der Wortlaut des Gesetzes hier offen. Daher ist zu bezweifeln, ob es sich allein auf materielle Steuerbefreiungen (ähnlich § 3 EStG) bezieht oder ob auch solche Befreiungen in Betracht kommen, die veranlagungstechnischer Natur sind (z. B. Erlasse i. S. d. § 227 AO).

Aber nicht nur deswegen ist eine solche Regelung zu kritisieren. Der deutsche Fiskus maßt sich an, eine u. U. aus lenkungspolitischen Gründen vorgesehene Steuerfreistellung zum Anlass für ein Abzugsverbot zu nehmen. Zudem greift die Norm auf verfahrensrechtliche Vorgänge im Ausland zurück, die vom inländischen Steuerpflichtigen nicht beeinflusst werden können. Die wirtschaftspolitische Dimension der Regelung ist zu hinterfragen. Sie birgt für im Ausland ansässige Investoren ein nicht unerhebliches Investitionshemmnis in sich.

4.1.2.2.3 Nachweis der Besteuerung im Ausland

Die einer Betriebsausgabe zugrundeliegenden Aufwendungen sind nur abziehbar, soweit die nämlichen Aufwendungen nicht in einem anderen Staat die Steuerbemessungsgrundlage mindern. Aufgrund der Formulierung des Gesetzes obliegt es dem Steuerpflichtigen, nachzuweisen, dass seine Aufwendungen im anderen Staat nicht die Bemessungsgrundlage gemindert haben. Diese Ausgestaltung einer materiellen Nachweispflicht zulasten des Steuerpflichtigen enthebt den Fiskus von seiner Ermittlungspflicht. Verfahrensrechtlich wird der Steuerpflichtige vor eine gewaltige Aufgabe gestellt, d. h. er muss sich über die steuerlichen Verhältnisse seiner Geschäftspartner informieren, um seinerseits nicht der Belastung des Betriebsausgabenabzugsverbots ausgesetzt zu sein.

---

[93] BT-Drs. 18/3185, S. 12.

Praxishinweis

Sollte eine solche Regelung Gesetzesform erlangen, besteht das Problem, dass der Umfang der Nachweispflicht nicht geregelt ist. Aufgrund des Gesetzesvorschlags muss aber zweifelsfrei sein, dass die ausländische Bemessungsgrundlage nicht gemindert sein darf. Allein an die Gesetzeslage im Ausland anzuknüpfen, dürfte dem nicht genügen. Vielmehr muss es sich um eine endgültige Veranlagung im Ausland handeln. Das ist insoweit bereits schwierig, als dass das inländische Besteuerungsverfahren in Abhängigkeit eines ausländischen Besteuerungsverfahrens gestellt wird. Nicht zuletzt überwälzt der Fiskus seine Amtsermittlungspflichten, ohne sich um Auskünfte im ausländischen Staat kümmern zu müssen.

4.1.2.2.4 Erweiterung des Abzugsverbots trotz Nachweis der Besteuerung im Ausland

Das Abzugsverbot gilt auch, wenn die Berücksichtigung der Aufwendungen ausschließlich dazu dient, einen Progressionsvorbehalt i. S. d. § 32b Abs. 1 S. 1 Nr. 3 EStG oder eine Steueranrechnung i. S. d. § 34c oder i. S. d. § 26 Abs. 1 KStG zu berücksichtigen.

4.1.3 Anpassungen bei den Regelungen zur Schuldübernahme

Die Norm des § 4f EStG enthält eine Aufteilungsregelung für Aufwendungen aus Schuldübernahmen und vergleichbaren Vereinbarungen. In § 4f Abs. 2 EStG wird jedoch für Schuldbeitritte und Erfüllungsübernahmen auf § 4f Abs. 1 S. 1 und 2 sowie 7 EStG verwiesen. Es fehlt indessen ein Verweis auf die für die Schuldübernahme geltenden weiteren Regelungen, insb. die Ausnahmen von der Aufwandsstreckung nach § 4f Abs. 1 S. 3 und S. 4 EStG. Dieser fehlende Verweis soll nachgeholt werden, um die seitens des Gesetzgebers erkannte ungleiche Behandlung zu beseitigen.

Schuldübernahmen, Schuldbeitritte und auch Erfüllungsübernahmen sind bei wirtschaftlicher Betrachtung gleich und sollen damit auch eine gleiche steuerliche Behandlung zu erfahren, zumal Schuldbeitritte und Erfüllungsübernahmen in der Praxis aufgrund des fehlenden Zustimmungserfordernisses durch einen Gläubiger (§ 415 BGB) weitaus häufiger vorkommen im Zusammenhang mit der Übertragung von Verpflichtungen.

4.1.4 Besteuerungsverfahren bei Mitunternehmerschaften

Nicht entnommene Gewinne aus Gewinneinkünften werden auf Antrag und unter bestimmten Voraussetzungen nach Maßgabe des § 34a EStG mit einem begünstigten Steuersatz besteuert (= 28,25 %). Im Falle einer späteren Entnahme ist der begünstigte Entnahmebetrag nachzuversteuern (nachversteuerungspflichtiger Betrag oder Nachversteuerungsbetrag).

Nach der geltenden Regelung des § 34a Abs. 7 EStG muss der Rechtsnachfolger im Falle einer unentgeltlichen Übertragung eines ganzen Betriebs oder eines ganzen Mitunternehmeranteils (§ 6 Abs. 3 EStG) den nachversteuerungspflichtigen Betrag fortführen. Entsprechendes gilt bei der Einbringung eines ganzen Betriebs oder eines ganzen Mitunternehmeranteils zu Buchwerten in eine Personengesellschaft nach § 24 UmwStG, wobei der festgestellte nachversteuerungspflichtige Betrag auf den neuen Mitunternehmeranteil übergeht.

Dagegen verbleibt bei einer unentgeltlichen Übertragung eines Teilbetriebs oder eines Teils eines Mitunternehmeranteils der nachversteuerungspflichtige Betrag in voller Höhe beim bisherigen (Mit-)Unternehmer. Gleiches gilt bei der Buchwerteinbringung eines Teils eines Mitunternehmeranteils oder eines Teilbetriebs. Dies führt aus Sicht des Gesetzgebers zu sachwidrigen Ergebnissen. Denn es wird die Gefahr gesehen, dass Steuerpflichtige gezielt nur eine teilweise Übertragung oder Einbringung betrieblicher Einheiten vornehmen und dadurch die Nachversteuerung teilweise ins Leere läuft, weil dem Übertragenden kein Entnahmepotenzial, welches zu einer Nachversteuerung führen kann, verbleibt. Aus diesem Grunde wird § 34a Abs. 7 EStG dahingehend erweitert.

Geplant ist, dass nunmehr auch

- die unentgeltliche Aufnahme einer natürlichen Person in ein bestehendes Einzelunternehmen oder
- die unentgeltliche Übertragung eines Teil eines Mitunternehmeranteils auf eine natürliche Person oder
- die Einbringung
  - eines Teil eines Mitunternehmeranteils oder
  - eines Teilbetrieb nach § 24 UmwStG zu Buchwerten

die Fortführung des Nachversteuerungsbetrags auslösen sollen.

Es sind maßgebliche Änderungen bei der Besteuerung der Arbeitnehmer vorgesehen und zwar mit Blick auf die Erweiterung der Erfassung bestimmter Einnahmen i. S. v. § 8 Abs. 1 EStG als auch mit Blick auf die Befreiung bestimmter Arbeitseinkünfte durch die Erweiterung des Katalogs der steuerfreien Zuwendungen eines Arbeitgebers.

4.1.5 Änderungen beim Einnahmenbegriff

Der Finanzausschuss des Bundesrates hatte vorgeschlagen, den Einnahmenbegriff und die Bewertung von Sachbezügen (vgl. § 8 Abs. 2 EStG) neu zu regeln.

4.1.5.1 Erweiterung der Geldleistungen

Der Begriff der Geldleistungen in § 8 Abs. 1 S. 2 EStG soll um geldwerte Leistungen eines Arbeitgebers erweitert werden. Damit beabsichtigt der Gesetzgeber die Wiederherstellung des bisherigen Verständnisses der Finanzverwaltung betreffend die Sachzuwendungen durch Gutscheine.

Der BFH hatte bislang Gutscheine, die auf einen Geldbetrag lauten, als Geldleistungen mit Verwendungsauflage den Sachbezügen zugeordnet. Damit eröffneten sich bezüglich der Anwendung der Freigrenze von 44 € Gestaltungen für derartige Bezüge. Nunmehr sollen zu Geldleistungen als Einnahmen auch Vorteile gehören, die zwar nicht in Geld bestehen, aber auf einen Geldbetrag lauten, sowie zweckgebundene Geldzuwendungen. Erfasst werden damit in erster Linie Gutscheine. Entsprechendes gilt für Ausgaben, die ein Arbeitgeber leistet, um einen Arbeitnehmer oder diesem nahestehende Personen für den Fall der Krankheit, des Unfalls, der Invalidität, des Alters, des Todes oder gegen andere Risiken abzusichern.

Auf einen Geldbetrag lautende Gutscheine, zweckgebundene Geldzahlungen und Beiträge zu einer Versicherung zugunsten des Arbeitnehmers sollen damit nicht der Bewertungsregelung des § 8 Abs. 2 EStG unterfallen, sondern unmittelbar als Einnahme in der entsprechenden Höhe angesetzt werden. Ob allein durch die Definition derartiger Bezüge als „in Geld bestehende Einnahme" die Abgrenzung zu Sachbezügen erleichtert wird, steht zu bezweifeln.

4.1.5.2 Bewertung von Sachbezügen – Ansatz des Verbraucher- statt des Endpreises

Die Bewertung der Sachbezüge eines Arbeitnehmers in § 8 Abs. 2 EStG soll neu strukturiert werden. Danach sollen nicht in Geld bestehende Einnahmen, wie die Zurverfügungstellung einer Wohnung, oder die Gewährung von Waren oder Dienstleistungen statt mit dem sog. Endpreis nunmehr mit dem Verbraucherpreis angesetzt werden.

Als Verbraucherpreis gilt der Preis, der im Zeitpunkt des Zuflusses des Sachbezugs am Ort der Leistungserbringung (UStG) regelmäßig an Endverbraucher ohne individuelle Preisverhandlungen angeboten wird. Dem Steuerpflichtigen wird die Möglichkeit eines Nachweises gegeben, dass der Verbraucherpreis ein niedrigerer sei.

Wie bisher ist der Bezug von solchen Waren oder Dienstleistungen, die der Arbeitgeber für Dritte herstellt, vertreibt oder erbringt, und die der Arbeitnehmer aufgrund seines Dienstverhältnisses erlangt, bis zu einem Bezug im Wert von 1.080 € im Kalenderjahr steuerfrei. Indessen besteht die Möglichkeit einer Pauschalversteuerung nach § 40 EStG nicht.

4.1.6 Geplante Änderungen bei Beteiligungen an Kapitalgesellschaften

4.1.6.1 Zielstellung

Es soll ggf. auch § 32d Abs. 2 S. 1 Nr. 3 Buchst. b EStG neu gefasst werden. Ziel ist es, unter bestimmten Voraussetzungen nicht nur die nach § 32d Abs. 2 EStG eröffnete Abstandnahme vom Abgeltungssteuertarif (25 % auf Einkünfte aus Kapitalvermögen) zu verhindern, sondern auch der Beschränkung des Werbungskostenabzugs (§ 20 Abs. 9 EStG) Geltung zu verschaffen.

4.1.6.2 Problemstellung und Inhalt

Nach der geltenden Regelung des § 32d Abs. 3 Nr. 3 Buchst. b EStG genügt es, dass ein Steuerpflichtiger mit einer von 1 % am Kapital einer Kapitalgesellschaft beteiligt ist und für diese beruflich tätig ist, um – auf entsprechenden Antrag hin – nicht von der Abgeltungswirkung des § 32d Abs. 1 EStG betreffend die Besteuerung von Gewinnausschüttungen erfasst zu werden. Nach dem reinen Wortlaut genügt dafür jede berufliche Betätigung in der Gesellschaft. In dieser reinen am Wortlaut orientierten Gesetzesanwendung sieht der Bundesrat den ursprünglichen gesetzgeberischen Willen gefährdet.

Es wird damit ein weiteres Tatbestandsmerkmal aufgenommen, wonach erforderlich ist, dass „durch die berufliche Tätigkeit" für die Kapitalgesellschaft „maßgeblich unternehmerischer Einfluss auf die wirtschaftliche Betätigung der Kapitalgesellschaft" ausgeübt werden kann.

Über diese Einschränkung soll die Option zur tariflichen Besteuerung (unter Anwendung des Teileinkünfteverfahrens) beschränkt werden.

Praxishinweis

Die Regelung würde wohl vorwiegend Auswirkungen in mittelständisch geprägten Unternehmen erlangen. Auf diese Weise würden bestimmte „Mitarbeiterprogramme" und aus anderen Gründen (beispielsweise im Zuge einer sukzessiven Unternehmensnachfolge) wünschenswerte Einbindungen von Personen in eine Kapitalgesellschaft erschwert, wenn nicht zugleich eine erhebliche unternehmerische Entscheidungsgewalt übertragen wird.

4.1.7 Geplante Änderungen beim Sonderausgabenabzug

4.1.7.1 Nachweiserfordernisse bei Krankheitskosten

In § 64 EStDV sind materielle Nachweisanforderungen an die Zwangsläufigkeit von Krankheitskosten geregelt. Bereits im Kroatien-Gesetz hatte der Bundesrat vor dem Hintergrund des Erfordernisses einer eindeutigen und leichteren Administrierbarkeit bezüglich derartiger als außergewöhnliche Belastungen anzusetzende Kosten bereits eine Änderung gefordert. Diese soll weiter verschärft werden. Um die Zwangsläufigkeit von Aufwendungen im Krankheitsfall zu belegen, soll der Steuerpflichtige künftig vorlegen müssen:

- ärztliche Verordnung oder Verordnung des Heilpraktikers
    - für Arznei-, Heil- und Hilfsmittel (§§ 2, 23, 31 bis 33 SGB V)

- amtsärztliches Gutachten oder ärztliche Bescheinigung eines Medizinischen Dienstes der Krankenversicherung (§ 275 SGB V) für
    - medizinische Hilfsmittel, die auch als allgemeine Gebrauchsgegenstände des täglichen Lebens anzusehen sind
    - Maßnahmen, die nicht eindeutig der Heilung oder Linderung einer Krankheit dienen, oder
    zu solchen nicht ausschließlich oder eindeutig der Heilung oder Krankheitslinderung zuzuordnenden Maßnahmen gehören
        - Kuren (Bade- oder Heilkuren, Vorsorgekuren)
        - psychotherapeutische Behandlung (Fortführung einer Behandlung nach Ablauf der Bezuschussung durch KV steht Behandlungsbeginn gleich)
        - auswärtige Unterbringungen bei an Behinderungen leidendem Kind
        - Betreuung des Steuerpflichtigen durch Begleitperson, wenn das nicht aus Nachweis der Behinderung selbst ersichtlich ist (§ 65 Abs. 1 Nr. 1 EStDV)
        - wissenschaftlich nicht anerkannte oder wissenschaftlich umstrittene Behandlungsmethoden (Zelltherapien, Eigenbluttherapien etc.; Arznei- oder Heilmitteltherapie der anthroposophischen Medizin)

- Bescheinigung des Krankenhausarztes
    - für Besuchsfahrten zu einem im Krankenhaus liegenden Ehegatten oder Kind des Steuerpflichtigen.

    Die Bescheinigung muss bestätigen, dass der Besuch zur Heilung oder Linderung einer Krankheit entscheidend beitragen kann.

Über den Nutzen und den Inhalt solcher Bescheinigungen lässt sich trefflich streiten. Sie erhöhen eher den Verwaltungsaufwand an anderer Stelle, als dass sie diesen vereinfachen.

4.1.7.2 Aufteilung der Sonderausgaben bei Ehegattenveranlagung

Es ist geplant, die Aufteilung der Sonderausgaben im Rahmen der Ehegattenveranlagung neu zu fassen (§ 26a Abs. 2 EStG). Mit der vorgeschlagenen Neuregelung soll die optionale Einzelveranlagung von Ehegatten (und Lebenspartnern) neu strukturiert und in der Anwendung vereinfacht werden. Die Regelung wurde seitens des Bundesrates bereits im Kroatien-Gesetz vorgeschlagen, fand aber bereits dort keinen Eingang.

Bislang werden Sonderausgaben, außergewöhnliche Belastungen und die Steuerermäßigung nach § 35a EStG demjenigen Steuerpflichtigen zugerechnet, der sie getragen hat. § 26a Abs. 2 S. 2 EStG sah nach der bisherigen Regelung vor, dass auf gemeinsamen Antrag hin eine hälftige Aufteilung vorzunehmen war.

Künftig soll auf einen übereinstimmenden Antrag beider Ehegatten die Summe der den Ehegatten zustehenden steuerlichen Abzugsbeträge und Steuerermäßigungen von Aufwendungen jeweils hälftig abgezogen werden. Ausgenommen sind Beiträge zur Riester-Rente (§ 10a Abs. 3 EStG). Insoweit ist § 10a Abs. 3 EStG „lex specialis" zu § 26a Abs. 2 EStG.

Die vorgeschlagene Neuregelung ermöglicht eine einfache Ermittlung der Abzugsbeträge von steuerlich relevanten Zahlungen sowie deren vorrangig typisierende hälftige Verteilung. Den einzeln Veranlagten wird jedoch nicht die Möglichkeit genommen, gemeinsam eine andere Aufteilung nach individuellen Vorstellungen zu wählen. Eine Zuordnung einzelner Zahlungsbeträge entfällt. Sonderausgaben, außergewöhnliche Belastungen und die Steuerermäßigung nach § 35a EStG werden den Ehegatten oder Lebenspartnern i. H. d. bei einer Zusammenveranlagung in Betracht kommenden Betrags jeweils zur Hälfte abgezogen, wenn nicht gemeinsam eine andere Aufteilung beantragt wird.

4.1.8 Geplante Änderung bei der Kapitalertragsteuer

4.1.8.1 Kreditinstitute sollen Rechtsansicht des BMF folgen

Es wird überlegt, Vergütungsschuldner im Zusammenhang mit der Erfüllung von Einbehaltens- und Abführungsverpflichtungen zu verpflichten, einer veröffentlichten Auffassung des BMF bei der Steuererhebung zu folgen. Entsprechend soll § 44 Abs. 1 S. 3 EStG angepasst werden.

Kreditinstitute sind gegenüber dem FA zum Einbehalt und der Abführung von Steuern für den Steuerschuldner, dem Vergütungsgläubiger verpflichtet. Sie stehen damit in einem besonderen Steuerschuldverhältnis und sind ihrerseits Steuerpflichtige i. S. d. § 33 AO. Auch wenn Kreditinstitute mit Erfüllung der ihnen obliegenden Einbehalts- und Abführungsverpflichtung einer eigenen Steuerpflicht nachkommen, ändert das nichts daran, dass der Vergütungsgläubiger als Steuerschuldner sich gegen die zu Unrecht erfolgte Abführung zur Wehr setzen kann. Der BFH hatte insofern entschieden, dass ein Widerspruch eines Vergütungsgläubigers, der sich zweifelsfrei auf den Wortlaut und den Zweck des Gesetzes stützt, seitens des Kreditinstituts zu befolgen ist, und zwar auch dann, wenn ein entgegenstehendes BMF-Schreiben vorhanden ist.

Mit der Änderung, die inhaltlich der Norm des § 22a Abs. 1 S. 1 EStG entspricht, sollen Kreditinstitute gezwungen werden, die Rechtsauffassung der Finanzverwaltung zu befolgen, soweit diese im Bundessteuerblatt veröffentlicht wurde.

Praxishinweis

Durch eine derartige gesetzliche Regelung soll die Verwaltungsauffassung, wonach Kreditinstitute die Rechtsauffassung der Finanzverwaltung anzuwenden haben, bestätigt werden. Eine solche Änderung wäre insofern problematisch, da sie grundlegende Wertungen der bestehenden Steuerschuldverhältnisse außer Kraft setzt und Kreditinstitute über das Instrument der Haftungsschuld dazu zwingt, berechtigten Einwendungen des Steuerschuldners entgegenzutreten, ohne dass ein Erhebungsdefizit damit verbunden wäre.

4.1.8.2 Abstandnahme vom Steuerabzug, § 44a Abs. 1 S. 1 EStG

Ebenso wird überlegt, bei bestimmten Fällen Abstand von Steuerabzug zu nehmen. So wird überlegt, die Norm § 44a Abs. 1 S. 1 Nr. 1–3 EStG anzupassen. Danach soll von einem Steuerabzug abgesehen werden in Fällen

- des Genussrechtsbezugs (§ 44a Abs. 1 S. 1 Nr. 1 EStG)

- bei an Arbeitnehmer überlassenen Anteilen an Kapitalgesellschaften, wenn diese gesondert verwahrt werden, (§ 44a Abs. 1 S. 1 Nr. 2 EStG)

Eine Beschränkung der Abstandnahme auf unbeschränkt Steuerpflichtige, wie dies in § 44a Abs. 1 S. 1 Nr. 3 EStG geregelt ist, sieht der Wortlaut insoweit nicht vor. Dies soll geändert werden, da nur bei unbeschränkt einkommensteuerpflichtigen Gläubigern über das Mitteilungsverfahren an das BZSt sichergestellt sei, dass eine wirksame Kontrolle der Einhaltung des zulässigen Freistellungsvolumens durch das zuständige FA erfolgen kann.

4.2 Körperschaftsteuer

4.2.1 Erfassung der Veräußerungsgewinne aus Streubesitzbeteiligungen

Der Bundesrat hatte eine Prüfbitte an die Bundesregierung herangetragen und gebeten, auch eine Regelung zur Erfassung der Gewinne, die aus der Veräußerung von Streubesitzbeteiligungen generiert werden, in das Gesetzgebungsverfahren zum ZollkodexAnpG aufzunehmen. Die Bundesregierung erklärte zwar ihre Bereitschaft, der Prüfbitte nachzukommen,[94] lehnte aber eine Umsetzung im Rahmen des ZollkodexAnpG ab.

4.2.1.1 Hintergrund

Die angestrebte Neuregelung des § 8b Abs. 4 KStG ist vor dem Hintergrund der Änderungen zur Besteuerung von Streubesitzdividenden zu sehen. In – ausschließlich den Steuerpflichtigen (belastender) Weise – wurde die Rspr. des EuGH zum Diskriminierungsverbot ausländischer Streubesitzanteile[95] in der Weise umgesetzt, dass Einnahmen aus sog. Streubesitzbeteiligungen (> 10 %) nicht mehr von der grds. Freistellung gem. § 8b Abs. 1 KStG erfasst wurden, sondern das zu versteuernde Einkommen erhöhen. Die vorherige Steuerfreistellung in § 8b Abs. 4 KStG wurde damit in Bezug auf sog. Streubesitzdividenden eingeschränkt.

Demgegenüber erfahren Veräußerung von Streubesitzbeteiligungen gegenüber Streubesitzdividenden immer noch die (system-immanente) Begünstigung des § 8b Abs. 2 KStG, wodurch

---

[94] BT-Drs. 18/3158, S. 108.
[95] EuGH, Urteil v. 20.10.2011, C–284/09, *Kommission/Deutschland*, BFH/NV 2011, S. 2219.

selbstverständlich Gestaltungsspielräume (Wiederaufleben des Ballooning für Streubesitz) ergeben. Diese Möglichkeiten waren bereits im Gesetzgebungsverfahren zur Abschaffung der Streubesitzprivilegien hinreichend bekannt.[96]

Praxishinweis

Bereits mit Blick auf die jetzige Regelung des 8b Abs. 4 KStG, erscheint vor dem Hintergrund des Leistungsfähigkeitsprinzips (Art. 3 Abs. 1 GG) schwerlich hinnehmbar, dass einerseits im Gewinnfall erzielte Dividenden aus Streubesitz als Einnahme zu behandeln, im Falle des Verlustes der Beteiligung (oder eines Wertverfalls) diese gem. § 8b Abs. 3 S. 3 ff. KStG keine Berücksichtigung als Betriebsausgabe findet, eine Teilwertabschreibung auf eine Streubesitzbeteiligung also weiterhin steuerlich nicht möglich ist.

Nicht zuletzt wäre auch unter Berücksichtigung des Folgerichtigkeitsgebots zu prüfen, ob die nunmehrige Belastungsentscheidung folgerichtig umgesetzt wurde. So widerspricht bereits die Steuerpflicht für Streubesitzdividenden dem bestehenden Freistellungssystem, ohne dass, außer dem reinen Fiskalinteresse, ein verfassungsrechtlich anzuerkennender Rechtfertigungsgrund ersichtlich wäre.

4.2.2 Erweiterung der Konzernklausel beim Verlustabzugsverbot

4.2.2.1 Hintergrund der geplanten Änderung

Die Überlegungen zur Neufassung und (abermaligen) Änderung des seit seiner Einführung durch das UntRefG 2008 heftig umstrittenen § 8c KStG ist ein weiterer Beleg für eine bemühte Reparatur der in der Sache (zu) weit greifenden Verlustabzugsabzugsbeschränkung.

Bereits durch das Wachstumsbeschleunigungsgesetz[97] wurde in Reaktion auf Kritiken eine Ausnahme in die Verlustabzugsbeschränkung eingefügt, damit bei konzerninternen Umstrukturierungsmaßnahmen Verlustvorträge nicht untergehen. Von der Verlustbeschränkung ausgenommen waren solche Umstrukturierungen, die ausschließlich innerhalb eines Konzerns vorgenommen werden, wenn an dessen Spitze zu 100 % eine einzelne Person oder Gesellschaft steht. Sofern neue Gesellschafter hinzutreten oder konzernfremde Gesellschafter beteiligt werden sollte es bei der Anwendung des § 8c KStG bleiben, um eine „Übertragung" der Verluste der Körperschaft – wie intendiert – auf Dritte auszuschließen.[98]

Die nun angezeigte Änderung geht auch auf (ebenso frühzeitig schon vor Erlass des Wachstumsbeschleunigungsgesetzes) geäußerte Kritiken aus der Praxis zurück. Denn die bisherige Konzernklausel erfasst insb. nicht die Fälle der bloßen Verkürzung einer Beteiligungskette innerhalb des Konzerns. Werden also Anteile, die eine Tochtergesellschaft an der Enkelgesellschaft hält, an die Muttergesellschaft übertragen, ist § 8c Abs. 1 KStG in seiner jetzigen Fassung nicht anzuwenden, obwohl keine wirtschaftlichen Veränderungen innerhalb des Konzerns stattfinden.

Auch sind Konzerne, an deren Spitze ein Einzelunternehmen oder eine Personenhandelsgesellschaft steht, von der jetzigen Regelung ausgenommen, was nicht nur zu willkürlichen Ergebnissen, sondern einer klaren Ungleichbehandlung führt.

---

[96] BT-Drs. 17/225, S. 28160.
[97] Wachstumsbeschleunigungsgesetz v. 22.12.2009, BGBl I 2009, S. 3950.
[98] Siehe zu den Beweggründen auch BT-Drs. 17/15.

4.2.2.2 Inhalt der Erweiterung der Konzernklausel

4.2.2.2.1 Sachlicher Anwendungsbereich

Nach dem jetzigen Wortlaut der Norm soll ein schädlicher Beteiligungserwerb nicht vorliegen, wenn

- an dem übertragenden Rechtsträger der Erwerber oder
- an dem übernehmenden Rechtsträger der Veräußerer oder
- an dem übertragenden und an dem übernehmenden Rechtsträger dieselbe natürliche oder juristische Person oder dieselbe Personenhandelsgesellschaft

zu jeweils 100 % mittelbar oder unmittelbar beteiligt ist. Mit dieser Erweiterung sei nach Ansicht des Gesetzgebers die Formulierung „klarstellend" auf alle Fallkonstellationen erweitert, in denen es mittelbar zu keiner Änderung der Beteiligungsverhältnisse kommt. Diese „Klarstellung" soll die seit der Einführung der Konzernklausel bestehende Diskussion beenden.

Folgende Fallkonstellationen sollen künftig erfasst sein:

- Verkürzungen der Beteiligungskette, also Erwerbe einer Muttergesellschaft an ihr mittelbar bereits gehörenden, sich im zivilrechtlichen Eigentum einer ebenso der Muttergesellschaft unmittelbar oder mittelbar zu 100 % gehörenden Gesellschaft
- Verlängerungen der Beteiligungskette, also Veräußerungen der Muttergesellschaft eine ihr nachgeordnete Gesellschaft, an der die Muttergesellschaft mittelbar oder unmittelbar zu 100 % beteiligt ist
- Anteilsübertragung auf Schwestergesellschaften, unabhängig davon, ob der Konzern von einer einzelnen Person, einer Personen(handels)gesellschaft oder einer juristischen Person geleitet wird.

4.2.2.2.2 Auslegungsprobleme

Betrachtet man den Wortlaut des geplanten § 8c Abs. 1 S. 5 Nr. 2 KStG, fällt auf, dass abermals Schwierigkeiten vorgezeichnet sind. Bei wortlautgetreuer Auslegung fallen solche Übertragungsvorgänge, die keine Veräußerung sind, aus dem Bereich der Konzernklausel heraus, obwohl diese – jedenfalls nach Ansicht der Finanzverwaltung[99] – von § 8c KStG erfasst werden. In der Sache hieße das, dass z. B.

- Einbringungen eines Betriebs, Teilbetriebs oder Mitunternehmeranteils,
- der Erwerb eigener Anteile,
- eine Kapitalherabsetzung

weiterhin zu einer Verlustabzugsbeschränkung führen, ohne dass dafür ein sachlicher Grund erkennbar ist.

Mit Blick auf die Erweiterung in § 8c Abs. 1 S. 5 Nr. 3 KStG verwendet das Gesetz den Begriff der Personenhandelsgesellschaft. Hierunter fallen zunächst nur die im HGB genannten OHG (§§ 105 ff. HGB) und KG (§§ 161 ff. HGB). Ob stille Gesellschaften als reine Innengesellschaften dazu gehören, wäre bereits zweifelhaft. Aber auch andere Personengesellschafts-

---

[99] BMF, Schreiben v. 4.7.2008, IV C 7 – S 2745-a/08/10001, BStBl I 2008, S. 736, Rz. 7.

formen, insb. die Gesellschaft bürgerlichen Rechts und ausländische Personengesellschaften wären ausgeschlossen.

Dass der Begriff der Personen*handels*gesellschaft verwendet wird, mag daran liegen, dass auch das Wesen einer an der Spitze eines Konzern stehenden Person sich durch eine unternehmerische Tätigkeit auszeichnet, sie sich also nicht im bloßen Verwalten ihrer Beteiligungen übt, sondern aktiv auf die Geschicke der Untergesellschaften (abhängige Unternehmen) Einfluss nimmt. Das kann allerdings auch durch eine GbR oder eine ausländische Personengesellschaft erfolgen. Eine originäre gewerbliche Tätigkeit, wie es der Wortlaut des § 8 Abs. 1 S. 5 Nr. 3 KStG nahelegen will, wird kaum erforderlich sein, zumal dann, sofern es auf die Gewerblichkeit der Personengesellschaft ankommen sollte, dieses auch dadurch erreicht werden kann, wenn man eine gewerblich geprägte Personengesellschaft einsetzt.

4.2.2.2.3 Geplante Rückwirkung der Konzernklausel

Die Norm soll auf alle Erwerbe Anwendung finden, die nach dem 31.12.2009 erfolgen. Entsprechend soll § 34 Abs. 6 S. 1 KStG angepasst werden. Damit wären weiterhin nicht erfasst diejenigen Erwerbsvorgänge, die vor dem 31.12.2009 erfolgten. Die Änderung würde sich damit auf die Erweiterung der ursprünglich eingeführten Konzernklausel beschränken. Allerdings gibt es kaum eine sachliche Rechtfertigung, vorherige Umstrukturierungen auszunehmen.

Praxishinweis

- Die geplante Neuerung des § 8c KStG ist auch vor dem Hintergrund des laufenden Normenkontrollverfahren vor dem BVerfG[100] nicht irrrelevant. Der Gesetzgeber hat selbst die verfassungsrechtliche Angreifbarkeit der Norm hervorgehoben und sieht seine Reparatur demnach auch im verfassungsrechtlichen Lichte. Dafür spricht auch, dass er der Norm (einschränkend) rückwirkende Geltung zukommen lassen will. Da die Rückwirkung allerdings nur bis zum VZ 2010 reichen soll, bleibt die Frage für die vom 1.1.2008 bis 31.12.2009 erfolgten Umstrukturierungen offen.

- Soweit Steuerbescheide vor dem Hintergrund der bisherigen Konzernklausel noch nicht materiell-rechtlich bestandkräftig sind, weil entweder
  - Rechtsbehelfe eingelegt wurden oder
  - Steuerbescheide unter dem Vorbehalt der Nachprüfung (§ 164 AO) stehen oder diesbezüglich mit einem Vorläufigkeitsvermerk (§ 165 AO) versehen wurden,

  ist zu prüfen, ob nicht eine Abhilfe seitens des FA herbeigeführt werden kann. Rechtsbehelfsverfahren würden sich dann erledigen.

  Nicht erfasst wären lediglich die vor dem 1.1.2010 erfolgten Übertragungsvorgänge. Hier steht weiterhin zu hoffen, dass das BVerfG der Norm des § 8c KStG – wenigstens insoweit- eine Absage erteilt. Diesbezügliche Steuerbescheide sollten weiterhin offengehalten werden.

---

[100] Normenkontrollverfahren Az. beim BVerfG 2 BvL 6/11, Vorlagefrage des FG Hamburg v. 4.4.2011, 2 K 33/10, DStR 2011, S. 1172.

4.3 Mögliche Änderungen beim Zerlegungsmaßstab in der Gewerbesteuer

In der Diskussion steht die Erweiterung des Anwendungsbereichs des § 29 Abs. 1 Nr. 2 GewStG, der einen besonderen Zerlegungsmaßstab bei alternativen Energien regeln soll. Es sollen Betreiber von Anlagen zur Energieerzeugung aus solarer Strahlungsenergie (Fotovoltaik- und Solarthermie-Anlagen) und nicht mehr nur für Betreiber von Windenergieanlagen erfasst werden. Diese Ausweitung des Sonderzerlegungsmaßstabs wäre folgerichtig. Eine Zerlegung nach dem Regelmaßstab gem. § 29 Abs. 1 Nr. 1 GewStG würde bei Betreibern von Windkraft- und Fotovoltaikanlagen dazu führen, dass den Standortgemeinden der Anlagen keine Zerlegungsanteile zugewiesen werden, da der Betrieb solcher Anlagen regelmäßig keiner Arbeitnehmer bedarf. Nach der Sonderregelung des § 29 Abs. 1 Nr. 2 GewStG richtet sich der Zerlegungsmaßstab lediglich zu 30 % des GewSt-Messbetrags nach den Lohnsummen. Die verbleibenden 70 % des GewSt-Messbetrags werden nach dem Verhältnis des den einzelnen Betriebsstätten zuzuordnenden Sachanlagenvermögens, exklusive der Betriebs- und Geschäftsausstattung, der geleisteten Anzahlungen und der Anlagen im Bau, zerlegt. Damit würde erreicht, dass auch der Gemeinde, in der die Fotovoltaikanlage steht, anteilig GewSt zufließt.

4.4 Umwandlungsteuer – Einschränkung der Buchwertfortführung bei Einbringungsvorgängen

Mit den geplanten Neuerungen soll die Buchwertfortführung bei Einbringungsvorgängen und dem Anteilstausch weiter eingeschränkt werden. Das UmwStG soll mit Blick auf vorgebliche Gesetzeslücken im Bereich der Einbringung geändert werden, um „gezielte" Steuergestaltungen zu verhindern. Die Aufnahme der Regelung verwundert, da diese bereits im Rahmen der Beratungen zum SEStEG im Jahr 2006 diskutiert und man sich gegen eine Beschränkung der sonstigen Gegenleistung in Einbringungsfällen entschieden hatte.[101] Dies belegt, dass die Regelung wiederum rein fiskalischer Natur ist, ohne die wirtschaftlichen Auswirkungen zu bedenken. Denn ohne die Möglichkeit, sonstige Gegenleistungen gewähren zu können, werden wirtschaftlich sinnvolle Umstrukturierungen erschwert.

4.4.1 Ausgangspunkt und Inhalt der geplanten Neuregelungen

Es sind Änderungen der § 20 Abs. 2 S. 2 Nr. 4 UmwStG, § 21 Abs. 1 S. 2 UmwStG und § 24 Abs. 2 S. 2 UmwStG angedacht. Jeder Vermögenstransfer zwischen verschiedenen Rechtsträgern führt zu Realisierung der im übertragenen Wirtschaftsgut enthaltenen stillen Reserven. Der im UmwStG grds. enthaltene Gedanke der Buchwertfortführung und einem damit verbundenen Verzicht auf die Realisation stiller Reserven sei nur dann gerechtfertigt, solange im Zuge einer Umwandlung Vermögen nur gegen Gewährung von Gesellschaftsrechten oder ohne Gegenleistung übertragen wird. Soweit eine sonstige, im Besonderen eine monetäre Gegenleistung für die Vermögensübertragung erbracht wird, handele es sich im Grundsatz um einen Realisationsakt.

Um diesen, wie bei den anderen Regelungen (§§ 3 ff., §§ 11 ff. UmwStG) besteuerungstechnisch zu erfassen, ist es erforderlich, auch die Normen zur Einbringung und zum Anteilstausch entsprechend anzupassen.

---

[101] BT-Drs. 16/3315, S. 2; BT-Drs. 16/3369, S. 4 und S. 11.

In den § 20 Abs. 2 S. 2 UmwStG und § 21 Abs. 1 S. 2 UmwStG wurde eine Formulierung aufgenommen, die den jeweils optionalen Buchwertansatz unter eine weitere Voraussetzung stellt. Der Wert einer sonstigen Gegenleistung, die neben der Gewährung von Gesellschafterrechten durch den Einbringenden erlangt wird, darf nicht höher als 10 % des Buchwerts des eingebrachten Vermögens sein.

Damit werden sonstige Gegenleistungen zwar nicht ausgeschlossen, aber insoweit begrenzt. Es sollen künftig nur noch geringe Zuzahlungen zugelassen sein. Anderenfalls ist eine Buchwertfortführung ausgeschlossen.

Die Beschränkungen betreffen die Wertansätze beim übertragenden und beim übernehmenden Rechtsträger und gelten auch für Einbringungsvorgänge betreffend Personengesellschaften.

4.5 Änderungen im Verfahrensrecht

Der Bundesrat schlug im Gesetzgebungsverfahren zum ZollkodexAnpG vor auch mehrere verfahrensrechtliche Änderungen vor. Folgende Maßnahmen stehen daher zur Debatte:

4.5.1 Erweiterung des Akteneinsichtsrechts für Gemeinden

Der Bundesrat bat zu prüfen, inwieweit die in § 187 AO und § 21 Abs. 3 FVG enthaltenen Regelungen angepasst werden können, um es den Städten und Gemeinden zu ermöglichen, die ihnen durch diese Vorschriften eingeräumten Rechte im Wege der Amtshilfe auch durch Bedienstete anderer Gemeinden bzw. Gemeindeverbände wahrnehmen zu können.

Der Gesetzgeber geht davon aus, dass Gemeinden oftmals nicht über Personalressourcen und/oder die erforderlichen steuerrechtlichen Spezialkenntnisse verfügen, um bestimmte Auswirkungen komplexer Gestaltungsstrukturen, sei es, dass diese auf Grundlage des nationalen Rechts oder unter Nutzung unterschiedlicher Steuerrechtsregime entstanden sind, mit Blick auf die Gewerbesteuer verlässlich beurteilen zu können. Um dem Bedürfnis nach einer effektiven Wahrnehmung der Kontrollrechte des § 187 AO (und des § 21 Abs. 3 FVG) in bedeutsamen Fällen nachkommen zu können, hat der Bundesrat angeregt, dem Gemeinden zu ermöglichen, externen Sachverstand hinzuziehen zu können. Um den bestmöglichen Schutz sensibler Unternehmensdaten zu gewährleisten, sollte diese Möglichkeit auf die Amtshilfe durch Bedienstete anderer Gemeinden bzw. Gemeindeverbände beschränkt bleiben.

4.5.2 Anpassungen bei der Zahlungsverjährung

Es wurde vorgeschlagen, die Norm des § 231 in Abs. 1 und 2 AO mit Blick auf eine verbesserte Übersichtlichkeit die Unterbrechungstatbestände der Verjährung neu zu fassen.

4.5.2.1 Hintergrund und Zielsetzung

Die Änderung und Anpassung der Unterbrechungstatbestände soll einerseits vor dem Hintergrund der steuerstrafrechtlichen Diskussionen und den Änderungen der Insolvenzordnung, betreffend die Vorschriften zur Restschuldbefreiung (InsO), und andererseits zur besseren Übersichtlichkeit und Erleichterung der Anwendung der Vorschrift erfolgen. Die Unterbrechungstatbestände sowie die Dauer derjenigen Unterbrechung mit Dauerwirkung sollen der besseren Anwendung wegen zweckmäßigerweise numerisch aufgezählt werden.

4.5.2.2 Öffentliche Anklage wegen Steuerstraftat als Unterbrechungsgrund

Nach Maßgabe des geplanten Abs. 1 des § 231 AO wird die Verjährung eines Steueranspruchs nicht nur durch die bislang in § 231 Abs. 1 geregelten Gründe, nämlich wegen

- der schriftlichen Geltendmachung eines Anspruchs,
- Zahlungsaufschubs, Stundung, Aussetzung der Vollziehung, Aussetzung der Verpflichtung des Zollschuldners zur Abgabenentrichtung oder Vollstreckungsaufschub,
- Sicherheitsleistung,
- Vollstreckungsmaßnahmen,
- Anmeldung im Insolvenzverfahren,
- Eintritt des Vollstreckungsverbots nach § 294 Abs. 1 der Insolvenzordnung,
- Aufnahme in einen Insolvenzplan oder Schuldenbereinigungsplans oder
- Ermittlungen der Finanzbehörde nach dem Wohnsitz oder dem Aufenthaltsort des Zahlungspflichtigen

unterbrochen. Künftig soll die Verjährung auch unterbrochen werden,

- durch Erhebung der öffentlichen Klage wegen einer Steuerstraftat des Zahlungspflichtigen (§§ 370, 373 oder 374 AO) und Anmeldung des Anspruchs unter Angabe des Rechtsgrundes nach § 174 Abs. 2 InsO.

Die Erweiterung zielt darauf ab, Zahlungsansprüche des Fiskus, die auf Steuerstraftaten beruhen, nicht verjähren zu lassen. Hierfür ist einerseits erforderlich, dass der Unterbrechungstatbestand als solcher bestimmt wird, und dass andererseits die Unterbrechung solange fortdauert, bis das Steuerstrafverfahren abgeschlossen ist.

Seit dem 1.7.2014 regelt § 302 Nr. 1 InsO[102], dass Verbindlichkeiten aus dem Steuerschuldverhältnis von einer Restschuldbefreiung nicht erfasst werden, wenn der Schuldner im Zusammenhang damit wegen einer Steuerstraftat nach §§ 370, 373 oder 374 AO rechtskräftig verurteilt worden ist. D. h., die Steueransprüche bleiben grds. bestehen. Dennoch besteht die Möglichkeit, dass diese Ansprüche bereits verfahrensrechtlich verjähren. Die Verjährung führt zum Erlöschen des Steueranspruchs (§ 47 AO). Um ein solches Erlöschen aufgrund des Eintritts der Zahlungsverjährung vor der rechtskräftigen strafgerichtlichen Entscheidung über das Vorliegen einer Steuerstraftat (§§ 370, 373 oder 374 AO) zu verhindern, wird daher die Erhebung der öffentlichen Klage wegen einer Steuerstraftat des Zahlungspflichtigen als weiterer Unterbrechungsgrund aufgenommen.

Voraussetzung ist allerdings, dass nicht nur Anklage (oder Strafbefehl, siehe §§ 407 Abs. 1 S. 3 und § 410 Abs. 3 StPO) erhoben wurde, sondern auch, dass der Steueranspruch unter Angabe des Rechtsgrunds nach § 174 Abs. 2 InsO angemeldet wird. Korrespondierend dazu soll in § 231 Abs. 2 Nr. 7 AO der rechtskräftige Abschluss des Strafverfahrens als Ende der Unterbrechung bestimmt werden.

Werden mehrere Unterbrechungstatbestände gem. § 231 Abs. 1 AO verwirklicht, endet die Unterbrechung – wie bisher – mit demjenigen unter Abs. 2 genannten Ereignis, das zuletzt eintritt.

---

[102] § 302 InsO i. d. F des Gesetz zur Verkürzung des Restschuldbefreiungsverfahrens und zur Stärkung der Gläubigerrechte v. 15.7.2013, BGBl I 2013, S. 2379 ff.

4.5.3 Zuständigkeitserweiterungen für das BZSt

4.5.3.1 Hintergrund

In § 5 Abs. 1 Nr. 39 FVG soll eine zentrale Zuständigkeitsregelung des BZSt für gem. § 32 Abs. 5 KStG zu stellende Anträge von EU-/EWR-Körperschaften aufgenommen werden. Damit ist das BZSt für die Entlastung von KapErtrSt bei Streubesitzdividenden zuständig. Damit reagiert der Gesetzgeber auf die bisher vorhandene Zersplitterung der Zuständigkeiten, da das BZSt für Teilerstattungen nach DBA, die Finanzämter für weitergehende Erstattungen aufgrund des Unionsrechts zuständig war. Dies brachte neben hohen praktischen Schwierigkeiten bei der Antragstellung auch verfahrensrechtliche Probleme (Fristabläufe) mit sich. Nicht zuletzt ließen sich die örtlichen Zuständigkeiten der Finanzämter bei Beteiligungsbesitz und Dividendenbezug von mehreren Gesellschaften nicht rechtssicher ermitteln.

4.5.3.2 Inhalt

Es soll eine zentrale sachliche Zuständigkeit beim BZSt begründet werden. Diese soll beschränkt sein auf unionsrechtlich begründete Anträge ausländischer Körperschaftsteuersubjekte zur Erstattung von abgeltend erhobenen KapErtrSt auf Dividenden i. S. d. § 20 Abs. 1 Nr. 1 EStG. Damit soll aber auch weiterhin keine Zuständigkeit des BZSt bestehen für

- Kapitalerträge nach § 20 Abs. 1 Nr. 2 EStG
- Erstattungsanträge in Drittstaatsfällen.

Auch bei solchen Bezügen kommen jedoch unionsrechtliche Erstattungsansprüche zum Tragen, soweit entsprechende Bezüge im Inlandsfall unter die Beteiligungsbetragsbefreiung des § 8b Abs. 1 KStG fallen würden.

Erstattungsanträge, die nicht unter § 32 Abs. 5 KStG fallen, sind vor allem solche von Körperschaften, die in Drittstaaten ansässig sind. Der Bundesrat hat vorgeschlagen, dass das BZSt unabhängig von der Anspruchsgrundlage für die Entlastung von KapErtrSt zuständig sein soll, wenn bestimmte Voraussetzungen kumulativ vorliegen.

4.6 Grunderwerbsteuer – Abschaffung der wirtschaftlichen Betrachtungsweise

4.6.1 Hintergrund der geplanten Änderung

Bei mittelbaren Änderungen der Beteiligungsverhältnisse soll als Reaktion auf die Rspr. des BFH[103] die wirtschaftliche Betrachtungsweise abgeschafft werden. Der BFH hatte insoweit entschieden, dass bei mittebaren Beteiligungsänderungen Kapital- und personengesellschaften gleichermaßen transparent zu behandeln sind.

Der BFH hatte insbesondere beanstandet, dass es an einen normativ verankerten Anknüpfungspunkt für die unterschiedliche Anwendung des § 1 Abs. 2a S. 1 GrEStG auf Personen- sowie Kapitalgesellschaften im Rahmen der mittelbaren Änderung der Beteiligungsverhältnisse fehle. Das BMF hatte hierzu bereits im Wege eines Nichtanwendungserlasses verfügt, dass das Urteil über den entschiedenen Einzelfall hinaus nicht angewendet werden solle.[104]

---

[103] BFH, Urteil v. 24.4.2013, II R 17/10, BStBl II 2013, S. 833.
[104] BMF, Nichtanwendungserlass v. 9.10.2013, 3 – S450.1/38, BStBl I 2013, S. 1278.

4.6.2 Inhalt der geplanten Änderung

Nach der Vorstellung des Bundesrates sollen nach der Neufassung des § 1 Abs. 2a S. 2–4 GrEStG mittelbare Änderungen im Gesellschafterbestand beteiligter Personengesellschaften durch Multiplikation der Vomhundertsätze der Anteile am Gesellschaftsvermögen anteilig berücksichtigt werden. Eine unmittelbar beteiligte Kapitalgesellschaft soll dann in vollem Umfang als neue Gesellschafterin gelten, wenn an ihr mindestens 95 % der Anteile auf neue Gesellschafter übergehen. Selbiges soll auch bei mehrstufigen Beteiligungen auf der Ebene jeder mittelbar beteiligten Kapitalgesellschaft entsprechend gelten.

Die zivilrechtlichen, insbesondere auch gesellschaftsrechtlichen Unterschiede zwischen Personen- und Kapitalgesellschaften sollen in gesetzlich eindeutiger Sicht bei der Beurteilung sowie bei der Bemessung des Quantums der mittelbaren Änderung im Gesellschafterbestand einer grundbesitzenden Personengesellschaft wieder in Abhängigkeit von der Rechtsform der die Beteiligung vermittelnden Gesellschaft berücksichtigt werden.[105]

Dadurch wird bewirkt, dass

- bei unmittelbarer Beteiligung einer Personengesellschaft sowie bei mittelbarer Beteiligung über mehrstöckige Personengesellschaften auf deren jeweilige Beteiligungsverhältnisse abzustellen und dementsprechend durchzurechnen ist.

- bei der Beteiligung einer Kapitalgesellschaft eine mittelbare Änderung des Gesellschafterbestandes der grundstücksbesitzenden Personengesellschaft dann vorliegt, wenn sich die Beteiligungsverhältnisse an der Kapitalgesellschaft unmittelbar oder mittelbar oder teils unmittelbar, teils mittelbar um mindestens 95 % ändern. Gehen bei einer Kapitalgesellschaft mindestens 95 % der Anteile auf neue Anteilseigner über, ist die Beteiligung der Kapitalgesellschaft an der grundstücksbesitzenden Personengesellschaft in voller Höhe bei der Ermittlung des Prozentsatzes i. S. d. § 1 Abs. 2a S. 1 GrEStG zu berücksichtigen.

- bei mehrstufigen Beteiligungen von Kapitalgesellschaften die Prüfung, ob 95 %-Grenze erreicht ist, für jede Beteiligungsebene gesondert vorzunehmen ist und dann, wenn die Grenze erreicht ist, die mittelbare Beteiligung in voller Höhe zu berücksichtigen ist.

- bei Gesellschaftsstrukturen mit Personen- und Kapitalgesellschaften durch Personengesellschaften durchzurechnen und auf der Ebene jeder Kapitalgesellschaft die 95 %-Grenze zu prüfen ist. Führen Änderungen im Gesellschafterbestand mittelbar beteiligter Personengesellschaften bei einer nachgeordneten Kapitalgesellschaft nicht zu einem unmittelbaren oder mittelbaren oder teils unmittelbaren, teils mittelbaren Übergang von mindestens 95 % ihrer Anteile am Kapital, gilt die Kapitalgesellschaft nicht als neue Gesellschafterin i. S. d. § 1 Abs. 2a GrEStG.

Nach den Vorstellungen des Bundesrates[106] soll die Änderung auch rückwirkend in Kraft treten, da sie aus seiner Sicht nur eine Klarstellung bewirkt. Dies wäre indessen unter verfassungsrechtlichen Gesichtspunkten als problematisch einzustufen, da es sich hier um eine echte Rückwirkung handelt und Vertrauensschutzaspekte dagegen sprechen.

---

[105] Vgl. BT-Drs. 18/3158, S. 64.
[106] BT-Drs. 18/3158, S. 65.

4.7 Mögliche Neuerungen im Unternehmensstrafrecht

4.7.1 Entwurf eines Gesetzes zur Bekämpfung von Steuerstraftaten im Bankenbereich

4.7.1.1 Hintergrund

Bereits in 2013 wurde der Entwurf eines Gesetzes zur Bekämpfung von Steuerstraftaten in den Bundesrat eingebracht.[107] Die Gesetzesinitiative scheiterte jedoch aufgrund des Ablaufs der 17. Wahlperiode. Von den Bundesländern Baden-Württemberg, Niedersachen und Nordrhein-Westfalen wurde der Gesetzesentwurf erneut zur Entscheidung dem Bundesrat vorgelegt. Der Bundesrat fordert eine wirkungsvollere Bekämpfung von Steuerstraftaten im Bankenbereich und hat daher einen entsprechenden Gesetzentwurf[108] eingebracht.

Zur Begründung führt der Bundesrat aus, dass sich gezeigt habe, dass teilweise in Banken Steuersparmodelle auch über den gesetzlich erlaubten Rahmen hinaus angeboten bzw. die Kunden bei solchen Modellen unterstützt werden. Das Spektrum der Aktivitäten sei vielfältig und reiche bis zur Entwicklung komplizierter Modelle zur Steuerumgehung mit Auslandsbezug. In vielen Fällen sei der Tatbestand der Anstiftung bzw. Beihilfe zu Steuerstraftaten durch die Mitarbeiter erfüllt.

Gehen diese Aktivitäten über Einzelfälle hinaus, genüge es nicht mehr, die individuellen Mitarbeiter zur Rechenschaft zu ziehen. In diesem Fall seien Maßnahmen gegen das Institut selbst angezeigt, um der Begehung von Steuerstraftaten für die Zukunft vorzubeugen.

Aufgrund der weitreichenden Wirkungen von Steuerstraftaten sei eine Rechtsfolgenregelung allein im Steuerrecht nicht ausreichend. Es sei daher angezeigt, auch das Kreditwesengesetz entsprechend zu ergänzen.

Die Änderungen des Kreditwesengesetzes sollen es der Bundesanstalt für Finanzdienstleistungsaufsicht ermöglichen, gegen Institute einzuschreiten, in denen durch vertretungsberechtigte Organe oder sonstige Personen, die für das Institut verantwortlich handeln, nachhaltig Steuerstraftaten begangen wurden oder zu Steuerstraftaten Dritter Beihilfe geleistet wurde. Zu diesem Zweck soll der Bundesanstalt ein Katalog von Maßnahmen bis hin zur Aufhebung der Erlaubnis an die Hand gegeben werden.

4.7.1.2 Inhalt der geplanten Änderungen

Der angestrebte Zweck des geplanten Gesetzes soll durch einige Änderungen des Gesetzes über das Kreditwesen (KWG) erreicht werden. Es ist geplant die §§ 8 Abs. 2, 35 Abs. 2 und 36 KWG zu ändern.

Die wesentlichen Änderungen des KWG betreffen die neuen Ergänzungen in § 35 Abs. 2 Nr. 7 und Nr. 8 KWG. Die Änderungen des § 35 KWG haben zum Ziel, die Einhaltung von Steuervorschriften seitens der Institute ebenso sicherzustellen wie die Kooperation mit den deutschen Steuerbehörden.

Mit den geplanten Änderungen soll die Bundesanstalt für Finanzdienstleistungsaufsicht (BaFin) in die Lage versetzt werden, gegen Banken vorzugehen, in denen Steuerstraftaten gehäuft

---

[107] BR-Drs. 462/13.
[108] BT-Ds. 18/1584.

auftreten. Mit dem Gesetzentwurf soll der Bundesanstalt ein Katalog von Maßnahmen bis hin zum Entzug der Banklizenz an die Hand gegeben werden. In Betracht kommen soll sowohl die Schließung von Teilen des Instituts als auch die Abberufung der für diesen Teil verantwortlichen Personen. Es sei wichtig, gegen Zweigstellen in Steueroasen vorgehen zu können, wo in einer Vielzahl von Fällen Steuerstraftaten begonnen werden könnten.

Die Ergänzung des § 35 Abs. 2 Nr. 7 KWG-E ermöglicht es der Bundesanstalt für Finanzdienstleitungsaufsicht, die Erlaubnis auch dann aufzuheben, wenn in einem Institut durch vertretungsberechtigte Organe oder sonstige Personen, die für das Institut verantwortlich handeln, nachhaltig eigene Steuerstraftaten begangen wurden.

Ein strafrechtlich relevantes Handeln des Instituts ist aufgrund der Systematik des Steuerstrafrechts nicht möglich. Die Regelung knüpft deshalb an Straftaten von vertretungsberechtigen Organen und sonstigen Personen an, die im Rahmen ihrer beruflichen Tätigkeit für das Institut verantwortlich handeln. Das Spektrum möglicher Straftaten im Rahmen dieser beruflichen Tätigkeit reicht von Taten, die planvoll und systematisch im Rahmen des Geschäftsmodells des Instituts begangen worden sind, bis zu Fällen, in denen einzelne Mitarbeiter ihre berufliche Position entgegen den Vorgaben eines Instituts für Straftaten missbraucht haben. Um sicherzustellen, dass zwar die erstgenannten Sachverhalte, nicht aber die letztgenannten erfasst werden, wird der Begriff „nachhaltig" verwendet und die weitere Voraussetzung aufgestellt, dass das Institut geeignete Maßnahmen zur Verhinderung derartiger Straftaten unterlassen hat. Dies dient der weiteren Eingrenzung und stellt klar, dass von Nummer 7 nur dann Gebrauch gemacht werden soll, wenn mit Blick auf das gesamte Institut bedeutsame, also z. B. systematisch von einer Vielzahl von Mitarbeitern begangene Verstöße gegen das Steuerstrafrecht vorliegen. Die Entziehung der Erlaubnis ist eine so schwerwiegende Maßnahme, dass sie nur ultima ratio sein kann, wenn alle anderen Maßnahmen nicht verhindert haben, dass Steuerstraftaten in einem Institut begangen werden.

§ 35 Abs. 2 Nr. 8 KWG-E erfasst Auskunfts- und Mitwirkungspflichten im Steuerstrafverfahren. Ein wiederholter Pflichtenverstoß soll zukünftig gleichfalls Grundlage für den Entzug der Erlaubnis sein. Auf diese Weise wird gesetzlich klargestellt, dass im Falle einer rechtswidrigen Verweigerungshaltung für das Kreditinstitut das Risiko der Aufhebung der Erlaubnis besteht.

4.7.1.3 Mehrwert des geplanten Gesetzes

Die Bundesregierung hat zum dem Gesetzesentwurf Stellung genommen.[109] Nach Auffassung der Bundesregierung reichen die bestehenden Rechtsgrundlagen aus. Die geforderten Maßnahmen sind im Wesentlichen bereits nach geltender Rechtslage möglich. Sie ist der Meinung, dass aufgrund bestehender gesetzlicher Grundlage bereits hinreichende Möglichkeiten bestehen, Steuerhinterziehungen oder sonstige Steuerstraftaten durch entsprechende aufsichtsrechtliche Maßnahmen zu bekämpfen.

Allerdings will die Bundesregierung in der laufenden Legislaturperiode prüfen, ob durch eine Verbesserung des Informationsflusses von der Bundesanstalt für Finanzdienstleistungsaufsicht (BaFin) an die Finanzbehörden die Steuerhinterziehung wirksamer bekämpft werden kann.

---

[109] BT-Drucks. 18/1584, Anlage 2.

4.7.2 Länderantrag zum Entwurf eines Verbandstrafgesetzbuches

Aufgrund eines Länderantrages durch das Bundesland Nordrhein-Westfalen wurde bereits in 2012 der Entwurf eines Gesetzes zur Einführung der strafrechtlichen Verantwortlichkeit von Unternehmen und sonstigen Verbänden vorgelegt (Verbandsstrafgesetzbuch).[110] Der Entwurf wird seitdem kontrovers diskutiert. In das Gesetzgebungsverfahren wurde der Gesetzentwurf trotz Ankündigung, dies im Herbst 2014 zu tun, noch nicht eingeführt.

4.7.2.1 Wesentlicher Inhalt des Gesetzentwurfs

Der Gesetzentwurf schlägt ein Verbandsstrafgesetzbuch vor, welches die strafrechtliche Haftung von Unternehmen (=Verbänden) für Zuwiderhandlungen ihrer Mitarbeiter oder Mitglieder gegen die Strafgesetze begründet, wenn durch diese Pflichten verletzt worden sind, die den Verband treffen, oder wenn durch sie der Verband bereichert worden ist oder bereichert werden sollte. Das Verbandsstrafgesetzbuch stellt in materiell-rechtlicher wie prozessualer Hinsicht die Haftung von Verbänden auf eine eigenständige Grundlage.

Der Entwurf zwei selbstständige Tatbestände einer Verbandsstraftat vor. Haftungsgrund ist jeweils die Verantwortlichkeit des Verbandes für eine Organisation, in der kriminelles Verhalten geduldet, begünstigt oder gar provoziert wird. Der Verband haftet im Rahmen seiner durch ihn selbst gewählten und ausgestalteten Organisation für Fehlentwicklungen, die Folge dieser fehlerhaften Organisation ist. Die erste Tatbestandsalternative ist die Begehung einer verbandsbezogenen Zuwiderhandlung durch einen Entscheidungsträger. Der Vorwurf, der gegen den Verband erhoben wird und dem die „Verantwortlichkeit" des Verbandes zugrunde liegt, gründet sich hier auf die mangelhafte Personalauswahl für Schlüsselpositionen. Die zweite Tatbestandsalternative knüpft demgegenüber an ein vorsätzliches oder fahrlässiges Aufsichts- oder Überwachungsverschulden der Entscheidungsträger an.

Der Entwurf sieht auf der Rechtsfolgenseite ein abgestuftes Reaktions- und Sanktionsinstrumentarium vor, welches stark präventiv ausgerichtet ist und dem Verband die Möglichkeit eröffnet, fehlerhafte Strukturen im Rahmen eines rechtsstaatlich gestalteten Verfahrens selbst zu korrigieren. Der Entwurf ermöglicht es, flexible, an der Leistungsfähigkeit des Verbandes orientierte Sanktionen zu verhängen. Neben Geldstrafen treten Sanktionen in Form von Auflagen und Weisungen sowie wettbewerbsregulierende Maßregeln. Die Begrenzung finanzieller Sanktionen auf Bußgelder von 500.000 € (bei Fahrlässigkeitstaten) bzw. 1 Mio. € (bei Vorsatztaten) soll aufgegeben werden.

Spezifische Vorschriften passen die Verfahrensordnung der Strafprozessordnung und des Gerichtsverfassungsgesetzes an die prozessualen Erfordernisse eines Strafverfahrens gegen Verbände an und nehmen die nötigen Anpassungen des Registerrechts und des Rechts der Entschädigung bei Strafverfolgungsmaßnahmen vor. Maßgebliche, auch generalpräventive Wirkungen sind von einer Stärkung der öffentlichen Hauptverhandlung zu erwarten. Die gerichtliche Zuständigkeit wird in Fällen von besonderer Bedeutung (§ 24 Abs. 1 Nr. 3 GVG) der nicht immer sachgerechten Zuweisung zu den Amtsgerichten nach § 68 Abs. 1 OWiG entzogen und im Einzelfall nach §§ 74 Abs. 1, 74c GVG der Wirtschaftsstrafkammer zugewiesen.

Das Verbandsstrafgesetzbuch soll nach § 1 VerbStrG-E für juristische Personen, nicht rechtsfähige Vereine und rechtsfähige Personengesellschaften des privaten und öffentlichen Rechts, gelten.

---

[110] Gesetzesantrag des Landes Nordrhein-Westfalen, Stand 3.9.2013.

Die möglichen Sanktionen gegen den Verband definiert § 4 VerbStrG-E:

(1) Verbandstrafen sind

1. die Verbandsgeldstrafe,

2. die Verbandsverwarnung mit Strafvorbehalt,

3. die öffentliche Bekanntmachung der Verurteilung.

(2) Verbandsmaßregeln sind

1. der Ausschluss von Subventionen,

2. der Ausschluss von der Vergabe öffentlicher Aufträge,

3. die Verbandsauflösung.

Hinzuweisen ist in diesem Zusammenhang auf die nach § 5 VerbStrG-E bestehende Möglichkeit des Absehens von einer Verbandssanktion. Das Gericht kann danach von einer Sanktion absehen,

- wenn der Verband ausreichende organisatorische oder personelle Maßnahmen getroffen hat, um vergleichbare Verbandsstraftaten in Zukunft zu vermeiden und wenn ein bedeutender Schaden nicht entstanden oder dieser zum überwiegenden Teil wieder gut gemacht ist oder

- der Verband durch freiwilliges Offenbaren wesentlich dazu beigetragen hat, dass eine Verbandsstraftat aufgedeckt werden konnte und den Ermittlungsbehörden Beweismittel zur Verfügung gestellt hat, die geeignet sind, die Tat nachzuweisen und der Verband ausreichende organisatorische und personelle Maßnahmen getroffen hat, vergleichbare Verbandsstraftaten in Zukunft zu vermeiden

Der Gesetzentwurf knüpft mit der Bezugnahme auf organisatorische und personelle Maßnahmen an die Einführung eines funktionierenden Compliance-Systems an.

4.7.2.2 Diskussion zum Gesetzentwurf

Zum dem Gesetzentwurf haben bereits die Bundesrechtsanwaltskammer (BRAK)[111], der Deutsche Anwaltverein (DAV)[112] und Bundesverband der Deutschen Industrie (BDI)[113] Stellung genommen.

Allen gemein ist die grds. Ablehnung der Einführung eines solchen Unternehmensstrafrechts. Einheitlich wird die Ansicht vertreten, dass eine Regelungslücke nicht vorhanden ist und es eines neuen Instruments nicht bedarf. Über die Vorschriften der §§ 30, 130 OWiG, mit denen Unternehmensgeldbußen verhängt und Umsätze aus strafrechtlich bemakelten Geschäften abgeschöpft werden können, existiert bereits ein effektives Unternehmensstrafrecht.

---

[111] Stellungnahme 9/2013 aus Mai 2013; Stellungnahme 15/2014 aus April 2014.
[112] Stellungnahme 54/2013 aus Dezember 2013.
[113] Stellungnahme v. 31.1.2014.

B Überblick über die Verwaltungsvorschriften 2014

1 Änderungen bei der Einkommensteuer

1.1 Änderungen bei den Gewinn- und Einkunftsermittlungsvorschriften (zu §§ 2–12 EStG)

1.1.1 Vordrucke zur Einnahmenüberschussrechnung (EÜR) für 2014 bekanntgegeben

> **BMF, Schreiben v. 2.10.2014, IV C 6 – S 2142/07/10001, BStBl I 2014, S. 1330**
>
> **Die Vordruckversionen 2014 der Anlage EÜR nebst dazugehöriger Anleitung wurden bekannt gegeben.**
>
> **Normen:** § 4 Abs. 3 EStG; § 60 Abs. 4 EStDV

Das BMF-Schreiben nebst Anlagen steht auch unter www.bundesfinanzministerium.de zur Ansicht bzw. zum Download bereit. Der amtlich vorgeschriebene Datensatz, der nach § 60 Abs. 4 S. 1 EStDV durch Datenfernübertragung zu übermitteln ist, wird unter www.elster.de bekanntgegeben.

Die EÜR ist insb. für Freiberufler und kleinere Gewerbetreibende, die nicht zur Buchführung verpflichtet sind, eine Alternative zur Bilanzierung. Der Erklärungsvordruck findet allerdings nur Anwendung, wenn die Betriebseinnahmen oberhalb der Grenze von 17.500 € liegen. Unterhalb dieser Einkommensgrenze wird nicht beanstandet, wenn der Erklärung eine formlose Überschussermittlung eingereicht wird.

Übersteigen die im Wirtschaftsjahr angefallenen Schuldzinsen, ohne die Berücksichtigung der Schuldzinsen für Darlehen zur Finanzierung von Anschaffungs- oder Herstellungskosten von Wirtschaftsgütern des Anlagevermögens, den Betrag von 2.050 €, sind bei Einzelunternehmen die in der Anlage SZE (Ermittlung der nicht abziehbaren Schuldzinsen) enthaltenen Angaben an die Finanzverwaltung zu übermitteln.

Praxishinweis

> Höchstrichterlich geklärt ist längst auch die Frage, ob überhaupt eine gesetzliche Verpflichtung zur Abgabe der „Anlage EÜR" besteht. Das FG Münster hatte dies in erster Instanz verneint.[114] Der BFH hat stattdessen im Revisionsverfahren entschieden, dass die Abgabepflicht durch eine Rechtsverordnung wirksam begründet werden könne. Insb. bestehe dafür in § 51 Abs. 1 Nr. 1 Buchst. a EStG eine ausreichende Ermächtigungsgrundlage.[115]

---

[114] FG Münster, Urteil v. 17.12.2008, 6 K 2187/08, EFG 2009, S. 818.
[115] BFH, Urteil v. 16.11.2011, X R 18/09, BStBl II 2012, S. 129.

1.1.2 E-Bilanz – Veröffentlichung der Taxonomie 5.3

> **BMF, Schreiben v. 13.6.2014, IV C 6 – S 2133-b/11/10016, BStBl I 2014, S. 886**
>
> **Das BMF hat das aktualisierte Datenschema der Taxonomien (Version 5.3) als amtlich vorgeschriebenen Datensatz veröffentlicht.**
>
> **Norm:** § 5b EStG

Die Taxonomien der Version 5.2. sind grds. für die Bilanzen der Wirtschaftsjahre zu verwenden, die nach dem 31.12.2014 beginnen. Sie gelten entsprechend für die in Rn.1 des BMF-Schreibens vom 28.9.2011[116] genannten Bilanzen sowie für Eröffnungsbilanzen, sofern diese nach dem 31.12.2014 aufzustellen sind. Es wird nicht beanstandet, wenn diese auch für das Wirtschaftsjahr 2014 oder 2014/2015 verwendet werden. Die Übermittlungsmöglichkeit mit dieser neuen Taxonomie ist für Testfälle ab November 2014 und für Echtfälle ab Mai 2015 vorgesehen.

Die aktualisierten Taxonomien (Kern-, Branchen- und Spezialtaxonomien) stehen unter www.esteuer.de zur Ansicht und zum Abruf bereit.

Praxishinweis

Vgl. hierzu auch die Verfahrensgrundsätze im BMF-Schreiben v. 5.6.2012,[117] sowie die damals veröffentlichten Taxonomien Version 5.1., welche für die Bilanzen aller Wirtschaftsjahre galten, die nach dem 31.12.2012 begonnen haben.

Betreffend die Übermittlungspflichten für steuerbegünstigte Körperschaften vgl. ergänzend auch das BMF-Schreiben vom 19.12.2013.[118]

> **Literaturhinweis:** *Schäperclaus/Hülshoff*, DB 2014, S. 2421, S. 2601 und S. 2781 (insb. zu Mitunternehmerschaften)

1.1.3 Neues BMF-Schreiben zur Teilwertabschreibung

> **BMF, Schreiben v. 16.7.2014, IV C 6 – S 2171-b/09/10002, BStBl I 2014, S. 1162**
>
> **Das BMF hat seine bisherige Verwaltungsauffassung zur Teilwertabschreibung, insb. zur voraussichtlich dauernden Wertminderung und zum Wertaufholungsgebot, überarbeitet.**
>
> **Norm:** § 6 Abs. 1 Nr. 1 und Nr. 2 EStG

Gem. § 6 Abs. 1 Nr. 1 S. 2 und Nr. 2 S. 2 EStG kann der niedrigere Teilwert nur angesetzt werden, wenn eine voraussichtlich dauernde Wertminderung vorliegt. Gem. § 6 Abs. 1 Nr. 1 S. 4 und Nr. 2 S. 3 EStG gilt ein striktes Wertaufholungsgebot.

---

[116] IV C 6 – S 2133-b/11/10009, BStBl I 2011, S. 855.
[117] V C 6 – S 2133-b/11/10016, BStBl I 2012, S. 598.
[118] IV C 6 – S 2133-b/11/10009, DB 2014, S. 22.

Hintergrund für die Überarbeitung der bisherigen Verwaltungsauffassung ist vor allem die aktuelle Rspr. des BFH zur Teilwertabschreibung. Außerdem wurde die Gelegenheit der grundlegenden Überarbeitung genutzt, um die einzelnen bestehenden BMF-Schreiben zu diesem Themenkomplex zusammenzufassen. Dem endgültigen Schreiben ging ein Entwurf vom 17.1.2014 voraus, der an diverse Verbände zur Stellungnahme versandt wurde.

Das neue, mit vielen Beispielen versehene Schreiben untergliedert sich in folgende Abschnitte:

- Ermittlung des Teilwerts
- Voraussichtlich dauernde Wertminderung
    - Begriff
    - Abnutzbares Anlagevermögen
    - Nicht abnutzbares Anlagevermögen
    - Umlaufvermögen
- Wertaufholungsgebot
    - Grundsätze
    - Nachweispflicht
    - Steuerrechtliche Sonderregelungen
- Verbindlichkeiten
    - Grundsätze
    - Verbindlichkeiten des laufenden Geschäftsverkehrs
- Zeitliche Anwendung
    - Grundsätze
    - Bewertung festverzinslicher Wertpapiere im Umlaufvermögen
    - Anteile an Investmentfonds, die als Finanzanlage im Anlagevermögen gehalten werden
    - Andere Wirtschaftsgüter
- Aufhebung von BMF-Schreiben.

> **Literaturhinweise:** *Prof. Dr. Prinz*, DB 2014, S. 1825; *Prof. Dr. Marx*, StuB 2014, S. 591; *Meyer*, nwb 2014, S. 2683; *Behrens*, nwb 2014, S. 2575; *Korn/Dr. Strahl*, nwb 2014, S. 3812; sowie zum vorherigen Entwurf: *Prof. Dr. Förster*, DB 2014, S. 382; *Prof. Dr. Hoffmann*, DB 10/2014, Gastkommentar M1; *Geberth/Dr. Höhn*, DB 5/2014, kurz kommentiert M8; *Meyer*, nwb 2014, S. 881

1.1.4 Bewertung mehrjähriger Kulturen in Baumschulbetrieben

> **BMF, Schreiben v. 27.6.2014, IV D 6 – S 2163/14/10001, BStBl I 2014, S. 1094**
>
> Mit Bezug auf sein vorheriges Schreiben[119] nimmt das BMF zur Neuregelung für die Wirtschaftsjahre ab 2013/2014 ff. Stellung.
>
> **Norm:** § 6 Abs. 1 Nr. 2 EStG

Die Ausführungen des BMF untergliedern sich u. a. in folgende Abschnitte:

- Grundsätze
- Vereinfachungsregelungen
    - Pflanzenwert
    - Flächenwert
    - Pflanzenbestandswert
- Anwendungsregelungen
- Übergangsregelungen
- Ausführliches Beispiel
- Bildung einer Rücklage im Rahmen der Übergangsregelung.

1.1.5 Nutzung von Elektro- und Hybridelektrofahrzeugen für private Fahrten

> **BMF, Schreiben v. 5.6.2014, IV C 6 – S 2177/13/10002, BStBl I 2014, S. 835**
>
> Durch das AmtshilfeRLUmsG wurde § 6 Abs. 1 Nr. 4 S. 2 und 3 EStG um Sonderregelungen für Elektrofahrzeuge und extern aufladbare Hybridelektrofahrzeuge ergänzt. Das BMF nimmt zum Anwendungsbereich und zu Einzelheiten bei der Ermittlung des privaten Nutzungswerts Stellung.
>
> **Norm:** § 6 Abs. 1 Nr. 4 S. 2 und S. 3 EStG

Um Wettbewerbsnachteile für Elektro- und Hybridfahrzeuge abzubauen, die auf dem derzeit noch deutlich höheren Listenpreis im Vergleich zu Fahrzeugen mit Verbrennungsmotor beruhen, ist § 6 Abs. 1 Nr. 4 EStG um eine Nachteilsausgleichsregelung ergänzt worden. Der Listenpreis als Bemessungsgrundlage für die Ermittlung des Entnahmewerts wird um die in diesem enthaltenen Kosten für das Batteriesystem gemindert.

Die Neuregelung ist ab dem 1.1.2013 für Elektro- und Hybridfahrzeuge anzuwenden, die vor dem 1.1.2013 angeschafft, geleast oder zur Nutzung überlassen werden (§ 52 Abs. 1 und Abs. 16 S. 11 EStG). Das BMF-Schreiben enthält hierzu auch diverse Beispiele.

Vgl. hierzu auch Kapitel B.3.2.3.

---

[119] Schreiben v. 8.9.2009, IV C 2 – S 2163/09/10001, BStBl I 2009, S. 927.

Änderungen bei der Einkommensteuer

Praxishinweis

Eine Begünstigung für umsatzsteuerliche Zwecke ist ausgeschlossen. Vgl. hierzu ein weiteres Schreiben vom selben Tag.[120]

Literaturhinweis: *Becker*, nwb 2014, S. 2870

1.1.6 Arbeitshilfe zur Aufteilung eines Gesamtkaufpreises für ein bebautes Grundstück

BMF online v. 23.9.2014, DB 2014 40/2014, Nachrichten M14

Das BMF stellt seit April 2014 eine Arbeitshilfe zur Aufteilung eines Gesamtkaufpreises für ein bebautes Grundstück (Kaufpreisaufteilung) auf seiner Internetseite zur Verfügung. Sie wurde im September 2014 noch einmal aktualisiert.

Norm: § 7 Abs. 4 bis 5a EStG

Zur Ermittlung der Bemessungsgrundlage für die AfA von Gebäuden ist es in der Praxis häufig erforderlich, einen Gesamtkaufpreis für ein bebautes Grundstück auf das Gebäude, das der Abnutzung unterliegt, sowie den nicht abnutzbaren Grund und Boden aufzuteilen. Nach der höchstrichterlichen Rspr. ist ein Gesamtkaufpreis für ein bebautes Grundstück nicht nach der sogenannten Restwertmethode, sondern nach dem Verhältnis der Verkehrswerte oder Teilwerte auf den Grund und Boden einerseits sowie das Gebäude andererseits aufzuteilen.[121]

Die obersten Finanzbehörden von Bund und Ländern stellen eine Arbeitshilfe als xls-Datei zur Verfügung, die es unter Berücksichtigung der höchstrichterlichen Rspr. ermöglicht, in einem typisierten Verfahren entweder eine Kaufpreisaufteilung selbst vorzunehmen oder die Plausibilität einer vorliegenden Kaufpreisaufteilung zu prüfen. Zusätzlich steht eine Anleitung für die Berechnung zur Aufteilung eines Grundstückskaufpreises zur Verfügung.

Literaturhinweis: *Jardin/Roscher*, nwb 2014, S. 3155

1.1.7 Zweifelsfragen zum Investitionsabzugsbetrag

BMF, Schreiben v. 20.11.2013, IV C 6 – S 2139-b/07/10002, BStBl I 2013, S. 1493

Das BMF hat in einem umfangreichen Schreiben zu den Zweifelsfragen im Zusammenhang mit dem Investitionsabzugsbetrag nach § 7g EStG Stellung genommen.

Norm: § 7g EStG

Das neue Schreiben ersetzt das bisherige Schreiben vom 8.5.2009[122] und berücksichtigt vor allem die Rechtsprechung der letzten Jahre.

---

[120] BMF, Schreiben v. 5.6.2014, IV D 2 – S 7300/07/10002, BStBl I 2014, S. 896; vgl. auch Kapitel B.5.7.
[121] BFH, Urteil v. 10.10.2000, IX R 86/97, BStBl II 2001, S. 183.
[122] BStBl I 2009, S. 633.

Es ist in folgende wesentliche Abschnitte untergliedert:

- Voraussetzungen für die Inanspruchnahme von Investitionsabzugsbeträgen
- Hinzurechnung des Investitionsabzugsbetrags bei planmäßiger Durchführung der Investition und gleichzeitige gewinnmindernde Herabsetzung der Anschaffungs- oder Herstellungskosten
- Rückgängigmachung des Investitionsabzugsbetrags
- Nichteinhaltung der Verbleibens- und Nutzungsfristen
- buchtechnische und verfahrensrechtliche Grundlagen
- zeitliche Anwendung.

Praxishinweis

Zu Fragen der Verzinsung nach § 233a AO bei ausbleibender Investition vgl. auch das etwas später ergangene BMF-Schreiben vom 15.8.2014.[123]

Beim BFH ist noch eine Revision anhängig, in der die Frage geklärt werden soll, ob auch die nachträgliche Aufstockung des Investitionsabzugsbetrags möglich ist.[124]

Literaturhinweise: *Pitzke*, nwb 2014, S. 18; *Spieker*, DB 2014, S. 327

1.1.8 Investitionsabzugsbeträge nach § 7g EStG – Zinslauf bei rückwirkendem Wegfall einer Voraussetzung

> **BMF, Schreiben v. 15.8.2014, IV C 6 – S 2139-b/07/10002, BStBl I 2014, S. 1174**
>
> **Das BMF hat u. a. zur Verzinsung der Steuernachforderung bei der Rückgängigmachung von Investitionsabzugsbeträgen nach § 7g Abs. 3 EStG Stellung genommen.**
>
> **Normen:** § 7g Abs. 3 und Abs. 4 EStG; § 233a AO

Der BFH hat mit Urteil vom 11.7.2013[125] entschieden, dass die Rückgängigmachung von Investitionsabzugsbeträgen nach § 7g EStG ein rückwirkendes Ereignis i. S. von § 175 Abs. 1 S. 1 Nr. 2 und Abs. 2 AO darstellt und deswegen die Verzinsung gem. § 233a Abs. 2a AO erst 15 Monate nach Ablauf des Kalenderjahres beginnt, in dem der Investitionsabzugsbetrag rückgängig gemacht wurde. Gem. § 7g Abs. 3 S. 4 EStG i. V. m. § 52 Abs. 1 EStG i. d. F. d. AmtshilfeRLUmsG ist § 233a Abs. 2a AO ab dem VZ 2013 nicht mehr anzuwenden.

Das BMF äußert sich in seinem Schreiben zur Anwendung von § 7g Abs. 3 S. 4 EStG sowie zu verfahrensrechtlichen Fragen bei Fällen mit und ohne vorgelagertem Feststellungsverfahren sowie zur Verzinsung von GewSt.

Literaturhinweise: *Bergan*, nwb 2014, S. 2996; *Lühn*, nwb 2014, S. 2752

---

[123] Siehe unter Kapitel B.1.1.8.
[124] X R 4/13; Vorinstanz: Niedersächsisches FG, Urteil v. 19.12.2012, 2 K 189/12, EFG 2013, S. 669.
[125] IV R 9/12, BStBl II 2014, S. 609.

Änderungen bei der Einkommensteuer

1.1.9 Steuerliche Anerkennung von Umzugskosten

> **BMF, Schreiben v. 6.10.2014, IV C 5 – S 2353/08/10007, BStBl I 2014, S. 1342**
>
> Das BMF weist auf die Änderung der maßgebenden Beträge für umzugsbedingte Unterrichtskosten und sonstige Umzugsauslagen hin.
>
> **Normen:** § 9 EStG; §§ 6 bis 10 BUKG

Im Einvernehmen mit den obersten Finanzbehörden der Länder gilt zur Anwendung der §§ 6 bis 10 des BUKG für Umzüge ab 1.3.2014 und ab 1.3.2015 jeweils Folgendes:

Der Höchstbetrag, der für die Anerkennung umzugsbedingter Unterrichtskosten für ein Kind nach § 9 Abs.2 BUKG maßgebend ist, beträgt bei Beendigung des Umzugs ab 1.3.2014 1.802 € sowie ab 1.3.2015 1.841 €.

Der Pauschbetrag für sonstige Umzugsauslagen nach § 10 Abs.1 BUKG beträgt für Verheiratete, Lebenspartner und Gleichgestellte i. S. d. § 10 Abs. 2 BUKG bei Beendigung des Umzugs ab 1.3.2014 1.429 € sowie ab 1.3.2015 1.460 € und für Ledige, die die Voraussetzung des § 10 Abs. 2 BUKG nicht erfüllen, ab 1.3.2014 715 € sowie ab 1.3.2015 730 €.

Der Pauschbetrag erhöht sich für jede in § 6 Abs. 3 S. 2 und 3 BUKG bezeichnete weitere Person mit Ausnahme des Ehegatten oder Lebenspartners zum 1.3.2014 um 315 € sowie zum 1.3.2015 um 322 €.

Das BMF-Schreiben v. 1.10.2012[126] ist auf Umzüge, die nach dem 28.2.2014 beendet werden, nicht mehr anzuwenden.

1.1.10 Steuerliche Förderung der privaten Altersvorsorge und betrieblichen Altersversorgung

> **BMF, Schreiben v. 13.1.2014, IV C 3 – S 2015/11/10002:018, BStBl I 2014, S. 97**
>
> Aufgrund der sich durch das Altersvorsorge-Verbesserungsgesetz ergebenden Neuerungen hat das BMF sein Schreiben vom 24.7.2013[127] zur steuerlichen Förderung der privaten Altersvorsorge und betrieblichen Altersversorgung geändert.
>
> **Normen:** §§ 3 Nr. 55, 10a, 22 Nr. 5, 93a EStG

Das BMF hat sein umfassendes Schreiben aus 2013 zur privaten Altersvorsorge und betrieblichen Altersversorgung überarbeitet und listet in seinem aktuellen Schreiben alle Änderungen nach den betroffenen Randziffern sortiert auf. Die Änderungen beziehen sich insb. auf die Neuerungen bei „Wohn-Riester". Die Aussagen zur betrieblichen Altersversorgung aus dem BMF-Schreiben vom 24.7.2013 blieben unverändert.

Das neue Schreiben ist bis auf einige Ausnahmen grds. mit Wirkung ab 1.1.2014 anzuwenden.

---

[126] IV C 5 – S 2353/08/10007, BStBl I 2012, S. 942.
[127] IV C 3 – S 2015/11/10002, BStBl I 2013, S. 1022.

Praxishinweis

Ebenfalls anlässlich der Neuerungen durch das Altersvorsorge-Verbesserungsgesetz wurde das BMF-Schreiben vom 19.8.2013[128] zur einkommensteuerrechtlichen Behandlung von Vorsorgeaufwendungen und Altersbezügen einer Aktualisierung unterzogen. Das neue Schreiben mit Hinweis auf alle geänderten Randziffern datiert vom 10.1.2014.[129]

Literaturhinweise: *Dr. Myßen/Fischer*, DB 2014, S. 617; *Spieker*, DB 2014, S. 683

1.1.11 Muster für Zuwendungsbestätigungen

> **BMF, Schreiben v. 26.3.2014, IV C 4 – S 2223/07/0018, BStBl I 2014, S. 791**
>
> **Das BMF äußert sich zu Übergangsfristen und der weiteren Verwendung der Muster für Zuwendungsbestätigungen.**
>
> **Norm:** § 10b EStG

Die im BStBl 2013 veröffentlichten Muster für Zuwendungsbestätigungen[130] sind grds. für Zuwendungen ab dem 1.1.2014 zu verwenden. Im Einvernehmen mit den obersten Finanzbehörden der Länder bestehen jedoch keine Bedenken, wenn bis zum 31.12.2014 noch die nach bisherigem Muster erstellten Zuwendungsbestätigungen[131] weiter verwendet werden.

Praxishinweis

Das BMF gibt ergänzend auch noch Erläuterungen zu den Haftungshinweisen.

Vgl. in dem Zusammenhang auch die Ausführungen des BMF in seinem Schreiben vom 25.11.2014[132] zur steuerlichen Anerkennung von Spenden durch den Verzicht auf einen zuvor vereinbarten Aufwendungsersatz (Aufwandsspende) bzw. einen sonstigen Anspruch (Rückspende).

1.1.12 Spenden an Stiftungen

> **BMF, Schreiben v. 15.9.2014, IV C 4 – S 2223/07/0006, BStBl I 2014, S. 1278**
>
> **Das BMF hat ein Anwendungsschreiben zu § 10b Abs. 1 EStG veröffentlicht.**
>
> **Norm:** § 10b Abs. 1a EStG

Das BMF definiert in seinem Schreiben den Begriff des zu erhaltenden Vermögens (Vermögensstock) und geht auf Besonderheiten in Bezug auf Verbrauchsstiftungen ein. Die Spenden in den Teil des Vermögens, der zu erhalten und nicht für den Verbrauch bestimmt ist, sind nach § 10b Abs. 1a EStG abziehbar. Spenden in den Teil des Vermögens, der verbraucht wer-

---

[128] IV C 3 – S 2221/12/10010:004, BStBl I 2013, S. 1087.
[129] IV C 3 – S 2221/12/10010:003, BStBl I 2014, S. 70.
[130] BMF, Schreiben v. 7.11.2013, IV C 4 – S 2223/07/0018:005, BStBl I 2013, S. 1333.
[131] BMF, Schreiben v. 30.8.2012, IV C 4 – S 2223/07/0018:005, BStBl I 2012, S. 884.
[132] V C 4 – S 2223/07/0010:005, BStBl I 2014, S. 1584.

den kann, sind dagegen nach § 10b Abs. 1 EStG abziehbar. Der Spender muss daher gegenüber der Stiftung deutlich machen, für welchen Teil des Vermögens seine Zuwendung erfolgt.

In dem Schreiben werden außerdem Einzelheiten bei Zuwendungen von Ehegatten/Lebenspartnern erläutert.

Praxishinweis

Das Schreiben ist ab dem VZ 2013 anzuwenden.

1.1.13 Steuerliche Maßnahmen zur Unterstützung der Opfer des Hochwassers auf dem Balkan

> **BMF, Schreiben v. 17.6.2014, IV C 4 – S 2223/07/0015, BStBl I 2014, S. 889**
>
> **Das BMF hat im Einvernehmen mit den obersten Finanzbehörden der Länder die zur Unterstützung der Opfer des Hochwassers auf dem Balkan getroffenen Verwaltungsregelungen zusammengefasst.**
>
> **Normen:** §§ 4 Abs. 4 und Abs. 5, 10b EStG

Das Schreiben gibt Hinweise

- zur steuerlichen Behandlung von Zuwendungen aus dem Betriebsvermögen (unterteilt in Zuwendungen an Geschäftspartner und sonstige Zuwendungen),
- zu den Auswirkungen bei der Lohnsteuer (unterteilt in Unterstützungen an Arbeitnehmer sowie Arbeitslohnspenden),
- zum vereinfachten Zuwendungsnachweis,
- zu Spendenaktionen von gemeinnützigen Körperschaften, sowie
- zu Umsatzsteuerfragen.

Praxishinweis

Die Verwaltungsregelungen gelten für Unterstützungsmaßnahmen, die vom 16.5. bis 31.12.2014 durchgeführt wurden.

1.1.14 Steuerrechtliche Anerkennung von Darlehensverträgen zwischen Angehörigen

> **BMF, Schreiben v. 29.4.2014, IV C 6 – S 2144/07/10004, BStBl I 2014, S. 809**
>
> Das BMF hat zur Anwendung des BFH-Urteils vom 22.10.2013 Stellung genommen.
>
> Normen: §§ 4 Abs. 4, 12 Nr. 1 und Nr. 2 EStG

Der BFH hat mit Urteil vom 22.10.2013[133] entschieden, dass bei Darlehensverhältnissen zwischen Angehörigen, die nicht nur dem Interesse des Schuldners an der Erlangung zusätzlicher Mittel außerhalb einer Bankfinanzierung dienen, sondern auch das Interesse des Gläubigers an einer gut verzinslichen Geldanlage berücksichtigen, als Maßstab für den Fremdvergleich nicht allein die Vertragsgestaltungen, die zwischen Darlehensnehmern und Kreditinstituten üblich sind, sondern ergänzend auch Vereinbarungen aus dem Bereich der Geldanlage heranzuziehen sein können.

Im Einvernehmen mit den obersten Finanzbehörden der Länder wird Rn. 4 S. 3 des BMF-Schreibens vom 23.12.2010[134] durch folgende Sätze ersetzt:

„Vergleichsmaßstab sind grds. die Vertragsgestaltungen, die zwischen Darlehensnehmern und Kreditinstituten üblich sind. Sofern Darlehensverträge zwischen Angehörigen neben dem Interesse des Schuldners an der Erlangung zusätzlicher Mittel außerhalb einer Bankfinanzierung auch dem Interesse des Gläubigers an einer gut verzinslichen Geldanlage dienen, sind ergänzend auch Vereinbarungen aus dem Bereich der Geldanlage zu berücksichtigen."

Die Änderung ist in allen offenen Fällen anzuwenden.

1.2 Änderungen bei den Einkunftsarten (§§ 13–23 EStG)

1.2.1 Bewertung von mit land- und forstwirtschaftlichem Grund und Boden im Zusammenhang stehenden Milchlieferrechten

> **BMF, Schreiben v. 5.11.2014, IV C 6 – S 2134/07/10002:002, BStBl I 2014, S. 1503**
>
> Das BMF hat zur Frage der Bewertung von mit land- und forstwirtschaftlichem Grund und Boden im Zusammenhang stehenden Milchlieferrechten Stellung genommen.
>
> Normen: §§ 13, 13a EStG

Erörtert werden in dem neuen Schreiben

- die Rechtsgrundlagen sowie Rechtsentwicklung,
- die ertragsteuerliche Behandlung von Milchlieferrechten,
- die Abspaltung des Milchlieferrechts vom Grund und Boden,

---

[133] X R 26/11, BStBl II 2014, S. 374; vgl. unter Kapitel C.1.1.21.
[134] IV C 6 – S 2144/07/10004, BStBl I 2011, S. 37.

- die Bilanzberichtigung bei Gewinnermittlung nach § 4 Abs. 1 EStG und Auswirkungen bei Gewinnermittlung nach § 4 Abs. 3 und § 13a EStG sowie beim Wechsel der Gewinnermittlungsart,
- die Ermittlung der (Buch-)Werte der einzelnen Wirtschaftsgüter,
- Sonderregelungen, sowie
- die Besonderheiten in den neuen Ländern.

Das Schreiben ersetzt das BMF-Schreiben vom 14.1.2003.[135] Die Grundsätze sind in allen noch offenen Fällen anzuwenden.

Praxishinweis

Vgl. hierzu auch eine Entscheidung des BFH vom 28.11.2013[136] zum Abzug vom Grund und Boden abgespaltener Anschaffungskosten eines Milchlieferrechts im Rahmen der Einnahmen-Überschussrechnung.

1.2.2 Zur gewerblichen Prägung einer „GmbH & Co. GbR" bei Haftungsausschluss

> **BMF, Schreiben v. 17.3.2014, IV C 6 – S 2241/07/10004, BStBl I 2014, S. 555**
>
> **Die gewerbliche Prägung bei einer GbR kann nicht länger durch einen individualvertraglichen Haftungsausschluss herbeigeführt werden. Bisher hatte die Finanzverwaltung diesbezüglich die gegenteilige Auffassung vertreten.**
>
> **Norm:** § 15 Abs. 3 Nr. 2 EStG

Bei einer GbR liegt keine gewerbliche Prägung i. S. d. § 15 Abs. 3 Nr. 2 EStG vor, wenn lediglich die GmbH persönlich haftende Gesellschafterin ist und die Haftung der übrigen Gesellschafter durch individualvertragliche Vereinbarungen ausgeschlossen ist (sog. „GmbH & Co. GbR").

Bei der Auslegung dieser Vorschrift ist der abstrakte gesellschaftsrechtliche Typus entscheidend, weil das Tatbestandsmerkmal „persönlich haftender Gesellschafter" i. S. d. § 15 Abs. 3 Nr. 2 EStG typisierend an die gesellschaftsrechtliche Stellung des Gesellschafters anknüpft. Nach dem gesetzlichen Leitbild kann bei einer GbR die persönliche Haftung der Gesellschafter gesellschaftsrechtlich aber nicht generell ausgeschlossen werden. Ein Haftungsausschluss kann zivilrechtlich vielmehr nur individuell beim einzelnen Vertragsabschluss mit der Zustimmung des jeweiligen Vertragspartners vereinbart werden und wirkt jeweils auch nur für den betreffenden Vertragsabschluss. Die Rechtsstellung als persönlich haftender Gesellschafter wird hiervon nicht berührt.

Ein individualvertraglicher Haftungsausschluss ist deshalb für die ertragsteuerliche Beurteilung ohne Bedeutung. Hieraus folgt, dass bei einer GbR die gewerbliche Prägung nicht durch einen individualvertraglich vereinbarten Haftungsausschluss herbeigeführt werden kann. An der bisherigen Verwaltungsauffassung, dass bei einer GbR die gewerbliche Prägung durch ei-

---
[135] IV A 6 – S 2134 – 52/02, BStBl I 2003, S. 78.
[136] IV R 58/10, BStBl II 2014, S. 966.

nen individualvertraglich vereinbarten Haftungsausschluss herbeigeführt werden kann, wird nicht mehr festgehalten.

Soweit bisher in entsprechenden Fällen aufgrund eines individualvertraglich vereinbarten Haftungsausschlusses eine gewerblich geprägte Personengesellschaft angenommen wurde, kann auf gesonderten schriftlichen Antrag der Gesellschaft das Vermögen der Personengesellschaft auch weiterhin als Betriebsvermögen behandelt werden. Der Antrag war bis zum 31.12.2014 bei dem für die Besteuerung der Personengesellschaft zuständigen FA zu stellen.

Eine nach Veröffentlichung des BMF-Schreibens und vor dem 31.12.2014 abgegebene Erklärung zur gesonderten und einheitlichen Feststellung der Einkünfte, in der die Einkünfte wie bisher als gewerbliche Einkünfte erklärt werden, reicht allein für einen wirksamen Antrag nicht aus. Der Antrag ist unwiderruflich und hat zur Folge, dass das Vermögen der betreffenden Personengesellschaft in jeder Hinsicht als Betriebsvermögen behandelt wird, d. h. es sind auch Gewinne oder Verluste aus einer späteren Betriebsveräußerung oder Betriebsaufgabe gem. § 16 EStG steuerlich zu erfassen. Voraussetzung hierfür ist, dass die betreffende GbR bis zum 31.12.2014 in eine gewerblich geprägte GmbH & Co KG umgewandelt wurde. Maßgebend ist der Zeitpunkt, in dem der Antrag auf Eintragung der GmbH & Co KG in das Handelsregister gestellt wurde.

Praxishinweis

Genau zu dieser Problematik ist beim BFH noch ein Verfahren anhängig. Es wird unter dem Az. IV R 35/13 geführt.[137]

Vgl. hierzu auch die Kurzinfo ESt Nr. 18/2014 v. 5.5.2014 der OFD NRW.[138]

1.2.3 Schuldzinsen für darlehensfinanzierte sofort abziehbare Erhaltungsaufwendungen nach Veräußerung des Mietobjekts als nachträgliche Werbungskosten

> **BMF, Schreiben v. 15.1.2014, IV C 1 – S 2211/11/10001, BStBl I 2014, S. 108**
>
> Das BMF hat zur Behandlung von Schuldzinsen für darlehensfinanzierte sofort abziehbare Aufwendungen nach Veräußerung des Mietobjekts als nachträgliche Werbungskosten bei den Einkünften aus Vermietung und Verpachtung Stellung genommen
>
> **Normen:** §§ 9 Abs. 1 S. 1 und S. 3 Nr. 1 S. 1, 21 Abs. 1 S. 1 Nr. 1 EStG

Der BFH hatte mit Urteil vom 12.10.2005[139] entschieden, dass Zinsen für ein Darlehen, mit dem sofort abziehbare Werbungskosten (Erhaltungsaufwendungen) finanziert worden sind, als nachträgliche Werbungskosten bei den Einkünften aus Vermietung und Verpachtung abziehbar sind. Es kam danach nicht darauf an, ob ein etwaiger Veräußerungserlös zur Schuldentilgung ausgereicht hätte.

---

[137] Vorinstanz: Hessisches FG, Urteil v. 3.7.2013, 8 K 2647/06, EFG 2013, S. 1912.
[138] DB 2014, S. 1108.
[139] IX R 28/04, BStBl II 2006, S. 407.

Einer unveränderten Anwendung dieses Urteils stehen die BFH-Urteile vom 20.6.2012[140] und vom 28.3.2007[141] und der Grundsatz der steuerlichen Gleichbehandlung von nachträglichen Schuldzinsen bei Gewinn- und Überschusseinkunftsarten entgegen.

Im Einvernehmen mit den obersten Finanzbehörden der Länder ist daher Voraussetzung für den nachträglichen Werbungskostenabzug für Schuldzinsen bei darlehensfinanzierten Erhaltungsaufwendungen bei den Einkünften aus Vermietung und Verpachtung, dass nach Veräußerung des Mietobjekts der Veräußerungserlös nicht ausreicht, um die Darlehensverbindlichkeit zu tilgen.

Der durch die tatsächliche Verwendung des Darlehens zur Finanzierung sofort abziehbarer Werbungskosten geschaffene Zusammenhang mit der Einkunftsart Vermietung und Verpachtung bleibt zwar grds. nach Beendigung der Vermietungstätigkeit bestehen, wird der Veräußerungserlös aber nicht zur Tilgung dieses Darlehens verwendet, kann eine daneben bestehende bzw. neu entstehende relevante private Motivation für die Beibehaltung des Darlehens den ursprünglich gesetzten wirtschaftlichen Veranlassungszusammenhang überlagern und damit durchbrechen.

Bestehen im Zusammenhang mit dem veräußerten Mietobjekt mehrere Darlehensverbindlichkeiten, ist für die steuerliche Anerkennung der Verwendung des Veräußerungserlöses zur Tilgung der Verbindlichkeiten – entsprechend der Beurteilung durch einen ordentlichen und gewissenhaften Geschäftsmann – entscheidend, dass die Darlehen nach Maßgabe der konkreten Vertragssituationen marktüblich und wirtschaftlich unter Berücksichtigung der Zinskonditionen abgelöst werden.

Diese Rechtsgrundsätze sind erstmals anzuwenden auf entsprechende Schuldzinszahlungen, wenn das obligatorische Veräußerungsgeschäft des Mietobjekts nach dem 31.12.2013 rechtswirksam abgeschlossen ist. Wurde das obligatorische Veräußerungsgeschäft des Mietobjekts vor dem 1.1.2014 rechtswirksam abgeschlossen, bleibt das BMF-Schreiben vom 3.5.2006[142] weiter auf entsprechende Schuldzinszahlungen anwendbar.

Praxishinweis

In dem Zusammenhang ist auf die nach dem BMF-Schreiben ergangene neue BFH-Rechtsprechung hinzuweisen. Vgl. hierzu die Ausführungen zu Kapitel C.1.2.10 und Kapitel C.1.2.11.

Literaturhinweis: *Hilbertz*, nwb 2014, S. 328 und S. 1934

---

[140] IX R 67/10, BStBl II 2013, S. 275.
[141] X R 15/04, BStBl II 2007, S. 642.
[142] IV C 3 – S 2211 – 11/06, BStBl I 2006, S. 363.

1.2.4 Einkunftserzielung bei Vermietung und Verpachtung

> **BayLfSt, Leitfaden v. 1.9.2014, nwb DokID: ZAAAE-71933**
>
> Das bayerische Landesamt für Finanzen hat einen umfangreichen Leitfaden zur Einkünfteerzielung bei Vermietung und Verpachtung veröffentlicht. Er dürfte auch für andere Bundesländer Gültigkeit haben.
>
> **Norm:** § 21 EStG

Der Leitfaden gibt Auskünfte zu allen Fragen rund um das Thema Vermietung und Verpachtung und ist für alle Sachverhalte ab dem VZ 2012 anzuwenden. Die Ausführungen sind mit diversen Beispielen versehen. Zudem gibt es in einer Anlage eine Übersicht über alle in dem Zusammenhang relevanten BFH-Urteile und Verwaltungsanweisungen.

1.3 Sonstige Schreiben und Verfügungen

1.3.1 Anwendungsschreiben zu § 35a EStG

> **BMF, Schreiben v. 10.1.2014, IV C 4 – S 2296-b/07/0003, BStBl I 2014, S. 75**
>
> Das BMF hat sein bisheriges Anwendungsschreiben[143] zur Steuerermäßigung bei Aufwendungen für haushaltsnahe Beschäftigungsverhältnisse oder Dienstleistungen sowie für die Inanspruchnahme von Handwerkerleistungen komplett überarbeitet.
>
> **Norm:** § 35a EStG

Nach fast 4 Jahren hat die Finanzverwaltung ihr Anwendungsschreiben zu § 35a EStG aktualisiert und neu bekanntgegeben. Die Überarbeitung erfolgte aufgrund der zwischenzeitlich ergangenen BFH-Rspr. sowie der in der Praxis aufgetretenen Auslegungs- und Zweifelsfragen.

Das Schreiben untergliedert sich in folgende wesentliche Abschnitte:

- Haushaltsnahe Beschäftigungsverhältnisse oder Dienstleistungen
- Inanspruchnahme von Handwerkerleistungen
- Anspruchsberechtigte
- Begünstigte Aufwendungen
- Haushaltsbezogene Inanspruchnahme der Höchstbeträge
- Mehrfache Inanspruchnahme der Steuerermäßigungen
- Anrechnungsüberhang
- Anwendungsregelung.

---

[143] BMF, Schreiben v. 15.2.2010, IV C 4 – S 2296-b/07/0003, BStBl I 2010, S. 140.

Die umfangreichen Ausführungen werden erneut mit einer Vielzahl von Beispielen ergänzt. Zudem gibt es wiederum eine ausführliche Anlage mit beispielhafter und alphabetischer Aufzählung begünstigter und nicht begünstigter haushaltsnaher Dienstleistungen und Handwerkerleistungen.

Praxishinweis

Die OFD NRW weist ergänzend dazu in ihrer Kurzinfo ESt 10/2014 vom 17.3.2014[144] auf ausgewählte Klarstellungen und Änderungen hin. Zudem wird klargestellt, dass der Einzug von Forderungen der Handwerksbetriebe durch Inkassobüros oder Factoring-Unternehmen der Gewährung der Steuerermäßigung nicht entgegensteht.

Rund 2 Monate nach Bekanntgabe des aktualisierten BMF-Anwendungsschreibens hat der VI. Senat des BFH in 2 Streitfällen entschieden, dass auch die Inanspruchnahme von Dienst- und Handwerkerleistungen, die jenseits der Grundstücksgrenze auf fremdem, z. B. öffentlichem Grund geleistet oder erbracht werden, als haushaltsnahe Dienst- oder Handwerkerleistung nach § 35a EStG begünstigt sein können[145]. Das sah das BMF bislang anders. Vgl. hierzu auch Kapitel C.1.3.10.

Bei demselben Senat ist noch eine Revision anhängig,[146] bei der es um die Frage geht, ob die Steuerermäßigung gem. § 35a Abs. 2 S. 2 Alt. 2 EStG („Unterbringung in einem Heim") auch für Wohnformen (im Streitfall: Betreutes Wohnen) zu gewähren ist, die keine von den Heimgesetzen erfasste Einrichtungen sind.

Literaturhinweise: *Nolte*, nwb 2014, S. 508; *Plenker*, DB 7/2014, kurz kommentiert M9

1.3.2 Betriebsausgaben- und Werbungskostenabzug beim Steuerabzug nach § 50a EStG

BMF, Schreiben v. 17.6.2014, IV C 3 – S 2303/10/10002, BStBl I 2014, S. 887

Das BMF erläutert die Konsequenzen, die die Finanzverwaltung aus der jüngeren BFH-Rechtsprechung zum Betriebsausgaben- und Werbungskostenabzug beim Steuerabzug nach § 50a EStG a. F. zieht.

Normen: § 50a Abs. 4 S. 1 Nr. 3 EStG 1990/1997; § 50a Abs. 1 Nr. 3 EStG

Der BFH hat mit seinen Urteilen vom 27.7.2011[147] und 25.4.2012[148] zur Frage der Berücksichtigung von Betriebsausgaben und Werbungskosten beim Steuerabzug nach § 50a Abs. 4 S. 1 Nr. 3 EStG 1990/1997 (a. F.) Stellung genommen. Danach ist § 50a Abs. 4 EStG a. F. wegen Unionsrecht in normerhaltender Weise zu reduzieren, soweit er ohne Einschränkung ausschließt, dass ein beschränkt Steuerpflichtiger Ausgaben, welche unmittelbar mit der betreffenden wirtschaftlichen Tätigkeit zusammenhängen, aus der die zu versteuernden Einkünfte erzielt worden sind, bereits im Rahmen des Abzugsverfahrens nach § 50a EStG berücksichtigen kann.

---
[144] DB 2014, S. 745.
[145] BFH, Urteil v. 20.3.2014, VI R 55/12, BStBl II 2014, S. 880; BFH, Urteil v. 20.3.2014, VI R 56/12, BStBl II 2014, S. 882.
[146] VI R 18/14, Vorinstanz: FG Nürnberg, Urteil v. 13.2.2014, 6 K 1026/13, EFG 2014, S. 1312.
[147] I R 32/10, BStBl II 2014, S. 513.
[148] I R 76/10, BFH/NV 2012, S. 1444.

Das BMF-Schreiben führt nunmehr aus, wie die beiden Entscheidungen im Einzelnen anzuwenden sind, und dass die darin erläuterten Grundsätze in allen noch offenen Fällen von Steueranmeldungen gem. § 73e EStDV und Haftungsbescheiden/Nachforderungsbescheiden nach § 50a Abs. 5 EStG anzuwenden sind.

Praxishinweis

Die angesprochenen Urteile des BFH betrafen ausschließlich Fälle vor Inkrafttreten des JStG 2009. Die Grundsätze dieser Urteile sind indessen auch auf Fälle des Steuerabzuges gem. § 50a Abs. 1 Nr. 3 EStG nach der Neuregelung durch das JStG 2009 zu übertragen. § 50a Abs. 3 S. 1 EStG ist i. S. einer unionsrechtskonformen Auslegung über den Wortlaut der Vorschrift hinaus auch auf Sachverhalte der Rechteüberlassung (Fälle des § 50a Abs. 1 Nr. 3 EStG) anzuwenden.

1.3.3 Kirchensteuer auf Abgeltungsteuer

> **BZSt-Portal, www.bzst.de, hier unter: Kirchensteuer auf Abgeltungsteuer**
>
> **Auf der Internetseite des BZSt finden sich zu diesem Themenbereich Informationen für Bürger und Abzugsverpflichtete, ein Fragen- und Antwortkatalog sowie diverse Formulare und Links.**
>
> **Normen:** §§ 51a, 52a EStG

Infolge der gesetzlichen Änderung der §§ 51a und 52a EStG müssen ab dem 1.1.2015 neben Banken und Kreditinstituten u. a. auch alle Kapitalgesellschaften im Zuge einer Ausschüttung die Kirchensteuerpflicht der Empfänger der Kapitalerträge ermitteln und die KiSt auf die Abgeltungsteuer automatisch einbehalten und an die steuererhebenden Religionsgemeinschaften abführen.

Das BZSt hat in einem ausführlichen Katalog Antworten auf vielfach aufgeworfene Einzelfragen zur Registrierung im BZStOnline-Portal, Ausnahmeregelungen, Sperrvermerk, Anlassabfrage und Verfahrenszulassung veröffentlicht.

Der Zeitraum für die KiStAM-Regelabfrage (jeweils vom 1.9. bis 31.10.) wurde für das Einführungsjahr 2015 bis 30.11. verlängert.

Vgl. hierzu auch

- die Kurzinfo ESt 6/2014 der OFD NRW v. 14.2.2014[149]

- die PM des DStV v. 17.7.2014

- die Online-Mitteilungen des DStV v. 16.10.2014 und 4.12.2014.

> **Literaturhinweise:** *Spieker*, DB 2014, S. 1892; *Schmidt*, nwb 2014, S. 922 und S. 2112; *Dönmez/Fischer*, nwb 2014, S. 3423; *Ronig*, Erben und Vermögen 2014, S. 413

---

[149] DB 2014, S. 627.

1.3.4 Kindergeld – Familienlastenausgleich

> **BZSt, Schreiben v. 14.3.2014, St II 2 – S 2280-BA/14/00001 und 00002**
>
> **Die Fachaufsicht über den Familienleistungsausgleich hat die Kindergeld-Merkblätter für 2014 herausgegeben.**
>
> **Normen:** § 62 ff. EStG

Das aktualisierte, ausführliche Merkblatt sowie auch eine Kurzversion geben Antworten auf diverse Fragen rund um das Kindergeldrecht. Sie sind beide im Internet unter www.familienkasse.de oder www.bzst.de abrufbar.

Praxishinweis

Vgl. hierzu auch

- die Änderung der Dienstanweisung zur Durchführung von Steuerstraf- und Ordnungswidrigkeitsverfahren im Zusammenhang mit dem steuerlichen Familienlastenausgleich v. 18.12.2013[150]
- die Neufassung der Dienstanweisung zur Durchführung von Rechtbehelfsverfahren im Zusammenhang mit dem Familienlastenausgleich v. 18.12.2013[151]
- das BMF-Schreiben v. 17.1.2014[152] zur Auslegung der gesetzlichen Neuregelung zum Ehegattensplitting für Lebenspartnerschaften
- das BZSt-Schreiben v. 5.3.2014[153] zur Berücksichtigung von verheirateten Kindern und Kindern mit eigenen Kindern ab 2012[154]
- das BZSt-Schreiben v. 21.3.2014[155] mit einer Auflistung im Ausland vergleichbarer Leistungen i. S. d. § 65 Abs.1 S. 1 Nr. 2 EStG
- den Erlass der Dienstanweisung zum Kindergeld nach dem EStG v. 1.7.2014.[156]

> **Literaturhinweise:** *Bering/Dr. Friedenberger*, nwb 2014, S. 3532; *Dr. Müller*, nwb 2014, S. 3902

---

[150] Erst in 2014 veröffentlicht; St II 2 – S 0700-PB/13/00001, BStBl I 2014, S. 53.
[151] Erst in 2014 veröffentlicht; St II 2 – S 0600-DA/13/00001, BStBl I 2014, S. 25.
[152] IV C 4 – S 2282-a/0, BStBl I 2014, S. 109.
[153] St II 2 – S 2280-PB/14/00004, BStBl I 2014, S. 553.
[154] Vgl. hierzu auch Kapitel C.1.3.11.
[155] St II 2 – S 2473 – PB/14/00001, BStBl I 2014, S. 768.
[156] St II 2 – S 2280 – DA/14/00004, BStBl I 2014, S. 918.

1.3.5 Investmentvermögen – Karenzfrist bei verspäteter Veröffentlichung der Besteuerungsgrundlagen

> **BMF, Schreiben v. 17.12.2013,**[157] **IV C 1 – S 1980-1/08/10007, BStBl I 2014, S. 60**
>
> Das BMF ersetzt sein Schreiben vom 4.12.2007[158] und äußert sich erneut zu Billigkeitsmaßnahmen bei nach Ablauf der Veröffentlichungsfrist erfolgten Bekanntmachungen im Bundesanzeiger.
>
> **Norm:** § 5 Abs. 1 S. 1 Nr. 3 InvStG

Die Besteuerung der Erträge aus Investmentanteilen gem. §§ 2 und 4 InvStG setzt u. a. voraus, dass die Investmentgesellschaft die in § 5 Abs. 1 S. 1 Nr. 1 und 2 InvStG genannten Besteuerungsgrundlagen spätestens 4 Monate nach Ablauf des Geschäftsjahres oder – soweit innerhalb dieses Zeitraums ein Ausschüttungsbeschluss für das abgelaufene Geschäftsjahr gefasst wird – spätestens 4 Monate nach dem Tag des Beschluss-Beschlusses über die Ausschüttung im Bundesanzeiger veröffentlicht. Diese Frist ist eine nicht verlängerbare gesetzliche Ausschlussfrist. Es wird die pauschale Besteuerung der Investmenterträge auf Ebene des Investmentanlegers gem. § 6 InvStG ausgelöst, wenn die Bekanntmachung der Besteuerungsgrundlagen nicht spätestens bis zum Ablauf des o. g. Zeitraums erfolgt ist.

Die Anwendung der Pauschalbesteuerung gem. § 6 InvStG hat zur Folge, dass anstelle der Erträge i. S. d. § 5 Abs. 1 InvStG neben den tatsächlichen Ausschüttungen auf Investmentanteile der Zwischengewinn sowie ein – an der Wertentwicklung des Fondsvermögens orientierter – Mehrbetrag oder ein höherer Mindestwert angesetzt werden.

Im Einvernehmen mit den obersten Finanzbehörden der Länder gilt in Fällen verspäteter Veröffentlichungen Folgendes: Zur Vermeidung der Anwendung der Pauschalbesteuerung kann das für das jeweilige Publikumsinvestmentvermögen zuständige FA oder bei ausländischen Investmentvermögen das BZSt im Rahmen einer Billigkeitsentscheidung eine Veröffentlichung im Bundesanzeiger noch als fristgemäß ansehen, wenn eine nur kurzfristige Überschreitung der Frist des § 5 Abs. 1 S. 1 Nr. 3 InvStG vorliegt. Die Überschreitung ist i. d. R. als kurzfristig anzusehen, wenn sie nicht mehr als 10 Kalendertage umfasst.

Praxishinweis

Das neue BMF-Schreiben ist in allen offenen Fällen ab dem Zeitpunkt der Veröffentlichung im BStBl anzuwenden.

Die bisher als weitere Voraussetzung vorgesehene Zahlung i. H. v. 25.000 € je Sondervermögen ist in dem neuen Schreiben nicht mehr enthalten.

---

[157] Erst in 2014 veröffentlicht.
[158] IV B 8 – S 1980-1/0, DStR 2007, S. 256.

1.4 Einkommensteuerrichtlinien

Anpassungen an die bisherige Richtlinienfassung 2008, die wegen zwischenzeitlich erfolgter Änderungen im EStG notwendig geworden sind, erfolgten zuletzt durch die EStÄR 2012.[159] Sie beinhalten darüber hinaus Klarstellungen und Gesetzesauslegungen durch die Finanzverwaltung sowie entsprechende Berücksichtigung aktueller BFH-Entscheidungen.

Die EStÄR 2012 sind grds. erstmals für den VZ 2012 anzuwenden. Soweit sie lediglich eine Erläuterung der bestehenden Rechtslage darstellen, sind sie auch für frühere Zeiträume anzuwenden. Anordnungen, die mit den neuen Richtlinien im Widerspruch stehen, sind nicht mehr anzuwenden. Die Anordnungen, die in den Vorschriften über den Steuerabzug vom Arbeitslohn und in den dazu ergangenen LStR über die Ermittlung der Einkünfte aus nichtselbstständiger Arbeit enthalten sind, gelten entsprechend auch für die Veranlagung zur Einkommensteuer.

---

[159] BStBl I 2013, S. 276.

2 Änderungen bei der Körperschaftsteuer

2.1 Steuerrechtliche Behandlung des Erwerb eigener Anteile

> **BMF, Schreiben v. 27.11.2013, IV C 2 – S 2742/07/10009, BStBl I 2014, S. 1615**
>
> Das BMF nimmt umfassend Stellung zur steuerrechtlichen Behandlung des Erwerbs und der Veräußerung eigener Anteile: Auf Ebene der Gesellschaft stellen sich solche Maßnahmen als ergebnisneutrale Kapitalmaßnahme dar; auf Ebene des Gesellschafters liegt weiterhin ein Anschaffungs- bzw. Veräußerungsvorgang vor.
>
> Normen: § 272 Abs. 1a und Abs. 1b HGB; §§ 27, 28 KStG

Vor der Geltung des BilMoG wurden der Erwerb und die Veräußerung eigener Anteile bei der Gesellschaft wie auch auf Gesellschafterebene handels- wie auch steuerrechtlich als Anschaffungs- bzw. Veräußerungsgeschäft angesehen. Durch das BilMoG wurden diese Regelungen an die IFRS angepasst. Somit werden nun Erwerb und Veräußerung eigener Anteile unabhängig von der Rechtsform der Gesellschaft und vom Zweck des Rechtsgeschäfts auf Gesellschaftsebene als Kapitalmaßnahme begriffen. Damit differiert der Ansatz auf Gesellschafts- und auf Gesellschafterebene.

Die handelsrechtliche Grundlage der Betrachtung findet sich in § 272 Abs. 1a und 1b HGB. Somit handelt es sich beim Erwerb eigener Anteile wirtschaftlich betrachtet um eine Kapitalherabsetzung, bei der Veräußerung um eine Kapitalerhöhung. Im Fall der Einziehung liegt ein bilanz- und ergebnisneutraler Vorgang vor. Diese Regelungen sind erstmals auf Jahresabschlüsse für nach dem 31.12.2009 beginnende Geschäftsjahre anzuwenden.

Dieser Betrachtungsweise folgt künftig im Anschluss an die herrschende Literaturmeinung auch das Steuerrecht. Dies bedeutet, dass beim Erwerb eigener Anteile in Höhe des Nennbetrags § 28 Abs. 2 KStG entsprechend anzuwenden ist. Ein bestehender Sonderausweis ist allerdings nicht zu vermindern. Der über die Rückzahlung des Nennkapitals hinausgehende Betrag stellt eine Leistung der Gesellschaft an den veräußernden Anteilseigner dar, die insoweit zu einer Minderung des steuerlichen Einlagekontos führt, als sie den ausschüttbaren Gewinn übersteigt, § 27 Abs. 2 S. 1 KStG. Liegt der Kaufpreis unterhalb des Nennbetrags vermindert sich in Höhe des Differenzbetrags ein bestehender Sonderausweis. Wird dieser Sonderausweis überstiegen, erhöht sich insoweit der Bestand des steuerlichen Einlagekontos.

Da der Vorgang auf Ebene des Gesellschafters eine Veräußerung darstellt, ist auch auf den Teil der Leistung, der das steuerliche Einlagekonto nicht mindert, keine Kapitalertragsteuer einzubehalten und abzuführen.

Bei Zahlung eines überhöhten Kaufpreises kann eine vGA vorliegen, die nach den allgemeinen Grundsätzen zu behandeln ist.

Die Weiterveräußerung von Anteilen ist nicht wie ein Veräußerungsvorgang, sondern wie eine Erhöhung des Nennkapitals zu behandeln. In Höhe des Nennbetrags ergeben sich daher keine Auswirkungen auf den Bestand des steuerlichen Einlagekontos oder eines bestehenden Sonderausweises. Erst ein den Nennbetrag übersteigender Betrag erhöht das steuerliche Einlagekonto. Für Zahlungen über bzw. unterhalb des Nennbetrags gelten die Ausführungen zum Erwerb eigener Anteile analog.

Diese Regelungen gelten auch für Anteile an EU-/EWR-Kapitalgesellschaften.

Auf der Ebene des Anteilseigners stellen derartige Vorgänge wie bisher Anschaffungs- bzw. Veräußerungsgeschäfte dar, die nach den allgemeinen Grundsätzen zu besteuern sind.

Die Grundsätze dieses Schreiben sind für alle offenen Fälle anwendbar, soweit sie Geschäftsjahre betreffen, für die die Neuregelungen des § 272 Abs. 1a und 1b HGB gelten.

Praxishinweis

Das BMF-Schreiben beendet die Unklarheiten, die durch die Aufhebung des BMF-Schreibens v. 2.12.1998[160] entstanden waren. Zu beachten ist, dass die handelsrechtliche und die steuerrechtliche Behandlung derartiger Rechtsgeschäfte nun unterschiedlich zu handhaben sind.

Literaturhinweis: *Blumberg/Lechner*, DB 2014, S. 141

2.2 Steuerliche Anerkennung inkongruenter Gewinnausschüttungen

> **BMF, Schreiben v. 17.12.2013, IV C 2 – S 2750-a/11/10001, BStBl I 2014, S. 63**
>
> **Ein für den Erwerb eines GmbH-Anteils im Rahmen einer Kapitalerhöhung gezahltes Aufgeld (Agio) ist ausschließlich dem neu erworbenen Anteil als Anschaffungskosten zuzuordnen; es handelt sich nicht (auch) um nachträgliche Anschaffungskosten auf die bereits vorher bestehende Beteiligung.**
>
> **Normen:** § 29 Abs. 3 S. 2 GmbHG; § 60 AktG; § 42 AO

Mittlerweile[161] sind die von den Beteiligungsverhältnissen abweichende inkongruente Gewinnausschüttungen und inkongruente Wiedereinlagen steuerrechtlich anzuerkennen. Es liegt selbst nach st. Rspr. dann kein Gestaltungsmissbrauch vor, wenn andere als steuerliche Gründe für solche Maßnahmen nicht erkennbar sind.

Voraussetzung hierfür ist allerdings, dass diese vom Anteil am Grund- bzw. Stammkapital abweichende Gewinnverteilung zivilrechtlich wirksam bestimmt ist. Bei Gesellschaften mit beschränkter Haftung bedeutet dies die Festlegung im Gesellschaftsvertrag, für eine nachträgliche Satzungsänderung ist die Zustimmung aller beteiligten Gesellschafter notwendig. Gleiches gilt für Aktiengesellschaften. Bei nachträglicher Satzungsänderung bedarf es der Zustimmung der benachteiligten Aktionäre. Lediglich eine Öffnungsklausel in der Satzung ist nicht ausreichend.

Dennoch sind die Grundsätze des § 42 AO zu beachten. Von einem Missbrauch ist nicht auszugehen, wenn für die inkongruente Verteilung beachtliche wirtschaftlich vernünftige, außersteuerliche Gründe nachgewiesen werden. Ein Indiz für eine unangemessene Gestaltung kann es sein, wenn die Gewinnverteilungsabrede nur kurzzeitig gilt oder wiederholt geändert wird.

---

[160] IV C 6 – S 2741 – 12/98, BStBl I 1998, S. 1509.
[161] Seit BFH, Urteil v. 19.8.1999, I R 77/96, BStBl II 2001, S. 43.

Praxishinweis

→ Die Grundsätze zur verdeckten Gewinnausschüttung und Einlage bleiben hiervon unberührt.

Literaturhinweis: *Görden*, GmbH-StB 2014, S. 44

2.3 Folgen der Löschung einer britischen Limited aus dem Handelsregister

> **BMF, Schreiben v. 6.1.2014, IV C 2 – S 2701/10/10002, DStR 2014, S. 145**
>
> Das BMF äußert sich zu den steuerlichen Folgen der Löschung einer britischen Limited aus dem britischen Handelsregister.
>
> **Normen:** §§ 1; 8 Abs. 3 S. 2; 11 KStG

Sofern eine britische Limited aus dem britischen Handelsregister gelöscht wird, entfaltet dies konstitutive Wirkung. Ihre rechtliche Existenz endet, ihr in Großbritannien befindliches Vermögen fällt an die britische Krone. Das weitere Bestehen einer deutschen Zweigniederlassung ist hierfür ohne Bedeutung. Hat die Limited allerdings noch inländisches Vermögen, besteht sie als sog. Restgesellschaft bis zur Beendigung der Liquidation fort.

Die Vertretung dieser Restgesellschaft richtet sich nach wie vor nach britischem Recht, d. h. die bisherigen Vertretungsorgane vertreten nun die Restgesellschaft, jedenfalls solange, bis ein Nachtragsliquidator oder anderer Vertreter bestellt ist.

Bei einer sog. „restoration" wird die Gesellschaft so behandelt, als sei die Auflösung und Löschung der Gesellschaft nie erfolgt. Anders verhält es sich bei einer regelrechten Neugründung; diese führt nicht dazu, dass die gelöschte Limited wieder auflebt.

Auch die gelöschte Limited ist im Inland unbeschränkt steuerpflichtig (als Restgesellschaft). Diese unterhält kraft Rechtsform einen Gewerbebetrieb und ist Unternehmerin i. S. d. UStG. Während der Abwicklung gelten für die Besteuerung § 11 KStG und § 16 GewStG. Setzt die gelöschte Limited allerdings ihren werbenden Zweck fort, begründet sie einen neuen Unternehmenszweck. Diese Tätigkeit wird nach den allgemeinen Grundsätzen als Einzelunternehmer oder Personengesellschaft besteuert.

Praxishinweis

→ Sofern eine Limited nur in Deutschland tätig ist, bietet diese Gesellschaftsform keine Vorteile gegenüber einer GmbH. Um diese Limited wieder nach Deutschland „zurückzuführen", könnte diese mit einer bereits bestehenden deutschen GmbH nach §§ 122a ff. UmwG verschmolzen werden.

Literaturhinweis: *Trossen*, GmbH-StB 2014, S. 77

2.4 Zufluss von Gehaltsbestandteilen bei einem Gesellschafter-Geschäftsführer

> **BMF, Schreiben v. 12.5.2014, IV C 2 – S 2743/12/10001, BStBl I 2014, S. 860**
>
> Das BMF setzt drei Urteile des BFH[162] zur lohnsteuerlichen Behandlung bestimmter Gehaltsbestandteile von Gesellschafter-Geschäftsführern von Kapitalgesellschaften um, welche im Anstellungsvertrag vereinbart, tatsächlich aber nicht ausgezahlt worden waren.
>
> **Norm:** § 8 Abs. 3 S. 2 KStG

Festzuhalten ist, dass die Gehaltsbestandteile der Gesellschafter-Geschäftsführer im Anstellungsvertrag vereinbart, tatsächlich aber nicht ausbezahlt worden waren.

Eine eindeutige und unbestrittene Forderung fließt dem Gesellschafter bereits mit deren Fälligkeit zu. Für diese sog. Zuflussfiktion ist es unerheblich, ob sich der Vorgang in der Bilanz der Gesellschaft bereits ausgewirkt hat.

Für den Zufluss beim Gesellschafter-Geschäftsführer durch eine verdeckte Einlage in die Kapitalgesellschaft kommt es darauf an, ob dieser vor oder nach Entstehen seines Anspruchs darauf verzichtet hat. Maßgeblich dafür ist, inwieweit der Passivposten in eine Bilanz der Gesellschaft hätte eingestellt werden müssen, die zum Zeitpunkt der Verzichts erstellt worden wäre. Auf die tatsächliche Buchung in der Bilanz kommt es für die Frage des Zuflusses aufgrund einer verdeckten Einlage nicht an.

2.5 Regelung des § 8b Abs. 4 KStG; unterjähriger Hinzuerwerb von Anteilen

> **OFD Frankfurt am Main, Verfügung v. 2.12.2013, S 2750a A – 19 – St 52, DStR 2013, S. 427**
>
> Die OFD äußert sich zur Auslegung der Rückbeziehungsfiktion in § 8b Abs. 4 S. 6 KStG hinsichtlich des Vorliegens von Streubesitz.
>
> **Norm:** § 8b Abs. 4 KStG

§ 8b Abs. 4 KStG statuiert eine Steuerpflicht für Erträge aus Beteiligungen kleiner als 10 %. Für die Frage, ob eine mindestens 10%ige Beteiligung erworben wurde, ist auf die Beteiligungshöhe zu Beginn des Kalenderjahres abzustellen. Für Zwecke der Streubesitzregelung gilt der Erwerb einer Beteiligung von mindestens 10 % als zu Beginn des Geschäftsjahres erworben.

Hierzu werden folgende Kernaussagen vertreten:

- Die Rückbeziehungsfiktion betrifft den Erwerb eines Anteilspakets von mindestens 10 % durch einen einzelnen Erwerbsvorgang.

---

[162] BFH, Urteil v. 3.2.2011, VI R 4/10, BStBl II 2014, S. 493, BFH, Urteil v. 3.2.2011, VI R 66/09, BStBl II 2014, S. 491; BFH, Urteil v. 15.5.2013, VI R 24/12, BStBl II 2014, S. 495.

- Bereits bestehende Beteiligungen werden hiervon nicht erfasst.

- Die Konstellation, dass durch mehrere Erwerbsvorgänge unter 10 % insgesamt die Grenze von 10 % erreicht wird, wird nicht erfasst.

Diese Auslegung ergibt sich Ansicht der Finanzverwaltung unmittelbar aus dem Wortlaut der Norm. Weiterhin entspricht diese Auslegung auch Sinn und Zweck der Norm, unbillige Härten zu vermeiden.

Ausgehend von diesen Grundaussagen geht die Verfügung beispielhaft auf einige mögliche Konstellationen ein. Bedeutsam ist hier, dass bei bereits bestehender Beteiligung von unter 10 % die Erträge hieraus steuerpflichtig bleiben, der hinzuerworbene Anteil von über 10 % im Jahr des Erwerbs hingegen mit seinen Erträgen steuerfrei bleibt.

Praxishinweis

Die genannte Streubesitzregelung kann auch in Umwandlungsfällen einschlägig sein. Hierzu finden sich im Schreiben der Finanzverwaltung keine gesonderten Aussagen.

Ähnliche Fallkonstellationen finden sich auch in der Gewerbesteuer (§ 8 Nr. 5; 9 Nr. 2a, 6 GewStG). Allerdings wurde auf diese Parallelproblematik nicht eingegangen, was zur Ungleichbehandlung in beiden Steuerarten führen kann.

Literaturhinweis: *Ernst*, DB 2014, S. 449

2.6 „Kleine Organschaftsreform"

> **OFD Frankfurt am Main, Rundverfügung v. 14.4.2014, S 2770 A – 55 – St 51, DStR 2014, S. 2026**
>
> **Die Finanzverwaltung erläutert die Anwendung des neuen § 14 Abs. 1 S. 1 Nr. 3 KStG im Hinblick auf die Korrektur fehlerhafter Bilanzansätze, die Änderung des fehlerhaften Datums in § 34 Abs. 10b S. 2 KStG, unterschiedliche Konsequenzen im Hinblick auf die Verweistechnik auf § 302 AktG jeweils im Hinblick auf den Fortbestand einer körperschaftsteuerlichen Organschaft.**
>
> **Normen:** §§ 14 Abs. 1 S. 3 Nr. 3, 17 S. 2 Nr. 2, 34 Abs. 10b S. 2 und S. 4 KStG

Die Finanzverwaltung nimmt zu folgenden Themen der sog. kleinen Organschaftsreform Stellung:

- Anwendung des § 14 Abs. 1 S. 1 Nr. 3 S. 4 KStG: Der Gewinnabführungsvertrag gilt auch dann als durchgeführt, soweit die Handelsbilanz fehlerhafte Bilanzansätze enthält, die nach den handelsrechtlichen Grundsätzen eine Korrektur der Handelsbilanz erfordern. Solche fallen oft erst im Rahmen einer Außenprüfung auf. Dies gilt auch für formelle Fehler.

   Die Beanstandung soll schriftlich vorgenommen werden und ausdrücklich auf die angewandte Gesetzesnorm (§ 14 Abs. 1 S. 1 Nr. 3 S. 4 KStG) hingewiesen werden. Für den Steuerpflichtigen muss die abschließende Willensbildung des FA erkennbar sein.

Handelt es sich um einen fehlerhaften Bilanzansatz, der handelsbilanziell nicht zu korrigieren ist, ist die o. g. Norm nicht anwendbar. Der Fehler führt nicht zu einem Verstoß gegen die tatsächliche Durchführung des Gewinnabführungsvertrags.

Bei Streit über die Qualität des Fehlers trägt der Steuerpflichtige das Risiko des Ausgangs des Rechtsstreits. Die Bestätigung des Abschlussprüfers, dass keine handelsbilanzielle Korrektur des Fehlers erforderlich ist, ist nicht ausreichend.

- § 34 Abs. 10b S. 2 KStG: Die Frist zur Anpassung der Gewinnabführungsverträge an die Neuregelung des § 17 S. 2 Nr. 2 KStG, ohne dass von einem Neuabschluss auszugehen ist, bezieht sich auf die Jahre 2013 und 2014.

- § 17 S. 2 Nr. 2 KStG: Die Anpassung des Gewinnabführungsvertrags ist erforderlich, wenn der Vertrag nicht den gesetzlichen Anforderungen des § 17 S. 2 Nr. 2 S. 2 KStG a. F. entspricht. Wenn der Alt-Gewinnabführungsvertrag eine umfassende Wortlautwiedergabe des § 302 AktG (ohne Abs. 2) enthält, ist der Vertrag auch in Altzeiträumen als auch künftig anzuerkennen, ohne dass es einer Anpassung bedarf. Auch der Verweis „im Übrigen gilt § 302 AktG entsprechend" wird als ausreichend angesehen.

  Es wird darauf hingewiesen, dass die volle Rechtssicherheit nur durch eine Vertragsänderung erreicht werden kann, da die Gerichte nicht an Billigkeitsregeln der Verwaltung gebunden sind. Hierauf soll der Steuerpflichtige hingewiesen werden.

- § 34 Abs. 10b S. 4 KStG: Die Änderung des Gewinnabführungsvertrags nach dieser Norm gilt nicht als Neuabschluss.

2.7 Erdienbarkeit bei Pensionszusagen

> **OFD Niedersachsen, Verfügung v. 15.8.2014, S 2742 – 259 – St 241, DStR 2014, S. 2078**
>
> **Die Finanzverwaltung Niedersachsen definiert die Grundsätze für die sog. Erdienbarkeit bei Pensionszusagen und dehnt diesen Erdienungszeitraum auch auf Pensionszusagen aus, die durch Barlohnumwandlung finanziert werden.**
>
> **Norm:** § 8 Abs. 3 S. 2 KStG

Nach der Finanzverwaltung umfasst der Begriff der „Erdienbarkeit" bei Pensionszusagen an Gesellschafter-Geschäftsführer folgende Grundsätze:

- Zeitraum der Zusage der Pension und dem vorgesehenen Eintritt in den Ruhestand darf nicht weniger als zehn Jahre betragen.

- Keine Erdienbarkeit ist gegeben, wenn die Pensionszusage dem Gesellschafter-Geschäftsführer nach dem 60. Lebensjahr eingeräumt wurde.

- Bei nicht beherrschenden Gesellschafter-Geschäftsführern gilt die Sonderregelung, dass die Zusage dann nicht mehr erdienbar ist, wenn die Restdienstzeit zwar mehr als drei Jahre beträgt, der Gesellschafter-Geschäftsführer dem Betrieb aber weniger als zwölf Jahre angehört.

Diese Grundsätze gelten für klassische arbeitgeberfinanzierte Versorgungszusagen, aber auch für solche, die durch echte Barlohnumwandlung des Gesellschafter-Geschäftsführers finanziert wurden. Der Erdienungszeitraum gilt auch bei Entgeltumwandlung.

2.8 Ertragsteuerliche Behandlung der Kosten einer Kapitalgesellschaft für die Bewertung von Gesellschaftsanteilen für Zwecke der Erbschaftsteuer

> **FinMin Schleswig-Holstein, Kurzinformation v. 3.9.2014, 2014 Nr. 6, DStR 2014, S. 2131**
>
> **Die Finanzverwaltung nimmt Stellung zur Frage, wie die Kosten einer Kapitalgesellschaft für die Bewertung von nicht börsennotierten Gesellschaftsanteilen für Zwecke der Erbschaftsteuer in ertragsteuerlicher Hinsicht zu werten sind.**
>
> **Normen:** § 8 Abs. 3 S. 2 KStG; §§ 11, 153 Abs. 3 BewG

Fraglich war, wie die Kosten ertragsteuerlich zu behandeln sind, die einer Kapitalgesellschaft im Zusammenhang mit der Erstellung einer Erklärung zur gesonderten Feststellung des gemeinen Werts von Gesellschaftsanteilen für Zwecke der Erbschaftsteuer nach § 153 Abs. 3 BewG entstehen.

Für Anteile, für die ein Kurs nach § 11 Abs. 1 BewG nicht besteht, ist die Bewertung mit dem gemeinen Wert vorgesehen. Sofern dieser nicht aus Verkäufen hergeleitet werden kann, sind die anerkannten, im gewöhnlichen Geschäftsverkehr anerkannten, für nicht steuerliche Zwecke üblichen Methoden anzuwenden.

Allerdings dient die Abgabe der Feststellungserklärung nach § 153 Abs. 3 BewG ausschließlich der Besteuerung des Anteilseigners. Die Finanzverwaltung ist dennoch der Meinung, dass die Aufwendung, die einer Kapitalgesellschaft im Zusammenhang mit der Erstellung einer Erklärung zur gesonderten Feststellung des gemeinen Werts von Gesellschaftsanteilen nicht als vGA zu behandeln sind.

3 Änderungen bei der Lohnsteuer

3.1 Ergänztes BMF-Schreiben zur Reform des steuerlichen Reisekostenrechts ab 1.1.2014

> **BMF, Schreiben v. 24.10.2014, IV C 5 – S 2353/14/10002, BStBl I 2014, S. 141**
>
> Durch das Gesetz zur Vereinfachung der Unternehmensbesteuerung und des steuerlichen Reisekostenrechts vom 20.2.2013[163] wurden umfangreiche gesetzliche Änderungen im Bereich des steuerlichen Reisekostenrechts, die ab dem 1.1.2014 gelten, geregelt. Die Finanzverwaltung hatte dazu in einem Schreiben vom 30.9.2013[164] Stellung genommen.[165] Das BMF-Schreiben vom 24.10.2014 ersetzt das Schreiben aus 2013. Es enthält Klarstellungen, aber auch Verschärfungen, die grds. bereits zum 1.1.2014 anzuwenden sind.
>
> **Normen:** §§ 8 Abs. 2 S. 8 und S. 9, 9 Abs. 1 und Abs. 4 sowie Abs. 4a, 40 Abs. 2 Nr. 1a und S. 2 Nr. 4 EStG

3.1.1 Tätigkeitsstätte

Eine Tätigkeitsstätte ist stets eine von der Wohnung getrennte, ortsfeste betriebliche Einrichtung. Das bedeutet, dass ein sog. Home Office – selbst dann, wenn es vom Arbeitgeber angemietet und dem Arbeitnehmer überlassen wird – keine erste Tätigkeitsstätte sein kann.

Die Annahme einer Tätigkeitsstätte bei einem verbundenen Unternehmen oder bei einem Dritten erfordert, dass der Arbeitnehmer dort auch tatsächlich tätig wird. Klarstellend wird in Rz. 4 dazu ausgeführt, dass ein solches Tätigwerden dann nicht gegeben ist, wenn der Arbeitnehmer bei einem Dritten oder einem verbundenen Unternehmen lediglich Dienstleistungen des Dritten in Anspruch nimmt oder dort einen Einkauf tätigt.

Praxishinweis

> Die Zuordnung zu einer Tankstelle, die sich in der Nähe der Wohnung eines Außendienstmitarbeiters befindet und die dieser täglich bei Arbeitsbeginn anfährt, um dort zu tanken, kann dementsprechend keine erste Tätigkeitsstätte sein.

Für die Zuordnung eines Arbeitnehmers zu einer betrieblichen Einrichtung ist es ausreichend, wenn er dort auch in nur ganz geringem Umfang tätig werden soll. Nach Rz. 6 der überarbeiteten Verwaltungsanweisung ist dafür jedoch ein persönliches Erscheinen notwendig. Das heißt, die Abgabe von Krank- oder Urlaubsmeldungen durch Dritte, genügt in diesem Zusammenhang nicht.

---

[163] BGBl I 2013, S. 285.
[164] BMF, Schreiben v. 30.9.2013, IV C 5 – S 2353/13/10004, BStBl I 2013, S. 1279.
[165] Vgl. Steueränderungen 2014, Kapitel F.

3.1.2 Zuordnung

Rz. 12 des BMF-Schreibens regelt, dass der Arbeitgeber stets festlegen kann, dass sich die Bestimmung der ersten Tätigkeitsstätte nach den quantitativen Kriterien des § 9 Abs. 4 S. 4 EStG richtet. Dies ist vor allem für Außendienstmitarbeiter eine Option, das Vorhandensein einer ersten Tätigkeitsstätte zu vermeiden, wenn klar ist, dass der betreffende Mitarbeiter nicht in dem Umfang die betriebliche Einrichtung des Arbeitgebers, eines verbundenen Unternehmens oder eines Dritten aufsuchen soll, um dort tätig zu werden.

Mit einem neu eingefügten Beispiel verdeutlicht das BMF-Schreiben, dass die in Einstellungsbögen oder in Arbeitsverträgen geregelten Arbeitsorte dann keine Zuordnung i. S. d. Gesetzes darstellen, wenn der Arbeitgeber schriftlich erklärt, dass dadurch keine arbeitsrechtliche Zuordnung zu einer ersten Tätigkeitsstätte erfolgen soll. In diesem Fall würde sich die erste Tätigkeitsstätte folglich nach den quantitativen Kriterien bestimmen.

3.1.3 Grenzüberschreitender Arbeitnehmereinsatz

Bei grenzüberschreitenden Arbeitnehmereinsätzen zwischen verbundenen Unternehmen soll sich die erste Tätigkeitsstätte nach Sichtweise der Verwaltung u. a. danach bestimmen, ob der jeweilige Arbeitnehmer einen eigenständigen Arbeitsvertrag mit der aufnehmenden Gesellschaft geschlossen hat. Die anderslautende BFH-Rechtsprechung,[166] nach der es allein auf die Vereinbarungen ankommt, die der Arbeitnehmer mit dem entsendenden Unternehmen getroffen hat, ist nach Ansicht des BMF durch die gesetzlichen Neuregelungen überholt und damit nach 2013 nicht anwendbar.

3.1.4 Verpflegungspauschalen Inland

Eine mehrtägige Auswärtstätigkeit im Inland liegt nach den Klarstellungen in Rz. 48 auch dann vor, wenn die berufliche Auswärtstätigkeit über Nacht ausgeübt wird und sich daran eine Übernachtung am Tage sowie eine weitere Tätigkeit über Nacht anschließt. Dabei ist es auch unerheblich, ob für die Übernachtung tatsächlich Kosten anfallen, oder ob die Übernachtung z. B. im Bus oder im Lkw stattfindet.

Praxishinweis

Damit wird vor allem eine Klarstellung für die im Transport- und Speditionsgewerbe tätigen Lkw-Fahrer geschaffen, die über Nacht fahren und am Tag Pausen einlegen, um in der Lkw-Kabine zu schlafen.

Diese Klarstellung regelt jedoch auch die Fälle, in denen eine mehrtägige Reise unvorhergesehen verlängert wird.

---

[166] Vgl. Kapitel C.3.4.

Beispiel

Der Techniker T aus München ist von Montag bis Mittwoch bei einem Kunden in Stuttgart tätig. Er verlässt am Montag seine Wohnung um 9:30 Uhr. Infolge eines Staus auf der Autobahn verzögert sich seine Rückkehr, sodass T erst am Donnerstag früh um 1:45 Uhr in seiner Wohnung ankommt.

Für dem Anreisetag (Montag) können 12 €, für Dienstag und Mittwoch jeweils 24 € als Verpflegungsmehraufwand geltend gemacht werden. Die Rückkehr am Donnerstag früh ist als Abreisetag zu qualifizieren, weil am Tag zuvor eine Übernachtung stattgefunden hat. Demnach kann auch für diesen Tag eine Verpflegungspauschale von 12 € geltend gemacht werden.

3.1.5 Verpflegungspauschalen Ausland

Die neu eingefügte Rz. 51 besagt, dass bei Auswärtstätigkeiten in verschiedenen ausländischen Staaten für die Ermittlung der Verpflegungspauschalen am An- und Abreisetag folgendes gilt:

- Bei einer Anreise vom Inland in das Ausland jeweils ohne Tätigwerden ist die Verpflegungspauschale des Ortes maßgeblich, der vor 24:00 Uhr Ortszeit erreicht wird.

- Bei einer Abreise vom Ausland ins Inland oder umgekehrt, ist die Verpflegungspauschale des letzten Tätigkeitsortes maßgebend.

Beispiel

Ein Arbeitnehmer A reist am Montag um 20:00 Uhr zu einer beruflichen Auswärtstätigkeit von seiner Berliner Wohnung nach Brüssel. Er erreicht Belgien am Dienstag um 2:00 Uhr. Dienstag ist er den ganzen Tag in Brüssel tätig. Am Mittwoch reist er um 8:00 Uhr zu einem weiteren Geschäftstermin nach Amsterdam. Er erreicht Amsterdam um 14:00 Uhr. Dort ist er bis Donnerstag um 13:00 Uhr tätig und reist anschließend zurück nach Berlin. Er erreicht seine Wohnung am Donnerstag um 22:30 Uhr.

Für Montag ist die inländische Verpflegungspauschale für den Anreisetag maßgebend, da A sich um 24:00 Uhr noch im Inland befindet. Für Dienstag ist die Verpflegungspauschale für Belgien anzuwenden. Für Mittwoch ist die Verpflegungspauschale für die Niederlande zu Grunde zulegen, da sich der Ort, den A vor 24:00 Uhr Ortszeit zuletzt erreicht hat, in den Niederlanden befindet (§ 9 Abs. 4a S. 5 EStG). Für Donnerstag ist die Verpflegungspauschale der Niederlande für den Abreisetag maßgeblich, da A noch bis 13:00 Uhr in Amsterdam beruflich tätig war.

Beispiel

Der Arbeitnehmer A reist für ein berufliches Projekt am Sonntag um 21:30 Uhr von Brüssel nach Stuttgart. Am Sonntag um 24:00 Uhr befindet sich A noch in Frankreich. A ist in Stuttgart von Montag bis Freitag beruflich tätig und verlässt Stuttgart am Freitag um 11:00 Uhr. Er erreicht Paris am Freitag um 21:00 Uhr.

Für Sonntag (Anreisetag) ist die Verpflegungspauschale für Frankreich maßgebend. Für Montag bis Freitag ist die jeweils maßgebliche inländische Verpflegungspauschale anzuwenden.

Praxishinweis

Damit die zutreffenden Verpflegungspauschalen ermittelt werden können, ist es notwendig, die Zeiten des Grenzübertritts oder aber der Ankunftszeit im jeweiligen Land im Reisekostensystem zu erfassen.

3.1.6 Dreimonatsfrist

Die lohnsteuerfreie Erstattung von Verpflegungspauschalen ist auf die ersten 3 Monate einer längerfristigen beruflichen Tätigkeit an derselben Tätigkeitsstätte beschränkt. Rz. 52 stellt dazu klar, dass wenn mehrere ortsfeste betriebliche Einrichtungen innerhalb eines großräumigen Werksgeländes aufgesucht werden, es sich um die Tätigkeit an einer Tätigkeitsstätte handelt. Wenn es sich demgegenüber um einzelne ortsfeste betriebliche Einrichtungen verschiedener Kunden handelt, so liegen demzufolge mehrere Tätigkeitsstätten vor. Dies gilt auch dann, wenn sich die Tätigkeitsstätten in unmittelbarer Nähe zueinander befinden.

Rz. 55 stellt darüber hinaus klar, das von einer längerfristigen beruflichen Tätigkeit an derselben Tätigkeitsstätte, die den Beginn der Dreimonatsfrist auslöst, immer dann auszugehen ist, sobald der Arbeitnehmer an dieser mindestens an drei Tagen der Woche tätig wird.

Praxishinweis

Damit ist klar, dass nach Ansicht der Finanzverwaltung nicht auf einen Durchschnitt pro Woche abzustellen ist. Das erstmalige Aufsuchen einer auswärtigen Tätigkeitsstätte an 3 Tagen in der Woche genügt, um den Beginn der Dreimonatsfrist auszulösen, und zwar unabhängig davon, in welchem zeitlichen Umfang der Arbeitnehmer dort in den nächsten Wochen tätig werden wird.

3.1.7 Steuerliche Erfassung arbeitgeberseitig gestellter Mahlzeiten

Bekanntlich werden vom Arbeitgeber oder auf dessen Veranlassung durch einen Dritten gestellte Mahlzeiten, deren Wert 60 € nicht übersteigt, mit dem amtlichem Sachbezugswert bewertet. Dieser beträgt auch in 2015 für ein Frühstück 1,63 € und für die Hauptmahlzeit je 3,00 €. Der Sachbezugswert muss grds. lohnversteuert werden, es sei denn, der Arbeitnehmer kann für seine berufliche Auswärtstätigkeit eine Verpflegungspauschale geltend machen, die dann entsprechend um 20 % oder 40 % der jeweiligen Pauschale für 24 Stunden Abwesenheit zu kürzen ist.

Nach Rz. 65 des BMF-Schreibens gehören zu den vom Arbeitgeber gestellten Mahlzeiten auch die z. B. im Flugzeug, Zug oder auf einem Schiff im Zusammenhang mit der Beförderung unentgeltlich angebotenen Mahlzeiten. Weitere Voraussetzung ist, dass die Rechnung für das Beförderungsticket auf den Arbeitgeber ausgestellt ist und von diesem dienst- oder arbeitsrechtlich erstattet wird. Die Verpflegung muss dabei nicht offen auf der Rechnung ausgewiesen sein. Lediglich dann, wenn z. B. wegen des gewählten Beförderungstarifs feststeht, dass es sich um eine reine Beförderung handelt, bei der keine Mahlzeiten unentgeltlich angeboten werden, liegt keine steuerlich zu erfassende Mahlzeit vor.

Gem. Rz. 74 kann nach Ansicht der Finanzverwaltung auch ein vom Arbeitgeber gestellter Snack oder Imbiss, z. B. belegte Brötchen, Kuchen oder Obst, der während der Auswärtstätigkeit gereicht wird, eine kürzungsrelevante Mahlzeit darstellen.

Feste zeitliche Grenzen für die Frage, ob ein Frühstück oder eine Hauptmahlzeit gewährt wird, gibt es nicht. Der Kürzungssatz (20 % oder 40 %) bestimmt sich danach, ob die zur Verfügung gestellte Verpflegung an die Stelle einer der genannten Mahlzeiten tritt, welche üblicherweise zu der entsprechenden Zeit eingenommen wird.

Beispiel

Der Vertriebsleiter V startet am Montag um 10:30 Uhr mit dem Flugzeug zu einer Dienstreise nach Tunesien. Um 12:30 Uhr wird an Bord des Flugzeugs ein Essen gereicht, das der Arbeitgeber im Beförderungstarif mit eingekauft hat. V kommt in seinem Hotel in Tunis um 14:30 Uhr Ortszeit an.

Die im Flugzeug gereichte Mahlzeit ersetzt das Mittagessen. Die Verpflegungspauschale für den Anreisetag muss folglich um 40 % des für Tunesien geltenden Verpflegungssatzes bei 24-stündiger Abwesenheit gekürzt werden.

Praxishinweis

Weil es für die Frage, ob und mit welchem Satz die Verpflegungspauschale zu kürzen ist, darauf ankommt, welche Mahlzeit üblicherweise zu der entsprechenden Zeit eingenommen wird, dürfte keine Kürzung nötig sein, wenn z. B. bei Konferenzen oder Fachtagungen während der Kaffeepausen ebenfalls ein Snack oder Imbiss gereicht wird. Denn dieser ersetzt gerade keine Mahlzeit, sondern ist eine Zwischenmahlzeit.

Das Thema Mahlzeiten bei Auswärtstätigkeiten dürfte allgemein zu erheblichen Diskussionen mit den Lohnsteuer-Prüfern führen. Denn die Frage, ob z. B. ein belegtes Brot zusammen mit einem Stück Obst um 9:30 Uhr auf einem Inlandsflug von Düsseldorf nach Berlin als Kürzungstatbestand Frühstück zu sehen ist, scheint zumindest fraglich, berücksichtigt man die Tatsache, dass ein Arbeitnehmer um diese Zeit regelmäßig schon gefrühstückt haben dürfte.

Die Neuregelung gibt jedenfalls Anlass, die firmeninternen Reiserichtlinien zu prüfen und ggf. anzupassen, indem die neuen Regelungen zu Mahlzeiten ergänzt und die Mitarbeiter auf die vorzunehmende Kürzung der Verpflegungspauschalen hingewiesen werden.

Nach Rz. 75 ist es im Übrigen unbeachtlich, ob die Mahlzeit tatsächlich eingenommen wird. Die gesetzliche Kürzung hat nur dann nicht zu erfolgen, wenn der Arbeitgeber keine Mahlzeit zur Verfügung gestellt hat, etwa weil er die Mahlzeit abbestellt hat oder der Arbeitnehmer die Mahlzeit selbst veranlasst hat.

Im Zusammenhang mit der Teilnahme an einer geschäftlich veranlassten Bewirtung gilt, dass diese zu keiner Kürzung der Verpflegungspauschale führt, wenn der Arbeitnehmer eingeladen wurde. Denn in diesem Fall fehlt es an der Voraussetzung einer vom Arbeitgeber veranlassten Mahlzeitenabgabe.

Bei verbundenen Unternehmen kommt es nach 2 neu eingefügten Beispielen in solchen Fällen auch darauf an, ob die Kosten der Bewirtung weiterbelastet werden.

Beispiel

Der Mitarbeiter einer deutschen Gesellschaft nimmt an einer Vertriebsveranstaltung im Betriebssitz der italienischen Tochtergesellschaft teil (separate Firmierung). Die italienische Gesellschaft trägt sämtliche Kosten der Vertriebsveranstaltung (so z. B. Hotel, Essen, etc.).

Die Verpflegungspauschalen des Arbeitnehmers der deutschen Gesellschaft sind nicht zu kürzen, weil ihm die Mahlzeiten nicht auf Veranlassung seines Arbeitgebers, sondern eines Dritten (der italienischen Tochtergesellschaft) zur Verfügung gestellt werden.

Abwandlung

Die italienische Tochtergesellschaft belastet der deutschen Gesellschaft die Kosten für den Arbeitnehmer weiter.

In diesem Fall ist davon auszugehen, dass die dem Arbeitnehmer gestellten Mahlzeiten auf Veranlassung des Arbeitgebers erfolgen, was zur gesetzlich vorgeschriebenen Kürzung der Verpflegungspauschalen führt.

3.1.8 Doppelte Haushaltsführung

Der Bezug einer Zweitwohnung muss stets in der Nähe des Beschäftigungsorts erfolgen, um Mehraufwendungen wegen einer doppelten Haushaltsführung geltend machen zu können. Hier sieht die Finanzverwaltung eine Vereinfachung vor: Von einer Wohnung am Beschäftigungsort kann noch ausgegangen werden, wenn der Weg von der Zweitwohnung zur ersten Tätigkeitsstätte weniger als die Hälfte der Entfernung der kürzesten Straßenverbindung zwischen dem eigenen Hausstand und der ersten Tätigkeitsstätte beträgt. Diese Vereinfachung gilt nach der ergänzten Rz. 101 auch dann, wenn sich die erste Tätigkeitsstätte und der eigene Hausstand in derselben Stadt oder Gemeinde befinden.

Beispiel

M hat seinen Familienwohnsitz in Berlin-Friedrichshagen. Seine erste Tätigkeitsstätte befindet sich im Berliner Bezirk Reinickendorf. Die kürzeste Straßenverbindung zwischen beiden Orten beträgt 45 km. Dementsprechend könnte M eine Zweitwohnung im Umkreis von 22 km von seiner Arbeitsstelle beziehen, um die Voraussetzung des Wohnens am Beschäftigungsort noch zu erfüllen.

Weiterhin führt das BMF-Schreiben in Rz. 104 aus, dass die maximal 1.000 € steuerfrei erstattbaren Kosten der Unterkunft am Beschäftigungsort Maklerkosten nicht beinhalten. Diese können zusätzlich nach den Regelungen der Umzugskosten steuerfrei erstattet werden.

3.1.9 Unterkunftskosten bei Auswärtstätigkeiten

In Rz. 114 wird ausgeführt, dass für die Anerkennung und damit auch für die steuerfreie Erstattung von Unterkunftskosten durch den Arbeitgeber erforderlich ist, dass dem Arbeitnehmer für eine andere Wohnung Aufwendungen entstehen, weil er dort seinen Lebensmittelpunkt hat oder diesen dort wieder aufnehmen will.

Praxishinweis

Die Aussage, dass für eine Wohnung ein Aufwand entstehen muss, ist unklar. Zwar wird ausgeführt, dass es sich bei der Lebensmittelpunktwohnung nicht um den eigenen Hausstand i. S. d. doppelten Haushaltsführung handelt. Damit ist also geklärt, dass eine mindestens 10%ige Beteiligung an den Kosten der Haushaltsführung nicht erforderlich ist. Ob bei einem ledigen Arbeitnehmer, der im Haushalt der Eltern ein Zimmer bewohnt, künftig wird nachweisen muss, dass er sich – vermutlich zu weniger als 10 % – an den Kosten der Haushaltsführung beteiligen wird, ist zu vermuten.

Rz. 117 enthält eine Vereinfachung für den Fall, dass ein Arbeitnehmer zusammen mit seiner Familie eine Wohnung im Rahmen einer Auswärtstätigkeit bewohnt. Wenn sich die Wohnung im Inland befindet und die Miete nicht mehr als 1.000 € monatlich beträgt, so muss kein Anteil für die auf die (privat mitwohnenden) Familienmitglieder lohnversteuert werden.

Übersteigt dagegen die Monatsmiete den Wert von 1.000 € oder befindet sich die Wohnung im Ausland, dann kann der auf den Arbeitnehmer entfallende und lohnsteuerfrei erstattbare Mietanteil nach der sog. 60-Quadratmeter-Regelung ermittelt werden. Dabei wird die ortsübliche Miete für eine nach Lage und Ausstattung durchschnittliche Wohnung am Ort der auswärtigen Einsatzstätte mit einer Wohnfläche bis zu 60 m² als Vergleichsmaßstab herangezogen.

Praxishinweis

Die vorstehenden Bestimmungen sind vor allem in den Fällen der internationalen Mitarbeiterentsendung zu beachten.

3.1.10 Zeitliche Anwendungsregelungen

Nach den Vorstellungen der Finanzverwaltung sollen sämtliche Ergänzungen bereits rückwirkend zum 1.1.2014 anzuwenden sein. Ausgenommen hiervon sind die Regelungen zur Mahlzeitenerfassung z. B. an Bord eines Flugzeugs (Rz. 65). Diese Verschärfung soll ab dem 1.1.2015 angewendet werden.

Literaturhinweis: *Niermann,* DB 2014, S. 2793.

3.2 Firmenwagen zur privaten Nutzung

3.2.1 Verfassungsmäßigkeit der 1%-Regelung

> **BMF, Schreiben v. 13.12.2013, VI C 5 – S 0623 – 34 – VA 2, BStBl I 2013, S. 1606**
>
> Der BFH hatte mit Urteil vom 13.12.2012 (VI R 51/11) entschieden, dass die 1%-Regelung mit Bezug auf den Bruttoneuwagenlistenpreises als Bemessungsgrundlage verfassungsrechtlich unbedenklich ist. Am 13.12.2013 hat die Finanzverwaltung eine Allgemeinverfügung erlassen, mit der diesbezügliche Einsprüche und Änderungsanträge zurückgewiesen werden.
>
> **Norm:** § 8 Abs. 2 S. 2–5 EStG

Sofern ein betriebliches Kraftfahrzeug Arbeitnehmern durch den Arbeitgeber auch zur privaten Nutzung überlassen wird, ist grds. für jeden Kalendermonat der Privatnutzung ein Betrag i. H. v. 1 % des inländischen Bruttolistenpreises im Zeitpunkt der Erstzulassung zzgl. der Kosten für ab Werk vorhandene Sonderausstattung als geldwerter Vorteil steuerpflichtig.

Im Streitfall VI R 51/11 hatte der Kläger von seinem Arbeitgeber einen Gebrauchtwagen als Dienstwagen auch zur privaten Nutzung zur Verfügung gestellt bekommen.[167] Er machte geltend, dass nicht der Bruttolistenpreis für einen Neuwagen als Bemessungsgrundlage anzusetzen sei, sondern der Gebrauchtwagenwert, bzw. dass aus verfassungsrechtlichen Gründen ein entsprechender Abschlag vom Bruttoneuwagenlistenpreis vorzunehmen sei. Der BFH hat dies im Wesentlichen mit dem Argument zurückgewiesen, dass die pauschale Bruttolistenpreis-Regelung als grds. zwingende, stark typisierende und pauschalierende Bewertungsregelung entsprechende individuelle Besonderheiten grds. unberücksichtigt lasse. Der Verfassungsmäßigkeit genüge die Möglichkeit, alternativ die individuelle Fahrtenbuchmethode zur Bewertung des geldwerten Vorteils zu wählen. Die Typisierung der Bruttolistenpreis-Regelung gilt insoweit als widerlegbar, auch wenn in der Praxis sehr hohe Anforderungen an die Führung eines ordnungsgemäßen Fahrtenbuchs gestellt werden.

Vor der Entscheidung in der Rs. VI 51/11 hatten Betroffene im Hinblick auf das anhängige Verfahren Einsprüche eingelegt und Änderungsanträge gestellt. Arbeitgeber konnten dementsprechend Einsprüche gegen ihre Lohnsteueranmeldungen einlegen.

Mit einer Allgemeinverfügung vom 13.12.2013 hat die Finanzverwaltung nunmehr die zu diesem Zeitpunkt anhängigen Einsprüche gegen Festsetzungen

- der Einkommensteuer,
- der Lohnsteuer,
- der Körperschaftssteuer,
- des Gewerbesteuer-Messbetrags und der
- Umsatzsteuer

sowie gegen gesonderte (und ggf. einheitliche) Feststellungen von Besteuerungsgrundlagen zurückgewiesen, soweit mit den Einsprüchen geltend gemacht wird, die Bewertung der priva-

---

[167] BFH, Urteil v. 13.12.2012, VI R 51/11, BFH/NV 2013, S. 641.

ten Nutzung eines betrieblichen Kraftfahrzeugs nach dem Listenpreis im Zeitpunkt der Erstzulassung verstoße gegen das Grundgesetz.

Insoweit kann durch die betroffenen Steuerpflichtigen nunmehr nur gegen die Allgemeinverfügung Klage erhoben werden. Die Allgemeinverfügung tangiert bereits anhängige finanzgerichtliche Verfahren nicht.

Die Frist für die Erhebung einer Klage betrug ein Jahr. Sie begann am Tag nach der Herausgabe der Allgemeinverfügung im Bundessteuerblatt, mithin am 1.1.2014 und endete somit am 31.12.2104.

Nach Erlass der Allgemeinverfügung können Einsprüche und Änderungsanträge in dieser Angelegenheit keinen Erfolg haben. Entsprechende Verfahren sind durch die Allgemeinverfügung beendet. Ein gesonderter Bescheid der Finanzverwaltung wird nicht ergehen. Die fehlende individuelle Bescheidung wird durch die verlängerte Klagefrist von einem Jahr berücksichtigt.

Praxishinweis

Nachdem der Klageweg in vergleichbaren Fällen infolge Fristablaufs nicht mehr möglich ist, können Arbeitnehmer, die sich durch die Bruttolistenpreis-Regelung übermäßig besteuert fühlen, allein auf die Fahrtenbuch-Methode ausweichen. Dies ist jedoch nur zu Beginn eines neuen Kalenderjahres oder beim unterjährigen Fahrzeugwechsel möglich.

Aufgrund der strengen Anforderungen an ein Fahrtenbuch sollten Arbeitgeber aus Haftungsgründen im Lohnsteuerverfahren diese Bewertungsmöglichkeit ausschließen. Der Arbeitnehmer kann gleichwohl ein Fahrtenbuch führen und dies im Rahmen seiner persönlichen Einkommensteuerveranlagung einreichen, um damit eine Reduzierung des Nutzungswerts für den ihm überlassenen Firmenwagen erzielen.

3.2.2 Gestellung eines Kraftfahrzeugs mit Fahrer

> **BMF, Schreiben v. 15.7.2014, VI C 5 – S 2334/13/10003, BStBl I 2014, S. 1109**
>
> **Der BFH hat mit Urteil v. 15.5.2013 (VI R 44/11) entschieden, dass im Fall einer arbeitgeberseitigen Gestellung eines Fahrers für Fahrten zwischen Wohnung und erster Tätigkeitsstätte ein zusätzlicher geldwerter Vorteil vorliege, der grds. nicht mit pauschalen, vom Bruttolistenpreis des Fahrzeugs abhängigen Zuschlägen zu bewerten ist. Das BMF hat die Urteilsgrundsätze in einem Erlass auch für den Bereich der Privat- und Familienheimfahrten im Rahmen einer doppelten Haushaltsführung für allgemein anwendbar erklärt, lässt die bisherigen Vereinfachungsmethoden zur Ermittlung des geldwerten Vorteils jedoch weiterhin zu.**
>
> **Norm:** § 8 Abs. 2 S. 2–5 EStG

Nach der genannten BFH-Entscheidung[168] sei die Fahrergestellung grds. nach § 8 Abs. 2 S. 1 EStG mit dem Wert einer von einem fremden Dritten bezogenen vergleichbaren Dienstleistung zu bemessen, wobei dieser Wert den zeitanteiligen Personalkosten des Arbeitgebers entsprechen könne aber nicht müsse.

---

[168] BFH/NV 2013, S. 1691.

Das BMF erklärt die Grundsätze des BFH-Urteils in seinem Anwendungsschreiben sowohl für das Lohnsteuerabzugs- sowie das Veranlagungsverfahren in allen noch offenen Fällen für allgemein anwendbar, und zwar unabhängig davon, ob der geldwerte Vorteil aus der Firmenwagengestellung durch die Fahrtenbuch- oder Bruttolistenpreismethode ermittelt wird.

Der Maßstab zur Bewertung des geldwerten Vorteils aus der arbeitgeberseitigen Gestellung eines Fahrers ist grds. der Preis, den ein fremder Dritter für die Gestellung des Fahrers für die bezogene vergleichbare Dienstleistung hätte aufwenden müssen, also der um übliche Preisabschläge geminderte übliche Endpreis am Abgabeort (§ 8 Abs. 2 S. 1 EStG). Aus Vereinfachungsgründen können jedoch alternativ die zeitanteiligen tatsächlichen Lohn- und Lohnnebenkosten des Fahrers angesetzt werden, d. h. insb. Personalkosten in Form von Bruttoarbeitslohn, Arbeitgeberbeiträgen zur Sozialversicherung, Verpflegungszuschüssen sowie Kosten beruflicher Fort- und Weiterbildung für den Fahrer, die der Einsatzdauer des Fahrers im Verhältnis zu dessen Gesamtarbeitszeit entsprechen. Zur Einsatzdauer des Fahrers gehören nach Verwaltungsmeinung auch etwaige Stand- und Wartezeiten des Fahrers, nicht hingegen die bei der Überlassung eines Kraftfahrzeugs mit Fahrer durch die An- und Abfahrten des Fahrers durchgeführten Leerfahrten und die anfallenden Rüstzeiten; diese seien den dienstlichen Fahrten zuzurechnen.

Anstelle der Ermittlung der zeitanteiligen Personalkosten kann der Vorteil für die Fahrergestellung aus Vereinfachungsgründen jedoch auch weiterhin mit pauschalen Zuschlagssätzen ermittelt werden. Je nach Fallgruppe ergeben sich folgende Zuschlagssätze:

- Fahrten zwischen Wohnung und erster Tätigkeitsstätte

    Stellt der Arbeitgeber dem Arbeitnehmer für Fahrten zwischen Wohnung und erster Tätigkeitsstätte (einschließlich der Fälle, in denen zwar der Tätigkeitsort keine erste Tätigkeitsstätte darstellt, die Regelung jedoch für entsprechend anwendbar erklärt wird) ein Kraftfahrzeug mit Fahrer zur Verfügung, ist der für diese Fahrten ermittelte Nutzungswert des Kraftfahrzeugs um 50 % zu erhöhen.

- Familienheimfahrten

    Für die zweite und jede weitere Familienheimfahrt anlässlich einer doppelten Haushaltsführung erhöht sich der auf die einzelne Familienheimfahrt entfallende Nutzungswert nur dann um 50 %, wenn für diese Fahrt ein Fahrer in Anspruch genommen worden ist.

- Privatfahrten

    Stellt der Arbeitgeber dem Arbeitnehmer für andere Privatfahrten ein Kraftfahrzeug mit Fahrer zur Verfügung, ist der entsprechende private Nutzungswert des Kraftfahrzeugs wie folgt zu erhöhen

    – um 50 %, wenn der Fahrer überwiegend in Anspruch genommen wird

    – um 40 %, wenn der Arbeitnehmer das Kraftfahrzeug häufig selbst steuert

    – um 25 %, wenn der Arbeitnehmer das Kraftfahrzeug weit überwiegend selbst steuert.

- Begrenzung auf Gesamtkosten

    Wird der pauschal anzusetzende Nutzungswert auf die Gesamtkosten des Kraftfahrzeugs begrenzt (sog. Kostendeckelung), ist der anzusetzende Nutzungswert um 50 % zu erhöhen, wenn das Kraftfahrzeug mit Fahrer zur Verfügung gestellt worden ist.

Der Arbeitgeber kann sich nach Auffassung der Finanzverwaltung im jeweiligen Kalenderjahr nur einheitlich für eine der beiden Bewertungsmethoden entscheiden.

Der Arbeitnehmer kann hingegen bei einer persönlichen Einkommensteuerveranlagung – bei Vorlage entsprechender Nachweise – einheitlich für die verschiedenen Fahrten einen vom Lohnsteuerverfahren abweichenden Ansatz geltend machen. Dies setzt jedoch voraus, dass der im Lohnsteuerabzugsverfahren angesetzte Vorteil sowie die Grundlagen für die neue Berechnung des geldwerten Vorteils nachgewiesen werden.

Praxishinweis

Die klarstellenden Ausführungen des BMF-Schreibens zur Fahrergestellung sind zu begrüßen, denn damit wird den Arbeitgebern die Möglichkeit eröffnet, von den starren und letztlich vom Bruttolistenpreis abhängigen Zuschlagssätzen eine abweichende Bewertung der Fahrergestellung vorzunehmen. Dabei sollte jedoch nicht verkannt werden, dass dies im Einzelfall mit erhöhtem Ermittlungsaufwand einhergehen kann. Daher ist fraglich, ob die Bewertung nach den zeitanteiligen Personalkosten in der Arbeitgeberpraxis eine große Rolle spielen wird.

Ob es möglich ist, eine 450-Euro-Kraft als Fahrer für sämtliche lohnsteuerlich erhebliche Fahrten einzusetzen und den dafür anzusetzenden zusätzlichen Nutzungswert mit 450 € zu bewerten, könnte u. U. von der Finanzverwaltung als missbräuchliche Gestaltung betrachtet werden.

3.2.3 Lohnsteuerliche Behandlung von Elektro- und Hybridelektrofahrzeugen

> **BMF, Schreiben v. 5.6.2014, IV C 6 – S 2177/13/10002, BStBl I 2014, S. 835**
>
> **Das Schreiben beantwortet Fragen zur Ermittlung des maßgebenden Listenpreises sowie des zu versteuernden Nutzungswerts für Elektro- und Hybridelektrofahrzeuge.**
>
> **Normen:** §§ 8 Abs. 2 S. 2 und S. 3 sowie S. 5, 6 Abs. 1 Nr. 4 S. 2 EStG

Die in Elektro- sowie Elektrohybridfahrzeugen verbauten Batteriesysteme sind im Vergleich zu herkömmlichen Antriebssystemen regelmäßig mit deutlich höheren Anschaffungskosten verbunden. Dies würde bei strikter Anwendung der pauschalen Bruttolistenpreis-Methode zu einer Erhöhung des lohnsteuerlich zu erfassenden Nutzungswerts solcher Fahrzeuge führen.

Der Gesetzgeber erkannte diese Problematik und regelte in § 6 Abs. 1 S. 1 Nr. 4 S. 2 EStG einen entsprechenden Nachteilsausgleich. Dieser sieht im Förderzeitraum 2013 bis 2022 sowohl für den Bereich der Gewinn- als auch der Überschusseinkünfte vor, dass durch den Ansatz gestaffelter Abschläge eine Abmilderung oder gar gänzliche Verhinderung einer etwaigen steuerlichen Mehrbelastungen für Nutzer von Elektrofahrzeugen herbeigeführt wird. Die im Förderzeitraum geringer werdenden Abschläge orientieren sich dabei an der jeweiligen Batteriekapazität sowie dem Anschaffungszeitpunkt des Fahrzeugs; sie sind darüber hinaus der Höhe nach begrenzt.

Die gesetzliche Neuregelung ist auf Elektro- und Hybridelektrofahrzeuge anzuwenden. Ob ein solches Fahrzeug gegeben ist, kann aus den Angaben in der Zulassungsbescheinigung entnommen werden. Nach dem Verzeichnis des Kraftfahrtbundesamts sind Kraftfahrzeuge mit den Codierungen 0004 oder 0015 im Feld 10 der Zulassungsbescheinigung als Elektrofahrzeug einzustufen. Sollten demgegenüber im Feld 10 der Zulassungsbescheinigung eine Codierungen aus dem Bereich von 0016 bis 0019 oder von 0025 bis 0031 eingetragen sein, handelt es sich um ein Hybridelektrofahrzeug.

Der Bruttolistenpreis ist Ausgangsgröße für die Ermittlung des geldwerten Vorteils nach der sog. pauschalen Nutzungswert-Methode. Maßgeblich ist hierbei der inländische Listenpreis im Zeitpunkt der Erstzulassung des Kraftfahrzeugs zzgl. der Kosten für eine bereits eingebaute Sonderausstattung einschließlich der insgesamt anfallenden Umsatzsteuer.

Nach der Bestimmung des so ermittelten Bruttolistenpreises ist dieser anschließend pauschal für die darin enthaltenen Kosten des Batteriesystems zu mindern. Der Minderungs- und der Höchstbetrag richten sich nach dem Anschaffungsjahr und der Batteriekapazität des jeweiligen Kraftfahrzeugs und können anhand einer im BMF-Schreiben enthaltenden Übersicht abgelesen werden. Für ein im Jahr 2015 angeschafftes Fahrzeug beträgt der Minderungsbetrag z. B. 400 € je kWh der Batteriekapazität; maximal darf der Bruttolistenpreis für in 2015 angeschaffte oder erstzugelassene Fahrzeuge um 9.000 € gemindert werden. Der entsprechende Minderungsbetrag je kWh und der Höchstbetrag verringern sich je Anschaffungsfolgejahr bis zum Jahr 2022 um jeweils um 50 € bzw. um jährlich 500 €. Die nachfolgende Tabelle gibt eine Übersicht der Abschläge je Kilowattstunde und der Maximalabschläge.

Anschaffung im Jahr	Abschlag je kWh	Abschlag maximal
2013 oder früher	500 €	10.000 €
2014	450 €	9.500 €
2015	400 €	9.000 €
2016	350 €	8.500 €
2017	300 €	8.000 €
2018	250 €	7.500 €
2019	200 €	7.000 €
2020	150 €	6.500 €
2021	100 €	6.000 €
2022	50 €	5.500 €

Beispiel

Für den angestellten Geschäftsführer wird im Juli 2015 ein Elektrofahrzeug mit einer Batteriekapazität von 26 kWh erworben. Der Bruttolistenpreis beträgt 110.350 €. Der Minderungsbetrag beträgt 10.400 € (400 € x 26), jedoch begrenzt auf 9.000 € (Höchstbetrag in 2015).

Zu beachten ist, dass die vorzunehmende Abrundung des Bruttolistenpreises auf volle Hundert Euro erst nach Abzug des Minderungsbetrags vorzunehmen ist. Im Beispiel ergibt sich damit ein Bruttolistenpreis von 101.300 €.

Klarstellend führt das BMF aus, dass eine Minderung der Bemessungsgrundlage nur dann vorzunehmen ist, wenn der Bruttolistenpreis die Kosten des Batteriesystems bereits bei Anschaffung beinhaltet. Wird das Batteriesystem folglich nicht zusammen mit dem Kraftfahrzeug angeschafft, sondern ist für dessen Überlassung ein zusätzliches Entgelt, z. B. in Form von Leasingraten, zu entrichten, kommt eine Minderung der Bemessungsgrundlage nicht in Betracht.

Der nach der pauschalen Bruttolistenpreis-Methode ermittelte pauschale Nutzungswert kann nach der sog. Kostendeckelung auf den Betrag der für das betriebliche Fahrzeug angefallenen Gesamtkosten inklusive etwaiger Umsatzsteuer begrenzt werden. Dies setzt jedoch voraus, dass alle Kfz-Kosten jeweils auf entsprechend getrennten Kfz-Konten gebucht werden. Zu den Gesamtkosten gehören im Fall der Anschaffung auch die Absetzungen für Abnutzungen (AfA). Nach den Ausführungen des BMF ist die AfA-Bemessungsgrundlage für begünstigte Kraftfahrzeuge um den pauschal zu ermittelnden Minderungsbetrag zu mindern. Im zuvor genannten Beispiel wären die tatsächlichen Anschaffungskosten somit um 9.000 € zu verringern.

Für den Fall, dass das begünstigte Kraftfahrzeug geleast wurde und die Leasingraten die Kosten des Batteriesystems beinhalten, sind diese aufzuteilen. Das BMF bietet hierzu folgende Vereinfachungsreglung an: Als Aufteilungsmaßstab kann das Verhältnis zwischen dem Listenpreis einschließlich der Kosten des Batteriesystems und dem um den Abschlag reduzierten Listenpreis herangezogen werden.

Beispiel

Für den Vertriebsleiter wird im August 2015 ein Elektrofahrzeug mit einer Batteriekapazität von 18 kWh geleast. Der Bruttolistenpreis beträgt 47.000 €; die monatliche Leasingrate 420 €. Für die Ermittlung der Gesamtkosten ist die Leasingrate aufzuteilen. Der Minderungsbetrag von 7.200 € (400 € x 18) im Verhältnis zum Bruttolistenpreis ergibt eine prozentuale Minderung von 15,3 %. Dementsprechend ist – neben anderen Kosten – die Leasingrate mit 355,89 € (420 € – 15,3 %) im Rahmen der Kostendeckelung zu berücksichtigen.

Wird der geldwerte Vorteil nach der Fahrtenbuch-Methode ermittelt und enthalten die Anschaffungskosten für das Elektro- oder Hybridelektrofahrzeug einen Anteil für das Batteriesystem, ist die AfA-Bemessungsgrundlage wie zuvor beschrieben zu mindern.

Im Fall des Leasings sind die Leasingraten entsprechend dem vorgenannten Beispiel zu mindern und mit dem Privatnutzungsanteil laut Fahrtenbuch zu multiplizieren.

Die Minderung der Bemessungsgrundlage ist ab dem 1.1.2013 für Elektro- und Hybridelektrofahrzeuge anzuwenden, die vor dem 1.1.2013 angeschafft, geleast oder zur Nutzung überlassen werden.

Praxishinweis

Die Verwaltungsanweisung präzisiert die gesetzliche Neuregelung zur steuerlichen Begünstigung von Elektro- und Hybridelektrofahrzeugen. Anhand zahlreicher Praxisbeispiele werden verschiedene Detailfragen klarstellend beantwortet.

3.3 Arbeitgeberzuschüsse zu einer ausländischen gesetzlichen Krankenversicherung

> **BMF, Schreiben v. 10.10.2013, VI C 5 – S 2333/13/10004, BStBl I 2014, S. 210**
>
> **Das BMF hat mit einem Erlass zur Frage der Steuerfreiheit von Arbeitgeberzuschüssen an Arbeitnehmer für deren ausländische gesetzliche Krankenversicherung innerhalb des EU/EWR-Raums sowie im Verhältnis zur Schweiz Stellung genommen.**
>
> **Norm:** § 3 Nr. 62 EStG

Der BFH hat mit Urteil vom 12.1.2011[169] im Anschluss an seine bisherige Rspr. entschieden, dass Zuschüsse zu einer Krankenversicherung, die ein inländischer Arbeitgeber an einen Arbeitnehmer für dessen Versicherung in der französischen gesetzlichen Krankenversicherung für Arbeitnehmer (CPAM – Caisse Primaire Assurance Maladie) leistet, nicht nach § 3 Nr. 62 EStG steuerfrei seien. Im Ergebnis bejahte er damit eine Steuerpflicht und übernahm die sozialversicherungsrechtliche Beurteilung der Vorinstanz.

Der BFH begründete seine Auffassung damit, dass im Streitfall eine dem deutschen Recht vergleichbare erforderliche gesetzliche Verpflichtung des Arbeitgebers zur Zahlung des Zuschusses fehlte.

Das auf Bund-Länder Ebene[170] abgestimmte BMF Schreiben vom 30.1.2014 stellt nunmehr fest, dass Zuschüsse eines inländischen Arbeitgebers an einen Arbeitnehmer für dessen Versicherung in einer ausländischen gesetzlichen Krankenversicherung zumindest innerhalb der EU und des EWR sowie im Verhältnis zur Schweiz doch vom Anwendungsbereich des § 3 Nr. 62 EStG erfasst werden und somit als lohnsteuerfrei zu qualifizieren sind.

Die Finanzverwaltung begründet ihre Auffassung damit, dass nach Beteiligung der beiden Fachministerien auf der Grundlage des bestehenden Europarechts eine sozialversicherungsrechtliche Zuschusspflicht nach § 257 Abs. 1 SGB V bestehe.[171] Denn die Begründung einer freiwilligen Mitgliedschaft in einer ausländischen gesetzlichen Krankenversicherung sei – zumindest innerhalb des EU/EWR Raums sowie in der Schweiz – nach den entsprechenden europäischen Normen so zu beurteilen, als ob eine freiwillige Mitgliedschaft bei einer inländischen gesetzlichen Krankenkasse begründet worden wäre.

Das BMF Schreiben ist in allen noch offenen Fällen anzuwenden.

Praxishinweis

Die vorgestellte steuergünstige Regelung der Finanzverwaltung ist aus Arbeitgebersicht grds. zu begrüßen. Denn damit können entsprechend gezahlte Arbeitgeberzuschüsse durch Unternehmen zumindest im Fall von EU/EWR/Schweiz Auslandssachverhalten steuerfrei gezahlt werden, wenn die gesetzliche Verpflichtung zur Entrichtung positiv feststeht. Ob dies jedoch tatsächlich der Fall ist, muss zunächst nach nationalem ausländischem Sozialversicherungsrecht im Einzelsachverhalt durch den Arbeitgeber beurteilt werden.

---

[169] I R 49/10, BFH/NV 2011, S. 913.
[170] Vgl. gleich lautende Erlasse der obersten Finanzbehörden der Länder v. 24.3.2014, O 2000, BStBl I 2014, S. 607.
[171] Vgl. Art. 5 Buchst. b der Verordnung (EG) Nr. 883/2004 des Europäischen Parlaments und des Rates v. 29.4.2004.

3.4 Lohnsteuer-Richtlinien 2015

> **BStBl 2014 I, S. 1344**
>
> Der Bundesrat hat am 10.10.2014 dem von der Bundesregierung verabschiedeten Entwurf der LStÄR 2015 ohne weitere Änderungen zugestimmt. Nachfolgend werden die wesentlichen Änderungen zusammenfassend dargestellt.
>
> **Normen:** LStR 2015

3.4.1 Allgemeines

Die Lohnsteuer-Richtlinien 2015 (LStR 2015) stellen eine Anpassung der bisherigen LStR dar, die durch Änderungen im Einkommensteuerrecht sowie durch neuere Rspr. und der zwischenzeitlich ergangenen Verwaltungsvorschriften ausgelöst wurde.

Die Regelungen der geänderten Verwaltungsvorschrift sind grds. im Lohnsteuerabzugsverfahren ab 1.1.2015 anzuwenden. Die LStR 2015 sind – soweit es sich nur um eine Erläuterung der Rechtslage handelt – auch schon für frühere Jahre anzuwenden. Dies ist insb. wichtig bei aktuell laufenden Lohnsteuer-Außenprüfungen.

3.4.2 Barablösung für Reinigung typischer Berufskleidung (R 3.31 Abs. 2 S. 4 LStR)

Es erfolgte eine Klarstellung, dass Aufwendungen für die Reinigung typischer Berufskleidung grds. nicht zu den (lohnsteuerfreien) Instandhaltungs- und Instandsetzungskosten der typischen Berufskleidung gehören. Ein sog. Wäschegeld ist als Barablösung somit weder nach § 3 Nr. 31 EStG steuerfrei, noch handelt es sich dabei um steuerfreien Auslagenersatz nach § 3 Nr. 50 EStG.

3.4.3 Kinderbetreuungskosten (R 3.33 Abs. 3 LStR)

Leistungen des Arbeitgebers, die zusätzlich zum ohnehin geschuldeten Arbeitslohn für die Betreuung und Unterbringung nicht schulpflichtiger Kinder erbracht werden, sind lohnsteuerfrei. Die Frage der Schulpflicht beantwortet sich nach dem jeweiligen Landesrecht. Hierzu gab es bisher eine Vereinfachung, wonach grds. unterstellt werden konnte, dass die Schulpflicht allgemein ab dem 1. Juli eines Jahres beginnt. Die LStR enthalten hierzu die Klarstellung, dass Kindergartenzuschüsse so lange steuerfrei geleistet werden können, bis das an sich schulpflichtige Kind eingeschult ist. Damit sind auch Leistungen noch steuerfrei für Kinder, die zwar vor dem 1. Juli das sechste Lebensjahr vollenden, aber wegen spät beginnender Sommerferien z. B. erst im September eingeschult werden.

3.4.4 Abgrenzung des Bar- und Sachlohns (R 8.1 Abs. 2 S. 7 LStR)

Nach der st. Rspr. des BFH[172] beurteilt sich die Frage, ob Bar- oder Sachlohn vorliegt, allein danach, was der Arbeitnehmer nach den geltenden arbeitsvertraglichen Vereinbarungen von seinem Arbeitgeber beanspruchen kann. Richtet sich demnach der arbeitsrechtliche Anspruch

---

[172] BFH, Urteil v. 11.11.2010, VI R 21/09, BStBl II 2010, S. 383; BFH, Urteil v. 11.11.2010, VI 27/09, BStBl II 2010, S. 286; BFH, Urteil v. 11.11.2010, VI R 41/10, BStBl II 2010, S. 389.

allein auf eine Sache, ohne dass der Arbeitnehmer alternativ die Auszahlung des Gegenwerts in Geld verlangen kann, so liegt Sachlohn vor. Dies gilt selbst dann, wenn der Arbeitgeber eine zweckgebundene Geldleistung zusagt.

Die Finanzverwaltung folgt diesen Grundsätzen. Der bisherige S. 7 in R 8.1 Abs. 2 der LStR war dementsprechend zu streichen, weil er besagte, dass ein bei einem Dritten einzulösender Gutschein kein Sachlohn sei, wenn er neben der Bezeichnung der Ware oder Dienstleistung einen anzurechnenden Betrag oder einen Höchstbetrag zeigte.

Diese Änderung hat Auswirkung für alle Regelungen, die zwingend die Gewährung von Sachlohn voraussetzen, wie z. B. die Anwendung der 44-Euro-Freigrenze, der Pauschalversteuerung nach § 37b Abs. 2 EStG sowie der Gewährung von Aufmerksamkeiten i. S. von R 19.6 Abs. 2 S. 2 LStR.

3.4.5 Bewertung von Sachbezügen (R 8.1 Abs. 2 S. 4 LStR)

Die geänderte Richtlinie enthält die Klarstellung, dass der Bewertungsabschlag für Sachbezüge i. H. v. 4 % nicht anzuwenden ist, wenn als Endpreis der günstigste Preis am Markt angesetzt, ein Sachbezug durch eine (zweckgebundene) Geldleistung des Arbeitgebers verwirklicht oder ein Warengutschein mit Betragsangabe hingegeben wird.

Beispiel

Für einen lukrativen Geschäftsabschluss erhält der Arbeitnehmer A eine Kiste Rotwein mit 6 Flaschen, die der Arbeitgeber für 90 € in der ortsansässigen Weinhandlung eingekauft hat. Recherchen im Internet haben ergeben, dass der identische Wein inkl. Versandkosten für 80 € hätten erworben werden können.

Nach der neugefassten LStR kann der Arbeitgeber 2 Varianten zur Bewertung des Sachbezugs heranziehen.

Variante 1: 96%-Regelung
Ortsüblicher Preis der Kiste Wein: 90,00 €
Bewertungsabschlag 4 %: 3,60 €
Maßgebender Wertansatz: 86,40 €

Variante 2: Günstigster Preis am Markt
Internetpreis für die Kiste Wein: 80,00 €
Kein Bewertungsabschlag
Maßgebender Wertansatz: 80,00 €

Praxishinweis

Will der Arbeitgeber der Variante 2 folgen, dann hat er den im Internet gefundenen Preis zu dokumentieren und zum Lohnkonto zu nehmen. Unabhängig von der Bewertung ist der Sachbezug entweder nach § 37b Abs. 2 EStG zu pauschalieren oder individuell nach den Besteuerungsmerkmalen des A der Lohnsteuer zu unterwerfen.

3.4.6 Zukunftssicherungsleistungen fallen nicht unter 44-Euro-Freigrenze (R 8.1 Abs. 3 LStR)

Es erfolgte die Klarstellung, dass die monatliche Freigrenze von 44 € nicht auf Zukunftssicherungsleistungen des Arbeitgebers anwendbar ist.

Nach § 2 Abs. 2 Nr. 3 S. 1 LStDV gehören zu den Zukunftssicherungsleistungen sämtliche vom Arbeitgeber geleisteten Ausgaben, um den Arbeitnehmer oder einem diesem nahestehende Person für den Fall der Krankheit, des Unfalls, der Invalidität, des Alters oder des Todes abzusichern. Die Finanzverwaltung bleibt bei ihrer Auffassung, dass auf Zukunftssicherungsleistungen die 44-Euro-Freigrenze für Sachbezüge nicht anwendbar ist. Sie geht in diesen Fällen von Barlohn und nicht von Sachlohn aus, wenn der Arbeitnehmer Versicherungsnehmer ist und der Arbeitgeber die Beitragszahlung des Arbeitnehmers übernimmt oder der Arbeitgeber als Versicherungsnehmer die Beiträge zahlt und der Arbeitnehmer Versicherungsnehmer ist.

Praxishinweis

Mit dieser Beurteilung widerspricht sich die Finanzverwaltung. Denn bezogen auf die Abgrenzung zwischen Barlohn und Sachlohn folgt sie – wie sich auch an der Streichung von R 8.1 Abs. 2 S. 7 LStR zeigt – uneingeschränkt der o. g. BFH-Rspr. Auch bei einem vom Arbeitnehmer entrichteten Versicherungsbeitrag handelt es sich um Sachlohn, wenn der Arbeitnehmer nicht die Möglichkeit hat, das Geld für den Versicherungsbeitrag anderweitig zu verwenden. Und für den Fall, dass der Arbeitgeber Schuldner der Versicherungsbeiträge ist, hat sich dieser allein dazu verpflichtet, über die Versicherung Sachlohn in Form des Versicherungsschutzes zuzuwenden.

3.4.7 Sonderausstattung beim Firmenwagen (R 8.1 Abs. 9 S. 6 LStR)

Wird im Lohnsteuerabzugsverfahren zur Bewertung des monatlich zu versteuernden Nutzungswerts die sog. 1%-Methode verwendet, dann orientiert sich diese Methode bekanntlich an dem Bruttolistenpreis. Das ist die auf volle hundert abgerundete unverbindliche Preisempfehlung des Herstellers für das jeweils genutzte Kraftfahrzeug im Zeitpunkt seiner Erstzulassung. Die Finanzverwaltung folgt bezüglich der Sonderausstattung der geltenden BFH-Rspr.[173] und ergänzt an der entsprechenden Richtlinienstelle, dass im Listenpreis nur die Kosten für die werkseitig im Zeitpunkt der Erstzulassung bereits eingebaute Sonderausstattung zu berücksichtigen sind.

Praxishinweis

Die schon seit vielen Jahren von der Finanzverwaltung vertretene Auffassung, dass auch bei gebrauchten oder geleasten Kraftfahrzeugen auf den Bruttolistenpreis im Zeitpunkt der Erstzulassung abzustellen ist, wurde bezüglich gebrauchter Pkw unlängst vom BFH bestätigt.[174]

---

[173] BFH, Urteil v. 13.10.2010, VI R 12/09, BStBl II 2011, S. 361.
[174] BFH, Urteil v. 13.12.2012, VI R 51/11, BFH/NV 2013, S. 641.

3.4.8 Firmenwagengestellung mit Fahrer (R 8.1 Abs. 10 LStR)

Die neue Richtlinie enthält die Klarstellung, dass der geldwerte Vorteil im Fall der Dienstwagengestellung mit Fahrer wahlweise mittels Einzelbewertung nach § 8 Abs. 2 EStG oder aus Vereinfachungsgründen weiterhin mittels prozentualer Zuschläge ermittelt werden kann.[175]

3.4.9 Bewertungswahlrecht in den Fällen des Rabattfreibetrags (R 8.2 Abs. 1 Nr. 4 LStR)

Wenn die Voraussetzungen für die Anwendung des Rabattfreibetrags vorliegen, kann der Arbeitgeber nunmehr auch gestützt auf die LStR zwischen der Bewertung nach § 8 Abs. 3 EStG und der Bewertung nach § 8 Abs. 2 EStG wählen.

Im ersten Fall ist grds. der Preis anzuwenden, zu dem der Arbeitgeber die Waren oder Dienstleistungen fremden Letztverbrauchern im allgemeinen Geschäftsverkehr am Ende von Verkaufsverhandlungen durchschnittlich anbietet (hier spricht man vom tatsächlichen Angebotspreis).

Im zweiten Fall ist der um übliche Preisnachlässe geminderte übliche Endpreis am Abgabeort anzusetzen.

Praxishinweis

→ Die Bewertung kann, muss aber nicht zwingend nach der für den Arbeitnehmer günstigsten Methode im Lohnsteuerverfahren erfolgen. Denn dies kann im Einzelfall mit einem erheblichen administrativen Mehraufwand für den Arbeitgeber verbunden sein. Und weiterhin ist zu beachten, dass der Arbeitnehmer im Rahmen seiner persönlichen Einkommensteuerveranlagung stets die für ihn günstigste Bewertungsmethode in Ansatz bringen kann.

3.4.10 Geschenke an Arbeitnehmer bei Firmenveranstaltungen (R 19.3 Abs. 2 Nr. 3 und Nr. 4 LStR)

Kein Arbeitslohn stellen übliche Sachleistungen des Arbeitgebers aus Anlass der Diensteinführung, eines Amts- oder Funktionswechsels oder der Verabschiedung eines Arbeitnehmers. Voraussetzung dafür ist, dass die Gesamtaufwendungen (brutto) je teilnehmender Person die Freigrenze von 110 € nicht überschreiten. Geschenke, bis zu einem Wert von künftig 60 € (bisher: 40 €) werden auf die 110-Euro-Freigrenze angerechnet. Dies gilt entsprechend für übliche Sachleistungen bei einem Empfang anlässlich eines runden Geburtstags, wenn es sich dabei um eine Feier des Arbeitgebers handelt.

3.4.11 Sachgeschenke bei Betriebsveranstaltungen (R 19.5 Abs. 6 S. 3 LStR)

Geschenke, die anlässlich einer Betriebsveranstaltung ausgegeben werden, sind bis zu einem Wert von 60 € auf die Freigrenze von 110 € anzurechnen. Bis zum 31.12.2014 gilt hier ein Wert von 40 €.

---

[175] Vgl. dazu im Detail Kapitel B.3.2.2.

3.4.12 Aufmerksamkeiten (R 19.6 Abs. 1 S. 2 LStR)

Sachzuwendungen, die der Arbeitgeber einem Arbeitnehmer anlässlich eines besonderen persönlichen Ereignisses gewährt, also zum Beispiel zum Geburtstag, zur Hochzeit oder zur Geburt eines Kindes gehören zum nicht steuerpflichtigen Arbeitslohn, wenn der jeweilige Bruttowert die Freigrenze von 40 € nicht übersteigt. Mit Wirkung zum 1.1.2015 wird die Freigren-Freigrenze auf 60 € angehoben.

3.4.13 Arbeitsessen (R 19.6 Abs. 2 S. 2 LStR)

Der Fiskus lässt Mahlzeiten ohne lohnsteuerliche Konsequenzen, wenn der Arbeitgeber anlässlich oder während eines außergewöhnlichen Arbeitseinsatzes Mahlzeiten bezahlt und die Bruttokosten dafür die Freigrenze von künftig 60 € nicht übersteigen. Bis Ende 2014 gilt hier eine Freigrenze von 40 €. Zu beachten ist, dass für jeden Teilnehmer eines solchen Arbeitsessens die Außergewöhnlichkeit nachgewiesen werden muss. Gelingt der Nachweis nicht, sind die Bewirtungskosten als steuerpflichtiger Arbeitslohn zu behandeln.

Beispiel

Die Mitarbeiter der Werbeagentur Creative müssen das Konzept für den Großkunden G spätestens am 31.3.2015 bis 22:00 Uhr zugeschickt haben. Am 31.3.2015 startet das Team ab 8:30 Uhr mit der Überarbeitung des Konzepts, nachdem der Kunde am Vortag noch Änderungswünsche mitgeteilt hat. Gegen 19:30 Uhr bestellt der Teamleiter für alle an dem Konzept mitarbeitenden Kollegen eine Pizza, Salat und ein Getränk im Wert von jeweils 18 €. Die dafür entstandenen Kosten bekommt er von der Werbeagentur erstattet.

Die Arbeitnehmer erhalten während eines außergewöhnlichen Arbeitseinsatzes eine Mahlzeit, deren Wert die Freigrenze für Arbeitsessen nicht überschreitet. Da der Arbeitgeber ein erhebliches Interesse daran hat, dass die im Team arbeitenden Kollegen ihre Arbeit nur kurz unterbrechen mussten, um anschließend den Auftrag termingerecht ausliefern zu können, handelt es sich bei der gewährten Mahlzeit um eine nicht lohnsteuerpflichtige Aufmerksamkeit.

Beispiel

Die Regionalleiter einer Vertriebsgesellschaft treffen sich allmonatlich, um die Verkaufszahlen zu besprechen und neue Vertriebsstrategien abzustimmen. Diese Meetings dauern regelmäßig bis in die späten Abendstunden. Um 18:00 Uhr wird daher auf Kosten des Arbeitgebers ein kalt-warmes Buffet aufgebaut von dem sich jeder Regionalleiter bedienen kann. Die dafür anfallenden Kosten liegen bei 25 € pro Person.

Auch wenn das Meeting bis in die späten Abendstunden andauert und die „Zwischendurchbeköstigung" der Beschleunigung dient, liegt gleichwohl kein außergewöhnlicher, weil vorhersehbarer Termin vor. Daher handelt es sich bei der gewährten Mahlzeit nicht um eine lohnsteuerpflichtige Aufmerksamkeit. Unter den Voraussetzungen des § 8 Abs. 2 S. 11 EStG könnte der geldwerte Vorteil jedoch im Rahmen der 44-Euro-Freigrenze ggf. unversteuert bleiben.

3.4.14 Belohnungsessen (R 8.1 Abs. 8 Nr. 2 LStR)

Mahlzeiten, die nicht die zuvor genannten Voraussetzungen eines außergewöhnlichen Arbeitsessens erfüllen, sind grds. als sog. Belohnungsessen lohnsteuerlich zu erfassen. Hierzu gehören auch Mahlzeiten, die während einer Dienstreise oder einer doppelten Haushaltsführung gewährt werden und deren Bruttokosten oberhalb von 60 € liegen. Falls der Arbeitgeber zur Pauschalversteuerung nach § 37b Abs. 2 EStG optiert haben sollte, sind solche Sachverhalte ebenfalls pauschal zu versteuern.

3.4.15 Lohnzahlung durch Dritte (R 38.4 Abs. 2 S. 1 LStR)

Wird der Arbeitnehmer im Rahmen der Tätigkeit, die er für seinen Arbeitgeber erbringt von einem Dritten entlohnt, liegt der Fall einer sog. echten Lohnzahlung von dritter Seite vor. Dies hat zur Folge, dass der Arbeitgeber derartige Vergütungen in seiner Gehaltsabrechnung zu erfassen hat.

Nach dem ergänzten S. 1 in R 38.4 Abs. 2 LStR gehören nunmehr auch geldwerte Vorteile, die ein Leiharbeitnehmer aufgrund des Zugangs zu Gemeinschaftseinrichtungen oder Gemeinschaftsdiensten des Entleihers nach § 13b AÜG erhält, zu den echten Drittlohnzahlungen.

Praxishinweis

Diese Fälle betreffen vorrangig Unternehmen, die das Geschäft des Arbeitnehmerverleihs betreiben. Gleichwohl sollten Unternehmen, die in relevanter Anzahl Leiharbeitnehmer einsetzen, darauf achten, dass für diesen Personenkreis keine (unnötigen) Pauschalsteuern entrichtet werden, wie das nachfolgende Beispiel zeigt.

Eine faktische Pflicht der Informationsweitergabe dürfte sich jedoch auch für den Entleiher ergeben. Denn letztlich kann nur er die Daten an den Verleiher weitergeben, die für eine zutreffende Lohnversteuerung heranzuziehen sind.

Beispiel

Die X GmbH beschäftigt in ihrer Zentrale neben 3.000 Angestellten um die 150 Leiharbeitnehmer. Auch die Leiharbeitnehmer haben Anspruch, die betriebseigene Kantine zu benutzen. Hier bezahlen sie für ein Mittagessen im Monatsdurchschnitt 2,50 €.

Der Verleiher muss prüfen, ob und in welchem Umfang durch den Zugang zu der von seinem Kunden bezuschussten Kantine ein lohnsteuerpflichtiger geldwerter Vorteil in der Lohn- und Gehaltsabrechnung zu erfassen ist. Nach dem reinen Wortlaut der hier einschlägigen Vorschriften kommt weder die Bewertung mit dem amtlichen Sachbezugswert noch eine Pauschalversteuerung nach § 40 Abs. 2 Nr. 1 EStG in Betracht.

Die X GmbH sollte systemseitig sicherstellen, dass die von den Leiharbeitnehmern vergünstigt erworbenen Mahlzeiten nicht in die Pauschalversteuerung nach § 40 Abs. 2 Nr. 1 EStG einbezogen werden. Denn dies führt im Beispielsfall je Mahlzeit zu einer Erhöhung der Bemessungsgrundlage von 0,50 €. Die sich daraus ergebende Steuerbelastung ist mit 0,12 € zzgl. Solidaritätszuschlag und pauschaler Kirchensteuer zwar vergleichsweise gering. Bei unterstellten 230 Mahlzeiten im Kalenderjahr beträgt die Gesamtbelastung bei einer pauschalen Kirchensteuer von 7 % jedoch bereits 4.851,56 € (0,50 € x 230 Tage x 150 Leiharbeitnehmer x 28,125 %).

3.4.16 „Lohnsteuerkarte" für beschränkt steuerpflichtige Arbeitnehmer (R 39.3 LStR)

Arbeitnehmer, denen (noch) keine Identifikationsnummer zugeteilt wird (wurde), nehmen nicht am ELStAM-Verfahren teil. Dies ist der Fall bei beschränkter Steuerpflicht nach § 1 Abs. 4 EStG oder bei erweiterter unbeschränkter Steuerpflicht nach § 1 Abs. 2 EStG und bei unbeschränkter Steuerpflicht auf Antrag nach § 1 Abs. 3 EStG.

Für diesen Kreis der Arbeitnehmer ist eine Papierbescheinigung für den Lohnsteuerabzug zu beantragen, die – wie die ehemalige Lohnsteuerkarte – die anzuwendenden Besteuerungsmerkmale dokumentiert.

Der Antrag nach § 39 Abs. 3 EStG ist bis spätestens zum 31.12. des jeweiligen Kalenderjahres zu stellen; anderenfalls ist die Lohnsteuer im Fall der Haftungsinanspruchnahme des Arbeitgebers grds. nach Steuerklasse VI zu berechnen.

Für den Fall, dass ein beschränkt steuerpflichtiger Arbeitnehmer in Deutschland seine Tätigkeit für einen deutschen Arbeitgeber ausübt, kann auch dieser für den ausländischen Arbeitnehmer die „Lohnsteuerkarte" beantragen.

3.4.17 Nettolohn (R 39b.9 LStR)

Die geänderte LStR enthält die Klarstellungen zur Ermittlung der lohnsteuerlichen Bemessungsgrundlage bei Nettolohnvereinbarungen. Dabei ist insb. zu beachten, dass Freibeträge stets von dem jeweils hochgerechneten Bruttolohn und nicht von dem hochzurechnenden Nettolohn abzuziehen sind.

3.4.18 Änderung des Lohnsteuerabzugs (R 41c.1 Abs. 6 LStR)

Ein neu eingefügter Satz 5 stellt klar, dass nachträglich einbehaltene Lohnsteuer für den Anmeldezeitraum anzugeben und abzuführen ist, in den sie einbehalten wurde. Diese Klarstellung hat insb. Bedeutung für Lohnsteuern, die nach Ablauf des Kalenderjahres im Folgejahr abzuführen sind.

Beispiel

Im Januar 2015 wird festgestellt, dass ein sonstiger Bezug, der dem Arbeitnehmer A bereits im November 2014 zugeflossen ist, nicht der Lohnversteuerung unterworfen wurde. Die Lohnsteuer wird somit nachträglich für November 2014 einbehalten.

Nach der Klarstellung bedeutet dies, dass der Arbeitgeber die im Januar 2015 nachträglich einzubehaltende Lohnsteuer zusammen mit der übrigen einzubehaltenden Lohnsteuer für Januar 2015 einzubehalten und bis spätestens zum 10.2.2015 an das Betriebsstättenfinanzamt abzuführen ist. Die nachträglich einbehalten Lohnsteuer ist sodann in die Lohnsteuerbescheinigung für das Jahr 2014 einzubeziehen.

Zu beachten ist jedoch, dass eine Änderung des Lohnsteuerabzugs dann nicht mehr möglich ist, wenn die Lohnsteuerbescheinigung bereits übermittelt worden ist. Dies muss spätestens bis zum 28. Februar des Folgejahres vorgenommen werden. Danach muss eine Anzeige nach § 41c Abs. 4 EStG erstattet werde.

Literaturhinweis: *Plenker,* DB 2014, S. 1037 und S. 1103.

3.5 Pauschalierung der Einkommensteuer nach § 37b EStG

> **BMF, Schreiben v. 11.12.2014, VI C 5 – S 2297-b/14/10001, unveröffentlichter Entwurf**
>
> Das ursprüngliche BMF-Schreiben v. 29.4.2008 (VI C 5 – S 2297-b/14/10001, BStBl I 2008, S. 566) wird im Einvernehmen mit den obersten Finanzbehörden der Länder geändert. Der Entwurf vom 11.12.2014 berücksichtigt zum einen die zwischenzeitlich in anderen Verwaltungsanweisungen enthaltenen Klärungen von Zweifelsfragen und zum anderen die jüngere Rechtsprechung des BFH.
>
> **Norm:** § 37b EStG

Der BFH hat in mehreren Urteilen vom 16.10.2013[176] entschieden, dass eine Pauschalversteuerung nach § 37b EStG nur dann in Betracht kommt, wenn die Zuwendung im Rahmen einer steuerlich zu erfassenden Einkunftsart zufließt und keine Steuerbefreiung greift. Dieser Sichtweise schließt sich jetzt auch die Finanzverwaltung in den überarbeiteten Rn. 3 und 13 der Entwurfsfassung an. Die weiteren wesentlichen Änderungen des Entwurfsschreibens lassen sich wie folgt zusammenfassen:

- Juristische Personen des öffentlichen Rechts sind sowohl mit ihrem hoheitlichen und dem Bereich der Vermögensverwaltung als auch mit ihren einzelnen Betrieben gewerblicher Art jeweils Zuwendender, sodass jeder dieser Bereiche die Option zu § 37b EStG unabhängig voneinander ausüben kann (vgl. Rn. 1 n. F.).

- Auch bei einem vom Kalenderjahr abweichenden Wirtschaftsjahr ist für eigene Arbeitnehmer immer die kalenderjahresbezoge Betrachtungsweise für die Ausübung des Wahlrechts nach § 37b Abs. 2 EStG maßgeblich (vgl. Rn. 4 n. F.).

- Abweichend zu der aktuell geltenden Regelung, dass für den Anwendungsbereich des § 37b Abs. 2 EStG die Option spätestens bis zum 28. Februar des Folgejahres zu treffen ist, wird dies in der Entwurfsfassung in eine Soll-Regelung abgemildert (vgl. Rn. 8 n. F.).

- Die neu eingefügte Rn. 8a n. F. nennt den Grund für die zuvor genannte Abmilderung. Danach kann das Wahlrecht für eigene Arbeitnehmer auch noch nach der genannten Frist ausgeübt werden, wenn Sachzuwendungen bisher weder individuell noch pauschal besteuert wurden. Die Ausübung würde dann im Rahmen einer noch änderbaren Lohnsteuer-Anmeldung ausgeübt werden.

- Das Zusätzlichkeitserfordernis für Zuwendungen an eigene Arbeitnehmer ist auch dann erfüllt, wenn die Sachleistung zweckgebunden zu dem Arbeitslohn hinzukommt, den der Arbeitgeber schuldet (vgl. Rn. 9b n. F.). Das Vorhandensein etwaiger Ansprüche auf die entsprechende Sachleistung ist damit unbeachtlich. Hiermit bekräftigt die Verwaltung ihre zur BFH-Rspr. abweichende Haltung.

- Die Teilnahme eines Kunden an einem Bonusprogramm stellt weder hinsichtlich gutgeschriebener Bonuspunkte noch hinsichtlich ausgeschütteter Prämien einen Vorgang nach § 37b EStG dar (vgl. Rn. 9d n. F.).

- Anders als der BFH in den Urteilen vom 16.10.2013 entschieden hat, hält die Finanzverwaltung an ihrer bisherigen Auffassung betreffend Streuwerbeartikel und Geschäftsfreundebewirtungen weiterhin fest. Danach bleiben Sachzuwendungen, deren Anschaf-

---

[176] Vgl. Kapitel C.3.1.

fungs- oder Herstellungskosten 10 € nicht übersteigen als sog. Streuwerbeartikel unbesteuert. Die Teilnahme an einer geschäftlich veranlassten Bewirtung führt ebenfalls nicht zu einem nach § 37b EStG zu erfassenden Vorgang (vgl. Rn. 10 n .F.).

- Aufwendungen für Bewirtungen im Rahmen von Repräsentationsveranstaltungen, wie z. B. einem Golfturnier oder einem Segeltörn, oder im Rahmen einer sog. Incentive-Reise sollen demgegenüber als Bestandteil einer Gesamtleistung insgesamt nach § 37b EStG versteuert werden (vgl. Rn. 10 n. F.).

- Gem. der BFH-Rspr. wird auch der Fall einer Zuwendung an eine Person, deren Einkommen nach einem DBA in Deutschland nicht steuerbar ist, von der Pauschalierung nach § 37b EStG ausgenommen. Voraussetzung ist jedoch, dass durch „geeignete Aufzeichnungen" dargelegt wird, dass die Zuwendung nicht steuerbar sind, d. h. die Empfänger müssen auf Nachfrage des FA benannt werden können (vgl. Rn. 13 n. F.).

- Rn. 13a n. F. bestimmt hierzu ergänzend, dass der Zuwendende zur vereinfachten Ermittlung der Bemessungsgrundlage einen bestimmten Bruchteil aller an Dritte gewährten Zuwendungen der Pauschalierung nach § 37b EStG unterwerfen kann. Der zu bestimmende Prozentsatz soll sich nach den unternehmensspezifischen Gegebenheiten richten.

- Die ergänzte Rn. 20 n. F. stellt klar, dass der Zeitpunkt der Bezahlung von nach § 37b EStG zu versteuernden Zuwendungen nicht maßgeblich ist. Vielmehr kommt es auf den Zeitpunkt der Erlangung der wirtschaftlichen Verfügungsmacht an.

Hinsichtlich der Prüfung der 10.000 €-Höchstgrenze positioniert sich die Verwaltung nunmehr derart, dass betrieblich veranlasste Sachzuwendungen an nahestehende Personen eines Geschäftsfreunds oder eines Arbeitnehmers dem Geschäftsfreund bzw. dem Arbeitnehmer zuzurechnen sind.

Praxishinweis

Die Überarbeitung der ursprünglichen Verwaltungsanweisung aus 2008 ist zu begrüßen, denn sie folgt in weiten Teilen der aktuellen BFH-Rspr. und übernimmt die bisher in Verfügungen und anderen Anweisungen enthaltenen Regelungen zu § 37b EStG. Was im aktuellen Entwurf bislang noch nicht berücksichtigt wurde, ist die „Steuerfreiheit" von Aufmerksamkeiten, die der Zuwendende an Dritte aus Anlass eines persönlichen Ereignisses abgibt. Diese waren in einer Kurzinformation für den Lohnsteuer-Außendienst 02/2012 der OFD Rheinland und Münster (S 2334 – 1011 St 213) und OFD Münster (S 2372 – 24 – St22 – 31) enthalten. Es bleibt abzuwarten, ob diese Regelung in der endgültigen Fassung enthalten sein wird. Unklar ist, was die Finanzverwaltung unter den „unternehmensspezifischen Gegebenheiten" versteht, die den in Rn. 13a genannten Prozentsatz bestimmen. Hierzu bedarf es einer klarstellenden Erläuterung.

Zu begrüßen ist ebenfalls die geplante Anwendung der neuen Verwaltungsauffassung in allen noch offenen Fällen. Damit kann insbesondere für ungeprüfte Anmeldezeiträume die bisher zu Unrecht gezahlte Pauschalsteuer durch Abgabe geänderter Lohnsteuer-Anmeldungen zurückgefordert werden. Unter Hinweis auf das in Kürze zu erwartende BMF-Schreiben sollte bei zurzeit laufenden Lohnsteuer-Außenprüfungen innerhalb der Einspruchsfrist beantragt werden, dass der Vorbehalt der Nachprüfung nicht aufgehoben wird. Nur so kann sichergestellt werden, dass nach Veröffentlichung des BMF-Schreibens die begünstigenden Regelungen angewendet werden können.

4 Änderungen im Umwandlungssteuerrecht

4.1 Ausübung des Wahlrechts in Fällen der Einbringung nach §§ 20, 21, 24, 25 UmwStG

> **BayLfSt, Verfügung v. 11.11.2014, S 1978d.2.1 – 17/10 St32, DB 2014, S. 1898**
>
> **Die bayerische Finanzverwaltung nimmt Stellung zur Ausübung des Wahlrechts bei Einbringungen nach §§ 20, 21, 24, 25 UmwStG.**
>
> **Normen:** §§ 20, 21, 24, 25 UmwStG

Im Grundsatz gilt für die Einbringung eines Betriebs, Teilbetriebs oder Mitunternehmeranteils in eine Kapitalgesellschaft/Genossenschaft der Ansatz der eingebrachten Wirtschaftsgüter mit dem gemeinen Wert.

Auf Antrag kann auch der Buchwert oder ein sog. Zwischenwert angesetzt werden. Der Antrag ist bis zur ersten Abgabe der steuerlichen Schlussbilanz zu stellen. Das ist die Bilanz, in der das übernommene Betriebsvermögen erstmals auszuweisen ist (sog. Übernahmebilanz).

Dieser Wertansatz gilt für den Einbringenden als Veräußerungspreis.

Liegt der steuerliche Übertragungsstichtag vor dem Bilanzstichtag, ist die steuerliche Schlussbilanz erst auf den Bilanzstichtag zu erstellen.

Unter dem Begriff der steuerlichen Schlussbilanz ist eine eigenständige von der Gewinnermittlung nach §§ 4 Abs. 1, 5 Abs. 1 EStG zu unterscheidende Bilanz zu verstehen. Wird lediglich die Steuerbilanz auf den Bilanzstichtag abgegeben, kann darin ohne weitere Erklärung keine Abgabe der steuerlichen Schlussbilanz gesehen werden. In diesen Fällen ist die Antragsfrist für die Bewertung noch nicht verstrichen.

Als Abgabe der steuerlichen Schlussbilanz gilt jedoch die ausdrückliche Erklärung, dass die Steuerbilanz gleichzeitig die steuerliche Schlussbilanz sein soll. Die Erklärung ist unwiderruflich. In der Erklärung ist dann konkludent ein Antrag auf Ansatz des Buchwerts zu sehen.

Der Antrag ist formlos, bedingungsfeindlich und unwiderruflich. Änderungen sind nach Abgabe des Antrags nicht möglich, auch nicht vor Ablauf der eigentlichen Frist.

Fallen steuerlicher Übertragungsstichtag und der Bilanzstichtag auf denselben Tag und gibt die übernehmende Gesellschaft keine Bilanz auf diesen Tag ab, ist eine steuerliche Schlussbilanz von der übernehmenden Gesellschaft anzufordern und die Gesellschaft gleichzeitig aufzufordern, sich zur Ausübung des Bewertungswahlrechts ausdrücklich zu äußern.

Wenn der steuerliche Übertragungsstichtag vor dem Bilanzstichtag liegt und lediglich die Steuerbilanz ohne weiteres Bemerken abgegeben wird, wird die Gesellschaft aufgefordert, eine ausdrückliche Erklärung zur Ausübung des Wahlrechts abzugeben. Nach Eingang der Antwort kann diese nicht mehr geändert werden. Erfolgt keine Antwort der Gesellschaft, wird davon ausgegangen, dass kein Antrag auf abweichenden Wertansatz gestellt wurde. Somit sind die gemeinen Werte anzusetzen.

4.2 Nachspaltungsveräußerungssperre im Anwendungsbereich des § 15 Abs. 2 S. 3, 4 UmwStG

> **FinMin Brandenburg, Erlass v. 16.7.2014, 35 – S 1978b – 2014#001, DB 2014, S. 2257**
>
> Das Finanzministerium Brandenburg erklärt, dass die sog. Nachspaltungsveräußerungssperre nicht nur bei Überschreiten der sog. 20%-Schwelle gilt, sondern auch unter diesem Schwellenwert bei Vorliegen bestimmter Umstände vorliegen kann.
>
> **Norm:** § 15 Abs. 2 S. 3 und S. 4 UmwStG

Die Steuerneutralität des Spaltungsvorgangs ist nach § 15 Abs. 2 S. 3, 4 UmwStG zu versagen, wenn durch die Spaltung die Voraussetzungen für eine Veräußerung geschaffen werden. Hiervon ist auszugehen, wenn innerhalb von fünf Jahren nach dem steuerlichen Übertragungsstichtag Anteile an einer an der Spaltung beteiligten Körperschaften veräußert werden, die mehr als 20 % der vor Wirksamwerden der Spaltung an der übertragenden Körperschaft bestehenden Anteile ausmachen. Hierbei handelt es sich um eine unwiderlegbare gesetzliche Vermutung.

Die Veräußerungsvermutung kann aber auch bei Vorliegen anderer Umstände geschlussfolgert werden, z. B. aus den Angaben der übertragenden Körperschaft im Rahmen eines Antrags auf verbindliche Auskunft oder aus sonstigen Unterlagen, die auf eine Veräußerungsabsicht schließen lassen.

Die Finanzverwaltung bittet um Meldung solcher Fälle zur Abstimmung der weiteren Verfahrensweise.

4.3 Nachweispflichten nach § 22 Abs. 3 UmwStG

> **OFD Frankfurt am Main, Verfügung v. 22.7.2014 – S 1978c A – 51 – St510, DB 2014 S. 2318**
>
> Die Finanzverwaltung Hessen äußert sich zur Frage der Zuständigkeit im Falle der Nachweispflichten des § 22 Abs. 3 UmwStG (für sperrfristbehaftete Anteile).
>
> **Norm:** § 22 Abs. 3 UmwStG

Im Falle einer Einbringung muss der Einbringende über sieben Jahre jeweils bis zum 31.5. des Jahres nachweisen, wem die sperrfristbehafteten Anteile zuzurechnen sind. Dieser Nachweis ist gegenüber dem zuständigen FA zu erbringen.

Im Falle einer einheitlichen und gesonderten Feststellung ist der Nachweis gegenüber dem Wohnsitz-FA zu erbringen.

Bei einer unentgeltlichen Rechtsnachfolge ist für den Nachweis das Wohnsitz-FA des Rechtsnachfolgers zuständig.

Es ist von den Finanzämtern sicherzustellen, dass innerhalb des siebenjährigen Überwachungszeitraums keine Neuvergabe der Steuernummer des eingebrachten Betriebs bzw. der eingebrachten Mitunternehmerschaft vergeben wird.

5 Änderungen bei der Umsatzsteuer

5.1 Zuordnung von Eingangsleistungen zum unternehmerischen Bereich

> **BMF, Schreiben v. 2.1.2014, IV D 2 – S 7300/12/10002:001, BStBl I 2014, S. 119**
>
> Wenn Eingangsleistungen nicht vollständig für unternehmerische Zwecke verwendet werden, muss – und zwar grds. bereits bei Leistungsbezug – eine Zuordnung dieser Leistung zum Unternehmen erfolgen. Soweit die Zuordnung zum Unternehmen nicht rechtzeitig oder nicht in korrekter Weise erfolgt, ist es möglich, dass das Recht auf Vorsteuerabzug verloren geht. In einem solchen Fall kann die Vorsteuer auch nicht nach den Grundsätzen des § 15a UStG nachträglich geltend gemacht werden. Das BMF hat nun eine Anzahl von Entscheidungen des BFH und des EuGH, die sich auf die eine oder andere Weise mit dieser Frage befassen, systematisiert und in den Umsatzsteuer-Anwendungserlass (UStAE) eingefügt.
>
> **Normen:** § 15 Abs. 1 UStG; Abschn. 15.2 ff. UStAE

Das umfangreiche BMF-Schreiben teilt den umfangreichen Abschn. 15.2 UStAE in mehrere Abschnitte auf. Von diesen ist im Wesentlichen nur Abschn. 15.2c UStAE – allerdings nicht ausschließlich – neu verfasst. Hierin befasst sich das BMF zunächst mit der Frage, wann eine Eingangsleistung dem Unternehmen zugeordnet werden muss (Zuordnungsgebot), wann dies nicht gestattet ist (Zuordnungsverbot), wann ein Wahlrecht besteht (Zuordnungswahlrecht) und wann die Leistung aufzuteilen ist (Aufteilungsgebot). Außerdem befasst sich das BMF mit der Frage der (eigentlich im Zusammenhang mit dem Vorsteuerabzug geregelten) unternehmerischen Mindestnutzung i. H. v. 10 %, die es – in diesem Zusammenhang – bei unternehmerischer Nutzung von weniger als 10 % als Zuordnungsverbot auffasst.

In Hinblick auf den Zuordnungsschlüssel bei teilunternehmerischer Verwendung des Zuordnungsobjekts soll § 15 Abs. 4 UStG analog anzuwenden sein. Zuordnungsobjekt ist dem BMF zufolge grds. jeder Leistungsbezug einschließlich Erhaltungsaufwendungen; es bestehen dem Schreiben zufolge aber Unterschiede zu den ertragsteuerlichen Begrifflichkeiten. Nachträgliche Herstellungskosten sollen dem BMF zufolge ebenso ein eigenständiges Zuordnungsobjekt bilden wie Photovoltaikanlagen, Blockheizkraftwerke und Betriebsvorrichtungen. Grundstücke und Gebäude sind nicht getrennt voneinander zu behandeln, ausnahmsweise kann ein Grundstücksteil aber ein eigenständiges Zuordnungsobjekt darstellen.

Die Zuordnungsentscheidung ist dem BMF zufolge eine Prognose des Unternehmers, die jedoch objektiv belegt und in gutem Glauben erklärt worden sein muss. Hierbei lässt es das BMF in Ausnahmefällen aber zu, den Gegenstand zunächst übergangsweise einer nicht unternehmerischen Nutzung zuzuführen. Die Zuordnungsentscheidung muss dokumentiert sein und grds. bereits bei Leistungsbezug erfolgen; ohne Beweisanzeichen – zu denen das BMF sich detailliert äußert – kann eine Zuordnung zum Unternehmen nicht unterstellt werden. Das BMF äußert sich auch zu dem Zeitpunkt, bis zu dem eine Zuordnungsentscheidung spätestens zu erfolgen hat bzw. korrigiert werden kann. Dies kann besonders dann diffizil sein, wenn sich der Herstellungsprozess über mehr als ein Jahr erstreckt oder wenn sich der Unternehmer während der Herstellungsphase in Hinblick auf die beabsichtigte spätere Verwendung um entscheidet.

Die Zuordnungsentscheidung und ihre Konsequenzen werden in zahlreichen Beispielen veranschaulicht.

Praxishinweis

Soweit das BMF-Schreiben die analoge Anwendung des § 15 Abs. 4 UStG anordnet, sollte beachtet werden, dass der BFH während des Jahres 2014 zu den Grundsätzen der Vorsteueraufteilung Stellung genommen hat; die Finanzverwaltung hat sich hierzu noch nicht geäußert, zumal ein Vorabentscheidungsersuchen am EuGH anhängig ist.

Auch weiterhin fragt sich, ob nicht aufgrund von § 15 Abs. 1 Nr. 2 UStG (10%-Grenze) lediglich der Vorsteuerabzug, aber nicht die Zuordnung zum Unternehmen verboten wird, und ob dieses Zuordnungsverbot sich auch auf nichtwirtschaftliche Leistungen im engeren Sinne (also nicht unternehmerische Tätigkeiten, die jedoch nicht privater Natur sind, z. B. hoheitliche Tätigkeit einer juristischen Person des öffentlichen Rechts, Leerstand eines Gebäudes verbunden mit dauerhafter Nichtnutzung) erstrecken kann – woran besonders angesichts der Ratsermächtigung für diese Maßnahme Zweifel erlaubt sind.

Bitte beachten Sie: Im Schreiben vom 10.12.2014[177] hat das BMF u. a. in der Frage des direkten und unmittelbaren Zusammenhangs der Eingangsleistung zu einem Ausgangsumsatz die Regelungen zum Vorsteuerabzug erneut ergänzt.

> **Literaturhinweise:** *Meurer*, Alle zwei Jahre wieder: BMF regelt den UStAE zum Vorsteuerabzug grundlegend neu, MwStR 2014, S. 49; *von Streit*, Zuordnung von Leistungen zum Unternehmen, UStB 2014, S. 120 (Teil 1), S. 145 (Teil 2); *Weber*, Zuordnung von Leistungsbezügen zum Unternehmen – das BMF-Schreiben vom 2.1.2014, UVR 2014, S. 105 (Teil 1), S. 141 (Teil 2); *Meurer*, Vorsteuerabzug/-berichtigung sowie Vorsteueraufteilung aus der Sicht von juristischen Personen des öffentlichen Rechts auf dem neuesten Stand, DStZ 2014, S. 501; *Oelmaier*, Unternehmensbezogene Zuordnung und umsatzbezogener Vorsteuerabzug, MwStR 2014, S. 600

---

[177] IV D 3 – S 7015/14/10001, http://www.bundesfinanzministerium.de/Content/DE/Downloads/BMF_Schreiben/Steuerarten/Umsatzsteuer/Umsatzsteuer-Anwendungserlass/2014-12-10-umsatzsteuer-anwendungserlass-aenderungen-zum-31-Dezember-2014-einarbeitung-rechtsprechung-redaktionelle-aenderungen.pdf?__blob=publicationFile&v=1, abgerufen am 12.1.2015.

5.2 Neue Regelungen über den Nachweis der Voraussetzungen von Steuerbefreiungen

> BMF, Schreiben v. 12.12.2013, IV D 3 – S 7015/13/10001, BStBl I 2013, S. 1627, UR 2014, S. 157;
>
> BMF, Schreiben v. 6.1.2014, IV D 3 – S 7156/13/10001, BStBl I 2014, S. 152, UR 2014, S. 287
>
> In Fällen, in denen Waren aus dem Gemeinschaftsgebiet ausgeführt oder in einen anderen EU-Mitgliedsstaat geliefert werden, war es in vielen Fällen – vom Ausfuhrvermerk bis hin zur Gelangensbestätigung – schon bislang möglich, den Beleg elektronisch zu übermitteln. Das BMF hat diese Möglichkeit nunmehr auf weitere Steuerbefreiungstatbestände und Nachweisdokumente ausgedehnt. In einem weiteren Schreiben hat das BMF weitere wichtige Regelungen zum Nachweis innergemeinschaftlicher Lieferungen in den Umsatzsteuer-Anwendungserlass (UStAE) eingefügt.
>
> **Normen:** §§ 4 Nr. 3, 7 UStG

Für bestimmte Nachweise der Voraussetzungen für die Steuerbefreiung von Ausfuhrlieferungen, Lohnveredelungen nach § 7 UStG und grenzüberschreitenden Güterbeförderungen nach § 4 Nr. 3 UStG hat das BMF in einem neuen Schreiben die elektronische Übermittlung von Belegnachweisen zugelassen. Einer Unterschrift bedarf es nicht, wenn für den leistenden Unternehmer erkennbar ist, dass die elektronische Übermittlung im Verfügungsbereich einer bestimmten Person stattgefunden hat (je nach Steuerbefreiungstatbestand und Nachweisdokument kann das nach dem BMF-Schreiben „der Aussteller", „der Übermittler", „der Spediteur" usw. sein).

Zudem hat das BMF in Abschn. 4.3.4 Abs. 7 UStAE ergänzt, dass im Falle einer Güterbeförderung, die einer grenzüberschreitenden Güterbeförderung vorangeht, die Bescheinigung der Ausfuhr oder Wiederausfuhr auch durch den auftraggebenden Lieferer erfolgen könne.

Praxishinweis

Für die oben stehenden Erleichterungen wird jeweils auf die Regelung für die Gelangensbestätigung (Nachweis für innergemeinschaftliche Lieferungen) verwiesen. Der Verweis ist allerdings nicht umfassend. So wird explizit nur auf Abs. 3 S. 2 des Abschn. 6a.4 UStAE verwiesen, aus dem sich die Umstände ergeben, unter denen von der Erkennbarkeit des Beginns der elektronischen Übermittlung im Verfügungsbereich des Abnehmers insb. ausgegangen werden kann. Der Verweis umfasst zum Beispiel aber nicht die darauffolgenden Sätze 3 und 4. Diese Sätze sehen vor, dass die E-Mail-Adresse dem liefernden Unternehmer nicht bereits vorher bekannt gewesen sein muss und dass die Domain-Endung (z. B. „.de") nicht auf den Ansässigkeitsstaat des Leistungsempfängers oder den Bestimmungsstaat hinweisen muss. Daraus kann man den Schluss ziehen, dass diese Erleichterungen für die genannten Steuerbefreiungen nicht gelten sollen. Der Verweis auf Abschn. 6a.4 Abs. 6 UStAE betrifft vor allem die zulässigen Möglichkeiten der Übermittlung und Aufbewahrung der Nachweise.

Weitere neue Nachweisregelungen hat das BMF bereits im Dezember 2013 an etwas versteckter Stelle – in einem Schreiben zur Einarbeitung von Rspr. und redaktionellen Änderungen – vorgesehen. Den Nachweis der Voraussetzungen steuerfreier innergemeinschaftlicher Lieferungen mit einem Versendeprotokoll (z. B. Tracking-and-Tracing-Protokoll) möchte das BMF erleichtern: Den Unternehmern werden jetzt insb. die Möglichkeit der Sammelbestätigung und gewisse Freiheiten in Hinblick auf die Form der Ausstellung des Nachweises zugestanden, was zum Beispiel die elektronische Übermittlung des Versendeprotokolls einschließt. Im selben Schreiben äußert sich das BMF aber noch in anderer Hinsicht zu den Nachweispflichten bei innergemeinschaftlichen Lieferungen: An sie seien besonders hohe Anforderungen zu stellen, wenn der (angeblichen) innergemeinschaftlichen Lieferung eines hochwertigen Gegenstands (z. B. eines hochwertigen Pkw) ein Barkauf mit Beauftragten zugrunde liege. Weitere Regelungen betreffen z. B. auffällige Unterschiede zwischen der Unterschrift auf der Empfangsbestätigung auf der Rechnung und auf dem Personalausweis des Abholers.

5.3 Umsatzsteuerrechtliche Behandlung von Ausgleichszahlungen bei Beendigung des Leasingverhältnisses

> **BMF, Schreiben v. 6.2.2014, IV D 2 – S 7100/07/10007, BStBl I 2014, S. 267, UR 2014, S. 374**
>
> **Mit Urteil vom 20.3.2013 hatte der BFH[178] entschieden, dass Zahlungen eines Minderwertausgleichs wegen Schäden am Leasingfahrzeug nicht umsatzsteuerbar sind. Das BMF hat sich dieser Auffassung angeschlossen und im Hinblick darauf den Umsatzsteuer-Anwendungserlass ergänzt. Es geht im Schreiben zudem auf die umsatzsteuerrechtliche Behandlung anderer Ausgleichszahlungen ein.**
>
> **Norm:** § 1 Abs. 1 Nr. 1 UStG

Verpflichtet sich der Leasingnehmer im Leasingvertrag, für durch nicht vertragsgemäße Nutzung am Leasinggegenstand eingetretene Schäden nachträglich einen Minderwertausgleich zu zahlen, ist diese Zahlung beim Leasinggeber als Schadensersatz nicht der Umsatzsteuer zu unterwerfen.

Ausgleichszahlungen, die darauf gerichtet sind, Ansprüche aus dem Leasingverhältnis an die tatsächliche Nutzung des Leasinggegenstands durch den Leasingnehmer anzupassen (z. B. Mehr- und Minderkilometervereinbarungen bei Fahrzeugleasingverhältnissen), sollen nach Auffassung des BMF dagegen je nach Zahlungsrichtung ein zusätzliches Entgelt oder aber eine Entgeltminderung für die Nutzungsüberlassung sein. Dies soll entsprechend für Vergütungen zum Ausgleich von Restwertdifferenzen in Leasingverträgen mit Restwertausgleich gelten. Auch Nutzungsentschädigungen wegen verspäteter Rückgabe des Leasinggegenstands sollen keinen Schadensersatz darstellen, sondern sind Entgelt für die Nutzungsüberlassung zwischen vereinbarter und tatsächlicher Rückgabe des Leasinggegenstands.

Praxishinweis

> Die Grundsätze dieses Schreibens gelten entsprechend auch für andere Gegenstände als Fahrzeuge, sofern die Überlassung als steuerbare Nutzungsüberlassung zu qualifizieren ist. Sie sind in allen offenen Fällen anzuwenden. Das BMF räumt jedoch in Hinblick auf Zahlungen eines Minderwertausgleichs für Leasingverträge, die vor dem 1.7.2014 enden, eine Nichtbeanstandungsregelung ein.

---

[178] BFH, Urteil v. 20.3.2013, XI R 6/11, BFH/NV 2013, S. 1509.

5.4 Vorsteuerabzug bei Betrugsabsicht des Lieferers

> **BMF, Schreiben v. 7.2.2014, IV D 2 – S 7100/12/10003, BStBl I 2014, S. 271, UR 2014, S. 375**
>
> Der BFH[179] hat bereits im Jahr 2011 entschieden, dass es dem Vorsteuerabzug des Leistungsempfängers nicht entgegensteht, wenn der Lieferer zivilrechtlich nicht Eigentümer des Gegenstands ist und darüber hinaus auch beabsichtigt, den gelieferten Gegenstand vertragswidrig nochmals an einen anderen Erwerber zu liefern. Das BMF schließt sich in einem Schreiben dieser Auffassung an. Diesem Schreiben ist aber noch mehr über die Auffassung des BMF zu Betrugsfällen zu entnehmen. Das BMF macht sich einige – wenngleich nicht alle – Elemente der Rechtsprechung des EuGH in Betrugsfällen zu Eigen.
>
> **Norm:** § 15 Abs. 1 UStG

Während das Ministerium in den Umsatzsteuer-Anwendungserlass selbst im Wesentlichen nur einen Verweis auf das genannte Urteil einfügt, macht es im Erläuterungsteil in allgemeiner Weise Ausführungen zur Frage des Vorsteuerabzugs des Leistungsempfängers in Betrugsfällen. Das schließt – wie das BMF ausdrücklich ausführt – auch Umsatzsteuerbetrug ein.

Nach dem BMF-Schreiben ist der Vorsteuerabzug nicht zu gewähren, wenn aufgrund objektiver Umstände feststeht, dass der Abnehmer wusste oder hätte wissen müssen, dass der Umsatz in einen von dem Lieferer oder einem anderen Wirtschaftsteilnehmer begangenen Betrug eingebunden war. Damit scheint sich das BMF an die EuGH-Rechtsprechung in dieser Frage anzulehnen. Werden diese objektiven Umstände durch das FA nachgewiesen bzw. substantiiert vorgetragen, obliege es dem Abnehmer, dies seinerseits mit substantiierten Argumenten und Beweisen zu widerlegen. Das bedeute: Er müsse nachweisen, dass er alle Maßnahmen ergriffen hat, die vernünftigerweise von ihm verlangt werden können, um sicherzustellen, dass die Umsätze nicht in einen Betrug einbezogen sind. Ein Vorsteuerabzug kann nach Auffassung des BMF nur im Ausnahmefall nach Prüfung des konkreten Einzelfalls in Betracht kommen.

Praxishinweis

> Die Auffassung, dass zunächst das FA in der Pflicht steht, solche objektiven Umstände vorzutragen oder nachzuweisen, steht in Einklang mit der Rspr. des EuGH. Allerdings verlässt das BMF bereits im nächsten Schritt wieder den Boden der Rspr. des EuGH, wenn es mitteilt, dass zu den vom Leistungsempfänger zu ergreifenden Maßnahmen „z. B. die dokumentierte Vergewisserung über die Unternehmereigenschaft des Leistenden" gehöre. Denn nach der Rspr. des EuGH kann „die Steuerverwaltung (...) von dem Steuerpflichtigen, der sein Recht auf Vorsteuerabzug ausüben möchte, nicht generell verlangen, zu prüfen, ob der Aussteller der Rechnung über die Gegenstände und Dienstleistungen, für die dieses Recht geltend gemacht wird, Steuerpflichtiger ist".[180]

Welche Anforderungen im Übrigen an das Wissen oder das Wissenmüssen des Unternehmers gestellt werden, bleibt in diesem Zusammenhang sonst weitgehend offen. Überspannt werden sollten diese Anforderungen wohl nicht – das oben zitierte EuGH-Urteil jedenfalls nennt noch

---

[179] BFH, Urteil v. 8.9.2011, V R 43/10, BFH/NV 2012, S. 664.
[180] EuGH, Urteil v. 21.6.2012, C–80/11 und C–142/11, *Mahagében und Dávid*, BFH/NV 2012, S. 1404.

weitere Umstände, deren Prüfung nicht generell verlangt werden kann, nämlich, ob der Lieferer „über die fraglichen Gegenstände verfügte und sie liefern konnte und seinen Verpflichtungen hinsichtlich der Erklärung und Abführung der Mehrwertsteuer nachgekommen ist".[181] Ferner muss das Wissen oder Wissenmüssen aufgrund objektiver Umstände feststehen.[182] Anders, als das BMF das darstellt, hat der Vorsteuerabzug in derartigen Fällen außerdem keinen Ausnahmecharakter. Denn der Vorsteuerabzug ist noch stets der Grundfall und seine Versagung die Ausnahme – nicht umgekehrt. Bei Unklarheiten liegt die Beweislast insoweit nicht beim Steuerpflichtigen, sondern beim Fiskus, zumindest solange eine formell ordnungsgemäße Rechnung vorliegt und sich dem Leistungsempfänger konkrete Verdachtsmomente nicht aufdrängen mussten.[183]

> **Literaturhinweise:** *Meyer-Burow/Connemann*, Der Vorsteuerabzug des Leistungsempfängers bei Betrugsabsicht des Leistenden, UStB 2014, S. 204 (Teil 1), S. 255 (Teil 2); *Sterzinger*, Versagung des Vorsteuerabzugs bei betrügerischem Handeln des Vorlieferanten, DStR 2014, S. 831; *Hummel*, Umgang mit „betrugsbehafteten Umsätzen" im Umsatzsteuerrecht – Zu den aktuellen Versuchen der Finanzverwaltung, das Umsatzsteueraufkommen nach einem Betrugsfall nicht nur zu sichern, sondern zu vervielfachen, UR 2014, S. 256

5.5 Belegnachweis für innergemeinschaftliche Lieferung – Übermittlung einer Gelangensbestätigung auf elektronischem Weg

> **FinMin des Landes Schleswig-Holstein, USt-Kurzinformation Nr. 2014/02 für die Finanzämter des Landes Schleswig-Holstein v. 21.2.2014, VI 358 – S 7141 – 024, BC 2014, S. 181**
>
> **Mit Schreiben vom 16.9.2013 hatte das BMF[184] Einzelheiten zum Nachweis innergemeinschaftlicher Lieferungen geregelt. In bestimmten Fällen – vor allem im Falle der Gelangensbestätigung – können Nachweise auch elektronisch übermittelt werden. Einer Kurzinformation des Finanzministeriums des Landes Schleswig-Holstein zufolge hat das BMF im Einvernehmen mit den obersten Finanzbehörden der Länder hierzu einige nähere Angaben gemacht.**
>
> **Normen:** § 6a UStG; § 17a Abs. 2 UStDV

So soll zum Beispiel eine Gelangensbestätigung auch als Word-Datei, als Excel-Datei oder als Datei im CSV-Format elektronisch, also etwa per E-Mail, übertragen werden können. Es wird darauf hingewiesen, dass der Umsatzsteuer-Anwendungserlass (UStAE) an zahlreichen anderen Stellen auf die Regelungen zur Übermittlung der Gelangensbestätigung auf elektronischem Weg verweist. Abgesehen von der Gelangensbestätigung gilt das Vorstehende damit vor allem auch für Tracking-und-Tracing-Protokolle, Frachtbriefe und Konnossements sowie für die weiße Spediteursbescheinigung.

---

[181] EuGH, Urteil v. 21.6.2012, C–80/11 und C–142/11, *Mahagében und Dávid*, BFH/NV 2012, S. 1404.
[182] EuGH, Urteil v. 21.6.2012, C–80/11 und C–142/11, *Mahagében und Dávid*, BFH/NV 2012, S. 1404.
[183] In diesem Zusammenhang sei auf das Urteil des FG Münster vom 12.12.2014 verwiesen; vgl. Kapitel C.5.22.
[184] BMF, Schreiben v. 16.9.2013, IV D 3 – S 7141/13/10001, BStBl I 2013, S. 1192.

Eine E-Mail, ein Download-Protokoll oder zum Beispiel eine Datei als Anhang einer E-Mail müsse stets im Original – also so, wie sie beim nachweispflichtigen Unternehmer angekommen ist – elektronisch oder in ausgedruckter Form aufbewahrt werden. Nur so könne die Unversehrtheit des Inhalts und die Echtheit der Herkunft gewährleistet werden. Im Übrigen enthalte Abschn. 6a.4 Abs. 6 UStAE die Aussage, dass die Grundsätze ordnungsmäßiger DV-gestützter Buchführungssysteme (GoBS) und die Grundsätze zum Datenzugriff und zur Prüfbarkeit digitaler Unterlagen (GDPdU)[185] unberührt blieben.

Hingegen könne eine im EDV-System dokumentierte Wareneingangsbuchung einer ausländischen Konzerngesellschaft allein nicht als Form der Gelangensbestätigung anerkannt werden. Abgesehen davon, dass der liefernde Unternehmer über den Belegnachweis einer innergemeinschaftlichen Lieferung verfügen müsse, mangele es bereits an der Vollständigkeit der vorgesehenen Angaben.

Praxishinweis

Diese Regelung betrifft die elektronische Übermittlung von Nachweisen an sich, nicht aber die Frage, ob in einem solchen Fall (unter den weiteren Voraussetzungen) eine Unterschrift des Abnehmers entbehrlich ist

5.6 BMF klärt Einzelfragen zur umsatzsteuerlichen Organschaft

> **BMF, Schreiben v. 5.5.2014, IV D 2 – S 7105/11/10001, IV D 2 – S 7105/13/10003, BStBl I 2014, S. 820, DB 2014, S. 1109**
>
> **Bereits mit Schreiben vom 7.3.2013[186] hatte das BMF den Versuch unternommen, die organisatorische Eingliederung einer Organgesellschaft in das Unternehmen eines Organträgers möglichst umfassend zu regeln. Während einerseits Zweifelsfragen blieben, sorgten andererseits EuGH und BFH seither für weitere Bewegung im Recht der umsatzsteuerlichen Organschaft. Mit einem 2014 veröffentlichten Folgeschreiben möchte das BMF zum einen zu diesen neuen Entwicklungen Stellung nehmen, zum anderen eine Anzahl streitiger Themen klären**
>
> **Norm:** § 2 Abs. 2 Nr. 2 UStG

Das BMF äußert in dem Schreiben zunächst die Auffassung, dass Nichtunternehmer entgegen einem 2013 ergangenen Urteil des EuGH[187] auch weiterhin nicht Teil einer umsatzsteuerlichen Organschaft werden könnten, weil die Mitgliedsstaaten dazu nicht verpflichtet seien. Hierbei sei allerdings der Ausgang zweier vom BFH vor dem EuGH anhängig gemachter Verfahren abzuwarten. Diese Frage betrifft z. B. nichtunternehmerische Zwischenholdings.

In der vom BFH im vergangenen Jahr für Insolvenzfälle mit „schwachem" vorläufigem Insolvenzverwalter entschiedenen Frage, ob der Organträger in der Lage sein muss, seinen Willen in der Organgesellschaft durchzusetzen, verweist das BMF auf ein am EuGH anhängiges Vor-

---

[185] Beide zum 1.1.2015 ersetzt durch die „Grundsätze zur ordnungsmäßigen Führung und Aufbewahrung von Büchern, Aufzeichnungen und Unterlagen in elektronischer Form sowie zum Datenzugriff" (GOBD), BMF, Schreiben v. 14.11.2014, IV A 4 – S 0316/13/10003, BStBl I 2014, S. 1450. Eine Anpassung der zitierten Stelle des UStAE war zum Redaktionsschluss noch nicht erfolgt.
[186] IV D 2 –S 7105/11/10001, BStBl I 2013, S. 333.
[187] EuGH, Urteil v. 9.4.2013, C–85/11, *Kommission/Irland*, DStR 2013, S. 8.

abentscheidungsersuchen, angesichts dessen die allgemeine Anwendung des betreffenden BFH-Urteils zurückgestellt werde. Daher reicht es nach Ansicht der Finanzverwaltung bis auf Weiteres aus, dass der Organträger die Bildung eines abweichenden Willens in der Organgesellschaft verhindern kann. Vereinfacht ausgedrückt genügt es nach der bisherigen Verwaltungsauffassung, wenn der Organträger in der Geschäftsführung einer Organgesellschaft lediglich ein Patt herbeiführen kann oder sich ein Vetorecht vorbehält.

In Hinblick auf die organisatorische Eingliederung verzichtet das BMF auf das Erfordernis, dass der zur organisatorischen Eingliederung in die Geschäftsleitung der Organgesellschaft entsandte Mitarbeiter des Organträgers ein leitender Mitarbeiter sein muss. Ferner werden u. a. Regelungen zur organisatorischen Eingliederung in eine Beteiligungskette (bei der die organisatorische nicht der finanziellen Eingliederung folgen muss, was organisatorische Eingliederungen über Schwestergesellschaften ermöglicht) und zum Abschluss eines Beherrschungsvertrags bzw. zur Eingliederung eines Unternehmens näher ausgeführt. Der Begriff des „Teilbeherrschungsvertrags", der keine organisatorische Eingliederung nach sich ziehe, wurde offenbar aufgrund seiner terminologischen Unschärfe wieder fallengelassen. Ein Weisungsrecht aufgrund eines Beherrschungsvertrags oder einer Eingliederung muss sich jedoch „*soweit rechtlich zulässig [...] grds. auf die gesamte unternehmerische Sphäre der Organgesellschaft erstrecken*". Für regulierte Branchen wie etwa Banken ist die Feststellung wichtig, dass aufsichtsrechtliche Beschränkungen einer organisatorischen Eingliederung nicht entgegenstünden. Das BMF-Schreiben sieht eine Übergangsregelung für Fälle der organisatorischen Eingliederung im Wege der Mitarbeiterentsendung vor.

Praxishinweis

> Da die Rspr. des BFH zum Ende der organisatorischen Eingliederung bei Einsetzen eines „schwachen" vorläufigen Insolvenzverwalters einstweilen von der Verwaltung nicht angewendet wird, sollte in Insolvenzfällen erforderlichenfalls darauf geachtet werden, das Ende der Organschaft auf andere Weise herbeizuführen.

Nicht völlig klar ist, ob in Beteiligungsketten die verschiedenen Gestaltungen, die zu organisatorischer Eingliederung einer Organgesellschaft in das Unternehmen eines Unternehmers führen, beliebig kombiniert werden können. Denn die Formulierung, wonach sichergestellt sein müsse, „dass der Organträger die Organgesellschaften durch die Art und Weise der Geschäftsführung beherrscht", wird an anderer Stelle im UStAE in einem Sinne verwendet, der vermuten lässt, dass damit Personalidentität zwischen Organträger und Organgesellschaft gemeint ist. Sollte das zutreffen, so besteht die Möglichkeit, dass in Beteiligungsketten die organisatorische Eingliederung der Organgesellschaft in das Unternehmen des Organträgers im ersten Schritt im Wege der Personenidentität und erst im zweiten Schritt z. B. zwischen der Tochtergesellschaft und einer Enkelgesellschaft auf andere Weise (z. B. Mitarbeiterentsendung) herzustellen sein müsste. Abgesehen von einer Eingliederung über Schwestergesellschaften ist außerdem eine Eingliederung über Nichtmitglieder der Organschaft, also zum Beispiel über nichtunternehmerische Zwischenholdings, möglich.

Der BFH hat am EuGH 2 Vorabentscheidungsersuchen[188] anhängig gemacht, die sich u. a. mit zentralen Fragen der organisatorischen Eingliederung befassen. Konkret möchte der XI. Senat wissen, ob „*die Bestimmung über die Zusammenfassung mehrerer Personen zu einem [Steuer-*

---

[188] BFH, Beschluss v. 11.12.2013, XI R 17/11, BFH/NV 2014, S. 632, anhängig beim EuGH, C–108/14, *Larentia + Minerva*; BFH, Beschluss v. 11.12.2013, XI R 38/12, BFH/NV 2014, S. 638, anhängig beim EuGH, C–109/14, *Marenave*, DB 2014, S. 637, mit Anmerkung Michel.

pflichtigen] einer nationalen Regelung entgegen[steht], nach der (erstens) nur eine juristische Person — nicht aber eine [Personengesellschaft] — in das Unternehmen eines anderen [Steuerpflichtigen] (sog. Organträger) eingegliedert werden kann und die (zweitens) voraussetzt, dass diese juristische Person finanziell, wirtschaftlich und organisatorisch (i. S. eines Über- und Unterordnungsverhältnisses) „in das Unternehmen des Organträgers eingegliedert ist". Sollte der EuGH ein Über/Unterordnungsverhältnis als Voraussetzung für eine Organschaft verneinen, müssten die verschiedenen Eingliederungsmerkmale wohl auf eine neue Basis gestellt werden. Lässt der EuGH Personengesellschaften als mögliche Organgesellschaften zu, dürften auch hier eine Reihe weiterer Fragen aufgeworfen werden, z. B., wie die organisatorische Eingliederung einer Personengesellschaft mit dem gesellschaftsrechtlichen Grundsatz der Selbstorganschaft vereinbart werden kann.

> **Literaturhinweise:** *Sterzinger*, Notwendige Einbeziehung eines Nichtsteuerpflichtigen in eine Organschaft, UR 2014, S. 133; *Becker*, Umsatzsteuerliche Organschaft: vorläufige Aussagen durch das BMF-Schreiben v. 5.5.2014, UStB 2014, 230; *Haaf/Knoll*, Umsatzsteuerliche Organschaft: Organisatorische Eingliederung nach dem BMF-Schreiben v. 5.5.2014 – Erleichterung für nach dem EnWG regulierte Verteilernetzbetreiber?, MwStR 2014, S. 430; *Höink/Hudasch*, Umsatzsteuerrechtliche Organschaft: Anpassung der Verwaltungsanweisung, DB 2014, S. 1286

5.7 Zur (teil-)unternehmerischen Verwendung von Fahrzeugen

> **BMF, Schreiben v. 5.6.2014, IV D 2 – S 7300/07/10002:001, BStBl I 2014, S. 896, DB 2014, S. 1342**
>
> **Mit zwei Schreiben vom 2.1.2012 und 2.1.2014 hat das BMF bereits in allgemeiner Weise zur Frage des Vorsteuerabzugs bei teilunternehmerischer Nutzung und zur Zuordnung von Leistungen zum Unternehmen Stellung genommen. Mit einem weiteren Schreiben regelt es nun besonders die Zuordnung zum Unternehmen, den Vorsteuerabzug und die Umsatzbesteuerung bei unternehmerisch und teilunternehmerisch genutzten Fahrzeugen. Zwar führt es gegenüber den o. g. Verwaltungsanweisungen nur wenige neue Grundsätze ein – es macht aber (nicht zuletzt mit seinen zahlreichen Beispielen) die umsatzsteuerliche Behandlung dieser Fälle mit ihren Besonderheiten transparenter. Das BMF-Schreiben ist sehr umfänglich, sodass hier nur einige wichtige Punkte beispielhaft hervorgehoben werden können.**
>
> **Norm:** § 15 Abs. 1 UStG

Zur Ermittlung der Ausgaben, die auf die unternehmensfremde Nutzung entfallen, verweist das BMF-Schreiben im Wesentlichen – mit Modifikationen – auf die einkommensteuerlichen Bewertungsregelungen (wie etwa Fahrtenbuchregelung, 1%-Regelung). Hierbei wird zwischen Fahrzeugen unterschieden, die zu mehr als 50 %, und solchen, die zu nicht mehr als 50 % betrieblich genutzt werden. In bestimmten Fällen ist der private Nutzungsanteil im Wege einer sachgerechten Schätzung zu ermitteln; das BMF-Schreiben macht hierzu nähere Ausführungen. Auch für die Zuordnung eines Fahrzeugs zum Unternehmen gilt, dass das BMF bei einer unternehmerischen Nutzung von weniger als 10 % von einem Zuordnungsverbot ausgeht.

Die Überlassung eines Fahrzeugs an das Personal (Arbeitnehmer) auch zu Privatzwecken ist i. d. R. – wie bisher – eine entgeltliche Überlassung, der Vorsteuerabzug ist darum im Normalfall in vollem Umfang möglich. Die Gegenleistung besteht in der anteiligen Arbeitsleistung des Arbeitnehmers (tauschähnlicher Umsatz). Nur ausnahmsweise kann eine unentgeltliche Überlassung an das Personal vorliegen – in einem solchen Fall liegt eine unentgeltliche Wertabgabe vor. Das BMF-Schreiben äußert sich zu den zulässigen Wegen, die Bemessungsgrundlage zu ermitteln.

Praxishinweis

Besondere Regelungen gelten für Elektrofahrzeuge. Hier sieht das Einkommensteuerrecht einen Abschlag für die Batteriesysteme vor; es begegnet aber Bedenken in Hinblick auf die Neutralität der Umsatzsteuer, diesen Abschlag auch für umsatzsteuerliche Zwecke zuzulassen, da hier kein Grund besteht, Unternehmern gegenüber Privatleuten in Hinblick auf diese Teile zu bevorzugen. Folglich sind die betreffenden pauschalen Kürzungen für Umsatzsteuerzwecke nicht zu berücksichtigen. Bitte beachten Sie, dass der BFH[189] den Weg zwischen Wohnung und erster Tätigkeitsstätte in einem Urteil für Unternehmer (nicht aber für Arbeitnehmer) als unternehmerisch veranlasst angesehen hat.[190]

> **Literaturhinweis:** *Huschens*, Vorsteuerabzug und Umsatzbesteuerung bei (teil-)unternehmerisch verwendeten Fahrzeugen, DB 2014, S. 1636

---

[189] BFH, Urteil v. 5.6.2014, XI R 36/12, BFH/NV 2014, S. 2011.
[190] Vgl. Kapitel C.5.30.

5.8 Übergang der Steuerschuldnerschaft bei Bauleistungen und Gebäudereinigungsleistungen (Rechtslage vom 15.2. bis 30.9.2014)

> BMF, Schreiben v. 5.2.2014, IV D 3 – S 7279/11/10002, BStBl I 2014, S. 233, UR 2014, S. 377;
> BMF, Schreiben v. 8.5.2014, IV D 3 – S 7279/11/10002-03, BStBl I 2014, S. 823, UR 2014, S. 500
>
> Im Jahr 2013 hatte der BFH in seinem Urteil in der Rs. V R 37/10 die Verwaltungsauffassung zum Übergang der Steuerschuldnerschaft (Reverse-Charge-Verfahren) bei Bauleistungen gleich in mehreren Punkten zurückgewiesen. Insb. sollte nach Auffassung des BFH der Übergang der Steuerschuldnerschaft bei Bauleistungen und Gebäudereinigungsleistungen nicht vom Anteil solcher Leistungen am Weltumsatz des Leistungsempfängers abhängen. Stattdessen sollte es darauf ankommen, ob der Leistungsempfänger die Bauleistung des leistenden Unternehmers seinerseits unmittelbar zur Erbringung einer Bauleistung verwendete. Zum 1.10.2014 hat der Gesetzgeber im sog. „Kroatien-Gesetz" weitgehend die alte Rechtslage wiederhergestellt.[191] Somit sind für das Jahr 2014 drei verschiedene Rechtslagen zu beachten: Die bisherige Rechtslage (bis 14.2.2014), die Rechtslage nach Auffassung des BFH (vom 15.2. bis zum 30.9.2014) und die neue Rechtslage (seit dem 1.10.2014). Das BMF hat mit einer ganzen Anzahl von Schreiben versucht, etwas Rechtssicherheit für die betroffenen Unternehmer herzustellen. Mit der Rechtslage nach Auffassung des BFH befassen sich die beiden Schreiben vom 5.2.2014 und 8.5.2014; im Weiteren werden diese beiden Schreiben näher behandelt. Die Verwaltungsschreiben zur Altfallregelung nach § 27 Abs. 19 sowie zur geänderten Rechtslage nach dem 1.10.2014 werden in diesem Werk im Anschluss an diesen Abschnitt behandelt.
>
> **Norm:** § 13b Abs. 2 Nr. 4 und Abs. 5 S. 2 UStG

Mit Schreiben vom 5.2.2014 schloss sich das BMF der Rspr. des BFH an. Der Leistungsempfänger musste demnach die an ihn erbrachte Bauleistung seinerseits unmittelbar zur Erbringung einer derartigen Leistung verwenden; auf den Anteil der von ihm erbrachten Bauleistungen an den insgesamt von ihm erbrachten Umsätzen kam es nicht an. Den Nachweis dieser Voraussetzungen konnte der leistende Unternehmer mit allen geeigneten Belegen und Beweismitteln führen, wobei aber der (ausdrücklich für umsatzsteuerliche Zwecke vorgelegten) Freistellungsbescheinigung nach § 48 EStG nur mehr Indizfunktion zukommen sollte, sodass sie auch keinen Gutglaubensschutz mehr entfaltete. Entsprechende Ausführungen machte das BMF-Schreiben auch für Gebäudereinigungsleistungen, bei denen das BMF allerdings mit dem Vordruckmuster USt 1 TG die Möglichkeit einräumte, unter gewissen weiteren Voraussetzungen auch weiterhin Gutglaubensschutz in Anspruch zu nehmen. Die Bauleistungen (nicht aber die Gebäudereinigungsleistungen) wurden aus der Vereinfachungsregelung des Abschn. 13b.8 UStAE, die z. B. für Zweifelsfälle vorgesehen ist, herausgenommen. Bauträger, die eigene Grundstücke zum Zwecke des Verkaufs bebauen, führen keine Werklieferungen und folglich auch keine Bauleistungen aus.

---

[191] Vgl. Kapitel A.1.1.4.5.

Im Übrigen enthielt das BMF-Schreiben vom 5.2.2014 erste Übergangsregelungen für Bauleistungen. Soweit beide Parteien nach Veröffentlichung des BFH-Urteils in Einklang mit der bisherigen Verwaltungsauffassung an der seinerzeitigen Entscheidung festhielten, dass die Steuerschuld überginge (auch wenn die Steuerschuld nach diesem Urteil tatsächlich nicht auf den Leistungsempfänger überging), sollte das nicht beanstandet werden. Bereits in diesem Schreiben teilte das BMF aber mit, dass andernfalls der leistende Unternehmer keinen Vertrauensschutz nach § 176 Abs. 2 AO genießen solle. Dies galt im Falle, dass die Bauleistung bis zum Tag der Veröffentlichung des Schreibens (also bis einschließlich zu 14.2.2014) ausgeführt worden war.

Das BMF-Schreiben vom 8.5.2014 traf Regelungen zum Nachweis bei Bauleistungen und zur Rechtslage bei Beteiligung von Organkreisen, vor allem aber eine Anzahl von Übergangsregelungen für Bauleistungen (besonders für den Fall, dass vor dem 15.2.2013 Anzahlungen vereinnahmt wurden). Eine schriftliche Bestätigung des Leistungsempfängers (im Vertrag selbst oder gesondert unter Nennung des konkreten Bauvorhabens), dass er die vom leistenden Unternehmer erbrachte Bauleistung seinerseits für eine Bauleistung verwendete, sollte auch dann als Nachweis genügen, wenn das tatsächlich nicht der Fall war und der leistende Unternehmer keine Kenntnis von der Unrichtigkeit der Bescheinigung hatte. Die Nichtbeanstandungsregelung des Schreibens vom 5.2.2014 wurde auf Bauleistungen erweitert, mit deren Ausführungen vor dem 15.2.2014 begonnen worden war, sowie auf Fälle, in denen der leistende Unternehmer als Steuerschuldner angesehen wurde, selbst wenn in Anwendung des BFH-Urteils der Leistungsempfänger Steuerschuldner geworden wäre.

Praxishinweis

Für den Fall, dass die Parteien nicht mehr am Übergang der Steuerschuldnerschaft festhielten, postuliert das BMF wie erwähnt, dass der leistende Unternehmer sich nicht auf die Vertrauensschutzregelung des § 176 Abs. 2 AO berufen könne. Diesem Postulat, für das es zunächst an einer Rechtsgrundlage mangelte, verlieh der Gesetzgeber Nachdruck, als er zum 31.7.2014 die Vorschrift des § 27 Abs. 19 in das UStG einfügte (vgl. im Anschluss).

Literaturhinweise: *Sterzinger*, Umkehr der Steuerschuldnerschaft bei Bauleistungen, UStB 2014, S. 55; *Sterzinger*, Aktuelle Verwaltungsanweisung zur Steuerschuldnerschaft des Leistungsempfängers, UStB 2014, S. 108; *Huschens*, Steuerschuldnerschaft des Leistungsempfängers – Auswirkungen des BFH-Urteils vom 22.8.2013, V R 37/10, und des BMF-Schreibens vom 5.2.2014, UVR 2014, S. 112; *Huschens*, Steuerschuldnerschaft des Leistungsempfängers bei Bauleistungen – Auswirkungen des BMF-Schreibens vom 8.5.2014 bei Anzahlungen, UVR 2014, S. 242; *Liebgott*, Schlussrechnung über Bauleistungen an Bauträger im Lichte des BMF-Schreibens vom 5.2.2014, UR 2014, S. 389; *Jansen*, Steuerschuldnerschaft bei Bauleistungen – Anmerkungen und Praxisfälle zum BFH-Urteil vom 22.8.2013 und den BMF-Schreiben vom 5.2.2014 und vom 8.5.2014, UStB 2014, S. 174; *Heine*, Aktuelle Entwicklungen bei der Umsatzsteuer im Bereich der Bauleistungen, Stbg 2014, S. 389; *Langer*, Übergang der Umsatzsteuerschuld bei Bauleistungen, DStR 2014, S. 1897

5.9 Rückwirkende Einschränkung des Vertrauensschutzes für vor dem 15.2.2015 ausgeführte Bauleistungen

> **BMF, Schreiben v. 31.7.2014, IV A 3 – S 0354/14/10001, IV D 3 – S 7279/11/10002, BStBl I 2014, S. 1073, UR 2014, S. 714**
>
> Das Urteil des BFH vom 22.8.2013 in der Rs. V R 37/10, das die Verwaltungsauffassung über die Voraussetzungen des Übergangs der Steuerschuldnerschaft bei Bauleistungen auf den Leistungsempfänger zurückwies, wirkt sich auch auf Altfälle aus. In Fällen, in denen die Steuerschuldnerschaft nach damaliger Verwaltungsauffassung, nicht aber nach der Auffassung des BFH überging (z. B. weil es sich um einen Bauträger handelte, der eigene Grundstücke zum Zweck des Verkaufs bebaut), hat der Leistungsempfänger folglich die Ausgangssteuer zu Unrecht angemeldet und abgeführt. Vor allem dann, wenn der Leistungsempfänger nicht oder nicht in vollem Umfang vorsteuerabzugsberechtigt war, kann es für ihn interessant sein, die Änderung der betreffenden Steuerbescheide zu erwirken und die Rückzahlung der gezahlten Steuer zu verlangen. In diesem Fall wird die Finanzverwaltung sich an den leistenden Unternehmer zu halten versuchen, der dann seinerseits versuchen wird, die von ihm geschuldete Steuer vom Leistungsempfänger zu erhalten. Abgesehen von einer zwischenzeitlich eingetretenen Festsetzungsverjährung würde eine Änderung des korrespondierenden Steuerbescheids des leistenden Unternehmers aber in zahlreichen Fällen an der Vertrauensschutzvorschrift § 176 Abs. 2 AO scheitern. Um Steuerausfällen vorzubeugen, hat der Gesetzgeber mit Wirkung vom 31.7.2014 die Vorschrift des § 27 Abs. 19 in das Umsatzsteuergesetz eingefügt,[192] die diesen Vertrauensschutztatbestand außer Kraft setzen soll, die aber auch einen Abtretungsmechanismus vorsieht, um den Interessen des leistenden Unternehmers gerecht zu werden. Mit Schreiben vom selben Datum hat das BMF die Anwendung der Vorschrift in einem Schreiben geregelt.
>
> **Normen:** §§ 13b Abs. 2 Nr. 4, 27 Abs. 19 UStG

Die Anwendung der Norm des § 27 Abs. 19 UStG setzt dem Schreiben zufolge voraus, dass leistender Unternehmer und Leistungsempfänger bei einer vor dem 15.2.2014 erbrachten steuerpflichtigen Bauleistung davon ausgegangen sind, dass der Leistungsempfänger nach § 13b UStG die Steuer schuldet; dass sich diese Annahme nach dem besagten BFH-Urteil vom 22.8.2013[193] im Nachhinein als unrichtig herausstellt; und dass die beteiligten Unternehmer keinen Gebrauch von der Vereinfachungsregelung bzw. Nichtbeanstandungsregelung des BMF-Schreibens vom 5.2.2014 machen, also es nicht wie bisher einvernehmlich bei der Besteuerung der Leistung durch den Leistungsempfänger belassen. In diesem Falle „ist" (mithin ohne Ermessen des FA) die gegen den leistenden Unternehmer wirkende Umsatzsteuerfestsetzung nach § 27 Abs. 19 S. 1 UStG für noch nicht festsetzungsverjährte Besteuerungszeiträume zu ändern, soweit der Leistungsempfänger die Erstattung der Steuer fordert, die er in der Annahme entrichtet hatte, Steuerschuldner i. S. d. § 13b UStG zu sein.

Der leistende Unternehmer könne, so die Finanzverwaltung, in diesen Fällen die gesetzlich entstandene und von ihm geschuldete Umsatzsteuer zivilrechtlich gegenüber dem Leistungsempfänger zusätzlich zum Netto-Entgelt geltend machen. Das für den leistenden Unternehmer zuständige FA habe in diesen Fällen auf Antrag zuzulassen, dass der leistende Unternehmer

---

[192] Vgl. Kapital A.1.1.4.11.
[193] V R 37/10, BFH/NV 2014, S. 130.

den ihm gegen den Leistungsempfänger zustehenden Anspruch auf (nachträgliche) Zahlung der gesetzlich entstandenen Umsatzsteuer an das FA abtritt, wenn die Annahme der Steuerschuld des Leistungsempfängers im Vertrauen auf eine Verwaltungsanweisung beruhte. Zu Einzelheiten der Abtretung des Anspruchs gegen den Leistungsempfänger macht das BMF-Schreiben nähere Angaben, ebenso zu den Darlegungspflichten des Leistungsempfängers und zur Verzinsung.

Praxishinweis

Die Vorschrift bezieht sich nach ihrem Wortlaut auf den gesamten § 13b UStG; das BMF-Schreiben, der im neuen § 27 Abs. 19 UStG genannte Stichtag und die der Gesetzesänderung zugrunde liegenden fiskalischen Interessen (dem Vernehmen nach in Milliardenhöhe), verweisen in erster Linie auf den Übergang der Steuerschuldnerschaft bei Bauleistungen. Das Gesetz könnte in Hinblick auf den angegebenen Stichtag aber auch auf die Regelungen zu den Gebäudereinigungsleistungen anzuwenden sein.

Dass der leistende Unternehmer die Umsatzsteuer zusätzlich zum Netto-Entgelt geltend machen könne, ist in dieser apodiktischen Form eine etwas kühne Behauptung, weil z. B. Verträge über Bauleistungen, die zu Festpreisen erbracht werden sollen, zivilrechtlich möglicherweise nicht in allen Fällen Spielraum für Nachforderungen lassen. § 29 UStG ist auf den hier gegenständlichen Fall offenbar nicht anwendbar. Auch wenn im Einzelfall ein Anspruch z. B. aufgrund Störung der Geschäftsgrundlage (§ 313 BGB) in Betracht kommt, ist es nicht ausgeschlossen, dass ggf. erst noch über Jahre hinweg gerichtlich geklärt werden muss, ob dieser Anspruch tatsächlich besteht. Selbst wenn ein Anspruch besteht, mag er im Einzelfall nicht durchsetzbar sein, weil er z. B. verjährt ist. Letztlich kommt es hier stets auf die Vertragsvereinbarungen im Einzelfall an. Daher sollten die Einzelsachverhalte vorab eingehend zivilrechtlich überprüft werden. Auch die Abtretung kann einige zivilrechtliche Fallstricke bergen.

Die Regelung des § 27 Abs. 19 UStG dürfte für zahlreiche Fälle gegen das verfassungsrechtliche Rückwirkungsverbot verstoßen und in der kommenden Zeit die Gerichte – bis hinauf zum Bundesverfassungsgericht – noch intensiv beschäftigen. Für Bauleister kann es in vielen Fällen also ratsam sein, sich gegen eine Steuerfestsetzung, die auf Basis des § 27 Abs. 19 UStG erfolgt, zur Wehr zu setzen und sich auf den Vertrauensschutz zu berufen. Im Einzelfall wäre aber zu überlegen, den Weg des geringeren Widerstands zu gehen und sich auf die Abtretung einzulassen – dazu müsste aber insb. Sicherheit darüber bestehen, dass ein Anspruch vorliegt.

Literaturhinweise: *Lippross*, Steuerschuldnerschaft bei Bauleistungen an Bauträger – § 27 Abs. 19 UStG – ein Handstreich des Gesetzgebers zur Einschränkung des Vertrauensschutzes nach § 176 AO in sog. Altfällen, UR 2014, S. 717; *Langer*, Übergang der Steuerschuldnerschaft bei Bauleistungen, DStR 2014, S. 1897; *Neeser*, Die neue Steuerschuldumkehr bei Bauleistungen zwischen Theorie und Praxis, UVR 2014, S. 333; *Listl/Baumgartner*, Reverse-Charge-Verfahren bei Bauleistungen, UR 2014, S. 913; *Schmidt*, Praxishinweise zur Rückabwicklung der Umkehrung der Steuerschuldnerschaft bei Bauträgergeschäften, nwb 2014, S. 3840

5.10 BMF äußert sich zu den Neuregelungen bei Steuerschuldnerschaft des Leistungsempfängers

> BMF, Schreiben v. 26.9.2014, IV D 3 – S 7279/14/10002, BStBl I 2014, S. 1297, DB 2014, S. 2318;
>
> BMF, Schreiben v. 1.10.2014, IV D 3 – S 7279/10/10004, BStBl I 2014, S. 1322, DB 2014, S. 2319;
>
> BMF, Schreiben v. 5.12.2014, IV D 3 – S 7279/14/10002, UR 2015, S. 43
>
> Mit mehreren Schreiben hat das BMF die zum 1.10.2014 in Kraft getretenen Änderungen beim Reverse-Charge-Verfahren[194] näher erläutert. Neu in das UStG eingeführt wurde es für die Lieferung von edlen und unedlen Metallen, Selen und Cermets, für Tablet-Computer und Spielekonsolen; eine Änderung erfuhr es für den Übergang der Steuerschuldnerschaft bei Bauleistungen und Gebäudereinigungsleistungen. Das zentrale Schreiben ist dasjenige vom 26.9.2014; das andere oben erwähnte Schreiben hat das Vordruckmuster zum Nachweis der Voraussetzungen für den Übergang der Steuerschuldnerschaft für Bauleistungen und Gebäudereinigungsleistungen zum Gegenstand. Im ersteren Schreiben gewährt das BMF zudem Übergangsregelungen für die Rechnungstellung, wenn beispielsweise Anzahlungen vor dem Stichtag vereinnahmt wurden, sowie eine – zuvor mit Nachdruck von der Industrie geforderte – Nichtbeanstandungsregelung für einen Übergangszeitraum. Diese Nichtbeanstandungsregelung wurde mit einem weiteren Schreiben bereits verlängert.
>
> **Normen:** § 13b Abs. 2 Nr. 4 und Nr. 8 weiter Nr. 10 zudem Nr. 11 sowie Abs. 5 S. 2 und S. 5 weiter S. 7 zudem S. 9 UStG

Der leistende Unternehmer kann das Reverse-Charge-Verfahren für Bau- oder Gebäudereinigungsleistungen dann anwenden, wenn der Leistungsempfänger seinerseits „nachhaltig" solche Leistungen erbringt. Dazu ist es erforderlich, dass der Leistungsempfänger „mindestens 10 % seines Weltumsatzes (Summe aller im Inland steuerbaren und nicht steuerbaren Umsätze) als Bauleistungen erbringt". (Kraft Verweises gilt das Vorstehende auch für Gebäudereinigungsleistungen.) Es ist aber davon auszugehen, dass der Leistungsempfänger nachhaltig solche Leistungen erbringt, wenn das zuständige FA eine entsprechende, im Zeitpunkt der Ausführung der Umsätze gültige, Bescheinigung erteilt hat. Der im Schreiben angegebene Verweis auf das Schreiben vom 26.8.2014 ist allerdings bereits überholt, weil die Bescheinigung mit Schreiben vom 1.10.2014 neu bekannt gemacht wurde. Die Voraussetzungen nachhaltiger Erbringung sind dafür glaubhaft zu machen, es gibt aber Vereinfachungsregelungen. Offenbar um hier nicht ein faktisches Wahlrecht zu schaffen, entfaltet eine einmal erteilte, gültige Bescheinigung grds. auch dann Wirkung, wenn der Leistungsempfänger sie nicht gegenüber dem leistenden Unternehmer verwendet. Das BMF nimmt auch dazu Stellung, was gilt, wenn die Bescheinigung – was nur für die Zukunft möglich ist – widerrufen bzw. zurückgenommen wird.

In umsatzsteuerlichen Organschaftsverhältnissen sind die oben ausgeführten Regelungen – einschließlich der 10%-Grenze – dem BMF zufolge nur auf denjenigen Teil des Organkreises zu beziehen, der nachhaltig Bau- oder Gebäudereinigungsleistungen erbringt. Schließlich führt das BMF aus, dass die Steuerschuldnerschaft für Bau- oder Gebäudereinigungsleistungen (un-

---

[194] Vgl. Kapitel A.1.1.4.3 bis A.1.1.4.8.

ter den weiteren Bedingungen) auch dann auf den Leistungsempfänger übergeht, wenn die Leistung für dessen nicht unternehmerischen Bereich erbracht wird. Ausgenommen sind Leistungen ausschließlich an den hoheitlichen Bereich öffentlich-rechtlicher Körperschaften. Werden Bau- oder Gebäudereinigungsleistungen an Betriebe gewerblicher Art erbracht, ist jedoch für die Beurteilung des Übergangs der Steuerschuldnerschaft nur der einzelne Betrieb gewerblicher Art zu betrachten, nicht das gesamte Unternehmen der öffentlichen Einrichtung.

Neben Mobilfunkgeräten und integrierten Schaltkreisen sollen nunmehr auch Tablet-Computer und Spielekonsolen dem Reverse-Charge-Verfahren unterfallen. Ein Tablet-Computer (aus Unterposition 8471 30 00 des Zolltarifs) ist demnach „ein tragbarer, flacher Computer in besonders leichter Ausführung, der vollständig in einem Touchscreen-Gehäuse untergebracht ist und mit den Fingern oder einem Stift bedient werden kann". Spielekonsolen sind „Computer oder computerähnliche Geräte, die in erster Linie für Videospiele entwickelt werden. Neben dem Spielen können sie weitere Funktionen bieten, z. B. Wiedergabe von Audio-CDs, Video-DVDs und Blu-ray Discs." In Zweifelsfällen kann eine Vereinfachungsregelung angewendet werden (s. u.). Die Betragsgrenze von 5.000 € pro an einen anderen Unternehmer bewirkten wirtschaftlichen Vorgang gilt auch für diese Geräte.

Die umfangreichsten Regelungen hat das BMF für den Übergang der Steuerschuldnerschaft bei der Lieferung bestimmter edler und unedler Metalle einschließlich Selen, bestimmter Erzeugnisse daraus sowie von Cermets getroffen. Unternehmer, die – auch nur gelegentlich – solche Gegenstände liefern, sollten die im BMF-Schreiben enthaltene, sehr detaillierte Positiv- und Negativliste genau durchgehen – für Umsätze nach dem 31.12.2014 sollten sie jedoch berücksichtigen, dass die Anlage 4 zum Umsatzsteuergesetz stark geändert wurde (dazu vgl. unten im Praxishinweis); es ist zu vermuten, dass das BMF den UStAE noch entsprechend anpassen wird. Selbst diese genaue Liste wird nicht jeden Fall erfassen können; im Zweifel könnte darum die Anwendung der jetzt gesetzlich normierten Vereinfachungsregelung in Betracht gezogen werden (siehe im Anschluss).

Eine Vereinfachungsregelung für Zweifelsfälle wurde in das UStG eingefügt. Sie sieht – vereinfacht dargestellt und unter einigen weiteren Voraussetzungen – für bestimmte Tatbestände vor, dass die beteiligten Unternehmer auch dann dabei bleiben können, dass die Voraussetzungen des Reverse-Charge-Verfahrens vorliegen, wenn sich nachträglich herausstellt, dass die Voraussetzungen für den Übergang der Steuerschuldnerschaft tatsächlich nicht vorgelegen haben. Das BMF weist in seinem Schreiben darauf hin, dass die Vereinfachungsregelung sich nicht auf Fälle erstreckt, in denen fraglich ist, ob die Voraussetzungen für den Übergang der Steuerschuldnerschaft in den Personen der beteiligten Unternehmer erfüllt sind. Es ist also nicht möglich, sich in Zweifelsfällen beispielsweise darauf zu einigen, dass der Leistungsempfänger ein nachhaltig tätiger Bauleister oder ein Unternehmer sei.

Die Erweiterung des Reverse-Charge-Verfahrens auf die Lieferung von Tablet-Computern, Spielekonsolen, bestimmten Metallen einschließlich Selen, bestimmten Erzeugnissen daraus sowie von Cermets an andere Unternehmer betrifft Leistungen, die am Stichtag (1.10.2014) oder danach bewirkt werden – und zwar auch dann, wenn vor diesem Datum Anzahlungen vereinnahmt worden sind. Für eine Übergangszeit, die mit dem 31.12.2014 endet (sie wurde durch das BMF-Schreiben vom 5.12.2014 inzwischen bis zum 30.6.2015 verlängert), soll es aber nicht beanstandet werden, wenn die Vertragspartner einvernehmlich von der Steuerschuldnerschaft des leistenden Unternehmers ausgehen, sofern der leistende Unternehmer den Umsatz in zutreffender Höhe versteuert. Das Schreiben trifft eine Anzahl von Übergangsregelungen in Hinblick z. B. auf vor dem 1.10.2014 vereinnahmte Anzahlungen. Ähnliche Übergangsregelungen – auch für den umgekehrten Fall, dass eine Leistung vor dem 1.10.2014 dem

Abzugsverfahren unterfiel und ab dem 1.10.2014 nicht mehr – sieht das Schreiben auch für Bau- und Gebäudereinigungsleistungen vor. Die Übergangsfrist bis zum 31.12.2014 ist für diese Leistungen aber nicht vorgesehen.

Praxishinweis

Ob im Ausland ansässige Unternehmer ohne weiteres eine Bescheinigung erhalten, die sie als Bauleister ausweist, muss sich erst noch herausstellen, da ihre Möglichkeiten des Nachweises ihres Weltumsatzes gerade für Bau- oder Gebäudereinigungsleistungen eingeschränkt sein dürften; dies gilt besonders in Hinblick darauf, dass der BFH inzwischen die Definition der Bauleistungen wieder eingeschränkt hat.[195] Was den Gutglaubensschutz dieser Bescheinigung angeht, so muss – in aller Kürze – auch ein gutgläubiger leistender Unternehmer für die Steuerschuld seines Kunden geradestehen, wenn die Bescheinigung zurückgenommen bzw. widerrufen wird, sein Kunde nicht nachhaltig Bau- oder Gebäudereinigungsleistungen erbringt und Steuerausfälle entstehen. Steuerausfälle entstehen dann nicht, wenn der Leistungsempfänger den Umsatz in zutreffender Höhe versteuert. Damit wird die Vertrauensschutzregelung in einem wichtigen Punkt abgeschwächt.

Was die Regelung für Metalle, Selen und Cermets anbetrifft, so verweist sie auch auf die Möglichkeit, eine unverbindliche Zolltarifauskunft zu beantragen. Bestimmte Regelungen, die bereits für die Lieferung u. a. bestimmter Schrotte und Abfälle getroffen wurden, wurden auf die neuen Tatbestände ausgedehnt – etwa für die Lieferungen von Mischungen und Warenzusammensetzungen aus Stoffen, die dem Reverse-Charge-Verfahren unterliegen, und solche, auf die das nicht zutrifft. Bitte beachten Sie: Die bestehenden Regelungen zur Lieferung vor allem bestimmter Abfälle und Schrotte sowie von Gold und bestimmter Golderzeugnisse mit einem bestimmten Mindestfeingehalt bleiben von der Neuregelung unberührt und sollten darum ggf. in die Prüfung, ob ein Gegenstand dem Reverse-Charge-Verfahren unterfällt, mit einbezogen werden.

Bislang war für die Lieferung von Metallen und Cermets eine Bagatellregelung nicht vorgesehen, sodass selbst Gegenstände wie offenbar handelsübliche Alufolie, an Unternehmer verkauft, schon eine Anwendung des Reverse-Charge-Verfahrens bewirken konnte. Im „Gesetz zur Anpassung der Abgabenordnung an den Zollkodex der Union und zur Änderung weiterer steuerlicher Vorschriften"[196] hat der Gesetzgeber jedoch zum 1.1.2015 nicht nur eine solche Bagatellgrenze eingeführt, sondern auch die Anlage 4 zum UStG – in der die Gegenstände aufgezählt werden, die nach § 13b Abs. 2 Nr. 11 UStG dem Reverse-Charge-Verfahren unterliegen – stark zusammengestrichen.

Literaturhinweise: *Kraeusel*, Neuregelungen zur Verlagerung der Steuerschuld, zum Ort der sonstigen Leistung bei elektronischen Dienstleistungen inkl. „Mini-one-stop-shop" und zum ermäßigten Steuersatz für Hörbücher, UVR 2014, S. 233; *Sterzinger*, Änderungen des Umsatzsteuergesetzes durch das Kroatien-Anpassungsgesetz, UR 2014, S. 797; *Gerhards*, Die Steuerschuldnerschaft des Leistungsempfängers (§ 13b UStG) bei Bauleistungen im Lichte von Rechtsprechung und aktueller Gesetzgebung, DStZ 2014, S. 708; *Becker*, Änderungen bei der Steuerschuldnerschaft des Leistungsempfängers zum 1.10.2014, UStB 2014, S. 265; *Prätzler*, Kritische Betrachtung der umsatzsteuerlichen Rechtslage bei Bauleistungen nach der Änderung des UStG durch das „Kroatien-Anpassungsgesetz", MwStR 2014,

---

[195] BFH, Urteil v. 28.8.2014, V R 7/14, BFH/NV 2015, S. 131; vgl. Kapitel C.5.31.
[196] BGBl I 2014, S. 2417 und S. 2429; vgl. Kapitel A.1.1.4.4.

> S. 680; *Neeser*, Die neue Steuerschuldumkehr bei Bauleistungen zwischen Theorie und Praxis, UVR 2014, S. 333; *Radeisen*, Bauträger, Bauleistungen und die Edelmetalle, DB 2014, S. 2547; *Matheis*, Praktische Umsetzung des Reverse-Charge-Verfahrens bei der Lieferung von Metallen und metallhaltigen Gegenständen, UVR 2014, S. 378

5.11 Umsatzsteuerliche Behandlung der Hin- und Rückgabe von Transporthilfsmitteln – Änderung der Verwaltungsauffassung

> **BMF, Schreiben v. 20.10.2014, IV D 2 – S 7200/07/10022:002, BStBl I 2014, S. 1372**
>
> Mit Schreiben vom 5.11.2013 hatte das BMF[197] die umsatzsteuerliche Behandlung der Hin- und Rückgabe von Transporthilfsmitteln und Warenumschließungen neu geregelt. Für sogenannte Transporthilfsmittel – Paletten, Kisten, Steigen, Rollcontainer usw., die für logistische Aktivitäten vom Hersteller bis zum Einzelhändler genutzt, aber grds. nicht an den Endverbraucher geliefert werden – hatte das BMF die Auffassung vertreten, dass die Hingabe und die spätere Rückgabe des Transporthilfsmittels gegen Pfand als zwei Lieferungen (Lieferung und Rücklieferung) anzusehen seien. Die Unternehmen waren gegen die Neuregelung der umsatzsteuerlichen Behandlung der Transporthilfsmittel Sturm gelaufen. Offenbar haben diese Bemühungen gefruchtet: Das BMF stellt die Transporthilfsmittel jetzt weitgehend den Warenumschließungen gleich.
>
> **Norm:** § 17 Abs. 1 UStG

Das BMF macht seine Auffassung zur umsatzsteuerlichen Behandlung der Hin- und Rückgabe von Transporthilfsmitteln teilweise wieder rückgängig. Demnach ist die Hingabe von Transporthilfsmitteln gegen Pfandgeld zwar weiterhin eine eigenständige Lieferung. Ihre Rückgabe (bei Rückzahlung des Pfandgelds) ist aber nicht mehr als Rücklieferung, sondern wie auch im Falle der Warenumschließung gegen Pfandgeld als Entgeltminderung zu behandeln. Der liefernde Unternehmer muss bei Rückgabe und Rückzahlung also seine Umsatzsteuerschuld, der Leistungsempfänger korrespondierend seinen Vorsteuerabzug korrigieren. Anders als Warenumschließungen, die als Nebenleistungen ggf. zum ermäßigten Steuersatz geliefert werden, werden Transporthilfsmittel nach dem BMF-Schreiben stets zum Regelsteuersatz geliefert; entsprechend muss die Umsatzsteuerminderung bei Rückgabe von Transporthilfsmitteln auch stets dem Steuersatz von derzeit 19 % zugeordnet werden. Die Behandlung eines Gegenstands als Transporthilfsmittel oder aber als Warenumschließung hat auf allen Handelsstufen einheitlich zu erfolgen.

Die Vereinfachungsregelung in Abschn. 10.1 Abs. 8 UStAE soll sinngemäß auch für Transporthilfsmittel gelten. Diese Regelung sieht vor, dass es nicht beanstandet wird, wenn der Unternehmer die ausgezahlten Pfandgelder für Leergut unabhängig von dem Umfang der Vollgutlieferung des jeweiligen Besteuerungszeitraums als Entgeltminderungen behandelt; auf Antrag sind auch weitere Vereinfachungen möglich, wonach am Schluss des Kalenderjahres ein Pfandbetragssaldo ermittelt wird. Weitere Vereinfachungsregelungen betreffen Leergutkonten und Kautionsguthaben.

---

[197] IV D 2 – S 7200/07/10022:001, BStBl I 2013, S. 1386.

Praxishinweis

Die Grundsätze sind in allen offenen Fällen anzuwenden, eine Übergangsfrist für die steuerliche Behandlung nach bestimmten Grundsätzen des BMF-Schreibens vom 5.11.2013 ist aber bis zum 30.6.2015 vorgesehen. Die Übergangsregelungen des Schreibens vom 5.11.2013, wonach u. a. die Hingabe von Transporthilfsmitteln als unselbstständige Nebenleistung zur Warenlieferung und die Rückgabe als Entgeltminderung behandelt werden durften, waren mehrfach verlängert worden, zuletzt mit Schreiben vom 12.6.2014[198] auf den 31.12.2014. Für die Überlassung von Transporthilfsmitteln im Rahmen reiner Tauschsysteme gelten dem Schreiben zufolge die bisherigen Grundsätze weiterhin.

Literaturhinweis: *Scheller*, Palettentausch im nationalen und internationalen Kontext, UR 2014, S. 885

---

[198] IV D 2 – S 7200/07/10022:001, BStBl I 2014, S. 909.

6 Änderungen bei der Gewerbesteuer

6.1 Erweiterte Kürzung nach § 9 Nr. 1 S. 2 GewStG bei Wohnungsbauunternehmen wegen Photovoltaikanlagen

> **OFD Nordrhein-Westfalen, Verfügung v. 9.9.2013, G 1425-2013/0015, DStR 2014, S. 427**
>
> **Die OFD Nordrhein-Westfalen nimmt Stellungen zu einzelnen Fallgestaltungen, die im Hinblick auf die erweiterte Kürzung nach § 9 Nr. 1 S. 2 GewStG im Zusammenhang mit dem Betrieb von Photovoltaikanlagen aufgekommen sind.**
>
> **Norm:** § 9 Nr. 1 S. 2 GewStG

Wohnungsbauunternehmen, die ausschließlich eigenen Grundbesitz verwalten und nutzen, können auf Antrag die erweiterte Kürzung nach § 9 Nr. 1 S. 2 GewStG in Anspruch nehmen. Das gilt auch, wenn das Unternehmen neben den zulässigen aufgeführten Nebentätigkeiten noch andere gewerbliche Tätigkeiten ausführt, die der Grundstücksverwaltung zuzurechnen sind. Unschädlich sind danach solche Tätigkeiten, die der Grundstücksnutzung und -verwaltung im eigentlichen Sinn dienen und als „zwingend notwendiger Teil einer wirtschaftlich sinnvoll gestalteten eigenen Grundstücksverwaltung und -nutzung angesehen werden können. Hierzu gehören insb. der Betrieb notwendiger Sondereinrichtungen für Mieter bzw. im Rahmen der allgemeinen Wohnungsbewirtschaftung z. B. die Unterhaltung von zentralen Heizungsanlagen, Gartenanlagen u. a. Die Installation von Photovoltaikanlagen auf dem Dach und die damit verbundene Einspeisung von so produziertem Strom in das allgemeine Stromnetz gegen Vergütung hingegen ist eine schädliche Tätigkeit.[199]

Vor diesem Hintergrund gehen Wohnungsbaugesellschaften dazu über, Tochterkapitalgesellschaften zu gründen, welche auf den von den Wohnungsbaugesellschaften gepachteten Dachflächen Photovoltaikanlagen betreiben. Grds. schließt die Gründung einer Tochterkapitalgesellschaft zu eben diesem Zweck die erweiterte gewerbesteuerliche Kürzung noch nicht aus, sofern das Unternehmen dem Grunde nach nur vermögensverwaltend tätig wird oder zusätzlich nur die in § 9 Nr. 1 S. 2 GewStG genannten Tätigkeiten ausübt. Bei Ausübung einer weiteren gewerblichen Tätigkeit entfällt die erweiterte Kürzung.

Eine solche schädliche, andere gewerbliche Tätigkeit liegt auch vor, wenn das Wohnungsunternehmen Besitzunternehmen im Rahmen einer Betriebsaufspaltung ist. Die personelle Verflechtung folgt den allgemeinen Voraussetzungen ohne weitere Besonderheiten. Hinsichtlich der sachlichen Verflechtung ist erforderlich, dass eine wesentliche Betriebsgrundlage an ein gewerblich tätiges Betriebsunternehmen überlassen wird. Eine solche sachliche Verflechtung ist die Überlassung von Dachflächen eines Wohnungsunternehmens an seine Tochtergesellschaft zum Betrieb einer Photovoltaikanlage.

---

[199] FG Berlin-Brandenburg v. 13.11.2011, 6 K 6181/08, rkr., DStRE 2012, S. 366.

6.2 Partnerschaftsgesellschaft mit beschränkter Berufshaftung und Gewerbesteuer

> **OFD Nordrhein-Westfalen, Verfügung v. 12.12.2013, Kurzinformation Nr. 30/2013, FR 2014, S. 141**
>
> Partnerschaftsgesellschaften mit beschränkter Berufshaftung unterliegen nicht der Gewerbesteuer.
>
> **Normen:** § 1 Abs. 1 PartGG; GewStG

Die Gesellschaftsform der Partnerschaftsgesellschaft steht allen Freiberuflern zur gemeinsamen Berufsausübung offen. Nunmehr können sich solche Gesellschaften auch in eine Partnerschaftsgesellschaft mit beschränkter Berufshaftung umbenennen bzw. eine solche neu gründen.

Durch Beschluss der obersten Finanzbehörden der Länder wurde nun klargestellt, dass die Beschränkung der Berufshaftung nicht dazu führt, dass die Partnerschaftsgesellschaft kraft Rechtsform der Gewerbesteuerpflicht unterliegt. Diese ist und bleibt vielmehr eine Personengesellschaft, die nach § 1 Abs. 4 PartGG grds. den Regelungen für die Gesellschaft bürgerlichen Rechts (§§ 705 ff. BGB) folgt.

Hiervon unberührt bleibt allerdings die Annahme einer möglichen Gewerblichkeit nach § 15 Abs. 3 EStG. D. h., auch nur geringfügig ausgeübte gewerbliche Tätigkeiten der Gesellschaft führen zur Infizierung der freiberuflichen Tätigkeit. Auch bei Beteiligung berufsfremder Personen an der Gesellschaft erzielt die Gesellschaft ebenfalls keine freiberufliche Tätigkeit mehr. Als solche wird auch die mitunternehmerische Beteiligung einer Komplementär-GmbH bei einer Freiberufler-GmbH & Co. KG angesehen.

6.3 Erweiterte Kürzung bei Beteiligung an vermögensverwaltenden Personengesellschaften

> **OFD Nordrhein-Westfalen, Verfügung v. 2.1.2014, G 1425 – 2012/0018 – St 162, GmbHR 2014, S. 224**
>
> Eine KG, deren alleinige Kommanditistin ihren Anteil an einer Erbengemeinschaft in die Gesellschaft eingebracht hat, kann hinsichtlich des Miteigentumsanteils der Kommanditistin am Grundbesitz der Erbengemeinschaft die erweiterte Kürzung für Grundstücksunternehmen nicht beanspruchen.
>
> **Norm:** § 9 Nr. 1 S. 2 GewStG

Grds. können Grundstücksunternehmen, die ausschließlich eigenen Grundbesitz verwalten oder andere erlaubte, aber nicht von der Kürzung begünstigte Tätigkeiten ausüben, die erweiterte Kürzung nach § 9 Nr. 1 S. 2 GewStG beantragen.

Der BFH hat entschieden, dass das Halten einer Kommanditbeteiligung durch ein grundstücksverwaltendes Unternehmen an einer gewerblich geprägten, ebenfalls grundstücksverwaltenden Personengesellschaft gegen das Ausschließlichkeitsgebot verstößt. Hier fehle es an der

Verwaltung und Nutzung eigenen Grundbesitz; weiterhin sei das Halten der Beteiligung deswegen kürzungsschädlich, da sich diese Tätigkeit nicht im Katalog der unschädlichen Tätigkeiten befinde.

Gleiches gilt laut BFH dann, wenn die Beteiligungsgesellschaft keine gewerblich geprägte Gesellschaft ist, sondern eine rein vermögensverwaltende Immobilien-KG. Auch das Halten einer Beteiligung ist nicht im Katalog der unschädlichen Nebentätigkeiten genannt.

Nunmehr hat das Hessische FG[200] entschieden, dass eine Erbengemeinschaft insoweit mit einer KG vergleichbar sei als beide kraft Gesetzes Gesamthandseigentum bilden. Insoweit könne sie die erweiterte Kürzung nicht in Anspruch nehmen. Hiergegen wurde Revision[201] eingelegt.

Praxishinweis

Die Auffassung des BFH wird restriktiv verstanden. Das Urteil des BFH v. 19.10.2010[202] wird gemeinhin so angewendet, dass die Übernahme einer Komplementärstellung als schädliche Tätigkeit grds. zum Ausschluss der erweiterten Kürzung führt. Weiterhin ist die erweiterte Kürzung immer dann ausgeschlossen, wenn die betriebliche Einheit nicht selbst Eigentümer desjenigen Grundbesitzes ist, dessen Erträge in ihren Gewerbeertrag eingegangen sind. Fraglich ist, ob der BFH hier an seiner Rechtsauffassung festhält.

Literaturhinweis: *Brinkmeier*, GmbH-StB 2014, S. 109

6.4 Hinzurechnung von Lagerentgelten i. S. d. §§ 467 ff. HGB für unbewegliche Wirtschaftsgüter nach § 8 Nr. 1e GewStG

> **OFD Nordrhein-Westfalen, Verfügung v. 3.2.2014, G 1422 – 2014/0008, DB 2014, S. 393**
>
> **Entgelte aus Lagerverträgen i. S. d. §§ 467 ff. HGB sind nicht dem Gewerbeertrag hinzuzurechnen, da die besonderen Obhutspflichten dieses Vertragstyps die mietrechtlichen Elemente überlagern.**
>
> **Normen:** § 8 Nr. 1e GewStG; §§ 467 ff. HGB

Bei einem Lagervertrag nach §§ 467 ff. HGB handelt es sich um ein spezialrechtlich geregeltes unternehmerisches Verwahrgeschäft. Bei diesem ist Vertragsgegenstand neben der Lagerortsgestellung auch die Aufbewahrung der Lagergüter und die Übernahme von Obhutspflichten. Diese Fürsorge- und Obhutspflichten des Lagerhalters geben dem Vertragstyp das Gepräge und überlagen die miet- bzw. pachtvertraglichen Bestandteile des Vertrags.

Vor diesem Hintergrund unterbleibt die gewerbesteuerliche Hinzurechnung zum Gewerbeertrag nach § 8 Nr. 13 GewStG. Die Abgrenzung ist fallbezogen vorzunehmen, da es sich bei den handelsrechtlichen Regelungen um dispositives Recht handelt.

---

[200] Urteil v. 7.5.2012, 8 K 2580/11, Revision anhängig, Az. beim BFH IV R 24/12.
[201] Az. beim BFH, IV R 24/12
[202] I R 67/09, GmbHR 2011, S. 384.

7 Änderungen bei der Erbschaft- und Schenkungsteuer

7.1 Basiszinssatz für das vereinfachte Ertragswertverfahren

> **BMF, Schreiben v. 2.1.2014, IV D 4 – S 3102/07/10001, BStBl I 2014, S. 23**
>
> **Der Basiszinssatz auf den 2.1.2014 beträgt 2,59 %.**
>
> Normen: §§ 199, 200, 203 BewG

§ 199 BewG bestimmt, dass der gemeine Wert von nicht notierten Anteilen an Kapitalgesellschaften mittels des vereinfachten Ertragswertverfahrens ermittelt werden kann, wenn dieses nicht zu offensichtlich unzutreffenden Ergebnissen führt. Zur Ermittlung des Ertragswerts ist dabei gem. § 200 BewG im Grundsatz der zukünftig nachhaltig erzielbare Jahresertrag mit dem Kapitalisierungsfaktor zu multiplizieren. Letzterer ist nach § 203 BewG der Kehrwert des Kapitalisierungszinssatzes, der sich aus einem Basiszins und einem Zuschlag von 4,5 % zusammensetzt. Der Basiszinssatz, der aus der langfristig erzielbaren Rendite öffentlicher Anleihen abzuleiten ist und jährlich vom BMF veröffentlicht wird, ist für alle Wertermittlungen auf Bewertungsstichtage in diesem Jahr anzuwenden. Für das Jahr 2014 beträgt der Basiszinssatz 2,59 %, was einem Kapitalisierungsfaktor von 14,10 entspricht.

7.2 Wertsteigerung infolge des Kaufpreisschwunds

> **BMF, Schreiben v. 10.2.2014, IV D 4 – S 3804/08/10001; BStBl I 2014, S. 240**
>
> **Das BMF-Schreiben hat die Zusammenstellung der Verbraucherindizes für Deutschland aktualisiert. Sie umfasst nunmehr den Zeitraum 1958 bis 2013.**
>
> Norm: § 5 Abs. 1 ErbStG

Bei der Berechnung der Zugewinnausgleichsforderung nach § 5 Abs. 1 ErbStG ist der auf dieser Geldentwertung beruhende unechte Zuwachs des Anfangsvermögens zu eliminieren.

Das Statistische Bundesamt hat die Indexzahlen für die Jahre vor 1991 nicht mehr auf das Basisjahr 2000 umgestellt. Die für die Jahre 1958 bis 1990 genannten Indexzahlen sind durch Umrechnung ermittelt worden.

7.3 Berechnung des Ablösebetrags nach § 25 Abs. 1 S. 3 ErbStG a. F.

> **Oberste Finanzbehörden der Länder, gleichlautende Erlasse v. 19.2.2014; BStBl I 2014, S. 241**
>
> Auch für Ablösungsstichtage ab dem 1.1.2014 bleiben die nach der am 2.10.2012 veröffentlichten Sterbetafel 2009/2011 des Statistischen Bundesamtes ermittelten und mit gleichlautenden Ländererlassen v. 7.12.2012[203] veröffentlichten Vervielfältiger anzuwenden.
>
> **Norm:** § 25 Abs. 1 S. 3 ErbStG a. F.

Hintergrund dieser Erlasse ist, dass das Statistische Bundesamt für das Jahr 2013 keine aktuelle Sterbetafel veröffentlicht hat.

7.4 Freibetrag für Pflegeleistungen

> **BayLfSt, Verfügung v. 12.3.2014, S 3812.1.1 – 1/12 St 34, ZEV 2014, S. 221;**
> **BayLfSt, Verfügung v. 8.4.2014, S 3812.1.1 – 1/15 St 34, ZEV 2014, S. 275**
>
> Die Erlasse, die im Einvernehmen mit den obersten Finanzbehörden der anderen Länder ergangen sind, stellen klar, dass Kindern, die ihre Eltern gepflegt haben, der Freibetrag für Pflegeleistungen nach § 13 Abs. 1 Nr. 9 ErbStG nicht zusteht.
>
> **Norm:** § 13 Abs. 1 Nr. 9 ErbStG

Begründet wird dies damit, dass dieser Freibetrag nicht bei Erwerbern in Betracht kommt, die gesetzlich entweder zur Pflege oder zum Unterhalt verpflichtet sind. Während der Erlass vom 12.3.2014 noch den Hinweis des BayLfSt enthielt, dass die Bedürftigkeit i. S. d. § 1602 BGB der zu pflegenden Person die Voraussetzung für die Entstehung der Unterhaltspflicht sei und somit eine Inanspruchnahme des Freibetrags gem. § 13 Abs. 1 Nr. 9 ErbStG möglich sei, wenn der Erblasser nicht bedürftig in diesem Sinne gewesen ist, wurde dieser Hinweis in der nahezu inhaltsgleichen Verfügung v. 8.4.2014 entfernt.

---

[203] BStBl I 2012, S. 1255.

7.5 Berechnung von Feststellungsfristen bei der Grundbesitzbewertung

> **OFD Nordrhein-Westfalen, Verfügung v. 11.11.2013,[204] S 3180 – 2014 – St 251, ZEV 2014, S. 222**
>
> Mit Urteil v. 17.4.2013[205] hat der BFH entschieden, dass wenn das Lagefinanzamt vom Steuerpflichtigen innerhalb der Festsetzungsfrist eine Feststellungserklärung für Zwecke der Grunderwerbsteuer anfordert, dies unabhängig vom Zeitpunkt der Erstattung der Anzeige nach §§ 18, 19 GrEStG zu einer Anlaufhemmung der Feststellungsfrist führt. Anlässlich dieses Urteils nimmt die OFD-Verfügung vom 11.11.2013 zur Berechnung der Feststellungsfristen bei der Grundbesitzbewertung Stellung.
>
> Normen: §§ 138 Abs. 5 S. 3, 153 Abs. 5 BewG; § 181 AO

7.6 Nachweis des niedrigeren gemeinen Werts

> **Oberste Finanzbehörden der Länder, gleichlautende Erlasse v. 19.2.2014, BStBl I 2014, S. 808**
>
> Die Finanzverwaltung hält an ihrer Auffassung fest, dass der Steuerpflichtige den Nachweis eines niedrigeren gemeinen Werts regelmäßig durch ein Gutachten des zuständigen Gutachterausschusses oder eines Sachverständigen für die Bewertung von Grundstücken erbringen kann.
>
> Normen: § 146 Abs. 7 BewG a. F.

In seinem Urteil v. 11.9.2013[206] hat der BFH für den Nachweis eines niedrigeren Werts verlangt, dass der Nachweis regelmäßig nur durch ein Gutachten des örtlich zuständigen Gutachterausschusses oder eines Sachverständigen für die Bewertung von Grundstücken geführt werden kann, wobei es sich bei diesem Sachverständigen um einen öffentlich bestellten und vereidigten Sachverständigen handeln müsse. Der Steuerpflichtige müsse den Nachweis durch Sachverständigengutachten so führen, dass ihm das FG regelmäßig ohne Bestellung weiterer Sachverständiger folgen könne. Dieses Ziel würde aber verfehlt werden, wenn Gutachten anderer Personen als Nachweis zugelassen würden, da dann zunächst deren fachliche Eignung überprüft werden müsste.

---

[204] Erst in 2014 veröffentlicht.
[205] II R 59/11, DStR 2013, S. 821.
[206] II R 61/11, BStBl II 2014, S. 363.

7.7 Bewertung von Unternehmensvermögen in Sonderfällen

> **Oberste Finanzbehörden der Länder, gleichlautende Erlasse v. 5.6.2014, BStBl I 2014, S. 882**
>
> Die Finanzverwaltung nimmt in diesen gleichlautenden Ländererlassen zur Bewertung von Anteilen an einer Kapitalgesellschaft oder einer Beteiligung an einer Personengesellschaft für Zwecke der Erbschaft- und Schenkungsteuer in Sonderfällen Stellung. Sie geht dabei auf Zweifelsfragen der Bewertung nach dem vereinfachten Ertragswertverfahren und dem Substanzwert ein.
>
> **Normen:** §§ 11 Abs. 2; 199 ff. BewG

Die gleichlautenden Ländererlasse beginnen mit den Bewertungsgrundsätzen des § 11 Abs. 2 BewG, nach denen zunächst zu prüfen ist, ob sich der gemeine Wert nicht notierter Anteile an einer Kapitalgesellschaft aus Verkäufen unter fremden Dritten ableiten lässt, die weniger als ein Jahr zurück liegen. Die Erlasse erklären diese ursprünglich für die Bewertung von Kapitalgesellschaftsanteilen geltende Regelung ausdrücklich auch für die Bewertung von Beteiligungen an Personengesellschaften für anwendbar.[207] Liegen solche Vergleichsverkäufe nicht vor (was in der Praxis der Regelfall sein dürfte) so kann der gemeine Wert auch mittels des vereinfachten Ertragswertverfahrens (§ 11 Abs. 2 S. 4/§§ 199 ff. BewG) ermittelt werden. Wertuntergrenze ist dabei der Substanzwert der Gesellschaft, also der gemeine Wert der aktiven Wirtschaftsgüter abzüglich der Schulden. Besondere Umstände, die bei der Ermittlung des gemeinen Werts im vereinfachten Ertragswertverfahren und beim Ansatz mit dem Substanzwert nicht hinreichend zum Ausdruck gekommen sind, können nach Ansicht der Finanzverwaltung nicht durch Zu- oder Abschläge berücksichtigt werden. Dazu zählen insb.

- die nachhaltig und unverhältnismäßig geringen Erträge bei einem großen Vermögen des Unternehmens
- die schwere Verkäuflichkeit der Anteile
- eine Zusammenfassung aller oder mehrerer Anteile in einer Hand
- die bei einem Verkauf der Anteile bzw. einer Liquidation der Gesellschaft anfallenden Ertragsteuern
- eine Unterkapitalisierung
- das Fehlen eigener Betriebsgrundstücke und -gebäude
- die Vorteile, die eine Kapitalgesellschaft aus der Verbindung zu anderen Unternehmen der Anteilseigner zieht.

Des Weiteren verweist die Finanzverwaltung auf § 9 Abs. 2 S. 3 und Abs. 3 BewG, wonach bei der Ermittlung des gemeinen Werts nach allen Bewertungsverfahren ungewöhnliche oder persönliche Verhältnisse wie z. B. Verfügungsbeschränkungen nicht zu berücksichtigen sind. Diese Auffassung dürfte an den Realitäten insb. bei Familiengesellschaften vorbeigehen. Auch der besondere Umstand, dass Anteile an der Gesellschaft keinen Einfluss auf die Geschäftsführung gewähren, soll bei der Ermittlung des gemeinen Werts im vereinfachten Ertragswert-

---
[207] Vgl. gleichlautende Erlasse v. 5.6.2014, Tz. 2.1, BStBl I 2014, S. 882.

verfahren oder bei Ansatz des Substandwerts keinen Abschlag rechtfertigen. Ferner verweisen die gleichlautenden Erlasse darauf, dass bei komplexen Strukturen von verbundenen Unternehmen die Anwendung des vereinfachten Ertragswertverfahrens grds. ausgeschlossen sei, da es zu unzutreffenden Ergebnissen führe.[208] Auch an dieser Stelle fehlt jedoch leider eine Aussage der Finanzverwaltung, in welchen Fällen von einer „komplexen Struktur" auszugehen ist. Die Bewertungspraxis der vergangenen Jahre zeigt jedoch, dass auch in größeren (und damit sicher „komplexen") Strukturen das vereinfachte Ertragswertverfahren mit dem Einverständnis aller Beteiligten angewandt wird.

Da im vereinfachten Ertragswertverfahren Anteile und Beteiligungen an nachgeordneten Gesellschaften eigenständig zu bewerten sind (§ 200 Abs. 3 BewG) geben die gleichlautenden Erlasse den Hinweis, dass in Organschafts-Fällen bei der Ermittlung der Betriebsergebnisse der Organgesellschaft der Aufwand aus Gewinnabführungen an den Organträger und der Ertrag aus Verlustübernahmen des Organträgers nicht zu berücksichtigen ist (Tz. 1.7; § 202 Abs. 1 S. 2 Nr. 3 BewG). Die Betriebsergebnisse der Organträgergesellschaft sind konsequenterweise um den Aufwand aus der Übernahme von Verlusten der Organgesellschaft zu erhöhen[209] und um den Ertrag aus Gewinnabführungen der Organgesellschaft zu kürzen.[210] Die verbleibenden Betriebsergebnisse sind sowohl auf Ebene der Organgesellschaft wie auch bei der Organträgergesellschaft um den pauschalen Ertragssteueraufwand i. H. v. 30 % zu kürzen.[211] Ein zusätzlicher Abzug von Ertragssteueraufwand auf die Erträge der Organgesellschaft ist bei der Organträgergesellschaft ausgeschlossen. Ferner stellen die gleichlautenden Erlasse klar, dass aus Vereinfachungsgründen bei Anteilen an einer Komplementär-GmbH jedenfalls dann ein Fall von geringer Bedeutung vorliegt, wenn sie neben der Kostenerstattung für die Geschäftsführung der KG nur ein Entgelt für die Übernahme des Haftungsrisikos erhält, aber keine Geschäfte in eigenem Namen betreibt. Damit kann der in der Feststellungserklärung der KG angegebene Substanzwert der Anteile an der Komplementär-GmbH grds. übernommen werden.[212] Hält eine zu bewertende Kapitalgesellschaft eigene Anteile, wirkt sich dies nicht auf die Bewertung der Gesellschaft aus. Die eigenen Anteile werden vielmehr erst im Rahmen der Aufteilung des Werts der Kapitalgesellschaft berücksichtigt und mindern den Wert des gesamten Nennkapitals um ihren Nennwert.[213] Des Weiteren kann der gemeine Wert nicht notierter Anteile an einer Kapitalgesellschaft aufgrund der Haftungsbeschränkung des Gesellschafters nicht negativ sein, auch wenn der Wert des Betriebsvermögens der Gesellschaft negativ ist. Der Wert ist in diesem Fall mit 0 € festzustellen. Auch eine noch nicht (vollständig) erbrachte Einlage des Gesellschafters hat keine Auswirkung auf den gemeinen Wert der Anteile. In Erbfällen liegt hinsichtlich der ausstehenden Einlage eine Nachlassverbindlichkeit i. S. d. § 10 Abs. 5 Nr. 1 ErbStG vor, bei Schenkungen eine Gegenleistung, die zu einer gemischten Schenkung führt. Bei mittelbaren Beteiligungen ist im mehrstufigen Feststellungsverfahren die ausstehende Einlage im Rahmen der Bewertung der übergeordneten Gesellschaft zu berücksichtigen.[214]

Auch bei Kommanditgesellschaften kann dem Kommanditisten grds. kein negativer Wert des Gesamthandsvermögen der Gesellschaft (vgl. § 97 Abs. 1 a Nr. 1 BewG) zugerechnet werden, wenn er seine Kommanditeinlage vollständig erbracht hat und soweit er nicht nachschuss-

---

[208] R B 199.1 Abs. 4 und Abs. 6 S. 1 Nr. 1 ErbStR 2011.
[209] § 202 Abs. 1 S. 2 Nr. 1 lit. f BewG.
[210] § 202 Abs. 1 S. 2 Nr. 2 lit. f BewG.
[211] § 202 Abs. 3 BewG.
[212] Vgl. gleichlautende Erlasse v. 5.6.2014, Tz. 1.8, BStBl I 2014, S. 882.
[213] Vgl. gleichlautende Erlasse v. 5.6.2014, Tz. 1.11, BStBl I 2014, S. 882, unter Hinweis auf § 97 Abs. 1b BewG; R B 11.5 S. 1 ErbStR 2011.
[214] Vgl. gleichlautende Erlasse v. 5.6.2014, Tz. 1.12, BStBl I 2014, S. 882.

pflichtig ist.²¹⁵ Der Wert des Anteils des Kommanditisten am Gesamthandsvermögen ist in diesem Fall mit 0 € anzusetzen. Etwas anderes gilt nur in den Fällen der noch ausstehenden Pflichteinlage sowie im Fall einer vertraglich vereinbarten Nachschusspflicht eines Kommanditisten. In diesen Fällen ist dem Kommanditisten im Rahmen der Bewertung seiner Beteiligung – der nach § 97 Abs. 1a Nr. 1 BewG ermittelte Wert – bis zur Höhe seiner ausstehenden Einlage bzw. seiner noch ausstehenden Nachschussverpflichtung als negativer Wert am Gesamthandsvermögen der Gesellschaft zuzurechnen. Da diese Sachverhalte bereits im Rahmen der Bewertung der Beteiligung berücksichtigt werden, ist bei unmittelbarer Beteiligung in Erbfällen keine Nachlassverbindlichkeit i. S. d. § 10 Abs. 5 Nr. 1 ErbStG abzugsfähig und bei Schenkungen handelt es sich nicht um eine Gegenleistung. Gleiches gilt für den Fall, dass die Haftung des Kommanditisten in Folge von Entnahmen wieder auflebt (§ 172 Abs. 4 S. 2 HGB) bzw. dass die im Handelsregister eingetragene Höhe der Hafteinlage des Kommanditisten die Höhe seiner Pflichteinlage übersteigt und insoweit eine tatsächliche Außenhaftung eingetreten ist.²¹⁶ Wirtschaftsgüter und Schulden des Sonderbetriebsvermögens sind dem Kommanditisten vollständig zuzurechnen (§ 97 Abs. 1a Nr. 2 BewG), unabhängig davon, ob ihr Gesamtwert positiv oder negativ ist.²¹⁷

Die Erlasse sind auf alle Erwerbe anzuwenden, für die die Steuer nach dem 31.12.2008 entstanden ist, soweit entsprechende Feststellungsbescheide (§§ 151 ff. BewG) noch nicht bestandskräftig sind.

7.8 Übernommene Pflegeleistung als Gegenleistung

> **Oberste Finanzbehörden der Länder, gleichlautende Erlasse v. 4.6.2014, BStBl I 2014, S. 891**
>
> **Der Erlass nimmt zur Frage der Anerkennung von übernommenen Pflegeleistungen bei der Schenkungsteuer ausführlich Stellung und fasst damit H E 7.4 Abs. 1 „übernommene Pflegeleistungen als Gegenleistung" ErbStH 2011 neu.**
>
> **Normen:** § 7 ErbStG; § 6 BewG

Im Unterschied zu den bislang in den Erbschaftsteuerhinweisen 2011 enthaltenen Regelungen²¹⁸ definiert der Erlass den Begriff der Pflegeleistungen. Er führt dabei in Anlehnung an die in § 14 Abs. 4 SGB XI angeführten Hilfeleistungen die Unterstützung und Hilfe bei den gewöhnlichen und regelmäßig wiederkehrenden Verrichtungen im Bereich der Körperpflege, der Mobilität und der hauswirtschaftlichen Versorgung auf. Darüber hinaus sind auch weitere Hilfeleistungen, wie die Erledigung von Botengängen und schriftlichen Angelegenheiten, Besprechungen mit Ärzten, Vorsprachen bei Behörden sowie die seelische Betreuung des Schenkers als Pflegeleistungen anzuerkennen. Wie bisher sind Pflegeleistungen erst dann zu berücksichtigen, wenn der Pflegefall tatsächlich eingetreten ist und der Erwerber die Leistungen erbringt. Vor diesem Zeitpunkt liegt lediglich eine aufschiebend bedingte Last vor, die nach § 6 Abs. 1 BewG vor Eintritt der Bedingung nicht zu berücksichtigen ist. Die Anerkennung der Pflegebedürftigkeit erfordert, dass der Erwerber schlüssig darlegt und glaubhaft macht, dass er Pflegeleistungen je nach der Hilfsbedürftigkeit des Schenkers nach Art, Dauer, Umfang und Wert zu

---
²¹⁵ Unter Verweis auf R B 97.3 Abs. 1 S. 3 ErbStR 2011.
²¹⁶ Vgl. gleichlautende Erlasse v. 5.6.2014, Tz. 2.2.1.1, BStBl I 2014, S. 882.
²¹⁷ Vgl. gleichlautende Erlasse v. 5.6.2014, Tz. 2.2.1.2, BStBl I 2014, S. 882.
²¹⁸ Vgl. H E 7.4 Abs. 1 und H E 13.5 Abs. 2 ErbStH 2011 sowie gleichlautende Erlasse vom 19.12.2011, BStBl I 2011, S. 117.

erbringen hat. Ihm obliegt insoweit die Feststellungslast. Der Erlass sieht jedoch keine übersteigerten Anforderungen an die Darlegung und Glaubhaftmachung vor. So könne angenommen werden, dass mit zunehmendem Alter eines Menschen auch dessen Hilfsbedürftigkeit zunehme. In der Regel könne daher bei einem über 80 Jahre alten Menschen von einer Hilfsbedürftigkeit auszugehen sein, ohne dass es hierzu eines Nachweises in Form eines ärztlichen Attestes oder vergleichbarer Bescheinigung bedürfe.[219] Die Höhe der zu berücksichtigen Pflegeleistung bestimmt sich nach den gesamten Umständen des konkreten Einzelfalls, insb. den vertraglich vereinbarten Leistungen. Nach Auffassung der Finanzverwaltung bestehen keine Bedenken, wenn für erbrachte Leistungen ein pauschaler Satz von 11 € pro Stunde angesetzt wird. Der Ansatz ist jedoch zu kürzen, soweit die pflegebedürftige Person Pflegegeld aus der Pflegeversicherung oder Ähnliches erhält und diese zu Lebzeiten an die Pflegeperson weitergibt. Die Weitergabe selbst ist nach § 13 Abs. 1 Nr. 9a ErbStG sachlich steuerbefreit. Dem Erwerber steht es aber frei, einen höheren Wert seiner Leistungen nachzuweisen. Die Pflegeleistungen sind mit ihrem Kapitalwert im Zeitpunkt des Eintritts des Pflegefalls zu bewerten und auf den Zeitpunkt der Ausführung der Zuwendung abzuzinsen.[220]

7.9 Ansatz Steuer- und Rechtsberatungskosten

> **Oberste Finanzbehörden der Länder, gleichlautende Erlasse v. 5.6.2014, BStBl I 2014, S. 893**
>
> **Anerkennung von Steuerberatungs- und Rechtsberatungskosten im Rahmen des Besteuerungs- und Wertfeststellungsverfahrens.**

Die Finanzverwaltung war bislang der Auffassung, Kosten eines Gutachtens für die Ermittlung des gemeinen Werts beim Grundbesitz, beim Betriebsvermögen und bei nicht notierten Anteilen an Kapitalgesellschaften seien nur abzugsfähig, wenn diese für die Auseinandersetzung einer Erbengemeinschaft oder im Rahmen der Verpflichtung zur Abgabe einer Feststellungserklärung anfallen und vom Erwerber getragen worden sind.[221] Im Anschluss an die Entscheidung des BFH vom 19.6.2013[222] hält die Finanzverwaltung an dieser anlassbezogenen Betrachtungsweise nicht mehr fest, sondern erkennt Gutachterkosten nun mehr generell als Nachlassregelungskosten an, selbst wenn sie im Rahmen eines Rechtsbehelfsverfahrens oder finanzgerichtlichen Verfahrens entstanden sind. Auch sollen diese Kosten nicht nach § 10 Abs. 6 ErbStG zu kürzen sein, soweit zum Erwerb steuerbefreites oder teilweise steuerbefreites Vermögen gehört. Der Abzug weiterer Kosten im Einspruch bzw. finanzgerichtlichen Verfahren bleibt jedoch ausgeschlossen.[223]

> **Literaturhinweis:** *Geck/Messner*, ZEV 2014, S. 413

---

[219] Unter Hinweis auf BFH, Urteil v. 11.9.2013, II R 37/12, BStBl II 2014, S. 114.
[220] Vgl. zum Vervielfältiger für die Abzinsung Tabelle 1 der gleichlautenden Erlasse v. 10.10.2010, BStBl I 2010, S. 810.
[221] H E 10.7 ErbStH 2011.
[222] II R 20/12, BStBl II 2013, S. 738.
[223] Unter Hinweis auf BFH, Urteil v. 20.6.2007, II R 29/06, BStBl II 2007, S. 722.

7.10 Antrag auf Optionsverschonung

> **OFD Karlsruhe, Verfügung v. 7.8.2014, ZEV 2014, S. 572**
>
> **Die Verfügung der OFD Karlsruhe beschäftigt sich mit dem Umstand, dass in vielen Fällen die Steuerfestsetzungen im Einspruchswege offen gehalten wurden, um den (unwiderruflichen) Antrag auf Optionsverschonung, der bis zum Eintritt der materiellen Bestandskraft gestellt werden kann, möglichst lange hinaus zu zögern. Die Verfügung legt dar, dass ein solches Vorgehen nicht mehr notwendig ist.**

Seit Mitte November 2012 ergehen Erbschaft- und Schenkungsteuerbescheide nach § 165 Abs. 1 S. 2 Nr. 3 AO hinsichtlich der Frage der Verfassungsmäßigkeit des Erbschaftsteuergesetzes nur noch vorläufig.[224] Durch diesen Vorläufigkeitsvermerk werden die aktuellen Erbschaft- und Schenkungsteuerbescheide hinsichtlich der Anwendung der §§ 13a und 13b ErbStG nicht materiell bestandskräftig. Insofern kann der Antrag auf Optionsverschonung nach § 13a Abs. 8 ErbStG vom Steuerpflichtigen unabhängig von einem Einspruchsverfahren gestellt werden. Entsprechende Einsprüche sieht die Finanzverwaltung daher mangels Rechtschutzbedürfnis als unzulässig an.[225] Bei den vorläufigen Erbschaft- und Schenkungsteuerbescheiden endet die Festsetzungsfrist infolge der Ablaufhemmung nach § 171 Abs. 8 S. 2 AO nicht vor Ablauf von 2 Jahren nachdem die Ungewissheit (Entscheidung des Bundesverfassungsgerichts zur Erbschaftsteuer) beseitigt ist und die Finanzbehörde hiervon Kenntnis erlangt hat. Demnach hat der Steuerpflichtige daher noch ausreichend Zeit, den Antrag auf Optionsverschonung zu stellen. Damit sieht die OFD Karlsruhe das vorsorgliche Offenhalten der Bescheide durch einen Einspruch als derzeit nicht mehr notwendig an.

7.11 Bewertung einer lebenslänglichen Nutzung oder Leistung

> **BMF, Schreiben v. 21.11.2014, IV D 4 – S 3104/09/10001, DStR 2014, S. 2397**
>
> **Das Statistische Bundesamt hat im Jahr 2014 keine aktuelle Sterbetafel veröffentlicht. Daher sind gem. § 14 Abs. 1 S. 2 BewG die Vervielfältiger zur Berechnung des Kapitalwerts lebenslänglicher Nutzungen und Leistungen, die nach der am 2.10.2012 veröffentlichten Sterbetafel 2009/2011 des Statistischen Bundesamtes ermittelt wurden,[226] auch für Bewertungsstichtage ab dem 1.1.2015 anzuwenden.**

---

[224] Vgl. gleichlautende Erlasse v. 14.11.2012, BStBl I 2012, S. 1082.
[225] Unter Hinweis auf AEAO zu § 350, Nr. 6.
[226] BMF, Schreiben v. 26.10.2012, IV D 4 – S 3104/09/10001, BStBl I 2012, S. 950.

7.12 Zugewinnausgleichsforderung als Nachlassverbindlichkeit

> **OFD Nordrhein-Westfalen, Kurzinformation v. 31.10.2014, DStR 2014, S. 2571**[227]
>
> Die Kurzinformation geht zunächst auf die güterrechtliche Zugewinnausgleichsforderung des § 5 Abs. 2 ErbStG ein, also auf den Fall des tatsächlichen Zugewinnausgleiches, wenn der überlebende Ehepartner nicht Erbe oder Vermächtnisnehmer wird bzw. ausschlägt. In letzteren Fällen stellt die Ausgleichsforderung nach § 5 Abs. 2 ErbStG bei den Erben eine Nachlassverbindlichkeit dar, die grundsätzlich nach § 10 Abs. 5 Nr. 1 ErbStG abzugsfähig ist. Allerdings ist der Abzug (analog zur Pflichtteilslast) nach § 10 Abs. 6 ErbStG zu kürzen, da die Ausgleichsforderung im wirtschaftlichen Zusammenhang mit jedem einzelnen Nachlassgegenstand steht. Im Gegensatz dazu ist die fiktive Zugewinnausgleichsforderung nach § 5 Abs. 1 ErbStG keine Nachlassverbindlichkeit nach § 10 Abs. 5 ErbStG und unterliegt damit auch nicht der Kürzung nach § 10 Abs. 6 ErbStG.

---

[227] Inhaltsgleich dazu BayLfSt, Verfügung v. 3.11.2014, DB 2014, S. 2683.

8 Änderungen bei der Abgabenordnung

8.1 Vorläufigkeitsvermerk

8.1.1 Vorläufige Steuerfestsetzung nach § 165 AO im Hinblick auf anhängige Musterverfahren

> BMF, Schreiben v. 7.2.2014, IV A 3 – S 0338/07/10010, BStBl I 2014, S. 160;
> BMF, Schreiben v. 10.6.2014, IV A 3 – S 0338/07/10010, BStBl I 2014, S. 831;
> BMF, Schreiben v. 11.12.2014, IV A 3 – S 0338/07/10010, DB 2014, S. 2934
>
> Nach den vorgenannten BMF-Schreiben, zuletzt vom 11.12.2014, sind Einkommensteuerbescheide in folgenden Punkten für vorläufig zu erklären:
>
> **Normen:** § 165 Abs. 1 AO

- Nichtabziehbarkeit der Gewerbesteuer und der darauf entfallenden Nebenleistungen als Betriebsausgaben (§ 4 Abs. 5b EStG)

- Beschränkte Abziehbarkeit von Vorsorgeaufwendungen (§ 10 Abs. 3, 4, 4a EStG) für VZ 2005 bis 2009

- Beschränkte Abziehbarkeit von sonstigen Vorsorgeaufwendungen i. S. d. § 10 Abs. 1 Nr. 3a EStG für VZ ab 2010

- Nichtabziehbarkeit von Beiträgen zur Rentenversicherung als vorweggenommene Werbungskosten bei den Einkünften i. S. d. § 22 Nr. 1 S. 3 Buchst. a EStG für VZ ab 2005

- Besteuerung der Einkünfte aus Leibrenten i. S. d. § 22 Nr. 1 S. 3 Buchst. a Doppelbuchst. aa EStG für VZ ab 2005

- Höhe der kindbezogenen Freibeträge nach § 32 Abs. 6 S. 1 und 2 EStG

- Höhe des Grundfreibetrags (§ 32a Abs. 1 S. 2 Nr. 1 EStG)

- Berücksichtigung von Beiträgen zu Versicherungen gegen Arbeitslosigkeit im Rahmen eines negativen Progressionsvorbehalts (§ 32b EStG)

- Abzug einer zumutbaren Belastung (§ 33 Abs. 3 EStG) bei der Berücksichtigung von Aufwendungen für Krankheit oder Pflege als außergewöhnliche Belastung.

Nichtabziehbarkeit der Gewerbesteuer als Betriebsausgabe

Seit 2008 ist die Gewerbesteuer nicht mehr bei der Gewinnermittlung als Betriebsausgabe abziehbar (§ 4 Abs. 5b EStG). Hierdurch wird das objektive Nettoprinzip durchbrochen. Nach Ansicht des FG Hamburg führt dies zwar zu Zweifeln an der Verfassungsmäßigkeit der Regelung, nicht jedoch zu deren Verfassungswidrigkeit.[228] Nach Ansicht des BMF sind daher sämtliche Einkommensteuerbescheide für VZ ab 2008, die Einkünfte aus Gewerbebetrieb erfassen, sämtliche Körperschaftsteuerbescheide für VZ ab 2008 sowie sämtliche Bescheide über die gesonderte (und ggf. einheitliche) Feststellung von Einkünften, soweit diese Bescheide Fest-

---

[228] FG Hamburg, Urteil v. 29.2.2012, 1 K 48/12, EFG 2012, S. 933.

stellungszeiträume ab 2008 betreffen und für die Gesellschaft oder Gemeinschaft ein Gewerbesteuermessbetrag festgesetzt wird, vorläufig festzusetzen. Mit Urteil vom 16.1.2014 hat der BFH[229] jedoch das Abzugsverbot für die Gewerbesteuer als verfassungsgemäß erklärt. Dagegen wurde ein Verfahren beim BVerfG anhängig gemacht,[230] sodass demzufolge nicht damit zu rechnen ist, dass dieser Vorläufigkeitsvermerk zeitnah gestrichen werden wird.

Beschränkte Abziehbarkeit von Kinderbetreuungskosten

Der BFH hat in einem Verfahren aus dem VZ 2006 entschieden, dass die Begrenzung der notwendigen Kinderbetreuungskosten auf 2/3 der Aufwendungen und einen Höchstbetrag von 4.000 € nicht gegen das Grundgesetz verstößt.[231] In einem zweiten Verfahren war ein Elternteil berufstätig, während sich der andere Elternteil um die Kindererziehung kümmerte. Mangels Berufstätigkeit von beiden Ehegatten wurde die Berücksichtigung von Kinderbetreuungskosten versagt. Der BFH stellt auch hier fest, dass die mit dem Gesetz zur Förderung von Wachstum und Beschäftigung vom 26.4.2006[232] und dem Steueränderungsgesetz vom 19.7.2006[233] neugeordnete Berücksichtigung von Kinderbetreuungskosten bei nur einem erwerbstätigen Ehegatten verfassungsgemäß ist.[234] Diese Rechtsprechung hat der BFH in einem Urteil vom 14.11.2013 bestätigt.[235] Schließlich hat das BVerfG die gegen das BFH-Urteil vom 5.7.2013[236] gerichtete Verfassungsbeschwerde mit Beschluss vom 7.5.2014 nicht zur Entscheidung angenommen.[237] In der Folge hat das BMF den entsprechenden Vorläufigkeitsvermerk im Schreiben vom 11.12.2014 mit sofortiger Wirkung gestrichen. Anhängige Einsprüche für die VZ 2006 bis 2011 wurden mit Allgemeinverfügung der Oberste Finanzbehörden der Länder vom 3.11.2014 zurückgewiesen.[238]

Abzug von sonstigen Vorsorgeaufwendungen

Der Vorläufigkeitsvermerk nach Nr. 2 Buchst. b ist in Fällen unbeschränkter Steuerpflicht im Rahmen der verfahrensrechtlichen Möglichkeiten sämtlichen Einkommensteuerfestsetzungen für VZ ab 2010 beizufügen.

Rentenversicherungsbeiträge als vorweggenommene Werbungskosten

Der Vorläufigkeitsvermerk ist im Rahmen der verfahrensrechtlichen Möglichkeiten sämtlichen Einkommensteuerfestsetzungen für VZ ab 2005 beizufügen und es wird im Erläuterungstext klargestellt, dass der Vorläufigkeitsvermerk hinsichtlich der Nichtabziehbarkeit von Beiträgen zu Rentenversicherungen als vorweggenommene Werbungskosten auch die Frage einer eventuellen einfachgesetzlich begründeten steuerlichen Berücksichtigung umfasst.

Höhe des Grundfreibetrags und der kindbezogenen Freibeträge

Unter dem Az. III R 1/09 ist beim BFH weiterhin ein Verfahren anhängig, in dem es um die Frage geht, ob verfassungsrechtliche Bedenken gegen die steuerliche Freistellung des Existenzminimums eines Ehepaars mit drei Kindern in Ausbildung u. a. durch den Grundfreibetrag und die Kinderfreibeträge bestehen.

---

[229] BFH, Urteil v. 16.1.2014, I R 21/12, BStBl II 2014, S. 531.
[230] Az. beim BVerfG 2 BvR 1559/14.
[231] BFH, Urteil v. 9.2.2012, III R 67/09, BStBl II 2012, S. 567; vgl. *Görke*, Haufe-Index 3062873.
[232] BGBl I 2006, S. 1091.
[233] BGBl 2006, S. 1652.
[234] BFH, Urteil v. 5.7.2012, III R 80/09, BStBl II 2012, S. 816; vgl. *Görke*, Haufe-Index 3326216.
[235] III R 18/13, BStBl II 2014, S. 383.
[236] III R 80/09, BStBl II 2012, S. 816.
[237] 2 BvR 2454/12.
[238] DStR 2014, S. 2242; vgl. Kapitel B.8.4.5.

Die Vorläufigkeitsvermerke hinsichtlich der Höhe des Grundfreibetrags und der kindbezogenen Freibeträge sind im Rahmen der verfahrensrechtlichen Möglichkeiten sämtlichen Einkommensteuerfestsetzungen für VZ ab 2001 (im Fall der kindbezogenen Freibeträge mit einer Prüfung der Steuerfreistellung nach § 31 EStG) beizufügen.

Berücksichtigung von Beiträgen zu Arbeitslosigkeitsversicherungen im Rahmen eines negativen Progressionsvorbehaltes

Dieser Vorläufigkeitsvermerk ist im Rahmen der verfahrensrechtlichen Möglichkeiten sämtlichen Einkommensteuerfestsetzungen beizufügen, die Einkünfte aus nichtselbstständiger Tätigkeit erfassen.

Aufwendungen für Krankheit oder Pflege

Der Vorläufigkeitsvermerk ist in Fällen unbeschränkter Steuerpflicht im Rahmen der verfahrensrechtlichen Möglichkeiten sämtlichen Einkommensteuerfestsetzungen beizufügen.

Verfassungsmäßigkeit des Solidaritätszuschlages

Ebenfalls sehen die o. g. BMF-Schreiben vor, dass im Rahmen der verfahrensrechtlichen Möglichkeiten sämtliche Festsetzungen des Solidaritätszuschlags für die VZ ab 2005 hinsichtlich der Verfassungsmäßigkeit des Solidaritätszuschlaggesetzes 1995 vorläufig gem. § 165 Abs. 1 S. 2 Nr. 3 AO vorzunehmen sind.

Anrechnung steuerfreier Zuschüsse zu einer Kranken- und Pflegeversicherung

Das BMF-Schreiben vom 10.6.2014 nimmt den Hinweis auf, dass im Rahmen der verfahrensrechtlichen Möglichkeiten sämtliche Einkommensteuerfestsetzungen für VZ ab 2010 hinsichtlich der Anrechnung der gesamten steuerfreien Zuschüsse zu einer Kranken- oder Pflegeversicherung auf Beiträge zu einer privaten Basiskrankenversicherung oder Pflege-Pflichtversicherung (§ 10 Abs. 2 S. 1 Nr. 1 2. Halbs. EStG) gem. § 165 Abs. 1 S. 2 Nr. 4 AO vorläufig vorzunehmen sind, falls steuerfreie Zuschüsse zur Kranken- oder Pflegeversicherung gewährt worden sind.

Berechnung des Höchstbetrags für die Anrechnung ausländischer Steuer (§ 34c EStG)

Hierzu wird auf das BMF-Schreiben vom 30.9.2013[239] verwiesen.

---

[239] BStBl I 2013, S. 1612.

8.2 Änderungen des Anwendungserlasses zur AO

8.2.1 Änderung durch das BMF-Schreiben vom 31.1.2014

> **BMF, Schreiben v. 31.1.2014, IV A 3 – S 0062/14/10002, BStBl I 2014, S. 290**
>
> **Mit Schreiben v. 31.1.2014 wurde der AO-Anwendungserlass insb. im Bereich der durch das Gesetz zur Stärkung des Ehrenamtes vom 21.3.2013[240] geänderten Vorschriften über steuerbegünstige Zwecke angepasst. Außerdem wurden viele redaktionelle Änderungen vorgenommen.**
>
> **Normen:** §§ 30, 51 bis 68, 89, 171, 175, 251 AO

Mildtätige Zwecke (§ 53 AO)

Durch das Gesetz zur Stärkung des Ehrenamtes wurde in § 53 Nr. 2 AO der Begriff der wirtschaftlichen Hilfsbedürftigkeit eingeführt und dessen Grenzen festgelegt. Die tatbestandlichen Voraussetzungen des § 53 Abs. 2 AO werden in den Nr. 5 bis 12 zu § 53 AO näher erläutert und mit Ausführungen zum neuen vereinfachten Nachweisverfahren bei Leistungen an Empfänger von Sozialleistungen versehen.

Mittelverwendung (§ 55 AO)

Die Frist zur zeitnahen Mittelverwendung wurde durch das Gesetz zur Stärkung des Ehrenamtes von einem Jahr auf 2 Jahre verlängert. Demzufolge wurde die Nr. 27 zu § 55 Abs. 1 Nr. 5 AO dergestalt angepasst, dass eine zeitnahe Mittelverwendung gegeben ist, wenn die Mittel spätestens in den auf den Zufluss folgenden 2 Kalender- oder Wirtschaftsjahren für die steuerbegünstigten satzungsmäßigen Zwecke verwendet werden. Nr. 29 zu § 55 Abs. 1 Nr. 5 AO stellt klar, dass diese Verlängerung der Mittelverwendungsfrist für alle Mittel der Körperschaft gilt, die nach dem 31.12.2011 vereinnahmt wurden. Eine weitere Klarstellung enthält Nr. 28 zu § 55 Abs. 1 Nr. 5 AO bezüglich des Themas, wie mit dem Erlös aus der Veräußerung von sog. nutzungsgebundenem Vermögen zu verfahren ist: Werden derartige Vermögensgegenstände in den Bereich der Vermögensverwaltung oder in den steuerpflichtigen Geschäftsbetrieb überführt, lebt die Pflicht zur zeitnahen Mittelverwendung in Höhe des Verkehrswerts dieser Vermögensgegenstände wieder auf.

Mittelweitergabe (§ 58 AO)

Bislang enthielt der Anwendungserlass keine Aussage darüber, worauf es bei der Prüfung der Obergrenze für die teilweise (nicht überwiegende) Weitergabe eigener Mittel ankam – auf das Vermögen oder auf die laufenden zeitnah zu verwendenden Mittel. Nr. 2 zu § 58 Nr. 2 AO stellt nun klar: Für die Ermittlung der maximal zulässigen Höhe der Mittelweitergabe ist das Nettovermögen (Vermögenswerte abzüglich Verbindlichkeiten) der Körperschaft im jeweiligen VZ maßgebend. Auf die im jeweiligen VZ zeitnah zu verwendenden Mittel kommt es nicht an. Außerdem wird ausgeführt, dass eine nachfolgende zweckwidrige Verwendung der Mittel bei der empfangenden Körperschaft nur als Mittelfehlverwendung der empfangenden Körperschaft zu werten ist.

---

[240] BGBl I 2013, S. 556.

Feststellung der satzungsmäßigen Voraussetzungen (§ 60a AO)

Das neue gesonderte Feststellungsverfahren für die satzungsmäßige Gemeinnützigkeit nach § 60a AO ist eine der zentralen Neuerungen des Gesetzes zur Stärkung des Ehrenamtes. In diesem Verfahren wird die Entscheidung darüber getroffen, ob die Satzung einer Körperschaft die Voraussetzungen der §§ 51, 59, 50 und 61 AO einhält. Die Feststellung ist bindend sowohl für die Besteuerung der Körperschaft selbst als auch für die Besteuerung der Steuerpflichtigen, die dieser Körperschaft Spenden oder Mitgliedsbeiträge zugewandt haben. Der neue Anwendungserlass enthält nähere Ausführungen zur praktischen Anwendung.

Rücklagen und Vermögensbindung (§ 62 AO)

Durch das Gesetz zur Stärkung des Ehrenamtes wurden die ursprünglich in § 58 AO verorteten Regelungen zur Rücklagen- und Vermögensbildung in § 62 AO neugefasst. Diesbezüglich hat der Anwendungserlass durch das BMF-Schreiben vom 31.1.2014 die entsprechenden redaktionellen Änderungen erfahren.

Erstmals gesetzlich normiert wurde durch die Neufassung des § 62 Abs. 1 Nr. 2 AO die sog. Wiederbeschaffungsrücklage. Nachdem die Finanzverwaltung im BMF-Schreiben v. 17.1.2012[241] dazu ursprünglich eine restriktive Auffassung vertreten hat, enthält die Nr. 6 zu § 62 Abs. 1 Nr. 2 AO folgende Ausführungen zu der Wiederbeschaffungsabsicht: Eine Wiederbeschaffungsabsicht liegt nur vor, wenn tatsächlich eine Neuanschaffung des einzelnen Wirtschaftsguts geplant und in einem angemessenen Zeitraum möglich ist. Im Regelfall ist als Nachweis für die Wiederbeschaffungsabsicht ausreichend, dass die Rücklage gebildet wurde. Nr. 6 zu § 62 Abs. 1 Nr. 2 AO enthält jedoch auch den ausdrücklichen Hinweis, dass diese Nachweiserleichterung nicht für Immobilien gelten soll.

Steuerpflichtige wirtschaftliche Geschäftsbetriebe (§ 64 AO)

Bezug nehmend auf die BFH-Entscheidung v. 25.5.2011[242] ist durch das BMF-Schreiben vom 31.1.2014 in Nr. 3 zu § 64 Abs. 1 AO klargestellt worden, dass die Beteiligung einer gemeinnützigen Körperschaft an einer gewerblich geprägten vermögensverwaltenden Personengesellschaft keinen wirtschaftlichen Geschäftsbetrieb darstellt. Keine Aussage findet sich allerdings dazu, ob dies auch für die Beteiligung an einer gewerblich infizierten vermögensverwaltenden Personengesellschaft gilt.

Verbindliche Auskunft (§ 89 AO)

Es wurde in der neu eingefügten Nr. 3.5.7 AEAO zu § 89 AO unter Verweis auf die BFH-Entscheidung vom 29.2.2012[243] ausgeführt, dass die verbindliche Auskunft lediglich regele, wie die Finanzbehörde eine ihr zur Prüfung gestellte hypothetische Gestaltung gegenwärtig beurteilt, jedoch kein Anspruch auf einen bestimmten rechtmäßigen Inhalt einer verbindlichen Auskunft bestehe. In der Nr. 3.7. AEAO zu § 89 AO wird Bezug nehmend auf diese Entscheidung außerdem klargestellt, dass nach Ansicht des BFH eine vollinhaltliche Rechtmäßigkeitskontrolle einer verbindlichen Auskunft durch das FG nicht gefordert werden könne.

Aufhebung oder Änderung von Folgebescheiden (§ 175 Abs. 1 S. 1 Nr. 1 AO)

Nr. 1.1. AEAO zu § 175 AO enthielt bislang die Auffassung, dass auch eine Bindungswirkung von Grundlagenbescheiden von ressortfremden Behörden besteht, wenn sie nach der für die steuerlichen Grundlagenbescheide geltenden Festsetzungsfristen ergehen. Der BFH vertritt in

---

[241] IV A 3 – S 0062/08/10007 – 12, BStBl I 2012, S. 83.
[242] I R 60/10, BStBl II 2012, S. 858.
[243] IX R 11/11, BStBl II 2012, S. 651.

seiner Entscheidung vom 21.2.2012[244] jedoch die Auffassung, dass Grundlagenbescheide ressortfremder Behörden, die nicht den Regelungen der §§ 179 ff. AO unterliegen, nur dann eine Ablaufhemmung gem. § 171 Abs. 10 AO bewirken, wenn sie vor Ablauf der für die Festsetzung der betroffenen Steuer maßgeblichen Festsetzungsfrist erlassen worden sind. Insofern wurde die Nr. 1.1 zu § 175 AO entsprechend abgeändert.[245]

Insolvenzverfahren (§ 251 AO)

In der neugefassten Nr. 4.5 AEAO zu § 251 AO werden in den Abs. 2 und 3 die Auskunftsrechte des Insolvenzverwalters gegenüber dem FA präzisiert: So habe das FA bei der Ermessensausübung zu berücksichtigen, ob ein berechtigtes Interesse substantiiert dargelegt wurde oder ein solches erkennbar ist, insb. ob die begehrte Auskunft der Wahrnehmung von Rechten und Pflichten im konkreten Besteuerungsverfahren dienen kann. Der Insolvenzverwalter sei aber verpflichtet, mögliche der Anfechtung unterliegende Rechtshandlungen selbst zu ermitteln. Es bestehe keine Verpflichtung des FA durch Herausgabe von Unterlagen oder durch Erteilung von Auskünften zur Ermittlung von Insolvenzanfechtungstatbeständen beizutragen.

Die geänderte Nr. 5.3.3 AEAO zu § 251 AO enthält in Abs. 4 den Verweis auf den BFH-Beschluss v. 14.5.2013,[246] wonach die widerspruchslose Feststellung einer Steuerforderung zur Insolvenztabelle zwar die Erledigung eines wegen dieser Forderung geführten Finanzrechtsstreits in der Hauptsache bewirkt, allerdings nicht zugleich die Unterbrechung des finanzgerichtlichen Verfahrens beendet.

> **Literaturhinweise:** *Hüttemann*, DB 2014, S. 442; *Kirchhain*, DStR 2014, S. 289; *v. Wedelstädt*, DB 2014, S. 742

8.2.2 Änderung durch das BMF-Schreiben vom 1.8.2014

> **BMF, Schreiben v. 1.8.2014, IV A 3 – S 0062/14/10005, BStBl I 2014, S. 1067**
>
> **Neben redaktionellen Änderungen betreffen die Änderungen des AEAO vor allem Ergänzungen, die durch die steuerliche Gleichstellung von Lebenspartnern mit Ehegatten erforderlich wurden, sowie die nachfolgend dargestellten Themenbereiche.**
>
> **Normen:** §§ 15, 19, 87a, 122, 129, 138, 141 AO

Elektronische Kommunikation (§ 87a AO)

§ 87a AO ist die zentrale Regelung in der AO für die elektronische Kommunikation mit der Finanzverwaltung. Gestrichen wurde die bisherige Regelung in Abs. 2 der Nr. 1 AEAO zu § 87a AO, dass die Finanzbehörden ihre Bereitschaft zur Entgegennahme elektronischer Dokumente erklären, wenn sie eine E-Mail-Adresse angeben. Im neu eingefügten Abs. 4 der Nr. 3 AEAO zu § 87a AO wird klargestellt, dass die Regelung in § 87a Abs. 3 und 4 AO, wonach die gesetzlich angeordnete Schriftform für Schriftstücke an die und von der Finanzbehörde durch elektronische Form ersetzt werden kann, nicht relevant ist, wenn das Gesetz neben der Schriftform auch die elektronische Form zulässt oder verpflichtend regelt. Gestrichen wur-

---
[244] V R 27/11, BStBl II 2013, S. 529.
[245] Zu der Vertrauensschutzregelung des BMF vgl. Kapitel B.8.4.1.
[246] X B 134/12, BStBl II 2013, S. 585.

de schließlich Nr. 4 AEAO zu § 87a AO mit den Ausführungen über den Beweis durch elektronische Dokumente.

Bekanntgabe von Verwaltungsakten (§ 122 AO)

Die Änderungen im AEAO zu § 122 AO betreffen (neben der Gleichstellung von Lebenspartnern einer eingetragenen Lebenspartnerschaft) Änderungen der Bekanntgabe an Bevollmächtigte sowie die Bekanntgabe bei Testamentsvollstreckung, Nachlasspflegschaft und Nachlassverwaltung. Nach Nr. 1.7.2 AEAO zu § 122 AO wird nunmehr geregelt, dass ein Steuerbescheid auch bei Vorlage einer Empfangsvollmacht dem Steuerpflichtigen bekannt zu geben ist, wenn der Bevollmächtigte wegen einer unerlaubten Hilfeleistung in Steuersachen nach § 80 Abs. 5 AO zurückgewiesen wurde oder wenn ihm die Hilfeleistung in Steuersachen nach § 7 StBerG untersagt wurde. Bei einer förmlichen Zustellung gilt dies allerdings nicht, wenn eine schriftliche Vollmacht vorliegt. In diesem Fall ist dem Bevollmächtigten zwingend zuzustellen (Nr. 3.3.1 S. 2 AEAO zu § 122 AO; § 7 Abs. 1 S. 2 VwZG).

Eine neue Formulierung hat auch die Bekanntgabe von Erbschaftsteuer-Bescheiden erfahren. In Nr. 2.13.4 AEAO zu § 122 AO wird nunmehr darauf abgestellt, ob der Testamentsvollstrecker zur Abgabe der Erbschaftsteuererklärung nach § 31 Abs. 5 ErbStG verpflichtet ist. In diesem Fall ist der Erbschaftsteuerbescheid dem Testamentsvollstrecker mit Wirkung für und gegen die Erben bekannt zu geben. Dies soll aber nur dann der Fall sein, wenn sich die Testamentsvollstreckung auf den Gegenstand des Erwerbs oder im Fall eines Vermächtnisses auch auf die anschließende Verwaltung des vermachten Gegenstands, insb. im Rahmen einer Dauervollstreckung, bezieht und das FA die Abgabe der Erbschaftsteuererklärung vom Testamentsvollstrecker verlangt hat.[247] Gleiches gilt in den Fällen, in denen der Testamentsvollstrecker trotz Aufforderung die Erbschaftsteuererklärung nicht eingereicht hat und Besteuerungsgrundlagen daher geschätzt wurden. Die eben gemachten Ausführungen gelten für die Fälle der Nachlasspflegschaft und Nachlassverwaltung entsprechend (Nr. 2.13.4.2 AEAO zu § 122 AO). In Nr. 2.13.4.3 AEAO zu § 122 AO wird nunmehr klargestellt, dass dem Erben ein etwaiges Verschulden des Testamentsvollstreckers oder des Nachlassverwalters nicht zuzurechnen ist, da diese keine Vertreter i. S. d. § 110 Abs. 1 S. 2 AO sind.[248] Dies gilt nicht für den Nachlasspfleger als gesetzlichen Vertreter des unbekannten Erben (vgl. Nr. 2.13.2 AEAO zu § 122 AO) mit der Folge, dass sein Verschulden dem Erben zuzurechnen ist.

Offenbare Unrichtigkeit beim Erlass eines Verwaltungsakts (§ 129 AO)

Nach Nr. 4 AEAO zu § 129 AO kann eine offenbare Unrichtigkeit nunmehr auch dann vorliegen, wenn das FA eine in der Steuererklärung oder dieser beigefügten Anlage enthaltene offenbare, d. h. für das FA erkennbare Unrichtigkeit als eigene übernimmt. Dies soll auch dann gelten, wenn zur Berichtigung des offenbaren Fehlers noch Sachverhaltsermittlungen durch die Finanzbehörde zur Höhe des zu berücksichtigenden Betrags erforderlich sind.[249]

Ablaufhemmung bei NV-Bescheinigung (§ 170 Abs. 2 AO)

Nr. 3 AEAO zu § 170 AO wird um die Regelung ergänzt, dass eine Nichtveranlagungs-Bescheinigung nach § 44a Abs. 2 S. 1 Nr. 2 EStG keine Auswirkungen auf die Anlaufhemmung nach § 170 Abs. 2 S. 1 Nr. 1 AO hat.[250]

---

[247] Unter Hinweis auf BFH, Urteil v. 11.6.2013, II R 10/11, BStBl II 2013, S. 924.
[248] Unter Hinweis auf BFH, Urteil v. 14.11.1999, II R 58/86, BStBl II 1991, S. 52.
[249] Unter Hinweis auf BFH, Urteil v. 27.8.2013, VIII R 9/11, BStBl II 2014, S. 439: Umsatzsteuerzahlungen wurden in einer Gewinnermittlung nach § 4 Abs. 3 EStG nicht als Betriebsausgaben berücksichtigt.
[250] Unter Hinweis auf BFH, Beschluss v. 15.5.2013, VI R 33/12, BStBl II 2014, S. 238.

Vollverzinsung (§ 233a AO)

Nr. 2 AEAO zu § 233a AO wird in europarechtskonformer Weise dahingehend ergänzt, dass bei Wegzug in einen EU/EWR-Mitgliedstaat die Wegzugsteuer nach § 6 Abs. 1 AStG bzw. die Steuer auf Entstrickungsgewinne bei Wegzug nach § 27 Abs. 3 Nr. 3 S. 2 UmwStG 2006 nicht der Vollverzinsung zu unterwerfen ist, soweit die Steuer nach § 6 Abs. 5 AStG zinslos zu stunden ist.

Beschwer im Rechtsbehelfsverfahren (§ 350 AO)

In Nr. 3 AEAO zu § 350 AO wird nunmehr geregelt, dass eine Beschwer i. S. d. § 350 AO auch dann vorliegt, wenn durch den Einspruch die Anwendung des § 10d Abs. 4 S. 5 EStG i. d. F. des JStG 2010 (vom Steuerbescheid abweichende Berücksichtigung von Besteuerungsgrundlagen bei der Feststellung des verbleibenden Verlustvortrags) ermöglicht werden soll.

Einlegung des Einspruchs (§ 357 AO)

Neu aufgenommen wird in Nr. 4 AEAO zu § 357 AO dass im Falle eines Bescheids, der mehrere Verwaltungsakte enthält, ggf. durch Auslegung zu ermitteln ist, gegen welchen Verwaltungsakt sich der Einspruch richtet. Wird daher z. B. gegen ein Bescheid über Einkommensteuer, Solidaritätszuschlag und Kirchensteuer Einspruch eingelegt und erhebt der Einspruchsführer nur Einwendungen gegen die Rechtmäßigkeit der Festsetzung des Solidaritätszuschlags, werden damit nicht zugleich auch die Festsetzungen der Einkommensteuer und der Kirchensteuer angefochten.[251]

> **Literaturhinweise:** *Dißars*, Haufe-Index 7184562; v. *Wedelstädt*, DB 2013, S. 2132

8.3 Änderung durch das BMF-Schreiben vom 3.11.2014

> **BMF, Schreiben v. 3.11.2014, IV A 3 – S 0062/14/10008, BStBl I 2014, S. 1393**
>
> **Das BMF hat den AEAO zu § 251 AO (Insolvenzverfahren) mit einem umfangreichen Schreiben (17 Seiten) angepasst. Für die Geltendmachung von Steuerforderungen sind grds. ebenfalls die Vorschriften der Insolvenzordnung maßgeblich (§ 251 Abs. 2 S. 1 AO). Befindet sich der Steuerpflichtige jedoch im Insolvenzverfahren, können die Insolvenzgläubiger (also auch der Fiskus) ihre Ansprüche während der Dauer des Verfahrens nicht in das zum Zeitpunkt der Eröffnung vorhandene oder in das vom Steuerpflichtigen danach erworbene Vermögen im Wege der Einzelvollstreckung verfolgen.**
>
> **Norm:** § 251 AO

---

[251] Unter Hinweis auf BFH, Urteil v. 19.8.2013, X R 44/11, BStBl II 2014, S. 234; vgl. auch LfSt Bayern, Verfügung v. 6.6.2014, S 062211 – 22/5 St42; vgl. Kapitel B.8.4.7.

8.4 Sonstige BMF-Schreiben bzw. OFD-Verfügungen

8.4.1 Verjährungshemmende Wirkung sog. „ressortfremder" Grundlagenbescheide

> **BMF, Schreiben v. 31.1.2014, IV 3 – S 0342/09/10001-08, BStBl I 2014, S. 159**
>
> Das BMF-Schreiben enthält auf der Grundlage des § 163 AO eine Vertrauensschutzregelung zu der BFH-Entscheidung vom 21.2.2013,[252] nach der die von ressortfremden Behörden erlassenen Grundlagenbescheide, die nicht dem Anwendungsbereich der §§ 179 ff. AO unterliegen, eine Ablaufhemmung nach § 171 Abs. 10 AO nur dann bewirken, wenn sie vor Ablauf der Festsetzungsfrist der im Einzelfall betroffenen Steuer erlassen worden sind.
>
> Normen: §§ 163, 171 Abs. 10, 179 ff. AO

Nicht dem Anwendungsbereich der §§ 179 ff. AO unterliegende ressortfremde Grundlagenbescheide bewirken nach dieser Vertrauensschutzregelung auch dann eine Ablaufhemmung der Festsetzungsfrist des Folgebescheids nach § 171 Abs. 10 AO,

- soweit der Grundlagenbescheid vor Ablauf der Festsetzungsfrist des Folgebescheids bei der zuständigen (ressortfremden) Behörde beantragt worden ist und

- die Finanzverwaltung vor Veröffentlichung des o. g. BFH-Urteils durch Verwaltungsanweisungen einen von ihr zu verantwortenden Vertrauenstatbestand dahingehend gesetzt hatte, dass der Folgebescheid auch ohne entsprechenden Antrag bei der für den Folgebescheid zuständigen Finanzbehörde unabhängig vom Zeitpunkt des Erlasses des ressortfremden Grundlagenbescheids an diesen angepasst werden wird.

Das BMF-Schreiben stellt aber klar, dass ein derartiger Vertrauenstatbestand nur besteht, wenn der zu ändernde Steuerbescheid nach der Veröffentlichung der maßgeblichen Verwaltungsanweisung und vor Veröffentlichung des BFH-Urteil vom 21.2.2013 am 31.7.2013 im Bundessteuerblatt ergangen ist.

8.4.2 Allgemeinverfügung hinsichtlich der Frage der Verfassungsmäßigkeit des pauschalen Kilometergeldansatzes bei Dienst- oder Geschäftsreisen

> **Oberste Finanzbehörden der Länder, Allgemeinverfügung v. 27.2.2014, BStBl I 2014, S. 238**
>
> Die Allgemeinverfügung der obersten Finanzbehörden der Länder vom 27.2.2014 sieht eine Zurückweisung von eingelegten Einsprüchen und gestellten Änderungsanträgen vor, soweit geltend gemacht wird, die Ungleichbehandlung steuerfrei bleibender bzw. als Werbungskosten oder Betriebsausgaben abziehbarer pauschaler Aufwendungen für Fahrten anlässlich von Dienst- oder Geschäftsreisen verstoße gegen das Grundgesetz.
>
> Normen: §§ 3 Nr. 13 und Nr. 16, 4 Abs. 4, 9 Abs. 1 S. 1 EStG

---

[252] V R 27/11, BStBl II 2013, S. 529.

Die Lohnsteuerrichtlinien[253] sehen vor, dass Fahrtkosten im Rahmen einer Auswärtstätigkeit mit pauschalen Kilometersätzen abgerechnet werden dürfen, deren Höhe das BMF in Anlehnung an das Bundesreisekostengesetz bestimmt. Ab dem 1.1.2002[254] beträgt dieser Pauschalsatz 0,30 € pro Kilometer. Nach Ansicht des FG Baden-Württemberg[255] war dieser Betrag auch noch im Jahr 2010 verfassungsgemäß. Nachdem zunächst der BFH[256] die Nichtzulassungsbeschwerde gegen dieses Urteil als unbegründet zurückgewiesen hat, wurde die dagegen eingelegte Verfassungsbeschwerde vom BVerfG mit Beschluss v. 20.8.2013[257] nicht zur Entscheidung angenommen. Mit der Allgemeinverfügung vom 27.2.2014 reagiert nun die Finanzverwaltung auf diesen Beschluss.

8.4.3 Anwendung von BMF-Schreiben

> **BMF, Schreiben v. 24.3.2014, IV A 2 – O 2000/13/10002, BStBl I 2014, S. 606**
>
> Das BMF-Schreiben vom 24.3.2014 setzt das BMF-Schreiben vom 9.4.2013[258] zur Eindämmung der Normenflut fort und enthält die neue Positivliste sowie eine Liste der nicht mehr in der aktuellen Positivliste enthaltenen BMF-Schreiben und gleich lautenden Erlasse der obersten Finanzbehörden.

In dem BMF-Schreiben wird aber darauf hingewiesen, dass die Aufhebung der BMF-Schreiben keine Aufgabe der bisherigen Rechtsauffassung der Verwaltung bedeute, sondern lediglich der Bereinigung der Weisungslage diene. Die Aufhebung habe dagegen lediglich deklaratorischen Charakter soweit die BMF-Schreiben bereits aus anderen Gründen keine Rechtswirkung mehr entfalten würden.

8.4.4 Berechtigungsmanagement für die sog. vorausgefüllte Steuererklärung

> **BMF, Schreiben v. 7.5.2014, IV A 3 – S 0202/11/10001, BStBl I 2014, S. 806**
>
> Mit diesem BMF-Schreiben wird erläutert, inwiefern Vollmachten, die nach dem mit BMF-Schreiben v. 10.10.2013[259] veröffentlichten amtlichen Muster uneingeschränkt erteilt worden sind, auch für die Freischaltung zur Elster-Kontoabfrage genutzt werden können.
>
> **Norm:** § 80 AO

---

[253] R 9.5 Abs. 1 S. 5 LStR.
[254] BMF, Schreiben v. 20.8.2001, IV C 5 – S 2353 – 312/01, BStBl I 2001, S. 541.
[255] Urteil v. 22.10.2010, 10 K 1768/10, EFG 2011, S. 225.
[256] Beschluss v. 15.3.2011, VI B 145/10, BFH/NV 2011, S. 983.
[257] BVerfG, Beschluss v. 20.8.2013, 2 BvR 1008/11.
[258] IV A 2 – S O 2000/12/10006, BStBl I 2013, S. 522.
[259] IV A 3 – S 0202/11/10001, BStBl I 2013, S. 1258.

8.4.5 Zurückweisung Einsprüche Kinderbetreuungskosten in den VZ 2006 bis 2011

> **Oberste Finanzbehörden der Länder, Allgemeinverfügung v. 3.11.2014, DStR 2014, S. 2242**
>
> Am 3.11.2014 anhängige und zulässige Einsprüche gegen Festsetzungen der Einkommensteuer sowie gegen gesonderte (und ggf. einheitliche) Feststellungen von Besteuerungsgrundlagen für die Veranlagungs- bzw. Feststellungszeiträume 2006 bis 2011 werden hiermit zurückgewiesen, soweit mit den Einsprüchen geltend gemacht wird, die begrenzte Abziehbarkeit von Kinderbetreuungskosten (Veranlagungs- und Feststellungszeiträume 2006 bis 2008: § 4f, § 9 Abs. 5, § 10 Abs. 1 Nr. 5 und 8 EStG; Veranlagungs- und Feststellungszeiträume 2009 bis 2011: § 9 Abs. 5, § 9c EStG) verstoße gegen das Grundgesetz. Entsprechendes gilt für am 3.11.2014 anhängige, außerhalb eines Einspruchs- oder Klageverfahrens gestellte und zulässige Anträge auf Aufhebung oder Änderung einer Einkommensteuerfestsetzung oder einer gesonderten (und ggf. einheitlichen) Feststellung von Besteuerungsgrundlagen für die Veranlagungs- bzw. Feststellungszeiträume 2006 bis 2011.

8.4.6 Aufbewahrung und Archivierung von elektronischen Kontoauszügen

> **BayLfSt, Verfügung v. 19.5.2014, S 0317.1.1 – 3/3 St42, DStR 2014, S. 1341**
>
> Die Verfügung regelt Einzelheiten wie elektronische Kontoauszüge aufzubewahren sind, um den Aufbewahrungspflichten der §§ 146 und 147 AO zu genügen. Insb. stellen der Ausdruck des elektronischen Kontoauszugs und die anschließende Löschung des digitalen Dokuments einen Verstoß dar.

8.4.7 Auslegung und Umdeutung von Verfahrenserklärungen

> **BayLfSt, Verfügung v. 6.6.2014, S 0622.1.1 – 22/5 St42, DStR 2014, S. 1499**
>
> Die Verfügung regelt Einzelheiten der Auslegung und Umdeutung von Verfahrenshandlungen (insb. Einsprüchen) von rechtskundigen und rechtsunkundigen Personen. Richtet sich der Einspruch gegen einen „Einkommensteuerbescheid" ausschließlich gegen die Festsetzung von Kirchgeld, ist allein letztere Festsetzung angefochten. Des Weiteren scheidet eine Umdeutung von Verfahrenshandlungen bei Angehörigen der steuer- und rechtsberatenen Berufe regelmäßig aus. Deren Prozesserklärungen sind stets wörtlich zu nehmen.

8.4.8 Keine Steuerfestsetzung bei Ausschlagung der Erbschaft durch sämtliche Erben

> **Bay. LfSt, Verfügung v. 29.4.2014, S 0331.2.1 – 3/3 St42, ZEV 2014, S. 388**
>
> Die Verfügung stellt klar, dass im Falle der Ausschlagung seitens aller gesetzlichen Erben der Fiskus des Bundeslandes, in dem der Erblasser im Zeitpunkt seines Todes angehörte, Gesamtrechtsnachfolger wird. Infolge Konfusion erlöschen die Ansprüche aus dem Steuerschuldverhältnis. Etwas anders gilt im Fall der Nachlassinsolvenz, bei der nach § 1976 BGB die wegen Konfusion erloschenen Rechtsverhältnisse wieder aufleben. Dann können auch Ansprüche aus dem Steuerschuldverhältnis im Nachlassinsolvenzverfahren geltend gemacht werden.

8.4.9 Anrechnung von Steuervorauszahlungen und Steuerabzugsbeträgen

> **BayLfSt, Verfügung v. 17.11.2014, S 0450.2.1 – 10/St 42, DB 2014, S. 2745**
>
> Die Verfügung regelt Einzelheiten zur Erteilung von Abrechnungsbescheiden nach § 218 Abs. 2 AO.

9 Änderungen bei der Grunderwerbsteuer

9.1 Bewertung von lebenslänglichen Nutzungen oder Leistungen nach § 14 BewG für Zwecke der Grunderwerbsteuer

> **OFD Nordrhein-Westfalen, Verfügung v. 7.1.2014, S 4521 – 12 – St 25 – 35, DStR 2014, S. 954**
>
> Die Bewertung von lebenslänglichen Nutzungen oder Leistungen nach § 14 BewG für Zwecke der Grunderwerbsteuer erfolgt nunmehr nach den jährlich ermittelten aktuellen Sterbetafeln des Statistischen Bundesamts.
>
> **Norm:** § 14 BewG

Lebenslängliche Nutzungen und Leistungen wie Leibrenten, Nießbrauchs- und Wohnrechte, die eine Gegenleistung i. S. d. § 8 Abs. 1 GrEStG darstellen, werden nach § 14 BewG bewertet.

Für Zwecke der Grunderwerbsteuer wurde der hierfür benötigte Vervielfältiger bisher der Anlage 9 zu § 14 BewG entnommen. Dies wurde zum 1.1.2009 geändert. Nach der nunmehr geltenden Neufassung sind die Vervielfältiger zur Berechnung des Kapitalwerts lebenslänglicher Nutzungen oder Leistungen jährlich durch das Statistische Bundesamt anhand der aktuellen Sterbetafeln zu ermitteln und allgemein anzuwenden. Die für die Jahre 2007 und 2008 durch BMF-Schreiben vom 17.3.2009[260] bekannt gegebenen Vervielfältiger sind für Zwecke der Grunderwerbsteuer nicht anzuwenden, da diese ausschließlich für die Erbschaftsteuer gelten, bei denen ein Antrag nach Art. 3 ErbStRG gestellt wurde.

Die jeweiligen Vervielfältiger sind in allen noch offenen Fällen anzuwenden. Diese Verfügung wird jährlich um die neu veröffentlichten Vervielfältiger ergänzt.

9.2 Anwendung des § 1 Abs. 2a GrEStG

> **Gleichlautender Ländererlass v. 18.2.2014, BStBl I 2014, S. 561**
>
> Die Finanzverwaltung nimmt Stellung zur Anwendung des § 1 Abs. 2 GrEStG und wendet sich damit bewusst gegen die wirtschaftliche Sichtweise des BFH bei mittelbaren Änderungen des Gesellschafterbestands.
>
> **Norm:** § 1 Abs. 2a GrEStG

Die einen Erwerbsvorgang fingierende Vorschrift des § 1 Abs. 2a GrEStG legt fest, dass bei einer Personengesellschaft, zu deren Vermögen ein inländisches Grundstück gehört, die unmittelbare oder mittelbare innerhalb von fünf Jahren erfolgende Änderung des Gesellschafterbestands, bei dem mindestens 95 % der Anteile am Gesellschaftsvermögen auf neue Gesellschafter übergehen, ein auf die Übereignung eines Grundstücks auf eine neue Personengesellschaft gerichtetes Rechtsgeschäft darstellt.

---

[260] IV C 2 – S 3104/09/10001/0178686, BStBl I 2009, S. 474.

Das vorliegende Schreiben ist vor dem Hintergrund der neuen Dogmatik des BFH[261] zur mittelbaren Änderung des Gesellschafterbestands zu lesen. Diese besagt, dass bei einer solchen mittelbaren Änderung eine rein wirtschaftliche Betrachtung vorzunehmen ist. Die Finanzverwaltung hält grds. an ihrer bisherigen Ansicht[262] fest; das Schreiben beinhaltet einige terminologische Änderungen im Hinblick auf Personengesellschaften als Neugesellschafter, jedoch ohne materiell-rechtliche Konsequenz.

Bei der unmittelbaren Änderung im Gesellschafterbestand hat die Finanzverwaltung bisher lediglich Kapitalgesellschaften als neue Gesellschafter angesehen, nicht Personengesellschaften. Dies wird in der Aufzählung der Neugesellschafter im neu geschaffenen Erlass aufgegeben, sodass sich in diesem Punkt die Auffassung des BFH und der Finanzverwaltung entsprechen.

Anders verhält es sich jedoch bei mittelbaren Veräußerungen, d. h. bei der Veräußerung von Anteilen an zwischengeschalteten Personen- und Kapitalgesellschaften. Hier hat die Finanzverwaltung zwischen Personen- und Kapitalgesellschaften unterschieden. Die Kapitalgesellschaft wurde im Gegensatz zur Personengesellschaft als intransparent behandelt. Infolgedessen stellt die Verwaltung nach wie vor bei mittelbarer Beteiligung von Kapitalgesellschaften darauf ab, ob 95 % der Anteile an der Kapitalgesellschaft auf neue Gesellschafter übergegangen sind, damit diese als „neue Gesellschafterin" gilt. Bei Personengesellschaften hingegen soll nach wie vor „durchgerechnet" werden. Dies wird im Erlass anhand mehrerer Beispiele erläutert.

Hinsichtlich der sog. Verkürzung von Beteiligungsketten wählt die Finanzverwaltung im vorliegenden Erlass eine geänderte Formulierung. Diese wird gemeinhin so verstanden, dass die Unschädlichkeit einer Verkürzung nur dann vorliegt, wenn diese Verkürzung nicht die unterste Kapitalgesellschaft einer Beteiligungskette umfasst, sondern die „an ihr" beteiligte Kapitalgesellschaft, also oberhalb von ihr stattfindet.

Der Erlass schafft Klarheit dahingehend, dass § 1 Abs. 2a GrESt auch bei teilweiser Rückgängigmachung eines Gesellschafterwechsels im Rahmen von § 16 GrEStG anzuwenden ist.

Praxishinweis

Der BFH vertritt bei mittelbaren Änderungen im Falle von Kapitalgesellschaften die Auffassung, dass Kapital- und Personengesellschaften gleichermaßen als transparent gesehen werden. Eine mittelbare Änderung liegt daher nur dann vor, wenn sich der Gesellschafterbestand einer – an der grundbesitzenden Personengesellschaft unverändert beteiligt gebliebenen – Gesellschaft mittelbar oder unmittelbar – im wirtschaftlichen Ergebnis vollständig (100 %) – ändert. (sog. Ultimate-Owner-Test).

Bei der sog. Verkürzung von Beteiligungsketten hat eine Änderung stattgefunden, die weder durch den Wortlaut des Gesetzes noch dessen Zweck gerechtfertigt erscheint. Die schlichte Verstärkung einer mittelbaren zu einer unmittelbaren Beteiligung allein würde nun voraussichtlich zum Anfall von Grunderwerbsteuer führen, da ja die Grundstücke in sog. „neue" Hände gelangen.

Der Erlass der Finanzverwaltung dürfte in der Folgezeit konzerninterne Umstrukturierung unter Beteiligung von Grundstücken weiter erschweren. Derzeit befasst sich auch der Gesetzgeber mit der vorliegenden Thematik. Die gesetzliche Neufassung soll dann mit einer Rückwirkung auf Erwerbsvorgänge nach dem 31.12.2001 ausgestattet werden. Derzeit jedoch muss

---

[261] BFH v. 24.4.2013, II R 17/10, BStBl II 2013, S. 833; siehe hierzu gleichlautender Erlass v. 9.10.2013, BStBl I 2013, S. 1278 (Nichtanwendungserlass).
[262] Gleichlautender Erlass v. 25.2.2010, BStBl I 2010, S. 245.

sich der Rechtsanwender bei steuerlichen Gestaltungen zwischen BFH und Verwaltung bewusst sein und ggfs. den Rechtsweg beschreiten.

Literaturhinweis: *Stangl/Eichberger*, DB 2014, S. 1509

9.3 Beurteilung von wechselseitigen Beteiligungen und Einheitsgesellschaften bei § 1 Abs. 3 GrEStG

> **OFD Nordrhein-Westfalen, Verfügung v. 7.2.2014 – S 4501 – 2013/4002 – St 255, DB 2014, S. 456**
>
> **Die OFD Nordrhein-Westfalen gibt bekannt, dass wechselseitige Beteiligungen bei der Berechnung der maßgeblichen Beteiligungsgrenze i. S. d. § 1 Abs. 3 GrEStG wie eigene gehaltene Anteile zu behandeln und damit nicht zu berücksichtigen sind.**
>
> **Norm:** § 1 Abs. 3 GrEStG

Fraglich war, wie wechselseitige Beteiligungen und sog. Einheitsgesellschaften bei der Berechnung des Quantums von 95 % des § 1 Abs. 3 GrEStG zu behandeln sind.

Wechselseitige Beteiligungen sind aus der Betrachtung auszuscheiden und damit nicht zu berücksichtigen. Dies wurde auch durch BFH-Urteil vom 18.9.2013[263] bestätigt.

Als Einheitsgesellschaft bezeichnet man eine Rechtsform, bei der bei einer GmbH & Co KG die GmbH als Komplementärin nicht am Vermögen der KG beteiligt ist, während die KG selbst 100 % der Anteile der Komplementär-GmbH hält. Hier liegt eine sog. Anteilsvereinigung vor, wenn die Kommanditanteile in einer Hand vereinigt werden.[264]

Literaturhinweis: *Brinkmeier*, GmbH-StB 2014, S. 110

---

[263] II R 21/12, BStBl II 2014, S. 326; siehe Kapitel C.9.3.
[264] BFH, Urteil v. 12.3.2014, II R 51/12 BFH/NV 2014, S. 1315; siehe Kapitel C.9.9.

C Überblick über die Rechtsprechung 2014

1 Im Bereich der Einkommensteuer

1.1 Entscheidungen zur Gewinn- und Einkunftsermittlung (zu §§ 2–12 EStG)

1.1.1 Beteiligung an einer Komplementär-GmbH als notwendiges Betriebsvermögen eines Besitzeinzelunternehmens

> BFH, Urteil v. 12.6.2013, X R 2/10, BStBl II 2013, S. 907;
> Vorinstanz: FG Münster, Urteil v. 3.12.2009, 5 K 2778/04 E, G, EFG 2010, S. 970
>
> Zum notwendigen Betriebsvermögen gehören Wirtschaftsgüter, die ausschließlich und unmittelbar für eigenbetriebliche Zwecke des Steuerpflichtigen genutzt werden Das kann – unabhängig von ihrer Höhe – auch auf die Beteiligung an einer GmbH zutreffen. Hierfür genügt es allerdings nicht, wenn mit der Beteiligungsgesellschaft lediglich Geschäftsbeziehungen unterhalten werden, wie sie üblicherweise auch mit anderen Unternehmen bestehen.
>
> **Normen:** §§ 4 Abs. 1, 5 Abs. 1 EStG

Im vorliegenden Fall stritten die Beteiligten um die Zugehörigkeit einer GmbH-Beteiligung zum Betriebsvermögen eines Besitzeinzelunternehmens. Das Urteil lässt sich wie folgt zusammenfassen:

Die Zuordnung der Beteiligung an einer Komplementär-GmbH zum notwendigen Betriebsvermögen eines Betriebsaufspaltungs-Besitzunternehmens wird nicht schon dadurch ausgeschlossen, dass die Komplementär-GmbH weder zum Besitzunternehmen noch zur Betriebs-Kapitalgesellschaft unmittelbare Geschäftsbeziehungen unterhält.

In derartigen Fällen setzt eine Zuordnung zum notwendigen Betriebsvermögen voraus, dass die Komplementär-GmbH entscheidenden Einfluss auf den Geschäftsbetrieb der Gesellschaft (GmbH & Co. KG) besitzt, die aufgrund ihrer intensiven und dauerhaften Geschäftsbeziehungen zum Betriebsunternehmen die gewerbliche Betätigung des Steuerpflichtigen entscheidend fördert. Weiterhin ist erforderlich, dass der Steuerpflichtige seinerseits durch das Halten der Beteiligung an der Komplementär-GmbH in der Lage ist, deren Einfluss auf das geschäftliche Verhalten der GmbH & Co. KG maßgeblich zu fördern.

Praxishinweis

Vgl. hierzu die Verfügung der OFD Frankfurt/M. vom 13.2.2014,[265] in der zu im zivilrechtlichen Eigentum von Mitunternehmern stehenden Anteilen an Kapitalgesellschaften Stellung bezogen wird, vor allem bezüglich deren Zugehörigkeit zum Sonderbetriebsvermögen und ihrer Eigenschaft als funktional wesentliche Betriebsgrundlage.

Mit Verfügung vom 17.6.2014[266] hat etwas später dann auch die OFD Nordrhein-Westfalen hierzu Stellung bezogen. Nach deren Auffassung ist davon auszugehen, dass die Beteiligung an einer Komplementär-GmbH nicht generell zum funktional wesentlichen Sonderbetriebsvermögen II des Kommanditisten gehört. Maßgebend seien vielmehr die Umstände des jeweiligen Einzelfalls.

1.1.2 Abzugsverbot für Gewerbesteuer ist verfassungsgemäß

> **BFH, Urteil v. 16.1.2014,[267] I R 21/12, BStBl II 2014, S. 531;**
> **Vorinstanz: FG Hamburg, Urteil v. 29.2.2012, 1 K 48/12, EFG 2013, S. 933**
>
> **Der I. Senat des BFH hat entschieden, dass das Verbot, die Gewerbesteuerlast von der Bemessungsgrundlage der Körperschaftsteuer abzuziehen, mit dem Grundgesetz vereinbar ist.**
>
> **Normen:** Art. 3 Abs. 1, 14 Abs. 1 GG; § 4 Abs. 4 und Abs. 5b EStG; § 8 Nr. 1 Buchst. d und Buchst. e GewStG

Die GewSt ist ihrer Natur nach eine Betriebsausgabe und mindert deshalb den Gewinn z. B. einer Kapitalgesellschaft. Mit dem UntStRefG 2008 hat der Gesetzgeber jedoch in § 4 Abs. 5b EStG angeordnet, dass die GewSt keine Betriebsausgabe ist. Sie darf infolgedessen bei der Ermittlung des zu versteuernden Gewinns nicht mehr gewinnmindernd (und damit steuermindernd) berücksichtigt werden.

Nach Auffassung des BFH verstößt die mit diesem Abzugsverbot verbundene Einschränkung des sog. objektiven Nettoprinzips bei Kapitalgesellschaften nicht gegen das verfassungsrechtliche Gleichbehandlungsgebot oder die Eigentumsgarantie des Grundgesetzes. Sie lasse sich vielmehr im Gesamtzusammenhang mit den steuerlichen Entlastungen durch das UntStRefG 2008 (z. B. Senkung des KSt-Satzes von 25 % auf nur noch 15 %) hinreichend sachlich begründen.

In dem vom I. Senat entschiedenen Fall hatte eine GmbH gegen das Abzugsverbot geklagt, die mehrere gepachtete Tankstellen betrieb und aufgrund hoher Pachtaufwendungen vergleichsweise viel GewSt zahlen musste. Die Klage blieb jedoch ohne Erfolg.

---

[265] DB 2014, S. 1227.
[266] DB 2014, S. 1646.
[267] Vgl. auch BFH, PM v. 7.5.2014, Nr. 36.

Praxishinweis

Gegen das Urteil des BFH wurde zwischenzeitlich Verfassungsbeschwerde eingelegt.[268]

Literaturhinweis: *Dr. Karrenbrock*, nwb 2014, S. 1550

1.1.3 Abziehbarkeit von EU-Geldbußen

> **BFH, Urteil v. 7.11.2013,[269] IV R 4/12, BStBl II 2014, S. 306;**
> **Vorinstanz: FG Münster, Urteil v. 18.11.2011, 14 K 1535/09 F, EFG 2012, S. 1030**
>
> Der zur Bemessung von Geldbußen nach Art. 23 Abs. 3 EGV 1/2003 zu errechnende Grundbetrag enthält keinen Abschöpfungsteil. Richtet sich die Bemessung einer von der Europäischen Kommission wegen eines Kartellrechtsverstoßes verhängten Geldbuße allein nach dem Grundbetrag, der ggf. anschließend auf den Höchstbetrag nach Art. 23 Abs. 2 S. 2 EGV 1/2003 gekürzt wird, so ist die Geldbuße auch nicht als Betriebsausgabe abziehbar.
>
> **Normen:** §§ 4 Abs. 5 S. 1 Nr. 8 S. 1 und S. 4 Halbs. 1, 5 Abs. 1 S. 1 EStG; § 249 Abs. 1 S. 1 HGB

Sachverhalt

Wegen einer Zuwiderhandlung durch Beteiligung an einem Kartell verhängte die Kommission der Europäischen Gemeinschaften gegenüber der Klägerin (einer GmbH & Co. KG) in 2006 eine Geldbuße. Deren Höhe hatte die Kommission u. a. nach der Schwere der begangenen Zuwiderhandlung auf Grundlage der Marktanteile der Klägerin bemessen und unter Berücksichtigung der Dauer der Zuwiderhandlung den nach der Schwere der Zuwiderhandlung bestimmten Ausgangsbetrag für jedes Jahr der Zuwiderhandlung um 10 % erhöht. Da der insoweit ermittelte Grundbetrag jedoch 10 % des von der Klägerin im Jahr 2005 weltweit erwirtschafteten Gesamtumsatzes überstieg, setzte die Kommission den Grundbetrag der gegen die Klägerin zu verhängenden Geldbuße später wieder herab. Das FA versagte die Anerkennung der insoweit in 2006 gewinnmindernd gebildeten Rückstellung unter Hinweis auf die Nichtabzugsfähigkeit der streitigen Geldbuße. Das FG wies die daraufhin erhobene Klage ab.

Entscheidung

Dem folgte der IV. Senat des BFH. Nach § 4 Abs. 5 S. 1 Nr. 8 EStG dürfen von Organen der Europäischen Gemeinschaften (hier der EU-Kommission) festgesetzte Geldbußen den steuerlichen Gewinn nicht mindern. Dieses Abzugsverbot gilt allerdings insoweit nicht, als der wirtschaftliche Vorteil, der durch den Gesetzesverstoß erlangt wurde, abgeschöpft worden ist. Der Behörde stehen bei Festsetzung der Geldbuße prinzipiell zwei Möglichkeiten zur Verfügung. Sie kann sie in Höhe eines Ahndungsteils (Strafe/Sanktion) und eines Abschöpfungsteils (Herausgabe des erzielten wirtschaftlichen Vorteils/Mehrerlöses) festsetzen.

Weder die Bußgeldbescheide selbst, mit denen die EU-Kommission gegen ein Unternehmen eine Sanktion wegen wettbewerbswidrigen Verhaltens festsetzt, noch die zugrunde liegenden

---

[268] Az. beim BVerfG 2 BvR 1559/14.
[269] Erst in 2014 veröffentlicht.

Leitlinien zur Bußgeldbemessung lassen nach Meinung des BFH eindeutig darauf schließen, dass ein Abschöpfungsanteil enthalten ist. Entsprechend hatte sich auch die Kommission auf Anfrage der Finanzbehörde geäußert und u. a. darauf verwiesen, dass sie einen Abschöpfungsanteil nicht bestimmen könne. Die Annahme eines Abschöpfungsteils scheide im Streitfall nach Auffassung des BFH aber auch schon deshalb aus, weil die Bemessung der Geldbuße nach Maßgabe eines ermittelten sog. Grundbetrags erfolgt ist, dieser jedoch anschließend wieder gekürzt wurde.

Die Richter ließen offen, ob die Kommission schon bereits bei Berechnung des Grundbetrags (der an der Art, Dauer und Schwere des Verstoßes sowie den Auswirkungen auf den Markt ausgerichtet ist) überhaupt befugt wäre, den Aspekt der Abschöpfung von durch den Wettbewerbsverstoß erlangten wirtschaftlichen Vorteilen zu berücksichtigen. Auch brauchte nicht entschieden zu werden, ob die Kommission – was das FA angezweifelt hat – überhaupt die Kompetenz zur Abschöpfung wirtschaftlicher Vorteile hat. Ausdrücklich festgestellt hat der BFH aber, dass Bestandteile einer Kartellbuße, die über den Grundbetrag hinausgehen, Abschöpfungswirkung i. S. d. § 4 Abs. 5 S. 1 Nr. 8 S. 4 Halbs. 1 EStG entfalten können.

Vgl. hierzu auch Kapitel D.5.2.1.4.

> **Literaturhinweise:** *Bode*, DB 2014, S. 395; *Dr. Haus*, DB 2014, S. 2066

1.1.4 Unangemessener Fahrzeugaufwand eines Freiberuflers

> **BFH, Urteil v. 29.4.2014,[270] VIII R 20/12, BStBl II 2014, S. 679;**
> **Vorinstanz: FG Nürnberg, Urteil v. 27.1.2012, 7 K 966/2009, EFG 2012, S. 1238**
>
> **Kosten für betriebliche Fahrten mit einem Kraftfahrzeug sind selbst dann i. S. d. § 4 Abs. 4 EStG – dem Grunde nach – betrieblich veranlasst, wenn die Aufwendungen unangemessen sind. Die Höhe der Aufwendungen und damit ihre Unangemessenheit ist allein unter Anwendung der in § 4 Abs. 5 EStG geregelten Abzugsverbote oder -beschränkungen zu bestimmen.**
>
> **Norm:** § 4 Abs. 4 und 5 S. 1 Nr. 7 EStG

Sachverhalt

Im Streitfall hatte ein selbstständig tätiger Tierarzt den (hohen) Aufwand für einen 400 PS-starken Sportwagen als Betriebsausgabe geltend gemacht. Den (absolut) geringen Umfang der betrieblichen Nutzung (nur 20 Fahrten in 3 Jahren) hat er mittels eines ordnungsgemäß geführten Fahrtenbuches nachgewiesen. Das FA hatte den als angemessen anzusehenden Aufwand für die betrieblichen Fahrten lediglich mit pauschal 1 € je gefahrenen Kilometer, das dagegen angerufene FG mit pauschal 2 € je Kilometer angesetzt.

Entscheidung

Auf die Revision des Klägers hat der BFH die vorinstanzliche Entscheidung bestätigt. Die Grenzen des § 4 Abs. 5 S. 1 Nr. 7 EStG für den Abzug unangemessener Aufwendungen gelten auch für die Beschaffung ausschließlich betrieblich genutzter Pkw. Ob die Aufwendungen für

---

[270] Vgl. auch BFH, PM v. 6.8.2014, Nr. 57.

das Fahrzeug unangemessen sind, bestimmt sich weiter danach, ob ein ordentlicher und gewissenhafter Unternehmer – ungeachtet seiner Freiheit, den Umfang seiner Erwerbsaufwendungen selbst bestimmen zu dürfen – angesichts der erwarteten Vorteile und Kosten die Aufwendungen nach den Umständen des Einzelfalls ebenfalls auf sich genommen haben würde.

Auf dieser Grundlage ist das FG nach Ansicht des VIII. Senats ohne Rechtsfehler zu der Würdigung gekommen, die Kfz-Aufwendungen seien wegen des absolut geringen betrieblichen Nutzungsumfangs des Sportwagens sowie wegen der Beschränkung der wenigen Fahrten auf Reisen zu Fortbildungsveranstaltungen oder Gerichtsterminen und damit wegen fehlenden Einsatzes in der berufstypischen tierärztlichen Betreuung einerseits und des hohen Repräsentations- sowie privaten Affektionswerts eines Luxussportwagens für seine Nutzer andererseits unangemessen. Ebenso hat der BFH es als zulässig angesehen, zur Berechnung des angemessenen Teils der Aufwendungen auf durchschnittliche Fahrtkostenberechnungen für aufwendigere Modelle gängiger Marken der Oberklasse in Internetforen zurückzugreifen.

Literaturhinweis: *Moritz*, DB 2014, S. 1778

1.1.5 Behandlung der betrieblichen Nutzung eines zum Betriebsvermögen des anderen Ehegatten gehörenden Pkw

BFH, Urteil v. 15.7.2014,[271] X R 24/12, DB 2014, S. 2748;
Vorinstanz: FG des Landes Sachsen-Anhalt, Urteil v. 22.2.2012, 2 K 1679/08, Haufe-Index 3457026

Der BFH hat Grundsätze zur Beurteilung von Fallgestaltungen aufgestellt, in denen ein Pkw, der einem Ehegatten gehört, von beiden Ehegatten in ihrem jeweiligen Betrieb genutzt wird.

Normen: §§ 4 Abs. 4, 6 Abs. 1 Nr. 4 S. 2 EStG

Sachverhalt

Im Streitfall war der Ehemann Eigentümer eines Pkw, der zu seinem Betriebsvermögen gehörte. Er zog daher sämtliche Pkw-Kosten als Betriebsausgaben ab und versteuerte die private Pkw-Nutzung pauschal mit monatlich 1 % des Brutto-Listenpreises (sog. „1%-Regelung" nach § 6 Abs. 1 Nr. 4 S. 2 EStG). Die Ehefrau führte ebenfalls einen kleinen Betrieb. Sie hatte keinen eigenen Pkw, sondern nutzte für ihre Betriebsfahrten den Pkw des Ehemanns. An den entstehenden Pkw-Kosten beteiligte sie sich nicht. Gleichwohl setzte sie einkommensteuerlich einen Pauschalbetrag von 0,30 €/km als Betriebsausgabe ab.

Entscheidung

Das FA hat diesen Pauschalbetrag nicht zum Abzug zugelassen, was das FG und nunmehr auch der BFH bestätigt haben. Betriebsausgaben setzen das Vorhandensein von „Aufwendungen" voraus. An solchen (eigenen) Aufwendungen fehlt es aber, wenn der Nutzer eines Pkw für die Nutzung keinerlei Kosten tragen muss.

---

[271] Vgl. auch BFH, PM v. 26.11.2014, Nr. 78.

Der X. Senat hat darüber hinaus klargestellt, dass das Besteuerungssystem in dieser Frage insgesamt ausgewogen ist. Der Ehemann als Eigentümer des Fahrzeugs kann sämtliche Pkw-Kosten als Betriebsausgaben absetzen. Die zusätzliche Nutzung des Wagens durch die Ehefrau löst bei ihm keine ESt aus, weil diese Nutzung bereits mit dem – ohnehin durchgeführten – Pauschalansatz im Rahmen der 1%-Regelung abgegolten ist. Im Gegenzug kann die Ehefrau für ihre Pkw-Nutzung keine eigenen Betriebsausgaben geltend machen. Dieses Ergebnis erscheint sachgerecht, da ein nochmaliger Abzug bei der Ehefrau angesichts des bereits dem Ehemann gewährten vollen Kostenabzugs zu einer doppelten steuermindernden Auswirkung derselben Aufwendungen führen würde.

Literaturhinweis: *Hilbert*, nwb 2014, S. 3776

1.1.6 Aufteilbarkeit der Kosten für ein häusliches Arbeitszimmer

> BFH, Beschluss v. 21.11.2013,[272] IX R 23/12, BStBl II 2014, S. 312;
> Vorinstanz: Niedersächsisches FG, Urteil v. 24.4.2012, 8 K 254/11, EFG 2012, S. 2100
>
> **Dem Großen Senat wurden folgende Rechtsfragen zur Entscheidung vorgelegt:**
>
> 1. **Setzt der Begriff des häuslichen Arbeitszimmers voraus, dass der jeweilige Raum (nahezu) ausschließlich für betriebliche/berufliche Zwecke genutzt wird?**
> 2. **Sind die Aufwendungen für ein häusliches Arbeitszimmer entsprechend den Grundsätzen des Beschlusses des Großen Senats vom 21.9.2009[273] aufzuteilen?**
>
> **Norm:** § 4 Abs. 5 S. 1 Nr. 6b EStG

Können Aufwendungen für ein häusliches Arbeitszimmer nur steuerlich geltend gemacht werden, wenn der jeweilige Raum (nahezu) ausschließlich für betriebliche/berufliche Zwecke genutzt wird und können diese Aufwendungen entsprechend der jeweiligen Nutzung aufgeteilt werden? Der IX. Senat des BFH hält eine solche Aufteilung für möglich und hat diese Rechtsfragen dem Großen Senat des BFH zur Entscheidung vorgelegt.

Sachverhalt

Der Kläger des Ausgangsverfahrens bewohnt ein Einfamilienhaus, in dem sich auch ein mit einem Schreibtisch, Büroschränken, Regalen sowie einem Computer ausgestattetes sog. „häusliches" Arbeitszimmer befindet. Von seinem Arbeitszimmer aus verwaltet der Kläger zwei in seinem Eigentum stehende vermietete Mehrfamilienhäuser. Die Kosten für das Arbeitszimmer machte der Kläger bei seinen Einkünften aus der Vermietung der Mehrfamilienhäuser geltend. Das FA hat die Kosten nicht zum Abzug zugelassen, da sog. gemischte Aufwendungen für ein häusliches Arbeitszimmer nach der gesetzlichen Regelung in § 4 Abs. 5 S. 1 Nr. 6b EStG nicht abgezogen werden dürften.

Entscheidung

Nach den Feststellungen des FG hat der Kläger das Arbeitszimmer nachweislich zu 60 % zur Erzielung von Einkünften aus Vermietung und Verpachtung genutzt. Es hat daher entschieden, dass der Kläger 60 % des von ihm geltend gemachten Aufwands als Werbungskosten geltend

---

[272] Erst in 2014 veröffentlicht; vgl. auch BFH, PM v. 5.2.2014, Nr. 10.
[273] GrS 1/06, BStBl II 2010, S. 672.

Im Bereich der Einkommensteuer

machen kann. Das FG wendet damit die Rechtsprechung des Großen Senats aus dem Jahr 2009,[274] wonach für Aufwendungen, die sowohl berufliche/betriebliche als auch privat veranlasste Teile enthalten (gemischte Aufwendungen), kein allgemeines Aufteilungs- und Abzugsverbot normiert ist, auch auf das häusliche Arbeitszimmer an.

Dem folgte der vorlegende IX. Senat. Er geht davon aus, dass Aufwendungen für abgeschlossene häusliche Arbeitszimmer, die in zeitlicher Hinsicht nur teilweise beruflich bzw. betrieblich genutzt werden, aufzuteilen sind. Der danach anteilig steuerlich zu berücksichtigende Aufwand ist nach Maßgabe der Regelung des § 4 Abs. 5 S. 1 Nr. 6 b EStG abzugsfähig.

Praxishinweis

Der Vorlagebeschluss ist von weitreichender Bedeutung. Betroffene Steuerpflichtige sollten Steuerfestsetzungen, bei denen es um den Kostenabzug gemischt genutzter Arbeitszimmer geht, auf jeden Fall offen halten.

Literaturhinweise: *Seifert*, nwb 2014, S. 488; *Dr. Spilker*, DB 2014, S. 2850

1.1.7 Aufwendungen für ein häusliches Arbeitszimmer bei Pool- bzw. Telearbeitsplatz

BFH, Urteil v. 26.2.2014,[275] VI R 37/13, BStBl II 2014, S. 570;
Vorinstanz: FG Düsseldorf, Urteil v. 23.4.2013, 10 K 822/12 E, EFG 2013, 1207
BFH, Urteil v. 26.2.2014,[276] VI R 40/12, BStBl II 2014, S. 568;
Vorinstanz: FG Rheinland-Pfalz, Urteil v. 19.1.2012, 4 K 1270/09, EFG 2012, S. 1625

Der BFH hat sich in zwei Urteilen zur Frage der Abzugsfähigkeit von Aufwendungen für ein häusliches Arbeitszimmer im Falle eines Poolarbeitsplatzes bzw. eines Telearbeitsplatzes geäußert.

Normen: §§ 4 Abs. 5 S. 1 Nr. 6b, 9 Abs. 5 EStG

Sachverhalte

Im Streitfall VI R 37/13 hatte der Kläger, ein Großbetriebsprüfer des FA, an der Dienststelle keinen festen Arbeitsplatz, sondern teilte sich für die vor- und nachbereitenden Arbeiten der Prüfungen mit weiteren sieben Großbetriebsprüfern drei Arbeitsplätze (sog. Poolarbeitsplätze). Das FA berücksichtigte die für das häusliche Arbeitszimmer geltend gemachten Aufwendungen mit der Begründung nicht, dass ein Großbetriebsprüfer seinen Arbeitsplatz an der Dienststelle nicht tagtäglich aufsuchen müsse und der Poolarbeitsplatz deshalb ausreichend sei. Das FG gab der dagegen erhobenen Klage statt.

Der Urteilsfall VI R 40/12 betraf einen Kläger, der sich in seinem häuslichen Arbeitszimmer einen sog. Telearbeitsplatz eingerichtet hatte, in dem er gem. einer Vereinbarung mit seinem Dienstherrn an bestimmten Wochentagen (montags und freitags) seine Arbeitsleistung er-

---

[274] GrS 1/06, BStBl II 2010, S. 672.
[275] Vgl. auch BFH, PM v. 4.6.2014, Nr. 47.
[276] Vgl. auch BFH, PM v. 4.6.2014, Nr. 47.

brachte. Das FA versagte den Werbungskostenabzug für das häusliche Arbeitszimmer. Das FG gab der hiergegen erhobenen Klage mit der Begründung statt, der Telearbeitsplatz entspreche schon nicht dem Typus des häuslichen Arbeitszimmers was zur Folge habe, dass der Abzug der Kosten unbeschränkt möglich sei. Zudem stünde dem Kläger an den häuslichen Arbeitstagen kein anderer Arbeitsplatz an der Dienststelle zur Verfügung.

Entscheidungen

Der BFH bestätigte im ersten Fall die Vorentscheidung des FG. Die Aufwendungen für das häusliche Arbeitszimmer seien abzugsfähig, da der Poolarbeitsplatz an der Dienststelle dem Kläger nicht in dem zur Verrichtung seiner gesamten Innendienstarbeiten (Fallauswahl, Fertigen der Prüfberichte etc.) konkret erforderlichen Umfang zur Verfügung stand. Dies muss aber nicht bei jedem Poolarbeitsplatz so sein. Der VI. Senat stellt klar, dass ein Poolarbeitszimmer ein anderer Arbeitsplatz i. S. d. § 4 Abs. 5 S. 1 Nr. 6b S. 2 EStG sein kann und zwar dann, wenn bei diesem – anders als im Streitfall – aufgrund der Umstände des Einzelfalls (ausreichende Anzahl an Poolarbeitsplätzen, ggf. dienstliche Nutzungseinteilung etc.) gewährleistet ist, dass der Arbeitnehmer seine berufliche Tätigkeit in dem konkret erforderlichen Umfang dort erledigen kann.

Im zweiten Fall hat der BFH die Vorentscheidung aufgehoben und die Klage abgewiesen. Der vom Kläger genutzte Telearbeitsplatz entsprach grds. dem Typus des häuslichen Arbeitszimmers und dem Kläger stand an der Dienststelle auch ein anderer Arbeitsplatz „zur Verfügung". Denn dem Kläger war es weder untersagt, seinen dienstlichen Arbeitsplatz jederzeit und damit auch an den eigentlich häuslichen Arbeitstagen zu nutzen, noch war die Nutzung des dienstlichen Arbeitsplatzes in tatsächlicher Hinsicht in irgendeiner Weise eingeschränkt.

Literaturhinweis: *Prof. Dr. Schneider*, nwb 2014, S. 1860

1.1.8 Kosten für ein häusliches Arbeitszimmer bei nicht nutzbarem „Amtszimmer"

> **BFH, Urteil v. 26.2.2014,[277] VI R 11/12, BStBl II 2014, S. 674;**
> **Vorinstanz: FG München, Urteil v. 24.11.2011, 11 K 1167/11, EFG 2012, S. 1047**
>
> **Der VI. Senat des BFH hat entschieden, dass ein anderer Arbeitsplatz erst dann zur Verfügung steht, wenn der Arbeitgeber dem Arbeitnehmer den Arbeitsplatz tatsächlich zugewiesen hat. Zudem ist ein Raum nicht zur Erledigung büromäßiger Arbeiten geeignet, wenn wegen Sanierungsbedarfs Gesundheitsgefahr besteht.**
>
> **Normen:** §§ 4 Abs. 5 S. 1 Nr. 6b S. 2, 9 Abs. 5 EStG

Ein Arbeitnehmer kann die Kosten für ein häusliches Arbeitszimmer als Werbungskosten i. H. v. 1.250 € als Werbungskosten in Abzug bringen, wenn für seine berufliche Tätigkeit kein anderer Arbeitsplatz zur Verfügung steht. Ein „anderer Arbeitsplatz" ist nach st. Rspr. des BFH grds. jeder Arbeitsplatz, der zur Erledigung büromäßiger Arbeiten geeignet ist.

Der BFH hat mit dem vorgenannten Urteil entschieden, dass ein anderer Arbeitsplatz erst dann zur Verfügung steht, wenn der Arbeitgeber dem Arbeitnehmer den Arbeitsplatz tatsächlich zu-

---
[277] Vgl. auch BFH, PM v. 9.7.2014, Nr. 49.

gewiesen hat. Der Arbeitnehmer hat bei der Inanspruchnahme und Ausgestaltung eines „anderen Arbeitsplatzes" das Direktionsrecht des Arbeitgebers zu beachten. Ferner ist ein Raum nicht zur Erledigung büromäßiger Arbeiten geeignet, wenn wegen Sanierungsbedarfs Gesundheitsgefahr besteht.

Im Streitfall war einem Pfarrer die im Obergeschoss des Pfarrhofs gelegene Wohnung für Wohnzwecke überlassen worden. Der Pfarrer machte die Kosten für ein zur Wohnung gehörendes häusliches Arbeitszimmer erfolglos als Werbungskosten geltend. Im Klageverfahren trug er vor, der im Erdgeschoss gelegene und ihm als sog. Amtszimmer überlassene Raum sei wegen Baumängeln nicht als Arbeitszimmer nutzbar. Die übrigen im Erdgeschoss gelegenen Räume würden anderweitig genutzt und ständen ihm nicht zur Verfügung.

Das FG hatte die Klage mit der Begründung abgewiesen, dass der Kläger die Möglichkeit gehabt habe, eines der sonstigen im Erdgeschoss des Pfarrhofs vorhandenen Zimmer für sich als Büro einzurichten. Der BFH hat die Entscheidung aufgehoben und den Rechtsstreit an das FG zurückverwiesen. Dieses muss nun klären, ob das vom Arbeitgeber als Arbeitsplatz zugewiesene „Amtszimmer" tatsächlich nicht nutzbar war.

> **Literaturhinweis:** *Hilbert*, nwb 2014, S. 2600

1.1.9 Abzug von Kinderbetreuungskosten bei drei unter vier Jahre alten Kindern

> **BFH, Urteil v. 14.11.2013,**[278] **III R 18/13, BStBl II 2014, S. 383;**
> **Vorinstanz: FG Düsseldorf, Urteil v. 20.12.2012, 14 K 1455/11 E, EFG 2013, S. 675**
>
> **Es ist verfassungsgemäß, dass der Abzug von Kinderbetreuungskosten vom Vorliegen bestimmter persönlicher Anspruchsvoraussetzungen (Erwerbstätigkeit, Ausbildung, längerfristige Erkrankung, Behinderung u. Ä.) abhängig gemacht wird und auch bei zusammenlebenden Eltern mit drei unter vierjährigen Kindern keine zwangsläufige Fremdbetreuungsnotwendigkeit angenommen wird.**
>
> **Normen:** §§ 4f, 9 Abs. 5 S. 1, 10 Abs. 1 Nr. 5 und Nr. 8, 32 Abs. 6 EStG; Art. 3 Abs. 1, 6 Abs. 1 GG

Der BFH hat im Streitfall entschieden, dass zusammenlebende Ehegatten mit drei unter vier Jahre alten Kindern ihre Kinderbetreuungskosten nur nach Maßgabe der im EStG normierten Vorschriften zum Abzug bringen können. Denn ein weitergehender Abzug sei aus verfassungsrechtlichen Gründen nicht geboten.

Sachverhalt

Der Kläger erzielte u. a. Einkünfte aus selbstständiger Arbeit. Die Klägerin ist ausgebildete Ärztin, war jedoch nicht erwerbstätig. Im Streitjahr 2008 hatten die verheirateten Kläger verschiedene Aufwendungen (u. a. Au-Pair-Kosten) für die Fremdbetreuung ihrer drei Kleinkinder zu tragen. Mit ihrer Klage begehrten sie, die angefallenen Au-Pair-Kosten in voller Höhe und damit auch insoweit zu berücksichtigen, als diese Aufwendungen nach Maßgabe der im EStG normierten Vorschriften nicht abzugsfähig waren.

---

[278] Erst in 2014 veröffentlicht; vgl. auch BFH, PM v. 12.3.2014, Nr. 21.

Entscheidung

Der BFH lehnte dies, wie bereits zuvor das FG, ab. Er entschied, dass die im Streitjahr für Kinderbetreuungskosten vorgesehenen Abzugsbeschränkungen nicht gegen das GG verstoßen. Er hatte zwar in einem anderen Verfahren, in dem Kinderbetreuungskosten für zwei Kleinkinder geltend gemacht wurden, angedeutet, dass der Gesetzgeber bei Ausgestaltung der Abzugstatbestände möglicherweise weitere Zwangsläufigkeitsgründe hätte einbeziehen müssen.[279] Danach könne ein Bedarf an Fremdbetreuung auch dann unabweisbar entstehen, wenn bei Erwerbstätigkeit des einen Elternteils eine größere Zahl minderjähriger Kinder zu betreuen ist.

Im Streitfall sah der BFH aber bei drei Kindern im Alter von bis zu 3 Jahren eine solche Betreuungssituation als nicht gegeben an. Hinzu kam, dass für das älteste der drei Kinder ein Abzug der Kinderbetreuungskosten nach § 10 Abs. 1 Nr. 5 EStG zulässig war. Im Übrigen verwies er darauf, dass der Gesetzgeber die durch den Betreuungsbedarf in jungen Familien ausgelöste Einbuße an Leistungsfähigkeit nicht nur mit den Regelungen des Steuerrechts, sondern auch durch sozialrechtliche Vorschriften ausgleicht (z. B. Bundeselterngeld- und Elternzeitgesetz BEEG).

Praxishinweis

Die obersten Finanzbehörden des Bundes und der Länder haben zwischenzeitlich beschlossen, die in dieser Angelegenheit bisher bestehende Anweisung zur vorläufigen Steuerfestsetzung aufzuheben. Vgl. hierzu das diesbezügliche BMF-Schreiben vom 11.12.2014[280] sowie auch Kapitel B.8.1.1.

1.1.10 Keine Tonnagebesteuerung bei kurzfristigem Einsatz eines Handelsschiffes

> BFH, Urteil v. 26.9.2013,[281] IV R 46/10, BStBl II 2014, S. 253;
> Vorinstanz: Schleswig-Holsteinisches FG, Urteil v. 12.10.2010, 5 K 136/06, EFG 2011, S. 424
>
> § 5a EStG setzt die Absicht des Steuerpflichtigen zum langfristigen Betrieb von Handelsschiffen voraus. Die Veräußerung eines Schiffs mit dem Ziel, aus dem Erlös erst das i. S. d. § 5a EStG betriebene Schiff zu erwerben, ist kein Hilfsgeschäft nach § 5a Abs. 2 S. 2 EStG.
>
> Normen: §§ 5a, 16, 34 EStG

Sachverhalt

Eine im Jahr 2001 gegründete KG hatte ihr in 2003 erworbenes Schiff wenige Monate später wieder verkauft und den durch die Veräußerung erzielten Gewinn teilweise für die Anzahlung eines weiteren Containerschiffs verwendet. Das später veräußerte Schiff lief am 6.10.2003 von der Werft, wurde nach Dänemark überführt und dort am 9.10.2003 an den Käufer übergeben.

---

[279] BFH, Urteil v. 5.7.2012, III R 80/09, BStBl II 2012, S. 816; BVerfG, Beschluss v. 7.5.2014, 2 BvR 2454/12, Verfassungsbeschwerde nicht zur Entscheidung angenommen.
[280] IV A 3 – S 0338/07/10010, BStBl I 2014, S. 1571.
[281] Erst in 2014 veröffentlicht.

Es war für insgesamt nur 4 Tage ins inländische Schiffsregister eingetragen. Das FA und auch das FG lehnten die begehrte Tonnagebesteuerung für 2003 ab.

Entscheidung

Dem pflichtete der BFH im Ergebnis bei. Die gesetzgeberisch gewollte und langfristige Bindung des Schifffahrtsbetriebs an den Standort Deutschland komme durch die in § 5a Abs. 3 EStG enthaltene Bindungsfrist zum Ausdruck. Danach hat der Steuerpflichtige die Wahl, seinen Gewinn aus dem Betrieb von Handelsschiffen nach allgemeinen Grundsätzen zu ermitteln oder zur Gewinnermittlung nach der Tonnage zu optieren. Im letzteren Fall ist er für einen Zeitraum von zehn Jahren daran gebunden. Begünstigt werden soll nur der langfristig angelegte, nicht aber der lediglich vorübergehende Betrieb von Handelsschiffen, etwa zu dem Zweck, das Schiff kurzfristig zur Beförderung von Gütern oder Personen einzusetzen, um es bis zu seiner von vornherein beabsichtigten Veräußerung wirtschaftlich sinnvoll zu nutzen.

Im Streitfall wurde das Schiff schon von Beginn an mit Absicht der späteren Veräußerung erworben. Deswegen ist die Veräußerung auch kein Hilfsgeschäft bzw. Nebengeschäft zum Einsatz als Hauptgeschäft, sodass eine Gewinnermittlung aus dem Betrieb des Schiffs einschließlich seiner Veräußerung nach der Tonnage nicht in Betracht kommt. Denn die Veräußerung eines Schiffs betrifft üblicherweise die Beendigung seines Einsatzes im Betrieb des Steuerpflichtigen. Sie erfolgt regelmäßig als letzter Akt im Anschluss an den Einsatz oder die Vercharterung des Schiffs. Ein Schiff zu kaufen und zu veräußern, um aus dem Veräußerungserlös erst dasjenige Schiff zu erwerben, mit dem der Betrieb von Handelsschiffen im internationalen Verkehr erfolgen soll, ist für einen solchen Geschäftsbetrieb nicht üblich. Insofern war der Veräußerungsgewinn als laufender Gewinn steuerpflichtig. Eine ermäßigte Besteuerung des Gewinns als Veräußerung bzw. Aufgabe eines Gewerbebetriebs (oder Teilbetriebs) kam nicht in Betracht, weil an Stelle des veräußerten Schiffes ein neues Containerschiff erworben wurde.

Auch konnte die Einschifffahrtsgesellschaft nicht die Reinvestitionsvergünstigung des § 6b EStG in Anspruch nehmen, weil diese für Schiffe seit den Änderungen durch das StEntlG ab dem 1.1.1999 ausgeschlossen ist.

Praxishinweis

Vgl. in dem Themenzusammenhang auch
- das Urteil desselben Senats vom 3.4.2014[282] zur Tarifbegünstigung der Gewinne aus der Veräußerung eines Betriebs vor dessen Ingangsetzung,
- sein Urteil vom 16.1.2014[283] zum Beginn der Antragsfrist für die Option zur Gewinnermittlung nach der Tonnage,
- sein Urteil vom 6.2.2014[284] zur Hinzurechnung von Sondervergütungen im Vorjahr der Antragstellung auf Gewinnermittlung nach der Tonnage,
- seine Urteile vom 26.9.2013 und 26.6.2014[285] zu Fragen der gewerbesteuerlichen Kürzung, sowie
- ein Urteil des I. Senats vom 13.11.2013[286] zu einem Fall der Veräußerung des Anteils eines Mitunternehmers mit Ansässigkeit im Ausland.

---

[282] IV R 12/10, BStBl II 2014, S. 1000.
[283] IV R 15/13, BStBl II 2014, S. 774.
[284] IV R 19/10, BStBl II 2014, S. 522.
[285] IV R 45/11, BFH/NV 2014, S. 271 und IV R 10/11, BFH/NV 2014, S. 1664.
[286] I R 67/12, BStBl II 2014, S. 172.

> **Literaturhinweise:** *Dr. Jacobs*, DB 2014, S. 863; *Dr. Dißars*, nwb 2014, S. 1793 und S. 3614

1.1.11 Bildung einer Rückstellung für die Verpflichtung zur Nachbetreuung von Versicherungsverträgen

BFH, Urteil v. 12.12.2013,[287] X R 25/11, BStBl II 2014, S. 517;
Vorinstanz: Niedersächsisches FG, Urteil v. 11.5.2011, 2 K 11301/08, EFG 2011, S. 1691

Die Abzinsung einer Rückstellung für die Verpflichtung zur Nachbetreuung von Versicherungsverträgen richtet sich gem. § 6 Abs. 1 Nr. 3a Buchst. e S. 2 EStG nach dem Zeitraum bis zur erstmaligen Erfüllung der Bestandspflegepflicht. Diesen hat der Steuerpflichtige darzulegen und mit Stichproben zu belegen (Fortentwicklung der Rechtsprechung[288]).

Norm: § 6 Abs. 1 Nr. 3a Buchst. b und Buchst. e S. 2 EStG

Steht fest, dass der Steuerpflichtige vertraglich zur weiteren Betreuung der von ihm vermittelten Versicherungsverträge verpflichtet ist und auch tatsächlich entsprechende Nachbetreuungsleistungen erbracht hat, scheitert die Bildung der Rückstellung zwar nicht daran, dass er keine der Rspr. entsprechenden Aufzeichnungen über den Umfang der Betreuungsleistungen vorlegen kann. Da den Steuerpflichtigen aber die Darlegungs- und Beweislast trifft, muss sich die dann vorzunehmende Schätzung des Betreuungsaufwandes im unteren Rahmen bewegen.

Einbezogen werden dürfen dabei nur Leistungen für die Betreuung bereits abgeschlossener Verträge. Werbeleistungen mit dem Ziel, Kunden zu neuen Vertragsabschlüssen zu veranlassen, sind nicht rückstellbar. Nicht einzubeziehen ist der Aufwand für die eigene künftige Arbeitsleistung des Betriebsinhabers. Vertreter ohne angestelltes Personal können daher von vornherein keine Rückstellung bilden. Sollte neben dem angestellten Personal auch der Einzelunternehmer selbst in die Betreuung eingeschaltet sein, kann für den von ihm erbrachten Teil der Leistungen ebenfalls keine Rückstellung gebildet werden. Für die Höhe der Rückstellung ist überdies der jeweilige Zeitaufwand für die Betreuung pro Vertrag und Jahr von entscheidender Bedeutung. Zur Darlegung des Zeitaufwands ist im Einzelnen notwendig:

- Die genaue Beschreibung der einzelnen Betreuungstätigkeiten, denn die Darstellung muss das FA in die Lage versetzen, anhand der rechtlichen Anforderungen zu prüfen, ob der Aufwand für die jeweilige Tätigkeit zur Bildung einer Rückstellung berechtigt.

- Die Angabe, welchen Zeitbedarf die jeweilige Tätigkeit mit sich bringt, wenn sie im Einzelfall anfällt.

- Die Angabe, wie oft die jeweilige Tätigkeit über die Gesamtlaufzeit des jeweiligen Vertrags zu erbringen ist.

---

[287] Erst in 2014 veröffentlicht.
[288] BFH, Urteil v. 19.7.2011, X R 26/10, BStBl II 2012, S. 856; BFH, Urteil v. 19.7.2011, X R 48/08, BFH/NV 2011, S. 2032; BFH, Urteil v. 19.7.2011, X R 8/10, BFH/NV 2011, S. 2035.

- Die Laufzeit bzw. Restlaufzeit der einzubeziehenden Verträge; dabei ist vor allem auch der Erfahrungssatz zu berücksichtigen, dass ein Teil der Verträge vorzeitig gekündigt wird.

Die Aufzeichnungen des Steuerpflichtigen müssen so konkret und spezifiziert sein, dass eine angemessene Schätzung der Höhe der zu erwartenden Betreuungsaufwendungen sowie des Zeitraums bis zum Beginn der erstmaligen Durchführung von Betreuungsmaßnahmen (Abzinsungszeitraum) möglich ist.

Zu berücksichtigen ist in diesem Zusammenhang, dass eine Rückstellung ein Passivposten ist, der eine dem Grund und/oder der Höhe nach noch ungewisse (also nur wahrscheinliche) künftige Verbindlichkeit zum Ausdruck bringt. Zu beachten ist ferner, dass die Rückstellung jedes Jahr angepasst werden muss und jedes Jahr zu prüfen ist, in welchem Umfang der rückgestellte Aufwand tatsächlich eingetreten ist und ob für die Zukunft Korrekturen vorzunehmen sind.

Praxishinweis

Vgl. hierzu auch das BMF-Schreiben v. 20.11.2012[289] zur Anwendung der Rechtsprechung aus 2011.

Hinzuweisen ist außerdem auf ein nachlaufendes BFH-Urteil aus 2014. In der Entscheidung vom 27.2.2014[290] hat der III. Senat zur Bildung einer Rückstellung wegen Erfüllungsrückstands sowie zur Rechtspflicht zur Nachbetreuung von Versicherungsverträgen Stellung bezogen.

1.1.12 Buchwertübertragung – Keine Sperrfristverletzung bei einer Einmann-GmbH & Co. KG

> **BFH, Urteil v. 26.6.2014, IV R 31/12, DB 2014, S. 2565;**
> **Vorinstanz: FG Düsseldorf, Urteil v. 6.7.2012, 3 K 2579/11 F, EFG 2012, S. 1914**
>
> **Wird ein Wirtschaftsgut durch den an einer KG zu 100 % beteiligten Kommanditisten aus dessen Sonderbetriebsvermögen unentgeltlich in das Gesamthandsvermögen derselben KG übertragen, so ist für die Übertragung nicht deshalb rückwirkend der Teilwert anzusetzen, weil die KG – bei unveränderten Beteiligungsverhältnissen – das Wirtschaftsgut innerhalb der Sperrfrist des § 6 Abs. 5 S. 4 EStG veräußert. Dies gilt auch dann, wenn das Wirtschaftsgut in der Gesamthandsbilanz der KG mit dem bisherigen Buchwert ausgewiesen und deshalb für den Übertragenden keine negative Ergänzungsbilanz erstellt worden ist.[291]**
>
> **Norm:** § 6 Abs. 5 S. 3 Nr. 2 und S. 4 EStG

Sachverhalt

Im Dezember 2007 hatte der alleinige Kommanditist das ihm gehörende Grundstück zu Buchwerten in das Gesamthandsvermögen der KG eingebracht. Die Einbringung erfolgte ohne Gegenleistung. Im Rahmen des Jahresabschlusses zum 31.12.2007 wurde das Grundstück zum

---

[289] IV C 6 – S 2137/09/10002, BStBl I 2012, S. 1100.
[290] III R 14/11, BStBl II 2014, S. 675.
[291] Anschluss an BFH, Urteil v. 31.7.2013, I R 44/12, BFHE 242, S. 240.

Buchwert aus dem Sonderbetriebsvermögen des Kommanditisten in das Gesamthandsvermögen der KG übertragen. In ihrer Gesamthandsbilanz auf diesen Stichtag aktivierte die KG das Grundstück entsprechend zum Buchwert von rd. 1,7 Mio. €.

Aufgrund des mit Wirkung zum 31.1.2008 erfolgten Verkaufs der Immobilie zu einem Preis von 8,5 Mio. € kam es zum Streit mit dem FA. Dieses setzte im Hinblick auf die Verletzung der dreijährigen Sperrfrist (§ 6 Abs. 5 S. 4 EStG) unter Aufdeckung der stillen Reserven den Teilwert an. Der Kommanditist hatte den entstandenen Gewinn daraufhin über eine Ergänzungsbilanz neutralisiert, die zusammen mit einer berichtigten Gesamthandsbilanz eingereicht wurde.

Entscheidung

Der BFH gab dem Kläger Recht. Der Buchwert konnte fortgeführt werden. Dies gelte im Übrigen auch dann, so die Finanzrichter, wenn für den Übertragenden keine negative Ergänzungsbilanz erstellt worden ist. Zwar sei der Teilwert rückwirkend auf den Übertragungszeitpunkt anzusetzen, wenn das Wirtschaftsgut innerhalb der Sperrfrist veräußert wird. Diese Sperrfristregelung sei aber von vornherein nicht anwendbar, wenn – wie im Streitfall – zum Zeitpunkt der Einbringung nur der einbringende Gesellschafter am Ergebnis und Vermögen der aufnehmenden Personengesellschaft beteiligt war und sich hieran bis zur Veräußerung des eingebrachten Wirtschaftsguts innerhalb der Sperrfrist nichts ändert. Für den IV. Senat wäre die Annahme einer Sperrfristverletzung für Sachverhalte dieser Art sinnwidrig und widerspräche dem gesetzlichen Zweck. Sie könnte allenfalls dann zum Zuge kommen, wenn – ohne einen gegenläufigen Ergänzungsbilanzansatz – der während der Sperrfrist erzielte Veräußerungs- oder Entnahmegewinn nicht nur dem Einbringenden allein zuzurechnen wäre.

Ein rückwirkender Teilwertansatz kommt somit in all den Fällen nicht in Betracht, in denen die bis zur Einbringung entstandenen und aufgrund der Veräußerung des Wirtschaftsguts durch die Personengesellschaft aufgedeckten stillen Reserven dem weiterhin zu 100 % am Vermögen und Ergebnis der Personengesellschaft beteiligten einbringenden Mitunternehmer zuzurechnen sind. Da unter diesen Voraussetzungen die Gesamtregelung zur Wahrung der Sperrfrist nicht zu beachten ist, bedarf es auch keiner Ergänzungsbilanz, um den rückwirkenden Teilwertansatz zu vermeiden.

Praxishinweis

Der IV. Senat hat sich damit der Auffassung des I. Senats angeschlossen.[292]

Das FG Düsseldorf hat unter Verweis auf die BFH-Rechtsprechung in zwei weiteren Streitfällen gleichermaßen entschieden.[293] Revision wurde auch hier jeweils zugelassen.

Literaturhinweis: *Bode*, nwb 2014, S. 3950

---

[292] Siehe die vorherige Fußnote.
[293] Urteil v. 10.4.2014, 11 K 3050/11 F, DB 2014, S. 12; Urteil v. 10.4.2014, 11 K 863/14 F, Haufe-Index 7417400; FG Düsseldorf, Newsletter v. 7.11.2014.

1.1.13 Berichtigung zu hoch vorgenommener AfA bei Gebäuden

> **BFH, Urteil v. 21.11.2013,[294] IX R 12/13, BStBl II 2014, S. 563;**
> **Vorinstanz: FG Düsseldorf, Urteil v. 12.11.2012, 12 K 4209/11 E, BB 2013, S. 1650**
>
> Der BFH hat darüber entschieden, auf welche Weise eine zu hohe AfA bei Gebäuden im Privatvermögen berichtigt werden kann, wenn die entsprechenden Steuerbescheide verfahrensrechtlich nicht mehr geändert werden können.
>
> **Normen:** §§ 7 Abs. 4 S. 1 Nr. 2 Buchst. a und Abs. 5 S. 1 Nr. 3 Buchst. a sowie S. 2, 7a Abs. 4 und Abs. 9 EStG 2002

Nach § 7 Abs. 5 S. 1 Nr. 3 Buchst. a EStG können bei Gebäuden im Privatvermögen unter bestimmten Voraussetzungen AfA-Beträge in festen, über die Nutzungsdauer fallenden Staffelsätzen zwischen 7 % und 1,25 % (sog. degressive AfA) abgezogen werden. Sind für ein Gebäude allerdings Sonderabschreibungen vorgenommen worden, sieht § 7a Abs. 9 EStG vor, dass sich die AfA nach Ablauf des Begünstigungszeitraums der Sonderabschreibung nach dem Restwert und den nach § 7 Abs. 4 EStG unter Berücksichtigung der Restnutzungsdauer maßgebenden gleichbleibenden Staffelsätzen (sog. lineare AfA) bemisst.

Sachverhalt

Im Streitfall hatte der Kläger zunächst Sondergebietsabschreibungen nach dem FöGbG i. H. v. 50 % der von ihm für den Erwerb eines Mehrfamilienhauses geleisteten Anzahlung in Anspruch genommen und anschließend nach Fertigstellung und Ablauf des Begünstigungszeitraums das Gebäude degressiv nach festen Staffelsätzen gem. § 7 Abs. 5 S. 1 Nr. 3 Buchst. a EStG abgeschrieben. Nachdem das FA festgestellt hatte, dass die degressive AfA zu Unrecht in Anspruch genommen worden war, berichtigte es in den Streitjahren 2007 bis 2009 die AfA, indem es die (typisierte) 50-jährige Gesamtnutzungsdauer nach § 7 Abs. 4 S. 1 Nr. 2 Buchst. a EStG um den fünfjährigen Begünstigungszeitraum der Sonderabschreibung verringerte und den so neu ermittelten AfA-Satz von 2,22 % der Bemessungsgrundlage vom Restwert bis zur vollen Absetzung in Abzug brachte.

Entscheidung

Der BFH hat die vom FA vorgenommene Berechnung der AfA bestätigt. Er hat zunächst entschieden, dass eine degressive AfA nach Vornahme einer Sonderabschreibung ausgeschlossen ist. Sind für ein Gebäude in einem VZ daher Sonderabschreibungen vorgenommen worden, bemisst sich nach Ablauf des Begünstigungszeitraums die Restwertabschreibung nach dem nach § 7 Abs. 4 EStG unter Berücksichtigung der Restnutzungsdauer maßgebenden linearen Prozentsatz. Wurden degressive Abschreibungen zu Unrecht vorgenommen, ist die Berichtigung zu hoch vorgenommener und verfahrensrechtlich nicht mehr änderbarer AfA bei Gebäuden im Privatvermögen in der Weise vorzunehmen, dass die gesetzlich vorgeschriebenen Abschreibungssätze auf die bisherige Bemessungsgrundlage bis zur vollen Absetzung des noch vorhandenen Restbuchwerts angewendet werden. Damit kommt es im Ergebnis zu einer Verkürzung der AfA-Dauer.

> **Literaturhinweis:** *Dr. Trossen*, nwb 2014, S. 1786

---

[294] Erst in 2014 veröffentlicht; vgl. auch BFH, PM v. 30.4.2014, Nr. 34.

1.1.14 Vorfälligkeitsentschädigung bei Immobilienverkauf keine Werbungskosten

> BFH, Urteil v. 11.2.2014,[295] IX R 42/13, DB 2014, S. 1652;
> Vorinstanz: FG Düsseldorf, Urteil v. 11.9.2013, 7 K 545/13 E, EFG 2013, S. 1906
>
> Der BFH hat entschieden, dass eine Vorfälligkeitsentschädigung grds. nicht als Werbungskosten bei den Einkünften aus Vermietung und Verpachtung abziehbar ist.
>
> Norm: § 9 Abs. 1 S. 1 und S. 3 Nr. 1 EStG

Sachverhalt

Die Klägerin veräußerte ein von ihr im Jahre 1999 erworbenes und seitdem vermietetes Immobilienobjekt im Jahr 2010. Im Veräußerungsvertrag hatte sich die Klägerin zur lastenfreien Übertragung des Grundstücks verpflichtet. Im Zuge der Ablösung einer Restschuld aus den zur Finanzierung der Anschaffungskosten des Objekts aufgenommenen Darlehen hatte die Klägerin Vorfälligkeitsentschädigungen zu leisten, die sie im Rahmen ihrer Einkommensteuererklärung als Werbungskosten bei den Einkünften aus Vermietung und Verpachtung geltend machte. Das FA berücksichtigte die Vorfälligkeitsentschädigungen nicht. Klage und Revision der Klägerin hatten keinen Erfolg.

Entscheidung

Schuldzinsen, die mit Einkünften in einem wirtschaftlichen Zusammenhang stehen, zählen nach § 9 Abs. 1 S. 3 Nr. 1 EStG zu den Werbungskosten. Der Begriff der Schuldzinsen umfasst auch eine zur vorzeitigen Ablösung eines Darlehens gezahlte Vorfälligkeitsentschädigung, denn diese ist Nutzungsentgelt für das auf die verkürzte Laufzeit in Anspruch genommene Fremdkapital.

Im Streitfall konnte die Klägerin die geleisteten Vorfälligkeitsentschädigungen gleichwohl nicht bei ihren Einkünften aus Vermietung und Verpachtung geltend machen. Es fehlte insoweit an einem wirtschaftlichen Zusammenhang (sog. Veranlassungszusammenhang) mit steuerbaren Einkünften. Zwar beruht eine Vorfälligkeitsentschädigung auf dem ursprünglichen Darlehen, das mit Blick auf die Finanzierung der Anschaffungskosten einer fremdvermieteten Immobilie aufgenommen wurde. Jedoch ist das für die Annahme eines Veranlassungszusammenhangs maßgebliche „auslösende Moment" nicht der seinerzeitige Abschluss des Darlehensvertrags, sondern gerade dessen vorzeitige Ablösung. Diese mit der Darlehensgläubigerin vereinbarte Vertragsanpassung hat die Klägerin aber nur vorgenommen, weil sie sich zur lastenfreien Veräußerung des Grundstücks verpflichtet hatte. Ein wirtschaftlicher Zusammenhang besteht daher gerade nicht zwischen der Vorfälligkeitsentschädigung und der vormaligen Vermietung der Immobilie, sondern zwischen der Vorfälligkeitsentschädigung und der Veräußerung der Immobilie.

Der BFH hat betont, dass auch seine aktuelle Rspr. zum Abzug nachträglicher Schuldzinsen[296] an diesem Ergebnis nichts zu ändern vermochte. Denn die Klägerin konnte die im Veräußerungszeitpunkt noch bestehenden Darlehensverbindlichkeiten vollständig durch den aus der Veräußerung der Immobilie erzielten Erlös tilgen.

---

[295] Vgl. auch BFH, PM v. 25.6.2014, Nr. 47.
[296] BFH, Urteil v. 20.6.2012, IX R 67/10, BStBl II 2013, S. 275; BFH, Urteil v. 21.1.2014, IX R 37/12, DB 2014, S. 1171; BFH, Urteil v. 8.4.2014, IX R 45/13, DB 2014, S. 1112; vgl. hierzu auch unter Kapitel C.1.2.10 und Kapitel C.1.2.11.

Praxishinweis

Für den betrieblichen Bereich ist dieses Urteil unbeachtlich, da sowohl das Nutzungsentgelt als auch ein Veräußerungserlös steuerrelevant sind. Dem würde im privaten Bereich nur der Verkauf einer Immobilie innerhalb der Haltefrist von 10 Jahren[297] entsprechen. Abziehbar ist eine Vorfälligkeitsentschädigung zudem auch immer dann, wenn sie bei fortgeführter Vermietung der Umschuldung in eine günstigere Finanzierung dient.

Literaturhinweis: *Dr. Trossen,* nwb 2014, S. 2316

1.1.15 Abgeltungswirkung der Entfernungspauschale umfasst auch Kosten einer Falschbetankung

> **BFH, Urteil v. 20.3.2014,**[298] **VI R 29/13, BStBl II 2014, S. 849;**
> **Vorinstanz: Niedersächsisches FG, Urteil v. 24.4.2013, 9 K 218/12, EFG 2013, S. 1104**
>
> **Reparaturaufwendungen infolge der Falschbetankung eines Pkw auf der Fahrt zwischen Wohnung und Arbeitsstätte sind nicht als Werbungskosten abziehbar.**
>
> **Normen:** § 9 Abs. 1 S. 3 Nr. 4 S. 2 und Abs. 2 S. 1 EStG 2009; § 9 Abs. 1 S. 3 Nr. 4 S. 1 und S. 2 sowie Abs. 2 S. 1 und Abs. 4 EStG 2009 i. d. F. d. UntSt/RkVereinfG

Sachverhalt

Der abhängig beschäftigte Kläger hatte im Jahr 2009 auf dem Weg von seinem Wohnort zur Arbeitsstelle an der Tankstelle irrtümlich Benzin anstatt Diesel getankt. Im Rahmen seiner ESt-Erklärung beantragte er neben der Entfernungspauschale (0,30 € je Entfernungskilometer zwischen Wohnung und regelmäßiger Arbeitsstätte – seit 2014 erste Tätigkeitsstätte) den Abzug der durch die Falschbetankung verursachten Reparaturaufwendungen i. H. v. ca. 4.200 €. Das FA versagte den Werbungskostenabzug. Das FG gab der hiergegen erhobenen Klage mit der Begründung statt, die Entfernungspauschale greife für außergewöhnliche Aufwendungen nicht ein.

Entscheidung

Der BFH hob die Vorentscheidung des FG auf. Er hat entschieden, dass die Reparaturaufwendungen nicht als Werbungskosten neben der Entfernungspauschale abziehbar sind, da auch außergewöhnliche Aufwendungen durch die Entfernungspauschale abgegolten sind. Dies folge aus dem Wortlaut des § 9 Abs. 2 S. 1 EStG („sämtliche Aufwendungen") sowie aus der Systematik und dem Sinn und Zweck der Vorschrift. Denn die Einführung der verkehrsmittelunabhängigen Entfernungspauschale zum VZ 2001 habe neben umwelt- und verkehrspolitischen Erwägungen auch und vor allem der Steuervereinfachung gedient. Verfassungsrechtliche Bedenken gegen diese Auffassung hat der VI. Senat nicht gesehen.

---

[297] § 23 Abs. 1 S. 1 Nr. 1 EStG.
[298] Vgl. auch BFH, PM v. 25.6.2014, Nr. 46.

Praxishinweis

Der Streitfall betraf zwar unmittelbar eine irrtümliche Falschbetankung. Die Urteilsbegründung macht jedoch deutlich, dass der BFH der Abgeltungswirkung extensiv gegenübersteht und im Rahmen einer Gesetzesauslegung keine Grundlage dafür sieht, Unfallkosten von dieser Abgeltungswirkung auszunehmen.

Die Finanzverwaltung gestattet hingegen (bislang) grds. die Berücksichtigung von Unfallschäden neben der Entfernungspauschale, soweit die Schäden durch einen Verkehrsunfall auf der Fahrt zwischen Wohnung und regelmäßiger Arbeitsstätte/erster Tätigkeitsstätte, auf einer Umwegfahrt zum Betanken oder zur Abholung der Mitfahrer einer Fahrgemeinschaft verursacht worden sind.[299]

1.1.16 Verlust einer Darlehensforderung als Werbungskosten bei den Einkünften aus nichtselbstständiger Arbeit

> **BFH, Urteil v. 10.4.2014, VI R 57/13, BStBl II 2014, S. 850;**
> **Vorinstanz: FG Köln, Urteil v. 22.5.2013, 7 K 187/10, EFG 2013, S. 1562**
>
> **Der Verlust einer aus einer Gehaltsumwandlung entstandenen Darlehensforderung eines Arbeitnehmers gegen seinen Arbeitgeber kann insoweit zu Werbungskosten bei den Einkünften aus nichtselbstständiger Arbeit führen, als der Arbeitnehmer ansonsten keine Entlohnung für seine Arbeitsleistung erhalten hätte, ohne seinen Arbeitsplatz erheblich zu gefährden.**
>
> **Norm:** § 9 Abs. 1 S. 1 und 2 EStG

Vor dem BFH wurde die Frage abschließend geklärt, ob und unter welchen Voraussetzungen ein Angestellter den insolvenzbedingten Verlust von Genussrechtskapital als Werbungskosten geltend machen kann. Das FG hatte der Klage des Arbeitnehmers stattgegeben. Dem folgte der VI. Senat und bejahte in vorliegendem Fall den Werbungskostenabzug.

Entsprechende berufliche Gründe dafür können insb. dann vorgetragen werden, wenn – wie im Streitfall – das Genussrechtskapital aus der Umwandlung eines Überstundenguthabens resultiert, die Überstunden ohne die Umwandlung nicht vergütet worden wären und auch ein Arbeitszeitausgleich nicht in nennenswertem Umfang in Betracht kam. Dies alles unter der Prämisse, dass für das Genussrechtskapital keine außergewöhnlich hohe Vergütung vereinbart war. Der Umstand, dass ein außenstehender Dritter, insb. eine Bank, dem Arbeitgeber kein Darlehen mehr gewährt hätte, sei lediglich ein Indiz für eine beruflich veranlasste Darlehenshingabe, nicht aber unabdingbare Voraussetzung für den Werbungskostenabzug eines Darlehensverlustes bei den Einkünften aus nichtselbstständiger Arbeit.

Bei dem Ausfall des Genussrechtskapitals handele es sich, so der BFH, vergleichbar um den Verlust einer sonstigen Forderung. Aufwendungen sind stets der Einkunftsart zuzuordnen, die im Vordergrund steht und die Beziehungen zu den anderen Einkünften verdrängt. Unter Würdigung der Gesamtumstände sei davon auszugehen, dass das Genussrechtskapital – soweit es durch Umwandlung von Überstundenguthaben entstanden ist – in einem erheblichen Veranlassungszusammenhang zum Arbeitsverhältnis steht. Denn der Arbeitnehmer hat die Umwand-

---

[299] BMF, Schreiben v. 31.10.2013, IV C 5 – S 2351/09/10002, BStBl I 2013, S. 1376, Tz. 4; H 9.10 „Unfallschäden" LStH 2014.

lung und damit auch den Verlust des Kapitals nur riskiert, um überhaupt eine Überstundenvergütung (Entlohnung) zu erhalten.

> **Literaturhinweis:** *Dr. Geserich*, nwb 2014, S. 2528

1.1.17 Abzug einer Auslandsspende innerhalb der EU

> **BFH, Urteil v. 17.9.2013,[300] I R 16/12, BStBl II 2014, S. 440;**
> **Vorinstanz: FG Bremen, Urteil v. 8.6.2011, 1 K 63/10 (6), DStRE 2012, S. 1321**
>
> **Spenden an eine Empfängerkörperschaft mit Sitz in einem anderen Mitgliedstaat der EU können steuerlich abgezogen werden, wenn die begünstigte Einrichtung die Voraussetzungen der nationalen Rechtsvorschriften für die Gewährung von Steuervergünstigungen erfüllt. Der Spendenabzug setzt also u. a. voraus, dass die Anforderungen an die satzungsmäßige Vermögensbindung gewahrt werden.**
>
> **Normen:** § 10b EStG; §§ 55 Abs. 1 Nr. 4, 61 AO

Der Urteilsfall betraf die Zahlung einer inländischen juristischen Person (GmbH) an eine innerhalb der EU ansässige kirchennahe Körperschaft (ein rechtsfähiger Verein mit Sitz in Italien) und die Frage der steuerlichen Abzugsfähigkeit der Spende bei der GmbH. Der Verein selbst ist Teil der russisch-orthodoxen Kirche.

Nach Ansicht des BFH sind die Formalien zur steuerlichen Absetzbarkeit nach der AO einzuhalten, auch wenn die Spende an Empfänger innerhalb der EU erfolgte. Eine Zuwendungsbestätigung der ausländischen Organisation reicht allein nicht aus. Im Streitfall beanstandeten die Richter die Verletzung des Grundsatzes der Vermögensbindung, der vorsieht, dass das vom Verein gebildete Vermögen auch auf Dauer für steuerbegünstigte Zwecke verwendet wird.

Zum einen – so die Feststellungen des I. Senats – enthielt die Satzung keine genauen Regelungen zur Vermögensverwendung bei Wegfall des Zwecks des Vereins. Zweitens konnte den für den Fall der Auflösung des Vereins getroffenen Satzungsbestimmungen nicht entnommen werden, dass das Vermögen nur für steuerbegünstigte Zwecke verwendet werden darf. Vielmehr habe die Mitgliederversammlung einen Beschluss über die Verwendung des Restvermögens vorrangig zugunsten einer anderen nichtwirtschaftlichen Organisation zu treffen, die mit dem Patriarchat in Moskau in Verbindung steht oder zu der russisch-orthodoxen Religion gehört. Da die Satzung das konkrete Tätigkeitsfeld der Empfängerorganisationen nicht benennt, kann sie auch die Vermögensverwendung zugunsten steuerbegünstigter Zwecke nicht sicherstellen.

Die Finanzrichter greifen auch ein Urteil des EuGH vom 27.1.2009[301] auf. Darin wurde deutlich gemacht, dass der Schutzbereich der Kapitalverkehrsfreiheit nicht die Übernahme des im Mitgliedstaat der Empfängereinrichtung gegebenen Gemeinnützigkeitsstatus umfasst, sondern nur darauf gerichtet ist, die Ungleichbehandlung zwischen inländischen und EU-ausländischen Einrichtungen zu beseitigen. Nach Meinung des BFH verstoße es nicht gegen diese Grundfreiheit (sondern führe vielmehr gerade zu einer Gleichbehandlung der Spendenempfänger innerhalb der EU), wenn der Spendenabzug – auch im Fall der Zuwendungen an im EU-Ausland

---
[300] Erst in 2014 veröffentlicht.
[301] C–318/07, *Persche*, BFH/NV 2009, S. 52.

ansässige Einrichtungen – den im Mitgliedstaat des Spenders geltenden nationalen Anforderungen unterworfen wird.

Vgl. hierzu auch Kapitel D.5.2.1.2.

Praxishinweis

Vgl. hierzu auch das Urteil des FG Köln vom 15.1.2014,[302] nach dem eine Spende, die direkt an den Papst geleistet wird, in Deutschland nicht steuermindernd berücksichtigt werden kann.

1.1.18 Verfassungsmäßigkeit der sog. Mindestbesteuerung bei Definitiveffekten?

> BFH, Beschluss v. 26.2.2014,[303] I R 59/12, BStBl II 2014, S. 1016;
> Vorinstanz: FG Berlin-Brandenburg, Urteil v. 18.4.2012, 12 K 12179/09, 12 K 12177/10, DStRE 2013, S. 413
>
> **Der BFH hat dem BVerfG die Frage vorgelegt, ob § 8 Abs. 1 KStG i. V. m. § 10d Abs. 2 S. 1 EStG und § 10a S. 2 GewStG gegen Art. 3 Abs. 1 GG verstoßen.**
>
> **Normen:** § 10d Abs. 2 S. 1 EStG; § 8 Abs. 1 KStG; § 10a S. 2 GewStG

In seinem Urteil vom 22.8.2012[304] hat der I. Senat des BFH entschieden, dass die sog. Mindestbesteuerung gem. § 10d Abs. 2 EStG „in ihrer Grundkonzeption" nicht verfassungswidrig ist. Das Gericht ist nun aber davon überzeugt, dass das nur für den „Normalfall" gilt, nicht jedoch dann, wenn der vom Gesetzgeber beabsichtigte, lediglich zeitliche Aufschub der Verlustverrechnung in einen endgültigen Ausschluss der Verlustverrechnung hineinwächst und damit ein sog. Definitiveffekt eintritt. Der I. Senat hat deswegen das BVerfG im Rahmen eines Normenkontrollersuchens zur Verfassungsprüfung angerufen.

Die ESt und KSt soll die wirtschaftliche Leistungsfähigkeit eines Steuersubjekts abschöpfen. Ihre Bemessungsgrundlage ist deshalb das „Nettoeinkommen" nach Abzug der Erwerbsaufwendungen. Fallen die Aufwendungen nicht in demjenigen Kalenderjahr an, in dem die Einnahmen erzielt werden, oder übersteigen sie die Einnahmen, sodass ein Verlust erwirtschaftet wird, ermöglicht es das Gesetz, den Verlustausgleich auch über die zeitlichen Grenzen eines Bemessungszeitraums hinweg vorzunehmen (sog. überperiodischer Verlustabzug). Seit 2004 ist dieser Verlustabzug begrenzt: 40 % der positiven Einkünfte oberhalb eines Schwellenbetrags von 1 Mio. € werden auch dann der Ertragsbesteuerung unterworfen, wenn bisher noch nicht ausgeglichene Verluste vorliegen (sog. Mindestbesteuerung). Damit wird die Wirkung des Verlustabzugs in die Zukunft verschoben.

Im Streitfall musste eine Kapitalgesellschaft eine ihr zustehende Geldforderung zu einem Bilanzstichtag in voller Höhe auf null abschreiben, wodurch ein Verlust entstand. Zwei Jahre später kam es zu einer gegenläufigen Wertaufstockung, was einen entsprechenden Gewinn zur Folge hatte. Eine vollständige Verrechnung des Verlusts mit dem Gewinn im Wege des Verlustabzugs scheiterte im Gewinnjahr an der Mindestbesteuerung. Zwischenzeitlich war die Kapitalgesellschaft insolvent geworden, sodass sich der nicht ausgeglichene Verlust steuerlich

---
[302] 13 K 3735/10, EFG 2014, S. 667; anschließendes Verfahren: BFH, I R 15/14, Zurücknahme der Revision.
[303] Vgl. auch BFH, PM v. 3.9.2014, Nr. 62.
[304] I R 9/11, BStBl II 2013, S. 512; Verfassungsbeschwerde eingelegt, Az. 2 BvR 2998/12.

auch in der Folgezeit nicht mehr auswirken konnte. In dem dadurch bewirkten Definitiveffekt der Mindestbesteuerung sieht der BFH einen gleichheitswidrigen Eingriff in den Kernbereich des ertragsteuerrechtlichen Nettoprinzips. Hierüber wird nun das BVerfG zu entscheiden haben.[305]

Vgl. hierzu auch Kapitel C.2.3.3.

Praxishinweis

Hier ist auch noch auf eine beim BFH anhängige Revision hinzuweisen,[306] in der es um die verfahrensrechtliche Frage geht, ob das FA wegen der möglichen Verfassungswidrigkeit verpflichtet ist, Bescheide nach § 165 Abs. 1 S. 1 AO für vorläufig zu erklären.

Literaturhinweise: *Meyer*, nwb 2014, S. 2824; *Dr. Hennigfeld*, DB 2014, S. 2198

1.1.19 Kosten eines Studiums, das eine Erstausbildung vermittelt, sind grds. nicht abziehbar

> **BFH, Urteil v. 5.11.2013,[307] VIII R 22/12, BStBl II 2014, S. 165;**
> **Vorinstanz: FG Münster, Urteil v. 18.4.2012, 10 K 4400/09 F, EFG 2012, S. 1433**
>
> **Aufwendungen für ein Studium, welches eine Erstausbildung vermittelt und nicht im Rahmen eines Dienstverhältnisses stattfindet, sind nicht als vorweggenommene Betriebsausgaben abziehbar.**
>
> **Normen:** §§ 4 Abs. 9, 10 Abs. 1 Nr. 7, 12 Nr. 5 EStG i. d. F. d. BeitrRLUmsG

Sachverhalt

Im Streitfall hatte der Kläger ein Jurastudium als Erststudium aufgenommen und begehrte für die Jahre 2004 und 2005 unter Hinweis auf die neuere BFH-Rspr. aus dem Jahr 2011, die Aufwendungen für das Studium (im Wesentlichen die Kosten der Wohnung am Studienort) als vorweggenommene Betriebsausgaben aus selbstständiger Arbeit abzuziehen. Dem stand entgegen, dass der Gesetzgeber als Reaktion auf die geänderte Rspr. § 12 Nr. 5 und § 4 Abs. 9 EStG unter dem 7.12.2011 neu gefasst und nunmehr ausdrücklich angeordnet hatte, dass Aufwendungen des Steuerpflichtigen für seine erstmalige Berufsausbildung oder für ein Erststudium, das zugleich eine Erstausbildung vermittelt, weder Betriebsausgaben noch Werbungskosten darstellen. Anzuwenden ist die Neufassung des Gesetzes für VZ ab 2004.

Entscheidung

Der VIII. Senat des BFH erachtet diese Neuregelung als verfassungsgemäß. Sie verstoße weder gegen das Rückwirkungsverbot noch gegen den Gleichheitsgrundsatz des Art. 3 GG in dessen Ausprägung durch das Prinzip der Leistungsfähigkeit und das Gebot der Folgerichtigkeit. Der Gesetzgeber habe nur das langjährige und auch bis 2011 vom BFH anerkannte grds. Abzugsverbot für Kosten der beruflichen Erstausbildung nochmals bestätigt.

---

[305] Az. beim BVerfG 2 BvL 19/14.
[306] Az. beim BFH I R 32/13, Vorinstanz FG Köln, Urteil v. 11.4.2013, 13 K 889/12, EFG 2013, S. 1374.
[307] Erst in 2014 veröffentlicht; vgl. auch BFH, PM v. 8.1.2014, Nr. 1.

Praxishinweis

Mit dieser Entscheidung des VIII. Senats schien die Frage, ob Kosten der Erstausbildung als vorweggenommene Werbungskosten oder Betriebsausgaben abziehbar sind, endgültig geklärt zu sein. Ebenso auch die Frage nach der verfassungsrechtlichen Zulässigkeit der rückwirkenden Schaffung des Abzugsverbots.

Damals blieb jedoch abzuwarten, ob der LSt-Senat dem Urteil in den bei ihm noch anhängigen Revisionen folgt, oder das Nichtanwendungsgesetz wegen der Rückwirkungsfrage vielleicht doch dem BVerfG vorlegt. Letzteres ist zwischenzeitlich erfolgt.[308]

Darüber hinaus ist zu beachten, dass das ZollkodexAnpG eine klärende Neudefinition der Erstausbildung beinhaltet und diesbezüglich Mindestanforderungen festgelegt wurden. Unverändert soll es bei der Zweiteilung bleiben, wonach Aufwendungen für eine Erstausbildung bis zu 6.000 € als Sonderausgaben abziehbar sind, hingegen für eine Zweitausbildung der unbegrenzte Werbungskosten- oder Betriebsausgabenabzug möglich ist. Vgl. hierzu auch die Ausführungen in Kapitel I.3.1.2.2.

Literaturhinweise: *Moritz*, DB 2014, S. 33; *Dr. Geserich*, nwb 2014, S. 681

1.1.20 Ist der Ausschluss des Werbungskostenabzugs für Berufsausbildungskosten verfassungswidrig?

BFH, Beschluss v. 17.7.2014,[309] VI R 2/12, DB 2014, S. 2626;
Vorinstanz: FG Düsseldorf, Urteil v. 14.12.2011, 14 K 4407/10 F, EFG 2012, S. 686;
BFH, Beschluss v. 17.7.2014,[310] VI R 8/12, DB 2014, S. 2626;
Vorinstanz: FG Münster, Urteil v. 20.12.2011, 5 K 3975/09 F, EFG 2012, S. 612

Der VI. Senat des BFH hat dem BVerfG die Frage vorgelegt, ob § 9 Abs. 6 EStG i. d. F. d. BeitrRLUmsG insoweit mit dem GG vereinbar ist, als danach Aufwendungen des Steuerpflichtigen für seine erstmalige Berufsausbildung oder für ein Erststudium, das zugleich eine Erstausbildung vermittelt, keine Werbungskosten sind, wenn diese Berufsausbildung oder dieses Erststudium nicht im Rahmen eines Dienstverhältnisses stattfindet und auch keine weiteren einkommensteuerrechtlichen Regelungen bestehen, nach denen die vom Abzugsverbot betroffenen Aufwendungen die einkommensteuerliche Bemessungsgrundlage mindern.

Normen: §§ 4 Abs. 9, 9 Abs. 6, 10 Abs. 1 Nr. 7, 12 Nr. 5, 52 Abs. 23d S. 5 und Abs. 12 S. 11 EStG i. d. F. d. BeitrRLUmsG; Art. 3 Abs. 1, 100 Abs. 1 GG

In den insgesamt sechs Streitfällen,[311] die zu den Vorlagen an das BVerfG führten, hatten Steuerpflichtige Ausbildungen zum Flugzeugführer auf eigene Kosten (rd. 70.000 €) absolviert und waren danach als angestellte Berufspiloten für Fluggesellschaften tätig. In anderen Fällen hatten Steuerpflichtige Berufsausbildungen an Universitäten oder Fachhochschulen absolviert und waren danach auf dieser Grundlage beruflich tätig. Die Steuerpflichtigen hatten ihre Auf-

---
[308] Vgl. nachfolgend unter Kapitel C.1.1.20.
[309] Vgl. auch BFH, PM v. 5.11.2014, Nr. 73.
[310] Vgl. auch BFH, PM v. 5.11.2014, Nr. 73.
[311] Weitere Az. VI R 61/11; VI R 38/12; VI R 2/13; VI R 72/13.

wendungen für die Berufsausbildung jeweils als vorweggenommene Werbungskosten geltend gemacht und die Feststellung entsprechend vortragsfähiger Verluste begehrt, um diese dann in den folgenden Jahren mit ihren aus der Berufstätigkeit erzielten Einkünften verrechnen zu können. Dem stand in allen Streitfällen allerdings § 9 Abs. 6 EStG entgegen. Die Vorschrift wurde mit Gesetz vom 7.12.2011 rückwirkend ab 2004 eingeführt. Seitdem sind Aufwendungen für die erste Berufsausbildung vom Werbungskostenabzug ausgeschlossen.

Nach Auffassung des VI. Senats des BFH seien Aufwendungen für die Ausbildung zu einem Beruf als notwendige Voraussetzung für eine nachfolgende Berufstätigkeit beruflich veranlasst und demgemäß auch als Werbungskosten einkommensteuerrechtlich zu berücksichtigen. Denn sie dienten der Erzielung einkommensteuerpflichtiger Einkünfte. Der Ausschluss des Werbungskostenabzugs verstoße gegen das aus Art. 3 Abs. 1 GG abgeleitete verfassungsrechtliche Gebot der Besteuerung nach der finanziellen Leistungsfähigkeit und sei auch nicht mit Vereinfachung und Typisierung zu rechtfertigen.

Berufsausbildungskosten stellten schließlich auch keine beliebige Einkommensverwendung dar, sondern gehörten zum zwangsläufigen und pflichtbestimmten Aufwand, der nach st. Rspr. des BVerfG nicht zur beliebigen Disposition des Gesetzgebers stehe. Diese Aufwendungen seien deshalb, so der BFH, jedenfalls unter dem Aspekt der Existenzsicherung einkommensteuerrechtlich zu berücksichtigen. Dem werde nicht entsprochen, wenn für solche Aufwendungen lediglich ein Sonderausgabenabzug i. H. v. 4.000 €/6.000 € in Betracht komme. Denn der Sonderausgabenabzug bleibe bei Auszubildenden und Studenten nach seiner Grundkonzeption wirkungslos, weil gerade sie typischerweise in den Zeiträumen, in denen ihnen Berufsausbildungskosten entstünden, noch keine eigenen Einkünfte erzielten. Der Sonderausgabenabzug gehe daher ins Leere. Denn er berechtige im Gegensatz zum Werbungskostenabzug auch nicht zu Verlustfeststellungen, die mit späteren Einkünften verrechnet werden könnten.

Dagegen folgte der BFH nicht dem Revisionsvorbringen, dass die rückwirkende Anwendung des Abzugsverbots auf das Jahr 2004 verfassungswidrig sei. Denn insoweit sei die Rückwirkung nach Maßgabe der Rechtsprechung des BVerfG ausnahmsweise zulässig.

Praxishinweis

Der BFH spricht in seinen Vorlagebeschlüssen den Betriebsausgabenabzug nicht explizit an. Er dürfte aber gleichermaßen betroffen sein. Vergleichbare Fälle sollten auf jeden Fall offen gehalten werden. Die Az. beim BVerfG lauten 2 BvL 23/14 und 24/14.

Vgl. hierzu auch die vorstehenden Ausführungen unter Kapitel C.1.1.19.

Literaturhinweise: *Dr. Bergkemper*, DB 2014, S. 2626; *Korn*, nwb 2104, S. 3520; *Braun*, nwb 2014, S. 3834

1.1.21 Anforderungen an die steuerliche Anerkennung von Darlehensverträgen zwischen nahen Angehörigen

> BFH, Urteil v. 22.10.2013,[312] X R 26/11, BStBl II 2014, S. 374;
> Vorinstanz: Niedersächsisches FG, Urteil v. 23.6.2010, 4 K 12347/07, 4 K 12348/07.
>
> **Der BFH hat erneut klargestellt, dass bei der steuerrechtlich erforderlichen Prüfung der Fremdüblichkeit von zwischen nahen Angehörigen vereinbarten Vertragsbedingungen großzügigere Maßstäbe anzulegen sind, wenn der Vertragsschluss (hier ein Darlehen) unmittelbar durch die Erzielung von Einkünften veranlasst ist.**
>
> **Normen:** §§ 4 Abs. 4, 12 Nr. 1 und 2 EStG

Sachverhalt

Der Kläger betrieb eine Bäckerei. Er erwarb von seinem Vater umfangreiches Betriebsinventar. In Höhe des Kaufpreises gewährte der Vater dem Kläger ein verzinsliches Darlehen. Diese Forderung trat der Vater sogleich an seine Enkel, die seinerzeit minderjährigen Kinder des Klägers, ab. Der Darlehensvertrag sah vor, dass die jährlichen Zinsen dem Darlehenskapital zugeschrieben werden sollten. Beide Seiten sollten den Vertrag ganz oder teilweise mit einer Frist von sechs Monaten kündigen können.

Das FA erkannte die Zinsaufwendungen des Klägers nicht als Betriebsausgaben an. Das FG bestätigte diese Auffassung mit der Begründung, die Vereinbarungen über das Stehenlassen der Zinsen, die kurzfristige Kündigungsmöglichkeit und das Fehlen von Sicherheiten seien nicht fremdüblich.

Entscheidung

Dem ist der BFH nicht gefolgt. Da der Kläger ohne das Angehörigendarlehen den Mittelbedarf für seine betriebliche Investition bei einem Kreditinstitut hätte decken müssen, hätte das FG bei der Durchführung des Fremdvergleichs großzügigere Maßstäbe anlegen müssen als in Fällen, in denen z. B. Eigenmittel dem Betrieb entnommen und als Angehörigendarlehen zurückgewährt werden. Bei der hier zu beurteilenden Fallgruppe können einzelne unübliche Klauseln durch andere Vereinbarungen kompensiert werden, solange gewährleistet ist, dass die Vertragschancen und -risiken insgesamt in fremdüblicher Weise verteilt sind. So kann beispielsweise das Fehlen von Sicherheiten jedenfalls bei kurzfristiger Kündigungsmöglichkeit durch einen höheren Zinssatz ausgeglichen werden.

Eine abschließende Entscheidung war dem BFH nicht möglich, weil das FG nicht festgestellt hatte, ob bzw. wann die Zinsen tatsächlich an die Kinder des Klägers ausgezahlt worden sind.

---

[312] Erst in 2014 veröffentlicht; vgl. auch BFH, PM v. 11.12.2013, Nr. 90.

Im Bereich der Einkommensteuer

Praxishinweis

Derselbe Senat hatte drei Monate zuvor bereits Maßstäbe präzisiert, die für den steuermindernden Abzug von Betriebsausgaben für die Vergütung von Arbeitgeberleistungen naher Angehöriger gelten.[313]

Vgl. zur Anwendung des Urteils das BMF-Schreiben vom 29.4.2014.[314]

Literaturhinweise: *Dr. Kulosa*, DB 2014, S. 972; *Müller*, DB 2014, S. 2895

1.2 Entscheidungen zu den Einkunftsarten (§§ 13–23 EStG)

1.2.1 Kein Teilabzug privater Gebäudekosten für Betreiber von Photovoltaikanlagen

BFH, Urteil v. 17.10.2013,[315] III R 27/12, BStBl II 2014, S. 372;
Vorinstanz: FG Köln, Urteil v. 16.5.2012, 10 K 3587/11, EFG 2012, S. 1622

Der BFH hat entschieden, dass die Kosten eines privaten, nicht zur Einkünfteerzielung genutzten Gebäudes sich auch nicht anteilig steuerlich abziehen lassen, wenn auf dem Dach eine Solaranlage betrieben wird.

Normen: § 4 Abs. 4, 15 Abs. 1 S. 1 Nr. 1, 21 Abs. 1 S. 1 Nr. 1 EStG

Sachverhalt

Der Kläger hatte auf dem Dach zweier Hallen jeweils eine Photovoltaikanlage installiert und den erzeugten Strom in das öffentliche Netz eingespeist. Die Einspeisevergütungen hatte er als gewerbliche Einkünfte erfasst. Die Hallen als solche hatte er zu einem geringen Mietzins an seine Ehefrau überlassen, die darin u. a. eine Pferdepension betrieb. Das FA erkannte die Vermietung der beiden Hallen mangels Überschusserzielungsabsicht nicht an und berücksichtigte die Hallenkosten weder als Werbungskosten bei den Einkünften aus Vermietung und Verpachtung noch (anteilig) als Betriebsausgaben bei der Ermittlung der gewerblichen Einkünfte aus dem Betrieb der Photovoltaikanlage.

Entscheidung

Der BFH bestätigt, wie zuvor auch schon das FG, diese rechtliche Behandlung. Er geht davon aus, dass die Photovoltaikanlagen als Betriebsvorrichtungen und die Hallen jeweils eigenständige Wirtschaftsgüter sind und die Hallen nicht – auch nicht teilweise – zum Betriebsvermögen des klägerischen Gewerbebetriebs „Stromerzeugung" gehören. Die Benutzung der Hallen als „Fundament" für die Solaranlagen kann nach Auffassung des BFH auch nicht dazu führen, dass ein Teil der Hallenkosten bei der Ermittlung der gewerblichen Einkünfte als sog. Aufwandseinlage berücksichtigt wird. Denn die Aufwendungen lassen sich nicht nachvollziehbar zwischen der privaten Hallennutzung und der gewerblichen Hallen(dach)nutzung aufteilen.

---

[313] Urteil v. 17.7.2013, X R 31/12, BStBl II 2013, S. 1015.
[314] Vgl. Kapitel B.1.1.14.
[315] Erst in 2014 veröffentlicht; vgl. auch BFH, PM v. 19.3.2014, Nr. 22.

Praxishinweis

Die Konsequenzen dieser Entscheidung sind für Steuerpflichtige, die auf ihrem privaten Wohnhaus eine Solaranlage betreiben, nicht notwendigerweise ungünstig. Zwar können die Hauskosten nicht anteilig über die Zuordnung zur Solaranlage steuerlich abgesetzt werden. Die Immobilie wird dann aber auch nicht (teilweise) zum Betriebsvermögen mit der Folge, dass bei einer späteren Veräußerung außerhalb der Spekulationsfrist auch keine ESt anfällt.

Zur Abzugsfähigkeit der Kosten einer Dachsanierung vor Installation einer Photovoltaikanlage liegt dem X. Senat noch eine Revision unter Az. X R 32/12 vor.[316]

Literaturhinweis: *Dr. Selder*, nwb 2014, S. 966

1.2.2 Verlustausgleichsbeschränkung für Steuerstundungsmodelle verletzt nicht verfassungsrechtliches Bestimmtheitsgebot

> **BFH, Urteil v. 6.2.2014,**[317] **IV R 59/10, BStBl II 2014, S. 465;**
> **Vorinstanz: FG Münster, Urteil v. 8.11.2010, 5 K 4566/08 F, EFG 2011, S. 438**
>
> Der BFH hat erstmals die Tatbestandsvoraussetzungen für eine „modellhafte Gestaltungen" in § 15b Abs. 2 S. 1 EStG herausgearbeitet und ausführlich erläutert.
>
> **Norm:** § 15b Abs. 1 und Abs. 2 sowie Abs. 4 EStG

Mit dem Urteil aus Februar 2014 hat der BFH erstmals zu § 15b EStG entschieden, wonach Verluste im Zusammenhang mit sog. Steuerstundungsmodellen weder im gleichen Jahr mit anderen positiven Einkünften ausgeglichen noch in andere Jahre vor- oder zurückgetragen werden dürfen. Mit der 2005 geschaffenen Regelung wollte der Gesetzgeber die Attraktivität von Steuerstundungsmodellen einschränken, was ihm zuvor mit dem früheren § 2b EStG nicht hinreichend gelungen war.

Bislang war streitig, ob § 15b Abs. 2 EStG, der die Voraussetzungen regelt, unter denen ein Steuerstundungsmodell angenommen werden kann, gegen das verfassungsrechtliche Bestimmtheitsgebot verstößt. Dies verneint nun der IV. Senat, weil er die Norm für hinreichend klar formuliert und daher auslegbar hält.

Im entschiedenen Fall war ein bereits bestehendes Vertriebskonzept für Leasingfonds mit Blick auf den neu eingefügten § 15b EStG angepasst worden. Der BFH äußert sich mit der Entscheidung erstmals zu den tatbestandlichen Voraussetzungen des § 15b EStG, bestätigte aber in der Sache das Ergebnis der Vorinstanz, deren Feststellungen nicht für die Annahme eines Steuerstundungsmodells ausgereicht hatten.

Für die Annahme einer sog. modellhaften Gestaltung sei zunächst ein vorgefertigtes Konzept erforderlich, also die Erstellung eines umfassenden und regelmäßig an mehrere Interessenten gerichteten Investitionsplans. In diesem Konzept müssen sich Hinweise zur Verlustverrechnungsmöglichkeit mit anderen Einkünften, zumindest in der Anfangsphase, finden. Es reiche nicht, so der BFH, wenn die Gestaltung auf irgendwie geartete steuerliche Vorteile angelegt

---

[316] Vorinstanz: FG München, Urteil v. 2.8.2012, 15 K 770/12, EFG 2012, S. 2279.
[317] Vgl. auch BFH, PM v. 26.3.2014, Nr. 24.

ist. Entscheidend sei die Perspektive des Anbieters. Strebe der Anleger bei einer Gemeinschaftsbeteiligung vorrangig eine kapitalmäßige Beteiligung ohne Interesse an einem Einfluss auf die Geschäftsführung an, so könne dies zumindest ein Indiz für ein Stundungsmodell sein.

Fazit: Der Initiator muss das vorgefertigte Konzept auf die Erzielung negativer Einkünfte ausrichten, sodass der wirtschaftliche Erfolg des Konzepts auf entsprechenden Steuervorteilen aufbaut. Ein positives Werben mit den Steuervorteilen ist nicht erforderlich.

Das im Urteilsfall strittige Konzept sah keine steuerlichen Verluste vor und sollte ausschließlich wegen der erzielbaren Erlöse als Geldanlage attraktiv sein. Im Übrigen, so die Urteilsbegründung, wurde die Entscheidung zur Bildung der Ansparrücklage als wesentlicher Negativposten in der Gewinnermittlung erst bei Erstellung der Steuererklärung – also nachträglich – getroffen.

> **Literaturhinweise:** *Ronig*, nwb 2014 S. 1490; *Dr. Nacke*, nwb 2014, S. 1939

1.2.3 Keine Änderung der Anforderungen an einen steuerbegünstigten Veräußerungs- oder Aufgabegewinn durch das StSenkErgG

> **BFH, Urteil v. 5.2.2014, X R 22/12, BStBl II 2014, S. 388;**
> **Vorinstanz: Hessisches FG, Urteil v. 13.4.2011, 12 K 1395/07, BB 2012, S. 2942**
>
> Auch die ab 2001 geltende Rechtslage setzt für einen Veräußerungs- oder Aufgabegewinn i. S. d. § 34 Abs. 3 i. V. m. § 16 EStG voraus, dass alle wesentlichen Betriebsgrundlagen entweder veräußert oder ins Privatvermögen überführt werden.
>
> **Normen:** §§ 16 Abs. 2 und Abs. 3, 34 Abs. 2 Nr. 1 und Abs. 3 EStG

Sachverhalt

Im Streitfall vermietete der Kläger im Rahmen einer Betriebsaufspaltung ein Grundstück an die A-GmbH, an der er bis zum 7.2.2001 mit 51 % beteiligt war. Das vermietete Grundstück und die Anteile an der A-GmbH waren notwendiges Betriebsvermögen seines Einzelunternehmens. Die ebenfalls 51 % betragende Beteiligung an der B-GmbH hatte der Kläger als gewillkürtes Betriebsvermögen aktiviert. Die Anteile an der B-GmbH brachte er am 9.1.2001 zum Buchwert in das Gesamthandsvermögen der neu gegründeten C-KG ein, an der er als Mitunternehmer beteiligt war. Die Anteile an der A-GmbH veräußerte er am 7.2.2001 an einen Dritten. Hiermit endete die Betriebsaufspaltung und das Grundstück ging zum gemeinen Wert in das Privatvermögen des Klägers über.

Vor diesem Hintergrund beantragte der Kläger, auf den aus der Betriebsaufgabe seines Einzelunternehmens resultierenden Gewinn i. H. v. rd. 6,6 Mio. DM den ermäßigten Steuersatz gem. § 34 Abs. 3 EStG in der im Streitjahr 2001 geltenden Fassung anzuwenden. Das FA lehnte dies mit der Begründung ab, dass nicht alle wesentlichen Betriebsgrundlagen veräußert worden seien. Aus den vom Antragsteller auf seiner Homepage im Internet veröffentlichten Unternehmensinformationen gehe hervor, dass die Beteiligung an der B-GmbH für die betrieblichen Zwecke der A-GmbH zumindest geeignet und zweifelsfrei wirtschaftlich von nicht untergeordneter Bedeutung gewesen sei. Damit sei sie eine wesentliche Betriebsgrundlage gewesen. Einspruch und Klage blieben ohne Erfolg. Zu Recht, wie der BFH nunmehr entschied.

Entscheidung

Die Neuregelung des § 34 Abs. 3 EStG durch das StSenkErgG ändere nach Ansicht der obersten Finanzrichter nichts daran, die Inanspruchnahme der Tarifvergünstigung weiterhin davon abhängig zu machen, dass alle wesentlichen Betriebsgrundlagen in einem einheitlichen Vorgang veräußert, entnommen oder anderen betriebsfremden Zwecken zugeführt werden müssten. Nur so könne es zu einer zusammengeballten Realisierung von Einkünften kommen. Gegen eine Auslegung dieser Tarifbegünstigungsvorschrift dergestalt, dass auf eine Zusammenballung der Einkünfte verzichtet werden könnte, sprechen sowohl die Entstehungsgeschichte als auch der Wortlaut und der Zweck der Norm.

1.2.4 Politikberater ist kein Freiberufler

> BFH, Urteil v. 14.5.2014,[318] VIII R 18/11, DB 2014, S. 2628;
> Vorinstanz: FG Berlin-Brandenburg, Urteil v. 15.3.2011, 8 K 15227/08
>
> **Liegt der Schwerpunkt der Berufstätigkeit eines Steuerpflichtigen in der umfangreichen Informationsbeschaffung rund um spezielle aktuelle Gesetzgebungsvorhaben und der diesbezüglichen Berichterstattung gegenüber seinen Auftraggebern, erzielt er damit Einkünfte aus Gewerbebetrieb. Er übt weder eine schriftstellerische noch eine wissenschaftliche oder eine journalistenähnliche Tätigkeit aus.**
>
> **Norm:** § 18 Abs. 1 Nr. 1 EStG

Der VIII. Senat des BFH hatte darüber zu entscheiden, ob die Berufstätigkeit eines Politikberaters als freiberuflich oder als gewerblich einzustufen ist.

Das Berufsbild eines Politikberaters ist gesetzlich nicht normiert. In der Praxis kann die unter dieser Berufsbezeichnung ausgeübte Tätigkeit unterschiedlicher Art sein und von der als Lobbyismus bezeichneten Interessenvertretung von Firmen und Verbänden im parlamentarischen Umfeld über gutachtliche Tätigkeit für Parteien, Politiker und andere politische Akteure bis hin zu persönlicher Zuarbeit reichen.

Im Streitfall bezeichnete sich der Kläger, der ein Magisterstudium in den Fächern Politikwissenschaft, Rechtswissenschaft und neuere Geschichte abgeschlossen hatte, als „Politikberater für Gesetzgebung". Er umschrieb seine konkrete Tätigkeit auch als „begleitender Berichterstatter zum Gesetzgebungsverfahren" und als eine Art „wissenschaftlicher Parlamentskorrespondent". Seine Geschäftspartner waren ein Verband, Wirtschaftsunternehmen und einige Anwaltskanzleien. Seine Tätigkeit bestand vor allem darin, seine Auftraggeber schriftlich über die Hintergründe und den aktuellen Stand laufender Gesetz- und Verordnungsgebungsverfahren in einem thematisch begrenzten Bereich (u. a. Umweltschutzrecht) zu informieren.

Der BFH konnte sich der Auffassung des Klägers nicht anschließen, dass diese Berufstätigkeit freiberuflich sei. Nach den vom BFH zugrunde gelegten Maßstäben der bisherigen Rechtsprechung war sie weder als wissenschaftlich noch als schriftstellerisch zu qualifizieren, noch entsprach sie dem Berufsbild eines Journalisten und war diesem auch nicht ähnlich, weil sich seine Ausarbeitungen nicht an die Öffentlichkeit richteten.

---

[318] Vgl. auch BFH, PM v. 12.11.2014, Nr. 75.

1.2.5 Erstattungszinsen sind steuerbar

> **BFH, Urteil v. 12.11.2013,[319] VIII R 36/10, BStBl II 2014, S. 168;**
> **Vorinstanz: FG Baden-Württemberg, Urteil v. 29.1.2010, 10 K 2720/09, EFG 2010, S. 723**
>
> **Erstattungszinsen nach § 233a AO sind steuerbare Einnahmen aus Kapitalvermögen. Die Regelung in § 20 Abs. 1 Nr. 7 S. 3 EStG i. d. F. d. JStG 2010 verstößt – auch im Hinblick auf ihre rückwirkende Geltung – nicht gegen Verfassungsrecht. Erstattungszinsen sind auch keine außerordentlichen Einkünfte i. S. v. § 34 EStG.**
>
> **Normen:** §§ 12 Nr. 3, 20 Abs. 1 Nr. 7 S. 3, 34 Abs. 1 und 2, 52a Abs. 8 S. 2 EStG i. d. F. d. JStG 2010

Zinsen, die das FA aufgrund von Steuererstattungen an den Steuerpflichtigen zahlt (sog. Erstattungszinsen), unterliegen der ESt. Dies hat der VIII. Senat des BFH mit seinem Urteil aus November 2013 entschieden. In seinem Urteil aus Juni 2010[320] hatte derselbe Senat dies noch anders gesehen. Daraufhin hat der Gesetzgeber mit dem JStG 2010 eine Regelung in das EStG aufgenommen, wonach Erstattungszinsen als Kapitaleinkünfte steuerbar sind.

Der BFH hatte nunmehr erstmals zu der neuen Gesetzeslage zu entscheiden. Diese wurde mit dem aktuellen Urteil bestätigt. Mit der ausdrücklichen Normierung der Erstattungszinsen als Kapitaleinkünfte in § 20 Abs. 1 Nr. 7 S. 3 EStG i. d. F. d. JStG 2010 hat der Gesetzgeber seinen Willen, die Erstattungszinsen der Besteuerung zu unterwerfen, klar ausgedrückt. Für eine Behandlung der Erstattungszinsen als nicht steuerbar, bleibt damit kein Raum mehr. Den von den Klägern dagegen vorgebrachten systematischen und verfassungsrechtlichen Einwänden ist der BFH nicht gefolgt.

Er hat auch keine verfassungsrechtlich unzulässige Rückwirkung der neuen gesetzlichen Regelung erkannt, weil sich im Streitfall kein schutzwürdiges Vertrauen auf die Nichtsteuerbarkeit der Zinsen bilden konnte. Ein Vertrauenstatbestand hätte sich allenfalls ab Veröffentlichung des BFH-Urteils aus Juni 2010 entwickeln können, mit dem die bis dahin langjährige Rspr. geändert wurde. Vorliegend fehlt es jedoch im Hinblick auf den relativ kurzen Zeitraum zwischen der Veröffentlichung des Urteils (8.9.2010) und dem Inkrafttreten des JStG 2010 (14.12.2010) an der Schutzwürdigkeit eines Vertrauens in den Fortbestand der Rechtsprechungsänderung, zumal in diese Zwischenzeit keine schutzwürdigen Vermögensdispositionen der Kläger fielen.

Auch eine ermäßigte Besteuerung kommt nicht in Betracht, da es sich bei den Erstattungszinsen nicht um außerordentliche Einkünfte i. S. v. § 34 Abs. 1 und 2 EStG handelt. Der Tatbestand des § 24 Nr. 1 Buchst. a EStG (Ersatz für entgangene oder entgehende Einnahmen), ist nicht erfüllt, da die Leistung von Erstattungszinsen unabhängig davon erbracht wird, ob dem Steuerpflichtigen Einnahmen entgangen sind oder entgehen.

---

[319] Erst in 2014 veröffentlicht; vgl. auch BFH, PM v. 12.2.2014, Nr. 14.
[320] Urteil v. 15.6.2010, VIII R 33/07, BFH/NV 2010, S. 1917.

Praxishinweis

Vgl. hierzu auch das im Wesentlichen inhaltsgleiche Urteil des BFH vom selben Tage unter Az. VIII R 1/11. Die Kläger haben gegen das Urteil Verfassungsbeschwerde erhoben; sie hat das Az. 2 BvR 482/14. Am 24.6.2014 hat der VIII. Senat seine Rechtsprechung zwar in einem weiteren Urteil[321] noch einmal bestätigt. Gleichwohl sollten anhängige und neue Einspruchsverfahren zunächst weiter verfolgt werden.

In dem Zusammenhang ist eine Verfügung der OFD Niedersachsen vom 4.2.2014 zu erwähnen.[322] Die unterschiedliche steuerliche Behandlung von Nachzahlungs- und Erstattungszinsen beruht auf einer bewussten gesetzgeberischen Entscheidung. Die Regelung kann jedoch in Einzelfällen zu einem sachlich unbilligen Ergebnis führen, wenn sowohl Steuernachforderungen als auch Steuererstattungen auf ein und demselben Ergebnis beruhen. Dies eröffne – so die OFD – die Möglichkeit auf einen Billigkeitsantrag nach § 163 AO.

Literaturhinweise: *Moritz*, DB 2014, S. 336; *Dr. Böing*, DB 9/2014, Kurz kommentiert M 8; *Löbe*, nwb 2014, S. 585

1.2.6 „Cum-ex-Geschäfte": Kein wirtschaftliches Eigentum des Anteilserwerbers

BFH, Urteil v. 16.4.2014,[323] I R 2/12, DB 2014, S. 2321;
Vorinstanz: FG Hamburg, Urteil v. 24.11.2011, 6 K 22/10, EFG 2012, S. 351

Der BFH hat über die vieldiskutierte Rechtsfrage der „Cum-ex-Geschäfte" entschieden, einem Handel von Aktien mit („cum") und ohne („ex") Dividendenberechtigung rund um einen Dividendenstichtag, der bei bestimmter Gestaltung die Gefahr einer doppelten/mehrfachen Anrechnung von nur einmal erhobener Kapitalertragsteuer in sich trägt.

Normen: §§ 20 Abs. 1 Nr. 1 S. 1 und S. 4 sowie Abs. 2a, 36 Abs. 2 Nr. 2 S. 1 EStG; §§ 39 Abs. 2 Nr. 1 S. 1, 42 AO

Sachverhalt

Konkret ging es um einen Erwerb von Aktien eines börsennotierten inländischen Unternehmens „cum" Dividendenanspruch von einem ausländischen Broker im außerbörslichen Handel (sog. OTC-Geschäft). Eine Lieferung der Aktien erfolgte erst nach dem Dividendenstichtag „ex" Dividendenanspruch in das Depotkonto des Erwerbers. Grund für die Lieferung „ex" Dividende ist der Umstand, dass die Beteiligungsgesellschaft zwischenzeitlich die Ausschüttung ihrer Gewinne beschlossen hat, die Dividende aber noch nicht dem Erwerber, sondern dem bisherigen rechtlichen Anteilseigner zuzurechnen ist. Der Erwerber erhält deswegen von dem Verkäufer als „Ersatz" für die entgangene Dividende einen Geldausgleich. Anschließend verkauft er die Aktien nun „ex" Dividende zurück. Dem (bisherigen) Rechtsinhaber (als Dividendenempfänger) ebenso wie dem Erwerber (als Empfänger der Ausgleichszahlung) wird der

---
[321] VIII R 29/12, BStBl II 2014, S. 998.
[322] S 2252 – 177 – St 223, DB 2014, S. 571.
[323] Vgl. auch BFH, PM v. 17.4.2014, Nr. 30.

Einbehalt von KapErtrSt durch die depotverwaltenden Kreditinstitute bescheinigt. Ist der Erwerber wirtschaftlicher Eigentümer der Aktien, steht womöglich auch ihm – neben dem rechtlichen Eigentümer – gegenüber der Finanzbehörde der Anspruch auf Anrechnung oder Erstattung der KapErtrSt zu.

Entscheidung

Der BFH hat ein derartiges wirtschaftliches Eigentum des Erwerbers (einer GmbH) nun für den Fall verneint, dass auf der Grundlage des konzeptionellen und standardisierten Vertragsgeflechts eines Kreditinstituts

1. das Kreditinstitut den Anteilserwerb fremdfinanziert

2. der Erwerber die Aktien unmittelbar nach Erwerb dem Kreditinstitut im Wege einer sog. Wertpapierleihe (bis zum Rückverkauf) weiterreicht und

3. er das Marktpreisrisiko der Aktien im Rahmen eines sog. Total Return Swap-Geschäfts auf das Kreditinstitut überträgt.

Dann ist der Erwerber nicht in der Lage – wie aber für die Annahme wirtschaftlichen Eigentums erforderlich – den rechtlichen Eigentümer aus seiner Stellung zu verdrängen. Infolgedessen erzielt er aus den Aktien keine Kapitaleinkünfte. Damit fehlt es aber an einer Grundlage für einen Anspruch auf Erstattung oder Anrechnung von KapErtrSt.

Der BFH hat die Sache auf dieser Basis an die Vorinstanz zurückverwiesen, das aber nur, weil noch Ungewissheiten über die Höhe der festzusetzenden KSt bestanden.

Praxishinweis

Das Urteil ist noch zur alten Rechtslage ergangen. Aktiengeschäfte um den Dividendenstichtag, namentlich i. V. m. Leerverkäufen sind mittlerweile nicht mehr möglich. Mit dem OGAW-IV-Umsetzungsgesetz wurde mit Wirkung ab 1.1.2012 die Abzugsverpflichtung verlagert. Die ausschüttende Aktiengesellschaft leitet nunmehr die Bruttodividende, d. h. ohne KapErtrSt-Abzug, an die auszahlenden Stellen weiter. Die Abzugsverpflichtung liegt damit bei dem inländischen Institut, das die Kapitalerträge gutschreibt bzw. auszahlt oder – falls die Gutschrift bzw. Auszahlung durch eine ausländische Stelle erfolgt – bei der letzten inländischen Stelle, die die Beträge an die ausländische Stelle weitergeleitet hat. Steuerausfälle sind mit dem neuen System nunmehr ausgeschlossen.

1.2.7 Zufluss und Steuerpflicht von Kapitaleinnahmen im Rahmen eines Schneeballsystems

> **BFH, Urteil v. 11.2.2014,[324] VIII R 25/12, BStBl II 2014, S. 461;**
> **Vorinstanz: FG des Saarlandes, Urteil v. 10.5.2012, 1 K 2327/03, EFG 2012, S. 1642**
>
> Der VIII. Senat des BFH hat seine Rechtsprechung zur Besteuerung von Einkünften aus der Beteiligung an einem sog. Schneeballsystem bestätigt. Danach hat der Anleger nicht nur die vom Betreiber des Systems als Zinsen geleisteten Zahlungen als Einkünfte aus Kapitalvermögen zu versteuern, vielmehr können auch Zinsgutschriften oder die Wiederanlage fälliger Zinsbeträge zu solchen Einkünften führen.
>
> Normen: §§ 8 Abs. 1, 11 Abs. 1 S. 1, 20 Abs. 1 Nr. 7 und Abs. 2 S. 1 Nr. 1 EStG 1990

Sachverhalt

Der Streitfall betraf einen Anleger, der hochverzinsliche Kapitalanlagen bei dem Betreiber eines Schneeballsystems abgeschlossen hatte. Er erhielt daraus Gutschriften über Zinserträge, die er sich teilweise auszahlen ließ und teilweise wieder anlegte. Das Anlagekapital war zu diesem Zeitpunkt schon nicht mehr vorhanden, sodass der Betreiber des Schneeballsystems den Kläger und die übrigen Anleger telefonisch jeweils aufforderte, den fälligen Zinsbetrag erneut anzulegen. Kamen die Anleger dieser Aufforderung nicht nach, erfüllte er die Auszahlungswünsche.

Entscheidung

Der BFH hat entschieden, dass der Anleger steuerbare Einkünfte aus Kapitalvermögen nicht nur erzielt, wenn Zinsen tatsächlich ausgezahlt werden, sondern bereits dann, wenn Erträge gutgeschrieben werden und sofort wieder angelegt werden. Voraussetzung ist allerdings, dass der Betreiber des Schneeballsystems leistungsbereit und leistungsfähig ist. Dies ist der Fall, solange er Auszahlungsverlangen des jeweiligen Anlegers tatsächlich erfüllt. Dann steht der Steuerpflicht der Kapitalerträge nicht entgegen, dass der Betreiber des Schneeballsystems die Auszahlungswünsche sämtlicher Anleger nicht mehr befriedigen könnte, da bereits ein Verlust der Anlagesumme eingetreten ist.

Praxishinweis

> Der VIII. Senat hat damit seine vorherigen Urteile aus 2001, 2008 und 2010 bestätigt.[325] Mit Urteil vom 2.4.2014[326] hat er seine Rechtsprechung weiter präzisiert und betont, dass es entscheidend sei, wie der Betreiber des Schneeballsystems auf den Auszahlungswunsch reagiert habe. Eine Besteuerung von Scheinerträgen kann der Anleger daher nur vermeiden, wenn er nachhaltige Zweifel an der Leistungsbereitschaft des Betreibers darlegen kann.

Unter dem Az. VIII R 13/14[327] ist zwar noch eine Revision anhängig zur Steuerpflicht von Scheinrenditen aus einem Schneeballsystem mit USA-Bezug (BCI-Anleger). Sie dürfte allerdings kaum Erfolgsaussichten haben.

---

[324] Vgl. auch BFH, PM v. 30.4.2014, Nr. 33.
[325] BFH, Urteil v. 30.10.2001, VIII R 15/01, BStBl II 2002, S. 138; BFH, Urteil v. 28.10.2008, VIII R 36/04, BStBl II 2009, S. 190; BFH, Urteil v. 16.3.2010, VIII R 4/07, BStBl II 2014, S. 147.
[326] VIII R 38/13, BStBl II 2014, S. 698.
[327] Vorinstanz: FG Köln, Urteil v. 19.3.2014, 14 K 2824/13, EFG 2014, S. 1096.

1.2.8 Kein Werbungskostenabzug für nachträgliche Schuldzinsen bei Kapitaleinkünften nach Systemwechsel zur Abgeltungsteuer

> **BFH, Urteil v. 1.7.2014,[328] VIII R 53/12, BStBl II 2014, S. 975;**
> **Vorinstanz: FG Düsseldorf, Urteil v. 14.11.2012, 2 K 3893/11 E, EFG 2013, S. 926**
>
> **Schuldzinsen für die Anschaffung einer im Privatvermögen gehaltenen wesentlichen Beteiligung, die auf Zeiträume nach der Veräußerung der Beteiligung entfallen, können ab dem VZ 2009 nicht als nachträgliche Werbungskosten bei den Einkünften aus Kapitalvermögen abgezogen werden. Der Werbungskostenabzug ist gem. § 20 Abs. 9 S. 1 EStG i. d. F. d. UntStRefG 2008 ausgeschlossen. § 52a Abs. 10 S. 10 EStG 2009 steht dem nicht entgegen.**
>
> **Normen:** §§ 17, 20 Abs. 9, 32d, 52a EStG 2009

Nach Auffassung des VIII. Senats des BFH können Schuldzinsen für die Anschaffung einer im Privatvermögen gehaltenen wesentlichen Beteiligung i. S. d. § 17 EStG, die auf Zeiträume nach der Veräußerung der Beteiligung entfallen, ab dem Jahr 2009 nicht als nachträgliche Werbungskosten bei den Einkünften aus Kapitalvermögen abgezogen werden.

Der Kläger hatte eine größere GmbH-Beteiligung im September 2001 mit Verlust veräußert und in diesem Zusammenhang auf die Rückzahlung eines kreditfinanzierten Gesellschafterdarlehens verzichten müssen. Nachdem er für die Jahre 2005 bis 2008 die Finanzierungskosten (Schuldzinsen) als nachträgliche Werbungskosten bei Ermittlung seiner Einkünfte aus Kapitalvermögen abgezogen hatte, versagte das FA den Werbungskostenabzug für das Jahr 2009.

Der BFH hat die Rechtsauffassung des FA bestätigt. Mit Einführung der Abgeltungsteuer für private Kapitalerträge hat der Gesetzgeber in § 20 Abs. 9 EStG ab dem Jahr 2009 den Abzug der tatsächlich entstandenen Werbungskosten ausgeschlossen. Das Gesetz gestattet nur noch den Abzug des Sparer-Pauschbetrags von 801 €. Verfassungsrechtlichen Bedenken begegnet dies nach Auffassung des VIII. Senats nicht. Mit der Gewährung des Sparer-Pauschbetrags habe der Gesetzgeber eine verfassungsrechtlich grds. anzuerkennende Typisierung der Werbungskosten bei den Beziehern niedriger Kapitaleinkünfte sowie mit der Senkung des Steuertarifs von bis zu 45 % auf nunmehr 25 % zugleich eine verfassungsrechtlich anzuerkennende Typisierung der Werbungskosten bei den Beziehern höherer Kapitaleinkünfte vorgenommen.

Das Argument des FG Düsseldorf, dass § 20 Abs. 9 EStG wegen § 52a Abs. 10 S. 10 EStG nicht anwendbar sei, wenn nach dem 31.12.2008 keine Kapitalerträge zufließen, lässt der BFH nicht gelten.

---

[328] Vgl. auch BFH, PM v. 15.10.2014, Nr. 68.

Praxishinweis

Vor dem BFH sind wegen der Frage, ob das Werbungkostenabzugsverbot verfassungskonform ist, zwei Revisionen anhängig, auf die man sich berufen kann, wenn Veranlagungen diesbezüglich nicht bestandskräftig werden sollen. Im Verfahren unter dem Az. VIII R 13/13[329] geht es um einen Fall bei dem der persönliche Steuersatz unter 25 % liegt. Im Verfahren mit dem Az. VIII R 18/14[330] geht es um die Versagung des Abzugs von Finanzierungszinsen bei Steuerpflichtigen mit einem Steuersatz leicht über dem Abgeltungsteuersatz.

Literaturhinweise: *Kehrein*, nwb 2014, S. 2800; *Ronig*, Erben und Vermögen 2014, S. 413

1.2.9 Abzug von Zinsaufwendungen aus der Refinanzierung von Kapitallebensversicherungen

BFH, Urteil v. 27.8.2014,[331] VIII R 3/11, BStBl II 2014, S. 560;
Vorinstanz: Schleswig-Holsteinisches FG, Urteil v. 2.2.2011, 2 K 287/07, EFG 2011, S. 1054

Zinsaufwendungen aus der Fremdfinanzierung von Beiträgen zu einer Lebensversicherung, die nicht zu steuerpflichtigen Erträgen i. S. d. § 20 Abs. 1 Nr. 6 EStG führt, können gem. § 3c EStG nicht als Werbungskosten bei den Einkünften aus Kapitalvermögen abgezogen werden (Fortführung der Senatsrechtsprechung). Dies gilt auch, wenn die Lebensversicherung dazu dient, einen Immobilienkredit einer vom Steuerpflichtigen beherrschten GmbH zu tilgen.

Normen: §§ 3c Abs. 1, 9 Abs. 1 S. 3 Nr. 1 S. 1, 20 Abs. 1 Nr. 1 S. 1 und Nr. 6 EStG

Sachverhalt

Der Kläger ist Mehrheitsgesellschafter einer GmbH. Zur Finanzierung der Anschaffung bzw. der Erweiterung des Betriebsgebäudes nahm die GmbH Darlehen auf. Als Sicherheit für diese Darlehen dienten mehrere Lebensversicherungen, die der Kläger abgeschlossen hatte. Die Beiträge für diese Lebensversicherungen stellte die GmbH ihm darlehensweise zur Verfügung. Die hierauf entfallenden Schuldzinsen machte der Kläger erfolglos bei den Einkünften aus Kapitalvermögen geltend.

Entscheidung

Der BFH bestätigte die Entscheidung der Vorinstanzen und wies die Revision des Klägers zurück.

Wie in vergleichbaren Fällen kam es auf den Veranlassungszusammenhang zwischen den Aufwendungen und den steuerpflichtigen Einnahmen an. Nach der Gesamtkonzeption der Immobilienfinanzierung sollte nicht die GmbH ihr Immobiliendarlehen in Raten tilgen, sondern der Kläger für die GmbH Vermögen (in Gestalt der Lebensversicherungen) ansparen, das mit Ablauf der Versicherungsverträge dann zur vollständigen Tilgung eingesetzt werden soll-

---
[329] Vorinstanz: FG Baden-Württemberg, Urteil v. 17.12.2012, 9 K 1637/10, EFG 2013, S. 1041.
[330] Vorinstanz: Thüringer FG, Urteil v.9.10.2013, 3 K 1035/11, Haufe-Index 7044030.
[331] Erst in 2014 veröffentlicht.

te. Teil der diesem Zweck dienenden rechtlichen Konstruktion war es, die Versicherungsbeiträge aus verzinslichen Darlehen zu erbringen, die die GmbH dem Kläger gewährte. Durch die Verwendung der Ablaufleistungen der Lebensversicherungen, so der BFH, habe der Kläger – auf abgekürztem Zahlungsweg – seine Schuld bei der GmbH und gleichzeitig die GmbH das Immobiliendarlehen bei dem Kreditinstitut getilgt.

Das Darlehen diente der Leistung der Versicherungsbeiträge durch den Kläger als Versicherungsnehmer und führte zur Erwirtschaftung steuerfreier Zinsen auf den Sparanteil. Ist der Werbungskostenabzug wegen des unmittelbaren wirtschaftlichen Zusammenhangs mit steuerfreien Einnahmen ausgeschlossen, kann dieses Abzugsverbot nicht durch einen entfernteren, mittelbaren Zusammenhang mit anderen Einnahmen, hier insb. im Zusammenhang mit steuerpflichtigen Einkünften aus Kapitalvermögen (Gewinne und sonstige Bezüge aus Anteilen an der GmbH), aufgehoben oder überlagert werden.

1.2.10 Kein Abzug nachträglicher Schuldzinsen nach Aufgabe der Einkünfteerzielungsabsicht

> **BFH, Urteil v. 21.1.2014,[332] IX R 37/12, DB 2014, S. 1171;**
> **Vorinstanz: FG Düsseldorf, Urteil v. 9.7.2012, 9 K 4673/08 E, Haufe-Index 3458314**
>
> **Ein fortdauernder Veranlassungszusammenhang von (nachträglichen) Schuldzinsen mit früheren Einkünften i. S. d. § 21 EStG ist nicht anzunehmen, wenn der Steuerpflichtige zwar ursprünglich mit Einkünfteerzielungsabsicht gehandelt hat, seine Absicht zu einer (weiteren) Einkünfteerzielung jedoch bereits vor der Veräußerung des Immobilienobjekts aus anderen Gründen weggefallen ist. Sowohl der objektive als auch der subjektive Tatbestand des § 21 Abs. 1 S. 1 Nr. 1 EStG sind objektbezogen zu prüfen.**
>
> **Norm:** § 21 Abs. 1 S. 1 Nr. 1 EStG

Sachverhalt

Der Kläger erwarb 1999 ein u. a. mit einer Gaststätte und mit sieben Ferienwohnungen bebautes Grundstück, aus dem er in den Streitjahren 2003 bis 2006 (negative) Einkünfte aus Vermietung und Verpachtung erzielte. Wegen mangelnder Rentabilität des Gesamtobjekts versuchte der Kläger – parallel zu seinen Vermietungsbemühungen – ab Mai 2003, das Objekt zu veräußern, was letztlich 2008 gelang. Das FA ging davon aus, dass der Kläger seine Einkünfteerzielungsabsicht mit Blick auf die seit 2003 unternommenen Verkaufsbemühungen aufgegeben habe und berücksichtigte dementsprechend die vom Kläger in den Streitjahren ermittelten Einkünfte aus der Immobilie nicht.

Das FG gab der Klage in diesem Punkt teilweise statt. Es ging zwar auch davon aus, dass der Kläger seine Einkünfteerzielungsabsicht schon 2003 aufgegeben habe. Unbeschadet dessen seien die in den Streitjahren vom Kläger gezahlten „nachträglichen Schuldzinsen" aber nach den Grundsätzen der höchstrichterlichen Rechtsprechung[333] als Werbungskosten einkünftemindernd zu berücksichtigen.

---
[332] Vgl. auch BFH, PM v. 21.5.2014, Nr. 38.
[333] BFH, Urteil v. 20.6.2012, IX R 67/10, BStBl II 2013, S. 275, BFH, Urteil v. 8.4.2014, IX R 45/13, DB 2014, S. 1112.

Entscheidung

Der BFH hob die Vorentscheidung auf und wies die Sache an das FG zurück. Dabei hob er hervor, dass ein fortdauernder Veranlassungszusammenhang von sog. „nachträglichen Schuldzinsen" mit früheren Einkünften aus Vermietung und Verpachtung nicht anzunehmen sei, wenn der Steuerpflichtige zwar ursprünglich mit Einkünfteerzielungsabsicht gehandelt hat, seine Absicht zu einer (weiteren) Einkünfteerzielung jedoch bereits vor der Veräußerung des Immobilienobjekts aus anderen Gründen weggefallen ist.

Die Einkünfteerzielungsabsicht sei im Übrigen nur dann in Bezug auf das gesamte Grundstück zu prüfen, wenn sich auch die Vermietungstätigkeit auf das gesamte Grundstück richtet. Werden verschiedene, auf einem Grundstück gelegene Gebäudeteile (einzeln) vermietet, bezieht sich die Einkünfteerzielungsabsicht jeweils nur auf das entsprechende Objekt.

Praxishinweis

→ Vgl. hierzu auch die Ausführungen Kapitel B.1.2.3 sowie Kapitel C.1.1.14 und Kapitel C.1.2.11.

> **Literaturhinweis:** *Hilbertz*, nwb 2014, S. 328 und S. 1934

1.2.11 Abzug nachträglicher Schuldzinsen bei den Einkünften aus Vermietung und Verpachtung im Falle der nicht steuerbaren Veräußerung einer Immobilie

> **BFH, Urteil v. 8.4.2014,**[334] **IX R 45/13, DB 2014, S. 1112;**
> **Vorinstanz: Niedersächsisches FG, Urteil v. 30.8.2013, 11 K 31/13, EFG 2013, S. 1990**
>
> **Der BFH hat entschieden, dass auf ein (umgeschuldetes) Anschaffungsdarlehen gezahlte nachträgliche Schuldzinsen auch im Fall einer nicht steuerbaren Veräußerung der vormals vermieteten Immobilie grds. als Werbungskosten bei den Einkünften aus Vermietung und Verpachtung abgezogen werden können.**
>
> **Normen:** §§ 9 Abs. 1 S. 1 und S. 3 Nr. 1 S. 1, 21 Abs. 1 S. 1 Nr. 1 EStG

Sachverhalt

Der Kläger war an einer GbR beteiligt, die im Jahr 1996 ein Mehrfamilienhaus errichtete, welches nach Fertigstellung der Erzielung von Einkünften aus Vermietung und Verpachtung diente. Die GbR veräußerte das Mehrfamilienhaus im Jahr 2007 – nach Ablauf der Veräußerungsfrist des § 23 Abs. 1 S. 1 Nr. 1 EStG. Der Erlös aus der nicht steuerbaren Veräußerung der Immobilie reichte nicht aus, um die im Zuge der Herstellung des Objekts aufgenommenen Darlehensverbindlichkeiten vollständig auszugleichen. Das verbliebene Restdarlehen wurde daher anteilig durch den Kläger getilgt.

Hierfür musste er ein neues (Umschuldungs-)Darlehen aufnehmen. Die auf dieses Darlehen gezahlten Schuldzinsen machte der Kläger im Rahmen seiner ESt-Erklärungen für die Streitjahre 2009 und 2010 als (nachträgliche) Werbungskosten bei den Einkünften aus Vermietung

---
[334] Vgl. auch BFH, PM v. 14.5.2014, Nr. 37.

und Verpachtung geltend. Das FA berücksichtigte die geltend gemachten Schuldzinsen nicht. Das FG gab dem Kläger demgegenüber Recht. Der BFH hob die Vorentscheidung auf und wies die Sache an das FG zurück. Nach den Feststellungen des FG konnte der Senat nicht entscheiden, ob die geltend gemachten Schuldzinsen im Einzelfall als Werbungskosten zu berücksichtigen sind.

Entscheidung

Die Entscheidung des IX. Senats knüpft an das Urteil vom 20.6.2012[335] an, mit dem der BFH den nachträglichen Schuldzinsenabzug auch schon im Fall einer nach § 23 EStG steuerbaren Veräußerung zugelassen hatte. Im aktuellen Urteil erweitert der BFH nunmehr die Möglichkeit des Schuldzinsenabzugs: ein solcher ist grds. auch nach einer nicht steuerbaren Veräußerung der Immobilie möglich, wenn und soweit die Verbindlichkeiten durch den Veräußerungserlös nicht getilgt werden können. Voraussetzung ist dafür aber u. a., dass der Steuerpflichtige den aus der Veräußerung der bislang vermieteten Immobilie erzielten Erlös – soweit nicht Tilgungshindernisse entgegenstehen – stets und in vollem Umfang zur Ablösung des Anschaffungsdarlehens verwendet.

Auch auf Refinanzierungs- oder Umschuldungsdarlehen gezahlte Schuldzinsen erkennt der BFH grds. an, soweit die Valuta des Umschuldungsdarlehens nicht über den abzulösenden Restdarlehensbetrag hinausgeht und die Umschuldung sich im Rahmen einer marktüblichen Finanzierung – wozu regelmäßig auch eine vertraglich fixierte Tilgungsvereinbarung gehört – bewegt. Da das FG die letztgenannten Voraussetzungen im Rahmen der Vorentscheidung nicht geprüft hat, hat der IX. Senat die Sache an das FG zurückverwiesen.

Praxishinweis

Wird der Veräußerungserlös in eine zur Vermietung bestimmte neue Immobilie reinvestiert, besteht der Zusammenhang am neuen Objekt weiter fort.

Wird kein neues Objekt und auch keine anderweitige Einkunftsquelle erworben, kommt es darauf an, ob der Erlös ausreicht, um das Darlehen abzulösen. Ist das der Fall, endet der wirtschaftliche Zusammenhang mit der Einkunftsart Vermietung und Verpachtung, unabhängig davon, ob das Darlehen abgelöst wird, oder der Verkaufserlös „privat" verwendet wird und das Darlehen aus anderen Erwägungen aufrechterhalten wird.

Veräußert der Steuerpflichtige die vermietete Immobilie, reicht der Erlös aber nicht aus, ein hierfür aufgenommenes Darlehen abzulösen, bleibt der nicht ablösbare Teil des (fortgeführten) Anschaffungsdarlehens im Zusammenhang mit den Einkünften aus Vermietung und Verpachtung.

Die Finanzverwaltung wollte die damals im Juni 2012 neue BFH-Rechtsprechung nur in den Fällen einer steuerbaren Veräußerung anwenden.[336] Das April-Urteil erweitert die Abzugsmöglichkeiten jetzt auch auf nichtsteuerbare Veräußerungsvorgänge. Nunmehr ist die Finanzverwaltung wieder gefragt. Es bleibt zu hoffen, dass die neue Rspr. für anwendbar erklärt wird. Bis dahin sollten vergleichbare Fälle offen gehalten werden.

Vgl. hierzu auch die Ausführungen zu Kapitel B.1.2.3 sowie Kapitel C.1.1.14 und Kapitel C.1.2.10.

Literaturhinweis: *Hilbertz*, nwb 2014, S. 328 und S. 1934

---

[335] IX R 67/10, BStBl II 2013, S. 275.
[336] BMF, Schreiben v. 28.3.2013, IV C 1 – S 2211/11/10001:001, BStBl I 2013, S. 508.

1.2.12 Ermittlung des Gewinns aus privaten Veräußerungsgeschäften nach der BVerfG-Entscheidung aus 2010

> **BFH, Urteil v. 6.5.2014, IX R 39/13, DB 2014, S. 2206;**
> **Vorinstanz: Sächsisches FG, Urteil v. 31.7.2013, 2 K 1885/11, EFG 2014, S. 354**
>
> **Der BFH hat in mehreren Urteilen entschieden, dass bei der Aufteilung eines nach der Verlängerung der Veräußerungsfrist von zwei auf zehn Jahre erzielten Veräußerungsgewinns in einen nicht steuerbaren und steuerpflichtigen Teil die AfA-Beträge und Sonderabschreibungen, die bis zum 31.3.1999 in Anspruch genommen wurden, dem nicht steuerbaren Zeitraum zuzuordnen sind.**
>
> **Normen:** §§ 23 Abs. 1 S. 1 und Abs. 3 S. 1 sowie S. 4, 52 Abs. 39 S. 1 EStG; Art. 3 Abs. 1 GG

Das BVerfG hat mit Beschluss vom 7.7.2010[337] die Verlängerung der Spekulationsfrist in § 23 EStG von 2 auf 10 Jahre insoweit für verfassungswidrig erklärt, als in einem Veräußerungsgewinn Wertsteigerungen bis zur Verkündung des StEntlG 1999/2000/2002 zum 31.3.1999 erfasst werden, die nach der bis dahin geltenden Rechtslage steuerfrei realisiert worden sind oder steuerfrei hätten realisiert werden können, weil die alte Spekulationsfrist bereits abgelaufen war. In von dieser Rspr. betroffenen Fällen ist ein erzielter Veräußerungsgewinn aufzuteilen in einen nicht steuerbaren Anteil für den bis zur Verkündung des StEntlG entstandenen Wertzuwachs sowie einen steuerpflichtigen Anteil für den Zeitraum nach Verkündung dieses Gesetzes.

Im aktuellen Streitfall wurde ein in 1996 erworbenes Grundstück im Jahr 2003 veräußert. Darüber hinaus wurde in 1997 neben der normalen AfA eine nicht unbeträchtliche Sonderabschreibung nach § 4 FöGbG vorgenommen. Das FA hatte den steuerpflichtigen Wertzuwachs nach der vom BMF herausgegebenen Vereinfachungsregelung[338] entsprechend dem Verhältnis der Besitzzeit linear ermittelt. Die Finanzrichter sahen dies anders. Sonderabschreibungen und AfA-Beträge seien nicht gleichmäßig auf die Haltezeit zu verteilen, sondern in den Jahren zu berücksichtigen, in denen sie steuerlich geltend gemacht wurden. Dem folgte auch der IX. Senat des BFH.

Wird eine Immobilie nach Ablauf der ursprünglichen Spekulationsfrist von 2 Jahren und vor Ablauf der neuen Spekulationsfrist von 10 Jahren veräußert, sind die Sonderabschreibungen und AfA-Beträge, die in der Zeit bis zum 31.3.1999 in Anspruch genommen worden sind, dem nicht steuerbaren Zeitraum zuzuordnen.

Die in Tz. II.1. des oben zitierten BMF-Schreibens vorgesehene Vereinfachungsregel, wonach bei der Ermittlung des Gewinns aus privaten Veräußerungsgeschäften i. S. d. § 23 Abs. 1 S. 1 Nr. 1 EStG der Umfang des steuerbaren Wertzuwachses entsprechend dem Verhältnis der Besitzzeit nach dem 31.3.1999 im Vergleich zur Gesamtbesitzzeit linear (monatsweise) zu ermitteln ist, entspricht insoweit nicht der Rechtsprechung des BVerfG, als dadurch Wertsteigerungen, die im Fall einer Veräußerung vor dem 1.4.1999 nicht steuerverhaftet waren, nachträglich in die Besteuerung einbezogen werden.

---

[337] 2 BvL 14/02, 2 BvL 2/04, 2 BvL 13/05, BStBl II 2011, S. 76.
[338] BMF, Schreiben v. 20.12.2010, IV C 1 – S 2256/07/10001:006, BStBl I 2011, S. 14.

Im Streitfall wurde der zum 31.3.1999 festgestellte Verkehrswert des Grundstücks zugrunde gelegt und die vorgenommene Sonderabschreibung dem nicht steuerbaren Zeitraum zugeordnet. Dies wurde im Revisionsverfahren als zutreffend erachtet. Denn wäre das Grundstück bis zum 31.3.1999 veräußert worden, hätte die bis dahin in Anspruch genommen AfA und auch die Sonderabschreibung den Veräußerungsgewinn zwar erhöht, dieser wäre aber nach Ablauf der zweijährigen Spekulationsfrist steuerfrei gewesen.

Praxishinweis

→ Vgl. hierzu auch vier weitere – im Wesentlichen inhaltsgleiche Urteile – vom selben Tag.[339] Hinzuweisen ist auf ein beim BFH unter Az. IX R 2/14[340] anhängiges Verfahren, in dem es um die Frage geht, ob die Anwendung einer linearen Berücksichtigung nach dem Verhältnis der Besitzzeit mit Zuordnung der Veräußerungskosten lediglich auf den steuerbaren Teil zulässig ist. Die Vorinstanz hat dies verneint.[341] Der BFH hatte in dem vorgenannten Urteil vom 6.5.2014 mit dem Az. IX R 27/13[342] dagegen noch bestätigt, dass das FG die Veräußerungskosten zutreffend in vollem Umfang von dem steuerbaren Veräußerungsgewinn abgezogen und die Veräußerungskosten nicht anteilig auf die nicht steuerbare und die steuerbare Wertsteigerung aufgeteilt hat.

1.3 Sonstige Entscheidungen

1.3.1 Kein Splittingtarif für nicht eingetragene Lebenspartner

> **BFH, Urteil v. 26.6.2014,[343] III R 14/05, BStBl II 2014, S. 829;**
> **Vorinstanz: FG Berlin, Urteil v. 21.6.2004, 9 K 9037/03, EFG 2005, S. 1202**
>
> **Die Partner einer Lebensgemeinschaft können für Jahre, in denen das Lebenspartnerschaftsgesetz noch nicht in Kraft war, keine Zusammenveranlagung wählen.**
>
> **Normen:** §§ 2 Abs. 8, 26, 26b, 52 Abs. 2a EStG

Sachverhalt

Der Kläger lebt seit 1997 mit seinem Partner, dem er vertraglich zum Unterhalt verpflichtet war, in einer Lebensgemeinschaft. Er beantragte beim FA und später beim FG vergeblich, für das Jahr 2000 zusammen mit seinem Partner zur ESt veranlagt zu werden. Das anschließende Revisionsverfahren beim BFH war bis zum Beschluss BVerfG vom 7.5.2013,[344] durch den die einkommensteuerliche Ungleichbehandlung von Ehegatten und von eingetragenen Lebenspartnern für verfassungswidrig erklärt wurde, ausgesetzt. Der Kläger hielt auch nach Ergehen des Beschlusses an seiner Revision fest, obwohl im Jahr 2000, für das er die Zusammenveranlagung begehrte, die Möglichkeit zur Eingehung einer eingetragenen Lebenspartnerschaft nach dem LPartG noch gar nicht bestanden hatte.

---

[339] BFH, Urteile vom v. 6.5.2014, IX R 27/13, BFH/NV 2014, S. 1522; IX R 40/13, BFH/NV 2014, S. 1525; IX R 48/13, BFH/NV 2014, S. 1529; IX R 51/13, BFH/NV 2014, S. 1533.
[340] Vorinstanz FG Köln, Urteil v. 6.11.2013, 13 K 121/13, EFG 2014, S. 194.
[341] FG Köln, Urteil v. 6.11.2013, 13 K 121/13, EFG 2014, S. 194.
[342] BFH/NV 2014, S. 1522.
[343] Vgl. auch BFH, PM v. 30.7.2014, Nr. 54.
[344] 2 BvR 909/06, 2 BvR 1981/06 sowie 2 BvR 288/07, BFH/NV 2013, S. 1374.

Entscheidung

Der III. Senat des BFH wies die Revision zurück. Er entschied, dass für das Jahr 2000 nur Ehegatten den Splittingtarif in Anspruch nehmen konnten. Auch aus § 2 Abs. 8 EStG, der nunmehr rückwirkend die Gleichstellung von Ehegatten und Lebenspartnern regelt, ergebe sich kein Anspruch auf Zusammenveranlagung. Zwar spricht das Gesetz lediglich von „Lebenspartnern" und nicht etwa von „Partnern einer eingetragenen Lebenspartnerschaft". Jedoch ist zu berücksichtigen, dass die Einfügung des § 2 Abs. 8 EStG eine Reaktion des Gesetzgebers auf die Entscheidung des BVerfG zur Gleichstellung der eingetragenen Lebenspartnerschaften war.

Für das BVerfG war ausschlaggebend, dass wegen des Inkrafttretens des LPartG zum 1.8.2001 und der damit für gleichgeschlechtlich veranlagte Menschen bestehenden Möglichkeit, eine eingetragene Lebenspartnerschaft einzugehen, derartige Partnerschaften sich herkömmlichen Ehen so sehr angenähert hätten, dass eine steuerliche Ungleichbehandlung nicht mehr zu rechtfertigen sei. Außerhalb der Ehe und der eingetragenen Lebenspartnerschaft besteht somit auch nach Ansicht des BVerfG kein Anspruch auf Zusammenveranlagung. Deshalb kann z. B. ein nicht verheiratetes, verschiedengeschlechtliches Paar auch dann nicht die Zusammenveranlagung beanspruchen, wenn die Partner einander vertraglich zu Unterhalt und Beistand verpflichtet sind.

Literaturhinweis: *Ramb*, nwb 2014, S. 3969

1.3.2 Abgeltungsteuersatz bei Darlehen zwischen nahen Angehörigen

> BFH, Urteil v. 29.4.2014,[345] VIII R 9/13, BStBl II 2014, S. 986;
> Vorinstanz: Niedersächsisches FG, Urteil v. 18.6.2012, 15 K 417/10, EFG 2012, S. 2009
> BFH, Urteil v. 29.4.2014,[346] VIII R 35/13, BStBl II 2014, S. 990;
> Vorinstanz: FG Baden-Württemberg, Urteil v. 16.4.2013, 8 K 3100/11, EFG 2013, S. 2020
> BFH, Urteil v. 29.4.2014,[347] VIII R 44/13, BStBl II 2014, S. 992;
> Vorinstanz: FG München, Urteil v. 26.2.2013, 11 K 2365/10, EFG 2013, S. 1764
>
> Der VIII. Senat des BFH hat mit drei Urteilen entschieden, dass die Anwendung des gesonderten Steuertarifs für Einkünfte aus Kapitalvermögen gem. § 32d Abs. 1 EStG nicht schon deshalb nach § 32d Abs. 2 S. 1 Nr. 1 Buchst. a EStG ausgeschlossen ist, weil Gläubiger und Schuldner der Kapitalerträge Angehörige i. S. d. § 15 AO sind.
>
> **Normen:** §§ 20 Abs. 1 Nr. 7, 32d Abs. 1 und Abs. 2 S. 1 Nr. 1 Buchst. a EStG; § 15 AO

Sachverhalte

In dem Verfahren VIII R 9/13 gewährten die verheirateten Kläger ihrem Sohn und ihren Enkeln, in dem Verfahren VIII R 44/13 gewährte der Kläger seiner Ehefrau und seinen Kindern fest verzinsliche Darlehen zur Anschaffung von fremd vermieteten Immobilien durch die Dar-

---

[345] Vgl. auch BFH, PM v. 20.8.2014, Nr. 59.
[346] Vgl. auch BFH, PM v. 20.8.2014, Nr. 59.
[347] Vgl. auch BFH, PM v. 20.8.2014, Nr. 59.

lehensnehmer. Im Streitfall VIII R 35/13 stundete die Klägerin ihrem Bruder den Kaufpreis für die Veräußerung von Gesellschaftsanteilen. Der Kaufpreis war ab dem Zeitpunkt ihres Ausscheidens aus der Gesellschaft zu verzinsen.

Die jeweiligen FA besteuerten die Kapitalerträge mit der tariflichen Einkommensteuer. Der niedrigere Abgeltungsteuersatz sei nach § 32d Abs. 2 S. 1 Nr. 1 Buchst. a EStG nicht anzuwenden, weil Gläubiger und Schuldner der Kapitalerträge „einander nahestehende Personen" seien. Die jeweiligen FG hatten sich dieser Auffassung angeschlossen und die Klagen abgewiesen.

Entscheidungen

Der BFH hat die FG-Urteile aufgehoben und entschieden, dass die Kapitalerträge der Darlehensgeber gem. § 32d Abs. 1 EStG nach dem günstigeren Abgeltungsteuersatz besteuert werden. Zwar ist nach dem Wortlaut des § 32d Abs. 2 S. 1 Nr. 1 Buchst. a EStG der Abgeltungsteuersatz ausgeschlossen, wenn Gläubiger und Schuldner der Kapitalerträge „einander nahestehende Personen" sind. Der gesetzliche Tatbestand ist nach dem Willen des Gesetzgebers jedoch dahingehend einschränkend auszulegen, dass ein solches Näheverhältnis nur dann vorliegt, wenn auf eine der Vertragsparteien ein beherrschender oder außerhalb der Geschäftsbeziehung liegender Einfluss ausgeübt werden kann oder ein eigenes wirtschaftliches Interesse an der Erzielung der Einkünfte des anderen besteht. Danach ist ein lediglich aus der Familienangehörigkeit abgeleitetes persönliches Interesse nicht ausreichend, um ein Näheverhältnis i. S. d. § 32d Abs. 2 S. 1 Nr. 1 Buchst. a EStG zu begründen.

Eine enge Auslegung des Ausschlusstatbestands ist auch aus verfassungsrechtlichen Gründen geboten. Hält der Darlehensvertrag einem Fremdvergleich stand, kann nicht bereits aufgrund des Fehlens einer Besicherung oder einer Regelung über eine Vorfälligkeitsentschädigung auf eine missbräuchliche Gestaltung zur Ausnutzung des Abgeltungsteuersatzes geschlossen werden. Dies gilt auch dann, wenn aufgrund des Steuersatzgefälles ein Gesamtbelastungsvorteil entsteht, da Ehe und Familie bei der Einkünfteermittlung keine Vermögensgemeinschaft begründen.

Praxishinweis

Siehe hierzu auch die weiteren Urteile des VIII. Senats vom 29.4.2014[348] und 14.5.2014.[349]

Das BMF hat zwischenzeitlich mit Schreiben v. 9.12.2014[350] auf die Urteile reagiert und die Rn. 136 seines vorherigen Schreibens v. 9.10.2012[351] wie folgt ergänzt:

„... *Von einem solchen Beherrschungsverhältnis ist auszugehen, wenn der beherrschten Person auf Grund eines absoluten Abhängigkeitsverhältnisses im Wesentlichen kein eigener Entscheidungsspielraum verbleib ... Das Abhängigkeitsverhältnis kann wirtschaftlicher oder persönlicher Natur sein.*"

---

[348] VIII R 23/13, BStBl II 2014, S. 884; vgl. hierzu Kapitel C.1.3.4.
[349] VIII R 31/11, BStBl II 2014, S. 995; vgl. hierzu Kapitel C.1.3.3.
[350] IV C 1 – S 2252/08/10004:015, BStBl I 2014, S. 1608.
[351] IV C 1 – S 2252/10/10013, BStBl I 2012, S. 953.

Es steht aber auch noch die Entscheidung über eine weitere Revision aus. Im Verfahren mit dem Az. VIII R 8/14[352] geht es um die Frage, ob die Regelung des § 32d Abs. 2 Nr. 1 S. 1 Buchst. a EStG, wonach der Abgeltungsteuersatz auf Kapitalerträge aus Darlehensverhältnissen zwischen einander nahestehenden Personen keine Anwendung findet, gegen den Gleichbehandlungsgrundsatz und das Grundrecht auf Schutz von Ehe und Familie verstößt.

> **Literaturhinweise:** *Böhlk-Lankes*, nwb 2014, S. 2672; *Moritz/Dr. Strohm*, DB 2014, S. 2306; *Ronig*, Erben und Vermögen 2014, S. 413; *Löbe*, nwb 2014, S. 3955

1.3.3 Abgeltungsteuersatz bei Darlehen an eine GmbH durch eine dem Anteilseigner nahestehende Person

> **BFH, Urteil v. 14.5.2014,**[353] **VIII R 31/11, BStBl II 2014, S. 995;**
> **Vorinstanz: Niedersächsisches FG, Urteil v. 6.7.2011, 4 K 322/10, EFG 2012, S. 242**
>
> **Die Anwendung des gesonderten Steuertarifs für Einkünfte aus Kapitalvermögen gem. § 32d Abs. 1 EStG ist nicht schon deshalb nach § 32d Abs. 2 S. 1 Nr. 1 Buchst. b S. 2 EStG ausgeschlossen ist, weil der Gläubiger der Kapitalerträge ein Darlehen an eine GmbH gewährt hat, bei der ein Angehöriger i. S. d. § 15 AO zu mehr als 10 % beteiligt ist.**
>
> **Normen:** §§ 20 Abs. 1 Nr. 7, 32d Abs. 1 und Abs. 2 S. 1 Nr. 1 Buchst. b S. 2 EStG; § 15 AO

Sachverhalt

Die Klägerin des Ausgangsverfahrens gewährte einer GmbH, an der ihre Tochter und ihre Enkelkinder zu mehr als jeweils 10 % beteiligt waren, ein festverzinsliches Darlehen. Das FA besteuerte die hieraus erzielten Kapitalerträge mit der tariflichen ESt. Der niedrigere Abgeltungsteuersatz sei nach § 32d Abs. 2 S. 1 Nr. 1 Buchst. b S. 2 EStG nicht anzuwenden, weil der Gläubiger der Kapitalerträge eine den Anteilseignern „nahestehende Person" sei. Das FG hat sich dieser Auffassung angeschlossen und die Klage abgewiesen.

Entscheidung

Der BFH hat das Urteil des FG aufgehoben und entschieden, dass die Kapitalerträge der Klägerin gem. § 32d Abs. 1 EStG nach dem günstigeren Abgeltungsteuersatz besteuert werden, da nach dem Willen des Gesetzgebers auch bei der Regelung des § 32d Abs. 2 S. 1 Nr. 1 Buchst. b S. 2 EStG ein lediglich aus der Familienangehörigkeit abgeleitetes persönliches Interesse nicht ausreicht, um ein Näheverhältnis zu begründen. Erforderlich sei vielmehr, dass eine der Vertragsparteien einen beherrschenden oder außerhalb der Geschäftsbeziehung begründeten Einfluss ausüben kann oder ein eigenes wirtschaftliches Interesse an der Erzielung der Einkünfte des anderen hat. Dies war vorliegend nicht der Fall, sodass eine missbräuchliche Gestaltung zur Ausnutzung des gesonderten Steuertarifs für Einkünfte aus Kapitalvermögen nicht gegeben war.

---

[352] Vorinstanz: FG Köln, Urteil v. 28.1.2014, 12 K 3373/12, EFG 2014, S. 1393.
[353] Vgl. auch BFH, PM v. 20.8.2014, Nr. 60.

Praxishinweis

Siehe hierzu auch die Urteile des VIII. Senats vom 29.4.2014.[354]

Vgl. auch hierzu das BMF-Schreiben v. 9.12.2014 und die diesbezüglichen Ausführungen im Praxishinweis zum vorherigen Kapitel C.1.3.2.

> **Literaturhinweise:** *Böhlk-Lankes*, nwb 2014, S. 2672; *Moritz/Dr. Strohm*, DB 2014, S. 2306; *Ronig*, Erben und Vermögen 2014, S. 413; *Löbe*, nwb 2014, S. 3955

1.3.4 Kein Abgeltungsteuersatz bei Gesellschafterfremdfinanzierung

> **BFH, Urteil v. 29.4.2014,[355] VIII R 23/13, BStBl II 2014, S. 884;**
> **Vorinstanz: Niedersächsisches FG, Urteil v. 12.4.2012, 14 K 335/10, Haufe-Index 3744341**
>
> In diesem Fall hat der VIII. Senat entschieden, dass die Anwendung des gesonderten Steuertarifs für Einkünfte aus Kapitalvermögen gem. § 32d Abs. 1 EStG ausgeschlossen ist bei der Besteuerung von Kapitalerträgen, die ein zu mindestens 10 % beteiligter Anteilseigner für die Gewährung eines verzinslichen Darlehens an die Gesellschaft erzielt.
>
> **Normen:** §§ 20 Abs. 1 Nr. 7 und Nr. 1 S. 2, 32d Abs. 1 und Abs. 2 S. 1 Nr. 1 Buchst. b EStG

Sachverhalt

Der Kläger war Alleingesellschafter und Geschäftsführer einer GmbH. Er gewährte dieser ein festverzinsliches Darlehen. Das FA besteuerte die hieraus erzielten Kapitalerträge mit der tariflichen ESt. Der niedrigere Abgeltungsteuersatz sei nach § 32d Abs. 2 S. 1 Nr. 1 Buchst. b EStG nicht anzuwenden, weil der Kläger zu mehr als 10 % an der GmbH beteiligt war. Das FG hat die dagegen erhobene Klage abgewiesen.

Entscheidung

Der BFH bestätigte die Auffassung des FG. Der Ausschluss des Abgeltungsteuersatzes nach § 32d Abs. 2 S. 1 Nr. 1 Buchst. b EStG bei Gesellschafterfremdfinanzierungen verstoße nicht gegen den Gleichheitsgrundsatz (Art. 3 Abs. 1 GG). Die Ungleichbehandlung des Klägers im Vergleich zu den durch den Abgeltungsteuersatz begünstigten Steuerpflichtigen finde ihre Rechtfertigung darin, dass bei der Finanzierung einer im Inland ansässigen GmbH keine Gefahr bestehe, dass Kapital in das niedrig besteuerte Ausland verlagert wird. Da durch die Einführung des Abgeltungsteuersatzes gerade solche Verlagerungen verhindert werden sollten, würde durch eine Privilegierung der (inländischen) Gesellschafterfremdfinanzierung das gesetzgeberische Ziel verfehlt. Die Anwendung des allgemeinen (höheren) Steuertarifs führt nicht zu einer Ungleichheit, sondern stellt im Hinblick auf die Besteuerung nach der Leistungsfähigkeit eine größere Gleichheit her. Die vom Kläger erhobenen verfassungsrechtlichen Bedenken gegen die Höhe der Beteiligungsgrenze von 10 % teilte der BFH nicht.

---

[354] VIII R 9/13, BStBl II 2014, S. 986; VIII R 23/13, BStBl II 2014, S. 884; VIII R 35/13, BStBl II 2014, S. 990; VIII R 44/13, BStBl II 2014, S. 992; vgl. hierzu Kapitel C.1.3.2 und C.1.3.4.

[355] Vgl. auch BFH, PM v. 20.8.2014, Nr. 61.

Praxishinweis

Gegen die Entscheidung wurde zwischenzeitlich Verfassungsbeschwerde eingelegt.[356]

Das FG Münster hat in zwei gleichgelagerten Fällen ebenfalls ablehnend entschieden, wegen der grds. Bedeutung aber jeweils auch die Revision zugelassen.[357]

Siehe zu diesem Themenbereich auch drei weitere Urteile des VIII. Senats vom selben Tag[358] sowie ein nachfolgendes Urteil vom 14.5.2014.[359]

> **Literaturhinweise:** *Moritz/Dr. Strohm*, DB 2014, S. 2306; *Ronig*, Erben und Vermögen 2014, S. 413

1.3.5 Nachweis der Zwangsläufigkeit von krankheitsbedingten Aufwendungen für einen Treppenlift

> **BFH, Urteil v. 6.2.2014,[360] VI R 61/12, BStBl II 2014, S. 458;**
> **Vorinstanz: FG Münster, Urteil v. 18.9.2012, 11 K 3982/11 E, EFG 2013, S. 44**
>
> **Die Zwangsläufigkeit von krankheitsbedingten Aufwendungen für einen Treppenlift ist laut BFH nicht durch ein amtsärztliches Gutachten oder eine ärztliche Bescheinigung eines Medizinischen Dienstes der Krankenversicherung nachzuweisen.**
>
> **Normen:** § 33 EStG; § 64 Abs. 1 Nr. 2 S. 1 Buchst. a bis f EStDV

Nach § 33 Abs. 1 EStG wird die ESt auf Antrag ermäßigt, wenn einem Steuerpflichtigen zwangsläufig größere Aufwendungen als der überwiegenden Mehrzahl der Steuerpflichtigen gleicher Einkommensverhältnisse, gleicher Vermögensverhältnisse und gleichen Familienstands (außergewöhnliche Belastung) erwachsen. Hierzu zählen nach st. Rspr. des BFH auch Krankheitskosten. Allerdings hat der Steuerpflichtige die Zwangsläufigkeit von krankheitsbedingten Maßnahmen, die ihrer Art nach nicht eindeutig nur der Heilung oder Linderung einer Krankheit dienen können und deren medizinische Indikation deshalb schwer zu beurteilen ist, nach § 64 Abs. 1 Nr. 2 S. 1 Buchst. a bis f der EStDV durch ein vor Beginn der Heilmaßnahme oder dem Erwerb des medizinischen Hilfsmittels ausgestelltes amtsärztliches Gutachten oder eine vorherige ärztliche Bescheinigung eines Medizinischen Dienstes der Krankenversicherung nachzuweisen. Betroffen hiervon sind beispielsweise Bade- und Heilkuren oder psychotherapeutische Behandlungen.

Im Streitfall ließen die verheirateten Kläger wegen der Gehbehinderung des Klägers einen Treppenlift in ihr selbst genutztes Einfamilienhaus einbauen. Die hierfür entstandenen Aufwendungen von ca. 18.000 € machten sie vergeblich in ihrer ESt-Erklärung für das Streitjahr 2005 als außergewöhnliche Belastung geltend. Einspruch und Klage blieben ohne Erfolg. Denn die Kläger hätten zuvor ein amtsärztliches Gutachten oder eine ärztliche Bescheinigung eines Medizinischen Dienstes der Krankenversicherung einholen müssen.

---

[356] Az. beim BVerfG 2 BvR 2325/14.
[357] Urteil v. 22.1.2014, 12 K 3703/11 E, EFG 2014, S. 1005, Az. beim BFH VIII R 15/14; Urteil v. 16.7.2014, 10 K 2637/11 E, EFG 2014, S. 1793, Az. beim BFH VIII R 49/14.
[358] VIII R 9/13, BStBl II 2014, S. 986; VIII R 35/13, BStBl II 2014, S. 990; VIII R 44/13, BStBl II 2014, S. 992; vgl. hierzu Kapitel C.1.3.2.
[359] VIII R 31/11, BStBl II 2014, S. 995; vgl. hierzu Kapitel C.1.3.3.
[360] Vgl. auch BFH, PM v. 9.4.2014, Nr. 27.

Der VI. Senat des BFH sieht dies anders. Angesichts des abschließenden Charakters der Katalogtatbestände in § 64 Abs. 1 Nr. 2 S. 1 Buchst. a bis f EStDV sei die Zwangsläufigkeit und damit die medizinische Notwendigkeit von Aufwendungen für den Einbau eines solchen Hilfsmittels nicht formalisiert nachzuweisen. Unter Gebrauchsgegenständen des täglichen Lebens i. S. v. § 33 Abs. 1 SGB V sind nur solche technischen Hilfen zu verstehen, die getragen oder mit sich geführt werden können, um sich im jeweiligen Umfeld zu bewegen, zurechtzufinden und die elementaren Grundbedürfnisse des täglichen Lebens zu befriedigen. Ein Treppenlift ist kein Hilfsmittel i. S. dieser Legaldefinition.

Im zweiten Rechtsgang hat das FG nun die erforderlichen Feststellungen zur medizinischen Notwendigkeit für die Maßnahme nach dem Grundsatz der freien Beweiswürdigung zu treffen, z. B. durch die Einholung eines Sachverständigengutachtens. Der medizinischen Wertung hat die steuerliche Beurteilung zu folgen.

Praxishinweis

Vgl. hierzu auch zwei weitere Urteile des VI. Senats vom 26.2.2014[361] sowie 26.6.2014.[362]

Im ersten Streitfall hat der BFH entschieden, dass Aufwendungen für eine heileurythmische Behandlung als außergewöhnliche Belastungen i. S. d. § 33 EStG zu berücksichtigen sein können. Die medizinische Indikation und damit die Zwangsläufigkeit entsprechender Aufwendungen im Krankheitsfall könne durch eine Verordnung eines Arztes oder Heilpraktikers nachgewiesen werden. Ein vor Beginn der Heilmaßnahme ausgestelltes amtsärztliches Gutachten oder eine vorherige ärztliche Bescheinigung eines Medizinischen Dienstes der Krankenversicherung sei nicht erforderlich, da es sich um eine wissenschaftlich anerkannte Behandlungsmethode handelt.

Wissenschaftlich nicht anerkannt ist eine Behandlungsmethode dann, wenn Qualität und Wirksamkeit nicht dem allgemein anerkannten Stand der medizinischen Erkenntnisse entsprechen (so der Leitsatz des Urteils zum zweiten Streitfall). Die Feststellung obliegt dann dem FG als Tatsacheninstanz.

In einem beim BFH unter Az. VI R 30/14[363] anhängigen Verfahren geht es um die Frage, ob Aufwendungen für den behindertengerechten Umbau einer im Eigentum des Steuerpflichtigen stehenden Motoryacht als außergewöhnliche Belastung abziehbar sind. Und in einer weiteren unter dem Az. VI R 60/14[364] anhängigen Revision wird der BFH zu entscheiden haben, ob Aufwendungen für die Reparatur eines Pkw-Motors (Laufleistung ca. 76.000 km) im Rahmen der außergewöhnlichen Belastungen – über den Ansatz der Kilometerpauschbeträge hinaus – als behinderungsbedingte Fahrtkosten abzugsfähig sind.

Wegen des grds. Ansatzes einer zumutbaren Belastung bei Krankheitskosten kommt mit Blick auf das beim BFH unter Az. VI R 33/13 anhängige Verfahren[365] eine vorläufige Steuerfestsetzung in Betracht.[366]

Zu den geplanten Nachweiserfordernissen vgl. auch die diesbezüglichen Ausführungen in Kapitel A.4.1.7.1.

Literaturhinweis: *Dr. Geserich*, nwb 2014, S. 2004 und S. 3396

---

[361] VI R 27/13, BStBl II 2014, S. 824, BFH, PM v. 18.6.2014, Nr. 44.
[362] VI R 51/13, BFH/NV 2014, S. 1936.
[363] Vorinstanz: Niedersächsisches FG, Urteil v. 2.12.2013, 2 K 176/13, EFG 2014, S. 1484.
[364] Vorinstanz: Niedersächsisches FG, Urteil v. 17.7.2014, 10 K 323/13.
[365] Vorinstanz: FG Hamburg, Urteil v. 14.6.2012, 1 K 28/12, Haufe-Index 3477365.
[366] Vgl. hierzu auch die BMF, Schreiben v. 7.2.2014 und 10.6.2014, BStBl I 2014, S. 160 und S. 831 sowie Kapitel B.8.1.1.

1.3.6 Anschaffungskosten für ein Grundstück sind keine außergewöhnlichen Belastungen

> **BFH, Urteil v. 17.7.2014,**[367] **VI R 42/13, BStBl II 2014, S. 931;**
> **Vorinstanz: Niedersächsisches FG, Urteil v. 17.1.2013, 14 K 399/11, EFG 2013, S. 783**
>
> **Mehrkosten für die Anschaffung eines größeren Grundstücks zum Bau eines behindertengerechten Bungalows sind nicht als außergewöhnliche Belastung i. S. v. § 33 EStG zu berücksichtigen.**
>
> **Norm:** § 33 EStG

Nach § 33 Abs. 1 EStG wird die ESt auf Antrag in bestimmtem Umfang ermäßigt, wenn einem Steuerpflichtigen zwangsläufig größere Aufwendungen als der überwiegenden Mehrzahl der Steuerpflichtigen gleicher Einkommensverhältnisse, gleicher Vermögensverhältnisse und gleichen Familienstands erwachsen.

Sachverhalt

Im Streitfall litt die verheiratete Klägerin unter Multipler Sklerose und war gehbehindert (Grad der Behinderung 80 %). Deshalb errichteten sie und ihr Ehemann nach einer fachkundigen Beratung einen behindertengerecht gestalteten eingeschossigen Bungalow. Dieser wies gegenüber einem Bungalow, der ohne Berücksichtigung der Behinderung der Klägerin hätte gebaut werden können, eine um 45,5 qm größere Grundfläche auf. Die Mehrkosten für den Erwerb des entsprechend größeren Grundstücks i. H. v. 13.195,29 € machten die Kläger in ihrer ESt-Erklärung vergeblich als außergewöhnliche Belastungen geltend. Der nach erfolglosem Einspruch erhobenen Klage gab das FG dagegen statt.

Entscheidung

Auf die Revision des FA hat der VI. Senat des BFH die Vorentscheidung aufgehoben und die Klage abgewiesen. Mehraufwendungen für die behindertengerechte Gestaltung des Wohnumfelds sind zwar i. d. R. aus tatsächlichen Gründen zwangsläufig. Dies gilt insb. auch für behinderungsbedingte Mehrkosten eines Um- oder Neubaus. Denn eine schwerwiegende Behinderung des Steuerpflichtigen oder eines Angehörigen begründet eine tatsächliche Zwangslage, die eine behindertengerechte Gestaltung des Wohnumfelds unausweichlich macht.

Anschaffungskosten für ein größeres Grundstück zählen nach Auffassung des BFH hierzu jedoch nicht. Ihnen fehlt es an der für den Abzug als außergewöhnliche Belastung gem. § 33 Abs. 2 EStG erforderlichen Zwangsläufigkeit. Anders als Aufwendungen für bauliche Maßnahmen, wie beispielsweise der Einbau einer barrierefreien Dusche oder eines Treppenlifts,[368] sind diese Mehrkosten nicht vornehmlich der Krankheit oder Behinderung geschuldet, sondern in erster Linie Folge der frei gewählten Wohnungsgröße (Wohnflächenbedarf) des Steuerpflichtigen.

> **Literaturhinweis:** *Dr. Geserich*, nwb 2014, S. 2904

---

[367] Vgl. auch BFH, PM v. 17.9.2014, Nr. 64.
[368] Vgl. hierzu auch Kapitel C.1.3.5.

1.3.7 Aufwendungen für die Unterbringung im Seniorenwohnstift als außergewöhnliche Belastung

> **BFH, Urteil v. 14.11.2013,[369] VI R 20/12, BStBl II 2014, S. 456;**
> **Vorinstanz: FG Düsseldorf, Urteil v. 21.2.2012, 10 K 2504/10 E, EFG 2012, S. 1347**
>
> Aufwendungen für die krankheitsbedingte Unterbringung in einem Seniorenwohnstift sind zwangsläufig i. S. d. § 33 EStG. Sie sind nach Maßgabe der für Krankheitskosten geltenden Grundsätze als außergewöhnliche Belastungen zu berücksichtigen, soweit sie nicht außerhalb des Rahmens des Üblichen liegen.
>
> **Norm:** § 33 Abs. 1 und Abs. 2 S. 1 EStG

Sachverhalt

Im Streitfall war die behinderte und pflegebedürftige Klägerin zunächst mit ihrem Ehemann, später allein, in einem Apartment in einem Seniorenwohnstift mit einer Wohnfläche von 74,54 qm untergebracht. Hierfür wurde ein Pauschalentgelt in Rechnung gestellt, mit dem neben dem Wohnen und der Verpflegung u. a. auch die Nutzung von Gemeinschaftseinrichtungen sowie eine allgemeine altengerechte Grundbetreuung über 24 Std. am Tag (z. B. Therapieangebote, ständige Notrufbereitschaft, Vermittlung ärztlicher Versorgung, Grundpflege bei leichten vorübergehenden Erkrankungen) abgegolten war.

Zusätzlich hatte die Klägerin einen Pflegevertrag über die Erbringung von Pflegeleistungen durch den ambulanten Pflegedienst des Wohnstifts abgeschlossen. Die Entgelte hierfür wurden ihr nach Abzug der anzurechnenden Leistungen der Pflege- und Krankenversicherung gesondert in Rechnung gestellt. Das FA sowie das FG haben der Klägerin den vollen Abzug der Kosten für die Unterbringung nicht zugestanden.

Entscheidung

Dies sieht der BFH im Grundsatz anders. Krankheitsbedingte Heimunterbringungskosten sind auch in einer solchen Fallgestaltung zu berücksichtigen, soweit die Aufwendungen nicht in einem offensichtlichen Missverhältnis zum medizinisch indizierten Aufwand stehen und sie daher nicht mehr als angemessen i. S. d. § 33 Abs. 2 S. 1 EStG anzusehen sind. Abziehbar sind danach neben den konkret angefallenen und in Rechnung gestellten Pflegekosten dem Grunde nach auch die Unterbringungskosten bzw. das Pauschalentgelt für die Nutzung der Wohnung im Wohnstift abzüglich einer Haushaltsersparnis.

In welcher Höhe die Unterbringungskosten tatsächlich abgezogen werden dürfen, wird das FG nun im zweiten Rechtsgang zu entscheiden haben. Denn der BFH hat den Rechtsstreit an dieses zurückverwiesen. Es wird zu klären sein, ob es sich bei dem Pauschalentgelt im Streitfall um Kosten handelt, die – z. B. aufgrund der Größe des Apartments – außerhalb des Üblichen liegen.

---

[369] Erst in 2014 veröffentlicht; vgl. auch BFH, PM v. 2.4.2014, Nr. 25.

Praxishinweis

→ Wegen des grds. Ansatzes einer zumutbaren Belastung bei Krankheitskosten kommt mit Blick auf das beim BFH unter Az. VI R 33/13 anhängige Verfahren[370] eine vorläufige Steuerfestsetzung in Betracht.[371]

1.3.8 Anrechnungshöchstbetragsberechnung nach § 34c Abs. 1 S. 2 EStG 2002 im Anschluss an das EuGH-Urteil „Beker und Beker"

> BFH, Urteil v. 18.12.2013,[372] I R 71/10, DB 2014, S. 807;
> Vorinstanz: FG Baden-Württemberg, Urteil v. 21.7.2010, 1 K 332/09, EFG 2010, S. 1689
>
> Der BFH hat zur Anrechnungshöchstbetragsberechnung nach § 34c Abs. 1 S. 2 EStG im Anschluss an das EuGH-Urteil „Beker und Beker" entschieden und die Vereinbarkeit der sog. „per country limitation" mit Unions- und Verfassungsrecht bestätigt.
>
> Normen: § 20 Abs. 1 Nr. 1 und Abs. 4, 34c Abs. 1 S. 2 EStG

Es handelt sich um das zunächst ausgesetzte und durch Senatsbeschluss vom 29.10.2013 fortgeführte Revisionsverfahren, welches dem Vorabentscheidungsersuchen des Senats an den EuGH durch Beschluss vom 9.2.2011[373] sowie dem anschließenden Urteil des EuGH vom 28.2.2013[374] zugrunde lag.

Der EuGH hatte entschieden, dass die deutschen Steueranrechnungsmodalitäten gegen die Kapitalverkehrsfreiheit verstoßen. Dies habe zur Folge, dass (neben bestimmten Freibeträgen) u. a. vor allem privat veranlasste Ausgaben der Lebensführung, die vom Steuerpflichtigen im Inland als Sonderausgaben und außergewöhnliche Belastungen berücksichtigt werden können, teilweise auch auf die ausländischen Einkünfte entfallen und dadurch das Anrechnungsvolumen mindern.

Die Finanzverwaltung hatte mit Schreiben vom 30.9.2013 auf zunächst vorläufiger Basis die Konsequenzen aus der Luxemburger Entscheidung gezogen. Das dem Revisionsverfahren beim BFH beigetretene BMF revidierte dies aber später dahingehend, dass die persönlichen Abzüge bei der Berechnungsformel synchron – sowohl im Zähler als auch Nenner – berücksichtigt werden müssten. Der BFH steht dem jedoch ablehnend gegenüber und bleibt bei seiner bereits zuvor geäußerten Einschätzung der Dinge. Lediglich der Sparer-Freibetrag sei sowohl bei Ermittlung der Einkünfte aus Kapitalvermögen als auch bei Ermittlung der ausländischen Kapitaleinkünfte zu berücksichtigen, da er nach dessen Zielsetzung Lenkungscharakter habe und sowohl den insgesamt erzielten als auch speziell den im Ausland erzielten Einkünften zu Gute komme.

Der Höchstbetrag ist in der Weise zu errechnen, dass der Betrag der Steuer, die auf das in Deutschland zu versteuernde Einkommen – einschließlich der ausländischen Einkünfte – zu entrichten ist, mit dem Quotienten multipliziert wird, der sich aus den ausländischen Einkünf-

---

[370] Vorinstanz: FG Hamburg, Urteil v. 14.6.2012, 1 K 28/12, Haufe-Index 3477365.
[371] Vgl. hierzu auch die BMF, Schreiben v. 7.2.2014 und 10.6.2014, BStBl I 2014, S. 160 und 831 sowie Kapitel B.8.1.1.
[372] In 2014 erst veröffentlicht.
[373] I R 71/10, BStBl II 2011, S. 500.
[374] C–168/11, Beker und Beker, DStR 2013, S. 518.

ten und der Summe der Einkünfte ergibt, wobei der letztgenannte Betrag um alle steuerrechtlich abzugsfähigen personenbezogenen und familienbezogenen Positionen, vor allem Sonderausgaben und außergewöhnliche Belastungen, aber auch darüber hinausgehend den Altersentlastungsbetrag sowie den Grundfreibetrag, zu vermindern ist. Das gilt für Einkünfte aus EU-Mitgliedstaaten gleichermaßen wie für Einkünfte aus Drittstaaten.

Im Übrigen wiesen die Richter darauf hin, dass die länderbezogene Begrenzung der Anrechnung ausländischer Ertragsteuer auf die deutsche Einkommensteuer (per country limitation) nicht gegen Unionsrecht verstoße. Diese sei durch das sog. Territorialitätsprinzip gerechtfertigt, welches Raum für eine staatenaufgeteilte Betrachtung belasse.

Vgl. hierzu auch die Ausführungen in Kapitel D.5.2.1.5 und Kapitel I.3.1.7.1.

1.3.9 Begriff des Vorabgewinnanteils i. S. d. § 35 Abs. 3 S. 2 Halbs. 2 EStG 2002

BFH, Urteil v. 5.6.2014, IV R 43/11, BStBl II 2014, S. 695;
Vorinstanz: FG des Saarlandes, Urteil v. 21.7.2011, 1 K 1150/11, EFG 2011, S. 2080

Ein „Vorabgewinnanteil" i. S. d. § 35 Abs. 3 S. 2 Halbs. 2 EStG 2002 ist dadurch gekennzeichnet, dass der betroffene Gesellschafter vor den übrigen Gesellschaftern aufgrund gesellschaftsvertraglicher Abrede einen Anteil am Gewinn erhält. Der „Vorabgewinnanteil" ist vor der allgemeinen Gewinnverteilung zu berücksichtigen und reduziert den noch zu verteilenden Restgewinn.

Norm: § 35 Abs. 3 S. 1 und S. 2 sowie Abs. 4 S. 2 EStG 2002

Sachverhalt

Im Streitfall war an einer KG neben der Komplementär-GmbH ein Kommanditist mit 89 % am Gesellschaftskapital beteiligt. Laut Gesellschaftsvertrag war der Gewinnanteil des Kommanditisten – nach vorrangiger Zurechnung von Haftungs- und Tätigkeitsvergütung – auf 100.000 DM (51.129 €) begrenzt, den Restbetrag sollte die GmbH erhalten. Die KG verteilte den Gewinn unter Berücksichtigung der Gewinnbegrenzung, den Anteil am Gewerbesteuermessbetrag ermittelte sie hiervon abweichend entsprechend dem Anteil am Festkapital (89 %).

Das FA folgte dem nicht, sondern sah die vereinbarte Gewinnbegrenzung nicht als Vorabgewinn, sondern als Bestandteil des allgemeinen Gewinnverteilungsschlüssels und berücksichtigte im Feststellungsbescheid den KG-Anteil am Gewerbesteuermessbetrag auf Grundlage der Gewinnbegrenzung mit nur 17 %. Diese Handhabung wurde sowohl vom FG als auch abschließend durch den BFH bestätigt.

Entscheidung

Die Gewinnbegrenzung sei in der Tat Bestandteil des allgemeinen Gewinnverteilungsschlüssels und kein Vorabgewinn. Es sei eine vertragliche Regelung dahingehend getroffen worden, dass die Gewinnverteilung anhand der eingezahlten Festkapitaleinlagen erfolge, der Gewinnanteil des Kommanditisten jedoch betragsmäßig beschränkt sei. Dadurch sollte sichergestellt werden, dass der Kommanditist in jedem Gewinnfall zunächst seinen Höchstgewinn erreiche, bevor der übersteigende Teil dem verbleibenden Gesellschafter zugerechnet würde.

Für einen Vorabgewinn ist kennzeichnend, dass dieser vorrangig und damit auch dann zu zahlen sei, wenn danach kein Restgewinn mehr verbleibe. Eine Gewinnbegrenzung führe hingegen dazu, dass zunächst eine Verteilung nach Kapitalanteilen erfolge und im Fall des Überschreitens der Höchstgrenze der entsprechende Überhang auf die verbleibenden Gesellschafter entfalle. Die auf einzelne Mitunternehmer bezogenen Gewinnbegrenzungen sind folglich Gegenstand der allgemeinen Gewinnverteilung und deshalb bei der Aufteilung des Gewerbesteuermessbetrags einer Mitunternehmerschaft auf die Mitunternehmer entsprechend zu berücksichtigen.

Praxishinweis

In dem Zusammenhang ist auf ein anhängiges Revisionsverfahren zu verweisen,[375] in dem es um die Frage geht, nach welchem Maßstab der Gewerbesteuermessbetrag einer Personengesellschaft aufzuteilen ist, wenn innerhalb eines Wirtschaftsjahres einzelne Mitunternehmer durch gewerbesteuerpflichtige Anteilsveräußerungen ganz oder zum Teil ausscheiden.

1.3.10 Winterdienst auf öffentlichen Gehwegen als haushaltsnahe Dienstleistung – Aufwendungen für einen Hausanschluss als steuerbegünstigte Handwerkerleistung

> BFH, Urteil v. 20.3.2014,[376] VI R 55/12, BStBl II 2014, S. 880;
> Vorinstanz: FG Berlin-Brandenburg, Gerichtsbescheid v. 23.8.2012, 13 K 13287/10, EFG 2013, S. 51
>
> BFH, Urteil v. 20.3.2014,[377] VI R 56/12, BStBl II 2014, S. 882;
> Vorinstanz: FG Berlin-Brandenburg, Urteil v. 15.8.2012, 7 K 7310/10, EFG 2012, S. 2208
>
> Der VI. Senat des BFH hat entschieden, dass auch die Inanspruchnahme von Dienst- und Handwerkerleistungen, die jenseits der Grundstücksgrenze auf fremdem, z. B. öffentlichem Grund geleistet oder erbracht werden, als haushaltsnahe Dienst- oder Handwerkerleistung nach § 35a EStG begünstigt sein können.
>
> **Norm:** § 35a Abs. 2 S. 1 und S. 2 EStG

Sachverhalt

Im ersten Streitfall beauftragten die Kläger ein Unternehmen mit der Schneeräumung der in öffentlichem Eigentum stehenden Straßenfront entlang des von ihnen bewohnten Grundstücks. Ausweislich einer Rechnung aus Juni 2008 entstanden ihnen hierfür Kosten i. H. v. 142,80 €. In ihrer ESt-Erklärung machten sie diesen Betrag als Aufwendungen für die Inanspruchnahme haushaltsnaher Dienstleistungen geltend. Das FA gewährte die beantragte Steuerermäßigung für die Kosten der Schneebeseitigung jedoch nicht. Denn die Dienstleistung sei außerhalb der Grundstücksgrenzen und damit nicht innerhalb des Haushalts durchgeführt worden. Soweit Dienstleistungen (z. B. Straßen- und Gehwegreinigung, Winterdienst) auf öffentlichem Gelän-

---
[375] IV R 5/14, Vorinstanz: FG Baden-Württemberg, Urteil v. 10.12.2013, 5 K 1181/10, EFG 2014, S. 651.
[376] Vgl. auch BFH, PM v. 11.6.2014, Nr. 41.
[377] Vgl. auch BFH, PM v. 11.6.2014, Nr. 41.

de durchgeführt würden, seien sie nicht als haushaltsnahe Dienstleistungen nach § 35a EStG begünstigt.

Entscheidung

Auf die Revision der Kläger hat der BFH die Vorentscheidung aufgehoben und der Klage stattgegeben. Denn der Begriff „im Haushalt" sei nicht räumlich, sondern funktionsbezogen auszulegen. Daher würden die Grenzen des Haushalts i. S. d. § 35a EStG nicht ausnahmslos – unabhängig von den Eigentumsverhältnissen – durch die Grundstücksgrenzen abgesteckt. Es genüge, wenn die Dienstleistung für den Haushalt (zum Nutzen des Haushalts) erbracht werde. Es müsse sich dabei allerdings um Tätigkeiten handeln, die ansonsten üblicherweise von Familienmitgliedern erbracht und in unmittelbarem räumlichem Zusammenhang zum Haushalt durchgeführt werden und dem Haushalt dienen. Hiervon sei insb. auszugehen, wenn der Steuerpflichtige als Eigentümer oder Mieter zur Reinigung und Schneeräumung von öffentlichen Straßen und (Geh)Wegen verpflichtet sei. In einem solchen Fall seien Aufwendungen für die Inanspruchnahme haushaltsnaher Dienstleistungen in vollem Umfang und nicht nur anteilig, soweit sie auf Privatgelände entfallen, nach § 35a EStG begünstigt.

Weiterer Sachverhalt und Entscheidung

Nach dem Urteil vom selben Tage zum zweiten Streitfall gilt entsprechendes bei der Inanspruchnahme von Handwerkerleistungen für Renovierungs-, Erhaltungs- und Modernisierungsmaßnahmen (nicht aber bei einem Neubau), die in unmittelbarem räumlichem Zusammenhang zum Haushalt durchgeführt werden und dem Haushalt dienen.

Im entschiedenen Fall war der Haushalt des Steuerpflichtigen nachträglich an das öffentliche Versorgungsnetz angeschlossen worden. Bei Hausanschlüssen handele es sich zwar auch insoweit als die Anschlussleitung innerhalb des Privatgrundstücks des Anschlussnehmers verlaufe um Betriebsanlagen des Wasserversorgungsunternehmens. Gleichwohl sei der Hausanschluss insgesamt und damit auch, soweit er im öffentlichen Straßenraum verlaufe, zum Haushalt zu zählen und damit als Handwerkerleistung nach § 35a EStG begünstigt.

Praxishinweis

Nach bisheriger Auffassung der Finanzverwaltung sind Arbeiten, die sowohl auf privatem als auch auf öffentlichem Gelände ausgeführt werden, aufzuteilen.[378] Es bleibt abzuwarten, wie das BMF auf die Urteile reagiert.

1.3.11 Kindergeld für verheiratete Kinder

> BFH, Urteil v. 17.10.2013,[379] III R 22/13, BStBl II 2014, S. 257;
> Vorinstanz: FG Münster, Urteil v. 24.4.2013, 5 K 3297/12 Kg, EFG 2013, S. 1242
>
> **Die Verheiratung eines Kindes kann dessen Berücksichtigung seit Januar 2012 nicht mehr ausschließen. Da es seitdem auf die Höhe der Einkünfte und Bezüge des Kindes nicht mehr ankommt, ist der sog. Mangelfallrechtsprechung die Grundlage entzogen.**
>
> Normen: § 32 Abs. 4 EStG; § 62 ff. EStG

---

[378] BMF, Schreiben v. 10.1.2014, IV C 4 – S 2296-b/07/0003:004, BStBl I 2014 S. 75, hier: Rn. 9, 15, 20 und 40; vgl. hierzu auch Kapitel B.1.3.1.
[379] Erst in 2014 veröffentlicht; vgl. auch BFH, PM v. 22.1.2014, Nr. 5.

Der Anspruch auf Kindergeld für ein volljähriges Kind entfällt nicht deshalb, weil das Kind verheiratet ist. Dies hat der BFH für die ab 2012 geltende Rechtslage entschieden.

Nach der langjährigen Rspr. erlosch der Kindergeldanspruch für ein volljähriges Kind grds. mit dessen Eheschließung. Dies beruhte auf der Annahme, dass der Anspruch auf Kindergeld oder einen Kinderfreibetrag eine typische Unterhaltssituation voraussetze, die infolge der Heirat wegen der zivilrechtlich vorrangigen Unterhaltsverpflichtung des Ehegatten regelmäßig entfalle. Der Kindergeldanspruch blieb nach dieser Rspr. nur erhalten, wenn – wie z. B. bei einer Studentenehe – die Einkünfte des Ehepartners für den vollständigen Unterhalt des Kindes nicht ausreichten und das Kind auch nicht über ausreichende eigene Mittel verfügte (sog. Mangelfall).

Diese Rspr. hat der III. Senat nun aufgegeben. Das ungeschriebene Erfordernis einer „typischen Unterhaltssituation" hatte er 2010 bereits aufgegeben.[380] Seit einer Gesetzesänderung hängt der Kindergeldanspruch (mit Wirkung ab Januar 2012) zudem nicht mehr davon ab, dass die Einkünfte und Bezüge des Kindes einen Grenzbetrag (zuletzt 8.004 € p. a.) nicht überschreiten. Damit, so der BFH, ist der sog. Mangelfallrechtsprechung seitdem die Grundlage entzogen. Wenn die übrigen Voraussetzungen für die Berücksichtigung des Kindes erfüllt sind, können Eltern seit Januar 2012 das Kindergeld auch dann beanspruchen, wenn ihr Kind z. B. mit einem gut verdienenden Partner verheiratet ist.

Praxishinweis

Der BFH hatte damit gegen die in der zentralen Dienstanweisung für die Familienkassen bis dahin niedergelegte Verwaltungsauffassung entschieden. Das BZSt hat hierauf zeitnah reagiert und die geänderte Rechtsprechung in allen noch offenen Fällen für anwendbar erklärt.[381]

1.3.12 EuGH-Vorlage zur Kindergeldberechtigung in Fällen mit EU-Auslandsbezug

> BFH, Beschluss v. 8.5.2014,[382] III R 17/13, DB 2014, S. 7;
> Vorinstanz: FG Düsseldorf, Urteil v. 13.3.2013, 15 K 4316/12 Kg, Haufe-Index 3740428
>
> Der BFH hat den EuGH im Wege des Vorabentscheidungsersuchens nach Art. 267 Abs. 3 des Vertrages über die Arbeitsweise der Europäischen Union um die Beantwortung von Rechtsfragen gebeten, die sich in Fällen mit Bezug zum EU-Ausland bei der Bestimmung des Kindergeldberechtigten ergeben können.
>
> **Normen:** §§ 32 Abs. 1 Nr. 1, 62 Abs. 1 Nr. 1, 63 Abs. 1, 64 Abs. 2 EStG

Sachverhalt

Der in Deutschland wohnende Kläger ist von seiner früheren Ehefrau, die zusammen mit dem gemeinsamen Kind in Polen lebt, geschieden. Er war zeitweise nichtselbstständig beschäftigt und zu anderen Zeiten arbeitslos. Seine Ehefrau war in Polen erwerbstätig, hatte jedoch wegen der nach polnischem Recht bestehenden Einkommensgrenze keinen Anspruch auf polnische

---
[380] Urteil v. 17.6.2010, III R 34/09, BStBl II 2010, S. 982.
[381] BZSt, Schreiben v. 5.3.2014; vgl. hierzu auch Kapitel B.1.3.4.
[382] Vgl. auch BFH, PM v. 6.8.2014, Nr. 55.

Familienleistungen. Der Kläger beantragte in Deutschland Kindergeld für das in Polen lebende Kind. Die Familienkasse lehnte den Antrag ab, weil sie der Ansicht war, dass die Kindsmutter anspruchsberechtigt sei.

Das FG gab dem Kläger Recht und verpflichtete die Familienkasse zur Kindergeldzahlung. Es war der Ansicht, die Kindergeldberechtigung des Klägers ergebe sich aus deutschem Recht. Die ab Mai 2010 geltende EU-Verordnung Nr. 883/2004, durch welche die Systeme der sozialen Sicherheit koordiniert werden sollen, sowie die dazu ergangene Durchführungsverordnung Nr. 987/2009 begründen nach Ansicht des FG keinen Kindergeldanspruch der in Polen lebenden Mutter. Das FG setzte sich in seiner Entscheidung mit Art. 60 Abs. 1 der VO Nr. 987/2009 auseinander. Die Vorschrift fingiert, dass „alle beteiligten Personen" in dem Land leben, in dem der Anspruch auf Kindergeld erhoben wird.

Wäre zu unterstellen, dass die vom Kläger geschiedene Kindsmutter mit dem gemeinsamen Kind in einer eigenen Wohnung in Deutschland lebt, so stünde ihr das Kindergeld zu, weil nach deutschem Recht bei getrennt lebenden Eltern derjenige Elternteil kindergeldberechtigt ist, der das Kind in seinen Haushalt aufgenommen hat. Das FG war jedoch der Ansicht, Art. 60 Abs. 1 der VO Nr. 987/2009 lasse den Anspruch des Klägers auf Kindergeld nach deutschem Recht nicht entfallen. Es vertrat damit die gleiche Rechtsmeinung wie die überwiegende Mehrzahl der deutschen Finanzgerichte, die sich bereits mit dieser Streitfrage befasst hatten.

Entscheidung

Im anschließenden Revisionsverfahren, das von der Familienkasse angestrengt wurde, hat der III. Senat des BFH das Verfahren ausgesetzt und den EuGH um Beantwortung der Frage gebeten, ob die in Art. 60 Abs. 1 der VO Nr. 987/2009 enthaltene Fiktion des gemeinsamen Wohnlandes dazu führt, dass das in Deutschland vorgesehene Kindergeld an den im Ausland getrennt lebenden Elternteil, bei dem das gemeinsame Kind wohnt, zu zahlen ist. Weiterhin hat er angefragt, ob für den Fall, dass der im Ausland lebende Elternteil nach dem vorgenannten Artikel kindergeldberechtigt sein sollte, der im Inland lebende Elternteil dann doch anspruchsberechtigt ist, wenn der andere Elternteil keinen Antrag auf Kindergeld gestellt hat, und nach welchem Zeitraum von einer unterbliebenen Antragstellung auszugehen wäre.

Praxishinweis

Vergleichbare Fälle sollten unter Hinweis auf das hierzu beim EuGH anhängige Verfahren[383] offen gehalten werden.

Beim EuGH ist noch ein weiteres Verfahren anhängig anlässlich eines Vorlagebeschlusses desselben BFH-Senats.[384] Hier geht es um die Frage der Anrechnung ausländischer Familienleistungen bei nicht gestelltem Antrag auf Leistungsgewährung im Wohnmitgliedstaat.

---

[383] EUGH, C–378/14, *Trapkowski/Bundesagentur für Arbeit bzw. Familienkasse Sachsen*.
[384] Beschluss v. 27.9.2012, III R 40/09, BStBl II 2014, S. 470; EuGH, C–4/13, *Fassbender-Firman/Agentur für Arbeit Krefeld bzw. Familienkasse*.

2 Im Bereich der Körperschaftsteuer

2.1 Verdeckte Gewinnausschüttung

2.1.1 vGA durch Kapitalabfindung einer Pensionszusage an den beherrschenden Gesellschafter-Geschäftsführer einer GmbH

> BFH, Urteil v. 11.9.2013, I R 28/13, BStBl II 2014, S. 726;
> Vorinstanz: FG Nürnberg, Urteil v. 27.11.2012, 1 K 229/11, Haufe-Index 4937402
>
> 1. Zahlt eine GmbH ihrem beherrschenden (und weiterhin als Geschäftsführer tätigen) Gesellschafter-Geschäftsführer aus Anlass der Übertragung von Gesellschaftsanteilen auf seinen Sohn eine Abfindung gegen Verzicht auf die ihm erteilte betriebliche Pensionszusage, obschon als Versorgungsfälle ursprünglich nur die dauernde Arbeitsunfähigkeit und die Beendigung des Geschäftsführervertrags mit oder nach Vollendung des 65. Lebensjahres vereinbart waren, ist regelmäßig eine Veranlassung durch das Gesellschaftsverhältnis und damit eine vGA anzunehmen.
>
> 2. Sagt eine GmbH ihrem beherrschenden Gesellschafter-Geschäftsführer anstelle der monatlichen Rente „spontan" die Zahlung einer Kapitalabfindung der Versorgungsanwartschaft zu, so ist die gezahlte Abfindung regelmäßig vGA.[385] Überdies unterfällt die Zahlung der Kapitalabfindung anstelle der Rente dem Schriftlichkeitserfordernis in § 6a Abs. 1 Nr. 3 EStG 2002.
>
> 3. Die Kapitalabfindung führt bei der GmbH auch dann zu einer Vermögensminderung als Voraussetzung einer vGA, wenn der Begünstigte zeitgleich auf seine Anwartschaftsrechte auf die Versorgung verzichtet und die bis dahin gebildete Pensionsrückstellung erfolgswirksam aufgelöst wird. Es gilt insofern eine geschäftsvorfallbezogene, nicht aber eine handelsbilanzielle Betrachtungsweise.[386]
>
> Normen: § 6a EStG 2002; § 8 Abs. 3 S. 2 KStG

Sachverhalt

Die klagende GmbH hatte im Jahr 1990 ihrem Gesellschafter-Geschäftsführer eine Altersversorgung in Form einer monatlichen Rentenzahlung bei Beendigung der Geschäftsführertätigkeit mit oder nach Vollendung des 65. Lebensjahres sowie weiterer Bedingungen zugesagt. Auf diese verzichtete er im Jahr 2006 im Wege eines Nachtrags zum Gesellschaftsvertrag, um seinem Sohn die GmbH frei von Belastungen übergeben zu können. Der als Gegenleistung vereinbarte Abfindungsbetrag wurde als Arbeitslohn der Lohnsteuer unterworfen und als Betriebsausgabe behandelt. Die Pensionsrückstellung wurde gewinnwirksam aufgelöst. Der Geschäftsführer übte seine Tätigkeit weiter aus. Das FA behandelte die Abfindung als vGA, die Revision zum BFH bestätigt diese Rechtsauffassung.

---

[385] Anschluss an BFH, Urteil v. 15.9.2004, I R 62/03, BStBl II 2005, S. 176.
[386] Anschluss an BFH, Urteil v. 14.3.2006, I R 38/05, BFH/NV 2006, S. 1515; Klarstellung des BFH, Urteil v. 28.4.2010, I R 78/08, BStBl II 2013, S. 41.

Entscheidung

Streitentscheidend für den BFH war, dass es an der erforderlichen vorherigen klaren und eindeutigen Absprache über die Kapitalabfindung fehlte. Den ad-hoc-Nachtrag sieht der BFH als nicht ausreichend an. Daran ändert auch der Umstand nichts, dass der Geschäftsführer bereits einen Teil seiner Anwartschaft erdient hatte (past service). Für die Annahme der vGA ist allein von Bedeutung, dass ihm die Abfindung im Zahlungszeitpunkt nicht zustand. Nach der Formulierung im (ursprünglichen) Gesellschaftsvertrag war hier die Erfüllung weiterer Bedingungen notwendig, die noch nicht eingetreten waren.

Die weiteren Folgewirkungen des Ansatzes als Betriebsausgabe und der Auflösung der Pensionsrückstellung sind für diese Betrachtungsweise ohne Bedeutung. Der BFH wendet hier eine sog. geschäftsfallbezogene, keine handelsbilanzielle Betrachtungsweise an. Die eingetretene Neutralisierung des Vorfalls (Wertsaldierung) ist daher ohne Auswirkung. Rein buchungstechnische Vorgänge werden durch die normativen Zusammenhänge überlagert. Der Versorgungsverzicht selbst stellt eine sog. verdeckte Einlage dar.

Praxishinweis

Eine Kapitalabfindung (Verzicht) führt bei einer GmbH zu einer Vermögensminderung und damit zu einer vGA, wenn der Begünstigte zeitgleich auf seine Anwartschaft auf die Versorgung verzichtet und infolgedessen die korrespondierende Pensionsrückstellung erfolgswirksam aufgelöst wird. Dennoch bleiben einige Fragen offen, z. B. wie sich der Abfindungswert bemisst oder ob der Abfindungsanlass eine Rolle spielt.

> **Literaturhinweise:** *Görden*, GmbH-StB 2014, S. 129; *Gosch*, BFH/PR 2014, S. 192; *Pezzer*, FR 2014, S. 516

2.1.2 (Mindest-)Pensionsalter bei Versorgungszusage an beherrschenden Gesellschafter-Geschäftsführer einer GmbH

> **BFH, Urteil v. 11.9.2013, I R 72/12, DB 2014, S. 755;**
> **Vorinstanz: FG Köln, Urteil v. 6.9.2012, 10 K 1645/11, EFG 2013 S. 770**
>
> **Nach § 6a Abs. 3 S. 2 Nr. 1 S. 3 EStG sind für die Berechnung des Teilwerts der Pensionsrückstellung die Jahresbeträge zugrunde zu legen, die vom Beginn des Wirtschaftsjahres, in dem das Dienstverhältnis begonnen hat, bis zu dem in der Pensionszusage vorgesehenen Zeitpunkt des Eintritts des Versorgungsfalls rechnungsmäßig aufzubringen sind. Ein Mindestpensionsalter wird hiernach auch für die Zusage gegenüber dem beherrschenden Gesellschafter-Geschäftsführer einer GmbH nicht vorausgesetzt.[387] Wurde einem ursprünglichen Minderheitsgesellschafter-Geschäftsführer einer GmbH eine Pension auf das 60. Lebensjahr zugesagt und wird der Begünstigte später zum Mehrheitsgesellschafter-Geschäftsführer, ohne dass die Altersgrenze angehoben wird, kommt es deshalb insoweit allenfalls die Annahme einer vGA, nicht aber eine Bilanzberichtigung, in Betracht.**
>
> **Normen:** § 6a EStG 2002; § 8 Abs. 3 S. 2 KStG

---

[387] Gegen R 41 Abs. 9 S. 1 EStR 2001, R 6a Abs. 8 EStR 2012.

Sachverhalt

Eine GmbH hatte 1987 ihrem damals noch Minderheitsgesellschafter-Geschäftsführer eine Pensionszusage auf das 60. Lebensjahr erteilt. Darauf basierend wurden auch die Zuführungen zur Pensionsrückstellung berechnet. Seit 2002 ist dieser Geschäftsführer nun Mehrheitsgesellschafter, die Grundlagen der Bewertung für die Pensionsrückstellung wurden jedoch nicht angepasst. Die Steuerbescheide bis einschließlich 2004 waren bereits bestandskräftig; im Jahr 2005 vertritt das FA die Auffassung, die Pensionsrückstellung sei auf das 65. Lebensjahr zu berechnen und damit Teile der Rückstellung erfolgswirksam aufzulösen. Die hiergegen erhobene Klage war überwiegend erfolgreich.

Entscheidung

Der BFH schloss sich der Ansicht des FG an. Maßgeblich für die Anerkennung einer Pensionszusage sind die Verhältnisse im Zusagezeitpunkt. Dies gilt sowohl im Hinblick auf die betriebliche Veranlassung einer solchen Zusage wie auch auf die Tatbestandsvoraussetzungen des § 6a EStG.

Der Übergang vom Minderheits- zum Mehrheitsgesellschafter ist für den Teilwert und die diesbezügliche Berechnung der Pensionsrückstellung ohne Bedeutung. Denn die Parteien haben das ursprüngliche Pensionsalter nicht verändert. Einer diesbezüglichen Korrektur im Wege der Bilanzberichtigung in der ersten offenen Schlussbilanz ist daher nicht angezeigt.

Der BFH grenzt ab zwischen innerbilanzieller Wertbestimmung im Rahmen von § 6a EStG und außerbilanzieller Zurechnung im Falle einer vGA. Das bedeutet, dass, sofern Zuführungen zu einer § 6a-konformen Pensionsrückstellung steuerlich als vGA zu werten sind, diese außerbilanziell der Bilanz zuzurechnen sind. Ist dies aus verfahrensrechtlichen Gründen nicht (mehr) möglich, ist die Berücksichtigung der vGA nicht (mehr) möglich.

Es wird im Urteil klar festgestellt, dass den gesetzlichen Bestimmung kein Mindestpensionsalter zu entnehmen ist. Daher ist auch hier für die Teilwertberechnung auf das vereinbarte Pensionsalter von 60 Jahren abzustellen. Der gegenläufigen Verwaltungsauffassung wird eine Absage erteilt.

Praxishinweis

Vom Besprechungsfall zu unterscheiden ist die Konstellation, dass die Zuführung zu einer Pensionsrückstellung deswegen als vGA zu behandeln ist, weil ein zu niedriges Pensionseintrittsalter zugrunde gelegt wurde. Dies war für den BFH hier nicht zu entscheiden.

Dennoch bleibt ungeklärt, ob ein Verstoß gegen die einschlägige Verwaltungsrichtlinie, dass das Pensionsalter bei 65 Jahren liegt, eine vGA vorliegt. Ob diese Richtlinie höchstrichterlicher Prüfung standhält, ist bisher nicht entschieden.

Ob beim Wechsel zum Mehrheitsgesellschafter eine vGA vorliegt, musste der BFH hier nicht entscheiden. Weiter ist hier dann aber zu bedenken, dass ein solcher Statuswechsel die Änderung der Pensionszusage erfordern würde. Hier stehen noch zivilrechtliche Probleme im Raum.

Literaturhinweise: *Gosch*, BFH/PR 2014, S. 198; *Pezzer*, FR 2014, S. 599; *Schwetlik*, GmbH-StB 2014, S. 130

2.1.3 vGA durch Rentenzahlung gegenüber Gesellschafter-Geschäftsführer einer GmbH nach Eintritt des Versorgungsfalls trotz Fortführung des Dienstverhältnisses

> BFH, Urteil v. 23.10.2013, I R 60/12, BFH/NV 2014, S. 781;
> Vorinstanz: FG des Landes Sachsen-Anhalt, Urteil v. 27.6.2012, 3 K 359/06, EFG 2013, S. 69
>
> Es ist aus steuerrechtlicher Sicht nicht zu beanstanden, wenn die Zusage der Altersversorgung nicht von dem Ausscheiden des Begünstigten aus dem Dienstverhältnis als Geschäftsführer mit Eintritt des Versorgungsfalls abhängig gemacht wird. In diesem Fall würde ein ordentlicher und gewissenhafter Geschäftsleiter zur Vermeidung einer vGA allerdings verlangen, dass das Einkommen aus der fortbestehenden Tätigkeit als Geschäftsführer auf die Versorgungsleistung angerechnet wird, oder aber den vereinbarten Eintritt der Versorgungsfälligkeit aufschieben, bis der Begünstigte endgültig seine Geschäftsführerfunktion beendet hat. Dass der Gesellschafter-Geschäftsführer seine Arbeitszeit und sein Gehalt nach Eintritt des Versorgungsfalls reduziert, ändert daran grds. nichts.[388]
>
> Normen: § 6a EStG; § 8 Abs. 3 S. 2 KStG

Sachverhalt

Eine GmbH hatte ihren Gesellschafter-Geschäftsführern Direktzusagen zu einer Alters-, Hinterbliebenen und Erwerbsunfähigkeitsversorgung gemacht. Diese knüpften im Streitfall lediglich an das Erreichen einer bestimmten Altersgrenze (65. bzw. 67. Lebensjahr) an. Der Gesellschafter-Geschäftsführer übte seine Geschäftsführertätigkeit auch nach Erreichen der Altersgrenze und trotz Bezug der Pension weiter aus. Die Pension wurde in voller Höhe bezogen, die Arbeitszeit war auf 20 %, das Gehalt auf 25 % reduziert worden.

Entscheidung

Der BFH erkannte auf das Vorliegen einer vGA. Entscheidend hierfür war allerdings nicht das schlichte Nebeneinander von Pensions- und Gehaltsbezug. Denn der Bezug der Pension war nicht abhängig vom Ausscheiden aus dem aktiven Dienstverhältnis. Allerdings statuiert der BFH, dass ein ordentlicher und gewissenhafter Geschäftsleiter zur Vermeidung einer vGA das Einkommen aus der Geschäftsführertätigkeit auf die Pension angerechnet hätte, oder aber der vereinbarte Eintritt der Versorgungsfälligkeit aufgeschoben worden wäre. Solches war hier nicht passiert.

Die Altersrente soll in erster Linie zur Deckung des Versorgungsbedarfs beitragen, regelmäßig also den Wegfall der Bezüge aus dem Arbeitsverhältnis ersetzen. Dass der Geschäftsführer Arbeitszeit und auch Gehalt reduziert hatte, ist für den BFH nicht von Bedeutung.

---

[388] Bestätigung und Fortführung von BFH, Urteil v. 5.3.2008, I R 12/07, BFHE 220, S. 454.

Praxishinweis

Das Urteil des BFH ist auf heftige Resonanz in der Literatur gestoßen, da das grds. Nebeneinander von Pensionsleistung und Gehaltsbezug per se nicht moniert wird.

Der Möglichkeit einer vGA kann jedoch auch auf andere Art und Weise begegnet werden. Möglich sind Beraterverträge mit der GmbH, d. h. eine freie Tätigkeit auf Honorarbasis, die jedoch nicht Art und Umfang der Tätigkeit eines Geschäftsführers entsprechen sollte. Möglich ist auch die Geschäftsführertätigkeit für eine andere GmbH des gleichen Konzerns. Oder aber wie auch vom BFH angesprochen das Hinausschieben des Versorgungsalters.

Literaturhinweise: *Görden*, GmbH-StB 2014, S. 128; *Gosch*, BFH/RP 2014, S. 196; *Hoffmann*, GmbHR 2014, S. 497; *Pezzer*, FR 2014, S. 557

2.1.4 vGA wegen vorzeitiger Kapitalabfindung einer Pensionszusage

> **BFH, Urteil v. 23.10.2013, I R 89/12, BStBl II 2014, S. 729;**
> **Vorinstanz: FG Düsseldorf, Urteil v. 6. 11. 2012, 6 K 1093/10 K,G,F, EFG 2013, S. 323**
>
> 1. Findet eine GmbH die einem beherrschenden – oder infolge gleich gelagerter Interessen steuerrechtlich als beherrschend behandelten – Gesellschafter-Geschäftsführer erteilte Zusage auf laufende Rentenzahlungen entgegen der zugrunde liegenden Versorgungsvereinbarung vor der Beendigung des Dienstverhältnisses in einem Einmalbetrag durch Auszahlung der fälligen Beträge aus eine Rückdeckungsversicherung ab, indiziert das die im Gesellschaftsverhältnis liegende Veranlassung der Kapitalabfindung.
> 2. Die Kapitalabfindung führt bei der GmbH auch dann zu einer Vermögensminderung als Voraussetzung einer vGA, wenn zeitgleich die für die Pensionszusage gebildete Pensionsrückstellung aufgelöst wird. Es gilt insofern eine geschäftsvorfallbezogene, nicht aber eine handelsbilanzielle Betrachtungsweise.
>
> **Normen:** § 6a EStG; § 8 Abs. 3 S. 2 KStG

Kernaussage der vorliegenden Fallgestaltung ist, dass eine vGA anzunehmen ist, wenn eine Pensionszusage ausbezahlt wird, obwohl nach der zugrundeliegenden Vereinbarung die Auszahlung sowohl an das Erreichen der Altersgrenze als auch an das Ausscheiden aus der GmbH geknüpft ist, der Gesellschafter aber noch weiter tätig ist.

Die Kapitalauszahlung war hier gegen die vorhandene Pensionsrückstellung gebucht worden. Damit sah das FG die vGA als kompensiert an.

Der BFH lehnt eine solche Kompensierung jedoch ab. Normspezifisch sind die Auszahlung der Pension und die Auflösung der Pensionsrückstellung streng zu trennen und unterschiedlich zu beurteilen. Denn die Pensionsauszahlung ist eine vGA und für eine solche schreibt das Gesetz vor, dass sie das Einkommen nicht mindern darf. Dies wäre aber der Fall, wenn man die Pensionsrückstellung saldierend auflösen würde.[389]

---

[389] Vgl hierzu auch BFH, Urteil v. 11.9.2013, I R 28/13, DB 2014, S. 755, Kapitel C.2.1.1.

> **Literaturhinweise:** *Gosch*, BFH/RP 2014, S. 194; *Görden*, GmbH-StB 2014, S. 129; *Pezzer*, GmbHR 2014, S. 519

2.1.5 Hinterbliebenenversorgung für neuen Lebenspartner als nicht erdienbare Neuzusage

> **BFH, Urteil v. 27.11.2013, I R 17/13, BFH/NV 2014, S. 731 (n. v.);**
> Vorinstanz: FG Berlin-Brandenburg, Urteil v. 30.1.2013, 12 K 12227/10, EFG 2013, S. 949
>
> Die Zusage einer Versorgungsanwartschaft zugunsten des neuen Lebenspartners des Gesellschafter-Geschäftsführers einer GmbH nach dem Tode der bis dahin begünstigten Ehefrau des Geschäftsführers ist eine Neuzusage. Ist der Gesellschafter-Geschäftsführer ein beherrschender und stehen ihm bei Erteilung der Neuzusage bis zum voraussichtlichen Eintritt des Versorgungsfalls weniger als zehn Dienstjahre zur Verfügung, ist die Hinterbliebenenversorgung nicht mehr erdienbar und sind die Zuführungen zu der dafür gebildeten Pensionsrückstellung als vGA zu beurteilen.
>
> **Norm:** § 8 Abs. 3 S. 2 KStG

Kernaussage der vorliegenden Entscheidung ist, dass eine Hinterbliebenenanwartschaft nicht auf eine andere Person, hier die zweite Ehefrau, übertragen werden kann. Bei Tod der Ehefrau und Neuverheiratung gilt die (neu) zugesagte Hinterbliebenenversorgung als Neuzusage mit der Folge, dass die Regelungen zur Erdienbarkeit neu anwendbar sind. Im vorliegenden Fall war der zehnjährige Erdienungszeitraum nicht mehr erreichbar. Ein „Austausch" der Anrechnungszeit ist nicht möglich.

2.1.6 Umqualifizierung von Zinsen in vGA als Verstoß gegen das Diskriminierungsverbot im DBA-USA

> **BFH, Urteil v. 16.1.2014, I R 30/12, BStBl II 2014, S. 721;**
> Vorinstanz: Hessisches FG, Urteil v. 25.1.2012, 4 K 611/08, EFG 2012, S. 1305
>
> 1. Gewährt eine nicht zur Anrechnung von Körperschaftsteuer berechtigte (ausländische) Kapitalgesellschaft ihrer unbeschränkt steuerpflichtigen (inländischen) Schwester-Kapitalgesellschaft ein Darlehen, werden die dafür gezahlten Zinsen nur dann nach § 8a Abs. 1 S. 1 Nr. 2 i. V. m. S. 2 KStG 1999 a. F. in vGA umqualifiziert, wenn auch die (gemeinsame) Muttergesellschaft nicht zur Anrechnung von Körperschaftsteuer berechtigt war.
> 2. § 8a Abs. 1 S. 1 Nr. 2 i. V. m. S. 2 KStG 1999 a. F. ist nicht mit dem Diskriminierungsverbot des Art. 24 Abs. 4 DBA-USA vereinbar.
>
> **Normen:** Art. 24 Abs. 3, 4 DBA-USA; § 8a KStG 1999 a. F.

Die vorliegende Fallgestaltung betrifft die sog. Gesellschafter-Fremdfinanzierung in der ursprünglichen Formulierung des § 8a KStG, welche bereits im Jahr 2000 durch eine Neuregelung ersetzt wurde, die aber ihrerseits wiederum gegen Gemeinschaftsrecht verstoßen hat.

Unstreitig war hier, dass die Voraussetzungen für eine Umqualifizierung der Zinsen in eine vGA nach den damals geltenden gesetzlichen Regeln vorlagen. Im Streit stand die Frage der Fremdüblichkeit der Darlehenskonditionen, die im Wege einer Escape-Klausel zur Nichtanwendbarkeit der Norm geführt hätte. Allerdings konnte der BFH diese Frage am Ende unbeantwortet lassen, da letztlich die Umqualifizierung der Zinsen gegen das Diskriminierungsverbot in den DBA-USA verstößt.

Im Gegensatz zur Ansicht der Finanzverwaltung stellt der BFH hier fest, dass eine Umqualifizierung nur dann vorzunehmen ist, wenn neben der darlehensgewährenden Schwestergesellschaft auch die gemeinsame Mutter selbst nicht zur Anrechnung der Körperschaftsteuer berechtigt war. Ansonsten führe die Vorschrift zu einer Ungleichbehandlung von Gesellschaften mit ausländischen Anteilseignern.

Praxishinweis

Zu beachten ist, dass die abkommensrechtlichen Diskriminierungsverbote mit denen des EU-Gemeinschaftsrechts meist identisch sind. Sofern daher eine Regelung mehrheitlich gebietsfremde Steuerpflichtige belastet, kann sie auch dann gegen das jeweilige Diskriminierungsverbot der DBA bzw. des EG-Vertrags verstoßen, wenn sie vereinzelt auch Inlandskonstellationen erfasst. Dies ist insb. dann zu prüfen, wenn die Drittstaatenwirkung der Kapitalverkehrsfreiheit nicht einschlägig ist.

> **Literaturhinweise:** *Böing*, GmbH-StB 2014, S. 132; *Heinsen/Nagler*, GmbHR 2014, S. 554

2.1.7 vGA infolge Ausscheidens des beherrschenden Gesellschafter-Geschäftsführers aus dem Unternehmen vor Ablauf der Erdienenszeit

> **BFH, Urteil v. 25.6.2014, I R 76/13, BFH/NV 2014, S. 1672;**
> **Vorinstanz: FG des Saarlandes, Urteil v. 18.9.2013, 1 K 1124/12, EFG 2014, S. 308**
>
> **Scheidet der beherrschende Gesellschafter-Geschäftsführer einer GmbH, dem im Alter von 58 Jahren auf das vollendete 68. Lebensjahr von der GmbH vertraglich eine monatliche Altersrente zugesagt worden ist, bereits im Alter von 63 Jahren aus dem Unternehmen als Geschäftsführer aus, wird der Versorgungsvertrag tatsächlich nicht durchgeführt. Die jährlichen Zuführungen zu der für die Versorgungszusage gebildeten Rückstellung stellen deswegen regelmäßig vGA dar.**
>
> **Norm:** § 8 Abs. 3 S. 2 KStG

Sachverhalt

Eine GmbH sagte ihrem beherrschenden Gesellschafter-Geschäftsführer W im Alter von 58 Jahren eine monatliche Altersrente auf das vollendete 68. Lebensjahr vertraglich zu. Bereits im Alter von 63 Jahren wurde die Anstellung des W als Geschäftsführer beendet. Er übte fortan nur noch eine geringfügige Tätigkeit für die GmbH aus.

Entscheidung

Der BFH sieht in den jährlichen Zuführungen zur Pensionsrückstellung der GmbH vGA. Zwischen dem Zusagezeitpunkt und dem vorgesehenen Eintritt in den Ruhestand (sog. Erdienenszeit) müssen mindestens zehn Jahre liegen. Nach dem Wortlaut der Versorgungszusage war diese auch so ausgestaltet worden. Allerdings muss die Zusage dann auch tatsächlich so durchgeführt werden, um steuerlich anerkannt zu werden. Daran scheitert es im vorliegenden Fall.

Durch das vorzeitige Ausscheiden als Geschäftsführer konnte die Versorgungszusage nicht mehr erdient werden. Generell hegt der BFH Zweifel an der Ernsthaftigkeit der Zusage, die erst im Alter von 58 Jahren erteilt worden war, angesichts der Möglichkeit, den Geschäftsführervertrag jederzeit beenden zu können. Durch die tatsächliche vorzeitige Beendigung wird dieser Zweifel noch bestärkt. Die weitere geringfügige Tätigkeit des W für die GmbH ist ohne Bedeutung, da die Versorgungszusage an die Tätigkeit als Geschäftsführer gekoppelt war. Eine andere Beurteilung des Sachverhalts wäre möglich gewesen, wenn plausible betriebliche Gründe für die vorzeitige Beendigung vorgetragen worden wären. Dies war jedoch nicht der Fall.

Literaturhinweise: *Brinkmeier*, GmbH-StB 2014, S. 279; *Gosch*, BFH/PR 2014, S. 393

2.2 Organschaft

2.2.1 Mindestlaufzeit des Gewinnabführungsvertrags: Bildung eines Rumpfwirtschaftsjahres

> **BFH, Urteil v. 13.11.2013, I R 45/12, BStBl II 2014, S. 486;**
> **Vorinstanz: Niedersächsisches FG, Urteil v. 10.5.2012, 6 K 140/10, EFG 2012, S. 1591**
>
> 1. Wird ein Gewinnabführungsvertrag auf die gesetzliche Mindestlaufzeit von fünf Zeitjahren nach § 14 Abs. 1 S. 1 Nr. 3 S. 1 KStG 2002 abgeschlossen, scheitert die steuerrechtliche Anerkennung der Organschaft weder daran, dass der Vertrag aus wichtigem Grund kündbar ist, noch daran, dass die Organgesellschaft nachfolgend ihr Wirtschaftsjahr umstellt und den Gesamtzeitraum von fünf Zeitjahren durch Bildung eines Rumpfwirtschaftsjahres verkürzt.[390]
> 2. Wird der Gewinnabführungsvertrag vorzeitig aufgehoben, weil er aus Sicht der Parteien seinen Zweck der Konzernverlustverrechnung erfüllt hat, liegt kein unschädlicher wichtiger Kündigungsgrund i. S. v. § 14 Abs. 1 S. 1 Nr. 3 S. 2 KStG 2002 vor.
>
> **Norm:** § 14 KStG 2002

---

[390] Abgrenzung zu BFH, Urteil v. 12.1.2011, I R 3/10, BStBl II 2011, S. 727.

Sachverhalt

Streitfrage der vorliegenden Entscheidung war, ob ein Gewinnabführungsvertrag aus wichtigem Grund beendet worden war und somit für das Streitjahr 2006 steuerrechtlich zu berücksichtigen ist.

Die W-KG schloss am 12.5.2005 mit ihrer 100%igen Tochtergesellschaft, einer GmbH, einen Gewinnabführungsvertrag für die Dauer von fünf Jahren ab. Der Vertrag war aus wichtigem Grund kündbar, als solcher war ausdrücklich die Veräußerung der Anteile an der Organgesellschaft vorgesehen. Bereits im November 2005 stellte die GmbH ihr Wirtschaftsjahr unter Verkürzung des laufenden Wirtschaftsjahres um. Das FA stimmte dem zu. Im März 2007 hoben die W-KG und die GmbH einvernehmlich den Gewinnabführungsvertrag auf. Daraufhin veräußerte die W-KG konzernintern die Anteile an ihrer Tochter-GmbH. Die Umstrukturierung erfolgte, um nachteilige steuerliche Konsequenzen bei der in Großbritannien ansässigen Konzernmuttergesellschaft zu vermeiden (CFC-Rules).

Entscheidung

Mit dem vorliegenden Urteil hat der BFH die Gelegenheit ergriffen, zu mehreren Themen im Bereich der Organschaft Stellung zu nehmen:

Grds. stellt der BFH fest, dass die Bildung eines Rumpfwirtschaftsjahres bei der Organgesellschaft nicht schädlich für die Anerkennung einer Organschaft ist. Entscheidend ist vielmehr, dass die Mindestlaufzeit des Gewinnabführungsvertrags nicht verkürzt wird. Insoweit wäre es auch unschädlich, wenn im Zeitpunkt des Abschlusses des Gewinnabführungsvertrags bereits ein Rumpfwirtschaftsjahr bestünde. Es muss lediglich die fünfjährige Laufzeit der Organschaft sichergestellt sein.

Weiterhin statuiert der BFH, dass allein die Vereinbarung der Kündigung des Gewinnabführungsvertrags aus wichtigem Grund nicht schädlich ist für die Wirksamkeit der Organschaft. Im Falle einer Kündigung muss dann lediglich noch im Beendigungsfall geprüft werden, ob der Kündigungsgrund „wichtig" i. S. d. § 14 Abs. 1 S. 1 Nr. 3 S. 2 KStG ist.

Bei der Beurteilung des Vorliegens eines solchen wichtigen Grundes kommt es laut BFH auf eine rein steuerliche Sichtweise an. Auf zivilrechtliche Anforderungen an den „wichtigen" Grund, z. B. aus § 297 Abs. 1 S. 2 AktG, kommt es hier nicht an. Entscheidend ist das Ziel des Gesetzgebers, dass Organschaften nicht willkürlich auflösbar sein sollen. Eine solche Verkürzung der Laufzeit soll nur bei außerordentlichen Umständen möglich sein, z. B. bei solch schwerwiegenden Konflikten, die zivilrechtlich ein Lösen vom Gewinnabführungsvertrag auch gegen den Willen des Vertragspartners rechtfertigen würden. Eine Änderung der steuerlichen Rahmenbedingungen stellt jedenfalls keinen wichtigen Grund dar.

Hier kam der BFH zur Überzeugung, dass der Gewinnabführungsvertrag faktisch sogar unter der auflösenden Bedingung der vollständigen Verlustnutzung gestanden habe. So ergab es sich aus den Umständen des Einzelfalls.

Praxishinweis

Aus dem BFH-Urteil ist zu folgern, dass auch das Anführen jedweder Gründe für die Möglichkeit zur Vertragsauflösung zunächst unschädlich ist. Die vereinbarte Organschaft bleibt davon solange unberührt, wie es tatsächlich zur Vertragsauflösung kommt. Erst dann ist zu prüfen, ob die Gründe tragfähig i. S. d. Steuerrechts sind und nicht zu einem Gestaltungsmissbrauch führen würden.

Im Bereich der Körperschaftsteuer

> **Literaturhinweise:** *Engel*, BB 2014, S. 997; *Gosch*, BFH/RP 2014, S. 200; *Herzberg*, GmbHR 2014, S. 499; *Trossen*, GmbH-StB 2014, S. 127

2.2.2 Vororganschaftlich verursachte Mehrabführungen als fiktive Gewinnausschüttungen: „Saldierungsverbot"

BFH, Urteil v. 27.11.2013, I R 36/13, BStBl II 2014, S. 651;
Vorinstanz: FG Düsseldorf, Urteil v. 15.4.2013, 6 K 4270/10 K, F, EFG 2013, S. 1262

1. Vororganschaftlich verursache Mehrabführungen einer Organgesellschaft an ihren Organträger stellen keine Gewinnausschüttungen i. S. v. §§ 8 Abs. 3, 27 KStG 1996/2002 a. F. dar.

2. Vororganschaftlich verursachte Mehrabführungen i. S. v. § 14 Abs. 3 S. 1 KStG 2002 i. d. F. des EURLUmsG sind als rein rechnerische Differenzbeträge zu begreifen. Eine Mehrabführung ist dabei zum einen nicht der Höhe nach auf den Betrag des handelsbilanziellen Jahresüberschusses begrenzt, den die Organgesellschaft (tatsächlich) an den Organträger abgeführt hat. Zum anderen kann eine tatbestandlich verwirkliche Mehrabführung auch nicht durch Saldierung mit weiteren vororganschaftlichen und/oder organschaftlichen Mehr- und Minderabführungen dem Betrag nach begrenzt werden (sog. geschäftsvorfallbezogene Betrachtungsweise).

3. Indem die so verstandenen Mehrabführungen durch § 14 Abs. 3 S. 2 KStG 2002 i. d. F. des EURLUmsG als Gewinnausschüttungen fingiert werden, handelt es sich zugleich um entsprechende Leistungen i. S. v. § 38 Abs. 1 S. 3 KStG 2002, für welche die in § 38 Abs. 2 KStG 2002 angeordnete Körperschaftsteuererhöhung zu errechnen ist.

4. Es wird die Entscheidung des BVerfG darüber eingeholt, ob § 34 Abs. 9 Nr. 4 i. V. m. § 14 Abs. 3 S. 1 KStG 2002 i. d. F. des EURLUmsG infolge Verstoßes gegen das verfassungsrechtliche Rückwirkungsgebot verfassungswidrig ist.

Normen: §§ 14 Abs. 3 S. 2 (i. d. F. des EURLUmsG), 34 Abs. 9 Nr. 2 KStG 2002

Sachverhalt

Der Normenkontrollbeschluss des BFH knüpft an den Beschluss vom 6.6.2013[391] an und wiederholt in verfassungsrechtlicher Hinsicht dessen Argumente.

Die K-GmbH, ein gemeinnütziges Wohnungsbauunternehmen, war bis einschließlich 1990 steuerbefreit. In ihrer steuerlichen Anfangsbilanz 1991 stockte sie in Abweichung zur Handelsbilanz ihre Wohnungsbestände auf die höheren Teilwerte auf. Per 1.1.2002 begründete sie mit ihrer Muttergesellschaft eine ertragsteuerliche Organschaft. Ab diesem Jahr bildete sie in der Handelsbilanz Rückstellungen für Instandhaltungen, die in der Steuerbilanz nicht ansatzfähig sind. Mit den steuerlichen Abschreibungen auf den aufgestockten Wohnungsbestand korrespondierten deswegen keine handelsbilanziellen Abschreibungen. Dennoch deckten sich in den Streitjahren 2004–2006 das handels- und das steuerbilanzielle Ergebnis annähernd, weil die handelsbilanziellen Rückstellungen den steuerbilanziellen Abschreibungen betragsmäßig

---
[391] I R 38/11, BStBl II 2014, S. 398.

in etwa entsprachen. In Streit stand nun die Frage, ob in Höhe der steuerlichen Abschreibungen eine als vGA zu behandelnde organschaftliche Mehrabführung i. S. d. § 14 Abs. 3 S. 1 KStG vorliegt.

Entscheidung

Der BFH stellt fest, dass eine geschäftsvorfallbezogene Betrachtungsweise anzuwenden ist. Diese besagt, dass sich eine vororganschaftlich verursachte Mehrabführung auf einen bestimmten Sachverhalt bezieht. Im Zuge dessen darf eine solche nicht mit einer Minderabführung aus einem anderen Sachverhalt verrechnet werden.

Bedeutsam in diesem Zusammenhang ist der gesetzlich nicht definierte Begriff der Mehrabführung. Bestimmend für eine solche ist, dass kein tatsächlicher Vermögensabfluss gefordert ist. Es genügt vielmehr eine rein rechnerische Differenz zwischen dem handelsbilanziellen Überschuss und der Steuerbilanz. Auch ist die Mehrabführung nicht auf die Höhe des Jahresüberschusses begrenzt.

Der BFH macht im Zusammenhang mit der Frage der möglicherweise unzulässigen Rückwirkung der Geltung des § 14 Abs. 3 KStG umfangreiche Ausführungen zur unterschiedlichen Rechtslage betreffend sog. Mehrabführungen. Bis 2003 existierte keine gesetzliche Regelung, nach damaliger BFH-Rspr. führten solche Mehrabführungen nicht zu vGA, sondern waren Bestandteile der organschaftlichen Ergebnisabführung (entgegen der Meinung der Finanzverwaltung). Ab dem Jahr 2004 war gesetzlich geregelt, dass vororganschaftliche Mehrabführungen vGA und derartige Minderabführungen als Einlagen zu behandeln sind, § 14 Abs. 1 und 2 KStG. Ab dem VZ 2008 gibt es durch § 14 Abs. 4 KStG eine gesetzliche Neuregelung, nach der für vororganschaftliche Mehr- bzw. Minderabführungen passivische bzw. aktivische Ausgleichsposten zu bilden sind.

Die vororganschaftlichen Mehrabführungen betrafen die Streitjahre 2004–2006, sodass der Anwendungsbereich des damaligen § 14 Abs. 3 S. 1 KStG eröffnet war. Nach damals geltendem Recht war damit eine Körperschaftsteuererhöhung nach § 38 Abs. 1 S. 3, Abs. 2 KStG verbunden. Hierzu kam es, dass § 34 Abs. 9 KStG die rückwirkende Anwendung von § 14 Abs. 3 KStG auf Mehrabführungen einer Organgesellschaft anordnete, deren Wirtschaftsjahr nach dem 31.12.2003 endete. Diese Konstellation hält der BFH für verfassungsrechtlich bedenklich, da sie möglicherweise gegen das Rückwirkungsverbot verstößt. Denn diese gesetzliche Entwicklung war im Zeitpunkt des Abschlusses des Gewinnabführungsvertrags nicht absehbar. Fraglich ist daher weiterhin, ob diese Rechtsentwicklung einen sog. wichtigen Grund darstellt, der zur Kündigung des Gewinnabführungsvertrags führen kann, ohne die steuerliche Anerkennung der Organschaft zu gefährden. Grds. sieht der BFH in Änderungen der Rechtsprechung keinen solchen wichtigen Grund. Allerdings konnten die Vertragspartner bei Abschluss des Gewinnabführungsvertrags eine solch gravierende Rechtsänderung nicht absehen. Auch darin könnte ein Verstoß gegen das Rückwirkungsverbot zu sehen sein, denn es war nicht absehbar, ob die Gerichte dies als wichtigen Grund anerkennen würden.

Nun ist die Entscheidung des BVerfG[392] abzuwarten, da dieses das alleinige Verwerfungs- bzw. Nichtanwendungsmonopol hat.

---

[392] Az. beim BVerfG 2 BvL 18/14.

Praxishinweis

→ Bei der Begründung von Organschaftsverhältnissen sollte stets geprüft werden, ob es zu vororganschaftlich verursachten Mehrabführungen kommen kann.

> **Literaturhinweise:** *Gosch*, BFH/PR 2014, S. 319; *Suchanek*, GmbHR 2014, S. 832; *Schwetlik*, GmbH-StB 2014, S. 223; *Walter*, GmbHR 2014, S. 833

2.3 Weitere Themen

2.3.1 Einlagekonto bei Regiebetrieb

> **BFH, Urteil v. 11.9.2013, I R 77/11, BFH/NV 2014, S. 105;**
> **Vorinstanz: FG Düsseldorf, Urteil v. 18.10.2001, 6 K 4267/09 K F H, EFG 2012, S. 1692**
>
> **Bei einem als Regiebetrieb geführten Betrieb gewerblicher Art führt ein nach handelsrechtlichen Grundsätzen ermittelter Jahresverlust auch dann unmittelbar zu einem entsprechenden Zugang im Einlagekonto, wenn der Betrieb seinen Gewinn durch Vermögensvergleich ermittelt und soweit der Verlust auf sog. Buchverlusten (z. B. Abschreibungen) beruht.**[393]
>
> **Normen:** §§ 4, 27 Abs. 1 und Abs. 2 S. 1 sowie Abs. 7 KStG 2002

Interessant ist das Urteil für Trägerkörperschaften der öffentlichen Hand, die einen unselbständigen Betrieb gewerblicher Art (BgA) unterhalten. Es behandelt die unterschiedlichen steuerlichen Folgen von Gewinnen und Verlusten bei Regie- und Eigenbetrieben. Damit setzt es eine Rspr. aus dem Jahr 2008 fort. Gewinne von BgA ohne eigene Rechtspersönlichkeit, die nicht den Rücklagen zugeführt werden, sind bei der Trägerkörperschaft fiktive Einnahmen aus Kapitalvermögen. BgA verfügen über kein gezeichnetes Kapital und haben damit ein gesondertes steuerliches Einlagekonto von Null. Daher können auch keine Beiträge des Einlagekontos als verwendet gelten. Alles, was an Gewinn ausschüttbar ist, ist als Einkünfte aus Kapitalvermögen nach § 20 Abs. 1 Nr. 10b EStG zu behandeln. Ausschüttbar ist grds. der erzielte Gesamtgewinn.

Handelt es sich bei dem BgA um einen sog. Regiebetrieb, wird der Gewinn nicht um Verlustvorträge reduziert. Ein solcher bilanzieller Verlustvortrag ist hier nicht möglich, der Verlust gilt im Entstehungsjahr als durch Einlagen der Trägerkörperschaft ausgeglichen und führt deshalb zu einem Zugang im Einlagekonto. Bei einem Regiebetrieb wird nicht zwischen Trägerkörperschaft und BgA getrennt. Verluste wirken sich daher nur auf das Einkommen des BgA aus, nicht auf den Gewinn und die Höhe der Kapitaleinkünfte. Dies gilt unabhängig von der Art der Gewinnermittlung. Folglich fällt dann KapErtrSt nach § 43 Abs. 1 Nr. 7c EStG an.

Das vorliegende Urteil statuiert nun, dass der dem Einlagekonto zuzuführende Verlustbetrag nach dem handelsrechtlichen Jahresergebnis nach § 275 HGB zu ermitteln ist. Dies bedeutet,

---

[393] Bestätigung und Fortführung von BFH, Urteil v. 23.1.2008, I R 18/07, BStBl II 2008, S. 573.

dass auch vom Regiebetrieb verursachte Verluste dem steuerlichen Einlagekonto gutzuschreiben sind, wenn sie auf abschreibungsbedingten Buchverlusten beruhen.

Anders verhält es sich bei Eigenbetrieben. Hier wirken sich abschreibungsbedingte Buchverluste auf die Höhe des Verlustvortrags aus und schmälern die Einkünfte der Trägerkörperschaft aus Kapitalvermögen. Hier wirkt sich der Verlustvortrag erst dann auf die Bemessungsgrundlage der Steuer auf Kapitalerträge aus, wenn der BgA wieder Gewinne erwirtschaftet.

Literaturhinweise: *Gosch*, BFH/PR 2014, S. 50; *Trossen*, GmbH-StB 2014, S. 4

2.3.2 Zinslose Darlehen zwischen Tochterkapitalgesellschaften- Verbrauch des Nutzungsvorteils als nicht abziehbare Betriebsausgabe

BFH, Urteil v. 4.2.2014, I R 32/12, BFH/NV 2014, S. 1090;

Vorinstanz: Schleswig-Holsteinisches FG, Urteil v. 22.3.2012, 1 K 264/08, EFG 2012, S. 1585

Vor Ausdehnung des § 8b Abs. 5 KStG 2002 durch das Gesetz zur Umsetzung der Protokollerklärung der Bundesregierung zum Steuervergünstigungsabbaugesetz vom 22.12.2003 auf inländische Beteiligungen unterlag der Verbrauch des Nutzungsvorteils aus dem zinslosen Darlehen, das die Tochter-GmbH I der inländischen Tochter-GmbH II gewährt hatte, in Umfang der von der GmbH II an die Mutterkapitalgesellschaft im jeweiligen Wirtschaftsjahr ausgeschütteten Gewinne (hier: vGA aufgrund eines weiteren unverzinslichen Darlehens der Tochter-GmbH II an die Tochter GmbH III) dem Abzugsverbot gem. § 3c Abs. 1 EStG 2002 i. V. m. § 8 Abs. 1 KStG 2002.

Normen: §§ 8 Abs. 1, 8b Abs. 5 KStG 2002; § 3c EStG

Sachverhalt

Fraglich war, welche steuerlichen Folgen eine zinslose Darlehensgewährung an die Schwestergesellschaft auslöst. Streitjahr war 2002.

Entscheidung

Gegenüber der Muttergesellschaft liegt eine vGA in Höhe des ersparten Zinses als sog. Nutzungsvorteile vor. Diese war nach § 8b Abs. 1 KStG steuerfrei. Solche Nutzungsvorteile können nicht Gegenstand einer Einlage bei der jeweiligen Darlehensnehmerin sein. Sie werden daher im Zusammenhang mit der Beteiligung der Muttergesellschaft an diesen Gesellschaften „verbraucht". Da dieser Aufwand (Nutzungsverbrauch) in unmittelbarem Zusammenhang mit der steuerfreien vGA steht, kann er nicht nach § 3c Abs. 1 EStG abgezogen werden.

Im Bereich der Körperschaftsteuer

Praxishinweis

→ Das Urteil erging noch zur Rechtslage 2002. Ab dem Jahr 2004 wurde § 3c Abs. 1 EStG in § 8b KStG für nicht anwendbar erklärt. Im Gegenzug wurde für nicht abzugsfähige Betriebsausgaben unmittelbar in § 8b Abs. 5 KStG eine 5%ige Pauschalierung eingeführt. Seitdem ergeben sich bei Inlandssachverhalten folgende Auswirkungen von zinslosen Darlehen zwischen Schwestergesellschaften: Auf Seiten der Schwestergesellschaften führen die Vorteilsgewährungen zur außerbilanziellen Zurechnung als vGA in Höhe des gewährten Zinsvorteils. In gleicher Höhe ist der Muttergesellschaft eine zu 95 % steuerfreie vGA zuzurechnen. Bei ihr sind die (fiktiven) Aufwendungen auf die Beteiligung an der das zinslose Darlehen aufnehmenden Tochterkapitalgesellschaft in Höhe der vGA sollständig als Betriebsausgabe abziehbar. Diese Verlagerung des Aufwands auf die Muttergesellschaft kann sich bei Fallgestaltungen, in denen die Tochter Verluste erleidet bzw. über Verlustvorträge verfügt, günstig auswirken.

Literaturhinweise: *Behrens*, BB 2014, S. 1885; *Brinkmeier*, GmbH-StB 2014, S. 195

2.3.3 Verfassungsmäßigkeit der sog. Mindestbesteuerung bei Definitiveffekten

BFH, Beschluss v. 26.2.2014, I R 59/12, BStBl II 2014, S. 1016;
Vorinstanz: FG Berlin-Brandenburg, Urteil v. 18.4.2012, 12 K 12179/09, DStRE 2013, S. 413

Es wird eine Entscheidung des BVerfG eingeholt, ob § 8 Abs. 1 KStG 2002 i. V. m. § 10d Abs. 2. S. 1 EStG 2002 i. d. F. des Gesetzes zur Umsetzung der Protokollerklärung der Bundesregierung zur Vermittlungsempfehlung zum Steuervergünstigungsabbaugesetz vom 22.12.2003[394] und ob § 10a S. 2 GewStG 2002 i. d. F. des Gesetzes zur Änderung des Gewerbesteuergesetzes und anderer Gesetze vom 23.12.2003[395] gegen Art. 3 Abs. 1 GG verstoßen.

Normen: § 8 Abs. 1 KStG 2002; § 10d Abs. 2 S. 1 EStG 2002; § 10a S. 2 GewStG 2002; Art. 3 Abs. 1 GG

Sachverhalt

In dem Vorlagebeschluss an das BVerfG geht es um die Frage der Verfassungskonformität der Mindestbesteuerung. Besonderheit des Falls ist, dass ein Gewinn aus der Wertaufholung einer Teilwertabschreibung nur teilweise mit Verlustvorträgen verrechnet werden konnte und verbleibende Verlustvorträge aufgrund einer Insolvenz endgültig untergingen. Die Verluste resultieren zudem aus der Abschreibung derselben Forderung, die später den steuerpflichtigen Gewinn aus der Wertaufholung produziert hatte.

---

[394] BStBl I 2004, S. 14.
[395] BStBl I 2004, S. 20.

Entscheidung

Der BFH stellt in seinem Vorlagebeschluss mehrfach klar, dass er die Grundkonzeption der Mindestbesteuerung trotz Zins- und Liquiditätsnachteilen für verfassungskonform hält. Durch den vollständigen Untergang der Verluste infolge Vollbeendigung der Gesellschaft sieht der Senat jedoch einen Verstoß gegen das objektive Nettoprinzip und damit gegen den Gleichheitssatz des Art. 3 Abs. 1 GG. Die Regelungen zur Mindestbesteuerung waren im Gesetzgebungsverfahren mit der Dämpfung der steuerlichen Auswirkungen konjunktureller Schwankungen begründet worden.

Als kritisch betrachtet der BFH allerdings, dass im Gesetzgebungsverfahren solche Fallkonstellationen nicht einbezogen worden waren, in denen der Untergang der Verluste unumkehrbar ist. Ein Gestaltungsmissbrauch war im vorliegenden Fall nicht ersichtlich. Der Gesetzgeber hat aber seinerzeit solche Fälle nicht geregelt, die offenbar dem Sinn der Mindestbesteuerung zuwiderlaufen. Insoweit ist von mangelnder Verfassungskonformität auszugehen.

Aufgrund des eindeutigen Wortlauts der gesetzlichen Regelung ist eine verfassungskonforme Auslegung der Vorschriften nicht möglich. Auch ein Ausweichen auf Billigkeitsregelungen erscheint dem BFH nicht angebracht, da durch solche Maßnahmen die Grundstruktur der Mindestbesteuerung geändert werden würde.

Das Gesagte gilt auch für die Regelungen der Mindestbesteuerung in der Gewerbesteuer. Hier weicht der I. Senat von der Rechtsansicht des IV. Senats ab, welcher davon ausging, dass die Besonderheiten der Gewerbesteuer eine ausreichende Rechtfertigung für die Mindestbesteuerung darstellen. Der hier vorlegende I. Senat allerdings sieht gewerbesteuerlich bei Einzelunternehmen und Personengesellschaften, bei denen auf den Zeitraum der werbenden Tätigkeit abgestellt wird, und bei Körperschaften, für die deren rechtliche Existenz maßgeblich ist, eine vergleichbare Situation.

Der Beschluss setzt sich umfangreich mit dem Meinungsstand in der Literatur und auch in der Rechtsprechung auseinander. Abzuwarten bleibt nun die Entscheidung des BVerfG.[396]

Praxishinweis

Sofern das BVerfG die Bedenken des I. Senats zur Mindestbesteuerung teilt und die Regelungen zur Mindestbesteuerung verwirft, ist wiederum der Gesetzgeber gefragt. Die Regelungen zur Mindestbesteuerung müssten dann mit Ausnahmetatbeständen versehen werden – keine leichte Aufgabe.

> **Literaturhinweise:** *Ernst*, BB 2014, S. 2529; *Gosch*, BFH/PR 2014, S. 390; *Hennigfeld*, DB 2014, S. 2189

---

[396] Az. beim BVerfG 2 BvL 19/14.

2.3.4 Abziehbarkeit von Veräußerungskosten bei einer Anteilsveräußerung nach § 8b Abs. 2 KStG 2002

> BFH, Urteil v. 12.3.2014, I R 45/13, BStBl II 2014, S. 719;
> Vorinstanz: FG Hamburg, Urteil v. 16.5.2013, 3 K 162/12, EFG 2013, S. 1605
>
> 1. Die in § 8b Abs. 2 S. 1 KStG 2002 angeordnete Freistellung der Gewinne aus der Veräußerung von Kapitalanteilen bezieht sich auf einen um etwaige Veräußerungskosten gekürzten Nettobetrag, von welchem nach § 8b Abs. 3 S. 1 KStG 2002 sodann 5 v. H. als fiktive nichtabziehbare Betriebsausgaben behandelt werden.
> 2. Zu den Veräußerungskosten i. S. v. § 8b Abs. 2 S. 2 KStG 2002 gehören alle Aufwendungen, welche durch die Veräußerung der Anteile veranlasst sind.
>
> **Norm:** § 8b Abs. 2 und 3 KStG 2002

Der BFH erhielt mit dem vorliegenden Urteil Gelegenheit, den Begriff der Veräußerungskosten im Zusammenhang mit einer Anteilsveräußerung zu konkretisieren. Er knüpft dabei an die im gesamten Ertragsteuerrecht maßgebliche Auffassung an.

Sachverhalt

Hintergrund der Entscheidung war folgender Sachverhalt. Eine GmbH war alleinige Gesellschafterin einer weiteren GmbH, deren Anteile sie allesamt im Streitjahr veräußerte. Hierbei fielen nicht unerhebliche Rechts- und Beratungskosten an. Im Zusammenhang mit dieser Veräußerung traf die GmbH mit ihrem Geschäftsführer eine Vereinbarung, dass ihm „im Anerkennung seiner langjährigen Leistungen für die gesamte Unternehmensgruppe" eine Tantieme nach Abschluss des Anteilskaufvertrags zugesagt wurde. Streitig war nun, ob die Rechts- und Beratungskosten und auch die Tantieme unter den Begriff der Veräußerungskosten zu fassen sind.

Entscheidung

FG wie auch der BFH kommen zu der Erkenntnis, dass nur die Rechts-und Beratungskosten Veräußerungskosten i. S. d. § 8b Abs. 2 S. 2 KStG 2002 sind, nicht jedoch die Tantieme. Diese sei nur anlässlich der Veräußerung angefallen, nicht jedoch kausal an den Veräußerungsverkauf gebunden.

Veräußerungskosten sind solche, die wegen der Veräußerung angefallen sind, nicht lediglich in zeitlichem Zusammenhang mit dieser. Es ist auf den sog. Veranlassungszusammenhang abzustellen. Die Abgrenzung ist danach vorzunehmen, ob eine größere Nähe der Aufwendungen zur Veräußerung als zum laufenden Gewinn festzustellen ist. Dies ergibt sich aus der Wortgleichheit mit anderen Gesetzesfundstellen im Ertragsteuerrecht wie auch aus der übereinstimmenden wirtschaftlichen Sachlage und der Einheit der Rechtsordnung. Aus dem Gesetz sind keine Gründe ersichtlich, von diesem Regelungszusammenhang des § 8b Abs. 2 KStG abzuweichen.

Dem oftmals geäußerten Argument, so würden ein und dieselben Kosten doppelt berücksichtigt, nämlich über die Verkürzung des steuerfreien Gewinns einerseits und als Gegenstand der typisierenden Schachtelstrafe und des damit verbundenen Abzugsverbots, erteilt der BFH eine Absage unter Hinweis auf den eindeutigen Wortlaut der Norm.

Der BFH gibt allerdings zu bedenken, dass es sich bei der Tantieme möglicherweise um eine vGA handeln könnte, was aber erst durch eine weitere Sachverhaltsermittlung feststellbar ist. Insofern wurde der Rechtsstreit an das FG zurückverwiesen. Möglicherweise ist hier der formelle Fremdvergleich verletzt.

Praxishinweis

Das Urteil gibt weitere Argumentationshilfe bei der Unterscheidung zwischen laufenden Betriebsausgaben und veräußerungsbezogenen Kosten – ein Punkt, der im Rahmen von Betriebsprüfungen oder generell mit dem FA häufig zu Streitigkeiten führt.

> **Literaturhinweise:** *Gosch*, BFH/PR 2014, S. 313; *Riedel*, FR 2014, S. 808; *Schimmele*, GmbH-StB 2014, S. 192

2.3.5 Auslegung und Verfassungsmäßigkeit des Abzugsverbots in § 8b Abs. 3 S. 3 und 4 KStG 2002 n. F.

> **BFH, Urteil v. 12.3.2014, I R 87/12, BStBl II 2014, S. 859;**
> **Vorinstanz: FG Düsseldorf, Urteil v. 19.10.2012, 6 K 2439/11 F, EFG 2013, S. 1068**
>
> 1. Es ist weder aus rechtssystematischer noch aus verfassungsrechtlicher Sicht zu beanstanden, dass § 8b Abs. 3 S. 3 KStG 2002 n. F. auch den Abzug von Veräußerungsverlusten und Teilwertabschreibungen ausschließt.[397]
> 2. Das in § 8b Abs. 3 S. 4 KStG 2002 n. F. angeordnete Abzugsverbot für Gewinnminderungen im Zusammenhang mit einer Darlehensforderung oder aus der Inanspruchnahme von Darlehenssicherheiten erfordert nur, dass der Gesellschafter, der das Darlehen oder die Sicherheit gewährt, zu irgendeinem Zeitpunkt während der Darlehenslaufzeit zu mehr als einem Viertel am Grund- oder Stammkapital der Körperschaft beteiligt ist oder war. Auf den Zeitpunkt (nur) der Darlehensbegebung oder den Eintritt (nur) der Gewinnminderung kommt es nicht an.
> 3. Das in § 8b Abs. 3 S. 4 KStG 2002 n. F. enthaltene Abzugsverbot ist verfassungsgemäß.
>
> **Norm:** § 8b Abs. 3 S. 3 und 4 KStG 2002 n. F.

Gewinnminderungen, die im Zusammenhang mit einem Anteil an einer Körperschaft entstehen, deren Leistungen beim Empfänger zu Einnahmen i. S. d. § 20 Abs. 1 Nr. 1, 2, 9, 10a EStG gehören, sind bei der Ermittlung des Einkommens nicht zu berücksichtigen, schreibt § 8b Abs. 3 S. 3 KStG 2002 n. F. vor. Diese Regelung gilt seit dem VZ 2008. Solche Gewinnminderungen sind auch im Zusammenhang mit einer Darlehenshingabe eines Gesellschafters zu sehen, der unmittelbar oder mittelbar am Grund- bzw. Stammkapital der Körperschaft beteiligt ist oder war.

Mit dem vorliegenden Urteil judiziert der BFH einerseits, dass er die vorgelegten Normen für verfassungsgemäß hält. Sinn der gesetzlichen Regelung war es zu verhindern, dass das Ab-

---

[397] Bestätigung von BFH, Urteil v. 13.10.2010, I R 79/09, BFHE 231, S. 529.

zugsverbot des § 8b Abs. 3 KStG 2002 n. F. durch Gesellschafterdarlehen unterlaufen wird. Dies kann der Gesetzgeber in typisierender Weise tun.

Streitpunkt war jedoch auch, auf welchen Zeitpunkt für die qualifizierte Mindestbeteiligung abzustellen ist – auf den Zeitpunkt der Darlehensbegebung oder auf irgendeinen beliebigen Zeitpunkt während der Darlehenslaufzeit. Ausgehend vom Wortlaut lässt es der BFH genügen, wenn die Mindestbeteiligung zu irgendeinem Zeitpunkt gegeben ist. Auch der Regelungszweck stützt dieses Ergebnis. Eine möglicherweise überschießende Tendenz der Regelung ist hinzunehmen.

Praxishinweis

Einschränkung erfährt die gesetzliche Regelung nur durch die Möglichkeit, den Gegenbeweis der Fremdüblichkeit anzutreten. Gerade in Krisenzeiten könnte dies allerdings schwierig sein.

Literaturhinweise: *Gosch*, BFH/PR 2014, S. 318; *Görden*, GmbH-StB 2014, S. 194

2.3.6 Verluste aus Termingeschäften als Veräußerungskosten nach § 8b Abs. 2 S. 1 KStG 2002

BFH, Urteil v. 9.4.2014, I R 52/12, BStBl II 2014, S. 861;
Vorinstanz: FG Düsseldorf, Urteil v. 12.6.2012, 6 K 2435/09 K, EFG 2012, S. 2055

1. **Die in § 8b Abs. 2 S. 1 KStG 2002 angeordnete Freistellung der Gewinne aus der Veräußerung von Kapitalanteilen bezieht sich auf einen um etwaige Veräußerungskosten gekürzten Nettobetrag, von welchem nach § 8b Abs. 3 S. 1 KStG 2002 sodann 5 v. H. als fiktive nichtabziehbare Betriebsausgaben behandelt werden.**
2. **Zu den Veräußerungskosten i. S. v. § 8b Abs. 2 S. 2 KStG 2002 gehören alle Aufwendungen, welche durch die Veräußerung der Anteile veranlasst sind. Das können bei Wertpapiergeschäften auch die Verluste aus der Veräußerung von Zertifikaten auf die entsprechenden Aktien sein.**

Norm: § 8b Abs. 2 S. 1 und S. 2 sowie Abs. 3 S. 1 KStG 2002

Sachverhalt

Die klagende GmbH hatte im Streitjahr 2005 verschiedene Aktiengeschäfte sowie Termingeschäfte auf Aktien und Zertifikate durchgeführt. Sie hatte Aktien erworben und wiederum veräußert, teilweise nach Ablauf eines Termingeschäfts mit einer Bank. Nach dem zugrundeliegenden Plan war es ihr zum Veräußerungstermin jeweils möglich, Aktien zu liefern wahlweise auch Aktienzertifikate. Die Gewinne aus der Veräußerung der Aktien waren nach Auffassung der Klägerin steuerfrei nach § 8b Abs. 2 KStG, während die Verluste aus den Verkäufen der Aktienzertifikate in voller Höhe gewinnmindernd berücksichtigt werden sollten.

Entscheidung

Gegen diese Rechtsauffassung sprachen sich sowohl FA wie auch FG und der BFH aus. Die Verluste aus den Zertifikatgeschäften stellen sog. Veräußerungskosten im Zusammenhang mit den Aktienverkäufen dar. Sie sind bei der Errechnung des steuerbegünstigten Veräußerungsgewinns zu berücksichtigen und nicht isoliert als Betriebsausgaben abziehbar.

Der BFH weist auf die vielfach bereits geäußerte Definition der Veräußerungskosten hin, die allgemein für das Ertragsteuerrecht Gültigkeit aufweist. Abzugrenzen ist nach dem Veranlassungszusammenhang. Veräußerungskosten sind von den laufenden Kosten nach dem jeweils auslösenden Moment abzugrenzen. Zu fragen ist daher, ob sie eine größere Nähe zur Veräußerung oder zum laufenden Gewinn haben.

Für die vorliegende Fallgestaltung war daher zu entscheiden, ob ein solcher „wertender Zusammenhang" zwischen den Aktienverkäufen und den Termingeschäften bestand. Nach Ansicht des BFH war dies aus folgenden Gründen der Fall:

- Die Zertifikatgeschäfte waren nach einem vorher festgelegten Konzept als Gegenfinanzierung zu den Veräußerungsgewinnen eingegangen worden. Sie waren nach ihrem wirtschaftlichen Sinn unmittelbar auf die Aktienverkäufe bezogen und ergaben bei isolierter Betrachtung für sich genommen wirtschaftlich keinen Sinn.

- Unerheblich ist, dass die Verluste nicht „zwangsläufig" bei derartigen Geschäften anfallen.

- Auch die Tatsache, dass Aktienverkäufe und Zertifikatgeschäfte voneinander unabhängige, selbstständige Rechtsgeschäfte waren, ist ebenso wenig von Bedeutung wie die Tatsache, dass Gewinn und Verlust nicht zeitgleich angefallen sind.

- Dem sog. Veranlassungszusammenhang steht nicht entgegen, dass nach § 15 Abs. 4 S. 3 EStG ein Verlustabzug bei Termingeschäften eingeschränkt ist.

- Auch soll der Veranlassungszusammenhang nicht voraussetzen, dass die Verluste aus den angekauften Zertifikaten Anschaffungsnebenkosten der veräußerten Anteile darstellen.

Zu ähnlichen Fallgestaltungen hatte der BFH bereits im Zusammenhang bei Stillhalterprämien bei Optionsgeschäften zu entscheiden. Diese sind nicht nach § 8b Abs. 2 KStG begünstigt.

Der oftmals geäußerten Kritik einer Doppelbelastung durch die komprimierte Nettobetrachtung der Veräußerungskosten und der gleichzeitigen Schachtelstrafe erteilt der BFH ein weiteres Mal eine Absage.

Praxishinweis

Das Thema Veräußerungskosten war in diesem Jahr wiederholt Thema von Entscheidungen des BFH. Einen guten Überblick zum Meinungsstand bietet der Artikel von *Roser* (s. u.).

Um die vorliegende Zusammenfassung mit dem Sicherungsgeschäft zu umgehen, könnte man die Sicherungsgeschäfte auf eine andere Gesellschaft auslagern. Allerdings muss dann bei der z. B. Schwester-GmbH das Sicherungsgeschäft auch wirtschaftlich sinnvoll bzw. begründbar sein.

Literaturhinweise: *Ebel*, FR 2014, S. 803; *Gosch*, BFH/PR 2014, S. 315; *Roser*, GmbHR 2014, S. 770; *Schwetlik*, GmbH-StB 2014, S. 193

Im Bereich der Körperschaftsteuer

2.3.7 Nachträgliche Veränderung des Veräußerungspreises und der -kosten als stichtagsbezogene Teile des Veräußerungsgewinns i. S. v. § 8b Abs. 2 S. 2 KStG

> **BFH, Urteil v. 12.3.2014, I R 55/13, BFH/NV 2014, S. 1329;**
> **Vorinstanz: FG Köln, Urteil v. 8.5.2013, 9 K 1272/10, EFG 2013, S. 1690**
>
> Die Ermittlung des Veräußerungsgewinns nach § 8b Abs. 2 S. 1 und 2 KStG 2002 erfolgt stichtagsbezogen auf den Veräußerungszeitpunkt. Nachträgliche Veränderungen des Veräußerungspreises aus einem Anteilsverkauf (hier infolge eines Streitvergleichs) sowie nachträglich angefallen Veräußerungskosten wirken deswegen gewinnmindernd auf den Veräußerungszeitpunkt zurück. Das betrifft nicht nur die nach § 8b Abs. 2 und 3 KStG 2002 (außerbilanziell) vorzunehmende Einkommenskorrektur, sondern auch die (ebenfalls außerbilanziell) vorzunehmende (Gegen-) Korrektur des daraus abzuleitenden steuerbilanziellen Gewinns.
>
> **Norm:** § 8b Abs. 2 und 3 KStG 2002

Mit dem vorliegenden Urteil setzt der BFH seine Rspr. aus dem Jahr 2010[398] fort, als er festgestellt hat, dass die Ermittlung des Veräußerungsgewinns stichtagsbezogen auf den Veräußerungszeitpunkt erfolgt. Insoweit können auch nachträgliche Wertänderungen des Veräußerungspreises rückbezogen werden.

Der BFH präzisiert dies nun dahingehend, dass solche nachträglichen Veränderungen auch auf den Umfang der Steuerfreistellung nach § 8b Abs. 2 KStG durchschlagen. Der Gewinn ist somit außerbilanziell und unter Beachtung der sog. Schachtelstrafe nach § 8b Abs. 3 S. 1 KStG anzupassen. Etwaige Folgekorrekturen sind in den Folgejahren ebenfalls außerbilanziell vorzunehmen. Dies kann z. B. im Hinblick auf den anzuwendenden Steuersatz, die sog. Mindestbesteuerung oder andere Verlustabzugsbeschränkungen Auswirkungen haben.

Als Quintessenz ist somit festzustellen, dass unter Veräußerungspreis im hier maßgeblichen Sinne der Betrag zu verstehen ist, den der Veräußerer im Ergebnis tatsächlich vereinnahmt. Dieser kann sich wie im vorliegenden Fall auch durch einen außergerichtlichen Vergleich wertmäßig verändern.

Praxishinweis

Verfahrenstechnisch wird die Rückwirkung über § 175 Abs. 1 S. 1 Nr. 2 AO dargestellt.

Noch ist nicht klar, ob diese Ansicht von der Finanzverwaltung geteilt wird. Der Rechtsprechung des BFH steht damit nach wie vor das BMF-Schreiben vom 13.3.2008[399] entgegen.

> **Literaturhinweise:** *Gosch*, BFH/PR 2014, S. 31; *Hahne*, BB 2014, S. 1827; *Schimmele*, GmbH-StB 2014, S. 191

---

[398] BFH v. 22.12.2010, I R 58/10, BFHE 232, S. 185.
[399] IV B 7 – S2750-a/007/0002, BStBl I 2008, S. 506.

2.3.8 Ausgabe von Presseausweisen als wirtschaftlicher Geschäftsbetrieb

> BFH, Urteil v. 7.5.2014, I R 65/12, BFH/NV 2014, S. 1670;
> Vorinstanz: FG Düsseldorf, Urteil v. 10.7.2012, 6 K 218/10 K, EFG 2012, S. 2060
>
> Ein nach § 5 Abs. 1 Nr. 5 KStG 2002 steuerbefreiter Berufsverband von Zeitungsverlegern, der gegen Entgelt Presseausweise an Journalisten ausgibt, die nicht bei einem seiner Verbandsmitgliedern beschäftigt sind, unterhält insoweit einen steuerpflichtigen wirtschaftlichen Geschäftsbetrieb.
>
> Norm: § 5 Abs. 1 Nr. 5 KStG 2002

Sachverhalt

Kläger war ein eingetragener Verein, der als Zusammenschluss von Zeitungsverlegern als Berufsverband von der Körperschaftsteuer befreit war. Der Verein gab Presseausweise heraus, jeweils unentgeltlich an Vereinsmitglieder bzw. gegen Entgelt an Nichtmitglieder. In dieser entgeltlichen Abgabe an Nichtmitglieder sahen FA, FG und BFH einen wirtschaftlichen Geschäftsbetrieb, der von der Steuerbefreiung ausgeschlossen ist.

Entscheidung

Der BFH argumentiert, dass die genannte Tätigkeit selbstständig i. S. d. § 14 Abs. 1 S. 1 AO ist. Sie wird sachlich selbstständig und abgegrenzt vom steuerbegünstigten Bereich ausgeübt. Auch steht sie nicht in einem Abhängigkeitsverhältnis von den anderen Tätigkeiten des Vereins, sodass die eine Tätigkeit nicht ohne die andere ausgeübt werden könnte. Selbständigkeit und Dienlichkeit schließen einander nicht aus.

Auch die fehlende Wettbewerbsrelevanz schließt die wirtschaftliche Betätigung nicht aus. Denn potentiell wäre ein solcher Wettbewerb zumindest denkbar.

3 Im Bereich der Lohnsteuer

3.1 Pauschalierung nach § 37b EStG

3.1.1 Keine Lohnsteuerpauschalierung für nicht steuerpflichtige Zuwendungen

> BFH, Urteil v. 16.10.2013, VI R 57/11, BFH/NV 2014, S. 399;
> Vorinstanz: FG Düsseldorf, Urteil v. 6.10.2011, 8 K 4098/10 L, EFG 2012, S. 81
>
> § 37b EStG erfasst nur solche betrieblich veranlassten Zuwendungen, die beim Empfänger dem Grunde nach zu einkommensteuerbaren und einkommensteuerpflichtigen Einkünften führen.
>
> § 37b EStG begründet keine weitere eigenständige Einkunftsart, sondern stellt lediglich eine besondere pauschalierende Erhebungsform der Einkommensteuer zur Wahl.
>
> **Normen:** §§ 2 Abs. 1, 37b Abs. 1 S. 1 Nr. 1 und Abs. 2 EStG

Sachverhalt

Die Klägerin, eine Holdinggesellschaft eines internationalen Technologiekonzerns, veranstaltete im Streitjahr 2007 ein Management-Meeting, zu dem auch Mitarbeiter ausländischer Konzerngesellschaften eingeladen waren. Im Rahmen der Veranstaltung wurden den Teilnehmern betrieblich veranlasste Sachzuwendungen i. H. v. rd. 124.000 € gewährt. Die Klägerin hatte für die Pauschalierung nach § 37b EStG optiert, pauschalierte die Sachzuwendungen jedoch nur in dem Umfang, wie sie den inländischen Konzernmitarbeitern gewährt wurden.

Das FA ermittelte im Rahmen einer LSt-Außenprüfung die Pauschalsteuer bezogen auf die 124.000 € und erließ über den Differenzbetrag einen entsprechenden Nachforderungsbescheid.

Nach erfolgreicher Klage rügte das FA im Revisionsverfahren die Verletzung materiellen Rechts und beantragte, das angefochtene Urteil aufzuheben und die Klage abzuweisen.

Entscheidung

Die Revision war unbegründet und daher zurückzuweisen. Das FG hatte zu Recht entscheiden, dass der Pauschalierung nach § 37b EStG nur betrieblich veranlasste Sachzuwendungen unterliegen, die beim Empfänger zu einkommensteuerbaren Einkünften führen.

In der Urteilsbegründung führt der Senat aus, dass § 37b EStG keine weitere eigenständige Einkunftsart und auch keinen sonstigen Steuertatbestand begründe. Die Pauschalierungsvorschrift stelle lediglich die Erhebungsform der ESt in einem pauschalierten Verfahren zur Wahl. Dementsprechend unterliegen nur solche Sachzuwendungen der Pauschalversteuerung, die beim Empfänger als steuerpflichtige Einnahme zu erfassen seien. Diese Beurteilung folge nach Auffassung des BFH aus dem Wortlaut sowie aus rechtssystematischen Gründen und der Einordnung der Vorschrift in das Gesamtgefüge des EStG. Eine andere Auffassung ergebe sich weder aus der Entstehungsgeschichte noch aus den zu § 37b EStG vorliegenden Gesetzesmaterialien.

Nach dem eindeutigen Wortlaut setze § 37b Abs. 1 EStG voraus, dass eine ESt „für" bestimmte Zuwendungen entstanden sei; ein anderer Besteuerungstatbestand sei der Vorschrift nicht zu entnehmen. Ebenso sei der Verweis in § 2 Abs. 1 EStG auf die Vorschriften der §§ 13 und 24 EStG nicht um einen Verweis auf § 37b EStG erweitert worden.

Systematisch gesehen ergebe sich aus § 37b EStG auch kein Anhaltspunkt, dass mit der Vorschrift ein neuer Besteuerungstatbestand geschaffen wurde. Denn die ESt erfasse nur solche Einkünfte, die der Steuerpflichtige „aus" einer bestimmten Erwerbsgrundlage erziele, indem er eine Erwerbsgrundlage nutze und daraus einen Gewinn oder einen Überschuss erwirtschafte.

Rechtssystematisch findet sich die Regelung zur Pauschalierung der ESt in Abschn. VI. – also der Steuererhebung – des EStG. Die Erhebung setze notwendigerweise die Einkommensteuerbarkeit und die Steuerpflicht von Einkünften voraus. Daran schließe sich die Vorschrift an und normiere selbst gerade keinen eigenen Steuertatbestand.

Auch das Zusammenwirken der beiden ersten Absätze von § 37b EStG stütze nach Ansicht des BFH das zuvor beschriebene Grundverständnis der Pauschalierungsvorschrift. Denn Absatz 2 erfasst nur solche Zuwendungen an Arbeitnehmer, die „zusätzlich zum ohnehin geschuldeten Arbeitslohn" hinzutreten, dementsprechend müssen zunächst dem Grunde nach Einkünfte aus nichtselbstständiger Tätigkeit vorliegen, die nur im Hinblick auf ihre Bewertung einer vereinfachenden Pauschalierung unterworfen werden sollen.

Schließlich ergebe sich auch aus den Gesetzesmaterialien, insb. aus der BT-Drs. 16/2712, S. 55 f. und der BR-Drs. 622/06, S. 19 f. und 91 ff. keine Anhaltspunkte dafür, dass die Pauschalversteuerung nach § 37b EStG nicht auf den Zufluss steuerbarer und steuerpflichtiger Zuwendungen abstelle. Die Begründung zum JStG 2007 gehe vielmehr selbst von einem grds. steuerpflichtigen, wenn auch z. T. schwierig zu bewertenden geldwerten Vorteil aus. Dort heißt es, dass es sich für den Empfänger der Zuwendung regelmäßig um einen steuerpflichtigen Vorteil handele, dessen Wert häufig schwer zu ermitteln sei.[400] Insgesamt ergebe sich aus den Materialien, dass dem Grunde nach ein nach den allgemeinen Grundsätzen einkommensteuerbarer Vorteil vorliegt und § 37b EStG lediglich die Bewertung von Sachzuwendungen durch eine pauschalierende Wertermittlung erleichtern solle. Dementsprechend sei etwa ausdrücklich die Rede davon, dass § 37b EStG nur Sachzuwendungen treffen solle, weil für Barzuwendungen keine weitere Vereinfachung im Besteuerungsverfahren erforderlich sei. Nichts anderes folge aus dem nur in der Gesetzesbegründung verwendeten unspezifischen Begriff des Steuerausländers, der gemeinsam mit den Geringverdienern Grund für einen gewichteten Durchschnittssteuersatz sein solle.

Aus den vorgenannten Gründen folgt der BFH ausdrücklich nicht der Verwaltungsmeinung,[401] die unabhängig davon, ob die Sachzuwendung innerhalb einer Einkunftsart zufließt, die Pauschalsteuer erheben möchte.

---

[400] BT-Drs 16/2712, S. 55.
[401] BMF, Schreiben v. 28.4.2008, IV B 2 – S 2297-b/07/0001, BStBl I 2008, S. 566, Rz. 13.

3.1.2 Lohnsteuerpauschalierung für Geschenke

> **BFH, Urteil v. 16.10.2013, VI R 52/11, BFH/NV 2014, S. 397;**
> **Vorinstanz: FG Hamburg, Urteil v. 20.9.2011, 2 K 41/11, EFG 2012, S. 82**
>
> § 37b Abs. 1 S. 1 Nr. 2 EStG erfasst die Einkommensteuer, die durch Geschenke i. S. d. § 4 Abs. 5 S. 1 Nr. 1 EStG entsteht, wenn und soweit der Empfänger dieser Geschenke dadurch Einkünfte i. S. d. § 2 Abs. 1 S. 1 i. V. m. §§ 13 bis 24 EStG erzielt.
>
> § 37b Abs. 1 S. 1 Nr. 2 EStG bezieht sich auf alle Geschenke i. S. d. § 4 Abs. 5 S. 1 Nr. 1 EStG unabhängig davon, ob ihr Wert 35 € überschreitet.
>
> **Normen:** §§ 4 Abs. 5 S. 1 Nr. 1, 37b Abs. 1 S. 1 Nr. 2 EStG

Sachverhalt

Im Urteilsfall stritt die Klägerin, eine Kapitalgesellschaft, die nach den Feststellungen einer LSt-Außenprüfung in den Jahren 2007 bis 2009 ihren Kunden und Geschäftsfreunden Geschenke zukommen ließ und zur Pauschalierung nach § 37b Abs. 1 EStG optiert hatte, darüber, ob Sachzuwendungen an Nichtarbeitnehmer im Wert zwischen 10 € und 35 € der Pauschalversteuerung unterliegen.

Im finanzgerichtlichen Verfahren machte die Klägerin geltend, dass Geschenke im Wert zwischen 10 € und 35 € nicht nach § 37b Abs. 1 EStG zu pauschalieren seien. Nach dem einschlägigen BMF-Schreiben[402] wende die Finanzverwaltung zu Unrecht eine Grenze von 40 € bei eigenen Arbeitnehmern an; wohingegen bei Nichtarbeitnehmern lediglich eine Nichtaufgriffsgrenze von 10 € zu beachten sei. Ferner wurde vorgetragen, dass Geschenke auch nur insoweit der Besteuerung unterworfen werden dürften, als sie beim Empfänger zu steuerpflichtigen Einnahmen führten.

Nach erfolglosem FG-Verfahren rügte die Klägerin mit ihrer Revision die Verletzung von § 37b EStG und beantragte, das vorinstanzliche Urteil aufzuheben und den Nachforderungsbescheid um die strittigen Steuerbeträge herabzusetzen.

Entscheidung

Die Revision war begründet. Sie führte zur Aufhebung des angefochtenen Urteils und zur Zurückverweisung der Sache an das FG zur anderweitigen Verhandlung und Entscheidung, denn die bisherigen Feststellungen des FG ermöglichten es dem BFH nicht, ein abschließendes Urteil zu sprechen.

In der Urteilsbegründung führte der BFH zunächst unter Verweis auf die Rs. VI R 52/11[403] erneut darauf hin, dass § 37b EStG keine gesonderte Einkunftsart begründe, sondern dass die Zuwendung Steuerbarkeit und Steuerpflicht derselben voraussetze.

Weiterhin stellte der Lohnsteuersenat klar, dass sich § 37b Abs. 1 S. 1 Nr. 2 EStG auf alle Geschenke i. S. d. § 4 Abs. 5 S. 1 Nr. 1 EStG beziehe und zwar unabhängig davon, ob ihr Wert 35 € überschreite oder nicht. Wenn eine Sachzuwendung beim Empfänger im Rahmen einer Einkunftsart zufließe, dann sei diese ungeachtet einer Wertgrenze in die Pauschalierung nach § 37b EStG einzubeziehen. Mithin unterliegen damit auch Geschenke bis zu einem Wert von 10 € der Pauschalversteuerung.

---

[402] BMF, Schreiben v. 28.4.2008, IV B 2 – S 2297-b/07/0001, BStBl I 2008, S. 566, Rz. 13.
[403] Urteil v. 16.10.2013, BFH/NV 2014, S. 397.

Schließlich führt der BFH aus, dass für die Verwaltungsmeinung,[404] wonach die Zuwendung sog. Streuwerbeartikel sowie die Teilnahme an geschäftlich veranlassten Bewirtungen i. S. v. § 4 Abs. 5 S. 1 Nr. 2 EStG nicht in die Pauschalierung nach § 37b EStG einzubeziehen sei, keine Rechtsgrundlage existiere.

Weil die Vorentscheidung zum Teil auf einer anderen Rechtsauffassung beruhte, war sie aufzuheben. Das FG hatte im zweiten Rechtszug zu prüfen, ob und inwieweit die Geschenke bei den Empfängern zum Zufluss steuerpflichtiger Einnahmen führte und ob Zuwendungen in Form von einer geschäftlich veranlassten Bewirtung erbracht wurden.

3.1.3 Keine Lohnsteuerpauschalierung für im überwiegend eigenbetrieblichen Interesse erbrachte Leistungen an Arbeitnehmer

> BFH, Urteil v. 16.10.2013, VI R 78/12, BFH/NV 2014, S. 401;
> Vorinstanz: FG Berlin-Brandenburg, Urteil v. 21.11.2012, 12 K 12013/11, EFG 2012, S. 1543
>
> **§ 37b Abs. 2 EStG erfasst die betrieblich veranlassten, nicht in Geld bestehenden Zuwendungen an Arbeitnehmer, soweit die Zuwendungen grds. einkommensteuerbar und einkommensteuerpflichtig sind und zum ohnehin geschuldeten Arbeitslohn erbracht werden.**
>
> **§ 37b Abs. 1 i. V. m. § 37b Abs. 2 EStG erweitert nicht den einkommensteuerrechtlichen Lohnbegriff, sondern stellt lediglich eine besondere pauschalierende Erhebungsform der Einkommensteuer zur Wahl.**
>
> **Betreut ein Außendienstmitarbeiter auf Geheiß seines Arbeitgebers Kunden im Rahmen einer Kundenveranstaltung, kann dies im ganz überwiegend eigenbetrieblichen Interesse des Arbeitgebers liegen und daher die Zuwendung eines lohnsteuerrechtlichen Vorteils ausschließen.**
>
> **Normen:** §§ 19 Abs. 1 S. 1 Nr. 1, 37b Abs. 2 EStG

Sachverhalt

Die Klägerin hatte im Streitjahr 2008 im Rahmen eines bekannten Segelsportereignisses in Form von sog. Regattabegleitfahrten zwei Kundenveranstaltungen durchgeführt. Dazu wurden Kunden eingeladen und ein Schiff gechartert. Die Teilnehmer der Begleitfahrt wurden an Bord verköstigt und konnten auch dort übernachten. An der ersten Veranstaltung nahmen 44 Kunden und 19 eigene Arbeitnehmer teil; bei der zweiten Veranstaltung waren es 69 Kunden und 18 Arbeitnehmer. Soweit eingeladene Kunden an der Veranstaltung nicht teilgenommen haben, durften auch die für diese Kunden zuständigen Arbeitnehmer der Klägerin an der Veranstaltung nicht teilnehmen. Die teilnehmenden Mitarbeiter hatten bei den Veranstaltungen entsprechende Jacken mit dem Firmenlogo der Klägerin zu tragen, waren mit der Aufgabe betraut, die Kunden und Geschäftsfreunde über die Dauer der gesamten Fahrt zu betreuen und mit ihnen fachliche Gespräche zu führen.

Das FA behandelte die auf die begleitenden Arbeitnehmer entfallenden Kosten als lohnsteuerpflichtige Vorteile und setzte infolge der ausgeübten Option entsprechende Pauschalsteuern nach § 37 b Abs. 2 EStG fest.

---

[404] BMF, Schreiben v. 28.4.2008, IV B 2 – S 2297-b/07/0001, BStBl I 2008, S. 566, Rz. 10.

Nachdem das FG die Auffassung der Klägerin bestätigt hatte, dass im vorliegenden Fall mangels steuerpflichtigem Arbeitslohn auch keine Pauschalsteuer nach § 37b EStG nachzufordern sei, legte das FA Revision ein.

Entscheidung

Die Revision war unbegründet und daher zurückzuweisen. Das FG hatte zu Recht entschieden, dass der Pauschalierung nach § 37b Abs. 2 EStG nur solche betrieblich veranlassten Sachzuwendungen an Arbeitnehmer des Steuerpflichtigen unterliegen, die bei den Arbeitnehmern auch zu einkommensteuerbaren Lohneinkünften führen. Derartige Sachzuwendungen hatte die Klägerin nicht erbracht. Denn wie das FG im vorinstanzlichen Verfahren festgestellt hatte, war die Teilnahme der Arbeitnehmer lediglich eine notwendige Begleiterscheinung betriebsfunktionaler Zielsetzungen. Das bedeutet, dass die gewährten Vorteile nicht als Arbeitslohn, sondern als nicht steuerbare Leistungen im ganz überwiegend eigenbetrieblichen Interesse der Klägerin zu qualifizieren waren. Denn nach den Feststellungen des FG wurde bei der hierfür notwendigen Gesamtbetrachtung zutreffend berücksichtigt, dass die fragliche Veranstaltung auch für die Arbeitnehmer der Klägerin einen besonderen Erlebniswert vermittelte. Gleichsam wurde jedoch auch berücksichtigt, dass die Teilnahme nicht im freien Belieben der Arbeitnehmer stand, sondern insoweit verpflichtend war, als der zu betreuende Kunde ebenfalls an der Regattabegleitfahrt teilnahm. Umgekehrt durften Arbeitnehmer nicht an der Veranstaltung teilnehmen, wenn der ihnen zugeteilte Kunde die Veranstaltung nicht besuchte. Weiterhin hatten die begleitenden Arbeitnehmer Repräsentationsaufgaben zu erfüllen, mussten ihre Kunden intensiv betreuen und Kundengespräche führen; schließlich hatten sie für ein einheitliches Erscheinungsbild durch das Tragen entsprechender, mit Firmenloge versehen Jacken zu sorgen.

Angesichts dessen ließ es der Senat dahinstehen, ob im Streitfall überhaupt steuerpflichtige Zuwendungen an die Arbeitnehmer der Klägerin vorlagen. Denn werden Arbeitnehmer für den Arbeitgeber auf dessen Geheiß tätig und entspricht die Tätigkeit des Arbeitnehmers den Belangen des Arbeitgebers, dann müssen schon ganz besondere Umstände hinzutreten, damit diese vom Arbeitnehmer für den Arbeitgeber ausgeführte Tätigkeit allein aufgrund eines aus dem Üblichen fallenden Rahmens und der besonderen Örtlichkeit einen lohnsteuerrechtlich erheblichen Vorteil begründet. Nach Ansicht des BFH führt allein eine touristische oder aus anderen Gründen attraktive Umgebung, in der ein Arbeitnehmer für den Arbeitgeber tätig wird, nicht dazu, dass der Arbeitgeber dem Arbeitnehmer damit zugleich einen lohnsteuerrechtlich erheblichen Vorteil zuwende. Wenn danach im Streitfall die Arbeitnehmer auf Weisung des Arbeitgebers eine dienstliche Funktion wahrzunehmen hatten, lässt sich allein aus dem Umstand, dass sie ihre berufliche Tätigkeit außerhalb ihrer üblichen Arbeitsstätte auf einem Regattabegleitschiff ausübten, noch keine lohnsteuerrechtlich erhebliche Zuwendung begründen.

Praxishinweis

Die nunmehr vorliegende Rspr. des BFH zur Anwendung von § 37b EStG stellt unmissverständlich klar, dass die Pauschalsteuern nur dann anfallen, wenn und soweit die Sachzuwendung im Rahmen einer Einkunftsart zufließt und keine gesetzliche Steuerbefreiung greift. Der Sichtweise der Finanzverwaltung wurden damit deutliche Grenzen gesetzt. Andererseits ist bei gegebener Steuerbarkeit der Zuwendungen nach BFH-Meinung kein gesetzlicher Rahmen für Ausnahmen von der Pauschalierung nach § 37b EStG.

Mit Blick auf die Entscheidung VI R 52/11[405] ist anzumerken, dass im Einzelfall genau zu prüfen ist, ob die Voraussetzungen einer Zuwendung im überwiegend eigenbetrieblichen Interesse erfüllt sind. Eine allgemeine, d. h. wenig konkretisierte Betreuungspflicht und das Tragen einheitlich gestalteter Jacken allein, dürften diesem Erfordernis jedenfalls nicht genügen. Liegen demgegenüber protokollierte Gesprächsnotizen des jeweils betreuten Kunden oder Geschäftspartners vor und wurde zuvor ein konkreter Aufgaben- und Zeitplan für die Betreuung aufgestellt und dieser nachweislich auch eingehalten, dann spricht vieles für das Vorliegen von Zuwendungen im nichtsteuerbaren Bereich.

Mit Schreiben vom 11.12.2014 hat das BMF den Entwurf eines überarbeiteten Schreibens zur Pauschalierung der ESt nach § 37b EStG vorgelegt.[406] Danach gilt weiterhin, dass die Teilnahme an einer geschäftlich veranlassten Bewirtung und die Zuwendung sog. Streuwerbeartikel ohne lohn- bzw. einkommensteuerliche Konsequenzen bleibt. Im Übrigen wird die Finanzverwaltung die besprochenen Urteile über den Einzelfall hinaus allgemein anwenden.

Literaturhinweise: *Schneider,* nwb 2014, S. 340; *Hilbert,* BB 2014, S. 919; *Geserich,* DStZ 2014, S. 561; *Strohner,* DB 2014, S. 387; *Kanzler,* FR 2014, S. 343; *Karges* BB 2014, S. 934

3.2 Arbeitslohn von dritter Seite

3.2.1 Rabatte beim Abschluss von Versicherungsverträgen

BFH, Urteil v. 10.4.2014, VI R 62/11, BFH/NV 2014, S. 1431;
Vorinstanz: FG München, Urteil v. 28.10.2011, 8 K 3176/08, EFG 2012, S. 456

Werden Rabatte beim Abschluss von Versicherungsverträgen sowohl Arbeitnehmern von Geschäftspartnern als auch einem weiteren Personenkreis (Angehörige der gesamten Versicherungsbranche, Arbeitnehmer weiterer Unternehmen) eingeräumt, so liegt hierin kein Arbeitslohn.

Normen: §§ 8 Abs. 1, 19 Abs. 1 S. 1 Nr. 1 EStG

Sachverhalt

Arbeitnehmer der Klägerin konnten im entschiedenen Streitfall Produkte zweier Versicherungsunternehmen, an denen die Klägerin unmittelbar bzw. mittelbar zu rd. 32 % beteiligt war, zu verbilligten Tarifen erwerben. Auf das Angebot wurden die Arbeitnehmer im Personal-

---
[405] Urteil v. 16.10.2013, BFH/NV 2014, S. 397.
[406] Vgl. Kapitel B.3.5.

handbuch der Klägerin unter dem Punkt „Soziale Leistungen" hingewiesen. Auf dieses Personalhandbuch wurde auch in den Arbeitsverträgen der Arbeitnehmer Bezug genommen. Zur Absatzförderung stellte die Klägerin eigene Räumlichkeiten zur Verfügung, in denen entsprechende Verträge mit den Versicherungsunternehmen abgeschlossen werden konnten. Im Hinblick auf die Rabattvorteile bestanden keinerlei Vereinbarungen oder Absprachen zwischen der Klägerin und den Versicherungsunternehmen. Die gewährten Rabatte des einen Versicherungsunternehmens standen sämtlichen Innen- und Außendienstmitarbeitern aller deutschen Versicherungsunternehmen offen. Die Rabattgewährung war, bis auf die Notwendigkeit der Zugehörigkeit zur Versicherungsbranche, an keine weiteren Bedingungen geknüpft. Die von dem zweiten Versicherungsunternehmen gewährten Rabatte wurden nicht nur aktiven Mitarbeitern und Pensionären des Versicherungsunternehmens, sondern auch Beschäftigten anderer Unternehmen gewährt. Einzige Voraussetzung war insoweit die Betriebszugehörigkeit zu einem dieser Unternehmen.

Das FA vertrat im Rahmen einer LSt-Außenprüfung die Auffassung, dass es sich bei den gewährten Rabatten um Lohnzahlungen durch Dritte handeln würde. Die Klägerin wurde diesbezüglich in Haftung genommen. Da die hiergegen gerichtete Klage erfolglos blieb, legte die Klägerin Revision beim BFH ein.

Entscheidung

Die Revision der Klägerin war begründet. Sie führe zur Aufhebung der Vorentscheidung und zur Stattgabe der Klage.

Nach Ansicht des BFH handelte es sich bei den gewährten Rabattvorteilen nicht um Arbeitslohn, da sie nicht nur den Arbeitnehmern der Klägerin, sondern auch Arbeitnehmern nicht verbundener Unternehmen gewährt wurden. Die vermeintlichen Mitwirkungshandlungen der Klägerin stünden dem nicht entgegen.

Zur Begründung bezieht sich der BFH u. a. auf ein Urteil vom 18.10.2012[407] und auf ein Urteil vom 26.7.2012[408] in denen er festgestellt hatte, dass Rabatte, die der Arbeitgeber nicht nur seinen Arbeitnehmern, sondern auch fremden Dritten üblicherweise einräumt, aufseiten der eigenen Arbeitnehmer – mangels eines aus dem Arbeitsverhältnis stammenden Vorteils – keinen steuerpflichtigen Arbeitslohn begründen könnten.

Der BFH stellt in der Urteilsbegründung zum vorliegenden Streitfall klar, dass die letztgenannten Grundsätze erst recht gelten müssten, wenn es sich um Rabatte handelt, die durch Dritte eingeräumt werden. Denn im Fall von Leistungen Dritter liege Arbeitslohn nur vor, wenn sich aus den Umständen ergibt, dass die von Dritten eingeräumten Vorteile nicht auf deren eigenwirtschaftlichen Interessen gründen, sondern die für den Arbeitgeber erbrachte Arbeitsleistung entgelten sollen. Im vorliegenden Fall habe die Rabattgewährung aus eigenwirtschaftlichen Gründen der Versicherungsunternehmen stattgefunden, denn es ging um die Erschließung eines attraktiven Kundenkreises. Es habe keine Vereinbarung zwischen der Klägerin und den Versicherungsunternehmen bestanden und die Vorteile seien auch Arbeitnehmern nicht verbundener Unternehmen gewährt worden. Ein Zusammenhang mit dem individuellen Dienstverhältnis der Arbeitnehmer zur Klägerin scheide daher aus. Die Erwähnung der Rabattvorteile im Personalhandbuch der Klägerin, auf das sich die Arbeitsverträge bezogen, hielt der BFH für nicht relevant, da es sich lediglich um einen Hinweis handele, aus dem nicht

---

[407] BFH, Urteil v. 18.10.2012, VI R 64/11, BStBl II 2012, S. 1022.
[408] BFH, Urteil v. 26.7.2012, VI R 27/11, BStBl II 2013, S. 402.

auf eine zusätzliche Gegenleistung für das Zurverfügungstellen der individuellen Arbeitskraft geschlossen werden könne.

Auch eine vermeintliche Mitwirkungshandlung des Arbeitgebers an der Rabattgewährung könne vorliegend nicht zur Annahme von Arbeitslohn führen. Der Hinweis auf das Personalhandbuch und die Bereitstellung der Räumlichkeiten für Vertragsabschlüsse seien nicht als aktives Mitwirken anzusehen. Zwar könne eine Mitwirkung des Arbeitgebers dafür sprechen, dass eine Drittzuwendung – wirtschaftlich betrachtet – Arbeitslohn sei. Entscheidend sei jedoch, ob die Zuwendung des Dritten eine Prämie oder Belohnung „für" eine Leistung des Arbeitnehmers für seinen Arbeitgeber im Rahmen des Arbeitsverhältnisses darstellt. Im Ergebnis sieht der BFH keine Gründe für die Annahme gegeben, dass die Rabatte als Vorteil für die Beschäftigung der Arbeitnehmer bei der Klägerin gewährt worden seien.

Praxishinweis

Der BFH führt mit besprochenen Entscheidungen seine bisherige Rspr. zur Thematik der Rabattgewährung konsequent fort. Nicht jedes Mitwirken des Arbeitgebers im Rahmen einer Rabattgewährung Dritter führt nach Ansicht des BFH zu Arbeitslohn.

Zuwendungen eines Dritten könnten nur dann als Arbeitslohn anzusehen sein, wenn sie ein „Entgelt" für eine Leistung des Arbeitnehmers im Rahmen seines Dienstverhältnisses zum Arbeitgeber darstellen. Dementsprechend bedarf es für die Annahme von Arbeitslohn einer Entlohnungsabsicht des Arbeitgebers. Entscheidend ist damit, ob die Zuwendung des Dritten Prämie oder Belohnung für eine Leistung ist, die der Arbeitnehmer im Rahmen seines Arbeitsverhältnisses für den Arbeitgeber erbringt.

Ob und in welcher Form die Finanzverwaltung auf die Rspr. des BFH reagieren wird, bleibt abzuwarten. Dem Vernehmen nach wird es wohl eine überarbeitete Fassung des BMF-Schreibens vom 23.9.1993[409] geben.

> **Literaturhinweise:** *Siebenhüter*, EStB 2014, S. 284; *Hettler*, HFR 2014, S. 792

3.2.2 Ehrenmitgliedschaft in einem Golfclub als Arbeitslohn

> **BFH, Urteil v. 17.7.2014, VI R 69/13, BFH/NV 2014, S. 1834;**
> **Vorinstanz: FG Köln, Urteil v. 14.2.2013, 13 K 2940/12, EFG 2013, S. 1648**
>
> **Wird einem früheren firmenspielberechtigten Vorstandsmitglied einer Bank nach dessen Eintritt in den Ruhestand eine Ehrenmitgliedschaft in einem Golfclub gewährt und verzichtet der Golfclub dabei auf die Mitgliedsbeiträge, liegt nur dann Arbeitslohn vor, wenn mit der Zuwendung die Arbeitsleistung des Vorstandsmitglieds entlohnt werden soll.**
>
> **Arbeitslohn liegt in einem solchen Fall nicht allein deshalb vor, weil die Ehrenmitgliedschaft allen firmenspielberechtigten Vorstandsmitgliedern einer Bank gewährt wurde oder der Arbeitgeber an der Verschaffung der Ehrenmitgliedschaft mitgewirkt hat. Entscheidend ist vielmehr der Rechtsgrund der Zuwendung.**
>
> **Norm:** § 19 Abs. 1 S. 1 Nr. 2 EStG

---

[409] BMF, Schreiben v. 23.9.1993, IV B 6 – S 2334 – 152/93, BStBl I 1993, S. 814.

Sachverhalt

Der Kläger war bis 2007 Vorstandsvorsitzender der A-Bank, die an der X-GmbH, welche den Erwerb, die Errichtung und den Betrieb von Golfsportanlagen zum Gegenstand hat, als Minderheitsgesellschafterin beteiligt war. In den Jahren 1994 und 1995 erwarb die A-Bank für namentlich bezeichnete Vorstandsmitglieder und weitere Führungskräfte zwölf Firmenspielberechtigungen der X-GmbH. 1996 wurde von den Gesellschaftern der X-GmbH beschlossen, den firmenspielberechtigten Vorstandsmitgliedern nach ihrem Ausscheiden aus dem Vorstand eine beitragsfreie Ehrenmitgliedschaft zu gewähren. Im Jahr 2002 erwarb die A-Bank die gesamten Anteile der X-GmbH.

Aufgrund seiner Zugehörigkeit zum Vorstand der A-Bank besaß der Kläger eine Spielberechtigung und wurde mit Ausscheiden aus dem Vorstand im Jahr 2007 auf Grundlage des Gesellschafterbeschlusses vom 12.8.1996 zum Ehrenmitglied ernannt.

Im Anschluss an eine LSt-Außenprüfung erfasste das FA beim Kläger geldwerte Vorteile aus der unentgeltlichen Spielberechtigung für die Jahre 2007 bis 2010.

Nach erfolglosem Klageverfahren rügte der Kläger mit seiner Revision die Verletzung materiellen Rechts und beantragte das FG-Urteil aufzuheben und die Einkommensteuerbescheide abzuändern.

Entscheidung

Die Revision des Klägers war begründet und führte zur Aufhebung und zur Zurückweisung der Sache an das FG zur anderweitigen Verhandlung und Entscheidung.

Zunächst führt der BFH in seiner Urteilsbegründung aus, dass Arbeitslohn nur dann vorliege, wenn Bezüge oder Vorteile für eine Beschäftigung gewährt werden, d. h. wenn sie durch das individuelle Dienstverhältnis veranlasst seien. Dafür sei es erforderlich, dass der Vorteil zugewendet werde, um die Dienste des Arbeitnehmers zu entlohnen. Dementsprechend müssen Zuwendungen stets einen Entlohnungscharakter aufweisen.

Unter Verweis auf die st. Rspr.[410] merkt der Lohnsteuersenat an, dass sich eine Zuwendung eines Dritten ausnahmsweise nur dann als echte Lohnzahlung von dritter Seite erweisen könne, wenn die Zuwendung sich als Entgelt für eine Leistung darstelle, die der Arbeitnehmer im Rahmen seines Dienstverhältnisses für seinen Arbeitgeber erbringt, erbracht hat oder erbringen soll. Mit anderen Worten: Voraussetzung für Drittlohn sei, dass sich die Zuwendung für den Arbeitnehmer als Frucht seiner Arbeit für den Arbeitgeber darstelle und im Zusammenhang mit dem Dienstverhältnis stehe. Wenn die Leistung des Dritten demgegenüber auf anderen, nicht das Dienstverhältnis betreffenden Rechtsbeziehungen beruhe, liege demgegenüber kein Arbeitslohn vor.

Diese differenzierte Sichtweise habe das FG nach Ansicht des BFH nicht vorgenommen, indem es die Verleihung der Ehrenmitgliedschaft an den Kläger ohne weitere Prüfung als eine Leistung für dessen früheren Arbeitgeber und damit als Arbeitslohn qualifiziert habe. Anknüpfungspunkt für das FG war damit allein die frühere Tätigkeit des Klägers für die Bank und der Umstand, dass allen firmenspielberechtigten Vorständen eine Ehrenmitgliedschaft eingeräumt werde.

Weil diese Beurteilung nicht den Grundsätzen der st. BFH-Rspr. zur echten Drittlohnzahlung entsprach, war das FG-Urteil aufzuheben. Im zweiten Rechtszug muss das FG nunmehr für

---

[410] Vgl. BFH, Urteil v. 18.10.2012, VI R 64/11, BFH/NV 2013, S. 131.

den Zeitpunkt des Vorteilsversprechens prüfen, ob die Zuwendung der Ehrenmitgliedschaft eine Drittzuwendung der Bank an den Kläger war, bei der die X-GmbH lediglich als Zahlstelle fungiert habe, oder ob es sich dabei um eine echte Drittzuwendung der X-GmbH gehandelt hat.

Der BFH konnte den Streitfall nicht durchentscheiden. Er gibt am Ende der Entscheidung jedoch Hinweise zur Urteilsfindung im zweiten Rechtszug. Demnach muss das FG prüfen, ob mit dem Erwerb der Firmenspielberechtigungen die Ehrenmitgliedschaft bereits miterworben wurde. Denn in diesem Fall, so der BFH, sei von einer unmittelbaren Zuwendung der Bank an den Kläger auszugehen.

Eine Zuwendung der Bank an den Vorstand könnte auch dann vorliegen, wenn die Zuwendung der Ehrenmitgliedschaft durch die X-GmbH ihre Ursache im Gesellschaftsverhältnis habe. Denn in diesem Fall läge einerseits eine verdeckte Gewinnausschüttung (vGA) der X-GmbH an die Bank sowie eine Zuwendung der Bank an den Vorstand vor, die als Arbeitslohn zu erfassen sei, wenn kein anderer Rechtsgrund für den Erhalt der Mitgliedschaft vorliege. Prüfmaßstab für das Vorliegen einer vGA sei, ob die X-GmbH auch anderen Nicht-Gesellschaftern unter sonst gleichen Bedingungen eine solche Ehrenmitgliedschaft eingeräumt hätte bzw. hat.

Für die Annahme einer echten Drittlohnzahlung seitens der X-GmbH muss das FG ebenfalls prüfen, ob die Ehrenmitgliedschaft aufgrund eigener Interessen gewährt wurden, wie z. B. weil sie den Kläger bzw. alle Vorstandsmitglieder wegen deren Reputation und wirtschaftlichen Kontakten an den Golfclub binden wollte. In diesem Fall würde keine echte Drittzuwendung vorliegen, wohl aber dann, wenn sich die Ehrenmitgliedschaft als Entgelt für die frühere Tätigkeit des Klägers für die Bank darstellen sollte. Maßstab für diese Prüfung ist nach Ansicht des BFH, ob die X-GmbH auch anderen Persönlichkeiten und Managern, die nicht Arbeitnehmer der Bank waren, solche Ehrenmitgliedschaften einräumte

Praxishinweis

Mit der Entscheidung VI R 69/13 macht der BFH deutlich, dass ein einfacher Kausal-Zusammenhang zwischen dem Dienstverhältnis und dem Erhalt von Zuwendungen Dritter für die Annahme von Arbeitslohn nicht ausreicht. Erforderlich für die Annahme einer echten Drittlohnzahlung ist vielmehr, dass der Vorteil zugewendet wird, um die Dienste des Arbeitnehmers für seinen Arbeitgeber i. S. eines finalen Zusammenhangs zu entlohnen.

Um diese Frage zu beurteilen ist es – wie der Streitfall zeigt – notwendig, sämtliche Gründe sowie das Vorhandensein eigenständiger, fremdüblicher Rechtsbeziehungen zu prüfen, die ursächlich für die Gewährung der fraglichen Zuwendung waren.

Literaturhinweis: *Geserich,* nwb 2014, S. 3137

Im Bereich der Lohnsteuer

3.2.3 Verbilligter Aktienerwerb vom Arbeitgeber als Arbeitslohn

> **BFH, Urteil v. 7.5.2014, VI R 73/12, BStBl II 2014, S. 904;**
> **Vorinstanz: FG Köln, Urteil v. 20.2.2012, 14 K 3408/08, EFG 2013, S. 683**
>
> Der verbilligte Erwerb von Aktien vom Arbeitgeber (oder einem Dritten) kann zu Einnahmen aus nichtselbstständiger Arbeit nach § 19 Abs. 1 S. 1 Nr. 1 i. V. m. § 8 Abs. 1 EStG führen, wenn der Vorteil dem Arbeitnehmer „für" seine Arbeitsleistung gewährt wird.
>
> Ein lohnsteuerbarer Vorteil liegt jedoch nur insoweit vor, als der Arbeitgeber die Aktien tatsächlich verbilligt an den Arbeitnehmer veräußert, mithin der Wert der Aktien den vereinbarten Kaufpreis übersteigt.
>
> Ob der Arbeitnehmer das Wirtschaftsgut verbilligt erwirbt oder sich Leistung und Gegenleistung entsprechen, ist grds. anhand der Wertverhältnisse bei Abschluss des für beide Seiten verbindlichen Veräußerungsgeschäfts zu bestimmen.
>
> **Normen:** §§ 8 Abs. 1 und Abs. 2, 19 Abs. 1 S. 1 Nr. 1 EStG; § 11 BewG

Sachverhalt

Im Streitfall ging es um die Frage, ob und in welcher Höhe ein geldwerter Vorteil aus dem Erwerb von Aktien durch die Ehefrau des Klägers bei diesem als Arbeitslohn zu erfassen ist.

Der Kläger war im Streitjahr 1997 Mitglied des Vorstands der A AG. Im Rahmen einer LSt-Außenprüfung wurde festgestellt, dass der Hauptaktionär und Vorstandsvorsitzende Aktien der A AG aus seinem Privatvermögen an Mitarbeiter, ehemalige Mitarbeiter, deren Angehörige, Gesellschafter der AG sowie an Geschäftsfreunde veräußert hat, u. a. auch an die Ehefrau des Klägers. Im Kaufvertrag über diese Aktien zum Nennwert vom September 1997 war u. a. bestimmt, dass mit dem Eingang des Kaufpreises der Verkäufer die verkauften Aktien im Wege der Depotgutschrift einem Treuhanddepot eines Notars zur treuhänderischen Inhaberschaft bis zum Ablauf einer Sperrfrist überträgt.

Die Aktien wurden erstmals im August 1997 an der Börse gehandelt. Lohnsteuerliche Konsequenzen aus der Aktienveräußerung hatte der Arbeitgeber nicht gezogen.

Nach einer LSt-Außenprüfung änderte das Wohnsitz-FA die Einkommensteuerfestsetzung für 1997, indem es den verbilligten Aktienerwerb als Arbeitslohn erfasste.

Im Einspruchsverfahren trug der Kläger vor, dass der Erwerb der Aktien nicht im September, sondern vielmehr im August 1997 erfolgt sei. Zu diesem Zeitpunkt sei die Aktie noch nicht im Neuen Markt gehandelt worden. Der tatsächliche Wert der Aktien habe zu diesem Stichtag nicht über dem Nennwert der Aktien gelegen, sodass durch seine Ehefrau kein verbilligter Aktienerwerb vorgelegen habe. Einspruch und Klage blieben erfolglos.

Mit seiner Revision rügt der Kläger die Verletzung materiellen Rechts.

Entscheidung

Die Revision des Klägers war begründet; sie führte zur Aufhebung und zur Zurückweisung der Sache an das FG zur anderweitigen Verhandlung und Entscheidung.

Wie schon in den zuvor dargestellten Entscheidungen zum Drittlohn weist der BFH auch in der vorliegenden Entscheidung darauf hin, dass echter Drittlohn nur dann vorliegen könne, wenn es sich dabei um eine Vergütung für eine Tätigkeit des Arbeitnehmers handele. Basiere der Erwerb der Aktien demgegenüber auf neben dem Arbeitsverhältnis bestehenden anderen Rechtsbeziehungen, könne dies gegen die Annahme von Drittlohn sprechen. Einzelne Kriterien, die gerade mit Bezug auf Mitarbeiterbeteiligungen für oder gegen die Annahme von Arbeitslohn sprechen, hat der BFH bereits in verschiedenen Entscheidungen[411] herausgearbeitet.

Eine Drittzuwendung sei dem Arbeitnehmer im Übrigen immer dann zuzurechnen, wenn ihm über eine andere Person, z. B. einem Familienangehörigen, ein Vorteil für die vom Arbeitnehmer geleisteten Dienste zugewendet werde.

Weil das FG die genannten, entscheidungserheblichen Umstände bisher nicht hinreichend gewürdigt hatte, kam der BFH zu dem Ergebnis, dass das FG-Urteil aufzuheben war. Denn das FG hatte seine Entscheidung lediglich damit begründet, dass der Aktienerwerb der Ehefrau allein Ausfluss des zwischen dem Kläger und der A AG bestehenden Arbeitsverhältnisses sei, ohne jedoch konkrete Feststellungen dazu getroffen zu haben, warum der vorteilhafte Erwerb von Aktien durch die Ehefrau eine Vergütung für Dienstleistungen des Klägers darstelle. Diese Feststellungen wird das FG im zweiten Rechtszug nachzuholen haben. Dabei wird auch zu prüfen sein, aus welchem Anlass und unter welchen Begleitumständen der Aktienerwerb folgte. Denn nach Auffassung des BFH können der Umstand, dass der Hauptaktionär im Streitjahr verbilligte Aktien auch an Nichtarbeitnehmer, wie z. B. Gesellschafter und Geschäftsfreunde, veräußerte, gegen eine Veranlassung aus dem Arbeitsverhältnis sprechen.

Schließlich merkte der BFH an, dass bei einer echten Drittlohnzahlung die Frage des lohnsteuerlich erheblichen Vorteils nach den Wertverhältnissen zu prüfen sei, die am Tag des Kaufvertrags der Aktien herrschten. Sollten die Aktien zu diesem Zeitpunkt einen über dem Kaufpreis liegenden Wert aufweisen, wäre ein entsprechender geldwerter Vorteil zu erfassen. Nach Ansicht des BFH könne der übliche Endpreis i. S. v. § 8 Abs. 2 EStG unter Zuhilfenahme von § 11 BewG ermittelt werden.

Praxishinweis

Gerade mit Blick auf den Erwerb von Anteilen an dem arbeitgebenden Unternehmen stellt sich die Frage nach der Einkünftequalifikation oft als problematisch dar. In dem Besprechungsurteil bestätigt der BFH, dass allein der Umstand, dass Anteile vom Arbeitgeber erworben werden für sich genommen nicht ausreichend ist, um Arbeitslohn annehmen zu können. Aus dem Urteil können darüber hinaus grundlegende Aussagen für die Bewertung aktienbasierter Vergütungen abgeleitet werden. So ist nach BFH-Meinung der Tag maßgeblich, an dem das schuldrechtliche Verpflichtungsgeschäft zustande kommt, mithin also der Tag des Vertragsschlusses. Diese Begründung leuchtet auch ein, denn Wertänderungen nach diesem Stichtag sind nicht mehr Ausfluss des Arbeitsverhältnisses, sondern erfolgen in der privaten Sphäre des Arbeitnehmers.

Bezogen auf Aktienoptionen bedeutet die hiesige Entscheidung kein Ende der sog. „Endbesteuerung". Denn der geldwerte Vorteil bei derartigen Vergütungsmodellen fließt nicht mit Einräumung der Option, sondern erst mit deren Ausübung zu.

Der Auffassung von *Geserich*,[412] dass nach dem Besprechungsurteil die Bewertung der mit der Ausübung Aktienoptionen verbundenen geldwerten Vorteile zu einem anderen Stichtag zu erfolgen hat, ist zuzustimmen. Auch in diesem Fall gilt, dass Wertänderungen nach dem Tag der Optionsausübung und dem eigentlichen Zufluss – z. B. bei der Ausbuchung aus dem Arbeit-

---

[411] BFH, Urteil v. 23.6.2005, VI R 10/03, BStBl II 2005, S. 770; BFH, Urteil v. 17.6.2009, VI R 69/06, BStBl II 2010, S. 69.
[412] *Geserich*, HFR 2014, S. 692.

geberdepot – nicht durch den Arbeitgeber oder ggf. die Konzerngesellschaft, sondern durch den Markt veranlasst ist. Die Umsetzung dieser Auffassung in der Arbeitgeberpraxis dürfte jedoch mit erheblichem Aufwand verbunden sein. Es bleibt abzuwarten, ob und wie die Finanzverwaltung auf diese Entscheidung reagieren wird.

Literaturhinweis: *Geserich,* HFR 2014, S. 692

3.2.4 Verbilligter Erwerb einer Beteiligung als Arbeitslohn

BFH, Urteil v. 26.6.2014, VI R 94/13, StED 2014, S. 549;
Vorinstanz: FG Düsseldorf, Urteil v. 8.8.2013, 11 K 3681/12 E, EFG 2014, S. 485

Der geldwerte Vorteil aus dem Erwerb einer Beteiligung, der im Hinblick auf eine spätere Beschäftigung als Geschäftsführer gewährt wird, ist als Arbeitslohn zu berücksichtigen.

Der verbilligt Erwerb von GmbH-Anteilen kann eine Tatsache i. S. d. § 173 AO sein.

Normen: §§ 8 Abs. 1 und Abs. 2 S. 1, 17, 19 Abs. 1 S. 1 Nr. 1 EStG; § 11 Abs. 2 BewG; § 173 AO

Sachverhalt

Der Kläger war bis zum Frühjahr 2008 als Kommunikations- und Motivationstrainer selbstständig tätig. Im Laufe des Streitjahres 2008 erwarb er von Herrn N 50 % der Anteile an einer GmbH zu einem Kaufpreis von rd. 73.400 €. Gleichzeitig wurde der Kläger zum Geschäftsführer der GmbH bestellt.

Die Parteien vereinbarten ein Rückerwerbsrecht. Danach konnte Herr N vom Kaufvertrag zurücktreten und die Rückübertragung der GmbH-Anteile nebst der übertragenen Kapitalrücklage verlangen, wenn der Kläger in den nächsten sieben Jahren ohne Zustimmung über die Anteile verfügt oder in den nächsten sieben Jahren vor Herrn N verstirbt. Im Falle des Rücktritts war der Kaufpreis zinslos zurückzuzahlen.

Die GmbH wurde in 2006 gegründet; Herr N brachte dazu sein Einzelunternehmen gegen Gewährung von Gesellschaftsrechten zu Buchwerten ein. Sowohl für dieses Einzelunternehmen als auch die nachfolgende GmbH war der Kläger seit 2002 selbstständig tätig.

Zunächst erfolgte für das Streitjahr 2008 eine erklärungsgemäße Veranlagung und der Einkommensteuerbescheid wurde bestandskräftig. Im Rahmen einer Betriebsprüfung bei der GmbH wurde festgestellt, dass der Kaufpreis der GmbH-Anteile zum Übertragungsstichtag unter dem tatsächlichen Wert der Anteile lag. Den Unternehmenswert berechnete die Betriebsprüfung mit rd. 1,1 Mio. € und den dem Kläger durch den verbilligten Erwerb der Anteile zugeflossene Vorteil nach Abzug der Anschaffungskosten mit 476.000 €.

Unter Berücksichtigung von Ausführungen der GmbH, dass die Übertragung der Anteile erfolgte, um den Kläger als langfristigen Mitarbeiter der Gesellschaft zu gewinnen und an das Unternehmen zu binden, behandelte die Betriebsprüfung den Vorteil von 476.000 € als Einkünfte i. S. d. § 15 EStG für die bisherige Tätigkeit des Klägers als Kommunikations- und Motivationstrainer.

Nach erfolglosem Einspruchsverfahren kam das FG in seiner Entscheidung vom 8.8.2013 zu dem Schluss, dass der Einkommensteuerbescheid zu Recht nach § 173 AO geändert worden sei; allerdings erfasste es die 476.000 € bei den Einkünften aus nichtselbstständiger Tätigkeit.

Mit der Revision rügt der Kläger die Verletzung materiellen Rechts.

Entscheidung

Die Revision des Klägers war unbegründet und daher zurückzuweisen. Das FG hatte zu Recht entschieden, dass die Arbeitseinkünfte infolge einer neuen Tatsache zu erhöhen waren.

Zunächst führt der BFH – gestützt auf die st. Rspr. – aus, dass der Erwerb von GmbH-Anteilen eine Tatsache i. S. d. § 173 AO sein kann. Denn ein solcher Vorgang ist ein Tatbestandsmerkmal für die Annahme von Arbeitseinkünften, wenn der verbilligte Erwerb dem (zukünftigen) Arbeitnehmer für seine Arbeitsleistung gewährt wird. Diese Tatsache wurde dem für die Veranlagung des Klägers zuständigen FA auch nachträglich bekannt und dies beruhte auch nicht auf einer Verletzung der finanzbehördlichen Ermittlungspflicht. Die Änderung des bestandskräftigen Einkommensteuerbescheids war damit möglich.

Weiterhin bestätigte der BFH die Entscheidung des FG, dass es sich bei dem verbilligten Erwerb der GmbH-Anteile um Arbeitslohn handele. Vorliegend war der Fall einer echten Lohnzahlung von dritter Seite gegeben, weil die Zuwendung durch das zukünftige Dienstverhältnis des Klägers veranlasst war. Eine den echten Drittlohn aushebelnde Sonderrechtsbeziehung, die nicht auf dem Dienstverhältnis beruhte, lag nicht vor. Denn im Rahmen der mündlichen Verhandlung vor dem FG führte der Kläger aus, dass Herr N ihm die Anteile allein deswegen zugewendet habe, damit er weiterhin für die GmbH tätig werden könne. Somit handelte es sich bei den revisionsrechtlich nicht zu beanstandenden Feststellungen des FG um eine Vorabvergütung für zukünftige Dienstleistungen des Klägers gegenüber der GmbH.

Die Bewertung des geldwerten Vorteils wurde nach Ansicht des BFH zutreffend vorgenommen. Einnahmen, die nicht in Geld bestehen, seien nach der Grundnorm des § 8 Abs. 2 S. 1 EStG mit dem um übliche Preisnachlässe geminderten Endpreis am Abgabeort und damit mit dem gemeinen Wert anzusetzen. Der von der Betriebsprüfung im Schätzungsweg nach § 11 Abs. 2 S. 2 BewG gefundene Wertansatz war mit 476.000 € unstreitig.

Der so ermittelte geldwerte Vorteil sei dem Kläger auch im Streitjahr zugeflossen. Zwar konnte der Kläger aufgrund des Rückerwerbsrechts die GmbH-Anteile sieben Jahre lang nicht frei zum Verkehrswert veräußern. Dieses Recht konnte allein durch eine selbstständige Willenserklärung des Herrn N geltend gemacht werden. Somit lag nach der Feststellungen des FG lediglich eine obligatorische Veräußerungssperre vor, die die rechtliche und wirtschaftliche Verfügungsmacht des Klägers nicht einschränkte.

Praxishinweis

Im finanzgerichtlichen Verfahren wurde im Übrigen die Auffassung des Klägers bestätigt, dass der geldwerte Vorteil ermäßigt nach der sog. Fünftel-Regelung zu besteuern war. Nach § 34 Abs. 1 und 2 Nr. 4 EStG sind Vergütungen für eine mehrjährige Tätigkeit ermäßigt zu besteuern. Denn nach gefestigter Rspr. des BFH können nach dem Wortlaut sowie dem Sinn und Zweck der Vorschrift auch Lohnvorauszahlungen für eine mehrjährige Tätigkeit zu Progressionsnachteilen führen.

Diese Voraussetzungen waren im Streitfall erfüllt. Die Beteiligten hatten zwar nicht ausdrücklich vertraglich geregelt, dass der Kläger den geldwerten Vorteil für seine zukünftige Arbeitsleistung erhält. Die Anwendung des § 34 Abs. 1, Abs. 2 Nr. 4 EStG setzt allerdings keine klare

Vereinbarung der Beteiligten voraus. Es genügt, wenn dem Arbeitnehmer objektiv ein Vorteil zugewendet wird und sich aus den Gesamtumständen des Einzelfalls ergibt, dass die Vorteilszuwendung nur im Hinblick auf eine mehrjährige Tätigkeit verständlich ist.

Um Zweifel bei der Anwendbarkeit der Fünftel-Regelung zu vermeiden, sollten im Vorfeld eindeutige und klare Regelungen getroffen werden, die erkennen lassen, dass es sich um eine Leistung handelt, die einen mehrjährigen Bezug – entweder in die Vergangenheit oder in die Zukunft – hat.

Literaturhinweise: *Geserich*, HFR 2014, S. 379; *Bergkemper*, FR 2014, S. 992

3.3 Übernahme von infolge rechtswidrigem Tun verhängtem Bußgeld ist Arbeitslohn

BFH, Urteil v. 22.11.2013, VI R 36/12, BStBl II 2014, S. 278;
Vorinstanz: FG Köln, Urteil v. 22.9.2011, 3 K 955/10, EFG 2013, S. 518

Übernimmt der eine Spedition betreibende Arbeitgeber die Bußgelder, die gegen bei ihm angestellte Fahrer wegen Verstößen gegen die Lenk- und Ruhezeiten verhängt worden sind, handelt es sich dabei um Arbeitslohn.

Vorteile haben keinen Arbeitslohncharakter, wenn sie sich bei objektiver Würdigung aller Umstände nicht als Entlohnung, sondern lediglich als notwendige Begleiterscheinung betriebsfunktionaler Zielsetzung erweisen. Das ist der Fall, wenn sie aus ganz überwiegend eigenbetrieblichem Interesse des Arbeitgebers gewährt werden. Ein rechtswidriges Tun ist keine beachtliche Grundlage einer solchen betriebsfunktionalen Zielsetzung.

Norm: § 19 Abs. 1 S. 1 Nr. 1 EStG

Sachverhalt

Die Klägerin betrieb eine internationale Spedition und hatte Bußgelder, die gegen ihre Fahrer festgesetzt wurden, weil diese die gesetzlichen Lenkzeiten überschritten hatten, bezahlt. LSt wurden auf diese Bußgelder nicht einbehalten und abgeführt. Das beklagte FA erließ im Anschluss einer LSt-Außenprüfung einen Nachforderungsbescheid. Die hiergegen eingelegte Klage blieb erfolglos.

Mit der eingelegten Revision rügte die Klägerin die Verletzung materiellen Rechts, weil sie der Auffassung war, dass es sich bei der Übernahme der Bußgelder um eine Leistung im überwiegend eigenbetrieblichen Interesse handelt.

Entscheidung

Die Revision des Klägers war unbegründet und war daher zurückzuweisen. Das FG hatte zutreffend entschieden, dass die Zahlung der gegen die Arbeitnehmer der Klägerin verhängten Bußgelder durch die Klägerin bei deren Arbeitnehmern zu Arbeitslohn führt.

Unter Verweis auf die st. Rspr. führt der BFH zunächst aus, dass Leistungen mit Entlohnungscharakter, die für eine Arbeitsleistung gewährt werden, sich als Arbeitslohn darstellen. Davon abzugrenzen seien Leistungen, die im ganz überwiegend eigenbetrieblichen Interesse des Arbeitgebers erbracht werden. Hierbei müsse im Rahmen einer Gesamtwürdigung aus den Begleitumständen der Zuwendung zu schließen sein, dass der jeweils verfolgte betriebliche Zweck im Vordergrund stehe. In einem solchen Fall des ganz überwiegend eigenbetrieblichen Interesses könne ein damit einhergehendes eigenes Interesse des Arbeitnehmers, den betreffenden Vorteil zu erlangen, vernachlässigt werden. Folglich liege dann kein Arbeitslohn vor.

Sollte dagegen dem eigenbetrieblichen Interesse des Arbeitgebers ein nicht unerhebliches Interesse des Arbeitnehmers gegenüberstehen, liege die Vorteilsgewährung nicht (mehr) im ganz überwiegend eigenbetrieblichen Interesse des Arbeitgebers und führt somit zur Lohnzuwendung.

Nach Einschätzung des BFH entsprach die vorinstanzliche Entscheidung diesen Rechtsgrundsätzen, sodass es revisionsrechtlich nicht zu beanstanden war.

Denn die gegen die Rechtsordnung verstoßende, mit Bußgeldern belegte rechtswidrige Weisung des Arbeitgebers gehört für den Lohnsteuersenat nicht mehr zu den notwendigen Begleiterscheinungen betriebsfunktionaler Zielsetzungen. Für den BFH sei danach insb. entscheidend, dass der Betrieb auf einem rechtswidrigen Tun noch nicht einmal teilweise gründen könne und daher insoweit keine entscheidungserheblichen betriebsfunktionalen Gründe vorliegen können.

Somit habe das FG das eigenbetriebliche Interesse der Klägerin zu Recht im Wesentlichen damit verneint, dass es nicht darauf gerichtet sein könne, generell die Fahrer anzuweisen, Lenk- und Ruhezeiten zu überschreiten, sodass dementsprechende Weisungen des Arbeitgebers unbeachtlich seien. Weiterhin habe die Vorinstanz im Rahmen der Gesamtwürdigung zu Recht ebenfalls berücksichtigt, dass es angesichts der gegen einzelne Fahrer verhängten Bußgeldbescheide über rd. 3.000 € nicht nur gelegentliche und geringfügige Verstöße waren.

Praxishinweis

Grds. sind Zuwendungen nicht als Arbeitslohn anzusehen, wenn sie sich bei objektiver Würdigung aller Umstände nicht als Entlohnung, sondern lediglich als notwendige Begleiterscheinung betriebsfunktionaler Zielsetzungen erweisen. Leistungen, die Arbeitnehmern im ganz überwiegenden eigenbetrieblichen Interesse des Arbeitgebers gewährt werden, stellen daher nach st. Rspr. des BFH keinen steuerpflichtigen Arbeitslohn dar.

Die im finanzgerichtlichen Verfahren erforderliche Gesamtwürdigung hat insb. Anlass, Art und Höhe des Vorteils, Auswahl der Begünstigten, freie oder nur gebundene Verfügbarkeit, Freiwilligkeit oder Zwang zur Annahme des Vorteils und seine besondere Geeignetheit für den jeweils verfolgten betrieblichen Zweck zu berücksichtigen. Die Vielzahl der zu prüfenden Kriterien und die im Einzelfall unterschiedliche Gewichtung der Einzelkriterien machen deutlich, dass derartige Sachverhalte in aller Regel nicht ohne weiteres gleich zu beurteilen sind.

In einem anderen, die Speditionsbranche betreffenden Fall, hatte der BFH mit Urteil vom 7.7.2004[413] entschieden, dass aus betrieblichen Gründen von einem einen Paketzustelldienst betreibenden Arbeitgeber übernommene Verwarnungsgelder der Arbeitnehmer keinen Arbeitslohn darstellen.

---

[413] VI R 29/00, BFH/NV 2005, S. 596.

Nach der nunmehr geänderten Ansicht des BFH führt die Übernahme von staatlichen Sanktionen für ein rechtswidriges Tun der Arbeitnehmer jedenfalls dann zu steuerpflichtigem Arbeitslohn, wenn derartige Handlungen durch den Arbeitgeber angewiesen wurden. Dass solche Handlungen durchaus im wirtschaftlichen Interesse des Arbeitgebers liegen können, ist für die lohnsteuerliche Beurteilung unbeachtlich.

Aus dem Besprechungsurteil kann jedoch nicht pauschal abgeleitet werden, dass die Übernahme jeglicher Bußgelder zum steuerpflichtigen Arbeitslohn führen. Gleichwohl ist anzumerken, dass sich die Rspr. zum überwiegend eigenbetrieblichen Interesse verschärft hat.

3.4 Auswärtstätigkeit bei Entsendungen ins Ausland

> **BFH, Urteil v. 10.4.2014, VI R 11/13, BStBl II 2014, S. 804;**
> **Vorinstanz: FG Düsseldorf, Urteil v. 14.1.2013, 11 K 3180/11 E; EFG 2013, S. 429**
>
> Ein Arbeitnehmer, der zunächst für drei Jahre und anschließend wiederholt befristet von seinem Arbeitgeber ins Ausland entsandt worden ist, begründet dort keine regelmäßige Arbeitsstätte i. S. d. § 9 Abs. 1 S. 3 Nr. 4 EStG, auch wenn er mit dem ausländischen Unternehmen für die Dauer des Entsendungszeitraums einen unbefristeten Arbeitsvertrag abgeschlossen hat.
>
> Wird der Arbeitnehmer bei seiner Auswärtstätigkeit von Familienangehörigen begleitet, sind Aufwendungen für Übernachtungen nur anteilig als Werbungskosten nach § 9 Abs. 1 S. 1 EStG zu berücksichtigen.
>
> **Norm:** § 9 Abs. 1 S. 1 und S. 3 Nr. 4 EStG

Sachverhalt

Der Kläger wurde für den Zeitraum vom 1.4.2006 bis 31.12.2011 von seinem deutschen Arbeitgeber zur ausländischen Tochtergesellschaft T nach X entsandt. In dieser Zeit ruhte sein Arbeitsvertrag mit dem deutschen Arbeitgeber.

Seinerzeit bestand zwischen Deutschland und X kein Abkommen zur Vermeidung der Doppelbesteuerung.

Der Entsendezeitraum war zunächst auf drei Jahre begrenzt und wurde aufgrund ungeplanter Entwicklungen dreimal verlängert. Neben dem Entsendevertrag bestand ein auf zwei Jahre befristeter Arbeitsvertrag mit der T, der anschließend um weitere zwei Jahre und dann auf unbefristete Zeit verlängert wurde. Das von der T gezahlte ausländische Gehalt wurde auf das deutsche Gehalt angerechnet, sodass der inländische Arbeitgeber ein entsprechend vermindertes Gehalt auszahlte.

Der Kläger begründete mit seiner Familie zum 1.4.2006 einen Wohnsitz in X, behielt die Wohnung im Inland jedoch bei und nutze diese auch während der ausländischen Schulferien.

Im Streitjahr 2007 machte der Kläger Aufwendungen nach den Regelungen der doppelten Haushaltsführung in X als Werbungskosten geltend. Diese wurden vom FA nicht berücksichtigt. Die dagegen erhobene Klage hat das FG Düsseldorf abgewiesen.

Mit seiner Revision rügte der Kläger die Verletzung materiellen Rechts und beantragte die Einkommensteuerfestsetzung zu ändern.

Entscheidung

Die Revision des Klägers war begründet. Sie führte zur Aufhebung der Vorentscheidung und zur Zurückverweisung der Sache zur anderweitigen Verhandlung und Entscheidung durch das FG.

In der Urteilsbegründung weist der BFH zunächst darauf hin, dass Aufwendungen im Zusammenhang mit einer beruflich veranlassten Auswärtstätigkeit als Werbungskosten abzugsfähig seien. Eine solche Auswärtstätigkeit liege vor, wenn der Arbeitnehmer vorübergehend außerhalb seiner Wohnung und seiner regelmäßigen Arbeitsstätte beruflich tätig werde. Nach der Rspr. des Lohnsteuersenats sei dies der Fall, wenn ein Arbeitnehmer von seinem Arbeitgeber für drei Jahre befristet[414] oder wiederholt im Wege sog. Kettenabordnungen[415] an einem anderen Ort tätig werde. In diesen Fällen begründe der auswärtige Einsatzort keine regelmäßige Arbeitsstätte.

Fahrt- und Übernachtungskosten können dann in nachgewiesener Höhe als Werbungskosten geltend gemacht werden, wenn und soweit diese durch die berufliche Auswärtstätigkeit des Arbeitnehmers veranlasst sind.

Nach der Überzeugung des BFH war im vorliegenden Fall in den Räumlichkeiten der T keine regelmäßige Arbeitsstätte des Klägers gegeben. Er befand sich vielmehr auf einer Auswärtstätigkeit. Denn der Kläger befand sich nach den Reglungen im Entsendevertrag auf einer zunächst befristeten Auslandstätigkeit. Nach diesem Einsatz sollte der ruhend gestellte Arbeitsvertrag mit dem inländischen Arbeitgeber wieder aufleben und der Kläger im Inland tätig werden. An dieser vorübergehenden Tätigkeit des Klägers bei der T änderte nach Ansicht des BFH auch der Umstand nichts, dass der Kläger mit dieser im weiteren Verlauf der Entsendung einen unbefristeten Arbeitsvertrag geschlossen habe. Denn die vorübergehende Dauer seines Arbeitseinsatzes bestimme sich nicht nach diesem Vertrag, sondern vielmehr nach den Vereinbarungen, die der Kläger mit seinem inländischen Arbeitgeber in Form der Entsendevereinbarung getroffen habe.

Der mit der T geschlossene Arbeitsvertrag war nach Auffassung des BFH auch deshalb nicht ausschlaggebend für die Frage der Dauerhaftigkeit, weil der Kläger von seinem inländischen Arbeitgeber zunächst für drei Jahre entsandt wurde, mit der ausländischen T jedoch zu Beginn ein auf zwei Jahre befristeter Arbeitsvertrag geschlossen wurde.

Mangels Wohnen am Beschäftigungsort, bzw. am Ort der regelmäßigen Arbeitsstätte lag somit auch in X keine doppelte Haushaltsführung vor; Fahrt- und Unterkunftskosten konnten vielmehr nach Reisekostengrundsätzen als Werbungskosten geltend gemacht werden. Weil das FG noch keine Feststellungen dazu getroffen hatte, in welcher Höhe ein Werbungskostenabzug für die ausländische Wohnung wegen Mitbenutzung durch die Familienmitglieder ausgeschlossen war, musste die Sache zurückverwiesen werden.

---

[414] BFH, Urteil v. 8.8.2013, VI R 72/12, BStBl II 2014, S. 68.
[415] BFH, Urteil v. 24.9.2013, VI R 51/12, BStBl II 2014, S. 342.

Praxishinweis

Die BFH-Entscheidung erging zur alten Rechtslage, die durch die Reisekostenreform 2014 in Teilen überholt ist. Zwar wurde der Begriff der regelmäßigen Arbeitsstätte durch den der ersten Tätigkeitsstätte ersetzt. Allerdings kommt es für das Vorhandensein einer solchen ersten Tätigkeitsstätte noch immer zwingend darauf an, dass der Arbeitnehmer dort dauerhaft tätig werden soll. Aus diesem Grund können die Aussagen dieser Entscheidung, wonach sich die Frage der Dauerhaftigkeit nach den mit dem inländischen Arbeitgeber getroffenen (Entsende-) Vereinbarungen beurteilt, auch über den 31.12.2013 hinaus angewendet werden. Die gleiche Auffassung wird auch von *Geserich* vertreten. M. E. spricht auch nichts dagegen, dass man die Grundsätze der Entscheidung auf Fälle anwendet, in denen ein Arbeitnehmer vom Ausland nach Deutschland entsandt wird.

Nach Ansicht der Finanzverwaltung[416] sind die Ausführungen der dargestellten Entscheidung demgegenüber nach der Gesetzesänderung zum 1.1.2014 überholt und damit nicht anwendbar. Arbeitgeber, die eine davon abweichende Auffassung vertreten, müssten diese wohl erneut zum Gegenstand eines finanzgerichtlichen Verfahrens machen.

Literaturhinweis: *Geserich*, HFR 2014, S. 781

3.5 Arbeitslohn im Zusammenhang mit der Veräußerung von Genussrechten

> **BFH, Urteil v. 5.11.2013, VIII R 20/11, BStBl II 2014, S. 275;**
> **Vorinstanz: FG München, Urteil v. 29.3.2011, 12 K 3991/09, EFG 2011, S. 1522**
>
> **Kann der Arbeitnehmer die von seinem Arbeitgeber erworbenen Genussrechte nur dadurch verwerten, dass er sie nach Ablauf der Laufzeit an diesen veräußert, und hängt die Höhe des Rückkaufswerts der Genussrechte davon ab, wie das Anstellungsverhältnis endet, handelt es sich bei dem Überschuss aus dem Rückverkauf der Genussrechte um Einkünfte aus nichtselbstständiger Arbeit gem. § 19 Abs. 1 S. 1 Nr. 1 i. V. m. § 8 Abs. 1 EStG.**
>
> **Der geldwerte Vorteil fließt dem Arbeitnehmer zu dem Zeitpunkt zu, in dem ihm das Entgelt für die Rücknahme der Genussrechte ausgezahlt wird.**
>
> **Normen:** §§ 8 Abs. 1, 11 Abs. 1 S. 3, 19 Abs. 1 S. 1 Nr. 1, 20 Abs. 1 Nr. 7, 38a Abs. 1 S. 3 EStG

Sachverhalt

Dem Kläger, einem angestellten GmbH-Geschäftsführer, wurde von seinem Arbeitgeber im Anstellungsvertrag vom 11.1.2001 ein Genussrecht eingeräumt, das i. H. v. 2 % an der Wertsteigerung der Gesellschaft nach dem sog. Stuttgarter Verfahren teilnahm und für den Fall eines Börsengangs durch ein Aktienbezugsrecht ersetzt werden sollte.

Am 15.12.2000 schloss der Kläger mit seinem Arbeitgeber einen Genussrechtsvertrag über den Erwerb von Genussrechten im Wert von 20.000 DM. Nach der Präambel des Vertrags

---

[416] BMF, Schreiben v. 24.10.2014, IV C 5 – S 2353/14/10002, BStBl I 2014, S. 1412, Rz. 21.

sollten dadurch die Führungskräfte der GmbH an deren Wertsteigerung partizipieren. Das Genussrecht vermittelte ein Gläubigerrecht, jedoch keine Gesellschafterrechte. Der jährliche Genusszins belief sich auf 10 %; eine Beteiligung am Verlust der Gesellschaft war ausgeschlossen. Beim Ausscheiden des Klägers aus der GmbH sollte das Genussrechtsverhältnis ohne weitere Kündigung zum Ende des entsprechenden Kalenderjahres enden (Verfallsklausel).

Am 20.12.2002 vereinbarte der Kläger mit seinem Arbeitgeber eine Änderung des Genussrechtsvertrags. Das Ende des Genussrechtsverhältnisses wurde auf den 31.12.2003 festgelegt. Die Parteien einigten sich auf einen Rückkaufswert i. H. v. 1.600.000 €, der mit dem Ausscheiden des Klägers als Geschäftsführer der GmbH, spätestens am 14.1.2004, fällig werden sollte. Der geänderte Vertrag sah vor, dass bei Kündigung des Anstellungsverhältnisses wegen schuldhaften Verhaltens des Klägers das Genussrechtsverhältnis vorzeitig endete und bis auf die Rückzahlung des eingesetzten Kapitals (20.000 DM) sämtliche Zahlungsansprüche des Klägers aus dem Genussrechtsvertrag entfielen. Am 20.6.2004 endete die Tätigkeit des Klägers als Geschäftsführer der GmbH. Im Januar 2004 erhielt er den vereinbarten Betrag aus der Rückübertragung der Genussrechte i. H. v. 1.600.000 € ausbezahlt.

Das FA erfasste den Auszahlungsbetrag zunächst in voller Höhe als steuerpflichtigen Arbeitslohn. Nachdem der Kläger Einspruch eingelegt hatte, erließ das FA einen Änderungsbescheid, in dem die für den Rückerwerb der Genussrechte lediglich rd. 475.000 DM erfasst wurden, weil das FA davon ausging, dass für den Rückerwerb ein überhöhter Preis gezahlt worden war.

Im finanzgerichtlichen Verfahren trug der Kläger vor, dass die Auszahlung für den Rückerwerb der Genussrechte weder zu Einnahmen i. S. d. § 19 EStG noch des § 20 EStG führten. Nachdem das FG nicht der Auffassung des Klägers folgte, beantragte er das FG-Urteil und den Einkommensteuerbescheid für 2004 dahingehend zu ändern, dass es sich bei den rd. 475.000 DM um einen steuerfreien Vermögenszuwachs handelt, sodass eine geringere Steuer festzusetzen sei.

Das FA beantragte, die Revision zurückzuweisen.

Entscheidung

Die Revision der Klägerin war unbegründet und daher zurückzuweisen.

Das FG hatte im Ergebnis nach Ansicht des BFH zu Recht entschieden, dass es sich bei den rd. 475.000 DM um steuerbare Einkünfte handelt; es sei jedoch zu Unrecht davon ausgegangen, dass es sich dabei um Einkünfte i. S. d. § 20 Abs. 1 Nr. 7 EStG handelt, denn die dem Kläger für die Rückübertragung der Genussrechte ausgezahlte Summe sei den Einkünfte aus nichtselbstständiger Tätigkeit zuzurechnen.

In der Urteilsbegründung weist der BFH darauf hin, dass kein Arbeitslohn i. S. v. § 19 EStG vorliege, wenn eine Zuwendung des Arbeitgebers wegen anderer Rechtsverhältnisse oder aufgrund sonstiger, nicht auf dem Dienstverhältnis beruhender Beziehungen zwischen Arbeitnehmer und Arbeitgeber erbracht werde.

Die hierfür notwendige Würdigung aller wesentlichen Umstände des Einzelfalls obliegt in aller Regel dem FG als die vorrangige Tatsacheninstanz. Eine solche Würdigung ist auch für den BFH bindend, wenn und solange die Entscheidung verfahrensrechtlich einwandfrei zustande gekommen ist und nicht durch Denkfehler oder durch die Verletzung von Erfahrungssätzen beeinflusst ist.

Der BFH stellte fest, dass das FG eine solche Würdigung nicht vorgenommen habe, denn es sei aufgrund des Fehlens einer gesetzlichen Subsidiaritätsklausel zu Unrecht davon ausgegangen, dass zwischen Kapital- und Arbeitseinkünften kein Rangverhältnis bestehe. Dabei habe es übersehen, dass nach ständiger Rspr. darüber zu entscheiden sei, welche Einkunftsart im Vordergrund stehe, sodass eine andere verdrängt werde.

Nach eigenständiger Würdigung aller für die Beurteilung des Streitfalls vorliegenden Tatsachen kam der BFH zu der Überzeugung, dass es sich bei der Auszahlung der 1.600.000 DM um Arbeitslohn handelte.

Bereits in anderen Urteilen[417] hatte der BFH Kriterien aufgestellt, die bei Leistungen im Zusammenhang mit Mitarbeiterbeteiligungen indiziell im Rahmen einer Gesamtwürdigung darüber entscheiden, welche Einkunftsart gegeben sei.

So sei allein der Umstand, dass nur den leitenden Angestellten Genussrechte angeboten wurden, nicht entscheidend für die Qualifikation etwaiger Leistungen als Arbeitslohn. Für die Qualifikation müsse jedoch zwingend ein Sonderrechtsverhältnis begründet werden, dass unabhängig vom Dienstverhältnis bestehe. Diese weitere Vereinbarung müsse darüber hinaus den gesamten Leistungsaustausch abbilden, und zwar ohne dass daneben noch dem Arbeitsverhältnis zuzuordnende, lohnsteuerlich erhebliche Leistungen vorliegen müssten.

Auch eine wie im Streitfall vorzufindende Verfallsklausel sei neben anderen Kriterien lediglich ein weiteres Indiz für die enge wirtschaftliche Verknüpfung zwischen dem Dienstverhältnis und dem Kauf bzw. Rückkauf der Genussrechte.

Nach der Überzeugung des Lohnsteuersenats führte die Auskehrung infolge der Rückübertragung der Genussrechte zu Arbeitslohn, weil der Kläger die Genussrechte allein durch eine Veräußerung an seinen Arbeitgeber verwerten konnte. Darüber hinaus hing die Höhe des Rückkaufswerts davon ab, wie das Dienstverhältnis endete. Wäre es wegen schuldhaften Verhaltens des Klägers durch die GmbH gekündigt worden, wäre auch das Genussrechtsverhältnis mit sofortiger Wirkung beendet worden und der Kläger hätte lediglich sein eingesetztes Kapital von 20.000 DM erhalten. Nur bei einer Beendigung des Dienstverhältnisses ohne Kündigung aus wichtigem Grund belief sich der Rückkaufswert auf 1.600.000 DM.

Der Vorteil, den der Kläger durch den Rückkauf der Genussscheine erhielt, war somit nicht durch eine vom Dienstverhältnis unabhängige und eigenständige Sonderrechtsbeziehung veranlasst. Seine Höhe war von dem Verhalten des Klägers als Arbeitnehmer der GmbH abhängig und somit Belohnung für seine Leistung.

Praxishinweis

Das Urteil erweitert die Abgrenzungskriterien, die gerade bei Mitarbeiterbeteiligungsmodellen notwendig sind, um die Qualifikation von Einkünften vornehmen zu können, um einen weiteren Gesichtspunkt. Wäre im Streitfall die Höhe der auszukehrenden Leistungen beim Rückkauf der Genussrechte unabhängig davon bemessen worden, auf welche Art und Weise das Dienstverhältnis des Klägers zu seiner GmbH endet, so hätte der BFH wohl nicht auf Zufluss steuerpflichtigen Arbeitslohns entschieden. Die in der Praxis oft anzutreffenden sog. „Good-Leaver-" und „Bad-Leaver-Klauseln" können somit die Qualifikation von Einkünften in solche nach § 19 EStG wesentlich beeinflussen, weil diese Klauseln ebenfalls die Höhe auszukehrender Leistungen davon abhängig machen, ob ein Beteiligter z. B. auf eigenen Wunsch oder auf Veranlassung der arbeitgebenden oder ggf. einer Konzerngesellschaft aus dem Dienstverhältnis ausscheidet. Denn in solchen Fällen fehlte es an einem vom Dienstverhältnis unabhängigen

---

[417] BFH, Urteil v. 21.12.2006, VI R 24/06, BFH/NV 2007, S. 600; BFH, Urteil v. 17.6.2009, VI R 69/06, BStBl II 2010, S. 69.

Sonderrechtsverhältnis. Dabei ist jedoch zu beachten, dass auch dieses Kriterium nur eines von vielen ist, die im Rahmen einer Gesamtwürdigung für oder gegen die Annahme von Arbeitslohn sprechen können.

> **Literaturhinweise:** *Apitz*, EStB 2014, S. 87; *Hilbert*, BB 2014 (Beilage), S. 735

3.6 Lohnsteueranrufungsauskunft

3.6.1 Regelungsinhalt einer lohnsteuerlichen Anrufungsauskunft

> **BFH, Urteil v. 7.5.2014, VI R 28/13, BFH/NV 2014, S. 1734;**
> **Vorinstanz: FG Düsseldorf, Urteil v. 18.4.2013, 16 K 922/12 L, EFG 2013, S. 1358**
>
> **Die Lohnsteueranrufungsauskunft nach § 42e EStG trifft eine Regelung dahingehend, wie die Finanzbehörde den vom Arbeitgeber dargestellten Sachverhalt gegenwärtig beurteilt.**
>
> **Entsprechend diesem Regelungsgehalt überprüft das FG die Auskunft sachlich nur daraufhin, ob der Sachverhalt zutreffend erfasst und die rechtliche Beurteilung nicht evident fehlerhaft ist.**
>
> **Norm:** § 42e EStG

Sachverhalt

Im Urteilsfall hatte ein Unternehmen das Betriebsstätten-FA um eine LSt-Anrufungsauskunft gem. § 42e EStG hinsichtlich eines seinen Mitarbeitern im Rahmen eines sog. „Demografie-Projekts" offerierten Angebots ersucht. Das „Demografie-Projekt" bzw. ein diesbezügliches Gesundheitsprogramm sollte der Erhaltung der Beschäftigungsfähigkeit, der Leistungsfähigkeit und der Motivation der aufgrund der demographischen Entwicklung zunehmend alternden Belegschaft dienen. Konkreter Gegenstand der LSt-Anrufungsauskunft war ein den Mitarbeitern als sog. „Sensibilisierungswoche" angebotenes, einwöchiges Einführungsseminar zur Vermittlung grundlegender Erkenntnisse über einen gesunden Lebensstil. Die Kosten für dieses Angebot, bei dem keine Verpflichtung zur Teilnahme bestand, beliefen sich auf ca. 1.300 € pro Mitarbeiter vor Abzug etwaiger Zuschüsse der Krankenkasse.

Seitens des Unternehmens wurde die Auffassung vertreten, dass hinsichtlich der Kosten für die Teilnahme an der „Sensibilisierungswoche" jedenfalls ein Betrag von 500 € als Leistungen des Arbeitgebers zur Verbesserung des allgemeinen Gesundheitszustands und der betrieblichen Gesundheitsförderung i. S. d. § 3 Nr. 34 EStG i. V. m. §§ 20, 20a SGB V steuerfrei sei. Da nach Auffassung des klagenden Unternehmens die angebotene Maßnahme jedoch im ganz überwiegenden Interesse des Unternehmens liege, fehle bereits ein Entlohnungscharakter. Die Zuwendung sei daher insgesamt nicht steuerbar.

Diesem Auskunftsbegehren folgte das Betriebsstätten-FA nicht. Es bestätigte die Rechtsauffassung lediglich insoweit, dass die Anwendung des § 3 Nr. 34 EStG in Betracht käme. Im Übrigen lehnte es die rechtliche Auffassung des Unternehmens ab.

Auch die nach erfolglosem Einspruchsverfahren hiergegen gerichtete Klage blieb erfolglos. Mit Urteil vom 18.4.2013[418] gab das FG Düsseldorf dem Betriebsstätten-FA Recht und erachtete die LSt-Anrufungsauskunft als zutreffend. Dabei führte es u. a. aus, dass eine LSt-Anrufungsauskunft im Gegensatz zu einer verbindlichen Auskunft nach § 89 Abs. 2 AO einer umfassenden inhaltlichen Überprüfung durch das FG unterliege.

Entscheidung

Die durch das FG zugelassene Revision blieb erfolglos. Der BFH wies diese, da die Klageabweisung durch das FG im Ergebnis zu Recht erfolgt sei, als unbegründet zurück.

Zur Urteilsbegründung führte der BFH aus, dass vorliegend kein Anspruch auf Erteilung einer LSt-Anrufungsauskunft mit dem begehrten Inhalt bestehe. Derjenige, der einen Antrag auf LSt-Anrufungsauskunft gem. § 42e EStG stelle, habe einen gerichtlich durchsetzbaren Anspruch auf Erteilung einer Auskunft über die Anwendung lohnsteuerlicher Vorschriften. Dieser sei nicht nur auf eine förmliche Bescheidung gerichtet, sondern auch auf eine inhaltlich richtige Auskunft. Es bestehe das Recht, Sicherheit über die zutreffende Rechtslage zu erlangen und lohnsteuerliche Rechte und Pflichten in einem besonderen Verfahren (ggf. gerichtlich) im Voraus verbindlich feststellen zu lassen. Ein Arbeitgeber könne daher eine erteilte Anrufungsauskunft nach den allgemeinen Regeln anfechten und Verpflichtungsklage erheben, um eine Auskunft darüber zu erlangen, ob und inwieweit im Einzelfall Vorschriften über die LSt anzuwenden sind.

Allerdings sei die gerichtliche Kontrolldichte eines angefochtenen Verwaltungsakts (im Streitfall der Anrufungsauskunft) im Wesentlichen von dessen Regelungsaussage abhängig. Bei einer LSt-Anrufungsauskunft sei dies die Frage, wie die Finanzbehörde einen ihr zur Prüfung gestellten typischerweise hypothetischen Sachverhalt im Hinblick auf die LSt-Abzugsverpflichtung beurteile. Die Auskunft entscheide weder über den Einkommensteueranspruch noch setze sie die Einkommensteuerschuld des Arbeitnehmers fest. Das LSt-Abzugsverfahren sei nur ein Vorauszahlungsverfahren mit vorläufigem Charakter, dessen Besonderheiten und Regelungen nicht in das Veranlagungsverfahren hineinwirkten. Der Arbeitgeber werde auch nicht verpflichtet, die LSt entsprechend der ihm erteilten Auskunft abzuführen. Eine umfassende gerichtliche Überprüfung würde zu einer Verlagerung von Streitigkeiten insb. aus dem Haftungsverfahren in das Anrufungsverfahren führen. Dieses habe jedoch nicht die Aufgabe ungeklärte Rechtsfragen (auch für das Veranlagungsverfahren des Arbeitnehmers) abschließend zu beantworten oder die Übereinstimmung von Verwaltungsanweisungen mit dem Gesetz zu überprüfen.

Die LSt-Anrufungsauskunft diene der Vermeidung des Haftungsrisikos des Arbeitgebers. Sie bezwecke jedoch nicht, dem Arbeitgeber das Prozessrisiko abzunehmen, soweit er abweichend von einer erteilten Anrufungsauskunft verfahre. In diesem Fall sei vielmehr eine Durchsetzung der Rechtsauffassung im Rahmen des Steueranmeldungs- bzw. Haftungsverfahrens erforderlich. Ein solches Verständnis von der LSt-Anrufungsauskunft trage auch dem Grundsatz der Gewaltenteilung Rechnung. Wesen einer Auskunft sei schließlich, dass sie die Rechtsauffassung der Finanzbehörde beinhalte. Eine vollumfängliche inhaltliche Überprüfung der behördlichen Beurteilung im Rahmen des Steuererhebungsverfahrens, würde eine Verpflichtung der Finanzbehörde bedeuten, eine nicht ihrer Rechtsauffassung entsprechende Auskunft zu erteilen.

---

[418] 16 K 922/12 L, EFG 2013, S. 1358.

Die inhaltliche gerichtliche Überprüfung einer LSt-Anrufungsauskunft beschränkt sich daher nach Ansicht des BFH auf die Frage, ob die gegenwärtige rechtliche Einordnung eines – zutreffend festgestellten – Sachverhalts in sich schlüssig und nicht evident rechtsfehlerhaft ist. Einer umfassenden inhaltlichen Überprüfung bedürfe es nicht. Es sei nur zu untersuchen, ob das Betriebsstätten-FA mit der Auskunft den Anforderungen an ein faires Verfahren genügt hat. Die Finanzbehörde müsse den Sachverhalt zutreffend erfasst haben. Es dürfe im Übrigen keine Auskunft erteilt werden, die offensichtlich nicht mit dem Gesetz oder der höchstrichterlichen Rspr. – soweit sie von der Finanzverwaltung angewandt wird (d. h. kein Nichtanwendungserlass) – in Einklang steht.

Praxishinweis

Bisher wurde bei einer LSt-Anrufungsauskunft davon ausgegangen worden, dass diese – anders als eine verbindliche Auskunft gem. § 89 Abs. 2 AO – nicht nur Anspruch auf eine schlüssige und nicht evident rechtsfehlerhafte Auskunft bietet. Dies gilt sowohl nach Stimmen in der Fachliteratur[419] als auch aus der Rspr. Diese Auffassung begründete sich dadurch, dass der BFH in der Vergangenheit selbst die Notwendigkeit der inhaltlichen Richtigkeit einer LSt-Anrufungsauskunft postulierte[420] und offenbar den aus einer Auskunft gem. § 89 Abs. 2 AO folgenden Rechtsanspruch von dem einer LSt-Anrufungsauskunft unterschied.[421] Dieser Auffassung hat der BFH nunmehr ausdrücklich eine Absage erteilt. Auch bei einer gerichtlichen Überprüfung einer LSt-Anrufungsauskunft erfolgt nunmehr lediglich eine Prüfung daraufhin, ob der Sachverhalt vollständig und zutreffend erfasst wurde und die rechtliche Beurteilung nicht evident fehlerhaft ist.

In Fällen des entschiedenen Streitfalls, wenn es also insb. um die Frage geht, ob eine Leistung des Arbeitgebers im überwiegend eigenbetrieblichen Interesse erbracht wurde, stellt die lohnsteuerliche Anrufungsauskunft nicht zwingend das probate Mittel dar, um Rechtssicherheit zu erlangen. Denn im Fall einer ablehnenden Aussage des FA wird im finanzgerichtlichen Verfahren mit Bezug auf das hier besprochene BFH-Urteil keine vollumfängliche Prüfung der eigentlichen Rechtsfrage erfolgen. Sollte das FA bei seiner Beurteilung also keine Rechtsfehler gemacht haben, wird das FG die ablehnende Aussage nicht aufheben. Daher sollte in diesen Fällen Einspruch gegen die entsprechende LSt-Anmeldung eingelegt werden und die dagegen erfolgte Ablehnung zum Gegenstand einer gerichtlichen Überprüfung gemacht werden.

---

[419] *Krüger* in: Schmidt, EStG, 2014, § 42e EStG, Rn. 5.
[420] BFH, Urteil v. 30.4.2009, VI R 54/07, BFH/NV 2009, S. 1528.
[421] BFH, Urteil v. 29.2.2012, IX R 11/11, BFH/NV 2012, S. 1350.

3.6.2 Bindungswirkung einer Lohnsteueranrufungsauskunft auch gegenüber dem Arbeitnehmer

> **BFH, Urteil v. 17.10.2013, VI R 44/12, BStBl II 2014, S. 892;**
> **Vorinstanz: FG Düsseldorf, Urteil v. 24.4.2012, 13 K 799/09 L, EFG 2012, S. 1781**
>
> Erteilt das Betriebsstättenfinanzamt dem Arbeitgeber eine Lohnsteueranrufungsauskunft, sind die Finanzbehörden im Rahmen des Lohnsteuerabzugsverfahrens an diese auch gegenüber dem Arbeitnehmer gebunden.
>
> Das FA kann daher die vom Arbeitgeber aufgrund einer (unrichtigen) Anrufungsauskunft nicht einbehaltene und abgeführte Lohnsteuer vom Arbeitnehmer nicht nach § 42d Abs. 3 S. 4 Nr. 1 EStG nachfordern.
>
> Norm: §§ 38 Abs. 2 S. 1, 42d Abs. 1 Nr. 1 und Abs. 3, 42e EStG

Sachverhalt

Dem vom BFH nun entschiedenen Fall lag ein Sachverhalt zugrunde, bei dem sich die Mitgliedschaft der Arbeitgeberin des Klägers im Jahr 2001 von einer Zusatzversorgungskasse (ZVK) in eine andere geändert hatte, die auch das Vermögen der ursprünglichen ZVK übernahm. Durch die Mitgliedschaft in der ZVK sollte für die Arbeitnehmer bei deren Ausscheiden aus dem Unternehmen ein zusätzlicher Versorgungsanspruch verschafft werden. Eine an die übernehmende ZVK zu leistende Nachteilsausgleichszahlung wurde zunächst als steuerpflichtiger Arbeitslohn behandelt.

Nachdem der BFH im Jahr 2005[422] entschieden hatte, dass derartige Nachteilsausgleichszahlungen keinen Arbeitslohn darstellen, machte die Arbeitgeberin die schon vorgenommene Besteuerung der Zahlung rückgängig. Zuvor hatte sie sich allerdings im Wege einer LSt-Anrufungsauskunft nach § 42e EStG durch das FA die steuerliche Richtigkeit ihres Vorgehens bestätigen lassen.

Im Weiteren war das FA der Auffassung, dass die Arbeitgeberin des Klägers in unzutreffender Weise den Bruttoarbeitslohn gemindert habe. Der Sachverhalt wurde vom FA folglich steuerlich anders gewürdigt, als im Rahmen der Anrufungsauskunft bestätigt.

Der Arbeitnehmer, der im Streitjahr nicht zur ESt zu veranlagen war, erhielt im Jahr 2008 nach einer entsprechenden Kontrollmitteilung durch die Zentrale Außenprüfungsstelle Lohnsteuer (ZALSt) einen LSt-Nachforderungsbescheid. Hiergegen legte der Arbeitnehmer nach erfolglosem Einspruchsverfahren Klage ein, die vom FG Düsseldorf abgewiesen wurde. Mit der Revision rügte der Kläger die Verletzung materiellen Rechts.

Entscheidung

Die Revision des Klägers war begründet. Sie führte zur Aufhebung der Vorentscheidung und Stattgabe der Klage. Der BFH hob den LSt-Nachforderungsbescheid und die Einspruchsentscheidung des FA auf.

Zur Begründung führt der VI. Senat des BFH im Wesentlichen aus, dass die vorschriftsmäßige Einbehaltung der LSt zum Erlöschen des Lohnsteueranspruchs des FA i. S. d. § 47 AO führt. Eine vorschriftsmäßige Einbehaltung der LSt sei gegeben, wenn der Arbeitge-

---
[422] BFH, Urteil v. 14.9.2005, VI R 148/98, BStBl II 2006, S. 532.

ber entsprechend einer Anrufungsauskunft gem. § 42e EStG verfahren ist. Ob die LSt-Anrufungsauskunft materiell richtig ist, spiele dabei keine Rolle. Der Arbeitnehmer könne in dieser Situation nicht mehr als Steuerschuldner zur Zahlung der LSt in Anspruch genommen werden. Denn die Finanzbehörden seien zwar nicht im Veranlagungs-, wohl aber im LSt-Abzugsverfahren auch gegenüber dem Arbeitnehmer gebunden.

Durch die LSt-Anrufungsauskunft werden seitens des FA die LSt-Schuld des Arbeitnehmers und die Entrichtungsschuld des Arbeitgebers verbindlich festgestellt.

Der BFH führt weiter aus, dass die Frage nach der Anwendung der lohnsteuerlichen Vorschriften einheitlich zu beantworten sei. Der Arbeitnehmer könne sich auf eine dem Arbeitgeber erteilte Auskunft berufen. Im Übrigen stellt der BFH ausdrücklich fest, dass dies auch für den umgekehrten Fall, also für eine dem Arbeitnehmer gegenüber (die lohnsteuerlichen Vorschriften betreffende) erteilte Auskunft gelte.

Der BFH führt jedoch unter Verweis auf frühere Entscheidungen[423] ausdrücklich einschränkend aus, dass durch eine LSt-Anrufungsauskunft nicht die Einkommensteuerschuld des Arbeitnehmers verbindlich festgestellt wird. Damit sind nach Ansicht des BFH die Finanzbehörden im Veranlagungsverfahren des Arbeitnehmers weiterhin nicht an eine LSt-Anrufungsauskunft des Arbeitgebers gebunden.

Praxishinweis

Mit der Entscheidung wurde durch den BFH ein wesentlicher Grundsatz im Zusammenhang mit einer LSt-Anrufungsauskunft aufgegeben. Auch für den Fall, dass das FA eine erteilte Auskunft an den Arbeitgeber oder den Arbeitnehmer für unrichtig hält, kann nunmehr jedenfalls im Lohnsteuerverfahren nicht mehr auf den anderen Beteiligten zurückgegriffen werden, da die Bindungswirkung gegenüber allen Beteiligten im Lohnsteuerverfahren gilt.

Allerdings ist weiterhin einschränkend keine Bindungswirkung einer Anrufungsauskunft im Veranlagungsverfahren gegenüber dem Arbeitnehmer gegeben. Das bedeutet, dass die Wohnsitzfinanzämter daher weiterhin grds. entsprechende Auskünfte bei der Veranlagung der Arbeitnehmer zur ESt ignorieren können.

Die Finanzverwaltung hat bisher die Auffassung vertreten, dass eine LSt-Anrufungsauskunft gem. § 42e EStG nur gegenüber dem einzelnen anrufenden Beteiligten am Lohnsteuerverfahren Bindungswirkung entfaltet. Die Hinweise zu den LStR (H 42e „Bindungswirkung" LStH) enthalten weiterhin entsprechende Ausführungen. Es bleibt abzuwarten, wie die Finanzverwaltung auf die Entscheidung reagieren wird.

Literaturhinweise: *Geserich*, HFR 2014, S. 133; *Günther*, EStB 2014, S. 51

---

[423] BFH, Urteil v. 13.1.2011, VI R 61/09, BStBl II 2011, S. 479.

4 Im Bereich des Umwandlungssteuerrechts

4.1 Klagebefugnis bei Formwechsel einer Kapital- in eine Personengesellschaft

> BFH, Urteil v. 6.6.2013, I R 36/12, BFH/NV 2014, S. 74;
> Vorinstanz: FG Düsseldorf, Urteil v. 26.3.2012, 6 K 4454/10 K, F, EFG 2012, S. 1484
>
> Die Tatsache der rechtsformumwechselnden Umwandlung und die streitgegenständliche Frage der Auflösung der Ansparabschreibung in der sog. Schlussbilanz der übertragenden Gesellschaft vermittelt keine eigenständige Beschwer durch den angefochtenen Bescheid.
>
> Normen: §§ 3 ff. UmwStG; § 40 Abs. 2 FGO

Sachverhalt

Hauptstreitgegenstand des vorliegenden Verfahrens war die Frage, ob eine Personengesellschaft, die mittels Formwechsel aus einer Kapitalgesellschaft hervorgegangen ist, hinsichtlich der Steuerbescheide, welche noch die Kapitalgesellschaft betreffen, klagebefugt ist.

Entscheidung

Der BFH nimmt das Verfahren zum Anlass darauf hinzuweisen, dass bei einer sog. Nullfestsetzung der Weg in die Anfechtungsklage mangels Beschwer nicht eröffnet ist. Der Kläger ist hier nicht „in seinen Rechten verletzt".

Ein Rechtsschutzbedürfnis ist bei der übernehmenden Gesellschaft dann erst recht nicht gegeben, wenn es bereits bei der übertragenden Gesellschaft fehlte.

Inhaltlich ging es um die Bindungswirkung der Schlussbilanz der übertragenden Gesellschaft. Eine solche sei lediglich von materiell-rechtlicher Wirkung nach § 9 S. 1 i. V. m. § 4 Abs. 1 UmwStG. Eine verfahrensrechtliche Wirkung etwa in Gestalt eines Grundlagenbescheids, aus der sich eine Klagebefugnis herleiten lässt, existiert nicht. Allein aus der Bindung resultiert nach Ansicht des BFH keine Beschwer. Vielmehr ist es der übernehmenden Gesellschaft nicht verwehrt, diesem Ansatz in der Schlussbilanz in ihrer eigenen Gewinnermittlung bzw. gesonderten und einheitlichen Gewinnfeststellung unter Hinweis auf einen etwaigen Bilanzierungsfehler, der sich bisher nicht steuerlich ausgewirkt hat, entgegenzutreten.

Auch eine Klagebefugnis in Gestalt einer sog. Drittbetroffenheit erteilt der BFH eine Absage. Da die übernehmende Gesellschaft sich gegen die Ansätze in der Schlussbilanz aus eigenem Recht heraus wehren kann, besteht insoweit keine Rechtsschutzlücke.

Praxishinweis

Die materiell-rechtliche Bindungswirkung der Wertansätze in der Schlussbilanz führt zu keiner verfahrensrechtlichen Bindung der übernehmenden Gesellschaft. Vielmehr kann sich diese aus eigenem Recht heraus gegen solche Wertansätze zur Wehr setzen. Ggfs. muss der Rechtsweg beschritten werden.

Literaturhinweis: *Krämer*, GmbH-StB 2014, S. 70

4.2 Keine Einkünfteminderung durch Übernahmeverlust bei Formwechsel

BFH, Urteil v. 24.6.2014, VIII R 35/10, BFH/NV 2014, S. 1660;
Vorinstanz: FG Düsseldorf, Urteil v. 30.6.2010, 15 K 2593/09 F, EFG 2010, S. 1556

1. Errechnet sich beim Formwechsel einer Kapitalgesellschaft in eine Personengesellschaft ein Übernahmeverlust, kann dieser im zeitlichen Geltungsbereich des § 4 Abs. 6 UmwStG i. d. F. des StSenkG 2001/2002 nicht durch einen sofortigen Abzug einkünftemindernd im Rahmen der Gewinnermittlung der Personengesellschaft berücksichtigt werden.

2. Der Ausschluss des Übernahmeverlusts lässt es auch nicht mehr zu, die Anschaffungskosten eines Gesellschafters für die Beteiligung an der Kapitalgesellschaft als Anschaffungskoten der übernommen Wirtschaftsgüter in einer persönlichen Ergänzungsbilanz zu erfassen (sog. step up) und sukzessive abzuschreiben.

Normen: §§ 3 S. 1, 4, 5, 14, 27 Abs. 1 UmwStG i. d. F. des StSenkG 2001/2002

Streitig war die Berücksichtigung eines Übernahmeverlusts, der sich für den Kläger aus dem Formwechsel einer GmbH in eine GbR ergeben hatte.

Sachverhalt

W war ursprünglich Alleingesellschafter einer GmbH gewesen. Knapp 40 % hatte er 1996 an den Kläger veräußert, der hieraus resultierende Veräußerungsgewinn wurde bei W nach § 17 EStG erfasst. Zum 1.1.2002 erfolgte der Formwechsel der GmbH in eine GbR, welche wenige Monate später durch Realteilung erfolgsneutral beendet wurde. Aus dem Formwechsel ergab sich ein unstreitiger Übernahmeverlust. Von diesem Betrag ausgehend aktivierte der Kläger in einer persönlichen Ergänzungsbilanz einen Firmenwert und stocke die Buchwerte anderer Wirtschaftsgüter auf. Hierauf nahm er Absetzungen für Abnutzung vor.

Entscheidung

FA, FG und BFH sind der Ansicht, dass der Übernahmeverlust im Streitjahr unberücksichtigt bleiben muss.

Im Streitfall war § 4 Abs. 6 UmwStG 2002 anzuwenden, wonach ein Übernahmeverlust außer Ansatz bleibt. Auch war für den Kläger ein Übernahmeergebnis zu ermitteln, da für wesentlich beteiligte Gesellschafter die GmbH die Einlagefiktion galt. Insofern ergab sich aus der Gegenüberstellung der Wirtschaftsgüter ein Übernahmeverlust. Dieser beruhte auf den stillen Reserven, die der Kläger bei Erwerb des Anteils an der GmbH mit dem Kaufpreis schon anteilig abgegolten hatte. Ein solcher Verlust ist jedoch bereits nach dem eindeutigen Wortlaut des Gesetzes nicht ansatzfähig. Die Aufstockungsregeln des § 4 Abs. 6 UmwStG 1995 waren ersatzlos weggefallen. Aus einer persönlichen Ergänzungsbilanz lassen sich jedoch nach im Jahr 2002 geltender Gesetzeslage keine Absetzungen ableiten. Dieses Ergebnis entspricht auch dem Gesetzeszweck; es sollten nämlich sog. Optimierungsgestaltungen zur Steuervermeidung im Zusammenhang mit der Einführung des Halbeinkünfteverfahrens verhindert werden. Durch diese Betrachtungsweise wird nach Ansicht des Senats auch das objektive Nettoprinzip nicht beeinträchtigt. Allerdings gibt der Senat zu, dass er Raum für Billigkeitsmaßnahmen sieht, sofern der erwerbsbezogene Aufwand ohne sachliche Rechtfertigung endgültig unberücksichtigt bliebe.

Literaturhinweis: *Strahl*, FR 2014, S. 852

5 Im Bereich der Umsatzsteuer

5.1 Keine Ausschlussfristen für eine Ausfuhrlieferung

> **EuGH, Urteil v. 19.12.2013, C–563/12, *BDV Hungary Trading*, HFR 2014, S. 182**
>
> Mitunter verlassen Gegenstände, die für die Ausfuhr oder für innergemeinschaftliche Lieferungen vorgesehen sind, nicht sofort das Land, sondern verbleiben – etwa aus logistischen Gründen oder weil Abholung ex works vereinbart ist, der Abnehmer aber auf sich warten lässt – noch eine Weile im Ausgangsstaat. Der EuGH hatte sich mit der Regelung eines Mitgliedstaats zu befassen, die vorsah, dass nach Ablauf von drei Monaten auf keinen Fall mehr eine Steuerbefreiung für Ausfuhrlieferungen in Anspruch genommen werden könne.
>
> **Normen:** Art. 146 Abs. 1, 131 MwStSystRL; § 6 UStG

Entscheidung

Der EuGH ist der Auffassung, dass ein Mitgliedstaat eine angemessene Frist vorsehen darf, innerhalb deren der Gegenstand einer Ausfuhrlieferung das Land verlassen haben muss. Diese Frist darf aber keine Ausschlussfrist sein, deren Überschreiten selbst dann nicht geheilt werden kann, wenn der Gegenstand schließlich doch noch ausgeführt wird. Vielmehr muss vorgesehen sein, dass dem Steuerpflichtigen die Mehrwertsteuer wieder erstattet wird, sobald er den Nachweis erbringt, dass der Liefergegenstand das Gemeinschaftsgebiet verlassen hat.

Praxishinweis

Obgleich das deutsche Umsatzsteuerrecht – abgesehen von § 6 Abs. 3a Nr. 2 UStG – keine besonderen Fristen für die Ausfuhr vorsieht, stellt sich auch hier nicht selten die Frage, wann eine Lieferung noch als Ausfuhrlieferung und wann sie als (steuerpflichtige) Inlandslieferung anzusehen ist, der sich z. B. eine (nicht umsatzsteuerbare) Drittlandsverbringung anschließt. Zumindest dann, wenn ausschließlich das zeitliche Moment eine Rolle spielt und nicht andere Faktoren hinzutreten (z. B. die vorübergehende Nutzung des Gegenstands im Inland), könnten Ausfuhrlieferungen unter den weiteren Voraussetzungen mithilfe dieses Urteils selbst dann steuerfrei gestellt werden, wenn die Finanzbehörden die Lieferung zunächst als steuerpflichtig behandeln, weil der Liefergegenstand sich nach geraumer Zeit noch immer im Inland befand. Für innergemeinschaftliche Lieferungen neuer Fahrzeuge ist der EuGH bereits im Jahr

2010,[424] wenngleich mit einer etwas anderen Begründung, zu einem ähnlichen Schluss gekommen.

> **Literaturhinweise:** *Prätzler*, Umsatzsteuerliche Unzulässigkeit starrer Ausfuhrfristen, jurisPR-SteuerR, 16/2014, Anm. 6; *Nieskens*, Steuerbefreiung für Ausfuhrlieferung in Abhängigkeit von Ausfuhrfrist, EU-UStB 2014, S. 4

5.2 Keine Minderung der Bemessungsgrundlage bei Preisnachlass durch einen Vermittler

> EuGH, Urteil v. 16.1.2014, C–300/12, *Ibero Tours*, UR 2014, S. 234;
>
> BFH, Urteil v. 27.2.2014, V R 18/11, DStR 2014, S. 1166;
>
> BFH, Urteil v. 3.7.2014, V R 3/12, HFR 2014, S. 938
>
> Seit dem Urteil des EuGH in der Rs. *Elida Gibbs Ltd.*[425] steht fest, dass Rabatte auch in einer Leistungskette gewährt werden können, ohne dass der Rabattgeber mit dem Rabattnehmer in unmittelbaren Leistungsbeziehungen stehen muss. So kann ein Hersteller über den Großhändler hinweg einem Einzelhändler einen Rabatt gewähren – der Hersteller korrigiert seine Ausgangssteuer für seine Leistung an den Großhändler, der Einzelhändler seinen Vorsteuerabzug aus der vom Großhändler bezogenen Eingangsleistung, während der Großhändler – der von diesem Vorgang weder wissen muss noch zu wissen braucht – selbst keine Korrekturen an Ausgangs- oder Eingangssteuer vornimmt. Im Falle *Ibero Tours* wurde der EuGH gefragt, ob diese Grundsätze auch auf Unternehmer anzuwenden sind, die lediglich einen Umsatz in der Kette vermitteln (selbst also nicht Teil der Leistungskette sind) und dabei einem Abnehmer in der Kette, mit denen sie nicht in Leistungsbeziehungen stehen, einen Rabatt einräumen. Der EuGH hat das verneint. In zwei Urteilen hat sich der BFH dieser Auffassung bereits angeschlossen.
>
> **Normen:** §§ 10 Abs. 1, 17 Abs. 1 UStG; Abschn. 17.2 Abs. 10, 10.3 Abs. 5 UStAE

Sachverhalt

Der Sachverhalt, den der EuGH zu entscheiden hatte, sah vor, dass die Klägerin des Ausgangsverfahrens Reiseleistungen vermittelte, die Reiseveranstalter an Kunden erbringen, und dafür von den Reiseveranstaltern Provisionen erhielt. Sie gewährte den Reisekunden Preisnachlässe, die sie mit einem Teil ihrer Provisionen finanzierte. Die den Kunden gewährten Preisnachlässe wollte sie von der Besteuerungsgrundlage ihrer Leistungen abziehen.

Entscheidung

Der EuGH führte aus, dass die Gegenleistung, die der Reiseveranstalter für seine Leistungen erhalten habe (und damit Bemessungsgrundlage für die USt war), der Gesamtpreis der Reise ohne Abzüge gewesen sei. Er widerspricht einem Urteil des BFH aus dem Jahr 2006,[426] der in

---
[424] Urteil v. 18.11.2010, C–84/09, *X/Skatteverket*, UR 2011, S. 104.
[425] EuGH, Urteil v. 24.10.1996, C–317/94, *Elida Gibbs Ltd*, BStBl II 2004, S. 324.
[426] BFH, Urteil v. 12.1.2006, V R 3/04, BStBl II 2006, S. 479.

einem ähnlich gelagerten Fall dem Reisevermittler eine Minderung der eigenen USt-Schuld aufgrund der gewährten Rabatte zugestanden hatte. Dass die Klägerin den Nachlass mit Teilen ihrer Provision finanziert habe, habe sich weder auf den Preis der Leistung des Reiseveranstalters noch auf den Preis (und die USt-Schuld) ihrer Vermittlungsleistung ausgewirkt. Denn, so der EuGH, der Reiseveranstalter sei nicht das erste Glied in einer Reihe von Umsätzen, da er seine Leistung unmittelbar an den Endverbraucher erbracht habe; er habe auch keinen Rabatt gewährt, weil die Klägerin ihm – ohne Rücksicht auf eigene den Reisenden gewährte Rabatte – den vereinbarten Preis zu zahlen hatte.

Für die gegenüber dem Reiseveranstalter ausgeführte Vermittlungstätigkeit gewährte die Klägerin keinen Nachlass. Somit wirkte die Rabattgewährung sich auf keinen der beiden in Rede stehenden Umsätze aus. Die den Reisenden gewährten Zahlungen konnten darum auch bei keinem der beiden zur Minderung der Bemessungsgrundlage führen. Das Vorstehende soll jedenfalls dann gelten, wenn der Vermittler dem Endverbraucher den Rabatt aus eigenem Antrieb und auf eigene Kosten gewährt.

Praxishinweis

Der BFH hat aufgrund dieses Urteils seine bisherige Auffassung aufgegeben, dass Rabatte eines Vermittlers an eine Person, mit der keine unmittelbare Leistungsbeziehung besteht, zu einer Umsatzsteuerminderung beim Vermittler führen. Im Ausgangsverfahren[427] zum EuGH-Urteil[428] schloss er sich der Auffassung des EuGH an. In einem zweiten Urteil[429] wendete er die Grundsätze des Urteils *Ibero Tours* auf die Bemessungsgrundlage der Leistungen eines Zentralregulierers an. Dieser hatte mit Unternehmern, die Waren an Dritte (sog. Anschlusskunden des Zentralregulierers) lieferten, Verrechnungsabkommen abgeschlossen. Darin verpflichtete er sich, sich für den Warenabsatz der Klägerin einzusetzen und im Wege des Schuldbeitritts das Delkredere und die Zentralregulierung für alle Lieferungen an die Anschlusskunden zu übernehmen. Von den Lieferanten erhielt die Klägerin dafür Provisionen, die sie teilweise an ihre Anschlusskunden weiterreichte. Der BFH fand, dass der Zentralregulierer keinen Nachlass für die an den Lieferer erbrachte Leistung gewähre. Denn wie im Sachverhalt, der dem Urteil *Ibero Tours* zugrunde lag, war der Zentralregulierer nicht Teil einer zwischen Lieferanten und Anschlusskunden bestehenden Umsatzkette, sondern erbrachte eigenständige sonstige Leistungen. Die Finanzverwaltung, deren UStAE an zwei Stellen gerade auf die vom BFH behandelten Sachverhalte eingeht, hat sich noch nicht geäußert. Da sie sich an beiden Stellen auf nunmehr überholte Rspr. des BFH[430] stützt, ist es aber wahrscheinlich, dass sie hier noch tätig wird.

> **Literaturhinweise:** *Gissel*, Kehrtwende für die bisherige BFH-Rechtsprechung zur Verkaufsförderung durch Vermittler, UR 2014, S. 222; *Meurer*, Rabatte und Preisnachlässe in der Umsatzsteuer – Neue Rechtsprechung und deren Auswirkungen, MwStR 2014, S. 467; *Becker*, Vermittlungsleistung und Preisnachlass. Umsatzsteuerliche Auswirkungen nach geänderter Rechtsprechung, nwb 2014, S. 2193

---

[427] BFH, Urteil v. 27.2.2014, V R 18/11, DStR 2014, S. 1166.
[428] EuGH, Urteil v. 16.1.2014, C–300/12, *Ibero Tours*, UR 2014, S. 234.
[429] BFH, Urteil v. 3.7.2014, V R 3/12, HFR 2014, S. 938.
[430] Vgl. auch BFH, Urteil v. 13.3.2008, V R 70/06, BStBl II 2008, S. 997.

5.3 Steuerberichtigung bei langfristigem Einbehalt von Teilen des Entgelts

> BFH, Urteil v. 24.102013, V R 31/12, UVR 2014, S. 163;
> Vorinstanz: FG Münster, Urteil v. 7.8.2012, 15 K 4101/09 U, EFG 2012, S. 2167
>
> Bei indirekten Steuern fallen definitionsgemäß die Personen, die die Steuer schulden, und diejenigen, die die Steuer wirtschaftlich tragen, auseinander. Hier betätigt sich der Steuerschuldner als Steuereinnehmer des Staates. Abgesehen z. B. von Fallgruppen, in denen der Steuerschuldner von seinem Abnehmer über die Voraussetzungen für eine Steuerbefreiung getäuscht wird, hat der Steueranspruch des Staates auch dann Grenzen, wenn der Unternehmer die Steuer nicht auf seinen Abnehmer abwälzen kann, weil er seinen Anspruch auf Zahlung des Entgelts ganz oder teilweise gegen den Abnehmer nicht durchsetzen kann. Der BFH hat nun über einen Fall entschieden, in dem der Entgeltanspruch vorübergehend, nämlich nur bis zum Ablauf von Gewährleistungsfristen, nicht in voller Höhe durchsetzbar war. Die nach seiner Auffassung daraus folgende vorübergehende Minderung der Umsatzsteuerschuld hat er jedoch von einigen Voraussetzungen abhängig gemacht.
>
> **Norm:** § 17 Abs. 2 Nr. 1 UStG

Sachverhalt

Die Auftraggeber der Klägerin hatten für den Fall möglicher Baumängel jeweils zwischen 5 und 10 % ihres Werklohns als Sicherheit für Gewährleistungszeiträume von zwei oder fünf Jahren einbehalten. Die Klägerin konnte eine Auszahlung nach ihren Angaben auch nicht im Wege von Bankbürgschaften erreichen, weil sie im Streitjahr keine Bürgschaften von Banken erhalten konnte. Im Rahmen ihrer USt-Erklärung wollte sie für diese Einbehalte bereits im Zeitpunkt der Leistungserbringung ihre USt kürzen.

Entscheidung

Der BFH gab der Klägerin Recht. Könne der Unternehmer das Entgelt für seine bereits erbrachten Leistungen aus Gründen, die bereits bei Leistungserbringung vorliegen, für einen Zeitraum über zwei bis fünf Jahren nicht vereinnahmen, sei von Uneinbringlichkeit auszugehen. Eine Verpflichtung zu einer mehrjährigen Vorfinanzierung sei in Hinblick auf den Umstand, dass der Unternehmer als „Steuereinnehmer für Rechnung des Staats" fungiere, unverhältnismäßig. Soweit es danach erforderlich sei, eine Berichtigung „nach der Bewirkung des Umsatzes" vorzusehen, reicht es dem BFH zufolge aus, „wenn es zur Uneinbringlichkeit nach der Leistungserbringung deshalb kommt, weil keine Bürgschaft gestellt werden kann".

Praxishinweis

Im Umsatzsteuerrecht wird zwischen einer Besteuerung nach vereinbarten und nach vereinnahmten Entgelten (Soll- bzw. Ist-Besteuerung) unterschieden. Die Besteuerung nach vereinnahmten Entgelten erspart es dem Unternehmer, für die (im Allgemeinen sonst bei Leistungserbringung fällige) USt in Vorleistung zu treten, ist aber auf wenige Ausnahmefälle beschränkt (§ 20 UStG). Bei der Besteuerung nach vereinnahmten Entgelten muss ein Unternehmer darum i. d. R. die Steuer bereits an den Fiskus abführen, obwohl der Leistungsempfänger noch keine Zahlung an ihn geleistet hat. „Uneinbringlichkeit" des Entgelts liegt nach Verwaltungsauffassung (abgesehen von Sonderfällen wie dem Insolvenzverfahren) u. a. dann vor, „wenn der Anspruch auf Entrichtung des Entgelts nicht erfüllt wird und bei objektiver Betrachtung damit zu rechnen ist, dass der Leistende die Entgeltforderung ganz oder teilweise jedenfalls auf absehbare Zeit rechtlich oder tatsächlich nicht durchsetzen kann".[431]

Der BFH hat nun das Prinzip der Sollbesteuerung für kreditierte Leistungen aufgeweicht, indem er diesen Grundsatz auch auf den Fall anwendet, dass die Forderung für einen bestimmten Zeitraum nicht durchsetzbar ist. Zwar ist damit allein noch kein „Abschied von der Sollbesteuerung" verbunden, denn nicht jeder Fall, in dem der Unternehmer sein Geld nicht sofort erhält, ist gemeint: so scheint der BFH einer Berichtigung der Steuer nur dann zustimmen zu wollen, wenn es der Klägerin nicht „möglich" war, eine Bankbürgschaft zu stellen (wann auch immer nach Auffassung des BFH von zureichender „Unmöglichkeit" auszugehen sein soll) und somit das volle Entgelt zu vereinnahmen.

Die im Urteil angesprochene Problematik ist durchaus nicht alleine für den leistenden Unternehmer, sondern auch für den Leistungsempfänger interessant, der korrespondierend seine Vorsteuer herabsetzen muss. Fraglich bleibt, ob das Urteil auf Fallgestaltungen wie zum Beispiel Lieferungen im Rahmen eines Finanzierungsleasing anwendbar ist, in denen der Unternehmer die volle USt bei Lieferung (also zu Beginn des Leasingverhältnisses) schuldet, das Entgelt aber über die Vertragslaufzeit verteilt erhält – der BFH hat diesen Fall ausdrücklich offen gelassen.[432] Auch Ratenkauf oder Mietkauf können potenziell Anwendungsfälle für diese Rspr. sein. Es fragt sich aber grds., wie weit die Rspr. zulässigerweise überhaupt in der Lage ist, das Prinzip der Sollbesteuerung in einem Grade einzuschränken, der solche oder andere Fälle einschließt: um hier klare Verhältnisse zu schaffen, ist der Gesetzgeber gefordert.

> **Literaturhinweise:** *Tehler*, § 17 Abs. 2 Nr. 1 UStG – das Tor zur Ist-Besteuerung, UVR 2014, S. 275; *Langer/Hammerl*, BFH weicht Grundprinzip der Sollbesteuerung in der Umsatzsteuer auf, nwb 2014, S. 668; *Nieskens*, Der langsame Abschied von der Sollbesteuerung?, DB 2014, Heft 9, M1 (Gastkommentar); *Prätzler*, Von der Sollbesteuerung zur Istbesteuerung?, DB 2014, S. 505

---

[431] Abschn. 17.1 Abs. 5 S. 2 und 3. Alt UStAE.
[432] Vgl. im Urteil Rz. 21.

5.4 Berichtigung des Vorsteuerabzugs bei nicht bewirktem Umsatz

> **EuGH, Urteil v. 13.3.2014, C–107/13, *FIRIN*, DStR 2014, S. 650**
>
> Der BFH hatte in den vergangenen Jahren mehrfach entschieden, dass eine Minderung der Bemessungsgrundlage nur dann in Frage komme, wenn und soweit der leistende Unternehmer das Geld tatsächlich zurückgewähre. Nun hatte der EuGH ebenfalls einmal Gelegenheit, sich – für die Empfängerseite – mit dieser Frage zu befassen.
>
> **Normen:** § 17 Abs. 2 Nr. 2 UStG; Abschn. 17.1 Abs. 2 S. 3 UStAE

Sachverhalt

Der Kläger des Ausgangsverfahrens bestellte Weizen bei einem anderen Unternehmer. Die bulgarische Finanzverwaltung verweigerte den Vorsteuerabzug, weil die Leistung nicht erbracht worden sei. Die Rechnung sei Teil eines Steuerhinterziehungssystems gewesen, und dem Kläger hätte bekannt sein müssen, dass sein Lieferer zum Getreidehandel nicht berechtigt gewesen sei.

Entscheidung

Der EuGH bezeichnet die Anzahlungsbesteuerung als Ausnahmetatbestand und führt aus, dass sie nicht in Frage komme, wenn der Eintritt des Steuertatbestands zum Zeitpunkt der Anzahlung unsicher sei. Das könne insb. der Fall sein, wenn betrügerisches Verhalten vorliegt. Der Vorsteuerabzug sei aber zu gewähren, wenn der Steuerpflichtige aufgrund objektiver Umstände weder wusste noch wissen konnte, dass der betreffende Umsatz in eine vom Lieferer begangene Steuerhinterziehung einbezogen war. Allerdings sei die Vorsteuer zu berichtigen (hier: die Bemessungsgrundlage zu reduzieren), wenn sich nach Abgabe der Mehrwertsteuererklärung die Faktoren geändert haben, nach denen sich der Vorsteuerabzug bestimmt. Ein solches Ereignis liege auch vor, wenn die Lieferung der angezahlten Gegenstände nicht bewirkt werden wird. Dass die Mehrwertsteuer vom leistenden Unternehmer „nicht berichtigt werden wird", ändere daran nichts. Nach Auffassung des EuGH hängt daher die Minderung der Bemessungsgrundlage auf Empfängerseite nicht von der Rückzahlung des Steuerbetrags durch den leistenden Unternehmer ab.

Praxishinweis

Ein Hauptanwendungsfall des Urteils sind Betrugsfälle. Denn die Lieferung der angezahlten Gegenstände wird nicht zuletzt dann voraussichtlich nicht (mehr) bewirkt werden, wenn (und sobald) der Zahlende (sc. der verhinderte Leistungsempfänger) erkennt, dass er einem Betrüger aufgesessen ist. Somit ist der Vorsteuerabzug im Zeitpunkt zu berichtigen, zu dem der zuerst gutgläubige Leistungsempfänger die Betrugsabsicht erkennt. Auf die Rückzahlung der vom Betrüger vereinnahmten Beträge kommt es dabei nicht an. *Wäger* (vgl. Literaturverzeichnis) ist jedoch der Auffassung, dass das nationale Recht zulässigerweise die Berichtigung bei leistendem Unternehmer und Leistungsempfänger von denselben Voraussetzungen abhängig mache (und auch machen dürfe). Der Zahlende müsste nach dieser Auffassung seinen Vorsteuerabzug erst nach Rückgewähr mindern.

Im Bereich der Umsatzsteuer

Zur Frage der Minderung der USt im Falle, dass die Leistung nicht erbracht wird, sind beim EuGH derzeit mehrere Verfahren anhängig.[433] Diese Verfahren befassen sich mit der Besteuerung sog. „No-show"-Flüge. Für diese Flüge hatte der BFH[434] entschieden, dass die Bemessungsgrundlage nicht zu mindern ist, wenn der Flugpreis verfällt und nicht zurückgewährt wird, weil der Reisende nicht erschienen ist, um den Flug in Anspruch zu nehmen.

Außerdem ist (nach Angaben im Webauftritt des BFH) unter dem Aktenzeichen XI R 36/14[435] offenbar ein Verfahren am BFH anhängig gemacht worden, das sich mit der Frage der Erstattung von USt bei vorgetäuschten Umsätzen und darauf beruhenden Scheinrechnungen befasst.

Literaturhinweis: *Wäger*, Anzahlung, Vorsteuerabzug und Berichtigung, UVR 2014, S. 318

5.5 Reiseleistungen an Unternehmer können der Sonderregelung für Reisebüros unterworfen werden

BFH, Urteil v. 21.11.2013, V R 11/11, UR 2014, S. 372;

Vorinstanz: FG Rheinland-Pfalz, Urteil v 26.10.2009, 6 K 1615/06, EFG 2011, S. 1365

§ 25 UStG – worin die Margenbesteuerung für Reisebüros geregelt wird – setzt nach seinem Wortlaut bislang voraus, dass die Leistung nicht für das Unternehmen des Leistungsempfängers bestimmt sein dürfe. In einem Urteil aus dem Jahr 2013[436] hat der EuGH jedoch entschieden: Die Sonderregelung für Reisebüros (in Deutschland § 25 UStG) ist dahin auszulegen, dass diese bei Erbringung von Reiseleistungen „an alle Arten von Kunden" Anwendung finde („Kundenmaxime"). § 25 UStG ist also nicht (i. S. einer „Reisendenmaxime") auf Leistungen an Endverbraucher beschränkt. Der BFH wendet nun in einem Urteil die „Kundenmaxime" auf deutsche Sachverhalte an.

Norm: § 25 Abs. 1 UStG

Sachverhalt

Die Klägerin führte Schul- und Studienreisen im In- und Ausland u. a. für Schulen und Vereine durch. Leistungen im Ausland behandelte sie als nicht steuerbar, Klassenfahrten als steuerfrei nach § 4 Nr. 23 UStG; die übrigen Leistungen unterwarf sie dem Regelsteuersatz. Das FA sah die Klassenfahrten nicht als steuerfrei an. Weil es Schulen und Vereine nicht als Unternehmer ansah, waren die Leistungen – auch hinsichtlich des Auslandsanteils – seiner Auffassung nach als Reiseleistungen i. S. d. § 25 UStG zu besteuern. Das FG teilte diese Auffassung, differenzierte jedoch danach, ob die Vereine erkennbar Unternehmer waren und die Leistung für ihr Unternehmen bezogen: Soweit das der Fall war, sollten die Leistungen der Klägerin der Regelbesteuerung unterliegen.

---

[433] C–250/14, *Air France – KLM*; C–289/14, *Hop!-Brit Air*.
[434] BFH, Urteil v. 15.9.2011, V R 36/09, BFH/NV 2012, S. 349.
[435] Vorgehend: FG Berlin-Brandenburg, Entscheidung v. 26.6.2014, 5 K 5148/12.
[436] EuGH, Urteil v. 26.9.2013, C–189/11, *Kommission/Spanien*, DStR 2013, S. 2106.

Entscheidung

Der BFH befand, dass es infolge der Rspr. des EuGH – wonach für die Anwendung des § 25 UStG die Unternehmereigenschaft des Kunden unerheblich sei – der Klägerin freistünde, sich auf die Anwendung der Margenbesteuerung nach § 25 UStG zu berufen, wenn diese zu steuerlich günstigeren Ergebnissen führe. Im Übrigen seien die durch das Reisebüro organisierten Klassenfahrten im Ausgangsfall nicht nach § 4 Nr. 23 UStG steuerbefreit. Der BFH führt im selben Urteil aus, dass – wie ebenfalls aus dem genannten EuGH-Urteil hervorgeht – das in Deutschland bestehende Wahlrecht zwischen einer Margenermittlung für jede einzelne Leistung oder für sämtliche Leistungen eines Zeitraums (§ 25 Abs. 3 S. 3 UStG) nicht mit der Mehrwertsteuer-Systemrichtlinie vereinbar sei.

Praxishinweis

Die Finanzverwaltung hat auf die neue Rspr. des BFH bisher noch nicht reagiert. Es ist mit Mehrbelastungen für Unternehmer zu rechnen, weil die USt bei Margenbesteuerung nicht offen ausgewiesen wird und nicht als Vorsteuer abgezogen werden kann; ausnahmsweise (z. B. in gewissen Fällen, in denen Reisevorleistungen aus dem Drittlandsgebiet bezogen werden) kann aber auch das Gegenteil der Fall sein.

> **Literaturhinweis:** *Masuch*, Margenbesteuerung auch bei Reiseleistung an Unternehmer, nwb 2014, S. 1132

5.6 Steuerbefreiung des Kaufs sämtlicher Eintrittskarten einer Opernveranstaltung – Leistungsort der Hotelverpflegung

> **BFH, Urteil v. 21.11.2013, V R 33/10, UR 2014, S. 310;**
> **Vorinstanz: Hessisches FG, Urteil v. 25.8.2010, 6 K 3166/07, EFG 2011, S. 272**
>
> **In diesem Urteil befand der BFH über die Anwendung einer Steuerbefreiung im Falle, dass ein Reiseveranstalter (unter gewissen weiteren Voraussetzungen) sämtliche Karten für eine bestimmte Opernvorstellung aufkauft. Außerdem äußerte er sich zum Hotelfrühstück als Nebenleistung zur Übernachtung. Diese Einstufung des Hotelfrühstücks wirkt sich z. B. auf den Leistungsort, aber nicht auf den anzuwendenden Steuersatz aus. Außerdem eröffnete der BFH die Möglichkeit, die sog. „Kundenmaxime" des EuGH[437] für Reiseleistungen anzuwenden; im Streitfall kam es dazu nicht, weil die Klägerin sich nicht auf die Rspr. des EuGH berufen hatte.**
>
> **Normen:** §§ 4 Nr. 20 Buchst. b, 25 UStG

Sachverhalt

Die Klägerin ist Reiseveranstalterin, die Busunternehmern und Reisebüros Reiseprogramme wie etwa Studien- oder Festspielreisen anbietet. In diesem Rahmen wurde mit einem Opernhaus vereinbart, dass dieses der Klägerin eine an einem bestimmten Tag stattfindende Vorstellung „als geschlossene Veranstaltung" zu einem Pauschalpreis überließ. Die Klägerin trug das

---
[437] Vgl. den vorstehenden Beitrag, Kapitel C.5.5.

wirtschaftliche Risiko des Kartenverkaufs und versah die Eintrittskarten mit dem eigenen Namen („XY präsentiert die Oper Z"). Die Opernleistungen wurden neben den Hotelleistungen und der Stadtrundfahrt jeweils gesondert ohne Steuer in Rechnung gestellt. Daneben erbrachte die Klägerin im Zusammenhang mit für andere Reiseunternehmer arrangierten Hotelübernachtungen im Ausland auch Verpflegungsleistungen, die einen Anteil von 4 bis 4,5 % des Reisepreises ausmachten.

Entscheidung

Der BFH entschied, dass es sich beim Aufkauf aller Karten verbunden mit der Übernahme des wirtschaftlichen Risikos, dem Auftreten im eigenen Namen und darüber hinaus der Bereitstellung eines per Handy erreichbaren Mitarbeiters um eine nach § 4 Nr. 20 Buchst. b UStG steuerbefreite Leistung gehandelt habe. Die Klägerin sei nicht allein als Kartenverkäuferin aufgetreten. Für die Steuerbefreiung sei nicht erforderlich, dass der Unternehmer die organisatorischen Maßnahmen für die Aufführung trifft sowie Umstände, Ort und Zeit der Darbietung selbst bestimmt. Im Übrigen war die in Rede stehende Leistung kein untrennbarer Teil einer Reiseleistung i. S. d. § 25 Abs. 1 S. 3 UStG: Die Leistungen waren an Unternehmer erbracht worden, und die Klägerin hatte sich nicht auf die einschlägige Rspr. des EuGH berufen, sodass die Sonderregelung für Reiseleistungen keine Anwendung fand.

Der Leistungsort der Verpflegung bestimmt sich dem BFH zufolge als Nebenleistung zur Hotelübernachtung nach dem Ort des Hotelgrundstücks, wenn auf die Verpflegung nur ein geringer Teil des Hotelentgelts entfällt. Die Hotelverpflegung dient dazu, die Hauptleistung des Hoteliers unter optimalen Bedingungen in Anspruch nehmen zu können, und zählt nach der Verkehrsauffassung zu den traditionellen Aufgaben eines Hoteliers. Dass es sich um eine Nebenleistung handelt, sei ohne Auswirkung darauf, dass die Besteuerung der Verpflegungsleistungen in Deutschland – anders als für die Übernachtungsleistung – zum Regelsteuersatz erfolgt.

Praxishinweis

> Die Ausführungen des BFH zur Einheitlichkeit der Leistung sollten nicht schematisch angewendet werden. Nach der Rspr. des EuGH[438] kann in der Frage, ob eine Nebenleistung zu einer Hauptleistung vorliegt, dem Verhältnis zwischen den Preisen der einzelnen Leistungsbestandteile allein nur indizielle, aber keine ausschlaggebende Wirkung zukommen.
>
> In Hinblick auf die Anwendung des ermäßigten Steuersatzes (nur) auf Übernachtungsleistungen hat das BMF den Grundsatz, dass das Aufteilungsgebot des § 12 Abs. 2 Nr. 11 UStG die Wirkungen einer (unselbstständigen) Nebenleistung verdrängt, mit Schreiben vom 9.12.2014[439] bekräftigt.

---

[438] So etwa EuGH, Urteil v. 29.3.2007, C–111/05, *Aktiebolaget NN.*, BFH/NV Beilage 2007, S. 293.
[439] IV D 2 – S 7100/08/10011:009.

5.7 Zum Fortbestand einer umsatzsteuerlichen Organschaft in der Insolvenz

> BFH, Beschluss v. 19.3.2014, V B 14/14, UR 2014, S. 431;
> Vorinstanz: Hessisches FG, Urteil v. 6. 11.2013, 6 V 2469/12, EFG 2014, S. 603
>
> Im Insolvenzfall kann es geboten sein, eine bestehende umsatzsteuerliche Organschaft mit der insolventen Gesellschaft aufzulösen, zum Beispiel, um nicht als Organträger für Handlungen des Insolvenzverwalters die Umsatzsteuer zu schulden. Nachdem aber der BFH erst kürzlich[440] die Auffassung vertreten hatte, dass die organisatorische Eingliederung bereits dann wegfallen könne, wenn bei der Organgesellschaft ein vorläufiger „schwacher" Insolvenzverwalter eingesetzt wird, hält er es nun für möglich, dass eine umsatzsteuerliche Organschaft auch bereits dann entfällt, wenn das Insolvenzverfahren eröffnet und Eigenverwaltung angeordnet wird.
>
> Norm: § 2 Abs. 2 Nr. 2 UStG

Sachverhalt

Im Ausgangsfall wurde nach dem Insolvenzantrag Eigenverwaltung angeordnet; der Organträger war berechtigt, unter Aufsicht des vorläufigen Sachwalters die Insolvenzmasse weiter zu verwalten und über sie zu verfügen. Die Eigenverwaltung blieb auch bestehen, als später das Insolvenzverfahren sowohl über das Vermögen des Organträgers als auch über das der Organgesellschaften eröffnet wurde. Für alle Verfahren wurde Eigenverwaltung eingeordnet, der Sachwalter blieb.

Entscheidung

Der BFH teilte die Auffassung nicht, dass die Organschaft auch nach Eröffnung des Verfahrens fortbestanden habe. Denn das Insolvenzverfahren fasse – anders als das Umsatzsteuerrecht im Organschaftsfall – Verfahren mehrerer Personen nicht zusammen. Daher seien die Vermögensmassen auch getrennt abzuwickeln. Dieser Einzelverfahrensgrundsatz spreche gegen einen Fortbestand der Organschaft nach Insolvenzeröffnung. Das gelte gleichermaßen für die Insolvenzeröffnung über das Vermögen des Organträgers wie auch das der Organgesellschaft.

Im Einzelnen sei der Umsatzsteueranspruch des Fiskus gegen den Organträger für eine Umsatztätigkeit nach Insolvenzeröffnung eine Masseverbindlichkeit, da es sich dabei der Definition gem. um eine „durch die Verwaltung, Verwertung und Verteilung der Insolvenzmasse begründet[e]" Verbindlichkeit handle. Das könne aber nur für den Umsatzsteueranspruch des Fiskus aus der eigenen Tätigkeit des Organträgers gelten, nicht auch für den aus der Tätigkeit der Organgesellschaft. Die auf die Tätigkeit der Organgesellschaft entfallende USt kann daher vom FA nicht durch Steuerbescheid gegen den Organträger festgesetzt werden. Für den Fall der Insolvenz einer Organgesellschaft könne der Ausgleichsanspruch des Organträgers gegen die Organgesellschaft über die USt nicht als Masseverbindlichkeit angesehen werden, weil dieser Anspruch des Organträgers – insb. – nicht „durch die Verwaltung, Verwertung und Verteilung" ihrer Insolvenzmasse begründet sei. Der Organträger könne aber nur dann als „Steuereinnehmer des Staates" anzusehen sein, wenn er grds. in der Lage sei, seinen Ausgleichsanspruch durchzusetzen. Werde – wie im Streitfall – sowohl über das Vermögen des

---

[440] Urteil v. 8.8.2013, V R 18/13, BFH/NV 2013, S. 1747; bestätigt durch BFH, Urteil v. 3.7.2014, V R 32/13, BFH/NV 2014, S. 1867.

Organträgers als auch das der Organgesellschaft das Insolvenzverfahren eröffnet, sei ebenfalls von der Beendigung der Organschaft auszugehen, gleichgültig, ob das Insolvenzgericht für Organträger und Organgesellschaft denselben Insolvenzverwalter bestelle oder nicht.

Praxishinweis

In der Eigenverwaltung (einer Ausprägung des Grundsatzes „Sanierung vor Zerschlagung") darf der Schuldner unter der Aufsicht eines Sachwalters die Insolvenzmasse selbst verwalten und über sie verfügen. Der Schuldner hat dabei den Gläubigern zu dienen und allen Pflichten eines Insolvenzverwalters nachzukommen. Eine Literaturstimme[441] kritisiert den Beschluss des BFH; die Verfasser sind der Auffassung, dass es im Falle der Eigenverwaltung unter gewissen Voraussetzungen nicht zum Ende der Organschaft komme, wenn nämlich in allen Konzerngesellschaften die Geschäftsführung personenidentisch sei, derselbe Sachwalter eingesetzt werde und der Konzern auf der Basis eines schlüssigen Sanierungskonzepts des Organträgers saniert werden soll. Es sollte beachtet werden, dass der BFH im Streitfall über eine Aussetzung der Vollziehung entschied, wozu – insb. – ernstliche Zweifel an der Rechtmäßigkeit des angefochtenen Verwaltungsaktes genügen. Die Entscheidung im Hauptsacheverfahren steht noch aus.

Die Frage, ob ein vorläufiger „schwacher" Insolvenzverwalter die umsatzsteuerliche Organschaft beendet, ist Gegenstand des am BFH anhängigen Verfahrens XI R 23/14.[442]

Literaturhinweise: *Möhlenkamp/Möhlenkamp*, (Umsatz-)Steuerliche Organschaft und eigenverwaltete Konzerninsolvenz – wohin treibt das Sanierungssteuerrecht?, DStR 2014, S. 1357; *Beck*, Die Auswirkung der Insolvenz auf den Fortbestand von Organschaft und Konzern, MwStR 2014, S. 359

5.8 Zum Vorsteuerabzug aus Leistungen zur Bewirtschaftung einer Betriebskantine

BFH, Urteil v. 29.1.2014, XI R 4/12, UR 2014, S. 392;
Vorinstanz: FG Nürnberg, Urteil v. 22.11.2011, 2 K 1408/2008, Haufe-Index 2937388

Für den Betrieb von Kantinen sind verschiedene Gestaltungen möglich, deren umsatzsteuerliche Behandlung voneinander abweichen kann. Wird eine Betriebskantine von einem Dritten im eigenen Namen und auf eigene Rechnung in den Räumen des Unternehmers betrieben (fremdbewirtschaftete Kantine) und zahlt der Unternehmer dem Dritten einen „Zuschuss" für den Kantinenbetrieb, der sich zum Beispiel nach der Zahl der jährlich ausgegebenen Essen berechnet, so galt dieser Zuschuss bislang nach Verwaltungsauffassung als Entgelt von dritter Seite für die Leistung des Dritten an den Arbeitnehmer – ein Vorsteuerabzug des Unternehmers war ausgeschlossen. Der BFH hat diese Auffassung nun verworfen. Der Vorsteuerabzug bleibt aber in den meisten Fällen auch weiterhin ausgeschlossen.

Normen: § 10 Abs. 1 S. 3 UStG; Abschn. 1.8 Abs. 10 ff. UStAE

---

[441] *Möhlenkamp/Möhlenkamp* (vgl. Literaturhinweis).
[442] Vorinstanz: FG Rheinland-Pfalz, Urteil v. 10.4.2014, 6 K 1796/13, EFG 2014 S. 1336.

Sachverhalt

Im Streitfall hatte der Unternehmer mit einem Dritten vereinbart, dass dieser die Betriebskantine im eigenen Namen auf eigene Rechnung zu bewirtschaften hatte. In der Vereinbarung wurden u. a. die Öffnungszeiten und das Grundkonzept der Angebotspalette geregelt, ferner hatte der Dritte festgelegte Abgabepreise zu beachten. Im Gegenzug überließ der Unternehmer u. a. kostenlos die zur Bewirtschaftung nötigen Räume samt Einrichtung und Inventar. Er zahlte ferner dem Dritten einen Zuschuss, der auf Basis eines erwarteten Umsatzes kalkuliert wurde. Das FA war der Auffassung, dass der – mit USt berechnete – Zuschuss kein Entgelt für einen Leistungsaustausch darstellte.

Entscheidung

Der BFH teilte die Auffassung der Finanzverwaltung nicht, sondern entschied, dass der „Zuschuss" als Entgelt für eine Leistung (Bewirtschaftungsleistung) des Dritten an den Unternehmer anzusehen sei. Obwohl folglich die Zahlung Entgelt für eine steuerbare und steuerpflichtige Leistung war, stand dem Unternehmer der Vorsteuerabzug dennoch nicht zu. Die Bewirtschaftungsleistung wurde nach Auffassung des BFH nämlich nicht für das Unternehmen bezogen – vielmehr ist bereits bei Bezug der Leistung beabsichtigt, sie ausschließlich und unmittelbar für eine unentgeltliche Wertabgabe zur Deckung des privaten Bedarfs des Personals zu verwenden. Anhaltspunkte für einen tauschähnlichen Umsatz im Verhältnis zu den Arbeitnehmern (im Gegenzug zur Arbeitsleistung) sah der BFH nicht.

Praxishinweis

Eine abweichende Beurteilung ist nach dem BFH (unter Verweis auf Rspr. des EuGH[443]) aber dann möglich, wenn ausnahmsweise der persönliche Vorteil, den die Arbeitnehmer aus der mit der Bewirtschaftung verbundenen verbilligten Abgabe von Mahlzeiten ziehen, gegenüber den Bedürfnissen des Unternehmers nur als untergeordnet erscheint – so etwa, wenn Speisen und Getränke im Rahmen unternehmensinterner Sitzungen ausgegeben werden. Auch im Falle von mit dem „Zuschuss" abgedeckten Bewirtungen von Geschäftsfreunden, die nicht – wie im Urteil angesprochen – „ausschließlich" den privaten Bedarf des Personals decken, könnte ein – ggf. anteiliger – Vorsteuerabzug vorstellbar sein.

Der BFH hat es zwar abgelehnt, die in der Kantine ausgegebenen Mahlzeiten als Aufmerksamkeiten zu behandeln, weil die Möglichkeit, verbilligt Speisen und Getränke zu beziehen, nicht dem entsprechen, was im gesellschaftlichen Verkehr üblicherweise ausgetauscht wird. Soweit aber der Arbeitgeber Getränke oder Genussmittel den Arbeitnehmern zum Verzehr im Betrieb unentgeltlich überlässt, kommt es nach der Verwaltungsauffassung zu keinem steuerbaren Umsatz;[444] es wäre darum der Überlegung wert, ob unter den weiteren Bedingungen auch Freigetränke aus vom Caterer beschickten Automaten als „Aufmerksamkeit" gelten dürfen. Das kann sich auf den Vorsteuerabzug auswirken.[445]

> **Literaturhinweis:** *Langer*, Vorsteuerabzug aus Kantinenzuschüssen, MwStR 2014, S. 392

---

[443] EuGH, Urteil v. 11.12.2008, C–371/07, *Danfoss und AstraZeneca*, BFH/NV 2009, S. 336.
[444] Vgl. Abschn. 1.8 Abs. 3 S. 3 i. V. m. Abs. 2 S. 7 UStAE.
[445] Zum Vorsteuerabzug in Hinblick auf Aufmerksamkeiten siehe BMF, Schreiben, v. 2.1.2012, IV D 2 – S 7300/11/10002, BStBl I 2012, S. 60, geändert durch BMF, Schreiben v. 24.4.2012, IV D 2 – S 7300/11/10002, BStBl I 2012, S. 533.

5.9 Umsatzunabhängiger Solidarbeitrag der Pharmaindustrie an gesetzliche Krankenkassen führt nicht zu Minderung der Bemessungsgrundlage

> BFH, Urteil v. 30.1.2014, V R 1/13, HFR 2014, S. 552;
> Vorinstanz: Schleswig-Holsteinisches FG, Urteil v. 27.11.2012, 4 K 184/08, EFG 2013, S. 405
>
> In diesem Urteil setzte sich der BFH mit der Frage auseinander, ob eine einmalige Zuwendung der Pharmahersteller an die gesetzlichen Krankenkassen, mit der das „Einfrieren" der Arzneimittelpreise abgewendet werden sollte, die Bemessungsgrundlage für spätere Lieferungen von Arzneimitteln mindert.
>
> **Norm:** § 17 Abs. 1 UStG

Sachverhalt

Im Jahr 2001 wurde infolge eines starken Anstiegs der Arzneimittelausgaben bei gesetzlichen Krankenkassen ein Gesetzentwurf vorgelegt, der für die beiden Folgejahre die Arzneimittelpreise für die gesetzliche Krankenversicherung auf höchstens 96 % des am 1.7.2001 gültigen Preisniveaus einfrieren sollte. Die drohende Preisregulierung konnte aber abgewendet werden, da ein Verband arzneimittelherstellender Unternehmer und seine Mitglieder sich bereit erklärten, den gesetzlichen Krankenkassen einen Beitrag zur Konsolidierung ihrer Finanzen zuzuwenden. Der Anteil der einzelnen Mitglieder bemaß sich nach Umsätzen mit bestimmten Arzneimitteln für den Zeitraum von Juli 2000 bis Juni 2001. Streitig war, ob der Anteil am Solidarbeitrag eine Minderung der Bemessungsgrundlage der Ausgangsumsätze derjenigen Firmen bewirkte, die sich an diesem Beitrag beteiligt hatten.

Entscheidung

Der BFH war nicht dieser Auffassung – und zwar weder für Umsätze, die vor Zahlung des Anteils ausgeführt wurden, noch für spätere Umsätze. Insb. hätten zwischen der Klägerin und den gesetzlichen Krankenkassen keine unmittelbaren Rechtsbeziehungen bestanden, wie sie dann gegeben seien, wenn der Kunde eines Händlers einen Rabatt des Herstellers erhält. Der Klägerin, die sich am Solidarbeitrag beteiligt hatte, sei bereits die genaue Anzahl der von ihr belieferten Krankenkassen nicht bekannt gewesen, während die Rabattierung durch den Hersteller im Urteil *Elida Gibbs Ltd.* des EuGH für im jeweiligen Einzelfall feststehende Lieferungen erfolgt sei.

Das erstinstanzliche FG hatte in Hinblick auf mögliche Entgeltminderungen für Zeiträume nach Zahlung ausgeführt, dass der übereinstimmende Wille sowohl der Bundesregierung als auch der Arzneimittelhersteller darauf gerichtet gewesen sei, mit der Zahlung des Solidarbeitrags die beabsichtigte Preisregulierung zu verhindern, und dass somit nicht der Zweck einer Entgeltminderung verfolgt worden sei. An diesen Ausführungen sah der BFH nichts auszusetzen.

Praxishinweis

Der BFH führt bei dieser Gelegenheit ausdrücklich aus, dass eine Entgeltminderung eine bereits erbrachte Leistung voraussetze. Zahlungen des späteren Leistungsempfängers vor Ausführung der Leistung können nach Meinung des BFH damit wohl nicht als vorweggenommene Entgeltminderung angesehen werden.

Literaturhinweis: *Prätzler*, Keine Änderung der Bemessungsgrundlage nach § 17 Abs. 1 S. 1 Nr. 1 UStG wegen umsatzunabhängigem Solidarbeitrag, jurisPR-SteuerR 27/2014, Anm. 6

5.10 Zur zeitlichen Grenze der Option zur Steuerpflicht und ihrer Rücknahme

BFH, Urteil v. 19.12.2013, V R 6/12, UR 2014, S. 572;

Vorinstanz: FG Berlin-Brandenburg, Urteil v. 26.10.2011, 7 K 7193/07, EFG 2012, S. 800;

BFH, Urteil v. 19.12.2013, V R 7/12, UR 2014, S. 579;

Vorinstanz: FG Berlin-Brandenburg, Urteil v. 26.10.2011, 7 K 7198/07, EFG 2012, S. 797

Bisher sieht die Verwaltungsauffassung[446] vor: Eine Option zur Steuerpflicht kann – ebenso wie ihre Rücknahme – nur bis zur formellen Bestandskraft der jeweiligen Jahressteuerfestsetzung erfolgen. Dabei beruft sich die Finanzverwaltung auf ein Urteil des BFH aus dem Jahr 2008. Der BFH hat in zwei Urteilen überraschend klargestellt, dass er so nicht verstanden werden wollte – selbst entgegen einer vermeintlich klaren Aussage in dem erwähnten Urteil, die er nicht als verbindlich ansieht (die allerdings von auch einem anderen Senat gemacht wurde).

Norm: § 9 Abs. 1 UStG

Sachverhalt

Der Sachverhalt eines dieser Urteile (der Sachverhalt des anderen Urteils ist ähnlich) war folgender: Eine GmbH (deren Gesamtrechtsnachfolgerin die Klägerin war) erwarb 1991 ein mit einem Hotel bebautes Grundstück. Der Verkäufer verzichtete auf die Steuerbefreiung und wies Steuer auf der Rechnung aus. Die Klägerin und der Verkäufer verabredeten aber 1997, die Option zur Steuerpflicht wieder rückgängig zu machen. Daraufhin wurde die Rechnung korrigiert, es kam zu einer entsprechenden Kürzung des Vorsteuerabzugs, und zwar (irrigerweise) im Jahr 1997. 2004 reichte die Klägerin eine korrigierte Jahreserklärung für 1997 mit der Begründung ein, die Vorsteuerkürzung hätte nicht für das Jahr 1997, sondern für das Jahr 1991 erfolgen müssen. Das FA erließ einen Änderungsbescheid für 1997, in dem es antragsgemäß die Vorsteuer heraufsetzte. Entsprechend setzte es für das Jahr 1991 den Vorsteuerabzug herab. Der Unternehmer war der Auffassung, dass das FA die Veranlagung für 1991 nicht mehr hätte ändern dürfen.

---

[446] Abschn. 9.1 Abs. 3 S. 1 UStAE.

Entscheidung

Der BFH stimmte dem FA zu, wobei er ausführlich auf die Voraussetzungen der Option zur Steuerpflicht und ihrer Rücknahme einging. Werde die Option dadurch ausgeübt, dass in einer Rechnung Steuer ausgewiesen wird, so müsse die Rücknahme der Option dadurch erfolgen, dass eine berichtigte Rechnung ohne USt erteilt wird. Die Option zur Steuerpflicht konnte noch rückgängig gemacht werden: Zeitlich sei es möglich, dass sowohl die Option ausgeübt als auch der Verzicht zurückgenommen werden kann, solange die Steuerfestsetzung für das Jahr der Leistungserbringung (hier: 1991) anfechtbar oder aufgrund eines Vorbehalts der Nachprüfung (§ 164 AO) noch änderbar ist. Die Rspr. des V. Senats in Hinblick auf die Ausübung der Option sei nicht so zu verstehen, dass die Rücknahme des Verzichts nur bis zur formellen Bestandskraft (d. h. bis zum Ende der Rechtsbehelfsfrist) der USt-Festsetzung zulässig sei. Dagegen spreche auch nicht das Urteil des XI. Senat des BFH,[447] der sich dort lediglich mit einem nicht bindenden „obiter dictum" geäußert habe.

Praxishinweis

Mit diesem Urteil sind ein Verzicht auf eine Steuerbefreiung sowie die Rücknahme dieses Verzichts theoretisch länger möglich als bisher; das FA kann entsprechend seinerseits die entsprechenden Korrekturen tätigen. Bitte beachten Sie, dass der Verzicht auf die Steuerbefreiung von bestimmten weiteren Voraussetzungen abhängen kann – vor allem bei der Lieferung von Grundstücken, wo es einer Erklärung im nach § 311b Abs. 1 BGB notariell zu beurkundenden Kaufvertrag bedarf. Die Verwaltung hat bislang die entsprechenden Vorschriften im UStAE (Abschn. 9.1 Abs. 3) noch nicht angepasst, wenngleich – nach einer Äußerung der OFD Magdeburg[448] – die Anwendung dieser Urteile derzeit erörtert wird. Ein weiteres Revisionsverfahren[449] ist allerdings zu dieser Frage anhängig. Auf das Ergebnis kann man besonders in Hinblick darauf gespannt sein, dass der V. Senat in seinen beiden Urteilen eine gegenteilige Aussage des XI. Senat in dessen Urteil – wie erwähnt – mit der Begründung nicht aufgriffen hat, dass es sich dabei nur um ein nicht bindendes „obiter dictum" gehandelt habe. Es fragt sich, ob die Finanzverwaltung das Urteil im anhängigen Verfahren noch abwartet, um auch etwas zur Auffassung des XI. Senats zu erfahren.

Literaturhinweise: *Friedrich-Vache*, Option zur Steuerpflicht und deren Widerruf – Risiken der eigenen Umsatzbesteuerung durch Abhängigkeiten vom Geschäftspartner, UR 2014, S. 646; *Kraeusel*, Die Option zur Steuerpflicht und deren Rücknahme ist nicht an die formelle Bestandskraft des USt-Bescheids gebunden, UVR 2014, S. 217

---

[447] Urteil v. 10.12.2008, XI R 1/08, BFH/NV 2009, S. 666.
[448] Schreiben v. 14.10.2014, S 7198 – 21 – St 243, MwStR 2104, S. 784.
[449] Az. beim BFH XI R 40/13, Vorinstanz: Niedersächsisches FG, Urteil v. 22.8.2013, 16 K 286/12, Haufe-Index 6792683.

5.11 Zum Zeitpunkt, zu dem das Recht auf Abzug der Einfuhrumsatzsteuer als Vorsteuer auszuüben ist

> BFH, Urteil v. 13.2.2014, V R 8/13, UR 2014, S. 528;
> Vorinstanz: FG Hamburg, Urteil v. 19.12.2012, 5 K 302/09, EFG 2013, S. 562
>
> Im Falle von Rechnungen ist geklärt, dass das Vorsteuerabzugsrecht grds. für den Zeitraum auszuüben ist, in dem beide nachfolgenden Voraussetzungen zusammen vorliegen: die Leistung wurde bewirkt und der Steuerpflichtige besitzt eine Rechnung oder ein Dokument, das nach den von den Mitgliedstaaten festgelegten Kriterien als Rechnung angesehen werden kann. Für den Vorsteuerabzug aus Zollbescheiden hat der BFH nun entschieden, dass in diesem Falle sinngemäß das Gleiche gelte.
>
> **Norm:** § 15 Abs. 1 Nr. 2 UStG

Sachverhalt

Die Klägerin war Inhaberin eines Zolllagers. Aufgrund von Fehlern bei der Bestandsführung wurden gegen die Klägerin im Jahr 2008 Einfuhrabgaben, einschließlich EUSt, festgesetzt. Die Klägerin machte die EUSt-Beträge im Jahr 2009 als Vorsteuer geltend. Das FA lehnte den Vorsteuerabzug aber ab.

Entscheidung

Der BFH entschied: Nach Rspr. des EuGH sei es für den Vorsteuerabzug nicht erforderlich, dass die EUSt auch entrichtet wurde; der Steuerpflichtige müsse, um das Recht auf Vorsteuerabzug ausüben zu können, aber ein die Einfuhr bescheinigendes Dokument besitzen, das ihn als Einführer oder Importeur ausweist und aus dem sich der geschuldete Steuerbetrag ergibt oder aufgrund dessen seine Berechnung möglich ist. Da aber die Bescheide 2008 ausgestellt wurden, lagen sie nicht erst im Streitjahr 2009, sondern bereits im Vorjahr vor. Es sei jedoch nicht möglich, die Vorsteuer alternativ in einem späteren Besteuerungszeitraum geltend zu machen, so der BFH.

Praxishinweis

Der BFH ging hier leider nicht auf die interessante Frage ein, ob der Kläger, der als Lagerhalter weder Eigentümer der betreffenden Gegenstände war noch über sie Verfügungsmacht hatte, überhaupt zum Abzug der EUSt als Vorsteuer berechtigt war. Die Verwaltung hat sich mit BMF-Schreiben v. 10.12.2014[450] der Auffassung des BFH bereits angeschlossen.

> **Literaturhinweise:** *Prätzler*, Unionsrechtliche Fragen zum Vorsteuerabzug der Einfuhrumsatzsteuer bleiben zunächst offen, jurisPR-SteuerR 30/2014, Anm. 6; *Heinrichshofen*, Zeitpunkt des Vorsteuerabzugs bei Einfuhrumsatzsteuer, UStB 2014, S. 194

---

[450] IV D 3 – S 7015/14/10001.

5.12 Umsatzsteuerliche Behandlung einer Karte, mit der Verbraucher bei dritten Unternehmern Ermäßigungen beanspruchen können

> **EuGH, Urteil v. 12.6.2014, C–461/12,** *Granton Advertising*, **MwStR 2014, S. 434**
>
> Der EuGH befasste sich in diesem Urteil mit den Leistungen eines Unternehmers, der entgeltlich Gutscheine für bei anderen Unternehmern verbilligt zu beziehende Leistungen ausgab, unter dem Gesichtspunkt von Fragen der Bemessungsgrundlage und einer möglichen Steuerbefreiung.
>
> **Normen:** §§ 1 Abs. 1 Nr. 1, 4 Nr. 8 Buchst. c und Buchst. e, 10 Abs. 1 UStG

Sachverhalt

Die Klägerin des Ausgangsverfahrens gab gegen Entgelt Karten aus, mit denen bei dritten Unternehmern Waren und Dienstleistungen zu Vorzugsbedingungen bezogen werden konnten. Diese dritten Unternehmer hatten sich gegenüber der Klägerin verpflichtet, von der Klägerin ausgestellte gültige Karten anzunehmen und bis zu einem bestimmten Höchstwert die auf der Karte angegebenen Waren oder Dienstleistungen zu erbringen. Sie zahlten der Klägerin kein Entgelt und erhielten keines von ihr; vielmehr verfolgten sie das Ziel, für die von ihnen angebotenen Leistungen Kunden zu gewinnen. Die Vorteile der Verbraucher, die Karten erwarben, bestanden in Preisnachlässen bei den auf der Karte genannten Unternehmern für auf der Karte genannte Angebote. Häufig konnten die Verbraucher bei Vorlage der Karte auch zwei Waren oder Dienstleistungen zum Preis von einer erhalten.

Entscheidung

Der EuGH war der Auffassung, dass die entgeltliche Ausgabe der Karte durch die Klägerin an die Verbraucher steuerpflichtig sei.

Es handelte sich nach Auffassung des EuGH dabei nicht um einen Preisnachlass für später bezogene Leistungen der dritten Unternehmer. Das an die Klägerin für die Ausgabe der Karte entrichtete Entgelt war kein Gegenwert (oder ein Teil desselben) dieser Leistungen, denn zwischen ihnen und dem Entgelt für die Karte bestand nach Auffassung des EuGH kein hinreichend unmittelbarer Zusammenhang. Abgesehen davon, dass die dritten Unternehmer keinen Anteil an den von der Klägerin erzielten Einnahmen erhielten, war die Höhe der eventuellen Preisnachlässe zufällig und im Voraus nicht bestimmbar. Nach Auffassung des EuGH konnte die Verwendung der Karte daher nicht als „Zahlung" gelten. Demnach lag ein von der Klägerin an den Verbraucher bewirkter Umsatz vor.

Im nächsten Schritt führte der EuGH aus, dass dieser Umsatz auch nicht steuerbefreit sei. Die Karte war nämlich weder als „sonstiges Wertpapier" noch als „anderes Handelspapier" i. S. d. Richtlinie anzusehen. Sie war ihrer Art nach nicht mit den in der betreffenden Vorschrift der Sechsten Richtlinie besonders aufgezählten Wertpapieren (Aktien, Anteile an Gesellschaften und Vereinigungen, Schuldverschreibungen, jedoch keine Warenpapiere usw.) vergleichbar, weil der Verbraucher mit dem Kauf der Karte weder ein Eigentumsrecht an der Klägerin noch eine Forderung noch irgendein mit diesen Rechten in Zusammenhang stehendes Recht erwarb. Auch hatte die Karte keinen Nennwert und konnte bei den dritten Unternehmern nicht gegen Geld oder Waren getauscht werden. Damit sei der Verkauf einer solchen Karte, seiner Art nach, kein Finanzgeschäft. Es handelte sich nach Auffassung des EuGH auch nicht um ein

„sonstiges Handelspapier" nach Art eines Schecks, denn mit der Karte konnte weder eine Zahlung noch überhaupt ein Geldtransfer bewirkt werden.

Praxishinweis

→ Das Urteil kann sich auf die umsatzsteuerliche Behandlung von Geschäftsmodellen auswirken, die die entgeltliche Abgabe von Karten oder Gutscheinheften zum Einsatz bei dritten Unternehmern zum Beispiel für touristische oder Werbezwecke vorsehen. Im Falle von Rabatten und Gutscheinen ist die Rspr. des EuGH reichhaltig,[451] und nicht selten sind diffizile Unterscheidungen zu treffen: Hätte es sich etwa um Nennwertgutscheine gehandelt, bei denen ein hinreichender Zusammenhang zwischen der hingegebenen Summe und dem späteren Preisnachlass auf die ausgegebenen Waren und Dienstleistungen besteht und auch die Höhe des gewährten Nachlasses feststand, wäre die Rechtslage bereits eine andere gewesen. Die bisherige Auffassung der deutschen Finanzverwaltung zu Gutscheinen und Bonusprogrammen dürfte durch das Urteil vermutlich nicht beeinflusst werden.

Es bleibt zu hoffen, dass der unter den EU-Mitgliedstaaten offenbar nicht unumstrittene und daher bereits mehrfach abgeänderte und überarbeitete Richtlinienvorschlag der EU-Kommission[452] zur Umsatzbesteuerung von Gutscheinen in absehbarer Zeit umgesetzt werden kann.

> **Literaturhinweise:** *Robisch/Greif*, Verkauf von Rabattkarten – Anmerkungen zum EuGH-Urteil v. 12.6.2014, C–461/12, *Granton Advertising*, MwStR 2014, S. 566; *Tehler*, Verkauf von Rabattkarten nicht umsatzsteuerfrei, EU-UStB 2014, S. 51

5.13 Vorsteueraufteilung bei Gebäuden – der Bundesfinanzhof korrigiert sich

> **BFH, Urteil v. 7.5.2014, V R 1/10, UR 2014, S. 531;**
> **Vorinstanz: FG Münster, Urteil v. 8.12.2009, 15 K 5079/05 U, EFG 2010, S. 604**
>
> Mit einem 2013 veröffentlichten Urteil[453] hatte der BFH – vereinfacht ausgedrückt – für Umsätze, die dem Grunde nach der Vorsteuerberichtigung nach § 15a UStG unterliegen können, den Umsatzschlüssel als Vorsteueraufteilungsmethode de facto abgeschafft. Damit hatte er weit über den Immobilienmarkt hinaus für erhebliche Unruhe gesorgt. 2014 hat er ein neues Urteil veröffentlicht, in dem er sich von den im früheren Urteil formulierten Grundsätzen deutlich distanziert und den Gesetzgeber in anderer Weise „korrigiert".
>
> **Norm:** § 15 Abs. 4 UStG

---

[451] Vgl. nur zu Gutscheinen z. B. EuGH, Urteil v. 27.3.1990, C–126/88, *The Boots Company PLC*, UR 1991, S. 204; EuGH, Urteil v. 24.10.1996, C–288/94, *Argos Distributors Ltd*, HFR 1997, S. 113; EuGH, Urteil v. 27.4.1999, C–48/97, *Kuwait Petroleum GB*, DB 1999, S. 1048; EuGH, Urteil v. 29.7.2010, C–40/09,*Astra Zeneca UK*, BFH/NV 2010, S. 1762.
[452] Kommissionsdokument, COM, 2012, S. 206 vom 10.5.2012, von dem seither verschiedene Änderungen und Kompromissfassungen veröffentlicht wurden.
[453] BFH, Urteil v. 22.8.2013, V R 19/09, BFH/NV 2014, S. 278.

Sachverhalt

Die Klägerin errichtete ein Gebäude, dessen Ladenflächen im Erdgeschoss steuerpflichtig an diverse Gewerbetreibende und dessen Wohnungen im Obergeschoss steuerfrei vermietet wurden. Zur Vorsteueraufteilung zog sie den Umsatzschlüssel heran.

Entscheidung

Der BFH „rehabilitierte" in einem ersten Schritt die Möglichkeit, auch in Vermietungsfällen den Umsatzschlüssel nach den Gesamtumsätzen des Unternehmers anzuwenden. Das Gesetz meine mit „wirtschaftlicher Zurechnung" nicht nur den objektbezogenen Umsatzschlüssel sowie den objektbezogenen Flächenschlüssel, sondern auch den Gesamtumsatzschlüssel. Der Gesamtumsatzschlüssel könne aber nicht in allen Fällen ohne weiteres angewendet werden. In einer Fallkonstellation wie der des Ausgangsfalls sei er nämlich zu unpräzise. Denn bei abweichender Auslegung der Vorschrift des § 15 Abs. 4 UStG gelte, so der BFH, Folgendes: „Eine Ermittlung des nicht abziehbaren Teils der Vorsteuerbeträge nach dem Verhältnis der Umsätze, die den Vorsteuerabzug ausschließen, zu den Umsätzen, die zum Vorsteuerabzug berechtigen, ist nur zulässig, wenn keine andere – präzisere – wirtschaftliche Zurechnung möglich ist."

Im Weiteren führt der BFH aus, dass dem präziseren Schlüssel der Vorrang gebühre. In der Regel sei in Gebäudevermietungsfällen der Flächenschlüssel präziser und schließe darum im Regelfall sowohl den Gesamtumsatzschlüssel als auch den objektbezogenen Umsatzschlüssel aus. Weise aber die Ausstattung der Räume erhebliche Unterschiede aus, könne man nicht davon ausgehen, dass sich die Eingangsbezüge gleichmäßig auf die Fläche verteilen, sodass der Flächenschlüssel sich in einem solchen Fall nicht als genauere Aufteilung erweise. Wenn – wie im Streitfall – aber keine präzisere wirtschaftliche Zurechnung durch den Flächenschlüssel möglich sei, so gelte der Umsatzschlüssel.

Ob der Gesamtumsatzschlüssel oder der objektbezogene Umsatzschlüssel zur Anwendung gelange, richte sich danach, welcher der beiden Schlüssel eine genauere Aufteilung ermögliche. Hierzu macht der BFH detaillierte Angaben: Der objektbezogene Umsatzschlüssel könne für Aufwendungen zur Anwendung gelangen, die das Objekt selbst betreffen, weil ein direkter und unmittelbarer Zusammenhang mit dem Objekt besteht, was den objektbezogenen Umsatzschlüssel gegenüber dem gesamtumsatzbezogenen Umsatzschlüssel genauer mache. Des letzteren Schlüssels könne man sich aber für Aufwendungen bedienen, die das gesamte Unternehmen betreffen, etwa für die Herstellung eines Verwaltungsgebäudes.

Praxishinweis

In diesem Urteil ist der BFH von der im früheren Urteil vertretenen Auffassung abgerückt, dass der Gesamtumsatzschlüssel nicht als „Methode der wirtschaftlichen Zurechnung" anzusehen sei. Da sich der BFH nur mit dem Verhältnis des Flächenschlüssels zum Umsatzschlüssel beschäftigt hat, bleibt offen, ob und unter welchen Voraussetzungen er andere Aufteilungsmethoden (z. B. Raumschlüssel, Investitionsschlüssel) für präziser (oder nicht präziser) hält als den Umsatzschlüssel.

Kommen mehrere „präzisere" Aufteilungsmethoden in Frage, so liegt die Entscheidung über den Steuerschlüssel letzten Endes beim Steuerpflichtigen. In einem solchen Fall scheint es statthaft, dass bei mehreren möglichen Schlüsseln, die allesamt „präziser" sind als der Umsatzschlüssel, die Finanzbehörden und Gerichte diese Entscheidung für einen bestimmten Schlüssel nur darauf überprüfen können, ob sie „sachgerecht" ist.

Der BFH hat seine Auffassung inzwischen in einem weiteren Urteil[454] bestätigt. Das letzte Wort in dieser Sache ist möglicherweise aber noch nicht gesprochen, denn der XI. Senat des BFH hat den EuGH in einem weiteren Verfahren, das sich mit Fragen der Vorsteueraufteilung befasst, um eine Vorabentscheidung ersucht.[455] Dieses Verfahren befasst sich insb. mit Fragen der Aufteilung von Aufwendungen für die Nutzung, Erhaltung oder Unterhaltung eines gemischt genutzten Gebäudes – einmal in Hinblick darauf, ob es möglich ist, die Vorsteuern auf Eingangsleistungen, die ausschließlich bestimmten Gebäudeteilen zuzurechnen ist, diesen Gebäudeteilen vorab zuzuordnen (wonach die Aufteilung nach § 15 Abs. 4 UStG nur mehr Aufwendungen auf „allgemeine" Gebäudeteile wie Treppenhaus oder Außenanlagen beträfe), oder ob alle auf ein bestimmtes Objekt (Gebäude) verwendeten Vorsteuern nach einem Schlüssel aufzuteilen sind; und einmal unter dem Gesichtspunkt, ob die Antwort auf die vorstehende Frage sowie die vom EuGH[456] im Urteil *BLC Baumarkt* formulierten Grundsätze auch für Vorsteuerbeträge aus Eingangsleistungen für die Nutzung, Erhaltung oder Unterhaltung eines gemischt genutzten Gebäudes gelten – was der XI. Senat vermutlich deswegen fragt, weil das Abweichen von der Grundregel des Umsatzschlüssels der Richtlinie nur für bestimmte Umsätze angeordnet werden kann.

> **Literaturhinweise:** *Heuermann*, Neujustierung der Vorsteueraufteilung bei gemischter Verwendung von Eingangsleistungen – insbesondere bei Gebäuden, UR 2014, S. 505; *Georg von Streit*, Anmerkung zum Urteil des BFH in der Rs. vom 7.5.2014, UR 2014, S. 618; *Wäger*, Vorsteueraufteilung bei gemischt vermieteten Gebäuden – Zurück auf Start?, UR 2014, S. 724; *Scholz*, Vorsteuerabzug gemischt genutzter Gebäude – Zugleich Anmerkungen zu den BFH-Entscheidungen vom 7.5.2014 und 5.6.2014, UR 2014, S. 764; *Meurer*, Die unendliche Geschichte der Vorsteueraufteilung bei gemischt genutzten Gebäuden, MwStR 2014, S. 534; *Kessler/Haller*, Vorsteueraufteilung bei gemischt genutzten Gebäuden – Ende gut, alles gut?, DStR 2014, S. 1697

5.14 Geschäftsveräußerung im Ganzen bei vorübergehender kommissarischer Weiterführung des Geschäfts durch den Veräußerer

> **BFH, Urteil v. 30. 1.2014, V R 33/13, HFR 2014, S. 761;**
> **Vorinstanz: FG Köln, Urteil v. 12.6.2013, 3 K 1178/07, EFG 2013, S. 1817**
>
> **Der BFH hatte die Frage zu entscheiden, ob eine nicht steuerbare Geschäftsveräußerung im Ganzen auch dann vorliegt, wenn der Erwerber das Geschäft zunächst nicht selbst aufnimmt, sondern den Veräußerer das Geschäft kommissarisch weiterführen lässt. Er kommt zum Schluss, dass dies – wenigstens u. U. wie im Streitfall – der Steuerbegünstigung des Unternehmensverkaufs nicht entgegensteht.**
>
> **Norm:** § 1 Abs. 1a UStG

---

[454] BFH, Urteil v. 3.7.2014, V R 2/10, DB 2014, S. 1969.
[455] BFH, Beschluss v. 5.6.2014, XI R 31/09, BFH/NV 2014, S. 1334, beim EuGH anhängig unter C–332/14, *Rey Grundstücksgemeinschaft GbR*; vgl. UR 2014, S. 651 mit Anmerkung *Heinrichshofen*; *Greif*, Vorsteueraufteilung bei gemischt genutzten Gebäuden – Präzision für bestimmte Fälle, nwb 2014, S. 2766.
[456] Urteil v. 8.11.2012, C–511/10, *BLC Baumarkt*, DStR 2012, S. 2333.

Sachverhalt

Eine deutsche Gesellschaft (C) veräußerte ihren gesamten Geschäftsbereich als IT-Vermieter – samt Kundenbestand, Warenbestand und Zubehör – an die schweizerische Gesellschaft I. Es war vorgesehen, dass C nach erfolgtem Verkauf ihre Aktivitäten in diesem Geschäftsbereich einstellen sollte. Im Weiteren war aber unklar, wie die künftige Aktivität der schweizerischen Gesellschaft umsatzsteuerrechtlich zu beurteilen war (Steuerausweis oder kein Steuerausweis). Bis zur Klärung dieser Frage sollte daher C kommissarisch und stellvertretend im eigenen Namen und auf eigene Rechnung das Unternehmen weiterführen, um so eine Einstellung des Geschäfts und eine Schädigung des Geschäftsnamens zu verhindern. Jeder Auftrag musste vor Annahme aber durch I genehmigt werden, I stellte auch den Warenbestand zur Verfügung; I erwarb nachträglich auch von C bei Bedarf angeschafftes notwendiges Equipment. Einige Monate später nahm I wie vorgesehen das Geschäft selbst auf.

Entscheidung

Der BFH nahm eine Geschäftsveräußerung im Ganzen an. Die Übertragung des Unternehmens sei nicht in dem Sinne aufgehalten worden, dass unklar war, ob der Erwerber die Geschäftstätigkeit des Veräußerers fortsetze. Die entsprechende Vereinbarung habe nur dazu gedient, I die Möglichkeit zu verschaffen, die umsatzsteuerrechtliche Behandlung zu klären. Darum sei die Vereinbarung nicht geeignet gewesen, die Beurteilung der erfolgten Lieferung als Geschäftsveräußerung im Ganzen infrage zu stellen.

Praxishinweis

Das Gebiet der Geschäftsveräußerung im Ganzen bleibt auch im Jahr 2015 spannend. Nicht weniger als vier Verfahren[457] zu unterschiedlichen Fragen dieser Steuerbegünstigung sind am BFH derzeit anhängig, darunter auch die Frage, ob ein Unternehmen auch an mehrere Erwerber steuerbegünstigt übertragen werden kann.

> **Literaturhinweis:** *Fuß*, Zum Vorliegen einer Geschäftsveräußerung bei kurzfristiger Fortführung des Unternehmens durch den Veräußerer, nwb 2014, 2064

---

[457] Az. beim BFH V R 36/13, Vorinstanz: FG Nürnberg, Urteil v. 6.8.2013, 2 K 1964/10, EFG 2013, S. 1964; Az. beim BFH XI R 42/13, Vorinstanz: FG Düsseldorf, Urteil v. 12.7.2013, 1 K 4421/10 U, EFG 2014, S. 1034; Az. beim BFH XI R 16/14, Vorinstanz: FG des Saarlandes, Urteil v. 5.3.2014, 1 K 1265/11, EFG 2014, S 1240; Az. beim BFH XI R 14/14, Vorinstanz: FG Rheinland-Pfalz, Urteil v.13.3.2014, 6 K 1396/10, EFG 2014, S. 1036.

5.15 Kein Vorsteuerabzug für das Target bei Transaktionskosten im Zuge von Share Deals

> BFH, Beschluss v. 30.4.2014, XI R 33/11, MwStR 2014, S. 553;
> Vorinstanz: FG Berlin-Brandenburg, Urteil v. 26.10.2011, 7 K 7313/10, EFG 2012, S. 379
>
> Bei der Übertragung von Gesellschaftsanteilen (share deal) soll mitunter die Gesellschaft, deren Anteile übertragen werden (Target), die Kosten für die Transaktion tragen. Der BFH hatte zu klären, ob ein Target hinsichtlich der vom ihm getragenen Kosten für den Notar und für Due-Diligence-Leistungen im Zusammenhang mit der Übertragung seiner eigenen Anteile vorsteuerabzugsberechtigt ist. Nach Auffassung des BFH ist das Target aber noch nicht einmal Leistungsempfänger.
>
> Norm: § 15 Abs. 1 Nr. 1 UStG

Sachverhalt

Die Klägerin war eine GmbH & Co. KG. Sie hielt ein Grundstück mit aufstehendem Hotel, das sie vermietete. Komplementär war eine GmbH ohne eigenen Kapitalanteil. Die beiden Kommanditisten verkauften das Gros der Kommanditanteile an eine Projektentwicklungsgesellschaft (P). Im Übertragungsvertrag war bestimmt, dass die Klägerin die Kosten der Beurkundung des Vertrags tragen sollte. Entsprechend stellte der Notar der Klägerin eine Rechnung für seine Dienstleistungen aus. Bereits zuvor hatte eine Wirtschaftsprüfungs- und Steuerberatungsgesellschaft eine Due Diligence ausgeführt und der Klägerin in Rechnung gestellt – wobei der BFH keine Ausführungen dazu macht, wer die Due Diligence beauftragt hatte. Die Klägerin begehrte den Vorsteuerabzug aus diesen Rechnungen.

Entscheidung

Der BFH war der Auffassung, dass die Klägerin für keine der beiden Leistungen die Leistungsempfängerin gewesen sei. Empfänger einer Leistung könne auch der sein, an den der Leistende eine Leistung tatsächlich erbracht habe, ohne dazu rechtlich verpflichtet zu sein. Die Notarleistungen habe die Klägerin weder rechtlich noch tatsächlich bezogen, da nach der KostO (heute: GNotKG) bei Geschäften wie der Beurkundung von Rechtsgeschäften jeder Kostenschuldner ist, dessen Erklärung beurkundet wird. An der Übertragung der eigenen Anteile war die Klägerin aber nicht als Partei beteiligt. Eben wegen ihrer Nichtbeteiligung am Vertragsschluss hatte die Klägerin auch keine freiwillige Übernahme von Kosten – wie im Vertrag vorgesehen – erklärt. Ohnehin berechtige, so der BFH, eine freiwillige Kostenübernahme nicht zum Vorsteuerabzug. Die Klägerin war – als Objekt der Due Diligence – nach Auffassung des BFH auch nicht Leistungsempfängerin der Due Diligence, sondern vielmehr P als Käuferin der Kommanditanteile. Die Klägerin habe nur die Kosten getragen.

Praxishinweis

Es ist unklar, ob der BFH mit diesem Urteil (besonders in Hinblick auf die Due-Diligence-Leistung) tatsächlich das Prinzip aufweichen wollte, wonach der Auftraggeber einer Leistung – die aus dem Vertrag berechtigte und verpflichtete Person – der Leistungsempfänger ist. Die Ausführungen des BFH zum Sachverhalt im Zusammenhang mit der Due-Diligence-Leistung sind nur sehr knapp; die (de facto) wirtschaftliche Zurechnung an denjenigen, der von der Leistung tatsächlich einen Nutzen hat, sollte aber auf Ausnahmefälle beschränkt sein. Neben dem vom BFH angeführten Grund, dass das Target nicht Leistungsempfängerin sei, kommt als weiterer möglicher Grund für eine Versagung des Vorsteuerabzugs außerdem die Argumentation des erstinstanzlichen FG infrage, zu der der BFH sich nicht explizit geäußert hat. Dem FG zufolge konnte die Klägerin die Vorsteuer aus der Leistung nämlich auch darum nicht abziehen, weil die Klägerin die Leistung nicht für ihr Unternehmen für Zwecke ihrer besteuerten Umsätze bezogen habe. Ob der Erwerber (oder aber ggf. der Veräußerer) der Anteile die Vorsteuer aus den Aufwendungen für die Due Diligence-Leistung oder andere Leistungen ziehen kann, ist jedoch eine Fallfrage und war ausdrücklich nicht Gegenstand des BFH-Urteils.[458]

Literaturhinweis: *Prätzler*, Leistungsempfänger bei Notarleistungen und bei „Due-Diligence"-Leistungen, jurisPR-SteuerR 35/2014, Anm. 6

5.16 Teiloption zur Steuerpflicht für einzelne Flächen eines Mietobjekts

BFH, Urteil v. 24.4.2014, V R 27/13, UR 2014, S. 698;
Vorinstanz: Niedersächsisches FG, Urteil v. 11.4.2013, 5 K 393/11, BB 2014, S. 37

Der Verzicht auf die Steuerbefreiung von Grundstücksvermietungsleistungen ist auch als Teiloption möglich, kann also auf bestimmte Teile des Grundstücks oder Gebäudes beschränkt werden. Im vorliegenden Urteil befasste der BFH sich mit der Frage, ob eine Teiloption, die auf einzelne Räume bezogen ist, einzelne abgrenzbare Funktionsbereiche der Gebäudefläche voraussetzt. Er kommt zum Ergebnis, dass der Verzicht auf die Steuerbefreiung auch teilweise für einzelne Flächen wirksam sein kann, sofern diese Teilflächen eindeutig bestimmbar sind.

Norm: § 9 Abs. 1 UStG

Sachverhalt

Die Klägerin erwarb ein bebautes Grundstück und sanierte das Gebäude. Während die Gebäudefläche überwiegend für den Betrieb eines Studentenwohnheims genutzt wurde, wurden die beiden unteren Stockwerke jeweils für ein Bistro und ein Büro genutzt. Die Mieterin des Büros nutzte dieses zwar ganz überwiegend für steuerpflichtige Zwecke. Ein Raum wurde allerdings zur Hälfte auch für umsatzsteuerfreie Zwecke genutzt. Das FA wollte die Teiloption nur in Hinblick auf das Bistro anerkennen und kürzte entsprechend die Vorsteuer.

---
[458] Vgl. Rz. 40 des Urteils.

Entscheidung

Der BFH entschied, dass die Klägerin den Verzicht auf die Steuerbefreiung auch teilweise ausüben durfte. Er könne auch für einzelne Flächen eines Mietobjekts wirksam sein, wenn diese Teilflächen eindeutig bestimmbar seien; dabei könnten die baulichen Gegebenheiten des vermieteten Grundstücks – etwa die Räume des Mietobjekts – zu berücksichtigen sein. Demgegenüber seien Teilflächen eines Raums im Regelfall nicht hinreichend abgrenzbar. Für einen Teilverzicht sei kein abgrenzbarer Funktionsbereich erforderlich, der Gegenstand eines eigenständigen Mietvertrags sein könnte. Nach alldem kann sich ein Teilverzicht auch auf einzelne Räume beziehen. Im Streitfall wollte der BFH Nebenräume wie Flure oder Toiletten den steuerpflichtig vermieteten Teilflächen zurechnen, „da nur einer von mehreren Büroräumen – und dieser auch nur teilweise – für vorsteuerabzugsschädliche Umsätze verwendet wurde";[459] das legt allerdings nahe, dass er in anderen Fällen anders entscheiden könnte, wenn nicht nur Teile eines auch steuerpflichtig genutzten Raums, sondern größere Teile des Mietobjekts für vorsteuerschädliche Zwecke genutzt werden.

Praxishinweis

→ Die Bereiche müssen objektiv abgrenzbar sein. Leicht versetzbare Barrieren wie etwa Blumenkübel, Paravents, Raumteiler in Form von Bücherregalen usw. dürften diesen Anforderungen nicht genügen. Anders als die Finanzverwaltung, die auf die nicht unerheblichen steuerfreien Umsätze des Klägers abstellte, kam es dem BFH auf die Umsätze des Mieters nicht an, sondern lediglich auf die Verwendung der Grundstücksflächen.

Mit Schreiben vom 10.12.2014[460] hat das BMF einen Verweis auf diese Entscheidung in den UStAE aufgenommen.

Literaturhinweise: *Friedrich-Vache*, Option zur Steuerplicht und deren Widerruf – Risiken der eigenen Umsatzbesteuerung durch Abhängigkeiten vom Geschäftspartner, UR 2014, S. 646; *Korf*, Vermietung und Option, UVR 2014, S. 345

---

[459] Rz. 19 des Urteils.
[460] IV D 3 – S 7015/14/10001.

5.17 Überlassung von Sportanlagen gegen Zahlung von Mitgliedsbeiträgen

> **BFH, Urteil v. 20. 3.2014, V R 4/13, UR 2014, S. 732;**
> **Vorinstanz: FG Berlin-Brandenburg, Urteil v. 10.5.2012, 5 K 5347/09, Haufe-Index 3618862**
>
> In diesem Urteil hat der BFH darüber entschieden, ob ein Verein, der seine Mitgliederbeiträge nicht kostendeckend erhebt, weil er im Übrigen Zuschüsse von verschiedenen Seiten sowie Spenden erhält, umsatzsteuerbare Leistungen an seine Mitglieder ausführt. Hierbei hat er erneut die Verwaltungsmeinung zurückgewiesen, wonach gleichmäßig erhobene Mitgliederbeiträge im Allgemeinen kein Entgelt für steuerbare Leistungen seien. Zum Entgelt für diese Leistungen können Zuschüsse und Spenden zählen. Der BFH machte zudem Ausführungen zu einer möglichen Steuerbefreiung und die mögliche Anwendung des ermäßigten Steuersatzes.
>
> **Normen:** §§ 1 Abs. 1 Nr. 1, 10 Abs. 1 S. 3 UStG; Abschn. 1.4 Abs. 1 und Abs. 2 UStAE

Sachverhalt

Ein Verein überließ seinen Mitgliedern die für die Ausübung des Radsports nötige Infrastruktur (z. B. Trainingsgeräte) und ermöglichte ihnen die Teilnahme an Wettkämpfen, Trainingsfahrten und sonstigen Sportveranstaltungen. Seine Mitgliedsbeiträge waren nicht kostendeckend, im Übrigen finanzierte sich der Verein u. a. durch Zuschüsse von Dachverbänden und Körperschaften des öffentlichen Rechts sowie durch Spenden.

Entscheidung

Der BFH bekräftigte seine Rspr., dass ein Verein an seine Mitglieder auch entgegen der Verwaltungsauffassung – wonach (z. B. für alle Mitglieder gleich hohe oder gleichmäßig errechnete) „echte Mitgliederbeiträge" mangels eines Leistungsaustauschs umsatzsteuerlich gegenstandslos seien – steuerbare Leistungen erbringen könne. Ein Verein, der seinen Mitgliedern dauerhaft Sportanlagen und damit verbundene Vorteile zur Verfügung stelle, erbringe entgeltliche Leistungen, die die Mitglieder zum Beispiel durch ihre Jahresbeiträge vergüten, ohne dass es für die Steuerbarkeit darauf ankomme, ob der Verein auf Verlangen seiner Mitglieder gezielt Leistungen erbringt. Die Finanzverwaltung geht bislang im Wesentlichen nur dann von einem umsatzsteuerbaren Leistungsaustausch aus, wenn ein Verein für Leistungen, die den Sonderbelangen seiner Mitglieder dienen, Beiträge entsprechend der tatsächlichen oder vermuteten Inanspruchnahme erhebt.[461]

Der BFH führte aus, dass sich das Entgelt für die Leistungen u. U. nicht allein aus den Mitgliedsbeiträgen zusammensetze. Wenn zum Beispiel die öffentliche Hand Sportvereine subventioniere, die steuerbare Leistungen gegenüber ihren Mitgliedern als individuelle Leistungsempfänger erbringen, könne es sich bei den Subventionen um ein Entgelt von dritter Seite handeln, für das der Sportverein steuerpflichtig sei. Davon könne z. B. dann auszugehen sein, wenn die Mitgliederbeiträge im Hinblick auf Zuwendungen Dritter nicht kostendeckend kalkuliert würden.

---

[461] Abschn. 1.4 Abs. 1 S. 2 UStAE.

Ob die Leistungen teilweise steuerfrei waren, konnte der BFH nicht abschließend entscheiden. Soweit das nicht der Fall sei, könnten die Leistungen des Sportvereins dem ermäßigten Steuersatz unterliegen, wenn die Überlassung von Sportanlagen die Voraussetzungen eines Zweckbetriebs erfüllte. Hierbei sei aber auch eine Wettbewerbsprüfung vorzunehmen, da Sportanlagen in unmittelbarem Wettbewerb mit dem allgemeinen Steuersatz unterliegenden Leistungen anderer Unternehmer überlassen werden. Zu diesen und zu weiteren Fragen hat das FG noch Feststellungen zu treffen.

Praxishinweis

Auch nach der Rspr. des BFH käme es nicht zu einem Leistungsaustausch mit den Mitgliedern, wenn der Verein lediglich einen ideellen Zweck verfolgt und seinen Mitgliedern keinen Vorteil zuwendet (Einsatz für den Weltfrieden, den Denkmalschutz, einer Einrichtung wie etwa eines Zoo usw.) Die Frage, wem gegenüber sich der Verein zur Leistung verpflichtet, ist auch für die Frage relevant, ob „eigentliches" Entgelt für eine Leistung oder ein Entgelt von dritter Seite vorliegt: Im Falle, dass der Verein sich gegenüber den „Zuschussgebern" zu konkreten Leistungen verpflichtet hätte, läge kein Drittentgelt, sondern ein Entgelt für diese konkreten Leistungen vor.

> **Literaturhinweise:** *Widmann*, Quo usque tandem? – Die Umsatzbesteuerung der Vereinsbeiträge muss endlich unionsrechtskonform geregelt werden!, DStZ 2014, S. 595; *Wäger*, Sportvereine in der Umsatzsteuer: Steuerbare, steuerfreie und steuerermäßigte Umsätze, DStR 2014, S. 1517; *Szabó/Tausch/Kraeusel*, Umsatzsteuerliche Behandlung der entgeltlichen Überlassung von Sportanlagen durch gemeinnützige Vereine an ihre Mitglieder, UVR 2014, S. 282

5.18 Keine Vorsteuerkorrektur bei grenzüberschreitender Rabattgewährung

> **BFH, Urteil v. 5.6.2014, XI R 25/12, MwStR 2014, S. 652;**
>
> **Vorinstanz: Niedersächsisches FG, Urteil v. 29.9.2011, 16 K 255/10, Haufe-Index 3304420**
>
> **Gewährt in einer Leistungskette ein Unternehmer einem anderen Unternehmer, mit dem er selbst keine Leistungsbeziehungen unterhält, eine Rückvergütung (etwa ein Hersteller über den Großhändler hinweg einem Einzelhändler), so hat grds. der erstere Unternehmer die Ausgangssteuer, der letztere seinen Vorsteuerabzug anzupassen. Der BFH hatte sich mit der Frage zu befassen, ob das auch dann gilt, wenn der Rabatt gewährende Unternehmer im Rahmen der Lieferkette eine innergemeinschaftliche Lieferung nach Deutschland ausführt.**
>
> **Norm:** § 17 Abs. 1 S. 3 und S. 4 UStG

Sachverhalt

Ein in Großbritannien ansässiger Großhändler (A) lieferte im Wege einer innergemeinschaftlichen Lieferung Prozessoren an ein Konzernunternehmen B nach Deutschland, das die Waren wiederum an eine ebenfalls in Deutschland ansässige Gesellschaft im Organkreis des Organträgers C lieferte. A gewährte C eine als „Maßnahme einer außerordentlichen Preisanpassung" bezeichnete Rückvergütung. Das FA wollte daraufhin die Vorsteuer des C kürzen.

Entscheidung

Der BFH entschied jedoch, dass es für eine Minderung der Vorsteuer in diesem Fall keine Rechtsgrundlage gab. Derjenige Umsatz, dessen Bemessungsgrundlage sich nachträglich ändern hätte können, sei der des A an B gewesen. Die betreffende Lieferung war aber weder in Deutschland steuerbar, noch war sie (da eine innergemeinschaftliche Lieferung) steuerpflichtig. Die Vorsteuerberichtigung setze aber einen im Inland steuerpflichtigen Umsatz voraus.

Praxishinweis

Das Sächsische FG[462] hat für einen ähnlichen Sachverhalt entschieden, dass die Bemessungsgrundlage auch für innergemeinschaftliche Lieferungen zu mindern ist, sodass der (vom Rabatt nicht betroffene) Großhändler nur den geminderten Betrag als innergemeinschaftlichen Erwerb zu versteuern hat. Der Vorsteuerabzug des Großhändlers aus dem Erwerb blieb jedoch unberührt, hingegen war die Vorsteuer der Klägerin dieses Verfahrens – einer Einzelhändlerin – zu mindern. Das Verfahren ist am BFH anhängig[463].

Es fragt sich, wie vorzugehen ist, wenn der Rabatt in einem innergemeinschaftlichen Reihengeschäft mit vier Parteien (A, B, C, D) vom ersten Unternehmer in der Kette (A) dem Endkunden (D) zu gewähren ist, wenn die innergemeinschaftliche Lieferung der mittleren (zweiten) Lieferung des B an C zuzuordnen ist. Denn in einem solchen Fall liefert A im Ausgangsland steuerpflichtig. Nach dem Urteil des EuGH in der Rs. *Elida Gibbs Ltd.*[464] darf der Betrag, der als Bemessungsgrundlage für die von A geschuldete Mehrwertsteuer dient, nicht höher sein als der Betrag, den A letztlich erhalten hat. Andernfalls wäre der Grundsatz der Neutralität der Mehrwertsteuer nicht gewahrt. Spiegelbildlich ist der Vorsteuerabzug des D zu kürzen, weil ihm sonst ein Vorsteuerabzug zukäme, der dem von ihm unterm Strich gezahlten Entgelt nicht entspricht. Das würde freilich (von praktischen Aspekten, besonders der Abstimmung beider beteiligten Länder untereinander, einmal abgesehen) dazu führen, dass das Ausgangsland weniger USt einnimmt, das Bestimmungsland aber infolge der Vorsteuerkürzung beim Empfänger ein höheres Steueraufkommen hat. Während also die Neutralität der Mehrwertsteuer gewahrt ist, gerät bei konsequenter Anwendung der Grundsätze von *Elida Gibbs Ltd.* das Steueraufkommen in eine Schieflage. Der EuGH räumt dem Neutralitätsgrundsatz in ständiger Rspr. einen so hohen Stellenwert ein, dass er gewöhnlich nur durch die Maßnahmen der zur Bekämpfung der Steuerumgehung oder -hinterziehung begrenzt – aber die liegen hier nicht vor. Es ist darum offen, was der EuGH daraus machen würde, ein solcher Fall wurde noch nicht entschieden.

Literaturhinweise: *Grube*, Keine Vorsteuerkorrektur beim letzten inländischen Unternehmer einer Lieferkette bei Rabattgewährung durch ausländischen Hersteller, jurisPR-SteuerR 44/2014, Anm. 6; *Fritsch*, Vorsteuerberichtigung bei Rabattgewährung außerhalb der Lieferkette, UStB 2014, S. 247

---

[462] Urteil v. 18.12.2012, 3 K 590/10, EFG 2013, S. 1804.
[463] Az. beim BFH V R 6/13.
[464] EuGH, Urteil v. 24.10.1996, C–317/94, *Elida Gibbs Ltd.*, BStBl II 2004, S. 324.

5.19 Vorsteuer-Vergütungsverfahren: Begriff des im Ausland ansässigen Unternehmers

> **BFH, Urteil v. 5.6.2014, V R 50/13, MwStR 2014, S. 656;**
> **Vorinstanz: FG Hamburg, Urteil v. 26.1.2012, 2 K 49/11, BB 2012, S. 1762**
>
> Die Vorschrift des § 59 UStDV regelt wichtige Voraussetzungen des Vorsteuer-Vergütungsverfahrens sowohl für EU-Unternehmer als auch für Drittlandsunternehmer. Eine dieser Voraussetzungen ist, dass der Antragsteller nicht im Inland ansässig sein darf. Das ist u. a. dann der Fall, wenn er – wie die Vorschrift es vorsieht – im Inland „[keine] Betriebsstätte hat" (nach der bis zum 31.12.2009 geltenden Fassung: „[keine] Zweigniederlassung hat"). Im nachfolgenden Urteil hatte der BFH über die Auslegung dieser Vorschrift zu entscheiden.
>
> **Normen:** § 18 Abs. 9 UStG; § 59 UStDV

Sachverhalt

Ein ausländischer Unternehmer mit als Zweigniederlassung eingetragener Repräsentanz ohne Ausgangsumsätze in Deutschland hatte wegen des Wortlauts des § 59 UStDV seine Vorsteuer im Veranlagungswege geltend gemacht. Das FA lehnte das unter Hinweis auf das Vorsteuer-Vergütungsverfahren ab und machte aus demselben Grund zugleich auch den Vorsteuerabzug früherer Besteuerungszeiträume rückgängig.

Entscheidung

Der BFH befand: Der deutsche Verordnungsgeber hatte in den Streitjahren die unionsrechtlichen Voraussetzungen einer Ansässigkeit im Inland nicht zutreffend umgesetzt. Sowohl der Begriff der Betriebsstätte als auch der Begriff der Zweigniederlassung setzen in richtlinienkonformer Auslegung demnach voraus, dass von der betreffenden Einrichtung Umsätze bewirkt wurden. Das sei ausweislich der eingereichten USt-Erklärungen aber nicht der Fall gewesen, sodass der Unternehmer als nicht in Deutschland ansässig zu behandeln gewesen sei. Darum hätte das Vorsteuer-Vergütungsverfahren Anwendung finden müssen. Ob Umsätze beabsichtigt gewesen seien, sei ohne Bedeutung.

Da jedoch (offenbar) Vergütungsanträge für die betreffenden Zeiträume wegen Fristablaufs nicht mehr eingereicht werden konnten, sei es aber denkbar, den Vorsteuerabzug im Streitfall im Wege eines Billigkeitsverfahrens zu gewähren, weil die Klägerin aufgrund des Wortlauts der Vorschrift davon ausgehen konnte, dass eine Zweigniederlassung bzw. eine Betriebsstätte für die Ansässigkeit im Inland ausreichend war, und somit für sich das Vorsteuer-Vergütungsverfahren ausschloss.

Praxishinweis

→ Der Verordnungsgeber hat – offenbar aufgrund dieses Urteils – die UStDV bereits entsprechend geändert.[465] Die betreffende Änderung sieht vor, dass ein Unternehmer u. a. dann im Ausland ansässig ist, wenn er „ausschließlich eine Betriebsstätte im Inland hat, von der aus keine Umsätze ausgeführt werden, aber im Ausland seinen Sitz, seine Geschäftsleitung oder eine Betriebsstätte hat, von der aus Umsätze ausgeführt werden". Auch das BMF hat die Entscheidung in seinem Schreiben vom 10.12.2013[466] berücksichtigt.

Literaturhinweise: *Vellen*, Voraussetzungen des Umsatzsteuer-Vergütungsverfahrens – Definition der umsatzsteuerlichen Betriebsstätte, UStB 2014, S. 248; *Damaschke*, Die Betriebstätte in der Umsatzsteuer, StBW 2014, S. 1000

5.20 Anwendung der Mindestbemessungsgrundlage und Entstehung der Steuerschuld bei unrichtigem Steuerausweis

> **BFH, Urteil v. 5.6.2014, XI R 44/12, UR 2014, S. 700;**
> **Vorinstanz: FG München, Urteil v. 27.11.2012 2, K 3380/10, EFG 2013, S. 402**
>
> **Um Steuerausfälle zu vermeiden, kann die Umsatzsteuer für Leistungen an bestimmte nahestehende Personen nach einer Mindestbemessungsgrundlage zu berechnen sein, die sich im Wesentlichen nach dem Selbstkostenpreis richtet. Diese Regelung ist sinnvoll, wenn Leistungen an nicht oder nicht voll vorsteuerabzugsberechtigte Abnehmer erbracht werden, weil zwei nahestehende Personen der Versuchung erliegen könnten, die Höhe der nicht abziehbaren Vorsteuer dadurch zu beeinflussen, dass die Bemessungsgrundlage abgesenkt wird. Ihre Sinnhaftigkeit versteht sich jedoch dann nicht von selbst, wenn der Abnehmer ein voll vorsteuerabzugsberechtigter Unternehmer ist. Der BFH hatte nun Gelegenheit, zu dieser Streitfrage, die bereits seit vielen Jahren debattiert wird, Stellung zu nehmen. Darüber hinaus macht der BFH in seinem Urteil Ausführungen zum Entstehungszeitpunkt überhöht ausgewiesener Umsatzsteuer.**
>
> **Normen:** §§ 10 Abs. 5, 13 Abs. 1 Nr. 3 UStG; Abschn. 13.7 UStAE

Sachverhalt

In einem Urteil aus dem Jahr 2012[467] hatte der EuGH entschieden: Wird zwischen zwei voll vorsteuerabzugsberechtigten Unternehmern ein künstlich hoher oder niedriger Preis vereinbart, so findet auf dieser Stufe keine Steuerhinterziehung oder Steuerumgehung statt. Erst bei einem Endverbraucher oder bei einem nur zu einem Pro-rata-Steuerabzug berechtigten Unternehmer könne ein solcher Preis zu einem Steuerausfall führen.

---

[465] BGBl I 2014, S. 2392 und S. 2394.
[466] IV D 3 – S 7015/14/10001.
[467] Urteil v. 26.4.2012, C–621/10 und C–129/11, *Balkan and Sea Properties und Provadinvest*, HFR 2012, S. 675.

Entscheidung

Als abweichende nationale Maßnahme zur Verhütung von Steuerhinterziehungen und -umgehungen sei, so der BFH, die Vorschrift über die Anwendung der Mindestbemessungsgrundlage eng auszulegen und dürfe nur angewendet werden, soweit dies für diesen Zweck unbedingt erforderlich sei. Allerdings könne nach früherer Rspr. des BFH selbst im Falle der Leistung an voll vorsteuerabzugsberechtigte Unternehmer dann eine solche Gefahr bestehen, wenn der betreffende Eingangsumsatz einer Berichtigung nach § 15a UStG unterliege: Denn die Berichtigung bezieht sich auf den Vorsteuerabzug des Leistungsempfängers und erfolgt somit ebenfalls auf Grundlage des Entgelts für den Eingangsumsatz. Wenigstens im Streitfall kam eine solche Berichtigung aber ohnehin nicht in Betracht, sodass der BFH die Anwendung der Mindestbemessungsgrundlage verwarf.

Weiterer Sachverhalt

Im Streitfall hatte der leistende Unternehmer außerdem einen zu hohen Umsatzsteuerbetrag auf der Rechnung ausgewiesen – allerdings erst dadurch, dass er Jahre nach Leistungserbringung die ursprüngliche Rechnung änderte.

Weitere Entscheidung

Der BFH entschied, dass die Steuer entgegen der Verwaltungsauffassung nicht bereits zur Zeit der Leistungserbringung geschuldet wurde, sondern bei richtlinienkonformer Auslegung der betreffenden Vorschrift erst im Voranmeldungszeitraum, in dem die Rechnungsänderung erfolgt war.

Praxishinweis

Der BFH führt aus, dass § 10 Abs. 5 UStG nicht anwendbar ist, wenn keine Steuerumgehung vorliegt. Es ließe sich aber vertreten, dass dies auch bei nicht oder nicht voll vorsteuerabzugsberechtigten Unternehmern der Fall sein kann, und zwar z. B. dann, wenn es vernünftige betriebswirtschaftliche Gründe dafür gibt, zeitweilig den Selbstkostenpreis zu unterschreiten. Denkbar wäre etwa, dass das Herunter- und Hochfahren oder ein Einnahmenausfall bei Ausschalten einer Maschine aufwendiger und daher betriebswirtschaftlich weniger sinnvoll ist, als sie gegen ein geringeres Entgelt durcharbeiten zu lassen.

Literaturhinweise: *Prätzler*, Eingeschränkter Anwendungsbereich der Mindestbemessungsgrundlage, jurisPR-SteuerR 40/2014, Anm. 6; *Fritsch*, Zur Anwendung der Mindestbemessungsgrundlage bei steuerpflichtiger Verpachtung, UStB 2014, S. 251

5.21 EuGH spezifiziert die Voraussetzungen für Vorsteuerausschluss wegen Steuerhinterziehung

> **EuGH, Urteil v. 17.7.2014, C–272/13, *Equoland*, MwStR 2014, S. 575**
>
> In einer Anzahl von Urteilen hat der EuGH bereits entschieden: Ein an einem Mehrwertsteuerbetrug beteiligter Unternehmer kann den Vorsteuerabzug nicht geltend machen. Was allerdings der EuGH unter einem Steuerbetrug oder einer Steuerhinterziehung versteht, ist noch nicht völlig geklärt. In einem neuen Urteil definiert der EuGH den Begriff näher.
>
> **Norm:** § 15 Abs. 1 UStG

Sachverhalt

Die Klägerin des Ausgangsverfahrens führte Waren aus einem Drittland in Italien ein; auf der Zollanmeldung war vermerkt, dass die Waren für ein Steuerlager bestimmt waren. Daher wurde zu diesem Zeitpunkt keine Einfuhrmehrwertsteuer (EMwSt) erhoben. Obwohl der Lagerhalter den Eingang der Waren vermerkte, trafen die Waren dort niemals physisch ein. Daher wurde die EMwSt mit Strafzuschlag nacherhoben, obwohl die Klägerin infolge des Umstands, dass die Waren der Steuerlagerregelung entzogen worden waren, die EMwSt bereits anderweitig – im Wege des Reverse-Charge-Verfahrens – bezahlt hatte. Die nacherhobene EMwSt sollte dem italienischen Fiskus zufolge nicht als Vorsteuer wieder abziehbar sein.

Entscheidung

Der EuGH bestätigte, dass eine nationale Regelung die Befreiung von der EMwSt von der physischen Einlieferung in ein Steuerlager abhängig machen durfte. Ansonsten aber war er der Auffassung, dass eine erneute Zahlung der schon im Reverse-Charge-Verfahren entrichteten Steuer ohne die Möglichkeit des Vorsteuerabzugs nicht mit dem Grundsatz der Neutralität der Mehrwertsteuer vereinbar sei, wenn keine Steuerhinterziehung oder versuchte Steuerhinterziehung vorliege. Die Zahlung im Reverse-Charge-Verfahren sei zwar verspätet erfolgt, nach Auffassung des EuGH stellt eine verspätete Zahlung bei Fehlen eines versuchten Betrugs oder Schädigung des Haushalts des Staates aber nur einen formalen Verstoß dar, der das Recht des Steuerpflichtigen auf Vorsteuerabzug nicht infrage stellen könne. Mit einer Steuerhinterziehung könne eine verspätete Zahlung für sich genommen nicht gleichgesetzt werden.

Praxishinweis

Eine vergleichbare Regelung besteht in Deutschland in §§ 4 Nr. 4a, 5 Abs. 1 Nr. 4 UStG. Allerdings sieht das deutsche Recht keine Sanktionen vor, wie das Urteil sie beschreibt. In Hinblick auf die Rspr. zu den Folgen bei Beteiligung an einem Steuerbetrug jedoch sollte der Vorsteuerabzug zumindest nicht lediglich wegen fahrlässiger verspäteter Zahlung der Steuer ausgeschlossen werden dürfen.

> **Literaturhinweis:** *Nieskens*, Pflicht zur Zahlung der Mehrwertsteuer trotz durchgeführtem Reverse-Charge, EU-UStB 2014, S. 47

5.22 Beteiligung eines Unternehmers an einem Steuerbetrug

> **FG Münster, Urteil v. 12.12.2013 (rkr.), 5 V 1934/13 U, EFG 2014, S. 395**
>
> Das FG Münster hatte einen Antrag auf Aussetzung der Vollziehung für einen Sachverhalt zu entscheiden, in dem ein Unternehmer mit aus Polen reimportierten Fahrzeugen handelte. Diese Autos wurden der Antragstellerin von einer deutschen GmbH verkauft, bei der sich später herausstellte, dass sie an der angegeben Adresse tatsächlich nicht ansässig war, offenbar als Missing Trader fungierte und ihre Umsatzsteuer nicht abgeführt hatte. Das FA war der Auffassung, dass die Antragstellerin wusste oder hätte wissen müssen, dass sie in eine Umsatzsteuerhinterziehung einbezogen war, und versagte ihr den Vorsteuerabzug aus den Rechnungen der GmbH. Das FG macht in seiner im einstweiligen Rechtsschutz ergangenen Entscheidung sehr ausführlich zu Umständen Stellung, die seiner Auffassung nach den Unternehmer stutzig machen hätte müssen – oder eben auch nicht.
>
> **Norm:** § 15 Abs. 1 UStG

Entscheidung

Das Gericht hält den Antrag für begründet, da es ernstliche Zweifel an Rechtmäßigkeit der Auffassung des FA hegte. Die Antragstellerin sei nicht verpflichtet gewesen, einen Negativbeweis dahin zu führen, dass sie keine Anhaltspunkte für etwaige Ungereimtheiten in Bezug auf den leistenden Unternehmer oder die Leistung hatte. So konnte das FA von der Antragstellerin keine Prüfung verlangen, ob die GmbH Steuerpflichtiger mit Sitz an der angegebenen Adresse war, ob sie über die Fahrzeuge verfügte, sie liefern konnte und ihren umsatzsteuerlichen Pflichten nachgekommen war, um sich zu vergewissern, dass auf einer Vorstufe kein Umsatzsteuerbetrug vorlag.

Das Gericht legt in dem Urteil Punkt für Punkt dar, weshalb der Antragstellerin nach seiner Auffassung keine hinreichenden Anhaltspunkte für Unregelmäßigkeiten oder Steuerhinterziehung vorlagen, die sie verpflichtet hätten, sicherzustellen, nicht in einen Steuerbetrug einbezogen zu sein. Einige Beispiele: So wurden die Fahrzeuge tatsächlich geliefert, sodass die Antragstellerin keinen Grund zur Annahme hatte, die GmbH hätte nicht darüber verfügt. Dass die Umsatzsteuer-Identifikationsnummer auf der Rechnung keine Gültigkeit mehr hatte, war ohne Belang, weil es sich um eine Inlandslieferung handelte. Die Anbahnung der ersten Geschäftsbeziehung gestaltete sich zwar ungewöhnlich (über eine andere Firma), allerdings hatte die Antragstellerin auf Anfrage zur Antwort gehalten, dass eine verwandtschaftliche Beziehung zum Geschäftsführer der GmbH bestünde. Nach den Umständen des Einzelfalls konnten z. B. auch ausländische Telefonnummern, der Umstand, dass die Geschäfte als Barverkäufe abgewickelt wurden, und viele weitere vom FA vorgetragene Anhaltspunkte das Gericht nicht davon überzeugen, dass die Antragstellerin Unregelmäßigkeiten erkennen hätte müssen.

Praxishinweis

In der Urteilsbegründung wird eingangs der Stand der Rspr. des EuGH (zum Zeitpunkt des Beschlusses) zur Frage der Teilnahme an einem Mehrwertsteuerbetrug sehr übersichtlich zusammengefasst. In der ausführlichen Urteilsbegründung nimmt das FG in Hinblick auf sehr viele Einzelheiten zu der Frage Stellung, ob der Leistungsempfänger Verdacht hätte schöpfen müssen. Daher kann das Urteil in vergleichbaren Fällen eine wertvolle Hilfe sein – es sollte aber beachtet werden, dass es sich „lediglich" um eine erstinstanzliche Entscheidung im einstweiligen Rechtsschutz handelte. Es sei an dieser Stelle außerdem auf das BMF-Schreiben vom 7.2.2014 zum Vorsteuerabzug bei Betrugsabsicht des Lieferers verwiesen (vgl. Kapitel B.5.4).

Literaturhinweise: *Meyer-Burow/Connemann*, Der Vorsteuerabzug des Leistungsempfängers bei Betrugsabsicht des Leistenden, UStB 2014, S. 204 (Teil 1), S. 255 (Teil 2); *Sterzinger*, Versagung des Vorsteuerabzugs bei betrügerischem Handeln des Vorlieferanten, DStR 2014, S. 831; *Hummel*, Umgang mit „betrugsbehafteten Umsätzen" im Umsatzsteuerrecht – Zu den aktuellen Versuchen der Finanzverwaltung, das Umsatzsteueraufkommen nach einem Betrugsfall nicht nur zu sichern, sondern zu vervielfachen, UR 2014, S. 256; *Kaiser*, Umsatzsteuerbetrug: Finanzverwaltung setzt Merkblatt zur Bekämpfung ein, nwb 2014, S. 3056

5.23 Nachweis bei innergemeinschaftlichen Verbringungen und Beteiligung an einer Steuerhinterziehung

BFH, Urteil v. 21.5.2014, V R 34/13, MwStR 2014, S. 730;
Vorinstanz: FG Düsseldorf, Urteil v. 10.7.2013, 5 K 3463/10 U, EFG 2013, S. 1707

In diesem Urteil bestätigt der BFH das Vorsteuerabzugsverbot des § 15 Abs. 1a UStG, befürwortet die Steuerbefreiung einer innergemeinschaftlichen Verbringung unter Anwendung der Grundsätze des „Irgendwie"-Nachweises und macht Ausführungen zur Frage, wann ein Steuerbetrug (mit der Folge einer „Strafbesteuerung") anzunehmen ist.

Normen: §§ 6a Abs. 2 (i. V. m. § 3 Abs. 1a UStG), 15 Abs. 1a (i. V. m. § 4 Abs. 5 Nr. 4 EStG) UStG

Sachverhalt

Die Klägerin erwarb eine Jacht, die sie ihrem Unternehmen zuordnete. Sie zog die Umsatzsteuer aus dem Erwerb der Jacht als Vorsteuer ab. Einige Zeit später transportierte sie die Jacht nach Palma de Mallorca (Spanien), u. a., um sie dort an fremde Dritte zu vermieten. Im Jahr darauf verkaufte sie die Jacht zum Einkaufspreis an die Verkäuferin zurück. Die Jacht wurde auf Mallorca übergeben. Die Klägerin wies in der Rechnung keine USt aus; sie gab darauf ihre deutsche USt-Identifikationsnummer an. Eine spanische USt-Identifikationsnummer besaß sie nicht. Unter Anrechnung des Kaufpreises wurde eine weitere Jacht gekauft, die der Klägerin in Deutschland übergeben werden sollte. Auch hier zog die Klägerin die Vorsteuer. Fraglich war, ob die Klägerin die Vorsteuer hatte ziehen dürfen und wie der Transport der Jacht nach Spanien mit späterem Verkauf umsatzsteuerlich zu beurteilen war.

Entscheidung

Der BFH fand, das FG habe im Ergebnis zu Recht entschieden, dass der Vorsteuerabzug für die Lieferung der Jachten im Streitfall nach § 15 Abs. 1a UStG ausgeschlossen sei. Diese Vorschrift schließt (mit Ausnahmen) Vorsteuer vom Abzug aus, die auf bestimmte nicht abziehbare Betriebsausgaben i. S. d. § 4 Abs. 5 EStG entfällt. Sie ist dem BFH zufolge mit der Mehrwertsteuer-Systemrichtlinie vereinbar, weil ein solches Vorsteuerabzugsverbot bereits vor Inkrafttreten der damaligen Sechsten Richtlinie Gültigkeit hatte und damit unter die sog. Stillhalteklausel des (jetzigen) Art. 176 der MwStSystRL fiel. Die Stillhalteklausel sieht vor, dass bestehende Vorsteuerabzugsverbote beibehalten werden dürfen, bis der Rat der EU (was bis heute nicht erfolgt ist) eine Regelung über Ausgaben trifft, die den Vorsteuerabzug ausschließen.

Der Transport der ersten Jacht war als innergemeinschaftliches Verbringen zu werten. Zwar hatte die Klägerin die Jacht zunächst tatbestandslos (nicht umsatzsteuerbar) nach Spanien verbracht, weil zu diesem Zeitpunkt offenbar nur eine „vorübergehende Verwendung"[468] auf Mallorca beabsichtigt war. Mit dem Verkauf der Jacht lag aber eine innergemeinschaftliche Verbringung vor, weil die Absicht der Klägerin, die Jacht auf Mallorca zu vermieten, damit endete. Diese Verbringung war in Deutschland jedoch steuerfrei. Dass die Klägerin ihren Nachweispflichten nicht nachgekommen war, stand der Steuerbefreiung nicht entgegen, denn dabei handelte es sich dem BFH zufolge nicht um materielle Voraussetzungen für die Steuerbefreiung. Es stand fest, dass die Jacht in das übrige Gemeinschaftsgebiet verbracht worden war. Die Steuerbefreiung setze auch nicht voraus, dass der innergemeinschaftliche Erwerb im anderen Mitgliedstaat tatsächlich besteuert wurde.

Die Steuerbefreiung war auch nicht als „Strafbesteuerung"[469] wegen Steuerhinterziehung oder Beteiligung an einem Steuerbetrug zu versagen. Der Umstand allein, dass die Klägerin es unterließ, sich in Spanien umsatzsteuerlich erfassen zu lassen und den Erwerb anzuzeigen, sei einer Beteiligung an einer Steuerhinterziehung nicht vergleichbar. Hier lag zudem ein unmittelbarer wirtschaftlicher Zusammenhang zwischen verschwiegenen steuererhöhenden und steuermindernden Umständen vor: Innergemeinschaftliche Lieferung und innergemeinschaftlicher Erwerb seien ein und derselbe wirtschaftliche Vorgang. Außerdem waren keine Feststellungen zum subjektiven Tatbestand (z. B. Vorsatz) getroffen worden, was für die Beteiligung an einer Steuerhinterziehung aber erforderlich gewesen wäre. Im konkreten Fall handle es sich um eine Rechtssituation, bei deren Fehlbeurteilung jedenfalls der subjektive Tatbestand eines Steuervergehens nicht ohne Weiteres angenommen werden könne.

---

[468] Abschn. 1a.2 Abs. 10 Nr. 2 UStAE.
[469] EuGH, Urteil v. 7.12.2010, C–285/09, *R*, BFH/NV 2011, S. 396.

Im Bereich der Umsatzsteuer

Praxishinweis

Der sog. „Irgendwie"-Nachweis, wonach – vereinfacht ausgedrückt – die Steuerbefreiung für innergemeinschaftliche Lieferungen auch dann zu gewähren ist, wenn objektiv feststeht, dass die Gegenstände in einen anderen Mitgliedstaat gelangt sind,[470] gilt auch für innergemeinschaftliche Verbringungen i. S. d. § 3 Abs. 1a UStG i. V. m. § 6a Abs. 2 UStG. Die Ausführungen zu Steuerstraftaten sind in Hinblick auf das Steuerstrafrecht mit Vorsicht zu genießen: es ist nicht gesichert, dass die Strafgerichtsbarkeit den Auffassungen des BFH folgt. Für Fälle der innergemeinschaftlichen Verbringung mit anschließendem Verkauf hat das BMF einen Hinweis auf diese Entscheidung bereits mit Schreiben vom 10.12.2014[471] in den UStAE eingefügt.

Literaturhinweis: *Rothenberger*, Vorsteuerausschluss bei Aufwendungen für Yachten, UStB 2014, S. 284

5.24 Zur leichtfertigen Steuerverkürzung bei fehlendem Nachweis

BFH, Urteil v. 24.7.2014, V R 44/13, UR 2014, S. 818;
Vorinstanz: FG Nürnberg, Urteil v. 16.7. 2013, 2 K 1943/10, EFG 2014, S. 793

Zahlreiche Normen des Steuerrechts, von der Änderung von Steuerbescheiden über die Frist für die Festsetzungsverjährung bis hin zur Verzinsung hinterzogener Steuern, knüpfen an eine Steuerstraftat oder Steuerordnungswidrigkeit an. Im vorliegenden Fall hatte der BFH sich mit der Frage auseinanderzusetzen, ob die Voraussetzungen für die Aufhebung der Änderungssperre nach Außenprüfung in einem Fall vorliegen, in dem kein ausreichender Nachweis für eine Steuerbefreiung vorlag.

Normen: § 173 Abs. 2 AO; § 6a UStG

Sachverhalt

Die Klägerin hatte – einer Steuerfahndungsprüfung zufolge – die Steuerbefreiung für innergemeinschaftliche Lieferungen zu Unrecht in Anspruch genommen, u. a., weil der Beleg- und Buchnachweis nicht ordnungsgemäß geführt war. Das Streitjahr war aber vordem bereits Gegenstand einer Außenprüfung gewesen. Das führte dazu, dass für dieses Jahr eine Änderung des Steuerbescheids aufgrund neuer Tatsachen, um infolge des nicht erbrachten Nachweises die USt-Schuld heraufzusetzen, wegen der Sperrwirkung des § 173 Abs. 2 AO grds. nicht mehr möglich war. Weil eine Ausnahme von dieser Änderungssperre nur im Falle vorsätzlicher oder leichtfertiger Steuerverkürzung vorgesehen ist, kam es nun entscheidend darauf an, ob der Klägerin (zumindest) eine leichtfertige Steuerverkürzung zur Last zu legen war.

Entscheidung

Zwar habe – so der BFH – die Klägerin CMR-Frachtbriefe ausgefüllt, ohne dass sie die tatsächlichen Lieferverhältnisse kannte, was diese Belege für den Nachweis der Voraussetzungen der Steuerbefreiung ungeeignet mache. Außerdem hätten sich Zweifel an der Identität des Ab-

---

[470] EuGH, Urteil v. 27.9.2007, C–146/05, *Collée*, BFH/NV Beilage 2008, S. 34.
[471] IV D 3 – S 7015/14/10001.

nehmers gezeigt. Allerdings habe der BFH seine frühere Rspr. aufgegeben, wonach der Unternehmer die Steuerfreiheit für innergemeinschaftliche Lieferungen ausschließlich buch- und belegmäßig nachweisen könne. Der Unternehmer könne auch objektiv nachweisen, dass die Voraussetzungen der Steuerbefreiung vorliegen. Darum könne der Unternehmer im Streitfall nur leichtfertig handeln, wenn er die Sorgfalt außer Acht lasse, zu der er nach den besonderen Umständen des Falls und seinen persönlichen Fähigkeiten verpflichtet und imstande sei, und sich ihm danach aufdrängen müsse, dass er die Voraussetzungen der Steuerbefreiung für innergemeinschaftliche Lieferungen weder buch- noch belegmäßig noch objektiv nachweisen kann.

Ob die Klägerin davon ausgehen konnte, die Voraussetzungen der Steuerbefreiung zumindest objektiv nachweisen zu können, muss sich nun im zweiten Rechtsgang herausstellen. Dem BFH zufolge kann dabei der Frage Bedeutung zukommen, ob die Klägerin in Anbetracht der vom BZSt qualifiziert bestätigten Umsatzsteuer-Identifikationsnummer des Abnehmers und des Umstands, dass die Fahrzeuge unstreitig nach Italien gelangt waren, den Tatbestand der innergemeinschaftlichen Lieferung als erfüllt ansehen konnte. Bloße Zweifel an den Lieferwegen und das (laut dem erstinstanzlichen FG) mögliche Vorliegen eines Reihengeschäfts könnten es bei dieser Sachlage zwar ggf. rechtfertigen, die Steuerbefreiung zu versagen, begründeten aber allein nicht die Annahme leichtfertigen Handelns i. S. d. § 378 AO.

Praxishinweis

Der BFH ist kein Gericht für Strafsachen, weshalb dieses Urteil in strafrechtlichen Angelegenheiten (was z. B. auch die Modalitäten für Selbstanzeigen einschließt, die bei vorsätzlicher und bei leichtfertiger Steuerverkürzung gewisse Unterschiede vorsehen) mit Vorsicht genossen werden sollte. Seine Auffassung kann aber besonders dort von Interesse sein, wo das Steuerrecht an eine Steuerstraftat oder Steuerordnungswidrigkeit anknüpft – was wohl auch für die Frage gilt, ob dem Unternehmer – im Lichte einer ganzer Serie jüngerer Urteile des EuGH in dieser Frage – wegen Beteiligung an einem Steuerbetrug der Vorsteuerabzug zu versagen bzw. eine „Strafsteuer" i. S. d. EuGH-Urteils in der Rs.C–285/09, *R*,[472] aufzuerlegen ist.

Literaturhinweise: *Prätzler*, Anforderungen an leichtfertiges Handeln im Binnenmarkt, jurisPR-SteuerR 48/2014, Anm. 2; *Weigel*, Innergemeinschaftliche Lieferung und leichtfertiges Handeln i. S. d. § 173 Abs. 2 AO, UStB 2014, Heft 10, S. 282; *Höink/Adick*, Sorgfaltspflichten im Binnenmarkt: Leichtfertige Inanspruchnahme von Steuerbefreiungen?, DB 2014 S. 2928

---

[472] EuGH, Urteil v. 7.12.2010, C–285/09, *R*, BFH/NV 2011, S. 396.

5.25 Vorsteuer-Vergütungsverfahren für EU-Unternehmer – Einreichung elektronischer Belege

> **FG Köln, Urteil v. 5.6.2014, 2 K 3334/12, EFG 2014, S. 1919**
>
> Das Vorsteuer-Vergütungsverfahren gehört zu den Bereichen des Umsatzsteuerrechts, in denen es besonders wichtig ist, bestimmte Formalien genau einzuhalten – nicht zuletzt, weil die Antragstellung verhältnismäßig knappen Ausschlussfristen unterliegt und formale Fehler in den meisten Fällen nicht nachträglich geheilt werden können. Obwohl die elektronische Antragstellung seit 2010 die Antragstellung im übrigen Gemeinschaftsgebiet ansässiger Unternehmer in vieler Hinsicht vereinfacht hat, hat sich an diesem Grundsatz letztlich nichts geändert. Im Sachverhalt, der diesem Urteil des FG Köln zugrunde lag, wurde es einem Antragsteller zum Verhängnis, dass er nicht fristgerecht Scans seiner Eingangsrechnungen einreichte.
>
> **Normen:** § 18 Abs. 9 UStG; § 61 Abs. 2 UStDV

Sachverhalt

Der Kläger des Ausgangsverfahrens, ein polnischer Unternehmer, stellte im Jahr 2011 einen Vorsteuer-Vergütungsantrag für das Jahr 2010. Im Juni 2012 wurde dieser Antrag teilweise mit der Begründung abgelehnt, dass die Rechnungen nicht elektronisch übermittelt worden seien. Darauf reichte der Unternehmer Kopien der Rechnungen in Papierform und, als auch das als unzureichend bemängelt wurde, im August 2012 Scans der Rechnungen in elektronischer Form ein. Der Einspruch wurde als unbegründet zurückgewiesen, weil der Kläger weder innerhalb der Antragsfrist noch innerhalb der Frist für einen Antrag auf Wiedereinsetzung in den vorigen Stand Rechnungen in elektronischer Form vorgelegt hatte.

Entscheidung

Das FG Köln bestätigte die Auffassung des BZSt. Der BFH habe für die frühere Achte Richtlinie entschieden, dass die Originalrechnungen innerhalb der Antragsfrist (im BFH-Urteil laut Leitsatz eigentlich: „mit dem Vergütungsantrag") einzureichen seien. Das gelte auch für die seit 2010 geltende Rechtslage. Nach Auffassung des FG Köln stützen ferner die Gesetzesmaterialien zum JStG 2009 diese Auffassung. Der Richtlinie 2008/9/EG könne auch nicht entnommen werden, dass der Antrag auch dann als vorgelegt gelte, wenn keine Rechnungen beigefügt seien. Eine Wiedereinsetzung in den vorigen Stand sei nicht zu gewähren, weil zum einen die Monatsfrist für das Nachreichen der Rechnungen in elektronischer Form verstrichen gewesen und im Übrigen das Fristversäumnis auch nicht unverschuldet erfolgt sei.

Im Ergebnis ist dem FG Köln zufolge ein von in der EU ansässigen Unternehmern gestellter Vergütungsantrag mit denjenigen (ab bestimmten Betragsgrenzen einzureichenden) Rechnungen und anderen Belegen von der Vergütung ausgeschlossen, die nicht bis zum Ende der Frist – bei Anträgen von EU-Unternehmern der 30. September des jeweiligen Folgejahres – elektronisch eingereicht wurden.

Praxishinweis

Das Urteil betraf einen Unternehmer, der einen Antrag in Deutschland stellte. Doch auch in der Gegenrichtung sollte ein Antragsteller für einen Vorsteuer-Vergütungsantrag im EU-Ausland – der nicht direkt bei der ausländischen Behörde, sondern am dafür vorgesehenen Online-Portal des BZSt zu stellen ist – die Formalien kennen und beachten. Als erster Anhaltspunkt für die im Antragsstaat vorgesehenen formalen Erfordernisse kann die im Webauftritt des BZSt (www.bzst.de) zum Download bereitgestellte sog. „Präferenzliste" zu Rate gezogen werden. Diese Liste zählt allerdings die formalen Voraussetzungen für die Antragstellung im Antragsstaat nicht unbedingt erschöpfend auf; so stellen manche EU-Länder im Falle, dass ein Vertreter den Antrag für einen Unternehmer einreicht, besondere Anforderungen an die Vollmacht – etwa, dass sie zeitlich vor Einreichung des Antrags im Original auf dem Postwege eingesendet wird.

5.26 Leistungen ausländischer Gesellschaften an organschaftlich gebundene Betriebsstätten

> **EuGH, Urteil v. 17.9.2014, C–7/13, *Skandia America Corporation*, UR 2014, S. 847 (m. Anm. Maunz)**
>
> Eine umsatzsteuerliche Organschaft (im Europarecht: „Mehrwertsteuergruppe") gilt als ein einziger Unternehmer – die Gesamtheit eines Stammhauses mit seinen in- und ausländischen Betriebsstätten aber auch. Dies konnte bisher zur Folge haben, dass zum Beispiel eine in eine umsatzsteuerliche Organschaft eingebundene Betriebsstätte im Inland, deren Stammhaus aber im Ausland ansässig ist, zwei Unternehmen angehört und in beiden Unternehmen nicht-umsatzsteuerbare Innenumsätze bewirken kann. Der EuGH hat dem ein Ende gesetzt – mit gravierenden Folgen, nicht zuletzt für zahlreiche multinationale Konzerne.
>
> **Norm:** § 2 Abs. 2 Nr. 2 UStG

Sachverhalt

Die in den USA ansässige Klägerin war in ihrem Konzern auf globaler Ebene für den Einkauf von IT-Dienstleistungen zuständig. In Schweden übte sie ihre Tätigkeit über eine gegenüber dem Stammhaus unselbstständige Zweigstelle aus. Diese Zweigstelle war in Schweden Mitglied einer Mehrwertsteuergruppe (in Deutschland: einer umsatzsteuerlichen Organschaft). Das schwedische FA sah in der Leistung zwischen Stammhaus und Zweigstelle einen steuerbaren Umsatz und erhob Mehrwertsteuer.

Entscheidung

Der EuGH entschied: Eine Mehrwertsteuergruppe ist ein (1) Steuerpflichtiger. Ist die Zweigniederlassung Teil dieser Gruppe, so ist sie auch Teil dieses Steuerpflichtigen. Als solcher ist nur der einzige Steuerpflichtige befugt, Steuererklärungen abzugeben. Somit sind die von einem Dritten zugunsten eines Mitglieds der Mehrwertsteuergruppe erbrachten Dienstleistungen nicht als an dieses Mitglied, sondern als an die Mehrwertsteuergruppe erbracht anzusehen. Da folglich die amerikanische Gesellschaft und ihre Zweigniederlassung nicht als ein Steuerpflichtiger angesehen werden konnten, lagen steuerbare Dienstleistungen des amerikanischen

Stammhauses vor. Weil außerdem die betreffenden Leistungen in Schweden zu besteuern waren und dort dem Reverse-Charge-Verfahren unterfielen, wurde diese Mehrwertsteuer unter den Umständen des Ausgangsfalls auch von der Mehrwertsteuergruppe geschuldet.

Praxishinweis

Die Annahme einer (grds.) Einheit des Unternehmens beruht vor allem auf dem Urteil des EuGH in der Rs. *FCE Bank*;[473] sie setzt (wie auch im vorliegenden Urteil durch den EuGH geprüft) voraus, dass die Zweigniederlassung gegenüber dem Stammhaus unselbstständig ist. Das mag anders aussehen, wenn die Zweigniederlassung mit eigenem Kapital ausgestattet ist; der EuGH macht sowohl im Urteil *FCE Bank* als auch im Urteil *Skandia* zur (Un-)Selbstständigkeit Ausführungen. Wie der EuGH mitteilt, wurde der Vertrag nicht zwischen unabhängigen Parteien ausgehandelt; im Falle eines Innenumsatzes mit der eigenen Betriebsstätte fehlt es im Allgemeinen an einem Rechtsverhältnis.[474]

Zwei vom BFH am EuGH anhängig gemachte Vorabentscheidungsersuchen,[475] in denen der BFH nach einem Über/Unterordnungsverhältnis als ggf. erforderlicher Voraussetzung für eine umsatzsteuerliche Organschaft fragt, könnten womöglich auch Aufschluss über die Frage bringen, ob (wie in Deutschland) Organträger und Organschaft dieselbe Rechtspersönlichkeit sind, oder ob die Organschaft (z. B. nach Art einer BGB-Gesellschaft) eine eigene Rechtspersönlichkeit aufweist. Je nachdem könnte die Einheit des Unternehmens für Betriebsstätten (lediglich) des Organträgers erhalten bleiben oder nicht. Der EuGH äußert sich im Urteil *Skandia* nicht eindeutig über die mögliche Struktur von Organschaften; zum Beispiel setzt er einfach voraus, dass die Zweigniederlassung der amerikanischen Gesellschaft Teil der Organschaft war, ohne darzustellen, weshalb er zu dieser Auffassung kam – insoweit fehlen Sachverhaltsangaben.

Besonders wenn es sich bei Leistungen des Stammhauses an seine Betriebsstätte um steuerbare Leistungen handelt und die inländische Organschaft nicht oder nur eingeschränkt zum Vorsteuerabzug berechtigt ist, können der Organschaft zusätzliche Kosten in Höhe der nicht abziehbaren Vorsteuer entstehen. Aber auch zahlreiche weitere Fallgestaltungen sind betroffen, viele Meldepflichten zu beachten und verschiedene Zweifelsfragen zu bedenken – bestehende Konzernstrukturen sollten daher geprüft und ggf. überdacht werden.

Literaturhinweise: *von Streit/Streit*, Feste Niederlassung in der Mehrwertsteuergruppe – Erste Gedanken zum EuGH-Urteil C–7/13, *Skandia America Corp. USA, filia Sverige*, MwStR 2014, S. 714; *Heinrichshofen*, Leitsatz des Urteils mit Anm., UR 2014, S. 890; *Sauer/Gissel*, Außenwirkung einer umsatzsteuerrechtlichen Organschaft, UR 2014, S. 918; *Becker*, EuGH-Urteil vom 17.9.2014, Skandia America Corp. (USA): Begrenzung der Organschaft auf inländische Unternehmensteile und Grundsatz der Unternehmenseinheit, UStB 2014, S. 346

---

[473] Urteil v. 23.3.2006, C–210/04, *FCE Bank*, BFH/NV Beilage 2006, S. 282.
[474] Vgl. z. B. EuGH, Urteil v. 3.3.1994, C–16/93, *Tolsma*, HFR 1994, S. 357.
[475] Az. beim EuGH C–108/14, *Larentia + Minerva* und C–109/14, *Marenave*; vgl. BFH, Beschlüsse v. 11.12.2013, XI R 17/11, BFH/NV 2014, S. 632, und XI R 38/12, BFH/NV 2014, S. 638.

5.27 Ermäßigter Steuersatz für elektronische Bücher auf Datenträgern?

> **EuGH, Urteil v. 11.9.2014, C–219/13, *K Oy*, UR 2014, S. 820**
>
> In zahlreichen EU-Mitgliedstaaten unterliegt die Lieferung von Büchern einem ermäßigten Steuersatz – vielfach allerdings nur die Lieferungen von Print-Büchern, obgleich die Mehrwertsteuer-Systemrichtlinie es zuließe, auch die Lieferung von Büchern auf anderen physischen Trägern (z. B. CD-ROM) ermäßigt zu besteuern. (Der Download von Büchern dagegen unterliegt als elektronische Dienstleistung derzeit zwingend dem Regelsteuersatz.[476]) Der EuGH hat entschieden: Eine solche Unterscheidung ist grds. zulässig – unter der Bedingung allerdings, dass der Wettbewerb zwischen Büchern aus Papier und auf anderen physischen Trägern nicht verzerrt wird.
>
> **Norm:** Art. 98 Abs. 2 i. V. m. Anhang III Nr. 6 MwStSystRL

Sachverhalt

Die Klägerin des Ausgangsverfahrens, eine finnische Gesellschaft, verlegte Bücher (Sachbücher und Belletristik), darunter auch Hörbücher und E-Books. Die letzteren beiden waren als elektronische Dateien verfügbar, die auf physischen Trägern wie CDs, CD-ROM usw. gespeichert sind. Die Finanzverwaltung war der Auffassung, dass auf physischen Trägern gespeicherte Hörbücher und E-Books nicht als Bücher i. S. d. Vorschrift gelten, die in Finnland die Anwendung des ermäßigten Steuersatzes regelt und die vorsieht, dass nicht durch Druck oder vergleichbare Weise hergestellte Veröffentlichung nicht als Bücher gälten.

Entscheidung

Der EuGH ist zwar der Auffassung, dass der Unionsgesetzgeber die Mitgliedstaaten nicht verpflichten wollte, auf alle Bücher unbesehen ihres physischen Trägers einen identischen Mehrwertsteuersatz anzuwenden. Daher obliegt es grds. den Mitgliedstaaten, diejenigen physischen Träger zu bestimmen, auf die der ermäßigte Steuersatz Anwendung findet. Der Grundsatz der steuerlichen Neutralität lasse es aber nicht zu, gleichartige Gegenstände oder Dienstleistungen, die miteinander in Wettbewerb stehen, hinsichtlich der Steuer unterschiedlich zu behandeln. Dabei sei in erster Linie auf die Sicht des Durchschnittsverbrauchers abzustellen. Gegenstände oder Dienstleistungen seien gleichartig, wenn sie ähnliche Eigenschaften hätten und beim Verbraucher nach einem Kriterium der Vergleichbarkeit in der Verwendung denselben Bedürfnissen dienten, und wenn die bestehenden Unterschiede die Entscheidung des Durchschnittsverbrauchers zwischen diesen Gegenständen oder zwischen Dienstleistungen nicht erheblich beeinflussten. Komme es dem Verbraucher vor allem auf den gleichartigen Inhalt all dieser Bücher unabhängig von ihrem Trägermaterial oder ihren Eigenschaften an, sei die selektive Anwendung eines ermäßigten Mehrwertsteuersatzes nicht gerechtfertigt.

---

[476] Vgl. Art. 98 Abs. 2 Unterabs. 2 der MwStSystRL.

Praxishinweis

In Hinblick darauf, ob ein Wettbewerb zwischen Printbüchern und E-Büchern besteht, scheint der EuGH – der sich hier leider etwas vage ausdrückt – sagen zu wollen, dass es nicht z. B. auf das Speichermedium ankommt. Es würde demnach keinen Unterschied machen, ob das E-Book auf einem USB-Stick oder einer CD gespeichert ist, ebenso wenig käme es auf die Frage an, ob das Buch ein Sachbuch oder ein Roman ist. Vielmehr käme es für ihn darauf an, ob es für die Marktteilnehmer (also die Gesamtheit der Endverbraucher in einem Land) bereits keine Rolle mehr spielt, ob ein Buch elektronisch auf einem Speichermedium gespeichert ist oder aber in Papierform geliefert wird. Nur wenn das der Fall ist, darf ein Mitgliedstaat keine unterschiedlichen Steuersätze für gedruckte und elektronische Bücher vorsehen. Ob das in Deutschland bereits der Fall ist, ist wohl zweifelhaft, und ob es danach jemals bei unveränderter Rechtslage zum ermäßigten Steuersatz auf die Lieferung von E-Books auf Speichermedien kommt, bleibt wohl dem BFH und seiner Wertung der Marktsituation überlassen. Was Hörbücher auf Datenträgern angeht, so unterliegen sie ab 2015 aber ohnehin dem ermäßigten Steuersatz[477] – die Verwaltung hat bereits ein Schreiben zur Abgrenzung von Hörbüchern z. B. zu Hörspielen und Hörzeitungen herausgegeben.[478]

Literaturhinweis: *Fischer*, Anwendung eines für gedruckte Bücher vorgesehenen ermäßigten Mehrwertsteuersatzes auf Hörbücher und E-Books, jurisPR-SteuerR 51/2014, Anm. 6

5.28 Innergemeinschaftliche Lieferung in ein Warenlager

Hessisches FG, Urteil v. 13.6.2014, 1 K 108/11, EFG 2014, S. 1719; Nichtzulassungsbeschwerde eingelegt beim BFH, XI B 75/14

In Deutschland gilt bei Lieferung in Konsignationslager und Call-off-Stocks, aus denen nur ein einziger Abnehmer beliefert wird, anders als vielfach in anderen EU-Ländern keine Vereinfachungsregelung. Anstatt eines innergemeinschaftlichen Erwerbs des Abnehmers erfolgt für die Beschickung eines Lagers aus dem Ausland nach deutschem Verständnis daher eine innergemeinschaftliche Verbringung durch den Lieferanten, der sich eine Inlandslieferung an seinen Abnehmer anschließt. Ausländische Lieferer müssen sich unter solchen Umständen daher in Deutschland umsatzsteuerlich erfassen lassen. Ein Urteil des Hessischen FG, das den umgekehrten Fall einer Lieferung ins Ausland behandelt, macht jetzt zumindest für den Fall eines Call-off stock etwas Hoffnung auf eine Änderung der Situation – eine Nichtzulassungsbeschwerde am BFH ist anhängig.

Norm: § 6a Abs. 1 und Abs. 2 UStG

---

[477] BGBl I 2014, S. 1289.
[478] BMF, Schreiben v. 1.12.2014, IV D 2 – S 7225/07/10002, UR 2015, S. 42.

Sachverhalt

Die Klägerin beschickte ein auf dem Betriebsgelände ihres Kunden in Spanien gelegenes, räumlich abgegrenztes Lager mit Spezialwerkstoffen. Ihr Kunde trug insb. das Risiko des Untergangs der Ware, haftete für Minderbestände bei Inventur, hatte die Zulieferteile unmittelbar bei Anlieferung zu untersuchen und Mängel zu rügen, und hatte alle angelieferten Teile binnen einer gewissen Frist abzunehmen. Andererseits hatte der Kunde die Waren erst bei Entnahme aus dem Lager zu bezahlen, und die Waren blieben bis zur Entnahme Eigentum der Klägerin. Das FA wollte die Steuerbefreiung versagen, weil es sich um eine innergemeinschaftliche Verbringung mit anschließender Inlandslieferung in Spanien gehandelt habe, weshalb die Klägerin eine unzutreffende (spanische) USt-Identifikationsnummer – nämlich die des Kunden anstelle ihrer eigenen – aufgezeichnet hatte.

Entscheidung

Das FG war der Auffassung, dass es sich dabei um eine innergemeinschaftliche Lieferung, nicht um eine innergemeinschaftliche Verbringung zur eigenen Verwendung gehandelt habe. Denn die Klägerin habe dem Abnehmer spätestens mit Einlieferung in das Lager die Verfügungsmacht an der Ware verschafft. Das FG führt in diesem Zusammenhang aus, dass es sich nicht um ein Konsignationslager gehandelt habe, weil das Lager vom Abnehmer unterhalten wurde. Im Urteil geht das FG auf diejenigen vertraglichen Vereinbarungen ein, die ihm für seine Entscheidung bedeutsam erscheinen. Besonders der Umstand, dass der Abnehmer die Waren sofort nach Anlieferung entnehmen durfte und die Gefahr des zufälligen Untergangs und der Beschädigung trug, führte nach Auffassung des FG zur Verschaffung der Verfügungsmacht spätestens bei Einlieferung in das Lager. Die Abrechnungsmodalitäten und der Eigentumsvorbehalt waren demgegenüber nicht ausschlaggebend.

Praxishinweis

Auf Basis dieses Urteils alleine wäre eine Umgestaltung von Lieferstrukturen verfrüht – es darf aber mit Spannung erwartet werden, ob und wie der BFH entscheidet, und wie sich die Verwaltung daraufhin positioniert. Es sollte beachtet werden, dass einige vom FG im Urteil nicht näher zur Begründung herangezogene, möglicherweise aber dennoch wichtige Vereinbarungen des Lieferanten mit seinem Kunden ungewöhnlich waren, so etwa die Pflicht des Kunden, die Waren spätestens nach einem gewissen Zeitraum oder aber nach Vertragsende abzunehmen.

Literaturhinweis: *Prätzler*, Unmittelbare innergemeinschaftliche Lieferung trotz Lagerung beim Kunden im EU-Ausland, jurisPR-SteuerR 39/2014, Anm. 6

5.29 Zum Begriff der „passiven" festen Niederlassung

> **EuGH, Urteil v. 16.10.2014, C–605/12, *Welmory*, BFH/NV 2014, S. 2029**
>
> Der Begriff der „festen Niederlassung" – das Umsatzsteuergesetz (UStG) spricht von „Betriebsstätte" – ist für die Umsatzbesteuerung von erheblicher Bedeutung, so etwa für die Frage des Leistungsorts sonstiger Leistungen und für die Frage, ob ein Unternehmer im Inland ansässig ist oder nicht. Die Definition der festen Niederlassung weicht von der Betriebsstättendefinition in § 12 AO ab und bestimmt sich im Wesentlichen nach Art. 11 der Durchführungsverordnung (EU) 282/2011 zur Mehrwertsteuer-Systemrichtlinie. Dort wird zwischen einer „passiven" festen Niederlassung (eines Leistungsempfängers) und einer „aktiven" festen Niederlassung (des leistenden Unternehmers) unterschieden. In einem Urteil hat der EuGH sich zur „passiven" festen Niederlassung geäußert.
>
> **Normen:** Art. 11 DVO (EU) 282/2011; § 3a Abs. 2 UStG

Sachverhalt

Die zyprische Klägerin veranstaltete Auktionen auf einer Onlineplattform. Dazu ging sie eine Kooperation mit einem polnischen Anbieter ein. Sie verpflichtete sich dazu, dem polnischen Anbieter eine Internet-Auktionsseite zur Verfügung zu stellen, wobei zu dieser Dienstleistung auch die Erbringung von Dienstleistungen im Zusammenhang mit der Pacht der für den Betrieb der Website erforderlichen Server und mit dem Einstellen der versteigerten Produkte gehörte. Der polnische Anbieter verpflichtete sich in erster Linie dazu, über diese Seite Produkte zu verkaufen. Die von ihm ausgestellten Rechnungen wiesen in der Annahme, dass die Leistungen in Zypern steuerbar seien, keine Umsatzsteuer aus. Allerdings waren die polnischen Behörden der Auffassung, dass diese Dienstleistungen an eine feste Niederlassung der Klägerin in Polen erbracht worden waren, weil diese die technische und sachliche Ausstattung des polnischen Anbieters nutze, sodass dieser als feste Niederlassung der zyprischen Gesellschaft zu behandeln sei.

Entscheidung

Der EuGH entschied: Eine („passive") feste Niederlassung müsse einen hinreichenden Grad an Beständigkeit sowie eine Struktur aufweisen, die es ihr von der personellen und technischen Ausstattung her erlaubt, Dienstleistungen, die für den eigenen Bedarf dieser Niederlassung erbracht werden, zu empfangen und dort zu verwenden. Der polnische Anbieter hatte geltend gemacht, dass die Infrastruktur, die er der zyprischen Gesellschaft zur Verfügung stelle, es dieser nicht erlaube, die vom polnischen Anbieter erbrachten Dienstleistungen für ihre wirtschaftliche Tätigkeit zu empfangen und zu verwenden; stattdessen befinde sich die betreffende Ausstattung der zyprischen Gesellschaft außerhalb des polnischen Hoheitsgebiets. Unter solchen Bedingungen würde, so der EuGH, die zyprische Gesellschaft nicht über eine feste Niederlassung in Polen verfügen.

Praxishinweis

Der EuGH mag sich für seine Entscheidung gegen eine feste Niederlassung vornehmlich darauf stützen, dass die angeführten Betriebsmittel sich außerhalb Polens befunden haben sollen. Dennoch verdient der Umstand Aufmerksamkeit, dass er in der beispielhaften Aufzählung der personellen und technischen Ausstattung für die von der zyprischen Gesellschaft ausgeübte wirtschaftliche Tätigkeit („Server, Software, IT-Dienste sowie das System zum Abschluss von Verträgen mit den Verbrauchern und zum Empfang von deren Zahlungen") nur Sachmittel aufzählt und offenbar lediglich stillschweigend eine personelle Komponente mit einbegreift. An anderer Stelle versteht er unter einer „geeigneten Struktur namentlich in Hinblick auf ihre personelle und technische Ausstattung [...] beispielsweise eine Computerausstattung, Server und entsprechende Computerprogramme". Da aber eine Betriebsstätte definitionsgemäß auch einer personellen Komponente bedarf, fragt sich, welches Ausmaß diese personelle Komponente mindestens annehmen muss, damit die zugrunde liegende Struktur als „feste Niederlassung" gelten darf. Gerade im Falle eines Onlineportals mag Personal nur gelegentlich oder nur in besonders gelagerten Fällen überhaupt einzugreifen haben. Sollte der EuGH gemeint haben, dass ihm Tätigkeiten genügen, die den Betrieb der aufgezählten Geräte sicherstellen und das System zum Abschluss von Verträgen usw. aufrechterhalten, so könnte das ein Argument sein, beispielsweise Serverräume oder Windkraftanlagen, die nur der Beaufsichtigung, der gelegentlichen Kontrolle und ggf. der Wartung bedürfen, als (aktive oder passive) umsatzsteuerliche Betriebsstätte anzusehen. Sofern das zutreffen sollte, wird sich das allerdings insb. nicht auf personalintensivere wirtschaftliche Tätigkeiten übertragen lassen. Überhaupt dürfte ein schematisches Vorgehen sich verbieten – der EuGH selbst spricht von der „erforderlichen" personellen und technischen Ausstattung und von einer „erforderlichen" Infrastruktur, um die von der polnischen Gesellschaft erbrachten Dienstleistungen für ihre wirtschaftliche Tätigkeit zu empfangen und zu verwenden.

Der BFH hat in absehbarer Zeit möglicherweise Gelegenheit, sich zu dieser Frage näher zu äußern; in einem anhängigen Verfahren[479] hat er sich mit einer Windkraftanlage als „ortsfester Betriebsvorrichtung" (als „aktiver" fester Einrichtung und in Hinblick auf die Anwendung des Reverse-Charge-Verfahrens) auseinanderzusetzen, die ohne Zutun von Personal Umsätze erbringt und deren Wartung und Instandhaltung durch Fremdpersonal erfolgen.

Literaturhinweis: *Damaschke*, Die Betriebstätte in der Umsatzsteuer, StBW 2014, S. 1000

---

[479] Az. beim BFH V R 41/13, Vorinstanz: FG Münster, Urteil v. 5.9.2013, 5 K 1768/10 U, EFG 2013, S. 1890.

5.30 Pkw-Nutzung für Fahrten eines Unternehmers zwischen Wohnung und Arbeitsstätte

> BFH, Urteil v. 5.6.2014, XI R 36/12, BFH/NV 2014, S. 2011;
> Vorinstanz: FG Münster, Urteil v. 20.9.2012, 5 K 3605/08 U, EFG 2013, S. 88;
> BFH, Urteil v. 5.6.2014, XI R 2/12, HFR 2014, S. 1016;
> Vorinstanz: FG Rheinland-Pfalz, Urteil v. 25.11.2010, 6 K 2515/09;
> BFH, Urteil v. 5.6.2014, XI R 3/12 (im Wesentlichen inhaltsgleich mit XI R 2/12), BFH/NV 2015, S. 64;
> Vorinstanz: FG Rheinland-Pfalz, Urteil v. 25.11.2010, 6 K 2514/09, EFG 2012, S. 684
>
> **Der vom BFH entschiedene Rechtsstreit drehte sich um die Verwendung eines dem Unternehmen zugeordneten Pkw für Fahrten zwischen Wohnung und Arbeitsstätte. Der Kläger (eine natürliche Person) als Organträger hatte seinem Geschäftsführer-Anstellungsvertrag bei seiner Organgesellschaft zufolge Anspruch auf Nutzung eines der Organgesellschaft gehörenden Pkw auch für private Zwecke.**
>
> **Norm:** § 15 Abs. 1 Nr. 1 UStG

Entscheidung

Der BFH befand im Urteil in der Rs. XI R 36/12, dass mit der Beförderung von Arbeitnehmern zwischen Wohnung und Arbeitsstätte zwar der private Bedarf eines Arbeitnehmers gedeckt werde, wenn nicht besondere Umstände (etwa im Falle der Sammelbeförderung zu wechselnden Baustellen) vorliegen. Im Falle des Unternehmers selbst seien diese Fahrten aber unternehmerisch veranlasst, denn anders als ein Arbeitnehmer suche ein Unternehmer seinen Betrieb auf, um dort unternehmerisch tätig zu sein. Die Verwendung eines dem Unternehmen zugeordneten Pkw erfolge insofern also nicht für Zwecke außerhalb des Unternehmens. Dass die Heimfahrten auch einen privaten Charakter hätten, sei wegen des klaren Überwiegens der unternehmerischen Verwendung unbeachtlich. Die Nutzung des Wagens zu diesem Zwecke war im Streitfall darum nicht als unentgeltliche Wertabgabe der Umsatzsteuer zu unterwerfen.

Sofern Kapitalgesellschaften einem angestellten Gesellschafter-Geschäftsführer Pkws zur Nutzung auch für private Fahrten überlassen, unterscheidet der BFH – in den zwei weiteren zeitgleich ergangenen Urteilen in den Rs. XI R 2/12 und XI R 3/12 (s. o.) – danach, ob es sich (wenn die Überlassung im Einzelfall als Vergütungsbestandteil anzusehen ist) um eine entgeltliche Überlassung im Tausch gegen die Arbeitsleistung oder um eine unentgeltliche Wertabgabe handelt. Das Letztere wird vor allem dann der Fall sein, wenn der Wagen dem Gesellschafter-Geschäftsführer aufgrund seiner Gesellschafterstellung überlassen wurde, ohne dass er hierfür eine Gegenleistung erbringt. Der Umstand allein allerdings, dass die Überlassung auf dem Dienstverhältnis beruhe, begründet dem BFH zufolge noch keinen unmittelbaren Zusammenhang.

Praxishinweis

Das Urteil in der Rs. XI R 36/12 bezieht sich auf Einzelunternehmer, könnte aber u. U. auch für Gesellschafter-Geschäftsführer interessant sein, die z. B. unternehmerische Geschäftsführungsleistungen an ihre Personengesellschaft erbringen und ihrerseits steuerpflichtige Leistungen von der Gesellschaft erhalten, sofern nicht im Einzelfall z. B. der Pkw zu weniger als 10 % unternehmerisch genutzt wird. Das Urteil könnte im Einzelfall auf andere Leistungen übertragbar sein, in denen bei Arbeitnehmern (lediglich) ein privater Bedarf gedeckt wird, während Unternehmer diese Leistungen beziehen, um sich unternehmerisch betätigen zu können.

Hier sollte aber mit Vorsicht zu Werke gegangen werden: Man beachte nämlich, dass der BFH in diesem Urteil mit Nachdruck darauf abstellt, dass nicht ersichtlich sei, welchem privaten Zweck die Fahrten an die Arbeitsstätte im Falle des Unternehmers denn dienen sollten, und dass die unternehmerische Verwendung klar überwiege. Fälle, in denen (bei Arbeitnehmern) ein privater Bedarf bedient wird, werden i. d. R. aber einen nicht ganz so eindeutigen Bezug zu betrieblichen Interessen aufweisen. So hat der BFH in einem Folgeurteil für den Fall der Überlassung einer eingerichteten Wohnung an einen Geschäftsführer inzwischen entschieden, dass diese Überlassung auch dann nicht im überwiegend unternehmerischen Interesse liege, wenn einkommensteuerrechtlich die Voraussetzungen einer doppelten Haushaltsführung gegeben wären.[480] Gegen eine allzu optimistische Anwendung der Grundsätze dieses Urteils spricht wohl auch, dass der EuGH im Fall C–104/12, *Becker*[481] den Vorsteuerabzug für einen Strafverteidiger – vereinfacht ausgedrückt – u. a. deshalb nicht zugelassen hat, weil mit dem Strafverteidiger ein privater Bedarf bedient wird, obgleich das Verfahren in einem gewissen Zusammenhang mit der unternehmerischen Tätigkeit des Unternehmers stand.

> **Literaturhinweise:** *Levedag*, Privatnutzung eines dem Unternehmensvermögen zugeordneten Dienstwagens, GmbHR 2014, S. 328; *Greif*, Überlassung eines dem Unternehmen zugeordneten Pkw an einen Gesellschafter-Geschäftsführer, nwb 2014, S. 3543

---

[480] BFH, Urteil v. 8.10.2014, V R 56/13, BFH/NV 2015, S. 137, UR 2015, S. 33.
[481] Urteil v. 21.2.2013, BFH/NV 2013, S. 685.

6 Im Bereich der Gewerbesteuer

6.1 Verfassungsmäßigkeit des Abzugsverbots für Gewerbesteuer

> **BFH, Urteil v. 16.1.2014, I R 21/12, BStBl II 2014, S. 531;**
> **Vorinstanz: FG Hamburg, Urteil v. 29.2.2012, 1 K 48/12, EFG 2012, S. 933**
>
> **Die Nichtabzugsfähigkeit der Gewerbesteuer von der Bemessungsgrundlage der Körperschaftsteuer ist verfassungsgemäß.**
>
> **Normen:** § 8 Abs. 1 KStG; § 4 Abs. 5b EStG

Streitpunkt war die Frage, ob die mit der Unternehmensteuerreform 2008 eingeführte Nichtabziehbarkeit der GewSt im Rahmen der Gewinnermittlung bei der Körperschaftsteuer verfassungswidrig ist. Dem hat der BFH wie vorher bereits das FG eine Absage erteilt.

Entscheidung

Der BFH stellt zwar fest, dass das gesetzliche Abzugsverbot das objektive Nettoprinzip einschränkt, hierin jedoch weder ein Verstoß gegen das allgemeine Gleichheitsgebot des Art. 3 Abs. 1 GG noch gegen die Eigentumsgarantie des Art. 14 Abs. 1 GG zu sehen ist. Dabei ist insb. zu berücksichtigen, dass die Nichtabziehbarkeit im Zusammenhang mit anderen steuerlichen Entlastungen geregelt wurde, so z. B. der Absenkung des Körperschaftsteuersatzes von 25 % auf 15 % und der Gewerbesteuermesszahl von 5 % auf 3,5 %. Das sog. subjektive Nettoprinzip war für den vorliegenden Fall nicht einschlägig, da Kapitalgesellschaften über keine außerbetriebliche Sphäre verfügen.

Praxishinweis

Es liegt im Übrigen auch keine unterschiedliche Behandlung von Körperschaften und Personengesellschaften vor, da diese unterschiedlichen Besteuerungskonzepten unterliegen. Bei Personengesellschaften ist hier die Anrechnungsmöglichkeit des § 35 EStG 2002 n. F. zu nennen, da Personengesellschaften von der Herabsetzung des Körperschaftsteuersatzes nicht profitieren.

> **Literaturhinweise:** *Aweh*, GmbH-StB 2014, S. 160; *Behrens*, DB 2014, S. 2497; *Nöcker*, FR 2014, S. 695; *Zöller*, BB 2014, S. 1765

6.2 Erweiterte gewerbesteuerliche Kürzung bei Grundstücksunternehmen nach § 9 Nr. 1 S. 2 GewStG

> BFH, Urteil v. 26.2.2014, I R 6/13, BFH/NV 2014, S. 1400;
> Vorinstanz: FG Berlin-Brandenburg, Urteil v. 12.12.2012, 12 K 12280/11, EFG 2013, S. 1420
>
> Der Begriff der Ausschließlichkeit in § 9 Nr. 1 S. 2 GewStG 2002 ist gleichermaßen qualitativ, quantitativ wie zeitlich zu verstehen. In zeitlicher Hinsicht ist nicht erforderlich, dass die Grundstücksverwaltung während des gesamten Erhebungszeitraums bestanden hat. Sie kann auch vorzeitig enden. Solange aber das Unternehmen während des Erhebungszeitraums überhaupt tätig ist, muss seine Haupttätigkeit durchgängig in der schlichten Verwaltung und Nutzung eigenen Grundbesitzes bestehen, um begünstigt zu sein. Die erweiterte Kürzung kann daher nicht gewährt werden, wenn das letzte Grundstück vor Ablauf des Erhebungszeitraums veräußert und nicht mehr ausschließlich Grundbesitz verwaltet wird. Das Bestreben, wieder eine Grundstücksnutzung aufzunehmen, ist der Grundstücksnutzung nicht gleichzustellen und daher unerheblich.
>
> **Norm:** § 9 Nr. 1 S. 2 GewStG 2002

Im Streit stand, ob der Klägerin im Streitjahr 2007 die erweiterte Kürzung des § 9 Nr. 1 S. 2 GewStG 2002 zustand.

Wie bereits FA und FG stellt der BFH fest, dass die erweiterte Kürzung dann nicht gewährt werden kann, wenn das letzte Grundstück vor Ablauf des Erhebungszeitraums veräußert wird. Hier war die Klägerin ab diesem Zeitpunkt zwar noch werbend tätig, aber nicht mehr neben der Grundstücksnutzung, sondern nach dieser. Unerheblich ist hierbei, ob die Klägerin beabsichtigt, neuen Grundbesitz zu erwerben. Maßnahmen zur Vorbereitung oder Anbahnung eines erneuten Grundstückserwerbs stellen noch keine Grundstücksnutzung im gewerbesteuerlichen Sinn dar. Unter Nutzung des Grundstücks ist die Fruchtziehung aus diesem zu verstehen, hierunter fallen Kaufvorbereitungen nicht. Insoweit kann die Grundstücksnutzung auch während eines Erhebungszeitraums enden, dies folgt aus dem Wesen der GewSt als Jahressteuer.

> **Literaturhinweis:** *Rogge*, BB 2014, S. 2258

Im Bereich der Gewerbesteuer

6.3 Keine gewerbesteuerliche Kürzung nach § 9 Nr. 2a GewStG bei sog. qualifiziertem Anteilstausch

> **BFH, Urteil v. 16.4.2014, I R 44/13, BFH/NV 2014, S. 1313;**
> **Vorinstanz: FG Köln, Urteil v. 8.5.2013, 10 K 3547/12, DStRE 2014, S. 465**
>
> 1. Die Hinzurechnungsvorschrift des § 8 Nr. 5 GewStG 2009 stellt abstrakt auf die Voraussetzungen des § 9 Nr. 2a GewStG 2009 ab; des Ansatzerfordernisses in § 9 Nr. 2a S. 1 letzter Satzteil GewStG 2009 bedarf es deswegen nicht.
> 2. Nach entsprechender Anwendung des § 4 Abs. 2 S. 3 i. V. m. § 23 Abs. 1 UmwStG 2006 ist bei einem sog. qualifizierten Anteilstausch unter der Voraussetzung des Ansatzes des eingebrachten Betriebsvermögens mit einem unter dem gemeinen Wert liegenden Wert durch die übernehmende Gesellschaft der Zeitraum der Zugehörigkeit eines Wirtschaftsguts zum Betriebsvermögen der übertragenden Körperschaft dem übernehmenden Rechtsträger anzurechnen, wenn die Dauer der Zugehörigkeit des Wirtschaftsguts zum Betriebsvermögen für die Besteuerung bedeutsam ist. Daran mangelt es für die Gewährung des sog. gewerbesteuerrechtlichen Schachtelprivilegs nach Maßgabe von § 9 Nr. 2a GewStG 2009[485], der eine Beteiligung von mindestens 15 v. H. am Grund- oder Stammkapital zu Beginn des Erhebungszeitraums verlangt, also zu einem Zeitpunkt und nicht für einen Zeitraum.
>
> **Normen:** §§ 8 Nr. 5, 9 Nr. 2 a GewStG 2009; §§ 4 Abs. 2 S. 3, 12 Abs. 3, 23 UmwStG 2006

Sachverhalt

Eine GmbH wurde am 26.1.2009 gegründet und am 3.12.2009 ins Handelsregister eingetragen. Ihr alleiniger Gesellschafter C beschloss am 3.12.2009 eine Erhöhung des Stammkapitals. Dieser Geschäftsanteil wurde von ihm selbst übernommen und sollte durch Einbringung sämtlicher, bisher im Privatvermögen gehaltener Anteile an einer weiteren C-GmbH geleistet werden. Diese Beteiligung wurde mit dem Buchwert angesetzt und als sog. qualifizierter Anteilstausch nach § 21 Abs. 1 S. 2 UmwStG behandelt. Noch am selben Tag übertrug der Gesellschafter auch seinen Geschäftsanteil an der C-GmbH auf die GmbH. Die Eintragung der Kapitalerhöhung erfolgte am 10.1.2010. Am 28.12.2009 beschloss die C-GmbH eine Gewinnausschüttung an die GmbH. Das FA sah hierbei die Voraussetzungen des gewerbesteuerlichen Schachtelprivilegs nach § 9 Nr. 2a GewStG als nicht erfüllt an.

In Streit stand hier die Rechtsfrage, ob bei einem nach § 2 Abs. 1 UmwStG rückwirkend vereinbarten, sog. qualifizierten Anteilstausch nach § 21 Abs. 1 S. 2 UmwStG die Beteiligungserfordernisse des gewerbesteuerlichen Schachtelprivilegs nach § 9 Nr. 2a GewStG auch dann übergehen, wenn die schachtelprivilegierten Anteile bislang im Privat- und nicht im Betriebsvermögen des einbringenden Anteilseigners standen.

Nach Auffassung der Finanzverwaltung steht die Privatbeteiligung der Privilegierung klar entgegen. Dieser Ansicht schließen sich auch weite Teile der Literatur an.

---
[485] Entgegen BMF, Schreiben v. 11.11.2011, IV C 2 – S 1978-b/08/10001, BStBl I 2011, S. 1314, Rz. 04.15.

Entscheidung

Der BFH findet die Lösung der Rechtsfrage jedoch auf einer anderen argumentativen Ebene. Er erteilt dem Rückgriff auf § 4 Abs. 2 S. 3 UmwStG, d. h. einer fiktiven Tatbestandserfüllung, welche auf den Zeitraum der Zugehörigkeit zum Betriebsvermögen abstellt, eine Absage. Bereits dem Wortlaut nach sei die genannte Norm im Kontext hier nicht anwendbar. § 9 Nr. 2a GewStG stellt wiederum rein vom Wortlaut her jedoch auf einen Zeitpunkt ab, nämlich den Beginn des Erhebungszeitraums. Dieses Besitzzeitraumerfordernis ist jedoch nach Ansicht des BFH kein „tatbestandliches Weniger" im Rahmen einer modifizierten Betrachtung des Dauerhaftigkeitskriteriums.

Da die streitgegenständliche GmbH jedoch zu Beginn des Erhebungszeitraums rechtlich noch nicht existent war, konnte sie also kein Zurechnungssubjekt sein.

Praxishinweis

Möglicherweise ist der Sachverhalt jedoch anders zu betrachten, wenn es sich um eine Sacheinlage, nicht um einen qualifizierten Anteilstausch handelt. Über diesen Fall hatte der BFH hier jedoch nicht zu entscheiden. Hier könnte die steuerliche Rückwirkung tatbestandlich greifen.

Literaturhinweise: *Böing*, GmbH-StB 2014, S. 227; *Gosch*, BFH/PR 2014, S. 322; *Nöcker*, FR 2014, S. 817

6.4 Nutzung des gewerbesteuerlichen Verlustvortrags bei Beteiligung eines Kommanditisten als atypisch stiller Gesellschafter der KG

BFH, Urteil v. 24.4.2014, IV R 34/10, BFH/NV 2014, S. 1303;
Vorinstanz: FG Köln, Urteil v. 14.7.2010, 4 K 3505/07, EFG 2011, S. 1083

1. Bringt eine Personengesellschaft ihren Gewerbebetrieb in eine andere Personengesellschaft ein, können vortragsfähige Gewerbeverluste bei fortbestehender Unternehmensidentität mit dem Teil des Gewerbeertrags der Untergesellschaft verrechnet werden, der auf die Obergesellschaft entfällt. Mit dem auf andere Gesellschafter der Untergesellschaft entfallenden Teil des Gewerbeertrags können Verluste aus der Zeit vor der Einbringung auch dann nicht verrechnet werden, wenn ein Gesellschafter der Obergesellschaft zugleich Gesellschafter der Untergesellschaft ist.

2. Beteiligt sich ein Kommanditist später auch als atypisch stiller Gesellschafter an der KG, ist dies ertragsteuerlich als Einbringung des Betriebs der KG in die atypisch stille Gesellschaft mit der Folge zu werten, dass eine doppelstöckige Mitunternehmerschaft entsteht.

Norm: § 10a GewStG

Das vorliegende Urteil befasst sich mit dem Abzug eines gewerbesteuerlichen Verlusts. Dieser setzt nach ständiger Rspr. Unternehmer- und Unternehmensidentität voraus. Fraglich war, wie sich dies bei Einbringung des Betriebs einer Personengesellschaft in eine stille Gesellschaft darstellt.

Sachverhalt

Klägerin war eine GmbH & Co. KG aus A als Kommanditisten und der X-GmbH als Komplementärin. Später wurde B Kommanditistin, die der KG ein kurzfristiges Darlehen überließ. Noch vor der Rückzahlung schlossen B und die KG einen Vertrag über eine atypisch stille Gesellschaft, welche B im Innenverhältnis eine einem Kommanditisten vergleichbare Stellung einräumte. Eine Außenprüfung stellte fest, dass die aufgelaufenen Verluste nicht in voller Höhe berücksichtigungsfähig seien, sondern nur in der Höhe, der dem Anteil der Klägerin am Gesamtergebnis der KG & atypisch Still entspricht. Es fehle an der notwendigen Unternehmeridentität, soweit B Gewerbeerträge als atypisch stille Gesellschafterin der Kläger zugeordnet werden. Durch Abschluss des Vertrags über eine atypisch stille Gesellschaft wurde eine Mitunternehmerschaft begründet, in die der Betrieb der klagenden KG einbracht wurde und an der die Klägerin ihrerseits beteiligt ist. Insoweit liegt eine doppelstöckige Personengesellschaft vor. Eine Berücksichtigung der Gewerbeverluste ist daher trotz der Personenidentität auf Ebene der Gesellschafter der beiden Personengesellschaften nicht möglich, da B die Verluste nicht als atypisch stille Gesellschafterin der KG & atypisch Still, sondern als Kommanditistin der Obergesellschaft erlitten habe.

Entscheidung

Dieser Rechtsauffassung schließt sich der BFH an.

Unternehmensidentität setzt voraus, dass der Gewerbeverlust in demselben Gewerbebetrieb entstanden sein muss, dessen Gewerbeertrag verkürzt wird. Die Begründung einer atypisch stillen Gesellschaft stellt die Begründung einer Mitunternehmerschaft dar. Insoweit ist Unternehmensidentität gegeben.

Unternehmeridentität wiederum setzt voraus, dass derjenige, der den Verlustabzug in Anspruch nimmt, den Verlust auch in eigener Person erlitten hat. Bei einer doppelstöckigen Personengesellschaft jedoch ist die Obergesellschaft Mitunternehmerin der Untergesellschaft und ihrerseits Trägerin des Verlustabzugs. Bei vorliegender Konstellation sind die Mitunternehmer der Obergesellschaft mittelbare Mitunternehmer der Untergesellschaft. Insoweit können Verluste der Obergesellschaft mit den auf die Obergesellschaft entfallenden Gewerbeerträgen aus der Beteiligung an der Untergesellschaft verrechnet werden. Weitergehende Verluste bleiben jedoch unberücksichtigt und ergeben sich insb. nicht daraus, dass B bereits Kommanditist der Klägerin war und den festgestellten Verlust anteilig in eigener Person erlitten hatte.

Praxishinweis

Quintessenz der vorliegenden Entscheidung ist, dass der BFH für die Frage der Unternehmeridentität eine funktionsbezogene Betrachtungsweise heranzieht. Dies ist bei Finanzierungsgestaltungen zu berücksichtigen.

Literaturhinweise: *Nöcker*, FR 2014, S. 863; *Wilke*, BB 2014, S. 2404

6.5 Grundsätzlich kein Gewerbesteuererlass bei gewerblicher Zwischenverpachtung

> BFH, Urteil v. 4.6.2014, I R 21/13, BFH/NV 2014, S. 1853;
> Vorinstanz: FG Berlin-Brandenburg, Urteil v. 30.1.2013, 12 K 12197/10, EFG 2013, S. 1062
>
> Die Besteuerungsfolgen, die aus der Hinzurechnung der Mieten und Pachten für weitervermietete oder –verpachtete Immobilien zum Gewinn aus Gewerbebetrieb gem. § 8 Nr. 1 Buchst. e GewStG 2002 i. d. F. des UntStRefG 2008 resultieren, entsprechen im Regelfall den gesetzgeberischen Wertungen und rechtfertigen daher grds. keinen Erlass der Gewerbesteuer wegen sachlicher Unbilligkeit.
>
> **Norm:** § 8 Nr. 1e GewStG

Im Streit stand die Frage, ob eine abweichende Steuerfestsetzung oder ein Steuererlass nach §§ 163, 227 AO vorzunehmen ist, wie die auf der Hinzurechnung gezahlter Pachtzinsen beruhende Besteuerung zu unbilligen Ergebnissen führt.

Sachverhalt

Sachlich betroffen war hier ein Unternehmen, welches Hotels zunächst selbst gepachtet hatte und dann im Wege einer sog. Zwischenverpachtung betrieb. Tatsächlicher Betreiber der Hotels war also ein drittes Unternehmen.

Durch die Hinzurechnung der erhaltenen Pachtzinsen sah das Unternehmen eine sachliche Härte.

Entscheidung

Dem widersprach der BFH. Hinzurechnungen sind Ausdruck der GewSt als Objektsteuer. Dass dies in Einzelfällen sogar zu einer Substanzbesteuerung führen kann, hat der Gesetzgeber sehenden Auges hingenommen. Der BFH gibt zu, dass die Hinzurechnungen gerade bei gewerblichen Zwischenvermietern zu besonderen Belastungen führen können. Dies insb. deshalb, da die Verhältnisse des Marktes oftmals keine auskömmlichen Gewinne zulassen. Allerdings ist dies auch in anderen Branchen mit hohem Fremdkapitaleinsatz der Fall. Insoweit ist kein Raum für eine Billigkeitsentscheidung.

Auch die für Leasinggesellschaften geschaffene Sonderregelung ist auf Zwischenverpächter nicht übertragbar. Solche sind von Hinzurechnungen verschont geblieben, da sie im Wettbewerb mit Kreditinstituten stehen, die ebenfalls von Hinzurechnungen verschont geblieben sind.

Da auch kein Fall existenzgefährdender Härte im Entscheidungsfall vorlag, war kein Raum für einen Billigkeitserlass.

6.6 Verfassungsmäßigkeit der gewerbesteuerlichen Hinzurechnung von Miet- und Pachtzinsen

> **BFH, Urteil v. 4.6.2014, I R 70/12, BFH/NV 2014, S. 1850;**
> **Vorinstanz: FG Münster, Urteil v. 22.8.2012, 10 K 4664/10 G, EFG 2012, S. 2231**
>
> 1. Auch die Mieten und Pachten für weitervermietete oder –verpachtete Immobilien sind dem Gewinn aus Gewerbebetrieb gem. § 8 Nr. 1 Buchst. e GewStG 2002 hinzuzurechnen.
> 2. Die Hinzurechnung von 13/20 der Miet- und Pachtzinsen für die Benutzung der unbeweglichen Wirtschaftsgüter des Anlagevermögens, die im Eigentum eines anderen stehen, ist verfassungsgemäß.
>
> **Norm:** § 8 Nr. 1e GewStG 2002

Sachverhalt

Im Streit stand die Hinzurechnung von Miet- bzw. Pachtzinsen bei der Ermittlung des Gewerbeertrags. Besonderheit des Sachverhalts war, dass die Klägerin die weitervermieteten Immobilien selbst angemietet hatte.

Entscheidung

§ 8 Nr. 1e GewStG 2002 bestimmt, dass dem Gewinn aus Gewerbebetrieb unter weiteren Voraussetzungen ein Viertel der Summen aus 13/20 der Miet- und Pachtzinsen für die Benutzung der unbeweglichen Wirtschaftsgüter des Anlagevermögens, die im Eigentum eines anderen stehen, wieder hinzugerechnet werden. Entscheidend für den Begriff des Anlagevermögens ist nach ertragsteuerlichen Grundsätzen, dass die Gegenstände dazu bestimmt sind, dem Betrieb auf Dauer zu dienen. Daher ist für die gewerbesteuerliche Hinzurechnungsvorschrift darauf abzustellen, ob die Wirtschaftsgüter Anlagevermögen des Mieters oder Pächter wären, wenn er ihr Eigentümer wäre. Das Gesetz gibt keine Anhaltspunkte dahingehend, dass bei Zwischenvermietungen etwas anderes gelten soll. Hier wurden die fraglichen Immobilien unmittelbar für die eigenbetriebliche Tätigkeit des Klägers genutzt. Die Tatsache der „Durchleitung" stand der Hinzurechnung daher nicht entgegen. Dies ergibt sich bereits aus dem Wortlaut der Norm. Bei einer anderen Auslegung der gewerbesteuerlichen Vorschrift käme man sonst zu dem Ergebnis, dass sog. „Vermietungsbetriebe" kein „Anlagevermögen" benutzen.

Eine teleologische Reduktion ist daher nach Ansicht des BFH nicht angebracht. Orientierungspunkt der Norm ist ein typisiertes Unternehmen, das eigenkapitalfinanziert ist. Unter diesem Aspekt sind Zu- und Abrechnungsnormen im Rahmen einer Objektsteuer wie der GewSt geboten. Einen Verstoß gegen Grundrechte kann der Senat nicht erkennen. Die Grenzen hinsichtlich der Typisierungsbefugnis zur Vereinfachung und Pauschalierung wurden beachtet. Daran ändert auch nichts, dass der Ansatz des Finanzierungsanteils ab dem Erhebungszeitraum 2010 auf 50 % abgesenkt wurde. Dies ist Ausdruck des sinkenden Zinsniveaus, führt jedoch nicht zur Verfassungswidrigkeit.

7 Im Bereich der Erbschaft- und Schenkungsteuer

7.1 Privilegierung von Unternehmensvermögen teilweise verfassungswidrig

> BVerfG, Urteil v. 17.12.2014, 1 BvL 21/12, Haufe-Index 7505781
> Vorinstanz: BFH, Beschluss v. 27.9.2012, II R 9/11, BStBl II 2012, S. 899

1. Art. 3 Abs. 1 GG verleiht Steuerpflichtigen keinen Anspruch auf verfassungsrechtliche Kontrolle steuerrechtlicher Regelungen, die Dritte gleichheitswidrig begünstigen, das eigene Steuerrechtsverhältnis aber nicht betreffen. Anderes gilt jedoch, wenn Steuervergünstigungen die gleichheitsgerechte Belastung durch die Steuer insgesamt in Frage stellen.

2. Im gesamtstaatlichen Interesse erforderlich im Sinne des Art. 72 Abs. 2 GG ist eine bundesgesetzliche Regelung nicht erst dann, wenn sie unerlässlich für die Rechts- oder Wirtschaftseinheit ist. Es genügt vielmehr, dass der Bundesgesetzgeber problematische Entwicklungen für die Rechts- und Wirtschaftseinheit erwarten darf. Ob die Voraussetzungen des Art. 72 Abs. 2 GG gegeben sind, prüft das Bundesverfassungsgericht, wobei dem Gesetzgeber im Hinblick auf die zulässigen Zwecke einer bundesgesetzlichen Regelung und deren Erforderlichkeit im gesamtstaatlichen Interesse eine Einschätzungsprärogative zusteht.

3. Der Gleichheitssatz belässt dem Gesetzgeber im Steuerrecht einen weit reichenden Entscheidungsspielraum sowohl bei der Auswahl des Steuergegenstands als auch bei der Bestimmung des Steuersatzes. Abweichungen von der einmal getroffenen Belastungsentscheidung müssen sich ihrerseits am Gleichheitssatz messen lassen (Gebot der folgerichtigen Ausgestaltung des steuerrechtlichen Ausgangstatbestands). Sie bedürfen eines besonderen sachlichen Grundes. Dabei steigen die Anforderungen an die Rechtfertigung mit Umfang und Ausmaß der Abweichung.

4. Die Verschonung von Erbschaftsteuer beim Übergang betrieblichen Vermögens in §§ 13a und 13b ErbStG ist angesichts ihres Ausmaßes und der eröffneten Gestaltungsmöglichkeiten mit Art. 3 Abs. 1 GG unvereinbar.

   a) Es liegt allerdings im Entscheidungsspielraum des Gesetzgebers, kleine und mittelständische Unternehmen, die in personaler Verantwortung geführt werden, zur Sicherung ihres Bestands und damit auch zur Erhaltung der Arbeitsplätze von der Erbschaftsteuer weitgehend oder vollständig freizustellen. Für jedes Maß der Steuerverschonung benötigt der Gesetzgeber allerdings tragfähige Rechtfertigungsgründe.

   b) Die Privilegierung des unentgeltlichen Erwerbs betrieblichen Vermögens ist jedoch unverhältnismäßig, soweit die Verschonung über den Bereich kleiner und mittlerer Unternehmen hinausgreift, ohne eine Bedürfnisprüfung vorzusehen.

   c) Die Lohnsummenregelung ist im Grundsatz verfassungsgemäß; die Freistellung von der Mindestlohnsumme privilegiert aber den Erwerb von Betrieben mit bis zu 20 Beschäftigten unverhältnismäßig.

   d) Die Regelung über das Verwaltungsvermögen ist nicht mit Art. 3 Abs. 1 GG vereinbar, weil sie den Erwerb von begünstigtem Vermögen selbst dann unein-

> geschränkt verschont, wenn es bis zu 50 % aus Verwaltungsvermögen besteht, ohne dass hierfür ein tragfähiger Rechtfertigungsgrund vorliegt.
>
> 5. Ein Steuergesetz ist verfassungswidrig, wenn es Gestaltungen zulässt, mit denen Steuerentlastungen erzielt werden können, die es nicht bezweckt und die gleichheitsrechtlich nicht zu rechtfertigen sind.
>
> **Normen:** §§ 13a, 13b, 19, 19a, 28 ErbStG; Art. 3 Abs. 1 GG

Sachverhalt

Der Kläger des Ausgangsverfahrens, das der BFH zum Anlass nahm, den Fall dem Bundesverfassungsgericht vorzulegen, wurde im Januar 2009 zu einem Viertel Miterbe nach seinem verstorbenen Onkel. Das geerbte Vermögen i. H. v 51.266 € setzte sich aus Bankguthaben und einem Steuererstattungsanspruch zusammen. Das Erbschaftsteuer-FA berücksichtigte der Rechtslage des Jahres 2009 entsprechend nur einen Freibetrag i. H. v. 20.000 € und setzte für den Erwerb des Neffen ErbSt i. H. v. 9.360 € fest. Es wandte dabei den für das Jahr 2009 auch bei der Steuerklasse II geltenden Steuersatz von 30 % an. Nach Ansicht des vom Kläger angerufenen FG Düsseldorf lag kein Verfassungsverstoß vor. Insb. sei es nicht willkürlich, dass der Gesetzgeber die durch das Wachstumsbeschleunigungsgesetz (wieder) eingeführten Steuersatzdifferenzierungen[486] zwischen Steuerklasse II und III nicht rückwirkend zum 1.1.2009 in Kraft gesetzt habe.

Der II. Senat des BFH hat die Vorlage an das BVerfG damit begründet, dass nach seiner Überzeugung die Vorschriften der § 19 Abs. 1 i. V. m. den §§ 13a und 13b ErbStG wegen Verstoßes gegen den allgemeinen Gleichheitssatz des Art. 3 Abs. 1 GG verfassungswidrig seien, weil die in den §§ 13a und 13b ErbStG vorgesehenen Steuervergünstigungen über das verfassungsrechtlich gerechtfertigte Maß hinaus gingen und dadurch die Steuerpflichtigen, die die Vergünstigungen nicht beanspruchen könnten, in ihrem Recht auf eine gleichmäßige, der Leistungsfähigkeit entsprechende und folgerichtige Besteuerung verletzt würden.

Entscheidung

Das BVerfG hat im Urteil vom 17.12.2014 die §§ 13a und 13b sowie § 19 Abs. 1 ErbStG für verfassungswidrig erklärt. Die Vorschriften seien zunächst zwar weiter anwendbar, der Gesetzgeber jedoch verpflichtet, bis zum 30.6.2016 eine verfassungskonforme Neuregelung zu treffen. Es liege zwar im Entscheidungsspielraum des Gesetzgebers, kleine und mittlere Unternehmen, die in personaler Verantwortung geführt werden, zur Sicherstellung ihres Bestands und zur Erhaltung der Arbeitsplätze steuerlich zu begünstigen. Die Privilegierung betrieblichen Vermögens sei jedoch unverhältnismäßig, soweit sie über den Bereich kleiner und mittlerer Unternehmen hinaus greift, ohne eine Bedürfnisprüfung vorzusehen. Ebenfalls unverhältnismäßig seien die Freistellung von Betrieben mit bis zu 20 Beschäftigten von der Einhaltung einer Mindestlohnsumme und die Verschonung betrieblichen Vermögens mit einem Verwaltungsvermögensanteil bis zu 50 %. Die §§ 13a und 13b ErbStG seien auch insoweit verfassungswidrig, als sie Gestaltungen zulassen, die zu einer nicht zu rechtfertigenden Ungleichbehandlung führen. Die genannten Verfassungsstöße haben zur Folge, dass die vorgelegten Regelungen insgesamt mit Art. 3 Abs. 1 GG unvereinbar sind. Die Fortgeltung bis zum 30.6.2016 begründe aber keinen Vertrauensschutz gegenüber einer bis zur Urteilsverkündung rückwirkenden gesetzlichen Neuregelung, die einer exzessiven Ausnutzung der gleichheitswidrigen §§ 13a und 13b ErbStG die Anerkennung versage.

---

[486] BGBl I 2009, S. 3950; Besserstellung von Personen der Steuerklasse II bei Erwerben nach dem 31.12.2009.

Praxishinweis

Das BVerfG hat dem Gesetzgeber erheblichen Spielraum gelassen, Unternehmensvermögen bei der Erbschaft- und Schenkungsteuer weiterhin zu privilegieren und hält die entsprechenden Begünstigungen nicht vollständig für unverhältnismäßig, sondern nur Teile der aktuellen Regelung. Damit bleiben großzügige Privilegien möglich. Vertreter der Regierungskoalition haben im Nachgang zum Urteil bereits ihren Willen bekundet, die entsprechenden Begünstigungen weitgehend zu erhalten. Des Weiteren hat das BVerfG dem Gesetzgeber zwar eine Übergangsfrist bis zum 30.6.2016 eingeräumt aber zugleich ausdrücklich darauf hingewiesen, dass die erforderliche Neuregelung ggf. auch rückwirkend zum 17.12.2014 in Kraft gesetzt werden darf. Damit sollte bei geplanten Übertragungen von Unternehmensvermögen sichergestellt werden, dass die Schenkung notfalls mittels entsprechender Widerrufsklauseln rückgängig gemacht werden kann und eine bereits entstandene Schenkungsteuer damit rückwirkend erlischt.

Es bleibt zu hoffen, dass der Gesetzgeber möglichst bald klarstellt, in welchem Umfang rückwirkende Gesetzesverschärfungen beabsichtigt sind. Steuernachteile könnten für große Familienunternehmen drohen, da bei ihnen das BVerfG die Privilegien prinzipiell infrage gestellt hat. Eine Verschonung in diesem Bereich könnte deshalb in Zukunft gegebenenfalls nur noch auf Basis einer „Bedürfnisprüfung" zulässig sein. Die Inhaber großer Familienunternehmen werden daher künftig möglicherweise detailliert darlegen müssen, dass die Steuerbegünstigung für die Weiterentwicklung ihres Unternehmens erforderlich ist. Ferner kann der Gesetzgeber nach den Vorgaben der Verfassungsrichter auch eine absolute „Förderungshöchstgrenze" festlegen, die beispielsweise Familienunternehmen mit einem Wert von mehr als 100 Mio. Euro von der Begünstigung ausschließt. Abzuwarten bleibt auch, ob eine vollständige Steuerfreistellung (die sog. Optionsverschonung) erhalten bleiben wird. Des Weiteren dürften die starren Grenzen von 10 % und 50 % für das schädliche Verwaltungsvermögen wegfallen und ggf. durch eine konzernweite konsolidierte Betrachtungsweise ersetzt werden. Schließlich muss die Lohnsummenregelung auch für Betriebe mit weniger als 21 Mitarbeitern gelten. Ausnahmen darf es nach dem Willen des BVerfG künftig nur noch für Betriebe mit „einigen wenigen Beschäftigten" geben.

Festzuhalten bleibt, dass eine gesetzliche Neuregelung die Begünstigung von Unternehmensvermögen reduzieren wird. Damit sollten entsprechende Übertragungen (abgesichert mit Widerrufsklauseln im Schenkungsvertrag) möglichst noch vor Inkrafttreten der gesetzlichen Neuregelung vorgenommen werden.

Literaturhinweise: *Karrenbrock*, nwb 2015, S. 8; *Litzenburger*, FD-ErbR 2014, 364824

7.2 Teilweise Rückzahlung einer für den anderen Ehegatten abgeschlossenen Rentenversicherung

> BFH, Urteil v. 18.9.2013,[487] II R 29/11, BStBl II 2014, S. 261;
> Vorinstanz: FG Düsseldorf, Urteil v. 23.3.2011, 4 K 2354/08 Erb, DStRE 2012, S. 807
>
> Erhält ein Ehegatte vereinbarungsgemäß einen Teil des Einmalbetrags, den er für eine vom anderen Ehegatten abgeschlossene Rentenversicherung gezahlt hatte, von dem Versicherungsunternehmen erstattet, weil der andere Ehegatte verstorben ist, bevor die geleisteten Rentenzahlungen die Höhe des Einmalbeitrags erreicht haben, unterliegt der Erstattungsbetrag nicht der Erbschaftsteuer.[488]
>
> **Normen:** §§ 3 Abs. 1 Nr. 4, 7 Abs. 1 Nr. 1 ErbStG

Sachverhalt

Die Ehefrau des Klägers hatte eine Rentenversicherung gegen Einmalzahlung i. H. v. 150.000 € abgeschlossen, die nur zu Lebzeiten der Klägerin gezahlt werden sollte. Für den Fall, dass die Ehefrau des Klägers verstirbt, bevor die gezahlte Rente den Betrag erreicht, sollte der Unterschiedsbetrag an den Kläger, der diese Einmalzahlung geleistet hat, zurückgezahlt werden. Drei Jahre später starb die Ehefrau des Klägers und wurde von diesem allein beerbt. Die Versicherungsgesellschaft zahlte, wie vereinbart, an den Kläger den für die Rentenversicherung gezahlten Einmalbetrag abzüglich der gezahlten Renten zurück. Das FA berücksichtigte diesen Rückzahlungsbetrag bei der Festsetzung der Erbschaftsteuer. Einspruch und Klage dagegen blieben erfolglos.

Entscheidung

Die Revision ist begründet. Nach Ansicht des BFH unterliegt dieser zurückgezahlte Betrag nicht gem. § 3 Abs. 1 Nr. 4 ErbStG der Erbschaftsteuer.

Die Steuerbarkeit nach § 3 Abs. 1 Nr. 4 ErbStG setze bei einem Vertrag zugunsten Dritter voraus, dass die Zuwendung an den Dritten im Verhältnis zum Erblasser (Valutaverhältnis) alle objektiven und subjektiven Merkmale einer freigebigen Zuwendung aufweist. Daher verlange auch der Erwerb i. S. d. § 3 Abs. 1 Nr. 4 ErbStG eine objektive Bereicherung des Dritten sowie das Bewusstsein der Freigebigkeit.

Es fehle hinsichtlich des durch den (vorzeitigen) Tod der Ehefrau aufschiebend bedingten Rückzahlungsanspruchs an der erforderlichen Vermögensverschiebung zwischen der Ehefrau und dem Kläger. Nach Ansicht des erkennenden Senates ist entscheidend, dass nicht die Ehefrau, sondern der Kläger den Versicherungsbeitrag gezahlt hat.

---

[487] Erst in 2014 veröffentlicht.
[488] Amtlicher Tenor.

Praxishinweis

Diese Entscheidung deckt sich mit der Auffassung der Finanzverwaltung in R E 3.7 Abs. 2 S. 2 ErbStR 2011: Hat ein Bezugsberechtigter eines Lebensversicherungsvertrags die Prämien ganz oder teilweise gezahlt, ist die Versicherungsleistung nach dem Verhältnis der vom Versicherungsnehmer/Erblasser gezahlten Versicherungsbeiträge zu den insgesamt gezahlten Versicherungsbeiträgen aufzuteilen; nur dieser Teil unterliegt der Erbschaftsteuer.

Literaturhinweise: *Geck/Messner*, ZEV 2014, S. 245; *Pauli*, SteuK 2014, S. 1265

7.3 Erbschaftsteuer auf Erwerb eines Anspruchs aus einer Direktversicherung

BFH, Urteil v. 18.12.2013,[489] II R 55/12, BStBl II 2014, S. 323;
Vorinstanz: FG Hamburg, Urteil v. 31.10.2012, 3 K 24/12, EFG 2013, S. 378.

Der Erwerb eines Anspruchs aus einer vom Arbeitgeber zugunsten des Erblassers mit dessen Einverständnis abgeschlossenen Direktversicherung unterliegt der Erbschaftsteuer, wenn der Bezugsberechtigte nicht die persönlichen Voraussetzungen für eine Rente aus der gesetzlichen Rentenversicherung des Erblassers erfüllt.[490]

Norm: § 3 Abs. 1 Nr. 4 ErbStG

Sachverhalt

Der Kläger und Revisionsbeklagte ist Alleinerbe nach seinem verstorbenen Lebensgefährten geworden und erhielt außerdem Lebensversicherungen, die dessen Arbeitgeber als Versicherungsnehmer bei einem Versicherungsunternehmen zugunsten des Verstorbenen als Versicherten abgeschlossen hatte, bei denen der Kläger im Todesfall als Bezugsberechtigter benannt war. Die Versicherungsbeiträge für diese Versicherung nach dem BetrAVG waren durch Entgeltumwandlung aufgebracht worden.

Das FA unterwarf diese Versicherungsleistungen gem. § 3 Abs. 1 Nr. 4 ErbStG der Erbschaftsteuer, wogegen sich der Kläger erfolgreich in der Vorinstanz zur Wehr gesetzt hat. Das FA ist gegen dieses Urteil in Revision gegangen.

Entscheidung

Der BFH sah die Revision als begründet an.

§ 3 Abs. 1 Nr. 4 EStG sei auch auf den Erwerb eines Anspruchs auf eine Einmalzahlung aus einer vom Arbeitgeber als Versicherungsnehmer zugunsten des Erblassers mit dessen Einverständnis abgeschlossenen Direktversicherung anwendbar, wenn der Bezugsberechtigte nicht die in §§ 46 bis 48 SGB VI bestimmten persönlichen Voraussetzungen für den Bezug einer Rente aus der gesetzlichen Rentenversicherung des Erblassers erfüllt.

---

[489] Erst in 2014 veröffentlicht.
[490] Amtlicher Tenor.

Da der Erblasser den Versicherungsvertrag bei der Direktversicherung nicht selber abgeschlossen habe, wie § 3 Abs. 1 Nr. 4 ErbStG voraussetzt, könne die Besteuerung nicht direkt auf den Versicherungsvertrag gestützt werden, sondern maßgebend sei vielmehr der Arbeitsvertrag des Erblassers. Dieser sei durch das Einverständnis mit dem Abschluss einer Direktversicherung geändert worden, was Voraussetzung für den Abschluss der Direktversicherung durch den Arbeitgeber und für die Begründung des Leistungsanspruchs aus der Versicherung gewesen sei. Dies ist nach Ansicht des BFH ausreichend, um § 3 Abs. 1 Nr. 4 ErbStG anwenden zu können.

Nach der BFH-Rspr. unterliegen Ansprüche auf eine zusätzliche betriebliche Altersvorsorge, die Hinterbliebenen zustehen, nicht der Erbschaftsteuer gem. § 3 Abs. 1 Nr. 4 ErbStG, da diese nicht anders behandelt werden sollten als die Bezüge, die Hinterbliebene kraft Gesetzes erhalten und somit bereits dem Wortlaut nach nicht dem § 3 Abs. 1 Nr. 4 ErbStG unterfallen. Insoweit müsse die Norm teleologisch eingeschränkt werden. Wenn der Bezugsberechtigte nicht die gesetzlichen Voraussetzungen für eine Hinterbliebenenversorgung erfülle, sei es geboten, den Anspruch nicht anders zu behandeln als den Anspruch aus einer vom Arbeitnehmer selbst abgeschlossenen Versicherung.

Praxishinweis

Aus der Entscheidung folgt, dass die Einsetzung einer nicht versorgungsberechtigten Person als Begünstigte erbschaftsteuerlich unattraktiv ist.

7.4 Schenkungsteuerpflicht bei Gewährung eines zinslosen Darlehens an Lebensgefährtin

> **BFH, Urteil v. 27.11.2013,[491] II R 25/12, ZEV 2014, S. 267;**
> **Vorinstanz: FG Münster, Urteil v. 29.3.2012, 3 K 3819/10 Erb, EFG 2012, S. 1950**
>
> **Stellt ein Partner einer eheähnlichen Lebensgemeinschaft dem anderen Partner im Zusammenhang mit der Eingehung der Lebensgemeinschaft ein zinsloses Darlehen zur Verfügung, ist dies als schenkungsteuerpflichtige Zuwendung zu beurteilen, die grds. mit einem Kapitalisierungszinssatz von 5,5 % anzusetzen ist.**
>
> **Norm: § 7 Abs. 1 Nr. 1 ErbStG**

Sachverhalt

Die Klägerin erhielt im Mai 2002 von ihrem ehemaligen Lebensgefährten ein Darlehen gewährt, das sie absprachegemäß zur Tilgung eines Bankdarlehens verwendete und im Mai 2008 auf entsprechende Aufforderung hin zurückzahlte. Das FA unterwarf den sich aus der unentgeltlichen Darlehensgewährung ergebenden Zinsvorteil als freigebige Zuwendung der Schenkungsteuer und ging dabei von einem Kapitalisierungszinssatz von 5,5 % aus. Einspruch und Klage blieben erfolglos.

Im Rahmen der Revision trug die Klägerin vor, dass es sich nicht um eine freigebige Zuwendung gehandelt habe, sondern der Grund für die Darlehensgewährung sei gewesen, sie von der

---

[491] Erst in 2014 veröffentlicht.

darlehensgewährenden Bank und ihrem damaligen Ehemann unabhängig zu machen. So habe sie auch in unmittelbarem zeitlichem Zusammenhang gegenüber ihrem damaligen Ehemann auf sämtliche Ansprüche aus dem Ehevertrag verzichtet und ihre berufliche Tätigkeit wegen der Eingehung der nichtehelichen Lebensgemeinschaft reduziert. Außerdem habe der marktübliche Zinssatz für eine Kapitalanlage im Zeitraum der Darlehensgewährung erheblich niedriger gelegen.

Entscheidung

Der BFH hat die Revision als unbegründet zurückgewiesen.

Es sieht in dem vorliegenden Fall die Voraussetzungen einer freigebigen Zuwendung als erfüllt an. Wie in st. Rspr. entschieden, liege in der zinslosen Gewährung eines Darlehens bei Fehlen einer sonstigen Gegenleistung eine freigebige Zuwendung nach § 7 Abs. 1 Nr. 1 ErbStG. Der Verzicht auf die zum Vermögen des Darlehensgebers gehörende Nutzungsmöglichkeit sei eine Vermögensminderung. Gegenstand der Zuwendung sei der kapitalisierte Nutzungsvorteil und nicht der Teilbetrag des Kapitals, dessen Nutzung nicht durch die gem. § 12 Abs. 3 oder Abs. 1 BewG abgezinste Rückzahlungspflicht ausgeglichen werde. Wenn kein anderer Wert feststehe, betrüge der Jahreswert des Nutzungsvorteils nach § 15 Abs. 1 BewG 5,5 %.

Nach Ansicht des BFH ergibt sich auch nichts anderes aus dem Umstand, dass das zinslose Darlehen der Klägerin im Zusammenhang mit der Eingehung der Lebensgemeinschaft gewährt worden ist. Die Schenkungsteuerpflicht unbenannter Zuwendungen zwischen Ehegatten beurteile sich, wie bei sonstigen Zuwendungen auch, nach den allgemeinen Voraussetzungen des § 7 Abs. 1 Nr. 1 ErbStG und die erforderliche objektive Unentgeltlichkeit der Leistung könne nicht allein deswegen verneint werden, weil der unbenannten Zuwendung besondere ehebezogene Motive zugrunde lägen. Dies gelte gleichermaßen auch für die Partner einer nichtehelichen Lebensgemeinschaft. Der BFH betont in diesem Zusammenhang, dass eine freigebige Zuwendung anlässlich der Eingehung einer eheähnlichen Gemeinschaft keine Gegenleistung für die Eingehung der Gemeinschaft und umgekehrt darstelle. Auch der Verzicht der Klägerin auf Ansprüche gegen ihren damaligen Ehemann und die Einschränkung ihrer Berufstätigkeit könnten schon deshalb nicht als eine die Freigebigkeit ausschließende Gegenleistung der Klägerin für die Gewährung des zinslosen Darlehens angesehen werden, weil der Lebensgefährte hiervon keinen schenkungsteuerlich zu berücksichtigenden, in Geld zu veranschlagenden Vorteil hatte.

Hinsichtlich des Jahreswerts des Nutzungsvorteils stellt der BFH klar, dass ein anderer Wert als 5,5 % nicht bereits dann feststehe, wenn der Darlehensgeber oder der Darlehensnehmer bei einer verzinslichen Anlage des Darlehensbetrags bei einem Kreditinstitut zu marktüblichen Bedingungen lediglich eine geringere Rendite im Jahr hätte erzielen können. Vergleichsmaßstab sei vielmehr der marktübliche Zinssatz, der bei der Gewährung oder Aufnahme eines Darlehens zu – abgesehen von der Zinslosigkeit – vergleichbaren Bedingungen zu entrichten gewesen wäre.

Literaturhinweis: *Crezelius*, MittBayNot 2014, S. 491

7.5 § 16 BewG bei Erbschaft- und Schenkungsteuer nach wie vor anwendbar

> **BFH, Urteil v. 9.4.2014, II R 48/12, BStBl II 2014, S. 554;**
> **Vorinstanz: Niedersächsisches FG, Urteil v. 19.9.2012, 3 K 194/12, DStRE 2013, S. 78**
>
> 1. Die Begrenzung des Jahreswerts von Nutzungen nach § 16 BewG ist auch nach Inkrafttreten des ErbStRG anwendbar, wenn der Nutzungswert bei der Festsetzung der Erbschaft- oder Schenkungsteuer vom gesondert festgestellten Grundbesitzwert abgezogen wird.
> 2. § 16 BewG ist nicht anzuwenden, wenn der Nutzungswert bei der Ermittlung des niedrigeren gemeinen Werts eines Grundstücks abgezogen wird.[492]
>
> **Normen**: §§ 16, 198 BewG; 12 Abs. 1 ErbStG

In der Entscheidung stellt der BFH klar, dass § 16 BewG nach wie vor anzuwenden ist, wenn sich die Nutzungen auf ein Grundstück beziehen und der Nutzungswert nicht im Rahmen des Nachweises eines niedrigeren gemeinen Werts des Grundstücks berücksichtigt, sondern erst bei der Festsetzung der Erbschaft- und Schenkungsteuer vom gesondert festgestellten Grundbesitzwert abgezogen wird. § 16 BewG stelle durch die Begrenzung des Jahreswerts sicher, dass der Kapitalwert der Nutzungen eines Wirtschaftsguts nicht höher sein könne als der nach den Vorschriften des BewG anzusetzende Wert des Wirtschaftsguts. Diese Zielsetzung sei sachgerecht und folgerichtig und rechtfertige die Begrenzung des Jahreswerts der Nutzungen eines Grundstücks gem. § 16 BewG auch nach der Neuregelung der Bewertung des Grundbesitzes durch das ErbStRG. Die Vorschrift sei nicht verfassungswidrig geworden, soweit sie sich innerhalb ihres Anwendungsbereichs auf die Bewertung von Grundstücken beschränke.

Beim Nachweis eines niedrigeren gemeinen Werts des Grundstücks nach § 198 BewG handele es sich um ein eigenständiges Verfahren, dessen einzelne Elemente nicht mit der Wertermittlung nach §§ 179, 182 bis 196 BewG kombiniert werden könnten. Eine solche Kombination würde zu nicht zu rechtfertigenden Ergebnissen führen. Dadurch, dass der Steuerpflichtige im Rahmen der gesonderten Feststellung des Grundbesitzwerts nach § 198 BewG einen niedrigeren gemeinen Wert des Grundstücks unter Berücksichtigung der auf dem Objekt lastenden Nutzungsrechte nachweisen könne, seien seine verfassungsmäßigen Rechte in vollem Umfang gewahrt. Wenn er von dieser Möglichkeit keinen Gebrauch mache, müsse er es hinnehmen, dass der Jahreswert des auf dem Grundstück lastenden Nutzungsrechts bei der Festsetzung der Erbschaft- oder Schenkungsteuer höchstens mit dem nach § 16 BewG begrenzten Jahreswert abgezogen wird.

> **Literaturhinweis:** *Wachter*, ZEV 2014, S. 321

---

[492] Amtlicher Tenor.

7.6 Wegfall der Steuerbegünstigung des Betriebsvermögens gem. § 13a Abs. 5 Nr. 1 S. 1 ErbStG

> **BFH, Urteil v. 26.2.2014, II R 36/12, BStBl II 2014, S. 581;**
> **Vorinstanz: FG Münster, Urteil v. 10.5.2012, 3 K 667/10 Erb, DStRE 2013, S. 25**
>
> **Hat sich die Beteiligung des Gesellschafters einer Personengesellschaft durch einen nach § 13a Abs. 1 und 2 ErbStG begünstigten Erwerb erhöht, können bei einer anschließenden Veräußerung von Gesellschaftsanteilen die Steuerbegünstigungen nach § 13a Abs. 5 Nr. 1 S. 1 ErbStG nur insoweit entfallen, als der Gesellschafter nach der Veräußerung nicht mehr in Höhe des begünstigt erworbenen Gesellschaftsanteils beteiligt ist.[493]**
>
> **Normen:** § 109 Abs. 1 BewG (vor 2009); §§ 12 Abs. 5 S. 2, 13a Abs. 5 Nr. 1 ErbStG (vor 2009)

Wenn der Erwerber bereits vor dem nach § 13a Abs. 1 Nr. 1 und 2 ErbStG begünstigten Erwerb einer Beteiligung an einer Personengesellschaft als Gesellschafter beteiligt gewesen ist, gehe der erworbene Anteil in einer einheitlichen Mitgliedschaft mit der bisherigen Beteiligung des Erwerbers auf. Es könne dahinstehen, ob danach bei einer Veräußerung von Gesellschaftsanteilen überhaupt noch eine Unterscheidung nach ursprünglichen und neu erworbenen Anteilen vorgenommen werden könne. Jedenfalls sei in Bezug auf § 13a Abs. 5 Nr. 1 ErbStG zugunsten des Steuerpflichtigen davon auszugehen, dass die Steuerbegünstigungen nur insoweit wegfallen können, als der Gesellschafter nach der Veräußerung nicht mehr in Höhe des begünstigt erworbenen Gesellschaftsanteils beteiligt ist. Dies folge aus dem Zweck des § 13a Abs. 5 ErbStG, wonach die Nachbesteuerung nur das begünstigt erworbene Vermögen erfassen solle.

Praxishinweis

→ Dies ist ebenfalls die Auffassung der Finanzverwaltung in R E 13a.6 Abs. 1 S. 4 ErbStR 2011.

---

[493] Nr. 2 des amtlichen Tenors.

7.7 Nur einheitliche Antragstellung auf Optionsverschonung nach § 13a Abs. 8 ErbStG für verschiedene wirtschaftliche Einheiten

> **FG Münster, Urteil v. 9.12.2013,[494] 3 K 3969/11 Erb (rkr.), ZEV 2014, S. 325**
>
> Der Antrag auf Optionsverschonung nach § 13a Abs. 8 ErbStG kann für verschiedene wirtschaftliche Einheiten nur einheitlich gestellt werden mit der Folge, dass bei Ausübung des Wahlrechts alle erworbenen wirtschaftlichen Einheiten an den durch § 13a Abs. 8 ErbStG modifizierten Voraussetzungen der §§ 13a, 13b ErbStG zu messen sind (Bestätigung von R E 13a.13 Abs. 1 S. 1 ErbStR 2011).
>
> **Normen:** §§ 13a Abs. 8, 13b ErbStG

Sachverhalt

In dem entschiedenen Fall ging es im Kern um die Frage, ob der Kläger den Antrag auf Optionsverschonung für die vom Vater geerbte KG-Beteiligung und GmbH-Beteiligung separat ausüben kann.

Entscheidung

Nach Auffassung des FG Münster ist dies nicht möglich. Vielmehr seien infolge der Ausübung des Wahlrechts alle erworbenen wirtschaftlichen Einheiten an den durch § 13a Abs. 8 ErbStG modifizierten Voraussetzungen der §§ 13a, 13b ErbStG zu messen. Zwar würden sich für eine „objektbezogene" Anwendung des § 13a ErbStG, bei der die Regelverschonung neben der Optionsverschonung für verschiedene wirtschaftliche Einheiten anwendbar bliebe, in der Literatur verschiedene Stimmen aussprechen, das FG Münster stimmt dem jedoch nicht zu.

Gem. § 13a Abs. 1 S. 1 ErbStG bleibe der Wert von nach § 13b Abs. 4 ErbStG begünstigtem Vermögen insgesamt außer Ansatz. „Insgesamt" beziehe sich insoweit nicht auf den Umfang der Steuerbefreiung, den § 13b Abs. 4 ErbStG (ggf. i. V. m. § 13a Abs. 8 Nr. 4 ErbStG) regele. Vielmehr seien die Werte jeder einzelnen begünstigten wirtschaftlichen Einheit zu addieren. Begünstigt sind nach § 13b Abs. 4 ErbStG 85 % bzw. nach § 13a Abs. 8 Nr. 4 ErbStG 100 % des in § 13b Abs. 1 genannten Vermögens. Bezogen auf den jeweiligen steuerpflichtigen Erwerb bestehe nach dem Gesetzeswortlaut aber ein Alternativverhältnis in der Anwendung der Steuerbefreiung. Eine Differenzierungsmöglichkeit sei § 13a Abs. 8 ErbStG nicht zu entnehmen. Die Vorschrift wende sich an den Erwerber und gebe ihm die Möglichkeit, Tatbestand und Rechtsfolgen der §§ 13a f. ErbStG zu modifizieren.

Nach unwiderruflicher Erklärung des Erwerbers bestehen für den betreffenden Steuerpflichtigen die §§ 13a, 13b ErbStG mit den durch § 13a Abs. 8 ErbStG veränderten Tatbestandsmerkmalen. Dass daneben §§ 13a und 13b ErbStG auch in ihrer Ausgangsfassung bestehen blieben, sei dem Wortlaut nicht zu entnehmen. Anders als an anderer Stelle, an der das Gesetz zwischen verschiedenen wirtschaftlichen Einheiten differenziere, fände sich in § 13a Abs. 8 ErbStG kein Anhaltspunkt dafür. Auch aufgrund der Verwendung der Formulierung „tritt an die Stelle" in den Nr. 1 bis 4 wäre eine solche ausdrückliche Anordnung aber erforderlich gewesen. Dementsprechend laute § 13b Abs. 2 S. 1 ErbStG im Fall des Klägers durch die Aus-

---
[494] Erst in 2014 veröffentlicht.

übung der Option: Ausgenommen bleibe Vermögen i. S. d. Abs. 1, wenn es zu mehr als 10 % aus Verwaltungsvermögen bestehe.

Weder eine historische noch eine teleologische oder systematische Auslegung würden ein abweichendes Ergebnis ergeben. Dass der Gesetzgeber im Gesetzgebungsverfahren diese Konstellation gesehen und besprochen hätte, sei nicht ersichtlich. Soweit in der Literatur darauf aufmerksam gemacht werde, dass die Behaltenstatbestände[495] und der Verwaltungsvermögenstest[496] für jede wirtschaftliche Einheit gesondert zu prüfen seien, ließen sich hieraus keine Rückschlüsse auf das Optionsrecht ziehen, da der Gesetzgeber eine Teilbarkeit der Steuerbefreiung selbst in dieser Weise gerade nicht angeordnet habe. Insofern sei die Auffassung der Finanzverwaltung in R E 13a.13 Abs. 1 S. 1 ErbStR 2011 zutreffend.

Praxishinweis

In Übereinstimmung mit der Finanzverwaltung ist das FG Münster der Auffassung, dass der Antrag auf Optionsverschonung nur einheitlich für alle wirtschaftlichen Einheiten gestellt werden kann mit folgender Konsequenz:

Wenn eine Optionsverschonung beantragt worden ist, aber keine der übertragenen Einheiten die Voraussetzungen dafür erfüllt, wird für alle übertragenen Einheiten die Regelverschonung gewährt, wenn die Voraussetzungen dafür erfüllt sind.

Wenn allerdings bei beantragter Optionsverschonung mindestens eine der übertragenen Einheiten die Voraussetzungen für die Optionsverschonung erfüllt, wird die Optionsverschonung für diese gewährt; für die übrigen Einheiten wird aber die Regelverschonung auch dann nicht gewährt, wenn die Voraussetzungen hierfür vorliegen.

Dies führt in der Praxis zu unbilligen Ergebnissen.

Obwohl das FG Münster die Revision wegen grds. Bedeutung zugelassen hat, ist die Entscheidung rechtskräftig geworden. Es bleibt zu hoffen, dass der BFH sich zeitnah in einem anderen Verfahren mit einer vergleichbaren Konstellation kritisch auseinanderzusetzen hat.

Literaturhinweise: *Althof,* ZEV 2014, S. 327; *Königer,* BB 2014, S. 1251, *Reich,* DStR 2014, S. 1424

---

[495] § 13a Abs. 5 ErbStG.
[496] § 13b Abs. 2 ErbStG.

7.8 Keine Steuerbefreiung für letztwillige Zuwendung eines Wohnrechts an einem Familienheim

> BFH, Urteil v. 3.6.2014, II R 45/12, BStBl II 2014, S. 806;
> Vorinstanz: FG Köln, Urteil v. 8.82012, 9 K 3615/11, EFG 2012, S. 2220
>
> **Ein steuerbegünstigter Erwerb eines Familienheims i. S. d. § 13 Abs. 1 Nr. 4b S. 1 ErbStG liegt nur vor, wenn der länger lebende Ehegatte von Todes wegen endgültig zivilrechtlich Eigentum oder Miteigentum an einer als Familienheim begünstigten Immobilie des Vorverstorbenen Ehegatten erwirbt und diese zu eigenen Wohnzwecken selbst nutzt. Die von Todes wegen erfolgende Zuwendung eines dinglichen Wohnungsrechts an dem Familienheim erfüllt nicht die Voraussetzungen für eine Steuerbefreiung.**
>
> **Normen:** § 13 Abs. 1 Nr. 4b ErbStG; Art. 3 Abs. 1, 6 Abs. 1 GG

Sachverhalt

Die Klägerin wurde durch den Tod ihres im August 2009 verstorbenen Ehemannes E neben den beiden Kindern zu einem Drittel Miterbin. Teil des Nachlasses war u. a. ein mit einem Zweifamilienhaus bebautes Grundstück. Infolge der entsprechenden Verfügungen von Todes wegen des E wurden die beiden Kinder jeweils zur Hälfte Eigentümer des Grundstücks, während der Klägerin vermächtnisweise ein lebenslanges, dinglich gesichertes Wohnungs- und Mitbenutzungsrecht an der im Haus befindlichen Wohnung eingeräumt wurde, die die Klägerin und der E bis zu dessen Tod gemeinsam bewohnt hatten. Das beklagte FA versagte die Steuerbefreiung für Familienheime nach § 13 Abs. 1 Nr. 4b ErbStG mit dem Argument, diese Steuerbefreiung sei auf den Erwerb von bloßen Wohnungsrechten nicht anwendbar. Es bezog daher den Kapitalwert des Wohnungsrechts in die Ermittlung des Steuerpflichtigen Erwerbs der Klägerin ein. Die nach erfolglosem Einspruchsverfahren eingelegte Klage blieb erfolglos. Das FG folgte der Argumentation des FA, wonach die entsprechende Steuerbefreiung auf den Erwerb von (Mit-)Eigentum an einem Familienheim beschränkt sei. Der Erwerb eines bloßen Wohnungsrechts sei nicht begünstigt.

Entscheidung

Der BFH hielt die Klage für unbegründet und hat sie daher abgewiesen. Die Zuwendung des Wohnungs- und Mitbenutzungsrechts an die Klägerin unterliege als Erwerb von Todes wegen der Erbschaftsteuer. Die Steuerbefreiung für den Erwerb eines Familienheims von Todes wegen stehe der Klägerin nicht zu.

Nach § 13 Abs. 1 Nr. 4b S. 1 ErbStG bleibe u. a. der Erwerb von Todes wegen des (Mit-)Eigentums an einem im Inland belegenen bebauten Grundstück i. S. d. § 181 Abs. 1 Nr. 1 bis 5 BewG durch den überlebenden Ehegatten steuerfrei, soweit der Erblasser darin bis zum Erbfall eine Wohnung zu eigenen Wohnzwecken genutzt hat und die beim Erwerber unverzüglich zur Selbstnutzung zu eigenen Wohnzwecken bestimmt ist (Familienheim). Der Erwerber könne die Steuerbefreiung jedoch nicht in Anspruch nehmen, soweit er das begünstigte Vermögen aufgrund einer letztwilligen oder rechtsgeschäftlichen Verfügung des Erblassers auf einen Dritten übertragen muss. Dritter in diesem Sinn könne auch ein Miterbe sein. Nach ihrem Wortlaut setze die Vorschrift ausdrücklich den Erwerb von (Mit-)Eigentum an einem Familienheim durch den überlebenden Ehegatten voraus. Damit liege ein begünstigter Erwerb nur vor, wenn der Erblasser zivilrechtlicher (Mit-)Eigentümer des Familienheims war und der überlebende Ehegatte das zivilrechtliche (Mit-)Eigentum an dem Familienheim von Todes wegen erwirbt. Die Einräumung eines dinglichen Wohnrechts gewähre dem Rechtsinhaber demgegenüber nur ein Nutzungsrecht,[497] lasse die zivilrechtlichen Eigentumsverhältnisse aber unberührt und genüge daher nicht den Anforderungen des § 13 Abs. 1 Nr. 4b S. 1 ErbStG. Aufgrund der Beschränkung der steuerlichen Begünstigung auf den Erwerb von (Mit-)Eigentum durch den überlebenden Ehegatten scheidet auch eine Auslegung gegen den Wortlaut bzw. Analogie vorliegend aus. Die Beschränkung des Anwendungsbereiches der sachlichen Steuerbefreiung auf den Erwerb von (Mit-)Eigentum am Familienheim ist auch mit Verfassungsrecht zu vereinbaren, da weder der durch Art. 6 Abs. 1 GG gebotene Schutz der Ehe noch die Gewährleistung des Erbrechts durch Art. 14 Abs. 1 S. 1 GG eine Ausdehnung der Steuerbefreiung auf weitere Fallgruppen erfordere. Vielmehr sei zu berücksichtigen, dass die in § 13 Abs. 1 Nr. 4b S. 1 ErbStG vorgesehene Steuerbefreiung ihrerseits erheblichen verfassungsrechtlichen Bedenken unterliege. Der BFH verweist in diesem Zusammenhang auf sein Urteil vom 18.7.2013, in dem er gegen die entsprechende Steuerbefreiung für freigebige Zuwendungen unter Ehegatten zu Lebzeiten (§ 13 Abs. 1 Nr. 4a ErbStG) erhebliche Verfassungsbedenken geäußert hat.[498]

Praxishinweis

Es dürfte grds. von Vorteil sein, das Familienheim bereits zu Lebzeiten und damit ohne Geltung einer zehnjährigen Selbstnutzungsfrist auf den anderen Ehegatten zu übertragen. Die Übergabe sollte auch hier mit entsprechenden Rückforderungsrechten z. B. für den Fall der Scheidung versehen werden. In der erbrechtlichen Praxis sollten Gestaltungen vermieten werden, die dem überlebenden Ehegatten lediglich ein Wohnrecht am Familienheim einräumen. Hier sollte vielmehr (und sei es über den Weg eines entsprechenden Vermächtnisanspruches) das Eigentum am Familienheim eingeräumt werden.

Literaturhinweise: *Litzenburger*, FD-ErbR 2014, 361691; *Pahlke*, Haufe-Index 7186986; *Tölle*, SteuK 2014, S. 390

---

[497] § 1093 BGB.
[498] BFH, Urteil.v. 18.7.2013, II R 35/11, BStBl II 2013, S. 1051.

7.9 Schenkungsteuer bei Nießbrauchsverzicht

> BFH, Urteil v. 20.5.2014, II R 7/13, BStBl II 2014, S. 896;
> Vorinstanz: FG Münster, Urteil v. 10.1.2013, 3 K 2461/11 Erb, EFG 2013, S. 533
>
> 1. Der vorzeitige unentgeltliche Verzicht auf ein vorbehaltenes Nießbrauchsrecht erfüllt als Rechtsverzicht den Tatbestand des § 7 Abs. 1 Nr. 1 ErbStG. § 25 Abs. 1 ErbStG a. F. steht dem nicht entgegen.
> 2. Eine Doppelerfassung des Nießbrauchsrechts – sowohl bei der Nichtberücksichtigung als Abzugsposten nach § 25 Abs. 1 S. 1 ErbStG a. F. oder nach § 10 Abs. 6 S. 5 ErbStG a. F. als auch beim späteren Verzicht des Berechtigten – ist bei der Besteuerung des Nießbrauchsverzichts durch den Abzug des bei der Besteuerung des Erwerbs des Nießbrauchs belasteten Gegenstandes tatsächlich unberücksichtigt gebliebenen (Steuer-)Werts des Nutzungsrechts von der Bemessungsgrundlage (Steuerwert) für den Rechtsverzicht zu beseitigen.[499]
>
> **Normen:** §§ 7 Abs. 1 Nr. 1, 10 Abs. 1 S. 1 und Abs. 6 S. 5, 25 Abs. 1 ErbStG

Sachverhalt

Der Kläger schenkte im Jahr 2002 an seinen Sohn (S) einen Gesellschaftsanteil an einer GmbH und behielt sich den Nießbrauch an dem Anteil vor. Das beklagte FA berücksichtigte bei der Schenkungsteuer-Veranlagung antragsgemäß die Steuervergünstigungen nach § 13a ErbStG in der für das Streitjahr 2002 geltenden Fassung. Den Vorbehaltsnießbrauch des Vaters berücksichtigte das FA nicht, und zwar einerseits aufgrund von § 10 Abs. 6 S. 5 ErbStG wegen der Gewährung der Steuervergünstigungen nach § 13a ErbStG und andererseits aufgrund des Abzugsverbotes des § 25 Abs. 1 S. 1 ErbStG. Nach der im Streitjahr geltenden Regelung des § 25 Abs. 1 S. 1 ErbStG führte die auf den Nießbrauch entfallende Schenkungsteuer lediglich zu einer entsprechenden Stundung der Schenkungsteuer.

Der Kläger verzichtete mit Wirkung zum 1.1.2008 unentgeltlich auf den ihm zustehenden Vorbehaltsnießbrauch und übernahm die dadurch ausgelöste Schenkungsteuer.[500] Das beklagte FA setzte für den Verzicht auf den Nießbrauch Schenkungsteuer fest, berücksichtigte entgegen der Ansicht des Klägers aber nicht den bei der Anteilsübertragung im Jahre 2002 erklärten Wert des Nießbrauchs in vollem Umfang als Abzugsposten. Die nach erfolglosem Einspruchsverfahren dagegen erhobene Klage hatte keinen Erfolg, da nach Ansicht des FG keine doppelte Belastung mit Schenkungsteuer vorgelegen habe. Die daraufhin eingelegte Revision begründete der Kläger mit dem Argument, der Verzicht auf den Nießbrauch unterliege lediglich hinsichtlich der seit der Übertragung des Anteils (im Jahre 2002) eingetretenen Werterhöhung der Schenkungsteuer. Die vom FA und FG vorgenommene Steuerberechnung führe zu einer unzulässigen Doppelbesteuerung.

Entscheidung

Der BFH hielt die Revision für begründet und hat die Vorentscheidung aufgehoben. Entgegen der Ansicht des FG sei der bei der Steuerfestsetzung für den Anteilserwerb gem. § 10 Abs. 6 S. 5 ErbStG nicht abgezogene Teilbetrag des Nießbrauchswerts nicht in die Bemessungsgrundlage der Steuer für den Nießbrauchsverzicht einzubeziehen. Zu Recht seien die Streitpar-

---

[499] Amtlicher Tenor.
[500] Vgl. § 10 Abs. 2 ErbStG.

teien und das FG zunächst davon ausgegangen, dass der Verzicht auf den Nießbrauch eine freigebige Zuwendung i. S. d. § 7 Abs. 1 Nr. 1 ErbStG ist. Das bei der Besteuerung des Anteilserwerbs der Wert des Nießbrauchs nicht von der Bemessungsgrundlage der Steuer abgezogen worden war, stehe dem nicht entgegen.[501] Ebenfalls zutreffend sei die von den Beteiligten und vom FG übereinstimmend vertretender Ansicht, dass der Anteil am Wert des Nießbrauchs, der bei der Festsetzung der Schenkungsteuer für den Anteilserwerb nicht von der Bemessungsgrundlage der Steuer abgezogen wurde, nicht in die Bemessungsgrundlage für den Nießbrauchsverzicht einzubeziehen ist. Eine Doppelerfassung des Nießbrauchsrechts (einmal infolge des Abzugsverbots und zum anderen durch die Besteuerung des späteren Verzichts) müsse bei der Besteuerung des Verzichts durch den Abzug des seinerzeit tatsächlich unberücksichtigt gebliebenen Steuerwerts des Nießbrauchs von der Bemessungsgrundlage für den Rechtsverzicht beseitigt werden. Der Teilbetrag des Nießbrauchsrechts, der nach § 25 Abs. 1 S. 1 ErbStG nicht zum Abzug zugelassen ist, sondern lediglich zur Steuerstundung führt, sei somit nicht in die Bemessungsgrundlage der Steuer für den Nießbrauchsverzicht einzubeziehen. Gleiches gilt für den (anderen) Anteil am Wert des Nießbrauchs, der bei der Festsetzung der Schenkungsteuer für den damaligen Anteilserwerb nach § 10 Abs. 6 S. 5 ErbStG nicht von der Bemessungsgrundlage der Steuer abgezogen wurde. Für eine anderweitige Behandlung gebe es keine Grundlage. Das Recht, den Nießbrauchsverzicht zu besteuern, sei in beiden Fällen verbraucht. Der Umstand, dass die in § 10 Abs. 6 S. 5 ErbStG angeordnete Abzugsbeschränkung auf der Gewährung der Steuervergünstigungen nach § 13a ErbStG beruht, stehe dieser Beurteilung nicht entgegen. Ein anderes gelte entgegen der Ansicht des FG auch nicht deshalb, weil dem Kläger das Nießbrauchsrecht für die Zeit bis zum Verzicht zustand, während er bei einer von vorn herein unbelasteten Übertragung sofort alle Rechte am Anteil verloren hätte. Entscheidend für die Festsetzung der Schenkungsteuer sei die Bereicherung des S als Bedachten. Dies gelte auch unabhängig davon, dass der Kläger die Entrichtung der Schenkungsteuer nach § 10 Abs. 2 ErbStG übernommen hat.

Praxishinweis

Das Urteil ist zwar zu der vor dem 1.1.2009 geltenden Rechtslage ergangen. Für Erwerbe nach dem 31.12.2008 kann infolge der Streichung des § 25 ErbStG der Steuerwert des Nießbrauchs vom Wert der Zuwendung abgezogen werden. Über die Vorschrift des § 10 Abs. 6 ErbStG hat das Urteil aber auch für Fälle im Zusammenhang mit § 13a ErbStG n. F. entsprechende Bedeutung. Auch hier müsste ein entsprechender Abzug bei der schenkungsteuerlichen Bemessungsgrundlage des Nießbrauchsverzichts möglich sein.[502] Die Finanzverwaltung schließt sich in der Verfügung des Bayerischen Landesamtes für Steuern vom 5.12.2014[503] der Auffassung des BFH für alle noch offenen Fälle an.

Literaturhinweise: *Kindler*, SteuK 2014, S. 481; *Möller*, GWR 2014, S. 466; *Pahlke*, Haufe-Index 7310112

---

[501] Unter Hinweis auf BFH, Urteil v. 17.3.2004, II R 3/01, BStBl II 2004, S. 429.
[502] *Kindler*, SteuK 2014, S. 481; *Möller*, GWR 2014, S. 466.
[503] DB 2014, S. 2933.

7.10 Verbilligter Verkauf eines Grundstücks an ausscheidenden Gesellschafter

> **BFH, Urteil v. 27.8.2014, II R 44/13, DStR 2014, S. 2239;**
> **Vorinstanz: FG Münster, Urteil v. 24.10.2013, 3 K 103/13 Erb, EFG 2014, S. 301**
>
> Verkauft eine GmbH an einen ausscheidenden Gesellschafter im unmittelbaren wirtschaftlichen Zusammenhang mit der Anteilsveräußerung auf Veranlassung des Anteilserwerbers ein Grundstück zu einem unter dem Verkehrswert liegenden Preis, gehört der sich daraus für den Anteilsveräußerer ergebende geldwerte Vorteil zum Veräußerungspreis für den Anteil und führt daher nicht zum Entstehen von Schenkungsteuer.
>
> **Normen:** §§ 7 Abs. 1 Nr. 1 ErbStG; 17, 20 Abs. 1 Nr. 1 S. 2 EStG

Sachverhalt

Kläger A und sein Vater (V) sowie sein Bruder (B) waren an einer GmbH beteiligt. Im Zuge der Nachfolgeregelung schieden V und der Kläger am 14.12.2007 aus der GmbH aus. V übertrug seine Beteiligungen an der GmbH durch notariellen Vertrag vom gleichen Tage im Wege der vorweggenommenen Erbfolge unentgeltlich auf B. Der Kläger verkaufte seine Beteiligung ebenfalls durch Notarvertrag vom 14.12.2007 nach entsprechender Teilung an seinen Bruder B und dessen Ehefrau. In einem weiteren notariellen Vertrag gleichen Datums veräußerte die durch B als Geschäftsführer vertretene GmbH ihr gehörende Grundstücke zum 31.12.2007 für 734.000 € an den Kläger. Die später bei der GmbH durchgeführte Betriebsprüfung vertrat die Auffassung, der Verkehrswert der Grundstücke sei um rd. 250.000 € höher gewesen als der vereinbarte Kaufpreis. Da betriebliche Gründe für die verbilligte Überlassung des Grundbesitzes nicht ersichtlich seien, liege eine verdeckte Gewinnausschüttung (vGA) der GmbH an B vor.

Das beklagte FA nahm des Weiteren an, diese verbilligte Überlassung der Grundstücke stelle eine gemischte Schenkung der GmbH an den Kläger dar und setzte entsprechend Schenkungsteuer fest. Das nach erfolglosem Einspruchsverfahren angerufene FG gab der Klage mit der Begründung statt, eine freigebige Zuwendung i. S. d. § 7 Abs. 1 Nr. 1 ErbStG der GmbH an den Kläger liege nicht vor, weil der verbilligte Verkauf der Grundstücke der GmbH an ihn auf dem zwischen der GmbH und ihren Gesellschaftern bestehenden Gesellschaftsverhältnis beruht habe. Das FA hielt auch in der Revision an seiner Auffassung fest, neben der vGA der GmbH an B sei eine der Schenkungsteuer unterliegende gemischt-freigebige Zuwendung der GmbH an den Kläger gegeben. Auch das dem Verfahren beigetretene BMF, ist der Ansicht, dass Vorliegen einer vGA der GmbH an B schließe eine der Schenkungsteuer unterliegende gemischt-freigebige Zuwendung der GmbH an den Kläger nicht aus.

Entscheidung

Die Revision war nach Ansicht des BFH unbegründet und daher rückzuweisen. Das FG habe im Ergebnis zu Recht angenommen, dass keine der Schenkungsteuer unterliegende gemischt-freigebige Zuwendung der GmbH an den Kläger gegeben ist. Der Vorteil des Klägers aus einem verbilligten Erwerb des Grundbesitzes gehöre viel mehr zum Veräußerungspreis i. S. d. § 17 Abs. 2 S. 1 EStG und sei somit ausschließlich von ertragsteuerrechtlicher Bedeutung.

Ein Vermögensvorteil, den der Verkäufer eines GmbH-Anteils über den vom Erwerber gezahlten Kaufpreis hinaus erhält, sei beim Anteilsverkäufer allein von ertragsteuerrechtlicher Bedeutung, wenn der Vorteil zum Veräußerungspreis zähle und somit bei der Ermittlung des der Einkommensteuer unterliegenden Veräußerungsgewinns i. S. d. § 17 Abs. 1 S. 1 EStG anzusetzen ist. Eine zusätzliche Erfassung des Vorteils als schenkungsteuerpflichtige Zuwendung an den Anteilsverkäufer sei auch dann ausgeschlossen, wenn der Veräußerer den Vorteil nicht vom Anteilserwerber, sondern von einem Dritten erhalten habe. Die Anteilsveräußerung sei auch insoweit eine auf Einkünfteerzielung am Markt, also auf einen Hinzuerwerb von Einkommen gerichtete Erwerbshandlung. Es komme dabei nicht darauf an, ob die Leistung den Anteilsverkäufer bei der Festsetzung der ESt als Veräußerungspreis i. S. d. § 17 Abs. 2 S. 1 EStG erfasst wurde. Entscheidend sei vielmehr, dass die Leistung bei zutreffender Beurteilung zum Veräußerungspreis zählt. Zum Veräußerungspreis in diesem Sinne zähle alles, was der Veräußerer als Gegenleistung für die Anteilsübertragung erhalten hat. Dies umfasse auch alle Leistungen die der Veräußerer nicht als Gegenleistung für den Anteil, aber im unmittelbaren wirtschaftlichen Zusammenhang mit der Veräußerung erhalten hat, sei es vom Erwerber oder von dritter Seite, selbst wenn es an einer Veranlassung durch den Erwerber fehle.[504] Leistender Dritter könne hiermit auch die GmbH sein, insb. wenn sie vom Anteilserwerber zu der Leistung veranlasst wurde.

Demnach liege keine freigebige Zuwendung in Form einer gemischten Schenkung der GmbH an den ausscheidenden Gesellschafter vor, wenn die GmbH im unmittelbar wirtschaftlichen Zusammenhang mit der Anteilsveräußerung auf Veranlassung des Anteilserwerbers ein ihr gehörendes Grundstück zu einem deutlich unter dem Verkehrswert liegenden Preis an den Anteilsveräußerer verkauft. Die Differenz zwischen Verkehrswert und Kaufpreis gehöre vielmehr ebenso wie der vom Anteilserwerber gezahlte Kaufpreis für den Anteil zum einkommensteuerpflichtigen Veräußerungspreis. Des Weiteren würde der Umstand, dass der verbilligte Verkauf des Grundstücks der GmbH an den Anteilsveräußerer zu einer vGA der GmbH an den Anteilserwerber führt, es nicht ausschließen, dass der Vorteil aus dem verbilligten Grundstückserwerb als Bestandteil des Veräußerungspreises erfasst wird. Ferner sei der Vermögensvorteil, den der Kläger aus der zu niedrigen Bemessung des Kaufpreises für die Grundstücke erhalten hat, ausschließlich von ertragsteuerrechtlicher Bedeutung und könne somit nicht zusätzlich als der Schenkungsteuer unterliegende freigebige Zuwendung der GmbH an den Kläger gewertet werden.

---

[504] Unter Hinweis auf BFH, Urteil v. 7.11.1991, IV R 14/90, BStBl II 1992, S. 457.

Praxishinweis

Mit dem vorliegenden Urteil bekräftigt der BFH seine bereits in der Entscheidung vom 30.1.2013 geäußerte Ansicht, dass eine ertragsteuerrechtlich als vGA zu beurteilende Zuwendung einer Kapitalgesellschaft an ihre Gesellschafter oder diesen nahestehende Dritte nicht gleichzeitig eine freigebige Zuwendung i. S. s des § 7 Abs. 1 Nr. 1 ErbStG sein kann.[505] Zunächst hatte die Finanzverwaltung darauf mit einem Nichtanwendungserlass[506] reagiert, der jetzt allerdings zur Disposition stehen dürfte. Dem Vernehmen nach gibt es innerhalb der Finanzverwaltung Überlegungen, der eindeutigen Rspr. des BFH de lege ferenda mit Einführung eines neuen § 7 Abs. 9 ErbStG zu begegnen, der dann eine entsprechende Schenkungsteuerpflicht sanktioniert. In einem Verfahren des einstweiligen Rechtsschutzes hatte der VIII. Senat des BFH das Spannungsverhältnis zwischen Ertrag- und Schenkungsteuer allerdings zugunsten der Schenkungsteuer gelöst.[507]

Literaturhinweise: *Dürr*, Haufe-Index 7399341; *Glaser*, SteuK 2014, S. 472

7.11 Schenkung an Neugesellschafter bei Kapitalerhöhung

> **BFH, Urteil v. 27.8.2014, II R 43/12, DStR 2014, S. 2282;**
> **Vorinstanz: FG Münster, Urteil v. 26.7.2012, 3 K 4434/09 Erb, EFG 2012, S. 2136**
>
> 1. Wird im Zuge einer Kapitalerhöhung einer GmbH ein Dritter zur Übernahme des neuen Geschäftsanteils zugelassen kann eine freigebige Zuwendung der Altgesellschafter an den Dritten vorliegen, wenn der gemeine Wert des Anteils die zu leistende Einlage übersteigt. Eine freigebige Zuwendung der Gesellschafter von Altgesellschaftern an den Dritten kommt nicht in Betracht.
> 2. Auf den Erwerb des neuen Anteils können die Steuervergünstigungen des § 13a ErbStG anwendbar sein.
>
> **Normen:** §§ 7 Abs. 1 Nr. 1, 10 Abs. 1 S. 1 und Abs. 5 Nr. 3 sowie Abs. 6 S. 5, 13a ErbStG; §§ 9, 11 Abs. 2 S. 2 BewG; §§ 174 Abs. 3, 176 Abs. 2 AO

Sachverhalt

Die klagende GmbH war Enkelgesellschaft einer Luxemburger Familienstiftung und übernahm den anlässlich einer Kapitalerhöhung entstandenen neuen Anteil an einer anderen Deutschen GmbH (GmbH 2) zu einer unter deren Wert liegenden Zahlung (Nennwert und unzureichendes Agio). Das beklagte FA war der Ansicht, es lägen Schenkungen der anderen Gesellschafter der GmbH 2 (A und C) an die Klägerin vor. Letztere habe mit der Eintragung der Kapitalerhöhung bei der GmbH 2 in das Handelsregister für einen Geschäftsanteil an dieser GmbH, dessen Wert nach dem Stuttgarter Verfahren 45.675.000 DM betrage nur eine Gegenleistung i. H. v. 30.000.000 DM erbracht. Um die Differenz von 15.675.000 DM sei die Klägerin bereichert. Letzteres sei auch mit einer Entreicherung von A und C einhergegangen.

---

[505] II R 6/12, BStBl II 2013, S. 930; vgl. zur Ansicht der Finanzverwaltung gleichlautender Erlasse v. 14.3.2012, BStBl I 2012, S. 331.
[506] Gleichlautender Erlass v. 5.6.2013, BStBl I 2013, S. 1465.
[507] BFH, Beschluss v. 12.9.2011, VIII B 70/09, DStRE 2013, S. 154; vgl. dazu Kurzinformation OFD Münster v. 29.3.2012, Haufe-Index 2970399.

Diese seien nach der Kapitalerhöhung nur noch zu je 20 % (zuvor jeweils 50 %) beteiligt gewesen. Einspruch und Klage hatten keinen Erfolg, das FG folgte der Argumentation des FA. Die Klägerin rügte in der Revision u. a., dass das FG hinsichtlich des objektiven Tatbestands der freigebigen Zuwendung zu Unrecht von dem nach dem Stuttgarter Verfahren ermittelten Unternehmenswert der GmbH 2 ausgegangen sei. Die GmbH 2 sei ohne die Kapitalzuführung nicht überlebensfähig gewesen, damit sei sie, die Klägerin, auch nicht auf Kosten der A bereichert worden. Zudem könnten Kapitalgesellschaften nicht als Zuwendende i. S. d. § 7 Abs. 1 Nr. 1 ErbStG angesehen werden. Jedenfalls könnten Zuwendungen von Kapitalgesellschaften, die als vGA an nahestehende Personen anzusehen seien, nicht der Schenkungsteuer unterliegen. Das BMF hat den Beitritt zum Verfahren erklärt und war der Ansicht, der angefochtene Schenkungsteuerbescheid sei sowohl verfahrens- auch materiell-rechtlich nicht zu beanstanden.

Entscheidung

Der BFH sah die Revision als begründet an, hob die Vorentscheidung auf und verwies die Sache an das FG zur anderweitigen Verhandlung und Entscheidung zurück. Das FG sei zwar zutreffend davon ausgegangen, dass A als Zuwendende und die Klägerin als Bedachte einer freigebigen Zuwendung in Betracht kommen. Es habe aber zu Unrecht angenommen, dass das Vorliegen des objektiven und subjektiven Tatbestands einer freigebigen Zuwendung unter Lebenden auf der Grundlage des nach dem Stuttgarter Verfahren ermittelten Unternehmenswerts festgestellt werden kann. Maßgebend sei vielmehr eine Bewertung nach zivilrechtlichen Grundsätzen. Zudem habe das FG übersehen, dass möglicherweise die Steuervergünstigungen nach § 13a ErbStG zu gewähren sind.

Werden im Zuge einer Kapitalerhöhung einer GmbH Dritte zur Übernahme neuer Geschäftsanteile zugelassen, seien sie mit der Eintragung der Kapitalerhöhung in das Handelsregister auf Kosten der Altgesellschafter bereichert, wenn der gemeine Wert der neuen Geschäftsanteile die jeweils zu leistenden Einlagen übersteigt. Gegenstand der Zuwendung sei der neue Geschäftsanteil. Dem stehe nicht entgegen, dass der neue Gesellschafter den Anteil mit Eintragung der Kapitalerhöhung in das Handelsregister originär erwerbe.[508] Eine freigebige Zuwendung nach § 7 Abs. 1 Nr. 1 ErbStG setze nicht voraus, dass der Gegenstand, um den der Beschenkte bereichert wird, sich vorher in derselben Gestallt im Vermögen des Schenkers befunden hat und wesensgleich übergeht. Die Bereicherung beruhe auch auf einer Zuwendung der Altgesellschafter. Dafür sei maßgebend, dass die Geschäftsanteile der bisherigen Gesellschafter als Folge der Entstehung eines neuen Anteils eine geringere quotale Beteiligung vermitteln und durch die proportionale Teilhabe des neuen Geschäftsanteils am bisherigen Vermögen der GmbH 2 eine Wertminderung erfahren. Es handele sich vorliegend auch dann um eine Zuwendung des Altgesellschafters an den Neugesellschafter, wenn Ersterer selbst eine Kapitalgesellschaft ist und seine Gesellschafter die Zustimmung zu der Kapitalerhöhung zu den in der Gesellschafterversammlung beschlossenen Bedingungen und den Verzicht auf eine Teilnahme an der Kapitalerhöhung veranlasst haben. Da vorliegend keine vGA nach deutschem Recht eines Altgesellschafters (Kapitalgesellschaft) an seine Gesellschafter vorliege, könne im Streitfall dahinstehen welche schenkungsteuerrechtlichen Folgen sich daraus ergeben. Für eine Verpflichtung Deutschlands bei der Ausgestaltung des Schenkungsteuerrechts ausländisches Ertragsteuerrecht zu berücksichtigen, gebe es jedenfalls keine Grundlage. Zudem habe die Klägerin nicht vorgetragen, dass im vorliegenden Fall die zuständige Finanzbehörde eine vGA der (in Liechtenstein ansässigen) A an ihre Gesellschafter der Ertragsbesteuerung unterworfen habe.

---

[508] Unter Hinweis auf BFH, Urteil v. 12.7.2005, II R 8/04, BStBl II 2005, S. 845.

Ob der neue Gesellschafter i. S. d. § 7 Abs. 1 Nr. 1 ErbStG bereichert sei, richte sich ausschließlich nach bürgerlich-rechtlichen Bewertungsgrundsätzen.[509] Das Stuttgarter Verfahren sei daher in diesem Zusammenhang als grob typisierendes Schätzverfahren nicht anwendbar. Es sei vielmehr die Methode anzuwenden, die ein Erwerber des Anteils im Zeitpunkt der Eintragung der Kapitalerhöhung in das Handelsregister nach Erbringung der vom neuen Gesellschafter geschuldeten Leistungen der Bemessung des Kaufpreises zugrunde gelegt hätte. Beim Erwerb des neuen Anteils durch den Neugesellschafter gegen eine unter dem Verkehrswert liegende Einlage handele es sich nicht um eine gemischte, sondern um eine reine Schenkung der Altgesellschafter an den Neugesellschafter. Die Leistung der Einlage durch den Neugesellschafter stelle keine teilweise Gegenleistung, sondern Erwerbsaufwand gem. § 1 Abs. 2 i. V. m. § 10 Abs. 5 Nr. 3 ErbStG dar.[510] Das FG sei zu Unrecht der Ansicht gewesen, das Vorliegen des objektiven und subjektiven Tatbestands einer freigebigen Zuwendung könne aufgrund des nach dem Stuttgarter Verfahren ermittelten Unternehmenswerts bejaht werden. Maßgeblich sei vielmehr insoweit der nach bürgerlichen-rechtlichen Bewertungsgrundsetzen zu bestimmende Verkehrswert.

Literaturhinweise: *Levedag*, GmbHR 2014, R360; *Hannes/Reich*, ZEV 2014, S. 652 und 655; *Rodewald*, GmbHR 2014, S. 1339; *Viskorf*, ZEV 2014, S. 633

7.12 Schenkungsteuer bei Zuwendung ausländischer Stiftungen

BFH, Beschluss v. 21.7.2014, II B 40/14, ZEV 2014, S. 504;
Vorinstanz: Hessisches FG, Beschluss v. 10.2.14, 1 V 2602/13, EFG 2014, S. 1014

Es bestehen ernstliche Zweifel, ob es sich bei der ordentlichen Ausschüttung einer Schweizerischen Familienstiftung an Familienangehörige schenkungsteuerrechtlich um den Erwerb durch Zwischenberechtigte i. S. d. § 7 Abs. 1 Nr. 9 S. 2 ErbStG handelt.

Norm: § 7 Abs. 1 Nr. 9 S. 1 und S. 2 ErbStG

Sachverhalt

Im Streitfall erhielt die Antragstellerin von einer Familienstiftung mit Sitz in der Schweiz im Januar 2013 einen Geldbetrag i. H. v. XXX €. Mit Schreiben vom 18.1.2013 teilte die Stiftung dem FA (Antragsgegner) die Auszahlung mit. Letzteres setzte unter Hinweise auf § 7 Abs. 1 Nr. 9 S. 2 ErbStG Schenkungsteuer gegen die Antragstellerin fest. Dagegen legte die Antragstellerin Einspruch ein, über den bislang noch nicht entschieden wurde, und beantragte die AdV. Das nach erfolglosem AdV-Antrag angerufene FG gab dem Antrag wegen ernstlicher Zweifel an der Rechtmäßigkeit des angefochtenen Bescheids statt. Dagegen erhob das FA Beschwerde zum BFH und vertrat die Auffassung, bei der Zuwendenden handele es sich um eine Vermögensmasse i. S. d. § 7 Abs. 1 Nr. 9 S. 2 ErbStG. Bei einer solchen Vermögensmasse erstrecke sich die Steuerpflicht auch auf Zuwendungen während ihres Bestehens an Zwischenberechtigte. Dabei komme es nicht darauf an, ob die Zuwendungen satzungsgemäß erfolgten oder nicht.

---

[509] Unter Hinweis auf BFH, Urteil v. 17.3.2004, II R 3/01, BStBl II 2004, S. 429.
[510] Unter Verweis auf gleichlautende Erlasse vom 14.3.2012, BStBl I 2012, S. 331, Tz. 2.1.2 und 2.1.4.

Entscheidung

Der BFH sah die Beschwerde des FA als unbegründet an. Das FG habe die Vollziehung des angefochtenen Schenkungsteuerbescheids zu Recht wegen ernstlicher Zweifel an dessen Rechtmäßigkeit ausgesetzt. § 7 Abs. 1 Nr. 9 S. 2 ErbStG wurde durch das Steuerentlastungsgesetz 1999/2000/2002 vom 24.03.1999[511] in das ErbStG eingefügt. Nach der Entstehungsgeschichte sollten mit dem unbestimmten Begriff der „Vermögensmasse ausländischen Rechts" vor allem typische und in den anglo-amerikanischen Staaten gebräuchliche Formen des sog. Common-Law-Trust erfasst werden.[512] Für den Fall eines Trusts nach Amerikanischem Recht habe der BFH entschieden, dass der Begriff des Zwischenberechtigten i. S. d. o. g. Vorschrift alle Personen umfasse, die während dessen Bestehens Auszahlungen aus dem Trustvermögen erhalten.

Es sei jedoch noch nicht entschieden, ob diese bei der Auslegung des Begriffs des Zwischenberechtigten auch auf Stiftungen, die nach ausländischem Recht errichtet worden sind, und ihrer rechtlichen Struktur nach deutschen Stiftungen entsprechen, übertragen werden könne. § 7 Abs. 1 Nr. 9 S. 2 ErbStG verwende im Gegensatz zu Satz 1 der Vorschrift ausdrücklich den Begriff der (ausländischen) Vermögensmasse, die von der in Satz 1 genannten Stiftung unterschieden werden. Es sei daher unklar und ernstlich zweifelhaft, ob der Begriff der ausländischen Vermögensmasse auch eine Stiftung ausländischen Rechts umfasse. Wären ausländische Stiftungen unter den Begriff der ausländischen Vermögensmasse zu fassen, käme es zu einer Besteuerung satzungsgemäßer Zuwendungen an Zwischenberechtigte, während die satzungsmäßigen Zuwendungen einer inländischen Stiftung an ihre Berechtigten nach ganz herrschender Meinung nicht steuerbar sind, weil es insoweit an einer Freigebigkeit der Zuwendung fehlt. Es sei daher ungeachtet der vom FG ausgeführten unionsrechtlichen Bedenken unklar und damit ernstlich zweifelhaft, ob eine solche weite Auslegung des Begriffs der ausländischen Vermögensmasse der ausländische Stiftungen mit einem rechtlich verselbstständigten Vermögen von Wortlaut, Systematik und Gesetzeszweck des § 7 Abs. 1 Nr. 9 S. 2 ErbStG gedeckt wäre.

Zudem bestünden ernstliche Zweifel an der Rechtmäßigkeit des Schenkungsteuerbescheids aufgrund der Doppelbelastung desselben Rechtsvorgangs mit Einkommen- und Schenkungsteuer. Leistungen an die nach der Satzung Begünstigten unterliegen nach § 20 Abs. 1 Nr. 9 EStG als Einkünfte aus Kapitalvermögen der ESt, und zwar ab dem VZ 2011 auch dann, wenn es sich um Leistungen einer ausländischen Stiftung handelt (§ 20 Abs. 1 Nr. 9 S. 2 EStG).[513] Wären die satzungsgemäßen Zuwendungen einer ausländischen Stiftung an die Berechtigten zugleich schenkungsteuerbar, läge eine Doppelbelastung desselben Rechtsvorgangs mit ESt und Schenkungsteuer vor. Ob es Fälle gebe, in denen ein- und derselbe Sachverhalt tatbestandlich sowohl der Einkommen- als auch der Schenkungsteuer unterfalle und in welchem Verhältnis die beiden Steuerarten in solchen Fällen stehen, sei bislang noch nicht entschieden.[514] Unter Zugrundelegung dieser Erwägungen sei rechtlich zweifelhalft, ob die Zuwendung der Stiftung den Tatbestand des § 7 Abs. 1 Nr. 9 S. 2 ErbStG erfülle. Bei der Zuwendenden handele es sich nach den Feststellungen des FG um eine Stiftung nach Schweizer Recht. Wie eine deutsche Stiftung und im Gegensatz zu einem angelsächsischen Trust besitzt sie eine eigene Rechtspersönlichkeit.

---

[511] BGBl I 1999, S. 402.
[512] Unter Hinweis auf BFH, Urteil v. 27.9.2012, II R 45/10, BStBl II 2013, S. 84.
[513] Unter Hinweis auf BFH, Urteil v. 3.11.2010, I R 98/09, BStBl II 2011, S. 417.
[514] Unter Hinweis auf BFH, Beschluss v. 12.9.2011, VIII B 70/09, BFH/NV 2012, S. 229; vgl. dazu Kurzinformation OFD Münster v. 29.3.2012, Haufe-Index 2970399; vgl. ferner BFH, Urteil v. 30.1.2013, II R 6/12, BStBl II 2013, S. 930.

> Literaturhinweis: *Birnbaum*, ZEV 2014, S. 482

7.13 Auskehrung einer FL-Stiftung an Nachbegünstigte

> **FG Düsseldorf, Beschluss v. 2.4.2014, 4 K 3718/12 Erb (rkr.), ZEV 2014, S. 381**
>
> 1. Das Tatbestandsmerkmal „Vertrag" in § 3 Abs. 1 Nr. 4 ErbStG ist eng auszulegen. Es ergibt sich aus einer am Zivilrecht orientierten Auslegung des Vertragsbegriffs.
> 2. Eine Stiftung wird nach deutschem Recht nicht durch einen Vertrag, sondern durch einseitiges Rechtsgeschäft errichtet. Dem entspricht auch die Rechtslage bei liechtensteinischen Stiftungen.
> 3. Der bloße Erwerb einer Destinatärstellung als Zweitbegünstigter begründet noch keine Erbschaftsteuerpflicht.
>
> **Normen:** §§ 3 Abs. 1 Nr. 4 und Abs. 2 Nr. 1, 7 sowie Abs. 1 Nr. 8 ErbStG

Praxishinweis

Das Urteil stellt klar, dass der Erwerb einer Destinatärstellung allein noch keine Erbschaftsteuerpflicht begründet und widerspricht damit der Entscheidung des FG Bremen[515] in einem vergleichbaren Sachverhalt.[516] Das FG Düsseldorf orientiert sich im Gegensatz zum FG Bremen hinsichtlich der Voraussetzungen eines Vertrags i. S. d. § 3 Abs. 1 Nr. 4 ErbStG klar an denjenigen eines Vertrags zugunsten Dritter i. S. d. §§ 328 ff. BGB. Danach komme es beim Erwerb der Destinatärstellung zu keiner Bereicherung des Destinatärs, der eine Entreicherung des Stifters bzw. Erblassers gegenüberstehe. Angesichts zweier widerstreitender rechtskräftiger FG-Urteile dürfte endgültige Rechtssicherheit erst mit einer klärenden Entscheidung des BFH eintreten.

> **Literaturhinweis:** *Birnbaum*, ZEV 2014, S. 482; *Enders/Rohde*, BB 2014, S. 1495; *Maetz/Kotzenberg*, ZEV 2014, S. 382; *Linn/Schmitz*, DStR 2014, S. 2541;

---

[515] Urteil v. 16.6.2010, 1 K 18/10 5,rkr., ZEV 2011, S. 152.
[516] Vgl. *Maetz/Kotzenberg*, ZEV 2014, S. 382.

7.14 Ausfall von Rentenzahlungen

> **BFH, Urteil v. 22.10.2014, II R 4/14, BFH/NV 2015, S. 116;**
> **Vorinstanz: FG Münster, Urteil v. 18.12.2013, 3 K 3246/12 Erb, EFG 2014, S. 728**
>
> Wird für eine von Todes wegen erworbene Leibrente nach § 23 Abs. 1 ErbStG die jährliche Besteuerung des Jahreswerts gewählt und fallen die Rentenzahlungen später wegen der Zahlungsunfähigkeit und Überschuldung des Verpflichteten aus, kann eine abweichende Festsetzung der Erbschaftsteuer für die Ablösung der Jahressteuer nach § 23 Abs. 2 ErbStG i. V. m. § 163 S. 1 AO gerechtfertigt sein, wenn der Rentenberechtigte als Erwerber den Antrag auf Ablösung der Jahressteuer erst lange Zeit nach Beginn des Zahlungsausfalls stellt und nicht damit zu rechnen ist, dass er weitere Rentenzahlungen erhalten wird. Entscheidend sind jeweils die Umstände des Einzelfalls.
>
> **Normen:** §§ 11, 12, 23 ErbStG; §§ 13 f. BewG; § 163 AO; §§ 101 f. FGO

Literaturhinweis: *Pahlke*, Haufe-Index 7493559

7.15 Erbschaftsteuerliche Anzeigepflicht der Kreditinstitute (EuGH-Vorlage)

> **BFH, Beschluss v. 1.10.2014, II R 29/13, DStR 2014, S. 2338;**
> **Vorinstanz: FG München, Urteil v. 25.7.2012, DStRE 2013, S. 481**
>
> Steht die Niederlassungsfreiheit einer Regelung in einem Mitgliedstaat entgegen, nach der ein Kreditinstitut mit Sitz im Inland beim Tod eines inländischen Erblassers auch dessen Vermögensgegenstände, die in einer unselbstständigen Zweigstelle des Kreditinstituts in einem anderen Mitgliedstaat verwahrt oder verwaltet werden, dem für die Verwaltung der Erbschaftsteuer im Inland zuständigen FA anzuzeigen hat, wenn in dem anderen Mitgliedstaat keine vergleichbare Anzeigepflicht besteht und Kreditinstitute dort einem strafbewehrten Bankgeheimnis unterliegen?
>
> **Norm:** Art. 49 AEUV

Literaturhinweis: *Dürr*, Haufe-Index 7446130

7.16 Einheitsbewertung des Grundvermögens (BVerfG-Vorlage)

> BFH, Beschluss v. 22.10.2014, II R 16/13, DStR 2014, S. 2438;
> Vorinstanz: FG Berlin-Brandenburg, Urteil v. 20.2.2013, DStRE 2013, S. 1122
>
> Der BFH hält die Vorschriften über die Einheitsbewertung (spätestens) ab dem Bewertungsstichtag 1.1.2009 für verfassungswidrig, weil die Maßgeblichkeit der Wertverhältnisse am Hauptfeststellungszeitpunkt 1.1.1964 für die Einheitsbewertung zu Folgen führt, die mit dem allgemeinen Gleichheitssatz (Art. 3 Abs. 1 GG) nicht mehr vereinbar sind.[517]
>
> **Normen:** §§ 19 ff., 76 Abs. 1, 93 Abs. 1 S. 2 BewG; § 182 Abs. 2 S. 1 AO; Art. 3 Abs. 1, 100 Abs. 1 S. 1 GG

Literaturhinweise: *Eggers*, IMR 2015, S. 42; *Eisele*, nwb 2014, S. 3865; *Levedag*, GmbHR 2015, R6; *Pahlke*, Haufe-Index 7488988

7.17 Freibetrag für beschränkt Steuerpflichtige (EuGH-Vorlage)

> FG Düsseldorf, Beschluss v. 22.10.2014, 4 K 488/14 Erb, DStR 2014, S. 2384;
> Az. des EuGH Rs. C-479/14
>
> Ist Art. 63 Abs. 1 i. V. m. Art. 65 AEUV dahin auszulegen, dass er der Regelung eines Mitgliedstaats, die hinsichtlich der Berechnung der Schenkungsteuer vorsieht, dass der Freibetrag auf die Steuerbemessungsgrundlage im Fall der Schenkung eines im Inland belegenen Grundstücks dann, wenn Schenker und Schenkungsempfänger zur Zeit der Ausführung der Schenkung ihren Wohnsitz in einem anderen Mitgliedstaat hatten, niedriger ist als der Freibetrag, der zur Anwendung gekommen wäre, wenn zumindest einer von ihnen zu diesem Zeitpunkt seinen Wohnsitz im erstgenannten Mitgliedstaat gehabt hätte, auch dann entgegensteht, wenn eine andere Regelung des Mitgliedstaats vorsieht, dass auf Antrag des Schenkungsempfängers der höhere Freibetrag – unter Einbeziehung aller von dem Schenker anfallenden Erwerbe zehn Jahre vor und zehn Jahre nach der Ausführung der Schenkung – zur Anwendung kommt?
>
> **Normen:** Art. 63 Abs. 1, 65 AEUV; §§ 2 Abs. 1 und Abs. 3, 14 Abs. 1, 15 Abs. 1, 16 Abs. 1 und 2 ErbStG

Literaturhinweis: *Fumi*, EFG 2014, S. 2154

---

[517] Vgl. die gleichlautenden Erlasse zur Vorläufigkeit der Feststellung von Einheitswerten des Grundvermögens sowie von Grundsteuermessbeträgen v. 19.4.2012, BStBl I 2012, S. 490.

8 Im Bereich der Abgabenordnung

8.1 Umfang der Rechtsbehelfsbelehrung

> **BFH, Urteil v. 20.11.2013,[518] X R 2/12, DStRE 2014, S. 295;**
> **Vorinstanz: Niedersächsisches FG, Urteil v. 24.11.2011, 10 K 275/11, EFG 2012, S. 292**
>
> Es reicht aus, wenn die Rechtsbehelfsbelehrung hinsichtlich der Formerfordernisse für die Einlegung eines Einspruchs den Wortlaut des § 357 Abs. 1 S. 1 AO wiedergibt.[519]
>
> **Normen:** §§ 355 Abs. 1 S. 1, 356 Abs. 1, 357 Abs. 1 AO

Sachverhalt

Das FA hat ESt-Bescheide erlassen und mit einer Rechtsbehelfsbelehrung versehen, die hinsichtlich der Form der Einspruchseinlegung den seinerzeit aktuellen Wortlaut des § 357 Abs. 1 S. 1 AO wiedergab. Der Kläger legte erst nach Ablauf der Monatsfrist Einsprüche ein und trug vor, dass die Rechtsbehelfsbelehrungen unvollständig gewesen seien, da sie keinen Hinweis auf die Möglichkeit der Einspruchseinlegung per E-Mail enthielten. Das Niedersächsische FG gab dem Kläger Recht.

Entscheidung

Der BFH ist dem jedoch nicht gefolgt, sondern geht von einer vollständigen Rechtsbehelfsbelehrung aus.

Eine Rechtsbehelfsbelehrung sei auch dann noch vollständig und richtig, wenn sie hinsichtlich der Form der Einlegung des Rechtsbehelfs nur den Wortlaut des Gesetzes wiederhole und zwar auch in Bezug auf die Einlegung des Rechtsbehelfs per E-Mail. Auf die Möglichkeit der Einspruchseinlegung in elektronischer Form brauche die Finanzbehörde auch dann nicht hinzuweisen, wenn in der Erwähnung der Internetseite in der Fußzeile des Bescheids die konkludente Eröffnung eines „Zugangs" i. S. v. § 87a Abs. 1 S. 1 AO zu sehen sein sollte. Eine Belehrung entsprechend dem Gesetzeswortlaut des § 357 Abs. 1 S. 1 AO sei nicht geeignet, bei einem „objektiven" Empfänger die Fehlvorstellung hervorzurufen, die Einlegung eines Einspruchs in elektronischer Form werde den geltenden Formvorschriften nicht gerecht. Der Hinweis auf die „Schriftlichkeit" entsprechend § 357 Abs. 1 S. 1 AO wirke weder irreführend noch rechtsschutzbeeinträchtigend.

Praxishinweis

Mit dieser Entscheidung bestätigt der BFH seine beiden Beschlüsse vom 12.10.2012[520] und 12.12.2012.[521]

---

[518] Erst in 2014 veröffentlicht.
[519] Amtlicher Tenor.
[520] III B 66/12, BFH/NV 2013, S. 177.
[521] I B 127/12, BStBl II 2013, S. 272.

8.2 Tatsächlicher Zugang eines zuzustellenden Dokuments bei Verstoß gegen zwingende Zustellungsvorschriften

> BFH, Beschluss v. 6.5.2014, GrS 2/13, DStRE 2014, S. 1002;
> BFH, Vorlagebeschluss v. 7.2.2013, VIII R 2/09, DStRE 2013, S. 1267
>
> **Verstößt eine Ersatzzustellung durch Einlegen in den Briefkasten gegen zwingende Zustellungsvorschriften, weil der Zusteller entgegen § 180 S. 3 ZPO auf dem Umschlag des zuzustellenden Schriftstücks das Datum der Zustellung nicht vermerkt hat, ist das zuzustellende Dokument i. S. d. § 189 ZPO in dem Zeitpunkt dem Empfänger tatsächlich zugegangen, in dem er das Schriftstück in die Hand bekommt.**[522]
>
> **Normen:** §§ 11, 53 Abs. 2 FGO, 180, 189 ZPO

Sachverhalt

In dem Streitfall wurde von einem Zusteller ein Brief mit der für den Kläger bestimmten Ausfertigung eines FG-Urteils am Vormittag des 24.12. (Mittwoch) in den Briefkasten des klägerischen Rechtsanwalts eingeworfen. Eine Datumsangabe hat der Zusteller nicht auf den Umschlag geschrieben. Als die Anwaltskanzlei, die vom 24.12. bis 28.12. geschlossen hatte, am 29.12. wieder öffnete, wurde der nicht mit einer Datumsangabe versehene Brief gefunden. Da der Rechtsanwalt von einer Zustellung am 29.12. ausging, legte er am 27.1. des nächsten Jahres Revision beim BFH ein. Der zuständige VIII. Senat ging von einer verspäteten Revisionseinlegung aus. An Heiligabend sei ebenso wie an Silvester davon auszugehen, dass eine bis zum Mittag eingeworfene Postsendung zur Kenntnis genommen werde; dies reiche für einen tatsächlichen Zugang aus. Wegen abweichender Entscheidungen des I., II., VI. und IX. Senats hat der VIII. Senat die Rechtsfrage wegen Divergenz und grds. Bedeutung dem Großen Senat zur Entscheidung vorgelegt.

Entscheidung

Der Große Senat des BFH teilt die Auffassung des vorlegenden Senats nicht, dass allein auf den Zeitpunkt abzustellen sei, in dem eine Willenserklärung i. S. d. § 130 Abs. 1 S. 1 BGB als zugegangen gilt. Dass der Gesetzgeber das Adjektiv „tatsächlich" verwendet hat, spricht dafür, dass eine qualifizierte Form des Zugangs gemeint sei, nämlich wenn der Adressat das Dokument „in den Händen hält".

Mit der Ersatzzustellung durch Einlegen in den Briefkasten knüpfe das Gesetz im Wesentlichen an Kriterien an, die nicht mit hoher Zuverlässigkeit festgestellt werden können, weil ihre Verwirklichung nicht beobachtet werden kann und auch keine Amtsträger tätig werden. Mache man die Fiktion des Zugangs vor derartigen Kriterien abhängig, verliere die fiktive Bestimmung des Zugangszeitpunktes ihre Grundlage jedenfalls dann, wenn auch nur eines dieser Kriterien infolge eines Zustellungsfehlers entfalle. Würden bei Ersatzzustellung durch Einlegen in den Briefkasten auf dem Umschlag[523] und auf der Zustellungsurkunde[524] nicht identische Datumsangaben angebracht, entfalle nach den vorstehenden Überlegungen das Anknüpfungskriterium für den fiktiven Zeitpunkt der Zustellung. Der Zeitpunkt könne dann nur in Anlehnung an den Zeitpunkt der realen Kenntnisnahme bestimmt werden. Dieser wird sich häufig nicht

---

[522] Amtlicher Tenor.
[523] § 180 S. 3 ZPO.
[524] § 182 Abs. 2 Nr. 7 ZPO.

sicher feststellen lassen, sodass im Zweifel auf den Zeitpunkt abzustellen sei, den der Adressat selbst als Zugangszeitpunkt angibt. Das Risiko einer misslungenen Zustellung habe derjenige zu tragen, der mit der Zustellung fristgebundene Rechtsfolgen auslösen wolle.

8.3 Auslegung eines Einspruchsschreibens

> BFH, Urteil v. 19.8.2013,[525] X R 44/11, DStR 2014, S. 323;
>
> Vorinstanz: Niedersächsisches FG, Urteil v. 5.7.2011, 1 K 136/10, Haufe-Index 2859270
>
> 1. Auch wenn im Rubrum eines Einspruchsschreibens ein „Bescheid über Einkommensteuer, Kirchensteuer und Solidaritätszuschlag" genannt ist, ist der Einspruch als lediglich gegen die Festsetzung des Solidaritätszuschlags gerichtet anzusehen, wenn die Einspruchsbegründung ausschließlich auf Rechtsfragen in Zusammenhang mit dem Solidaritätszuschlag eingeht und das Ruhen „des Rechtsbehelfsverfahrens" wegen eines Musterprozesses zum Solidaritätszuschlag beantragt wird.
> 2. Der BFH darf ein Einspruchsschreiben selbst auslegen, wenn die vom FG vorgenommene Auslegung rechtsfehlerhaft ist, das FG aber alle für die Auslegung maßgebenden Umstände festgestellt hat.[526]
>
> Normen: § 357 Abs. 3 S. 1 AO; § 133 BGB; § 118 Abs. 2 FGO

Sachverhalt

Der Prozessbevollmächtigte der Kläger legte „gegen den Bescheid für 2007 über Einkommensteuer, Kirchensteuer und Solidaritätszuschlag" fristgerecht Einspruch ein und führte in dem Schreiben aus: „Der Einspruch richtet sich gegen die Festsetzung des Solidaritätszuschlags" und bezog sich auf ein diesbezüglich anhängiges Musterverfahren und erklärte sich mit dem Ruhen des Verfahrens bis zur höchstrichterlichen Klärung einverstanden.

Etwa fünf Monate nach der Einlegung des Einspruchs ging ein weiterer Schriftsatz des Bevollmächtigten der Kläger beim FA ein, in dem es hieß, der Einspruch werde dahingehend weiter begründet, dass nunmehr erstmalig negative Einkünfte des Klägers aus Gewerbebetrieb geltend gemacht würden. Diesen „Einspruch" verwarf das FA wegen Fristversäumnis als unzulässig. Die hiergegen gerichtete Klage hatte Erfolg. Das FG hob die Einspruchsentscheidung auf, weil es das fristgerecht eingegangene Schreiben als einen Einspruch auch gegen die Einkommensteuerfestsetzung auslegte, da der Bescheid über ESt sowohl im Betreff als auch im Text dieses Schreibens ausdrücklich erwähnt war und außerdem eine Begründung eines Einspruchs nicht zwingend erforderlich sei. Gegen diese Entscheidung ging das FA in Revision.

Entscheidung

Die Revision war begründet. Zwar sei das FG zutreffend von einer Auslegungsbedürftigkeit des Einspruchsschreibens ausgegangen, habe es aber rechtsfehlerhaft ausgelegt.

Das fristgerechte Einspruchsschreiben der Kläger ist nach Auffassung des BFH nicht eindeutig, weil in dessen Betreff und im ersten Absatz alle drei Verwaltungsakte genannt sind, die in

---

[525] Erst in 2014 veröffentlicht.
[526] Amtlicher Tenor.

dem Sammelbescheid enthalten sind (Einkommensteuer-, Kirchensteuer- und Solidaritätszuschlagsbescheid), während sich die nachfolgende Begründung lediglich auf die Festsetzung des SolZ bezieht. Das FG habe sich rechtsfehlerhaft bei seiner Auslegung nur auf die Betreffzeile und den ersten Absatz des Einspruchsschreibens beschränkt, anstatt den aus Sicht eines objektiven Erklärungsempfängers erkennbaren Willen des Erklärenden zu erforschen. So dürften auch ausdrückliche Äußerungen des Erklärenden nicht nur deshalb außer Betracht bleiben, weil § 357 Abs. 3 S. 2 AO für die Erhebung eines zulässigen Einspruchs keine Begründung verlangt. Nach Auffassung des BFH war das materiell-rechtliche Begehren der Kläger ausweislich der Begründung des Einspruchs ausschließlich auf den Wegfall der Festsetzung des SolZ, aber noch nicht einmal ansatzweise auf die Änderung der Bescheide über Einkommen- oder Kirchensteuer gerichtet. Daher sei eine Auslegung dahingehend geboten, dass der ursprüngliche Einspruch sich nur gegen die Festsetzung des SolZ gerichtet hat.

Bislang sei die Befugnis des Revisionsgerichts, Erklärungen selbst auszulegen, überwiegend in den Fällen bejaht worden, in denen eine notwendige Auslegung durch das FG gänzlich unterblieben war, jedoch die Feststellung aller maßgebenden Tatsachen erfolgt ist. Nichts anderes könne nach Ansicht des BFH gelten, wenn das FG – bei Feststellung aller maßgebenden Tatsachen – eine rechtsfehlerhafte Auslegung vorgenommen hat.

Praxishinweis

Diese Entscheidung verdeutlicht noch einmal, dass der Einkommensteuerbescheid regelmäßig ein Sammelbescheid ist, mit dem auch andere jeweils eigenständig anfechtbare Verwaltungsakte bekanntgegeben werden. Auch wenn nach dem Wortlaut des Schreibens der ganze Sammelbescheid beeinsprucht wird, kann die Einspruchsbegründung zu einer Beschränkung des eingelegten Einspruchs auf einen der Verwaltungsakte führen. Nur bezüglich dieses Teils des Sammelbescheids können dann noch außerhalb der Einspruchsfrist weitere Begründungen nachgeschoben werden.

8.4 Inhaltsadressat von Feststellungsbescheiden

> **BFH, Urteil v. 24.7.2013,[527] I R 57/11, DStR 2014, S. 199;**
> **Vorinstanz: FG Düsseldorf, Urteil v. 22.7.2011, 1 K 4383/09 F, EFG 2011, S. 1969**
>
> 1. Sowohl Feststellungsbescheide nach § 180 Abs. 1 Nr. 2 Buchst. a AO als auch die Bescheide zur Feststellung von Besteuerungsgrundlagen gem. § 180 Abs. 5 Nr. 1 AO (....) sind nicht an die Personengesellschaft selbst, sondern an die an ihr beteiligten Gesellschafter (Mitunternehmer) zu richten. Ein Feststellungsbescheid, der dies nicht beachtet, ist nichtig (ständige Rspr.).
> 2. Soweit der Senat mit Urteil vom 24.4.2007, I R 33/06[528] entschieden hat, dass Bescheide, mit denen die im Rahmen einer ausländischen Personengesellschaft erzielten Einkünfte festgestellt werden, gegen die Personengesellschaft selbst zu richten sind, hält er hieran nicht mehr fest.[529]
>
> **Normen:** §§ 125 Abs. 1, 179 Abs. 2 S. 1 und S. 2, 180 Abs. 1 Nr. 2 Buchst. a und Abs. 3 S. 1 Nr. 1 sowie Abs. 5 Nr. 1 AO; §§ 2a Abs. 3 und Abs. 4 Nr. 2, 52 Abs. 3 S. 5 EStG 1997; § 120 Abs. 1 S. 2 und Abs. 3 Nr. 1 FGO

8.5 Bindungswirkung eines Feststellungsbescheids

> **BFH, Urteil v. 10.4.2014, III R 20/13, DStRE 2014, S. 880;**
> **Vorinstanz: FG Baden-Württemberg, Urteil v. 13.3.2013, 12 K 2970/10**
>
> 1. In die gesonderte und einheitliche Feststellung der Einkünfte nach § 180 Abs. 1 Nr. 2 Buchst. a AO sind auch die Gewinne einzubeziehen, die ein Mitunternehmer aus der Veräußerung seines Anteils an einer freiberuflichen Mitunternehmerschaft erzielt.
> 2. Der Feststellungsbescheid entfaltet in positiver Hinsicht Bindungswirkung, als er einen Gewinn oder Verlust aus der Veräußerung eines Mitunternehmeranteils dem Grunde, der Höhe und dem Entstehungszeitpunkt nach einem Mitunternehmer zuweist.
> 3. Weist der Feststellungsbescheid keinen Gewinn oder Verlust aus der Veräußerung eines Mitunternehmeranteils aus, wird dadurch für den Folgebescheid in negativer Hinsicht mit Bindungswirkung festgestellt, dass ein solcher Gewinn oder Verlust im Feststellungszeitraum nicht entstanden ist.
>
> **Normen:** §§ 179, 180 Abs. 1 Nr. 2 Buchst. a, 182 Abs. 1 S. 1, 351 Abs. 2 AO

In dieser Entscheidung stellt der BFH klar, dass der Veräußerungsgewinn bei freiberuflichen Personengesellschaften gem. § 18 Abs. 3 EStG i. V. m. § 16 Abs. 1 S. 1 Nr. 2 EStG zu den Einkünften des Gesellschafters aus seiner Beteiligung an der Personengesellschaft gehört und

---

[527] Erst in 2014 veröffentlicht.
[528] BFH/NV 2007, S. 2236.
[529] Amtlicher Tenor.

deshalb auch verfahrensrechtlich als Bestandteil der gesondert festzustellenden Einkünfte anzusehen ist. Nach st. Rspr. sei daher im Gewinnfeststellungsverfahren auch darüber zu entscheiden, ob und in welcher Höhe Veräußerungsgewinne i. S. d. § 16 EStG, § 18 Abs. 3 EStG entstanden sind. Unter Verweis auf seine Entscheidung vom 3.3.2011[530] betont der BFH in den Entscheidungsgründen, dass auch keine Möglichkeit bestehe, einen nicht festgestellten Veräußerungsgewinn im Wege eines Ergänzungsbescheids nach § 179 Abs. 3 AO nachzuholen.

Literaturhinweis: *Dalichau*, SteuK 2014, S. 341

8.6 Ablaufhemmung der Festsetzungsfrist durch Antrag des Steuerpflichtigen

> **BFH, Urteil v. 27.11.2013,**[531] **II R 57/11, DStR 2014, S. 474;**
>
> **Vorinstanz: FG Düsseldorf, Urteil v. 25.11.2010, 14 K 3386/08 V, Haufe-Index 2973730**
>
> 1. Die Hemmung des Ablaufs der Festsetzungsfrist nach § 171 Abs. 3 AO setzt einen Antrag des von der Steuerfestsetzung betroffenen Steuerpflichtigen voraus.
>
> 2. Im Falle der Änderung eines Grundlagenbescheids wird der Ablauf der Zwei-Jahres-Frist (§ 171 Abs. 10 S. 1 AO) für die Anpassung des Folgebescheids nach § 171 Abs. 3 AO nur gehemmt, wenn der von dem Folgebescheid betroffene Steuerpflichtige selbst die Änderung des Folgebescheids vor Ablauf der Frist beantragt.[532]
>
> **Normen:** §§ 169 Abs. 1 S. 1, 170 Abs. 2 S. 1 Nr. 1, 171 Abs. 3 und Abs. 10 S. 1, 175 Abs. 1 S. 1 Nr. 1 AO

Sachverhalt

Die klägerische GmbH war zu 45 % an der A-AG beteiligt, die wiederum eine 50%ige Beteiligung an der R-AG hielt. Bei der Festsetzung der VSt auf den 1.1.1990 gegen die Klägerin berücksichtigte das FA auch den Wert der Anteile der Klägerin an der A-AG. Aufgrund einer Klage der R-AG stellt das FG im Dezember 1999 den gemeinen Wert ihrer Anteile auf den 31.12.1989 fest, woraufhin das FA im Mai 2000 einen geänderten Bescheid über die gesonderte und einheitliche Feststellung des gemeinen Werts der Anteile an der A-AG auf den 31.12.1989 erließ und den Wert der Anteile entsprechend minderte. Der Feststellungsbescheid wurde an die A-AG als Empfangsbevollmächtigte u. a. für die Klägerin bekannt gegeben. Die Folgeanpassung des Vermögensteuerbescheids auf den 1.1.1990 für die Klägerin unterblieb.

Im Januar 2008 beantragte die Klägerin beim FA im Vermögensteuerbescheid vom 1.1.1990 die Änderungen aus dem gegenüber der R-AG ergangenen Urteils umzusetzen. Dies lehnte das FA unter Hinweis auf die eingetretene Festsetzungsverjährung ab. Einspruch und Klage blieben erfolglos.

---

[530] IV R 8/08, BFH/NV 2011, S. 1649.
[531] Erst in 2014 veröffentlicht.
[532] Amtlicher Tenor.

Entscheidung

Der BFH wies die Revision als unbegründet zurück.

Die reguläre Festsetzungsfrist sei zwar bereits abgelaufen gewesen, allerdings sei aufgrund des geänderten Feststellungsbescheids aus Mai 2000 über die Anteilsbewertung der A-AG auf den 31.12.1989 der Ablauf der Festsetzungsfrist für die Vermögensteuer der Klägerin bis Mai 2002 gehemmt. Wenn für die Festsetzung einer Steuer ein Feststellungsbescheid bindend sei (Grundlagenbescheid), ende die Festsetzungsfrist nicht vor Ablauf von zwei Jahren nach Bekanntgabe des Grundlagenbescheids (§ 171 Abs. 10 S. 1 AO). Die Vorschrift bewirke eine Ablaufhemmung für die Folgesteuer, soweit und solange in offener Feststellungsfrist ein Grundlagenbescheid, der für die Festsetzung der Folgesteuer bindend ist, noch zulässig ergehen kann. Bei einem ergangenen Grundlagenbescheid gewähre § 171 Abs. 10 S. 1 AO immer nur eine maximale Auswertungszeit von zwei Jahren, die mit der Bekanntgabe des Grundlagenbescheids an den Adressaten beginne. Innerhalb dieser Zeit habe das FA von Amts wegen den Steuerbescheid an den Grundlagenbescheid anzupassen.

Der Ablauf der Zwei-Jahres-Frist des § 171 Abs. 10 S. 1 AO im Mai 2002 sei nicht durch einen rechtzeitig gestellten Antrag der Klägerin auf Änderung der Vermögensteuerfestsetzung gehemmt worden. Im Falle der Änderung eines Grundlagenbescheids werde der Ablauf der Zwei-Jahres-Frist für die Anpassung des Folgebescheids nach § 171 Abs. 3 AO nur gehemmt, wenn der vom Folgebescheid betroffene Steuerpflichtige selbst die Änderung des Folgebescheids vor Ablauf der Frist beantrage. Aus diesem Antrag müsse auch hinreichend konkret hervorgehen, inwieweit der Steuerpflichtige die Änderung des Folgebescheids begehrt. Die Klägerin habe aber erst im Jahr 2008 und damit nach dem Ablauf der Frist beim FA die Änderung der Vermögensteuerfestsetzung beantragt.

In seinen Entscheidungsgründen betont der BFH, dass es mit Art. 20 Abs. 3 GG vereinbar sei, dass die Änderungen eines (Folge-)Bescheids nach Eintritt der Festsetzungsverjährung unzulässig sei, wenn die Finanzbehörde ihrer Anpassungspflicht aus § 175 Abs. 1 S. 1 Nr. 1 AO nicht rechtzeitig nachgekommen ist und der Steuerpflichtige seinerseits keinen Antrag gestellt hat.

Praxishinweis

Die Entscheidung macht deutlich, dass der Steuerpflichtige es bei Ergehen eines Grundlagenbescheids selber im Blick haben muss, ob die Finanzverwaltung innerhalb der Zwei-Jahres-Frist von sich aus aktiv wird, oder ob ein entsprechender Antrag gestellt werden muss.

8.7 Keine Anwendung der Ablaufhemmung des § 171 Abs. 14 AO im Gewerbesteuerverfahren

> **BFH, Urteil v. 5.2.2014, X R 1/12, DStR 2014, S. 1058;**
> Vorinstanz: FG Baden-Württemberg, Außensenate Freiburg, Urteil v. 18.11.2011, 11 K 4919/09, EFG 2012, S. 783

1. Die Ablaufhemmung des § 171 Abs. 14 AO ist auf den Gewerbesteuermessbescheid als Grundlagenbescheid weder unmittelbar noch sinngemäß anwendbar.
2. Der gem. § 181 Abs. 5 S. 2 AO erforderliche Hinweis dient nicht nur der Begründung, sondern hat Regelungscharakter (Bestätigung der BFH-Rspr.).[533]

Normen: §§ 171 Abs. 14, 181 Abs. 5, 184 Abs. 1 AO

8.8 Säumniszuschläge bei zu Unrecht versagter AdV

> **BFH, Urteil v. 24.4.2014, V R 52/13, DStR 2014, S. 1494;**
> Vorinstanz: Sächsisches FG, Urteil v. 20.2.2013, 8 K 1587/12, DStRE 2014, S. 1021

Säumniszuschläge sind in vollem Umfang zu erlassen, wenn eine rechtswidrige Steuerfestsetzung aufgehoben wird und der Steuerpflichtige zuvor alles getan hat, um die AdV zu erreichen und diese – obwohl möglich und geboten – abgelehnt worden ist (Fortführung der Rspr.).

Normen: §§ 227, 240 Abs. 1 S. 4, 361 AO; § 69 FGO

Sachverhalt

Die Klägerin wurde in den Jahren 2002 und 2003 zur USt veranlagt. Die Klägerin legte gegen die entsprechenden Festsetzungen Einspruch ein und stellte Antrag auf AdV. Das beklagte FA setzte daraufhin die USt für das Jahr 2002 herab und wies den Einspruch hinsichtlich des Jahres 2003 zurück. Im Hauptsacheverfahren gab das FG der Klage statt und setzte die USt 2002 auf den unstreitigen und pünktlich bezahlten Betrag herab und hob die Festsetzung für 2003 vollständig auf. Für den Zeitraum von der Einspruchsentscheidung bis zur Aufhebung der Steuerfestsetzung forderte das beklagte FA Säumniszuschläge i. H. v. 11.476 € für das Jahr 2002 und 16.922,50 € für das Jahr 2003. Auf einen entsprechenden Antrag der Klägerin hin erließ das FA die angeforderten Säumniszuschläge zur Hälfte. Einen weiteren Erlass lehnte es ab.

Das im Klagewege angerufene FG verpflichtete das FA zum vollständigen Erlass der Säumniszuschläge. Zwar seien gem. § 240 Abs. 1 S. 4 AO die Säumniszuschläge aufgrund der formellen Steuerfestsetzung durch das FA unabhängig von ihrer späteren Aufhebung entstanden, da die Aussetzungsanträge erfolglos geblieben waren. Im vorliegenden Falle seien jedoch die verwirkten Säumniszuschläge wegen sachlicher Unbilligkeit gem. § 227 AO vollständig zu erlassen. Die Klägerin habe aufgrund ihrer Aussetzungsanträge beim FA und beim FG alles Mögliche getan, um das Entstehen von Säumniszuschlägen zu verhindern. Die Ablehnung die-

---

[533] Amtlicher Tenor.

ser Anträge könne der Klägerin nicht zum Nachteil gereichen. Aus der Rspr. des BFH[534] folge, dass das Ermessen des FA in einem solchen Falle auf einen vollständigen Erlass der Säumniszuschläge reduziert sei.

Gegen das Urteil des FG wendet sich das FA mit der Revision und dem Argument, Säumniszuschläge hätten nach der Rspr. des BFH nicht nur den Sinn, eine Gegenleistung für das Hinausschieben der formell festgesetzten, nicht bezahlten Steuer zu bilden, sondern auch, als Druckmittel den Steuerpflichtigen zur pünktlichen Zahlung der Steuern anzuhalten. Da der Steuerpflichtige nach der (rechtswidrigen) Ablehnung der AdV an sich die Steuer hätte zahlen müssen, behalte die Verwirkung von Säumniszuschlägen auch bei späterer Aufhebung der Steuerfestsetzung ihren Sinn. Säumniszuschläge seien deshalb nur zur Hälfte zu erlassen.

Entscheidung

Der BFH wies die Revision als unbegründet zurück. Zutreffend habe das FG das FA verpflichtet, die Säumniszuschläge zu erlassen. Die Ermessensentscheidung lasse keinen Rechtsfehler erkennen.

Ein Erlass von Säumniszuschlägen sei aus sachlichen Billigkeitsgründen gem. § 227 AO geboten, wenn ihre Einziehung im Einzelfall, insb. mit Rücksicht auf den Zweck der Säumniszuschläge, nicht zu rechtfertigen sei, obwohl der Sachverhalt zwar den gesetzlichen Tatbestand erfülle, die Erhebung der Säumniszuschläge aber den Wertungen des Gesetzgebers zuwiderlaufe (sog. Gesetzesüberhang). In der Rspr. des BFH sei anerkannt, dass Säumniszuschläge wegen sachlicher Unbilligkeit zu erlassen seien, wenn die Steuerfestsetzung später aufgehoben worden ist und der Steuerpflichtige alles getan habe, um die AdV eines Steuerbescheids zu erreichen, das FA aber die Aussetzung „obwohl möglich und geboten" abgelehnt habe. Habe der Steuerpflichtige jedoch im Aussetzungsverfahren alles Erdenkliche getan, um den einstweiligen Rechtschutz zu erreichen, und ist ihm dieser gleichwohl fehlerhaft versagt worden, liege eine unbillige Härte vor, wenn trotz späterer Aufhebung der Steuerfestsetzung Säumniszuschläge erhoben wurden. Dementsprechend habe der Senat bereits in einem früheren Urteil entschieden, dass ein Anspruch auf vollständigen Erlass der Säumniszuschläge dann bestehe, wenn dem Steuerpflichtigen die AdV aufgrund einer gesetzlichen Sonderregelung des § 361 Abs. 2 S. 4 AO in einer dem Sinn und Zweck dieser Regelung nicht entsprechenden Weise verwehrt sei. Nichts anders gelte, wenn eine rechtswidrige Steuerfestsetzung aufgehoben wird und der Steuerpflichtige zuvor alles getan habe, um die AdV zu erreichen und diese – obwohl möglich und geboten – abgelehnt worden sei (Fortführung der Rspr.).

Bei der Höhe des gebotenen Erlasses von Säumniszuschlägen sei zu berücksichtigen, dass diese zwar zum einen Druckmittel zur Durchsetzung fälliger Steuern sind und zum anderen Entgelt für eine verspätet gezahlte Steuer, denn der säumige Steuerpflichtige solle nicht besser gestellt werden, als hätte er Stundungs- oder Aussetzungszinsen (§ 238 AO) zu zahlen. Bei einer rechtswidrigen Steuerfestsetzung sei jedoch die gesetzgeberische Wertung des § 237 AO zu beachten, wonach der Steuerpflichtige bei Gewährung der AdV zwar grds. Aussetzungszinsen zu zahlen habe, dies aber dann nicht gelte, wenn der Steuerpflichtige mit seinem Rechtsbehelf Erfolg gehabt hat (§ 239 Abs. 1 S. 1 AO). Erweise sich eine im Eilverfahren gewährte AdV somit im Ergebnis als berechtigte Abwehr gegen eine rechtswidrige Steuerforderung, habe der Steuerpflichtige keinerlei Aussetzungszinsen (auch nicht zur Hälfte) zu tragen. Werde dem Steuerpflichtigen die gebotene AdV zu Unrecht versagt, sei er im Billigkeitsverfahren so zu stellen, als hätte er den gebotenen einstweiligen Rechtschutz erlangt, sodass er nach § 237 AO keinerlei Säumniszuschläge zu zahlen habe.

---

[534] BFH, Urteil v. 20.5.2010, V R42/08, BStBl II 2010, S. 955.

Im Bereich der Abgabenordnung

8.9 Keine Haftung wegen Firmenfortführung bei Übernahme einer Etablissementbezeichnung

> **Literaturhinweise:** *Weger*, Haufe-Index 7171306; *Thomas*, SteuK 2014, S. 370

> **BFH, Urteil v. 20.5.2014, VII R 46/13, DStR 2014, S. 1874;**
> **Vorinstanz: FG Münster, Urteil v. 23.5.2013, 8 K 1782/11, EFG 2014, S. 891**
>
> 1. Wesentliche Voraussetzung für eine Nachfolgehaftung gem. § 25 HGB ist – neben der Geschäftsfortführung – die Fortführung der bisherigen Firma.
> 2. Entscheidendes Merkmal einer Firma ist, dass dieser Name geeignet ist, den Geschäftsinhaber im Rechtsverkehr zu individualisieren.
> 3. Eine Geschäfts- oder Etablissementbezeichnung, die das Geschäftslokal oder den Betrieb allgemein, nicht aber den Geschäftsinhaber kennzeichnet, ist keine Firma, es sei denn, dass sie im maßgeblichen Rechtsverkehr, in Verträgen, auf Geschäftsbriefen u. ä. „firmenmäßig" verwendet wird.[535]
>
> **Normen:** § 191 AO; § 25 HGB

Sachverhalt

Die Klägerin (eine im Jahre 2008 gegründete GmbH) hatte einen bestehenden Restaurantbetrieb übernommen und dazu Räumlichkeiten gepachtet sowie Inventar und Vorräte übernommen. Sie beschäftigte das bisherige Personal im Wesentlichen unverändert weiter und führte das bisherige Konzept des Restaurants fort. Ein Hinweis auf die Firma der klagenden GmbH fand sich in der Werbung und auf den Speisekarten nicht. Die Klägerin trat im Geschäftsverkehr unter ihrer neuen Firma („B Speise GmbH") auf. Das beklagte FA nahm die Klägerin mit Haftungsbescheid nach § 191 AO i. V. m. § 25 Abs. 1 HGB auf Umsatzsteuerschulden der Vorgängerin in Anspruch. Das nach erfolglosem Einspruchsverfahren angerufene FG(FG) hob den Haftungsbescheid auf. Das beklagte FA legte dagegen Revision ein.

Entscheidung

Der BFH wies die Revision als unbegründet zurück und stellte fest, dass FG habe zu Recht entschieden, dass die Voraussetzungen für eine Haftungsinanspruchnahme nach § 191 AO i. V. m. § 25 Abs. 1 HGB im Streitfall nicht vorliegen.

Nach § 25 Abs. 1 HGB haftet derjenige, der ein unterlebenden erworbenes Handelsgeschäft unter der bisherigen Firma fortführt, für alle im Betrieb des Geschäftsbegründeten Verbindlichkeiten des früheren Inhabers. Wesentliche Voraussetzung für diese Nachfolgehaftung sei nach dem eindeutigen Gesetzeswortlaut – neben der Geschäftsfortführung – die Fortführung des Handelsgeschäfts unter der „bisherigen Firma"[536] bzw. die „Fortführung der Firma".[537] Nach § 17 Abs. 1 HGB sei die Firma eines Kaufmanns der Name, unter dem er seine Geschäfte betreibe und die Unterschrift abgebe. Entscheidendes Merkmal einer Firma sei, dass dieser Name geeignet ist, den Geschäftsinhaber (den Schuldner der Verbindlichkeit) im Rechtsver-

---
[535] Amtlicher Tenor.
[536] § 25 Abs. 1 HGB.
[537] § 26 Abs. 1 S. 1 HGB.

kehr zu individualisieren. Eine Geschäfts- oder Etablessementbezeichnung, die lediglich das Geschäftslokal oder den Betrieb allgemein, nicht aber den Geschäftsinhaber kennzeichne, sei keine Firma.[538] Im Streitfall sei das FG zutreffend davon ausgegangen, dass die Klägerin die Firma der früheren Inhaberin nicht fortgeführt habe. Letztere habe unter ihren Namen und die Klägerin unter der Firma „B Speise GmbH" firmiert. Gegenüber Behörden, Lieferanten, der Verpächterin etc. sei die ursprüngliche Geschäftsinhaberin unter ihrem Namen aufgetreten. Entsprechendes gelte für die Klägerin, die mit der Firma, mit der sie ins Handelsregister eingetragen war, tatsächlich auch im Rechtsverkehr aufgetreten sei. Es sei ferner nicht davon auszugehen, dass im Streitfall der Gaststättenname („ausländisches Restaurant XYZ") aus Gästesicht die Firma der jeweiligen Inhaberin war. Bei Gaststätten seien Etablissementbezeichnungen weit verbreitet, die oft über lange Zeit unabhängig von der Person des Inhabers oder Pächters verwendet werden. Da Speisen und Getränke regelmäßig als Vorleistungen gereicht und in Gaststätten meist auch sog. „Bargeschäfte des täglichen Lebens" abgeschlossen werden, seien für Restaurantbesucher die Fähigkeiten des Kochs von größerer Bedeutung als die im Rechtsverkehr verwendete Firma des Inhabers. Im konkreten Fall handelte es sich bei „XYZ" um den Namen einer bekannten historischen Person, sodass es für Restaurantgäste fern gelegen habe, anzunehmen, der Inhaber der Gaststätte trage diesen Namen. Auch wenn gem. § 18 HGB sog. „Fantasiefirmen" zulässig sind, sei der Restaurantname jedoch im Streitfall nicht als Firma geführt worden. Entscheidend sei, dass sowohl die frühere Inhaberin des Restaurants als auch die Klägerin die Bezeichnung „ausländisches Restaurant XYZ" im rechtsgeschäftlichen Verkehr, in Geschäftsbriefen oder Verträgen und bei Unterschriften nicht als ihren Namen, das heißt nicht „firmenmäßig" verwendet haben. Schließlich seien die vom beklagten FA angeführten Umstände (gleichbleibende Geschäftsadresse und Telefonnummer, unverändertes Personal und Betriebskonzept etc.) Ausdruck der im Streitfall unstreitig gegebenen Fortführung eines vollkaufmännischen Gewerbebetriebs, nicht aber der für den Tatbestand des § 25 Abs. 1 HGB gleichfalls erforderlichen Firmenfortführung.

Praxishinweis

Nach Auffassung der Finanzverwaltung macht die Urteilsbegründung deutlich, dass (insb. in der Gastronomiebranche) stets nach den Umständen des Einzelfalls zu beurteilen bleibt, ob von einer Firma, die fortgeführt wird oder einer Geschäftsbezeichnung auszugehen ist.[539] Im Übrigen ist § 25 HGB neben § 75 AO (Haftung für Betriebssteuern) und § 613a BGB (Übernahme von Arbeitsverhältnissen) eine der Vorschriften, aus denen ein Erwerber beim Asset Deal für Schulden des Veräußerers haftet. Aus § 75 AO konnte im Streitfall keine Haftung der Klägerin hergeleitet werden, weil die Vorschrift nur Betriebssteuern erfasst, die seit dem Beginn des letzten, vor der Übereignung liegenden Kalenderjahres entstanden sind. Nach st. Rspr. muss sowohl das Handelsgeschäft als auch die Firma nur im Kern fortgeführt werden. Nach § 25 Abs. 2 HGB kann eine Haftung jedoch dadurch vermieden werden, dass Veräußerer und Erwerber diese durch Vereinbarung ausschließen. Diese Vereinbarung wirkt gegenüber Dritte nur bei Eintragung in das Handelsregister (des Erwerbers) und entsprechender Bekanntmachung. Diese Bekanntmachung sollte jedoch spätestens binnen einer Frist von sechs Wochen erfolgen, da sonst die Unwirksamkeit des vereinbarten Haftungsausschlusses droht.[540]

Literaturhinweise: *Krüger*, Haufe-Index 7310111; *Möller*, GWR 2014, S. 459

---

[538] Unter Hinweis auf BFH, Beschluss v. 11.6.2012, VII B198/11, BFH/NV 2012, S. 1572 m. w. N.
[539] Vgl. OFD NRW, Kurzinformation vom 26.9.2014, DB 2014, S. 2380.
[540] *Möller*, GWR 2014, S. 459.

8.10 Unangemessene Verfahrensdauer eines finanzgerichtlichen Klageverfahrens

> **BFH, Urteil v. 20.8.2014, X K 9/13, DStR 2014, S. 2022;**
> **Vorinstanz: Hessisches FG, Urteil v. 19.3.2013, 12 K 3431/06, Haufe-Index 7493296**
>
> 1. Bei einem finanzgerichtlichen Klageverfahren, dessen Schwierigkeit schon als überdurchschnittlich anzusehen ist und bei dem das FG trotz wiederholter Sachstandsanfragen und Erhebung einer Verzögerungsrüge erst rd. sechs Jahre nach Klageeingang mit Maßnahmen beginnt, die das Verfahren einer Entscheidung zuführen sollen, ist von einer unangemessenen Verfahrensdauer auszugehen.
> 2. Eine nicht „unverzüglich" nach Inkrafttreten des ÜberlVfRSchG erhobene Verzögerungsrüge präkludiert sowohl einen Entschädigungsanspruch gegenüber langer Verfahrensdauer gem. § 198 Abs. 2 S. 2 GVG als auch die Feststellung einer überlangen Verfahrensdauer gem. § 198 Abs. 4 S. 1 GVG.[541]
> 3. Die Regelung des § 198 Abs. 5 S. 3 GVG, die die Nichtübertragbarkeit der Entschädigung bis zur Rechtskraft der Entscheidung über die Klage regelt, betrifft nicht die Vererblichkeit des Anspruchs.
>
> **Normen:** § 198 GVG; Art. 23 ÜberlVfRSchG

Sachverhalt

Die Klägerin und ihr während des Verfahrens verstorbener Ehemann E klagten auf Entschädigung wegen der überlangen Dauer eines finanzgerichtlichen Verfahrens, das vom November 2006 bis März 2013 dauerte. Gegenstand dieses Verfahrens vor dem FG war die Abziehbarkeit von Rechtsanwaltskosten als außergewöhnliche Belastungen bzw. Werbungskosten bei den Einkünften aus nichtselbstständiger Arbeit, die dem E entstanden waren, weil er vor dem EGMR ein Verfahren wegen überlanger Verfahrensdauer eines ihn betreffenden Strafverfahrens geführt (und gewonnen) hatte. Das FG wurde trotz mehrerer Sachstandsanfragen der Kläger nicht tätig. Letztere rügten sowohl im November 2001 (und damit vor Inkrafttreten des ÜberlVfRSchG)[542] sowie im Juni 2012 die Verzögerung.

Entscheidung

Die Klage hatte vor dem BFH teilweise Erfolg. Die Klägerin erhielt (auch als Alleinerbin ihres verstorbenen Ehemannes E) für die Verzögerung des Verfahrens von Juni 2012 bis November 2012 jeweils eine Entschädigung von 1.200 €. Ansprüche wegen der überlangen Verfahrensdauer vor der Verzögerungsrüge im Juni 2012 erachtete der BFH für präkludiert.

Der BFH war der Ansicht, nach der Übergangsregelung des Art. 23 S. 1 des ÜberlVfRSchG sei das genannte Gesetz auch auf Verfahren anwendbar, die bei seinem Inkrafttreten am 3.12.2011 bereits anhängig waren. Für anhängige Verfahren, die bei Inkrafttreten des Gesetzes bereits verzögert waren, gelte § 198 Abs. 3 GVG mit der Maßgabe, dass die Verzögerungsrüge „unverzüglich" nach Inkrafttreten erhoben werden müsse. Weder die (vorsorglich) im November 2011 noch die im Juni 2012 erhobene Rüge würden dieser Voraussetzung gerecht. Die im November 2011 erhobene „vorsorgliche Verzögerungsrüge" könne nicht als Verzögerungsrü-

---

[541] Im Anschluss an die Rechtsprechung des BGH, Urteil v. 10.4.2014, III ZR 335/13, NJW 2014, S. 1967.
[542] Gesetz über den Rechtsschutz bei überlangen Gerichtsverfahren und strafrechtlichen Ermittlungsverfahren vom 24.11.2011, BGBl I 2011, S. 2302.

ge i. S. d. § 198 Abs. 3 GVG angesehen werden, da zu diesem Zeitpunkt das ÜberlVfRSchG (und damit die Vorschrift des § 198 Abs. 3 GVG) noch nicht in Kraft getreten sei. Die Verzögerungsrüge vom Juni 2012 wurde dagegen nicht mehr „unverzüglich nach Inkrafttreten" i. S. d. genannten Gesetzes erhoben worden. Für den in diesem Zusammenhang verwendeten Begriff „unverzüglich" sei ein Zeitraum von drei Monaten als sachgerecht anzusehen.[543] Dieser Zeitraum sei vorliegend überschritten. Folge der nicht „unverzüglich nach Inkrafttreten erhobenen" Verzögerungsrüge ist nach Ansicht des BFH, dass zunächst die Zuerkennung einer Geldentschädigung vor dem Inkrafttreten des ÜberlVfRSchG entfällt. Nach Ansicht des BGH[544] solle darüber hinaus ein solcher Entschädigungsanspruch nach § 198 GVG für den Zeitraum, der vom Inkrafttreten bis zur Erhebung einer solchen Verzögerungsrüge verstrichen ist, ausgeschlossen sein. Mit Rücksicht auf diese Entscheidung und zur Wahrung der Einheitlichkeit der Rspr. der obersten Gerichtshöfe des Bundes schließt sich der BFH dieser Rechtsansicht an und hält an seiner zuvor geäußerten Rechtsansicht[545] im Anwendungsbereich des Art. 23 des ÜberlVfRSchG nicht weiter fest.

Des Weiteren sei der Anspruch auf Entschädigung des immateriellen Nachteils ein personenbezogener Anspruch. Er stehe dementsprechend jeder Person zu, die an einem Gerichtsverfahren beteiligt ist. Verfahrensbeteiligt seien bei Klageerhebung die Klägerin und ihr während des Klageverfahrens verstorbene Ehemann gewesen, als dessen Alleinerbin die Klägerin das Klageverfahren fortführt. Der Entschädigungsanspruch des E sei vererblich, entspreche die Entschädigung doch einem Schadensersatzanspruch für immaterielle Schäden. Diese Vererblichkeit werde auch nicht durch die Regelung § 198 Abs. 5 S. 3 GVG ausgeschlossen. Zwar bestimme diese Vorschrift, dass „bis zur rechtskräftigen Entscheidung über die Klage (…) der Anspruch nicht übertragbar (ist)". Diese Vorschrift solle jedoch allein die Pfändbarkeit nach § 851 Abs. 1 ZPO und damit den Handel mit einem Entschädigungsanspruch verhindern.

> **Literaturhinweise:** *Förster*, Haufe-Index 7346062; *Schmidtmann*, StuB 2014, S. 71

8.11 Kein erneuter Einspruch nach (Teil-)Einspruchsentscheidung

> **BFH, Urteil v. 18.9.2014, VI R 80/13, DStR 2014, S. 2343;**
> **Vorinstanz: FG Düsseldorf, Urteil v. 5.6.2013, 15 K 4597/12 E, EFG 2014, 621**
>
> Erlässt das Finanzamt vor Ablauf der Einspruchsfrist eine (Teil-) Einspruchsentscheidung, ist ein nochmaliger Einspruch gegen die Steuerfestsetzung nicht statthaft, auch wenn er innerhalb der noch währenden Einspruchsfrist (§ 355 Abs. 1 AO) eingelegt worden ist.
>
> **Normen:** Art. 19 Abs. 4 GG; §§ 40 Abs. 1, 44 Abs. 2, 47 Abs. 2, 63 FGO; §§ 172 Abs. 1 S. 1 Nr. 2 Buchst. a, 348 Nr. 1, 355 Abs. 1, 367 Abs. 2 AO

Sachverhalt

Die klagenden Eheleute wurden im Jahr 2011 zusammen zur ESt veranlagt. Der Ehemann machte in der ESt-Erklärung 2011 Kosten für Fahrten zu seinen Einsatzorten i. H. v. ca.

---
[543] Unter Verweis auf BFH, Urteil v. 7.11.2013, X K 13/12, BStBl II 2014, S. 179.
[544] Urteil v. 10.4.2014, III ZR 335/13, NJW 2014, S. 1967.
[545] BFH, Urteil v. 17.4.2013, X K 3/12, BStBl II 2013, S. 547.

12.000 € als Werbungskosten zu den Einkünften aus nichtselbstständiger Arbeit geltend. Das beklagte FA erkannte im Rahmen der ESt-Veranlagung jedoch nur Reisekosten i. H. v. 80 % des geltend gemachten Betrags an. Dagegen legten die Kläger Einspruch ein, der sich gegen die Kürzung der als außergewöhnliche Belastungen nach § 33 EStG abgezogenen Krankheitskosten um zumutbare Belastungen wandte. Da zur Frage der Verfassungsmäßigkeit dieser Kürzung mehrerer finanzgerichtliche Verfahren anhängig seien, beantragten die Kläger das Ruhen des Verfahrens. Daraufhin erließ das beklagte FA – vor Ablauf der Einspruchsfrist – eine Teileinspruchsentscheidung gem. § 367 Abs. 2a AO. Darin wies es den Einspruch, soweit er nicht die Verfassungsmäßigkeit der Kürzung der außergewöhnlichen Belastungen betraf, als unbegründet zurück. Im Übrigen stellte das FA das Einspruchsverfahren ruhend.

Noch innerhalb der ursprünglichen Einspruchsfrist legten die Kläger erneut Einspruch gegen den ESt-Bescheid 2011 ein. Sie beantragten die erklärungsgemäße Berücksichtigung der Fahrtkosten des Ehemannes. Dem seitens des FA vorgebrachten Einwand, der erneute Einspruch sei nicht zulässig, hielten die Kläger entgegen, die Einspruchsfrist des § 355 Abs. 1 AO dürfe durch eine vorzeitige Teileinspruchsentscheidung nicht verkürzt werden. Das beklagte FA verwarf jedoch den (erneuten) Einspruch der Kläger in seiner Einspruchsentscheidung als unzulässig.

Das daraufhin angerufene FG wies die dagegen erhobene Klage mit der Begründung ab, ein erneuter Einspruch innerhalb der Frist des § 355 AO gegen einen Steuerbescheid sei unstatthaft, wenn der erste Einspruch innerhalb der Rechtsbehelfsfrist durch Teileinspruchsentscheidung abgewiesen worden sei. Nach Abschuss des Einspruchsverfahrens durch Teileinspruchsentscheidung stehe dem Steuerpflichtigen nur der Weg zum FG offen. Gegen das klageabweisende Urteil legten die Kläger Revision zum BFH ein und beantragten, die ESt-Festsetzung 2011 dahingehend abzuändern, Fahrtkosten i. H. v. ca. 12.000 € als Werbungskosten bei den Einkünften des Ehemannes aus nichtselbstständiger Arbeit zu berücksichtigen.

Entscheidung

Der BFH wies die Revision als unbegründet zurück und stellte fest, dass FG habe den Einspruch der Kläger bezüglich der Fahrkosten zu Recht als nicht statthaft verworfen.

Nach § 347 Abs. 1 S. 1 Nr. 1 AO sei gegen Verwaltungsakte in Abgabenangelegenheiten der Einspruch statthaft. Soweit das Einspruchsverfahren durch eine wirksame Einspruchsentscheidung abgeschlossen werde, könnten Verwaltungsakte jedoch nur noch mit der Klage angefochten werden (§§ 40 ff. FGO). Ein erneuter Einspruch gegen die Steuerfestsetzung sei nicht mehr zulässig. Sei das außergerichtliche Rechtsbehelfsverfahren wie im vorliegenden Fall durch eine (wirksame) Rechtsbehelfsentscheidung abgeschlossen worden, liegen zwei Verwaltungsakte vor, der ursprüngliche Verwaltungsakt (hier der Einkommensteuerbescheid vom 4.6.2012) und die (Teil-) Einspruchsentscheidung.

Verfahrensrechtlich bildeten ursprüngliche Verwaltungsakt und Einspruchsentscheidung eine Verfahrenseinheit in der Weise, dass der ursprüngliche Verwaltungsakt „in der Gestalt" (mit dem Inhalt) zu beurteilen sei, die er durch die Entscheidung über den außergerichtlichen Rechtbehelf gefunden habe (§ 44 Abs. 2 FGO). Diese verfahrensrechtliche Einheit habe zum einen zur Folge, dass die Einspruchsentscheidung – obwohl Verwaltungsakt – nicht nochmals mit dem Einspruch (§ 348 Nr. 1 AO) und i. d. R. auch nicht „isoliert" angefochten werden kann. Überdies könne eine Einspruchsentscheidung nicht neben einer gegen den Steuerbescheid gerichteten Klage gesondert im Klagewege angefochten werden. Zum anderen entfalle wegen des „Verbundes" von ursprünglichem Verwaltungsakt und Einspruchsentscheidung die Möglichkeit, den Ausgangsbescheid nach dem Ergehen einer Einspruchsentscheidung nochmals – in seiner ursprünglichen Gestalt – zum Gegenstand eines außergerichtlichen Rechtsbehelfsverfahrens zu machen. In seiner ursprünglichen Form existiere der Ausgangsbescheid verfahrensrechtlich in einem solchen Fall nicht mehr. § 44 Abs. 2 FGO behandle das zweistufige Verwaltungshandeln insoweit vielmehr als Einheit. Ein erneuter Einspruch gegen die nämliche Steuerfestsetzung nach dem Ergehen einer Einspruchsentscheidung sei deshalb ausgeschlossen, auch wenn er innerhalb der Einspruchsfrist des § 355 Abs. 1 AO eingelegt werde. Demnach stand im Streitfall der Statthaftigkeit des (erneuten) Einspruchs vom 6.7.2012 die auf den (ersten) Einspruch vom 4.6.2012 hin ergangene Teileinspruchsentscheidung entgegen. Letztere sei wirksam ergangen. Allein der Umstand, dass sie vor Ablauf der Einspruchsfrist ergangen ist, vermöge einen schweren offenkundigen Mangel i. S. d. § 125 AO nicht zu begründen. Selbst wenn das FA verpflichtet sein sollte, eine Einspruchsentscheidung erst nach Ablauf der Einspruchsfrist zu erlassen (was der Senat hier offen lassen könne) führe ein Verstoß dagegen nur zur Rechtswidrigkeit der Einspruchsentscheidung, die der Steuerpflichtige im Rahmen eines hiergegen gerichteten Klageverfahrens geltend machen müsse. Des Weiteren hatte das FG nach Ansicht des BFH auch keinen Anlass, den nicht statthaften (nochmaligen) Einspruch vom 6.7.2012 als beim FA angebrachte Klage (§ 47 Abs. 2 FGO) gegen die ESt-Festsetzung 2011 in Gestalt der Teileinspruchsentscheidung vom 21.6.2012 auszulegen. Eine solche Auslegung des Schreibens der fachkundig vertretenen Kläger sei vorliegend nicht möglich. Der Einspruch vom 6.7.2012 sei u. a. in Anbetracht der Rechtsmittelbelehrung der Teileinspruchsentscheidung nicht als Klage auszulegen, da er weder an das FG gerichtet war noch den (unbedingten) Willen zur gerichtlichen Überprüfung der Teileinspruchsentscheidung zum Ausdruck gebracht habe. Schließlich lagen nach Ansicht des BFH im Streitfall auch die Voraussetzungen für eine schlichte Änderung des streitigen ESt-Bescheids 2011 nach § 172 Abs. 1 S. 1 Nr. 2 Buchst. a AO nicht vor. Ein wirksamer Antrag auf „schlichte" Änderung nach der genannten Vorschrift zugunsten des Steuerpflichtigen müsse auf eine bestimmte Änderung gerichtet sein und deshalb das verfolgte Änderungsbegehren innerhalb der Einspruchsfrist oder der Klagefrist seinem sachlichen Gehalt nach zumindest in groben Zügen zu erkennen geben. Ein dergestalt bestimmbares Änderungsbegehren hätten die Kläger erstmals mit der Einspruchsbegründung vom 3.9.2012 und damit jedenfalls erst nach Ablauf der Klagefrist gegen die ESt-Festsetzung 2011 vom 4.6.2012 in Gestalt der Einspruchsentscheidung vom 21.6.2012 vorgetragen.

Literaturhinweis: *Schneider*, Haufe-Index 7487552

9 Im Bereich der Grunderwerbsteuer

9.1 Rückgängigmachung eines Erwerbsvorgangs nach § 16 Abs. 1 GrEStG

> BFH, Urteil v. 5.9.2013, II R 9/12, BStBl II 2014, S. 588;
> Vorinstanz: FG Berlin-Brandenburg, Urteil v. 24.1.2012, 11 K 11002/08, EFG 2012 S. 1296
>
> 1. Werden die Aufhebung des ursprünglichen Kaufvertrags und die Weiterveräußerung des Grundstücks in einer einzigen Vertragsurkunde zusammengefasst, hat der Ersterwerber die Möglichkeit, die Aufhebung des ursprünglichen Kaufvertrags zum anschließenden Erwerb des Grundstücks durch eine von ihm ausgewählte dritte Person zu nutzen.
> 2. Dieselben Grundsätze gelten, wenn die Verkäuferin eine Gesellschaft ist, der Kaufvertrag aufgehoben wird und in derselben Urkunde die Anteile an der Gesellschaft auf den Ersterwerber oder einen von diesem bestimmten Dritten übertragen werden.
>
> **Norm:** § 16 Abs. 1 Nr. 1 GrEStG

Sachverhalt

Im Ausgangsfall waren an der klagenden GmbH und ihrer Schwestergesellschaft je zwei Gesellschafter-Geschäftsführer hälftig beteiligt. Die Klägerin hatte von einer GbR, deren Vermögen lediglich aus einem Grundstück bestand, eben dieses Grundstück erworben. Der Grundstückskaufvertrag wurde nach Festsetzung von GrESt innerhalb von zwei Jahren rückwirkend aufgehoben und in gleicher Urkunde festgelegt, dass die Gesellschafter der GbR ihre Gesellschaftsanteile an die Klägerin und ihre Schwestergesellschaft veräußern. Einspruch, Klage und Revision gegen die Festsetzung der GrESt blieben ohne Erfolg. Es liegt keine vollständige Rückgängigmachung des ursprünglichen Kaufvertrags vor.

Entscheidung

Entscheidend für die Anwendung von § 16 Abs. 1 Nr. 1 GrEStG ist die Rückgängigmachung des Erwerbsvorgangs. Dies bedeutet nach Auffassung des BFH, dass über die zivilrechtliche Aufhebung des den Steuertatbestand erfüllenden Rechtsgeschäfts hinaus die Vertragspartner sich derart aus ihren vertraglichen Bindungen entlassen haben, dass die Möglichkeit zur Verfügung über das Grundstück nicht beim Erwerber verbleibt, sondern der Veräußerer seine ursprüngliche Rechtsstellung wieder erlangt. Sofern im Zusammenhang mit der Aufhebung des Vertrags dieses wiederum weiterveräußert wird, wird der Verkäufer gerade nicht aus seiner Bindung entlassen war.

Bei der Zusammenfassung der beiden Rechtsgeschäfte in einer Urkunde hat der frühere Erwerber die Möglichkeit, die Aufhebung des ursprünglichen Kaufvertrags zum anschließenden Erwerb des Grundstücks durch eine von ihm ausgewählte dritte Person zu nutzen. Denn der Veräußerer wird erst durch Unterzeichnung des kombinierten Vertrags aus seiner ursprünglichen vertraglichen Verpflichtung frei – in diesem Augenblick ist er aber gerade wieder gebunden.

Die Anwendung des § 16 Abs. 1 Nr. 1 GrEStG ist in einem solchen Fall jedoch nur dann ausgeschlossen, wenn der Ersterwerber eine ihm verbliebene Rechtsposition auch in seinem eigenen wirtschaftlichen Interesse verwertet hat. Eine solche Verwertung liegt dann vor, wenn die Einflussnahme des Ersterwerbers auf die Weiterveräußerung Ausfluss der ihm verbliebenen Rechtsposition ist.

Im vorliegenden Fall war das Interesse der Klägerin im Falle der Aufhebung darauf gerichtet, sich und ihrer Schwestergesellschaft den Erwerb der Anteile an der GbR zu sichern. Sie wollte sich daher nicht vollständig vom Vertrag lösen. Die Anwendung des § 16 Abs. 1 Nr. 1 GrEStG ist daher ausgeschlossen.

Praxishinweis

Für die Beratungspraxis ist darauf zu achten, dass strikt zwischen dem (evtl. rückgängig gemachten) Ersterwerb des Grundstücks und dem anschließenden Zweiterwerb des Grundstücks bzw. der Anteile an der grundstücksbesitzenden Gesellschaft unterschieden wird. Der Erwerb aller Anteile an einer grundstücksbesitzenden Gesellschaft löst wiederum per se weitere GrESt aus. Hier ist dann auf § 1 Abs. 1 Nr. 3, Abs. 2a bzw. Abs. 3 oder 3a GrEStG zu achten.

Literaturhinweis: *Pahlke*, BFH/PR 2014, S. 26

9.2 Rückgängigmachung eines Erwerbsvorgangs nach § 16 Abs. 1 GrEStG und Weiterveräußerung an Zweiterwerber

> **BFH, Urteil v. 5.9.2013, II R 16/12, BStBl II 2014, S. 42;**
>
> **Vorinstanz: FG Berlin-Brandenburg, Urteil v. 2.3.2011, 11 K 11060/07, EFG 2012, S. 1297**
>
> 1. Werden die Aufhebung des ursprünglichen Kaufvertrags und die Weiterveräußerung des Grundstücks in einer einzigen Vertragsurkunde zusammengefasst, hat der Ersterwerber die Möglichkeit, die Aufhebung des ursprünglichen Kaufvertrags zum anschließenden Erwerb des Grundstücks durch eine von ihm ausgewählte dritte Person zu nutzen.
>
> 2. Ist dem Ersterwerber das weitere Schicksal des Grundstücks gleichgültig, hindert die Benennung des Dritten als Ersatzkäufer nicht die Anwendung des § 16 GrEStG.
>
> 3. Ob die Benennung des Ersatzkäufers auf Verlangen des Verkäufers oder im eigenen (wirtschaftlichen) Interesse des Ersterwerbers erfolgt ist, ist im Rahmen einer Gesamtwürdigung aller Tatsachen festzustellen.
>
> **Norm:** § 16 Abs. 1 Nr. 1 GrEStG

Sachverhalt

Mit dem vorliegenden Sachverhalt hatte der BFH ein weiteres Mal Gelegenheit, sich mit der Rückgängigmachung eines Erwerbsvorgang nach § 16 Abs. 1 Nr. 1 GrEStG auseinander zu setzen. Problematisch war die erforderliche tatsächliche Rückgängigmachung in einem sog. Weiterveräußerungsfall, bei dem in zeitlichen bzw. wirtschaftlichen Zusammenhang mit einer formal umfassenden Aufhebung eines Erwerbsvorgangs erneut unter Beteiligung des Erwerbers über das Grundstück verfügt wird.

Die Klägerin hatte ein Angebot zum Erwerb zweier Grundstücke angenommen. Zuvor hatte die Verkäuferin einer noch zu gründenden, in Luxemburg ansässigen Tochtergesellschaft der Klägerin ein gleichlautendes Angebot unterbreitet. Kurze Zeit später hoben die Klägerin und die Verkäuferin den Kaufvertrag auf. In derselben Urkunde verkaufte die Verkäuferin nun die Grundstücke zum selben Kaufpreis an eine weitere in Luxemburg ansässige Gesellschaft, an der mittelbar auch der Gesellschafter-Geschäftsführer der Klägerin beteiligt war. Das FA setzte GrESt gegen die Klägerin fest, der Einspruch hiergegen blieb erfolglos. Auch die Klage war erfolglos, das FG war der Ansicht, dass die Klägerin ihre Rechtsposition aus dem ursprünglichen Erwerb im eigenen wirtschaftlichen Interesse verwertet habe. Sie habe einen Ersatzkäufer benennen müssen, um die mit der Nichterfüllung verbundenen wirtschaftlichen, finanziellen und sonstigen Folgen für ihr Unternehmen zu vermeiden. Die Verkäuferin aber habe der Aufhebung nur unter Benennung eines Ersatzkäufers zugestimmt.

Entscheidung

Der BFH hat die Revision für begründet erachtet, das Urteil aufgehoben und zur weiteren Verhandlung und Entscheidung an das FG zurückverwiesen.

Bei der Rückgängigmachung eines Grundstückkaufvertrags ist für den BFH entscheidend, dass der Veräußerer seine ursprüngliche Rechtsposition wiedererlangt. Es darf keine Möglichkeit der Veräußerung beim ursprünglichen Erwerber verbleiben. Eine solche verbleibt diesem jedoch, wenn Aufhebung und neuer Vertrag in einer Urkunde zusammengefasst sind. Denn der Veräußerer wird erst in dem Moment aus seiner vertraglichen Verpflichtung frei, in dem er durch die neue Übereignungsverpflichtung an den Zweiterwerber gebunden ist.

In solchen Fällen ist die Anwendung von § 16 GrEStG nur dann ausgeschlossen, wenn der Ersterwerber die ihm verbliebene Rechtsposition auch im eigenen wirtschaftlichen Interesse verwertet hat. Wenn diesem jedoch das weitere Schicksal des Grundstücks gleichgültig ist, hindert die Benennung eines Ersatzkäufers nicht die Anwendung von § 16 GrEStG. Auf wessen Verlangen diese Benennung erfolgt ist, ist in einer Gesamtwürdigung aller Tatsachen festzustellen. Diese hat das FG noch nachzuholen. Es muss daher noch prüfen, ob die Klägerin darüber hinaus noch eigene wirtschaftliche Interessen verfolgt hat. Hierbei ist auch die mittelbare Beteiligung der Klägerin an der Zweiterwerberin miteinzubeziehen.

Literaturhinweise: *Böing*, GmbH-StB 2014, S. 7; *Pahlke*, BFH/PR 2014, S. 25

9.3 Anteilsvereinigung bei wechselseitiger Beteiligung auf Ebene einer Zwischengesellschaft

> **BFH, Urteil v. 18.9.2013, II R 21/12, BStBl II 2014, S. 326;**
> **Vorinstanz: FG Köln, Urteil v. 30.11.2011, 5 K 1542/09, EFG 2012, S. 1582**
>
> Bei der im Rahmen des § 1 Abs. 3 Nr. 1 GrEStG vorzunehmenden Prüfung, ob bei einer zwischengeschalteten Gesellschaft die erforderliche Beteiligungsquote von 95 % erreicht ist, bleiben Anteile, die eine 100%ige Tochtergesellschaft der Gesellschaft an dieser hält, ebenso unberücksichtigt wie Anteile, die die Gesellschaft selbst hält.
>
> **Norm:** § 1 Abs. 3 Nr. 1 GrEStG

Das vorliegende Urteil befasst sich mit der Behandlung wechselseitig gehaltener Beteiligungen in grunderwerbsteuerlicher Hinsicht im Rahmen des § 1 Abs. 3 GrEStG.

Sachverhalt

Die Klägerin erwarb an der grundbesitzenden S-GmbH unmittelbar Geschäftsanteile i. H. v. 7,4 % des Stammkapitals. Die F-GmbH, an deren Stammkapital die Klägerin zu 90 % unmittelbar beteiligt war, wiederum erwarb an der S-GmbH 67,4 %. Die restlichen 25,2 % hielt die S-GmbH als eigene Anteile selbst. An der F-GmbH war neben der Klägerin die K-GmbH zu 10 % beteiligt. Diese wiederum ist selbst eine 100%ige Tochtergesellschaft der F-GmbH.

Entscheidung

Der BFH bestätigt die Auffassung des FA, dass durch den Erwerb der Anteile an der S-GmbH Grunderwerbsteuer nach § 1 Abs. 3 GrEStG ausgelöst wird.

Das Urteil des BFH bestätigt zunächst die Aussage, dass eigene Anteile bei der Prüfung des § 1 Abs. 3 GrEStG für die Erreichung der Quote von 95 % ohne Berücksichtigung bleiben. Neu ist, dass dies auch für wechselseitig gehaltene Beteiligungen gilt. Dies war hier anhand der Frage zu beurteilen, ob der Klägerin die 10%ige Beteiligung der K-GmbH an der F-GmbH zuzurechnen waren. Das FG hatte dies verneint, da die K-GmbH ein eigener Rechtsträger sei. Die Beteiligung an ihr umfasse weniger als 95 %. Dem widersprach der BFH (wie vorher bereits das FA). Die F-GmbH hatte als alleinige Gesellschafterin die Möglichkeit und das Recht, ihren eigenen Willen dort vollumfänglich in grunderwerbsteuerlicher Weise durchzusetzen. Aus diesen Erwägungen heraus bleibt diese 100%ige Beteiligung unberücksichtigt. Der Anwendungsbereich des § 1 Abs. 3 GrEStG war damit eröffnet, da die Klägerin 7,4 % unmittelbar und weitere 67,4 % erworben hat. Die restlichen 25,2 % hielt die F-GmbH selbst.

Praxishinweis

Der BFH entscheidet sich hier für eine wirtschaftliche Betrachtungsweise, die der Wertungssystematik des Grunderwerbsteuerrechts gerecht wird. Bei mittelbaren Beteiligungen kommt es auf die begründeten Einflussmöglichkeiten auf die grundbesitzende Gesellschaft an.

Gestaltungsmodelle, die demnach bisher mit wechselseitigen Beteiligungen gearbeitet haben, sind in grunderwerbsteuerlicher Hinsicht gefährdet. Das vorliegende Urteil dürfte aber auch zeigen, dass die Auflösung wechselseitiger Beteiligungen ebenfalls keine GrESt auslöst.

Literaturhinweise: *Böing*, GmbH-StB 2014, S. 104; *Wagner*, BB 2014, S. 1446

9.4 Grundstückseinbringung in Personengesellschaft bei anschließender Umwandlung in Kapitalgesellschaft

> **BFH, Urteil v. 25.9.2013, II R 2/12, BStBl II 2014, S. 329;**
> **Vorinstanz: FG Düsseldorf, Urteil v. 7.12.2011, 7 K 3027/11 GE, EFG 2012, S. 971**
>
> 1. Bringen die Gesellschafter einer KG ein ihnen gehörendes Grundstück in die KG ein und wird die KG anschließend in eine Kapitalgesellschaft umgewandelt, sind die Voraussetzungen für die Nichterhebung der Grunderwerbsteuer für die Grundstückseinbringung nicht erfüllt.
> 2. Bei der Einbringung eines Grundstücks in eine Gesellschaft darf auch dann nicht anstelle des Grundbesitzwerts der Buchwert angesetzt werden, wenn die Gesellschaft und das für die Steuerfestsetzung zuständige FA dies vereinbaren.
>
> **Normen:** §§ 3 Nr. 4 und Nr. 6, 5, 8 Abs. 2 S. 1 Nr. 2 GrEStG

Sachverhalt

An einer Personengesellschaft waren eine Mutter und ihre beiden Kinder beteiligt. In diese KG hatte die Mutter und eines der Kinder ein Grundstück gegen Gewährung von Gesellschaftsrechten eingebracht. Hieran anschließend wurde die KG in eine Kapitalgesellschaft formwechselnd umgewandelt. Vor diesem Hintergrund war fraglich, ob hierin eine schädliche Anteilsminderung vorliegt mit der Folge, dass die GrESt zu erheben ist. Weiterhin hatte das FA den Buchwert des Grundstücks als Bemessungsgrundlage herangezogen.

Entscheidung

Grds. kann nach § 5 Abs. 1 GrEStG die GrESt nicht erhoben werden, wenn ein Grundstück von mehreren Miteigentümern auf eine Gesamthand übergeht, soweit der Anteil des einzelnen am Vermögen der Gesamthandbeteiligten seinem Bruchteil am Grundstück entspricht. Diese Vergünstigung kommt allerdings dann nicht zur Anwendung, wenn sich der Anteil vermindert. Fraglich war daher, ob in dem Formwechsel in eine Kapitalgesellschaft eine „Verminderung" zu sehen ist. Der BFH bejaht dies. Der Formwechsel steht einer Anteilsminderung gleich, hierbei ist der fehlende Rechtsträgerwechsel unbeachtlich. Entscheidend ist jedoch, dass die gesamthänderische Mitberechtigung am Grundstück bei einer Kapitalgesellschaft nicht (mehr) gegeben ist. Die bloße Teilhabe der Gesellschafter einer Kapitalgesellschaft an Wertveränderungen der Gesellschaftsgrundstücke über ihre allgemeine Beteiligung an den Erträgen ist nicht mit der gesamthänderischen Teilhabe gleichzusetzen. Folglich sind Kapitalgesellschaften in den Steuervergünstigungen nach §§ 5 ff. GrEStG nicht beinhaltet. Der BFH weist ausdrücklich darauf hin, dass es grunderwerbsteuerlich ohne Bedeutung ist, dass die Einbringung in die KG ertragsteuerlich vorteilhaft war. Es gebe keine Vorschrift, nach der auf inländische Grundstücke bezogene, ertragsteuerlich günstige Gestaltungen ohne grunderwerbsteuerliche Folgen bleiben müssen.

Das FA hatte ohne Kenntlichmachung der Vorläufigkeit als Bemessungsgrundlage den Buchwert herangezogen. Dies ist unzulässig. Den für die Einbringung maßgeblichen Wert hat das zuständige FA mittels Grundlagenbescheid festzustellen, er bemisst sich nach § 138 Abs. 2–4 BewG. Diese Feststellung ist noch nachzuholen.

> **Literaturhinweis:** *Krämer*, GmbH-StB 2014, S. 71

9.5 Grunderwerbsteuer und Formwechsel

> **BFH, Urteil v. 25.9.2013, II R 17/12, BStBl II 2014, S. 268;**
> **Vorinstanz: FG Nürnburg, Urteil v. 23.2.2012, 4 K 1596/11, EFG 2012, S. 1293**
>
> 1. Geht ein Grundstück von einer Gesamthand auf eine andere Gesamthand (gegebenenfalls nach § 1 Abs. 2a GrEStG auch nur fiktiv) über, wird bei Identität der Beteiligungsverhältnisse die Steuer nach § 6 Abs. 3 S. 1 GrEStG nicht erhoben. Vermindert sich die Höhe des Anteils einer im Zeitpunkt des Grundstücksübergangs an der grundstückserwerbenden Gesamthand beteiligten Person innerhalb von fünf Jahren dadurch, dass diese über ihren Anteil zugunsten ihres Ehegatten oder eines Verwandten in gerader Linie oder durch freigebige Zuwendung unter Lebenden i. S. d. § 7 Abs. 1 ErbStG verfügt, wirkt sich dies im Hinblick auf § 3 Nr. 2, Nr. 4 und Nr. 6 GrEStG auf die Nichterhebung der Steuer nicht aus, soweit die begünstigten Personen ihrerseits die Beteiligung an der Gesamthand i. S. v. § 6 Abs. 3 S. 2 GrEStG unvermindert über den Zeitraum von fünf Jahren aufrechterhalten.
> 2. Geht die gesamthänderische Mitberechtigung der an der grundstückserwerbenden Gesamthand beteiligten Personen innerhalb von fünf Jahren nach dem (u. U. auch nur fiktiven) Grundstücksübergang durch eine formwechselnde Umwandlung in eine Kapitalgesellschaft verloren, entfallen die Voraussetzungen für die Nichterhebung der Grunderwerbsteuer rückwirkend.
>
> **Normen:** §§ 1 Abs. 2a S. 1, 3 Nr. 2 und Nr. 4 sowie Nr. 6, 6 Abs. 3 GrEStG; § 7 Abs. 1 Nr. 1 ErbStG

Sachverhalt

Ein weiteres Mal[546] hatte der BFH einen Fall zu entscheiden, bei dem nach Übertragungen von Anteilen an Personengesellschaften innerhalb einer Familie, nachdem zuvor Grundstücke in die Personengesellschaften eingebracht worden waren, die Personengesellschaft formwechselnd in eine Kapitalgesellschaft umgewandelt wurde.

Entscheidung

Sofern dies wie hier innerhalb der fünfjährigen Sperrfrist des § 6 Abs. 3 S. 2 GrEStG passiert, kommt es zum rückwirkenden Wegfall der Nichterhebung der GrESt. Argumentativ untermauert wird dieses Ergebnis dadurch, dass eine gesamthänderische Beteiligung bei einer Kapitalgesellschaft nicht denkbar ist. Unerheblich ist dabei, dass ein sog. kreuzender Formwechsel zunächst kein grunderwerbsteuerbarer Vorfall ist. Entscheidend ist nämlich, dass hier nicht die Grunderwerbsteuerbarkeit des Formwechsels zur Diskussion steht, sondern die Frage, ob die gesamthänderische Verbindung der Gesellschafter am Grundstück während der fünfjährigen Sperrfrist erhalten geblieben ist.

---

[546] Siehe hierzu auch BFH, Urteil v. 25.9.2013, II R 2/12, Besprechung unter Kapitel C.9.4.

Praxishinweis

Rspr., Literatur und Finanzverwaltung stellen für den maßgeblichen Zeitpunkt für den formwechselnden Sperrfristverstoß auf den Zeitpunkt der Eintragung des Formwechsels ab, nicht auf die Beurkundung des Formwechselbeschlusses.

Die ertragsteuerliche Rückwirkung des Formwechsels spielt für die GrESt keine Rolle.

Literaturhinweise: *Behrens*, BB 2014, S. 419; *Loose*, DB 2014, S. 207; *Pahlke*, BFH/PR 2014, S. 98; *Schwetlik*, GmbH-StB 2014, S. 40

9.6 Grunderwerbsteuer bei Grundstücksschenkung unter Auflage

BFH, Urteil v. 20.11.2013, II R 38/12, BStBl II 2014, S. 479;
Vorinstanz: Niedersächsisches FG, Urteil v. 7.3.2012, 7 K 105/11, DStRE 2013, S. 939

Ist bei einer Grundstücksschenkung unter Auflage (hier Verpflichtung zur Einräumung eines Wohnrechts an einem Grundstück) die Auflage bei der Schenkungssteuer dem Grunde nach bereicherungsmindernd abziehbar, unterliegt sie mit ihrem nach den für die Grunderwerbsteuer geltenden Vorschriften zu ermittelnden Wert der Grunderwerbsteuer. § 3 Nr. 2 GrEStG gebietet es nicht, die Auflage bei der Schenkungssteuer und bei der Grunderwerbsteuer nach übereinstimmenden Maßstäben zu bewerten.

Normen: § 3 Nr. 2 S. 2 GrEStG; §§ 16, 17 Abs. 3 S. 2 BewG

Sachverhalt

Im vorliegenden Besprechungsurteil geht es um das Nebeneinander von Schenkung- und Grunderwerbsteuer. Die Klägerin hatte ihr Wohngrundstück auf B übertragen. B räumte der Klägerin auf Lebenszeit ein unentgeltliches Wohn- und Mitbenutzungsrecht ein, i.ü. war die Übertragung des Grundstücks unentgeltlich. Bei der Schenkungsteuer wurde das Wohnungsrecht erwerbsmindernd berücksichtigt. Das FA setzte GrESt fest, wobei die Bemessungsgrundlage der nach den allgemeinen Vorschriften des BewG ermittelte Wert des unentgeltlichen Wohnungsrechts war. Die für die Schenkungssteuer geltende Begrenzung auf das 18,6 fache des Jahreswerts der Nutzungen blieb unberücksichtigt. Das FG wollte die Bemessungsgrundlage auf den schenkungssteuerlichen Wert deckeln, dem trat der BFH entgegen.

Entscheidung

Grundstücksschenkungen unter Lebenden i. S. d. ErbStG sind grds. von der GrESt ausgenommen. Soweit allerdings die Schenkung unter einer Auflage erfolgt, die bei der Schenkungsteuer abziehbar ist, unterlegt der Vorgang jedoch hinsichtlich des Werts der Auflage der GrESt (§ 3 Nr. 2 S. 2 GrEStG).

Nach dem BFH ist allerdings der schenkungsteuerliche Wert der Auflage für die Bemessung der GrESt nicht bindend. Sowohl verfahrensrechtlich als auch materiell-rechtlich sind Schenkung- und Grunderwerbsteuer unabhängig voneinander nach den für sie geltenden Vorschriften zu behandeln. Wenn wie hier bei der GrESt ein höherer Wert zum Ansatz kommt, ist das verfassungsrechtlich ohne Bedeutung. Dies bedeutet faktisch, dass es in Höhe des Differenzbetrags zu einer Doppelbelastung mit Schenkung- und Grunderwerbsteuer kommen kann.

Praxishinweis

Sofern andere Befreiungsvorschriften, z. B. bei Grundstücksschenkungen unter Ehegatten oder Verwandten in gerader Linie, zur Anwendung kommen, stellt sich die Frage nach dem Wert der Auflage nicht. Nicht befreit ist allerdings der Erwerb durch Geschwister oder deren Abkömmlinge.

Literaturhinweis: *Pahlke*, BFH/PR 2014, S. 168

9.7 Einheitlicher Erwerbsgegenstand im Grunderwerbsteuerrecht

> **BFH, Urteil v. 27.11.2013, II R 56/12, BStBl II 2014, S. 534;**
> **Vorinstanz: FG Berlin-Brandenburg, Urteil v. 18.10.2011, 11 K 11234/07, EFG 2013, S. 543**
>
> **Eine umfangreiche Vorplanung von der Veräußererseite reicht für sich allein nicht aus, um anzunehmen, dass der Erwerber das – im Zeitpunkt des Erwerbs noch unbebaute oder unsanierte – Grundstück im bebauten oder sanierten Zustand erwirbt. Hinzukommen muss, dass die auf der Veräußererseite handelnden Personen auch zur Veränderung des körperlichen Zustands des Grundstücks verpflichtet sind.**
>
> **Normen:** §§ 1 Abs. 1 Nr. 1, 8, 9 GrEStG

Sachverhalt

Dem B wurde mittels notariellen Kaufangebots angeboten, ein Grundstück zu einem feststehenden Kaufpreis zu erwerben oder Dritte als Käufer zu benennen. Nach der Baubeschreibung der Architekten sollte auf dem Grundstück ein Wohngebäude neu errichtet werden. Der Kläger gründete mit weiteren Personen eine GbR. Laut Gesellschaftsvertrag sollten die Gesellschafter das Grundstück zu Miteigentum erwerben, gemeinsam bebauen und zu Eigentumswohnungen aufteilen. Die Bebauung sollte sich an der Objektbeschreibung etc. der Architekten orientieren. Die Baukosten waren ausdrücklich als Schätzung bezeichnet und sollten den Gesellschaftern anteilig zugerechnet werden. Die GbR erwarb das Grundstück und schloss mit den Architekten einen Architektenvertrag. Ein Gesellschafter schloss mit Bauhandwerkern Einzelverträge zur Gebäudeerrichtung.

Entscheidung

FG und BFH sind der Ansicht, dass wegen der fehlenden Verpflichtung der Veräußererseite zur Gebäudeherstellung kein einheitlicher Erwerbsgegenstand vorliegt und hat deswegen die Bauerrichtungskosten nicht in die Bemessungsgrundlage zur GrESt einbezogen.

Mit der vorliegenden Entscheidung hatte der BFH ein weiteres Mal Gelegenheit, sich mit dem einheitlichen Erwerbsgegenstand im Grunderwerbsteuerrecht zu befassen. Die Problematik des vorliegenden Falles liegt in der Schnittstelle zwischen den Steuertatbeständen des § 1 GrEStG und der Bemessungsgrundlage nach §§ 8, 9 GrEStG.

Nur wenn Gegenstand des Erwerbsvorgangs ein erst noch herzustellender künftiger Grundstückszustand ist, gehören unter bestimmten Voraussetzungen auch die hierzu erforderlichen Aufwendungen in die Bemessungsgrundlage. Die sog. „eigennützigen Erwerberleistungen" gehören nicht zur grunderwerbsteuerlichen Gegenleistung.

Anknüpfungspunkt für das Steuerrecht ist zunächst das zivilrechtliche Verpflichtungsgeschäft. Erst und nur dann, wenn sich aus weiteren Vereinbarungen ergibt, dass der Erwerber das beim Abschluss des Kaufvertrags noch unbebaute Grundstück in einem bebauten Zustand erhält, bezieht sich der grunderwerbsteuerliche Erwerbsvorgang auf einen sog. einheitlichen Erwerbsgegenstand.

Dies kann auch gegeben sein, wenn auf Veräußererseite mehrere Personen aufgrund abgestimmten Verhaltens tätig sind und diese zur künftigen Veränderung des körperlichen Zustands des Grundstücks verpflichtet sind.

Eine Bauerrichtungsverpflichtung, die vom Grundstückserwerber beauftragte Handwerker oder Architekten gegenüber dem Erwerber übernehmen, begründet hingegen keinen einheitlichen Erwerbsgegenstand.

Gegen einen einheitlichen Erwerbsgegenstand sprach hier weiterhin das Fehlen einer Herstellungs- oder Preisgarantie.

Literaturhinweis: *Pahlke*, BFH/PR 2014, S. 142

9.8 Erbengemeinschaft als selbstständiger Rechtsträger im Grunderwerbsteuerrecht

> **BFH, Urteil v. 12.2.2014, II R 46/12, BStBl II 2014, S. 536;**
> **Vorinstanz: FG Düsseldorf, Urteil v. 9.8.2012, 7 K 3691/11 GE, DStRE 2013, S. 1259**
>
> 1. Vereinigen sich mindestens 95 % der Anteile an einer grundbesitzenden Gesellschaft in der Hand einer Erbengemeinschaft, wird diese nach § 1 Abs. 3 Nr. 1 GrEStG grunderwerbsteuerlich so behandelt, als habe sie das Grundstück von der Gesellschaft erworben.
> 2. Reicht der vom Grunderwerbsteuerbescheid erfasste Lebenssachverhalt nicht aus, um den Tatbestand, an den das GrEStG die Steuerpflicht knüpft, zu erfüllen, ist der Bescheid rechtswidrig. Der im Bescheid bezeichnete – nicht steuerbare – Lebenssachverhalt kann nicht durch einen anderen – steuerbaren – ersetzt werden.
> 3. Sind die Anteile an einer Gesellschaft bereits aufgrund eines vorausgegangenen Rechtsgeschäft in einer Hand vereinigt, weil das nach § 1 Abs. 1 Nr. 1 GrEStG erforderliche Quantum von 95 % der Anteile erreicht ist, unterliegt der Erwerb der restlichen Anteile nicht zusätzlich der Besteuerung.
>
> **Norm:** § 1 Abs. 3 Nr. 1 GrEStG

Sachverhalt

Zunächst stellt der BFH fest, dass auch eine Erbengemeinschaft selbstständiger Rechtsträger i. S. d. Grunderwerbsteuerrechts sein kann. Hieran ändert nichts, dass die Erbengemeinschaft nicht auf Dauer, sondern auf Auseinandersetzung angelegt ist, dass sie über keine eigenen Organe verfügt, und dass sie kein eigenständiges handlungsfähiges Rechtssubjekt ist. Die bürgerlich-rechtliche Selbstständigkeit, Zurechnungssubjekt des gesamthänderisch gebundenen Sondervermögens sein zu können, reicht aus. Während des Bestehens der Erbengemeinschaft sind die Miterben zu gemeinsamen Handeln verpflichtet, wenngleich sie die Auseinandersetzung jederzeit verlangen können. Dies gilt auch im Anwendungsbereich des § 1 Abs. 3 Nr. 1 GrEStG. Den Miterben steht nur gemeinsam, nicht jedem einzelnen Miterben entsprechend seiner Erbquote der Anteil an der grundbesitzenden Gesellschaft zu.

Durch eine Kapitalerhöhung, die ausdrücklich die bisherige Beteiligungsquote bestehen lässt, kommt es nicht zur Verwirklichung eines grunderwerbsteuerlichen Erwerbsvorgangs, wenn die Beteiligung bereits vorher unter 95 % lag. Dass aufschiebend bedingt ein weiterer Erwerb möglich ist, ändert daran zunächst nichts.

Auch die bloße Verstärkung einer Beteiligung jenseits der 95 % zieht keine grunderwerbsteuerlichen Folgen nach sich.

Entscheidung

In verfahrensrechtlicher Hinsicht stellt das Urteil nochmals klar, dass Verwaltungsakte, also auch ein GrESt-Bescheid, zunächst wortlautgetreu auszulegen sind. Es muss mithin genau festgelegt sein, welcher Rechtsvorgang zur Steuerpflicht führt. Die Angabe des zu besteuernden Erwerbsvorgangs ist daher unerlässlich. Sofern also der genannte Tatbestand keinen grunderwerbsteuerbaren Vorgang beschreibt, ist der Bescheid rechtswidrig. Er kann nicht durch einen anderen Tatbestand ersetzt werden, der sich ggfs. zeitlich folgend ereignet hat.

9.9 Mittelbare Anteilsvereinigung bei grundbesitzender GmbH & Co. KG

> **BFH, Urteil v. 12.3.2014, II R 51/12, BFH/NV 2014, S. 1315;**
> **Vorinstanz: FG Nürnberg, Urteil v. 4.10.2012, 4 K 1205/11, EFG 2013, S. 952**
>
> **Verkauft ein Kommanditist einer grundbesitzenden GmbH & Co. KG seine Gesellschaftsbeteiligung an den einzigen anderen Kommanditisten und ist die KG die einzige Gesellschafterin ihrer Komplementär GmbH, ist – vorbehaltlich einer Besteuerung nach § 1 Abs. 2a GrEStG – der Tatbestand einer Anteilsvereinigung § 1 Abs. 3 Nr. 1 GrEStG erfüllt.**
>
> **Norm:** § 1 Abs. 3 Nr. 1 GrEStG

Sachverhalt

Der BFH hatte im vorliegenden Fall über eine weitere Konstellation der mittelbaren Anteilsvereinigung als grunderwerbsteuerbaren Anknüpfungspunkt zu entscheiden. Die klagende GmbH war als Kommanditistin zu 60 % am Gesellschaftsvermögen einer grundbesitzenden GmbH & Co. KG beteiligt. Einziger weiterer Kommanditist war F. Die Komplementär-GmbH war weder berechtigt noch verpflichtet, eine Einlage zu leisten. Einzige Gesellschafterin der Komplementär-GmbH war die KG. F verkaufte nun seine Kommanditbeteiligung an der KG an die klagende GmbH. Hierin sah der BFH in Abweichung zum FG den Tatbestand des § 1 Abs. 3 GrEStG teils durch unmittelbare und teils durch mittelbare Anteilsvereinigung erfüllt.

Die Klägerin sollte nach dem Kaufvertrag die einzige Kommanditistin der KG werden. Zudem ist ihr die Beteiligung der Komplementär-GmbH am Gesamthandsvermögen der KG zuzurechnen. Damit konnte sie in grunderwerbsteuerlich erheblicher Weise ihren Willen in der KG durchsetzen.

Entscheidung

Der vorliegende Sachverhalt kann auch unter dem Aspekt betitelt werden, unter welchen Voraussetzungen eine Anteilsvereinigung bei einer als Einheitsgesellschaft ausgestalteten Personengesellschaft eintreten kann. Mit anderen Worten, was passiert, wenn sich in der Hand eines Kommanditisten vermögensmäßig alle Anteile einer KG vereinigen und die KG ihrerseits die einzige Gesellschafterin der (nicht am Vermögen beteiligten) Komplementär-GmbH ist?

Vor diesem Hintergrund ist festzuhalten, dass der Begriff „Anteil der Gesellschaft" nicht auf die Kapitalbeteiligung abzielt, sondern auf die gesellschaftsrechtliche Beteiligung. Hierfür ist die vermögensmäßige Beteiligung unerheblich. Die 95%-Grenze ist hierfür ohne Bedeutung. Bei einer Personengesellschaft kann es nur zu einer Häufung von unmittelbarer und mittelbarer Anteilsvereinigung kommen. Die Vereinigung aller Anteile der Personengesellschaft in einer Hand würde ohnehin zu deren Vollbeendigung führen, sodass für § 1 Abs. 3 GrEStG nur ein geringer Anwendungsbereich verbleibt.

Bei einer sog. Einheitsgesellschaft ist daher zu fragen, ob die für § 1 Abs. 3 GrEStG maßgebliche sachenrechtliche Beurteilung auch für die mittelbare Beteiligung an der Personengesellschaft gilt und somit auch eine am Vermögen der KG nicht beteiligte Komplementär-GmbH eine mittelbare Anteilsvereinigung ausschließt. Allerdings ist die Anteilsvereinigung nach § 6 GrEStG nur insoweit begünstigt, als der Erwerber am Vermögen der Gesellschaft bereits vor der Anteilsvereinigung beteiligt war.

Hiergegen stellt sich der BFH. Denn es ist stets auf die Beteiligung am Gesellschaftskapital abzustellen, wenn die Beteiligung durch eine Zwischengesellschaft vermittelt wird.

Allerdings tritt die Steuerbarkeit nur insoweit ein, als die Anteilsvereinigung nach § 6 GrEStG insoweit begünstigt ist, als der Erwerber am Vermögen der Gesellschaft bereits vor der Anteilsvereinigung beteiligt war.

Praxishinweis

Unabhängig von der vorliegenden Fallgestaltung ist auf die vorrangige Steuerbarkeit von Anteilserwerben nach § 1 Abs. 2a GrEStG hinzuweisen. Für Sachverhaltsgestaltungen nach dem 6.6.2013 ist außerdem § 1 Abs. 3a GrEStG zu beachten.

Literaturhinweise: *Behrens*, BB 2014, S. 2647; *Pahlke*, BFH/PR 2014, S. 327

9.10 Erhebung der Grunderwerbsteuer für Gesellschafterwechsel bei einer grundbesitzenden Personengesellschaft aufgrund Abspaltung bei einer Gesellschafterin

> BFH, Urteil v. 3.6.2014, II R 1/13, BStBl II 2014, S. 855;
> Vorinstanz: FG Münster, Urteil v. 28.11.2012, 8 K 2285/09 F, EFG 2013, S. 315
>
> 1. Der Tatbestand des § 1 Abs. 2a S. 1 GrEStG ist auch dann erfüllt, wenn die Gesellschafterstellung einer zu 100 % am Vermögen einer grundbesitzenden Personengesellschaft beteiligten GmbH aufgrund Abspaltung auf eine andere Personengesellschaft übergeht, an deren Vermögen der Alleingesellschafter der GmbH zu 100 % beteiligt ist.
> 2. Die Voraussetzungen für eine Nichterhebung der Steuer nach § 6 Abs. 3 S. 1 i. V. m. Abs. 1 S. 1 GrEStG sind in einem solchen Fall nicht erfüllt.
>
> Normen: §§ 1 Abs. 2a S. 1, 6 Abs. 3 GrEStG

Sachverhalt

Fraglich war, ob GrESt auch dann anfällt bzw. erhoben wird, wenn Anteile an einer zu 100 % an Vermögen einer grundbesitzenden Personengesellschaft beteiligten GmbH auf eine andere Personengesellschaft übergehen, an deren Vermögen der Alleingesellschafter der GmbH wiederum allein beteiligt ist. FA, FG und BFH sind sich einig, dass dies kein Anwendungsfall von § 6 Abs. 3 GrEStG ist.

Am Vermögen einer grundbesitzenden GmbH & Co. KG war allein ihr einzige Kommanditistin A-GmbH beteiligt, deren Alleingesellschafter A war. Das Stammkapital der Komplementär-GmbH (B-GmbH) wurde ebenfalls von der A-GmbH gehalten. Die A-GmbH übertrug nun durch Abspaltung einen Teilbetrieb auf eine neu entstandene GmbH & Co. KG, deren alleiniger Kommanditist wiederum der A war und deren Komplementärin die B-GmbH wurde. Der GrESt-Bescheid erging auf Grundlage des § 1 Abs. 2a GrEStG und hatte auch im Revisionsverfahren Bestand.

Entscheidung

In seiner Urteilsbegründung stellt der BFH zunächst fest, dass grunderwerbsteuerbare Vorgänge auch im Zuge von Umwandlungen, hier Abspaltung, eintreten können. Die unmittelbare Änderung im Gesellschafterbestand ist durch vorliegenden Sachverhalt eingetreten. Sie liegt dann vor, wenn Mitgliedschaftsrechte an der Gesellschaft zivilrechtlich wirksam auf ein neues Mitglied der Personengesellschaft übergehen. Dies war geschehen, indem die Beteiligung der GmbH an der grundbesitzenden Personengesellschaft GmbH & Co. KG auf die neu entstandene GmbH & Co. KG übergegangen war. Hierfür spielen die an beiden Gesellschaften bestehenden Beteiligungsverhältnisse keine Rolle.

Entscheidend war jedoch, ob die GrESt hier nach § 6 Abs. 3 GrEStG nicht zu erheben war. Dies ist beim Übergang von einer Gesamthand auf eine andere Gesamthand der Fall, soweit Anteile der Gesellschafter am Vermögen der erwerbenden Gesamthand den jeweiligen Anteilen dieser Gesellschafter am Vermögen der übertragenden Gesamthand entsprechen. Hier hat allerdings die A-GmbH aufgrund der Abspaltung ihre Stellung als Gesellschafterin der Klägerin verloren. An ihre Stelle trat A, der nunmehr allein am Vermögen der zweiten GmbH & Co.

KG beteiligt war. Die erforderliche Gesellschafteridentität war daher nicht gegeben. Entscheidend ist, dass Kapitalgesellschaften im Rahmen von § 6 Abs. 3 GrEStG nicht als transparent angesehen werden. Bei Personengesellschaften ist eine dingliche Mitberechtigung der Gesellschafter vorhanden, dies ist jedoch bei Kapitalgesellschaften anders, die lediglich eine kapitalmäßige Beteiligung vermitteln. Dies gilt auch, wenn bei wirtschaftlicher Betrachtungsweise demselben Gesellschafter die Beteiligungen zugerechnet werden können.

Der BFH grenzt sich von einer Entscheidung aus dem Jahr 2012[547] ab. Hier habe er nicht argumentiert, dass eine Komplementär-GmbH transparent sei, vielmehr sei streitentscheidend auch dort gewesen, dass die Beteiligung an einer grundbesitzenden Personengesellschaft auf eine weitere Personengesellschaft übertragen wurde, welche als transparent betrachtet wurde.

Literaturhinweise: *Böing*, GmbH-StB 2014, S. 281; *Pahlke*, BFH/PR 2014, S. 356

9.11 Mittelbare Änderung des Gesellschafterbestands i. S. d. § 1 Abs. 2a GrEStG durch anderweitige Zurechnung des Gesellschaftsanteils

BFH, Urteil v. 9.7.2014, II R 49/12, BFH/NV 2014, S. 1667;
Vorinstanz: FG Baden-Württemberg, Urteil v. 27.7.2011, 2 K 364/08, EFG 2013, S. 395

1. Eine mittelbare Änderung des Gesellschafterbestandes kann sich aus schuldrechtlichen Bindungen des an der Personengesellschaft unmittelbar beteiligten Gesellschafters ergeben, sodass dessen Anteil am Gesellschaftsvermögen einem Dritten (Neugesellschafter) zuzurechnen ist.
2. Für diese Zurechnungsentscheidung kann unter Beachtung grunderwerbsteuerlicher Besonderheiten auf die Grundsätze es § 39 Abs. 2 Nr. 1 AO zurückgegriffen werden.

Normen: § 39 Abs. 2 Nr. 1 AO; § 1 Abs. 2a GrEStG

Mit dem vorliegenden Urteil konkretisiert der BFH ein weiteres Mal die Voraussetzungen, die an die Folgen mittelbarer Änderungen im Gesellschafterbestand grundstückshaltender Gesellschaften zu stellen sind.

Unstrittig ist bisher, dass bei mittelbaren Änderungen allein auf eine wirtschaftliche Betrachtungsweise abzustellen ist. Der Rückgriff auf zivilrechtliche Regelungen ist hier nicht zielführend. Die Auslegung von Sachverhaltsgestaltungen orientiert sich also am Sinn und Zweck der Regelung und an wirtschaftlichen Gesichtspunkten. § 1 Abs. 2a GrEStG soll verhindern, dass Gesellschafter mittelbar Anteile an Personengesellschaften erwerben und so die Grunderwerbsbesteuerung umgehen. Festzuhalten ist in diesem Zusammenhang, dass die mittelbare Änderung des Gesellschafterbestands gerade nicht voraussetzt, dass es auch zu einem dinglichen Übergang von Anteilen auf neue Gesellschafter kommt.

---
[547] BFH, Urteil v. 29.2.2012, II R 57/09, BStBl II 2012, S. 917.

Nun geht der BFH noch einen Schritt weiter und judiziert, dass sich auch aus schuldrechtlichen Bindungen des an der Personengesellschaft unmittelbar beteiligten Gesellschafters eine mittelbare Änderung des Gesellschafters ergeben kann. Für die nähere Definition, wie solche schuldrechtlichen Bindungen gestaltet sein müssen, erlaubt der BFH den Rückgriff aus § 39 Abs. 2 Nr. 1 AO. Dieser ist Ausdruck der wirtschaftlichen Betrachtungsweise für die Betrachtung bürgerlich-rechtlicher Vorgänge und daher grds. nicht unmittelbar anwendbar. Allerdings sind die niedergelegten Grundsätze auch auf das Grunderwerbsteuerrecht anwendbar, sofern hier wirtschaftliche Gegebenheiten entscheidend sind. Ein Rückgriff ist im Falle des § 1 Abs. 2a GrEStG bei mittelbaren Änderungen im Gesellschafterbestand also möglich.

Ausgehend vom Sachverhalt kommt der BFH zur Erkenntnis, dass der bloße Abschluss eines Kaufvertrags für die Annahme wirtschaftlichen Eigentums nicht ausreicht. Abzustellen ist jedoch auf das Gesamtbild der Verhältnisse im Einzelfall. Wirtschaftliches Eigentum liegt bereits dann vor, wenn aufgrund des zivilrechtlichen Rechtsgeschäfts der Käufer bereits eine rechtlich geschützte auf Erwerb des Rechts gerichtete Position erworben hat, die ihm gegen seinen Willen nicht mehr entzogen werden kann, und die mit dem Anteil verbundenen wesentlichen Rechte sowie das Risiko einer Wertminderung bzw. Chance auf Wertsteigerung auf ihn übergegangen sind. So war die vorliegende Fallgestaltung auch konstruiert, allerdings war die Sache noch nicht spruchreif, sodass der Fall an das FG zur weiteren Sachverhaltsaufklärung zurückverwiesen werden musste.

Zu erwähnen ist noch, dass es bei mittelbaren Änderungen auf einen Übergang von 100 % der Anteile ankommt.

Praxishinweis

Eine Möglichkeit, den mittelbaren Anteilserwerb mit der Folge der Grunderwerbsteuerbarkeit zu vermeiden, ist das Zurückbehalten eines Zwerganteils, da es hier nicht auf den Übergang von 95 %, sondern von 100 % der Anteile ankommt. Allerdings ist im Hinblick auf § 39 AO darauf zu achten, dass der verbleibende Anteil nicht wirtschaftlich ausgehöhlt wird.

Literaturhinweise: *Böing*, GmbH-StB 2014, S. 282; *Hartrott*, BB 2014, S. 2400; *Rodewald*, GmbHR 2014, S. 1171

D Neuentwicklungen im internationalen Steuerrecht

1 Steuerliche Herausforderungen beim Schritt über die Grenze

Im Bereich des internationalen Steuerrechts ist das Berichtsjahr 2014 von einer öffentlichen und mit viel Symbolcharakter versehenen Initiative für mehr Steuergerechtigkeit geprägt. Unter den Stichworten „Base Erosion and Profit Shifting (BEPS)" und „Aggressive Tax Planning (ATP)" wurde mit hohem politischem Druck daran gearbeitet, wie man die nationalen Steuersysteme und zwischenstaatlichen Vereinbarungen, die das Zusammenwirken der unterschiedlichen nationalen Steuersysteme regeln sollen, an die Gegebenheiten von Globalisierung, digitaler Wirtschaft und technischer Entwicklung anpassen kann. Dabei werden auch grds. Fragen des internationalen Steuerrechts zur Steuerzuweisung in Frage gestellt. Ebenso soll der multilaterale Ausbau des automatischen Informationsaustauschs dabei unterstützen, die Steuervermeidung rund um den Globus noch besser zu bekämpfen. Am 29.10.2014 haben sich 51 Zeichnerstaaten darauf geeinigt, erstmals ab September 2017 bestimmte Konteninformationen automatisch für das Steuerjahr 2016 auszutauschen. Kurz vor Jahresabschluss ist auch noch die EU-Richtlinie zum steuerlichen Informationsaustausch veröffentlicht worden.

Die als aggressiv empfundene Steueroptimierung multinationaler Konzerne wird dabei immer mehr Gegenstand einer Gerechtigkeitsdebatte, die soziale und gesellschaftspolitische Argumente in einer radikalen Kritikform nutzt. Hinterfragt wird, ob das Legale immer auch legitim ist. Klar ist, dass eben nicht alles, was legal ist, auch erwünscht ist. Auf der anderen Seite ist es aber das Versäumnis der nicht abgestimmten internationalen Steuerpolitik, wirksame Regelungen gegen nicht erwünschte Steuergestaltungen zu implementieren. Nicht zuletzt hat dies auch die jüngst geführte Diskussion zur Steuerpolitik Luxemburgs gezeigt. Von staatlicher Seite in Kraft gesetzt, allen Akteuren auf dem internationalen Steuerparkett bekannt, waren die steuerlichen Auswirkungen plötzlich Gegenstand einer öffentlich geführten Debatte, bei der auch einige Politiker keine glückliche Figur abgegeben haben. Jetzt gilt es, die eigentliche Problematik zu lösen und sich auf politischer Ebene auf Regeln zu einigen, die einen fairen Steuerwettbewerb ermöglichen. Als Leitlinie sollte dabei neben dem derzeitigen Vorrang der Vermeidung der doppelten Nichtbesteuerung auch die Vermeidung der Doppelbesteuerung als Voraussetzung einer ökonomisch effizienten Besteuerung nachhaltig unterstrichen werden.

Die OECD arbeitet seit Juli 2013 gemeinsam mit einigen bedeutsamen Schwellenländern an dem Aktionsplan zur Bekämpfung der Erosion von Besteuerungsgrundlagen und der Gewinnverlagerung. Dieser Aktionsplan umfasst 15 Punkte, die sich zu vier Arbeitsgebieten zusammenfassen lassen. Der Zeitplan sieht vor, dass im Laufe des Jahres 2015 der Aktionsplan weitgehend umgesetzt wird. In einer Halbzeitbilanz im September 2014 hat die OECD zu den ersten sieben Aktionspunkten Berichte und Empfehlungen vorgelegt. Weitere Diskussionsentwürfe sind bis zum Jahresende 2014 veröffentlicht worden bzw. werden im Laufe des Jahres 2015 erwartet. Als Ergebnis sollen Empfehlungen verabschiedet werden, deren Umsetzung zwar grds. für die OECD-Mitgliedstaaten nicht verbindlich ist; es wird jedoch erwartet, dass die Mitgliedstaaten den Leitlinien durch Unterzeichnung eines multilateralen Instruments folgen.

Bei einer eventuellen Neuordnung der internationalen Steuerkoordination bis Ende 2015 wird Deutschland allerdings Vorsicht walten lassen müssen, da die BEPS-Debatte natürlich auch einen Kampf zwischen den Staaten um den „Steuerkuchen" beinhaltet. Allein um dem Zeitgeist zu entsprechen, scheinen deutsche Alleingänge in Bezug auf eine weitere Verschärfung des deutschen Außensteuerrechts nicht angesagt. Dies gilt insb. vor dem Hintergrund, dass Deutschland – anders als etliche andere Staaten – die Nichtbesteuerung ausländischer Gewinne in deutschen Unternehmen nicht ohne Weiteres akzeptiert, sondern mit den scharfen Regelungen der Hinzurechnungsbesteuerung bekämpft. Insoweit liegen auch die veröffentlichten Steuerquoten multinationaler deutscher Unternehmen i. d. R. durchaus im erwarteten Normbereich. Statt gegen „aggressive Steuergestaltung" einseitige Maßnahmen einzuleiten, sollte die deutsche Steuerpolitik deshalb lieber den Weg in Richtung einer weitergehenden Harmonisierung des Rechts gehen.

Auch wenn insoweit ein gewisser Handlungsdruck aufgebaut ist, sollte über den Umfang der Mitwirkung beim „Country-by-Country-Reporting", durch das die Berichts- und Offenlegungspflichten verschärft werden sollen, nachgedacht werden. Die Transparenz der tatsächlichen Steuerzahlungen eines Unternehmens nach Ländern dürfte im Ausland verschiedentlich Begehrlichkeiten wecken, einhergehend mit der Forderung nach einer Umverteilung des Gesamtsteueraufkommens („globaler profit split durch die Hintertür"), was für Deutschland als exportstarke Nation weitreichende Konsequenzen haben könnte. Der bisherige internationale Besteuerungskonsens würde in Frage gestellt, Doppelbesteuerungen und Verständigungsverfahren drohen als Folge.

Aber nicht nur die BEPS-Debatte hat im abgelaufenen Jahr für Schlagzeilen im Bereich des internationalen Steuerrechts gesorgt. Hier ein Auszug weiterer Highlights:

- Im Mittelpunkt der Jahresenddebatte stand die endgültige Ausformulierung des Gesetzes zur Anpassung der Abgabenordnung an den Zollkodex der Union und zur Änderung weiterer steuerlicher Vorschriften. Insoweit hat der Bundesrat am 19.12.2014 dem Gesetz zugestimmt, allerdings erst nach Zusicherung der Bundesregierung, verschiedene Bundesratsanliegen (wie z. B. die Schließung von Gesetzeslücken im Umwandlungssteuerrecht, die Einbindung der Länder in das BEPS-Projekt oder das Aufgreifen der steuerlichen Behandlung von Veräußerungsgewinnen aus Streubesitzbeteiligungen) im Jahr 2015 auf die Agenda zu nehmen.

- Am 17.10.2014 wurde die endgültige Fassung der Betriebsstättengewinnaufteilungsverordnung im Bundessteuerblatt veröffentlicht. Die Verordnung soll die Anwendung des Fremdvergleichsgrundsatzes für Betriebsstätten konkretisieren, die auf dem sog. Authorized OECD Approach (AOA) aus dem Jahr 2010 und dessen Umsetzung durch den neuen § 1 Abs. 5 AStG durch das AmtshilfeRLUmsG vom 26.6.2013 basiert. Für die Praxis bedeutet das u. a., dass bei der Abgrenzung der Einkünfte zwischen Stammhaus und Betriebsstätte Kostenschlüssel durch Fremdpreise zu ersetzen sind. Die neuen Vorschriften dürften in der Praxis zu erheblichem Befolgungs- und Umstellungsaufwand führen.

- Zusätzliche wesentliche Reveländerungen sind durch BMF-Schreiben bereits initiiert oder werden erwartet (z. B. bezüglich § 50i EStG). So nimmt eine lange erwartete Neufassung eines BMF-Schreibens[548] zu einer Reihe von Zweifelsfragen rund um die grenzüberschreitende Besteuerung von Personengesellschaften Stellung. Eine weitere grundlegende Über-

---

[548] BMF, Schreiben v. 26.9.2014, IV B 5 – S 1300/09/10003, BStBl I 2014, S. 1258.

arbeitung eines BMF-Schreibens[549] betrifft die steuerliche Behandlung des Arbeitslohns nach den DBA.

Was bedeutet diese umfassende Aktivität in Gesetzgebung und Verwaltung für grenzüberschreitend operierende Unternehmen und ihre steuerlichen Berater? Zum einen müssen einmal verwirklichte Strukturen in einem Umfeld permanenter steuerlicher Regeländerungen stets neu auf den Prüfstand gestellt werden, um keine unliebsamen Überraschungen beim Blick auf die Konzernsteuerquote zu erleben. Zum anderen richtet sich der Fokus der Steuerabteilungen und ihrer Berater immer mehr auf die Risikovermeidung und Compliance. Nicht zuletzt durch die BEPS-Debatte stellt sich im Bereich des Tax Risk Management nicht mehr allein die Frage nach Legalität und „Mithalten" mit den Rechtsänderungen, sondern es sind zwingend auch Themen wie Steuermoral und Auswirkungen von Steuerstrukturen auf die Reputation des Unternehmens zu beachten.

Ungeachtet dieser Entwicklungen bleibt es natürlich Aufgabe der Steuerplanung, die weltweiten Steuerkosten zu minimieren und konfiskatorische Fallstricke auszuschließen – auch wenn die diesbezüglichen Optimierungsbestrebungen immer auf die Vereinbarkeit mit den restriktiveren Rahmenbedingungen zu überprüfen sind. Das grenzüberschreitend tätige Unternehmen steht dabei vor der Herausforderung, sich mit sämtlichen Facetten des internationalen Steuerrechts stetig neu auseinanderzusetzen. Dazu gehören:

- alle Gesetze, Verordnungen, Verwaltungsvorschriften und die Rechtsprechung im deutschen Steuerrecht, die Auswirkungen auf grenzüberschreitende Geschäftsbeziehungen haben (sog. Außensteuerrecht);

- bilaterale völkerrechtliche Verträge, die Deutschland mit mittlerweile 97 Partnerländern zur Vermeidung der Doppelbesteuerung und Bekämpfung von Minderbesteuerung auf dem Gebiet der Steuern vom Einkommen und vom Vermögen abgeschlossen hat (sog. Doppelbesteuerungsabkommen);

- europarechtliche Vorgaben, die sich durch die Verabschiedung von EG-Richtlinien oder aus der Rechtsprechung des EuGH zu den Grundfreiheiten des EG-Vertrags ergeben (sog. EU-Recht).

Grenzüberschreitendes Wirtschaften kann nur dann steuerlich gewürdigt werden, wenn sowohl Außensteuerrecht als auch DBA- und EU-Recht Berücksichtigung finden. Das Zusammenspiel dieser drei Bereiche (das internationale Steuerrecht) bildet die Grundlage für die unternehmerische Steuerplanung. Diese gestaltet sich natürlich schwierig, wenn sich der Praktiker immer wieder in allen drei Bereichen mit zahlreichen Regeländerungen konfrontiert sieht. Mangels klarer und gleichmäßiger Steuernormen werden die Maßnahmen immer detailbesessener und undurchdringlicher, um Einzelfallgerechtigkeit zu schaffen und vermeintliche oder tatsächliche Schlupflöcher zu schließen. Die Steuerpflichtigen werden weiterhin darüber nachdenken müssen, wie sie ihre Strukturen angesichts all dieser Entwicklungen up to date halten, um einerseits kosten- und steuereffektiv operieren zu können und andererseits teure Überraschungen zu vermeiden.

---

[549] BMF, Schreiben v. 12.11.2014, IV B 2 – S 1300/08/10027, BStBl I 2014, S. 1467.

> **Literaturhinweise:** *Brunsbach/Endres/Lüdicke/Schnitger*, Deutsche Abkommenspolitik, ifst-Schrift Nr. 492, Berlin/Köln 2013; *Endres*, 50 Musterfälle zum Internationalen Steuerrecht, Nordkirchen 2008; *Endres et al.*, The Determination of Corporate Taxable Income in the EU Member States, Alphen aan den Rijn 2007; *Endres/Jacob/Gohr/Klein* (Hrsg.), Das Doppelbesteuerungsabkommen Deutschland/USA, München 2008; *Endres/Schreiber* (Hrsg.), Investitions- und Steuerstandort USA, München 2008; *Endres/Spengel*, Unternehmensbesteuerung in Deutschland/Corporate Taxation in Germany, 3. Aufl., Düsseldorf 2012; *Fuest*, Luxemburgs Steuertricks und der Steuerwettbewerb in Europa, ZEW news, Nov. 2014, S. 16; *Grotherr* (Hrsg.), Handbuch der internationalen Steuerplanung, 3. Aufl., Herne/Berlin 2011; *Haase*, Internationales und Europäisches Steuerrecht, 4. Aufl., Hamburg 2014; *Hruschka*, Das neue BMF-Schreiben zur Anwendung von DBA auf Personengesellschaften, DStR 2014, S. 2421; *Jacobs* (Hrsg.), Internationale Unternehmensbesteuerung, 7. Aufl., München 2011; *Jochimsen*, Der Missbrauch von Doppelbesteuerungsabkommen – die (Ab)Wege der OECD, IStR 2014, S. 865; *Lüdicke* (Hrsg.), Neue Grenzen für die internationale Steuerplanung?, Köln 2014; *Petruzzi/Spies* (Hrsg.), Tax Policy Challenges in the 21st Century, Wien 2014; *Scheffler*, Internationale betriebswirtschaftliche Steuerlehre, 3. Aufl., München 2009; *Wilke*, Lehrbuch Internationales Steuerrecht, 12. Aufl., Herne/Berlin 2014; *Wilke* (Hrsg.), Fallsammlung Internationales Steuerrecht, 10. Aufl., Herne/Berlin 2013.

2 Steuersätze international

2.1 Tarif- und Effektivbelastung von Kapitalgesellschaften

Internationaler Steuerwettbewerb ist ein Reflex auf die zunehmende unternehmerische Mobilität und die fortschreitende Verflechtung der Weltwirtschaft. Bei der Entscheidung eines Unternehmens für oder gegen einen Wirtschaftsstandort spielen Art und Höhe der Steuern als Kostenfaktor eine bedeutende Rolle. Es liegt nahe, dass die Staaten die Gestaltung ihres Steuerrechts auch zielgerichtet zur Erhöhung der Standortattraktivität einsetzen. Damit entstehen steuerlicher Standortwettbewerb und Anpassungsdruck, wobei jeder Staat seine eigene Kombination aus Investitionsattraktivität und Aufkommenshöhe bestimmen muss. Dabei sollten international abgestimmte Regeln die Grenzlinien für den fairen Steuerwettbewerb aufzeigen.

Bei allen nachvollziehbaren Bestrebungen um einen fairen Steuerwettbewerb sollten aber die Aufkommenserwartungen aus der BEPS-Initiative nicht überschätzt werden. Da nur etwa 8 % der Steuereinnahmen der OECD-Mitgliedstaaten aus der KSt stammen, erscheint das Potential an Mehrsteuern aus den ins Auge gefassten BEPS-Maßnahmen begrenzt – ohne deshalb den Notwendigkeiten zur Schaffung eines einheitlichen und als fair empfundenen „level playing field" für den Steuerwettbewerb und zur Verschärfung des Drucks auf Steueroasen zu widersprechen.

Ist Deutschland dem internationalen Steuerwettbewerb gewachsen? Eine verbreitete und durchaus sinnvolle Art, diese Frage zu beantworten, besteht darin, einen Blick auf Rankings und Ratings zu werfen. Dabei bietet sich zunächst ein Vergleich der nominalen Steuersätze (Tarifbelastung) an, die ein in Kapitalgesellschaftsform geführtes Unternehmen zahlen muss. In Deutschland werden insoweit KSt, SolZ und GewSt zu einer Kennziffer zusammengefasst und ergeben – je nach Ansatz der GewSt – in den Jahren 2013 und 2014 ein Belastungsniveau von ca. 30–32 %. Mit dieser Tarifbelastung nimmt Deutschland im Jahr 2014 innerhalb der EU einen Rang am oberen Rand der Skala des internationalen Steuergefälles ein. Die Durchschnittsbelastung in den 28 EU-Ländern liegt mit knapp 23 % deutlich unterhalb des deutschen Werts von ca. 30–32 %. Der Vergleich der nominalen Steuersätze weist Deutschland also nach wie vor als Hochsteuerland aus, wenngleich sich der Abstand zum Mittelfeld über die Jahre merklich verringert hat.

Tarifbelastung für EU-Kapitalgesellschaften (2014)		
Belgien	33 %	zzgl. 3 % „Krisenaufschlag", also zusammen 33,99 %; ab 2014 zzgl. 5,15 % „Fairness Tax" auf ausgeschüttete Dividenden
Bulgarien	10 %	
Dänemark	24,5 %	2015: 23,5 %, ab 2016: 22 %
Deutschland	15 %	zzgl. SolZ plus GewSt, also zusammen ca. 30 %–32 % in einer Großstadt wie Frankfurt oder München
Estland	21 %	ab 2015: 20 %; Steuererhebung nur bei Ausschüttung
Finnland	20 %	
Frankreich	33,33 %	zzgl. temporärer Zuschlag von insgesamt 14 %, also zusammen 38 %
Griechenland	26 %	
Großbritannien	21 %	ab April 2015: 20 %
Irland	12,5 %	bzw. 25 % auf sog. „passive" Einkünfte wie Zinsen, Lizenzen, Mieten u. Ä.
Italien	27,5 %	zzgl. 3,5 % „IRAP" (lokale Wertschöpfungssteuer) auf den Rohertrag vor Lohnkosten (zusammen 31 %)
Kroatien	20 %	
Lettland	15 %	
Litauen	15 %	
Luxemburg	21 %	zzgl. Zuschläge von 7 % und gemeindliche Gewerbesteuer von 6,75 %. Für eine Körperschaft in der Stadt Luxemburg sind dies zusammen 29,22 %
Malta	35 %	
Niederlande	25 %	
Österreich	25 %	
Polen	19 %	
Portugal	23 %	zzgl. „derrama" Gemeindeaufschlag von bis zu 1,5 %; zzgl. 3 %, 5 % bzw. 7 % staatliche Zuschlagsteuer „derrama estadual" auf Einkommen zwischen 1,5 und 7,5 Mio. €, 7,5 und 35 Mio. € bzw. höher als 35 Mio. €
Rumänien	16 %	
Schweden	22 %	
Slowakische Republik	22 %	
Slowenien	17 %	
Spanien	30 %	abweichende Steuersätze zwischen 25 % bis 35 % je nach Art und Tätigkeit der Gesellschaft
Tschechische Republik	19 %	
Ungarn	19 %	zzgl. lokale Steuer von max. 2 % auf Rohertrag
Zypern	12,5 %	

Zum Vergleich einige Ertragsteuersätze für Kapitalgesellschaften außerhalb der EU:

Tarifbelastung für Kapitalgesellschaften außerhalb der EU (2014)		
China	25 %	
Hongkong	16,5 %	
Indien	30,0 %	für thesaurierte Gewinne zzgl. Zuschlagsteuer bis max. 10 % und Ausbildungsabgabe „education cess" von insgesamt 3 %, insgesamt 33,99 %. Ausgeschüttete Gewinne werden mit einer zusätzlichen Ausschüttungssteuer von 17 % (inkl. Zuschläge) belastet.
Japan	35,64 %	Effektivbelastung aus Körperschaftsteuer und verschiedenen lokalen Ertragsteuern für eine große Kapitalgesellschaft in Tokyo
Kanada	15 %	zzgl. Provinzsteuern von 10–16 %, zusammen 25–31 %
Russland	20 %	
Schweiz	11,5–4,2 %	Gesamtbelastung an Bundes-, Kantonal- und Gemeindeertragsteuern je nach Standort; 7,83 % für Holdinggesellschaften
USA	35 %	zzgl. (abzugsfähige) Staatssteuern von bis zu 12 %, also zusammen bis max. 42,8 %

In den einzelnen Ländern kommen häufig Grundsteuern sowie verschiedene Verkehrssteuern zur Gesamtbelastung für ein Unternehmen hinzu. Jedoch treten sie fast alle in der Bedeutung für den Einzelfall hinter die Ertragsbesteuerung zurück.

Praxishinweis

Deutschland nimmt sowohl nach der absoluten Höhe der Grundsteuerbelastung als auch bezüglich des relativen Gewichts der Grundsteuer an der Gesamtsteuerbelastung einen Platz im Mittelfeld des europäischen Grundsteuervergleichs ein. Dennoch ist anerkannt, dass die zurzeit noch praktizierte Besteuerung aufgrund veralteter Einheitswerte mit Belastungsverzerrungen und einem hohen Verwaltungsaufwand verbunden und damit reformbedürftig ist. Die Überprüfung der Verfassungsmäßigkeit hat der BFH nun auch mit Vorlagebeschluss vom 22.10.2014 an das BVerfG adressiert. Über die Entscheidung ist hoffentlich bereits in der Jahresausgabe 2015 dieser PwC-Steuerchronologie zu berichten.

Insgesamt zeigt sich global, aber auch bereits innerhalb der EU eine große Variationsbreite bezüglich der Tarifbelastungen. Doch die Höhe der Steuersätze ist nur die „halbe Wahrheit", um steuerliche Rahmenbedingungen in einem Land beurteilen zu können. Denn ein reiner Tarifvergleich lässt die Gewinnermittlungsregeln unberücksichtigt, die von Land zu Land erheblich abweichen (zu einzelnen Standortvergleichen hinsichtlich der Steuerbemessungsgrundlage vgl. nachfolgend Kapitel D.3). Weitergehende Analysen versuchen deshalb, die Konsequenzen schmaler oder umfangreicher Bemessungsgrundlagen in das Kalkül einzubeziehen. Die nachfolgende Tabelle enthält eine solche vom ZEW Mannheim erstellte Kalkulation der durchschnittlichen effektiven Steuerbelastung, die sich aus dem Zusammenspiel von Steuersystem, Steuerarten, Steuersätzen und Bemessungsgrundlagen ergibt. Insgesamt geht der Trend wohl dahin, Aufkommenssteigerungen weniger durch Tariferhöhungen als durch Verbreiterung der steuerlichen Bemessungsgrundlage und Verschärfungen im Bereich der Steuererhebung zu erzielen.

Effektive Steuerbelastung für EU-Kapitalgesellschaften (2014)					
Belgien	26,7 %	Italien	24,0 %	Rumänien	14,8 %
Bulgarien	9,0 %	Kroatien	16,5 %	Schweden	19,4 %
Dänemark	22,2 %	Lettland	14,3 %	Slowakische Republik	19,4 %
Deutschland	28,2 %	Litauen	13,6 %	Slowenien	15,5 %
Estland	16,5 %	Luxemburg	25,5 %	Spanien	32,6 %
Finnland	18,4 %	Malta	32,2 %	Tschechische Republik	16,7 %
Frankreich	39,4 %	Niederlande	22,6 %	Ungarn	19,3 %
Griechenland	24,1 %	Österreich	23,0 %	Zypern	15,2 %
Großbritannien	22,4 %	Polen	17,5 %		
Irland	14,4 %	Portugal	27,1 %		

Zum Vergleich einige Effektivbelastungen für Kapitalgesellschaften außerhalb der EU:

Effektive Steuerbelastung für Kapitalgesellschaften außerhalb der EU (2014)			
Japan	37,7 %	Schweiz	18,6 %
Kanada	24,8 %	USA	36,5 %

Bei einem Blick auf die Tabelle ist von Gleichmäßigkeit der Besteuerung selbst im EU-Raum weit und breit keine Spur. Hieran wird sich prinzipiell auch in naher Zukunft wenig ändern. Denn die Steuersouveränität der Mitgliedstaaten ist trotz der Übertragung gewisser Kompetenzen auf die EU weitgehend unangetastet. Die oben aufgezeigte enorme Spannbreite effektiver Steuerbelastungen in den verschiedenen Mitgliedstaaten kann nun aber nicht nur die Funktionsfähigkeit des Binnenmarkts beeinträchtigen, sondern ist auch Alarmsignal an die deutsche Steuerpolitik. Wenn ein Land den EU-Durchschnitt von 21,1 % deutlich überschreitet, dann gibt es Handlungsbedarf. Insoweit war die Unternehmensteuerreform 2008 sicherlich ein gutes Zeichen für ausländische und auch für inländische Investoren. Seither sind aber 6 Jahre verstrichen, die keinen wirklichen Aufwärtstrend in puncto deutsches Steuerklima feststellen lassen. Auch die zum Ende des Berichtsjahres aufgekommenen Diskussionen um das weitere Schicksal des SolZ können wenig Hoffnung auf spürbare künftige Steuerentlastungsschritte vermitteln.

EATR (%)	1998	1999	2000	2001	2002	2003	2004	2005
Deutschland	41,2	40,4	40,4	35,8	35,8	37,0	35,8	35,8
Durchschnitt EU27	29.3	29,0	27,5	27,0	26,4	25,6	24,6	23,3

EATR (%)	2006	2007	2008	2009	2010	2011	2012	2013	2014
Deutschland	35,5	35,5	28,2	28,0	28,0	28,2	28,2	28,2	28,2
Durchschnitt EU27 bzw. EU28	23,0	22,4	21,5	21,8	21,1	21,0	20,9	21,1	21,1

Mit Blick auf die Entwicklung in Deutschland zeigt sich allerdings, dass die effektive Steuerbelastung seit dem Jahr 1998 bis heute um fast ein Drittel (31,55 %) zurückgegangen ist. Damit sieht sich Deutschland im generellen Trend zur Steuersenkung in Europa, wo sich die Durchschnittsbelastung von 29,3 % auf 21,1 % und damit um 27,99 % reduziert hat. Die wesentlichen Determinanten für die Steuersenkungsdynamik in Deutschland seit 1998 sind wie folgt:

- Der seit der Einführung des Anrechnungsverfahrens im Jahre 1977 geltende gespaltene Körperschaftsteuersatz (ursprünglich 56 % für einbehaltene und 36 % für ausgeschüttete Gewinne) wurde im Laufe der Jahre (1990, 1994) mehrfach modifiziert. Ab 1999 wurde der Thesaurierungssatz von 45 % auf 40 % reduziert (bei – zu diesem Zeitpunkt – unveränderter Ausschüttungsbelastung von 20 %), was die wesentliche Ursache für die EATR-Reduktion von 1998 auf 1999 darstellt.

- Das Steuersenkungsgesetz sah ab dem Jahr 2001 den Übergang vom Vollanrechnungsverfahren zu einem klassischen System der Körperschaftsbesteuerung (Halbeinkünfteverfahren) und eine Verringerung des Körperschaftsteuersatzes auf 25 % vor. Gleichzeitig wurden die degressiven Abschreibungsmöglichkeiten reduziert. Insgesamt ergab sich damit im Jahr 2001 ein erheblicher Entlastungseffekt – die EATR fiel von 40,4 % auf 35,8 %.

- Die einjährige Erhöhung der EATR im Jahre 2003 ist dem Flutopfersolidaritätsgesetz geschuldet, das die Körperschaftsteuerbelastung zeitlich befristet von 25 % auf 26,5 % anhob.

- Im Jahr 2008 hat Deutschland mit einer umfassenden Unternehmenssteuerreform seine Effektivbelastung um 7,3 % auf 28,2 % gesenkt. Wesentliche Elemente dieser Reform waren die Senkung des Körperschaftsteuersatzes auf 15 % und die Senkung der Gewerbesteuermesszahl von 5 % auf 3,5 % (bei gleichzeitigem Wegfall des Betriebsausgabenabzugs der Gewerbesteuer).

Allerdings ist jedweder Entlastungstrend seit dem Krisenjahr 2008 erloschen, sodass im Ranking der EU-Staaten nur Position 25 von 28 verbleibt.

Abschließend sei auf die aktuelle Ausgabe von „Paying Taxes 2015" verwiesen, einer von PwC mit der Weltbank und der International Finance Cooporation (IFC) herausgegebenen Studie zur Steuerbelastung des unternehmerischen Engagements. Im letzten Betrachtungszeitraum der Studie, dem Jahr 2013, sank der Anteil aller Steuern und Abgaben am Unternehmensgewinn („Total Tax Rate", TTR) gegenüber dem Vorjahr im weltweiten Durchschnitt von 43,1 % auf 40,9 %. Trotz der im Vergleich zum Vorjahr gesunkenen Steuerbelastung leisten die Unternehmen weltweit aber unverändert einen hohen Beitrag zum Steueraufkommen.

Praxishinweis

In die Berechnung der „Total Tax Rate" gehen sämtliche Steuern und Abgaben ein, die von einem Unternehmen tatsächlich zu tragen sind. Während häufig genutzte Vergleichsgrößen wie der Gewinn vor Steuern bereits durch einzelne Steuern und Abgaben (z. B. Umweltsteuern oder Sozialbeiträge) reduziert sind, wird bei der „Total Tax Rate" die Summe aller Steuern und Abgaben ins Verhältnis zu einem Betriebsgewinn vor diesbezüglichen Abzügen gesetzt.

Die Untersuchung zeigt, dass selbst zwischen Nachbarstaaten mit ähnlichen wirtschaftlichen und politischen Rahmenbedingungen gravierende Unterschiede bestehen. In Deutschland ist die „Total Tax Rate" des deutschen Modellunternehmens im Betrachtungszeitraum 2013 dem weltweiten Trend folgend um 0,6 % auf 48,8 % gesunken. Damit liegt die „Total Tax Rate" in Deutschland aber weiterhin sowohl deutlich über dem weltweiten Durchschnitt wie auch über dem Durchschnitt aller EU-Staaten, der 41,0 % beträgt.

An dem zusammenfassenden Befund für den Steuerstandort Deutschland hat sich somit nichts geändert: Deutsche Unternehmen haben in puncto Steuern einen schweren Stand. Um das deutsche Steuersystem im internationalen Vergleich wettbewerbsfähiger zu machen, werden weitere steuerliche Reformschritte benötigt. Ob dabei das aus Haushaltsgründen vorgegebene Dogma der Aufkommensneutralität zugunsten einer notwendigen Investition in den Steuerstandort zurückgedrängt werden kann, bleibt der Politik vorbehalten.

> **Literaturhinweise:** *BDI/VCI* (Hrsg.), Die Steuerbelastung der Unternehmen in Deutschland, Berlin/Frankfurt am Main 2014; *Endres*, Taxopoly: Wo bitte geht's zur Schlossallee?, PIStB 2013, S. 238–242; *Endres/Fuest/Spengel* (Hrsg.), Company Taxation in the Asia-Pacific Region, India and Russia, Berlin/Heidelberg 2010; *Endres/ Heckemeyer/Spengel/ Finke/Richter*, Trends der Unternehmensbesteuerung in Europa und weiteren Industriestaaten, DB 2013, S. 896–901; *Endres/Stellbrück*, Wo steht Deutschland im internationalen Steuerwettbewerb?, StuW 2012, S. 96–104; *Lang*, Unternehmensbesteuerung im internationalen Wettbewerb, StuW 2011, S. 144–158; *PwC*, Worldwide Tax Summaries, Corporate Taxes 2014/2015; *PwC/Worldbank/IFC*, Paying Taxes 2015, Washington 2014 (www.pwc.com/payingtaxes); *Spengel/Heckemeyer/Zinn*, Reform der Grundsteuer: Ein Blick nach Europa, DB 2011, S. 10–14

2.2 Einkommensteuersätze für natürliche Personen

Die nachfolgende Tabelle listet die Einkommensteuerspitzensätze 2014 auf, die in den 28 EU-Staaten von natürlichen Personen zu zahlen sind. Bei einem Belastungsvergleich ist selbstverständlich zu beachten, dass Freibeträge, Progressionsverlauf und der Betrag, ab dem die Spitzensteuersätze greifen, von Land zu Land erheblich variieren.

Einkommensteuerspitzensätze für natürliche Personen in den 28 EU-Ländern (2014)	
EU-Land	**ESt-Spitzentarif**
Belgien	50 % zzgl. 0 bis 9,5 % kommunale ESt hierauf
Bulgarien	10 %
Dänemark	51,7 % zzgl. 8 % Arbeitnehmerzuschlag, zusammen 55,6 %
Deutschland	45 % zzgl. SolZ 5,5 % hierauf
Estland	21 % (Absenkung auf 20 % ab 2015)
Finnland	31,75 % zzgl. 16,5–22,5 % Gemeindesteuer
Frankreich	45 % zzgl. 3 % Zuschlag bei Einkommen über 250.000 € bzw. 4 % Zuschlag bei Einkommen über 500.000 €
Griechenland	42 %
Großbritannien	45 %
Irland	41 % zzgl. Zuschlag von 2–10 % Universal Social Charge (ab 2015: 1,5–11 %)
Italien	43 % zzgl. regionaler Zuschlag 1,23–2,03 % und Gemeinde-/Provinzzuschlag 0–0,8 % sowie bis einschl. 2016 Solidaritätszuschlag 3 %
Kroatien	40 % zzgl. Zuschlag 0–18 %
Lettland	24 %
Litauen	15 %
Luxemburg	40 % zzgl. Solidaritätszuschlag 7–9 %, Spitzensteuersatz 43,6 %
Malta	35 %
Niederlande	52 %
Österreich	50 %
Polen	32 %
Portugal	48 %
Rumänien	16 %
Schweden	25 % zzgl. Gemeindesteuer von 31 %
Slowakische Republik	25 %
Slowenien	50 % (Grenzsteuersatz als temporäre Maßnahme in 2013 und 2014)
Spanien	52–56 %, abhängig vom Wohnort
Tschechische Republik	15 % zzgl. Solidaritätszuschlag 7 %
Ungarn	16 %
Zypern	35 %

Die Übersicht zeigt, dass Deutschland bezüglich der Einkommensteuersätze (z. B. auf Arbeitseinkommen) mit max. 47,5 % eine überdurchschnittliche Belastung aufweist, aber nach oben nicht völlig aus dem Rahmen fällt. Unabhängig von der Frage nach der Höhe des Steuersatzes bleibt in Deutschland die Frage nach einer grds. Einkommensteuerreform mit niedrigeren Steuersätzen und verbreiterter Bemessungsgrundlage unverändert aktuell. Gegenwärtige Debatten beschränken sich aber lediglich auf eine Beseitigung der kalten Progression und den Umgang mit dem SolZ nach dessen ursprünglich vorgesehenem Auslaufen im Jahr 2019.

2.3 Umsatzsteuersätze in den EU-Mitgliedstaaten

In der folgenden Tabelle sind die Umsatzsteuersätze aufgelistet, die in den Mitgliedstaaten der EU im Jahr 2014 anwendbar waren. Anschließend finden sich Hinweise auf erfolgte oder geplante Änderungen für das Jahr 2015.

Für die OECD insgesamt lässt sich ab Januar 2015 ein durchschnittlicher Regelsteuersatz von 19,1 % konstatieren – damit ist die Umsatzsteuerbelastung über die letzten 5 Jahre kontinuierlich (um 8,5 %) angestiegen.

Mitgliedstaat	Bezeichnung der Steuer in Landessprache	Umsatzsteuersätze 2014	
		Normalsatz (%)	Ermäßigter Satz (%)
Belgien	taxe sur la valeur ajoutée (TVA) belasting over de toegevoegde waarde (BTW)	21	6/12
Bulgarien	Дань к Добавена Стойност (ДДС)	20	9
Dänemark	Merveardiagift (MOMS)	25	–
Deutschland	Umsatzsteuer (USt)	19	7
Estland	Käibemaks	20	9
Finnland	Arvonlisâvero (ALV) Mervärdesskatt (ML)	24	10/14
Frankreich	taxe sur la valeur ajoutée (TVA)	20	2,1/5,5/10
Griechenland	foros prostithemenis axias (FPA)	23	6,5/13
Großbritannien	value added tax (VAT)	20	5
Irland	value added tax (VAT)	23	4,8/9/13,5
Italien	imposta sul valore aggiunto (IVA)	22	4/10
Kroatien	Porez na dodanu vrijednost	25	5/13
Lettland	pievienotas vertibas nodoklis (PVN)	21	12
Litauen	pridetines vertes mokestis	21	5/9
Luxemburg	taxe sur la valeur ajoutée (TVA)	15	3/6/12
Malta	value added tax (VAT)	18	5/7
Niederlande	omzetbelasting (OB) belasting over de toegevoegde waarde (BTW)	21	6
Österreich	Umsatzsteuer (USt)	20	10/12
Polen	podatek od tomaròw i uslug	23	5/8
Portugal	imposto sobre o valor acrescentado (IVA)	23	6/13
Rumänien	Taxe pe valoarea adàugata (TVA)	24	5/9
Schweden	Mervärdesskatt (MOMS)	25	6/12
Slowakische Republik	daň z pridanej hodnoty (DPH)	20	10

Mitgliedstaat	Bezeichnung der Steuer in Landessprache	Umsatzsteuersätze 2014	
		Normalsatz (%)	Ermäßigter Satz (%)
Slowenien	Davek na dodano vred nost	22	9,5
Spanien	impuesto sobre el valor anadido (IVA)	21	4/10
Tschechische Republik	daňi z přidané hotnotý	21	15
Ungarn	általános forgalmi adó	27	5/18
Zypern	foros prostithemenis axias (FPA)	19	5/9

Die Welle von Steuererhöhungen besonders der Jahre 2010 bis 2012, in denen die meisten EU-Länder – mitunter mehrmals – ihre Steuersätze teils erheblich anhoben, scheint etwas abgeflaut zu sein. Nur wenige Länder haben noch an der Umsatzsteuersatz-Schraube gedreht oder planen, dies zu tun. So hob Frankreich zum 1.1.2014 den Regelsteuersatz von 19,6 % auf 20 % sowie einen der drei ermäßigten Steuersätze von 7 % auf 10 % an. Zypern erhöhte zum 13.1.2014 den Regelsteuersatz von 18 % auf 19 % und einen seiner ermäßigten Steuersätze von 8 % auf 9 %. Auch Portugal hat alle für die Azoren anwendbaren drei Steuersätze zum 1.1.2014 heraufgesetzt. Luxemburg hat zum 1.1.2015 den Regelsteuersatz von 15 % auf 17 % und zwei der drei ermäßigten Sätze von 12 % auf 14 % bzw. von 6 % auf 8 % angehoben – dennoch bleibt der luxemburgische Regelsteuersatz damit weiterhin der niedrigste in der EU. Die Tschechische Republik hat zum 1.1.2015 einen weiteren (dritten) Steuersatz von 10 % auf bestimmte Produkte eingeführt.

Die aktuellen Steuersätze und andere Basisinformationen zur Umsatzsteuer in der EU und zahlreichen anderen Ländern sind im Internet abrufbar unter: www.globalvatonline.pwc.com.

3 Steuerbemessungsgrundlagen im Vergleich

3.1 Rahmenbedingungen für Holdinggesellschaften

Kaum ein Begriff des internationalen Steuerrechts gilt mehr als Synonym für die grenzüberschreitende Steuergestaltung wie der der Holdinggesellschaft. Dabei ist der Begriff „Holding", aus dem Englischen „to hold" abgeleitet, zunächst wertneutral und beschreibt lediglich eine bestimmte Form des Tätigwerdens einer Gesellschaft.

Definition

Unter einer Holdinggesellschaft wird eine Unternehmung verstanden, deren betrieblicher Hauptzweck in einer auf Dauer angelegten Beteiligung an rechtlich selbständigen Unternehmen liegt. Eine Holdinggesellschaft in Reinform beschränkt sich auf das Halten und das Verwalten von Beteiligungen.

Der Einsatz von Holdinggesellschaften ist beileibe nicht immer steuerinduziert, sondern kann seine Ursache insb. in betriebswirtschaftlichen oder rechtlichen Überlegungen haben. Häufig wird im nationalen wie internationalen Kontext eine dezentralisierte und divisionalisierte Organisationsstruktur bevorzugt (z. B. Managementholding mit Spartenstruktur), es sollen transparente Unternehmenseinheiten mit eindeutiger Ergebnis- und Bilanzverantwortung geschaffen werden oder es geht darum, Möglichkeiten zur Thesaurierung erwirtschafteter Ergebnisse zu erhalten, Hierarchieprobleme zu lösen oder auch Haftungsvorteile zu erlangen. Weitere Gründe für eine Holdinggesellschaft können im Arbeitsrecht, Aufsichtsrecht, in der Dividendenpolitik und der Aufbau- und Ablauforganisation liegen.

Im grenzüberschreitend operierenden Konzern wird die Holdinggesellschaft häufig zum Zweck der regionalen Bündelung von Beteiligungen in einer Regionalholding genutzt. Das hat häufig auch steuerliche Hintergründe, um bei Dividendenzahlungen aus Beteiligungsgesellschaften den Zuflusszeitpunkt in der Konzernspitze durch eine abschirmende Zwischenholding steuern zu können. Hier entbrennt dann der Kampf der Holdingstandorte. Welches Land nun aber im Einzelfall die idealen Holdingbedingungen offeriert, ist maßgeblich von der mit der Struktur verknüpften Zielsetzung abhängig – diesbezügliche Patentrezepte gibt es nicht. Die Listen einschlägiger Holdingkriterien (z. B. Steuerfreiheit von Dividenden, Abzugsfähigkeit von Finanzierungskosten, engmaschiges Netz an DBA etc.) sind somit immer nur vor dem konkreten Anforderungsprofil der beabsichtigten Steuerstruktur aussagefähig. Wird beispielsweise eine Vielzahl von ausländischen Arbeitnehmern am Holdingstandort tätig, so spielt neben diesbezüglichen außersteuerlichen Faktoren (wie z. B. Lebenshaltungskosten, Nähe von Flughäfen, Sprache, internationale Schulen) auch der Einkommensteuersatz eine wichtige Rolle – bei einer personalarmen Holding treten diese Aspekte dagegen in den Hintergrund.

Neben dem Einsatz zur Bündelung von Beteiligungen an einem geeignet erscheinenden Standort werden Holdinggesellschaften auch als „special purpose vehicles" zur Erreichung spezifischer Steuerziele eingesetzt. Hier steht für den Steuerplaner weniger die Standortwahl als die Optimierung bestehender Konzernstrukturen durch Umleitung statt Direktbezug von Einkünften im Vordergrund. Spezielle steuerliche Zielsetzungen von Holdinggesellschaften sind u. a.:

- die Reduktion von Quellensteuern auf grenzüberschreitende Dividenden, Zinsen und Lizenzgebühren durch steueroptimales Routing der Zahlungen (*treaty shopping*, *directive shopping*)

- die Konsolidierung von positiven und negativen Ergebnissen verschiedener in- und ausländischer Konzerneinheiten

- die steueroptimale Allokation von Finanzierungsaufwand

- die Geltendmachung von Teilwertabschreibungen, Betriebsstättenverlusten sowie Veräußerungs- und Liquidationsverlusten

- die Minimierung der Steuerpflicht auf vereinnahmte Dividenden und Veräußerungsgewinne

- die Vermeidung einer Hinzurechnungsbesteuerung oder der Erhebung von Substanz- und Kapitalsteuern.

Die erfolgreiche Durchsetzung derartiger Holdingstrukturen setzt natürlich voraus, dass die gesetzlichen Gestaltungsgrenzen bekannt sind, die für den Holdingzweck erforderliche Substanz vorgehalten wird und mögliche gegenläufige Steuereffekte sowie einmalige und laufende Kosten der Reorganisation in die bzw. aus der Holding berücksichtigt werden. Daneben bedarf eine erfolgreiche Steuerplanung mit Holdinggesellschaften eines ständigen Updates der länderspezifischen Rahmenbedingungen, da nicht nur in Deutschland jährliche Steuerreformen und Änderungen der steuerlichen Spielregeln fast zur Regel geworden sind. Neben steuerlichen Implikationen sind aber bei steuersparenden Holdingkonstruktionen immer auch die

Auswirkungen auf die Reputation eines Unternehmens zu bedenken, wenn eine Steuerplanung bezüglich einer Holdingentscheidung insgesamt erfolgreich sein soll.

Sollen in einer Holdinggesellschaft verschiedene Beteiligungsgesellschaften gebündelt werden (z. B. Europazentrale einer US-Gruppe), so stellt sich natürlich unmittelbar die Frage nach der Standortwahl. Im Wettbewerb der Steuersysteme um Investitionen locken viele Staaten mit Holdingprivilegien. Dies ist leicht nachvollziehbar, ergeben sich doch aus der Ansiedlung von Holdinggesellschaften neben einem direkten Beschäftigungseffekt (und damit einem zusätzlichen Lohnsteueraufkommen) auch indirekte Vorteile wie z. B. andere denkbare zukünftige beschäftigungsrelevante Investitionsentscheidungen zugunsten des Holdingstandorts.

Klassische Holdingstandorte in Europa sind Luxemburg, die Niederlande und – mit zuletzt nachlassender Tendenz – die Schweiz. Diese traditionellen Standorte haben aber schon seit vielen Jahren Konkurrenz bekommen, wobei sich Länder wie Belgien, Dänemark, Österreich oder Spanien und – trotz logistischer Nachteile – auch Malta, Zypern und Estland besonders hervortun.

Wo positioniert sich Deutschland in diesem Holdingwettbewerb? Hier zeigt sich ein unstetes Bild. Konnte man in den vergangenen Jahren noch konstatieren, dass Steuerreformen dem Holdingstandort Deutschland in mancherlei Hinsicht zur Verbesserung (z. B. durch Tarifreduktion) verhalfen, so wurde diese Entwicklung mit Einführung von Dokumentationsvorschriften und Strafzuschlägen bei Verrechnungspreisen, der „Wegelagerersteuer" des § 8b Abs. 3 und Abs. 5 KStG, der Besteuerung von Portfolio-Dividenden nach § 8b Abs. 4 KStG und auch der Verschärfung der „anti-treaty-shopping-Klausel" des § 50d Abs. 3 EStG gestoppt. Eine Gesamtwürdigung des Holdingstandorts fällt angesichts des im Zeitablauf zu beobachtenden Auf und Ab somit schwer, i. d. R. wird in der Praxis nach günstigeren Lösungen für einen Holdingstandort in Europa gesucht. Aus Unternehmenssicht sorgt der zu beobachtende „Zickzackkurs" für Glaubwürdigkeitsprobleme, wenn es um Investitionsentscheidungen geht, für deren Gelingen Stabilität und Rechtssicherheit Voraussetzungen sind.

	Luxemburg	**Niederlande**	**Schweiz**	**Deutschland**	**Malta**
Steuerfreiheit von In- und Auslandsdividenden	Ja (nach 1 Jahr, mind. 10 % oder 1.200.000 €)	Ja (mind. 5 %)	Ja (mind. 10 % oder 1.000.000 CHF)	Ja (mind. 10 %) (aber: § 8b Abs. 5 KStG)	Ja (mind. 10 % oder 1.164.000 €; weitere Voraussetzungen für Auslandsdividenden)
Steuerfreiheit von Beteiligungsveräußerungen	Ja (nach 1 Jahr, mind. 10 % oder 6.000.000 €)	Ja (mind. 5 %)	Ja (nach 1 Jahr, mind. 10 %)	Ja (aber: § 8b Abs. 3 KStG)	Ja (mind. 10 % oder 1.164.000 €)
Abzugsfähigkeit von Finanzierungskosten	abzugsfähig, soweit Überschuss über Dividendeneinnahmen	Ja (Anti-Base-Erosion-Test sowie Restriktionen bei Beteiligungsfinanzierung)	Ja	Ja (aber: § 8b Abs. 5 KStG)	abzugsfähig, soweit Überschuss über Dividendeneinnahmen

Steuerbemessungsgrundlagen im Vergleich

	Luxemburg	Niederlande	Schweiz	Deutschland	Malta
Maximale Gesellschafter-Fremdfinanzierung (EK:FK)	15:85	Seit 01.01.2013 abgeschafft	je nach Aktiva-Mix und Tätigkeit, z. B. für Finanzierungsgesellschaft 1:6	Grds. Beschränkung des Nettozinsabzugs auf 30 % des EBITDA (Freigrenze 3 Mio. €)	Nein
Konsolidierung/ Organschaft	Ja	Ja	Nein	Ja	Ja
Hinzurechnungsbesteuerung	Nein	Nein, nur in definierten Ausnahmefällen	Nein	Ja	Nein
Substanz- und Verkehrsteuern (ohne GrESt)	Vermögensteuer: 0,5 % (aber ohne qualifizierte Unternehmensbeteiligung)	Nein	Geringe kantonale Kapitalsteuer: 0,001–0,17 %	Nein	Nein
EU Mitgliedschaft/ Anzahl der DBA/ Dividenden-Quellensteuer nach USA	Ja 70 0 % unter bestimmten Bedingungen	Ja 96 0 % unter bestimmten Bedingungen	Nein 87 5 % unter bestimmten Bedingungen	Ja 97 0 % unter bestimmten Bedingungen	Ja 63 0 %
Konstanz in der Steuerpolitik	++	++	+	0	+
Tarifbelastung von Kapitalgesellschaften	29,22 %	25 %	7,83 % (für Holding-Company)	ca. 30 %	35 %
ESt-Spitzentarif für Holdingmitarbeiter	43,6 %	52 %	11,5 % (Bund) plus ca. 5–30 % (Kanton/ Gemeinde)	45 % + 5,5 % SolZ	35 %

Ein weiterer Indikator für das Steuerklima in einem Land ist die Möglichkeit einer verbindlichen Zusage der Finanzverwaltung (*binding ruling*), um im Vorfeld ihrer Verwirklichung steuerlich relevante Sachverhalte einvernehmlich zu klären und damit spätere zeitaufwendige Auseinandersetzungen zu vermeiden. In allen hier betrachteten Ländern gibt es entsprechende Vorschriften, die verbindliche Zusagen grds. erlauben. Allerdings sind vor allem in Deutschland solche Zusagen seitens der Finanzverwaltung eher selten und zudem mit der Festsetzung von Gebühren bis zu einer Höhe von maximal 91.456 € verbunden.

> **Literaturhinweise:** *Bader*, Steuergestaltung mit Holdinggesellschaften, Herne/Berlin 2007; *Bader/Täuber*, Analyse attraktiver Holding-Standorte in Europa, IWB 19/2011, S. 727–732; *Eggeling*, EU-Holdinggesellschaften aus Sicht inländischer Konzerne – Substanzerfordernisse und ausgewählte Standorte, Ubg 2011, S. 676–688; *Endres*, 50 Musterfälle zum Internationalen Steuerrecht, Nordkirchen 2008, S. 86 f., S. 174 ff.; *Jacobs* (Hrsg.), Internationale Unternehmensbesteuerung, 7. Aufl., München 2011; *Kessler/Kröner/Köhler*, Konzernsteuerrecht, München 2008, S. 722 ff.; *Körner*, Auf- und Umbau von Holdingstrukturen, IStR 2009, S. 1 ff.

3.2 Verlustabzugsbeschränkungen im EU-Vergleich

Verluste sind eine alltägliche Begleiterscheinung unternehmerischer Betätigung. Gerade in und nach Krisenzeiten sind Unternehmen (und andere Steuerpflichtige) auf faire Regelungen zur Verlustnutzung angewiesen. Bei einem Ländervergleich im Hinblick auf die Standortwahl darf deshalb ein Blick auf die Verlustverrechnungsmöglichkeiten nicht fehlen. Dabei ist zwischen den Verlustvor- und Verlustrücktragsregelungen im eigenen Land und der eventuellen Nutzung ausländischer Betriebsstättenverluste bzw. in ausländischen Tochtergesellschaften erzielten Verlusten zu unterscheiden. Zusätzlich von Bedeutung sind in diesem Zusammenhang auch die in vielen Ländern vorhandenen Verlustabzugsbeschränkungen beim Mantelkauf bzw. im Zusammenhang mit Umstrukturierungen.

Nachfolgend werden die Verlustvor- und Verlustrücktragsregelungen für laufende Verluste aus gewerblicher Tätigkeit in der EU, CH und den USA gegenübergestellt sowie Hinweise darauf gegeben, welche Länder Regelungen zum Mantelkauf und/oder zum Verlustuntergang bei Umstrukturierungen vorsehen.

Verlustabzugsbeschränkungen für laufende gewerbliche Einkünfte in der EU, CH, USA (2014)			
Staaten	**Verlustvortrag**	**Verlustrücktrag**	**Bestimmungen Mantelkauf/ Umstrukturierung**
Belgien	Unbegrenzt	Nein	Ja
Bulgarien	5 Jahre	Nein, nur in Spezialfällen	Ja (nur Umstrukturierung)
Dänemark	Bis 7,635 Mio. DKK unbegrenzt, übersteigender Betrag bis zu 60 % der Bemessungsgrundlage (Mindestbesteuerung)	Nein	Ja
Deutschland	Bis 1 Mio. € unbegrenzt, übersteigender Betrag bis zu 60 % des GdE (Mindestbesteuerung)	1 Jahr (bis zu 1 Mio. €); nicht für Gewerbesteuer	Ja
Estland	Nein	Nein	Nein
Finnland	10 Jahre	Nein	Ja

Verlustabzugsbeschränkungen für laufende gewerbliche Einkünfte in der EU, CH, USA (2014)			
Staaten	**Verlustvortrag**	**Verlustrücktrag**	**Bestimmungen Mantelkauf/ Umstrukturierung**
Frankreich	Bis 1 Mio. € unbegrenzt, übersteigender Betrag bis zu 50 % des steuerpflichtigen Gewinns (Mindestbesteuerung)	1 Jahr (bis zu 1 Mio. €) (für Körperschaften)	Ja
Griechenland	5 Jahre	Nein	Ja
Großbritannien	Unbegrenzt	1 Jahr (für bestimmte Verluste aus den Jahren 2008–2010 bis zu 3 Jahren)	Ja
Irland	Unbegrenzt	1 Jahr (3 Jahre bei Liquidation)	Ja
Italien	Anlaufverluste der ersten 3 Jahre unbegrenzt, danach: bis 80 % der KSt-Bemessungsgrundlage unbegrenzt (Mindestbesteuerung)	Nein	Ja
Kroatien	5 Jahre	Nein	Ja
Lettland	Unbegrenzt	Nein	Ja
Litauen	Bis zu 70 % des steuerlichen Gewinns, zeitlich unbegrenzt (5 Jahre bei bestimmten Veräußerungsverlusten)	Nein	Ja (nur Umstrukturierung)
Luxemburg	Unbegrenzt	Nein	Ja
Malta	Unbegrenzt	Nein	Ja (nur Umstrukturierung)
Niederlande	9 Jahre	1 Jahr (für Verluste aus 2009/2010/2011 wahlweise bis zu 3 Jahren bei entsprechender Kürzung des Vortragszeitraums)	Ja
Österreich	Bis zu 75 % des GdE unbegrenzt (Mindestbesteuerung)	Nein	Ja
Polen	5 Jahre (höchstens 50 % Verrechnung in einem Folgejahr)	Nein	Ja (nur Umstrukturierung)
Portugal	12 Jahre, bis zu 70 % der Bemessungsgrundlage Verluste vor 2014: 5 Jahre, bis zu 75 % der Bemessungsgrundlage (Mindestbesteuerung)	Nein	Ja

Verlustabzugsbeschränkungen für laufende gewerbliche Einkünfte in der EU, CH, USA (2014)			
Staaten	Verlustvortrag	Verlustrücktrag	Bestimmungen Mantelkauf/ Umstrukturierung
Rumänien	7 Jahre (Verluste vor 2009: 5 Jahre)	Nein	Ja (nur Umstrukturierung)
Schweden	Unbegrenzt	Nein	Ja
Schweiz	7 Jahre	Nein	Ja (nur Mantelkauf)
Slowakische Republik	Ab 2014: 4 Jahre, 25 % Verlustnutzung pro Jahr; Verluste vor 2014: 7 Jahre	Nein	Ja (nur bei Umgründung zwecks Steuerverkürzung)
Slowenien	unbegrenzt, Mindestbesteuerung 50 %	Nein	Ja
Spanien	18 Jahre, 2011–2015: Mindestbesteuerung 50 % für Gesellschaften mit Umsätzen über 20 Mio. € bzw. 25 % für Gesellschaften mit Umsätzen über 60 Mio. €	Nein	Ja
Tschechische Republik	5 Jahre	Nein	Ja
Ungarn	Zeitlich unbegrenzt, Mindestbesteuerung 50 %	Nein	Ja
USA	20 Jahre	2 Jahre	Ja
Zypern	5 Jahre	Nein	Ja

Um die Positionierung deutscher Unternehmen im internationalen Standortwettbewerb zu überprüfen, empfiehlt sich ein Vergleich mit den Verlustverrechnungsbeschränkungen im Ausland. Aus diesem Blickwinkel ergibt sich folgendes:

- Fast alle Staaten sehen (zum Teil unter Berücksichtigung einkunftsartenspezifischer und betragsmäßiger Beschränkungen) einen Verlustvortrag vor. Die Mehrzahl der Staaten begrenzt den Vortragszeitraum auf einen Zeitraum zwischen 5 und 20 Jahren, während sich Deutschland in der Ländergruppe ohne zeitliche Beschränkung der Vortragszeit befindet.

- Immer mehr Staaten (nach Italien, Österreich, Polen und Frankreich auch Spanien, Dänemark, Portugal, Slowenien, Slowakische Republik, Litauen und Ungarn) kennen, wie Deutschland, beim Verlustvortrag eine sog. Mindestbesteuerung. Diese sieht – in Deutschland in § 10d EStG normiert – vor, dass die Verluste nur zu einem bestimmten Teil mit zukünftigen Gewinnen verrechnet werden können, sodass in nachfolgenden Gewinnjahren trotz vorhandener Verlustvorträge ein gewisses Mindestaufkommen an Steuer erzielt wird.

- Einen Verlustrücktrag kennen von den betrachteten Staaten neben Deutschland nur Frankreich, Großbritannien, Irland, Niederlande und die USA.

- Verlustabzugsbeschränkungen beim Mantelkauf oder beim Gesellschafterwechsel sind in 29 der hier betrachteten 30 Länder vorgesehen. Die Ausprägung der Verlustabzugsbeschränkungen fällt in jedem Land sehr unterschiedlich aus. Deutschland knüpft in § 8c KStG den Verlustübergang bereits an eine Änderung der Beteiligungsverhältnisse an, sodass die Regelung weit über eine Missbrauchsvorschrift hinausgeht.[550]

Dass die derzeitigen sich zum Teil überschneidenden und widersprüchlichen Bestimmungen des deutschen Steuerrechts, mit denen die Verlustnutzung eingeschränkt oder ausgeschlossen wird, reformbedürftig sind, ist unstrittig. Der Verstoß gegen das objektive Nettoprinzip ist offenkundig. Daran können auch kleinere Reformschritte wie die durch das Gesetz zur Änderung und Vereinfachung der Unternehmensbesteuerung und des steuerlichen Reisekostenrechts eingeführte Neuregelung des § 10d Abs. 1 S. 1 EStG nichts ändern, die eine Anhebung des Verlustrücktrags auf 1.000.000 € bzw. 2.000.000 € ab dem VZ 2013 eingeführt hat.

Nach wie vor ungelöst bleibt im Moment auch die Problematik des grenzüberschreitenden Verlustausgleichs. In Bezug auf ausländische Betriebsstättenverluste praktizieren derzeit innerhalb der EU lediglich Deutschland, Luxemburg, Litauen, Polen und Ungarn die strikte Nicht-Berücksichtigung im Inland (vom Spezialfall finaler Verluste abgesehen). Dänemark und Frankreich wenden im Rahmen der KSt das Territorialitätsprinzip an, was praktisch ebenfalls zu einem Ausschluss der ausländischen Betriebsstättenverluste im Ansässigkeitsstaat des Stammhauses führt. Im Konzernfall sehen dagegen nur die Gruppenbesteuerungsvorschriften in Dänemark, Italien und Österreich die Berücksichtigung der von ausländischen Tochtergesellschaften erwirtschafteten Verluste vor.

Über allen Beschränkungen des grenzüberschreitenden Verlustausgleichs – sei es für den Betriebsstätten- oder Tochtergesellschaftsfall – schwebte lange Zeit das Damoklesschwert der Europarechtswidrigkeit. Seit den Grundsatzentscheidungen in den Rs. *Marks & Spencer*[551] und *Lidl Belgium*[552] stand aber die Notwendigkeit zur Berücksichtigung sog. finaler Auslandsverluste fest. Zwei Verfahren beim EuGH lassen jetzt aber wieder Zweifel an der zunächst angenommenen Rechtssicherheit in Hinblick auf die steuerliche Berücksichtigung finaler Verluste aufkommen.[553] Daneben wird mangels einer Konkretisierung des Finalitätsbegriffs in einer deutschen Steuernorm aufgrund der unterschiedlichen Positionen von Finanzverwaltung und Rechtsprechung noch einige Zeit über die Frage gerungen werden, wann und unter welchen Voraussetzungen Steuerpflichtige finale Auslandsverluste tatsächlich in Abzug bringen können.

> **Literaturhinweise:** Einen Überblick über Verlustverrechnungsbeschränkungen (Vortrag, Rücktrag, Betriebsstättenverluste, Gruppenbesteuerung) in 35 Ländern bietet die von *BDI/PwC* herausgegebene Broschüre „Verlustberücksichtigung über Grenzen hinweg", Frankfurt am Main 2011. Vgl. auch *Becker/Loitz/Stein*, Steueroptimale Verlustnutzung, Wiesbaden 2009; *Rublack*, Berücksichtigung finaler Auslandsverluste, ifst-Schrift Nr. 472, Berlin/Köln 2011. Speziell zur Vielfalt steuerlicher Verlustverrechnungsbeschränkungen in Deutschland vgl. *Lüdicke/Kempf/Brink* (Hrsg.), Verluste im Steuerrecht, Baden-Baden 2010; *Brunsbach/Endres/Lüdicke/Schnitger*, Deutsche Abkommenspolitik – Trends und Entwicklungen 2012/2013, ifst-Schrift Nr. 492, S. 69–71.

---

[550] Vgl. hierzu das beim BVerfG anhängige Verfahren zur Verfassungsmäßigkeit des § 8c KStG, Az. 2 BvL 6/11.
[551] EuGH, Urteil v. 13.12.2005, C–446/03, BFH/NV Beilage 2006, S. 117.
[552] EuGH, Urteil v. 15.5.2008, C–414/06, BStBl II 2009, S. 692.
[553] EuGH, Schlussantrag v. 23.10.2014, C–172/13, *Kommission/Vereinigtes Königreich*; EuGH, C–388/14, *Timac Agro Deutschland GmbH/FA St. Augustin*, Vorinstanz: FG Köln, Beschluss v. 19.2.2014, 13 K 3906/09, EFG 2014, S. 1901: Das FG Köln fordert den EuGH zur Definition ausländischer „finaler Verluste" auf.

3.3 Fördermaßnahmen für Forschung und Entwicklung

Der konkrete Vergleich der Steuerbemessungsgrundlagen soll sich in einem dritten Punkt – neben den Holdingkriterien und den Verlustabzugsbeschränkungen – auf die Rahmenbedingungen für die Forschung und Entwicklung erstrecken. Die Auswahl des steuerlich optimalen Standorts für geplante Forschungs- und Entwicklungsaktivitäten ist eine wichtige unternehmerische Entscheidung, um deren für sie positiven Ausgang sich viele Länder bemühen. Gerade für Deutschland als Staat ohne nennenswerte natürliche Ressourcen ist die Ansiedlung von Forschung und Entwicklung ein zentrales Thema. Bislang werden unternehmerische Aktivitäten überwiegend in Form einer direkten Projektförderung unterstützt. Um aber in einem zukunftsträchtigen „Land der Ideen" Wachstumsimpulse setzen zu können, bedarf es entsprechender innovationsfreundlicher Rahmenbedingungen, zu denen auch das Steuerrecht zählt.

Die Entscheidung über die Standortwahl für FuE wird von vielen Faktoren geprägt. Dazu gehören neben direkten Zuschüssen zu den Forschungsvorhaben u. a. die Verfügbarkeit qualifizierter Fachkräfte, ein breites Angebot an Kooperationspartnern im Bereich wissenschaftlicher Einrichtungen, ein solider Rechtsschutz für geistiges Eigentum oder eine günstige Verkehrs- und Informationsinfrastruktur. In steuerlicher Hinsicht gilt, dass einerseits ein niedriger Steuertarif auf die mithilfe der Forschung zu erzielenden Einnahmen die Rendite nach Steuern und damit den Ertragswert erhöht. Andererseits ist bedeutsam, inwieweit sich die Aufwendungen für ein FuE-Projekt in unmittelbaren Steuerersparnissen niederschlagen. Betrachtet man zu diesem Zweck die steuerlichen Rahmenbedingungen in der EU, so werden spezifische steuerliche FuE-Anreize in 23 der 28 Mitgliedstaaten angeboten. Neben Deutschland kennen nur Estland, Schweden, Griechenland und Bulgarien keine spezifischen FuE-Anreize. Die Ausgestaltung der Förderinstrumente variiert dabei von Land zu Land, wobei die Spannbreite von Bemessungsgrundlagenvergünstigungen, über die Möglichkeit der Steueranrechnung bis hin zu sog. „IP Box Regimen" führt. Letztere stellen eine aktuelle Entwicklung sowohl im EU-Inland als auch im EU-Ausland dar. Die Einkünfte dieser Lizenz-/Patentboxen aus der Verwertung von Forschung und Entwicklung werden einer begünstigten Besteuerung unterworfen.[554]

---

[554] Zu Einzelheiten vergleiche Aufstellung der PwC Global Research & Development Incentives Group, Mai 2014, S. 6.

Maßnahmen

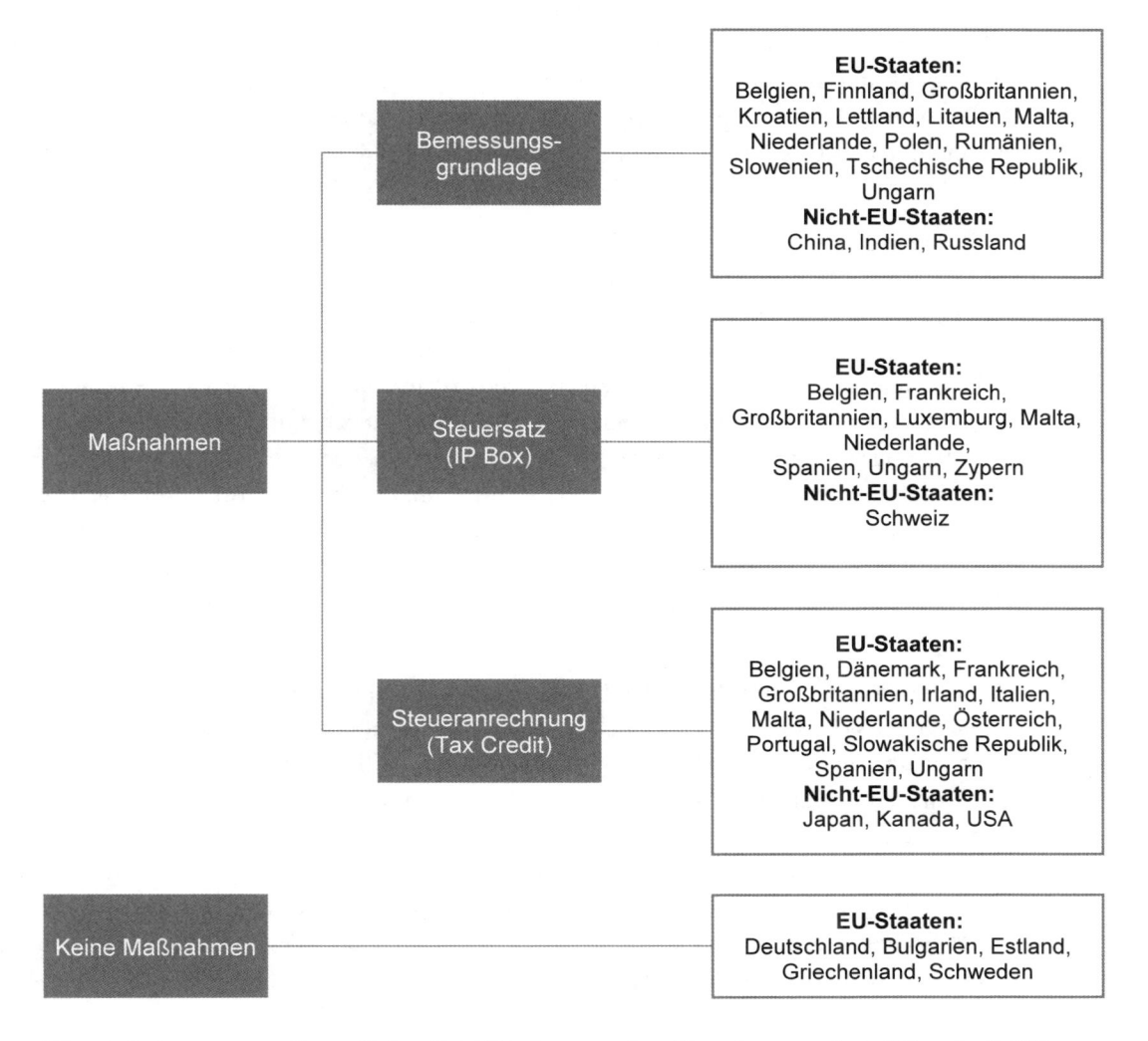

Bemessungsgrundlage
- **EU-Staaten:** Belgien, Finnland, Großbritannien, Kroatien, Lettland, Litauen, Malta, Niederlande, Polen, Rumänien, Slowenien, Tschechische Republik, Ungarn
- **Nicht-EU-Staaten:** China, Indien, Russland

Steuersatz (IP Box)
- **EU-Staaten:** Belgien, Frankreich, Großbritannien, Luxemburg, Malta, Niederlande, Spanien, Ungarn, Zypern
- **Nicht-EU-Staaten:** Schweiz

Steueranrechnung (Tax Credit)
- **EU-Staaten:** Belgien, Dänemark, Frankreich, Großbritannien, Irland, Italien, Malta, Niederlande, Österreich, Portugal, Slowakische Republik, Spanien, Ungarn
- **Nicht-EU-Staaten:** Japan, Kanada, USA

Keine Maßnahmen
- **EU-Staaten:** Deutschland, Bulgarien, Estland, Griechenland, Schweden

Die Arbeitsgruppe „Steuerliche FuE-Förderung der Forschungsunion Wirtschaft-Wissenschaft" schlägt für Deutschland aus innovationspolitischer und steuersystematischer Sicht eine Steuergutschrift vor, die Aufwendungen für Grundlagenforschung, angewandte Forschung und experimentelle Entwicklung umfasst – und zwar unabhängig davon, ob diese Aufwendungen im Unternehmen selbst (interne Aufwendungen) oder im Rahmen von Auftragsforschung (externe Aufwendungen) anfallen. Die Steuergutschrift ist rechtsformunabhängig allen Unternehmen (Kapitalgesellschaften/Personenunternehmen) zu gewähren. Ferner ist weder nach Größe (KMU/MNU), Technologisierungsgrad noch regionaler Ansässigkeit der Unternehmen zu differenzieren. Die Steuergutschrift ist mit der Einkommen- bzw. Körperschaftsteuerschuld (ggf. auch mit der Lohnsteuer für FuE-Personal) verrechenbar. Idealerweise sollte eine die Steuerschuld übersteigende Steuergutschrift aus Liquiditätsgründen vergütet werden. Die Festlegung der Förderhöhe (BDI und BDA fordern eine Steuergutschrift von mindestens 10 % auf sämtliche FuE-Aufwendungen) bleibt der Politik überlassen und muss auch das Erfordernis der staatlichen Budgetkontrolle berücksichtigen.

Deutschland dürfte bei entsprechenden unternehmerischen Standortentscheidungen mangels eines breitenwirksamen steuerlichen Instrumentariums zur Unterstützung von FuE-Projekten häufig leer ausgehen. Länder wie Österreich, Großbritannien, Kanada oder die USA haben hier deutliche Vorteile. Um im Investitionswettbewerb als „Land der Ideen" zu bestehen und langfristige Wachstumskräfte zu stärken, dürfen neue Impulse im Steuerbereich nicht ausbleiben. Im Koalitionsvertrag der alten Bundesregierung fand sich denn auch ein solcher Vorsatz: „Wir streben eine steuerliche Förderung von Forschung und Entwicklung an, die zusätzliche Forschungsimpulse insb. für kleine und mittlere Unternehmen auslöst." Der Grund für die nicht erfolgte Umsetzung liegt in der angespannten Lage der öffentlichen Haushalte und dem vermeintlichen Dogma der Aufkommensneutralität jeglicher Steuerreform, wobei durch eine FuE-Steuergutschrift ausgelöste Wachstumseffekte nur schwer kalkulierbar sind.

Will Deutschland nicht an Attraktivität als FuE-Standort verlieren, sollte die FuE-Förderung jedoch weiterhin hoch auf der Reformagenda stehen. Dies scheint auch auf politischer Ebene erkannt worden zu sein: Obgleich eine steuerliche Forschungsförderung nicht im Koalitionsvertrag zur 18. Legislaturperiode aufgelistet wurde, wird Presseberichten zufolge im Finanzministerium über die Einführung einer Lizenz-/Patentbox-Regelung nachgedacht. Einkünfte aus Patenten oder anderem geistigen Eigentum sollen danach auf Unternehmensebene statt mit rd. 30 % nur mit einem niedrigeren Steuersatz von 10 % oder 15 % belegt werden. Voraussetzung soll allerdings sein, dass es sich dabei nicht um ein Steuersparmodell für Konzerne handelt und nur gezielt Forschungs- und Entwicklungstätigkeiten im eigenen Land gefördert werden. Insoweit würde eine Schedulenbesteuerung in Betracht kommen, bei der die Bestimmung der förderungswürdigen Einkünfte (das sog. „tracking and tracing") sicherlich nicht einfach fällt.

Im Zusammenhang mit der BEPS-Initiative haben Großbritannien und Deutschland einen gemeinsamen Vorschlag zur Gestaltung von Lizenz-/Patentbox-Regelungen erarbeitet, nach dem eine steuerliche Vorzugsbehandlung international einheitlich nur bei einer substanziellen wirtschaftlichen Tätigkeit mit nachweisbarer Wertschöpfung in der jeweiligen Jurisdiktion zum Tragen kommen soll. Rein künstliche Lizenz-/Patentboxen sind zu bekämpfen – wichtig ist ein einheitliches Verständnis für die Substanzanforderungen an ein Präferenzsystem. Gibt es aber ein solches abgestimmtes „level playing field" und wird Deutschland von ausländischen Präferenzsystemen umgeben, so darf Deutschland schon allein aus Wettbewerbsgesichtspunkten mit einem solchen Schritt nicht hintan stehen.

Literaturhinweise: *PwC*, Global Research & Development Incentives Group, May 2014, Global R&D Incentives Group, 2014; *Spengel/Wiegard*, Ökonomische Effekte zur steuerlichen Forschungsförderung in Deutschland, BDI-Drs. D 0481, Dezember 2011; *ZEW*, Discussion Paper No. 13-070, Intellectual Property Box Regimes: Effective Tax Rates and Tax Policy Considerations, Nov. 2013, download: http://ftp.zew.de/pub/zew-docs/dp/dp13070.pdf (abgerufen am 12.1.2015)

4 Neues bei den Doppelbesteuerungsabkommen Deutschlands

4.1 DBA-Übersicht zum 1.1.2015

Am 1.1.2015 besteht zwischen Deutschland und den folgenden Ländern ein DBA:

- Ägypten
- Albanien
- Algerien
- Argentinien
- Armenien
- Aserbaidschan
- Australien
- Bangladesch
- Belgien
- Bolivien
- Bosnien und Herzegowina
- Bulgarien
- China*
- Costa Rica
- Dänemark
- Ecuador
- Elfenbeinküste
- Estland
- Finnland
- Frankreich
- Georgien
- Ghana
- Griechenland
- Indien
- Indonesien
- Iran, Islamische Republik
- Irland
- Island
- Israel
- Italien
- Jamaika
- Japan
- Kanada
- Kasachstan
- Kenia
- Kirgisistan
- Korea, Republik
- Kosovo
- Kroatien
- Kuwait
- Lettland
- Liberia
- Liechtenstein
- Litauen
- Luxemburg
- Malaysia
- Malta
- Marokko
- Mauritius
- Mazedonien
- Mexiko
- Moldau
- Mongolei
- Montenegro
- Namibia
- Neuseeland
- Niederlande
- Norwegen
- Österreich
- Oman
- Pakistan
- Philippinen
- Polen
- Portugal
- Rumänien
- Russ. Föderation
- Sambia
- Schweden
- Schweiz
- Serbien
- Simbabwe
- Singapur
- Slowakische Republik
- Slowenien
- Spanien
- Sri Lanka
- Südafrika
- Syrien
- Tadschikistan
- Taiwan
- Thailand
- Trinidad und Tobago
- Tschechische Republik
- Tunesien
- Turkmenistan
- Türkei
- Ukraine
- Ungarn
- Uruguay
- Usbekistan
- Venezuela
- Vereinigte Arabische Emirate
- Vereinigtes Königreich
- Vereinigte Staaten
- Vietnam
- Weißrussland
- Zypern

*ohne Hongkong und Macau

4.2 Informationsaustausch

4.2.1 Allgemein

Es wurden im Laufe des Jahres 2014 keine weiteren Abkommen über den Informationsaustausch bzw. gegenseitige Hilfe in Steuersachen nach dem OECD-Muster abgeschlossen. In Kraft gesetzt wurden die früheren Vereinbarungen mit den Cookinseln und Montserrat. Inhaltlich wurden die diesbezüglichen OECD-Vorgaben in den neuen DBA mit China, Costa Rica und Israel sowie im Änderungsprotokoll zum fortgeltenden DBA mit Georgien berücksichtigt (s. u.). Informationsaustauschabkommen aus den Jahren 2009–2011 mit Antigua, Barbuda, Bermudas, Dominica und St. Lucia standen am Jahresende 2013 noch unter Ratifikationsvorbehalt. Letzteres galt auch noch für entsprechende Änderungsprotokolle zu den DBA mit Belgien, Norwegen und den Philippinen.

4.3 Neue DBA-Verhandlungen

4.3.1 Frühere Verhandlungen

Bereits in den Vorjahren unterzeichnete Abkommen mit den Niederlanden, Oman, den Philippinen und Südafrika waren am Jahresende 2014 noch nicht ratifiziert.

4.3.2 China

Am 28.3.2014 wurde ein neues Abkommen mit China unterzeichnet. Es folgt dem OECD-MA in Form und Inhalt, wobei folgende Besonderheiten anzumerken sind:

- Eine Baustelle bzw. Montagestätte wird erst nach dem zwölften Monat zur Betriebsstätte.

- Der übliche Betriebsstättenbegriff wird um die „Dienstleistungsbetriebsstätte" erweitert. Eine Dienstleistungsbetriebsstätte entsteht auch ohne feste Einrichtung falls Dienstleistungen an mehr als 183 Tage innerhalb eines Zeitraums von 12 Monaten im Rahmen desselben Vorhabens oder verbundenen Vorhaben erbracht werden.

- Der Unternehmensgewinn einer Betriebsstätte wird so ermittelt, als ob die Betriebsstätte ein unabhängiges Unternehmen wäre – nach dem „authorised OECD approach".

- Die Quellensteuer auf Dividenden an eine Kapitalgesellschaft mit einer Beteiligung von mindestens 25 % beträgt höchstens 5 %. Auf Ausschüttungen von Immobilienfonds (REITG) darf sie 15 % nicht übersteigen. Bei anderen Dividenden und Ausschüttungen liegt die Höchstgrenze bei 10 %.

- Die Quellensteuer auf Zinsen und Lizenzen beträgt höchstens 10 %. Auf Miete für Ausrüstungsgegenstände darf sie allerdings 6 % nicht übersteigen.

- Ruhegehälter werden nur im Ansässigkeitsstaat des Empfängers versteuert, es sei denn, sie stammen aus dem staatlichen Sozialversicherungssystem. In diesem Fall steht das Besteuerungsrecht dem Kassenstaat zu.

Das neue DBA bedarf der Ratifikation. Es tritt in Kraft 30 Tage nach dem Austausch der Ratifikationsurkunden mit Wirkung ab dem folgenden 1. Januar.

4.3.3 Costa Rica

Am 13.2.2014 wurde ein erstmaliges Abkommen mit Costa Rica unterzeichnet. Es folgt dem OECD-MA in Form und Inhalt, wobei folgende Besonderheiten anzumerken sind:

- Eine Baustelle bzw. Montagestätte wird erst nach dem sechsten Monat zur Betriebsstätte.

- Der Unternehmensgewinn einer Betriebsstätte wird so ermittelt, als ob die Betriebsstätte ein unabhängiges Unternehmen wäre – nach dem „authorised OECD approach".

- Die Quellensteuer auf Dividenden an eine Kapitalgesellschaft mit einer Beteiligung von mindestens 20 % beträgt höchstens 5 %. Auf alle anderen Dividenden beträgt sie höchstens 15 %.

- Die Quellensteuer auf Zinsen beträgt höchstens 5 %. Auf Warenkredite gilt der Satz 0.

- Die Quellensteuer auf Lizenzen beträgt höchstens 10 %. Dies gilt auch für die Miete für Ausrüstungsgegenstände.

- Ruhegehälter werden nur im Ansässigkeitsstaat des Empfängers versteuert, es sei denn, sie stammen aus dem staatlichen Sozialversicherungssystem. In diesem Fall steht das Besteuerungsrecht dem Kassenstaat zu.

- Bei Unternehmensgewinnen, Gehältern und Ähnlichem wird die Doppelbesteuerung in Deutschland als Ansässigkeitsstaat grds. durch Freistellung vermieden. Es wurde aber das Anrechnungsverfahren für den Fall vereinbart, dass die betreffenden Einkünfte im anderen Staat infolge eines Qualifikationskonflikts nicht oder nur zu durch das Abkommen ermäßigten Sätzen versteuert werden. Diese „Umschaltklausel" greift aber erst nach einem erfolglosen Verständigungsverfahren zwischen den zuständigen Behörden beider Staaten ein.

Das neue DBA bedarf der Ratifikation. Es tritt in Kraft mit dem Austausch der Ratifikationsurkunden mit Wirkung ab dem folgenden 1. Januar.

4.3.4 Georgien

Am 11.3.2014 wurde ein Protokoll zur Änderung des DBA vom 1.6.2006 unterzeichnet. Damit wurden Vorgaben zur steuerlichen Informationsaustausch und Amtshilfe auf den neuesten Stand des OECD-MA[555] gebracht. Das Protokoll bedarf der Ratifizierung. Es tritt in Kraft mit dem Austausch der Ratifikationsurkunden mit Wirkung ab dem folgenden 1. Januar.

4.3.5 Großbritannien

Am 17.3.2014 wurde ein Protokoll zur Änderung des DBA vom 30.3.2010 unterzeichnet. Die Änderung betrifft die Vereinbarung des „authorised OECD approach" zur Bestimmung des Betriebsstättengewinns im anderen Staat, als ob er durch ein rechtlich selbstständiges Unternehmen erzielt worden wäre. Daneben wurde eine Vereinbarung zur Steuerpflicht der sog. Ortskräfte bei den diplomatischen Vertretungen des anderen Staates getroffen. Das Protokoll bedarf der Ratifizierung. Es tritt in Kraft mit dem Austausch der Ratifikationsurkunden mit Wirkung ab dem folgenden 1. Januar.

---

[555] Art. 26, 27 OECD MA.

4.3.6 Israel

Am 21.8.2014 wurde ein neues Abkommen mit Israel unterzeichnet. Es folgt dem OECD-MA in Form und Inhalt, wobei folgende Besonderheiten anzumerken sind:

- Eine Baustelle bzw. Montagestätte wird erst nach dem zwölften Monat zur Betriebsstätte.

- Der Unternehmensgewinn einer Betriebsstätte wird so ermittelt, als ob die Betriebsstätte ein unabhängiges Unternehmen wäre – nach dem „authorised OECD approach".

- Die Quellensteuer auf Dividenden an eine Kapitalgesellschaft mit einer Beteiligung von mindestens 10 % beträgt höchstens 5 %. Auf Ausschüttungen von Immobilienfonds (REITG) – Beteiligungsobergrenze 10 % – darf sie 15 % nicht übersteigen. Bei anderen Dividenden und Ausschüttungen liegt die Höchstgrenze bei 10 %.

- Die Quellensteuer auf Zinsen beträgt höchstens 5 %. Ein Null-Satz gilt für Zinsen auf börsennotierte Anteile oder für Zinszahlungen an Pensionsfonds.

- Eine Quellensteuer auf Lizenzen wird nicht erhoben.

- Ruhegehälter werden nur im Ansässigkeitsstaat des Empfängers versteuert, es sei denn, sie stammen aus dem staatlichen Sozialversicherungssystem. In diesem Fall steht das Besteuerungsrecht dem Kassenstaat zu.

- Bei Unternehmensgewinnen, Gehältern und Ähnlichem wird die Doppelbesteuerung in Deutschland als Ansässigkeitsstaat grds. durch Freistellung vermieden. Es wurde aber das Anrechnungsverfahren für den Fall vereinbart, dass die betreffenden Einkünfte im anderen Staat infolge eines Qualifikationskonflikts nicht oder nur zu – durch das Abkommen ermäßigten – Sätzen versteuert werden. Diese „Umschaltklausel" greift aber erst nach einem erfolglosen Verständigungsverfahren zwischen den zuständigen Behörden beider Staaten ein.

Das neue DBA bedarf der Ratifikation. Es tritt in Kraft mit dem Austausch der Ratifikationsurkunden mit Wirkung ab dem folgenden 1. Januar.

5 Verwaltungserlasse und höchstrichterliche Rechtsprechung mit internationalem Bezug

5.1 Verwaltungserlasse

5.1.1 Ertragsteuern

5.1.1.1 DBA-Anwendung auf Personengesellschaften

In einem umfassenden Schreiben hat das BMF seine Position zur Anwendung der DBA auf Personengesellschaften dargelegt. Dabei vertritt das BMF weiterhin die Ansicht, grds. sei nicht die Gesellschaft, sondern deren Gesellschafter ESt- bzw. KSt-pflichtig und damit abkommensberechtigt. Dies gilt grds. und insb. ohne Rücksicht auf die zivil- wie steuerrechtliche Stellung der Gesellschaft im anderen Land. Lediglich bei der Abkommensentlastung von Abzugssteuern gilt die Ausnahme der Entlastung der Einkünfte der ausländischen Personengesellschaft kraft eigenen Rechts, wenn sie im eigenen Land wie eine Körperschaft besteuert wird. In diesem Fall haben die Gesellschafter auch dann keinen eigenen Anspruch auf die entsprechende Entlastung, wenn sie in einem Drittstaat ansässig sind, der die Personengesellschaft, wie Deutschland, als „transparent" behandelt. Nach dem Schreiben gilt grds. die Beteiligung an einer gewerblich tätigen Personengesellschaft als die Betriebsstätte des Gesellschafters, und zwar sowohl für die deutsche Beteiligung an der ausländischen Personengesellschaft, wie für die entsprechende ausländische Beteiligung in Deutschland und unabhängig vom jeweiligen steuerlichen Status im anderen Staat. Das Schreiben geht auch auf besondere Beteiligungsformen, wie etwa die stille Gesellschaft ein. Es enthält auch Hinweise zur Abgrenzung der gewerblichen von der vermögensverwaltenden Tätigkeit und behandelt ausführlich Qualifikationskonflikte mit dem Recht des fremden Staates. Hilfreich ist wohl auch der Anhang mit seinen Hinweisen zu den verschiedenen Rechtsformen in den wichtigsten DBA-Partnerländern sowie zu Besonderheiten, die sich aus den einzelnen Abkommen ergeben.

> **BMF, Schreiben v. 26.9.2014, IV B 5 – S 1300/09/10003, BStBl I 2014, S. 1258**

5.1.1.2 Aufwendungen beim Steuerabzug von Lizenzgebühren innerhalb der EU/des EWR

Am 27.7.2011 hat der BFH entschieden,[556] dass der Steuerabzug von Lizenzgebühren nach (jetzt) § 50a Abs. 1 Nr. 3 EStG an EU/EWR-Gläubiger die damit im Zusammenhang stehenden Aufwendungen berücksichtigen müsse. Auf dieses Urteil folgte ein weiteres Urteil[557] vom 25.4.2012. Das BMF hat diese Rspr. nunmehr für grds. anwendbar unter der wohl einengenden Bedingung festgestellt, dass der nachgewiesene Aufwand notwendigerweise und in unmittelbarem Zusammenhang mit der hier fraglichen Lizenzeinnahme entstanden sein muss. Die Nachweise sind vom Lizenzgläubiger zwecks späterer Einsicht durch die Finanzverwaltung aufzubewahren. Daraus muss hervorgehen, dass der Aufwand für die erbrachte Leistung notwendig war und ausschließlich damit im Zusammenhang stand. Damit steht fest, dass ein Aufwandsposten für eine Ausgabe nicht abgezogen werden darf, die auch anderen Lizenznehmern zugutekäme bzw. die eine weitere Vermarktung der Technologie erst ermöglichen soll.

> **BMF, Schreiben v. 17.6.2014, IV C 3 – S 2303/10/10002:001, BStBl I 2014, S. 887**

5.1.1.3 Anwendung des § 1 Abs. 4 AStG

Nach § 1 Abs. 4 AStG können Geschäftsbeziehungen zu ausländischen nahestehenden Personen bei Verletzung des Fremdvergleichsgrundsatzes zur Berichtigung der Einkünfte führen, wenn der Vorfall zu einer Steuerpflicht für die nahestehende Person bei inländischer Ansässigkeit geführt hätte. Nach dem BMF-Schreiben ist bei Prüfung der gedanklichen inländischen Steuerpflicht der etwaige ausländische Bezug bei sämtlichen Merkmalen des Vorgangs wegzudenken, sodass davon auszugehen sei, dass sich der Vorgang vollständig im Inland ereignet hätte.

> **BMF, Schreiben v. 4.6.2014, IV B 5 – S 1341/07/10009, BStBl I 2014, S. 834**

---

[556] I R 32/10, BFH/NV 2012, S. 118.
[557] I R 76/10, BFH/NV 2012, S. 1444.

5.1.1.4 Arbeitgeberzuschüsse an EU/EWR/Schweizer Krankenkassen

Mit Urteil vom 12.1.2011[558] hatte der BFH entschieden, dass Arbeitgeberbeiträge an eine ausländische (hier: französische) Krankenkasse in Ermangelung einer (inländischen) Beitragspflicht nicht nach § 3 Nr. 62 EStG steuerfrei sein können. In einem Nichtanwendungserlass zugunsten der steuerpflichtigen Arbeitnehmer hat das BMF in Einvernehmen mit dem Bundesministerium für Arbeit und Soziales sowie dem Bundesministerium für Gesundheit nunmehr verfügt, dass dieses Urteil nicht über den Einzelfall hinaus anzuwenden sei. Es bestehe nämlich entgegen der Auffassung des BFH sehr wohl eine Zuschusspflicht des Arbeitgebers, und zwar aufgrund Art. 5 Buchst. b der Verordnung (EG) Nr. 883/2004 des Europäischen Parlaments und des Rates vom 29.4.2004. Danach sind Arbeitgeber verpflichtet, dem Arbeitnehmer bei seiner freiwilligen Mitgliedschaft einer gesetzlichen Krankenkasse eines anderen EU/EWR-Staats oder der Schweiz genauso mit einem Beitragszuschuss zu unterstützen wie bei seiner Mitgliedschaft in einer inländischen Kasse.

> BMF, Schreiben v. 30.1.2014, IV C 5 – S 2333/13/10004, BStBl I 2014, S. 210

5.1.1.5 Steuerlichen Folgen der Löschung einer britischen Limited

Es kommt zunehmend vor, dass Unternehmer die Rechtsform einer britischen Limited wählen, um ihrem Unternehmen das Rechtskleid einer Kapitalgesellschaft bei Vermeidung der vergleichsweise umfangreichen Gründungsformalitäten sowie der Mindestkapitalausstattung des deutschen GmbHG bzw. AktG zu geben. Was allerdings dabei leicht zu übersehen ist, sind die Publizitäts- und Anmeldepflichten nach dem britischen Gesellschaftsrecht. Werden diese verletzt, erfolgt – zumeist automatisch – ein Bußgeldbescheid. Bei Wiederholungen bzw. Missachtung des Bußgeldbescheids kann – neben anderen Maßnahmen gegen die Gesellschafter und Direktoren – die Gesellschaft aus dem britischen Gesellschaftsregister im „Companies' House" gestrichen werden. Damit ist sie nach britischem Recht gelöscht. Ihre Verbindlichkeiten bestehen nicht mehr und ihr Vermögen verfällt der Krone.

Haben deutsche Unternehmer diese Rechtsform für ein in Deutschland betriebenes Unternehmen gewählt so gilt sie i. d. R. als in Deutschland steuerlich ansässig und damit unbeschränkt steuerpflichtig. Zu den steuerlichen Folgen ihrer Löschung nach britischem Recht nahm das BMF Anfang des Jahres Stellung. Danach besteht nach Ansicht des BMF die Gesellschaft bis zur endgültigen Abwicklung weiter, wobei die Streichung aus dem britischen Register den Beginn des Abwicklungszeitraums markiert. Wird der Geschäftsbetrieb fortgeführt, gilt dies je nach Umständen als GbR oder Einzelunternehmen der bisherigen Gesellschafter. Die Löschung der Verbindlichkeiten bzw. Verfall der Vermögensgegenstände an die britische Krone gilt nach Ansicht des BMF nicht für ausländische Verbindlichkeiten oder Vermögenswerte, jedenfalls nicht für deutsche Steuerverpflichtungen oder -erstattungsansprüche. Hierfür bleiben die bisher Verantwortlichen weiterhin in der Pflicht, es sei denn, dass das FA oder andere Gläubige einen Liquidator oder Zwangsverwalter bestellen (lassen).

> BMF, Schreiben v. 6.1.2014, IV C 2 – S 2701/10/10002, BStBl I 2014, S. 111

---

[558] I R 49/10, BFH/NV 2011, S. 913.

5.1.2 Andere Steuern

5.1.2.1 Anteilige erbschaftsteuerliche Freibeträge bei in Drittstaaten Ansässigen

Am 17.10.2013 hatte der EuGH entschieden[559], es sei eine unzulässigen Beschränkung des freien Kapitalverkehrs nicht den vollen Freibetrag nach § 16 Abs. 1 Nr. 2 ErbStG (400.000 €), sondern nur noch den reduzierten Betrag i. v. H. 2.000 € für beschränkt Steuerpflichtige[560] der in der Schweiz ansässigen Tochter beim Erwerb durch Erbschaft eines inländischen Grundstückes von ihrer ebenfalls in der Schweiz ansässigen und nunmehr verstorbenen Mutter zu gewähren. Nach einer Kurzinformation der OFD Nordrhein-Westfalen ist zur Vermeidung einer „ungerechtfertigten Besserstellung" beschränkt Steuerpflichtiger dieses Urteil so auszulegen, dass in anderen Fällen des Erwerbes Inlandsvermögen vom Todes wegen unter beschränkt Steuerpflichtigen die Freibeträge nach § 16 Abs. 1 nur anteilig im Verhältnis des Inlandsvermögen zum Gesamtvermögen zu gewähren. Nach der Kurzinformation sei eine Gesetzesänderung nicht geplant.

> **OFD Nordrhein-Westfalen, Kurzinformation v. 29.7.2014, Nr. 003/2014, DB, S. 1840**

5.1.2.2 Verhältnis vom allgemeinen Umsatzbesteuerungsverfahren zum Vorsteuer-Vergütungsverfahren

Am 28.8.2013 hatte der BFH entschieden,[561] dass der ausländische Unternehmer, der nur deshalb eine USt-Erklärung abzugeben hat, weil er unberechtigterweise in einer Rechnung einen USt-Betrag ausgewiesen hat, berechtigt und verpflichtet sei, sämtliche abziehbare Vorsteuerbeträge in dieser Erklärung geltend zu machen. Damit wäre der ausländische Unternehmer den Beschränkungen des Vergütungsverfahrens[562] – insb. die Einhaltung der Antragsfrist von 30. Juni des Folgejahres und der Ausschluss von der Vergütung für Unternehmer aus Staaten, die eine entsprechende Entlastung deutschen Unternehmern nicht gewähren – enthoben. Das BMF hat mit einem einschränkenden Erlass reagiert, wonach das Urteil nur in ähnlich gelagerten Fällen anzuwenden ist. Danach kann der ausländische Unternehmer nur dann seine Vorsteuerbeträge im Rahmen der allgemeinen USt-Erklärung geltend machen, wenn sein fristgerecht und vorschriftsgemäß beim BZSt gestellter Vergütungsantrag irrtümlich abgelehnt worden und eine Behebung des Irrtums im Rahmen des Vergütungsverfahrens nicht mehr möglich ist.

> **BMF, Schreiben v. 21.5.2014, IV D 3 – S 7359/13/10002, BStBl I 2014, S. 863**

---

[559] Urteil v. 17.10.2013, C–181/12, *Welte*, BFH/NV 2013, S. 2046.
[560] § 16 Abs. 2 ErbStG.
[561] XI R 5/11, BFH/NV 2013, S. 2033.
[562] § 18 Abs. 9 UStG sowie §§ 59–61a UStDV.

5.2 Urteile des Bundesfinanzhofs

5.2.1 Ertragsteuern

5.2.1.1 Abfindung eines im Inland ansässigen Angestellten eines französischen Arbeitgebers in Frankreich zu versteuern

Der im Inland steuerlich ansässige Angestellte eines deutschen Konzerns wurde zur französischen Tochtergesellschaft als Geschäftsführer entsandt. Dabei blieb er auch für die deutsche Muttergesellschaft in gewissem Maße tätig. Etwas später kam es zu Meinungsverschiedenheiten über die künftige Geschäftsstrategie, in deren Folge er der Aufhebung seiner beiden Arbeitsverhältnisse gegen Abfindung durch die französische Tochter zustimmte. Der BFH hat das Besteuerungsrecht Frankreich als Tätigkeitsstaat anstelle von Deutschland als Ansässigkeitsstaat eingedenk einer laut OECD-MA abweichenden Sonderregelung im DBA-Frankreich zugeordnet. Danach können Einkünfte aus unselbstständiger Tätigkeit mit gewissen – aber hier nicht einschlägigen – Ausnahmen nur im Tätigkeitsstaat versteuert werden. Dies schließt auch „sonstige Bezüge" und „ähnliche Vorteile" ein. Hierhin gehört nach dem Spruch des BFH auch die Abfindung für die Auflösung des Arbeitsverhältnisses. Da der Regelungswortlaut auf den Arbeitgeber und auf den Tätigkeitsort abstellt, ist nicht – wie im Falle von DBA-Regelungen nach dem OECD-MA – zwischen der nachträglichen Entlohnung für eine frühere Tätigkeit und der Abfindung für den Verlust des Arbeitsplatzes zu unterscheiden.

Dieses Urteil wurde erst nachträglich zur Veröffentlichung bestimmt.

> BFH, Urteil v. 24.7.2013, I R 8/13, BFH/NV 2014, S. 149

5.2.1.2 Abzug einer Spende innerhalb der EU nur bei Einhaltung aller deutschen Vorschriften

Eine GmbH leistete eine Spende an einen der russisch-orthodoxen Kirche in Rom angeschlossenen Verein zur Förderung der Orthodoxie sowie zur Errichtung einer russisch-orthodoxen Kathedrale in Rom. Der Verein war in Italien als gemeinnützig anerkannt und damit steuerbefreit. Der BFH hat jedoch dagegen gehalten, der Spendenabzug für einen Förderer aus Deutschland setze voraus, der Verein wäre auch in Deutschland steuerbefreit, wenn er hier Einkünfte erzielen würde.[563] Dies wiederum bedingt die Einhaltung sämtlicher Vorschriften[564] für die deutsche Anerkennung der Gemeinnützigkeit. Dies schließt die sog. „satzungsmäßige Vermögensbindung" nach § 55 Abs. 1 Nr. 4 AO ein, wonach die Satzung von vornherein bestimmen muss, dass das Vereinsvermögen auch bei Auflösung des Vereins nur für gemeinnützige Zwecke verwendet werden darf. In der Praxis wird häufig die satzungsmäßige Vermögensbindung durch die Bestimmung der Übertragung auf eine namentlich genannte gemeinnützige Einrichtung sichergestellt. Im vorliegenden Fall bestimmte die Satzung des italienischen Vereins, dass bei Auflösung über die Übertragung des verbliebenen Vermögens „zugunsten einer anderen nichtwirtschaftlichen Organisation, wobei solchen der Vorrang einzuräumen ist, die mit dem Patriarchat Moskau in Verbindung stehen oder zu der russisch-orthodoxen Religion gehören, vorbehaltlich anderweitiger gesetzlich bedingter Verwendungsvorschriften" zu bestimmen sei. Damit war für den BFH nicht sichergestellt, dass das Vermö-

---
[563] § 9 Abs. 1 Nr. 2 Buchst. c KStG.
[564] §§ 51–68 AO.

gen des Vereins nur auf eine nach deutschem Recht steuerbefreite bzw. steuerlich freizustellende Einrichtung übertragen werden konnte. Somit war der begehrte Spendenabzug ohne Prüfung der weiteren Voraussetzungen zu versagen.

> BFH, Urteil v. 17.9.2013, I R 16/12, BFH/NV 2014, S. 786

5.2.1.3 Aufwendungen für ein Verständigungsverfahren stehen nicht im Zusammenhang mit den betreffenden Einkünften

Ein in den USA Ansässiger veräußerte eine Beteiligung an einer deutschen GmbH. Zunächst beanspruchten beide Staaten das Besteuerungsrecht auf den nicht unerheblichen Veräußerungsgewinn. Daraufhin beantragte der beschränkt steuerpflichtige Kläger die Einleitung eines Verständigungsverfahrens nach Art. 25 DBA-USA. Letztlich teilten sich die beiden Staaten das Besteuerungsrecht brüderlich – 60 % für Deutschland, 40 % für die USA. Allerdings seien im Zuge der Verhandlungen dem Steuerpflichtigen Anwalts- und Steuerberatungskosten entstanden, die er ohne das Verständigungsverfahren nicht gehabt hätte. Er beantragte deshalb einen entsprechenden Abzug vom Veräußerungsgewinn, was das FA ablehnte und später der BFH ebenso.

Der BFH führte aus, die Kosten im Zusammenhang mit dem Verständigungsverfahren seien nicht im Zusammenhang mit der Erzielung des Veräußerungsgewinns entstanden, sondern im Zusammenhang mit dessen Besteuerung. Für einen Abzug als Werbungskosten oder als Veräußerungskosten bestünde also kein Raum. Ob ein Abzug als Sonderausgabe in Frage käme, brauchte nicht entschieden zu werden, denn ein Sonderausgabenabzug stand dem beschränkt Steuerpflichtigen ohnehin nicht zu.

> BFH, Urteil v. 9.10.2013, IX R 25/12, BFH/NV 2014, S. 94

5.2.1.4 EU-Geldbuße keine abzugsfähige Betriebsausgabe

Die Europäische Kommission setzte gegen ein Unternehmen wegen eines schweren Kartellvergehens eine empfindliche Geldbuße fest. Der Betrag berücksichtigte die Schwere des Vergehens, die Bedeutung des betroffenen Marktsegments sowie die von der Kommission geschätzten Auswirkungen auf den Markt. Er wurde dann um 10 % für jedes Jahr des Vergehens erhöht. Abschließend wurde die Summe auf 10 % des Vorjahresumsatzes des Unternehmens „gedeckelt", um dies nicht in seiner Existenz zu gefährden. Dabei ging die Kommission nach den eigens für solche Sanktionen erarbeiteten „Leitlinien" vor. Das Unternehmen begehrte den Betriebsausgabenabzug für den Teil der Buße, den es als „Abschöpfungsteil" selbst geschätzt hatte. Das FA verweigerte den Abzug nach § 4 Abs. 5 Nr. 8 S. 4 EStG, da die Buße nicht aufgeteilt war und somit ein Abschöpfungsteil nicht objektiv festgestellt werden konnte. Dem folgte auch der BFH. Zwar dienten kartellrechtliche Bußen nicht nur der Sanktion des Einzelfalls, sondern auch der Abschreckung möglicher Nachahmer, womit die tatsächliche Abschöpfung des erlangten wirtschaftlichen Vorteils durchaus nicht ausgeschlossen werden konnte, aber da die Kommission diesen Vorteil konkret nicht festgestellt hat, hat sie ihn auch nicht gezielt abgeschöpft. Dass das Unternehmen nach der Sanktion nicht mit Gewinn aus der Affäre aussteigen dürfe, lag im Wesen aller Strafmaßnahmen für wirtschaftliche Vergehen, rechtfertigte aber nicht, den Abzug eines selbst errechneten Abschöpfungsteils, den die Behörde nicht ausdrücklich festgestellt hat.

BFH, Urteil v. 7.11.2013, IV R 4/12, BFH/NV 2014, S. 601

5.2.1.5 Ausländische Steueranrechnung unter Ausschluss der persönlichen Freibeträge

Nach § 34c Abs. 1 EStG wird die Anrechnung ausländischer Steuern auf die deutsche ESt auf den ESt-Betrag begrenzt, der sich aus der Aufteilung des ESt-Betrags vor Anrechnung über die inländischen wie auch die ausländischen Einkunftsteile ergibt. Daraufhin hatte der EuGH entschieden, diese Einschränkung der Kapitalverkehrsfreiheit verstoße gegen Unionsrecht insofern als es eine teilweise Kürzung der persönlichen Freibeträge bewirkt.[565] Dieses Urteil hat der BFH nunmehr nachvollzogen und angeordnet, dass das aufzuteilende Welteinkommen erst um die persönlichen Freibeträge gekürzt werden muss. Dies gilt insb. für den Grundfreibetrag, den Altersentlastungsbetrag sowie für die Abzüge für Sonderausgaben und für außergewöhnliche Belastungen. Inzwischen hat die Regierung mit einer entsprechender Änderung des § 34c EStG – vorgeschlagen im Regierungsentwurf eines „Gesetzes zur Anpassung der Abgabenordnung an den Zollkodex der Union und zur Änderung weiterer steuerlicher Vorschriften" – reagiert.

BFH, Urteil v. 18.12.2013, I R 71/10, BFH/NV 2014, S. 759

5.2.1.6 § 8a KStG a. F. verstößt gegen DBA-Diskriminierungsverbot

Bis zur Einführung der Zinsschranke für das Jahr 2008 behandelt § 8a KStG Zinsen auf Gesellschafterdarlehen als vGA soweit sie auf Darlehen bezahlt wurden, die zuletzt das Anderthalbfache des Eigenkapitals der Gesellschaft zum Jahresanfang überstiegen. Da diese Vorschrift nur für beschränkt steuerpflichtige Gesellschafter galt, wurde sie mehrfach als diskriminierend kritisiert.[566] In diese Kerbe hat der BFH eingeschlagen mit der Feststellung der Unvereinbarkeit der Vorschrift in der alten Fassung mit dem Diskriminierungsverbot (Gleichbehandlungsgebot) des Art. 24 DBA-USA. Da das DBA-USA in diesem Punkt inhaltlich dem Wortlaut des Art. 24 OECD-MA entspricht, das Deutschland in seinen DBA-Verhandlungen grds. zur Geltung bringt, ist davon auszugehen, dass § 8a KStG a. F. faktisch keinen Bestand mehr haben kann.

BFH, Urteil v. 16.1.2014, I R 30/12, BFH/NV 2014, S. 789

5.2.1.7 Rückkehrtage Grenzgänger DBA-Schweiz

Nach der Grenzgängerregelung im Art. 15a DBA-Schweiz wird der in einem Staat ansässige Arbeitnehmer mit Arbeitsplatz im anderen Staat grds. im Ansässigkeitsstaat mit seinen Einkünften aus unselbstständiger Tätigkeit besteuert, wenn er nach Arbeitsende regelmäßig dorthin zurückkehrt. Seine Grenzgängereigenschaft verliert er nur, wenn er aus Gründen der Ar-

---

[565] Urteil v. 28.2.2013, C–168/11, *Beker und Beker*, DStR 2013, S. 518.
[566] EuGH, Urteil v. 12.12.2002, C–324/00, *Lankhorst-Hohorst*, als berühmtes Beispiel, BFH/NV Beilage 2003, S. 98.

beitsausübung an mehr als 60 Tagen im Jahr nicht in seinen Ansässigkeitsstaat zurückkehrt. Ein in Deutschland ansässiger Arzt in einer Schweizer Klinik mit Ruf- und Bereitschaftsdiensten neben seiner regulären Tätigkeit legte diese Vorgabe so aus, dass jeder Tag, an dem er nach dem Ende seiner regulären Arbeitszeit infolge der anschließenden Bereitschaft (er musste die Klinik innerhalb von 10 Minuten erreichen können) bleiben musste, als „Nichtrückkehrtag" zählte. Damit wäre er an 66 Tage im Jahr aus betrieblichen Gründen nicht nach Deutschland zurückgekehrt und somit kein Grenzgänger mehr. Seine Einkünfte aus unselbstständiger Tätigkeit (Arbeitslohn) wären also nach den normalen Regeln des Art. 15 DBA in der Schweiz als Tätigkeitsstaat zu versteuern und in Deutschland als Ansässigkeitsstaat unter Progressionsvorbehalt freizustellen. Dem folgte der BFH aber nicht im vollen Ausmaß.

Der BFH akzeptierte zwar als Nichtrückkehrtage die Tage im Bereitschaftsdienst, die unmittelbar auf eine reguläre Schicht folgten und anschließend von der nächsten regulären Schicht gefolgt wurden. Die Tage im Bereitschaftsdienst, die nicht unmittelbar von der nächsten Schicht, sondern von einem freien Tag gefolgt wurden, rechnet er jedoch zur vorangegangenen Schicht, die damit erst mit der Beendigung der Bereitschaft zu Ende ging. Diese Auslegung stützte er auf ein Verhandlungsprotokoll zum DBA, das ausdrücklich Krankenhauspersonal (und Schichtarbeiter) als Beispiele für Arbeitszeiten erwähnten, die nicht notwendigerweise mit Kalendertagen übereinstimmten. Ein solcher Tag könne also nicht als eigenständiger Nichtrückkehrtag gewertet werden. Damit sank die Zahl an Nichtrückkehrtagen auf 57 und damit blieb die Eigenschaft als Grenzgänger bestehen.

> **BFH, Urteil v. 13.11.2013, I R 23/12, BFH/NV 2014, S. 961**

5.2.1.8 Abzug eines ausländischen Betriebsstättenverlustes

Eine GmbH betrieb einen Großhandel mit italienischen Eisspezialitäten im Inland und danach auch in Belgien über eine dafür errichtete Zweigniederlassung. Diese belgische Betriebsstätte erwirtschaftete nur Verluste; drei Jahre nach der Eröffnung wurde sie an eine belgische Kapitalgesellschaft mit einem weiteren Verlust verkauft. Das FA lehnte einen Verlustabzug in Deutschland ab, da nach dem DBA das Besteuerungsrecht für Unternehmensgewinne ausschließlich beim Betriebsstättenstaat lag. Der BFH hingegen stützte sich auf die st. Rspr. des EuGH,[567] wonach ein im Ausland erlittener Verlust im Inland abziehbar sein müsse, falls er im Ausland aus tatsächlichen Gründen nicht mehr abgezogen werden kann. Im vorliegenden Fall wurde der Verlust der belgischen Betriebsstätte mit deren Veräußerung in diesem Sinne „final", da nach der Aufgabe des Geschäftsbetriebs in Belgien mit künftigen Gewinnen dort nicht mehr gerechnet werden konnte. Daher wurde im Streitjahr – Jahr der Veräußerung – sowohl der Veräußerungs-bzw. Aufgabeverlust wie auch der laufende Verlust des Jahres in Deutschland ausnahmsweise abzuziehen. Die Verluste aus den Vorjahren waren nicht Gegenstand des Verfahrens.

Es sei angemerkt, dass der BFH sich bewusst über die inzwischen laut gewordene Kritik an die diesbezügliche EuGH-Rspr. hinwegsetzte. Er nahm zwar verschiedentlich geäußerte gegenteilige Meinungen von Generalanwälten zur Kenntnis, stellte aber fest, dass der EuGH den entsprechenden Anträgen nicht gefolgt sei. Inzwischen hat eine Generalanwältin die Aufgabe der Rspr. zum Verlustabzug im Ansässigkeitsstaat der Gesellschaft bei „Finalität" im Betriebsstät-

---

[567] Z. B. Urteil v. 15.5.2008, C–414/06, *Lidl Belgium*, BFH/NV Beilage 2008, S. 194.

tenstaat ausdrücklich gefordert,[568] was, sollte der EuGH dem folgen, wohl zur Aufgabe dieser soeben ergangenen BFH-Rspr. führen dürfte.

> **BFH, Urteil v. 5.2.2014, I R 48/11, BFH/NV 2014 S. 963**

5.2.1.9 Kein Abzug vergeblicher Aufwendungen für eine dann doch nicht gegründete Betriebsstätte im Ausland

Eine als Partnerschaftsgesellschaft gemeinschaftlich betriebene Arztpraxis plante die Errichtung eines kardiologischen Zentrums in Dubai. Dabei entstand ein nicht unerheblicher Vorbereitungsaufwand, insb. aus Reisespesen. Später wurde das Projekt eingedenk des Einspruchs eines der Praxismitglieder (Partner) aufgegeben. Das FA rechnete die entstandenen Aufwendungen der späteren (geplanten) Betriebsstätte zu und versagte den Ausgabenabzug, da nach dem damaligen DBA mit den Vereinigten Arabischen Emiraten von 1995 Betriebsstättengewinne nur im Staat der Betriebsstätte zu versteuern waren. Die Finanzgerichte schlossen sich dieser Meinung an.

Nach Ansicht des BFH seien die Aufwendungen nur im Zusammenhang mit der geplanten Betriebsstätte entstanden. Damit waren sie der Betriebsstätte zuzuordnen, obwohl diese noch nicht errichtet war. Da in der Tat die Errichtung auch später ausblieb, wurden für den BFH aus diesen vorweggenommenen Aufwendungen vergebliche vorweggenommene Aufwendungen. Damit wurden sie aber nicht zu in Deutschland abziehbaren Betriebsausgaben. Auch der Hinweis der Ärzte auf die „Aktivitätsklausel" im DBA, wonach die Freistellung auf Betriebsstättengewinne aus Tätigkeiten i. S. d. § 8 Abs. 1 Nr. 1–6 AStG beschränkt war, ging fehl, da die Aktivitätsklausel bei einer noch nicht bestehenden Einrichtung von vornherein nicht einschlägig sei.

Praxishinweis

➡ Dieses Urteil ist maßgeblich für alle Fälle von gescheiterten Errichtungsbemühungen von Betriebsstätten in Staaten, deren DBA mit Deutschland die Freistellung von Unternehmensgewinnen im anderen Staat vorsehen. Es ist aber nicht mehr für Errichtungsversuche in den VAE maßgeblich, denn das neue DBA-VAE 2010 sieht für Unternehmensgewinne das Anrechnungsverfahren anstelle der Freistellung vor. In Bezug auf EU/EWR-Länder sei auf die BFH-Rspr. zum Abzug „finaler" Betriebsstättenverluste hingewiesen (Kapitel D.5.2.1.8).

> **BFH, Urteil v. 26.2.2014, I R 56/12, BFH/NV 2014 S. 1297**

5.2.1.10 Einkunftsberichtigung nach § 1 AStG in Bezug auf ein zinsloses Darlehen an eine ausländische Tochtergesellschaft zulässig

Eine GmbH gewährte ihrer belgischen Tochtergesellschaft ein zinsloses Darlehen. Das FA sah darin eine Verletzung des Fremdvergleichsgrundsatzes und berichtigte nach § 1 AStG das zu versteuernde Einkommen der GmbH um die ausgebliebene Verzinsung als nicht einlagefähige Vorteilsgewährung.

---

[568] Schlussanträge vom 23.10.2014 in Rs. C–172/13, *Kommission/Vereinigtes Königreich*.

Nach dem Spruch des BFH hängt die Zulässigkeit der Berichtigung vom Grund für die Darlehensgewährung ab. Wurde das Darlehen im Rahmen einer Geschäftsbeziehung vereinbart, so müsse es angemessen verzinst werden. Wurde es aber der Tochter als Kapitalersatz gegeben, so wäre für die Verzinsung kein Raum. Die Feststellung der Umstände der Darlehensvergabe oblag dem FG. Dabei müsse das FG die Umstände genau untersuchen und dürfe sich nicht auf das Verhältnis 1,5 Eigenkapital zu 1 Fremdkapital nach § 8a KStG in der damaligen Fassung verlassen. Die Vorschrift beträfe lediglich die Verzinsung Gesellschafterdarlehen nach Deutschland und sei nicht einschlägig bei der Darlehensgewährung nach Belgien. Das Gericht hat ferner die europarechtliche Unbedenklichkeit des § 1 AStG für den vorliegenden Fall festgestellt. Die Vorschrift stellt auf den Fremdvergleich ab und entspricht damit der Zielsetzung der angemessenen Verteilung der Besteuerungsrechte wie sie in der st. Rspr. des EuGH immer wieder zu Ausdruck kommt.

> BFH, Urteil v. 25.6.2014, I R 88/12, BFH/NV 2015, S. 57

5.2.1.11 Kein Erlass Steuerschuldzinsen bei korrespondierender Gewinnminderung im Ausland

Die Betriebsprüfung bei einer KG stellte eine Gewinnverlagerung zugunsten einer österreichischen Schwestergesellschaft (GmbH) fest. Die österreichische Behörde akzeptierte das Ergebnis der deutschen Betriebsprüfung und änderte die KSt-Veranlagungen dementsprechend. Auf die Steuererhöhungen bei den Gesellschaftern in Deutschland erhob das FA Zinsen nach § 233a AO. Zu der Zeit gab es in Österreich keine Vorschrift zur Verzinsung des Steuerminderungsbetrags bei der GmbH. Eine Verzinsung der Steuererhöhungen bei den Gesellschaftern der KG erschien den in Deutschland Beteiligten deshalb unbillig, weil es insgesamt zu einem nennenswerten Vorteil durch die Gewinnverlagerung nicht gekommen war. Sie erhoben deshalb Protest gegen die Veranlagung nach § 233a AO. Diesen Protest verwarf jedoch der BFH.

Zweck der Verzinsungsvorschrift des § 233a AO sei es, den Liquiditätsvorteil aus der zunächst zu niedrigen Steuerfestsetzung abzuschöpfen, ohne dass es darauf ankäme, dass für die Steuerpflichtigen insgesamt ein Vorteil entstanden wäre. Die Frage der Unbilligkeit wäre daher aus der Sicht des einzelnen Steuerpflichtigen zu beurteilen. Die GmbH war aber ein eigenständiges Steuersubjekt, das selbstständig zur Körperschafteuer herangezogen war. Die Höhe diese Steuer bzw. ihre Minderung betraf also die Gesellschafter der KG auch in deren Eigenschaft als Gesellschafter der GmbH also nicht unmittelbar. Deshalb blieb für eine gegenseitige Anrechnung von Zinsvor- und -nachteilen kein Raum.

> BFH, Urteil v. 3.7.2014, III R 53/12, BFH/NV 2014, S. 1919

5.2.1.12 Nochmals „treaty override" der § 50d Abs. 8 und Abs. 9 EStG völkerrechts- und damit verfassungsrechtswidrig

In einem weiteren Fall betreffend das Gehalt eines in Deutschland ansässigen Piloten einer irischen Fluggesellschaft, hat der BFH die Völkerrechtswidrigkeit und damit die Verfassungsrechtswidrigkeit des „treaty override" der § 50d Abs. 8 und Abs. 9 EStG festgestellt und die Frage dem BVerfG zur endgültigen Entscheidung vorgelegt. Nach § 50d Abs. 8 EStG wird eine DBA-Steuerbefreiung für Einkünfte aus nichtselbstständiger Tätigkeit nur beim Nachweis der tatsächlichen Besteuerung bzw. des Besteuerungsverzichts im anderen Staat gewährt. § 50d Abs. Abs. 9 EStG schließt die DBA-Befreiung ferner aus, soweit es im anderen Staat wegen eines Qualifikationskonflikts (der andere Staat definiert die Einkünfte oder die Steuerpflicht anders), oder weil der Steuerpflichtiger dort nicht unbeschränkt steuerpflichtig ist, nicht zu einer tatsächlichen Besteuerung kommt. Das letztere wurde erst 2013 ins Gesetz eingefügt und ist – allerdings als „Klarstellung" – auf alle noch offene Fälle rückwirkend anzuwenden. In 2012 hatte der BFH die Anwendung des § 50d Abs. 8 EStG für völkerrechts- und damit verfassungswidrig in Bezug auf das DBA-Irland gehalten, weil der Abkommen keinerlei Zuweisung des Besteuerungsrechts nach Deutschland enthielt, sollte die Besteuerung in Irland ausbleiben (das Gehalt des in Deutschland ansässigen Piloten war nach dem DBA in Irland als Sitzstaat der Fluggesellschaft zu versteuern und dort aber im Wesentlichen nicht besteuert, weil er dort keinen Wohnsitz hatte).[569] Über diese Vorlage ist noch nicht entschieden worden. Jetzt aber hat der BFH in einem gleichgelagerten Fall aber –ergänzt um die zusätzliche Anzweiflung über die Rückwirkung der „Klarstellung" in 2013 –nachgelegt.

Anzumerken ist, dass diese Fälle für die Zukunft anders zu beurteilen sein werden. Zum einen besteuert Irland seit 2013 die Arbeitsbezüge auch vom nicht ansässigen Flugpersonal bei irischen Fluggesellschaften und zum anderem wurde das DBA neu verhandelt – diesmal mit „treaty override".

> BFH, Entscheidung v. 20.8.2014, I R 86/13, BFH/NV 2014 S. 1985

5.2.2 Umsatzsteuer

5.2.2.1 Vorsteuerabzug nach Gemeinschaftsrecht auch bei inländischer Vorschrift des ermäßigten Satzes

Im Jahr 2011 hatte der EuGH entschieden, der ermäßigte Steuersatz für Pferde nach der damaligen Anlage 2 zum UStG könne nur bei Tieren, die der Ernährung dienten, angewendet werden[570]. Daraufhin veräußerte ein Züchter ein Springpferd und berechnete dem Käufer die USt zum Regelsatz von 19 %. Allerdings versagte das FA dem Käufer den vollen Vorsteuerabzug, da der Betrag zum Regelsatz vom Verkäufer nicht „gesetzlich geschuldet" sei. Vielmehr sei der Verkäufer ans deutsche Recht gebunden und hätte –auch im Angesicht der kürzlich ergangenen EuGH-Entscheidung –keinen höheren USt-Betrag als den im UStG vorgesehen berechnen dürfen. Dagegen hat sich der BFH für den Vorrang des Unionsrechts gegenüber dem Landesrecht entschieden. Beim entsprechenden Rechnungsausweis und bei Beachtung der anderen Voraussetzungen stünde dem Unternehmer der Vorsteuerabzug im vollen Umfang zu. Wenn die MwStSystRL den Regelsatz für einen bestimmten Umsatz vorschrieb, war der entsprechende Betrag trotz der noch anders lautenden Angabe in der Anlage 2 zum UStG „gesetzlich geschuldet" und somit dem Abzug als Vorsteuer beim unternehmerischen Abnehmer zugänglich.

> BFH, Urteil v. 24.10.2013, V R 17/13, BFH/NV 2014 S. 284

---

[569] Urteil v. 10.1.2012, I R 66/09, BFH/NV 2012, S. 1056.
[570] Urteil v. 12.5.2011, C–453/09, *Kommission/Deutschland*, BFH/NV 2011, S. 1276.

5.2.2.2 Verkauf von Bordverpflegung in Flugzeugen unterliegt der Umsatzsteuer

Eine Fluggesellschaft bestand darauf, dass der Verkauf von Snacks, Getränken und Süßigkeiten an Passagiere während eines Flugs in analoger Anwendung des § 4 Nr. 6 Buchst. e UStG (Befreiung der Umsätze aus der Bordverpflegung in der internationalen Seefahrt) umsatzsteuerfrei sein müsse. Schließlich seien die Luftfahrt und die Seefahrt unmittelbar mit aneinander vergleichbar und dürften steuerlich nicht unterschiedlich behandelt werden. Der BFH verwarf jedoch den Antrag der Fluggesellschaft, ohne auf die Frage der Vergleichbarkeit der Leistungen einzugehen, da die Befreiungsvorschrift des § 4 Nr. 6 Buchst. e UStG keine Grundlage im Unionsrecht hat und damit als unionsrechtswidrig anzusehen sei. Damit könne ihre Tragweite nicht über den eigenen Wortlaut hinaus erweitert werden. Vielmehr behält § 3e Abs. 1 UStG seine uneingeschränkte Gültigkeit bei der Bestimmung des Abflugorts als Abgabeort beim Bordverkauf auf Flügen innerhalb der EU.

> **BFH, Urteil v. 27.2.2014, V R 14/13, BFH/NV 2011, S. 1276**

5.2.2.3 Inländische Zweigniederlassung ohne Umsatz berechtigt nicht zur Abgabe einer USt-Erklärung

Nach § 59 UStDV nimmt der ausländischer Unternehmer am Vergütungsverfahren für die im Inland angefallenen Vorsteuern statt am allgemeinen Besteuerungsverfahren teil, wenn er im Inland keine Ausgangsleistung zu versteuern und weder einen Wohnsitz, seinen gewöhnlichen Aufenthalt, seinen Sitz, seine Geschäftsleitung noch eine Betriebsstätte hat. Eine skandinavische A/S mit eingetragener Zweigniederlassung in Deutschland nahm dies zum Anlass, sich ihre Vorsteuern über eine USt-Erklärung im allgemeinen Verfahren vergüten zu lassen. Dies lehnte das FA aber ab, weil die Zweigniederlassung keine eigenen Umsätze ausgeführt hatte und somit nicht unternehmerisch tätig gewesen war. Vielmehr wirkte sie faktisch nur als Repräsentanzbüro.

Der BFH gab dem FA zunächst Recht, weil der Hinweis in § 59 UStDV auf eine Betriebsstätte (früher „Zweigniederlassung") als Hinderungsgrund für die Teilnahme am Vergütungsverfahren für ausländische Unternehmer keine Stütze im Unionsrecht fand. Insb. stellte die MwStSystRL auf die über die inländische Betriebsstätte bewirkten Umsätze ab. Da die deutsche Vorschrift insoweit eine unzutreffende Umsetzung der MwStSystRL war, konnte sie keinen Bestand haben. Somit war dem FA insoweit Recht zu geben. Allerdings war es –so der BFH –, für das Unternehmen kaum vorhersehbar, dass ein Gericht § 59 UStDV als unionswidrig verwerfen würde, womit die Ablehnung der Vergütung wohl als unbillig erscheinen dürfte, zumal die Antragstermine im Vergütungsverfahren längst verstrichen waren. Das Gericht schloss mit Ausführungen zu den Erfolgsaussichten eines Antrags des Steuerpflichtigen auf den begehrten Vorsteuerabzug, sei es im Billigkeitsverfahren (§ 163 AO) oder sei es im Erlassweg (§ 227 AO).

> **BFH, Urteil v. 5.6.2014, V R 50/13, BFH/NV 2014, S. 1689**

6 Steuerharmonisierung international

6.1 Europäischer Gerichtshof

6.1.1 Ertragsteuern

6.1.1.1 Niederländische Organschaft auch bei ausländischer Zwischengesellschaft

Ein niederländischer Gesellschaftsverband (Gruppe) wird bei Mindestbeteiligungsverhältnissen von 95 % auf Antrag als Organschaft besteuert, sofern die Mitglieder in den Niederlanden unbeschränkt oder über eine Betriebsstätte beschränkt steuerpflichtig sind. Enkelgesellschaften können sich der Organschaft anschließen, aber nur bei der Mitgliedschaft der eigenen Mutter. Damit werden niederländische Enkelgesellschaften ausgeschlossen, wenn die eigene Mutter die deutsche Tochtergesellschaft der niederländischen Obergesellschaft ist. Zwei solche Fälle lagen dem EuGH vor. Des Weiteren lag dem EuGH ein Fall des deutschen Konzerns mit drei unmittelbar oder mittelbar über verschiedene deutsche Tochtergesellschaften gehaltenen niederländischen Tochtergesellschaften zur Entscheidung vor.

In allen drei Fällen hat der EuGH festgestellt, dass der Ausschluss von der Teilnahme an der Organschaft ein Nachteil für die betroffene Gesellschaften war. Angesichts des Zwecks der Organschaftsregel, – die Besteuerung einer Gruppe, als ob sie ein einzelnes Unternehmen wäre –, seien die niederländischen Konzernteile in einer objektiv vergleichbaren Situation zu Mitgliedern einer Organschaft nach den bestehenden Regeln. Die Gefahr des doppelten Verlustabzuges – einmal über die Organschaft und einmal durch Abschreibung der Beteiligung – gab es nicht, da der steuerliche Abzug von Beteiligungsverlusten nach niederländischem Recht grds. ausgeschlossen war. Die Gefahr der „Steuerflucht" wurde zwar in der Verhandlung erwähnt, wurde aber nicht weiter konkretisiert. Das Gericht ließ sie unbeachtet, da es nicht ersichtlich war, woraus sie bestehen soll. Daher befand das Gericht in allen drei Fällen, der Ausschluss von der niederländischen Organschaft sei als Verstoß gegen die Niederlassungsfreiheit ohne zwingenden Grund zur Rechtfertigung zu verwerfen.

Anmerkung: Angesichts der anderen Organschaftsvoraussetzungen – insb. der EAV-Erfordernis – lässt sich dieses Urteil nicht ohne weiteres auf deutsche Verhältnisse übertragen. Es ist allerdings mehr als relevant für deutsche Konzerne mit Beteiligungsinteressen im Nachbarland.

> EuGH, gemeinsames Urteil v. 1.3.2014, C–39/13, *SCA*, und *C–41/13, MSA (deutsche Tochtergesellschaft)* sowie C–40/13, *X (niederländische Tochtergesellschaften)*, DStR 2014, S. 1333

6.1.1.2 Nochmals: Notarhonorarabführungspflicht als verbotene Kapitalverkehrsteuer

Bereits 2007 hatte der EuGH festgestellt, die Pflicht beamteter Notare, ihre Gebühren für die Beurkundung Gesellschaftsbeschlüsse zur Kapitalerhöhung teilweise an die Staatskasse abzuführen, verstoße gegen das Verbot der Einführung einer Kapitalverkehrsteuer außer in den in der KapitalverkehrsteuerRL erlaubten Fällen.[571] Jetzt hatte das Gericht erneut darüber zu ent-

---

[571] Urteil v. 28.6.2007, C–466/03, *Albert Reiss Beteiligungsgesellschaft*, BFH/NV Beilage 2007, S. 353.

scheiden, und zwar über den Fall eines beamteten Notars aus Baden, der den Staatsanteil seiner Gebühr für die Beurkundung eines Gesellschafterbeschlusses zum Rechtsformwechsel einer Kapitalgesellschaft nicht abführen wollte. Der EuGH kam jedoch zum gleichen Schluss wie vormals, nämlich dass der Zweck von Art. 10 Buchst. c der RL 69/335/EWG gefährdet wäre, wenn für den Notar die Abführungspflicht bei einem Umwandlungsbeschluss ohne Kapitalerhöhung zu bejahen wäre, wenn dieselbe Pflicht beim Umwandlungsbeschluss mit Kapitalerhöhung verneint werden muss. Deshalb hat es auch hier die Abführungspflicht verneint.

> **EuGH, Urteil v. 3.7.2014, C–524/13, *Braun*, BFH/NV 2014, S. 1342**

6.1.1.3 Freistellung ausländischer Dividenden mit der Nichtanrechnung der ausländischen Kapitalertragsteuer als Folge verstößt nicht gegen Kapitalverkehrsfreiheit

Eine in Deutschland ansässige amerikanische Kapitalgesellschaft hatte Dividendeneinkünfte aus Beteiligungen in anderen EU- wie auch in Drittstaaten. Die Beteiligungen lagen zwischen 93 % und 100 %. Sie protestierte gegen die Freistellung der Dividendeneinkünfte, denn dadurch verlor sie die Anrechnung der ausländischen KapErtrSt. Vielmehr müsse ihr diese und – bis 2000 – auch die im Ausland anfallende KSt auch über die Höhe der deutschen Steuerschuld hinaus angerechnet werden, denn die volle Anrechnung hätte sie bei Dividendeneinkünfte aus dem Inland erhalten.

Der EuGH hat zunächst festgestellt, die Kapitalverkehrsfreiheit sei trotz der Höhe der Beteiligungen die Grundfreiheit, um die es hier ging: Die Freistellung im Körperschaftsteuerrecht (§ 8b KStG) bezog sich auf alle (ausländische) Dividenden – bis 2000 bei einer Beteiligungshöhe von mindestens 10 %. Sie war also unabhängig von der Möglichkeit der Einflussnahme auf die Geschäftsführung der Tochtergesellschaften gegeben. Damit war etwa die Niederlassungsfreiheit also nicht einschlägig. Des Weiteren aber hielt das Gericht fest, die steuerliche Freistellung sei die höchste Entlastung, die ein Steuerpflichtiger vom Gesetzgeber erwarten könne. Es bestünde keine Verpflichtung für Deutschland als Ansässigkeitsstaat, die im Ausland bezahlten Steuern zu erstatten.

> **EuGH, Urteil v. 11.9.2014, C–47/12, *Kronos*, BFH/NV 2014, S. 1869**

6.1.1.4 Keine Besteuerung nach § 6 InvStG bei „intransparenten" Fonds aus dem Ausland

§ 5 Abs. 1 InvStG schreibt Investmentgesellschaften die Bekanntgabe umfangreicher Angaben zu den Besteuerungsgrundlagen in deutscher Sprache detailliert vor. Diese Angaben sind von einem Steuerberater zu testieren und im Bundesanzeiger zu veröffentlichen. Kommt eine Gesellschaft dieser Aufforderung nicht nach, gilt sie als „intransparent". Ihre unbeschränkt steuerpflichtigen Anleger in Deutschland werden mit einem Schätzbetrag nach § 6 InvStG besteuert. Dieser Betrag ist die Summe der tatsächlich geflossenen Ausschüttungen sowie der Zwischengewinne im Jahr und 70 % der Steigerung des Rücknahmepreises der Anteile während des Jahres. Er darf aber den Betrag von 6 % des Rücknahmepreises am Jahresende nicht unterschreiten. Ein in Deutschland ansässiges belgisches Paar mit Anteilen an mehreren „intransparenten" Investmentfonds im Depot einer belgischen Bank fand diese Art von Schätzung der Besteuerungsgrundlagen zu hart und beschritt den Rechtsweg. Es machte geltend, die Schätzung der Besteuerungsgrundlagen nach § 6 InvStG sei diskriminierend, da inländische

Fonds der Bekanntgabepflicht nach § 5 Abs. 1 InvStG i. d. R. nachkommen werden. Gleiches gelte für ausländische Fonds, die ihre Anteile im Inland vertreiben wollen, aber nicht aber für Fonds, deren Management kein Interesse am deutschen Markt hegt.

Der EuGH befand zunächst, dass die womöglich nachteilige Besteuerung beim Anteilseigner an einem ausländischen Fonds, der der Bekanntgabeverpflichtung nicht nachkommt, geeignet ist, einen potenziellen deutschen Investor abzuschrecken. Damit ist die Kapitalverkehrsfreiheit beschränkt. Diese Einschränkung könnte aber durchaus als Maßnahme zu Sicherung des nationalen Steueraufkommens in vielen Fällen gerechtfertigt sein. Sie geht aber im Einzelfall über das Notwendige hinaus, da sie dem Steuerpflichtigen keine Gelegenheit einräumt, die für die Besteuerung erforderliche Daten und Angaben selbst zu beschaffen. Damit ist die Regel insgesamt zu verwerfen.

> EuGH, Urteil v. 9.10.2014, C–326/12, *van Caster und van Caster*, BFH/NV 2014, S. 2029

6.1.1.5 Noch offene Schlussanträge

Am Jahresende 2014 war über folgende Schlussanträge der Generalanwälte im Bereich des Ertragsteuerrechts noch nicht entschieden worden:

Die Tatsache, dass ein im Ausland lebender Erbe eines Familienbetriebs, seine im Rahmen der vorweggenommenen Erbfolge übernommene Verpflichtung, seinen Vater durch eine Rente zu unterstützen, nicht als Sonderausgabe gegen seine Betriebseinkünfte absetzen kann, verstoße gegen den Grundsatz des freien Kapitalverkehrs.

> EuGH, Schlussanträge v. 18.11.2014, C–559/13, *Grünewald*

6.1.2 Umsatzsteuer

6.1.2.1 Reisebüro kann Rabatt vom steuerpflichtigen Umsatz nicht abziehen

Bereits 1996 hatte der EuGH entschieden, dass der Hersteller, der einem Einzelhändler durch die Übernahme von Rabatten an Endverbraucher unterstützt, die so übernommenen Rabatte vom eigenen Umsatz als Erlösschmälerung auch dann abziehen darf, wenn er nicht selbst in vertraglicher Beziehung zum Einzelhändler steht, sondern diesen über den Großhandel mit Waren versorgt (Vertriebskette).[572] Bei einem Reisebüro, die Reisen für Veranstalter lediglich vermittelt, stellte sich dieselbe Frage in Bezug auf die vom Reisebüro auf eigene Kosten gewährten Preisnachlässe, was den BFH zu der Frage veranlasste, ob *Elida Gibbs Ltd.* auch dann einschlägig sei, wenn das Reisebüro die Kosten des Preisnachlasses selbst trägt.

Der EuGH verneinte die Frage. Das Reisebüro hatte lediglich eine Vermittlungsfunktion. Es führte den vereinbarten Katalogpreis an den Reiseveranstalter ungeschmälert ab und erhielt von diesem ebenfalls ungeschmälert die vereinbarte Provision. Für den Veranstalter sowie für die Erbringer der Reisevorleistungen waren die Nachlässe des Reisebüros nicht sichtbar. Sie

---

[572] EuGH, Urteil v. 24.10.1996, C–317/94, *Elida Gibbs Ltd*, BStBl II 2004, S. 324.

hatten keinen Einfluss auf die Differenzbesteuerung des Veranstalters.[573] Dasselbe Ergebnis gilt auch für den Fall der steuerfreien Reiseleitung des Veranstalters.[574] Im Endeffekt waren die Preisnachlässe des Reisebüros eigener Aufwand ohne Einfluss auf seine USt-Schuld nach der Vermittlungsleistung im Inland.

Inzwischen hat der BFH dieses Urteil nachvollzogen.[575]

> **EuGH, Urteil v. 16.1.2014, C–300/12, *Ibero Tours*, BFH/NV 2014, S. 478**

6.1.2.2 Kein ermäßigter Steuersatz für Mietwagen

Zwei Mietwagenunternehmen fühlten sich gegenüber der Taxikonkurrenz benachteiligt, weil sie ihre Umsätze zum Regelsatz im Gegensatz zum ermäßigten Satz für Taxis im Nahverkehr versteuern mussten. Für den vorbestellenden Kunden bzw. bei Krankenfahrten im Auftrag der Krankenkassen wären die Leistungen absolut vergleichbar. Allerdings waren die rechtlichen Rahmen von Taxi- und Mietwagenunternehmen nicht grds. mit einander vergleichbar, denn Taxis bedürften der Sondergenehmigung, müssen besonders gekennzeichnet sein und deren Betrieb unterliegt den Beförderungs- und Tarifpflichten und muss entsprechend der öffentlichen Verkehrsinteressen aufrechterhalten werden. Der EuGH wies beide Fälle an den BFH mit dem Hinweis zurück, es sei Sache des nationalen Gerichts festzustellen, ob beide Unternehmenstypen unter gleichen oder nahezu gleichen Bedingungen betrieben werden. Trifft dies zu, müsse es zum gleichen Steuersatz kommen, bestehen aber Unterschiede, ist es gerechtfertigt, den ermäßigten Steuersatz allen Taxis vorzuhalten.

Der BFH hatte daraufhin im Falle des Mietwagenunternehmens mit einem breiten Beförderungsprofil – Krankenfahrten, Flughafentransfers, Kurierfahrten, Stadtrundfahrten und natürlich Einzelfahrten – den entscheidenden Unterschied darin gesehen, dass Taxiunternehmen im Gegensatz zu Mietwagenunternehmen verpflichtet sind, ihre Tätigkeit entsprechend der öffentlichen Verkehrsinteressen aufrechtzuerhalten. Diese Verpflichtung rechtfertige den ermäßigten USt-Satz. Folglich verwarf der BFH die Revision des Mietwagenunternehmens. Im zweiten Fall war das Unternehmen auf Krankentransporte im Auftrag der Krankenkassen spezialisiert. Es fuhr gem. mit den Kassen geschlossenen Verträgen, die in allen wesentlichen Punkten denen entsprochen, die die Kassen auch mit Taxiunternehmen schlossen. Trifft diese Sachlage tatsächlich zu, ist die unterschiedliche Besteuerung nicht gerechtfertigt und der ermäßigte USt-Satz sei auch dem Mietwagenunternehmen zu gewähren. Zur weiteren Klärung des Sachverhalts wurde der Fall an das FG zurückverwiesen.

> **EuGH, gemeinsames Urteil v. 27.2.2014, C–454/12, *Pro Med Logistik* und C–455/12, *Pongratz*, UR 2014, S. 490;**
>
> **BFH, Urteil v. 2.7.2014, XI R 39/10, *Pro Med*, BFH/NV 2014, S. 2019; BFH, Urteil v. 2.7.2014, XI R 22/10, *Pongratz*, BFH/NV 2014, S. 2014**

---

[573] § 25 UStG Abs. 3.
[574] § 25 Abs. 2 UStG.
[575] BFH, Urteil v. 27.2.2014, V R 18/11, BFH/NV 2014, S. 1166.

6.1.2.3 Kein Vorsteuerabzug bei unentgeltlich überlassenem Mandantenstamm an Personengesellschaft

Ein Steuerberater übernahm einen Teil des Mandantenstamms im Rahmen der Auflösung seiner Steuerberatungsgesellschaft (GbR). Am gleichen Tag stellte er den Mandantenstamm einer neu errichteten Gesellschaft unentgeltlich zur Verfügung. Später stellte das FA fest, beim Erwerb des Mandantenstamms habe es sich um eine der USt-Pflicht unterlegene Realteilung gehandelt. Gleichzeitig versagte es dem Steuerberater den Vorsteuerabzug, da er den Mandantenstamm nicht für sein Unternehmen erworben und ihn auch nicht darin benutzt habe. Der EuGH kam zum gleichen Ergebnis, da die unentgeltliche Überlassung eines Wirtschaftsguts keine unternehmerische Tätigkeit sei, die den Vorsteuerabzug rechtfertigen würde. Ein eigenes Unternehmen habe der Steuerberater selbst nicht geführt.

Der BFH war sich der Feststellung, der Steuerberater habe kein eigenes Unternehmen geführt nicht sicher und verwies den Fall zur weiteren Sachverhaltsaufklärung an das FG zurück. Es sei möglich, dass der Steuerberater den Mandantenstamm selbst eingesetzt hätte, um ein Geschäftsführergehalt vom der Gesellschaft zu verdienen. In dem Fall wäre eine eigene unternehmerische Tätigkeit mit entsprechender Vorsteuerabzugsberechtigung durchaus vorstellbar.

> **EuGH, Urteil v. 13.3.2014, C–204/13, *Malburg*, BFH/NV 2014, S. 813; BFH, Urteil v. 26.8.2014, XI R 26/10, DStR 2014, S. 2449**

6.1.2.4 Verkäufe aus der Krankenhausapotheke umsatzsteuerpflichtig, es sei denn, sie sind von der umsatzsteuerfreien medizinischen Behandlung untrennbar

Ein Klinikum beschäftigt angestellte und freiberuflich tätige Ärzte zur stationären und zur ambulanten Behandlung krebskranker Patienten. Zur Behandlung gehörte die Verabreichung individuell nach ärztlicher Verordnung hergestellter Zytostatika. Diese Zytostatika wurden von der Krankenhaus-Apotheke bezogen. Unstreitig war, dass bei den stationären Patienten der Bezug der Medikamente im Rahmen der medizinischen Behandlung erfolgte und damit mit dieser umsatzsteuerfrei war. Bei den ambulanten Patienten war dies jedoch strittig. Auf der einen Seite war der Zusammenhang zwischen dem Verkauf der Medikamente gegeben, denn ohne das Medikament wäre die ärztliche Behandlung sinnlos. Andererseits erfolgte der Verkauf und Behandlung zum Teil durch verschiedene Unternehmer (Klinikum und freiberuflicher Arzt). Etwas salomonisch entschied der EuGH, dass der Verkauf von Medikamenten durch die Krankenhaus-Apotheke an ambulante Patienten aufgrund einer Verordnung seitens eines selbstständig tätigen Arztes nur dann von der USt befreit werden kann, wenn der Verkauf in wirtschaftlicher und tatsächlicher Hinsicht von der steuerbefreiten Hauptleistung der ärztlichen Behandlung untrennbar ist. Dies zu prüfen ist Sache des vorlegenden Gerichts (BFH).

Daraufhin hat der BFH patienten- bzw. kassenfreundlich entschieden, dass die Verabreichung von Zytostatika im Rahmen einer ambulant in einem Krankenhaus durchgeführten ärztlichen Heilbehandlung, die dort individuell für den einzelnen Patienten in einer Apotheke dieses Krankenhauses hergestellt werden, als ein mit der ärztlichen Heilbehandlung eng verbundener Umsatz gem. § 4 Nr. 16 Buchst. b UStG steuerfrei ist.

> EuGH, Urteil v. 13.3.2014, C–366/12, *Klinikum Dortmund*, BFH/NV 2014, S. 812;
> BFH, Urteil v. 24.9.2014, V R 19/11, DStR 2014, S. 2505

6.1.2.5 Ermäßigter Steuersatz für E-Bücher nur bei direkter Vergleichbarkeit mit den Druckwerken

Ein finnischer Verleger von Hör- und E-Büchern beanspruchte den ermäßigten Steuersatz für seine Produkte, wie er Druckwerken zukäme. Der EuGH hat hier entschieden, dass der ermäßigte Satz nicht grds. zur Anwendung kommen soll, sondern nur dann, wenn er notwendig wäre, um eine Marktverzerrung zu vermeiden. Dies setzt voraus dass nach dem allgemeinen Empfinden im Lande E-Bücher und gedruckte Bücher grds. austauschbar sind und damit direkt zueinander in Wettbewerb stehen. Dabei erkennt der EuGH an, dass es durchaus zu unterschiedlichen Beurteilungen der Wettbewerbssituation und damit zu unterschiedlichen Anwendungen der ermäßigten Steuersätze in den einzelnen EU-Mitgliedsstaaten kommen kann.

> EuGH, Urteil v. 11.9.2014, C–219/13, *K Oy*, BFH/NV 2014, S. 1869

6.1.3 Verbrauchsteuern

6.1.3.1 Lkw-Kraftstofftanks müssen nicht vom Hersteller eingebaut werden

Ein Spediteur aus NRW betankte seine Fahrzeuge regelmäßig in Holland, weil der Kraftstoff dort billiger war. Das zuständige HZA Münster wollte Energiesteuer auf den Inhalt der Tanks bei der Rückkehr nach Deutschland erheben, weil die „Einfuhr" in anderen Behältern als in den originären Treibstofftanks des Lkw erfolgte. Tatsächlich hatte der Spediteur den Wagen beim Hersteller mit nur einem Tank bestellt, weil er einen anderen Aufbau für den Containertransport benötigte, den er nur von einem Karosseriebauer bekommen konnte. Um diesen Aufbau zu montieren, musste der Karosseriebauer den zunächst eingebauten Tank versetzen. Den auch benötigten zweiten Tank baute dieser dann auf Bestellung des Spediteurs ein, bevor er den so umgerüsteten Lkw zurückgab.

Der EuGH hat zunächst festgestellt, dass Lkw heute häufig genug nicht durch einen einzigen Hersteller gebaut werden. Damit ist eine klare Unterscheidung zwischen der Erstausrüstung und der Nachrüstung illusorisch. Vielmehr stellte das Gericht auf den Sinn der Befreiung von Kraftstoffen in fest eingebauten Behältern von Lkw beim Grenzübertritt ab, nämlich um den reibungslosen Grenzverkehr ohne Doppelbesteuerung zu ermöglichen, sofern der Kraftstoff im freien Verkehr (versteuert) zum Antrieb des Wagens oder dessen Aggregate im anderen Land erworben worden war. Als Merkmal für die Befreiung beim Grenzübertritt gibt es neben dem festen Einbau der Tanks, die unmittelbare Versorgung des Motors bzw. der Geräte und Anlagen des Wagens mit Treibstoff an.

> EuGH, Urteil v. 10.9.2014, C–152/13, *Holger Forstmann Transporte*, BB 2014, S. 2326

6.1.4 Erbschaftsteuer

6.1.4.1 Europäische Kommission erstreitet Urteil zum alten Recht

Am 22.4.2010 hat der EuGH festgestellt, dass Deutschland den freien Kapitalverkehr innerhalb der EU bzw. des EWR durch die Einräumung höhere Freibeträge nach § 16 Abs. 1 ErbStG (je nach Verwandtschaftsgrad bis zu 500.000 €) bei Vermögensübertragungen unter Beteiligung von mindestens einem Inländer als nach § 16 Abs. 2 ErbStG (2.000 €) bei Übertragungen zwischen zwei nur beschränkt Steuerpflichtigen unzulässigerweise eingeschränkt hat.[576] Daraufhin hat der Gesetzgeber ein Antragsrecht für EU/EWR-Erwerber auf Veranlagung zur Erbschaft- bzw. Schenkungsteuer, als ob sie unbeschränkt steuerpflichtig wären, eingeführt (§ 2 Abs. 3 ErbStG, eingeführt mit Gesetz vom 7.12.2012). Dieses Optionsrecht ging der Europäischen Kommission nicht weit genug und sie hielt ihre Vertragsverletzungsklage gegen die Bundesrepublik wegen ausbleibender Umsetzung von *Mattne*r aufrecht. Da es aber der EU-Kommission nicht erlaubt war, ihre Klage auf die mit dem Gesetz vom 7.12.2012 geänderte Rechtslage umzustellen, muss sie sich jetzt mit einem Urteil gegen die Bundesrepublik zum alten Recht zufriedengeben. Welche Konsequenzen sie daraus zu ziehen vermag, bleibt wohl abzuwarten.

> **EuGH, Urteil v.4.9.2014, C–211/13, *Kommission/Deutschland*, BFH/NV 2014, S. 186**

---

[576] C–510/08, *Mattner*, BFH/NV 2010, S. 1212.

E   Verrechnungspreise

Die vergangenen zwei Jahre waren für Verrechnungspreispraktiker vor allem durch rasante Entwicklungen der OECD-Diskussion zu „Base Erosion and Profit Shifting" („BEPS") geprägt. Selten hat die OECD zum Thema internationale Besteuerung in derart kurzer Zeit so viele Initiativen auf den Weg gebracht und auch bereits (Zwischen-)Ergebnisse vorgelegt.

Mehrere dieser Initiativen betreffen unmittelbar die Festsetzung von Verrechnungspreisen. Die folgenden Abschnitte tragen diesem Umstand Rechnung: Ein besonderer Fokus liegt auf den OECD- Entwicklungen zu Verrechnungspreisen im Zeitraum 2013/2014. Im Bereich der nationalen Regelungen wird vor allem auf die Betriebsstättengewinnaufteilungsverordnung (BsGaV) eingegangen, die am 18.10.2014 in Kraft getreten ist.[577]

1   OECD Entwicklungen zur BEPS-Initiative

1.1   Fortschritt der BEPS-Initiative bis September 2014

Die OECD hat sich zum Ziel gesetzt, Maßnahmen zur stärkeren Koordination der internationalen Steuerpolitik zu entwickeln und so die legalen Möglichkeiten unerwünschter Steuerplanung einzuengen.

Im Februar 2013 wurde ein Bericht der OECD hierzu veröffentlicht,[578] dem bereits im Juli 2013 ein Aktionsplan folgte.[579] Dieser nennt 15 Maßnahmen, zu denen zeitnah in verschiedenen Arbeitsgruppen Vorschläge zur künftigen internationalen Handhabung erarbeitet werden sollten. Die Maßnahmen lassen sich in vier Kategorien einteilen:

- Besteuerung der digitalen Wirtschaft
- Verhinderung der doppelten Nichtbesteuerung bei hybriden Gestaltungen
- Abkommensmissbrauch
- steuerschädlicher Wettbewerb.

Im September 2014 wurden in Übereinstimmung mit dem im Aktionsplan festgelegten, durchaus ehrgeizigen, Zeitplan der OECD Berichte bzw. Zwischenergebnisse zu sieben der insgesamt 15 Maßnahmen vorgelegt.[580]

Alle 15 Maßnahmen finden sich in nachfolgender Übersicht.[581]

---

[577] BGBl I 2014, S. 1603.
[578] OECD (2013), *Addressing Base Erosion and Profit Shifting*, OECD Publishing. doi: 10.1787/9789264192744-en, abgerufen am 12.1.2015.
[579] OECD (2013), *Action Plan on Base Erosion and Profit Shifting*, OECD Publishing. doi: 10.1787/9789264202719-en, abgerufen am 12.1.2015.
[580] Maßnahmen 1, 2, 5, 6, 8, 13 und 15.
[581] Die Maßnahmen, zu denen im September 2014 Berichte bzw. Zwischenergebnisse vorgelegt wurden, sind grau hinterlegt.

Aktionsplan zu BEPS der OECD				
AKTION 1: Besteuerung der digitalen Wirtschaft	**AKTION 2:** Verhinderung doppelter Nichtbesteuerung bei hybriden Gestaltungen	**AKTION 3:** Erarbeitung von internationalen Standards für die Hinzurechnungsbesteuerung	**AKTION 4:** Verhinderung von Steuerverkürzung durch Regelungen zur Versagung des Zinsabzugs	**AKTION 5:** Bekämpfung von schädlichem Steuerwettbewerb
AKTION 6: Verhinderung unrechtmäßiger Inanspruchnahme von DBA-Vorteilen	**AKTION 7:** Verhinderung der künstlichen Vermeidung des Betriebsstättenbegriffs	**AKTION 8:** Gewährleistung der Übereinstimmung von Verrechnungspreisergebnissen mit den Wertschöpfungsbeiträgen von **immateriellen Werten**	**AKTION 9:** Gewährleistung der Übereinstimmung von Verrechnungspreisergebnissen mit den Wertschöpfungsbeiträgen von **Risiko & Kapital**	**AKTION 10:** Gewährleistung der Übereinstimmung von Verrechnungspreisergebnissen mit den Wertschöpfungsbeiträgen bei sonstigen **risikoreichen Transaktionen**
AKTION 11: Entwicklung von Maßnahmen zur Sammlung und Analyse von BEPS-Daten sowie zum Umgang damit	**AKTION 12:** Verpflichtung der Steuerpflichtigen zur Offenlegung ihrer aggressiven Steuergestaltungen	**AKTION 13:** Überarbeitung der Vorschriften zur Verrechnungspreis-Dokumentation	**AKTION 14:** Verbesserung der Verwaltungszusammenarbeit in Verständigungs- und Schiedsverfahren	**AKTION 15:** Entwicklung einer multilateralen Vertragsgrundlage zur Umsetzung von BEPS-Maßnahmen

1.2 Die BEPS-Berichte aus September 2014

Die nun vorliegenden Berichte und Arbeitsergebnisse berücksichtigen bereits umfassende Abstimmungen und Diskussionen mit Vertretern nationaler Regierungen und Steuerbehörden, mit Unternehmen und Nicht-Regierungsorganisationen sowie der Beratungspraxis. Sie bedürfen – soweit sie schon als final betrachtet werden – zwar noch der Zustimmung der Regierungen der OECD-Mitgliedstaaten bzw. der G20-Staaten wie auch der Umsetzung in nationales Recht. Angesichts des vorausgegangenen Abstimmungsprozesses ist aber davon auszugehen, dass die Berichte jedenfalls bereits den Rahmen abstecken, innerhalb dessen sich die Verrechnungspreisregelungen in den kommenden Jahren bewegen werden.

Dies gilt insb. für die beiden Maßnahmen zur Besteuerung der digitalen Wirtschaft (Maßnahme 1) und zur Entwicklung einer multilateralen Vertragsgrundlage zur Umsetzung von BEPS-Maßnahmen (Maßnahme 15), die aus Sicht der OECD in ihrer Substanz bereits final sind und nur noch technischer Anpassungen bedürfen. Demgegenüber sind die ebenfalls veröffentlichten Berichte zur Verhinderung doppelter Nichtbesteuerung bei hybriden Gestaltungen (Maßnahme 2), zur Bekämpfung von schädlichem Steuerwettbewerb durch mehr Substanz und Transparenz (Maßnahme 5), zur Verhinderung von Abkommensmissbrauch (Maßnahme 6), zu Verrechnungspreisfragen bei immateriellen Wirtschaftsgütern (Maßnahme 8) sowie zu Verrechnungspreisdokumentation und Country-by-Country-Reporting (Maßnahme 13) bewusst als vorläufig eingeordnet worden. Hier sieht die OECD in besonderem Maße das Erfordernis einer hohen Konsistenz mit den Ergebnissen der noch in der Diskussion befindlichen weiteren BEPS-Maßnahmen. Die Inhalte der Berichte lassen sich wie folgt zusammenfassen.

1.2.1 Maßnahme 1: Besteuerung der digitalen Wirtschaft

Die geltenden DBA knüpfen die Zuordnung von Besteuerungsrechten in aller Regel an eine physische Präsenz im jeweiligen Staat. Sie orientieren sich an traditionellen Geschäftsmodellen und tragen dadurch den Entwicklungen der digitalen Wirtschaft („Digital Economy") nicht oder nur unzureichend Rechnung. Dies soll im Rahmen der BEPS-Initiative geändert werden, Besteuerungsrechte sollen nun auch auf Basis einer wesentlichen digitalen Präsenz eingeräumt werden.[582]

Um die relevanten Sachverhalte besser verständlich zu machen, nennt der Bericht beispielhaft vier typische Geschäftsmodelle:[583] Online Retailer, Internet Advertising, Cloud Computing und Internet App Store. Allen Modellen ist gemeinsam, dass das jeweilige Unternehmen keine physische Präsenz im Staat des Kunden hat. Die Aktion des Kunden, die das betreffende Geschäft auslöst, erfolgt über eine – aus Kundensicht – ausländische Website. Damit gibt es für den Staat, von dem aus der Kunde tätig wird, und in dem er auch i. d. R. den Kaufgegenstand nutzt, nach den geltenden Regelungen kein ertragsteuerliches Besteuerungsrecht.

Selbst wenn in Einzelfällen der Unternehmer im Staat des Käufers eine physische Präsenz unterhält, sind die dort ausgeübten Tätigkeiten in aller Regel als unterstützende Dienstleistungen anzusehen, die über eine Routinevergütung entlohnt werden und damit allenfalls in geringem Umfang Steuersubstrat im Staat des Kunden entstehen lassen.

Im OECD-Bericht wird angemerkt, dass in den Geschäftsmodellen der „Digital Economy" oftmals die wesentlichen immateriellen Wirtschaftsgüter in Niedrigsteuerländern gehalten werden. Die Weiterentwicklung von Software und dem Geschäftsmodell ist häufig als Auftragstätigkeit ausgestaltet, was vom Eigentümer der zugehörigen immateriellen Wirtschaftsgüter über eine Routinevergütung entgolten wird. Dadurch liegt bei den Geschäftsmodellen der „Digital Economy" vielfach das Steuersubstrat der gesamten Wertschöpfungskette weitgehend in Niedrigsteuerländern.

Die folgenden noch zu evaluierenden Optionen nennt der OECD-Bericht als mögliche Lösungsansätze:[584]

- **Änderung der Ausnahmeregelungen in der Betriebsstättendefinition:** Die Regelungen des Art. 5 Abs. 4 OECD-MA, wonach bestimmte Vorbereitungs- oder Hilfstätigkeiten nicht zur Begründung einer Betriebsstätte führen, könnten modifiziert oder ganz gestrichen werden.

- **Betriebsstättenbegründung aufgrund einer wesentlichen digitalen Präsenz („significant digital presence"):** Der Betriebsstättenbegriff könnte um das Vorliegen einer wesentlichen digitalen Präsenz erweitert werden. Die genauen Kriterien hierfür wären noch festzulegen, denkbar wäre, für die Begründung einer Betriebsstätte z. B. auf den Ort des Verkaufsabschlusses oder der Datensammlung abzustellen.[585]

---

[582] Für weitergehende Informationen vgl. van der Ham/Retzer: „Tax challenges of digital economy transactions in light of current OECD and German PE developments", in: TP International Journal, Januar 2015, Bloomberg BNA.

[583] Vgl. Annex B „Typical Tax Planning Structures in Integrated Business Models" des Berichts, OECD (2014), *Addressing the Tax Challenges of the Digital Economy*, OECD/G20 Base Erosion and Profit Shifting Project, OECD Publishing, doi: 10.1787/9789264218789-en, abgerufen am 12.1.2015.

[584] Vgl. ebd. Tz. 8.2.1, S. 143 ff.

[585] Im Diskussionsentwurf vom März 2014 wurden hier noch konkret die Anknüpfung an eine Website auf einem Server (*virtual fixed place of business PE*), an den Abschluss von Verträgen mit Kunden im jeweiligen Land durch technische Mittel und nicht durch eine Person (*virtual agency PE*) sowie an die Erbringung von On-Site-Services oder anderen Schnittstellen zu den Kunden (*on-site business presence PE*) aufgeführt (vgl. Tz. 3.3, OECD/G20: Public Discussion Draft „BEPS Action 1: Address the Tax Challenges of the Digital Economy", März/April 2014).

- Einführung einer Quellensteuer für digitale Transaktionen: Eine Quellensteuer auf digitale Transaktionen würde an Zahlungen anknüpfen, die für digitale Lieferungen und Leistungen von Kunden bzw. Nutzern im jeweiligen Staat geleistet werden. Denkbar wäre auch die Einführung einer Bit-Steuer (*bandwith* oder *„Bit" tax*), die an das Datenübertragungsvolumen anknüpft.[586]

- **Erhebung einer Verbrauchsteuer bei geringwertigen Importen**: Im Bereich der Verbrauch- und Umsatzsteuern könnten die Freigrenzen für Warenlieferungen gesenkt werden.[587]

Es ist zu erwarten, dass sich aufgrund umfangreicher Interdependenzen die Arbeitsgruppe der OECD zur „Digital Economy" eng mit den anderen Arbeitsgruppen abstimmen und parallel mit diesen an Lösungen arbeiten wird. Nur soweit die steuerlichen Unzulänglichkeiten im Bereich der „Digital Economy" nicht bereits durch Ergebnisse der anderen Arbeitsgruppen der BEPS-Initiative gelöst werden können, wird mit zusätzlichen Maßnahmen für die „Digital Economy" zu rechnen sein.[588]

Der im September 2014 vorgelegte Bericht stellt insofern lediglich mögliche Optionen zur Einbindung der „Digital Economy" vor, ohne sich bereits festzulegen. Es bleibt abzuwarten, welche Optionen im weiteren Verlauf der Initiative verwirklicht werden.

1.2.2 Maßnahme 2: Vermeidung doppelter Nichtbesteuerung bei hybriden Gestaltungen

Unter hybriden Gestaltungen versteht man grenzüberschreitende Sachverhalte, bei denen aufgrund inkonsistenter Herangehensweisen in den betreffenden Staaten eine Verringerung der Gesamtsteuerbelastung erreicht werden kann. Typische Beispiele hierfür sind:

- Aufwand, der in einem Staat steuerlich abzugsfähig ist, löst keine Besteuerung des korrespondierenden Ertrags im anderen Staat aus (findet sich oft bei Zinszahlungen zwischen verbundenen Unternehmen).

- Aufwand ist in zwei Staaten zugleich steuerlich abzugsfähig.

Die Empfehlung der OECD hierzu sieht vor, dass der steuerliche Abzug von Aufwand in einem Staat nur dann gewährt wird, wenn sichergestellt ist, dass die korrespondierende Ertragsbesteuerung im anderen Staat erfolgt. In Fällen, in denen abweichend zu diesem Ansatz der steuerliche Abzug von Aufwand in einem Staat zugelassen wird, ohne dies von einer korrespondierenden Ertragsbesteuerung abhängig zu machen, soll der jeweils andere Staat ein Besteuerungsrecht für die zugehörigen Einkünfte erhalten.

Weitere Empfehlungen betreffen die Aufnahme von Regelungen zu steuerlich transparenten Gesellschaften (in Deutschland vor allem Personengesellschaften) in das OECD-MA, die Vorgehensweise bei doppelt ansässigen und bei hybriden Gesellschaften, alles mit dem Ziel der Vermeidung doppelter Nichtbesteuerung.

Die Verlautbarungen der OECD zur Maßnahme 2 des BEPS-Aktionsplans greifen hybride Strukturen nicht im Kern an, etwa indem sie international einheitliche steuerliche Beurteilun-

---

[586] Vgl. Tz. 8.2.1.5, S. 146 „Introduction of a bandwidth or ‚Bit' tax", OECD (2014), *Addressing the Tax Challenges of the Digital Economy*, OECD/G20 Base Erosion and Profit Shifting Project, OECD Publishing, doi: 10.1787/9789264218789-en, abgerufen am 12.1.2015.
[587] Vgl. ebd. Tz. 8.2.2, S. 147 „Consumption tax options".
[588] Vgl. ebd. S. 159 „Conclusion, Next Steps".

gen von bestimmten Instrumenten oder Gesellschaften empfehlen. Sie setzen vielmehr an der hieraus derzeit oft resultierenden Reduzierung der Steuerbasis an, indem sie die steuerliche Behandlung in einem Staat faktisch von der Behandlung in einem anderen Staat abhängig machen.[589] Dies würde die ohnehin oft hohe Komplexität solcher Strukturen in Zukunft aus steuerlicher Sicht weiter erhöhen, aber auch – eine konsistente Umsetzung der Länder vorausgesetzt – die steuerlichen Vorteile, wie von der OECD beabsichtigt, neutralisieren.

Für die Steuerpflichtigen geht damit neben den rein steuerlichen Folgen ein erhöhter Planungs-, Dokumentations- und Verwaltungsaufwand einher.

1.2.3 Maßnahme 5: Effektivere Bekämpfung von schädlichem Steuerwettbewerb

Mit dem Zwischenbericht zur Maßnahme 5 legt die OECD erste Ergebnisse ihrer noch andauernden Prüfung steuerlicher Anreizsysteme von OECD-Mitgliedstaaten vor.[590] Für die aus Verrechnungspreissicht interessanteren Regime steht eine abschließende Beurteilung noch aus. Zu nennen sind hier insb. steuerliche Sonderregelungen für die Verwertung von immateriellen Rechten (IP-Regime)[591] ebenso wie die kantonale Besteuerung von Holding-, Verwaltungs- und gemischten Gesellschaften in der Schweiz oder die schweizerische Kommissionärstruktur.

Als wichtigste Elemente zur Eindämmung des schädlichen Steuerwettbewerbs nennt der Zwischenbericht

- **die Zunahme an Transparenz** durch einen schnelleren und verpflichtenden Informationsaustausch zwischen den Staaten und

- **einheitliche Maßstäbe zur Prüfung**, ob Steueranreizsysteme aus Sicht der OECD als schädlich zu qualifizieren sind. Für Letzteres soll grds. darauf abgestellt werden, ob im jeweiligen Staat eine ausreichende substanzielle Aktivität (*substantial activity*) vorliegt. Im Falle der IP-Regime ist der sog. *nexus approach* im Gespräch. Danach würde der Nachweis der wirtschaftlichen Aktivität auf mathematischem Wege auf Basis der Betriebsausgaben für tatsächliche Forschungs- und Entwicklungstätigkeit geführt werden.

Außerdem sollen Steuerpraktiken von Nicht-OECD-Mitgliedstaaten überprüft, die Kriterien für schädlichen Steuerwettbewerb gemeinsam fortentwickelt und der Rahmen für einen verpflichtenden spontanen Informationsaustausch[592] zu verbindlichen Auskünften (*rulings*) geschaffen werden.

Der vorgelegte Zwischenbericht lässt schon klar erkennen, welche Themen hier im weiteren Verlauf im Fokus stehen, auch wenn konkrete Ergebnisse einem späteren Stadium der Diskussion vorbehalten bleiben.

---

[589] In Deutschland sind bereits unilateral gesetzgeberische Maßnahmen ergriffen worden, die dieses Prinzip der korrespondierenden Besteuerung umsetzen, vgl. § 8b Abs. 1 S. 2 ff. KStG.

[590] Vgl. OECD (2014): Countering Harmful Tax Practices More Effectively, Taking into Account Transparency and Substance, OECD/G20 Base Erosion and Profit Shifting Project, OECD Publishing, doi: 10.1787/9789264218970-en, abgerufen am 12.1.2015.

[591] IP-Regime sind Vorzugsbesteuerungsregelungen von Lizenzeinkünften, wie beispielsweise in den Niederlanden oder Großbritannien. Die Ausgestaltung ist je nach Land unterschiedlich. Unterschiede bestehen insbesondere hinsichtlich des Umfanges der qualifizierten Lizenzeinkünfte sowie der Einbeziehung von Betriebsausgaben und von historischen Forschungs- und Entwicklungsaufwendungen.

[592] In Annex A zum Zwischenbericht findet sich ein Ablaufdiagramm zum spontanen Informationsaustausch.

1.2.4 Maßnahme 6: Verhinderung von Abkommensmissbrauch

Der Bericht[593] empfiehlt zur Vermeidung der missbräuchlichen Inanspruchnahme von DBA, vornehmlich durch das sog. „treaty shopping", unterschiedliche komplementäre Maßnahmen. Hierzu gehört die Erweiterung der Bezeichnung sowie der Präambel für DBA zur begrifflichen Klarstellung, dass durch DBA keine Möglichkeiten der doppelten Nichtbesteuerung geschaffen werden sollen. Außerdem werden Vorschläge für bestimmte Neuregelungen im OECD-MA gemacht und es wird zu steuerpolitischen Überlegungen vor der Aufnahme von DBA-Verhandlungen angeregt.

Als Kernelemente nennt der Bericht die Aufnahme einer Limitation-on-Benefits-Klausel (LoB-Klausel), die die Gewährung von Abkommensvergünstigungen an das Vorliegen bestimmter Voraussetzungen knüpft, sowie die Aufnahme einer allgemeinen Antimissbrauchsklausel (*principle purpose test* – PPT), die Abkommensvergünstigungen versagt, wenn vornehmlicher Zweck einer Gestaltung das Erlangen eben dieser Vergünstigungen ist.

Es wird davon ausgegangen, dass den Staaten bei der Auswahl und konkreten Ausgestaltung im Rahmen dieser Empfehlungen eine gewisse Flexibilität einzuräumen ist. Als Mindeststandard ist vorgesehen, neben der Ergänzung in der Präambel wahlweise eine Kombination aus LoB-Klausel und PPT oder nur eine der beiden umzusetzen.

1.2.5 Maßnahme 8: Richtlinien zu Verrechnungspreisaspekten immaterieller Wirtschaftsgüter

Das Papier gibt den derzeitigen Stand der Diskussionen und entsprechend vorläufige Empfehlungen der OECD zum Thema „Immaterielle Wirtschaftsgüter" wieder. Die Kernpunkte betreffen die folgenden Aspekte:

- Definition immaterielles Wirtschaftsgut
- anwendbare Verrechnungspreismethoden
- steuerliche Zuordnung von Erträgen
- Umgang mit Abweichungen zwischen Plan- und Ist-Daten.

Zur Definition des Begriffs „immaterielles Wirtschaftsgut" stellt das Papier klar, dass hierfür keine formalrechtlichen oder buchhalterischen Kriterien maßgeblich sind. Aus Verrechnungspreissicht ist darauf abzustellen, ob etwas Werthaltiges existiert, das kein materielles oder rein finanzielles Wirtschaftsgut ist und für kommerzielle Zwecke als Eigentum betrachtet und „kontrolliert" werden kann. Zudem sollten fremde Dritte unter vergleichbaren Umständen bereit sein, für die Übertragung oder Nutzung eines solchen Gegenstands eine Vergütung zu zahlen. Diese Definition wird mit mehreren Beispielen unterlegt. So wird u. a. klargestellt, dass Standortvorteile, Synergien oder qualifiziertes Personal nicht als eigenständige immaterielle Wirtschaftsgüter anzusehen sind, wenngleich ihr Vorhandensein dennoch i. d. R. eine Auswirkung auf die Verrechnungspreisgestaltung haben sollte.[594]

Zu den künftig anwendbaren Verrechnungspreismethoden weist das Papier darauf hin, dass die in Kapitel II enthaltenen Richtlinien zur Anwendung alternativer Ansätze zur Bestimmung an-

---

[593] OECD (2014): Preventing the Granting of Treaty Benefits in Inappropriate Circumstances, OECD/G20 Base Erosion and Profit Shifting Project, OECD Publishing, doi: 10.1787/9789264219120-en, abgeufen am 12.1.2015.

[594] Das Papier gibt hier zu einzelnen Vorteilen konkrete Hinweise, unter welchen Voraussetzungen eine Berücksichtigung bei der Verrechnungspreisfestsetzung zwingend ist.

gemessener Verrechnungspreise in Abweichung von den fünf von der OECD anerkannten Methoden[595] erst im Laufe des Jahres 2015 aktualisiert werden. Dabei sollen dann auch die Ergebnisse berücksichtigt werden, die aus den weiteren Arbeiten zur BEPS-Initiative hinsichtlich der Entwicklung von besonderen Verrechnungspreismethoden, der Verwendung von Bewertungstechniken sowie der Entwicklung „spezieller Maßnahmen" für schwer bewertbare immaterielle Wirtschaftsgüter resultieren. Schon jetzt zeigt sich die OECD skeptisch hinsichtlich der Anwendung sog. Daumenregeln. Entsprechend ist davon auszugehen, dass zukünftig ein alleiniger Verweis auf die sog. Knoppe-Formel[596] nicht als Angemessenheitsnachweis genügen wird. Insgesamt ist zu erwarten, dass die Gewinnaufteilungsmethode dennoch an Gewicht gewinnen wird, allerdings auf Basis einer detaillierten Funktions- und Risikoanalyse und einer adäquaten Gewinnverteilung auf die Transaktionspartner. Dennoch sollte die Anwendung der Preisvergleichsmethode weiterhin möglich sein, allerdings unter verschärften Anforderungen an die Vergleichbarkeit der Transaktionen.

Zur Frage der steuerlichen Zuordnung von Erträgen aus immateriellen Wirtschaftsgütern sollen zwar weiterhin das rechtliche Eigentum und die vertraglichen Vereinbarungen als Ausgangspunkte herangezogen werden. Maßgeblich sind aber letztlich die Ausübung der relevanten Funktionen und ihre Bedeutung für die Wertschöpfung im Zusammenhang mit immateriellen Wirtschaftsgütern. Als besonders wichtige Funktionen mit wesentlicher Bedeutung für die Verrechnungspreisanalyse nennt das Papier z. B. das Design von Forschungs- und Marketingprogrammen, die Kontrolle von Budgets sowie strategische Entscheidungen im Zusammenhang mit der Entwicklung und dem Schutz eines immateriellen Wirtschaftsguts. Die OECD erkennt an, dass für die Festlegung eines angemessenen Verrechnungspreissystems im Zusammenhang mit immateriellen Wirtschaftsgütern besondere Herausforderungen bestehen: in der Praxis finden sich vielfach Strukturen, in denen das rechtliche Eigentum, die Übernahme von Risiken und Investitionen sowie die Ausübung wichtiger werttreibender Funktionen auf verschiedene Gesellschaften verteilt sind. Zudem gestaltet sich die Ermittlung von relevanten Erträgen oft schwierig, nicht zuletzt aufgrund der zum Teil signifikanten zeitlichen Differenz zwischen der Schaffung eines immateriellen Wirtschaftsgut und der Realisation der zugehörigen Erträge. Die Empfehlungen der OECD geben Hilfestellungen hierzu, indem sie eine Sammlung von Beispielfällen samt zugehöriger Erörterung der aus Verrechnungspreissicht relevanten Aspekte enthalten.

Eine wesentliche Neuerung deutet sich durch die Aufnahme eines separaten Kapitels zur Behandlung von Erträgen an, die wesentlich von Plandaten abweichen. Obwohl die OECD einräumt, dass eine Abweichung zwischen budgetierten und tatsächlichen Erträgen nicht ungewöhnlich ist, stellt sie die Frage, wie Gewinne oder Verluste aufgrund derartiger Entwicklungen zwischen den beteiligten Parteien, beispielsweise im Rahmen von Preisanpassungen, zu verteilen sind. Die OECD verweist dabei u. a. auf eine Analyse der vertraglich allokierten Risiken und der Funktionen im Zusammenhang mit Strategien zur Risikominderung.

---

[595] Preisvergleichsmethode, Wiederverkaufspreismethode, Kostenaufschlagsmethode, geschäftsvorfallbezogene Nettomargenmethode und geschäftsvorfallbezogene Gewinnaufteilungsmethode.
[596] Die sog. Knoppe-Formel besagt, dass ein Lizenzgeber für sämtliche zur Herstellung eines Produkts überlassenen immateriellen Wirtschaftsgüter einen Anteil von max. 25 % bis 33,3 % des kalkulierten Gewinns aus diesem Produkt erhalten soll. Vgl. *Engler* in: Vögele: Verrechnungspreise, Kapitel N: Immaterielle Wirtschaftsgüter, Rn. 526, 3. Auflage 2011.

1.2.6 Maßnahme 13: Überarbeitung der Vorschriften zur Dokumentation von Verrechnungspreisen

Die OECD hat eine Neufassung des Kapitels V der OECD-Richtlinien zur Dokumentation von Verrechnungspreisen vorgelegt.[597] Gegenüber dem aktuell gültigen Kapitel V sieht diese Fassung eine deutliche Ausweitung der Dokumentationsanforderungen vor. Sie gibt den Konsens der Mitgliedstaaten wieder, weswegen maßgebliche Änderungen aufgrund der Ergebnisse noch laufender BEPS-Maßnahmen zwar nicht ausgeschlossen, aber unwahrscheinlich sind.

Demnach werden künftig drei Bestandteile für eine Verrechnungspreisdokumentation vorzulegen sein: Das Master File, das Local File und der sog. Country-by-Country Report (CbCR).

Die Differenzierung in Master und Local File folgt grds. der bekannten Logik. Neu ist dabei, dass die Empfehlungen der OECD insb. für das Master File eine deutliche Erweiterung des Dokumentationsinhalts vorsehen. Das betrifft zusätzlich aufzunehmende Punkte ebenso wie die qualitativen Anforderungen an bisher bereits erfasste Bereiche. Ein besonderer Fokus liegt hierbei im Master File auf immateriellen Wirtschaftsgütern, zu denen sehr umfangreiche Informationen zur Verfügung gestellt werden müssen. Hierdurch soll ein umfassender Gesamtüberblick über den gesamten Konzern hinweg gewährleisten werden, was in vielen Fällen deutlich über das hinausgehen wird, was für die einzelne Gesellschaft unmittelbar relevant ist. Ein weiterer Schwerpunkt liegt auf der Konzernfinanzierung. Hier sind künftig z. B. auch Angaben zur externen Konzernfinanzierung aufzunehmen. Für das Local File ergeben sich Änderungen vor allem bezüglich des Detaillierungsgrads und der Qualität der Informationen. Zum Beispiel wird künftig eine genauere Analyse bei der Verwendung von Drittdaten erwartet, inklusive einer Begründung für die Verwendung von Mehrjahresdaten bei der Dokumentation zur Angemessenheit der Verrechnungspreise. Außerdem soll im Rahmen der Finanzanalyse eine Überleitungsrechnung für die Anwendung der Verrechnungspreismethode auf lokale Finanzdaten erfolgen.

Für den CbCR hat die OECD dem Bericht eine Vorlage beigefügt. Demnach sollen künftig für jede einzelne Gesellschaft die Umsätze (differenziert nach Umsatz mit verbundenen und Umsatz mit unverbundenen Transaktionspartnern), Gewinne, Steuern, gezeichnetes Kapital, kumulierter Gewinn, Anzahl der Mitarbeiter und materielle Vermögenswerte dokumentiert werden.

Darüber hinaus nimmt der Bericht zu zahlreichen weiteren Einzelfragen im Zusammenhang mit der Dokumentation von Verrechnungspreisen Stellung. Beispielhaft seien die Folgenden genannt:

- Die OECD macht deutlich, dass sie eine Präferenz für eine ex-ante gegenüber einer ex-post Betrachtung bezüglich der Festsetzung angemessener Verrechnungspreise hat. Unternehmen sollen bereits im Zeitpunkt der Verrechnungspreisbildung nachvollziehbare Überlegungen zur Angemessenheit auf Basis der zu diesem Zeitpunkt verfügbaren Informationen anstellen und dokumentieren, der Abgleich der Ergebnisse mit einer Benchmarkingstudie nach Ablauf des betreffenden Wirtschaftsjahres wäre nicht ausreichend.

- Die Dokumentation soll zeitnah erstellt werden, spätestens bis zur Abgabe der Steuererklärung für das betreffende Wirtschaftsjahr. Für den CbCR ist demgegenüber eine Frist von einem Jahr nach Ablauf des zu dokumentierenden Wirtschaftsjahres vorgesehen.

---

[597] Vgl. OECD (2014): Guidance on Transfer Pricing Documentation and Country-by-Country Reporting, OECD/G20 Base Erosion and Profit Shifting Project, OECD Publishing; doi: 10.1787/9789264219236-en, abgerufen am 12.1.2015.

- Benchmarkingstudien sollen alle drei Jahre neu erstellt, die Finanzdaten der identifizierten Vergleichsunternehmen jährlich neu ermittelt werden. Es besteht eine klare Präferenz für lokale gegenüber regionalen Vergleichsdaten.

Außerdem finden sich Empfehlungen zu Regelungen betreffend die Sprache der Dokumentation, dem Vorlageformat (Papierform oder digital), der Festlegung von Wesentlichkeitsgrenzen, Aufbewahrungsfristen sowie dem Umgang der Finanzbehörden mit Geschäftsgeheimnissen und sonstigen vertraulichen Informationen.

Unternehmen werden sich auf deutlich erhöhte und inhaltlich anspruchsvollere Dokumentationsanforderungen einstellen müssen; die Notwendigkeit eines zentral gesteuerten Dokumentationsansatzes unter Berücksichtigung der tendenziell kürzeren Fristen zur Erstellung wird stark zunehmen.

1.2.7 Maßnahme 15: Entwicklung eines multilateralen Übereinkommens zur Anpassung bilateraler Steuerabkommen

Der Frage der Implementierung der BEPS-Maßnahmen in die bestehenden DBA ist eine eigene Maßnahme gewidmet. Dies ist angesichts der umfangreichen Neuregelungen und des ambitionierten Zeitplans der OECD sehr zweckmäßig. Wäre man auf die traditionellen Wege zur entsprechenden Anpassung der bestehenden mehr als 3.000 bilateralen DBA angewiesen, vergingen sicherlich viele Jahre, bevor die Regelungen annähernd flächendeckend berücksichtigt wären.

Im vorgelegten Bericht finden sich Überlegungen dazu, ob auf welche Weise die synchronisierte Umsetzung der auf DBA ausgerichteten BEPS-Maßnahmen erfolgen sollte.[598] Dem Grundsatz nach sollen die geltenden DBA bestehen bleiben, die BEPS-Maßnahmen daneben durch ein multilaterales Übereinkommen Eingang in die DBA finden. Die OECD verkennt nicht, dass die DBA im Detail stark differieren, die Steuersouveränität der Staaten respektiert werden muss und dieser im Steuerrecht innovative Weg noch mit vielen Unwägbarkeiten verbunden ist. Die Staaten sollen dementsprechend flexibel in der Zustimmung zu einzelnen Regelungen oder gegenüber verschiedenen Vertragspartnern agieren können.

Das Thema soll auf einer internationalen Konferenz diskutiert und vorangebracht werden, die für alle OECD-Mitgliedstaaten, G20-Staaten und andere interessierte Länder offen ist. Das Mandat für diese Konferenz soll Anfang 2015 erteilt werden.

1.3 Fortschritt der BEPS-Initiative bis Dezember 2014

Wie oben erläutert hat die OECD im Rahmen der BEPS-Initiative am 16.9.2014 umfangreiche Veröffentlichungen herausgegeben. Bis zum Ablauf des Jahres 2014 hat sie weitere Diskussionsentwürfe zu diversen Punkten des Aktionsplans veröffentlicht. Dies umfasst im Einzelnen die folgenden Publikationen:

- Diskussionsentwurf zu Aktionspunkt 7 zum Thema „Verhinderung der künstlichen Vermeidung des Betriebsstättenbegriffs" vom 31.10.2014[599]

---

[598] OECD (2014): Developing a Multilateral Instrument to Modify Bilateral Tax Treaties, OECD/G20 Base Erosion and Profit Shifting Project, OECD Publishing, doi: 10.1787/9789264219250-en, abgerufen am 12.1.2015.

[599] OECD (2014): Public Discussion Draft „BEPS Action 7: Preventing the Artificial Avoidance of PE Status", 31 October 2014 – 9 January 2015.

- Diskussionsentwurf zu Aktionspunkt 10 zur geplanten Änderung des Kapitels VII der OECD Verrechnungspreis-Richtlinien, insbesondere zum Thema „gruppeninterne Dienstleistungen mit geringem Wertschöpfungsbeitrag" vom 3.11.2014[600]

- Diskussionsentwurf zu Aktionspunkt 6 zur „Verhinderung der unrechtmäßigen Inanspruchnahme von DBA-Vorteilen" vom 21.11.2014[601]

- Diskussionsentwurf zu Aktionspunkt 10 mit einem Fokus auf der „Anwendung der Gewinnaufteilungsmethode beim Vorliegen globaler Wertschöpfungsketten" vom 16.12.2014[602]

- Diskussionsentwurf zu Aktionspunkt 10 mit dem Schwerpunkt auf „Verrechnungspreisaspekten beim grenzüberschreitenden Handel mit Waren, für die Marktpreise öffentlich verfügbar sind" vom 16.12.2014[603]

- Diskussionsentwurf zu Aktionspunkt 14 zur „Verbesserung der Verwaltungszusammenarbeit bei der Durchführung von Verständigungs- und Schiedsverfahren" vom 18.122014[604]

- Diskussionsentwurf zu Aktionspunkt 4 zur „Abzugsfähigkeit von Zinsen und zu weiteren finanziellen Leistungen" vom 18.12.2014[605]

- Diskussionsentwurf zu den Aktionspunkten 8, 9 und 10 zur geplanten Änderung des Kapitels I der OECD Verrechnungspreis-Richtlinien mit dem Fokus auf „missbräuchlicher Zuordnung von Risiken oder Kapital, der Recharakterisierung von Transaktionen oder besonderen Regelungen im Zusammenhang mit der Übertragung schwer bewertbarer immaterieller Vermögensgegenstände" vom 19.12.2014[606]

Die OECD hat durch ihre Aktivitäten in 2014 hinreichend dokumentiert, dass sie die Ziele der BEPS-Initiative mit großer Bestimmtheit, nachhaltig und konsequent verfolgt. Es ist davon auszugehen, dass auch das Jahr 2015 von zahlreichen neuen Veröffentlichungen zu diesem Themenkomplex geprägt sein wird, die nach entsprechender Finalisierung und Umsetzung in signifikante und weitreichende Änderungen der internationalen Besteuerung münden werden.

---

[600] OECD (2014): Public Discussion Draft „BEPS Action 10: Proposed Modifications to Chapter VII of the Transfer Pricing Guidelines relating to low value-adding intra-group Services", 3 November 2014 – 14 January 2015.
[601] OECD (2014): Public Discussion Draft „Follow-up Work on BEPS Action 6: Preventing Treaty Abuse", 21 November 2014 – 9 January 2015.
[602] OECD (2014): Public Discussion Draft „BEPS Action 10: Discussion Draft on the Use of Profit Splits in the Context of Global Value Chains", 16 December 2014 – 6 February 2015.
[603] OECD (2014): Public Discussion Draft „BEPS Action 10: Discussion Draft on the Transfer Pricing Aspects of Cross-border Commodity Transactions", 16 December 2014 – 6 February 2015.
[604] OECD (2014): Public Discussion Draft „BEPS Action 14: Make Dispute Resolution Mechanisms more effective", 18 December 2014 – 16 January 2015.
[605] OECD (2014): Public Discussion Draft „BEPS Action 4: Interest Deductions and other financial Payments", 18 December 2014 – 6 February 2015.
[606] OECD (2014): Public Discussion Draft „BEPS Actions 8, 9 and 10: Discussion Draft on Revisions to Chapter I of the Transfer Pricing Guidelines (including Risk, Recharacterisation and special Measures)", 19 December 2014 – 6 February 2015.

2 Die Betriebsstättengewinnaufteilungsverordnung (BsGaV)

Am 10.10.2014 hat der Bundesrat seine Zustimmung zum aktuellen Entwurf der „Verordnung zur Anwendung des Fremdvergleichsgrundsatzes auf Betriebsstätten nach § 1 Abs. 5 des Außensteuergesetztes" erteilt. Damit werden nun entsprechend der Ermächtigungsnorm des § 1 Abs. 6 AStG detaillierte Regelungen zur Umsetzung des Authorised OECD Approach (AOA) getroffen. Der AOA war im Rahmen der Neufassung des § 1 AStG im JStG 2013 in nationales Recht umgesetzt worden, § 1 Abs. 5 AStG n. F. war erstmalig anzuwenden auf Wirtschaftsjahre, die nach dem 31.12.2012 begonnen haben.

2.1 Uneingeschränkte Selbstständigkeitsfunktion für Betriebsstätten

Die OECD hat mit ihrem Betriebsstättenbericht vom 22.7.2010 die uneingeschränkte Selbstständigkeitsfiktion („Functionally Separate Entity Approach") für Betriebsstätten und damit zugleich die uneingeschränkte Anwendung des Fremdvergleichsgrundsatzes bei Transaktionen zwischen Stammhaus und Betriebsstätte eingeführt. Bis dahin galten Betriebsstätten steuerlich nur eingeschränkt als selbstständiges Gewinnzuordnungsobjekt. Das Ergebnis der Betriebsstätte musste zwangsläufig einen Teil des Ergebnisses des Gesamtunternehmens ausmachen. Der Fremdvergleichsgrundsatz fand nur auf ausgewählte Geschäftsvorfälle Anwendung. Dieses Verständnis zur Besteuerung von Betriebsstätten hat sich grundlegend geändert, was auch bereits entsprechend in die Neufassung des Art. 7 OECD-MA und den OECD Musterkommentar eingeflossen ist.

Die Gewinnabgrenzung für steuerliche Zwecke zwischen Betriebsstätte und übrigem Unternehmen findet nach dem AOA grds. nach einem zweistufigen Verfahren statt:

1. Fiktion der Betriebsstätte als eigenständiges Unternehmen, Identifikation sog. „dealings":
Im Rahmen einer Funktionsanalyse werden die Funktionen von Betriebsstätte und übrigem Unternehmen ermittelt und voneinander abgegrenzt. Ausschlaggebend hierfür sind die „Significant People Functions", die relevanten Tätigkeiten, die von Personal der Betriebsstätte und des übrigen Unternehmens ausgeübt werden. Im Einklang mit den so ermittelten Funktionen werden das wirtschaftliche Eigentum der einzelnen Wirtschaftsgüter und Werte ebenso wie die zugehörigen Risiken den beiden Einheiten zugeordnet und das für die Betriebsstätte erforderliche Kapital/Dotationskapital ermittelt. Hieraus lassen sich dann die sog. „dealings" identifizieren.

2. Gewinnermittlung der Betriebsstätte unter Anwendung des OECD Fremdvergleichsgrundsatzes:
Die „dealings" stellen die Transaktionen dar, für die aufgrund der Selbstständigkeitsfiktion für die Betriebsstätte ein fremdüblicher Verrechnungspreis zu bestimmen ist. Hierbei kommen gem. dem AOA die OECD Verrechnungspreisgrundsätze uneingeschränkt zur Anwendung. Die steuerliche Gewinnabgrenzung zwischen Betriebsstätte und übrigem Unternehmen findet dann auf Basis der so ermittelten Verrechnungspreise statt.

Der Grundgedanke des AOA, nämlich die uneingeschränkte Selbstständigkeitsfiktion für Betriebsstätten, findet sich in der Neufassung des § 1 AStG ebenso wie in der BsGaV. Auch im Übrigen folgen die deutschen Regelungen weitgehend den Vorschlägen der OECD aus dem

Jahr 2010, es gibt nur wenige Abweichungen, dafür gehen die deutschen Regelungen in einigen Punkten deutlich über den Detaillierungsgrad der jeweiligen OECD-Empfehlung hinaus.

Nach der Regelung des § 1 Abs. 5 AStG ist zur Anwendung des Fremdvergleichsgrundsatzes bei der Gewinnabgrenzung von Betriebsstätten wie folgt vorzugehen:

- In einem ersten Schritt sind der Betriebsstätte die relevanten Personalfunktionen, im Einklang damit dann die zugehörigen Vermögenswerte, Chancen und Risiken zuzuordnen. Außerdem ist ein angemessenes Dotationskapital zu ermitteln.

- In einem zweiten Schritt sind auf Basis dieser Zuordnungen die relevanten Geschäftsbeziehungen zu ermitteln und unter Fremdvergleichsgesichtspunkten zu bepreisen. Die Gewinnabgrenzung wird dann unter Berücksichtigung diese Verrechnungspreise vorgenommen.

2.2 Die Entwurfsfassung aus 2013

Der jetzt verabschiedeten BsGaV ging ein Entwurf voraus, der am 5.8.2013 veröffentlicht wurde und sehr kontrovers diskutiert worden ist. Zu begrüßen ist, dass einige der kritisierten Passagen in der finalen Fassung entsprechend umformuliert oder ergänzt worden sind. Dies betrifft u. a. die folgenden Punkte:

- Für die Zuordnung von Personalfunktionen zu einer Betriebsstätte ist Personal, das aufgrund eines Überlassungsvertrags im Unternehmen tätig wird, als eigenes Personal des Unternehmens anzusehen (§ 2 Abs. 4 S. 2 BsGaV). Dies ist eine klarstellende Ergänzung im Vergleich zur Entwurfsversion.

- Zur Erläuterung des Begriffs der „Personalfunktion" wurde ein Katalog relevanter Geschäftstätigkeiten hinzugefügt (§ 2 Abs. 3 S. 2 BsGaV).

- Eine Personalfunktion ist einer Betriebsstätte dann nicht zuzuordnen, wenn sie keinen sachlichen Bezug zur Geschäftstätigkeit der Betriebsstätte aufweist und an weniger als 30 Tagen innerhalb eines Wirtschaftsjahres in dieser Betriebsstätte ausgeübt wird (§ 4 Abs. 1 S. 2 BsGaV). Der Text der Entwurfsfassung sah anstelle der Formulierung „weniger als 30 Tage" noch „kurzfristig" vor. Die hierzu erfolgte inhaltliche Klarstellung ist zu begrüßen, da die Definition und Abgrenzung von „kurzfristig" in der Praxis ohne Frage zu Unklarheiten und Unsicherheiten geführt hätten, eine konsistente Rechtsanwendung insoweit wäre unnötig gefährdet worden.

- Ergänzend aufgenommen wurde eine Vereinfachungsregel für die Zuordnung von Sicherungsgeschäften, die mehrere Betriebsstätten betreffen (§ 11 Abs. 2 BsGaV).

- Der Anwendungsbereich für anzunehmende schuldrechtliche Beziehungen wurde ausgedehnt (§ 16 Abs. 3 S. 2 Nr. 2 ff. BsGaV). Nunmehr ist im Fall der Zurverfügungstellung finanzieller Mittel zwischen Betriebsstätte und dem übrigen Unternehmen unter bestimmten Bedingungen von einer schuldrechtlichen Beziehung auszugehen, mit dem Erfordernis, hierfür fremdübliche Verrechnungspreise zu ermitteln und als fiktive Betriebseinnahmen bzw. Ausgaben zu berücksichtigen. Für Bankbetriebsstätten gelten in diesem Zusammenhang besondere Bestimmungen (§ 19 Abs. 6 BsGaV).

- Es wurden ergänzend weitere Vereinfachungs-, Klarstellungs- oder Ausnahmeregelungen aufgenommen bzw. im Entwurf bereits getroffene Regelungen modifiziert für die Regelungsbereiche, die Besonderheiten bei bestimmten Sonderformen von Betriebsstätten betreffen.

- Die BsGaV findet erstmalig für Wirtschaftsjahre Anwendung, die nach dem 31.12.2014 beginnen (§ 40 BsGaV). Der Entwurf sah hier noch eine Anwendung für Wirtschaftsjahre vor, die nach dem 31.12.2012 beginnen.

Einige der nach der Veröffentlichung des Entwurfes zur BsGaV kritisierten Passagen fanden allerdings inhaltlich weitgehend unverändert Eingang in die finale Version. Dies betrifft insb. die folgenden Punkte:

- Die Ungleichbehandlung von in- und ausländischen Betriebsstätten bei der Bestimmung des Dotationskapitals. So finden sich inkongruente Regelungen zum Dotationskapital bei inländischen Betriebsstätten (§ 12 BsGaV) und bei ausländischen Betriebsstätten (§ 13 BsGaV), analog bei Bankbetriebsstätten (§ 20f BsGaV) und Versicherungsbetriebsstätten (§ 25f BsGaV).

- Die Verwendung zahlreicher unbestimmter Rechtsbegriffe, die ungeachtet der zugehörigen Erläuterungen in der BsGaV noch reichlich Spielraum für divergierende Interpretationen in der Praxis eröffnen. Kontroverse Diskussionen mit der Finanzverwaltung sind damit vorprogrammiert.

2.3 Die Regelungen der BsGaV im Einzelnen

2.3.1 Aufbau der BsGaV

Die BsGaV ist in sieben Abschnitte gegliedert. Zu Beginn des ersten Abschnitts mit der Überschrift „Allgemeiner Teil" (Unterabschnitt 1) finden sich – entsprechend dem Grundgedanken der uneingeschränkten Selbstständigkeitsfiktion von Betriebsstätten für Zwecke der steuerlichen Einkommensermittlung – die Beschreibung der grds. Vorgehensweise bei der Zurechnung von Einkünften (§ 1 BsGaV), außerdem diverse Begriffsbestimmungen (§ 2 BsGaV) sowie Vorschriften zur Aufstellung und dem Inhalt der Hilfs- und Nebenrechnung mitsamt der zugehörigen Dokumentationsanforderungen (§ 3 BsGaV). Im zweiten Teil des ersten Abschnitts (Unterabschnitt 2) werden Zuordnungsregeln getroffen, die die zur Umsetzung der Selbstständigkeitsfiktion erforderliche Zuordnung von

- Personalfunktionen (§ 4 BsGaV),
- materiellen Wirtschaftsgütern (§ 5 BsGaV),
- immateriellen Werten (§ 6 BsGaV),
- Beteiligungen, Finanzanlagen und ähnlichen Vermögenswerten (§ 7 BsGaV),
- Sonstigen Vermögenswerten (§ 8 BsGaV),
- Geschäftsvorfällen des Unternehmens (§ 9 BsGaV),
- Chancen und Risiken (§ 10 BsGaV) und
- Sicherungsgeschäften (§ 11 BsGaV)

vornehmen. Ein eigener Unterabschnitt ist der Bestimmung des Dotationskapitals bei inländischen (§ 12 BsGaV) und ausländischen (§ 13 BsGaV) Betriebsstätten gewidmet, sowie der Zuordnung übriger Passivposten und von Finanzierungsaufwendungen (§ 15 BsGaV). In Unterabschnitt 4 werden Regelungen zu den sog. anzunehmenden schuldrechtlichen Beziehungen (§ 16 BsGaV) und Finanzierungsfunktionen innerhalb eines Unternehmens (§ 17 BsGaV) getroffen.

Die Abschnitte zwei bis sechs befassen sich mit Besonderheiten für bestimmte Typen von Betriebsstätten, im Einzelnen:

- Bankbetriebsstätten (§§ 18 bis 22 BsGaV)
- Versicherungsbetriebsstätten (§§ 23 bis 29 BsGaV)
- Bau- und Montagebetriebsstätten (§§ 30 bis 34 BsGaV)
- Förderbetriebsstätten (§§ 35 bis 38 BsGaV)
- Ständigen Vertretern (§ 39 BsGaV).

In Abschnitt sieben finden sich die Schlussvorschriften, namentlich Regelungen zur erstmaligen Anwendung (§ 40 BsGaV) sowie dem Inkrafttreten der Verordnung (§ 41 BsGaV).

2.3.2 Allgemeiner Teil

Der allgemeine Teil erläutert die Grundsätze der steuerlichen Zurechnung von Einkünften auf Betriebsstätten nach § 1 Abs. 5 AStG. Ausgehend von einer Funktions- und Risikoanalyse der Geschäftstätigkeit der Betriebsstätte als Teil der Geschäftstätigkeit des Unternehmens ist einem mehrstufigen Zuordnungskonzept zu folgen. So sind zunächst die (maßgeblichen) Personalfunktionen festzustellen, sowohl für die Betriebsstätte wie auch für das übrige Unternehmen.

Im Rahmen der Begriffsbestimmungen findet sich eine nicht abschließende Aufzählung von Geschäftstätigkeiten, die Personalfunktionen i. S. d. Verordnung ausmachen. Ein klarer Fokus liegt hierbei auf Tätigkeiten, die auf die Ausübung der Verfügungsmacht über Wirtschaftsgüter sowie die Steuerung und Kontrolle von Risiken und Chancen gerichtet sind. Für die Zuordnung von Personalfunktionen zu einer Betriebsstätte ist Personal, das aufgrund eines Überlassungsvertrags im Unternehmen tätig wird als eigenes Personal des Unternehmens anzusehen. Gleiches gilt für natürlich Personen, die ohne jede vertragliche Vereinbarung für das Unternehmen tätig werden, wenn bestimmte gesellschaftsrechtliche Verbindungen bestehen.

Die Zuordnung der Personalfunktion erfolgt vorrangig nach dem Ort der Ausübung der relevanten Tätigkeit. Zusätzliche Bedingung für eine Zuordnung zur Betriebsstätte ist das Vorliegen eines sachlichen Bezugs der Personalfunktion zur Geschäftstätigkeit der Betriebsstätte und eine Ausübung an mindestens 30 Tagen innerhalb eines Wirtschaftsjahres in dieser Betriebsstätte.

Praxishinweis

Die Ermittlung aller relevanten Personalfunktionen dürfte in der Praxis erheblichen Aufwand verursachen. Die Frage des sachlichen Bezugs zur Geschäftstätigkeit der Betriebsstätte wird viele Zweifelsfragen aufwerfen, kontroverse Diskussionen hierüber mit der Finanzverwaltung sind vorprogrammiert.

Materielle und immaterielle Wirtschaftsgüter sowie Vermögenswerte werden danach grds. entsprechend der Zuordnung der relevanten Personalfunktion zugeordnet. Für ausgewählte denkbare Zweifelsfragen existieren Vorgaben zu einer korrekten Zuordnung (so z. B. bei häufiger Nutzungsänderung oder wenn bestimmte Personalfunktionen gleichzeitig in mehreren Betriebsstätten ausgeübt werden), bei immateriellen Wirtschaftsgütern wird die Möglichkeit einer anteiligen Zuordnung unter bestimmten Voraussetzungen zugelassen.

Auch die Zuordnung von Geschäftsvorfällen des Unternehmens zur Betriebsstätte ist entsprechend der Zuordnung der maßgeblichen Personalfunktion vorzunehmen. Grds. ist hierfür auf die Personalfunktion abzustellen, auf der das Zustandekommen des Geschäftsvorfalls beruht. Werden die Personalfunktionen gleichzeitig in mehreren Betriebsstätten ausgeübt, ist der betreffende Geschäftsvorfall derjenigen Betriebsstätte zuzurechnen, deren Personalfunktion die größte Bedeutung für den Geschäftsvorfall hat.

Chancen und Risiken sind vorrangig den sie auslösenden Vermögenswerten bzw. Geschäftsvorfällen zuzuordnen. Fehlt es an einem unmittelbaren Zusammenhang mit Vermögenswerten oder Geschäftsvorfällen, richtet sich die Zuordnung nach der zugehörigen Personalfunktion.

Für die Zuordnung von Sicherungsgeschäften ist grds. darauf abzustellen, ob die abgesicherten Risiken einer im vorgelagerten Zuordnungsprozess identifizierten Personalfunktion, Vermögenswert oder Geschäftsvorfall zuzuordnen sind. Ergibt sich danach das Erfordernis der Zuordnung eines Sicherungsgeschäftes zu mehreren Betriebsstätten, so ist unter bestimmten Voraussetzungen eine Aufteilung anhand eines sachgerechten Aufteilungsschlüssels zulässig.

Im nächsten Schritt ist das erforderliche Dotationskapital zu ermitteln. Die dazu einschlägigen Regelungen der BsGaV differenzieren danach, ob es sich um eine inländische oder ausländische Betriebsstätte handelt. Bei inländischen Betriebsstätten findet demnach grds. die Kapitalaufteilungsmethode Anwendung, die auf die Personalfunktionen der Betriebsstätte sowie die ihr zugeordneten Vermögenswerte, Chancen und Risiken abstellt. Nur unter bestimmten Voraussetzungen kann davon abgewichen und stattdessen der betreffende Anteil am Eigenkapital der Unternehmensgruppe angesetzt werden. In jedem Fall muss der angesetzte Betrag jedoch mindestens dem in einer inländischen Handelsbilanz der Betriebsstätte tatsächlich ausgewiesenen Kapital entsprechen.

Bei ausländischen Betriebsstätten ist grds. die Mindestkapitalausstattungsmethode anzuwenden. Bei Nachweis der Fremdüblichkeit darf ein höherer Ansatz erfolgen, aber nur bis zur Höhe des Betrags, der sich nach der Kapitalaufteilungsmethode ergibt. Ein darüber hinausgehender Betrag ist allenfalls dann maßgeblich, wenn er auf Basis des ausländischen außersteuerlichen Rechts zwingend ist. In jedem Fall darf das Dotationskapital nicht den Betrag übersteigen, der in der ausländischen Handelsbilanz der Betriebsstätte tatsächlich als Kapital ausgewiesen wird.

Auch bei der Zuordnung von Finanzierungsaufwendungen des Unternehmens wird danach differenziert, ob es sich um eine in- oder ausländische Betriebsstätte handelt. Zwar ist grds. eine Zuordnung soweit möglich direkt vorzunehmen, analog der Zuordnung der Passivposten, mit denen die betreffenden Finanzierungsaufwendungen zusammenhängen. Soweit eine direkte Zuordnung insoweit nicht möglich ist, hat sie anteilig entsprechend der indirekten Zuordnung der Passivposten stattzufinden. Ist die Betriebsstätte nicht buchführungspflichtig und führt auch tatsächlich keine Bücher, ist ihr Finanzierungsaufwand generell in dem Umfang zuzuordnen, wie er in unmittelbarem Zusammenhang mit der Geschäftstätigkeit der Betriebsstätte steht. Bei einer inländischen Betriebsstätte ist diese Zuordnung dann allerdings auf einen Betrag begrenzt, der bei der Betriebsstätte ein Ergebnis belässt, das dem Fremdvergleichsgrundsatz genügt. Dagegen ist einer ausländischen Betriebsstätte mindestens der Anteil des Finanzierungsaufwands zuzuordnen, der ihrem Anteil an den Außenumsätzen des inländischen Unternehmens entspricht.

Praxishinweis

Die systematische Ungleichbehandlung von in- und ausländischen Betriebsstätten bei der Bestimmung des Dotationskapitals wie auch der Zuordnung von Finanzierungsaufwendungen ist bedenklich. Sie ist in dieser Form nicht von den OECD Richtlinien gedeckt und erhöht zweifellos das Risiko von Doppelbesteuerung.[607]

Die BsGaV trifft Regelungen, unter welchen Umständen schuldrechtliche Beziehungen zwischen der Betriebsstätte und dem übrigen Unternehmen anzunehmen sind. Dies umfasst unter bestimmten Bedingungen auch die Zurverfügungstellung finanzieller Mittel. Soweit dementsprechend schuldrechtliche Beziehungen anzunehmen sind, sind hierfür fremdübliche Verrechnungspreise anzusetzen und für die Gewinnabgrenzung zu berücksichtigen.

Übernimmt eine Betriebsstätte innerhalb des Unternehmens eine Finanzierungsfunktion (Finanzierungsbetriebsstätte), ist dies im Regelfall als Dienstleistung unter Anwendung einer kostenorientierten Verrechnungspreismethode zu vergüten. Die zugehörigen Finanzierungsaufwendungen und -erträge sind hierfür nicht zu berücksichtigen, wodurch auch die vielfach übliche Anwendung eines Zinsspreads zur Vergütung der Betriebsstätte insoweit ausgeschlossen ist. Die Anwendung einer anderen als einer kostenbasierten Verrechnungspreismethode ist nur dann zulässig, wenn die Personalfunktionen, die die Steuerung und Kontrolle der relevanten Chancen und Risiken ausüben, der Betriebsstätte zuzuordnen sind.

Praxishinweis

Unter welchen Bedingungen die Finanzverwaltung in der Praxis die Anwendung einer anderen als einer kostenbasierten Verrechnungspreismethode zulassen wird, bleibt abzuwarten. Die BsGaV stellt insoweit Bedingungen auf, die unklar sind und zwangsläufig in unterschiedliche Interpretationen münden werden.

Für Betriebsstättenfälle wird künftig regelmäßig eine sog. Hilfs- und Nebenrechnung aufzustellen sein. Diese ist jeweils zu Beginn und Ende eines Wirtschaftsjahres zu erstellen (bzw. ggfs. fortzuschreiben) und reflektiert die Zuordnung von Vermögenswerten, Chancen und Risiken, dem Dotationskapital und den Geschäftsbeziehungen in einer (partiellen) Bilanz bzw. Gewinn- und Verlustrechnung vergleichbaren Form. Der Abschluss der Hilfs- und Nebenrechnung beinhaltet das Ergebnis der Betriebsstätte. Unter Bezugnahme auf § 90 Abs. 3 S. 4 AO werden die Dokumentationsanforderungen erweitert um Beschreibungen der Gründe, die für die diversen Zuordnungen maßgeblich waren. Die Hilfs- und Nebenrechnung muss spätestens zum Zeitpunkt der Abgabe der Steuererklärung erstellt sein, die die Einkünfte der Betriebsstätte enthält.

---

[607] So auch van der *Ham/Retzer*: „German Bundesrat approves Ordinance on the Application of the Arm's Length Principle to Permanent Establishments", in: TP International Journal, November 2014, Bloomberg BNA.

Praxishinweis

> Die Einführung des Erfordernisses der Aufstellung der Hilfs- und Nebenrechnung ist aus Sicht der Finanzverwaltung verständlich. Ihr wird es hierdurch und durch die zusätzlichen Dokumentationsanforderungen ermöglicht, auf einfache Weise nachzuprüfen, ob die Gewinnabgrenzung in Einklang mit den gesetzlichen Vorschriften und der BsGaV erfolgt ist. Den Steuerpflichtigen wird hierdurch jedoch in vielen Fällen erheblicher administrativer Zusatzaufwand entstehen.

2.3.3 Besonderheiten für Bankbetriebsstätten

Die Regeln des allgemeinen Teils finden grds. auch auf Bankbetriebsstätten Anwendung. Besonderheiten ergeben sich allerdings bei der Zuordnung von Vermögenswerten, die Gegenstand von Bankgeschäften oder Finanzdienstleistungen i. S. d. § 1 Abs. 1 bzw. 1a KWG sind, sowie bei der Bestimmung des Dotationskapitals.

Die Zuordnung der betreffenden Vermögenswerte orientiert sich grds. an der Zuordnung der Personalfunktionen, die die „unternehmerische Risikoübernahmefunktion" darstellen. Ihre Ausübung führt zur Entstehung der Chancen und Risiken, die mit dem betreffenden Vermögenswert verbunden sind. Ist auf dieser Basis keine eindeutige Allokation möglich, ist regelmäßig die Zugehörigkeit der Kundenbeziehung, der der Vermögenswert zuzurechnen ist, ausschlaggebend. Außerdem finden sich Regelungen zum Vorgehen bei der Beteiligung mehrerer Betriebsstätten sowie der Änderung einer zuvor vorgenommenen, sachgerechten Zuordnung. Wurde der Vermögenswert zutreffend einer Bankbetriebsstätte zugeordnet, und eine andere Betriebsstätte übt in diesem Zusammenhang unterstützende Personalfunktionen aus, so ist sie hierfür fremdüblich zu vergüten. Ferner gelten Sonderregelungen bezüglich der Zurverfügungstellung finanzieller Mittel.

Die Bestimmung des Dotationskapitals differenziert auch bei Bankbetriebsstätten nach in- und ausländischen Betriebsstätten. Im Fall der inländischen Betriebsstätte eines ausländischen Kreditinstituts findet weitgehend die Kapitalaufteilungsmethode Anwendung (spezifiziert für Bankbetriebsstätten), es kann auch ein geringerer Wert angesetzt werden, sofern

- dessen Fremdüblichkeit unter Berücksichtigung insb. der zugeordneten Vermögenswerte, Chancen und Risiken gegeben ist und

- er mindestens dem Betrag entspricht, der bei einem unabhängigen Kreditinstitut im Inland nach aufsichtsrechtlichen Grundsätzen mindestens als Kernkapital anzusetzen wäre zzgl. eines Aufschlags von 0,5 % der Summe der gewichteten Risiken der inländischen Bankbetriebsstätte (oder eines geringeren Aufschlags, sofern dies dem Fremdvergleichsgrundsatz besser entspricht).

Für die Zuordnung von Dotationskapital zu einer ausländischen Bankbetriebsstätte ist wiederum grds. auf die Mindestkapitalausstattungsmethode abzustellen (spezifiziert für Bankbetriebsstätten). Es gibt die Möglichkeit, unter bestimmten Voraussetzungen davon nach oben abzuweichen, wiederum in Einklang mit dem Fremdvergleichsgrundsatz und abhängig von der Zuordnung der betreffenden Vermögenswerte, Chancen und Risiken. In der Regel ist der Betrag als Obergrenze anzusehen, der sich nach der Kapitalaufteilungsmethode für Bankbetriebsstätten ergibt, soweit dem übrigen Unternehmen damit mindestens so viel Kapital verbleibt, wie aufsichtsrechtlich erforderlich. Beim Vorliegen bestimmter Voraussetzungen und in Abhängigkeit der anzuwendenden Aufsichtsregelungen sind zusätzliche Regelungen einschlägig, die für die Höhe des anzusetzenden Dotationskapitals relevant sind.

Praxishinweis

Die Regelungen für Bankbetriebsstätten setzen die Ungleichbehandlung in- und ausländischer Betriebsstätten fort: auch hier wird es insoweit für Steuerpflichtige in der Praxis kaum möglich sein, konsistente Gewinnabgrenzungen in Einklang mit den Vorschriften aller jeweils beteiligten Staaten vorzunehmen.

Ferner finden sich Zuordnungsregeln explizit für den globalen Handel mit Finanzinstrumenten, die grds. auf die Zuordnung der unternehmerischen Risikoübernahmefunktion abstellen.

2.3.4 Besonderheiten für Versicherungsbetriebsstätten

Für Versicherungsbetriebsstätten gelten besondere Regelungen, die insb. die Zuordnung von Vermögenswerten, die durch den Abschluss eines Versicherungsvertrags entstehen, von Einkünften aus Vermögenswerten sowie fiktive Rückversicherungsgeschäfte und die Bestimmung des Dotationskapitals betreffen.

Die Zuordnung von Vermögenswerten richtet sich vornehmlich nach der Ausübung der unternehmerischen Risikoübernahmefunktionen, namentlich im Zusammenhang mit dem Zeichnungsprozess, der das Versicherungsunternehmen in Bezug auf einen Versicherungsvertrag bindet. Die wesentlichen Elemente des Zeichnungsprozesses werden aufgeführt und es werden Regelungen dazu getroffen, wie im Fall der Ausübung durch mehrere Betriebsstätten zu verfahren ist. Soweit Vermögenswerte das Rückversicherungsgeschäft betreffen, sind sie grds. derjenigen Versicherungsbetriebsstätte zuzuordnen, in der die Risikoklassifizierung und Risikoauswahl erfolgt sind. Ausnahmeregelungen in Abweichung von diesen Grundsätzen gelten für solche Fälle, in denen der Hauptbevollmächtige einer inländischen Versicherungsbetriebsstätte aufsichtsrechtlich ermächtigt ist, Versicherungsverträge abzuschließen. Für ausländische Versicherungsbetriebsstätten ist eine Zuordnung zur Betriebsstätte nur unter bestimmten Voraussetzungen vorzunehmen, die wesentlich auf die Bedeutung der dort ausgeübten Personalfunktionen im Rahmen des Zeichnungsprozesses abstellen.

Bei der Ermittlung des Dotationskapitals soll für inländische Betriebsstätten grds. eine modifizierte Kapitalaufteilungsmethode zur Anwendung kommen, bei ausländischen Betriebsstätten die Mindestkapitalausstattungsmethode, maximal der Betrag, der sich auf Grundlage der modifizierten Kapitalaufteilungsmethode ergibt, wobei auch hier wieder aufsichtsrechtliche Anforderungen zu beachten sind.

Praxishinweis

Auch wenn zur Frage der Zuordnung von Vermögenswerten sowie der Ermittlung des Dotationskapitals entsprechende Öffnungsklauseln vorgesehen sind, vermag die grds. Ungleichbehandlung in- und ausländischer Betriebsstätten auch an dieser Stelle nicht zu überzeugen.

Zudem gibt die BsGaV Regeln für die Zuordnung von Einkünften aus Vermögenswerten vor und stellt klar, dass ein versicherungstechnisches Risiko, dass zutreffend einer Betriebsstätte zugeordnet wurde, nicht über einen anzunehmenden schuldrechtlichen Rückversicherungsvertrag dem übrigen Unternehmen zugeordnet werden darf.

2.3.5 Besonderheiten für Bau- und Montagebetriebsstätten

Für Bau- und Montagebetriebsstätten gelten diverse Besonderheiten. So spielt bei der Zuordnung von Vermögenswerten die Ausübung der Personalfunktion bei der Anschaffung, Herstellung, Veräußerung oder Verwertung der Vermögenswerte eine maßgebliche Rolle. Sich hieraus ergebende Diskrepanzen zwischen Zuordnung und Nutzung des Vermögenswertes sind ggfs. durch die Annahme einer unentgeltlichen Beistellung zu überbrücken. Hierdurch ergeben sich Auswirkungen auf die Entstrickungsbesteuerung, da bei der Beistellung eines Wirtschaftsguts eben nicht von einer Entstrickung auszugehen ist.

Der Bau- oder Montagevertrag mit dem Auftraggeber ist nach der BsGaV im Regelfall dem übrigen Unternehmen zuzuordnen, nur beim Vorliegen bestimmter, näher definierter Voraussetzungen ist eine Zuordnung zur Betriebsstätte sachgerecht.

Es ist widerlegbar zu vermuten, dass die Bau- oder Montagebetriebsstätte gegenüber dem übrigen Unternehmen als (Routine-)Dienstleister anzusehen ist, woraus sich das Erfordernis einer kostenbasierten Verrechnungspreismethode ergibt. Leistungen des übrigen Unternehmens sind dann im Regelfall als unentgeltlich beigestellt anzusehen und dürfen die Kostenbasis nicht erhöhen. Nur in besonderen Fällen soll die Anwendung der Gewinnaufteilungsmethode zulässig sein. Dies betrifft insb. Konstellationen, in denen

- die Personalfunktionen beider Seiten jeweils keine Routinetätigkeit darstellen und dazu führen, dass jeweils in ihrer Relevanz vergleichbare Chancen und Risiken zuzuordnen sind, oder
- für die Erfüllung des Bau- oder Montagevertrages von beiden Seiten einzigartige immaterielle Wirtschaftsgüter selbst entwickelt oder erworben werden.

Für die Anwendung der Gewinnaufteilungsmethode finden sich dann recht konkrete Vorgaben bezüglich des anzuwendenden Aufteilungsschlüssels.

Da Bau- und Montagebetriebsstätten naturgemäß nur über einen zeitlich begrenzten Zeitraum bestehen, und eine Umstellung der Gewinnabgrenzungsmethodik hier erheblichen Aufwand verursachen würde, sieht die BsGaV spezielle Übergangsvorschriften vor. Die Einkünfte von Bau- oder Montagebetriebsstätten, die vor dem 1.1.2013 begründet wurden, können weiterhin nach den bisherigen Ermittlungsgrundsätzen errechnet werden. Dies gilt unter bestimmten Voraussetzungen auch für Bau- und Montagebetriebsstätten, die in den Jahren 2013 und 2014 begründet wurden.

Die Forderung nach einer grds. kostenbasierten Vergütung für die Bau- bzw. Montagebetriebsstätte dürfte im Fall von Auslandsbetriebsstätten vielfach die Doppelbesteuerungsrisiken erhöhen. Dies ist nicht nur darauf zurückzuführen, dass erfahrungsgemäß ein kostenbasierter Ansatz im Ausland ohnehin oft nicht akzeptiert wird. Wenn für das Unternehmen in früheren Jahren bereits Bau- oder Montagebetriebsstätten bestanden haben, deren Einkünfte nicht nach einer kostenbasierten Methode ermittelt wurden, kann nun bei der Begründung neuer Betriebsstätten in selben Staat die Anwendung einer geänderten Methodik der Betriebsstätten-Gewinnermittlung je nach den Umständen des Einzelfalles zwingend sein, Akzeptanzschwierigkeiten im betreffenden Staat sind damit vorprogrammiert.

2.3.6 Besonderheiten für Förderbetriebsstätten

Für Förderbetriebsstätten (vornehmlich aus dem Bereich der Bergbau-, Erdöl- oder Erdgasindustrie) gelten Besonderheiten vor allem zur Frage der Zuordnung der Explorationsrechte.

Diese sind grds. dem übrigen Unternehmen zuzuordnen, eine unentgeltliche Beistellung an die Betriebsstätte ist zu unterstellen. Nur unter bestimmten Voraussetzungen ist von einer Zuordnung des Explorationsrechts zur Betriebsstätte auszugehen, etwa in Abhängigkeit der dort ausgeübten Personalfunktion oder bei entsprechenden Regelungen des Ansässigkeitsstaates der Betriebsstätte.

Ähnlich wie bei Bau- und Montagebetriebsstätten ist auch hier widerlegbar davon auszugehen, dass die Betriebsstätte gegenüber dem übrigen Unternehmen als Dienstleister tätig wird; die Vergütung ist entsprechend kostenorientiert aufzusetzen. Eine Änderung der Zuordnung des Explorationsrechts soll regelmäßig als schuldrechtliche Veräußerung dieses Rechts anzusehen sein, der Veräußerungspreis muss fremdüblich sein. Abweichungen von dieser Vorgehensweise sind nur unter bestimmten Voraussetzungen zulässig.

Die Übergangsregelungen sehen vor, dass für Förderbetriebsstätten, die vor dem 1.1.2013 begründet wurden, weiterhin die bisherigen steuerlichen Regelungen zur Gewinnermittlung angewandt werden dürfen. Dies gilt unter bestimmten Voraussetzungen auch für Förderbetriebsstätten, die in den Jahren 2013 oder 2014 begründet wurden.

2.3.7 Ständige Vertreter

Dieser Abschnitt enthält eine Klarstellung dahingehend, dass die Regelungen der BsGaV grds. auch Anwendung auf ständige Vertreter gem. § 13 AO finden. Zur Frage der Gewinnermittlung bei ständigen Vertretern ist daher künftig umso mehr darauf zu achten, dass sämtliche übernommenen Funktionen sowie alle zugehörigen Risiken vollständig dokumentiert werden und in die Ermittlung der Vergütung adäquat mit einfließen. Soweit nach den Grundsätzen der BsGaV auf dieser Basis von einer fremdüblichen Vergütung auszugehen ist, bliebe dann kein Raum, dem ständigen Vertreter darüber hinausgehende Einkünfte zuzurechnen.

2.3.8 Schlussvorschriften

Die Verordnung tritt am Tag nach der Verkündung, also dem 18.10.2014 in Kraft. Sie ist anzuwenden auf Wirtschaftsjahre, die nach dem 31.12.2014 beginnen.

3 Sonstige nationale Verrechnungspreis-Entwicklungen (Auswahl)

3.1 Glossar „Verrechnungspreise" des BMF

Das BMF hat am 19.5.2014 das Glossar „Verrechnungspreise" veröffentlicht.[608] Das Glossar verfolgt die Zielsetzung, zu einer Vereinheitlichung der Terminologie im Bereich der Verrechnungspreise beizutragen. Es beinhaltet dementsprechend Erläuterungen zu relevanten Begriffen und jeweils die maßgeblichsten Fundstellen hierzu im Gesetzestext, in Verordnungen und Erlassen. Das Glossar entfaltet als interne Arbeitshilfe keine Rechtsbindung und ist zur fortlaufenden Aktualisierung vorgesehen.

Es ist zu berücksichtigen, dass das Glossar keine eigenständige Rechtsquelle darstellt. Zur Auslegung der darin aufgezählten und erläuterten Begriffe ist daher ausschließlich der Wille des Gesetz- bzw. Verordnungsgebers maßgeblich, so wie er sich aus Wortlaut und Sinnzusammenhang der jeweils einschlägigen Rechtsquelle ergibt.[609] Dennoch bietet das Glossar für Verrechnungspreispraktiker sehr hilfreiche Erläuterungen und Hinweise, die in prägnanter Form übersichtlich dargestellt sind. So werden beispielsweise zur Frage der „Unverwertbarkeit von Aufzeichnungen" Erläuterungen gegeben, die u. a. konstatieren, dass die Frage der Verwertbarkeit vom Prüfungsgegenstand und damit auch von der konkreten Anforderung des Prüfers abhängt, und eine Unverwertbarkeit nur dann vorliegt, wenn die Qualität der vorgelegten Aufzeichnungen so schlecht ist, dass dies der Nichtvorlage von Unterlagen gleichkommt.

3.2 Urteil des FG Münster vom 14.2.2014 zur unentgeltlichen Markenüberlassung im Konzern

Im zu entscheidenden Fall[610] hatte ein deutsches Unternehmen eingetragene Markenzeichen sowie den Firmennamen unentgeltlich einem polnischen verbundenen Unternehmen überlassen. Das polnische Unternehmen hatte Markenzeichen und Firmennamen im Außenauftritt verwendet, u. a. auf seinem Geschäftspapier und Werbeflächen seiner Firmenfahrzeuge.

Im Rahmen einer Betriebsprüfung in Deutschland wurde die Unentgeltlichkeit der Überlassung beanstandet und das steuerliche Einkommen entsprechend erhöht. Die Gewinnerhöhung ermittelte das FA aus einem Mittelwert von 1 % des relevanten Umsatzes (im Schätzwege festgestellt) und 25 % des EBIT der polnischen Gesellschaft, was insgesamt mehr als 1 % des relevanten Umsatzes ausmachte.

Das FG bejahte die Werthaltigkeit der Marke. Von einer Werthaltigkeit sei dem Grunde nach allein schon deswegen auszugehen, weil die deutsche Gesellschaft die Marke hatte schützen lassen. Zudem sei die Klägerin, also die deutsche Gesellschaft, als Teil einer international agierenden Unternehmensgruppe gegründet worden und ausschließlich mit dem Vertrieb von Produkten der Unternehmensgruppe befasst. Der Markenname ermögliche es dem Kunden, die Klägerin als Teil der Unternehmensgruppe zu identifizieren, weswegen auch unter diesem Aspekt von einer Werthaltigkeit auszugehen sei. Das FG ordnete auch das wirtschaftliche Eigen-

---

[608] BMF, Schreiben v. 19.5.2014, IV B 5 – S 1341/07/1000601, BStBl I 2014, S. 838, http://www.bundesfinanzministerium.de/Content/DE/Downloads/BMF_Schreiben/Internationales_Steuerrecht/Allgemeine_Informationen/2014-05-19-Glossar-Verrechnungspreise.pdf?__blob=publicationFile&v=3, abgerufen am 12.1.2015.
[609] Im Glossar selbst wird hierzu auf das BFH-Urteil v. 18.4.2012 verwiesen, X R 57/09, BStBl II 2012, S. 770 m. w. N.
[610] FG Münster, Urteil v. 14.2.2014, 4 K 1053/11 E, EFG 2014, S. 921.

tum der deutschen Gesellschaft zu, da allein durch deren Maßnahmen der Markenwert geschaffen worden sei.

Zur Bestimmung der Höhe der Lizenz verwies das FG auf die Grundsätze des Fremdvergleichs und legte der Ermittlung der Lizenzhöhe im zu entscheidenden Fall Urteile zugrunde, die in Zivilprozessen zu Schadenersatzforderungen bei Markenrechtsverletzungen ergangen waren. Demnach betrügen solche Schadenersatzansprüche i. d. R. zwischen 1 % und 5 % des Umsatzes, der unter Nutzung der Marke erzielt wird; nur in Ausnahmefällen und bei sehr bekannten Marken lägen sie deutlich höher. Das FG hielt eine Orientierung am unteren Ende dieser Bandbreite für sachgerecht und setzte eine Umsatzlizenz von 1 % an. Dies wurde damit begründet, dass die fraglichen Produkte der breiten Öffentlichkeit nicht bekannt seien und i. d. R. nur öffentlichen Auftraggebern im Rahmen von Ausschreibungen angeboten würden. Einer Anwendung der sog. „Knoppe-Formel" scheide hier ebenso wie die vom FA vorgenommene Mischkalkulation aus, da der EBIT durch Aufwendungen beeinflusst sei, die für die Verwendung des Markenzeichens irrelevant seien.

Gegen das Urteil wurde Revision eingelegt, der Fall ist derzeit beim BFH anhängig.[611]

Die Bejahung der Werthaltigkeit der Marke dem Grunde nach durch das FG Münster vermag nicht zu überraschen. Dass hierfür allein der rechtliche Schutz der Marke als ausreichend angenommen wurde, sollte bei der Ausgestaltung einer Überlassung von Markenrechten im Konzern berücksichtigt werden. Die vom FG aufgemachte Bandbreite vermeintlich fremdüblicher Lizenzen für Markenrechte von 1 % bis 5 % ist als bedenklich einzustufen. Ob die für den zu entscheidenden Fall angesetzte Lizenz von 1 % unter Würdigung aller relevanten Aspekte sachgerecht ist, lässt sich allein anhand der verfügbaren Sachverhaltsinformationen nicht beurteilen. Eine Bandbreite von 1 % bis 5 %, die besonders werthaltige Markenrechte noch ausnimmt, scheint für eine sachgerechte Vergütung der Überlassung von Markenrechten im Konzern allerdings tendenziell hoch. Fraglich ist, ob die Sachverhalte hier ausreichend vergleichbar sind, um die aus Schadenersatzprozessen abgeleiteten Lizenzsätze ohne weitere Analyse oder Modifikation heranzuziehen.

---

[611] Az. beim BFH, I R 22/14, Vorinstanz: FG Münster, Urteil v. 14.2.2014, 4 K 1053/11 E, EFG 2014, S. 921.

F Aktuelle Rechtsprechung zum Aktien- und GmbH-Recht

1 Kein Ordnungsgeld wegen fehlenden Aufsichtsratsberichts

> BVerfG, Beschluss v. 9.1.2014, 1 BvR 299/13, AG 2014, S. 247;
> Vorinstanz: LG Bonn, Beschluss v. 25.10.2012, 32 T 892/12, BeckRS 2013, 18601
>
> **Verstößt eine GmbH gegen ihre Pflicht, einen Aufsichtsrat zu bilden, darf gegen sie nicht deswegen ein Ordnungsgeld verhängt werden, weil sie aufgrund des fehlenden Aufsichtsratsberichts ihre Pflicht zur Veröffentlichung des Jahresabschlusses verletzt habe.**
>
> **Normen:** Art. 103 Abs. 2 GG; §§ 325, 335 HGB; §§ 97 ff. AktG; § 1 Abs. 1 Nr. 3 DrittelbG

Sachverhalt

Die Beschwerdeführerin ist eine GmbH, die zum maßgeblichen Abschlussstichtag zum zweiten Mal in Folge mehr als 500 Arbeitnehmer beschäftigte, jedoch entgegen ihrer Verpflichtung nach § 1 Abs. 1 Nr. 3 DrittelbG keinen Aufsichtsrat gebildet hatte. Dementsprechend befand sich unter den von ihr zur Veröffentlichung im elektronischen Bundesanzeiger eingereichten Jahresabschlussunterlagen kein Bericht des Aufsichtsrats, der nach § 325 Abs. 1 S. 3 HGB grds. einzureichen ist. Das BfJ setzte deswegen nach vorangegangener Androhung und Nachfristsetzung gegen die Beschwerdeführerin ein Ordnungsgeld fest und drohte ein weiteres Ordnungsgeld nach § 335 HGB an. Die hiergegen gerichtete Beschwerde wies das LG Bonn zurück.

Das BVerfG hat der daraufhin eingereichten Verfassungsbeschwerde stattgegeben.

Entscheidung

Das LG habe das Bestimmtheitsgebot des Art. 103 Abs. 2 GG, das auch auf den Ordnungsgeldtatbestand des § 335 HGB sachlich anwendbar ist, nicht hinreichend berücksichtigt. Dem Ordnungsgeld nach § 335 HGB komme eine Doppelwirkung zu, indem es als Beugemittel, aber auch als repressive strafähnliche Sanktion diene. Da vorliegend der Beugeeffekt des Ordnungsgelds wegen Fehlen eines Aufsichtsrats für den maßgeblichen Jahresabschlusszeitraum nicht mehr erreicht werden könne, verbleibt allein der sanktionierende Charakter der Regelung mit der Folge, dass deren Auslegung und Anwendung den Anforderungen des Art. 103 Abs. 2 GG genügen muss. Dem trage die Entscheidung des LG nicht hinreichend Rechnung und verletze daher die Beschwerdeführerin in diesem Justizgrundrecht. Die Auslegung des LG führe zu einer Ausweitung des Ordnungsgeldtatbestands mit der Folge, dass die Norm nicht mehr hinreichend klar und bestimmt sei. Denn das LG habe die Ordnungsgeldbestimmung des § 335 HGB zur gesetzlich nicht vorgesehenen Durchsetzung einer vorgelagerten Maßnahme – der

Pflicht zur Bildung eines Aufsichtsrats und der Durchführung eines Statusverfahrens – verwendet. Die Verfassungsbeschwerde war daher begründet.

Praxishinweis

Die Entscheidung des BVerfG überzeugt und ist zu begrüßen: Wo kein Aufsichtsrat besteht, kann auch kein Aufsichtsratsbericht erstellt und offengelegt werden.

Für die Errichtung eines Aufsichtsrats gibt es mit dem sog. „Statusverfahren" ein spezielles, in den Vorschriften der §§ 98, 99 AktG normiertes Verfahren, das nach § 27 EGAktG auch für GmbHs sinngemäß anzuwenden ist. Danach kann die Errichtung eines Aufsichtsrats zwar „aus dem Unternehmen heraus" erzwungen werden; weitere Sanktionen, wie die Festsetzung eines Zwangsgelds, sind unterdessen jedoch gerade nicht vorgesehen. Es wäre verfehlt, diese gesetzgeberische Entscheidung sowie das Statusverfahren als eigenständiges und abschließendes System durch einen Ordnungsgeldtatbestand des HGB zu unterlaufen.

2 Drittelparitätische Mitbestimmung der Arbeitnehmer im Aufsichtsrat einer „Alt-Aktiengesellschaft"

> BVerfG, Beschluss v. 9.1.2014, 1 BvR 2344/11, AG 2014, S. 279;
> Vorinstanz: OLG Düsseldorf, Beschluss v. 27.7.2011, 26 W 7/10, NZG 2011, S. 1152
>
> § 1 Abs. 1 Nr. 2 S. 2 DrittelbG ist mit dem Grundrecht auf Eigentum (Art. 14. Abs. 1 GG) vereinbar und genügt auch den Anforderungen des Art. 3 Abs. 1 GG. Die Vorschrift behandelt zwar „kleine Aktiengesellschaften" ungleich, indem sie nur die vor dem 10.8.1994 gegründeten Gesellschaften ausnahmslos der Drittelmitbestimmung unterwirft. Diese Ungleichbehandlung ist jedoch sachlich gerechtfertigt.[612]
>
> **Normen:** Art. 3, 14 GG; § 1 Abs. 1 DrittelbG

Sachverhalt

Nach § 1 Abs. 1 Nr. 1 S. 1 DrittelbG haben die Arbeitnehmer einer AG mit i. d. R. mehr als 500 Arbeitnehmern ein Mitbestimmungsrecht im Aufsichtsrat, während Aktiengesellschaften, die vor dem 10.8.1994 im Handelsregister eingetragen wurden und keine Familiengesellschaft sind, ausnahmslos der drittelparitätischen Mitbestimmung der Arbeitnehmer im Aufsichtsrat unterliegen (§ 1 Abs. 1 Nr. 1 S. 2 DrittelbG).

Der Beschwerdeführer ist Aktionär einer sog. Alt-Aktiengesellschaft, d. h. einer AG, die vor dem 10.8.1994 im Handelsregister eingetragen wurde, die regelmäßig weniger als 500 Arbeitnehmer beschäftigt. Da sie nach o. g. Grundsätzen gleichwohl der unternehmerischen Mitbestimmung der Arbeitnehmer unterliegt, macht der Beschwerdeführer die Verletzung seiner Grundrechte aus Art. 14 Abs. 1 GG und Art. 3 Abs. 1 GG geltend.

Entscheidung

Das BVerfG hat die Verfassungsbeschwerde nicht zur Entscheidung angenommen (Nichtannahmebeschluss) und damit die Verfassungsmäßigkeit dieser stichtagsbezogenen mitbestim-

---

[612] Leitsatz des Verfassers.

mungsrechtlichen Ungleichbehandlung zwischen „Alt- und Neu-Aktiengesellschaften" als sachlich gerechtfertigt erachtet.

Zwar sei das in einer Aktie verkörperte Anteilseigentum vom Grundrecht auf Eigentum nach Art. 14 Abs. 1 GG erfasst und werde durch die angegriffene Vorschrift des DrittelbG tangiert, doch handele es sich hierbei um eine zulässige Inhalts- und Schrankenbestimmung des Eigentums. Durch das „Gesetz für kleine Aktiengesellschaften und zur Deregulierung des Aktienrechts"[613] sollte die Rechtsform der AG für kleinere Unternehmen attraktiver gemacht und damit der Wirtschaftsstandort Deutschland attraktiver werden. Dies umfasste u. a. der Einführung deines Schwellenwertes von mindestens 500 Arbeitnehmern für die Drittelbeteiligung im Aufsichtsrat – die kleine AG wurde insoweit der Rechtform der GmbH gleichgestellt. Zur Erfüllung dieses Zwecks sei die Regelung des § 1 Abs. 1 Nr. 1 S. 2 DrittelbG geeignet, erforderlich und auch verhältnismäßig. Das Anteilseigentum der Aktionäre werde nicht unangemessen und unzumutbar beeinträchtigt, da für die vor dem 10.8.1994 eingetragenen Aktiengesellschaften die seiner Zeit bestehende Rechtslage fort galt und die unternehmerischen Entscheidungsabläufe durch die Drittelmitbestimmung im Aufsichtsrat weder rechtlich noch faktisch nachhaltig erschwert werde. Wenngleich die Vorschrift des § 1 Abs. 1 Nr. 1 DrittelbG eine Ungleichbehandlung von Aktiengesellschaften mit jeweils weniger als 500 Arbeitnehmern in Abhängigkeit von einem Stichtag begründet, lässt sich diese Differenzierung unter den Aspekten der Kontinuitätswahrung (Fortbestand der geltenden Mitbestimmungsregelung), des Vertrauensschutzes der Belegschaft und des sozialen Friedens im Unternehmen sachlich rechtfertigen.

Praxishinweis

Die von Gesetzes wegen vorgesehene Unterscheidung zwischen „Alt-Aktiengesellschaften" und solchen, die nach dem 10.8.1994 ins Handelsregister eingetragen wurden, scheint sachgerecht. Mit der Stichtagsregelung sollte dem Interesse bestehender Aktiengesellschaften und deren Arbeitnehmer Rechnung getragen werden. Dem Gesetzgeber war u. a. daran gelegen, den Betriebsfrieden bestehender Aktiengesellschaften nicht durch eine Reduzierung der Arbeitnehmer-Mitbestimmungsrechte zu gefährden. Der Entscheidung des BVerfG ist daher zuzustimmen.

Nicht unerwähnt bleiben soll in diesem Zusammenhang, dass sog. arbeitnehmerlose Alt-Aktiengesellschaften, die keine Familiengesellschaften sind, nicht der drittelparitätischen Mitbestimmung unterliegen, wenn keine Konzernzurechnung nach § 2 Abs. 2 DrittelbG gegeben ist.[614] Lange Zeit nicht höchstrichterlich entschieden war die Frage, wie viele Arbeitnehmer eine Alt-Aktiengesellschaft maximal beschäftigen darf, um als „arbeitnehmerlos" zu gelten. Der BGH hat dies im Jahre 2012[615] dahingehend geklärt, dass eine Alt-Aktiengesellschaft erst dann der Mitbestimmung unterliege, wenn sie mindestens fünf Arbeitnehmer beschäftige.

---
[613] BGBl I 1994, S. 1961.
[614] Eine solche Konzernzurechnung liegt vor, wenn zwischen den Unternehmen ein Beherrschungsvertrag besteht oder das abhängige Unternehmen in das herrschende Unternehmen eingegliedert ist, vgl. § 2 Abs. 2 DrittelbG.
[615] BGH, Beschluss v. 7.2.2102, II ZB 14/11, NZG 2012, S. 421 ff.

3 Nachlese: Der Rückzug von der Börse nach der „Frosta"-Entscheidung des BGH (Delisting)

> BGH, Beschluss v. 8.10.2013, II ZB 26/12, DB 2013, S. 2672;
> Vorinstanz: Hanseatisches OLG Bremen, Beschluss v. 12.10.2012, 2 W 25/12, NZG 2013, S. 749 f.
>
> **Bei einem Widerruf der Zulassung der Aktie zum Handel im regulierten Markt auf Veranlassung der Gesellschaft haben die Aktionäre keinen Anspruch auf eine Barabfindung. Es bedarf weder eines Beschlusses der Hauptversammlung noch eines Pflichtangebotes.**[616]
>
> Normen: Art. 14 Abs. 1 GG; § 1 SpruchG; § 39 Abs. 2 BörsG; § 119 AktG

Sachverhalt

Der vom Vorstand der F-AG mit Zustimmung des Aufsichtsrats beschlossene Wechsel vom regulierten Markt der Wertpapierbörse in den Entry Standard des Freiverkehrs (Open Market) wurde mit einer Ad-hoc-Meldung bekannt gegeben. Die Hauptversammlung wurde zuvor nicht befragt und den Aktionären wurde kein Abfindungsangebot unterbreitet. Die Antragsteller sind Aktionäre der F-AG und haben in einem Spruchverfahren die Festlegung einer angemessenen Barabfindung beantragt.

Entscheidung

Die sog. „Frosta"-Entscheidung des BGH haben wir bereits in der Vorauflage dieses Steuerjahrbuchs kurz vorgestellt. Sie ist jedoch von so grundlegender Bedeutung, dass auch nachfolgend nochmals kurz auf sie eingegangen und ihre Auswirkungen dargestellt werden sollen.

Der BGH hat durch den o. g. Beschluss entschieden, dass der Widerruf der Zulassung von Aktien zum Handel am regulierten Markt keines Hauptversammlungsbeschlusses und keines Abfindungsangebotes an die Minderheitsaktionäre bedarf.

Von der Verfassung geschützt sei nur die rechtliche Verkehrsfähigkeit einer Aktie, während die tatsächliche Verkehrsfähigkeit eine schlichte Ertrags- und Handelschance sei.

Der Schutz der Anleger sei in § 39 Abs. 2 S. 2 BörsG geregelt.

---

[616] Vgl. Leitsatz des Gerichts.

Praxishinweis

Die Entscheidung des BGH stellt eine Abkehr von der früheren Rspr., der sog. „Macrotron"-Rspr., dar. Nach dieser Rspr. unterfiel der Widerruf der Zulassung von Aktien zum Handel im regulierten Markt dem verfassungsrechtlichen Schutz des Aktieneigentums der Minderheitsaktionäre. Demzufolge bedurfte das „Delisting" eines Beschlusses der Hauptversammlung sowie eines Pflichtangebots der AG selbst oder des Großaktionärs über den Kauf der Aktien der Minderheitsaktionäre.

Der Rückzug einer AG von der Börse ist nunmehr eine reine Geschäftsführungsmaßnahme, über die der Vorstand im Rahmen seines unternehmerischen Ermessens – ggf. mit Zustimmung des Aufsichtsrats – entscheiden kann. Im Rahmen dieser Ermessensentscheidung hat der Vorstand die Vorteile eines Delistings, wie z. B. die Ersparnis von Kosten und die Reduzierung des Verwaltungsaufwands, den Wegfall von Meldepflichten nach WpÜG und WpHG, eine erhöhte Flexibilität, und eventuelle Nachteile, wie z. B. die eingeschränkte Fungibilität der Aktien, ein geringerer Bekanntheitsgrad der Gesellschaft etc. sorgfältig gegeneinander abzuwägen.

Der Widerruf der Zulassung von Aktien zum Handel im regulierten Markt richtet sich nunmehr ausschließlich nach § 39 Abs. 2 S. 2 BörsG i. V. m. den jeweils einschlägigen Börsenordnungen. Für die Praxis sind deshalb nach der jetzigen Rechtslage vorrangig die Börsenordnungen der einzelnen Börsenplätze zu beachten, welche von Börse zu Börse unterschiedlich ausgestaltet sind.

Nachdem die ersten Börsenzulassungen in Folge der „Frosta"-Entscheidung entsprechend dem vereinfachten Verfahren – ohne Hauptversammlungsbeschluss und ohne Barabfindungsangebot an die Aktionäre – widerrufen wurden und dies entsprechend bekannt gemacht wurde, ist zu beobachten, dass der Ruf nach dem Gesetzgeber und einer aktienrechtlichen Regulierung laut wird. Einzelne Börsen haben hierauf bereits reagiert; Tendenzen zur Stärkung des Anlegerschutzes durch entsprechende Änderungen der Börsenordnung sind zu erkennen.[617] Fraglich ist, ob und wann der im Namen des Anlegerschutzes erhobene Ruf nach dem Gesetzgeber erhört und wie schnell das derzeit durch den BGH geöffnete Fenster eines vereinfachten Delistings wieder geschlossen wird.

Fazit:

Die „Frosta"-Entscheidung des BGH bietet börsennotierten Gesellschaften die Möglichkeit eines schnellen und kostengünstigen Delistings. Gesellschaften, bei denen die Börsenzulassung mehr Belastungen als Vorteile mit sich bringt, sollten deshalb – unter Abwägung der Vor- und Nachteile für die Gesellschaft – prüfen, ob sich ein Delisting anhand der für sie einschlägigen Börsenordnungen anbietet. Sollte dies der Fall sein, empfiehlt es sich, die „Gunst der Stunde" zu nutzen und zeitnah ein Delisting einzuleiten.

---

[617] Vgl die Änderung der Bösenordnung Düsseldorf v. 4.6.2014 und der Börsenordnung Müenchen v. 3.7.2014, die nunmehr beide einen Hauptversammlungsbeschluss für den Widderuf der Zulassung der Aktien zum Handel verlangen.

4 Pflichten des Vorstands in Bezug auf die Compliance-Organisation (Siemens/Neubürger-Urteil)

> LG München I, Urteil v. 10.12.2013, 5 HK O 1387/10, AG 2014, S. 332 ff.;
> (nicht rechtskräftig, da die Berufung beim OLG München anhängig ist, Az. 7 U 113/14)
>
> 1. Im Rahmen seiner Legalitätspflicht hat ein Vorstandsmitglied dafür Sorge zu tragen, dass das Unternehmen so organisiert und beaufsichtigt wird, dass keine Gesetzesverstöße wie Schmiergeldzahlungen an Amtsträger eines ausländischen Staates oder an ausländische Privatpersonen erfolgen. Seiner Organisationspflicht genügt ein Vorstandsmitglied bei entsprechender Gefährdungslage nur dann, wenn er eine auf Schadensprävention und Risikokontrolle angelegte Compliance-Organisation einrichtet. Entscheidend für den Umfang im Einzelnen sind dabei Art, Größe und Organisation des Unternehmens, die zu beachtenden Vorschriften, die geografische Präsenz wie auch Verdachtsfälle aus der Vergangenheit.
> 2. Die Einhaltung des Legalitätsprinzips und demgemäß die Einrichtung eines funktionieren Compliance-Systems gehört zu der Gesamtverantwortung des Vorstands.[618]
>
> **Normen:** §§ 76, 91, 93 AktG; §§ 241, 242, 249, 254, 276 BGB

Sachverhalt

Seit den 80er-Jahren hatte sich bei Siemens ein System „schwarzer Kassen" entwickelt, aus denen Korruptionszahlungen geleistet wurden. Dieses wurde nach der Jahrtausendwende durch ein System von Scheinberater-Verträgen ersetzt, auf deren Grundlage Scheinrechnungen gestellt wurden. Nach den Feststellungen des Gerichts sind dem Vorstand entsprechende Gesetzesverletzungen bzw. Verdachtsmomente wiederholt zur Kenntnis gelangt. Das LG München I verhängte gegen Siemens zwei Bußgeldbescheide i. H. v. rd. 396 Mio. € und schaltete eine US-amerikanische Rechtsanwaltskanzlei zur Aufklärung des Systems „schwarzer Kassen" ein. Der Aufsichtsrat der Siemens AG machte Schadenersatzansprüche gegen die Vorstandsmitglieder geltend. Mit sämtlichen neun Vorstandsmitgliedern konnte eine vergleichsweise Einigung erzielt werden, die mit Zustimmung der Hauptversammlung wirksam wurde. Nur der ehemalige Finanzvorstand der Siemens AG, Heinz-Joachim Neubürger, verneinte eine Pflichtverletzung seinerseits und lehnte einen Vergleich ab.

Entscheidung

Das LG München bejahte unterdessen eine Schadensersatzpflicht des ehemaligen Vorstandsmitglieds aufgrund unzureichender Compliance-Organisation. Er habe die Sorgfalt eines ordentlichen und gewissenhaften Geschäftsleiters, wie sie in § 93 Abs. 2 S. 1 AktG normiert sei, bei seiner Geschäftsführung verletzt und hafte deshalb gegenüber der Gesellschaft – also der Siemens AG – nach § 93 Abs. 2 AktG auf Schadenersatz.

Ein Vorstandsmitglied habe dafür Sorge zu tragen, dass im Außenverhältnis sämtliche Rechtsvorschriften eingehalten werden, die das Unternehmen als Rechtssubjekt treffen, und zwar nicht nur im Inland, sondern auch in Bezug auf ausländische Rechtsvorschriften. Diese Legali-

---

[618] Vgl. Leitsatz des Gerichts.

tätspflicht beschränkt sich nicht nur auf die eigene Gesetzestreue eines Vorstandsmitgliedes, das Gesetzesverstöße weder selbst begehen noch solche anordnen darf, sondern umfasst auch die sog. Legalitätskontrollpflicht. Danach obliegt es dem Vorstand auch sicherzustellen, dass das Unternehmen so organisiert und beaufsichtigt wird, dass keine derartigen Gesetzesverstöße durch Mitarbeiter erfolgen. Der Vorstand muss ein Überwachungssystem installieren, das geeignet ist, bestandsgefährdende Entwicklungen – wozu auch Gesetzesverstöße zählen – frühzeitig zu erkennen. Dieser Organisationspflicht genügt der Vorstand bei entsprechender Gefährdungslage nur dann, wenn er eine auf Schadensprävention und Risikokontrolle angelegte Compliance-Organisation einrichtet. Hinsichtlich der konkreten Ausgestaltung des Compliance-Systems hat der Vorstand ein Organisationsermessen, bei dessen Ausübung Kriterien wie Art, Größe und Organisation des Unternehmens, dessen geografische Präsenz, die zu beachtenden Vorschriften, aber auch Verdachtsfälle in der Vergangenheit zu beachten sind.

Neben der Einrichtung eines Compliance-Systems hätte es ferner der Überwachung der Effizienz des bestehenden Compliance-Systems bedurft – gerade wenn und weil in der Vergangenheit hinreichende Verdachtsmomente gegeben waren. Schließlich hätte der Vorstand darauf hinwirken müssen, dass die mit der Überwachung des Compliance-Systems betrauten Personen mit hinreichenden Kompetenzen ausgestattet sind, Verstöße zu verfolgen und zu ahnden.

Das LG München stellt in seiner Urteilsbegründung ferner heraus, dass sowohl die Errichtung eines funktionierenden Compliance-Systems als auch die Überprüfung von dessen Effizienz in der Gesamtverantwortung des Vorstands liegt. Bei Verdachtsfällen oder Mängeln eines bestehenden Compliance-Systems sei es die Aufgabe eines jedes einzelnen Vorstandsmitglieds im Rahmen seiner Überwachungspflicht darauf hinzuwirken, dass ein funktionierendes Compliance-System beschlossen wird.

Praxishinweis

Die Entscheidung des LG München hat sowohl in der Presse als auch in der Fachliteratur große Resonanz gefunden. Compliance ist eine der zentralen Leitungsaufgaben, die der Gesamtverantwortung des Vorstands obliegt. Dabei ist es mit der bloßen Einrichtung eines Compliance-Systems nicht getan, vielmehr muss dieses auch mit Leben erfüllt werden. Ein funktionierender Compliance-Prozess umfasst daher sowohl die Vermeidung von Rechtsverstößen (Prävention), als auch deren Aufklärung verbunden mit der Kompetenz, entsprechend reagieren zu können, d. h., etwaige Verstöße abzustellen und auch zu ahnden.

5 Zur Zulässigkeit der Beurkundung einer Abtretung von GmbH-Geschäftsanteilen im Ausland

> BGH, Beschluss v. 17.12.2013, II ZB 6/13, DStR 2014, S. 752;
> Vorinstanz: OLG München, Beschluss v. 6.2.2013, 31 Wx 8/13, DStR 2013, S. 822
>
> 1. Das Registergericht darf eine zum Handelsregister eingereichte Gesellschafterliste nicht schon deshalb zurückweisen, weil sie von einem Notar mit Sitz in Basel/Schweiz eingereicht worden ist.
> 2. Eine nach dem GmbHG erforderliche Beurkundung kann auch nach dem Inkrafttreten des Gesetzes zur Modernisierung des GmbH-Rechts und zur Bekämpfung von Missbräuchen (MoMiG) durch einen ausländischen Notar vorgenommen werden, sofern die ausländische Beurkundung der deutschen gleichwertig ist (Fortführung von BGH v. 16.2.1981, II ZB 8/80, BGHZ 80, S. 76).
>
> Normen: §§ 16, 40 GmbHG

Sachverhalt

Das Registergericht München hat die Aufnahme einer von einem in Basel, Schweiz, ansässigen Notar erstellten und eingereichten Gesellschafterliste abgelehnt. Die hiergegen eingelegte Beschwerde hat das OLG München mit der Begründung zurückgewiesen, dass das Registergericht zu prüfen habe, ob die eingereichte Liste den formalen Anforderungen entspreche. Dies sei vorliegend zu verneinen, da ein ausländischer Notar weder zur Erstellung und Unterzeichnung der Gesellschafterliste befugt sei, noch durch ein deutsches Gesetz zur Einreichung einer Gesellschafterliste verpflichtet werden könne. Die hiergegen eingelegten Rechtsbeschwerden hatten Erfolg.

Entscheidung

Der BGH hat zunächst ausgeführt, dass dem Registergericht lediglich die Entgegennahme und Verwahrung der Gesellschafterliste obliegt, ohne jedoch eine inhaltliche Prüfpflicht zu haben. Gleichwohl dürfe das Registergericht prüfen, ob die Gesellschafterliste den formalen Anforderungen des § 40 GmbHG entspricht. Dieses Prüfungsrecht beschränkt sich darauf, ob es sich bei der Person, die eine geänderte Gesellschafterliste zum Handelsregister einreicht, um einen Geschäftsführer der Gesellschaft oder einen Notar handelt, der an den Veränderungen mitgewirkt hat. Nur wenn dies offensichtlich nicht der Fall ist, weil ein Dritter die Liste eingereicht hat, ist das Registergericht befugt, die Liste zurückzuweisen. Ein im Ausland ansässiger Notar ist zur Einreichung einer Gesellschafterliste über eine Veränderung, an der er mitgewirkt hat, jedenfalls dann berechtigt, wenn die von ihm im Ausland vorgenommene Beurkundung – vorliegend die Anteilsübertragung – einer Beurkundung durch einen deutschen Notar gleichwertig und deshalb im Inland anzuerkennen ist. Es komme nicht darauf an, ob ein ausländischer Notar zur Einreichung einer Gesellschafterliste nach § 40 Abs. 2 GmbHG verpflichtet ist. Die Einreichungskompetenz des ausländischen Notars ergebe sich vielmehr als Annex aus seiner Beurkundungskompetenz.

Des Weiteren führt der BGH aus, dass schon vor Inkrafttreten des MoMiG anerkannt war, dass ein ausländischer Notar einen nach dem GmbHG erforderliche Beurkundung vornehmen könne, sofern die ausländische Beurkundung der deutschen gleichwertig sei. Gleichwertigkeit ist gegeben, wenn die ausländische Urkundsperson nach Vorbildung und Stellung im Rechtsleben eine der Tätigkeit eines deutschen Notars entsprechende Funktion ausübt und für die Errichtung der Urkunde ein Verfahrensrecht zu beachten hat, das den tragenden Grundsätzen der deutschen Beurkundungsrechts entspricht. Daran habe sich auch durch das Inkrafttreten des MoMiG nicht geändert, stellt der BGH klar.

Da eine Auslandsbeurkundung im Inland als wirksam anzusehen ist, wenn sie – wie ausgeführt – der Beurkundung eines deutschen Notars gleichwertig ist, kann der Umstand, dass die in die Gesellschafterliste aufgenommene Veränderung im Ausland beurkundet wurde, allenfalls dann eine offensichtliche Unrichtigkeit der Gesellschafterliste begründen, wenn für das Registergericht ohne Weiteres feststeht, dass der beurkundende Notar nicht gleichwertig ist. Dies ist bei einem Notar mit Sitz in Basel, Schweiz, jedenfalls nicht der Fall, da dessen Gleichwertigkeit jedenfalls bis zum Inkrafttreten des MoMiG und der Reform des Schweizer Obligationenrechts im Jahre 2008 anerkannt war.[619]

Praxishinweis

Aufgrund der oftmals erheblich niedrigeren Gebührensätze ist es gerade bei der Übertragung von GmbH-Geschäftsanteilen attraktiv, die Beurkundung in der Schweiz vornehmen zu lassen. Dies galt in der Vergangenheit insb. für die Beurkundung im Kanton Basel-Stadt, da hier die Gleichwertigkeit der Beurkundung des ausländischen Notars im o. g. Sinne bis zum Inkrafttreten des MoMiG anerkannt war. Seit Inkrafttreten des MoMiG wird die Zulässigkeit einer Auslandsbeurkundung von Geschäftsanteilsabtretungen zunehmend kritisch gesehen und von der in der Literatur wohl vorherrschenden Meinung abgelehnt. Mit der nunmehr vorliegenden BGH-Entscheidung wird klargestellt, dass eine Auslandbeurkundung, sofern sie der deutschen gleichwertig ist, grds. auch weiterhin anzuerkennen ist. Ob das nach wie vor auch für Beurkundungen im Kanton Basel-Stadt gilt, lässt der BGH – bei genauem Lesen – unter Verweis auf die Reform des Schweizer Obligationenrechts von 2008 dabei ausdrücklich offen.

Fazit:

Wer aus Kostengründen erwägt, eine Beurkundung im Ausland vorzunehmen, sollte zunächst die Gleichwertigkeit der Beurkundung anhand des aktuellen Rechtsstandes prüfen. Bei einer Beurkundung in der Schweiz ist ferner zu beachten, dass die Beurkundungsverfahren in den Schweizer Kantonen durchaus unterschiedlich sind, sodass auch in der Vergangenheit nicht alle dem deutschen Beurkundungsverfahren als gleichwertig anerkannt wurden.

---

[619] Vgl. BGH, Beschluss v. 16.2.1981, II ZB 8/80, BGHZ 80, S. 76 ff, NJW-RR 1981, S. 1160.

G Cash-Pooling im GmbH-Konzern

1 Cash-Pooling – Einführung

In Zeiten, in denen der internationale Wettbewerbsdruck auf Unternehmen zunimmt, ist eine Rentabilitätssteigerung durch ein effizientes Cash-Management unverzichtbar. Cash-Pooling als Teil eines optimierten Cash-Managements gehört daher mittlerweile fest zum Standardrepertoire von professionellen Treasury-Abteilungen, da durch Cash-Pooling grds. eine Optimierung der Fremdkapital- und der Liquiditätskosten bei gleichzeitiger Sicherstellung der konzernweiten Liquiditätsversorgung ermöglicht werden kann.

Den unbestreitbaren ökonomischen Vorteilen, die sich aus dem Cash-Pooling ergeben, stehen allerdings auch Risiken aus den rechtlichen Vorgaben gegenüber, die sich typischerweise in Krisensituationen der Gesellschaft realisieren. Hierdurch kann der Bestand der in den Cash-Pool einbezogenen Gesellschaften insgesamt gefährdet werden und nicht zuletzt eine persönliche Haftung der beteiligten Organe begründet werden.

Auch wenn Cash-Pool-Systeme regelmäßig in Zeiten wirtschaftlicher Stärke eingeführt werden, sollten sich die Entscheider im Rahmen des unternehmerischen Entscheidungsprozesses der aus dem Cash-Pooling resultierenden Risiken bewusst sein, da nur bei Kenntnis der rechtlichen Implikationen ein Cash-Pool-System geschaffen werden kann, das die aus dem Cash-Pool resultierenden Risiken verringert bzw. ausschließt. Dieser Beitrag begrenzt sich auf das Cash-Pooling unter Beteiligung von Gesellschaften mit beschränkter Haftung als die in Deutschland am häufigsten auftretende Rechtsform der Kapitalgesellschaft.[620] Die im Rahmen des Beitrags herausgearbeiteten Erkenntnisse können unter Berücksichtigung der rechtsformspezifischen Besonderheiten im Wesentlichen auch auf das Cash-Pooling unter Beteiligung von anderen Kapitalgesellschaften übertragen werden.

> **Literaturhinweis:** *Kornblum*, GmbHR 2013, S. 693, S. 694

2 Cash-Pooling – ein kurzer Überblick

2.1 Funktionsweise

Im Rahmen des Cash-Poolings wird von den in den Cash-Pool eingebundenen Konzerngesellschaften, den sog. Cash-Pool-Teilnehmern, überschüssige Liquidität bedarfsorientiert an eine Konzerngesellschaft, den sog. Cash-Pool-Führer, übertragen. Zur Deckung des Liquiditätsbedarfs der einzelnen Cash-Pool-Teilnehmer überträgt der Cash-Pool-Führer wiederum die erhaltene Liquidität an den jeweils Liquidität benötigenden Cash-Pool-Teilnehmer. Aufgrund dieser Funktionsweise wird der Cash-Pool in der Literatur zu Recht auch als „Kapitalsammelbecken"[621] oder als das „Äquivalent einer konzerninternen Bank"[622] bezeichnet.

---

[620] *Kornblum*, vgl. Literaturhinweis.
[621] *Decker*, vgl. Literaturhinweise.
[622] *Körner*, vgl. Literaturhinweise.

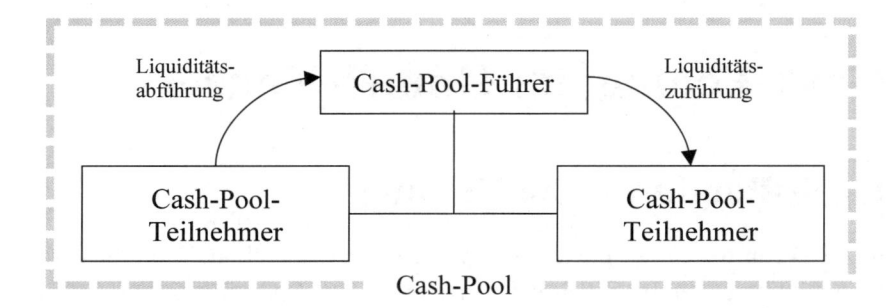

Abbildung 1: Darstellung (vereinfacht) Cash-Pool entsprechend der gesellschaftsrechtlichen Struktur

Hierbei entspricht die Struktur des Cash-Pools zumeist der gesellschaftsrechtlichen Struktur mit der Folge, dass die Rolle des Cash-Pool-Führers regelmäßig durch die Muttergesellschaft wahrgenommen wird. Seltener, jedoch in der Praxis auch vorkommend, wird die Rolle des Cash-Pool-Führers durch eine gesellschaftsrechtlich mit den Cash-Pool-Teilnehmern nur über eine gemeinsame Muttergesellschaft verbundene Zweckgesellschaft, eine sog. „Treasury", übernommen.

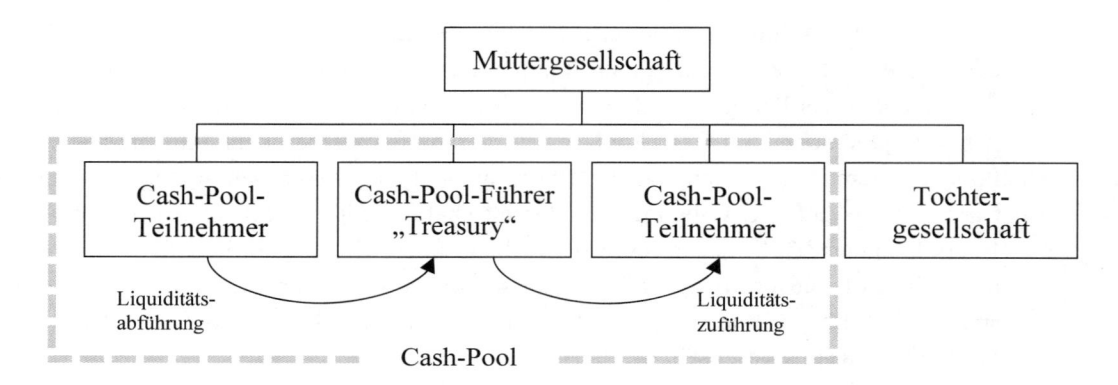

Abbildung 2: Darstellung (vereinfacht) Cash-Pool mit Treasury als Cash-Pool-Führer

In Konzernen mit verschiedenen Konzernsparten und selbstständigen Unternehmensbereichen kommt es in der Praxis regelmäßig vor, dass verschiedene Cash-Pool-Kaskaden, bestehend aus einem Master-Cash-Pool und einem oder mehreren Sub-Cash-Pool(s), gebildet werden. Hierbei wird die Liquidität zunächst jeweils auf Ebene des Sub-Cash-Pool-Führers konsolidiert, der die überschüssige Liquidität dann an den Master-Cash-Pool-Führer überträgt bzw. vom Master-Cash-Pool-Führer die benötigte Liquidität zur Verfügung gestellt bekommt.

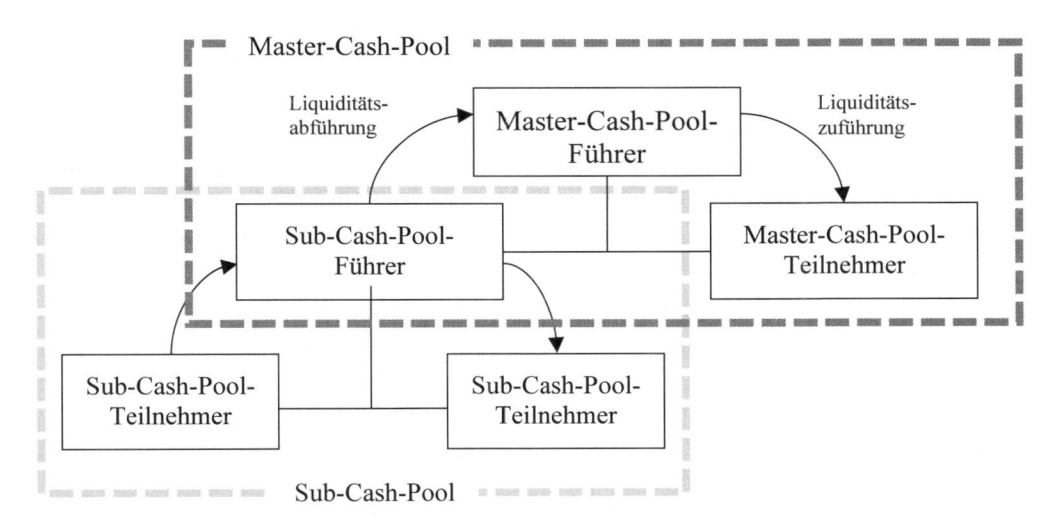

Abbildung 3: Darstellung (vereinfacht) Cash-Pool- Kaskaden-Struktur mit einem Sub-Cash-Pool und einem Master-Cash-Pool

Praxishinweis

Anhand der gewünschten gesellschaftsrechtlichen Strukturierung und Ausrichtung des Konzerns sollte entschieden werden, welche Cash-Pool-Struktur gewählt wird. Sofern in der Mutter-Gesellschaft oder in einzelnen Tochtergesellschaften Vermögensgegenstände von großem Wert vorhanden sind, kann die Einbindung einer separaten Treasury Gesellschaft ein probates Mittel sein, um einzelne Vermögenswerte vor den aus dem Cash-Pool resultierenden Haftungsrisiken zu schützen.

Literaturhinweise: *Decker*, ZGR 2013, S. 392; *Körner* in: Köhler/Goebel/Körner, Handbuch der steueroptimalen Unternehmensfinanzierung 2013, Teil B II, Rn. 154

2.2 Formen des Cash-Poolings

Grds. kann zwischen physischem, virtuellem und hybridem Cash-Pooling unterschieden werden.

Beim sog. **physischem Cash-Pooling** wird ein tatsächlicher (physischer) Liquiditätstransfer von den Bankkonten der Cash-Pool-Gesellschaften auf das Konto des Cash-Pool-Führers bzw. von dem Konto des Cash-Pool-Führers auf das Konto des Cash-Pool-Teilnehmers vorgenommen.

Die jeweiligen Liquiditätstransfers stellen nach herrschender Auffassung in Rspr. und Literatur konzerninterne Darlehen dar, wobei die daraus resultierenden Darlehensrückzahlungsansprüche (sog. „Cash-Pool-Forderungen") regelmäßig im Wege des Kontokorrents miteinander verrechnet werden. Ein Transfer von Liquidität von dem Cash-Pool-Teilnehmer an den Cash-Pool-Führer (sog. „Up-Stream-Darlehen") begründet daher eine Cash-Pool-Forderung des Cash-Pool-Teilnehmers an den Cash-Pool-Führer und im umgekehrten Fall der Zurverfügungstellung von Liquidität an den Cash-Pool-Teilnehmer (sog. „Down-Stream-Darlehen") eine Cash-Pool-Forderung des Cash-Pool-Führers an den Cash-Pool-Teilnehmer.

Das physische Cash-Pooling hat insb. den Vorteil, dass durch die tatsächliche Konsolidierung der Liquiditätsüberschüsse und -defizite auf Ebene des Cash-Pool-Führers der externe Finanzierungsbedarf des Konzerns auf einen Spitzenausgleich reduziert wird, was zu einer Senkung des Gesamtfinanzierungsvolumens führt.[623] Darüber hinaus werden durch die tatsächliche Liquiditätsbündelung negative Finanzierungseffekte wie der sog. „Spread"[624] verringert [625] und i. d. R. die Finanzierungskonditionen – aufgrund der Bündelung der Nachfrage beim Cash-Pool-Führer, des insgesamt höheren Gesamtvolumens und der konzernweiten Haftungsmasse – signifikant verbessert.[626] Weiterhin bietet die tatsächliche Liquiditätsbündelung beim physischen Cash-Pooling auch den betriebswirtschaftlichen Vorteil, die Steuerung der Konzernliquidität zentral vorzunehmen, in dem die jeweilige Guthabenzuteilung auf Weisung des jeweiligen Cash-Pool-Führers erfolgt.

Diesen ökonomischen Vorteilen stehen rechtliche Risiken gegenüber, die u. a. die Haftung der beteiligten Gesellschaften und die persönliche Haftung der am Cash-Pooling beteiligten Gesellschaftsorgane umfassen können. Zur Verringerung dieser Risiken bedarf es neben der Installation von verschiedenen Informations-, Frühwarn- und Reaktionssystemen auf Cash-Pool-Ebene, deren Installation und Pflege einen entsprechenden Verwaltungsaufwand verursachen, eines belastbaren Vertragswerkes, das die gegenseitigen Rechte und Pflichten des Cash-Pool-Führers und der Cash-Pool-Teilnehmer umfassend regelt („sog. Cash-Pool-Vertrag").

Praxishinweis

Bei der Erstellung des Cash-Pool-Vertrags sollte darauf geachtet werden, dass dieser ein den gesetzlichen Vorgaben entsprechendes Informations-, Frühwarn- und Reaktionssystem vorsieht und die sich aus dem Cash-Pooling ergebenden Rechte und Pflichten der Cash-Pool-Teilnehmer und des Cash-Pool-Führers umfassend und abschließend regelt.

Überdies besteht durch die „Anlage" sämtlicher liquider Mittel beim Cash-Pool-Führer für die Cash-Pool-Gesellschaften ein sog. Klumpenrisiko, da sämtliche Ansprüche auf Liquiditätsversorgung nur gegen den Cash-Pool-Führer bestehen. Ein Ausfall der Liquiditätsversorgung durch den Cash-Pool-Führer kann insoweit die Liquiditätsversorgung sämtlicher Cash-Pool-Teilnehmer gefährden und einen sog. Dominoeffekt begründen, der durch die besonderen Folgen einer Insolvenz von Cash-Pool-Teilnehmern in einer Konzerninsolvenz enden kann.

Innerhalb des physischen Cash-Poolings wird ferner auch zwischen dem sog. automatisierten und dem sog. manuellen Cash-Pooling differenziert. Bei dem sog. automatisierten Cash-Pooling wird durch die Cash-Pool-Bank in einem festgelegten Turnus automatisiert ein Kontenausgleich vorgenommen, wohingegen beim manuellen Cash-Pooling der Liquiditätstransfer durch den bzw. auf Weisung des Cash-Pool-Führer(s) erfolgt. Die technischen Details des automatisierten Cash-Poolings werden i. d. R. mit der Bank in einer gesonderten „Bankvereinbarung" festgelegt, die grds. unabhängig von dem Cash-Pool-Vertrag besteht.

Beim automatisierten Cash-Pooling wird je nach Volumen des Liquiditätstransfers zwischen dem sog. **Zero-Balancing** und dem sog. **Target-Balancing** („Conditional-Balancing") unter-

---

[623] Die nicht benötigte Liquidität wird auf Ebene des Cash-Pool-Führers gepoolt und kann zentral von diesem – zu teilweise besseren Konditionen – angelegt bzw. die benötigte Liquidität kann auf Ebene des Cash-Pool-Führers von Dritten fremdfinanziert werden.
[624] Als Spread wird der Effekt bezeichnet, der dadurch entsteht, dass innerhalb eines Konzerns zum einen durch einzelne Gesellschaften Liquidität hochzinsig fremdfinanziert werden muss und gleichzeitig einzelne Gesellschaften Liquidität niedrigzinsig anlegen.
[625] *Reuter*, vgl. Literaturhinweise; *Eilers/Rödding/Schmalenbach/Larisch*, vgl. Literaturhinweise.
[626] *Altmeppen*, vgl. Literaturhinweise.

schieden. Während beim Zero-Balancing auf den jeweiligen Konten der Cash-Pool-Teilnehmer (sog. „Quellkonten") ein fix definierter Sockelbetrag verbleibt, werden beim Zero-Balancing die Konten vollständig ausgeglichen und zugunsten bzw. zulasten des Kontos des Cash-Pool-Führers (sog. „Masterkonto") auf null gestellt.

Praxishinweis

> Sofern ein automatisiertes Cash-Pooling vorgenommen wird, sollte darauf geachtet werden, dass der Cash-Pool-Vertrag als auch die Bankvereinbarung nicht widersprüchlich gestaltet sind, und aus der Bankvereinbarung keine zusätzlichen Risiken für die einzelnen Gesellschaften erwachsen.

Bei dem sog. **virtuellen Cash-Pooling** (in der Literatur auch „fiktives", „unechtes" oder „notional" Cash-Pooling genannt) werden sämtliche Bankkonten der Cash-Pool-Teilnehmer bei einer Bank unterhalten, welche die einzelnen Kontenstände rechnerisch (virtuell) auf einem „gedachten" Masterkonto[627] konsolidiert. Vorteil dieser Variante ist, dass trotz eines Zinsvorteils mangels tatsächlichen Liquiditätstransfers i. d. R. keine Haftungsrisiken für die beteiligten Gesellschaften erwachsen. Dem stehen geringere ökonomische Effekte gegenüber, da beispielsweise keine effektive Steuerung der Konzernliquidität erfolgen kann.

Das sog. **hybride Cash-Pooling** ist als eine Kombination aus virtuellem und physischem Cash-Pooling zu verstehen, bei dem ein Teil der Gesellschaften in einen physischen Cash-Pool und ein Teil der Gesellschaften in einen virtuellen Cash-Pool einbezogen werden. Diese Variante wird oftmals zur Verringerung von Kosten eingesetzt, die im Zusammenhang mit dem Ausgleich unterschiedlicher Währungen durch Kurssicherungs- und/oder Umtauschmaßnahmen entstehen.[628] In der Regel werden hierbei die auf EUR lautenden Konten im Rahmen des physischen Cash-Pooling tatsächlich transferiert und die auf Fremdwährungen lautenden Quellkonten nur in ein fiktives Cash-Pooling einbezogen werden.

Praxishinweis

> Die Vor- und Nachteile der einzelnen Varianten sollten vor Einführung eines Cash-Pool-System gegeneinander abgewogen werden. Insb. das automatisierte, physische Cash-Pooling bietet grds. die meisten ökonomischen Vorteile, aber beinhaltet zugleich auch die größten Risiken für die beteiligten Gesellschaften und die handelnden Organe. Das hybride oder das virtuelle Cash-Pooling können insoweit eine sinnvolle Alternative darstellen, um zum einen die ökonomischen Potenziale des Cash-Pooling möglichst zu heben und gleichzeitig die aus dem Cash-Pool erwachsenden Risiken möglichst zu minimieren.
>
> Allerdings sollte in Zeiten günstiger Fremdfinanzierungsmöglichkeiten und Strafzinsen für Guthaben genau geprüft werden, ob die Einführung eines physischen Cash-Pools aufgrund der damit verbundenen Risiken und des damit verbundenen Verwaltungsaufwands insgesamt sinnvoll erscheint.

Literaturhinweise: *Reuter*, NZI 201, S. 921 *Eilers/Rödding/Schmalenbach/Larisch*, Unternehmensfinanzierung, S. 467, Rn. 546; *Altmeppen*, NZG 2010, S. 361; *Oho/Eberbach*, DB 2001, S. 825; *Waldens*, PIStB 2003, S. 49 ff.

---

[627] *Oho/Eberbach*, vgl. Literaturhinweise.
[628] *Waldens*, vgl. Literaturhinweise.

3 Cash-Pooling – Rechtliche Rahmenbedingungen

Die rechtlichen Rahmenbedingungen des Cash-Poolings sind insb. bei Kapitalgesellschaften von den Grundsätzen der Kapitalaufbringung, der Kapitalerhaltung und dem Insolvenzrecht geprägt. Aus diesen Grundsätzen ergeben sich jeweils Implikationen für die Gestaltung des Cash-Pool-Vertrags als auch für die Sorgfalts- und Überwachungspflichten der Geschäftsleiter der Cash-Pool-Teilnehmer und des Cash-Pool-Führers. Kernelement der GmbH als Kapitalgesellschaft und Hauptgrund für deren Beliebtheit und Verbreitung stellt die Haftungsbeschränkung auf das Gesellschaftsvermögen dar. Da durch diese Haftungsbegrenzung ein Risiko für Gesellschaftsgläubiger und den Rechtsverkehr an sich erwachsen kann, wurde aus Gesichtspunkten des Gläubigerschutzes das sog. System des festen Stammkapitals geschaffen, das auf den Regeln der Kapitalaufbringung, der Kapitalerhaltung, und den Vorschriften zur persönlichen Haftung der Geschäftsleiter für Handlungen in Insolvenznähe und der Insolvenzantragspflicht beruht.

3.1 Kapitalaufbringung

Den Regeln der Kapitalaufbringung liegt der Gedanke zugrunde, dass bei Gründung der GmbH zumindest einmal, nämlich zum Zeitpunkt der Eintragung ins Handelsregister, das Stammkapital unversehrt vorhanden ist (Unversehrtheitsgrundsatz) bzw. bei Kapitalerhöhungen die hierdurch geschuldete Einlage einmal in das Vermögen der Gesellschaft geleistet werden muss.[629] In Konstellationen, in denen ein Cash-Pool-Teilnehmer neu gegründet bzw. das statuarische Kapital eines Cash-Pool-Teilnehmers erhöht wird, finden die Vorschriften über die Kapitalaufbringung uneingeschränkt Anwendung. Ein Sonderrecht für in einen Cash-Pool einbezogene Gesellschaften besteht nicht.[630] Sofern die Einlageleistung des Cash-Pool-Führers nicht im Wege einer Sacheinlage, sondern in Form einer Bareinlage auf das in den Cash-Pool einbezogenes Konto erfolgt und die Einlageleistung im Wege des Liquiditätstransfers an den Cash-Pool-Führer zurückgezahlt werden, stellt dies die Praxis vor große Herausforderungen. Hierbei können im Wesentlichen zwei Fallkonstellationen auftreten.

> **Literaturhinweis:** *Heckschen/Heidinger*, Die GmbH, § 11, Rn. 4

3.1.1 Debitorische Cash-Pool-Teilnehmer

Besitzt der Cash-Pool-Führer Cash-Pool-Forderungen gegen den Cash-Pool-Teilnehmer (sog. debitorischer Cash-Pool-Teilnehmer), führt die Einzahlung auf ein in den Cash-Pool einbezogenes Konto dazu, dass der Cash-Pool-Teilnehmer den eingezahlten Betrag im Wege des Liquiditätstransfers zurück an den Cash-Pool-Führer (Up-Stream) transferiert. Mit der anschließenden Verrechnung der aus diesem Up-Stream-Darlehen entstehenden Cash-Pool-Forderung werden die Cash-Pool-Forderungen des Cash-Pool-Führers (Down-Stream) regelmäßig getilgt. Wirtschaftlich betrachtet stellt dieser Vorgang insoweit keine Bareinlage, sondern vielmehr eine Einlage der Cash-Pool-Forderung des Cash-Pool-Führers und damit eine sog. verdeckte Sacheinlage dar.[631] Dies hat zur Folge, dass nach § 19 Abs. 4 GmbHG der Cash-Pool-Führer von seiner Bareinlagepflicht grds. nicht befreit wird. Die Einlage der Cash-Pool-Forderung ist

---

[629] *Heckschen/Heidinger*, vgl. Literaturhinweis.
[630] BGH, Urteil v. 16.1.2006, II ZR 76/04, Cash-Pool I, BGHZ 166, S. 8; BGH, Urteil v. 20.7.2009, II ZR 273/07, Cash-Pool II, NZG 2009, S. 944.
[631] *Märten*, vgl. Literaturhinweis.

allerdings nicht unwirksam, vielmehr wird der Wert der eingelegten Cash-Pool-Forderung nach §§ 19 Abs. 4 S. 3, 56a GmbHG, auf die Einlagepflicht angerechnet. Für die Frage, ob die eingelegte Cash-Pool-Forderung zum Zeitpunkt der Handelsregisteranmeldung werthaltig war, ist in einem späteren Gerichtsverfahren der Cash-Pool-Führer beweisbelastet.

Praxishinweis

Auch wenn die Regelungen zur Anrechnung des Werts des Sacheinlagegegenstands auf die Bareinlageverpflichtung den Schluss nahe legen, dass der Gesetzgeber die verdeckte Sacheinlage legitimieren wolle, stellt die verdeckte Sacheinlage weiterhin eine Umgehung der Kapitalaufbringungsvorschriften und ein Eintragungshindernis dar.

Dies wird insb. dadurch deutlich, dass sich die Geschäftsführer, sofern diese im Rahmen der Anmeldung zur Eintragung der Kapitalmaßnahme ins Handelsregister die verdeckte Sacheinlage nicht offenlegen bzw. eine falsche Versicherung abgeben, nach § 82 GmbHG wegen falscher Angaben strafbar machen und sich einer persönliche Haftung nach §§ 9a, 43 Abs. 2 GmbHG für den Differenzbetrag aussetzen.

Insoweit ist in einer solchen Konstellation dringend zu empfehlen, entweder eine ordentliche Sachkapitalerhöhung mit Einlage der Cash-Pool-Forderung vorzunehmen oder aber einen Rückfluss der eingezahlten Barmittel an den Cash-Pool-Führer zu verhindern.

Literaturhinweis: *Märten*, MüKoGmbHG, § 19, Rn. 297

3.1.2 Kreditorische Cash-Pool-Teilnehmer

In Konstellationen, in denen keine gegenseitige Cash-Pool-Forderungen bestehen bzw. in denen der Cash-Pool-Teilnehmer Cash-Pool-Forderungen gegen den Cash-Pool-Führer besitzt (sog. „kreditorische Cash-Pool-Teilnehmer"), führt der Liquiditätstransfer im Anschluss an die Bareinlage zu der Gewährung eines Up-Stream-Darlehens und damit zu einem Rückfluss an den Cash-Pool-Führer. Diese Fälle des sog. „Hin-und Herzahlens" befreien den Cash-Pool-Führer nach §§ 19 Abs. 5 S. 1, 56a GmbHG nur dann von dessen Einlageverpflichtung, wenn die aus dem Up-Stream-Darlehen resultierende Cash-Pool-Forderung werthaltig und jederzeit fällig ist bzw. durch den Cash-Pool-Führer durch eine fristlose Kündigung jederzeit fällig gestellt werden kann. Darüber hinaus muss der Geschäftsführer die Vereinbarung der Rückübertragung in der Anmeldung zum Handelsregister unter Vorlage des Cash-Pool-Vertrags und eines Nachweises der Werthaltigkeit der Rückforderung, z. B. durch eine Bewertung des Cash-Pool-Führers durch eine Ratingagentur, offen legen.[632]

Praxishinweis

Die Erfüllung der gesetzlichen Voraussetzungen des Hin- und Herzahlens bedarf entsprechender Regelungen im Cash-Pool-Vertrag. Demnach muss die im Rahmen des Hin- und Herzahlen entstandene Cash-Pool-Forderung jederzeit von dem Cash-Pool-Teilnehmer zurückgefordert werden können oder für diesen Fall ein fristloses Sonderkündigungsrecht des Cash-Pool-Teilnehmers vorgesehen werden.

---

[632] OLG München, Beschluss v. 17.2.2011, 31 Wx 246/10, MittBayNot 2011, S. 331.

3.1.3 Lösungsansätze

Zur Sicherstellung einer gesetzeskonformen Kapitalaufbringung im Cash-Pool außerhalb eines ordnungsgemäßen Hin- und Herzahlens empfiehlt es sich daher, bei einem neu gegründeten Cash-Pool-Teilnehmer bzw. bei der Erhöhung des statuarischen Kapitals eines Cash-Pool-Teilnehmers die Bareinlage auf ein nicht in den Cash-Pool einbezogenes Konto zu leisten sowie gleichzeitig sicherzustellen, dass die eingelegten Mittel ausschließlich für die operative Tätigkeit der Teilnehmer-Gesellschaft verwendet werden und ein Rückfluss des Einlagebetrags an den Cash-Pool-Führer ausgeschlossen ist.[633]

Praxishinweis

Die Vorschriften über die Kapitalaufbringung finden auch auf die Aktivierung von unternehmenslosen Gesellschaften, der wirtschaftlichen Neugründung von Vorratsgesellschaften, Anwendung.[634] Insoweit empfiehlt es sich, auch im Falle der wirtschaftlichen Neugründung einer Vorratsgesellschaft, die Barmittel zunächst zu separieren oder die Vorratsgesellschaft erst dann in den Cash-Pool einzubeziehen, wenn das im Wege der Bareinlage geleistete Kapital für die eigene Tätigkeit des künftigen Cash-Pool-Teilnehmers aufgebraucht ist.

Alternativ zu der Separierung der Bareinlage auf ein nicht in den Cash-Pool einbezogenes Konto, wird von Teilen des Schrifttums auch vorgeschlagen, anstatt einer Bareinlage eine Sacheinlage vorzunehmen. Hierzu soll dem jeweiligen Cash-Pool-Teilnehmer vor dem jeweiligen Kapitalerhöhungsbeschluss ein Darlehen in entsprechender Höhe ausbezahlt werden und die Kapitalerhöhung durch Einlage des Darlehensrückzahlungsanspruchs unter Nachweis der Werthaltigkeit gegenüber dem Registergericht erfolgen.[635]

> **Literaturhinweise:** *Heckschen/Heidinger*, Die GmbH, § 11, Rn. 345, Rn. 346; *Theusinger/Andrä*, ZIP 2014, S. 1916 ff.

3.2 Kapitalerhaltung

Die Grundsätze der Kapitalerhaltung sind – neben dem Postulat einer effektiven Kapitalaufbringung – eines der wichtigsten Wesensmerkmale der Kapitalgesellschaft und stellen unter dem Gesichtspunkt des Gläubigerschutzes das Pendant zur gesetzlichen Haftungsbegrenzung der Gesellschafter auf deren Einlage dar.[636] Der Grundsatz der Kapitalerhaltung besagt, dass das zur Erhaltung des Stammkapitals notwendige Kapital nicht an den Gesellschafter ausgezahlt werden darf, wodurch das Stammkapital gegenüber Zugriffen von Gesellschaftern geschützt und ein Mindestvermögen bzw. eine Befriedigungsreserve für Gläubiger gesichert werden soll.[637] Gerade im Zuge von Liquiditätstransfers im Rahmen des automatisierten Cash-Poolings besteht allerdings die Gefahr, dass Gesellschaften, die außer Cash-Pool-Forderungen über keine signifikanten Vermögenswerte verfügen, mit der Teilnahme am Cash-Pool und mit den Liquiditätstransfers an den Cash-Pool-Führer gegen Kapitalerhaltungsregeln verstoßen.

---

[633] Kritisch: *Heckschen/Heidinger*, vgl. Literaturhinweise, Rn. 345.
[634] *Theusinger/Andrä*, vgl. Literaturhinweise.
[635] *Heckschen/Heidinger*, vgl. Literaturhinweise, Rn. 346.
[636] *Holzborn/v. Vieitinghoff/von Bodenhausen/Jansen*, vgl. Literaturhinweise.
[637] *Baumbach/Hueck/Fastrich*, vgl. Literaturhinweise, Rn.1; *Henssler/Strohn/Fleischer*, vgl. Literaturhinweise.

> **Literaturhinweise:** *Holzborn/v. Vieitinghoff/von Bodenhausen/Jansen*, Haftung und Insolvenz im GmbH-Recht, Rn. 124; *Baumbach/Hueck/Fastrich*, GmbHG, § 30, Rn. 1; *Henssler/Strohn/Fleischer*, Gesellschaftsrecht, GmbHG § 30 Rn. 1

3.2.1 § 30 Abs. 1 GmbHG

Nach § 30 Abs. 1 GmbHG liegt ein Verstoß gegen das Kapitalerhaltungsgebot immer dann vor, wenn durch eine Auszahlung an den Gesellschafter eine Unterbilanz der Gesellschaft vertieft oder aber erstmals hervorgerufen wird. Eine Unterbilanz einer GmbH liegt dann vor, wenn das Reinvermögen der Gesellschaft – bestehend aus den Aktiva vermindert um die Verbindlichkeiten einschließlich der Rückstellungen für ungewisse Verbindlichkeiten – nicht den Nennbetrag des Stammkapitals erreicht,[638] wobei bei der Bestimmung der Unterbilanz nach herrschender Auffassung die auf Grundlage des letzten Jahresabschlusses fortgeschriebenen Buchwerte zugrunde zu legen sind.[639]

Ausnahmsweise ist jedoch eine Auszahlung an den Gesellschafter zulässig, wenn zum einen die Auszahlung durch einen vollwertigen Gegenleistungs- und Rückzahlungsanspruch gedeckt ist oder wenn zwischen der Gesellschaft und dem Gesellschafter ein Beherrschungs- oder ein Gewinnabführungsvertrag besteht (§ 30 Abs. 1 S. 2 GmbHG).

Praxishinweis

> Hintergrund für die Suspendierung der Kapitalerhaltungsregel bei Bestehen eines Beherrschungs- oder eines Gewinnabführungsvertrags ist, dass durch die Verlustausgleichspflicht der herrschenden Gesellschaft nach § 302 AktG analog ein der Kapitalerhaltungspflicht gleichwertiges Schutzniveau erreicht wird.
>
> In Literatur und Rspr. bislang ungeklärt ist die Frage, ob allein das Bestehen eines Beherrschungs- und Gewinnabführungsvertrag ausreicht oder ob zusätzlich für die Suspendierung der Kapitalerhaltungsregeln im Zeitpunkt der Auszahlung die Vollwertigkeit des Verlustübernahmeanspruchs gegeben sein muss.
>
> In der Praxis sollten daher bis zu einer höchstrichterlichen Entscheidung auch bei Bestehen eines Beherrschungs- und Gewinnabführungsvertrags die Liquiditätstransfers innerhalb des Cash-Poolings unterbrochen werden, wenn die Vollwertigkeit des Verlustübernahmeanspruchs nicht gesichert erscheint.

Weiterhin ist eine Auszahlung stets dann zulässig, wenn die Auszahlung der Rückzahlung eines Gesellschafterdarlehens dient (§ 30 Abs. 1 S. 3 GmbHG). Da Liquiditätstransfers von debitorischen Cash-Pool-Teilnehmern, zumindest unter Zugrundelegung einer wirtschaftlichen Betrachtungsweise Darlehensrückzahlungen darstellen, unterfallen diese nicht der Kapitalerhaltungsregel des § 30 Abs. 1 S. 1 GmbHG.[640]

> **Literaturhinweise:** *Baumbach/Hueck/Fastrich*, GmbHG, § 30, Rn. 17, Rn. 19; *Henssler/Strohn/Fleischer*, GmbHG § 30 Rn. 9, 27; *Ekkenga*, MüKoGmbHG, § 30, Rn. 188

---

[638] *Baumbach/Hueck/Fastrich*, vgl. Literaturhinweise, Rn. 19.
[639] BGH, Urteil v. 11.12.1989, II ZR 78/89, Rn. 9, NJW 1990, S. 1109; BGH, Urteil v. 20.9.2008, II ZR 234/07, NJW 2009, S. 68 ff.; *Henssler/Strohn/Fleischer*, vgl. Literaturhinweise, Rn. 27; *Baumbach/Hueck/Fastrich*, vgl. Literaturhinweise, Rn. 17 (jeweils m. w. N.).
[640] *Henssler/Strohn/Fleischer*, vgl. Literaturhinweise; *Ekkenga*, vgl. Literaturhinweise.

3.2.1.1 Vollwertigkeit der Cash-Pool-Forderung

Liquiditätstransfers von kreditorischen Cash-Pool-Teilnehmern an den Cash-Pool-Führer in Unterbilanzsituationen außerhalb eines bestehenden Beherrschungs- oder Gewinnabführungsvertrags sind somit nur dann zulässig, wenn die aus dem Liquiditätstransfer des Cash-Pool-Teilnehmers an den Cash-Pool-Führer entstehende Cash-Pool-Forderung werthaltig ist. Die Vollwertigkeit der Cash-Pool-Forderung ist nach Aufgabe der November-Rspr.[641] des BGH mit dem MPS-Urteil[642] im Jahr 2008 anhand der bilanziellen Betrachtungsweise zu bestimmen. Demnach ist eine Cash-Pool-Forderung immer dann als vollwertig anzusehen, wenn der Anspruch zum einen rechtlich durchsetzbar ist und zum anderen gem. § 253 HGB zum Nominalwert in der Bilanz angesetzt werden kann, wobei Maßstab für die Bewertung eine vernünftige kaufmännische Beurteilung[643] zum Zeitpunkt[644] des Liquiditätstransfers sein muss.

Praxishinweis

> Bislang noch nicht höchstrichterlich geklärt ist, ob die durch die Auszahlung erworbene Cash-Pool-Forderung zu 100 % des Nennbetrags vollwertig sein muss („Alles-oder-Nichts"-Prinzip) oder ob auch eine teilweise Vollwertigkeit in der Höhe ausreicht, die zur Beseitigung einer Unterbilanz benötigt wird.[645] Bis zu einer höchstrichterlichen Entscheidung dieser Frage empfiehlt es sich in der Praxis zur Vermeidung von Haftungstatbeständen von dem „Alles-oder-Nichts"-Prinzip auszugehen und eine 100%ige Vollwertigkeit i. H. d. Nennbetrags der Cash-Pool-Forderung zu verlangen.

Ein **nachträglicher Wegfall der Vollwertigkeit** führt allerdings nicht zu einem nachträglichen Wegfall der Zulässigkeit der Auszahlung.[646] Vielmehr trifft den Geschäftsführer des Cash-Pool-Teilnehmers die Verpflichtung, die laufenden Änderungen des Kreditrisikos zu überprüfen und auf eine nachträgliche Bonitätsverschlechterung des Cash-Pool-Führers mit einer Rückforderung der Cash-Pool-Forderung oder mit der Anforderung mit Sicherheiten zu reagieren.[647] Zur Vermeidung eines Sorgfaltspflichtverstoßes hat der Geschäftsführer nach Ansicht des BGH bei Einbeziehung seiner Gesellschaft in einen Cash-Pool aufgrund des qualitativ gesteigerten Ausfallrisikos der Cash-Pool-Forderung darauf zu achten, dass ein cash-pool-weites Informations- und Frühwarnsystem eingerichtet wird.[648]

Praxishinweis

> Die Rspr. hat die Frage der Ausgestaltung des geforderten Informations- und Frühwarnsystems bislang offen gelassen. Ein Informations- und Frühwarnsystem sollte jedoch zumindest so ausgestaltet sein, dass der Geschäftsführer des Cash-Pool-Teilnehmers auf eine Bonitätsverschlechterung des Cash-Pool-Führers reagieren kann. Zur Begrenzung des Verwaltungsaufwands empfiehlt es sich, ein entsprechend aussagekräftiges Kennzahlensystem und Ad-Hoc-Meldesystem einzurichten, das von dem jeweiligen Geschäftsführer jederzeit eingesehen werden kann und anhand dessen dieser vor jedem Liquiditätstransfer eine valide Risikobewertung im Hinblick auf die Cash-Pool-Forderungen vornehmen kann. Weiterhin ist das Informations-

---

[641] BGH, Urteil v. 24.11.2003, II ZR 171/01, „Novemberurteil", NJW 2004, S. 1111.
[642] BGH, Urteil v. 1.12.2008, II ZR 102/07, „MPS, NJW 2009, S. 850.
[643] BGH, Urteil v. 1.12.2008, II ZR 102/07, „MPS, NJW 2009, S. 850.
[644] H. L.: vgl. *Scholz/Verse*, vgl. Literaturhinweise, Rn. 21; a. A. *Lutter/Hommelhoff/Hommelhoff*, vgl. Literaturhinweise, Rn. 38, der für die Frage der Vollwertigkeit generell auf den Zeitpunkt des Abschlusses des Cash-Pool-Vertrags abstellt.
[645] *Scholz/Verse*, vgl. Literaturhinweise, Rn. 27; *Lutter/Hommelhoff/Hommelhoff*, vgl. Literaturhinweise, Rn. 27.
[646] Begr. ReG MoMiG, BT-Drs. 16/6140, S. 41, *Ekkenga*, vgl. Literaturhinweise.
[647] BGH, Urteil v. 1.12.2008, II ZR 102/07 „MPS, NJW 2009, S. 850.
[648] *Lutter/Hommelhoff/Hommelhoff*, vgl. Literaturhinweise, Rn. 31.

und Frühwarnsystem so zu gestalten, dass mit der Verschlechterung der Bonität des Cash-Pool-Führers sowie mit Auftreten oder einer Verschärfung einer für den Cash-Pool relevanten Krise die Informationsintensität entsprechend zunimmt und die Aktualisierungsintervalle verkürzt werden.

Hinsichtlich der Höhe der **Verzinsung** der Cash-Pool-Forderungen sollte zur Erreichung einer vollwertigen Gegenleistung auf eine fremdübliche Verzinsung geachtet werden, da das Unterschreiten einer fremdüblichen Verzinsung als eine Vermögensminderung des Cash-Pool-Teilnehmers anzusehen ist und damit eine verbotenen Auszahlung nach § 30 Abs. 1 GmbHG darstellen kann.[649]

Praxishinweis

Bei der Bemessung des Zinssatzes sind neben den zivilrechtlichen Aspekten auch steuerliche Aspekte zu berücksichtigen.

Ist der Zinssatz für Cash-Pool-Forderungen des Cash-Pool-Führers (Down-Stream) zu hoch bzw. der Zinssatz für Cash-Pool-Forderungen der Cash-Pool-Teilnehmer (Up-Stream) zu niedrig, finden die allgemeinen Regelungen über die verdeckte Gewinnausschüttung nach § 8 Abs. 3 S. 2 KStG Anwendung.

Im umgekehrten Fall, in dem die Verzinsung der Cash-Pool-Forderungen der Cash-Pool-Teilnehmer (Up-Stream) zu hoch bzw. die Verzinsung der Cash-Pool-Forderungen des Cash-Pool-Führers (Down-Stream) zu niedrig ist, finden die Grundsätze über die verdeckte Einlage Anwendung.

Weiterhin sollte der Cash-Pool-Vertrag zur Vermeidung der Versagung eines Zinsabzugs so ausgestaltet sein, dass aus diesem die Zuordnung der Zinsvorteile auf die jeweiligen Cash-Pool-Teilnehmer ersichtlich wird und im Vertrag die Ermittlung des jeweiligen Zinssatzes dokumentiert ist.

Neben dem Liquiditätstransfer an sich kann auch die Gewährung von sog. **aufsteigenden Sicherheiten** durch die Cash-Pool-Teilnehmer zugunsten des Cash-Pool-Führers eine Auszahlung i. S. d. § 30 Abs. 1 GmbHG darstellen und einen Verstoß gegen die Kapitalerhaltungsregeln begründen. Noch nicht höchstrichterlich geklärt und in der Literatur umstritten ist, zu welchem Zeitpunkt eine Auszahlung i. S. d. § 30 Abs. 1 GmbHG anzunehmen ist. In der Fachliteratur werden diesbezüglich die verschiedensten Standpunkte vertreten, die von dem Zeitpunkt der Verpflichtung zur Sicherheitenbestellung bis zu dem Zeitpunkt der Auskehrung des Erlöses für die verwertete Sicherheit reichen.[650] Zur Vermeidung dieser Rechtsunsicherheit ist daher dringend zu empfehlen, im Rahmen der Sicherheitenbestellung Schutzklauseln (sog. „**Limitation Language**") zu vereinbaren, wonach es dem Sicherungsnehmer untersagt ist, die vom Cash-Pool-Teilnehmer gewährten Sicherheiten zu verwerten, wenn und soweit diese Verwertung zur Entstehung oder Vertiefung einer Unterbilanz führen würde.[651] Darüber hinaus ist für die Gewährung einer Sicherheit entsprechend der Verzinsung im Cash-Pool eine marktübliche Avalprovision zu gewähren.

---

[649] *Eilers/Rödding/Schmalenbach/Larisch*, vgl. Literaturhinweise; *Scholz/Verse*, vgl. Literaturhinweise, Rn. 94.
[650] *Heckschen/Heidinger*, vgl. Literaturhinweise.
[651] *Heckschen/Heidinger*, vgl. Literaturhinweise; *Eilers/Rödding/Schmalenbach/Larisch*, vgl. Literaturhinweise.

Praxishinweis

Oftmals befinden sich in der Vereinbarung mit der Cash-Pool-Bank formularmäßige Klauseln, wonach sich die Cash-Pool-Teilnehmer gemeinschaftlich verpflichten, für den negativen Saldo des Cash-Pool-Führers bei der Cash-Pool-Bank mit zu haften. Sofern in der Bankvereinbarung keine sog. Limitation Language enthalten ist, kann bereits die Unterzeichnung der Bankvereinbarung ein Verstoß gegen die Kapitalerhaltungsregel des § 30 Abs. 1 GmbHG darstellen.

> **Literaturhinweise:** *Scholz/Verse*, GmbHG § 30, Rn. 21, Rn. 27, 94; *Lutter/Hommelhoff/Hommelhoff*, GmbHG § 30, Rn. 27, Rn. 31, Rn. 38; *Ekkenga*, MüKoGmbHG, § 30, Rn. 243; *Eilers/Rödding/Schmalenbach/Larisch*, Unternehmensfinanzierung, S. 486, Rn. 594; *Heckschen/Heidinger*, Die GmbH, § 16, Rn. 90, Rn. 98

3.2.2 Folge von Verstößen gegen § 30 Abs. 1 GmbHG

Liegt im Liquiditätstransfer ein Verstoß gegen das Kapitalerhaltungsgebot des § 30 Abs. 1 GmbHG vor, resultiert hieraus zum einen die verschuldensunabhängige Rückzahlungsverpflichtung des Cash-Pool-Führers bzw. die Mithaftung etwaiger Mitgesellschafter nach § 31 GmbHG und zum anderen die persönliche Haftung des Geschäftsführers des Cash-Pool-Teilnehmers für die Rückerstattung des ausgezahlten Betrags nach § 43 Abs. 3 GmbHG, wenn diesem bei der Auszahlung ein Sorgfaltspflichtverstoß zur Last fällt. Maßgeblicher Haftungsmaßstab ist hierbei, wenn aus ex ante Sicht des Geschäftsführers bei der Prüfung der Vollwertigkeit mit der Sorgfalt eines ordentlichen Geschäftsmanns hätte festgestellt werden können, dass die Cash-Pool-Forderung nicht werthaltig ist.[652]

Praxishinweis

Zur Vermeidung einer persönlichen Haftung nach § 43 Abs. 3 GmbHG sollten die Geschäftsführer in Unterbilanzsituationen des Cash-Pool-Teilnehmers vor jedem Liquiditätstransfer zwingend darauf achten, dass für die im Rahmen des Cash-Poolings abgeführte Liquidität eine vollwertige Cash-Pool-Forderung erworben wird. Sofern die Werthaltigkeit der erworbenen Cash-Pool-Forderungen nicht gegeben ist, ist den Geschäftsführern dringend anzuraten, den Liquiditätstransfer zu verweigern oder entsprechende Sicherheiten zu verlangen. Hierzu sollte der Cash-Pool-Vertrag entsprechende Leistungsverweigerungs- oder Kündigungsrechte vorsehen.

Da es sich bei § 30 Abs. 1 GmbHG um eine gläubigerschützende Norm handelt, ist der Geschäftsführer im Falle eine Unterbilanzsituation und fehlenden Werthaltigkeit der Cash-Pool-Forderung nicht weisungsgebunden und kann sich daher nicht auf eine entsprechende Weisung des Gesellschafters berufen.

Weiterhin gilt zu berücksichtigen, dass die Rückerstattungsansprüche oftmals nach § 31 GmbHG bzw. die Haftungsansprüche nach § 43 Abs. 3 GmbHG in der Praxis vom Insolvenzverwalter in Situationen durchgesetzt werden, in denen sich neben den Gesellschaften auch die Gesellschafter in einer Insolvenz befinden. In diesen Fällen stellt der Freistellungsanspruch des Geschäftsführers gegen den Gesellschafter wegen der Rückerstattung der verbotenen Einlage eine bloße Insolvenzforderung zur Tabelle des Gesellschafters dar und ist – je nach zu erwartender Quote – regelmäßig wertlos.

---

[652] BGH, Urteil v. 1.12.2008, II ZR 102/07 „MPS, NJW 2009, S. 850.

3.2.3 Existenzvernichtender Eingriff

Eine weitere rechtliche Grenze für die Liquiditätstransfers im Rahmen des Cash-Poolings ist das Vorliegen eines existenzvernichtenden Eingriffs. Ein existenzvernichtender Eingriff des Gesellschafters liegt nach der Rspr. des BGH stets dann vor, wenn die Maßnahme ein gezielter, betriebsfremder und kompensationsloser Eingriff in das Vermögen oder die Interessen der Gesellschaft ohne Rücksicht auf deren Fähigkeit zur Bedienung ihrer Verbindlichkeit darstellt und durch diesen Eingriff die Insolvenz der Gesellschaft herbeigeführt wird.[653]

Ein existenzvernichtender Eingriff des Cash-Pool-Führers kommt insb. in Situationen in Betracht, in denen der Cash-Pool-Führer aufgrund der eigenen Bonität den Cash-Pool-Teilnehmern für die transferierte Liquidität keine vollwertige Cash-Pool-Forderung einräumen kann. Unterlässt es der Cash-Pool-Führer in einer solchen Situation, die täglichen Vermögensübertragungen zu unterbinden und kommt es durch den Liquiditätsentzug zur Insolvenz des Cash-Pool-Teilnehmers, liegt ein existenzvernichtender Eingriff vor.[654] In Folge dessen haften neben dem Cash-Pool-Führer auch dessen Geschäftsführer und die Geschäftsführer des Cash-Pool-Teilnehmers als Gehilfen für den durch den Eingriff entstandenen Schaden.[655]

Praxishinweis

Neben der zivilrechtlichen Haftung der Geschäftsführer kann auch eine strafrechtliche Haftung wegen Untreue in Betracht kommen, da der Cash-Pool-Führer eine besondere Vermögensbetreuungspflicht i. S. d. § 266 StGB gegenüber den Cash-Pool-Teilnehmern in Situationen besitzt, in denen der Cash-Pool-Teilnehmer bei Illiquidität bzw. Vermögensverfall des Cash-Pool-Führers die eigenen Verbindlichkeiten nicht mehr erfüllen kann.[656]

Der Cash-Pool-Führer und die beteiligten Geschäftsführer müssen daher, um eine persönliche zivilrechtliche und strafrechtliche Haftung zu vermeiden, auch außerhalb von Unterbilanzsituationen des Cash-Pool-Teilnehmers unter dem Gesichtspunkt des existenzvernichtenden Eingriffs sicherstellen, dass bei Vermögensverfall des Cash-Pool-Führers keine weitere Liquidität von den Cash-Pool-Teilnehmern an den Cash-Pool-Führer abgeführt wird.

Praxishinweis

Nach der Rspr. des BGH liegt in der Unterkapitalisierung eines Cash-Pool-Teilnehmers grds. kein existenzvernichtender Eingriff, da insoweit keine Pflicht des Cash-Pool-Führers besteht, den Cash-Pool-Teilnehmer außerhalb von vereinbarten Kreditlinien mit Kapital („fresh money") zu versorgen.[657] Demzufolge stellt auch der Ausschluss eines Cash-Pool-Teilnehmers aus dem Cash-Pool keinen existenzvernichtenden Eingriff dar.[658]

---

[653] BGH, Urteil v. 16.7.2007, II ZR 3/04 „Trihotel", NJW 2007, S. 2689.
[654] *Baare*, vgl. Literaturhinweise; eine entsprechende Konstellation lag auch der „Bremer Vulkan"-Entscheidung des Bundesgerichtshofs (BGH, Urteil v. 17.9.2001, II ZR 178/99, NJW 2001, S. 3622) zugrunde.
[655] BGH, Urteil v. 16.7.2007, II ZR 3/04 „Trihotel", NJW 2007, S. 2689; *Liebscher*, vgl. Literaturhinweise; *Lutter/Hommelhoff/Lutter/Bayer*, vgl. Literaturhinweise.
[656] *Wabnitz/Janovsky*, vgl. Literaturhinweise; *Terlau/Römermann*, vgl. Literaturhinweise.
[657] BGH, Urteil v. 28.4.2008, II ZR 264/06 „Gamma", NJW 2008, S. 2437; *Heckschen/Heidinger*, vgl. Literaturhinweise.
[658] OLG Köln, Urteil v. 18.12.2008, 18 U 162/06, NJW Spezial 2009. S. 369.

> **Literaturhinweise:** *Baare*, Cash-Pooling und die Haftung der Geschäftsführer im faktischen GmbH-Konzern, S. 157; *Liebscher*, MüKoGmbHG, Anhang: Die GmbH als Konzernbaustein, Rn. 592; *Lutter/Hommelhoff/Lutter/Bayer*, GmbHG § 13, Rn. 44; *Wabnitz/Janovsky*, Handbuch des Wirtschaftsstrafrechts, , 4. Kapitel Allgemeine Grundätze des Wirtschaftsstrafrechts Rn. 103; *Terlau/Römermann*, Münchener Anwaltshandbuch GmbHG-Recht, § 10 Haftung Rn. 168; *Heckschen/Heidinger*, Die GmbH, § 17, Rn. 32c

3.2.4 Zahlungen in Insolvenznähe

Für Krisensituationen der Gesellschaft sieht § 64 GmbHG eine weitere Einschränkung für die Liquiditätstransfers im Cash-Pooling vor. Demnach haftet der Geschäftsführer des Cash-Pool-Teilnehmers für Zahlungen an den Cash-Pool-Führer, die bei einer bestehenden Überschuldung oder Zahlungsunfähigkeit der Gesellschaft vorgenommen wurden (§ 64 S. 1 GmbHG) oder für Zahlungen an den Gesellschafter, die zur Zahlungsunfähigkeit der Gesellschaft führten (§ 64 S. 3 GmbHG). Diese Haftungsnormen bergen bei Fortführung des Cash-Poolings in der Krise große Haftungsrisiken für den einzelnen Geschäftsführer, die nur dadurch vermieden werden können, indem die Liquiditätstransfers unmittelbar nach Kenntniserlangung über Umstände, die das Vorliegen der eigenen insolvenzrechtlichen Überschuldung bzw. Zahlungsunfähigkeit oder die den Ausfall der eigenen Liquiditätsversorgung – insb. bei daraus resultierender eigener Zahlungsunfähigkeit – nahe legen, ausgesetzt bzw. unterlassen werden.

Praxishinweis

> Zur rechtzeitigen Unterbindung der Fortführung von Liquiditätstransfers und damit zur Vermeidung einer persönlichen Haftung sollte der Geschäftsführer des Cash-Pool-Teilnehmers darauf achten, dass das cash-pool-weite Informations- und Frühwarnsystems so ausgestaltet ist, dass eine kurzfristige Reaktionsmöglichkeit des Cash-Pool-Teilnehmers ermöglicht wird.

3.3 Cash-Pooling und Insolvenzrecht

3.3.1 Insolvenzantragspflichten

Die Geschäftsführer einer GmbH sind nach § 15a InsO bei Vorliegen einer insolvenzrechtlichen Überschuldung und/oder Zahlungsunfähigkeit verpflichtet, spätestens innerhalb von drei Wochen einen Insolvenzantrag zu stellen. Wird der Insolvenzvertrag verspätet gestellt, drohen den Geschäftsführern neben zivilrechtlichen Schadensersatzansprüchen der Gläubiger auf Ersatz des sog. Quotenschadens auch strafrechtliche Sanktionen.

3.3.1.1 Zahlungsunfähigkeit

Nach § 17 Abs. 2 S. 1 InsO liegt eine Zahlungsunfähigkeit vor, wenn die Gesellschaft nicht in der Lage ist, ihre fälligen Zahlungsverpflichtungen zu erfüllen. Die Rspr. hat den Tatbestand dahingehend konkretisiert, dass von einer Zahlungsunfähigkeit dann auszugehen ist, wenn innerhalb von drei Wochen eine nicht zu beseitigende Liquiditätslücke von 10 % oder mehr besteht und nicht ausnahmsweise mit an Sicherheit grenzender Wahrscheinlichkeit zu erwarten ist, dass die Liquiditätslücke demnächst vollständig oder fast vollständig geschlossen wird und den Gläubigern ein Zuwarten zuzumuten ist.[659] Für die Beurteilung, ob eine Zahlungsunfähigkeit vorliegt, ist ein Liquiditätsplan aufzustellen, in dem die zum Zeitpunkt der Feststellung fälligen Verbindlichkeiten und die zum Ende des Prognosezeitraums fälligen Verbindlichkeiten den zum Zeitpunkt der Feststellung vorhandenen liquiden Mitteln (z. B. Bankguthaben, offene Kreditlinien) und den bis zum Ende des Prognosezeitraums liquidierbaren Mitteln gegenüberzustellen sind.[660]

Auf der Ebene des Cash-Pool-Teilnehmers können Cash-Pool-Forderungen oder Kreditlinien gegen den Cash-Pool-Führer hierbei als liquide bzw. liquidierbare Mittel berücksichtigt werden, wenn die Ansprüche werthaltig, d. h. kurzfristig – innerhalb der Drei-Wochen-Frist – in der benötigten Höhe liquidierbar sind und die Ansprüche gesichert sind.[661] Eine solche kurzfristige Liquidierbarkeit liegt dann vor, wenn der Cash-Pool als solcher über eine insgesamt ausreichende Liquidität verfügt, um den Cash-Pool-Teilnehmer mit der benötigten Liquidität zu versorgen.[662]

Für die Beurteilung dessen ist eine cash-pool-weite Liquiditätsplanung („Konzerninsolvenzprüfung"[663]) unter Einschluss aller am Cash-Pool teilnehmenden Gesellschaften und unter Berücksichtigung von Leistungsverweigerungs- und Kündigungsrechte des Cash-Pool-Führers maßgeblich.[664]

Praxishinweis

Werden den Cash-Pool-Teilnehmern im Rahmen des Cash-Pool-Vertrags keine Kreditlinien eingeräumt oder auf andere Weise eine Finanzierung zugesagt (z. B. im Rahmen von harten Patronatserklärungen), besitzt der debitorische Cash-Pool-Teilnehmer keinen rechtlich gesicherten Anspruch auf Liquiditätsversorgung. In diesem Fall ist – sofern keine weiteren liquiden oder liquidierbaren Mittel zur Verfügung stehen – regelmäßig von einer Zahlungsunfähigkeit des Cash-Pool-Teilnehmers auszugehen.

Auf Ebene des Cash-Pool-Führers stellt sich die Lage anders dar, da auf Ebene des Cash-Pool-Führers die Liquidität des Cash-Pools zusammengeführt wird und der Cash-Pool-Führer i. d. R. offene Kreditlinien bei Kreditinstituten unterhält, und sich außer den Cash-Pool-Forderungen der Cash-Pool-Teilnehmer und den Forderungen aus Fremdfinanzierungen mangels operativem Geschäfts regelmäßig keinen weiteren Verbindlichkeiten gegenüber Dritten ausgesetzt sieht. Dementsprechend kommt eine Zahlungsunfähigkeit des Cash-Pool-Führers nur dann in Betracht, wenn die Auszahlungsforderungen von Cash-Pool-Teilnehmern innerhalb des Prognosezeitraums den Gesamtbetrag der im Prognosezeitraum insgesamt zur Verfügung stehenden Liquidität übersteigen. Somit ist auch zur Feststellung der Zahlungsunfähigkeit auf Ebene des Cash-Pool-Führers eine cash-pool-weite Liquiditätsplanung („Konzernliquiditätsbilanz") unter Einschluss aller teilnehmenden Gesellschaften maßgeblich.[665]

---

[659] BGH, Urteil v. 9.10.2012, II ZR 298/11, Rn. 8, GmbHR 2013, S. 31.
[660] BGH, Urteil v. 24.5.2005, IX ZR 123/04, Rn. 11, NJW 2005, S. 3062; *Braun/Bußhardt*, vgl. Literaturhinweise, Rn. 9.
[661] *Göcke/Rittscher*, vgl. Literaturhinweise.
[662] *Göcke/Rittscher*, vgl. Literaturhinweise; *Braun/Bußhardt*, vgl. Literaturhinweise, Rn. 29, *Kirchhof*, vgl. Literaturhinweise.
[663] *Göcke/Rittscher*, vgl. Literaturhinweise.
[664] *Kütting/Eichenlaub*, vgl. Literaturhinweise; *Solmecke*, vgl. Literaturhinweise; *Frystatzki*, vgl. Literaturhinweise.
[665] *Rittscher*, vgl. Literaturhinweise; *Frystatzki*, vgl. Literaturhinweise.

> **Literaturhinweise:** *Braun/Bußhardt*, InsO § 17, Rn. 9, Rn. 29; *Göcke/Rittscher*, DZWIR 2012, S. 355, S. 358; *Kirchhof*, HK-InsO, InsO § 17, Rn. 16, 19; *Kütting/Eichenlaub*, GmbHR 2014, S. 169, S. 174; *Solmecke*, Entwurf des IDW Standards (IDW ES 11), DStR-Beih. 2014, S. 71, S. 76, Rn. 48; *Frystatzki*, NZI 2014, S. 840, S. 844; *Rittscher*, Cash-Management-Systeme in der Insolvenz, S. 72

3.3.1.2 Überschuldung

Eine insolvenzrechtliche Überschuldung i. S. d. § 19 Abs. 2 InsO ist gegeben, wenn das Vermögen der Gesellschaft die bestehenden Verbindlichkeit nicht mehr deckt, es sei denn, die Fortführung des Unternehmens ist nach den Umständen überwiegend wahrscheinlich. Es bestehen somit für das Vorliegen einer insolvenzrechtlichen Überschuldung zwei Voraussetzungen, die beide kumulativ vorliegen müssen: zum einen die Überschuldung an sich und zum anderen eine sog. positive Fortführungsprognose.

Hierbei ist die Sicherung der Liquiditätsversorgung durch das Cash-Pooling insb. für das Vorliegen einer positiven Fortführungsprognose von besonderer Relevanz. Eine sog. positive Fortführungsprognose liegt vor, wenn subjektiv der Wille zur Fortführung des Unternehmens vorliegt und sich die Überlebensfähigkeit der Gesellschaft anhand eines Ertrags- und Finanzplans sowie anhand eines schlüssigen und realisierbaren Unternehmenskonzeptes ergibt,[666] die Überlebensfähigkeit der Gesellschaft somit überwiegend wahrscheinlich ist.

Aufgrund der Auswirkung des täglichen Liquiditätstransfers im Rahmen des Cash-Poolings auf den Finanzplan, bedarf es neben der isolierten Betrachtung des Finanzplans der Gesellschaft auch einer Betrachtung des Finanzplans aller in den Cash-Pool einbezogener Gesellschaften.[667]

Insofern gilt auch hier, dass eine negative Zahlungsfähigkeitsprognose auf der Ebene des Cash-Pool-Teilnehmers immer dann ausgeschlossen ist, wenn die Ansprüche gegen den Cash-Pool-Führer auf Liquiditätsversorgung der Höhe nach ausreichen, um die im Prognosezeitraum fälligen Verbindlichkeiten zu tilgen sowie die Liquiditätsversorgung durch den Cash-Pool-Führer gesichert ist.[668]

Auf der Ebene des Cash-Pool-Führers liegt eine positive Zahlungsfähigkeitsprognose regelmäßig dann vor, wenn die Liquiditätszu- und -abflüsse aller in den Cash-Pool einbezogener Gesellschaften im Prognosezeitraum ausreichen, um die dann fälligen Verbindlichkeiten zu tilgen.[669]

---

[666] BGH, Urteil v 18.10.2010, II ZR 151/09 „Fleischgroßhandel", Rn. 13, GmbHR 2011, S. 25; BGH, Beschluss v. 9.10.2006, II ZR 303/05, Rn. 3, NZI 2007, S. 44.
[667] *Kütting/Eichenlaub*, vgl. Literaturhinweis.
[668] *Kütting/Eichenlaub*, vgl. Literaturhinweis.
[669] *Kütting/Eichenlaub*, vgl. Literaturhinweis.

Praxishinweis

Um die Strafbarkeit bzw. eine persönlichen Haftung der Geschäftsführer zu vermeiden, sollte darauf geachtet werden, dass das für alle konzerninternen Teilnehmer am Cash-Pooling zugänglich zu machende Informations- und Frühwarnsystem auch Informationen über die cashpool-weite Liquiditätsplanung enthält. Aufgrund der vorgegebenen 3-Wochen-Frist sollte zumindest in der Krise des Cash-Pools zum Erhalt von Reaktionsmöglichkeiten der Aktualisierungsintervall für die Liquiditätsplanung und das Informations- und Frühwarnsystem max. 2 Wochen betragen.

Literaturhinweis: *Kütting/Eichenlaub*, GmbHR 2014, S. 169, S. 176

3.3.2 Insolvenzanfechtung

Ein weiteres Risiko für den Cash-Pool-Führer und damit mittelbar für den gesamten Cash-Pool kann sich aus einer Insolvenz eines Cash-Pool-Teilnehmers und anschließender Anfechtung der Up-Stream-Darlehen ergeben. Die Gewährung von Cash-Pool-Zahlungen debitorischer Cash-Pool-Teilnehmer an den Cash-Pool-Führer und die anschließende Verrechnung im Kontokorrent stellen insolvenzrechtlich anfechtbare Rechtshandlungen dar und können nach § 135 InsO durch den Insolvenzverwalter angefochten werden.[670]

§ 135 InsO unterscheidet insoweit zwei Fälle in Bezug auf die Forderung eines Gesellschafters auf Rückgewähr eines (nachrangigen) Darlehens i. S. d. § 39 Abs. 1 Nr. 5 InsO. Nach dem ersten Fall (§ 135 Abs. 1 Nr. 1 InsO) sind Rechtshandlungen anfechtbar, die für solche Forderungen dem Gesellschafter innerhalb der letzten zehn Jahre vor dem Antrag auf Eröffnung oder nach diesem Antrag Sicherung gewährt haben. Der zweite Fall (§ 135 Abs. 1 Nr. 2 InsO) betrifft die Anfechtbarkeit von Rechtshandlungen, durch die dem Gesellschafter für solche Forderungen im letzten Jahr vor dem Eröffnungsantrag oder nach diesem Antrag Befriedigung gewährt wurde.

Die Frage, ob Cash-Pool-Zahlungen debitorischer Cash-Pool-Teilnehmer als die Gewährung einer Sicherung oder als die Befriedigung einer Forderung anzusehen sind, ist in der Literatur umstritten und bislang noch nicht durch die Rspr. geklärt. Zur Vermeidung der Qualifikation des Liquiditätstransfers als die Gewährung einer Sicherung sollte daher das Cash-Pool-System so gestaltet sein und die Liquiditätstransfers buchhalterisch so erfasst werden, dass den Liquiditätstransfers von einem debitorischen Cash-Pool-Teilnehmers Tilgungswirkung im Hinblick auf die Cash-Pool-Forderungen des Cash-Pool-Führers zukommt und damit als Fall des § 135 Abs. 1 Nr. 2 InsO „lediglich" einem Anfechtungszeitraum von einem Jahr unterfallen.

Nachdem der BGH die Anwendung des Bargeschäftsprivilegs auf die Rückzahlung von Up-Stream-Darlehen mangels gleichwertiger Gegenleistung abgelehnt hat,[671] stellt sich die Frage nach den Rechtsfolgen einer Anfechtung der Liquiditätstransfers. Nach § 143 Abs. 1 InsO sind grds. sämtliche an den Cash-Pool-Führer vorgenommenen Liquiditätstransfers an den Cash-Pool-Führer von diesem an den insolventen Cash-Pool-Teilnehmer zurück zu gewähren. Die

---

[670] Betrachtet man die Gewährung des Liquiditätstransfers noch nicht als Befriedigungshandlung, sondern vielmehr die Verrechnung im Kontokorrent als Befriedigungshandlung, so bedarf es keiner gesonderten Anfechtung durch den Insolvenzverwalter. Die Verrechnungen wären nach § 96 Abs. 1 Nr. 3 InsO unwirksam, da die Aufrechnungslage im Cash-Pool durch eine nach § 135 Abs. 1 InsO anfechtbare Rechtshandlung geschaffen worden wäre.
[671] BGH, Urteil v. 7.3.2013, IX ZR 7/12, Rn. 27, MDR 2013, S. 678; *Kleindiek*, vgl. Literaturhinweise; *Schröder*, vgl. Literaturhinweis; a. A. *Schubmann*, vgl. Literaturhinweise.

Cash-Pool-Forderungen des Cash-Pool-Führers, die sich in dem Anfechtungszeitraum mangels wirksamer Verrechnung oder Tilgung aufsummieren, wären dann als nach § 39 Abs. 1 Nr. 1 InsO nachrangige Insolvenzforderungen zur Tabelle anzumelden.

Dieses Ergebnis erscheint im Hinblick auf den wirtschaftlichen Zusammenhang der gegenseitigen Liquiditätstransfers nicht gerechtfertigt, da insoweit die mit dem Cash-Pooling bezweckte Liquiditätsversorgung schon von ihrem Wesen her gerade nicht als isoliert zu behandelnde Gesellschafterfinanzierungen zu betrachten ist. Getrieben von diesem Gedanken hat die Literatur versucht, verschiedene Lösungsansätze zu entwickeln und die Summe der anfechtbaren Liquiditätstransfers zu begrenzen. Während einzelne Stimmen in der Literatur eine solche Begrenzung ablehnen, stellen andere Stimmen in der Literatur auf den maximal mit dem Cash-Pool-Teilnehmer vereinbarten Finanzierungsbetrag (Kreditlinien)[672] ab bzw. wollen den Rückforderungsbetrag auf dem maximal ausgereichten Finanzierungsbetrag begrenzen.[673] Eine höchstrichterliche Klärung dieser Frage steht aktuell noch aus, allerdings steht zu hoffen,[674] dass der BGH seine jüngere Rspr. zu „echten" Kontokorrentkrediten[675] auch auf das Cash-Pooling überträgt und die anfechtbaren Zahlungen auf den höchsten zurückgeführten Stand der Cash-Pool-Forderungen beschränkt. Bis zu einer klärenden Rspr. ist in der Praxis allerdings aus Risikogesichtspunkten zu empfehlen, von keiner Begrenzung der anfechtbaren Liquiditätstransfers auszugehen.

Praxishinweis

Selbst bei einer entsprechenden Ausgestaltung des Cash-Pool-Systems bzw. des Cash-Pool-Vertrags durch Festlegung von Tilgungsbestimmungen und Kreditobergrenzen können die aus einer Insolvenz eines Cash-Pool-Teilnehmers erwachsenden Risiken nicht vollends ausgeschlossen werden. Je nach Höhe der an den insolventen Cash-Pool-Teilnehmer zurückzuzahlenden Liquiditätstransfers können diese zu einer Ketteninsolvenz des gesamten Cash-Pools führen. Soll eine solche Ketteninsolvenz vermieden werden, empfiehlt es sich zum einen eine entsprechende Kapitalreserve im Konzern aufzubauen, um die aus der Insolvenz eines Cash-Pool-Teilnehmers für den Cash-Pool-Teilnehmer entstehende finanzielle Belastung zu kompensieren[676] und zum anderen, debitorische Cash-Pool-Teilnehmer bei den ersten Anzeichen existenzvernichtender Krisen aus dem Cash-Pool auszuschließen, um so die Summe der anfechtbaren Liquiditätstransfers zu verringern.

Literaturhinweise: *Kleindiek*, in: HK-InsO, InsO § 135, Rn. 41; *Schröder* in: Hamburger Kommentar zum Insolvenzrecht, § 135, Rn. 35; *Schubmann*, GmbHR 2014, S. 519; *Zahrte*, NZI 2010, S. 596 ff.; *Willemsen/Rechel*, BB 2009, S. 2215 ff.; *Göcke/Rittscher*, DZWIR 2012, S. 355 ff.; *Kleindiek* in: Heidelberger Kommentar zum Insolvenzrecht, InsO § 135, Rn. 40.; *Tuyet*, Die Unwirksamkeit von Aufrechnungen im Cash-Pool bei Insolvenz einer Tochtergesellschaft, S. 91; *Erne*, GWR 2010, S. 314 ff.

---

[672] *Zahrte*, vgl. Literaturhinweis; a. A. *Willemsen/Rechel*, vgl. Literaturhinweise.
[673] *Göcke/Rittscher*, vgl. Literaturhinweise.
[674] *Kleindiek* in Heidelberger Kommentar zum Insolvenzrecht, vgl. Literaturhinweise.
[675] BGH, Urteil v. 7.3.2013, IX ZR 7/12, Rn. 16, MDR 2013, S. 678; BGH, Urteil v. 4.7.2014, IX ZR 229/12, Rn. 33, GmbHR 2013, S. 1034; BGH, Beschluss v. 16.1.2014, XI ZR 116/13, Rn. 2, GmbHR 2014, S. 476.
[676] *Tuyet*, , vgl. Literaturhinweis.

4 Fazit/Handlungsempfehlung

Auch wenn die Einführung eines Cash-Pooling-Systems auf den ersten Blick ökonomisch sinnvoll und von der buchhalterischen und bankseitigen Umsetzung simpel erscheint, können aus den gesetzlichen Vorgaben und Regelungen eine persönliche zivilrechtliche und strafrechtliche Haftung der beteiligten Geschäftsleiter resultieren und im Falle der Insolvenz eines Cash-Pool-Teilnehmers den Fortbestand des Cash-Pool-Führers und der weiteren Cash-Pool-Teilnehmer bedrohen. Zur Vermeidung dieser Risiken empfiehlt es sich, bei der Einführung und Betrieb von Cash-Poolsystemen einen dem Risiko angemessene Vertragsdokumentation anzufertigen, die u. a. die Einführung und Pflege eines Informations-, Frühwarn- und Reaktionssystems, die Festlegung von Tilgungsbestimmungen, von Kreditlinien sowie Kündigungs- und Aussetzungsmöglichkeiten regelt und im Hinblick auf die Kapitalerbringung ein ordnungsgemäßes Hin- und Herzahlen zulässt.

H Änderungen im Rahmen der strafbefreienden Selbstanzeige

1 Einleitung

Mit dem Gesetz zur Änderung der Abgabenordnung und des Einführungsgesetzes zur Abgabenordnung[677] (AOÄndG) wurden die Voraussetzungen einer strafbefreienden Selbstanzeige, wenn auch nicht neu geregelt, so doch angepasst. Das führt insgesamt zu einer Verschärfung der Tatbestandsvoraussetzungen der steuerlichen Selbstanzeige, vor allem im Bereich der ESt. Erleichterungen hingegen wurden aufgenommen mit Blick auf die LSt und USt.

In diesem Zusammenhang wurden sowohl allgemeine verfahrensrechtliche Regelungen angepasst, als auch der Bereich des Steuerstrafrechts (§§ 370 ff. AO) erheblichen Änderungen unterzogen.

Im Jahr 2011 hat der Gesetzgeber durch das Gesetz zur Verbesserung der Bekämpfung der Geldwäsche und Steuerhinterziehung (Schwarzgeldbekämpfungsgesetz) vom 28.4.2011[678] bestimmt, dass nur noch bis zu einem Hinterziehungsbetrag von 50.000 € eine strafbefreiende Selbstanzeige möglich ist. Bei höheren Hinterziehungsbeträgen bleibt es bei der Strafbarkeit, jedoch wird die Steuerhinterziehung unter den Voraussetzungen des neu eingeführten § 398a AO nicht mehr verfolgt.

Das AOÄndG sieht eine Absenkung der 50.000-Euro-Grenze auf 25.000 € vor. Künftig ist eine strafbefreiende Selbstanzeige nach § 371 AO grds. nur noch bis zu diesem Betrag möglich. Daneben sieht das AOÄndG weitere Verschärfungen der Voraussetzungen sowohl für die strafbefreiende Selbstanzeige als auch für das Absehen von Verfolgung in besonderen Fällen nach § 398a AO vor. Hervorzuheben ist die vorgesehene generelle Ausdehnung des Berichtigungszeitraums auf 10 Jahre für eine wirksame Selbstanzeige. Bisher besteht diese Verpflichtung nur in Fällen einer besonders schweren Steuerhinterziehung.

Hinsichtlich der besonderen Problematik der USt-Voranmeldungen als auch der LSt-Anmeldungen enthält das AOÄndG Sonderregelungen, die im Interesse der Rechtssicherheit erforderlich sind. Darüber hinaus werden die Sperrgründe für die Abgabe einer strafbefreienden Selbstanzeige angepasst und erweitert.

Ergänzend zu den strafrechtlichen Vorschriften wird eine Verlängerung der Anlaufhemmung bei der steuerrechtlichen Festsetzungsverjährung eingeführt, für den Fall, dass Kapitalerträge aus Drittstaaten stammen, die nicht am automatischen Datenaustauschverfahren teilnehmen.

Die Änderungen durch das AOÄndG sind zum 1.1.2015 in Kraft getreten.

---

[677] BGBl I 2014, S. 2415.
[678] BGBl I 2011, S. 676.

2 Änderungen im Bereich des steuerlichen Verfahrensrechts

2.1 Neuerungen bei der Anlaufhemmung, § 170 AO

Mit der Neuregelung des § 170 Abs. 6 AO wird ein neuer Tatbestand der Anlaufhemmung eingefügt. Der bisherige § 170 Abs. 6 AO, der die Festsetzungsfrist für die Wechselsteuer regelt, wird gestrichen. Die Wechselsteuer wurde im Zuge der Einführung des Binnenmarktes in Deutschland zum 1.1.1992 abgeschafft.

Die Festsetzungsfrist für die Steuer auf Kapitalerträge, die

- aus Staaten oder Territorien stammen, die nicht Mitglieder der Europäischen Union oder der Europäischen Freihandelsassoziation sind, und

- mit denen kein automatischer Informationsaustausch auf Basis eines völkerrechtlichen Vertrags i. S. d. § 2 Abs. 1 AO besteht,

beginnt nach § 170 Abs. 6 AO frühestens mit Ablauf des Kalenderjahres, in dem diese Kapitalerträge der Finanzbehörde durch Erklärung des Steuerpflichtigen oder in sonstiger Weise bekannt geworden sind, spätestens jedoch 10 Jahre nach Ablauf des Kalenderjahres, in dem die Steuer entstanden ist.

Der neue § 170 Abs. 6 AO geht als „lex specialis" dem § 170 Abs. 1 und 2 AO vor, der allgemein den Beginn der steuerlichen Festsetzungsfrist regelt. § 170 Abs. 6 AO soll gewährleisten, dass für bestimmte ausländische Kapitalerträge, die den deutschen Finanzbehörden nicht durch Erklärung des Steuerpflichtigen oder in sonstiger Weise bekannt geworden sind, diese zukünftig zutreffend besteuert werden können. Dies soll dadurch erreicht werden, dass die bislang geltenden Verjährungsfristen durch ihren späteren Beginn deutlich hinausgeschoben werden.

Im Ergebnis wird damit die Festsetzungsverjährung für Fälle der Steuerhinterziehung bezogen auf ausländische Kapitalerträge auf 20 Jahre verlängert.

Praxishinweis

Aufgrund der vorgesehenen Anlaufhemmung kann es zu Steuernachforderungen für bis zu 20 Jahre kommen. Dies dürfte gerade Fälle einer Selbstanzeige nach langjähriger Steuerhinterziehung betreffen. Die Nachforderungen für mehr als 10 Jahre zurückliegende Steuerhinterziehungen dürften nicht in die gem. § 371 Abs. 3 AO als Voraussetzung der Straffreiheit zu leistende Nachzahlung einfließen und sollten sich auch nicht auf den gem. § 398a AO zu zahlenden Betrag auswirken.[679] Gleichwohl wird dadurch die Selbstanzeige nochmals teurer, sodass dies bei einer Entscheidung über die Abgabe einer Selbstanzeige mit zu bedenken wäre.

---

[679] *Habammer/Pflaum*, vgl. Literaturhinweise, DStR 2014, S. 2271.

Praxishinweis

- Da die Voraussetzungen kumulativ vorliegen müssen[680] fallen Steuern auf Kapitalerträge aus der Schweiz nicht unter diesen Tatbestand, da die Schweiz Mitglied der Europäischen Freihandelsassoziation ist.

  Unbestimmt und damit auslegungsbedürftig sind die Begriffe „Steuer, die auf Kapitalerträge entfällt" und „stammen". Auch der Bericht des Finanzausschusses vom 3.12.2014 vermag diese Ungenauigkeit nicht zu beseitigen. Danach sind unter dem Begriff der Kapitalerträge des neuen § 170 Abs. 6 AO alle Erträge i. S. d. § 43 EStG zu verstehen, unabhängig von der Zuordnung zu einer bestimmten Einkunftsart. Demnach würden z. B. auch Kapitalerträge, die von einer juristischen Person erzielt werden, unter § 170 Abs. 6 AO fallen – unabhängig von der Tatsache, dass sie gegebenenfalls als gewerbliche Einkünfte qualifiziert werden.[681]

  Darüber hinaus werden auch bereits Zweifel an der Europarechtskonformität der Regelung angeführt.[682]

- Nach dem Wortlaut des § 170 Abs. 6 AO gilt die verlängerte Anlaufhemmung nur für die Steuer, die auf Kapitalerträge aus Steueroasen entfällt, sodass von einer punktuellen Anlaufhemmung auszugehen wäre. Die hinausgeschobene Festsetzungsfrist könnte dann nur für Änderungen im Zusammenhang mit den nämlichen Kapitalerträgen genutzt werden.[683] Im Übrigen käme es zu einer, von der Rspr. bereits für andere Konstellationen anerkannten, Teil-Festsetzungsverjährung.[684]

Nach Art. 2 des AOÄndG gilt der neue § 170 Abs. 6 AO für alle nach dem 31.12.2014 beginnenden Festsetzungsfristen.[685]

Praxishinweis

Da Stichtag der 1.1.2015 ist (Inkrafttreten der Änderungen) und die Festsetzungsfrist mit Ablauf eines Kalenderjahres, nicht mit dem Jahresanfang beginnt, kann die Regelung erstmals für den VZ 2015 greifen.[686]

Nach dem Wortlaut des Art. 97 § 10 Abs.13 EGAO ist die Norm des § 170 Abs. 6 AO schlicht nur für die Zukunft anwendbar, jedoch nicht für die Vergangenheit. Angesichts der Intention der Änderungen zur Selbstanzeige ist dies kaum nachvollziehbar. Es drängt sich daher auf, die Neuregelung auf alle Fälle anzuwenden, die zur Zeit des Inkrafttretens (31.12.2014) noch nicht verjährt waren.[687]

Literaturhinweise: *Habammer/Pflaum*, DStR 2014, S. 2267 ff.; *Neuendorf*, DStZ 2014, S. 791 ff.; *Talaska*, Stbg 2014, S. 462 ff.; *Dr. Joecks*, DStR 2014, S. 2261 f.

---

[680] *Neuendorf*, vgl. Literaturhinweise.
[681] Bericht des Finanzausschusses v. 3.12.2014, BT-Drucks. 18/3439.
[682] *Talaska*, vgl. Literaturhinweise.
[683] *Habammer/Pflaum*, vgl. Literaturhinweise, DStR 2014, S. 2272.
[684] *Habammer/Pflaum*, vgl. Literaturhinweise, DStR 2014, S. 2272.
[685] Art. 97 § 10 Abs.13 i. d. F. des RegE, BT-Drs. 18/3018
[686] *Dr. Joecks*, vgl. Literaturhinweise.
[687] *Dr. Joecks*, vgl. Literaturhinweise.

2.2 Änderungen im steuerlichen Strafverfahren

2.2.1 Vollständigkeitsgebot und Berichtigungsverbund, § 371 Abs. 1 AO

Die Anforderungen an eine wirksame Selbstanzeige werden durch die Neuregelung des § 371 Abs. 1 AO nochmals verschärft.

Nach § 376 Abs. 1 AO können Fälle besonders schwerer Steuerhinterziehung über einen Zeitraum von 10 Jahren strafrechtlich geahndet werden. In allen anderen Fällen tritt die Strafverfolgungsverjährung nach § 78 Abs. 3 Nr. 4 StGB fünf Jahre nach der Tatbeendigung ein.

Die steuerliche Festsetzungsfrist beträgt hingegen sowohl für Fälle besonders schwerer Steuerhinterziehung als auch bei einfacher Steuerhinterziehung nach § 169 Abs. 2 S. 2 AO 10 Jahre. Da der Steuerpflichtige bislang nach § 371 Abs. 1 AO nur verpflichtet war, hinsichtlich der strafrechtlich noch nicht verjährten Taten unrichtige Angaben zu berichtigen, unvollständige Angaben zu ergänzen oder unterlassene Angaben nachzuholen, musste das FA in Fällen einfacher Steuerhinterziehung für die steuerlich noch offenen Altjahre ggf. schätzen.

Die vorgesehene Änderung des § 371 Abs. 1 AO sieht weiterhin eine Korrektur in „vollem Umfang" vor. Die Wirksamkeit der Selbstanzeige wird davon abhängig gemacht, dass

- gegenüber der Finanzbehörde
- zu allen Steuerstraftaten einer Steuerart
- in vollem Umfang

die unrichtigen Angaben berichtigt, die unvollständigen Angaben ergänzt oder unterlassenen Angaben nachgeholt werden.

Neu angefügt wurde ein S. 2, wonach die Angaben zu allen

- unverjährten Steuerstraftaten
- einer Steuerart,

mindestens aber zu allen Steuerstraftaten einer Steuerart innerhalb der letzten zehn Kalenderjahre zu erfolgen haben.

Für die Selbstanzeige bedeutet die Verlängerung der Berichtigungspflicht auf mindestens 10 Kalenderjahre für alle Fälle der Steuerhinterziehung, dass auch in Fällen der einfachen Steuerhinterziehung für 10 Jahre rückwirkend die hinterzogenen Steuern nacherklärt werden müssen, unabhängig davon, ob bereits Strafverfolgungsverjährung eingetreten ist. Die Finanzbehörde erhält damit zukünftig die Angaben des Steuerpflichtigen auch für die Jahre, die sie bislang schätzen musste.

Bei bereits eingetretenen Steuerverkürzungen oder bereits erlangten Steuervorteilen korrespondiert mit dem Umfang der Erklärungspflicht der Umfang der Nachversteuerung. Daraus folgt, dass auch bei einfacher Steuerhinterziehung für 10 Jahre Steuern nachzuzahlen sind.[688]

Ausgangspunkt für die Berechnung der fiktiven Frist von 10 Jahren ist die Abgabe der Selbstanzeige. Die Berichtigungspflicht besteht für alle Steuerstraftaten einer Steuerart für die zurückliegenden 10 Kalenderjahre.

---

[688] Bericht des Finanzausschusses v. 3.12.2014, BT-Drucks. 18/3439.

Es sind allerdings auch Fallkonstellationen möglich in denen aufgrund einer Selbstanzeige für mehr als 10 Jahre Steuern nachzuzahlen sind, da die steuerliche Festsetzungsverjährung noch nicht eingetreten ist. Folgt man der Gesetzesbegründung, dass es sich um eine feste fiktive Frist von 10 Kalenderjahren handelt, sind für eine wirksame Selbstanzeige jedoch unabhängig von der steuerlichen Festsetzungsfrist „nur" Angaben innerhalb der letzten 10 Kalenderjahre zu machen.

Beispiel

Ein Steuerpflichtiger gibt für die VZ 2003 bis 2013 jeweils zum 1.5. des Folgejahres eine ESt-Erklärung ab. In den Erklärungen verschweigt er vorsätzlich Einkünfte, die zu einer Steuerverkürzung pro Jahr von 32.000 € führen. Die jeweiligen Steuerbescheide werden ihm am 1.7. des Folgejahres bekannt gegeben. Am 1.3.2015 gibt er eine Selbstanzeige ab.

Im Veranlagungsverfahren ist für den VZ 2003 am 31.12.2014 Festsetzungsverjährung eingetreten. Korrigiert werden im Veranlagungsverfahren die VZ 2004 bis 2013. Da das Merkmal des besonders schweren Falls einer Steuerhinterziehung nicht erfüllt ist, liegt jeweils eine einfache Steuerhinterziehung vor. Für die Steuerhinterziehung des VZ 2008 endet die strafrechtliche Verjährungsfrist am 30.6.2014. Zum Zeitpunkt der Selbstanzeige sind strafrechtlich noch verfolgbar die VZ 2009 bis 2013.

Um eine wirksame Selbstanzeige zu ermöglichen, müssen nunmehr zusätzlich zu den strafrechtlich noch nicht verjährten auch die strafrechtlich verjährten (einfachen) Steuerhinterziehungen zwingend erklärt werden. Da nach der Gesetzesbegründung Ausgangspunkt für die Berechnung der festen fiktiven Frist die Abgabe der Selbstanzeige ist, wären im Rahmen der Selbstanzeige Angaben ab 2005 zu machen. Für den VZ 2004, für den Festsetzungsverjährung noch nicht eingetreten ist, wären keine Angaben erforderlich.

Praxishinweis

Ob diese Wirkung – Unabhängigkeit des Berichtigungsverbundes von der steuerlichen Festsetzungsfrist – vom Gesetzgeber tatsächlich gewollt war, ist angesichts der weiteren Begründung zum Zweck der Ausweitung des Berichtigungsverbundes, Angaben auch für Jahre zu erhalten, die die Finanzverwaltung bislang schätzen musste, fraglich.

Insoweit empfiehlt sich im Rahmen einer Selbstanzeige aus Vorsichtsgründen Angaben zu allen Steuerstraftaten einer Steuerart für alle steuerlich noch nicht festsetzungsverjährten Veranlagungszeiträume zu machen. Dies können im Einzelfall auch mehr als 10 Jahre sein.

2.2.2 Verschärfung der Sperrgründe, § 371 Abs. 2 AO

Durch § 371 Abs. 2 AO werden die Sperrgründe erneut verschärft und von bisher fünf auf acht Sperrgründe erweitert.

2.2.2.1 Anordnung der Außenprüfung, § 371 Abs. 2 Nr. 1 Buchst. a, c AO

Straffreiheit tritt nach § 371 Abs. 2 Nr. 1 Buchst. a AO nicht ein, wenn dem an der Tat Beteiligten, seinem Vertreter, dem Begünstigten i. S. d. § 370 Abs. 1 AO oder dessen Vertreter eine Prüfungsanordnung nach § 196 AO bekannt gegeben worden ist, beschränkt auf den sachlichen und zeitlichen Umfang der angekündigten Außenprüfung.

Durch das Ersetzen des bisherigen Begriffs des „Täters" durch den Begriff des „an der Tat Beteiligten" erstreckt sich zukünftig die Sperrwirkung des § 371 Abs. 2 S. 1 Nr. 1 Buchst. a AO auch auf Anstifter und Gehilfen. Wenn z. B. einem Täter einer Steuerhinterziehung die Prüfungsanordnung nach § 196 AO für eine steuerliche Außenprüfung bekannt gegeben worden ist, kann zukünftig der Anstifter zu der Steuerhinterziehung nicht mehr eine Selbstanzeige mit strafbefreiender Wirkung abgeben. Vielmehr ist auch für ihn die Selbstanzeige gesperrt.

Nach der bis zum 31.12.2014 geltenden Rechtslage entfaltete die Bekanntgabe einer Prüfungsanordnung in personeller Hinsicht nur eine beschränkte Sperrwirkung, nämlich gegenüber dem Täter oder seinem Vertreter. Mit der Aufnahme der Begriffe des „an der Tat Beteiligten" und des „Begünstigten" i. S. d. § 370 Abs. 1 AO wird eine Regelungslücke geschlossen.

In der Vergangenheit sind in der Praxis Fälle aufgetreten, in denen ein Mitarbeiter zugunsten des Unternehmens eine Steuerhinterziehung begangen hat. Der Mitarbeiter ist damit ein an der Tat Beteiligter. Nachdem der Mitarbeiter aus dem Unternehmen ausgeschieden ist, wird dem Unternehmen eine Prüfungsanordnung nach § 196 AO bekannt gegeben. Bislang hat die Bekanntgabe der Prüfungsanordnung an das Unternehmen keine Auswirkungen auf die Möglichkeit der Abgabe einer Selbstanzeige durch den ehemaligen Mitarbeiter. Dieser konnte eine Selbstanzeige abgeben, obwohl er ein an der Tat Beteiligter war und dem Unternehmen bereits die Prüfungsanordnung bekannt gegeben wurde. Nunmehr wird gesetzlich festgelegt, dass die Sperrwirkung des § 371 Abs. 2 S. 1 Nr. 1 Buchst. a AO auch für den an der Tat Beteiligten, also auch für den Mitarbeiter gilt, der nicht selbst Adressat der Prüfungsanordnung ist. Es ist nicht notwendig, dass der an der Tat Beteiligte von der Prüfungsanordnung Kenntnis erhalten muss. Ziel ist es, das ein an der Tat Beteiligter nicht vom Auseinanderfallen zwischen Tatbeteiligten und Begünstigten der Steuerhinterziehung profitiert.

2.2.2.2 Bekanntgabe der Verfahrenseinleitung, § 371 Abs. 2 S. 1 Nr. 1 Buchst. b AO

Durch das Ersetzen des bisherigen Begriffs des „Täters" durch den Begriff des „an der Tat Beteiligten" erstreckt sich zukünftig die Sperrwirkung der Einleitung eines Straf- oder Bußgeldverfahrens auch auf Anstifter und Gehilfen. Nach dem Wortlaut der bisherigen Vorschrift galt die Sperrwirkung bislang nur für den Täter oder seinen Vertreter. Zukünftig kann ein Gehilfe der Steuerhinterziehung keine Selbstanzeige mehr abgeben, wenn die Einleitung eines Straf- oder Bußgeldverfahrens dem Täter bekannt gegeben worden ist.

Praxishinweis

→ Nach der Begründung des Gesetzesentwurfs soll mit der Bekanntgabe der Verfahrenseinleitung gegenüber Täter auch die Selbstanzeige für die weiteren Tatbeteiligten gesperrt sein. Dies würde zu einer erheblichen Unsicherheit bei der Beurteilung, ob noch eine strafbefreiende Selbstanzeige mangels Vorliegen eines Sperrgrundes möglich ist, führen.

Die Verfahrenseinleitung ist eine täterbezogene Maßnahme, keine tatbezogene, sodass die durch die Änderung des § 371 Abs. 2 S. 1 Nr. 1 Buchst. b AO bemühte Sperrwirkung kaum eintreten wird, es sei denn es liegt zugleich der Sperrgrund der Tatendeckung vor.[689] Es muss nämlich nach dem Wortlaut „dem" an der Tat Beteiligten die Verfahrenseinleitung bekannt gegeben werden.[690] Soll die von der Gesetzesbegründung gezogene Rechtsfolge wirklich gewollt sein, müsste von „einem" an der Tat Beteiligten gesprochen werden.[691] Die Praxis wird zeigen, wie mit dieser Schwäche in der Formulierung umgegangen werden wird.

Literaturhinweis: *Dr. Joecks*, DStR, 2014, S. 2261 ff.

2.2.2.3 Erscheinen eines Amtsträgers zur Ermittlung einer Steuerstraftat, § 371 Abs. 2 S. 1 Nr. 1 Buchst d AO – neu –

Der bisherige Sperrgrund des Erscheinens eines Amtsträgers der Finanzbehörde zur Ermittlung einer Steuerstraftat oder einer Ordnungswidrigkeit wird in den neuen § 371 Abs. 2 S. 1 Nr. 1 Buchst. d AO verschoben. Es handelt sich um eine redaktionelle Änderung im Zusammenhang mit der Einführung des § 371 Abs. 2 S. 2 AO.

Im Gegensatz zur alten Fassung des Sperrgrundes „Erscheinen eines Amtsträgers", welcher von einem „Amtsträger der Finanzbehörde" sprach, enthält § 371 Abs. 2 S. 1 Nr. 1 Buchst. d AO nur noch den Begriff „Amtsträger". Zum Hintergrund der Neufassung teilte das BMF dem Finanzausschuss des Bundestages mit, dass in Steuerstraftaten nicht nur Amtsträger der Finanzbehörde, sondern auch ggf. Amtsträger anderer Behörden, z. B. der Staatsanwaltschaft oder der Polizei, ermitteln. Dies wurde mit der Neuregelung lediglich klargestellt, da im Erscheinen der Polizei oder des Staatsanwalts zur Überprüfung des Anfangsverdachts einer Steuerstraftat i. d. R. die Bekanntgabe der Einleitung eines Ermittlungsverfahrens liege.[692]

2.2.2.4 Umsatzsteuer- und Lohnsteuernachschau, § 371 Abs. 2 S. 1 Nr. 1 Buchst. e AO – neu –

Die Sperrgründe nach § 371 Abs. 2 S. 1 Nr. 1 AO werden um einen neuen Buchstaben e erweitert. Es wird gesetzlich festgelegt, dass eine strafbefreiende Selbstanzeige in der Zeit nicht möglich ist, in der ein Amtsträger der Finanzbehörde zur USt-Nachschau, LSt-Nachschau oder einer Nachschau nach anderen steuerrechtlichen Vorschriften erschienen ist. Dieser Sperrgrund greift jedoch nur ein, wenn der Amtsträger der Finanzbehörde sich auch als solcher ausgewiesen hat, da andernfalls der betroffene Steuerpflichtige nicht wissen könnte, ob eine Nachschau stattfindet oder nicht.

Führt die Nachschau zu keinen Ergebnissen, entfällt der Sperrgrund, sobald die Nachschau beendet ist (z. B. Verlassen des Ladenlokals oder der Geschäftsräume). Sofern die Nachschau je-

---

[689] *Dr. Joecks*, vgl. Literaturhinweis.
[690] *Dr. Joecks*, vgl. Literaturhinweis.
[691] *Dr. Joecks*, vgl. Literaturhinweis.
[692] *Dr. Geuenich*, nwb 2015, S. 29 und S. 33.

doch zu Erkenntnissen oder Ergebnissen führt, die Anlass zu weiteren Maßnahmen bieten, dürfte im Regelfall ein anderer Sperrgrund greifen (z. B. bei Tatentdeckung gem. § 371 Abs. 2 S. 1 Nr. 2 AO oder bei Übergang zur Außenprüfung gem. § 371 Abs. 2 S. 1 Nr. 1 Buchst. a AO).

2.2.2.5 Tatentdeckung, § 371 Abs. 2 Nr. 2 AO

Der Sperrgrund der Tatendeckung wurde nicht geändert.

Praxishinweis

→ Unverändert wird beim Sperrgrund der Tatentdeckung (nur) der Täter erwähnt, während sonst von den an der Tat Beteiligten gesprochen wird. Angesichts der strikten Wortlautbindung auch bei Strafaufhebungsgründen hätte dies zur Konsequenz, dass ein Anstifter oder Gehilfe auch nach Tatendeckung an einer Selbstanzeige nicht deswegen gehindert ist.[693]

Literaturhinweis: *Dr. Joecks*, DStR, 2014, S. 2261

2.2.2.6 Herabsetzung des Schwellenwerts auf 25.000 €, § 371 Abs. 2 S. 1 Nr. 3 AO

Im Rahmen des Schwarzgeldbekämpfungsgesetzes wurde eine 50.000-Euro-Grenze eingeführt, bis zu der eine strafbefreiende Selbstanzeige möglich ist. Diese Grenze orientierte sich an der Rspr. des BGH zur Verwirklichung eines besonders schweren Falles der Steuerhinterziehung durch aktives Tun. Nur besonders schwerwiegende Fälle der Steuerhinterziehung sollten aus dem Anwendungsbereich der Selbstanzeige herausgenommen werden. Für diese Fälle wurde der § 398a AO eingeführt.

Die Bundesregierung ist mit den Ländern übereingekommen, nicht nur besonders schwerwiegende Fälle der Steuerhinterziehung dem Anwendungsbereich des § 398a AO zu unterwerfen, sondern alle Fälle mit einem Hinterziehungsvolumen ab 25.000 €.

Eine Selbstanzeige hat daher keine strafbefreiende Wirkung, wenn die verkürzte Steuer oder der für sich oder einen anderen erlangte nicht gerechtfertigte Steuervorteil einen Betrag von 25.000 € je Tat übersteigt.

2.2.2.7 Besonders schwerer Fall der Steuerhinterziehung, § 371 Abs. 2 S. 1 Nr. 4 AO – neu –

Durch die neue Nr. 4 wird für diejenigen Fälle, die vom Gesetzgeber als Regelbeispiele für das Vorliegen eines besonders schweren Falles der Steuerhinterziehung bewertet werden (§ 370 Abs. 3 S. 2 Nr. 2 bis 5 AO), ein weiterer Sperrgrund geschaffen.

Ein besonders schwerer Fall der Steuerhinterziehung liegt z. B. vor, wenn der Täter seine Befugnisse oder seine Stellung als Amtsträger missbraucht (§ 370 Abs. 3 S. 2 Nr. 2 AO) oder als Mitglied einer Bande, die sich zur fortgesetzten Begehung von Steuerhinterziehungen verbunden hat, Umsatz- oder Verbrauchssteuern verkürzt oder nicht gerechtfertigte Umsatz- oder Verbrauchssteuervorteile erlangt (§ 370 Abs. 3 S. 2 Nr. 5 AO).

Aufgrund der besonderen Strafwürdigkeit dieser Fälle soll nur noch ein Absehen von Verfolgung in besonderen Fällen nach § 398a AO möglich sein.

---

[693] *Dr. Joecks*, vgl. Literaturhinweis.

2.2.3 Ausnahmen vom Vollständigkeitsgebot und von Sperrgründen

2.2.3.1 Einschränkung der Sperrwirkung bei Außenprüfung, § 371 Abs. 1 S. 1 Nr. 1 Buchst. a, c und § 371 Abs. 2 S. 2 AO

Nach geltender Rechtslage verlangt § 371 AO im Rahmen einer wirksamen Selbstanzeige die Offenlegung und Berichtigung der Angaben zu allen unverjährten Steuerstraftaten in vollem Umfang. Entsprechend § 371 Abs. 2 Nr. 1 AO in seiner bisherigen Fassung war die Selbstanzeige gesperrt, sobald für eine der Taten, die anzuzeigen sind, ein Sperrgrund z. B. durch eine Prüfungsanordnung vorlag. Die bekanntgebende Prüfungsanordnung hat auch solche Zeiträume derselben Steuerart, die nicht in der Anordnung genannt waren gesperrt.

Die Änderung des § 371 Abs. 2 S. 1 Nr. 1 Buchst. a AO ebenso wie die Änderung des § 371 Abs. 2 S. 1 Nr. 1 Buchst. c AO sehen nunmehr vor, dass diese zeitraumübergreifende Sperrwirkung bei Außenprüfungen nicht weiter bestehen soll und schränken die bislang umfassenden Sperrwirkung einer Prüfungsanordnung auf den sachlichen und zeitlichen Umfang der (angekündigten) Außenprüfung ein. Zusammen mit der Einführung des § 371 Abs. 2 S. 2 AO wird durch diese Änderung gewährleistet, dass eine strafbefreiende Selbstanzeige für Zeiträume, die nicht von der (angekündigten) Außenprüfung umfasst sind, grds. möglich bleibt.

Das Vollständigkeitsgebot nach § 371 Abs. 1 AO wird dadurch auf die Steuerstraftaten einer Steuerart begrenzt, die nicht Gegenstand des sachlichen und zeitlichen Umfangs einer (angekündigten) Außenprüfung sind.

Praxishinweis

- Insb. für Unternehmen wirkt sich diese Änderung positiv aus. Bisher war den Unternehmen die Rückkehr in die Steuerehrlichkeit nach Bekanntgabe der Prüfungsanordnung (bei Unternehmen, die der Anschlussprüfung unterliegen sogar auf Dauer) verschlossen. Es bestand der Zwang, fragliche Sachverhalte zu verschleiern und nicht prüfungsrelevante Sachverhalte konnten faktisch nicht korrigiert werden.
- Bei einer Außenprüfung für die Jahre 2011 bis 2013 betreffend USt und GewSt ist der Steuerpflichtige nicht gehindert, betreffend die USt und GewSt für die Jahre vor 2011 eine strafbefreiende Selbstanzeige abzugeben. Nach der Begründung des Gesetzesentwurfs müssen die durch die Außenprüfung gesperrten Jahre nicht Gegenstand der Selbstanzeige sein, auch wenn dies nicht im Gesetzeswortlaut zum Ausdruck kommt.
- Im Einzelfall sollte durch Abwägung genau ermittelt werden, ob von der Möglichkeit bestimmte Jahre dem steuerstrafrechtlichen Risiko durch eine Selbstanzeige zu entziehen, Gebrauch gemacht wird. Demgegenüber steht das Risiko durch die Selbstanzeige die Betriebsprüfung für etwaige steuerstrafrechtlich relevante Sachverhalte zu sensibilisieren oder gar eine steuerstrafrechtliche Verfolgung für die gesperrten Zeiträume auszulösen.

2.2.3.2 Verpflichtung zur Abgabe von Steueranmeldungen, § 371 Abs. 2a AO – neu –

Vor dem Schwarzgeldbekämpfungsgesetz wurden im Bereich der USt-Voranmeldungen und LSt-Anmeldungen Steuerstrafverfahren oder Bußgeldverfahren nur in Einzelfällen eingeleitet. Im Regelfall konnte von einer genauen Abgrenzung zwischen einer Berichtigung nach § 153 AO und einer Selbstanzeige abgesehen werden, da jedenfalls die Voraussetzungen für eine Selbstanzeige erfüllt waren. Durch das Schwarzgeldbekämpfungsgesetz wurde die nachträgliche Korrektur von USt-Voranmeldungen und LSt-Anmeldungen erheblich eingeschränkt.

Eine korrigierte USt-Voranmeldung, die eine wirksame Selbstanzeige darstellt, kann nicht noch einmal, z. B. im Rahmen einer weiteren Voranmeldung oder im Rahmen der Jahreserklärung als wirksame Selbstanzeige gewertet werden. Dies ergibt sich daraus, dass eine Selbstanzeige dazu führt, dass die Steuerhinterziehung bekannt ist und damit der Sperrgrund der Tatentdeckung greift.

Eine USt-Jahreserklärung z. B. für das Jahr 01 kann nach vormals geltendem Recht nicht als wirksame Selbstanzeige gewertet werden, wenn bereits USt-Voranmeldungen für das Jahr 02 falsch abgegeben wurden und diese in der Jahreserklärung 01 nicht gleichzeitig korrigiert werden. Dies ergibt sich aus dem Gebot, zu allen unverjährten Steuerstraftaten einer Steuerart in vollem Umfang die Berichtigung durchzuführen (Gebot der Vollständigkeit nach § 371 Abs. 1 AO).

Darüber hinaus liegt nach gefestigter Rspr. eine Steuerhinterziehung auch dann vor, wenn die Abgabefrist einer Voranmeldung überschritten wird. Gibt der Unternehmer die Voranmeldung zu einem späteren Zeitpunkt ab, ist diese dann als Selbstanzeige zu werten, die aber nur wirksam wird, wenn auch Unrichtigkeiten in vorhergehenden Voranmeldungen korrigiert werden (Gebot der Vollständigkeit). Sie führt nach der Rspr. des BGH zur Entdeckung der Tat. Dies hat zur Folge, dass weitere Korrekturen, z. B. im Rahmen der Umsatzsteuerjahreserklärung, nicht mehr möglich sind.

Um Rechtssicherheit für die Praxis zu schaffen, ist für die USt-Voranmeldung, soweit es sich nicht um eine Jahresanmeldung handelt, und die LSt-Anmeldung, eine Regelung geschaffen worden, die eine Ausnahme vom Vollständigkeitsgebot des § 371 AO und der Tatentdeckung vorsieht. Damit wird der Rechtszustand vor Inkrafttreten des Schwarzgeldbekämpfungsgesetzes für den Bereich der USt-Voranmeldung und der LSt-Anmeldung wieder hergestellt. D. h., eine korrigierte oder verspätete USt-Voranmeldung bzw. LSt-Anmeldung gilt zukünftig wieder als wirksame Teilselbstanzeige. Als weitere Ausnahme vom Vollständigkeitsgebot gilt, dass die USt-Jahreserklärung für das Vorjahr nicht auch Berichtigungen für die USt-Voranmeldungen des laufenden Jahres umfassen muss.

Eine korrigierte USt-Voranmeldung bzw. LSt-Anmeldung kann darüber hinaus als wirksame Selbstanzeige auch abgegeben werden, wenn eine Außenprüfung durch Prüfungsanordnung für zurückliegende Besteuerungszeiträume angekündigt wurde bzw. ein Amtsträger zur Außenprüfung für zurückliegende Besteuerungszeiträume erschienen ist (§ 371 Abs. 2 S. 2 AO).

Praxishinweis

> Gem. § 371 Abs. 2a S. 3 AO werden von der Durchbrechung des Vollständigkeitsgebots Steueranmeldungen, welche sich auf das Kalenderjahr beziehen, ausdrücklich nicht erfasst. Insb. bei der USt-Jahreserklärung (als auch bei anderen Anmeldesteuern, z. B. KapErtrSt-Anmeldungen) kann dies weiterhin zu praktischen Problemen führen, da die Berichtigungsprobleme bei USt-Voranmeldungen in gleicher Weise auch bei USt-Jahreserklärungen bestehen.

2.2.4 Erweiterung der Nachzahlungspflicht, § 371 Abs. 3 AO

Durch die Änderung des § 371 Abs. 3 AO wird die zur Erlangung der Straffreiheit normierte Nachzahlungspflicht der hinterzogenen Steuern auf die Zahlung von Hinterziehungszinsen (§ 235 AO) und die Nachzahlungszinsen (§ 233a AO) ausgeweitet.

Hinterzogene Steuern sind nach § 235 AO zu verzinsen. Bei bestimmten Jahressteuerfestsetzungen (insb. der ESt, der KSt, der USt und der Gewerbesteuer) greift bei Steuernachzahlungen verschuldensunabhängig daneben auch die allgemeine Verzinsungsregelung des § 233a AO ein (sog. Vollverzinsung). Nach § 235 Abs. 4 AO sind diese Nachzahlungszinsen auf die Hinterziehungszinsen anzurechnen, soweit sie für den denselben Zeitraum (Zinslauf) festgesetzt wurden. Damit wird eine Doppel-Verzinsung ein und derselben Steuernachforderung vermieden, indem nur der nach Anrechnung der Nachzahlungszinsen nach § 233a AO verbleibende Differenzbetrag als Hinterziehungszins festgesetzt und erhoben wird.

Die Zahlung der Zinsen auf die Steuernachforderung war bisher nicht Voraussetzung, um im Rahmen einer Selbstanzeige Straffreiheit zu erlangen. Zukünftig sind sowohl die nach § 235 AO festgesetzten Hinterziehungszinsen als auch ggf. die Nachzahlungszinsen nach § 233a AO, soweit sie nach § 235 Abs. 4 AO auf die festgesetzten Hinterziehungszinsen angerechnet werden, mit der hinterzogenen Steuer fristgemäß zu zahlen, um Straffreiheit nach § 371 AO zu erlangen. Die Einbeziehung der Nachzahlungszinsen nach § 233a AO, die nach § 235 Abs. 4 AO auf die Hinterziehungszinsen angerechnet werden, verhindert dabei eine sachwidrige Begünstigung der Fälle, in denen Nachzahlungszinsen nach § 233a AO anfallen, gegenüber den Fällen, in denen die hinterzogene Steuer aus welchen Gründen auch immer nicht der Verzinsung nach § 233a AO unterliegt.

Bei USt-Voranmeldungen, mit Ausnahme der USt-Jahreserklärung, und LSt-Anmeldungen (§ 371 Abs. 2a S. 1 AO) soll die Straffreiheit allerdings nicht davon abhängen, dass auch die Zinsen zugleich mit der hinterzogenen Steuer entrichtet werden. Hier soll weiterhin die bisherige Rechtslage gelten.

Die Nachzahlungspflicht des § 371 Abs. 3 AO erstreckt sich in zeitlicher Hinsicht auf die strafrechtlich relevanten Zeiträume von fünf bzw. zehn Jahren (§ 78 StGB, § 376 AO). Nicht von Bedeutung ist in diesem Zusammenhang die Mindestfrist von 10 Kalenderjahren gem. § 371 Abs. 1 AO.

2.2.5 Neue Voraussetzungen für das Eintreten eines Strafverfolgungshindernisses, § 398a AO

Eine wirksame Selbstanzeige nach § 371 AO führt zu einem persönlichen Strafaufhebungsgrund. Das heißt im Ergebnis, dass ein Strafverfahren gegen einen Tatbeteiligten i. S. d. § 370 AO nicht eingeleitet werden kann bzw. nach Maßgabe des § 170 Abs. 2 StPO einzustellen ist.

Diese Konstruktion wurde bereits durch die Einführung des § 389a AO verschärft. Bislang war in Fällen, in denen Straffreiheit nur deswegen nicht eintrat, weil der Hinterziehungsbetrag 50.000 € übersteigt von der Strafverfolgung abzusehen, wenn der Täter innerhalb der ihm bestimmten Frist die verkürzte Steuer und einen Zuschlag von 5 % der verkürzten Steuer leistet.

2.2.5.1 Absenkung der Strafzuschlags-Grenze

Die Grenze, bis zu der eine Steuerhinterziehung ohne Zahlung eines Geldbetrags nach § 398a AO bei einer Selbstanzeige straffrei bleibt, wird von 50.000 € auf 25.000 € abgesenkt. Diese Änderung und die Aufnahme der besonders schweren Fälle der Steuerhinterziehung (Regelbeispiele) als Sperrgründe (§ 371 Abs. 2 Nr. 3 und 4 AO) bedingt eine korrespondierende Anpassung in § 398a Abs. 1 AO. Zukünftig werden alle Steuerhinterziehungsfälle ab einem Hinterziehungsbetrag von 25.000 € den Regelungen des Absehens von Strafverfolgung (§ 398a AO) unterworfen.

2.2.5.2 Voraussetzung der fristgemäßen Zinszahlung, § 398a Abs. 1 Nr. 1 AO

Neben dem bisherigen Erfordernis, die hinterzogenen Steuern innerhalb einer bestimmten angemessenen Frist zu entrichten, müssen nunmehr nach § 398a Abs. 1 Nr. 1 AO auch die Zinsen innerhalb dieser Frist entrichtet werden (Hinterziehungszinsen nach § 235 AO und Zinsen nach § 233a AO, soweit sie nach § 235 Abs. 4 AO auf die festgesetzten Hinterziehungszinsen angerechnet werden). Nur wenn auch diese Zinsen fristgemäß entrichtet werden, wird bei Vorliegen der weiteren Voraussetzungen von der Verfolgung einer Steuerstraftat abgesehen.

2.2.5.3 Erhöhung und Staffelung des Strafzuschlags, § 398a Abs. 1 Nr. 2 AO

Weiter bestimmt § 398a Abs. 1 Nr. 2 AO eine deutliche Anhebung des Geldbetrags, der zugunsten der Staatskasse zusätzlich zu entrichten ist, um von strafrechtlicher Verfolgung frei zu werden.

Der Geldbetrag bezieht sich auf die jeweilige noch nicht verjährte Straftat (Steuerart und Besteuerungszeitraum). Für besonders schwere Fälle einer Steuerhinterziehung beträgt die Strafverfolgungsverjährung nach § 376 AO 10 Jahre. In allen anderen Fällen von Steuerhinterziehung tritt die Strafverfolgungsverjährung nach § 78 Abs. 3 Nr. 4 Strafgesetzbuch fünf Jahre nach der Tatbeendigung ein.

Da die Höhe des Hinterziehungsbetrags einen wesentlichen Umstand für die Bemessung der Schuld des Straftäters darstellt, sollen die Anforderungen, die erfüllt werden müssen, um einer Strafverfolgung zu entgehen, sich an der Höhe des Hinterziehungsbetrags orientieren. Daher wird eine Staffelung des zu zahlenden Geldbetrags eingeführt.

Danach soll von strafrechtlicher Verfolgung abgesehen werden, wenn ein Zuschlag i. H. v.

- 10 % der hinterzogenen Steuer, wenn der Hinterziehungsbetrag 100.000 € nicht übersteigt,
- 15 % der hinterzogenen Steuer, wenn der Hinterziehungsbetrag 100.000 € übersteigt und 1.000.000 Euro nicht übersteigt,
- 20 % der hinterzogenen Steuer, wenn der Hinterziehungsbetrag 1.000.000 € übersteigt

zugunsten der Staatskasse gezahlt wird.

Beispiel

Ein Steuerpflichtiger hat im Jahr 01 ESt i. H. v. 40.000 € durch Abgabe einer unvollständigen ESt-Erklärung im Jahr 02 hinterzogen. Danach begeht der Steuerpflichtige keine Steuerhinterziehungen mehr. Im Dezember 05 zeigt der Steuerpflichtige die Hinterziehung für das Jahr 01 an. Es ist ein Geldbetrag i. H. v. 10 % auf diesen Gesamtbetrag zu zahlen.

Bisheriges Recht	Neues Recht
(0 % Geldbetrag)	(10 % Geldbetrag)
0 €	**4.000 €**

Zusätzlich wären Zinsen (Hinterziehungszinsen zzgl. ggf. der anzurechnenden Nachzahlungszinsen nach § 233a AO) für dreieinhalb Jahre (halbes Jahr 02, Jahre 03, 04 und 05) i. H. v. ca. 8.400 € (0,5 % pro Monat, vgl. § 238 Abs. 1 S. 1 AO) zur Erlangung der Straffreiheit zu entrichten.

Beispiel

Ein Steuerpflichtiger hat im Jahr 01 ESt i. H. v. 250.000 € durch Abgabe einer unvollständigen ESt-Erklärung im Jahr 02 hinterzogen. Danach begeht der Steuerpflichtige keine Steuerhinterziehungen mehr. Im Dezember 05 zeigt der Steuerpflichtige die Hinterziehung für das Jahr 01 an. Es ist ein Geldbetrag i. H. v. 15 % auf diesen Gesamtbetrag zu zahlen.

Bisheriges Recht	Neues Recht
(5 % Geldbetrag)	(15 % Geldbetrag)
12.500 €	37.500 €

Zusätzlich wären Zinsen für dreieinhalb Jahre (halbes Jahr 02, Jahre 03, 04 und 05) i. H. v. ca. 52.500 € zur Erlangung der Straffreiheit zu entrichten.

Beispiel

Ein Steuerpflichtiger hat im Jahr 01 ESt i. H. v. 1.200.000 € durch Abgabe einer unvollständigen ESt-Erklärung im Jahr 02 hinterzogen. Danach begeht der Steuerpflichtige keine Steuerhinterziehungen mehr. Im Dezember 05 zeigt der Steuerpflichtige die Hinterziehung für das Jahr 01 an. Es ist ein Geldbetrag i. H. v. 20 % auf diesen Gesamtbetrag zu zahlen.

Bisheriges Recht	Neues Recht
(5 % Geldbetrag)	(20 % Geldbetrag)
60.000 €	240.000 €

Zusätzlich wären Zinsen für dreieinhalb Jahre (halbes Jahr 02, Jahre 03, 04 und 05) i. H. v. ca. 252.000 € zur Erlangung der Straffreiheit zu entrichten.

Auch im § 398a AO wurde der Begriff des „Täters" durch den Begriff des „an der Tat Beteiligten" ersetzt. Dadurch wird der persönliche Anwendungsbereich auf Anstifter und Gehilfen ausgedehnt.

Praxishinweis

Der Begründung des AOÄndG ist allerdings nicht eindeutig zu entnehmen, ob der in § 398a AO normierte Strafzuschlag mehrfach gegenüber mehreren Tatbeteiligen oder insgesamt nur einmal, mit der Folge das alle Tatbeteiligen Schuldner des Strafzuschlags sind, festgesetzt werden kann. Dies dürfte gerade bei Selbstanzeigen im Unternehmen von besonderer praktischer Bedeutung sein. Haben z. B. bei Unternehmen mehrere Täter (u. a. bei mehrgliedriger Geschäftsführung) und auch Gehilfen jeweils einen Zuschlag zu entrichten, der für jeden an der Tat Beteiligten nach der hinterzogenen Steuer zu berechnen ist, entstünden in der Summe Zuschläge, die gemessen an der Höhe der verkürzten Steuer unverhältnismäßig hoch sind. Es bleibt abzuwarten, wie sich hierzu die Finanzverwaltung positioniert.

2.2.5.4 Kompensationsverbot, § 398 Abs. 2 AO

Die Ergänzung durch die Einfügung des § 398a Abs. 2 AO dient der Klarstellung, dass der Hinterziehungsbetrag bei § 398a AO nach den gleichen Grundsätzen zu bemessen ist, wie bei § 370 AO. D. h., dass insb. auch das sog. Kompensationsverbot nach § 370 Abs. 4 S. 3 AO zu beachten ist. Damit ist es auch für die Bemessung des Hinterziehungsbetrags im Rahmen des § 398a AO unerheblich, ob die Steuer aus anderen Gründen hätte ermäßigt oder der Steuervorteil aus anderen Gründen hätte beansprucht werden können.

Danach sind z. B. bei der Hinterziehung von USt unterlassene Abzüge von Vorsteuerbeträgen nicht zu berücksichtigen, da kein unmittelbarer wirtschaftlicher Zusammenhang zwischen diesen steuermindernden und steuererhöhenden Umständen gegeben ist. Ein solcher Zusammenhang besteht hingegen z. B. zwischen nicht verbuchten Geschäften einerseits und den Anschaffungskosten der verkauften Waren und den Provisionsaufwendungen für den Verkäufer andererseits; ferner bei Betriebseinnahmen und den damit zusammenhängenden Betriebsausgaben.

Praxishinweis

Nach gefestigter höchstrichterlicher Rspr.[694] ist bei der Bemessung des Zuschlags bei der USt-Hinterziehung nicht auf die Zahllast, sondern auf die entstandene USt abzustellen. Auf die anzurechnende Vorsteuer kommt es, selbst bei negativer Zahllast, nicht an.[695]

Weiterhin bezieht sich der Zuschlag nach der Begründung des Gesetzes tatbezogen auf die jeweilige noch nicht verjährte einzelne Straftat (Steuerart und Besteuerungszeitraum).[696] Die für die Vollständigkeit der Selbstanzeige maßgebliche Mindestfrist von 10 Kalenderjahren ist in diesem Zusammenhang nicht von Belang, da der Zuschlag nur für den strafrechtlich noch verfolgbaren Zeitraum festzusetzen ist. Eine Ausdehnung des strafrechtlich verfolgbaren Zeitraums ist mit der 10-jährigen Berichtigungsfrist nicht verbunden.

Literaturhinweise: *Jäger* in: Klein AO, 12. Aufl., § 371 AO, Rn. 24; *Habammer/Pflaum*, DStR 2014, S. 2267 ff.

2.2.5.5 Wiederaufnahme des Strafverfahrens, § 398a Abs. 3 AO

Nach § 398a Abs. 3 AO ist die Wiederaufnahme eines nach Abs. 1 abgeschlossenen Verfahrens zulässig, wenn die Finanzbehörde erkennt, dass die Angaben im Rahmen einer Selbstanzeige unvollständig oder unrichtig waren.

Diese Regelung soll Gestaltungen bei der Abgabe einer strafbefreienden Selbstanzeige im Rahmen des § 398a AO vorbeugen. Andernfalls bestünde die Gefahr, dass eine Wiederaufnahme des Verfahrens ausgeschlossen ist, wenn der betroffene Steuerpflichtige keine vollständige und richtige Selbstanzeige abgegeben hätte, dies jedoch erst nach Einstellung des Verfahrens bekannt würde.

Wenn z. B. der Steuerpflichtige im Rahmen einer Erklärung nach den §§ 371, 398a AO nur 30.000 € nacherklärt und das Verfahren nach § 398a AO eingestellt wird, sich später jedoch

---

[694] *Jäger*, vgl. Literaturhinweis.
[695] *Habammer/Pflaum*, vgl. Literaturhinweis; m. w. N.
[696] BT-Drs. 18/3018, S. 16.

herausstellt, dass 300.000 € hinterzogen wurden, wird mit der vorgesehenen Regelung sichergestellt, dass das Strafverfahren wieder aufgenommen werden kann.

Damit wird ausdrücklich klargestellt, dass die Rechtsfolge des § 398a AO (Absehen von Strafverfolgung) keinen Strafklageverbrauch bewirkt.

Praxishinweis

§ 398a Abs. 3 AO steht damit in einem Widerspruch zu der Einstellung des Verfahrens bei Erfüllung von Weisungen und Auflagen nach § 153a StPO. Unter den Voraussetzungen des § 398a AO besteht zwar ein Anspruch auf die Rechtsfolge des Absehens von der Strafverfolgung, hingegen ist die Anwendung des § 153a StPO in das Ermessen des Gerichts bzw. der Strafverfolgungsbehörden gestellt. Die Einstellung des Verfahrens nach § 153a StPO ist dagegen mit der Gewissheit des Strafklageverbrauchs verbunden.

Gerade bei tatsächlich und rechtlich schwierigen Fällen besteht aus Sicht des potenziellen Selbstanzeigenerstatters einerseits regelmäßig eine erhöhte Aussicht, ein ohne vorherige Selbstanzeige eingeleitetes Steuerstrafverfahren nach § 153a StPO zu erledigen, andererseits eine erhöhte Gefahr, dass die Selbstanzeige aufgrund abweichender Beweiswürdigung oder geänderter Rechtsauffassung nachträglich als unwirksam erachtet wird.[697]

2.2.5.6 Keine Erstattung des Strafzuschlags nach gescheiterter Selbstanzeige, § 398a Abs. 4 AO

Die Vorschrift des § 398 Abs. 4 AO, wonach der gezahlte Strafzuschlag nicht erstattet wird, wenn die Rechtsfolge des Absehens von der Strafverfolgung nicht eintritt oder es zu einer Wiederaufnahme des Verfahrens kommt, stellt sicher, dass in Fällen, in denen das Strafverfahren mit einer Verurteilung endet, der gezahlte Zuschlag nach § 398a Abs. 1 Nr. 2 AO vom Gericht auf eine Geldstrafe angerechnet werden kann.

Praxishinweis

Kommt es zur Wiederaufnahme des Strafverfahrens, weil sich nach Einstellung des Verfahrens herausstellte, dass höhere Einkünfte als nacherklärt verschwiegen und damit eine höhere Steuer hinterzogen wurde, und endet das Strafverfahren mit der Verurteilung zu einer Geldstrafe, kann das Gericht nach seinem Ermessen den bereits entrichteten Strafzuschlag auf die zu verhängende Geldstrafe anrechnen.

Kommt es nach Wiederaufnahme des Strafverfahrens zu keiner strafrechtlichen Verurteilung besteht eine Regelungslücke. Zudem beschränkt sich die Anrechnungsmöglichkeit nach dem insoweit eindeutigen Wortlaut der Norm ausschließlich auf eine Geldstrafe. Bei Verhängung einer zur Bewährung ausgesetzten Freiheitsstrafe mit Bewährungsauflage wäre eine Anrechnung ausgeschlossen.

Eine gesetzliche Rechtsbehelfsmöglichkeit im Falle eines Streits über die zutreffende Berechnung des Zuschlags nach § 398a AO hat der Gesetzgeber nicht geschaffen. Dem bzw. den an der Tat Beteiligten steht in solchen Fällen keine spezielle Anfechtungsmöglichkeit zur Verfügung, sodass den Betroffenen i. d. R. nur die Flucht in die Hauptverhandlung bleibt.

---

[697] *Habammer/Pflaum*, vgl. Literaturhinweis.

2.3 Andere redaktionelle Anpassungen in der AO

2.3.1 Änderung des § 164 Abs. 4 AO

Als Folge der Einführung einer neuen Anlaufhemmung der Festsetzungsfrist nach § 170 Abs. 6 AO wird § 164 Abs. 4 AO ergänzt und in die Aufzählung der nicht anzuwenden Normen § 170 Abs. 6 AO aufgenommen.

Damit wird sichergestellt, dass der Vorbehalt der Nachprüfung, der den gesamten Steuerfall erfasst, nicht länger fortbesteht als bisher. Somit wird vermieden, dass der unehrliche Steuerpflichtige im Steuerfestsetzungsverfahren anlässlich des Aufgreifens seiner nicht erklärten Kapitalerträge anderweitige Steuerminderungen (z. B. aufgrund Rechtsprechungsänderungen) geltend machen könnte.

2.3.2 Änderung des § 374 Abs. 4 AO

Durch die im Rahmen des JStG 2010 erfolgte Änderung des § 370 Abs. 6 AO ist das Gegenseitigkeitserfordernis bei der Strafverfolgung abgeschafft worden. Taten, die sich auf die sonstigen Umsatz- oder harmonisierten Verbrauchsteuern beziehen, die von anderen Mitgliedstaaten verwaltet werden oder diesen zustehen, können dadurch nunmehr auch in Deutschland verfolgt werden. Aus rechtssystematischen Gründen erfolgt in § 374 Abs. 4 AO eine Folgeänderung, damit auch die entsprechenden Hehlerhandlungen in der gleichen Weise geahndet werden können.

2.3.3 Änderung des § 378 Abs. 3 AO

Für die vorsätzlich begangene Steuerhinterziehung ist künftig zur Erlangung der Straffreiheit durch eine Selbstanzeige vorgesehen, dass auch die Hinterziehungszinsen zu entrichten sind. Dies soll jedoch bei einer leichtfertigen Steuerverkürzung, die lediglich mit Geldbuße bedroht ist, nicht gelten. Die vorgesehene Änderung des § 378 Abs. 3 AO stellt dies sicher.

Der neue S. 2 in § 378 Abs. 3 AO besagt, dass wenn Steuerverkürzungen bereits eingetreten oder Steuervorteile erlangt sind, eine Geldbuße nicht festgesetzt wird, wenn der Täter die aus der Tat zu seinen Gunsten verkürzten Steuern innerhalb der ihm bestimmten angemessenen Frist entrichtet.

Bei § 378 Abs. 3 S. 3 AO handelt es sich lediglich um die Anpassung einer Verweisung.

3 Inkrafttreten der Änderungen

Die Änderungen aufgrund des Gesetzes zur Änderung der Abgabenordnung und des Einführungsgesetzes zur Abgabenordnung treten am 1.1.2015 in Kraft. Eine detaillierte Anwendungsregelung im Einführungsgesetz zur AO wurde vom Gesetzgeber nicht geschaffen. Nach Ansicht des Gesetzgebers war hinsichtlich des Inkrafttretens eine Übergangsregelung nicht erforderlich. Aufgrund der Regelung zum Inkrafttreten der Gesetzesänderungen werden die Verschärfung für die Voraussetzungen der Selbstanzeige (§§ 371, 398a AO) automatisch erst für Selbstanzeigen gelten, die nach dem 31.12.1014 abgegeben werden. Bereits vor dem 1.1.2015 abgegebene Selbstanzeigen, über deren Wirksamkeit noch nicht abschließend entschieden ist, sind nach § 2 Abs. 3 StGB am Maßstab der aus Sicht des Betroffenen mildesten Regelung zu messen.[698]

---

[698] Bericht des Finanzausschuss vom 3.12.2014, BT-Drucks. 18/3439.

I Gesetz zur Anpassung der Abgabenordnung an den Zollkodex und zur Änderung weiterer steuerlicher Vorschriften[699] (ZollkodexAnpG)

1 Einleitung

Das ZollkodexAnpG übernimmt die Funktion des JStG 2015. Während sich der Regierungsentwurf noch auf die „dringlichsten" ‚Änderungen beschränkte, haben die Ausschüsse des Bundesrates (BR-Drs. 432/1/14) erhebliche Weiterungen vorgeschlagen. Da sich die Bundesländer bereits im Kroatien-Gesetz mit gewichtigem Regelungsbedarf zu Wort meldeten und diesen mit Blick auf ein in Aussicht gestelltes JStG 2015 zurückgestellt hatten, stand zu erwarten, dass die im Rahmen dieses Gesetzgebungsprozesses aufgestellten Forderungen jedenfalls teilweise in das Gesetz Einzug halten werden.

Das Gesetz enthält daher neben den Anpassungen von derzeitigen Bezugnahmen auf die Verordnung (EG) Nr. 2913/92 (Zollkodex) an die Verordnung (EU) Nr. 952/2013 des Europäischen Parlaments und des Rates vom 9.10.2013 zur Festlegung des Zollkodex der Union vor allem Ergänzungen, Anpassungen und Neuregelungen in den Einzelsteuergesetzen. Eingegangen sind auch Vorschläge, die im Rahmen des Entwurfes eines „Steuervereinfachungsgesetzes 2013"[700] vorgetragen wurde. Dieses Vorhaben fiel mit Ablauf der 17. Legislaturperiode dem Grundsatz der Diskontinuität zum Opfer, und war erneut durch Bundesratsbeschluss vom 14.3.2014[701] in das legislative Verfahren eingebracht worden.

Nachdem der Bundestag in seiner 2./3. Lesung am 5.12.2014[702] den am 3.12.2014 ausgesprochenen Beschlussempfehlungen des Finanzausschusses[703] folgte, stimmte auch der Bundesrat am 19.12.2014 dem Gesetz zu.[704] Allerdings hatte die Bundesregierung zuvor eine Erklärung anzugeben, wonach die seitens des Bundesrates vorgeschlagenen, aber in diesem Gesetz nicht verwirklichten Änderungen in 2015 in einem gesonderten Gesetzgebungsvorhaben erfolgen sollen. Insoweit wurden nur teilweise die seitens des Bundesrates aufgestellten Prüfbitten übernommen.

---

[699] Gesetz v. 22.12.2014, BGBl I 2014, S. 2147.
[700] Vgl. BR-Drs. 684/12.
[701] Siehe BR-Drs. 94/14.
[702] BR-Drs. 592/14 v. 5.12.2014.
[703] BT-Drs. 18/3441 v. 3.12.2014.
[704] BR-Drs. 592/14 (B) v. 19.12.2014.

2 Änderungen im Bereich der Abgabenordnung und anderer verfahrensrechtlicher Vorschriften

2.1 Änderungen in der Abgabenordnung

2.1.1 Anpassung und Erweiterung der Mitteilungspflichten zur Geldwäschebekämpfung und Terrorismusfinanzierung, § 31b AO

Die Norm den § 31b AO, die Mitteilungsbefugnisse der Finanzbehörde betreffend die vom Steuergeheimnis nach § 30 AO geschützten Angaben regelt, wird neu strukturiert und neu gefasst.

In der bisherigen Fassung des § 31b AO wurde auf die Durchführung bestimmter Maßnahmen abgestellt. Nunmehr soll eine Offenbarung bereits dann zulässig sein, wenn diese einem der in § 31b Abs. 1 Nr. 1 bis 4 AO genannten Zwecke dient.

Die Gesetzesbegründung geht zwar davon aus, dass eine Erweiterung der eigenen Ermittlungsbefugnisse und -pflichten der Finanzbehörden mit der Rechtsänderung nicht verbunden ist. Dennoch stellt diese Änderung eine erhebliche Beeinträchtigung des Steuergeheimnisses dar, denn die Finanzbehörden müssen nun nicht mehr in der Sache prüfen, ob eine Ordnungswidrigkeit i. S. d. § 17 GwG vorliegen könnte. Es ist damit eine finale Verknüpfung zwischen der Offenbarung und der Maßnahme nicht mehr erforderlich. Es genügt, wenn die Offenbarung zweckdienlich ist.

Eine Offenbarung – und damit eine Ausnahme vom Steuergeheimnis – ist zulässig, wenn

- der Durchführung eines Strafverfahrens wegen einer Straftat nach § 261 des Strafgesetzbuchs,
- der Bekämpfung der Terrorismusfinanzierung i. S. d. § 1 Abs. 2 GwG,
- der Durchführung eines Bußgeldverfahrens nach § 17 GwG gegen Verpflichtete i. S. d. § 2 Abs. 1 Nr. 9 bis 13 GwG oder
- dem Treffen von Maßnahmen und Anordnungen nach § 16 Abs. 1 GwG gegenüber Verpflichteten i. S. d. § 2 Abs. 1 Nr. 9 bis 13 GwG

dient. Verpflichtete, i. S. d. § 2 Abs. 1 Nr. 9 bis 13 GwG, gegen die Bußgeldverfahren oder Maßnahmen nach Maßgabe des eingeleitet werden können, sind:

- bestimmte Dienstleister für Gesellschaften und Treuhandvermögen oder Treuhänder, die keine Vorbehaltsberufsträger (z. B. Steuerberater, Steuerbevollmächtigte, vereidigte Buchprüfer oder Wirtschaftsprüfer) sind, wenn sie bestimmte Dienstleistungen erbringen oder Aufgaben für Dritte übernehmen (vgl. § 2 Abs. 1 Nr. 9 Buchst. a–f GwG)
- Immobilienmakler
- Spielbanken
- Glückspielveranstalter und -vermittler im Internet.

Erweitert wird die Norm des § 31b AO in Abs. 2 und Abs. 3 AO um eine Meldpflicht der Behörden gegenüber dem BKA, um diesem Informationen im Zusammenhang mit GwG-

Straftaten und Terrorismusfinanzierungen zu gewähren und gegenüber den zuständigen Verwaltungsbehörden, damit diese verwaltungsrechtliche Maßnahmen gegen die nach dem GwG Verpflichteten Personen (den sog. Nichtfinanzsektor) einleiten können.

Durch die Neufassung sollen die Finanzbehörden den im Bereich Geldwäsche zuständigen Aufsichtsbehörden auch Anhaltspunkte für aufsichtsrelevante Sachverhalte i. S. d. § 16 GwG mitzuteilen, um diesem mittels der zusätzlichen Erkenntnisse gezieltere Maßnahmen zu ermöglichen.

2.1.2 Ergänzungen bei den Identifikationsmerkmalen

Im dritten Unterabschnitt des vierten Teils der AO (Besteuerungsverfahren) werden beginnend ab § 139a AO Weiterungen mit Blick auf die steuerlichen Identifikationsmerkmale vorgenommen.

Das BZSt teilt jedem Steuerpflichtigen zum Zwecke der eindeutigen Identifizierung in Besteuerungsverfahren ein einheitliches und dauerhaftes Merkmal (Identifikationsmerkmal) zu; das Identifikationsmerkmal ist vom Steuerpflichtigen oder von einem Dritten, der Daten dieses Steuerpflichtigen an die Finanzbehörden zu übermitteln hat, bei Anträgen, Erklärungen oder Mitteilungen gegenüber Finanzbehörden anzugeben.

2.1.2.1 Drittverpflichtung bei der Angabe des Identifikationsmerkmals, § 139a Abs. 1 S. 1 AO

Die Norm des § 139a Abs. 1 S. 1 AO wird insofern erweitert, dass nunmehr auch Dritte das für den Steuerpflichtigen geltende Identifikationsmerkmal anzugeben haben, wenn sie für diesen Steuerpflichtigen Daten an die an die Finanzbehörden zu übermitteln haben.

Praxishinweis

Die Änderung hat nicht nur Auswirkungen bei den besonderen steuerlichen Erhebungsverfahren, wie der LSt, der KapErtrSt, Bauabzugsteuer. Da Dritter i. S. d. § 139a Abs. 1 S. 1 AO jeder ist, der Daten zu übermitteln hat, sind letztlich alle betroffen, die entsprechende Übermittlungsverpflichtungen nach den Einzelsteuergesetzen haben, sodass daraus auch eine aktive Nachfragepflicht der Betroffenen folgt.

2.1.2.2 Erleichterungen bei der Erhebung des Identifikationsmerkmals, § 139b Abs. 2 Nr. 3 und Nr. 4 AO

Mehrere Mitteilungspflichten desselben Verpflichteten

Andererseits regelt § 139b Abs. 2 AO in den neu eingefügten Nr. 3 und 4 gewisse Erleichterungen für Drittverpflichtete. Wird nämlich die ID-Nr. eines Steuerpflichtigen in verschiedenen Mitteilungsverfahren gegenüber dem FA verwendet (z. B. eine Bank als Arbeitgeber im ELStAM-Verfahren und gleichzeitig im Freistellungsverfahren nach § 45d EStG, sind bislang mehrere Meldungen (für jedes Verfahren) vorgesehen. Es soll nunmehr nicht für jede Mitteilungspflicht die ID-Nr. neu erhoben werden müssen.

Mehrere Verpflichtete im Konzernverbund

Selbiges gilt auch bei Konzernen. Nach § 139a AO gilt die Erhebungspflicht der ID-Nr. für jeden, der Daten zu übermitteln hat. Das bringt vor allem in Konzernen einen erheblichen Verwaltungsaufwand mit sich. Sofern nämlich ein Konzernunternehmen die ID-Nr. eines Steuerpflichtigen rechtmäßig erhoben hatte, war die ID-Nr. zwar im Konzern vorhanden, durfte aber nur von dem konkreten Konzernunternehmen genutzt werden. Andere Konzernunternehmen durften die ID-Nr. desselben Steuerpflichtigen nicht nutzen, sondern hatten sie gesondert abzufragen, bevor sie Daten an die Finanzbehörden übermitteln konnten. Hiervon macht nun § 139b Abs. 3 Nr. 4 AO eine Ausnahme, wenn ein Konzernverbund vorliegt. Das ist der Fall, wenn die Finanz- und Geschäftspolitik mit einem oder mehreren anderen Unternehmen einheitlich bestimmt werden kann.

2.1.2.3 Aufnahme der Meldedaten (Einzug und Auszug) beim BZSt, § 139b Abs. 3 S. 1 Nr. 14 AO

Ein weiteres Merkmal, das Ein- und Auszugsdatum, welches die polizeilichen Meldebehörden führen, wird aufgenommen. Begründet wird diese Überwachungserweiterung damit, dass bei unterjährigen Beschäftigungen im Inland ein korrekter LSt-Abzug beim Arbeitnehmer erfolgt.

2.1.2.4 Erweiterung der Wirtschafts-Identifikationsnummer, § 139c Abs. 5a AO

In § 139c Abs. 5a AO wird die Wirtschafts-Identifikationsnummer um fünfstellige Unterscheidungsmerkmale erweitert. Da ein wirtschaftlich Tätiger auch mehrere wirtschaftliche Tätigkeiten nebeneinander ausüben kann (z. B. Gewerbebetrieb und selbstständige Tätigkeit) oder mehrere Betriebe unterhält (z. B. Baubetrieb und Bäckereibetrieb), die zudem steuerlich gesondert zu behandeln sind, soll jeder dieser Betriebe auch über das Identifikationsmerkmal der Wirtschafts-ID-Nr. erfasst werden. Angeblich sollen sich – mit nur einer Nummer – die Fallgestaltungen durch die bestehende Systematik der Wirtschafts-ID-Nr. nicht abbilden lassen.

Beispiel

Ein wirtschaftlich Tätiger i. S. d. § 139a Abs. 3 AO, der mehrere Betriebe und Betriebsstätten hat, erhält nunmehr für jede seiner Betätigungen, ob diese nun sachlich einer anderen Einkunftsart zuzuordnen sind oder ob diese örtlich anders gelagert sind (Betriebsstätten in mehreren geografischen Gemeinden oder Gebietskörperschaften) eine eigene Nummer. Damit erhöht sich zwangsläufig der Verwaltungsaufwand, vor allem vor dem Hintergrund der Mitteilungspflichten nach § 139a Abs. 1 S. 1 AO.

Zu jedem der vergebenen Unterscheidungsmerkmale werden die in den § 139b Abs. 3 Nr. 1–13 aufgeführten Daten beim BZSt gespeichert, um auch jedem Unternehmensteil, die steuerlichen Sachverhalte zuzuordnen, zu dem sie gehören. Welchen Sinn diese Maßnahme hat, und ob sie der verfahrensrechtliche Wegbereiter einer auf lange Frist angelegten Schedulenbesteuerung ist, wonach nicht mehr einkommensbezogen, sondern einkünftebezogen besteuert wird, ist offen.

2.1.3 Neuregelungen im Zusammenhang mit Steuerfeststellungsverfahren, §§ 171, 179 ff. AO.

2.1.3.1 Festsetzungsverjährung bei Grundlagenbescheide, § 171 Abs. 10 S. 2 AO

2.1.3.1.1 Hintergrund und Inhalt

In § 171 Abs. 10 AO wird ein neuer S. 2 eingefügt. Die Einfügung ist eine Reaktion auf die Rspr. des BFH,[705] dass nach der Grundregel des § 171 Abs. 10 S. 1 AO die Festsetzungsfrist eines Steuerbescheids nicht vor Ablauf von zwei Jahren nach Bekanntgabe des Grundlagenbescheids (Feststellungsbescheid, Steuermessbescheid oder ein anderer Verwaltungsakt, der bindend ist) endet. Für Grundlagenbescheide ressortfremder Behörden, die nicht dem Anwendungsbereich der §§ 179 ff. AO unterfallen und damit auch nicht von den steuerlichen Verjährungsvorschriften erfasst werden, hatte der BFH entschieden, dass derartige Bescheide nur dann eine Ablaufhemmung nach § 171 Abs. 10 AO bewirken, wenn sie **vor** Ablauf der Festsetzungsfrist für die betroffene Steuer erlassen worden sind.

Infolge dieses Judikats hängt die Möglichkeit, einen Steuerbescheid an einen solchen Grundlagenbescheid anzupassen, allein davon ab, ob die zuständige Behörde den Grundlagenbescheid rechtzeitig erlassen hat. Hierin sieht der Gesetzgeber ein Umsetzungs- bzw. Vollzugsproblem. Denn wenn die den Grundlagenbescheid erlassende Behörde nicht weiß, wann die Festsetzungsfrist für den Folgebescheid endet, ist sie nicht in der Lage, zu reagieren, um rechtzeitig mit dem Erlass des Grundlagenbescheids auf eine Anpassung des Folgebescheids zu reagieren. Nach Ansicht des Gesetzgebers widerspricht dies dem –in § 171 Abs. 3 AO zum Ausdruck kommenden – Prinzip, wonach die Feststellungsfrist nicht abläuft, soweit über einen vor Fristablauf gestellten Antrag noch nicht unanfechtbar entschieden worden ist.

Durch den neu eingefügten S. 2 in § 171 Abs. 10 AO soll nunmehr bewirkt werden, dass für solche Grundlagenbescheide, die nicht in den Anwendungsbereich der Feststellungsverjährung nach § 181 AO fallen, grds. die Ablaufhemmung nach § 171 Abs. 10 S. 1 AO gilt, allerdings nur, soweit der fragliche Grundlagenbescheid vor Ablauf der Festsetzungsfrist bei der zuständigen Behörde beantragt worden ist. Die Neuregelung macht damit die Anpassung des Folgebescheids vom Ablauf des jeweiligen Verwaltungsverfahrens unabhängig. Die Neuregelung gilt neben Grundlagenbescheiden ressortfremder Behörden (z. B. Bescheinigungen nach § 4 Nr. 20 Buchst. a UStG) auch für Bescheide über Billigkeitsmaßnahmen nach § 163 AO. Denn auch für diese gelten die §§ 179 ff. AO nicht.

2.1.3.1.2 Inkrafttreten

Nach Maßgabe des § 10 Abs. 12 EGAO soll die Änderung für alle am 31.12.2014 noch nicht abgelaufenen Festsetzungsfristen gelten.

2.1.3.2 Neue Zuständigkeitsregelung, § 180 Abs. 1 S. 2 AO

2.1.3.2.1 Hintergrund und Inhalt

Für Einkünfte aus gewerblicher, land- und forstwirtschaftlicher oder freiberuflicher Tätigkeit ist eine gesonderte Feststellung der Besteuerungsgrundlagen vorgesehen, wenn das für diese Feststellung zuständige FA (§ 18 AO) nicht zugleich auch für die Steuern vom Einkommen

---

[705] BFH, Urteil v. 21.2.2013, V R 27/11, BStBl II 2013, S. 529.

(§ 19 AO) des Unternehmers zuständig ist. Mit Blick auf die örtliche Zuständigkeit kommt es für die gesonderte Feststellung auf den Ort der Geschäftsleitung an. Damit also ein gesonderter Gewinnfeststellungsbescheids gem. § 180 Abs. 1 S. 1 Nr. 2 Buchst. b AO ergehen kann, müssen die örtliche Zuständigkeit für die gesonderte Gewinnfeststellung und für die Steuern vom Einkommen auseinanderfallen. Maßgebend hierfür sind die Verhältnisse zum Schluss des Gewinnermittlungszeitraums.

Der BFH sieht in § 180 Abs. 1 Nr. 2 Buchst. b AO zugleich eine Regelung zur örtlichen Zuständigkeit für die Feststellungszeiträume vor einer Änderung der maßgeblichen örtlichen Verhältnisse.[706] Das führt in der Konsequenz dazu, dass die Zuständigkeit des bisherigen Betriebsstätten-FA unverändert bliebe, auch wenn eine Sitzverlegung nach Ablauf des Gewinnermittlungszeitraums erfolgt. Das führt zu Mehraufwand, da unterschiedliche Finanzämter involviert werden. Mit der Ergänzung durch § 180 Abs. 1 S. 2 AO soll daher eine praxisgerechte Zuständigkeitsregelung für gesonderte Gewinnfeststellungen in Fällen einer Wohnsitz- bzw. Betriebsverlagerung geschaffen werden.

Beispiel

Steuerpflichtiger A hatte im VZ 2014 seinen Wohnsitz im, Zuständigkeitsbereich des FA Stuttgart. Sein Büro, in dem er Einkünfte aus selbstständiger Arbeit erzielte, hatte er im Zuständigkeitsbereich des FA Tübingen. Letzteres war für die gesonderte Feststellung der Gewinneinkünfte aus § 18 EStG zuständig. Im Februar 2015 verlegt A seinen Bürositz nach Stuttgart. Bislang war für die Feststellung der Gewinneinkünfte für den VZ 2014 weiterhin das FA Tübingen zuständig. Für die Bestimmung der örtlichen Zuständigkeit für diese gesonderten Gewinnfeststellung ist nunmehr gem. §§ 18 Abs. 1 Nr. 3, 19 Abs. 1 AO das FA Stuttgart tätig, da es nach § 180 Abs. 1 S. 2 AO auf die aktuellen örtlichen Verhältnisse ankommt, und zwar auch für Feststellungszeiträume vor dem Ortswechsel.

Mit der Regelung nicht geändert werden Entscheidungen zur Frage, **ob** eine gesonderte Feststellung nach § 180 Abs. 1 Nr. 2 Buchst. b AO überhaupt durchzuführen ist. Das richtet sich weiterhin allein nach den Verhältnissen zum Schluss des Gewinnermittlungszeitraums.

2.1.3.2.2 Inkrafttreten

Die neue Zuständigkeitsregelung gilt für alle Feststellungszeiträume, die nach dem 31.12.2014 beginnen (§ 10b EGAO).

2.1.4 Sonstige verfahrensrechtliche Änderungen

In die AO wurden auch weitere Änderungen aufgenommen, angefangen von der Stärkung der Gemeindebefugnisse im Rahmen des Steuerfestsetzungs- und -erhebungsverfahren, über Erweiterungen der Verjährungsunterbrechungen und Kostenanpassungen im Rahmen der Zwangsvollstreckung.

---

[706] BFH, Beschluss v. 22.8.2013, X B 16 – 17/13, BFH/NV 2013, S. 1763.

2.1.4.1 Stärkung der gemeindlichen Befugnisse bei Billigkeitsmaßnahmen, § 184 Abs. 2 S. 1 AO

2.1.4.1.1 Hintergrund und Inhalt

Nach § 184 Abs. 2 S. 1 AO schließt die Befugnis zur Festsetzung von Realsteuermessbeträgen auch die Befugnis ein, Billigkeitsmaßnahmen nach Maßgabe des § 163 AO zu erlassen, soweit hierfür durch die Bunderegierung oder die obersten Landesfinanzbehörden entsprechende Richtlinien durch eine allgemeine Verwaltungsvorschrift vorgegeben wurden. Im Gesetz explizit nicht genannt sind oberste Bundesbehörden, also beispielsweise das BMF.

Der BFH hatte im Urteil vom 25.4.2012[707] entscheiden, dass der sog. Sanierungserlass des BMF[708] weder eine allgemeine Verwaltungsvorschrift der Bundesregierung noch eine allgemeine Verwaltungsvorschrift einer obersten Landesfinanzbehörde i. S. d. § 184 Abs. 2 AO ist. Daher konnte sich aus diesen Sanierungserlass bei der Festsetzung des Gewerbesteuermessbetrags grds. keine Zuständigkeit des FA zur abweichenden Festsetzung aus sachlichen Billigkeitsgründen nach § 163 S. 1 AO ergeben. Zuständig dafür seien vielmehr die Gemeinden.

Um diesen Vorgaben und der langjährigen, als sachgerecht und bisher von keiner Seite in Frage gestellt empfundenen Verwaltungspraxis zu genügen, dass diese Billigkeitsregelungen auch bei der Festsetzung des GewSt-Messbetrags seitens der Landesfinanzbehörden Eingang finden, erweitert § 184 Abs. 2 S. 1 AO diese nun auf allgemeinen Verwaltungsvorschriften einer obersten Bundesfinanzbehörde.

2.1.4.1.2 Inkrafttreten

Die Regelung soll auch für jene Maßnahmen gelten, die für Besteuerungszeiträume getroffen werden, die vor dem 1.1.2015 abgelaufen sind (§ 10c EGAO).

2.1.4.2 Steuerliche Korrekturen bei Anrechnungsverfügungen, § 218 Abs. 3 AO

2.1.4.2.1 Hintergrund und Inhalt

Haben Ehegatten (oder Lebenspartner) eine Zahlung zur Tilgung einer gemeinsamen Einkommensteuer(vorauszahlungs)schuld geleistet, ohne dass eine individuelle Tilgungsbestimmung erklärt wurde oder anzunehmen ist, ist jeweils zu entscheiden, wem diese Zahlung zuzurechnen ist bzw. wie die Zahlung auf die Ehegatten bzw. Lebenspartner aufzuteilen ist. Entsprechendes gilt für andere Leistungen mit Tilgungswirkung.[709]

In § 218 AO wird nun ein neuer Abs. 3 eingefügt. Danach soll, soweit der Steuerpflichtige oder ein Dritter eine Korrektur beantragen, auch eine gegenläufige Korrektur ermöglicht werden, damit diese andere nicht im Widerspruch zu einer vorhergehenden Korrekturentscheidung steht. Gleichzeitig dient die Norm dem Rechtsschutz der Ehegatten bei widerstreitenden Entscheidungen über die Erfüllung von ESt-Schulden. Die Finanzbehörde ist also in der Lage, auf einen Antrag eines der beteiligten Ehegatten hin die entsprechenden „steuerliche Folgerungen" ziehen. Das bedeutet, dass der zugrundeliegende einheitliche Lebenssachverhalt bei beiden Ehegatten übereinstimmend beurteilt wird. Welches die „entsprechenden steuerlichen Folge-

---

[707] BFH, Urteil v. 25.4.2012, I R 24/11, BFH/NV 2012, S. 1516
[708] BMF, Schreiben v. 27.3.2003, IV A 6 – S 2140 – 8/03, BStBl I 2003, S. 240.
[709] Siehe auch BMF, Schreiben v. 31.1.2013, IV A 3 – S 0160/11/10001, BStBl I 2013, S. 70, das auf der Grundlage der BFH-Rechtsprechung entwickelte Erläuterungen zur Zurechnung und Aufteilung derartiger Zahlungen und Leistungen enthält.

rungen" sind, entscheidet sich dabei verbindlich im Ausgangsverfahren des Antragstellers. Gegenüber dem anderen Ehegatten oder Lebenspartner ist allerdings nur dann eine für ihn nachteilige Korrektur möglich, wenn er an dem Verfahren, das zur Aufhebung oder Änderung der fehlerhaften Anrechnungsverfügung bzw. des fehlerhaften Abrechnungsbescheids geführt hat, beteiligt wurde. Damit kann er seine eigenen rechtlichen Interessen wahren und auf den Ausgang des Verfahrens Einfluss nehmen.

Beispiel

Ehegatte A beantragt die Korrektur eines Abrechnungsbescheids zu seinen Gunsten. Ein für ihn geänderter (positiver) Abrechnungsbescheid wird nur dann ergehen, wenn Ehegatte B in das Verfahren einbezogen wird, sofern bei ihm gegenüber die Korrektur zugunsten des A eine Belastung bewirkt. § 218 Abs. 3 AO ermöglicht es, dass ggf. sich einander widerstreitende Entscheidungen nach § 174 Abs. 4 und 5 AO aufgelöst werden. In der Sache kann damit auf die regelmäßige Aufnahme eines Widerrufsvorbehalts einer erteilten Anrechnungsverfügung oder eines Abrechnungsbescheids verzichtet werden.

Die Einbeziehung eines Dritten bezüglich des Antragsrechts soll nach Auffassung des Gesetzgebers[710] dazu dienen, auch im Falle der Übertragung von Steueransprüchen, beispielsweise im Wege der Abtretung, eine mehrfache Anrechnung von Steuern zu vermeiden.

2.1.4.2.2 Inkrafttreten

Die Änderung gilt auch für diejenigen Maßnahmen nach § 218 AO, die vor dem 31.12.2014 erlassen wurden, sodass auch insoweit eine widerstreitende Festsetzung für die in der Vergangenheit erlassene Verfügungen ausgeschlossen wird (§ 13a EGAO).

2.1.4.3 Erhöhung der Vollstreckungskosten, §§ 339 ff. AO

Die in den Vorschriften der §§ 339 ff. AO enthaltenen Gebührensätze (§ 339 AO) und Auslagen (§ 344 AO) werden erhöht.

Die Kostenerhöhung richtet sich nach dem geltenden Recht und ab dem Zeitpunkt, in dem der entsprechende Tatbestand, der die Entstehung der Gebühren und Auslagen auslöst, verwirklicht wurde.

2.2 Zollrechtliche Anpassungen der AO

Die Anpassungen der Abgabenordnung an den Zollkodex sind im Wesentlichen in den §§ 3, 23, 147, 169, 172, 251, 374, 375 AO enthalten. Sie sind überwiegend redaktioneller Art, in dem anstelle des Wortes „Zollkodex" nunmehr eingefügt wurde „Zollkodex der Union".

2.2.1 Neufassung der Aufbewahrungspflichten, § 147 AO

Ergänzend zum Zollkodex der Union, wonach der Zollbeteiligte Unterlagen für Zollkontrollen unter Verwendung von Mitteln aufzubewahren hat, die für die Zollbehörden zugänglich und akzeptabel sind, wird in § 147 Abs. 1 Nr. 4a AO geregelt, dass diese Unterlagen geordnet aufzubewahren sind.

---

[710] Vgl. Vorschlag der Ausschüsse, BR-Drs. 432/14 (B).

Da der Zollkodex keine abschließende Regelung zur Form aufbewahrungspflichtiger Unterlagen trifft, können die in § 147 Abs. 1 Nr. 4a AO genannten Unterlagen auch als Wiedergabe auf einem Bildträger oder auf anderen Datenträgern aufbewahrt werden. Von einer solchen elektronischen Aufbewahrung werden allerdings ausgenommen

- amtliche Urkunden (z. B. Ursprungszeugnisse und Präferenzbescheinigungen) und

- handschriftlich zu unterzeichnende nicht förmliche Präferenznachweise (Ursprungserklärungen/Rechnungserklärungen),

bei denen die Aufbewahrung im Original zur Überprüfbarkeit der Echtheit und der Durchführung von Nachprüfungsersuchen erforderlich ist.

Da diese Unterlagen häufig Voraussetzung für die Gewährung von Abgabenbegünstigungen sind, und diese auch von ausländischen Behörden ausgestellten Urkunden regelmäßig über Sicherheitsmerkmale verfügen, die bei einer elektronischen Aufbewahrung verloren gingen, ist hier ausdrücklich angeordnet, dass derartige Dokumente im Original aufzubewahren sind.

2.2.2 Kosten bei Inanspruchnahme von Zollbehörden, § 178 Abs. 2 Nr. 7 AO

Nach § 178 AO können Behörden der Bundeszollverwaltung bei Inanspruchnahme kostenpflichtiger Leistungen besondere Gebühren erheben und Erstattung ihrer Auslagen verlangen. Die Norm regelt in § 178 Abs. 2 AO, wann eine besondere Inanspruchnahme oder Leistung einer solchen Behörde vorliegt.

Die nunmehrige Anpassung und Erweiterung der Nr. 7 ist erforderlich, da unter dem bisherigen Wortlaut die Sachbearbeitung durch Einsatz von Informationstechnologie nicht subsumiert werden kann. Die Vorschrift ist mit Blick auf die aktuell mehrheitlich eingesetzten Arbeitsmittel (Textverarbeitung, Speicherung von Dokumenten und Übermittlung mittels PC) nicht mehr zeitgemäß. Im Rahmen der Bearbeitung elektronischer Dokumente ist die besondere Inanspruchnahme in der Erstellung von Dateien, dem Heraussuchen von (vielfach elektronisch gespeicherten) Unterlagen und ihrem Ausdruck bzw. ihrer elektronischen Übersendung zu sehen.

Die Anpassung bildet damit die Grundlage für die Änderung der Zollkostenverordnung.

3 Änderungen bei den Ertragssteuern

3.1 Änderungen bei der Einkommensteuer

3.1.1 Erweiterungen des Katalogs der steuerfreien Einnahmen

3.1.1.1 Steuerfreiheit von Arbeitgeberleistungen, § 3 Nr. 34a EStG

3.1.1.1.1 Zielsetzung der Steuerbefreiung

Die Norm soll, wie auch die Befreiungsnorm des § 3 Nr. 33 EStG, dem Arbeitgeber die Möglichkeit bieten, für Arbeitnehmer gute Rahmenbedingungen mit Blick auf die bessere Vereinbarkeit von Beruf und Familie zu geben. Um daher z. B. Beschäftigten, die nach der Elternzeit wieder in den Beruf zurückkehren, den Wiedereinstieg (problemloser) zu ermöglichen oder solchen Arbeitnehmern, die pflegebedürftige Angehörige betreuen, entsprechend zu unterstützen, kann der Arbeitgeber seine Arbeitnehmer mit steuerfreien Serviceleistungen unterstützen und so die Vereinbarkeit von Beruf und Familie erleichtern.

3.1.1.1.2 Inhalt der Steuerbefreiung

Zum Arbeitslohn zählen auch alle Vorteile, die der Arbeitgeber dem Arbeitnehmer im Rahmen seines Dienstverhältnisses zuwendet. Das können auch mittelbare Vorteile sein, die dem Arbeitnehmer dadurch zugutekommen, dass der Arbeitgeber Kosten übernimmt, sofern diese nicht ganz überwiegend im eigenbetrieblichen Interesse sind.

Zusätzlich zum ohnehin geschuldeten Arbeitslohn, sollen nach § 3 Nr. 34a EStG weitere Leistungen steuerfrei gestellt werden. Durch das Merkmal „zusätzlich zum ohnehin geschuldeten Arbeitslohn" soll sichergestellt werden, dass diese Steuerbefreiung allein für Leistungen beansprucht werden kann, die der Arbeitgeber zusätzlich für den Zweck „bessere Vereinbarkeit von Familie und Beruf" erbringt. Daher soll die Steuerfreiheit nicht beansprucht werden, die beispielsweise unter Anrechnung auf den vereinbarten Arbeitslohn (z. B. Entgeltumwandlung) erbracht werden.

3.1.1.1.3 Übernahme von Vermittlungs- und Beratungskosten für Betreuungsleistungen

Mit der der Neuregelung des § 3 Nr. 34a EStG kann der Arbeitgeber Kosten für ein Dienstleistungsunternehmen übernehmen, welches den Arbeitnehmer hinsichtlich der Betreuung von Kindern oder pflegebedürftigen Angehörigen berät oder hierfür Betreuungspersonen vermittelt.

Die Steuerfreiheit umfasst damit auch Dienstleistungen, die von Fremdfirmen angeboten werden und durch den Arbeitgeber beauftragt werden. Die Zweckbestimmung der Leistungen ist entsprechend den vergleichbaren Vorschriften § 3 Nr. 33 EStG „Steuerfreiheit für Unterbringungskosten von nicht schulpflichtigen Kindern in Kindergärten" oder § 3 Nr. 34 EStG „Steuerfreiheit für Leistungen des Arbeitgebers zur Gesundheitsförderung", durch entsprechende Belege im Lohnkonto nachzuweisen. Diese Kosten sind nach dem Wortlaut des Gesetzes betragsmäßig nicht gedeckelt.

3.1.1.1.4 Zahlungen von Betreuungsleistungen für die private Betreuung

Ebenso sind Zuwendungen des Arbeitgebers für die kurzfristige Betreuung von

- Kindern, die das 14. Lebensjahr nicht vollendet haben,
- Kindern, die wegen einer vor Vollendung des 25. Lebensjahres eingetretenen körperlichen, geistigen oder seelischen Behinderung außerstande sind, sich selbst zu unterhalten, oder
- pflegebedürftigen Angehörigen des Arbeitnehmers,

steuerfrei. Kinder sind solche i. S. v. § 32 Abs. 1 EStG, also leibliche und Pflegekinder.

Voraussetzung für die Steuerfreiheit der Zuwendung ist, dass die Betreuung aus zwingenden und beruflich veranlassten Gründen notwendig ist. Sie kann dennoch im privaten Haushalt des Arbeitnehmers stattfinden.

Praxishinweis

Was „zwingende und beruflich veranlasste" Gründe sind, ist gesetzlich nicht definiert. Der Wortlaut der Norm und die Verknüpfung des zwingenden Erfordernisses mit dem Beruf deuten darauf hin, dass nicht jede berufliche Unabkömmlichkeit eines Arbeitnehmers darunter fallen wird. Um das „Betreuungsgeld" steuerfrei behandeln zu dürfen, wird man die Einzelfallmaßnahme besonders begründen müssen. Der Arbeitgeber muss also keine anderweitige Disposition betreffend den Arbeitnehmer haben.

Die Singularität der Maßnahme wird auch durch das Merkmal „zusätzlich zum vereinbarten Arbeitslohn" deutlich.

3.1.1.1.5 Höhe des Zuwendungsbetrags

Der Zuwendungsbetrag wird im Wege einer typisierten und sachlichen Begrenzung auf 600 € im Kalenderjahr pro Arbeitnehmer begrenzt.

3.1.1.1.6 Inkrafttreten

Die Regelung ist nach der allgemeinen Anwendungsregelung in § 52 Abs. 1 EStG ab dem VZ 2015 anzuwenden.

3.1.1.2 Private Nutzung von EDV, etc., § 3 Nr. 45 EStG

Die nach § 3 Nr. 45 EStG geregelte Steuerfreiheit von Vorteilen aus der Ermöglichung der privaten Nutzung von EDV, Telekommunikationsgeräten etc. welche nach Maßgabe des § 8 Abs. 1 EStG geldwerte Vorteile darstellen und ohne Regelung einer Steuerfreiheit als Sachbezug zu besteuern wären, soll auch für diejenigen gelten, die eine in § 3 Nr. 12 EStG genannte Tätigkeit ausüben und dafür eine Aufwandsentschädigung erlangen.

3.1.1.3 Bezug von Leistungen aus öffentlichen Kassen, § 3 Nr. 67 EStG

3.1.1.3.1 Hintergrund der Regelung

Das BVerfG hatte die Besteuerung von Renten und Pensionen im Vergleich zu DRV-Renten für verfassungswidrig erklärt.[711] Die frühere unterschiedliche Besteuerung von Renten aus der gesetzlichen Rentenversicherung (Ertragsanteilsbesteuerung) und Beamtenpensionen (volle Besteuerung unter Berücksichtigung eines Versorgungsfreibetrags von 40 %, höchstens 3.072 Euro) stellte nicht gerechtfertigte steuerliche Besserstellung der Rentenbezieher dar. Diese Verfassungswidrigkeit hatte der Gesetzgeber zum 1.1.2005 mit dem Alterseinkünftegesetz beseitigt.[712] Im Rahmen einer Übergangsregelung wird auf die volle nachgelagerte Besteuerung der gesetzlichen Rente übergegangen. Korrespondierend dazu werden der Versorgungsfreibetrag und der Altersentlastungsbetrag abgeschmolzen.

Mit Blick auf die vom BVerfG geforderte steuerliche Gleichbehandlung ist die weiterhin bestehende steuerliche Besserstellung von Zuschlägen für Kindererziehungszeiten, die in den Versorgungsbezügen enthalten sind, gegenüber den steuerlich nicht gesondert begünstigten Kindererziehungszuschlägen in der gesetzlichen Rente nicht mehr gerechtfertigt. Im Zuge der erforderlichen gesetzlichen Neuregelungen, die zur steuerlichen Gleichbehandlung von gesetzlichen Renten und Pensionen beitragen, ist auch eine Gleichstellung in Bezug auf die steuerliche Behandlung der Zuschläge für Kindererziehungs- und Pflegezeiten geboten.

3.1.1.3.2 Inhalt der Regelung

Mit der Änderung des § 3 Nr. 67 EStG wird die Steuerbefreiung der Zuschläge nach den §§ 50a–50e BeamtVG und §§ 70–74 SVG (SoldatenversorgungsG) abgeschafft.

Dies betrifft Zuschläge, die für ein nach dem 31.12.2014 eingetretenes Ereignis gewährt werden. Die Zuschläge sind Bestandteil des Ruhegehalts, das grds. nach § 19 Abs. 1 S. 1 Nr. 2 EStG zu versteuern ist. Sie sind jedoch aufgrund der Sonderregelung des § 3 Nr. 67 EStG bisher steuerfrei, sodass das Ruhegehalt in einen steuerpflichtigen und einen steuerfreien Anteil aufzuteilen ist. Ein gesetzlich Rentenversicherungspflichtiger erwirbt infolge von Zeiten der Kindererziehung/Pflege Rentenanwartschaften in vergleichbarer Höhe wie die Zuschläge, die in der auszuzahlenden Gesamtrente aufgehen und wie diese besteuert werden.

Im Hinblick auf die Übergangsfristen der mit dem Alterseinkünftegesetz geänderten Besteuerung von Altersrenten, soll auch die Änderung des § 3 Nr. 67 EStG nicht sofort Wirkung entfalten. Um eine Angleichung an die beim Alterseinkünftegesetz vereinbarte Übergangszeit zu gewährleisten, soll die Neuregelung erst auf solche Zuschläge Anwendung finden, die für ein nach dem 31.12.2014 geborenes Kind oder für eine nach dem 31.12.2014 begonnene Zeit der Pflege einer pflegebedürftigen Person nach den §§ 50a–50e BeamtVG oder den §§ 70–74 SVG gewährt werden. Dabei wird unterstellt, dass der Versorgungsfall erst zu einem Zeitpunkt eintritt, bei dem die Angleichung in der Besteuerung gesetzlicher Renten und Pensionen weitgehend abgeschlossen ist.

Ruhegehaltsempfänger, denen bereits jetzt ein steuerfreier Teil nach § 3 Nr. 67 EStG ausgezahlt wird, oder bei denen bis zum 31.12.2014 die Voraussetzungen für die Zuschläge nach den §§ 50a bis 50e BeamtVG oder den §§ 70 bis 74 SVG (z. B. durch die Geburt des Kindes) erfüllt sind, bleibt die Steuerfreiheit der Zuschläge erhalten.

---

[711] Vgl. BVerfG, Urteil v. 6.3.2002, 2 BvL 17/99, BStBl II 2002, S. 618; BVerfGE S. 105, S. 73 ff.
[712] BGBl I 2004, S. 1427.

Entsprechend sieht § 3 Nr. 67 EStG nun vor, dass Betreuungszuschläge nach §§ 50a–50e BeamtVG oder nach §§ 70–74 SVG oder vergleichbare Landesregelungen für

- vor dem 1.1.2015 geborene Kinder oder
- für eine vor dem 1.1.2015 begonnene Pflegezeit einer pflegebedürftigen Person zu gewähren sind,

sind als steuerfreie Einnahmen zu behandeln.

3.1.1.4 Befreiung öffentlicher Zuschüsse für Wagniskapital, § 3 Nr. 71 EStG

Wagniskapital soll im Wege von Steuerbefreiungen unter bestimmten Voraussetzungen gefördert werden.

3.1.1.4.1 Hintergrund und Zielsetzung

Zuschüsse, die ein Unternehmer erlangt, sind ungeachtet ihrer Herkunft beim Empfänger als steuerpflichtige Einnahmen zu behandeln. Im Mai 2013 hat das BMWi den sog. INVEST-Zuschuss für Wagniskapital zur Verbesserung der Rahmenbedingungen für Beteiligungskapital eingeführt. Dieser Zuschuss soll nun als steuerfreie Einnahme qualifiziert werden, schon damit der allein aus Bundesmitteln gezahlte Zuschuss nicht durch eine Besteuerung teilweise wirkungslos wird. Es wird damit zugleich der Hoffnung Ausdruck verliehen, die steuerrechtlichen Rahmenbedingungen für Wagniskapitalfinanzierungen nachhaltig zu verbessern und mehr privates Beteiligungskapital zu mobilisieren.

3.1.1.4.2 Inhalt der Regelung/Umfang der Steuerfreistellung

Sog. „Business Angels" erhalten bei Investitionen von mindestens 10.000 € einen Zuschuss für ihre Investments in nichtbörsennotierte Kapitalgesellschaften i. H. v. 20 % der investierten Summe, max. 250.000 €.

3.1.1.4.3 Persönliche und sachliche Voraussetzungen

Förderungswürdig i. S. d. des § Nr. 71 EStG ist jede natürliche oder juristische Person. Natürliche Personen müssen volljährig sein, d. h. das 18. Lebensjahr vollendet haben. Ebenso muss der Gesellschafter einer juristischen Person das 18. Lebensjahr vollendet haben.

Befreiungsvoraussetzungen der Zielgesellschaft

Investitionsobjekt muss eine

- nicht börsennotierte Kapitalgesellschaft sein, die
- ausgehend vom Datum ihrer Eintragung in das Handelsregister nicht älter ist als zehn Jahre ist,
- weniger als 50 vollzeitbeschäftigte Mitarbeiter hat,
- einen Jahresumsatz oder eine Jahresbilanzsumme max. 10 Mio. € hat und
- keinen Börsengang vorbereitet

Behaltensfrist und Eigenkapitaleinsatz

Der erworbene Anteil an einer Kapitalgesellschaft muss vom Investor länger als drei Jahre gehalten werden. Der Erwerb der Beteiligung selbst darf vom Investor nicht fremdfinanziert sein.

3.1.1.4.4 Höhe der Steuerbefreiung

Die Steuerbefreiung wird i. H. v. 20 % der Anschaffungskosten, höchstens jedoch 50.000 € gewährt. Um also die Höchstförderung zu erreichen, muss das Gesamtinvestitionsvolumen eines Investors 250.000 € betragen.

3.1.1.4.5 Inkrafttreten

Die Befreiung soll rückwirkend für den VZ 2013 gelten. Der INVEST-Zuschuss Wagniskapital wird seit 2013 ausgezahlt. Die Rückwirkung begünstigt die Steuerpflichtigen, daher ist sie als solche unproblematisch. Es soll sichergestellt werden, dass alle seit 2013 ausgezahlten Zuschüsse für begünstigte Investitionen nach § 3 Nr. 71 EStG steuerfrei behandelt werden.

3.1.2 Betriebsausgaben- und Werbungskostenabzugsverbote

3.1.2.1 Einschränkungen des Betriebsausgabenabzugs bei Kapitalbeteiligungen, § 3c Abs. 2 EStG

3.1.2.1.1 Hintergrund und Zielstellung der Neuregelung

Der Gesetzgeber wendet sich mit der Änderung des § 3c Abs. 2 EStG (wieder einmal) gegen die Rspr. des BFH. Dieser hatte nämlich entschieden, dass Wertminderungen von im Betriebsvermögen gewährten Gesellschafterdarlehen nicht dem Abzugsverbot des § 3c Abs. 2 S. 1 EStG unterfallen. Das sollte auch so sein, wenn die Darlehensüberlassung nicht fremdüblich und damit durch das Gesellschaftsverhältnis veranlasst war.[713] Der BFH trennte insoweit (richtigerweise) zwischen den verschiedenen Wirtschaftsgütern, nämlich der Darlehensforderung zum einen und der Beteiligung an der Gesellschaft zum anderen.

Der Gesetzgeber sieht in dieser wortgetreuen Auslegung des § 3c EStG seine eigentliche Intention konterkariert. Er will das Teileinkünfteverfahren nach § 3 Nr. 40 EStG i. V. m. § 3c Abs. 2 EStG auch auf die Fälle von Substanzverlusten aufgrund von Darlehensbegebungen an die Körperschaft ausgedehnt wissen, wenn Darlehen nicht zu fremdüblichen Konditionen, sondern aus gesellschaftsrechtlichen Gründen gewährt werden. Das soll auch für wirtschaftlich vergleichbare Handlungen eines Gesellschafters gelten.

3.1.2.1.2 Gesellschafterdarlehen; § 3 c Abs. 2 Sätze 2–5 EStG

In § 3c Abs. 2 S. 1 EStG ist das Prinzip zugrunde gelegt, dass solche Betriebsausgaben etc., die mit dem Teileinkünfteverfahren nach § 3 Nr. 40a EStG unterfallenden Einnahmen im wirtschaftlichen Zusammenhang stehen, nur i. H. v. 60 % zum Abzug zuzulassen sind. Dies beruht auf dem Korrespondenzgedanken.

Diesen weitet nun § 3c Abs. 2 S. 2–5 EStG aus und zwar auf alle Fälle eines Gesellschafterdarlehen oder einer wirtschaftlich vergleichbaren Handlung. Inhaltlich orientiert sich die Norm an § 8b Abs. 3 KStG. Das Abzugsverbot wird damit begründet, dass ein solches Darlehen zu-

---

[713] BFH, Urteil v. 18.4.2012, X R 5/10, BStBl II 2013, S. 785; BFH, Urteil v. 18.4.2012, X R 7/10, BStBl II 2013, S. 791.

mindest in einem mittelbaren wirtschaftlichen Zusammenhang mit nach § 3 Nr. 40 EStG teilweise steuerfreien Beteiligungserträgen steht. Darin sieht der Gesetzgeber eine hinreichende sachliche Rechtfertigung der Beschränkung.[714]

3.1.2.1.3 Mindestbeteiligung und Empfängergesellschaft

Das Darlehen oder die für ein von einem Dritten gewährten Darlehen begebene Sicherheit muss von einem Steuerpflichtigen gewährt worden sein, der zu mehr als einem Viertel unmittelbar oder mittelbar am Grund- oder Stammkapital der Körperschaft beteiligt ist oder war. Insoweit findet auf Ebene des Darlehensgebers eine „Konzernbetrachtung" statt. Es sollen bloße mittelbare Beteiligungen von mehr als 25 % an der Empfängerkörperschaft genügen. Damit werden auch tiefergestaffelte Gesellschaftsstrukturen erfasst.

Die Norm beschränkt die Anwendung nicht auf Kapitalgesellschaften, sondern spricht allgemein von „Körperschaft". Indessen verfügen nicht alle Körperschaften i. S. d. § 1 Abs. 1 KStG über ein Grund- oder Stammkapital. Man denke beispielsweise nur an Genossenschaften oder Versicherungsvereine auf Gegenseitigkeit. Auch Vereine oder sonstige juristische Personen des Privatrechts verfügen über kein Grund- oder Stammkapital. Ebenso stellt sich die Frage, wie bei Kapitalausstattungen der Betriebe gewerblicher Art von juristischen Personen des öffentlichen Rechts umzugehen ist.

3.1.2.1.4 Materielle Nachweispflicht zur Fremdüblichkeit

Das Betriebsausgabenabzugsverbot soll nicht gelten, wenn nachgewiesen wird, dass auch ein fremder Dritter das Darlehen bei sonst gleichen Umständen gewährt oder noch nicht zurückgefordert hätte. Die Nachweispflicht trifft den Steuerpflichtigen selbst und ist als materielle Nachweispflicht ausgestattet. D. h., bei Nichterweislichkeit der Fremdüblichkeit wird der geltend gemachte Betriebsausgabenabzug verwehrt.

Hinsichtlich des Umfangs und des Inhalts der Nachweispflicht sieht sich der Steuerpflichtige denselben Schwierigkeiten ausgesetzt, wie sie § 8b Abs. 3 KStG eröffnet. Denn mangels hinreichend konkreter Regelung, wann eine Fremdüblichkeit einer Darlehens- oder Sicherheitsvergabe gegeben oder anzunehmen ist, bleibt diese im normativen Raum und lässt Interpretationen zugunsten der Finanzverwaltung offen. Diese kann damit allein bestimmen, wann ihr vorgelegte Nachweise genügen, und wann nicht.

Beim Nachweis der Fremdüblichkeit dürfen nur die eigenen Sicherungsmittel der Körperschaft berücksichtigt werden. Dies beschränkt die Nachweismöglichkeit und ist als Widerspruch dazu anzusehen, dass auf Gesellschafterebene aufgrund der mittelbaren Betrachtung eine „Konzernsicht" erfolgt.

Das Gesetz sieht vor, dass das Betriebsausgabenabzugsverbot nicht gilt „als nachgewiesen wird, dass auch ein fremder Dritter das Darlehen bei sonst gleichen Umständen gewährt oder noch nicht zurückgefordert hätte". Der Wortlaut spricht dafür, dass eine teilweise Berücksichtigung möglich sein kann, wenn für bestimmte Darlehen ein Nachweis erbracht wurde.

---

[714] So auch schon BMF, Schreiben v. 8.11.2010, IV C 6 – S 2128/07/10001, BStBl I 2010, S. 1292, Tz.. 2.

Beispiel

Gesellschafter A (Beteiligung > 25 %) gewährt der A-GmbH am 1.1.2015 ein Darlehen i. H. v. 10.000 € zu fremdüblichen Konditionen. Aufgrund einer Verschlechterung wirtschaftlichen Lage, benötigt diese zum 1.7.2015 abermals ein Darlehen. Indessen gelingt der A-GmbH keine Fremdfinanzierung, sodass A abermals ein Darlehen i. H. v. 10.000 € ausreicht.

Bei einem Verlust der beiden Darlehen ist eine getrennte Betrachtung vorzunehmen. Während das Darlehen vom 1.1. nicht unter § 3c Abs. 2 S. 2 EStG fällt, weil dem A der Nachweis der Fremdüblichkeit gelingt, ist das Darlehen vom 1.7.2015 vom Betriebsausgabenabzugsverbot des § 3c Abs. 2 S. 2 EStG erfasst.

3.1.2.1.5 Wirtschaftlich vergleichbare Rechtshandlungen

Die Sätze 2 und 3 gelten entsprechend für Forderungen aus Rechtshandlungen, die einer Darlehensgewährung wirtschaftlich vergleichbar sind. Auch insoweit orientiert sich die Norm an § 8b Abs. 3 KStG.

3.1.2.1.6 Gesonderte Ermittlung der Teilwertabschreibungen und Wertaufholungen

Die Norm des § 3c Abs. 2 EStG trägt denn auch dazu bei, weitere „Schattenrechnungen" in der steuerlichen Buchhaltung vorzunehmen. Denn Gewinne aus der Wertaufholung nach Maßgabe des § 6 Abs. 1 Nr. 2 S. 3 i. V. m. Nr. 1 S. 4 EStG bleiben außer Ansatz, soweit auf die vorangegangene Teilwertabschreibung das Betriebsausgabenabzugsverbot angewendet worden ist.

Nach der Begründung des Gesetzgebers soll die dem § 8b Abs. 3 S. 8 KStG entsprechenden Regelung eine Übermaßbesteuerung vermeiden.[715] Diese Aussage ist an sich schon erstaunlich, als sich der Gesetzgeber über die getrennte Betrachtung der Wirtschaftsgüter hinwegsetzt und jegliche mittelbare Veranlassung als Rechtfertigungsgrund für ein Abzugsverbot annimmt, aber gleichzeitig die Ausnahme von der Besteuerung als „Wohltat" anpreist, wenn er spätere Wertaufholungen nach einer vorausgegangenen Teilwertabschreibung oder vergleichbare Sachverhalte nicht der vollen Besteuerung unterwirft.

3.1.2.1.7 Problemstellungen der Norm im Vergleich zu § 8b Abs. 3 KStG

Der Wortlaut der Regelung, der sich stark an der Regelung des § 8b Abs. 3 S. 4–8 KStG orientiert, führt im Kontext des § 3c EStG zu Unklarheiten. Während § 8b Abs. 3 S. 4 KStG den Abzug von „Gewinnminderungen im Zusammenhang mit einer Darlehensforderung" begrenzt, spricht § 3c Abs. 2 S. 2 EStG von „Betriebsvermögensminderungen und Betriebsausgaben im Zusammenhang mit einer Darlehensforderung". Indessen ist der Regelungsbereich des § 3c Abs. 2 EStG en anderer als bei § 8b Abs. 3 KStG.

§ 8b Abs. 3 KStG soll lediglich Substanzverluste erfassen. Dagegen enthält § 3c Abs. 2 EStG ein allgemeines Teilabzugsverbot, wenn ein wirtschaftlicher Zusammenhang mit bestimmten Einnahmen gegeben ist. Eine Beschränkung auf Substanzverluste ist in der Formulierung „Betriebsvermögensminderungen und Betriebsausgaben im Zusammenhang mit einer Darlehensforderung" nicht zu erkennen. Damit könnten auch laufende Aufwendungen, wie z. B. Refinanzierungskosten erfasst sein.

---

[715] BT-Drs. 18/3017, S. 52.

Ob indessen eine einschränkende Auslegung vor dem Hintergrund der Gesetzesbegründung möglich ist, die lediglich auf Substanzverluste abstellt, ist zweifelhaft.[716] Nach Auffassung der Finanzverwaltung fallen bereits nach derzeitiger Rechtslage Refinanzierungskosten bei einer teilentgeltlichen oder unentgeltlichen Darlehensgewährung unter das Teilabzugsverbot des § 3c Abs. 2 EStG.[717]

3.1.2.1.8 Abzugsverbot bei anderen Überlassungsverhältnissen

Die Norm des § 3c Abs. 2 erfasst in S. 6 EStG alle anderen Überlassungsverhältnissen und zwar ungeachtet dessen, ob diese in einem wirtschaftlichen Zusammenhang mit den in § 3 Nr. 40 EStG zugrundeliegenden Betriebsvermögensmehrungen oder Einnahmen oder mit Vergütungen nach § 3 Nr. 40a EStG stehen.

Damit sichert der Gesetzgeber die bisherige Auffassung der Finanzverwaltung[718] nunmehr gesetzlich ab. Bei Überlassung von Wirtschaftsgütern an eine Kapitalgesellschaft, an der der Überlassende beteiligt ist (insb. in Betriebsaufspaltungsfällen) und bei einer aus gesellschaftsrechtlichen Gründen fehlenden Fremdüblichkeit der Überlassung soll das Teilabzugsverbot nach § 3c Abs. 2 EStG auch für die Betriebsvermögensminderungen, Betriebsausgaben oder Veräußerungskosten, wie beispielsweise Refinanzierungskosten oder Unterhaltungsaufwendungen des Besitzunternehmens, eingreifen.

Dieses Abzugsverbot, welches sich von einem wirtschaftlichen Zusammenhang vollständig löst, wird damit gerechtfertigt, dass die Betriebsvermögensminderungen, Betriebsausgaben oder Veräußerungskosten ganz oder teilweise mit den aus dem Betriebsunternehmen erwarteten Einkünften des Gesellschafters zusammenhängen, nämlich den Beteiligungserträgen in Form von Gewinnausschüttungen und den Gewinnen aus einer zukünftigen Veräußerung oder Entnahme des Anteils. Hier wird letztlich der weitest denkbare Zusammenhang hergestellt. Es fragt sich, ob dies überhaupt noch etwas mit einer „wirtschaftlichen Betrachtungsweise" und der Besteuerung nach der Leistungsfähigkeit zu tun hat.

Praxishinweis

Es ist zu beachten, dass weder § 3c Abs. 2 EStG noch § 8b KStG eine Regelung enthalten, nach der die Vorschrift nicht auch auf Kapitalgesellschaften anzuwenden wäre. Damit wäre § 3c Abs. 2 EStG, soweit er über den Regelungsbereich des § 8b KStG hinausgeht, auch auf Kapitalgesellschaften anzuwenden.

Nicht anzuwenden wäre die Vorschrift bei Darlehensforderungen im Privatvermögen – der Wortlaut erfasst Betriebsvermögensminderungen und Betriebsausgaben, aber keine Werbungskosten.

3.1.2.1.9 Inkrafttreten

Die Änderung gilt nach § 52 Abs. 5 S. 2 EStG für alle nach dem 31.12.2014 beginnenden Wirtschaftsjahre.

---

[716] BT-Drs. 18/3017, S. 46.
[717] BMF, Schreiben v. 23.10.2013, IV C 6 – S 2128/07/10001, BStBl I 2013, S. 1269, Rz. 13.
[718] BMF, Schreiben v. 8.11.2010, BStBl I 2010, S. 1292, Nr. 5.

3.1.2.2 Neuregelung der Aus- und Fortbildungskosten, §§ 4 Abs. 9, § 9 Abs. 6, § 12 Nr. 5 EStG

3.1.2.2.1 Zielstellung der Regelungen

Der Gesetzgeber wendet sich abermals den in zu Aus- und Fortbildungskosten zu. Diese sind in §§ 4 Abs. 9, 9 Abs. 6, 12 Nr. 5 EStG geregelt. Aus Sicht des Gesetzgebers bedarf es einer gesetzlichen Definition des Begriffs der Erstausbildung. Denn der BFH hatte entschieden, dass eine erstmalige Berufsausbildung weder ein Berufsausbildungsverhältnis nach dem Berufsbildungsgesetz noch eine bestimmte Ausbildungsdauer oder eine formale Abschlussprüfung voraussetzt.[719] Damit stellte sich der BFH gegen die Ansicht der Finanzverwaltung.[720] Die Angst des Gesetzgebers vor „Gestaltungen" im Bildungsbereich,[721] die dazu führen könnten, dass spätere Studienkosten als (vorweggenommene) Werbungskosten angesetzt werden, ist unübersehbar. Mit einer „rechtssicheren Bestimmung des Abschlusses der ersten Berufsausbildung" will der Gesetzgeber solchen „Gestaltungen" entgegensteuern.

3.1.2.2.2 Definition und Voraussetzungen der Erstausbildung, § 9 Abs. 6 S. 2 ff. EStG

Anknüpfungspunkt der Anerkennung von Aus- und Fortbildungskosten als Betriebsausgaben bzw. Werbungskosten ist, dass es sich (wie bisher auch) nicht um solche handelt, die eine sog. Erstausbildung vermitteln. Die Aufwendungen müssen also einer Erstausbildung zeitlich nachgelagert sein.

Als Erstausbildung kommt eine Berufsausbildung oder ein Studium in Frage. Technisch bedient sich der Gesetzgeber damit eines negativen Merkmals. § 9 Abs. 6 S. 2–6 EStG gibt vor, wann eine Erstausbildung anzunehmen ist. Eine Berufsausbildung liegt vor, wenn

- eine geordnete Ausbildung
- mit einer Mindestdauer von 12 Monaten bei vollzeitiger Ausbildung und
- mit einer Abschlussprüfung

durchgeführt wird. „Geordnet" soll die Ausbildung dann sein, wenn diese auf einem Ausbildungsplan beruht. Dieser Ausbildungsplan kann seine Grundlage

- in Rechts- oder Verwaltungsvorschriften
- oder den internen Vorschriften eines (privaten) Bildungsträgers

haben. Es muss sich um eine „vollzeitige" Ausbildung handeln. Dies soll vorliegen, wenn die Ausbildung eine Dauer von durchschnittlich mindestens 20 Stunden wöchentlich aufweist.

Praxishinweis

Von der Orientierung am Berufsausbildungsgesetz, das eine Dauer von 2 Jahren vorsieht (vgl. § 5 BBiG), hat sich der Gesetzgeber gelöst. Auf Intervention des Finanzausschusses des Bundestages wurde auch von der ursprünglichen Intention, eine 18-Monatsgrenze als Maßstab einzuführen, Abstand genommen. Damit soll dem Umstand, dass vor allem in Gesundheits- und Pflegeberufen kürzere Ausbildungszeiten möglich sind, Rechnung getragen werden.

---

[719] BFH, Urteil v. 28.2.2013, VI R 6/12, BFH/NV 2013, S. 1166.
[720] BMF, Schreiben v. 22.9.2010, IV C 4 – S 2227/07/10002:002, BStBl I 2010, S. 721.
[721] BT-Drs. 18/3017, S. 52.

Damit würden lediglich solche berufsvorbereitende Maßnahmen oder Ausbildungen, die diese gesetzliche Mindestausbildungsdauer von 12 Monaten unterschreiten und damit keine Erstausbildung vermitteln, ausgeschlossen sein.

Hier meint der Gesetzgeber, dass diese nicht auf eine hinreichend qualifizierte berufliche Tätigkeit vorbereiten und zwar auch dann nicht, wenn diese auf der Grundlage von Rechts- und Verwaltungsvorschriften vermittelt werden, da nur begrenzte berufliche Fähigkeiten für einfache Tätigkeiten erworben werden.

Praxishinweis

Diese Beschränkung auf 12 Monate erscheint weniger problematisch. Zum einen gibt § 5 BBiG keine starre und Ausbildungszeit vor, sondern regelt nur eine Sollvorschrift. Insoweit kann in begründeten Fällen eine Ausbildung auch innerhalb einer geringeren Zeitspanne als 2 Jahre unterlaufen werden. Zum anderen wird einer möglichen Diskriminierung entgegengetreten, die ein starres Festhalten an einer 18-Monatsfrist mit Blick auf für einfache Tätigkeiten vorgesehene Ausbildung hätte bewirken können. Es wurde damit eine steuerliche Sanktionierung der Chancengleichheit wahrgenommen.

3.1.2.2.3 Keine erste Berufsausbildung

Nicht als Berufsausbildung anerkannt werden sollen

- Berufsorientierungs- oder -vorbereitungskurse
- Kurse zur Erlangung der Fahrerlaubnis für Nutzfahrzeuge
- Kurse zur Berechtigung zum Fahren von Flurförderfahrzeugen (Gabelstapler)
- Betriebspraktika
- Maßnahmen zur Vermittlung einfachster Berufstätigkeiten (sog. Anlerntätigkeiten, kurzfristige Einweisungen)
- Grundausbildung bei der Bundeswehr.

Auch der Abschluss mehrerer unabhängiger Kurse soll keine erste Berufsausbildung darstellen und zwar auch dann nicht, wenn die Kurse inhaltlich aufeinander aufbauen. Hier wird es allerdings auf den Einzelfall ankommen.

Praxishinweis

Die neue Regelung hat die jüngste Vorlage des BFH zur Verfassungsmäßigkeit des § 9 Abs. 6 EStG (i. d. F vor dem Inkrafttreten des ZollkodexAnpG) nicht im Blick. Danach ist der BFH von der Verfassungswidrigkeit des § 9 Abs. EStG überzeugt, da dieser gleichheitswidrig zwischen Aus- und Fortbildungskosten unterscheidet. Der BFH will lediglich die Kosten der Schulbildung der privaten Lebensführung zuordnen. Die Kosten einer Berufsausbildung seien hingegen stets beruflich veranlasst.[722] Da sich mit der Gesetzesänderung keine inhaltlichen Neuerungen zur bisherigen Ungleichbehandlung ergeben, empfiehlt es sich, auch gegen Steuerfestsetzungen für den VZ 2015 Rechtsmittel einzulegen, bis das BVerfG über die streitige Frage entschieden hat.

---

[722] Siehe z. B. BFH, Beschluss v. 17.6.2014, VI R 8/12, BFH/NV 2014, S. 1970, Az. beim BVerfG 2 BvL 24/14.

3.1.2.2.4 Aufhebung des § 12 Nr. 5 EStG

Aufgrund der Neuregelung zu den Ausbildungskosten entfällt der Anwendungsbereich des § 12 Nr. 5 EStG, weshalb er aufgehoben wird.

3.1.2.2.5 Inkrafttreten

Die Änderungen zu den Berufsausbildungskosten sind nach der allgemeinen Anwendungsregelung in § 52 Abs. 1 EStG ab dem VZ 2015 anzuwenden.

3.1.3 Ertragsteuerliche Ansatz- und Bewertungsvorschriften §§ 7 ff. EStG

Der Bundesrat schlug aus Gründen der Vereinfachung vor, diejenigen Normen betreffend Sonderabschreibungen von Wirtschaftsgütern aus dem EStG zu streichen, die kraft Zeitablaufs keine Geltung mehr erlangen. Dem folgte der Bundestag.

3.1.3.1 Ersatzloser Wegfall von Regelungen für Sonderabschreibungen

Es werden folgende Regelungen betreffend die Inanspruchnahme von Sonderabschreibungen aus dem EStG gestrichen:

- § 7b EStG, Erhöhe Absetzungen für Ein- und Zweifamilienhäuser sowie Eigentumswohnungen
- § 7c EStG, Erhöhe Absetzungen für Baumaßnamen an Gebäuden zur Schaffung neuer Mietwohnungen
- § 7d EStG, Erhöhe Absetzungen für Wirtschaftsgüter, die dem Umweltschutz dienen;
- § 7f EStG, Bewertungsfreiheit für abnutzbare Wirtschaftsgüter des Anlagevermögens privater Krankenhäuser
- § 7k EStG, Erhöhe Absetzungen für Wohnungen mit Sozialbindung.

Diese Regelungen sind auf neu anzuschaffende Wirtschaftsgüter nicht mehr anzuwenden. Es entfällt damit ihr Regelungszweck.

3.1.3.2 Aufnahme einer Übergangsregelung, § 52 Abs. 15a EStG

Die Fortgeltung der Regelungen wird durch die eingefügte Übergangsregelung des § 52 Abs. 15a EStG gesichert. Es handelt sich dabei um einen Rechtsgrundverweis, sodass für alle vor dem 1.1.2014 angeschaffte oder hergestellte Wirtschaftsgüter die Weitergeltung der bisherigen Sonderabschreibungen sichergestellt ist.

3.1.4 Änderungen bei Einkünften aus Land- und Forstwirtschaft, §§ 13, 13a EStG

3.1.4.1 Hintergrund und Zielsetzung der Neuregelungen

Der Gesetzgeber sieht sich durch wiederholte Rügen des Bundesrechnungshofs veranlasst, die Gewinnermittlung nach Durchschnittssätzen neu zu fassen.[723]

---

[723] Vgl. Feststellungen des Bundesrechnungshofs im Bericht v. 17.1.2012, BT-Drs. 17/8428, S. 3.

Wesentliche Mängel betreffen nicht die Grundbeträge nach § 13a Abs. 4 EStG für die übliche landwirtschaftliche Nutzung, sondern die Erfassung von Gewinnen aus Tätigkeiten in Sonderbereichen (z. B. erhebliche Tierzucht und Tierhaltung; Sondernutzungen wie Spargel-, Obst-, Wein- und Gartenbau; Dienstleistungen sowie Veräußerung und Entnahme von wertvollem Anlagevermögen). Es wurde seitens des Bundesrechnungshofes empfohlen, zur Berücksichtigung der Besonderheiten in der Land- und Forstwirtschaft und zur Vereinfachung weiterhin eine pauschale Gewinnermittlung für kleinere Betriebe der Land- und Forstwirtschaft zuzulassen, diese jedoch in Form einer modifizierten Einnahmen-Überschussrechnung auszugestalten.

3.1.4.2 Umsetzung der Maßnahmen

Zwar soll im Grundsatz die bisherige Gewinnermittlung nach § 13a EStG, die sich als Vereinfachungsregelung bewährt hat, beibehalten bleiben. Sie wird damit auch weiterhin für typische landwirtschaftliche Betriebe zu einer angemessenen Gewinnerfassungsquote führen, sodass kleinere land- und forstwirtschaftliche Betriebe dieser Art der Gewinnermittlung folgen können.

Aufgrund der festgestellten Mängel soll § 13a EStG zielgenauer ausgestaltet und weiter vereinfacht werden. Dies geschieht im Wesentlichen durch folgende Maßnahmen:

- Änderung der Zugangsvoraussetzung im Bereich der Sondernutzungen (§ 13a Abs. 1 Nr. 5 EStG)

- Ansatz eines einheitlichen Grundbetrags für die landwirtschaftlichen Flächen sowie eines Zuschlags für Tierzucht und Tierhaltung je Vieheinheit oberhalb von 25 Vieheinheiten, § 13a Abs. 4 EStG

- Betriebseinnahmenerfassung und Berücksichtigung von Betriebsausgabenpauschalen für die forstwirtschaftliche Nutzung nach § 51 EStDV (§ 13a Abs. 5 EStG)

- Erfassung von Durchschnittssatzgewinnen für die Sondernutzungen (§ 13a Abs. 6 EStG)

- Berücksichtigung weiterer Sondergewinnen (§ 13a Abs. 7 EStG)
    - z. B. beim Verkauf von wertvollem Anlagevermögen mit einem Veräußerungspreis von 15.000 € (§ 13a Abs. 7 Nr. 1 EStG)
    - Erhalt von Entschädigungen (§ 13a Abs. 7 Nr. 2 EStG)
    - 40 % der Einnahmen aus dem Grunde nach gewerblichen Tätigkeiten (§ 13a Abs. 7 Nr. 3 EStG).

3.1.4.3 Inkrafttreten

Der Gesetzgeber hat die Anwendung des § 13a EStG mit einer Übergangsregelung versehen. Gem. § 52 Abs. 22a EStG gelten die Änderungen ab dem 1.1.2015. Für alle Wirtschaftsjahre, die vor dem 31.12.2015 enden, soll die bis zum 31.12.20014 geltende Fassung anzuwenden sein. Die nach dem 30.12.2015 endeten Wirtschaftsjahre werden der ab dem 1.1.2015 geltenden Fassung unterworfen.

Soweit nach Maßgabe des § 13a Abs. 2 EStG ein Wahlrecht in Anspruch genommen wurde, bleibt die bisherige Bindungsfrist des 13a Abs. 2 S. 1 EStG (in der bis zum 31.12.20014 geltenden Fassung) bestehen.

3.1.5 Änderungen bei Arbeitnehmerbezügen

3.1.5.1 Erweiterung der Einkünfte aus nichtselbstständiger Arbeit, § 19 Abs. 1 EStG

Zum Arbeitslohn zählen auch alle Vorteile, die der Arbeitgeber dem Arbeitnehmer im Rahmen seines Dienstverhältnisses zuwendet. Es genügt, sofern diese durch das Arbeitsverhältnis veranlasst sind und sich als Leistungen darstellen, die für die Arbeitsleitung gewährt werden.

In diesen Zusammenhang hat der Gesetzgeber die Gelegenheit ergriffen, die Sachbezüge im Rahmen von Betriebsveranstaltungen zu regeln, wie auch den Vorteil aus Versorgungszuwendungen zu erweitern.

3.1.5.1.1 Zuwendungen aus Betriebsveranstaltungen, § 19 Abs. 1 S. 1 Nr. 1a EStG

Zuwendungen des Arbeitgebers an seine Arbeitnehmer im Rahmen von Betriebsveranstaltungen wurden seitens der Rspr. bislang als im eigenbetrieblichen Interesse stehend gesehen, wenn die Aufwendungen für einen Arbeitnehmer nicht mehr als 110 € betragen. Die Rspr. hat der Gesetzgeber nunmehr in Gesetzesform gefasst. Dabei wird die bisher als Freigrenze verstandene Höhe als Freibetrag ausgestaltet. Die ursprüngliche Überlegung, den Zuwendungsbetrag auf 150 € zu erhöhen, lehnte der Finanzausschuss des Bundestags ab.

3.1.5.1.2 Art und Weise der Zuwendung

Vorteile aus der Teilnahme an einer betrieblichen Veranstaltung sind dann als Zuwendungen i. S. v. § 19 Abs. 1 S. 1 Nr. 1a EStG und damit als Einnahme zu behandeln, wenn diese

- auf einer Betriebsveranstaltung gewährt werden, und zwar
- ungeachtet dessen, ob diese Vorteile
  - einzelnen Arbeitnehmern individuell zurechenbar sind oder
  - ob es sich um einen rechnerischen Anteil handelt, der sich auf Kosten bezieht, die
    - der Arbeitgeber gegenüber Dritten aufwendet und
    - den äußeren Rahmen der Veranstaltung betreffen.

Dritte sind beispielweise sog. Eventveranstalter. Durch die Bezugnahme auf solche Drittkosten bleiben alle eigenen Aufwendungen des Arbeitgebers außen vor.

Der Bezug auf den äußeren Rahmen entspricht der bisherigen Rspr. und Auffassung der Finanzverwaltung.

Betriebsveranstaltung ist jede Veranstaltung auf betrieblicher Ebene mit gesellschaftlichem Charakter. Unklar ist, ob das Wort „mit" auf einen ausschließlichen Charakter der Veranstaltung hinweist oder ob es schon genügt, wenn die Veranstaltung „auch" gesellschaftlichen Charakter hat.

Praxishinweis

Erfasst werden nach dem Gesetzwortlaut auch Aufwendungen, die Veranstaltungen von Betriebsteilen betreffen. Diese werden als betriebliche Organisationseinheit von eigener Bedeutung erfasst.

Hier wird es auf die konkreten Umstände des Einzelfalls ankommen, wann ein Organisations- und Bedeutungsgrad erreicht ist, damit § 19 Abs. 1 Nr. 1a EStG dann greift.

3.1.5.1.3 Wert der Einnahme

Der Wert der Einnahmen wird grds. nach § 8 Abs. 2 EStG anhand des Marktpreises am Abgabeort bestimmt. Hier ist vorgesehen, dass abweichend davon die anteilig auf den Arbeitnehmer und dessen Begleitpersonen entfallenden Aufwendungen des Arbeitgebers anzusetzen sind.

Der bisher im Gesetzgebungsverfahren verfolgte Ansatz, wonach die Steuerbefreiungsvorschriften des § 3 Nr. 13 und 16 EStG (Reisekostenvergütungen/Verpflegungsmehraufwendungen) nicht anzuwenden seien, wurde nicht verwirklicht. Damit sind weiterhin steuerfreie Reisekostenerstattungen nicht in den Zuwendungsbetrag einzubeziehen.

Keine Einnahmenerfassung

Ebenso ist nicht von Arbeitslohn auszugehen, wenn

- die Teilnahme an der Betriebsveranstaltung allen Betriebsangehörigen offensteht und
- der Umfang der Aufwendungen je teilnehmenden Arbeitnehmer nicht die Grenze von 110 € übersteigt.

Bei der Wertermittlung ist die USt mit einzurechnen. Die Wertgrenze von 110 € brutto gilt für zwei Betriebsveranstaltungen jährlich, also pro Kalenderjahr.

3.1.5.1.4 Inkrafttreten

Die Norm tritt in Kraft am 1.1.2015 (vgl. Art. 16 Abs. 2 ZollkodexAnpG).

3.1.5.2 Zahlungen an Versorgungseinrichtungen, § 19 Abs. 1 S. 1 Nr. 3 und S. 2 EStG

3.1.5.2.1 Zielstellung und Zweck der Regelung

Mit der Neuregelung soll eine Besteuerungslücke geschlossen werden.

Nach bisheriger Rechtslage führten Zahlungen des Arbeitgebers zur Erfüllung der Solvabilitätsvorschriften (§§ 53c und 114 VAG) nicht zu den Einkünften aus nichtselbstständiger Arbeit (§ 19 Abs. 1 S. 1 Nr. 3 S. 2 Halbs. 1 EStG). Hierin wird eine Regelungslücke gesehen, die darin bestehen soll, dass bei den zur Erfüllung der Solvabilitätsvorschriften aufzubringenden Mittel des Arbeitgebers nicht nach deren Verwendung differenziert wird. Damit sei es dem Arbeitgeber möglich, auch dem Grunde nach lohnsteuerpflichtige Arbeitgeberbeiträge zur Altersvorsorge der Arbeitnehmer durch steuerlich unbelastete Mittel zu ersetzen. Dies soll mit der Regelung vermieden werden.

3.1.5.2.2 Inhalt der Regelung

Die Ausnahme in § 19 Abs. 1 S. 1 Nr. 3 S. 2 Halbs. 1 EStG wird künftig ausdrücklich beschränkt auf

- die erstmalige Bereitstellung der Kapitalausstattung zur Erfüllung der Solvabilitätsvorschriften nach §§ 53c und 114 VAG (Buchst. a) und
- Zahlungen des Arbeitgebers zur Wiederherstellung einer angemessenen Kapitalausstattung nach
  - unvorhersehbaren Verlusten oder
  - zur Finanzierung der Verstärkung der Rechnungsgrundlagen aufgrund einer unvorhersehbaren und nicht nur vorübergehenden Änderung der Verhältnisse (Buchst b).

Erstmalige Bereitstellung

Zur erstmaligen Bereitstellung der Kapitalausstattung zur Erfüllung der Solvabilitätsvorschriften soll auch eine Erhöhung der Solvabilitätsspanne gehören, die auf Neugeschäften oder vertraglich vereinbarten laufenden Beiträgen oder Zuwendungen beruht.

Angemessene Kapitalausstattung

Ist eine Bedeckung der Solvabilitätsspanne von 100 % erreicht, liegt eine angemessene Kapitalausstattung vor. Gemessen an den aufsichtsrechtlichen Vorgaben kann dieser Bedeckungsgrad auch von bis zu 115 % erreichen. Dann liegt er immer noch unter dem durchschnittlichen Bedeckungsgrad von Pensionskassen und Lebensversicherungsunternehmen in den letzten Jahren und gibt Unternehmen Handlungsspielraum, um weitere Verluste abzufedern.

Unvorhersehbare Verluste

Unter „unvorhersehbaren Verlusten sind solche Verluste zu verstehen, die die Unternehmen nicht zu vertreten haben. Die Begrifflichkeit ist an den Begriff der unvorhersehbaren Verluste in § 56b Abs. 1 S. 2 VAG angelehnt.

Praxishinweis

Als typisches Beispiel für unvorhersehbare Verluste ist ein hoher Abschreibungsbedarf infolge eines Einbruchs am Kapitalmarkt zu sehen. Ob dieser Einbruch ähnliche Ausmaße haben muss, wie derjenige in der Finanzkrise des Jahres 2008 ist unklar, dürfte aber kaum sachgerecht sein, da diese Krise auch zu Totalverlusten führte. Auch ein plötzlicher Anstieg der Invaliditätsfälle infolge neuer Rspr. kann eine solche Unvorhersehbarkeit begründen. Allgemeine Verluste aus einzelnen Kapitalanlagen eines Unternehmens werden in aller Regel allerdings nicht ausreichen. Es muss sich im gewissen Sinne um marktatypische Verlustsituationen handeln.

Sachgerecht ist es auch, Sonderzahlungen des Arbeitgebers den Sonderzahlungen zur Wiederherstellung einer angemessenen Kapitalausstattung gleichzustellen. Denn die gestiegene Lebenserwartung wie auch das Niedrigzinsumfeld führen zu Finanzierungslücken, die nur mit Sonderzahlungen geschlossen werden können.

3.1.5.2.3 Inkrafttreten

Nach § 52 Abs. 26a EStG soll die Norm des § 19 EStG für alle Zahlungen nach der Verkündung des Gesetzes gelten, also ab dem 31.12. 2014.

3.1.6 Änderungen bei Sonderausgaben und außergewöhnlichen Belastungen

3.1.6.1 Neustrukturierung der Sonderausgaben, § 10 Abs. 1a EStG

Der Gesetzgeber nahm den Vorschlag des Bundesrates, bei Ausgleichzahlungen zwischen geschiedenen Ehegatten eine andere Regelung zu treffen, zum Anlass, den § 10 EStG generell betreffend einige Sonderausgaben, neu zu strukturieren.

Die in §10 Abs. 1 Nr. 1, 1a und 1b EStG wurden aufgehoben und in dem neugefassten § 10 Abs. 1a EStG zusammengefasst. Damit sind nunmehr diejenigen Sonderausgabenabzugstatbestände in einer Norm enthalten, bei denen der Abzugstatbestand des Leistenden mit einer Besteuerung beim Leistungsempfänger korrespondiert. Diese dient der leichteren Rechtsanwendung und hat auch den Vorteil einer übersichtlicheren Darstellung. Inhaltlich hat sich zu den bisherigen in Abs. 1 enthaltenen Nummern, mit Ausnahme des in § 10 Abs. 1a Nr. 3 EStG neu eingeführten Sonderausgabentatbestands, nichts geändert.

3.1.6.1.1 Redaktionelle Änderungen in anderen Bereichen

Diese Neustrukturierung hat zur Folge, dass weitere Normen mit Bezug zum Sonderausgabenabzug geändert werden müssen. Es handelt sich im Wesentlichen um redaktionelle Änderungen. Betroffen sind

- die erweitert beschränkte Steuerpflicht (§ 1a EStG)
- die Werbungskostenpauschale (§ 9a S. 1 Nr. 3 EStG)
- die Aufzählung bei den sonstigen Einkünften (§ 22 Nr. 1a EStG)
- die Einkommensteuer-Vorauszahlung (§ 37 Abs. 3 S. 4 EStG)
- die Freibetrags- und Hinzurechnungsbetragsbestimmung (§ 39a EStG).

3.1.6.1.2 Ergänzung des Sonderausgabenabzugs im Scheidungsfall, § 10 Abs. 1 Nr. 3 EStG

3.1.6.1.3 Inhalt und Zweck der Vorschrift

Im Falle einer Scheidung geben § 6 Abs. 1 S. 2 Nr. 2 VersAusglG und §§ 1408 Abs. 2, 1587 BGB der ausgleichspflichtigen Person die Möglichkeit, zur Vermeidung der Durchführung eines Versorgungsausgleichs, Ausgleichszahlungen an den Versorgungsberechtigten zu vereinbaren bzw. zu leisten. Nach der bisherigen Regelung des § 10 EStG waren solche Zahlungen vom Sonderausgabenabzug nicht erfasst. Demgegenüber hatte der BFH Ausgleichszahlungen eines Beamten und damit zusammenhängende Schuldzinsen zur Vermeidung einer Kürzung seiner Versorgungsbezüge als Werbungskosten eingestuft, während er andererseits den Vorgang als auf der privaten Vermögensebene als steuerlich unbeachtlich behandelte.[724]

In § 10 Abs. 1a Nr. 3 EStG wird nun ein neuer Abzugstatbestand für Ausgleichszahlungen zur Vermeidung des Versorgungsausgleichs nach einer Ehescheidung bzw. der Auflösung einer

---

[724] BFH, Urteil v. 8.3.2006, IX R 107/00, BStBl II 2006, S. 446 u. 448.

Lebenspartnerschaft eingefügt. Damit wird ein Regelungsdefizit beseitigt. Die steuerlichen Regelungen zur internen und externen Teilung (§ 3 Nr. 55a und Nr. 55b EStG) bleiben unberührt.

3.1.6.1.4 Persönliche Voraussetzungen

Die Berücksichtigung als Sonderausgabe erfolgt nur auf Antrag des Ausgleichsverpflichteten. Der Ausgleichsberechtigte muss indessen zustimmen. Wie bislang auch ist dadurch sichergestellt, dass die Verfahrensbeteiligten bestimmen sollen, in welchem Umfang ein Abzug und die damit einhergehende Besteuerung erfolgen soll.

Eine steuerliche Berücksichtigung des nicht von der Zustimmung umfassten Teils der Ausgleichszahlungen in einem vom Leistungsjahr abweichenden VZ ist nicht möglich.

3.1.6.1.5 Sachlicher Anwendungsbereich

Die Ausgleichsmöglichkeit gilt für alle versorgungsrechtlich bestehenden Sicherungssysteme, unabhängig, ob diese eine beamtenrechtliche, öffentlich-rechtliche, private oder geförderte oder eine betriebliche Altersversorgung betreffen.

3.1.6.1.6 Zeitlicher Anwendungsbereich

Die Neuregelung gilt erstmals für im VZ 2015 geleistete Aufwendungen (Art. 16 Abs. 2 ZollkodexAnpG).

3.1.6.1.7 Inkrafttreten

Die Änderungen zu § 10 Abs. 1a EStG treten mit Wirkung zum 1.1.2015 in Kraft (§ 52 Abs. 18 S. 1 EStG).

3.1.6.2 Weitere Anpassungen

3.1.6.2.1 Kleinbetragsrenten, § 10 Abs. 1 Nr. 2 S. 2 EStG

Steuerpflichtige und Anbieter seines Vertrags können vereinbaren, dass neben der monatlichen Auszahlung auch zwölf Monatsleistungen in einer Auszahlung zusammengefasst werden. Ebenso ist die Abfindung einer Kleinbetragsrente möglich. Das war bisher nicht zulässig. Die Regelung dient der Steuervereinfachung, da Aufwand für die Auszahlung von Kleinstbeträgen vermieden wird.

3.1.6.2.2 Höchstbetrag für Vorsorgeaufwendungen, § 10 Abs. 3 S. 1 EStG

Das bisherige Abzugsvolumen für Vorsorgeaufwendungen zugunsten einer Basisversorgung im Alter betrug 20.000 €. Der Höchstbetrag wird – entgegen dem Vorschlag der Bundesregierung nicht, wie ursprünglich geplant auf 24.000 € angehoben, sondern auf den Höchstbeitrag zur knappschaftlichen Rentenversicherung (West) begrenzt. Es handelt sich hier um eine dynamische Kopplung an die von der Bundesregierung (jährlich) zu erlassende Verordnung über maßgebliche Rechengrößen in der Sozialversicherung.

Erfasst werden damit Beiträge zur gesetzlichen Rentenversicherung, Knappschaft, berufsständische Versorgung, landwirtschaftliche Alterskasse und einer privaten Basisrente. Durch die Anhebung des Abzugsvolumens werden die Spielräume für den Aufbau einer zusätzlichen Altersvorsorge sowie zur Absicherung gegen den Eintritt der Berufsunfähigkeit oder verminderten Erwerbsfähigkeit verbessert.

3.1.7 Änderungen im Besteuerungsverfahren

3.1.7.1 Anrechnung ausländischer Steuern, § 34c Abs. 1 S. 2, 3 EStG

3.1.7.1.1 Hintergrund der Neuregelung

Der EuGH[725] und der BFH[726] haben in der bisherigen Regelung zur Steueranrechnung eine Benachteiligung derjenigen unbeschränkt Steuerpflichtigen gesehen, die einen Teil ihrer Einkünfte im Ausland beziehen. Denn gegenüber denjenigen unbeschränkt Steuerpflichtigen, die ihre gesamten Einkünfte im Inland beziehen, werden die Kosten der persönlichen Lebensführung sowie der personen- und familienbezogenen Umstände nach geltender Rechtslage nicht vollständig berücksichtigt. Die Benachteiligung resultierte daraus, dass in dem für die Anrechnungsquote zu bildenden Nenner auf die Summe der Einkünfte abgestellt wurde, jedoch ohne Berücksichtigung der Kosten der persönlichen Lebensführung sowie der personen- und familienbezogenen Umstände. Dagegen wurde die tarifliche ESt zur Berechnung des Höchstbetrags anhand des zu versteuernden Einkommens ermittelt, das diese Kosten berücksichtigte.

3.1.7.1.2 Inhalt der Neuregelung

Mit der Änderung des § 34c Abs. 1 EStG wird der Anrechnungshöchstbetrag künftig in der Weise ermittelt, dass ausländische Steuern höchstens mit der durchschnittlichen tariflichen deutschen ESt auf die ausländischen Einkünfte angerechnet werden.

Damit wird nicht mehr auf das Verhältnis zwischen ausländischen Einkünften und der Summe der Einkünfte abgestellt. Es wird die deutsche Steuer berücksichtigt, die auf die ausländischen Einkünfte entfällt. Hierdurch wird ein Systemwechsel bei der Berechnung des Anrechnungshöchstbetrags für ausländische Steuern vollzogen. Dadurch, dass auf ausländische Einkünfte der Steuersatz angewandt wird, dem sie im Rahmen des zu versteuernden Einkommens tatsächlich unterliegen, kommt es künftig zu keiner Benachteiligung dieser ausländischen Einkünfte gegenüber inländischen Einkünften.

Praxishinweis

> Zwar wurde auch eine Änderung des § 26 KStG vorgenommen. Der mit der Änderung des § 34c Abs. 1 EStG verbundene Systemwechsel beschränkt sich aber auf die ESt.

3.1.7.1.3 Inkrafttreten und Übergangsregelung für Veranlagungszeiträume bis 2014

Die Neuregelung des § 34c EStG tritt am 1.1.2015 in Kraft (Art. 16 Abs. 2 ZollkodexAnpG).

Für vergangene VZ bis einschließlich 2014 soll nach § 52 Abs. 34a EStG eine Übergangsregelung gelten, wonach eine Berücksichtigung der Kosten der persönlichen Lebensführung sowie der personen- und familienbezogenen Umstände erfolgen soll.

---

[725] EuGH, Urteil v. 28.2.2013, C–168/11, *Beker und Beker*, DStR 2013, S. 518.
[726] BFH, Urteil v. 18.12.2013, I R 71/10, DB 2014, S. 807.

3.1.7.2 Steuerermäßigungen bei Erbschaftsteuer, § 35b S. 3 EStG

Die Norm des § 35b S. 3 EStG wird gestrichen, da sie mangels Anwendungsbereichs keine Bedeutung hat.

3.1.7.3 Änderungen bei der Kapitalertragsteuer, §§ 43 ff. EStG

3.1.7.3.1 Erweiterung der Entrichtungspflicht, § 44 Abs. 1 S. 4 Nr. 3 EStG

Die Norm des 44 Abs. 1 S. 4 EStG wird um eine weitere Stelle, die Kapitalerträge auszahlt, erweitert, mit der Folge, dass diese Stelle auch Steuerabzugsschuldner für die einzubehaltende KapErtrSt wird.

Hintergrund der Erweiterung ist, dass ein Kunde Aktienbestände ganz oder teilweise von der Dividendenregulierung ausschließen kann (die Dividendenregulierung erledigt in Deutschland für sammelverwahrte die Aktien Clearstream Banking Frankfurt). Damit wird auch die Auszahlung der Dividende über die Wertpapiersammelbank ausgeschlossen. Derartige Aktien werden als sog. „abgesetzte Bestände" bezeichnet. Ungeachtet dessen ist auf Dividendenzahlungen von abgesetzten Beständen nach § 43 Abs. 1 S. 1 Nr. 1a EStG ein Steuerabzug vorzunehmen, da die Norm allein auf die Art der Verwahrung und nicht auf die Art der Dividendenregulierung abstellt. Nach § 44 Abs. 1 S. 4 Nr. 3 Buchst. c EStG ist bei abgesetzten Beständen grds. die ausschüttende Gesellschaft als auszahlende Stelle zum Steuerabzug verpflichtet.

Die Wertpapiersammelbank hat nun den Schuldner der Kapitalerträge vom Umfang der Bestandsabsetzung zu informieren und die ausschüttende Gesellschaft prüft, ob ein Steuerabzug vorzunehmen ist oder aber unterbleibt (z. B. gem. § 50d Abs. 2 EStG).

3.1.7.3.2 Verfahren bei nachträglicher Vorlage von Steuerbescheinigungen, § 44b Abs. 5 S. 3 EStG

Die Norm dient der Verwaltungsvereinfachung. Es soll eine Verringerung von Veranlagungsfällen aufgrund von zu viel gezahlter KapErtrSt erreicht werden. Legen nämlich Steuerpflichtige verspätet Steuerbescheinigungen vor, die zur Abstandnahme vom Steuerabzug berechtigen, und wurde KapErtrSt bereits abgeführt, entsteht ein Erstattungsanspruch hinsichtlich der zu viel gezahlten KapErtrSt. Daher hatte das für Vergütungsgläubiger zuständige FA ein Veranlagungsverfahren durchzuführen. Denn im Regelfall nimmt, mangels gesetzlicher Verpflichtung der Vergütungs- und Abzugsschuldner keine Änderung der ursprünglichen Steueranmeldung vor oder kürzt nachfolgende Steueranmeldungen um den zu hoch angesetzten Abzugsbetrag.

Nunmehr sieht § 44b Abs. 5 S. 3 EStG vor, dass solange noch keine Steuerbescheinigung nach § 45a EStG erteilt wurde, der Abzugsverpflichtete auch verfahrensrechtlich Änderungen vornehmen muss.

Der Abzugsverpflichtete muss damit längstens bis zur Ausstellung der Steuerbescheinigung nach § 45a EStG z. B.

- Bescheinigung nach § 43 Abs. 2 S. 4 EStG,
- Freistellungsaufträge,
- NV-Bescheinigung oder
- Bescheinigungen nach § 44a Abs. 4 bzw. 5 EStG

nachträglich, d. h. nach Abgabe der Steueranmeldungen berücksichtigen. Unter Umständen hat er damit auch Änderungen im nachfolgenden VZ vorzunehmen, wenn er die Steuerbescheinigung nicht alsbald nach Ende des VZ ausstellt.

3.1.7.3.3 Inkrafttreten

Die Änderungen sind mit Wirkung zum 1.1.2015 in Kraft getreten (Art. 16 Abs. 2 ZollkodexAnpG).

3.2 Änderungen im KStG

3.2.1 Erweiterung zur persönlichen Steuerbefreiung, § 5 Abs. 1 Nr. 24 KStG

3.2.1.1 Hintergrund der Steuerbefreiung

In § 5 Abs. 1 Nr. 24 KStG wurde die Global Legal Entity Identifier Stiftung aufgenommen

Die Global Legal Entity Identifier Stiftung wurde 2014 gegründet. Es handelt sich nicht um einen inländische Stiftung, sondern eine „Foundation" (GLEIF), die den Auftrag hat, eine weltweit nutzbare sowie öffentlich und kostenlos zugängliche Datenbank aufzubauen, zu unterhalten und fortzuentwickeln, die der Identifikation von Rechtspersonen mittels eines weltweit anzuwendenden Referenzcodes dient. Anhand dieses Referenzcode sollen an Finanzgeschäften beteiligte Rechtspersonen eindeutig identifiziert werden können. Da es sich um eine im öffentlichen Interesse liegende Betätigung handelt, sei dies auch Rechtfertigung für die Steuerbefreiung.

Die Stiftung soll unbeschränkt steuerpflichtig sein. Keine Auskunft gibt die Gesetzesbegründung indessen, nach welchem Recht die Stiftung errichtet worden sein soll. Zurückblickend gestaltete sich die Errichtung in der Weise, dass als Folge einer Entschließung des Financial Stability Board (FSB) im September 2009 von den Finanzministerien und Aufsichtsbehörden der Industrienationen eine Organisation zur Koordination der internationalen Finanzmarktüberwachung mit Sitz in der Schweiz gegründet wurde. Die Empfehlungen zum Aufbau eines weltweiten Identifizierungssystems für die Akteure an den internationalen Finanzmärkten wurden auf dem G20-Treffen in 2012 (in Los Cabos) genehmigt.

Das oberste Entscheidungsgremium der GLEIF ist das sog. Legal Entity Identifier Regulatory Oversight Committee (LEIROC). Es handelt sich hier um einen politischen Zusammenschluss von mittlerweile über 60 nationalen und internationalen Aufsichtsinstitutionen und Zentralbanken, der sich bereits im Januar 2013 etablierte. Deutschland ist durch die BaFin und die Bundesbank vertreten, die EU durch die Kommission, die Europäische Zentralbank und die drei Europäischen Aufsichtsbehörden, also die Europäische Bankenaufsichtsbehörde EBA, die Europäische Aufsichtsbehörde für das Versicherungswesen und die betriebliche Altersversorgung EIOPA und die Europäische Wertpapier- und Marktaufsichtsbehörde ESMA.[727]

---

[727] Vgl. dazu auch *Pankoke*, Legal Entity Identifier: Auf dem Weg zu einer neuen globalen Marktinfrastruktur (verfügbar unter: http://www.bafin.de/SharedDocs/Veroeffentlichungen/DE/Fachartikel/2014/fa_bj_1408_legal_entity_identifier.html, abgerufen am 12.1.2015).

3.2.1.2 Umfang der Steuerbefreiung

Die Steuerbefreiung gilt nur, soweit sich die GLEIF in ihren Tätigkeiten auf ihren in § 5 Abs. 1 Nr. 24 KStG beschriebenen Zweck beschränkt. Darüber hinaus gilt die Steuerbefreiung nicht (§ 5 Abs. 1 Nr. 24 S. 2 KStG).

Die Steuerbefreiung gilt auch für die GewSt (§ 3 Nr. 31 GewStG).

3.2.1.2.1 Inkrafttreten

Die Steuerbefreiung gilt für den VZ 2014, § 34 Abs. 3 S. 3 KStG.

3.2.2 Steuerermäßigungen bei ausländischen Einkünften, § 26 KStG

3.2.2.1 Hintergrund und Inhalt der Änderung

Der Änderung des § 34c EStG folgend (siehe Kapitel I.3.1.7.1), wird vor dem Hintergrund der Rspr. des EuGH und des BFH auch die Anrechnungsvorschrift des § 26 KStG angepasst.

Es wurde zunächst die Überschrift der Norm des § 26 KStG dahingehend angepasst. Nunmehr ist nicht von einer Anrechnung ausländischer Steuern die Rede, sondern inhaltlich weitergehend, von Steuerermäßigungen.

In § 26 Abs. 1 S. 1 KStG wird die Zweckrichtung der Norm erweitert. Die Änderung im Einleitungssatz stellt sicher, dass die entsprechende Anwendung des § 34c EStG nicht auf die Anrechnung einer der deutschen KSt entsprechenden ausländischen Steuer beschränkt ist, sondern auch für andere Steuerermäßigungen bei ausländischen Einkünften, wie den Abzug ausländischer Steuern nach § 34c Abs. 2 und 3 EStG sowie den Erlass und die Pauschalierung der auf ausländische Einkünfte entfallenden deutschen KSt nach § 34c Abs. 5 EStG gelten soll.

Die Änderung in Abs. 2 folgt dem Gedanken, dass Körperschaftsteuersubjekte über keine Privatsphäre verfügen und daher ein Rekurs auf § 34c EStG bezüglich der Berechnung nicht erforderlich ist (vgl. D.3.1.7.1.2). Die Ermittlung der auf die ausländischen Einkünfte entfallenden deutschen Körperschaftsteuer wird von der Berechnungsweise der ESt gelöst. Somit gilt für Körperschaftsteuersubjekte die bisher geltende Rechtslage unverändert fort.

3.2.2.2 Inkrafttreten

Gem. § 34 Abs. 9 KStG soll die Änderung erstmals für diejenigen ausländischen Einkunftsbestandteile gelten, die nach dem 31.12.2013 zufließen.

Auf vor dem 1.1.2014 zugeflossene ausländische Einkunftsbestandteile ist die Änderung nach § 26 Abs. 2 S. 1 KStG nur dann anwendbar, wenn die Bescheide noch nicht bestandskräftig sind (§ 34 Abs. 9 S. 2 KStG).

Änderungen bei den Ertragssteuern 567

3.3 Änderungen in der Gewerbesteuer und im Zerlegungsgesetz

3.3.1 Erweiterung des Katalogs der Gewerbesteuerbefreiung

Wie auch bei § 5 Abs. 1 Nr. 24 KStG soll auch die „Global Legal Entity Identifier Stiftung" hinsichtlich der GewStG befreit werden. Hinsichtlich des Umfangs der Steuerbefreiung verweist die Norm auf § 5 KStG.

Die Steuerbefreiung gilt ab dem Erhebungszeitraum 2014 (§ 36 Abs. 2 GewStG).

3.3.2 Änderungen im Zerlegungsgesetz

Soweit Änderungen in § 7 ZerlG durch die Einführung eines neuen Abs. 7a erfolgen, hat dies keine unmittelbaren Auswirkungen auf den Steuerpflichtigen, sondern ist eher verwaltungstechnischer Natur. Denn aufgrund von Verzögerungen bei der Programmierung können den elektronischen LSt-Bescheinigungen für Jahre ab 2012 nicht die Anschriften aus der Datenbank nach § 139b Abs. 3 AO maschinell zugeordnet werden, weshalb den Statistischen Landesämtern der Wohnsitzländer nicht die für die Zerlegung maßgebenden Daten zugeleitet werden können, wie dies in § 7 Abs. 3 S. 1 ZerlG vorgesehen ist.

Insoweit sieht § 7 Abs. 7a ZerlG eine Übergangslösung vor.

3.4 Änderungen im AStG

3.4.1 Änderungen bei den Regelungen zu Verrechnungspreisen, § 1 Abs. 4 AStG

Es wird der Begriff der „Geschäftsbeziehung" neu gefasst. Damit soll das schon bisher bestehende Verständnis[728] der Regelung klargestellt werden. Eine solche „Geschäftsbeziehung" soll danach vorliegen, wenn

- ein wirtschaftlicher Vorgang (Geschäftsvorfall) oder
- mehrere wirtschaftliche Vorgänge
- entweder beim Steuerpflichtigen oder bei der nahestehenden Person
- zu Einkünften i. S. d. §§ 13, 15, 18 oder 21 EStG führt oder führen würde,
- wenn der Geschäftsvorfall im Inland stattfinden würde und
- wenn die Beteiligten „Steuerinländer", d. h. unbeschränkt steuerpflichtig, wären (Buchst. a).

Die Einbeziehung dieser Vorgänge ist notwendig, um die Absicht des Gesetzgebers umzusetzen, alle grenzüberschreitenden Einkünfteverlagerungen zu verhindern, die den Bereich der §§ 13, 15, 18 oder 21 EStG betreffen würden, wenn die Beteiligten Steuerinländer wären. Denn solche Einkünfteverlagerungen führen häufig zu endgültigen Steuerausfällen. Die Einbeziehung ist notwendig, um wirtschaftliche Vorgänge, die ansonsten gleich sind, auch gleich zu behandeln, unabhängig davon, ob der Leistungsempfänger sich im Inland oder im Ausland befindet.

---

[728] BMF, Schreiben v. 4.6.2014, IV B 5 – S 1341/07/10009, BStBl I 2014, S. 834.

3.4.2 Erweiterung der Stundung, § 6 Abs. 5 S. 3 Nr. 4 AStG

Mit der Erweiterung der Möglichkeit, die gem. § 6 Abs. 1 AStG aus einer fiktiven Veräußerung von Anteilen i. S. v. § 17 EStG geschuldete Steuer zinslos und ohne Sicherheitsleistung zu stunden, soll EU-Recht entsprochen werden.

Damit wird § 6 Abs. 1 AStG auf die Fälle des § 6 Abs. 1 S. 2 Nr. 4 AStG (Einschränkung oder Ausschluss des deutschen Besteuerungsrechts aus nicht bereits anderweitig in Abs. 1 abgedeckten Gründen) ausgedehnt. Voraussetzung ist, dass der Steuerpflichtige Anteile an einer im EU-Raum/EWR ansässigen Gesellschaft hält.

3.4.3 Redaktionelle Anpassungen, §§ 2 Abs. 3, 4 Abs. 1, 5 Abs. 1 AStG

In den §§ 2 Abs. 3, 4 Abs. 1, 5 Abs. 1 AStG wird anstelle des Verweises auf § 34c EStG der Verweis auf § 34d EStG vorgenommen. In den Gesetzesänderungen zum JStG 2009[729] war dies versäumt worden und wird nunmehr nachgeholt.

3.4.4 Inkrafttreten

Die Änderung des § 1 Abs. 4 AStG soll gem. § 21 Abs. 22 AStG ab dem VZ 2015 gelten.

Die Änderung der Stundungsregelung ist in allen Fällen anzuwenden, in denen die geschuldete Steuer noch nicht entrichtet wurde (§ 21 Abs. 23 AStG).

4 Änderungen bei den Verkehrssteuern

4.1 Änderungen in der Umsatzsteuer

4.1.1 Ortsregelung zu Finanzdienstleistungen, § 3a Abs. 4 S. 2 Nr. 6 Buchst. a UStG

Mit der Neuregelung wird der Anwendungsbereich der Ortsregelung in § 3a Abs. 4 S. 2 Nr. 6 UStG (Steuerbarkeit von Dienstleistungen an im Drittlandsgebiet ansässige Nichtunternehmer am Sitz oder Wohnsitz des Leistungsempfängers) entsprechend dem EuGH-Urteil vom 19.7.2012, C–44/11,[730] auf Finanzdienstleistungen erweitert, die von Banken erbracht werden oder als Finanzdienstleistungen anzusehen sind.

§ 3a Abs. 4 S. 1 UStG regelt den Ort der in S. 2 der Vorschrift genannten Dienstleistungen an im Drittlandsgebiet ansässige Nichtunternehmer am Sitz oder Wohnsitz des Leistungsempfängers. Hierunter fielen bislang u. a. bestimmte Bank- und Finanzumsätze, soweit diese in § 4 Nr. 8 Buchst. a bis h und Nr. 10 UStG genannt sind, unabhängig davon, ob sie steuerfrei oder steuerpflichtig sind. Weitere Bank- und Finanzdienstleistungen wurden bislang am Sitz oder der Betriebsstätte des leistenden Unternehmers besteuert. Der EuGH hat aber im o. g. Urteil entschieden, dass diese Ortsregelung, die auf Art. 59 Abs. 1 Buchst. e der MwStSystRL beruht, nicht auf die vorgenannten, in § 4 Nr. 8 und 10 UStG genannten Bank- und Finanzumsätze beschränkt ist, sondern darüber hinaus weitere Bank- und Finanzdienstleistungen umfasst, soweit diese von einer Bank getätigt werden oder als Finanzumsätze anzusehen sind, wie z. B.

---

[729] JStG 2009 v. 19.12.2008, BGBl I 2008, S. 2794.
[730] *Deutsche Bank*, BStBl II 2012, S. 945.

die Vermögensverwaltung mit Wertpapieren. Mit der Neuregelung wird die Vorschrift an die EuGH-Rspr. angepasst und der Anwendungsbereich der Ortsregelung auf weitere Finanzdienstleistungen erweitert.

Die Änderungen sind mit Wirkung zum 31.12.2014 in Kraft getreten (Art. 16 Abs. 1 ZollkodexAnpG).

4.1.2 Ausdehnung der Umsatzsteuerbefreiung, § 4 Nr. 14 Buchst. b Doppelbuchst. hh UStG

Die Umsatzsteuerbefreiung in § 4 Nr. 14 UStG wird zur Anpassung an die Entwicklung im Bereich des Gesundheitswesens um einen weiteren Befreiungstatbestand ergänzt.

Nach § 4 Nr. 14 Buchst. b Doppelbuchst. hh UStG sind Krankenhausbehandlungen und ärztliche Heilbehandlungen einschließlich der Diagnostik, Befunderhebung, Vorsorge, Rehabilitation, Geburtshilfe und Hospizleistungen sowie damit eng verbundene Umsätze steuerfrei, wenn sie von Einrichtungen, mit denen Verträge nach § 127 i. V. m. § 126 Abs. 3 SGB V über die Erbringung nichtärztlicher Dialyseleistungen bestehen, erbracht werden.

Der bisherige Anwendungsbereich des § 4 Nr. 14 Buchst. b UStG, wonach u. a. Krankenhausbehandlungen und ärztliche Heilbehandlungen einschließlich der Diagnostik und Befunderhebung umsatzsteuerfrei sein können, soweit diese Leistungen von zugelassenen Krankenhäusern nach § 108 SGB V oder von Einrichtungen erbracht werden, die an der vertragsärztlichen Versorgung nach § 95 SGB V teilnehmen, erfasst nunmehr zusätzlich auch Einrichtungen, mit denen Verträge nach § 127 i. V. m. § 126 Abs. 3 SGB V über die Erbringung nichtärztlicher Dialyseleistungen bestehen.

Damit wird eine Gleichstellung der umsatzsteuerlichen Behandlung der Leistungen dieser Einrichtungen mit nach § 95 SGB V zugelassenen Dialysezentren erreicht.

Die Änderungen treten mit Wirkung zum 1.1.2015 in Kraft (Art. 16 Abs. 3 ZollkodexAnpG).

4.1.3 Lieferung von Edelmetallen, § 13b Abs. 2 Nr. 11 UStG

Die Regelungen zur Lieferung von Edelmetallen wurden angepasst, um Anwendungsprobleme bei Alltagsfällen zu vermeiden. Insb. wurde eine Bagatellgrenze von 5.000 € eingeführt.

Durch Art. 8 Nr. 2 Buchst. a Doppelbuchst. bb und Nr. 5 i. V. m. Art. 28 Abs. 4 des Gesetzes zur Anpassung des nationalen Steuerrechts an den Beitritt Kroatiens zur EU und zur Änderung weiterer steuerlicher Vorschriften vom 25.7.2014[731] wurde mit Wirkung vom 1.10.2014 der Anwendungsbereich der Steuerschuldnerschaft des Leistungsempfängers auf Lieferungen von Edelmetallen, unedlen Metallen, Selen und Cermets erweitert.[732]

Praktische Probleme können sich ergeben, wenn entsprechende Metalle u. a. von Einzelhändlern an Abnehmer veräußert werden, über deren Status als Unternehmer sich der liefernde Unternehmer jedoch nur aufwendig informieren kann. Zudem sehen viele Kassensysteme keine Möglichkeit der Rechnungslegung ohne gesonderten USt-Ausweis vor. Barzahlungen werden somit erschwert.

Um diesen praktischen Problemen zu begegnen, ist daher entsprechend der bereits bestehenden Regelung des § 13b Abs. 2 Nr. 10 UStG zur Übertragung der Steuerschuld u. a. für die

---

[731] BGBl I 2014, S. 1266.
[732] § 13b Abs. 2 Nr. 11 UStG.

Lieferung von Mobilfunkgeräten auch bei Lieferungen von in der Anlage 4 genannten Metallen Voraussetzung für die Steuerschuldnerschaft des Leistungsempfängers, dass die Summe der für die steuerpflichtigen Lieferungen dieser Gegenstände in Rechnung zu stellenden Bemessungsgrundlagen mindestens 5.000 € beträgt. Abzustellen ist dabei auf alle im Rahmen eines zusammenhängenden wirtschaftlichen Vorgangs gelieferten Gegenstände der genannten Art, um Manipulationen z. B. durch Aufspalten der Rechnungsbeträge zu unterbinden.

Diese Feinjustierung der Steuerschuldnerschaft des Leistungsempfängers beruht auf Art. 199a Abs. 1 Buchst. j i. V. m. Abs. 1a MwStSystRL, nach dem die Mitgliedsstaaten die Bedingungen für die Übertragung der Steuerschuld für Lieferungen von Rohmetallen und Metallhalberzeugnissen festlegen können.

Auch Österreich hat inzwischen von der Möglichkeit zur Einführung einer betragsmäßigen Grenze für die Steuerschuldnerschaft des Leistungsempfängers bei Lieferungen von Metallen Gebrauch gemacht.

Ob der Steuerpflichtige ein Wahlrecht hat, auch unterhalb der Bagatellgrenze von 5.000 € das Reverse-Charge-Verfahren anzuwenden bleibt offen. Nach dem reinen Wortlaut ist dies wohl nicht vorgesehen. Ferner hat die Finanzverwaltung mit BMF-Schreiben vom 5.12.2014 die ursprüngliche Nichtbeanstandungsregelung, für entsprechende Erzeugnisse von der Anwendung des Reverse-Charge-Verfahrens abzusehen, bis zum 30.6.2015 verlängert.

Die Regelung tritt am 1.1.2015 in Kraft (Art. 16 Abs. 2 ZollkodexAnpG).

4.1.4 Anpassung der Anlage 4 zu § 13b Abs. 2 Nr. 11 UStG

Die Anlage 4 enthält die Gegenstände, für deren Lieferungen der Leistungsempfänger nach § 13b Abs. 2 Nr. 11 und Abs. 5 S. 1 Halbs. 2 UStG Steuerschuldner wird, wenn er ein Unternehmer ist. Es handelt sich hierbei um edle und unedle Metalle sowie Cermets. Selen, Draht, Bänder, Folien, Bleche und andere flach- gewalzte Erzeugnisse, Profile sowie Stangen (Stäbe) sind nicht mehr in der Anlage 4 enthalten. Selen ist lediglich ein Halbmetall. Bei Draht, Bändern, Folien, Blechen und anderen flachgewalzten Erzeugnissen, Profilen sowie Stangen (Stäbe) ergaben sich zum einen Abgrenzungsschwierigkeiten in der Praxis, zum anderen sind sie neben dem gewerblichen Einsatz auch oftmals für den Endverbrauch geeignet. Der Zolltarif unterscheidet aber nicht, ob die genannten Gegenstände für den Endverbrauch geeignet oder aufgemacht sind. Unionsrechtlich ist nach Art. 199a Abs. 1 Buchst. j MwStSystRL eine Steuerschuldnerschaft des Leistungsempfängers aber nur für Gegenstände zulässig, die an Unternehmer geliefert werden. Zudem muss es sich um Rohmetalle, Metallhalberzeugnisse oder Edelmetalle handeln.

Bei dem in der bisherigen Nr. 2 der Anlage 4 enthaltenen Gold liegt ein Konkurrenzverhältnis zu dem bereits unter die Steuerschuldnerschaft des Leistungsempfängers fallenden Gold mit einem Feingehalt von mindestens 325 Tausendstel (§ 13b Abs. 2 Nr. 9 UStG) vor. Dieses Konkurrenzverhältnis wird durch Streichung der bisherigen Nr. 2 der Anlage 4 aufgelöst.

Die Abgrenzung beruht auf Art. 199a Abs. 1 Buchst. j MwStSystRL i. d. F. von Art. 1 Nr. 2 Buchst. b der Richtlinie 2013/43/EU vom 22.7.2013[733].

Die Regelung tritt am 1.1.2015 in Kraft (Art. 16 Abs. 2 ZollkodexAnpG).

---

[733] ABl. EU 2013, Nr. L 201, 26.7.2013, S. 4.

4.1.5 Steuerschuldnerschaft bei Lieferungen von Erdgas, § 13b Abs. 5 S. 3 UStG

Nach dem bisherigen Wortlaut der Vorschrift war bei im Inland steuerpflichtigen Lieferungen von Erdgas (§ 13b Abs. 2 Nr. 5 Buchst. b UStG) der Leistungsempfänger Steuerschuldner, wenn er ein Unternehmer ist, der selbst Erdgas liefert. Diese Regelung ist unionsrechtskonform dergestalt einschränkend auszulegen, dass die Steuerschuldnerschaft des Leistungsempfängers bei den genannten Umsätzen nur dann anzuwenden ist, wenn der Leistungsempfänger ein Wiederverkäufer i. S. d. § 3g UStG ist. Durch die Änderung wird dies klargestellt. Die Regelung beruht auf Art. 199a Abs. 1 S. 1 Buchst. e MwStSystRL i. d. F. von Art. 1 Nr. 2 Buchst. b der Richtlinie 2013/43/EU des Rates vom 22.7.2013.[734]

Die Änderung tritt am Tag nach der Verkündung, am 31.12.2014 in Kraft (Art. 16 Abs. 1 ZollkodexAnpG).

4.1.6 Einführung eines Schnellreaktionsmechanismus durch Ausdehnung des Reverse-Charge-Verfahrens, § 13b Abs. 10 UStG

Mit der Einführung eines sog. Schnellreaktionsmechanismus soll die Erweiterung der Reverse-Charge-Regelung mittels Verordnung unter Zustimmung des Bundesrates ermöglicht werden, um auf drohende Steuerausfälle in betrugsanfälligen Bereichen relativ kurzfristig reagieren zu können.

Mit der Regelung des § 13b Abs. 10 UStG wird eine Ermächtigung geschaffen, wonach das BMF zur kurzfristigen Erweiterung der Steuerschuldnerschaft des Leistungsempfängers bei einer Mehrzahl von Fällen des Verdachts auf Steuerhinterziehung in einem besonders schweren Fall und zur raschen Verhinderung von Steuerausfällen, durch Rechtsverordnung mit Zustimmung des Bundesrates den Umfang der Steuerschuldnerschaft des Leistungsempfängers unter bestimmten Voraussetzungen (zunächst) zeitlich beschränkt erweitern kann (sog. Schnellreaktionsmechanismus).

Die zeitlich beschränkte Verordnung tritt nach neun Monaten außer Kraft, wenn eine Ermächtigung zur Erweiterung des Reverse-Charge-Verfahrens nicht erteilt wird. Wird eine Ermächtigung zur Erweiterung des Reverse-Charge-Verfahrens erteilt, tritt die Verordnung außer Kraft, sobald die gesetzliche Regelung, mit der die Ermächtigung in nationales Recht umgesetzt wird, in Kraft tritt.

Mit der Neuregelung in § 13b Abs. 10 UStG soll die Voraussetzung geschaffen werden, zeitnah von durch den unionsrechtlichen Schnellreaktionsmechanismus eröffneten Möglichkeiten zur Betrugsbekämpfung national Gebrauch zu machen. Um eine kurzfristige Erweiterung der Steuerschuldnerschaft des Leistungsempfängers bei einer Mehrzahl von Fällen des Verdachts auf Steuerhinterziehung in einem besonders schweren Fall einführen zu können und dadurch Steuerausfälle zu verhindern, wird eine Ermächtigung des BMF in § 13b UStG vorgesehen, durch Rechtsverordnung mit Zustimmung des Bundesrates zur Vermeidung von erheblichen Steuerhinterziehungen den Umfang der Steuerschuldnerschaft des Leistungsempfängers (zunächst) zeitlich beschränkt zu erweitern.

Voraussetzung für den Erlass der Verordnung ist – im Einklang mit dem Unionsrecht – eine entsprechende Mitteilung der Bundesregierung an die Europäische Kommission und die anderen Mitgliedstaaten und eine Bestätigung durch die Europäische Kommission, dass sie keine

---

[734] ABl. EU 2013, Nr. L 201, 26.7.2013, S. 4.

Einwände gegen die Maßnahme erhebt. Darüber hinaus muss die Bundesregierung einen Antrag auf eine – längerfristige – abweichende Regelung nach Art. 395 der Mehrwertsteuer-Systemrichtlinie 2006/112/EG stellen; über diesen Antrag muss innerhalb eines – verkürzten – Zeitraums von sechs Monaten entschieden worden sein (Art. 395 Abs. 5 der Richtlinie 2006/112/EG i. d. F. von Art. 1 Nr. 2 der Richtlinie 2013/42/EU vom 22.7.2013). Die Möglichkeit einer Rechtsverordnung bietet die Voraussetzung, eine unionsrechtliche Sonderregelung in Deutschland zu nutzen.

Eine auf der Ermächtigung nach § 13b Abs. 10 UStG beruhende Verordnung mit einer Erweiterung der Steuerschuldnerschaft des Leistungsempfängers ist nur eine vorläufige Maßnahme. Ermächtigt der Rat Deutschland entsprechend dem gestellten Antrag nach Art. 395 der Richtlinie 2006/112/EG, eine entsprechende von der Richtlinie 2006/112/EG abweichende Regelung längerfristig beibehalten zu dürfen, muss die – zunächst in der Verordnung geregelte – Erweiterung der Steuerschuldnerschaft des Leistungsempfängers in jedem Fall im Rahmen eines Gesetzgebungsverfahrens in das UStG aufgenommen werden. Die Regelung über das Außerkrafttreten der Verordnung stellt zum einen sicher, dass die Verordnung nur von begrenzter Dauer ist. Sie stellt im Falle der Erteilung einer Anschlussermächtigung nach Art. 395 der Richtlinie 2006/112/EG aber auch sicher, dass die Regelung ohne zeitliche Unterbrechung national fort gilt.

Derzeit kann der Anwendungsbereich der Steuerschuldnerschaft des Leistungsempfängers nur auf die Umsätze erweitert werden, für die unionsrechtlich eine solche optionale Regelung festgelegt worden ist (vgl. Art. 199 und 199a der Richtlinie 2006/112/EG). Wird festgestellt, dass für andere Umsätze in Deutschland konkrete Hinweise vorliegen, die den Verdacht für erhebliche Steuerhinterziehungen rechtfertigen oder bereits Informationen über verwirklichte Steuerhinterziehungen in Deutschland vorliegen, kann derzeit kurzfristig nicht schnell gesetzgeberisch reagiert werden. Vielmehr bedarf es eines entsprechenden Antrags auf eine Abweichungsmöglichkeit vom Unionsrecht und einer entsprechenden einstimmigen Genehmigung durch den EU-Ministerrat (vgl. Art. 395 der Richtlinie 2006/112/EG). Dieses Verfahren dauert derzeit rd. 8 Monate. Durch die Richtlinie 2013/42/EG des Rates vom 22.7.2013 zur Änderung der Richtlinie 2006/112/EG über das gemeinsame Mehrwertsteuersystem in Bezug auf einen Schnellreaktionsmechanismus bei Mehrwertsteuerbetrug (ABl. Nr. L 201 vom 26.7.2013, S. 1) ist nunmehr ein Instrument geschaffen worden, das es den EU-Mitgliedstaaten ermöglicht, in den vorgenannten Fällen kurzfristig für einen Zeitraum von max. 9 Monaten eine Steuerschuldnerschaft des Leistungsempfängers vorzusehen, wenn konkrete Hinweise für den Verdacht von unvermittelt schwerwiegenden Betrugsfällen auftreten, die voraussichtlich zu erheblichen und unwiederbringlichen finanziellen Verlusten führen.

Die Änderung tritt am 1.1.2015 in Kraft (Art. 16 Abs. 3 ZollkodexAnpG).

4.1.7 Pflicht zur Abgabe von Voranmeldungen bei Vorratsgesellschaften, § 18 Abs. 2 S. 5 UStG

Mit § 18 Abs. 2 S. 5 UStG wird eine Sonderregelung eingeführt, welche die Pflicht zur monatlichen Abgabe von USt-Voranmeldungen bei der Übernahme einer Vorratsgesellschaft oder eines Firmenmantels normiert, wie sie bereits in Neugründungsfällen besteht. Die Pflicht zur monatlichen Abgabe der USt-Voranmeldung besteht im Jahr der Übernahme und im folgenden Jahr.

Bei einer im Handelsregister eingetragenen, noch nicht gewerblich oder beruflich tätig gewesenen juristischen Person oder Personengesellschaft, die die durch objektive Anhaltspunkte belegte Absicht hat, eine gewerbliche oder berufliche Tätigkeit selbstständig auszuüben (Vorratsgesellschaft), ist der Unternehmer als Neugründer anzusehen und hat – zumindest – im Kalenderjahr des Beginns der tatsächlichen Ausübung der selbstständigen gewerblichen oder beruflichen Tätigkeit und im darauf folgenden Kalenderjahr USt-Voranmeldungen monatlich abzugeben, sofern er nicht bereits nach § 18 Abs. 2 S. 4 UStG zur monatlichen Abgabe von Voranmeldungen verpflichtet ist. Dies gilt entsprechend bei der Übernahme einer bereits gewerblich oder beruflich tätig gewesenen und zum Zeitpunkt der Übernahme ruhenden bzw. nur geringfügig gewerblich oder beruflich tätigen juristischen Person oder Personengesellschaft (Firmenmantel) für das Kalenderjahr der Übernahme und das darauf folgende Kalenderjahr.

Mit der Neuregelung werden Vorratsgesellschaften ab dem Zeitpunkt des Beginns der tatsächlichen Ausübung der selbstständigen gewerblichen oder beruflichen Tätigkeit und Unternehmer, die einen Firmenmantel übernehmen, verpflichtet, im laufenden und folgenden Kalenderjahr ihre Voranmeldungen monatlich abzugeben. Die Neuregelung setzt einen Beschluss des Rechnungsprüfungsausschusses des Deutschen Bundestages um.

Bisher waren eine Vorratsgesellschaft und ein Unternehmer, der einen Firmenmantel übernimmt, nicht zur Abgabe von monatlichen Voranmeldungen verpflichtet, wenn sie bzw. er kein Neugründer ist oder die entsprechenden gesetzlichen Betragsgrenzen nicht überschreiten.

Insb. bei Unternehmensneugründungen besteht die Gefahr von umsatzsteuerlichen Betrugsgestaltungen. Deshalb ist der Unternehmer, der seine berufliche oder gewerbliche Tätigkeit aufnimmt, nach § 18 Abs. 2 S. 4 UStG im Jahr der Gründung und im Folgejahr zur monatlichen Abgabe von Voranmeldungen verpflichtet. Die Finanzämter erhalten so frühzeitig Informationen über Unternehmer, die ihre Tätigkeit neu aufnehmen. Nur das schnelle Erkennen von Betrugsauffälligkeiten ermöglicht eine rechtzeitige Reaktion der Finanzverwaltung durch USt-Nachschauen, Beauftragung der Prüfdienste und ggf. der Löschung des U-Signals. Durch die frühzeitige Erkennung von prüfungswürdigen Fällen kann frühzeitig die Auszahlung von unberechtigten Vorsteuerüberschüssen und die verzögerte Erklärung und Versteuerung von Umsätzen verhindert werden. Zudem können Steuerschäden in einem erheblichen, zahlenmäßig allerdings i. d. R. nicht darstellbaren Umfang verhindert werden. Die Verpflichtung zur monatlichen Übermittlung der Voranmeldung in Neugründungsfällen ist außerdem im Kontext zu den weiteren in der Vergangenheit ergriffenen Maßnahmen zur Bekämpfung des Umsatzsteuerbetrugs, z. B. der Einführung der unangekündigten Umsatzsteuer- Nachschau gem. § 27b UStG, zu sehen, die alle ineinander greifen. Wird ein neu gegründetes Unternehmen als riskant eingestuft, kann die Entwicklung dieses Unternehmens in den ersten beiden Jahren an Hand der monatlichen Voranmeldungen beobachtet und bei Auffälligkeiten schnell und zeitnah eine Prüfung durchgeführt werden. Auch bei Nichtabgabe der Voranmeldungen können umgehend die erforderlichen weiteren Maßnahmen ergriffen werden.

Nach Einführung der Verpflichtung zur monatlichen Übermittlung der Voranmeldung in Neugründungsfällen hat sich gezeigt, dass in Betrugsabsicht handelnde Unternehmer statt ein Unternehmen neu zu gründen, nunmehr verstärkt Vorratsgesellschaften oder Firmenmäntel erwerben oder übernehmen, um diese für Umsatzsteuerbetrügereien zu nutzen. Bei der Übernahme von Vorratsgesellschaften erwerben Unternehmer bereits im Handelsregister eingetragene noch nicht gewerblich oder beruflich tätig gewesene Gesellschaften, die die durch objektive Anhaltspunkte belegte Absicht haben, eine gewerbliche oder berufliche Tätigkeit selbstständig auszuüben. Bei dem Erwerb von Firmenmänteln erwerben Unternehmer bereits tätig gewesene und damit für USt-Zwecke erfasste Gesellschaften, deren Tätigkeit ruht bzw. die nur geringfügig geschäftlich aktiv waren. Da beim Erwerb einer Vorratsgesellschaft oder eines Firmenmantels keine Neugründung vorliegt, richtete sich die Verpflichtung zur Abgabe von Voranmeldungen bisher nach der Höhe der Steuer des vorangegangenen Kalenderjahres. Da diese Unternehmen im Vorjahr keine oder nur wenige Umsätze erzielt haben, sodass sich keine oder nur eine geringe USt-Zahllast ergeben hat, kann das FA diese Unternehmen bislang nicht zur monatlichen Abgabe von Voranmeldungen verpflichten.

Nach vorliegenden Erfahrungen der Praxis wird dieses Modell in einer Vielzahl von Fällen bewusst genutzt, damit die Finanzbehörden Informationen über die neue Aktivität derartiger Unternehmen erst mit Zeitverzögerung erhalten. Bei aufgedeckten Betrugsfällen musste dann festgestellt werden, dass die Unternehmer in vielen Fällen nicht mehr greifbar oder insolvent waren. Die von ihnen zu entrichtende Steuer war nicht mehr beizutreiben, sodass es zu erheblichen Steuermindereinnahmen kam. Die Neuregelung soll dies verhindern.

§ 27 Abs. 21 UStG regelt, ab welchem Voranmeldungszeitraum die Erweiterung der monatlichen Abgabe von USt-Voranmeldungen für Unternehmensgründer (§ 18 Abs. 4 S. 5 UStG) anzuwenden ist. Danach gilt die monatliche Abgabe von USt-Voranmeldungen erstmalig für Voranmeldungszeiträume, die in 2015 enden, verpflichtend auch für Vorratsgesellschaften ab dem Zeitpunkt des Beginns der tatsächlichen Ausübung der selbstständigen gewerblichen oder beruflichen Tätigkeit und für Unternehmer, die einen Firmenmantel übernehmen.

Die Änderung tritt am 1.1.2015 in Kraft (Art. 16 Abs. 3 ZollkodexAnpG).

4.1.8 Redaktionelle Änderung

4.1.8.1 § 3a Abs. 6 S. 1 Nr. 3 UStG

Nach § 3a Abs. 6 S. 1 Nr. 3 UStG ist der Leistungsort bei Telekommunikationsdienstleistungen und Rundfunk- und Fernsehdienstleistungen durch einen im Drittlandsgebiet ansässigen Unternehmer an einen im Inland ansässigen Nichtunternehmer im Inland, wenn die Leistung im Inland genutzt oder ausgewertet wird. Der diesbezüglich ab 1.1.2015 geltende Verweis auf § 3a Abs. 5 S. 1 UStG aus Art. 9 Nr. 2 Buchst. c Doppelbuchst. cc des Gesetzes zur Anpassung des nationalen Steuerrechts an den Beitritt Kroatiens zur EU und zur Änderung weiterer steuerlicher Vorschriften ist fehlerhaft. Er wird durch die redaktionelle Änderung richtig gestellt.

4.1.8.2 § 4 Nr. 14 Buchst. b S. 2 Doppelbuchst. ff und Doppelbuchst. gg sowie Doppelbuchst. ii UStG

Es handelt sich um redaktionelle Folgeänderungen wegen der Einfügung der Erweiterung der Steuerbefreiung bei Erbringung nichtärztlicher Dialyseleistungen, vgl. § 4 Nr. 14 Buchst. b Doppelbuchst. hh UStG.

4.1.8.3 § 4 Nr. 20 Buchst. a S. 4 UStG

§ 4 Nr. 2 Buchst. a S. 4 UStG wird aufgehoben.

Durch Art. 1 Nr. 6 des ZollkodexAnpG wird in § 171 Abs. 10 AO ein neuer S. 2 eingefügt. Danach gilt die Ablaufhemmung nach § 171 Abs. 10 S. 1 AO bei Grundlagenbescheiden, auf die § 181 AO nicht anzuwenden ist (z. B. ressortfremde Grundlagenbescheide), künftig nur soweit dieser Grundlagenbescheid vor Ablauf der Festsetzungsfrist für die maßgebliche Steuerfestsetzung (Folgebescheid) bei der zuständigen Behörde beantragt worden ist. Die Regelung des bisherigen S. 4 ist deshalb entbehrlich und wird aufgehoben.

4.2 Änderung im Feuerschutzsteuergesetz, § 9 Abs. 4 FeuerSchStG

In 9 Abs. 4 FeuerschStG wird eine Regelung zu Festsetzung und Nachentrichtung von Steuerbeträgen aufgenommen, die auf der Grundlage einer Außenprüfung festgestellt wurden. Es handelt sich insoweit um eine Angleichung an § 10 Abs. 4 VersStG.

Es sind die für den gesamten Prüfungszeitraum zusammengefassten Steuerbeträge, die aufgrund einer Außenprüfung nachzuentrichten oder zu erstatten sind, nunmehr auch im Bereich der Feuerschutzsteuer zusammen mit der Steuer für den jeweils letzten Anmeldungszeitraum des Prüfungszeitraums festzusetzen. Diese eindeutige Festlegung des nach einer Außenprüfung zu ändernden Anmeldungszeitraums durch geänderte Steuerfestsetzung dient der Rechtssicherheit und der Verfahrensvereinfachung.

§ 9 Abs. 4 S. 2 FeuerschStG enthält für nachzuentrichtende Steuerbeträge eine besondere Fälligkeitsregelung. Der Gesamtbetrag ist danach einen Monat nach erfolgter Festsetzung zu entrichten.

Die Norm tritt am Tag nach der Verkündigung des Gesetzes, also am 31.12.2014 in Kraft (Art. 16 Abs. 1 ZollkodexAnpG).

Stichwortverzeichnis

4

44-Euro-Freigrenze, Zukunftssicherungsleistung 157

A

Abfindung eines Inländers, Besteuerung im Tätigkeitsstaat 454
Abgabenordnung, Rechtsprechung 2014 396
Abgeltungsteuer
- Darlehen an GmbH durch Angehörige des Gesellschafters 254
- Darlehen, nahe Angehörige 252
- Gesellschafterfremdfinanzierung 255
  Kirchensteuer 130

Ablaufhemmung
- Festsetzungsfrist 401
- Gewerbesteuerverfahren 403

Abrechnungsbescheid bei Eheleuten, Antrag auf Korrektur 544
Absetzung für Abnutzung, Berichtigung 227
Abstandnahme vom Steuerabzug, Genussrecht 101
Abtretung GmbH-Anteil, Beurkundung im Ausland 498
Abzugsverbot
- Gewerbesteuer, Verfassungsmäßigkeit 214
- Körperschaftsteuer, Verfassungsmäßigkeit 282

Abzugsverfahren
- Altfallregelung Bauleistung 178
- Altfallregelung Gebäudereinigungsleistung 178
- Bauleistung 176, 361
- Betriebsvorrichtung 361
- Gebäudereinigungsleistung 176

Adressat, Feststellungsbescheid 400
Advance Pricing Agreement 73
AGB-Inhaltskontrolle, Zahlungsziele 86
Aggressive Tax Planning 425
Aktienerwerb, Arbeitslohn 297
Aktiengesellschaft, Organgesellschaft 138
Allokation der Passiva 67
Alt-Aktiengesellschaft, drittelparitätische Mitbestimmung 492
alternative Energie, Zerlegungsmaßstab bei der Gewerbesteuer 105

Altersrente, vorzeitiges Ausscheiden des beherrschenden Gesellschafter-Geschäftsführers 272
Altersvorsorge-Verbesserungsgesetz, Neuerung 122
ambulante Rehabilitation, Gewerbesteuerfreiheit 42
Änderung des Steuerbescheids wegen neuer Tatsachen 349
Anlaufhemmung, Kapitalertrag aus Drittstaat 522
Anrechnungshöchstbetragsberechnung, Steuerermäßigung bei ausländischen Einkünften 260
Anrechnungsverfügung, gemeinsame Steuerschuld 543
Anschaffungskosten für Grundstück, außergewöhnliche Belastung bei behindertengerechten Bau 258
Anteilsveräußerung von GmbH-Anteil, Veräußerungskosten 281
Anwendung besonderer Tarifvorschriften, Organträger 41
Anzeigepflicht, Erbschaft- und Schenkungsteuer 89
Arbeitgeberleistung, Steuerfreiheit 546
Arbeitgeberzuschuss, ausländische Krankenversicherung 154, 452
Arbeitgeberzuwendung, steuerfreier Betrag für Betreuungsleistung 547
Arbeitsessen, außergewöhnlicher Arbeitseinsatz 159
Arbeitslohn
- Drittlohn 292, 297
- Ehrenmitgliedschaft 295
- Genussrecht 305
- Rabattgewährung 294
- Sachbezug bei Betriebsveranstaltung 558
- Übernahme von Bußgeld 301
- verbilligter Aktienerwerb 297
- verbilligter Beteiligungserwerb 299

Archivale, Bekanntgabe 203
ärztliche Verordnung, Nachweis der Zwangsläufigkeit 99
Aufbewahrungspflicht, Zollkontrolle 545
Aufgabe der Einkünfteerzielungsabsicht (V und V), nachträgliche Schuldzinsen 247
Aufgabegewinn, ermäßigte Besteuerung 239

Aufhebung des Steuerbescheids wegen neuer Tatsachen 349
Aufmerksamkeiten, Sachzuwendung 159
Aufsichtsratsbericht
- elektr. Bundesanzeiger 491
- Ordnungsgeld 491
Aufteilung eines Gesamtkaufpreises für ein bebautes Grundstück 119
Aufteilungsmethode, Vorsteuerabzug 333
Aufteilungsregelung, Schuldübernahme 96
Aufwandsentschädigung, Steuerfreiheit 35
Ausbau erneuerbare Energien 83
Ausfuhrlieferung, Ausschlussfrist 315
Ausgleichszahlung, Leasing 169
ausländische Bankbetriebsstätte, Dotationskapital 71
ausländische Steueranrechnung, Ausschluss persönlicher Freibeträge 456
ausländischer Betriebsstättenverlust, Abzug 457
Auslandsspende, Abzug innerhalb der EU 231
Auslegung, Einspruchsschreiben 398
außergewöhnliche Belastung
- Anschaffungskosten für Grundstück bei behindertengerechten Bau 258
- Aufteilung bei Ehegatten 100
- heileurythmische Behandlung 257
- krankheitsbedingte Heimunterbringungskosten 259
- Treppenlift 256
- Unterbringung im Seniorenwohnstift 259
Aussetzung der Vollziehung, Säumniszuschlag 403
Auswärtstätigkeit
- Entsendung, Ausland 303
- Werbungskosten 304

B

Bankbetriebsstätte
- ausländische, Dotationskapital 71
- BsGaV 69
Bar- und Sachlohn, Abgrenzung 156
Base Erosion and Profit Shifting 93, 425
Bau- und Montagebetriebe, BsGaV 73
Bauleistung
- Altfallregelung 178
- Betriebsvorrichtung 361
- nachhaltige Ausführung 48
- Reverse-Charge-Verfahren 361
- Rückforderung der Umsatzsteuer 55
- Umkehr der Steuerschuldnerschaft 47, 176

Baumschul-Kultur, Bewertung 118
Bauträger, Bauleistung 47
bebautes Grundstück, Aufteilung des Gesamtkaufpreises 119
Befreiung, steuerliche 450
Beherbergung von Jugendlichen 321
Bekämpfung von Zahlungsverzug, Geschäftsverkehr 85
Bekanntgabe, Archivale 203
Belohnungsessen 160
Bemessungsgrundlage
- Einbehalt für Gewährleistungsansprüche 318
- Entgelt von dritter Seite 339
- Gutschein 331
- Mindestbemessungsgrundlage 343
- Nichterbringung der Leistung 320
- Rabatt 340
- Reisevermittlung 316
- Uneinbringlichkeit 318
- Zentralregulierung 316
- Zuwendung an Krankenkasse 327
BEPS, Aktionsplan der OECD 469
BEPS-Bericht 470
BEPS-Debatte, Tax Risk Management 427
BEPS-Initiative
- OECD-Bericht 469
- OECD-Veröffentlichung 477
BEPS-Maßnahme
- Besteuerung der digitalen Wirtschaft 471
- effektivere Bekämpfung von schädlichem Steuerwettbewerb 473
- Entwicklung eines multilateralen Abkommens zur Anpassung bilateraler Abkommen 477
- Richtlinie zu Verrechnungspreisaspekten immaterieller Wirtschaftsgüter 474
- Überarbeitung der Vorschriften zur Dokumentation von Verrechnungspreisen 476
- Verhinderung von Abkommensmissbrauch 474
- Vermeidung doppelter Nichtbesteuerung bei hybriden Gestaltungen 472
Beratungskosten bei Bewertungsfragen, Erbschaftsteuer 194
Berufsausbildungskosten
- Ausschluss des Werbungskostenabzugs, Verfassungsbeschwerde 234
- Neuregelung zu Aus-/Fortbildungskosten 554
- vorweggenommene Werbungskosten 234

Bescheinigung
- nachhaltige Bauleistung 48
- nachhaltige Gebäudereinigungsleistung 49

besondere Verfahrensvorschrift, Mini-One-Stop-Shop 51

Besteuerungslücke, Wegzugsbesteuerung 39

Besteuerungsverfahren, Mini-One-Stop-Shop 51

Besuchsfahrt, Bescheinigung vom Krankenhausarzt 99

Beteiligung
- an Kapitalgesellschaft, Abgeltungsteuer 98
- an Komplementär-GmbH, notwendiges Betriebsvermögen des Besitzunternehmens 213
- BsGaV 65

Beteiligungserwerb, Arbeitslohn 299

betriebliche Altersvorsorge, steuerliche Förderung 121

betriebliche Nutzung Pkw, Betriebsvermögen des anderen Ehepartners 217

Betriebsausgaben, Abzugsbeschränkung bei Gesellschafterdarlehen 550

Betriebsstätte 357
- Berechnung der Einkünfte 61
- Bericht, OECD 479
- umsatzsteuerliche Organschaft 352
- Verlust, Geltendmachung 437

Betriebsstättengewinnaufteilungsverordnung
- Abgrenzung der Einkünfte 426
- ähnliche Vermögenswerte 65
- allgemeine Regeln 61
- allgemeiner Teil 482
- Allokation der Passiva 67
- AOA-Grundsätze 67
- Aufbau 481
- Bankbetriebsstätte 69, 485
- Bau- und Montagebetrieb 73
- Baubetriebsstätte 487
- Beteiligungen 65
- Capital Requirements Directive IV 71
- Capital Requirements Regulation 71
- Chancen 65
- Dealings 61
- Dotationskapital 67
- Einkünfteabgrenzung 63
- Einkünftezuordnung 62
- Entwurfsfassung 480
- Ermittlung aller relevanten Personalfunktionen 482
- Ermittlung des Dotationskapitals 483
- Explorationsbetriebsstätte 74
- Finanzanlagen 65
- Finanzierungsaufwendung 66
- Finanzierungsaufwendungen 67
- Finanzierungsbetriebsstätte 484
- Finanzierungsfunktion 69
- Finanzierungsfunktion als Sonderfall 69
- Förderbetriebsstätte 487
- Geschäftsvorfälle 65
- Hilfsrechnung 62, 484
- Hintergrund 60
- immaterielle Wirtschaftsgüter 65
- Inkrafttreten 75
- Kapitalaufteilungsmethode 66, 70
- Management von Risiken 68
- materielle Wirtschaftsgüter 64
- Mindestkapitalausstattungsmethode 67, 483
- Montagebetriebsstätte 487
- Nebenrechnung 62, 484
- Nutzungsüberlassungen 68
- Passiva 66
- Personalfunktion 63
- Regelungsinhalt 61
- Risiken 65
- Rückversicherungsgeschäft 72
- schuldrechtliche Beziehung 68, 484
- Sicherungsgeschäft 66
- Sonderregelung 69
- sonstige Vermögenswerte 65
- ständige Vertreter 488
- Überblick 479
- Übergangsregelung 74
- Vermeidung internationaler Besteuerungskonflikte 60
- Verrechnungspreise 69
- Versicherungsbetriebsstätte 486
- Versicherungsunternehmen 71
- Vertreterbetriebsstätte 61
- Ziele 60
- Zuordnung der Personalfunktion 482
- Zuordnung von Finanzierungsaufwendungen 483
- Zuordnung von Geschäftsvorfällen 483
- Zuordnung von Wirtschaftsgütern 64, 483
- Zuordnungsregeln 61
- Zwei-Stufen-System der Zuordnung 61

Betriebsveranstaltung
- Art und Weise von Zuwendungen 558
- Freibetrag 558
- Sachgeschenk 158

Betriebsvermögen, Wegfall der Steuerbegünstigung 380
Betriebsvorrichtung
- Bauleistung 361
- Reverse-Charge-Verfahren 361

Betrugsfälle, Vorsteuerabzug 170
Beurteilungsspielraum, BsGaV 64
Bewertung der lebenslänglichen Nutzung, Grunderwerbsteuer 209
Bewertung des Sachbezugs 97
Bewertung nicht börsennotierter Anteile, Erbschaftsteuer 140
Bewertung von Unternehmensvermögen, Erbschaftsteuer 191
Bewertungswahlrecht, Umwandlung 164
Bewirtschaftungsleistung, Kantine 325
Bindungswirkung
- Feststellungsbescheid 400
- Lohnsteuerausrufungsauskunft 311

Biomasse 84
Branchenlösung, Umsatzsteuer 43
britische Limited
- Folgen der Löschung 452
- Löschung 136

Bruchteilsgemeinschaft 362
Buchwertübertragung, Ein-Mann-GmbH 225
Bundesfreiwilligendienst, Entschädigung bei Dienstunfall 35
Bundeszentralamt für Steuern
- Ausweitung der Zuständigkeit 108
- FATCA-USA-UmsV 80

Bußgeldübernahme, Arbeitslohn 301

C

Call-Off-Stock 355
Capital Requirements Directive IV 71
Capital Requirements Regulation (CRR) 71
Cash-Pooling
- debitorische Cash-Pool-Teilnehmer 506
- diverse Formen 503
- Einführung 501
- existenzvernichtender Eingriff 513
- Forderung, Vollwertigkeit 510
- Funktionsweise 501
- GmbH-Konzern 501
- Handlungsempfehlung 519
- Informations- und Frühwarnsystem 510
- Insolvenzanfechtung 517
- Insolvenzrecht 514
- Kapitalaufbringung 506
- Kapitalerhaltung 508
- Kapitalerhaltungsgebot, Verstoß 512
- kreditorische Cash-Pool-Teilnehmer 507
- rechtliche Rahmenbedingung 506
- Überschuldung 516
- Unterbilanz, Kapitalerhaltungsgebot 509
- Zahlungen in Insolvenznähe 514
- Zahlungsunfähigkeit 514

Chancen, BsGaV 65
Compliance-Organisation, Pflichten des Vorstands 496
Country-by-Country-Reporting 426

D

Darlehen
- an GmbH durch Angehörige des Gesellschafters 254
- nahe Angehörige 124, 236, 252
- steuerliche Anerkennung 124

Darlehensverlust, Werbungskosten 230
Datenerhebung, FATCA-USA-UmsV 79
Datenübermittlung, FATCA-USA-UmsV 79
dauernde Wertminderung, Teilwertabschreibung 116
DBA
- China 448
- Costa-Rica 449
- Georgien 449
- Großbritannien 449
- Israel 450
- Übersicht 447

DBA Schweiz, Rückkehrtage von Grenzgängern, 456
Dealings 61
Definitiveffekt, Mindestbesteuerung 279
Dienstleistungskommission
- umsatzsteuerrechtliche Norm 43
- Voraussetzung 44

Dienstreise, pauschales Kilometergeld 206
Dienstunfall, steuerfreie Entschädigung 35
Dienstwagen
- Fahrten zwischen Wohnung und Arbeitsstätte 359
- unternehmerische Nutzung 359

Differenzbesteuerung, kein Übergang der Steuerschuldnerschaft 51
directive shopping 437
Dividendenbezug, Doppelbesteuerung 37
Dividendenscheine, Besteuerung des Veräußerungsgewinns 37
Doppelbesteuerungsabkommen, allgemein 447
Doppelte Haushaltsführung, Mehraufwendungen 146

Dotationskapital 62
- BsGaV 66
- inländische Betriebsstätte 70

Drittlohn
- Arbeitslohn 297
- Voraussetzung 295

Drittlohnzahlung, Kausalzusammenhang 296
Due Diligence 336

E

E-Bilanz, Taxonomie 116
EEG-Reform 83
EEG-Umlage 83, 84
Effektivsteuerbelastung, Kapitalgesellschaften außerhalb EU 431
Ehegattenveranlagung, Aufteilung der Sonderausgaben 100
Ehrenmitgliedschaft, Arbeitslohn 295
Eigenstromversorger 85
Eigenversorgung aus EEG-Anlage 85
Eigenverwaltung 324
Einbringungsvorgänge, Einschränkung der Buchwertfortführung 105
Einfuhrumsatzsteuer, Vorsteuerabzug 330
Eingangsleistung
- Zuordnung zum Unternehmen 166
- Zuordnungsschlüssel 166
- Zuordnungsverbot 166
- Zuordnungswahlrecht 166

eingetragene Lebenspartner
- Ehegattensplitting 59
- steuerliche Gleichbehandlung 59

Einkommensteuersätze 433
Einkünfteabgrenzung
- BsGaV 63
- Personalfunktion, BsGaV 63

Einkünfteerzielung, Verständigungsverfahrenskosten 455
Einkünftezurechnung, BsGaV 61
Einlagekonto
- Datenumfang, FATCA-USA-UmsV 79
- Regiebetrieb 277

Einleitung eines Strafverfahrens, Sperrgrund der Selbstanzeige 526
Einnahmenüberschussrechnung, Vordruck 115
Einspruch, Auslegung 398
Elektrofahrzeuge
- Entnahmewert für private Nutzung 118
- Nutzungswert 151

elektronische Bücher
- Datenträger 354
- ermäßigter Steuersatz 354

elektronische Dienstleistung
- Leistungsort 43
- Mini-One-Stop-Shop 42, 51

elektronische Kommunikation, Finanzbehörde 202
elektronischer Beleg, Vorsteuer-Vergütungsverfahren 351
Energieerzeugungsanlage, Inlandsbegriff 34
Entnahme, Bruchteilsgemeinschaft 362
Entsendung, Auswärtstätigkeit 303
Entstehung der Umsatzsteuer, unrichtiger Steuerausweis 343
Entstrickungsbesteuerung
- Ausweitung 38
- BsGaV 73

Erbschaftsteuer
- Anspruchserwerb aus Direktversicherung 376
- Antrag auf Optionsverschonung 195
- Ausfall der Rentenzahlung 394
- Betriebsvermögen 380
- Einheitsbewertung, Grundvermögen 395
- FL-Stiftung 393
- Freibetrag, beschränkt Steuerpflichtige 395
- Grundbesitzbewertung 379
- Optionsverschonung 381
- Privilegierung Unternehmensvermögen 372
- Rentenbeitrag, Rückzahlung 375
- Unternehmensvermögen 374
- Verfassungswidrigkeit 372
- Zuwendung Wohnrecht, Familienwohnheim 383

erbschaftsteuerliche Anzeigepflicht, Kreditinstitut 394
ermäßigte Besteuerung
- Anforderungen bei Betriebsaufgabe 239
- Aufgabegewinn 239
- Veräußerungsgewinn 239

ermäßigter Steuersatz, Mehrwertsteuer 354
erneuerbare Energie 83
Erstattungszinsen, Steuerbarkeit 241
Erstausbildung
- Definition 554
- Studienkosten 233
- Voraussetzung 554

Ertragsteuersatz, Kapitalgesellschaften außerhalb EU 430
erweiterter Inlandsbegriff, Energieerzeugungsanlage 34

Erwerb eigener Anteile, Kapitalherabsetzung 134
EU-Geldbuße, Abzugsverbot 215, 455
EU-Kapitalgesellschaften, effektive Steuerbelastung 431
EU-Mitgliedstaat, Umsatzsteuersatz 2014 435
Explorationsbetriebsstätte, BsGaV 74

F

Fahrergestellung, geldwerter Vorteil 149
Fahrzeug, teilunternehmerische Nutzung 174
Falschbetankung, Werbungskosten 229
Familienlastenausgleich, Kindergeld 131
FATCA-USA-Umsetzungsverordnung
- Auflage 77
- Datenerhebung und Datenübermittlung 79
- Datenfernübertragung an BZSt 76
- Erhebung von Daten 76
- Finanzinstitut, Registrierung 78
- Hintergrund 75
- Identifizierungspflicht 77
- Inanspruchnahme Fremddienstleister 77
- Inhalt 76
- meldendes Finanzinstitut 76
- Ordnungswidrigkeit 81
- Sorgfaltspflicht 77
- Verfahrenserleichterung 78
- Verwendungsbeschränkung 81
- Voraussetzungen für Registrierungspflicht 78

fehlerhafte Selbstanzeige, Wiederaufnahme Strafverfahren 534
feste Niederlassung 357
Festlandsockel, zuständige Finanzbehörde 57
Festsetzungsfrist, Ablaufhemmung 401
Festsetzungsverjährung, Grundlagenbescheid 541
Feststellung der Gemeinnützigkeit, Verfahren 201
Feststellungsbescheid
- Bindungswirkung 400
- Inhaltsadressat 400

Fifo-Methode, Veräußerungsgewinn bei Fremdwährungsgeschäften 38
finaler Auslandsverlust, steuerliche Berücksichtigung 443
Finanzanlage, BsGaV 65
Finanzdienstleistung, Ort der Leistung 568
Finanzierungsaufwendung, BsGaV 67
Firmenfortführung, Haftung, Geschäftsnahme 405

Firmenwagen
- Fahrergestellung 158
- Fahrten zwischen Wohnung und Arbeitsstätte 359
- private Nutzung 148
- Sonderausstattung 157
- unternehmerische Nutzung 359

Flächenschlüssel, Vorsteuerabzug 332
FL-Stiftung, Erbschaftsteuer 393
Folgebescheid, Aufhebung und Änderung 201
Fördermaßnahme, Forschung und Entwicklung 444
Formwechsel
- Grunderwerbsteuer 416
- Klagebefugnis 313
- Übernahmeverlust 314

Forschung und Entwicklung
- Fördermaßnahme 444
- Standort Deutschland 446

Forstwirtschaft, Neuregelungen bei der Gewinnermittlung 556
Freibetrag für Pflegeleistung, Erbschaftsteuer 189
Freibetrag, kindbezogener 198
freie Wohlfahrtspflege, Umsatzsteuerfreiheit 91
Freistellung ausländischer Dividende, Nichtanrechnung der ausländischen KapErtrSt 463
Freistellungsbescheinigung nach § 48b EStG 49
Frosta-Entscheidung, Auswirkung 494

G

Gebäudereinigungsleistung
- Altfallregelung 178
- Umkehr der Steuerschuldnerschaft 49

Gehaltszufluss, GmbH-Geschäftsführer 137
Gelangensbestätigung, innergemeinschaftliche Lieferung 171
Gemeinde, Kontrollrecht durch Akteneinsicht 106
Genussrecht
- Abstandnahme vom Steuerabzug 101
- Arbeitslohn 305

Geschäftsreise, Kilometergeldpauschale 206
Geschäftsveräußerung im Ganzen 334
Geschäftsvorfall, BsGaV 65
gescheiterte Selbstanzeige, Rückforderung des Strafzuschlags 535
Geschenke
- Firmenveranstaltung 158
- Lohnsteuerpauschalierung 289

Gesellschafterdarlehen
- Konzernbetrachtung 551
- Nachweis der Fremdüblichkeit 551
- Teileinkünfteverfahren 550

Gesellschafterfremdfinanzierung, Abgeltungssteuer 255

gesonderte Feststellung der Besteuerungsgrundlagen, Ort der Geschäftsleitung 541

Gewerbeertrag, Entgelte aus Lagerverwaltung 187

Gewerbesteuer
- Abzugsverbot, Verfassungsmäßigkeit 365
- Erlass, Zwischenverpachtung 370
- Hinzurechnung von Miet-/Pachtzinsen 371
- Kürzung, Grundstücksunternehmen 366
- Kürzung, qualifizierter Anteilstausch 367
- vortragsfähiger Gewerbeverlust 368

Gewerbesteuerfreiheit, ambulante Rehabilitation 42

gewerbliche Prägung, Haftungsausschluss bei GmbH & Co. KG 125

Gleichbehandlung von Lebenspartnern 59

Global Intermediary Identification Number 78

GmbH-Geschäftsführer, Zufluss des Gehalts 137

grenzüberschreitende Beförderung von Gegenständen 168

Grundbesitzbewertung, Erbschaftsteuer 379

Grunderwerbsteuer
- Abschaffung der wirtschaftlichen Betrachtungsweise 108
- aktuelle Rechtsprechung 411
- Einbringung, anschließende Umwandlung 415
- einheitlicher Erwerbsgegenstand 418
- Erbengemeinschaft 419
- Formwechsel 416
- Gesellschafterwechsel, Abspaltung 422
- Grundstücksschenkung unter Auflage 417
- mittelbare Änderung der Beteiligungsverhältnisse 108
- mittelbare Änderung des Gesellschafterbestands 423
- mittelbare Anteilsvereinigung 420
- Rückgängigmachung des Erwerbsvorgangs 57, 411, 412
- wechselseitig gehaltene Beteiligung 414

Grunderwerbsteuersätze der Länder 87

Grundlagenbescheid, Festsetzungsverjährung 541

Grundsteuerbelastung, EU-Vergleich 430

Grundstücksgesellschaften, erweiterte Kürzung 186

Gutschein
- Sachzuwendung 97
- Umsatzsteuer 331

H

Haftung, Firmenfortführung 405

Handelspapier 331

Handwerkerleistung
- Hausanschlusskosten an Versorgungsnetz 263
- Steuerermäßigung 128

Härteausgleich, Kapitalerträge 38

Hausanschlusskosten, steuerbegünstigte Handwerkerleistung 263

haushaltsnahe Dienstleistung
- Steuerermäßigung 128
- Winterdienst 262

häusliches Arbeitszimmer
- Aufteilung der Kosten 218
- nicht nutzbares Amtszimmer 220
- Poolarbeitsplatz 219
- Telearbeitsplatz 219

heileurythmische Behandlung, außergewöhnliche Belastung 257

Hilfsrechnung, BsGaV 62

Hinterbliebenenversorgungzusage für neuen Lebenspartner 271

Hochwasseropfer, steuerliche Maßnahme 123

Holdinggesellschaft
- Begriff 436
- Gründe für Einsatz 436
- Rahmenbedingung 436

Holdingstandort
- Deutschland 438
- klassischer 438

Hotelfrühstück, Nebenleistung 322

Hotelübernachtung 322

hybride Steuergestaltung, Beschränkung 94

Hybridfahrzeuge
- Entnahmewert für private Nutzung 118
- Nutzungswert 151

I

Identifikationsmerkmale, steuerliche 539

Identifizierungspflicht, FATCA-USA-UmsV 77

immaterielle Wirtschaftsgüter, BsGaV 65

Informationsaustausch, OECD-Vorgaben 448

inkongruente Gewinnausschüttung, steuerliche Anerkennung 135
Inlandsbergriff, Präzisierung 40
innergemeinschaftliche Lieferung
- Abgrenzung innergemeinschaftliche Verbringung 355
- Ausschlussfrist 315
- leichtfertige Steuerverkürzung 349
- Nachweis 171, 349
- Sorgfaltspflicht 460
innergemeinschaftliche Verbringung
- "Irgendwie"-Nachweis 347
- Abgrenzung innergemeinschaftliche Lieferung 355
innergemeinschaftlicher Erwerb 347
Insolvenzverfahren 324
Insolvenzverwalter, Auskunftsrecht gegenüber Finanzamt 202
internationales Steuerrecht, unternehmerische Planung 427
intransparenter Fonds, Schätzung der Besteuerungsgrundlagen 463
Investitionsabzugsbetrag
- Zinslauf bei Rückgängigmachung 120
- Zweifelsfragen, Finanzverwaltung 119
Investmentunternehmen, FATCA-USA-UmsV 77
Investvermögen, Veröffentlichungsfrist 132
INVEST-Zuschuss Wagniskapital 550

J

Jachten 347

K

Kantine, Zuschuss 325
Kapitalaufteilungsmethode, BsGaV 66, 70
Kapitalerhöhung, Schenkung an Neugesellschafter 389
Kapitalertrag, Härteausgleich 38
Kapitalertragsteuer
- Erweiterung der Entrichtungspflicht 564
- Vergütungsschuldner 100
Kapitalverkehrsfreiheit, erbschaftsteuerliche Freibeträge 453
Kaufpreisschwund, Wertsteigerung 188
KERT Function 72
Kinderbetreuungskosten
- Arbeitgeberleistung 155
- beschränkte Abziehbarkeit 198
- mehrere Kleinkinder 221

Kindergeld
- Merkblatt 131
- Verheiratung des Kindes 263
Kindergeldberechtigung, EU-Auslandsbezug 264
Kirchensteuer, Kapitalerträge 130
Klagebefugnis, Formwechsel 313
Kleinbetragsrente, Abfindungszahlung 562
Kommunikationsleistung, Ansässigkeit des Verbrauchers 53
Konzernklausel
- geplante Erweiterung 103
- geplante Rückwirkung 104
- Grunderwerbsteuer 56
- Verkürzung der Beteiligungskette 103
- Verlängerung der Beteiligungskette 103
- Verlustabzugsverbot 102
Körperschaftsteuer
- Abzugsverbot, Verfassungsmäßigkeit 282
- Veräußerungsgewinn, Ermittlung 285
- verdeckte Gewinnausschüttung 266
- wirtschaftlicher Geschäftsbetrieb 286
Kosten der Energiewende 84
Krankenhausapotheke 466
Krankheitskosten
- Nachweiserfordernisse 99
- zumutbare Eigenbelastung 260
Kreditinstitut, erbschaftsteuerliche Anzeigepflicht 394

L

Lager, Call-Off-Stock 355
Lagerhalter, Abzug der EUSt 330
Landwirtschaft, Neuregelungen bei der Gewinnermittlung 556
Leasing, Minderwertausgleich 169
lebenslängliche Nutzung, Bewertung zur Grunderwerbsteuer 209
leichtfertige Steuerverkürzung 349
Leistung an Arbeitgeber, eigenbetriebliches Interesse 290
Leistungsempfänger
- Due-Diligence 336
- Vorsteuerabzug 336
Leistungskommissionär, Umsatzsteuer 44
Leistungsort
- elektronische Dienstleistungen 43
- Hotelverpflegung 322
Lieferung
- Gegenstände 355
- Tablet-Computer, Umkehr der Steuerschuldnerschaft 45

Lizenzgebühr, Aufwendungen beim Steuerabzug 451
Lohnsteuer
- Abzug, beschränkt steuerpflichtige Arbeitnehmer 161
- nachträglicher Einbehalt 161
Lohnsteueranrufungsauskunft
- Bindungswirkung 311
- Regelungsinhalt 308
Lohnsteuernachschau, Sperrgrund bei strafbefreiender Selbstanzeige 527
Lohnsteuerpauschalierung
- betrieblich veranlasste Zuwendung 287
- Geschenke 289
- Sachzuwendung 287, 290
Lohnsteuerrichtlinien 2015 155
Lohnveredelung an Gegenständen der Ausfuhr 168
Lohnzahlung durch Dritte, geldwerte Vorteile 160
Luftverkehrsteuer
- Steuergegenstand 82
- Steuersätze 82

M

Mahlzeiten
- Kürzungsbetrag 145
- Sachbezugswert 144
Margenbesteuerung, Reiseleistung 321
Margenermittlung, Umsatzsteuer 322
Markenüberlassung im Konzern, Knoppe-Formel 489
materielle Wirtschaftsgüter, BsGaV 64
Metalllieferung, Umkehr der Steuerschuldnerschaft 46
Mietobjekt, Teiloption zur Umsatzsteuer 337
Mietwagenunternehmen, Abgrenzung zu Taxi, Steuersatz 465
Milchlieferrecht 124
Minderung der Bemessungsgrundlage
- Einbehalt für Gewährleistungsansprüche 318
- Nichterbringung der Leistung 320
- Reisevermittlung 316
- Transporthilfsmittel 183
- Uneinbringlichkeit 318
- Zentralregulierung 316
- Zuwendung an Krankenkasse 327
Minderwertausgleich, Leasing 169
Mindestbemessungsgrundlage 343
Mindestbemessungsgrundlage, Aufstockung 45

Mindestbesteuerung
- Definitiveffekt 279
- Verfassungsmäßigkeit bei Definitiveffekt 232
Mindestkapitalausstattungsmethode
- Betriebsstättengewinnaufteilungverordnung 71
- BsGaV 67
Mindestlohnsumme, Erbschaft- und Schenkungsteuer 373
Mini-One-Stop-Shop 42
- Aufzeichnungen 52
- Ausschluss vom Verfahren 54
- Besteuerungsverfahren 53
- BZSt 53
- elektronische Übermittlung der Aufzeichnungen 52
- inländische Unternehmer 53
- Verfahrensvorschriften 51
- Währungsumrechnung 52
- zuständige Behörde 52
Missing Trader, Umsatzsteuerbetrug 346
Mitgliederbeitrag, umsatzsteuerbare Leistung 339
Mitteilungsbefugnisse der Finanzbehörden, Erweiterung der Rechte 538
Mitteilungspflicht der Finanzämter
- gebundene Entscheidung 58
- unbefugte Hilfeleistung in Steuersachen 58
mittelbare Änderung des Gesellschafterbestands, Grunderwerbsteuer 209
Mitunternehmerschaft, Besteuerungsverfahren 96
Musterverfahren, Vorläufigkeitsvermerk 197

N

Nachweis 49
nachhaltige Gebäudereinigungsleistung, Nachweis 49
Nachspaltungsveräußerungssperre 165
nachträgliche Schuldzinsen
- Abzug nach Veräußerung der Immobilie 248
- Aufgabe der Einkünfteerzielungsabsicht (V und V) 247
- Veräußerung, GmbH-Anteil 245
nachträgliche Werbungskosten, Schuldzinsen 126

Nachweis
- innergemeinschaftliche Lieferung 171
- innergemeinschaftliche Verbringung 347
- Krankheitskosten 99

nahe Angehörige
- Darlehen, Abgeltungsteuer 252
- Darlehen, Einkommensteuer 124

Nebenrechnung, BsGaV 62
Nettolohnvereinbarung, lohnsteuerliche Bemessungsgrundlage 161
Neutralitätsgrundsatz der Mehrwertsteuer 354
nicht eingetragene Lebenspartner, Splittingtarif 251
nicht gegründete Betriebsstätte, Abzug vergeblicher Aufwendung 458
Nichtbeanstandungsregelung
- Steuerschuldnerschaft, Leistungsempfänger 180
- Umkehr der Steuerschuldnerschaft 50

Nießbrauchsverzicht, Schenkungsteuer 385
Notarhonorar, Abführung als verbotene Kapitalverkehrsteuer 462
Notarvertrag 336
NV-Bescheinigung, Ablaufhemmung 203

O

OECD, Aktionsplan 425
offenbare Unrichtigkeit, Verwaltungsakt 203
Opernvorführung 322
Opfer des Hochwassers, steuerliche Maßnahme 123
Option zur Umsatzsteuerpflicht
- Teiloption 337
- Zeitpunkt 328

Optionsverschonung
- Erbschaftsteuer 381
- Familienunternehmen 374

Organgesellschaft
- Gewinnabführung 138
- Rumpfwirtschaftsjahr 274

Organschaft
- ausländische Zwischengesellschaft 462
- Ende 324
- Gewinnabführungsvertrag, Kündigung aus wichtigem Grund 274
- Gewinnabführungsvertrag, Mindestlaufzeit 274
- Insolvenzeröffnung 324
- organisatorische Eingliederung 172
- Umsatzsteuer, Vorsteuerabzug 352

Organträger, Steuerabzug 41

Organträger-Personengesellschaft 41
Ortsbestimmung 43

P

PartnerschaftsgesellschaftmbB, keine Gewerbesteuerpflicht 186
Passiva, BsGaV 66
Pauschalierung der Einkommensteuer, Sachzuwendung 162
Pensionszusage, Erdienbarkeit 139
Personalfunktion
- BsGaV 62, 63
- Identifizierung 62

Personengesellschaft, grenzüberschreitende Besteuerung 426
Pfand, Transporthilfsmittel 183
Photovoltaikanlage 185
- Betriebsvorrichtung 237
- eigenständiges Wirtschaftsgut 237

Politikberater, keine freiberufliche Tätigkeit 240
Poolarbeitsplatz, häusliches Arbeitszimmer 219
Positivliste, BMF-Schreiben 206
Preisnachlass von Reisebüros, Umsatzsteuer 464
private Altersvorsorge, steuerliche Förderung 121
private Veräußerungsgeschäfte, Veräußerungsgewinn, Ermittlung 250

R

Rabatt
- Arbeitslohn 294
- kein Arbeitslohn bei Versicherungsvertrag 292
- Vorsteuerkorrektur 340

Rabattfreibetrag, Bewertungswahlrecht 158
Rechtsbehelfsbelehrung, Umfang 396
Refinanzierung von Kapitallebensversicherungen, Zinsabzug 246
Regiebetrieb
- Einlagekonto 277
- Verlust 277

Reisekostenrecht, Reform 141
Reiseleistung
- Margenbesteuerung 321
- Sonderregelung für Reisebüros 321, 322
- Umsatzsteuer 321

Rentenversicherungsbeitrag, vorweggenommene Werbungskosten 198
Reparaturkosten, Werbungskosten 229

ressortfremde Grundlagenbescheid, Verjährungshemmung 205
Reverse-Charge-Verfahren
- Altfallregelung Bauleistung 178
- Altfallregelung Gebäudereinigungsleistung 178
- Bauleistung 176, 361
- Betriebsvorrichtung 361
- Gebäudereinigungsleistung 176
Risiken, BsGaV 65
Risiko-Lebensversicherung, entgeltlicher Erwerb des Anspruchs 36
Rückforderung der Umsatzsteuer, Bauleistung 55
Rückgängigmachung des Erwerbsvorgangs
- Grunderwerbsteuer 57
- Voraussetzungen 57
Rückkehrtage von Grenzgängern, DBA Schweiz 456
Rücknahme der Option zur Umsatzsteuerpflicht, Zeitpunkt 328
Rückstellung, Nachbetreuung von Versicherungsverträgen 224
Rückversicherungsgeschäfte, BsGaV 72

S

Sachbezug
- Bewertung 98
- Verbraucherpreis 98
Sachbezüge
- Bewertung 156
Sachzuwendung
- Lohnsteuerpauschalierung 287, 290
Sachzuwendungen
- Gutscheine 97
- Pauschalversteuerung 162
Säumniszuschlag, Aussetzung der Vollziehung 403
Schadensersatz, Leasing 169
Scheidung, Sonderausgabenabzug 561
Schenkungsteuer
- ausländische Stiftung, Zuwendung 391
- Kapitalerhöhung, neuer Anteil 389
- Nießbrauchsverzicht 385
- Unternehmensvermögen 374
- verbilligter Grundstücksverkauf 387
- zinsloses Darlehen 377
Schneeballsystem, Zufluss und Steuerpflicht von Kapitaleinnahmen 244
schuldrechtliche Beziehung, BsGaV 68
Schuldzinsen, nachträgliche Werbungskosten 126

Selbstanzeige
- Erweiterung der Sperrgründe 526
- fristgerechte Zinszahlung 532
- Hinterziehungszinsen 536
- Kompensationsverbot 534
- Lohnsteuernachschau 527
- Nachzahlungspflicht 530
- Schwellenwert 528
- Sperrwirkung der Außenprüfung 529
- Strafzuschlag, Anrechnung auf Geldstrafe 535
- Tatentdeckung 528
- Umsatzsteuernachschau 527
- Verlängerung der Berichtigungspflicht 524
Sicherungsgeschäft, BsGaV 66
Solarenergie 84
Solidaritätszuschlag, Verfassungsmäßigkeit 199
Sonderausgabenabzug, Versorgungsausgleich bei Scheidung 561
Sonderausgaben-Pauschbetrag, Ausgleichszahlungen aufgrund Versorgungsausgleich 36
Sonderausstattung, Firmenwagen 157
Sonderregelung für Reisebüros, Reiseleistung 321
Sonderregelung, BsGaV 69
sonstige Umzugsauslage, Pauschbetrag 121
sonstiger Vermögenswert, BsGaV 65
Sorgfaltspflicht, FATCA-USA-UmsV 77
Spende
- Entgelt für Leistung 339
- Stiftung 122, 123
Spende, Abzug innerhalb EU, Gemeinnützigkeit 454
sperrfristbehafteter Anteil, Nachweispflicht 165
Spielekonsole 45
Steuerbefreiung
- grenzüberschreitende Beförderung von Gegenständen 168
- Handelspapier 331
- Innergemeinschaftliche Verbringung 347
- Nachweis 168
- Wertpapier 331
steuerbegünstigte Zwecke
- Mittelverwendung 200
- Mittelweitergabe 200
Steuerbegünstigung, Betriebsvermögen 380
Steuerberaterkammer, wettbewerbsrechtliche Aufgabe 58
Steuerbescheinigung über KapErtrSt, nachträgliche Vorlage 564

Steuerbetrug 347
- Beteiligung 346
- Vorsteuerabzug 345
Steuerermäßigung
- Anrechnungshöchstbetragsberechnung bei ausländischen Einkünften 260
- Handwerkerleistung 128
- haushaltsnahe Dienstleistung 128
- Vorabgewinnanteil bei Einkünften aus Gewerbebetrieb 261
Steuerfestsetzung, vorläufige 197
Steuerfreiheit, Entschädigung bei Dienstunfall 35
Steuergesetzänderungen 2014, Überblick 33
Steuergesetzgebung 2014, Überblick 33
Steuergestaltung, Unterbindung 39
Steuerhinterziehung 349
- besonders schwerer Fall 528
- Strafverfolgungsverjährung 524
- verspätete USt-Voranmeldung 530
- Vorsteuerabzug 345
Steuerliche FuE-Förderung der Forschungsunion Wirtschaft-Wissenschaft 445
Steuerpflicht, Streubesitzdividende 102
Steuersatz
- international 428
- Mehrwertsteuer 354
Steuerschuldnerschaft
- Leistungsempfänger, Nichtbeanstandungsregelung 50, 180
- Lieferung von Edelmetallen 569
- Lieferung von Erdgas 571
Steuerschuldzinsen, Erlass, korrespondierende Gewinnminderung im Ausland 459
Steuerstraftaten im Bankenbereich, Bekämpfung 110
Steuerstundungsmodelle, Verlustausgleichsbeschränkung 238
Steuervergünstigung, Erbschaft- und Schenkungsteuer 373
Stiftung, Spende 123
strafbefreiende Selbstanzeige
- Änderung 521
- Sperrgrund, Erscheinen eines Amtsträgers 527
- Strafverfolgungshindernisse 531
Strafzuschlag
- Erhöhung, Selbstanzeige 532
- Selbstanzeige, Staffelung 532
Streubesitz
- Beteiligung, Veräußerungsgewinn 101
- Dividende, Steuerpflicht 102
- Rückwirkungsfiktion 137

Studienkosten, Erstausbildung 233
Stufenplan, EEG 83

T

Tabaksteuer
- Mengenbeschränkung 58
- Mindeststeuersatz 59
Tabaksteuergesetz, gesetzliche Änderungen 58
Tablet-Computer 45
Tarifbelastung, EU-Kapitalgesellschaften 429
Tätigkeitsstätte
- Reisekosten 141
- Zuordnung 142
Taxonomie, E-Bilanz 116
Teileinspruchsentscheidung, erneuter Einspruch 408
Teiloption zur Umsatzsteuerpflicht 337
Teilwertabschreibung, dauernde Wertminderung 116
Telearbeitsplatz, häusliches Arbeitszimmer 219
Tochtergesellschaft, zinsloses Darlehen 278
Tonnagebesteuerung, kurzfristiger Einsatz eines Handelsschiffes 222
Transporthilfsmittel 183
treaty override, Verfassungswidrigkeit 459
treaty shopping 437
Treppenlift, außergewöhnliche Belastung 256

U

Übergangregelung, BsGaV 74
Übermittlung der US-Steueridentifikationsnummer, FACTA-USA-UmsV 80
Übernahmeverlust, Formwechsel 314
übernommene Pflegeleistung, Schenkungsteuer 193
Umkehr der Steuerschuldnerschaft
- Bauleistung 47
- Gebäudereinigung 49
- Lieferung von Tablet-Computer 45
- Metalllieferungen 46
- Nichtbeanstandungsfälle 50
Umsatzschlüssel, Vorsteuerabzug 332
Umsatzsteuer
- feste Niederlassung 357
- Haupt- und Nebenleistung 323
- Margenermittlung 322
- Mietobjekt, Teiloption 337
- Rechtsprechung 2014 315

umsatzsteuerliche Organschaft
- Ende 324
- Insolvenz 324
- organisatorische Eingliederung 172
- Vorsteuerabzug 352

Umsatzsteuernachschau, Sperrgrund bei strafbefreiender Selbstanzeige 527

Umsatzsteuersätze, EU-Mitgliedstaat 435

Umsatzsteuerzuständigkeitsverordnung 32, 92

Umwandlung, Bewertungswahlrecht bei Einbringung 164

Umzugskosten, steuerliche Anerkennung 121

unangemessener Fahrzeugaufwand, Freiberufler 216

unbefugte Hilfeleistung in Steuersachen, Mitteilungspflicht der Finanzbehörde 58

unentgeltliche Überlassung von Mandantenstamm, keine Vorsteuerabzugsberechtigung 466

unentgeltliche Übertragung, Nachversteuerung 96

unentgeltliche Wertabgabe
- Bruchteilsgemeinschaft 362
- Fahrzeug 175

unrichtiger Umsatzsteuerausweis, Steuerentstehung 343

Unterbringung im Seniorenwohnstift, außergewöhnliche Belastungen 259

Unterkunftskosten, Auswärtstätigkeit 147

Unternehmensvermögen
- Privilegierung, Verfassungswidrigkeit 372
- Verschonung, Erbschaft- und Schenkungsteuer 374

US-Steueridentifikationsnummer, FACTA-USA-UmsV 80

USt-Voranmeldung, Vorratsgesellschaft 572

V

Veranlassungszusammenhang zwischen Aufwendung und steuerpflichtiger Einnahme 246

Veräußerung
- eigener Anteil, Kapitalerhöhung 134
- Streubesitzbeteiligung 101

Veräußerungsgewinn
- ermäßigte Besteuerung 239
- Fremdwährungsgeschäfte, Fifo-Methode 38
- private Veräußerungsgeschäfte 250
- stichtagsbezogene Ermittlung 285
- Streubesitzbeteiligung 101

Veräußerungskosten
- Anteilsverkauf von GmbH-Anteil 281
- Verluste aus Termingeschäften bei Anteilsverkauf 283

verbindliche Auskunft, Rechtmäßigkeitskontrolle 201

Verbraucherpreis 98

verdeckte Gewinnausschüttung
- Ausscheiden vor Ablauf der Erdienenzeit 272
- Kapitalabfindung der Pensionszusage 266
- Rentenzahlung und Fortführung des Dienstverhältnisses 269
- vorzeitige Kapitalabfindung der Pensionszusage 270

vereinfachtes Ertragswertverfahren, Basiszinssatz 188

Verfahrensdauer, finanzgerichtliches Verfahren 407

Vergütungsschuldner, Kapitalertragsteuer 100

Verjährungshemmung, ressortfremde Grundlagenbescheid 205

Verkauf aus Krankenhausapotheke 466

Verkauf von Bordverpflegung (Flugzeug), Umsatzsteuer 461

Verköstigung Arbeitnehmer, Zuschuss an Kantinenbetrieb 325

Verkürzung der Beteiligungskette, Konzernklausel 103

Verlängerung der Beteiligungskette, Konzernklausel 103

Verlust aus Termingeschäft, Veräußerungskosten bei Anteilsverkauf 283

Verlustabzugsbeschränkungen
- EU-Vergleich 440
- laufende gewerbliche Einkünfte 440
- Mantelkauf 443

Verlustabzugsverbot, Konzernklausel 102

Verlustausgleichsbeschränkung, Steuerstundungsmodelle 238

Verlustverrechnungsbeschränkung, Ausland 442

Vermietung, Einkünfteerzielung 128

Vermittlung, Bemessungsgrundlage 316

Verordnungsermächtigung, BsGaV 61

Verpflegungspauschale
- Dreimonatsfrist 144
- Inland 142

Verpflichtungsübernahme, Aufteilungsregelung 96

Verrechnungspreis
- BsGaV 69
- Geschäftsbeziehung 567
- Glossar des BMF 489
- OECD-Entwicklung 469

Versicherungsanspruch, käuflicher Erwerb 36
Versicherungsbetriebsstätte, BsGaV 71
Versicherungsgeschäft, BsGaV 72
Versorgungsausgleich
- Ausgleichszahlung 36
- Sonder-Ausgabenpauschbetrag 36

Versorgungszusage an beherrschenden GmbH-Gesellschafter-Geschäftsführer, Mindestpensionsalter 268
Vertreterbetriebsstätte, BsGaV 61
Verwahrinstitut, FATCA-USA-UmsV 77
Verwahrkonten, Datenumfang, FATCA-USA-UmsV 79
Verwaltungsakt, offenbare Unrichtigkeit 203
Verwaltungsvermögen, Erbschaft- und Schenkungsteuer 373
Verzugsschaden, Zahlungsverzug 86
Vorabgewinnanteil, Steuerermäßigung bei Einkünften aus Gewerbebetrieb 261
Vorfälligkeitsentschädigung, Werbungskosten 228
vorläufiger Insolvenzverwalter 324
Vorläufigkeitsvermerk
- Steuerfestsetzung 197

Vororganschaftlich verursachte Mehrabführung, fiktive Gewinnausschüttung 275
Vorratsgesellschaft, USt-Voranmeldungen 572
Vorrechte, steuerliche 450
Vorsorgeaufwendung, Höchstbetrag 562
Vorsteuer
- Gesamtumsatzschlüssel 333
- Umsatzschlüssel, objektbezogener 333
- Vorsteuer-Vergütungsverfahren 342

Vorsteuerabzug
- Abzugsverbot für den Erwerb von Jachten 347
- Aufteilung 332
- Berichtigung 320
- Bruchteilsgemeinschaft 362
- Fahrzeug 174
- Flächenschlüssel 332
- Leistungen zur fremdbewirtschaften Kantine 326
- Leistungsempfänger 336
- Steuerbetrug 170, 345, 346

Vorsteueraufteilung 167

Vorsteuervergütung
- formale Voraussetzung 91
- im Ausland ansässiger Unternehmer 91

Vorsteuer-Vergütungsantrag 351
Vorsteuer-Vergütungsantrag, elektronische Übermittlung 92
Vorsteuer-Vergütungsverfahren
- Ansässigkeit im Ausland 342
- Formalien 351
- Verhältnis zur USt-Erklärung 453

vorweggenommene Werbungskosten
- Berufsausbildungskosten 234
- Rentenversicherungsbeitrag 198

W

Wagniskapital, Steuerbefreiung des Zuschusses 549
Wäschegeld, Barablösung 155
wechselseitige Beteiligung, Berechnung der Beteiligungsgrenze 211
Wegzugsbesteuerung, Schließung von Besteuerungslücken 39
weiße Spediteursbescheinigung 171
Werbungskosten
- Reparaturkosten, Falschbetankung: 229
- Vorfälligkeitsentschädigung 228

Wertaufholung, vorangegangene Teilwertabschreibung 552
Wertpapier 331
Wiederaufnahme Strafverfahren, fehlerhafte Selbstanzeige 534
Windenergie 84
Winterdienst, haushaltsnahe Dienstleistung 262
wirksame Selbstanzeige
- Berichtigungsverbund 524
- Vollständigkeitsgebot 524

wirtschaftlicher Geschäftsbetrieb, Ausgabe von Presseausweisen 286
WirtschaftsgutscharakterBsGaV 64
Wirtschafts-Identifikationsnummer, erweiterte Unterscheidungsmerkmale 540
wissenschaftlich umstrittene Behandlungsmethode, Amtsarzt, Gutachten 99
Wohnrecht am Familienwohnheim, Zuwendung 383
Wohnungsbaugesellschaft, Photovoltaikanlage 185

Z

Zahlungsfrist, BGB 86
Zahlungsverjährung
- Anpassung, Hintergrund 106
- Unterbrechung 107

Zahlungsverzug
- Vereinbarung der Zahlungsfrist 85
- Zahlungsziel 86

Zinsabzug, Refinanzierung von Kapitallebensversicherungen 246
Zollbescheid, Vorsteuerabzug 330
ZollkodexAnpG
- Arbeitnehmerbezug 558
- Einleitung 537
- Sonderausgabe, Neustrukturierung 561

Zufluss und Steuerpflicht von Kapitaleinnahmen, Schneeballsystem 244
Zugang eines zuzustellenden Dokuments, Verstoß gegen Zustellungsvorschrift 397
Zuordnung zum Unternehmen, Fahrzeug 174
Zuordnungsentscheidung
- BsGaV 62, 64
- Personalfunktion 64

Zuordnungsregel
- BsGaV 61
- BsGaV 63
- BsGaV 63

Zuordnungswahlrecht, BsGaV 64
Zusätzliche Arbeitgeberleistung 546
Zuschuss
- Bewirtschaftungsleistung, Vorsteuerabzug 326
- Entgelt für Leistung 339

zuständige Finanzbehörde, Festlandsockel 57
zuständiges Finanzamt für Gewinnfeststellung, Wohnsitz-/Betriebsverlagerung 542
Zustellungsvorschrift, Zugang bei Verstoß 397
Zuwendung
- ausländische Stiftung, Schenkungsteuer 391
- Bestätigung, Muster 122
- steuerpflichtige Einnahme 287

Zwangsläufigkeit, Nachweispflicht bei Krankheitskosten 99
Zweigniederlassung ohne Umsatz, USt-Erklärung 461
Zweischrittanalye, BsGaV 62

PwC-Standorte (Steuerberatung)

Standort	Straße	PLZ/Ort	Telefon-Nr.	Fax-Nr.
PwC Berlin	Lise-Meitner-Straße 1	10589 Berlin	(030) 2636-0	(030) 2636-3798
	Potsdamer Platz 11	10785 Berlin	(030) 2636-0	(030) 2636-3798
PwC Bielefeld	Kreuzstraße 35	33602 Bielefeld	(0521) 96497-0	(0521) 96497-912
PwC Bremen	Domshof 18–20	28195 Bremen	(0421) 8980-0	(0421) 8980-4298
PwC Dresden	Ostra-Allee 11	01067 Dresden	(0351) 4402-60	(0351) 4402-690
PwC Düsseldorf	Moskauer Straße 19	40227 Düsseldorf	(0211) 981-0	(0211) 981-1000
PwC Erfurt	Parsevalstraße 2	99092 Erfurt	(0361) 5586-0	(0361) 5586-300
PwC Essen	Friedrich-List-Straße 20	45128 Essen	(0201) 438-0	(0201) 438-1000
PwC Frankfurt	Friedrich-Ebert-Anlage 35–37	60327 Frankfurt am Main	(069) 9585-0	(069) 9585-1000
PwC Freiburg	Bismarckallee 17	79098 Freiburg	(0761) 28297-0	(0761) 28297-490
PwC Hamburg	New-York-Ring 13	22297 Hamburg	(040) 6378-0	(040) 6378-1030
PwC Hannover	Fuhrberger Straße 5	30625 Hannover	(0511) 5357-0	(0511) 5357-5100
PwC Heppenheim	Goethestr. 1	64646 Heppenheim	(06252) 9969-60	(06252) 9969-69
PwC Karlsruhe	Blücherstraße 17	76185 Karlsruhe	(0721) 84002-0	(0721) 84002-100
PwC Kassel	Bertha-von-Suttner-Straße 3	34131 Kassel	(0561) 9358-0	(0561) 9358-100
PwC Kiel	Lorentzendamm 43	24103 Kiel	(0431) 9969-0	(0431) 9969-366
PwC Köln	Konrad-Adenauer-Ufer 11	50668 Köln	(0221) 2084-0	(0221) 2084-210
PwC Leipzig	Käthe-Kollwitz-Straße 21	04109 Leipzig	(0341) 9856-0	(0341) 9856-153
PwC Magdeburg	Hegelstraße 4	39104 Magdeburg	(0391) 5372-0	(0391) 5372-122
PwC Mainz	Wilhelm-Theodor-Römheld-Straße 14	55130 Mainz	(06131) 6303-0	(06131) 6303-55
PwC Mannheim	Augustaanlage 66	68165 Mannheim	(0621) 432983-0	(0621) 432983-25
PwC München	Bernhard-Wicki-Str. 8	80636 München	(089) 5790-50	(089) 5790-5999
PwC Nürnberg	Theresienstraße 9	90403 Nürnberg	(0911) 94985-0	(0911) 94985-200
PwC Oldenburg	Bloherfelder Straße 130	26129 Oldenburg	(0441) 98067-10	(0441) 98067-40
PwC Osnabrück	Niedersachsenstraße 14	49074 Osnabrück	(0541) 3304-0	(0541) 3304-100
PwC Potsdam	Steinstraße 104–106	14480 Potsdam	(0331) 6260-623	(030) 2636-1221
PwC Saarbrücken	Europaallee 31	66113 Saarbrücken	(0681) 9814-100	(0681) 9814-101
PwC Schwerin	Werderstraße 74b	19055 Schwerin	(0385) 59241-0	(0385) 59241-80
PwC Siegen	Am Bahnhof 11	57072 Siegen	(0271) 33582-0	(0271) 33582-60
PwC Stuttgart	Friedrichstraße 14	70174 Stuttgart	(0711) 25034-0	(0711) 25034-1616